Investigación de mercados

edición 2

Investigación de mercados

JOSEPH F. HAIR, JR.
Louisiana State University

ROBERT P. BUSH
The University of Memphis

DAVID J. ORTINAU
University of South Florida

Traducción
Francisco Javier Dávila Martínez
Enrique Palos Báez
Traductores profesionales

Revisión técnica
Bertha Isabel Burguete Leal
Profesora del Departamento de Administración de Empresas
Universidad de las Américas
Cholula, Puebla

McGraw Hill

MÉXICO • BUENOS AIRES • CARACAS • GUATEMALA • LISBOA • MADRID
NUEVA YORK • SAN JUAN • SANTAFÉ DE BOGOTÁ • SANTIAGO
AUCKLAND • LONDRES • MILÁN • MONTREAL • NUEV A DELHI
SAN FRANCISCO • SINGAPUR • ST. LOUIS • SIDNEY • TORONTO

Gerente de división: Leonardo Newball
Gerente de producto: Ricardo del Bosque Alayón
Editora de desarrollo: Olga Adriana Sánchez Navarrete
Supervisor de producción: Zeferino García García

INVESTIGACIÓN DE MERCADOS
Segunda edición

McGraw-Hill Interamericana

*A Subsidiary of The **McGraw-Hill** Companies, Inc.*
Cedro Núm. 512, Col. Atlampa
Delegación Cuauhtémoc,
06450 México, D. F.
Miembro de la Cámara Nacional de la Industria Editorial Mexicana, Reg. Núm. 736

ISBN 970-10-3968-8

Traducido de la segunda edición en inglés de: MARKETING RESEARCH. Published by McGraw-Hill/Irwin © 2003, 2000 by The McGraw-Hill Companies, Inc. All rights reserved.
ISBN 0-07-246757-6

3456789012 09876532104

Impreso en México Printed in Mexico

Esta obra se terminó de
Imprimir en febrero de 2005 en
Edamsa Impresiones, S.A. de C.V.

dedicatoria

Este libro está dedicado a mi esposa Dale y a mi hijo Joe III.

—J.F.H., Jr., Baton Rouge, LA

Este libro está dedicado a mi esposa Donny y a mis dos muchachos Robert Jr. y Michael.

—R.P.B., Sr., Memphis, TN

Dedico este libro a mi familia por su amor y apoyo constante. A Carol Livingstone por su aliento infatigable y su amor durante la escritura de la segunda edición de este libro. Y a todos mis estudiantes antiguos y actuales por enriquecer todos los días mi vida como educador.

—D.J.O., Tampa, FL

acerca de los autores

Joseph F. Hair, Jr. obtuvo su licenciatura en economía y su maestría y doctorado en marketing en la Universidad de Florida. Comenzó su carrera docente en la Universidad de Mississippi y en 1977 pasó a la Universidad Estatal de Louisiana, donde sigue enseñando. Es director del Instituto de Educación Empresarial de Estudios sobre Negocios Familiares y ostenta la presidencia de franquicias del Alvin C. Copeland Endowed. Ha fungido como consultor de administración y testigo experto en diversas industrias, así como en el consejo de directivos de numerosas organizaciones. Es ex presidente del Consejo de Gobernadores de la Academia de Ciencias de Marketing. Ha sido un colaborador habitual y crítico y ocasionalmente miembro el consejo editorial de publicaciones como *The Journal of Marketing Research, The Journal of Business Research* y *Marketing Education Review.* La lista de sus publicaciones académicas abarca una docena de páginas.

Robert P. Bush obtuvo su licenciatura en psicología e historia económica en la Universidad de St. Mary y su maestría y doctorado en marketing en la Universidad Estatal de Louisiana. Comenzó su carrera docente en la Universidad de Florida del Sur. Se mudó a la Universidad de Mississippi y luego a la Universidad de Memphis, donde ha impartido cátedra desde 1993. Fue presidente de la comisión de Becas e Investigación del Fogelman College of Business de 1991 a 1997 y director del programa de doctorado en Memphis de 1995 a 1997. Ha sido consultor de una amplia gama de corporaciones e institutos, así como para el Departamento de Defensa estadounidense. Es coautor de *Retailing for the 21st Century* (Houghton Mifflin, 1993) y coeditor de *Advances in Marketing* (LSU Press, 1994). Es colaborador habitual de publicaciones académicas como el *Journal of Advertising, Journal of Consumer Marketing, Journal of Marketing Education, Journal of Direct Marketing, Journal of Health Care Marketing* y *Marketing Education Review.*

David J. Ortinau obtuvo la licenciatura en administración en la Universidad del Sur de Illinois, en Carbondale; la maestría en administración de empresas en la Universidad Estatal de Illinois y el doctorado en marketing en la Universidad Estatal de Louisiana. Emprendió su carrera magisterial en la Universidad de Florida del Sur, donde continúa ganando reconocimientos por sus destacadas investigaciones y enseñanza. Tiene una gran variedad de intereses de investigación: desde la formación de actitudes y diferencias perceptuales en el marketing de servicios hasta las tecnologías interactivas de marketing electrónico y su impacto en los problemas de investigación. Es consultor de diversas corporaciones y pequeñas empresas, con especialidades en satisfacción al cliente, calidad del servicio a clientes, valor del servicio a clientes, lealtad en el menudeo e imagen. Funge aún como miembro del consejo de revisión del *Journal of Academy of Marketing Science* y fue coeditor con otros de *Marketing: Moving Toward the 21st Century* (SMA Press, 1996). Fue presidente conjunto del consorcio doctoral de 1998 de la Asociación de Marketing del Sur en Nueva Orleáns y es ex presidente de dicha asociación. También fungió como presidente conjunto del consorcio doctoral de 1999 de la Sociedad para el Avance del Marketing en Atlanta y fue reconocido como fellow SMA en 2001. Ha presentado numerosos trabajos en reuniones académicas y es colaborador habitual y dictaminador de publicaciones como *The Journal of Business Research, The Journal of Retailing, Journal of Marketing Education, Journal of Health Care Marketing* y *Journal of Services Marketing.*

prefacio

Todos los libros de investigación de mercado están diseñados para introducir a los estudiantes en los conceptos y prácticas que componen su campo. Para aprovechar el éxito de nuestra primera edición de *Marketing Research: Within a Changing Information*, en esta segunda edición superamos la idea básica de mostrar cómo se aplican las herramientas, capacidades y conocimientos de investigación de mercado para resolver problemas de marketing y crear oportunidades de negocios en un ambiente de información que cambia con rapidez. Con la creciente disponibilidad, aceptación y uso de 1) internet y sus tecnologías avanzadas relacionadas y sistemas de comunicación, 2) las tecnologías de guarda puertas (*gatekeeper*) como los identificadores de llamadas, las contestadoras electrónicas y los mensajes de voz para resguardar la privacidad de las personas, 3) los cambios continuos en la estructura interna de las organizaciones para mejorar la capacidad de compartir información entre funciones, y 4) el movimiento de empresas grandes y pequeñas hacia la globalización de las prácticas de marketing, los requisitos de información del mañana serán más difíciles que los de ayer. Aunque la primera edición fue bien recibida en el mercado, fueron los comentarios positivos de quienes adoptaron el libro y revisores (lo hayan adoptado o no), así como de estudiantes, los que nos alentaron a escribir esta segunda edición. Creemos sinceramente que hemos identificado varias necesidades cruciales de aprendizaje que otros textos de investigación de mercado no tratan bien o no abordan en absoluto.

Objetivos y metodología

Como los objetivos de la primera edición de *Marketing Research*, los de esta segunda son básicamente tres. En primer lugar, queremos seguir dando a los estudiantes un conjunto de conocimientos y de hechos que se lean y comprendan con facilidad y que promuevan el *autoaprendizaje práctico* de los fundamentos de la investigación de mercado. En segundo lugar, queremos brindar a los estudiantes herramientas sólidas y las habilidades necesarias para resolver problemas de negocios y explotar las oportunidades que estos presentan. Finalmente, pretendemos ofrecer un recurso docente sólido para los maestros que luchan por hacer comprender materias a menudo complicadas. A medida que los estudiantes ahondan sus capacidades de adquisición de información y comprenden las herramientas de investigación con que cuentan, verán rápidamente cómo se aplican a un ambiente cambiante de marketing a otros cursos universitarios y a su vida personal.

Los cambios rápidos en el mundo de los negocios crean nuevas situaciones de toma de decisiones que exigen soluciones creativas y mejores destrezas para la adquisición y el aprovechamiento de la información. Como resultado de muchos avances recientes en internet, las tecnologías de computación (*hardware* y *software*), los sistemas de comunicación a altas velocidades y otras tecnologías electrónicas, quienes toman las decisiones en las empresas y la rama de la investigación de mercado se han visto en la obligación de repensar en sus nociones de información y en las prácticas utilizadas para obtener y generar datos e información. Una característica única de esta segunda edición es el tratamiento detallado continuo y el mucho mayor énfasis que ponemos en identificar, buscar, reunir, analizar e interpretar datos secundarios e información. Otra característica exclusiva es la cobertura detallada y ampliada de la *administración de las relaciones con los clientes* (ARC) y la función integradora que cumple la investigación de mercado para que la ARC sea uno de los temas más debatidos en la actualidad. Además, esta edición ofrece a los estudiantes una cobertura más extensa de las últimas técnicas de investigación *en línea*, la creación y el mantenimiento de bases de datos y las actividades de extracción de datos. Por último, estudiantes y maestros tendrán la oportunidad de visitar el *sitio interactivo en internet* del libro (www.mhhe.com/hair) en el que se vinculan los estudiantes a una gran variedad de nuevos ejemplos prácticos de investigación de mercado, ejercicios, aplicaciones, módulos de aprendizaje, casos y puntos de interés pertinentes para comprender mejor las herramientas, habilidades y prácticas de la investigación de mercado.

Esta segunda edición de *Investigación de mercado: en un ambiente de información cambiante*, ofrece conocimientos detallados sobre otras formas de enfrentar la nuevas necesidades y exigencias de información que imponen los cambios en el entorno. Estos cambios han tenido un efecto directo en las prácticas de investigación de mercado y en los ambientes operativos de los profesionales de los negocios. Además, ha habido muchos cambios en el contexto educativo que tienen implicaciones sobre cómo se adquieren conocimientos y se dominan las habilidades y herramientas que de costumbre se asocian con el ejercicio de la investigación de mercado. Dada la gran aceptación del proceso de investigación presentado en la primera edición, recurrimos de nuevo a este proceso, no sólo para abordar los conceptos tradicionales de la investigación de mercado, sino también para dar conocimientos que enfrenten los retos de información del siglo XXI. La segunda edición está escrita para personas de un nivel bastante básico. No se requieren antecedentes sólidos en estadística ni conocimientos previos de investigación de mercado. No está destinada para personas que quieren enseñar procedimientos de análisis multivariado de datos avanzado, aunque puede servir como un muy buen texto complementario para esos procedimientos.

Seguimos creyendo que el autoaprendizaje es un componente crucial y necesario de la experiencia educativa general del estudiante. Para tal fin, incorporamos las siguientes características a esta segunda edición para fomentar el proceso de autoaprendizaje:

- Prosa y organización fácil de entender.
- Figuras, tablas y recuadros claros e informativos, en los que muestran aplicaciones comerciales reales.
- Ejemplos integrados que ilustran los vínculos entre diversos conceptos de investigación.
- Ilustraciones de la investigación de mercado al final de cada capítulo, en las que se muestra cómo integran los investigadores los conceptos analizados.
- Tratamiento detallado de habilidades y herramientas de información cruciales.
- Tratamiento exhaustivo de la información y los datos secundario, así como de la administración de las relaciones con los clientes y las prácticas de bases de datos.
- Un nuevo tratamiento exhaustivo de los últimos métodos de investigación en línea.
- Un nuevo sitio interactivo en internet para el libro, en que se vincula a estudiantes y maestros con más ejemplos y análisis de temas de investigación, bases de datos y herramientas de *software*.

Contenido y organización

La segunda edición ofrece un contenido significativamente nuevo y ampliado de varios temas de investigación de mercado que tratamos en la primera edición. Dados los comentarios positivos y la aceptación de la edición anterior por parte de revisores, maestros que adoptaron el libro y estudiantes, nos sentimos estimulados para conservar la organización general en la segunda edición. La primera parte de este libro cubre la investigación de mercado y tecnología y contiene cinco capítulos. En el capítulo 1 se da un panorama de la función de la investigación de mercado en el proceso de planeación estratégica. Se ofrecen análisis e ilustraciones actuales de los requisitos de investigación, tareas y funciones en los complicados ambientes empresariales de nuestros días. En el capítulo 2 se adopta un enfoque informativo para explicar el proceso de la investigación de mercado y se establece el tono de los capítulos restantes. Se presentan las generalidades de las cuatro etapas del proceso y se analizan los pasos principales que deben dar los investigadores y quienes toman las decisiones para garantizar resultados exitosos. Hay un análisis importante de la función crucial que cumple la información de la investigación de mercado en la toma de decisiones y sobre qué factores ambientales tienen el mayor efecto en las prácticas de investigación de mercado.

En el capítulo 3 se da un tratamiento exhaustivo del paso más crítico del proceso: *determinar el problema "correcto" de investigación y decidir los objetivos de investigación apropiados.* También se ofrece una exposición de disyuntivas éticas importantes y de temas que enfrentan los investigadores y los que toman las decisiones. En el capítulo 4 se integran los temas de administración estratégica de relaciones con los clientes que tienen que ver con la investigación para recolectar datos secundarios. Se pone el acento en las estrategias de búsqueda necesarias para adquirir, analizar y aplicar métodos tradicionales y en línea. El capítulo 5 original, que daba una cobertura detallada del uso de internet, se pasó completamente al sitio interactivo del libro (www.mhhe.com/hair). El nuevo capítulo 5 de esta edición ofrece un análisis detallado de la administración de las relaciones con los clientes (ARC) y explora diversas estrategias de investigación con *software* de ARC para reunir datos y para compartirlos junto con la información en toda la organización.

En la segunda parte se cubren diversos diseños de investigación con que se recolectan datos e información y contiene cinco capítulos. El capítulo 6 continúa la integración de las actividades de ARC y ofrece información detallada sobre la aplicación de fuentes de datos secundarios y bases de datos para solucionar problemas de negocios. Se da mayor énfasis sobre la importancia de los datos secundarios y sobre cómo formar y mantener estas bases, lo mismo que cómo emprender una extracción de datos y realizar actividades de segmentación. El capítulo 7 se centra únicamente en cómo se crean y emplean los sistemas de apoyo a las decisiones de marketing (SADM) para apoyar a investigadores y quienes toman las decisiones. Mediante una asociación exclusiva con Matrix Technology Group, Inc., una compañía de *software* de ARC con sede en Clearwater, Florida, estudiantes y profesores pueden enlazar una variedad de *software* de ARC, cursos y aplicaciones en el nuevo sitio interactivo del libro (www.mhhe.com/hair).

En el capítulo 8 se pasa de los diseños de investigación que son estrictamente para datos secundarios a aquellos destinados a recolectar datos primarios (es decir, de primera mano) y a convertirlos en información útil para la administración. Se analizan varios métodos cualitativos usados en situaciones de investigación exploratoria, con un gran énfasis en dos diseños muy practicados: las entrevistas exhaustivas (también llamadas grupos foco o sesiones de grupo). Hay una exposición nueva y más amplia sobre las prácticas de los grupos de discusión en línea. En el capítulo 9 se presenta un panorama de los diseños de investigación por encuesta, junto con otros métodos de recolección de datos cuantitativos (tanto tradicionales como en línea) que por lo regular se relacionan con los objetivos de la investigación descriptiva. También se introducen varios tipos de errores asociados con los diseños de encuestas, incluyendo su impacto en la calidad de los datos recolectados. Estudiantes y maestros encontrarán nuevos análisis y ejemplos de los errores en la investigación por encuestas en el sitio interactivo en internet. En el capítulo 10 se proveen tratamientos detallados de las técnicas de observación y de los diseños experimentales y cuasiexperimentales, junto con un tratamiento exhaustivo del marketing de prueba y de las prácticas de simulación de campo. También se exploran los temas de validez y confiabilidad.

En la tercera parte se cubre el proceso de reunir datos precisos y contiene cuatro capítulos. En el capítulo 11 se introduce a los lectores en el muestreo y las poblaciones objetivo definidas. Se ofrece una cobertura detallada de las distribuciones y marcos muestrales, determinación del tamaño de la muestra y tipos de procedimientos de muestreo probabilístico y no probabilístico. Este capítulo muestra cómo desarrollar un plan muestral y discute cada etapa del proceso. En el capítulo 12 se presentan los procedimientos para elaborar constructos y se hace un recorrido por las mediciones de escalas. Se discuten a detalle los temas críticos que provienen del desarrollo de mediciones de escalas básicas y las propiedades de la información. Se hace un repaso de las exposiciones anteriores de la validez y la confiabilidad.

En el capítulo 13 se profundiza en el concepto de medición de escalas hasta formatos de escalas más complejas de actitudes, emociones y conductas, y se continúa con un panorama básico de otras escalas especializadas comparativas y no comparativas que se usan en el ejercicio de la investigación de mercado. Mediante vínculos al sitio en internet del libro se dan más ejemplos de las mediciones de escalas. En el capítulo 14 se ofrece un tratamiento detallado de cómo crear y dar un formato a un instrumento científico de encuesta (es decir, un cuestionario). Sólo en este libro usamos el marco conceptual de la "maceta" y mostramos cómo integra y repercute en los pasos del proceso de diseño. Además, hay un tratamiento detallado sobre cómo redactar cartas de presentación e introducción y su importancia para aumentar la tasa de respuestas. También se expone la elaboración de documentos de complementos cruciales, asociados con los diseños de encuesta y con el trabajo de campo (esto es, instrucciones del supervisor y del entrevistador, formas de selección, hojas de cuotas, tarjetas de calificación, hojas de registro de visitas). En el sitio en internet se ofrece a estudiantes y maestros nuevos ejemplos de cuestionarios buenos y malos, cartas de presentación y cambios en los diseños de cuestionarios previos y posteriores a las pruebas.

En la cuarta parte se cubre la preparación y el análisis de los datos, así como la presentación de los resultados de las investigaciones. Esta parte contiene cinco capítulos. En el capítulo 15 se comienza con un panorama de los principios fundamentales de los requisitos para codificación, la edición de los datos y su preparación para el análisis estadístico. El capítulo 16 se construye con base en discusiones anteriores sobre estadística muestral básica y se empieza a ilustrar la forma en que se utilizan los análisis estadísticos descriptivos tradicionales para transformar los datos puros en estructuras de datos más complejas. Se explica el *cómo, cuándo* y *por qué* de realizar las pruebas t y z y se explica la importancia de medias, desviaciones estándares y errores estándares. En el capítulo 17 se amplía el estudio del análisis de datos para incluir pruebas de asociaciones mediante correlaciones, covarianza, regresión y los procedimientos estadísticos de análisis de covarianza (ANOVA).

En el capítulo 18 se presenta una versión simplificada de las estadísticas multivariadas. Se da una exposición del *cómo, cuando* y *por qué* del análisis de discriminantes, de conglomerados y de procedimientos de análisis conjuntos. En el capítulo 19 se discuten temas importantes que sirven como base de la preparación de reportes de investigación y presentaciones. Muestra a los estudiantes cómo elaborar presentaciones computarizadas (por ejemplo, diapositivas de PowerPoint) de los resultados de las estructuras de datos y los descubrimientos de la investigación. Cada capítulo de la cuarta parte tiene ejercicios de análisis de datos de SPSS creados para un restaurante ficticio de comida rápida (Back Yard Burgers). En la parte posterior del libro se encuentra el disco con este material. Como opción, la segunda edición puede empacarse con el conjunto de datos de Back Yard Burger y la versión para el estudiante *SPSS Student Versión 11.0*, que durará un año desde el momento en que se cargue en la computadora.

Pedagogía

Casi todos los libros de investigación de mercado son legibles, pero una pregunta más importante sería si los estudiantes comprenden lo que leen. En este libro se ofrece un cúmulo de características pedagógicas destinadas a responder esa pregunta con una afirmación. Veamos una lista de los principales elementos.

- **Objetivos de aprendizaje.** Cada capítulo empieza con objetivos de aprendizaje claros que los estudiantes pueden tomar para evaluar sus esperanzas y la importancia del material del capítulo.

- **Viñetas.** Cada capítulo da comienzo con una historia interesante en la que se describe un ejemplo real de negocios que ilustra el enfoque y la importancia del material correspondiente.

- **Conceptos y términos básicos.** Aparecen en negritas en el texto y también se definen en los márgenes para facilitar la revisión. Asimismo se enumeran al final de los capítulos y en el glosario al final del libro.

- **La investigación de cerca.** Estos recuadros, que se encuentran en todos los capítulos, tienen tres variedades: Aprovechamiento de la tecnología, Implicaciones para la pequeña empresa y En el campo. Se pretende que expongan a los estudiantes a los temas del mundo real.

- **Ética.** Estos textos proveen un tratamiento extenso de temas éticos al comienzo del libro (en el capítulo 3), que luego se retoman a lo largo de todo el libro. Se presentan recuadros cuidadosamente diseñados y selectivamente introducidos en otros capítulos llamados "recuadros de ética" que proveen excelentes ejemplos reales de prácticas de investigación inmorales y al final de otros más se encuentran preguntas de discusión de carácter ético.

- **Conocimientos globales.** Estos recuadros, salpicados por todo el texto, pretenden alentar a los estudiantes para que vean las implicaciones internacionales y las oportunidades de la investigación de mercado.

- **Resúmenes de capítulos.** Estas sinopsis detalladas, organizadas por objetivos de aprendizaje, ayudarán a los estudiantes a recordar hechos clave, conceptos y temas y servirán como una excelente guía de estudio al prepararse para las discusiones en clase y los exámenes.

- **Preguntas de repaso y análisis.** Estas preguntas fueron diseñadas cuidadosamente para fomentar el proceso de autoaprendizaje y alentar la aplicación de los conceptos a las situaciones comerciales reales. En cada capítulo hay una o dos preguntas (**Experiencia en internet**) que remiten a la World Wide Web para que los estudiantes tengan la oportunidad de perfeccionar sus habilidades de recolección e interpretación de datos electrónicos.

- **Ilustración de investigación de mercado.** Este ejemplo, que se encuentra al final de cada capítulo, ofrece a los estudiantes nuevos conocimientos sobre cómo se aplican los conceptos básicos del capítulo a una situación real de negocios.

Complementos

Este libro tiene un paquete auxiliar abundante. A continuación se anota una breve descripción de sus componentes.*

- **CD-ROM de recursos para el profesor.** Este CD incluye un manual del maestro revisado por completo y diapositivas de PowerPoint preparadas por Kevin Bittle. Numerosos proyectos estudiantiles adicionales y ejemplos reales ofrecen más recursos para el aula. Los archivos de bancos de exámenes electrónicos, preparados por Tom Quirk de la Universidad Webster, también fueron revisados a fondo y se incluyen en el CD. Cada capítulo tiene 60 preguntas de opción múltiple, 15 de verdadero o falso y 4 de redacción libre.

* Algunos de los materiales suplementarios que se mencionan están disponibles para los profesores que adopten este libro como texto. Pregunte a su representante local de McGraw-Hill, quien lo podrá orientar acerca de la disponibilidad de dichos materiales.

- **Videos.** El programa de video contiene dos horas de material sobre la investigación de mercado tomadas de la biblioteca de videos de McGraw-Hill/Irwin.
- **Página en internet.** Los estudiantes pueden ejercitar sus destrezas en internet conectándose a la página del libro (www.mhhe.com/hair) para acceder a información adicional sobre la investigación de mercados y para evaluar su comprensión del material del capítulo resolviendo los exámenes de muestra. También pueden preparar sus proyectos de investigación de mercados con nuestro sistema de soporte en línea, creado por Les Dlabay del Lake Forest College. Se ofrecen otros recursos para cada capítulo: busque los avisos en el libro que lo guiarán al sitio en internet y a información más útil sobre diversos temas.

Agradecimientos

Aunque tomamos la iniciativa de escribir este libro, muchas otras personas se merecen un reconocimiento por sus aportaciones significativas que trajeron esta edición a la realidad. Nuestros decanos Tom Clark de la Universidad Estatal de Louisiana y Robert Anderson de la Universidad de Florida del Sur nos dieron su apoyo lo mismo que William Locander, presidente del Departamento de Marketing de la UFS. Les damos las gracias por brindarnos un ambiente laboral agradable que nos respaldó para emprender el trabajo de escritura de este libro.

Agradecemos a nuestros muchos colegas de la academia y la industria por la aportación de sus puntos de vista adquiridos a través de tantos años de abordar temas de investigación. Estamos agradecidos con Matrix Technology Group, Inc., y con Kathy Perry, vicepresidente senior de Marketing, y Rick DeMartini, director ejecutivo, por sus comentarios y asistencia con el material de ARC y por la sociedad exclusiva con la compañía en lo que atañe a los módulos del *software* de ARC.

En el proyecto de cualquier libro de texto los colegas revisores cumplen una función muy significativa para ayudar a dar forma al contenido y la pedagogía durante la preparación de varios borradores. Queremos expresar nuestro agradecimiento y aprecio a los siguientes colegas por sus útiles sugerencias para mejorar la calidad del libro.

Revisores y participantes de grupos focales que ayudaron a darle forma al libro:

Carol Anderson
Rollins College
Sandy Bravo
Boston College
P. K. Cannon
Universidad de Maryland
Les Dlabay
Lake Forest College
Vicki Eveland
Universidad Mercer
James Gould
Universidad Pace
Janice Gygi
Utah Valley State College
Rich Hanna
Universidad de Boston
Arthur Money
Henley College

G.M. Naidu
Universidad de Wisconsin, Whitewater
Rajan Natarajan
Universidad Auburn
Lee Nordgren
Universidad de Indiana
Radesh Palakurthi
Universidad Estatal de San José
Alan Sawyer
Universidad de Florida
K. Sivakumar
Universidad de Illinois, Chicago
Patrick Vargas
Universidad de Illinois, Champaign-Urbana
Mark L. Wilson
Universidad de Charleston

También queremos agradecer a los muchos que respondieron encuestas, demasiados para mencionarlos aquí, y cuyos comentarios contribuyeron a la realización de esta edición. De nuevo, gracias a los siguientes revisores de la primera edición:

David Andrus
Universidad Estatal de Kansas
Barry Babin
Universidad del Sur de Mississippi
Joseph K. Ballanger
Universidad Estatal Stephen F. Austin
Kevin Bittle
Universidad Johnson and Wales
John R. Brooks, Jr.
Universidad Bautista de Houston
Mary L. Carsky
Universidad de Hartford
Frank Franzak
Universidad de la Comunidad de Virginia
Timothy Graeff
Universidad Estatal del Centro de Tennessee
Harry Harmon
Universidad Estatal Central de Missouri
Karen Kolzow-Bowman
Universidad Estatal Morgan
Martin Meyers
Universidad de Wisconsin en Stevens Point
Arthur Money
Henley Management College, Inglaterra
Molly Rapert
Universidad de Arkansas
John Rigney
Universidad Estatal Golden
Jean Romeo
Boston College
Lawrence E. Ross
Universidad de Florida del Sur
Carl Saxby
Universidad del Sur de Indiana
Bruce Stern
Universidad Estatal de Portland
Gail Tom
Universidad Estatal de California en Sacramento
John Tsalikis
Universidad Internacional de Florida
Steve Vitucci
Universidad del Centro de Texas

Para terminar, queremos agradecer a nuestros editores y consejeros en nuestra editorial. Gracias a Linda Schreiber, nuestra editora ejecutiva, y a Barrett Koger, nuestro editor de desarrollo. También estamos muy agradecidos con el muy profesional equipo de producción: Anna Chan, gerente de proyectos; Gino Cieslik, diseñador; Gina Hangos, supervisora de producción, y Betty Hadala, coordinadora de complementos. Por último pero no el último, gracias a Kimberly Kanakes, nuestra gerente de marketing.

Joseph F. Hair, Jr.
Robert P. Bush
David J. Ortinau

contenido breve

contenido

parte 1

Información y tecnología de la investigación de mercados

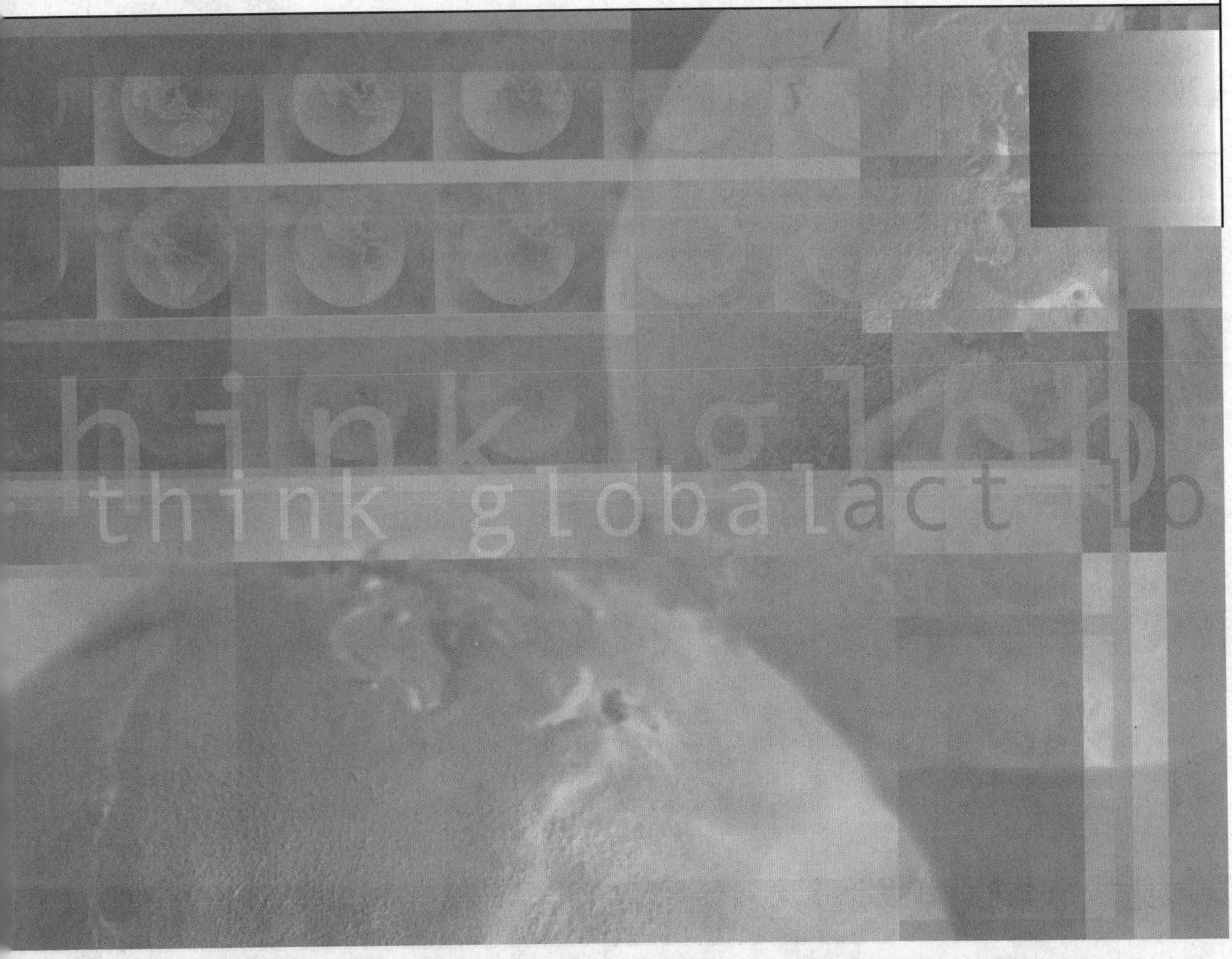

capítulo 1

Función de la investigación de mercados en la planeación estratégica

Objetivos de aprendizaje

Al terminar de leer el capítulo, usted

1. Describirá y explicará las repercusiones que tiene la investigación de mercados en la toma de decisiones.
2. Explicará el lugar de la investigación de mercados en el proceso de planeación estratégica.
3. Dará ejemplos de estudios de investigación de mercados.
4. Comprenderá el alcance y enfoque del sector de investigación de mercados.
5. Comprenderá las nuevas tendencias y capacidades de la investigación de mercados.

> **"No me explico**
> **cómo se supone**
> **que uno toma decisiones**
> **inteligentes**
> **sin hechos."**
>
> **—WILLIAM DILLARD SR.**
> **Fundador y presidente de las tiendas departamentales Dillard[1]**

Investigación de mercados y toma de decisiones

Es un Jeep... nunca lo entenderías

Ponga en tela de juicio el comportamiento de cualquier propietario de un Jeep y lo más probable es que le responda con estas palabras: "Es un Jeep... nunca lo entenderías". Y es que si hay algo en lo que creen los manejadores asiduos de Jeeps, es que en esencia son distintos de los demás dueños de camionetas deportivas que circulan por los caminos. Por ejemplo, considere el aspecto de un Jeep Cherokee. La posibilidad de recibir un golpe de un carrito de compras en un estacionamiento es uno de los factores que motivan al dueño de una camioneta deportiva Lexus a dejarla a medio kilómetro del coche más cercano. En cambio, para el propietario de un Jeep las ralladuras, descarapeladas, muescas y demás marcas son como medallas de honor concedidas al vehículo. La larga historia de un Jeep, el original 4×4, cuenta con un reconocimiento de marca que siempre ha sido sinónimo de espíritu de aventura y sus dueños cultivan intensamente este sentimiento.

Uno de los mayores retos de AG, División Jeep de DaimlerChrysler, es seguir el paso de los cambios en las necesidades, apetencias, deseos y diversidad de su cartera de clientes. Hace 40 años, Jeep fabricaba el único vehículo todo terreno, que se manejaba principalmente en bases militares, senderos remotos y safaris exóticos. En la actualidad no es raro ver estos coches transportando niños a la escuela o corredores de bolsa rumbo a su trabajo. De hecho, con tantas otras compañías automovilísticas que luchan por satisfacer la creciente demanda de camionetas deportivas, la administración de Jeep sabe que para conocer a los clientes ya no basta con reunir grupos focales o realizar encuestas.

Así, las investigaciones de mercado de Jeep se centran ahora individualmente en los clientes y en establecer una relación entre ellos y su marca. Hoy esas investigaciones se ocupan de tecnología de información y de recolectar datos en espectáculos patrocinados. Desde hace años, Jeep invita a familias a participar, por ejemplo, en clínicas de manejo a campo abierto, concursos de pesca, competencias de excursionismo y ciclismo de montaña con el único fin de recolectar datos. Ciertamente, son actividades caras, pero como se entabla un diálogo directo con miles de personas se abre un enorme foro donde se aprende más acerca de los clientes y el concepto que tienen de su vehículo.

La mejor oportunidad de Jeep se presenta cuando los investigadores de mercados y los ingenieros platican con los consumidores. Esas conversaciones informales con los asistentes son grabadas por personal de investigación de mercados, y casi 90% de los asistentes llenan y devuelven las tarjetas de comentarios. Los informes más valiosos sobre las expectativas de los clientes se obtienen de mesas redondas a las que asisten clientes e ingenieros de Jeep. El objetivo de estas sesiones de análisis es que los ingenieros se percaten de beneficios tangibles, tales como ideas y mejoras. Al reunirse con los clientes en una mesa redonda, los ingenieros y los investigadores de mercado escuchan comentarios acerca de cambios en los modelos, estilos de vida y satisfacción. Al parecer, estos métodos de recolección de datos funcionan. De acuerdo con los representantes de ventas de Jeep, los propietarios que participan en actividades patrocinadas son cuatro veces más proclives a comprar otro Jeep. Los ejecutivos aseveran que estos encuentros fomentan las ventas y además aportan una enorme cantidad de datos, los cuales se aprovechan para establecer relaciones a largo plazo con los clientes y ganarse su lealtad, como lo desean las compañías fabricantes de autos.

Valor de la información de la investigación de mercados

Como se muestra en el ejemplo introductorio, Jeep ilustra una manera en que la investigación de mercados resuelve los asuntos de una empresa. En el ejemplo se destacan nuevos métodos y procesos en el sector de la investigación de mercados. Si se establece un esquema razonable de investigación de mercado que se base en indagaciones y comentarios de los clientes, una empresa de cualquier tamaño puede tomar decisiones confiables y costeables, ya sea que identifique oportunidades para nuevos productos o que diseñe nuevos métodos para comunicarse con los clientes.

Investigación de mercados
Función que enlaza una organización con su mercado mediante la recolección de información.

La American Marketing Association define formalmente **investigación de mercados** como:

> la función que vincula una compañía con su mercado mediante la recolección de información con la que se identifican y definen las oportunidades y los problemas que trae dicho mercado. Con esta información se generan, perfeccionan y evalúan las actividades de marketing. Se vigila el desempeño del mercado y se avanza en su comprensión como un proceso de la compañía.[2]

Si se aplica esta definición a la División Jeep, puede verse que se aprovechaba la información de la investigación de mercado para identificar oportunidades de nuevos productos y modelos, así como para implantar nuevos procesos de recolección de datos para comprender mejor a los clientes. Estos esquemas se conocen como establecimiento de relaciones y administración de las relaciones con los clientes, y se exponen detalladamente en la siguiente sección.

La American Marketing Association define la investigación de mercados como un proceso. En concreto, la recolección de información referente a esa investigación es un proceso sistemático. Sus tareas específicas comprenden el diseño de métodos para recolectar información, administración de los procesos de recolección, análisis e interpretación de los resultados, así como de comunicar lo que se descubra a los encargados de tomar las decisiones.

La finalidad de este capítulo es profundizar en la investigación de mercados y ofrecer conocimientos básicos de sus relaciones con el ejercicio del marketing. Para empezar, se explica por qué las empresas hacen investigación de mercados y se citan ejemplos de su utilidad para que las compañías tomen decisiones razonables. Después se examina quién debe recurrir a esta investigación y cuándo.

Otra finalidad de este capítulo es proveer una descripción de las actividades que realizan las compañías para recolectar información de investigación de mercados. Se presenta una panorámica del sector de la investigación de mercados con el fin de aclarar la relación que existe entre quienes ofrecen esa información y quienes la aprovechan. El capítulo concluye con una descripción de la forma como está organizado este texto.

Administración de las relaciones con los clientes y el proceso de investigación de mercado

Marketing Proceso de planear y ejecutar la fijación de precios, promoción, producción y distribución de productos, servicios e ideas con el fin de realizar intercambios que satisfagan a la empresa y a sus clientes.

El objetivo fundamental del **marketing** es que la compañía planee y ejecute la fijación de precios, promoción y distribución de productos, servicios e ideas, con el fin de realizar intercambios que satisfagan a la empresa y a sus clientes. Por lo general, la creación de este intercambio es responsabilidad de los administradores de marketing de la empresa, que estimulan el proceso siguiendo varios criterios para la toma de decisiones. En concreto, se centran en que los bienes y servicios correctos 1) lleguen a las personas correctas, 2) en el lugar y el momento correctos, 3) con el precio correcto, y 4) a través de la combinación correcta de técnicas de promoción. En última instancia, adherirse a estos criterios lleva al éxito en el esfuerzo de marketing; sin embargo, el común denominador de los criterios es la *incertidumbre.* Ésta radica en el hecho de que el comportamiento del consumidor es impredecible. Para reducir dicha incertidumbre, los administradores de marketing deben contar con información exacta, pertinente y oportuna. La investigación de mercado es el mecanismo para generar tal información.

Marketing por relaciones Nombre de la estrategia que se ocupa de establecer relaciones duraderas con los clientes.

En la actualidad, las empresas exitosas, grandes y pequeñas, siguen una estrategia comercial llamada **marketing por relaciones**. De acuerdo con esta estrategia, las compañías establecen relaciones a largo plazo con los clientes ofreciéndoles valor y satisfacción. La compañía gana ventas repetidas, aumentos en las ventas, participación en el mercado y utilidades. Por ejemplo, Gateway Computers está muy centrada en el marketing por relaciones. Considera que sus clientes son individuos con necesidades y deseos únicos. Su programa de investigación de mercados está dedicado a medir estos aspectos de los clientes, y con esas medidas elabora todo su programa de marketing para establecer relaciones a largo plazo con los consumidores.

El éxito de cualquier estrategia de marketing por relaciones depende del conocimiento del mercado, buenos programas de capacitación, así como de facultar a los empleados y organizarlos en equipos de trabajo:

- **Conocimiento del mercado.** Para que una organización se centre en el establecimiento de relaciones con los clientes debe conocer toda la información pertinente respecto a ellos. Esto significa que la compañía debe estar obsesionada por comprender las necesidades y deseos de los clientes y aprovechar esta información para satisfacerlos. Lo anterior reviste la mayor importancia en las responsabilidades de investigación de mercados de la compañía.

- **Buenos programas de capacitación.** La obtención de la excelencia en las relaciones comienza con los empleados. Por tanto, es crucial (y no sólo en la sección de investigación de mercados, sino en toda la compañía) que los actos de los trabajadores estén orientados al mercado. Muchas empresas como McDonald's, Walt Disney y American Express tienen universidades propias destinadas a capacitar a los empleados en las relaciones con los clientes. Más aún, en muchas de estas universidades se educa a los empleados en las técnicas apropiadas para obtener datos de los clientes. Por ejemplo, entre las prácticas de recolección de datos que American Express enseña a sus empleados se encuentran destacar los comentarios informales de los clientes, analizar temas sobre los productos de la competencia y estimular a los clientes para que usen las tarjetas de comentarios.

- **Facultar a los empleados y organizarlos en equipos de trabajo.** Muchas compañías exitosas incitan a sus empleados para que sean más proactivos al resolver los problemas de los clientes. La solución de los problemas en el sitio en que ocurren se llama *facultamiento.* Además, las organizaciones forman ahora equipos multifuncionales dedicados a idear y proporcionar soluciones a los clientes. En la División Jeep de DaimlerChrysler a menudo se organizan equipos de trabajo dedicados a alcanzar metas comunes. Así se hace patente en el ejemplo introductorio: trabajadores de investigación de mercados y de ingeniería colaboran para comprender mejor las necesidades de sus clientes.

El facultamiento y los equipos de trabajo facilitan el establecimiento de relaciones con los clientes. Estas dos dimensiones, junto con la capacitación y el conocimiento del mercado, forman un catalizador para echar a andar la estrategia de marketing por relaciones que se conoce como administración de las relaciones con los clientes.

Administración de las relaciones con los clientes

Administración de las relaciones con los clientes (ARC) Proceso para implantar una estrategia de marketing por relaciones.

La **administración de las relaciones con los clientes**, o ARC, es la actividad consistente en implantar una estrategia de marketing por relaciones. Es un proceso para recolectar datos del mercado con la finalidad de aprender más sobre las necesidades y conductas de los clientes y entregarles tanto valor agregado como satisfactores. Estos datos, junto con la tecnología de información, se aprovechan para establecer relaciones más sólidas con los clientes.

La ARC se basa fundamentalmente, en varios conceptos centrados en el mercado y el consumidor. Dichos conceptos son los siguientes:

Conocimiento de los clientes y el mercado: Éste es el punto de partida de cualquier proceso de la ARC. La función de la investigación de mercado es recolectar de numerosas fuentes la información concerniente a los clientes. Los principales datos recolectados son demográficos, psicográficos, de compra y antecedentes de servicio, preferencias, quejas y cualquier otro intercambio de los clientes con la compañía. Estos datos pueden ser internos, mediante el trato de la compañía con los clientes, o externos y provenir de encuestas u otros métodos de recolección de información.

Integración de los datos: Este concepto consiste en establecer un centro único que sea una fuente común en donde se viertan los datos. Éstos, que sirven para entender y pronosticar el comportamiento de los clientes, se ponen a la disposición de todas las áreas funcionales de la compañía para que quienquiera que trate con un cliente cuente con sus antecedentes.

Tecnología de información: La función de la investigación de mercados es facilitar la integración de datos con medios tecnológicos. Éstos se ocupan de funciones tales como los reportes básicos de los clientes, la extracción de datos, los procedimientos de análisis estadísticos y la visualización de datos.

Trazar perfiles de los clientes: Los datos recolectados e integrados sirven para trazar perfiles de los clientes. Estos perfiles se ponen al alcance de todas las áreas funcionales de la compañía a través de la tecnología de información apropiada.

Estos conceptos están incorporados en diversos resultados que se basan en los objetivos de planeación estratégica de la compañía (es decir, introducir productos nuevos, abrir nuevos segmentos de mercado, evaluar las campañas de publicidad). La meta general es proveer los datos y la tecnología necesarios para observar los cambios de los clientes mientras se establece y mantiene relaciones de largo plazo con ellos. El efecto de la ARC en la investigación de mercados, incluyendo su concepción, elaboración e implantación, es la materia del capítulo 5.

Planeación estratégica de marketing

En el contexto de la planeación estratégica, los administradores deben tomar decisiones cruciales que varían de manera notable tanto en alcance como en complejidad. Por ejemplo, los administradores deben decidir cuáles mercados nuevos penetrar, cuáles productos introducir y cuáles oportunidades comerciales nuevas perseguir. Estas decisiones tan amplias exigen a quienes las toman que consideren diversas alternativas. Por el contrario, las decisiones sobre la eficacia de la publicidad, el posicionamiento de un producto o el seguimiento de las ventas, aunque no dejan de ser complejas, tienen un enfoque más estrecho. Estas decisiones se centran en una campaña publicitaria, una marca o un segmento de mercado y en vigilar el desempeño o anticipar y suscitar cambios en las prácticas de marketing de la compañía.

Cualquiera que sea la complejidad o el alcance de la toma de decisiones, los administradores deben contar con información fidedigna para tomar las decisiones correctas. Todo el proceso estratégico de marketing abarca una serie de decisiones que hay que tomar con suficiente confianza en los resultados. Por tanto, no sorprende saber que una investigación de mercado sólida es el núcleo de la planeación estratégica de marketing.[3]

La figura 1.1 muestra algunas de las tareas de investigación necesarias para tomar decisiones estratégicas con confianza. La lista no es exhaustiva de ninguna manera, pero ilustra de manera general la vinculación entre la planeación estratégica y la investigación de mercados. En las siguientes secciones se detallan estas relaciones.

Análisis situacional de marketing

Análisis situacional Estudio de la conveniencia de la estrategia de marketing de una empresa y determinar si requiere cambios.

El propósito de un **análisis situacional** es verificar la conveniencia de la estrategia de marketing de la empresa y determinar si es preciso realizar modificaciones. Este análisis abarca tres ámbitos de decisión: análisis de mercado, segmentación del mercado y análisis de la competencia. En el contexto de un análisis situacional, los propósitos de la investigación de mercado son:

1. Localizar e identificar nuevas oportunidades de mercado para la compañía (evaluación de oportunidades).
2. Identificar grupos de clientes en el mercado de un producto que tengan necesidades, características y preferencias semejantes (estudios de beneficios y estilos de vida, estudios descriptivos).
3. Identificar las fortalezas y debilidades de los competidores actuales y potenciales (análisis de importancia y desempeño).

Análisis del mercado

Evaluación de oportunidades Acto de recolectar información sobre los mercados de un producto para pronosticar qué cambios sufrirá.

La tarea de investigación relacionada con el análisis del mercado es la **evaluación de oportunidades**, que consiste en recolectar información sobre mercados de productos con la finalidad de pronosticar cómo cambiarán. Las compañías reúnen información acerca de las tendencias macroambientales (políticas y regulatorias, económicas y sociales, y culturales y tecnológicas) y evalúan las repercusiones que tendrán en el mercado de su producto.

La función de la investigación de mercados es recolectar y clasificar la información relativa a diversas variables macroambientales e interpretarla en el contexto de las consecuencias estratégicas para la compañía. Los investigadores de mercado aplican tres métodos para reunir información macroambiental:

FIGURA 1.1 Proceso de planeación estratégica y tareas relacionadas de investigación de mercado

Proceso de planeación estratégica	Tareas de la investigación de mercado
Análisis situacional de marketing	**Esfuerzos de investigación situacional**
Análisis del mercado	Evaluación de oportunidades
Segmentación del mercado	Estudios de beneficios y estilos de vida
	Estudios descriptivos
Análisis de la competencia	Análisis de importancia y desempeño
Diseño de la estrategia de marketing	**Esfuerzos de investigación estratégica**
Marketing por objetivos	Análisis de mercados objetivos
Posicionamiento	Posicionamiento (mapas perceptuales)
Planeación de productos nuevos	Prueba de conceptos y productos
	Marketing de prueba
Elaboración del programa de marketing	**Investigación de desarrollo de programas**
Estrategia de cartera de productos	Estudios de satisfacción de clientes
	Estudios de calidad del servicio
Estrategia de distribución	Investigación de ciclos de tiempo
	Investigación en tiendas
	Evaluación logística
Estrategia de fijación de precios	Análisis de la demanda
	Pronóstico de ventas
Comunicaciones de marketing integradas	Estudios de la eficacia de la publicidad
	Investigación de actitudes
	Seguimiento de las ventas
Implantación y control de la estrategia	**Análisis del desempeño**
Control de la estrategia	Análisis del producto
	Pronóstico ambiental
Análisis de la información estratégica	Sistemas de apoyo a las decisiones de marketing

1. Análisis de contenidos, mediante el cual los investigadores estudian publicaciones especializadas, artículos periodísticos, textos académicos o bases de datos computarizadas en busca de información sobre las tendencias de un sector determinado.
2. Entrevistas de profundidad, en las que los investigadores interrogan de manera formal y estructurada a expertos en cierto campo.
3. Procedimientos de calificación formal, en los que los investigadores aplican cuestionarios estructurados para reunir información sobre acontecimientos en el entorno.

En los capítulos 12, 13 y 14 se abordará con mayor profundidad estos métodos.

Segmentación del mercado

Estudios de beneficios y estilo de vida Estudios de las semejanzas y diferencias en las necesidades de los clientes. Con ellos, los investigadores identifican dos o más segmentos del mercado para los productos de la compañía.

Los **estudios de beneficios y estilos de vida**, consisten en una tarea de investigación relacionada con la segmentación del mercado en la que se examinan las semejanzas y diferencias de las necesidades de los consumidores. Con estos estudios los investigadores identifican dos o más segmentos del mercado para determinados productos de una compañía. El objetivo de la investigación de mercados es recolectar información acerca de las características de los clientes, beneficios de los productos y preferencias de marcas. Estos datos, junto con la información sobre edad, tamaño de la familia, ingreso y estilo de vida, se relacionan con los hábitos de compra de ciertos productos (automóviles, alimentos, aparatos electrónicos, servicios financieros) con la finalidad de trazar perfiles de segmentación del mercado.

Elaborar perfiles de los clientes y comprender ciertas características de conducta son intereses fundamentales de cualquier proyecto de investigación de mercado. Determinar por qué los consumidores se comportan de cierta manera es el punto crucial de contacto entre la investigación de mercado y la creación de la estrategia de marketing. En el capítulo 9 se hace referencia a este tema y se detallan los métodos de investigación de mercado centrados en los clientes.

Análisis de la competencia

Análisis de importancia y desempeño Método de investigación para evaluar las estrategias, fortalezas, limitaciones y planes a futuro de los competidores.

Una tarea de investigación relacionada con el análisis de la competencia es el **análisis de importancia y desempeño**, que es un método de investigación para evaluar las estrategias, fortalezas, limitaciones y planes futuros de los competidores. En la investigación de mercados, el análisis de importancia y desempeño solicita a los consumidores que identifiquen los atributos clave que impulsan su conducta de compras en determinado sector. Estos atributos son, entre otros: precio, desempeño del producto, calidad, envío y entrega exactos o conveniencia de la ubicación de la tienda. Luego se les pide que clasifiquen estos atributos en orden de importancia. A partir de esta clasificación, los investigadores identifican y evalúan a las empresas competidoras.

Los atributos en los que las compañías obtienen una calificación alta se consideran fortalezas, y aquellos en los que reciben una calificación baja, limitaciones o debilidades. Cuando se analizan en conjunto empresas competidoras, una compañía puede ver dónde concentran sus actividades de marketing las empresas rivales y en qué aspectos no cumplen con las expectativas de los consumidores.

El análisis de importancia y desempeño es sólo una de las diversas técnicas para estudiar la competencia, las cuales se abordan en el capítulo 8.

Diseño de la estrategia de marketing

La información recolectada durante el análisis situacional se utiliza en el diseño de la estrategia de marketing. En esta etapa del proceso de planeación, las compañías definen modos de acercarse a los mercados objetivos, buscan métodos para posicionar en ellos productos y marcas, crean productos nuevos y prueban diversos mercados.[4]

Marketing por objetivos

Análisis de mercado objetivo Examen de la información para identificar a las personas (o compañías) que quiere atender la empresa.

El **análisis de mercados objetivos** arroja información útil para identificar a las personas o compañías que la organización pretende atender. Además, sirve para que la administración determine cuál es la mejor manera de prestar dicha atención. Se trata de un análisis para obtener información sobre los siguientes temas:

- Oportunidades para productos nuevos.
- Datos demográficos (incluye características de conducta o actitudes).
- Perfiles de usuarios, formas de uso y actitudes.
- Eficacia de la estrategia de marketing actual de la empresa.

Con el fin de proveer tal información, el investigador de mercado debe medir las variables fundamentales esbozadas en la figura 1.2.

FIGURA 1.2 Características del mercado objetivo y variables asociadas medidas por el análisis correspondiente

Características del mercado objetivo	Variables clave que se miden
Demográficas	Edad, sexo, raza, ingreso, religión, ocupación, tamaño de la familia, ubicación geográfica y código postal
Psicográficas	Actividades, intereses y opiniones de los consumidores
Uso del producto	Ocasional (uso especial, regalo), situación (clima, hora, lugar) y contexto de uso (pesado, promedio, ligero)
Preferencias de marca	Lealtad a la marca, atributos sobresalientes del producto y conciencia de la marca o el producto
Proceso de decisión	Monto y frecuencia de compra, propensión de compra, riesgo de compra (alto, medio, escaso) y compromiso con el producto

Posicionamiento

Posicionamiento Proceso por el que una compañía trata de establecer un sentido o definición general de su oferta de productos acorde con las necesidades y preferencias de sus clientes.

El **posicionamiento** o **mapa perceptual** es el proceso mediante el cual la compañía trata de establecer un sentido o definición general de su oferta de productos congruente con las necesidades y preferencias de los clientes. Para cumplir con esta tarea, las compañías combinan elementos de la mezcla de marketing de manera que cumplan o excedan las expectativas de los clientes objetivos.

La tarea del investigador de mercados es brindar una imagen de la relación entre ofertas rivales de productos basada en juicios sobre una muestra de entrevistados que conocen la categoría de los productos investigados. Se pide a los consumidores que manifiesten su impresión sobre las semejanzas y diferencias de los atributos de los productos pertenecientes a un grupo de marcas competidoras. Por ejemplo, el posicionamiento entre cervezas indicaría que los clientes deciden entre marcas "popular o de lujo" y "regional o nacional".

Con esta información se trazan mapas perceptuales que transforman los datos de posicionamiento en un "espacio perceptual". Los mapas perceptuales reflejan las dimensiones en que las marcas se evalúan, y que representan características o atributos de los productos que se consideran importantes en la selección de los clientes. En los capítulos 13 y 18 se tratan a fondo el posicionamiento y los mapas perceptuales.

Planeación de nuevos productos

Prueba de conceptos y productos y mercados de prueba Información para la toma de decisiones sobre mejoras de productos e introducción de productos nuevos.

Las tareas de investigación relacionadas con la planeación de nuevos productos son las **pruebas de conceptos y productos** y el **mercado de prueba**, que dan a la administración la información necesaria para tomar decisiones acerca de mejoras de los productos ya existentes e introducciones de productos nuevos. Con las pruebas de productos se pretende contestar dos preguntas fundamentales: "¿Cuál es el desempeño del producto para los clientes?" y "¿Cómo puede mejorarse el producto para que supere las expectativas de los clientes?". Quienes prueban los productos los modifican, vuelven a definirlos y funden ideas para obtener un producto que no sólo satisfaga las expectativas del mercado sino que las supere. En concreto, estos especialistas:

1. Ofrecen la información necesaria para diseñar y elaborar productos nuevos.
2. Determinan si productos nuevos o mejorados deben suplir a los actuales.
3. Evalúan el atractivo de otros productos para los nuevos segmentos objetivos.
4. Tratan de identificar los productos que más se prefieren o se buscan en relación con las ofertas actuales de la competencia.

Elaboración del programa de marketing

Los requisitos de información para elaborar un programa de marketing se centran en todos los componentes de la mezcla de marketing: producto, distribución, precio y promoción. Los administradores combinan estos componentes para formar un empeño total de marketing para cada mercado objetivo. A primera vista parece una tarea sencilla, pero quienes toman las decisiones deben recordar que el éxito de las actividades o el programa de marketing descansa en buena medida en la sinergia. Es crucial que la mezcla de marketing no sólo contenga los elementos correctos, sino que también tengan el monto exacto, en el momento oportuno y en la secuencia adecuada. Verificar que se dé esta sinergia es responsabilidad de los investigadores de mercado.

Estrategia de cartera del producto

En el contexto de las estrategias de cartera de producto, el interés de la investigación apunta a toda la línea de productos. Los investigadores de mercado diseñan estudios específicos para que los gerentes de producto tomen decisiones respecto a reducir costos, modificar la mezcla de marketing y cambiar o suprimir líneas de productos. Dos variedades son los estudios de satisfacción de los clientes y los de calidad del servicio.

Estudios de satisfacción de los clientes Estudios que evalúan las fortalezas y debilidades percibidas por los clientes en la mezcla de marketing de la compañía.

Los **estudios de satisfacción de los clientes** evalúan las fortalezas y debilidades que perciben los clientes en la mezcla de marketing de la empresa. En tanto que estos estudios están destinados a analizar la mezcla en su conjunto, muchas empresas escogen concentrarse en las respuestas de los clientes a un elemento a la vez (por ejemplo, la satisfacción con la política de precios).

Cualquiera que sea su alcance, los estudios de satisfacción de clientes se ocupan de medir las actitudes de éstos. Las investigaciones revelan que las actitudes de los clientes guardan relación estrecha con la intención de compra, el cambio de marca, la percepción de la imagen de la compañía y la lealtad a la marca.[5] La información sobre las actitudes permite a la administración tomar decisiones inteligentes acerca del reposicionamiento de productos o marcas, la introducción de productos nuevos, nuevos segmentos de mercado y eliminación de productos ineficaces. En los capítulos 12 y 13 se analizan el diseño y la preparación de estudios de investigación de actitudes.

Estudios de calidad del servicio Estudios diseñados para medir el grado en que la organización concuerda con la calidad que esperan los clientes.

La finalidad de los **estudios de calidad de servicio** es medir el grado de calidad que una organización alcanza y que esperan los clientes.[6] Estos estudios se concentran en las instalaciones y el equipo, la apariencia y conducta del personal y la seriedad de productos y programas. En particular, se califica a los empleados por su disposición a ayudar a los clientes y darles un tratamiento expedito, cordial y educado.

Un popular estudio de calidad de servicio es el del comprador encubierto. Varios compradores profesionales capacitados visitan tiendas, instituciones financieras e incluso fábricas y "compran" bienes y servicios. La atmósfera, la cortesía y el aprecio por los clientes son algunos de los aspectos que evalúan. Diversas empresas llegan a comprar con la competencia para comparar su desempeño. Los datos de los estudios de calidad de servicio han resultado ser invaluables para tomar decisiones relacionadas con productos y servicios. Con ellos las compañías previenen problemas relacionados con la oferta de sus productos o servicios antes de que se salgan de control. Asimismo, con estos datos las empresas se autoevalúan en relación con la competencia en lo referente a fortalezas y debilidades clave.

Estrategia de distribución

Las estrategias de distribución consideran a los distribuidores y detallistas que enlazan a los productores con los usuarios finales. El canal de distribución de un productor llega a ejercer gran influencia en la imagen que el comprador tiene de la marca. Por ejemplo, los relojes Rolex se distribuyen a través de pocos detallistas que proyectan una imagen de prestigio acorde con la marca Rolex. Tres métodos comunes de investigación de la distribución son los estudios de ciclos de tiempos, estudios de ventas al detalle y evaluación de logística.[7]

Investigación de ciclos de tiempos Método de investigación centrado en reducir el tiempo entre el contacto inicial y la entrega final (o instalación) del producto.

Con tantas empresas decididas a controlar los costos de inventarios, cada vez se emplean más los sistemas de resurtido automático y de intercambio electrónico de datos. Muy relacionada con estos sistemas se encuentra la **investigación de ciclos de tiempos,** cuyo objetivo es reducir el tiempo entre el contacto inicial con un cliente y la entrega (o instalación) final del producto. Esta investigación se aboca sobre todo a las grandes redes de distribución (fabricantes, distribuidores, detallistas y usuarios finales), pero esto no significa que se ignoren los canales de distribución pequeños (detallista y usuario final), porque en muchos casos, como en los métodos de marketing directo, es indispensable para explorar métodos encaminados a aumentar la satisfacción de los clientes. La investigación de mercados se encarga de recolectar información para reducir los costos del ciclo total de tiempos, así como para examinar otros métodos de distribución que acorten el tiempo de embarque e instalación de los bienes.

Dos esquemas de investigación habituales en este ámbito son los estudios de gastos de entrega y los estudios de sistemas alternativos de entrega.[8] Con ambos se pretende obtener información para analizar los gastos de diversas formas de entrega (correo, FedEx, UPS), unido a un alto grado de satisfacción de los clientes. Estos estudios tienen la peculiaridad de que dependen especialmente de los registros o bases de datos de la compañía. Estos estudios, considerados de investigación secundaria, son cada vez más comunes. Los capítulos 4 y 5 se refieren a los procedimientos de acopio de información en la investigación secundaria. En el capítulo 6 se explora la relación entre la investigación de mercados y la elaboración de bases de datos.

Investigación en tiendas Estudios de temas como análisis de la zona comercial, percepción e imagen de la tienda, esquemas de tráfico y análisis de ubicación.

La **investigación de ventas al detalle** abarca estudios sobre varios temas. Como los vendedores son empresas independientes, todos los estudios hasta aquí citados se les aplican; sin embargo, y al mismo tiempo, la información que requieren las ventas al detalle es peculiar y los estudios de investigación de mercados que les conciernen son los de análisis de la zona comercial, estudios de imagen y percepción de la tienda, estudios de tráfico y análisis de ubicación.

Como las ventas al detalle demandan mucho trato con los clientes, una parte considerable de la investigación en el campo se centra en la elaboración de una base de datos mediante procedimientos de escaneo óptico. Como se ilustra en la figura 1.3, cada vez que un vendedor registra una transacción con el escáner, se toma nota del tipo de producto, fabricante, distribuidor, tamaño y precio. A continuación, en la investigación de mercado se clasifican los datos y se combinan con otra información pertinente para crear una base de datos. Como resultado, los vendedores pueden saber qué programas de televisión ven sus clientes, en qué barrios viven y en qué tiendas prefieren comprar. Esta información les sirve para determinar qué mercancía tener en existencia y qué factores influyen en las decisiones de compra.

Evaluación logística Información sobre logística que permite que los investigadores de mercado realicen análisis de costos totales y de sensibilidad al servicio.

La investigación de mercado relacionada con la **evaluación logística** suele ser omitida al tomar decisiones de distribución. Una de las causas es que parte de datos secundarios, es decir que la información no se reunió para el estudio sino con algún otro propósito.[9] La información de logística permite a los investigadores del mercado realizar análisis de costos totales y de sensibilidad al servicio.[10]

En el análisis de costos totales se exploran diseños de sistemas logísticos que la empresa pueda aplicar para conseguir sus objetivos de desempeño al menor costo. La función de la investigación de mercados es establecer un sistema de información de costos por actividad identificando los factores cruciales que atañen a los costos de transporte, inventario y almacenamiento.

Con el análisis de sensibilidad al servicio, las organizaciones evalúan el equilibrio entre costo y servicio para diseñar programas básicos de servicio a clientes. Al efectuar este análisis, los investigadores buscan aumentar los servicios básicos ajustando las actividades de transporte, niveles de inventario y planes de ubicación. El efecto de cada ajuste se analiza en los costos totales correspondientes.

FIGURA 1.3 Proceso de acopio de información mediante técnicas de escaneo óptico en tiendas

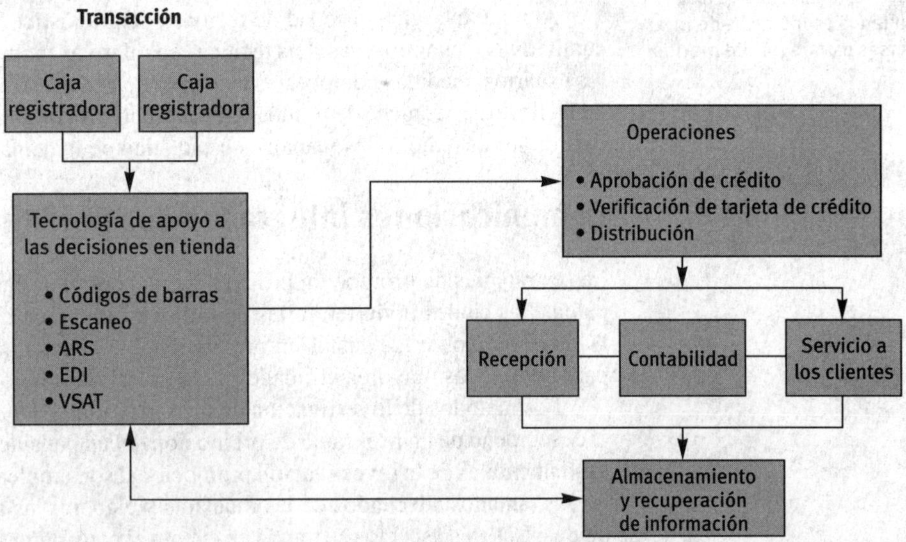

Estrategia de fijación de precios

La estrategia de fijación de precios consiste en tasar los productos nuevos, establecer niveles de precios en situaciones de prueba de mercados y modificar los precios de los productos actuales. La investigación de mercado debe dar respuestas a preguntas como las siguientes:

1. ¿De qué tamaño es la demanda potencial en el mercado objetivo?
2. ¿Qué tan sensible es la demanda a los cambios en los niveles de precios?
3. ¿Qué factores, aparte del precio, son importantes para los clientes?
4. ¿Cuáles son los pronósticos de ventas a diversos niveles de precios?

La investigación de precios adopta varias formas. Dos métodos comunes son el análisis de la demanda y el pronóstico de ventas.

Cuando una compañía evalúa una idea para un producto nuevo, abre un mercado de prueba o planea cambios en los productos actuales, una dificultad fundamental de la investigación radica en estimar cómo responderán los clientes a varios precios. Con el **análisis de la demanda** se pretende calcular el monto de la demanda de los clientes de ciertos productos y las razones en que se funda tal demanda. Por ejemplo, las investigaciones señalan que los clientes comprarán más de ciertos productos a precios más altos, de lo que se desprende que el precio sería un indicador de calidad.[11] Al parecer, esto ocurre principalmente cuando los clientes no son capaces de evaluar por sí mismos los productos. Por el contrario, la empresa de químicos Du Pont obtuvo mediante análisis de la demanda una medida específica de factores, aparte del precio, que conciernen a sus productos y entre los que se encuentran entrega, servicio, innovación, marca y calidad.

Análisis de la demanda
Método de investigación para calcular la demanda de cierto producto y las razones en que se funda.

Muchas veces el análisis de la demanda incorpora una prueba de mercado consistente en la venta real del producto en alguna ciudad con el objetivo de medir la sensibilidad de los clientes a los cambios en la mezcla de marketing de la empresa. En el capítulo 10 se aborda en detalle el mercado de prueba. El análisis de la demanda también abarca estudios de usuarios finales y análisis históricos de precios, así como datos de calidad de productos específicos.

Pronóstico de ventas
Predicción basada en las variables de la demanda para ofrecer estimaciones de los resultados económicos de diversas estrategias de precios.

El **pronóstico de ventas** está muy relacionado con el análisis de la demanda. Cuando las variables que inciden en la demanda de los clientes se identifican con este análisis, dichas variables se toman para calcular los resultados económicos de diversas estrategias de precios.

Aunque hay una variedad de técnicas de pronóstico, casi todas caen en dos categorías: cualitativas o cuantitativas. Las técnicas cualitativas incluyen los estudios de expectativas de los usuarios, medidas compuestas de fuerza de ventas, jurados de opinión ejecutiva y técnicas de Delfos. Las técnicas de pronóstico cuantitativas comprenden las pruebas de mercado, análisis de series temporales y análisis estadístico de la demanda.[12]

Comunicaciones integradas de marketing

Las estrategias de promoción influyen de manera importante en las ventas de todas las compañías, las cuales invierten miles de millones al año en diversas actividades de promoción. Dado el monto de los gastos en promoción, es esencial que las compañías diseñen estudios para obtener las mayores utilidades de la inversión promocional.

Los métodos de investigación de mercados con los que se adquiere la información sobre el desempeño de un programa de promoción deben considerarlo en su totalidad. Tres aspectos fundamentales de la investigación promocional son emplear la metodología apropiada, calcular los tamaños adecuados de las muestras y elaborar las técnicas de medición escalar apropiadas. Los tres aspectos se toman en cuenta al considerar las tres tareas de investigación más comunes en las comunicaciones integradas de marketing: estudios de eficacia de la publicidad, investigación de actitudes y seguimiento de ventas.

Como la publicidad cumple con múltiples propósitos y abarca tantos objetivos, los *estudios de eficacia de la publicidad* varían de acuerdo con la situación[13] y pueden ser cualitativos, cuantitativos, o ambos. Se debe medir la eficacia de un anuncio antes o en varias oportunidades después de colocarlo en los medios. Comoquiera que sea, los elementos fundamentales de estos estudios son qué se mide, cuándo se mide y qué medio se usa.

Casi todos los estudios de eficacia de la publicidad se dedican a medir la capacidad de un anuncio para despertar la conciencia, comunicar los beneficios de los productos o suscitar una disposición favorable hacia éstos. Para cumplir estos objetivos de medición, los expertos en mercados incluyen investigaciones de actitudes en los estudios.

Las *investigaciones de actitudes,* que se tratan en el capítulo 13, se clasifican en tres tipos. En primer lugar se encuentra el método cognoscitivo, mediante el cual se pretende medir los conocimientos y opiniones de los consumidores respecto a determinado producto o marca. En segundo lugar, los métodos afectivos miden la impresiones generales de los consumidores en relación con una marca o producto. Por lo regular, estas impresiones se asocian con las dimensiones bueno o malo, agradable o desagradable, positivo o negativo. En tercer lugar, los métodos conductuales pretenden medir comportamientos específicos de los consumidores (lealtad a la marca, cambio de marcas, etc.) respecto de un producto o marca. Como muchas estrategias de promoción están destinadas a influir en las actitudes de los consumidores, los resultados de las investigaciones de actitudes cumplen una función importante en el diseño y la implantación de los programas promocionales.

Las ventas personales también tienen un papel importante en la mezcla promocional de la empresa. Los objetivos asignados a los vendedores con frecuencia involucran resultados de ventas esperados como cuotas de ventas. Los objetivos no relacionados con las ventas también son imporantes y pueden incluir incremento de cuentas nuevas, evaluación de distribuidores o mejorar los niveles del servicio al cliente.

Los dos grupos de objetivos están vinculados a la evaluación del desempeño general del vendedor. En esta evaluación, que aplica una técnica de *seguimiento de ventas,* deben considerarse diversas variables. Desde el punto de vista de la investigación de mercados, hay que reunir la información esencial sobre los vendedores y ubicarla en las unidades apropiadas de análisis para ajustar los factores que están fuera del control de estos profesionales. Los procedimientos de seguimiento de ventas hacen este ajuste evaluando una combinación de dimensiones de desempeño objetivas y subjetivas. La figura 1.4 proporciona algunos datos reales tomados de una forma de seguimiento de ventas. Algunas de las variables fundamentales son códigos de la clasificación industrial estándar (SIC), ventas anuales y número de empleados. La forma también ilustra la eficacia de la función de ventas al documentar quién vendió el producto, cuántas entrevistas se requirieron para cerrar la venta y las utilidades que se generaron. Un sistema de seguimiento bien diseñado, como éste, sirve para que los administradores diagnostiquen problemas relacionados con el desempeño y determinen las acciones correctivas necesarias.

Implantación y control de la estrategia

La clave de la implantación y el control de la estrategia en cualquier organización está en el plan de marketing, que indica cuáles son las metas estratégicas y cómo se conseguirán. La

FIGURA 1.4 Formato de seguimiento computarizado de ventas en el que se ilustran las variables fundamentales de ventas

Identificación de la compañía: 5012 Núm. puesto: 7012

Nombre: HERSHEY CHOCOLATE EU

Dirección: 27 WEST CHOCOLATE AVE

Clave estándar urbana: HERSHEY | PA | 17033-0819

Teléfono: 717-534-6488 DIVISIÓN:

Código SIC: 2066 **Empleados:** 5

Ventas anuales: 4 **Región:** 1

Canal principal: 4

Núm. de plantas: 8

Crecimiento proyectado: 7

Mercado principal: 2

Núm. de línea de producto: 4

Producto final: 4

Dirección de las instalaciones: HERSHEY

Contacto clave: GARY HOMMEL

Núm. de división: **Ubicación:** 1

Precio en el sistema: 1 **Sist. de utilidades:**

Visita de ventas/propor. cierre: **Rep. de ventas:** 52

investigación de mercados ofrece a los administradores la información necesaria para analizar los mercados de productos, competencia y desempeño de productos en relación con el plan de marketing.[14] En concreto, la investigación de mercado ofrece información para la implantación de la estrategia y la planeación a largo plazo.

Control de la estrategia

Análisis de producto Estudio para identificar la importancia relativa de los criterios de selección de un producto que aplican los compradores y calificar las marcas con dichos criterios.

Pronóstico ambiental Método de investigación para predecir los acontecimientos externos que pueden influir en la estrategia a largo plazo de la compañía.

Dos ámbitos especiales de interés son el análisis de producto y el pronóstico ambiental. Con el **análisis de producto** se trata de identificar la importancia relativa para los compradores de los criterios de selección de productos y de calificar las marcas con esos criterios. Este análisis se conduce a través del ciclo de vida del producto o marca. Es particularmente útil cuando se prepara la sección de fortalezas y debilidades de un plan de marketing. Muchos servicios estandarizados de información que ofrecen las agencias de investigación de mercados, como Information Resources y ACNielsen, vigilan el desempeño de marcas rivales en una amplia variedad de productos.

El **pronóstico ambiental** tiene por finalidad predecir los acontecimientos externos que pueden repercutir en la estrategia a largo plazo de la compañía. Esta técnica consiste en un proceso de tres fases que comienza con una encuesta de clientes y expertos del ramo. A esto sigue una prueba de mercado para medir la respuesta de los clientes a un programa de marketing, y por último, un análisis de los registros internos de la compañía para determinar los hábitos de compra en el pasado. El resultado es una acumulación de datos que atañen a las tendencias del sector, perfiles de los clientes y cambios ambientales que permiten a la compañía adaptar su estrategia anticipándose a los sucesos futuros.

Análisis de la información estratégica

Sistema de apoyo a las decisiones de marketing (SADM) Base de datos generada por la compañía para analizar su desempeño y controlar las actividades de marketing.

La información es vital en la planeación estratégica. Así como la planeación estratégica es clave para la supervivencia a largo plazo de la compañía, la información lo es en la exactitud del plan. La empresa fomenta una ventaja competitiva con la información estratégica. La función de la investigación de mercado no es sólo recolectar y analizar datos, sino clasificarlos y procesarlos para su máximo aprovechamiento. Esto se logra mediante la instauración de un elaborado **sistema de apoyo a las decisiones de marketing (SADM)**.

Un SADM es una base de datos creada por la empresa para analizar su desempeño y controlar las actividades de marketing. Comprende informes estandarizados de investigación de mercado, datos de ventas y costos, ventas de líneas de productos, datos de publicidad e información de precios. A continuación dicha información se organiza para que concuerde con las unidades específicas de análisis (segmentos de mercado, ubicaciones geográficas, vendedores particulares) para aprovecharla en diversas decisiones, desde el nuevo ordenamiento del inventario hasta el lanzamiento de productos nuevos. El valor del SADM se hace patente cuando se enfoca en la toma de decisiones estratégicas. Un ejemplo de la relación entre la planeación estratégica y la investigación de mercados es la capacidad de Northwest Airlines de usar un SADM al centrarse en las necesidades de determinados segmentos de mercado. El sistema de Northwest, que determina los premios por kilometraje de los viajeros frecuentes y proporciona una base de datos para reservaciones organizada por segmentos de mercado, revela que el 3% superior de los clientes de la compañía dan cuenta de casi 50% de las ventas. Estos clientes clave aparecen destacados en todas las pantallas de servicio e informes. Los boleteros son alertados cuando uno de estos clientes llama o llega, de manera que puedan ofrecerle servicios especiales, como cambios a primera clase.[15]

Las nuevas tecnologías para reunir, procesar y analizar los datos de las investigaciones de los mercados producen rápidamente cambios de diversos tipos en las organizaciones. Muchos expertos en el campo especulan que las tecnologías relacionadas con el SADM reducirán la necesidad de métodos de recolección de datos primarios en el futuro inmediato.[16] En el capítulo 7 se expone el alcance del SDM en la investigación de mercados.

La industria de la investigación de mercado

Como sector, la investigación de mercados ha tenido un crecimiento sin precedentes en los últimos años. De acuerdo con un estudio de *Advertising Age,* los ingresos de las agencias de investigación estadounidense aumentaron 10% en 1997, en comparación con 6.8% en 1990.[17] Más notables aún fueron los ingresos referidos por las agencias de investigación internacionales, que informaron de un aumento de 14% en 1997. Las agencias de investigación de mercados han atribuido estos incrementos en las ganancias a los estudios de satisfacción de los clientes después de la compra (que dieron cuenta de un tercio de las utilidades), los sistemas de escaneo de productos en las tiendas (que sumaron otro tercio de todas las utilidades), la elaboración de bases de datos para la administración de marcas a largo plazo y los estudios internacionales de investigación. La figura 1.5 muestra varias actividades de investigación de mercados y el porcentaje de las agencias (de un promedio de 435 compañías) que las realizaron en 1988 y 1997. En prácticamente todas las áreas, los porcentajes crecieron desde 1988. Los estudios de satisfacción, estrategia corporativa y hábitos de compra estuvieron entre las prioridades de la mayoría de las empresas en 1997.

Tipos de agencias de investigación de mercado

Los investigadores de mercados se clasifican en internos y externos, personalizados o estandarizados y corredores o facilitadores. Los investigadores internos forman una unidad dentro de la organización de la compañía. Por ejemplo, General Motors, Procter & Gamble y Kodak tienen departamentos internos de investigación de mercado. Kraft Foods obtiene grandes ventajas al mantener una función interna de esta investigación, que incluyen congruencia de los métodos de estudio, capacidad para difundir la información en toda la empresa, reducción al mínimo de los gastos de investigación y capacidad de generar resultados utilizables.

Otras compañías prefieren acudir a investigadores de mercados externos, que se ocupan de todos los aspectos de la investigación, incluyendo diseño del estudio, elaboración de cuestionarios, entrevistas, análisis de datos y preparación de reportes. Estas agencias cobran una tarifa y por lo regular hacen una propuesta de investigación que sirva al cliente para fines de evaluación y decisión. Un ejemplo real de propuesta se encuentra en la ilustración de investigación de mercado al final del capítulo 2.

Muchas empresas recurren a investigadores externos porque sus servicios pueden ser más objetivos y estar menos sujetos a las políticas y regulaciones de la compañía que los proveedores internos; además, muchos ofrecen especialistas que, por el mismo costo, no se encuentran entre los investigadores internos. Finalmente, las compañías pueden elegir a los proveedores para cada estudio, lo que les da mayor flexibilidad para programarlos y para hacer coincidir las necesidades de cada proyecto con las capacidades de cada agencia de investigación.

También es posible considerar a las agencias de investigación de mercados personalizada o estandarizada. Las agencias de investigación personalizada ofrecen servicios muy especializados, ajustados a los deseos de los clientes. Muchas centran sus actividades de investigación en un campo específico, como prueba de nombres de marcas, mercados de prueba o creación de productos nuevos. Por ejemplo, Namestormers auxilia a las compañías en los aspectos de elección y reconocimiento de nombres de marcas, Survey Sampling Inc. se enfoca exclusivamente en tomar muestras para el sector restaurantero y Uniscore sólo realiza estudios con datos de escáner de tiendas. En cambio, las agencias de investigación estandarizada ofrecen servicios más generales y también aplican un método más común para diseñar sus investigaciones, de modo que los resultados de un estudio realizado para un cliente puedan compararse con las normas establecidas por estudios hechos para otros clientes. Ejemplos de estas agencias son Burke Market Research, que realiza estudios de recuerdo de anuncios al día siguiente; ACNielsen (aparte de

FIGURA 1.5 Actividades de investigación de 435 agencias en 1988 y 1997

Actividad de investigación	Porcentaje de agencias que realizan la actividad 1988	1997
Investigación comercial, económica y corporativa		
Características y tendencias del sector/mercado	83%	92%
Adquisición/diversificación	50	50
Análisis de participación en el mercado	79	85
Estudios internos de los empleados	54	72
Fijación de precios		
Análisis de costos	60	57
Análisis de utilidades	59	55
Elasticidad de precios	45	56
Análisis de la demanda		
Potencial del mercado	74	78
Potencial de ventas	69	75
Pronósticos de ventas	67	71
Producto		
Creación y prueba de conceptos	63	78
Prueba de nombre de marca	38	55
Mercados de prueba	45	55
Prueba de productos actuales	47	63
Estudios de empaque	31	48
Estudios de productos competitivos	58	54

Actividad de investigación	Porcentaje de agencias que realizan la actividad 1988	1997
Distribución		
Estudios de ubicación	23	25
Estudios de desempeño	29	—
Estudios de cobertura	26	—
Estudios internacionales	19	—
Promoción		
Investigación de la motivación	37	56
Investigación de medios	57	70
Investigación de ejemplares	50	68
Eficacia de la publicidad	65	67
Estudios de la publicidad de la competencia	47	43
Estudios de imagen pública	60	65
Investigación de la fuerza de ventas		
Salarios y pagos	30	34
Cuotas	26	28
Estructura de los territorios	31	32
Promoción de ventas	36	47
Conducta de los compradores		
Preferencia de marca	54	78
Actitudes hacia la marca	53	76
Satisfacción	68	87
Conducta de compra	61	80
Intenciones de compra	60	79
Conciencia de marca	59	80
Segmentación	60	84

Fuente: Thomas C. Kinnear y Ann R. Rott, *1988 Survey of Marketing Research*, p. 43; y *1997 Survey of Marketing Research*, Chicago, American Marketing Association, 1997, p. 49.

Nielsen Media Research), que efectúa auditorías para diversas tiendas detallistas, y Arbitron Ratings, que recopila datos primarios acerca de la televisión comercial.

Muchas agencias de investigación estandarizada también ofrecen servicios comerciales sindicalizados, que comprenden grupos de compras diarias, auditorías y datos de publicidad tomados o extraídos de una base de datos común. Un ejemplo notable de servicios comerciales sindicalizados es una base de datos establecida con métodos de escaneo óptico en tiendas. Esta base de datos, asequible a través de ACNielsen, sigue las ventas al detalle de miles de productos de marca. Es posible adaptar los datos para diversos sectores (bocadillos, fármacos de venta libre, etc.) de manera que señalen perfiles de compra y ventas por volumen en dichos sectores.

Por último, las agencias de investigación de mercados se distinguen como corredoras o facilitadoras. Los servicios de correduría proveen las tareas auxiliares que completan muchos estudios de investigación de mercado. Por ejemplo, los investigadores y los clientes que no tienen recursos para captura de datos, tabulación o análisis acuden a los servicios de un corredor para facilitar el proceso de administración de datos. Los corredores ofrecen una programación especializada, paquetes completos de estadísticas y otras herramientas de administración de datos a bajo costo. Por ejemplo, P-Shat, Inc., es un servicio de correduría de investigación de mercados que sólo realiza tres funciones: captura de datos, tabulación de datos y análisis estadístico.

Agencias facilitadoras
Empresas que realizan funciones de investigación de mercado como complemento de un proyecto de investigación más amplio.

Las **agencias facilitadoras** son compañías o empresas que realizan funciones de investigación de mercado como complemento de un proyecto de investigación más extenso. Agencias de publicidad, servicios de campo y asesores independientes se clasifican como facilitadores porque ayudan a las compañías a culminar proyectos de mercados más extensos. Por ejemplo, las agencias de publicidad se ocupan de diseñar, implantar y evaluar campañas publicitarias para sus clientes. Muchas agencias tienen sus propios servicios de investigación para encauzar el desarrollo de la campaña y verificar su eficacia. En este caso, las agencias proporcionan la investigación de mercado para facilitar la integración de las campañas.

Los proveedores de investigación de mercado recurren con frecuencia a servicios de campo, cuya responsabilidad primordial es programar, supervisar y completar las entrevistas. Como agencias facilitadoras, estos servicios realizan tareas de recolección de datos para culminar el proyecto de investigación de mercado. Además, contratan asesores independientes según se requiera para completar las actividades de planeación estratégica de los clientes. Muchas empresas contratan asesores que ofrecen investigación especializada para facilitar un programa de administración de calidad total, elaborar un sistema de información de mercados o capacitar a los empleados en los procedimientos de la investigación de mercado.

Como se desprende de esta exposición, la investigación de mercados sin duda alguna es un sector variado. Esta diversidad, aunada al crecimiento de las ganancias del sector, ha abierto oportunidades de trabajo a personas con diferentes capacidades. A medida que los proyectos de investigación adquieran cada vez más un matiz internacional, las oportunidades aumentarán. En la siguiente sección se abordan las capacidades que se requerirán en el sector.

Cambio de habilidades en una industria en proceso de transformación

Los encargados de la investigación de mercado representan una vasta diversidad cultural, tecnológica y de personalidades. Conforme las agencias investigadoras extienden sus horizontes a Europa, Asia y la cuenca del Pacífico, cambiarán notablemente los requisitos para la culminación feliz de los proyectos de investigación de mercado. Prevalecerán muchas necesidades de destrezas fundamentales, pero los esquemas innovadores exigirán capacidades totalmente distintas.

En una encuesta reciente de 100 ejecutivos de investigación de mercados en Estados Unidos, las capacidades básicas empresariales obtuvieron una calificación alta en lo referente a los candidatos a empleados. Las capacidades de comunicación (oral y escrita), de trato personal (la habilidad de trabajar con los demás) y las de estadística fueron los principales atributos de las aptitudes básicas para el trabajo.[18] En concreto, las cinco principales destrezas que los ejecutivos esperan encontrar en los candidatos para los puestos de investigación de mercados son: 1) capacidad de comprender e interpretar datos secundarios, 2) capacidad de realizar presentaciones, 3) dominio de otro idioma, 4) capacidad para negociar, y 5) manejo de computadoras.[19] Así, los resultados de esta encuesta señalan que ha habido un cambio en los requisitos de las capacidades, de las analíticas a las prácticas, en el sector de la investigación de mercados. El acento en las bases de datos, el contacto entre culturas y la negociación anuncian que serán características importantes de la investigación de mercados en el futuro. Al final del capítulo se hace referencia a estos trabajos en la investigación de mercados.

Nuevas tendencias

El consenso general en el sector de la investigación de mercados manifiesta cinco tendencias importantes: 1) mayor insistencia en los métodos de recolección de datos secundarios, 2) movimiento hacia la administración tecnológica de datos (escáner óptico, tecnología de bases de datos), 3) mayor uso de computadoras para adquisición y recuperación de información, 4) una cartera de clientes internacional y más amplia, y 5) un alejamiento del puro análisis de datos hacia un ambiente administrativo de interpretación e información.

La organización de este libro responde a tales tendencias. En la primera parte (capítulos 1 al 5) se explora la información y la tecnología de la investigación de mercados desde la perspectiva de los clientes, puntualizando la evaluación de los proyectos de investigación de mercados. También se ofrece una panorámica de las fuentes de datos secundarios, especialmente de los métodos tecnológicos de recolección, el diseño y la creación de bases de datos y la administración de datos secundarios.

En la segunda parte (capítulos 6 al 10) se exponen temas del diseño tradicional de proyectos de investigación de mercados (métodos de encuesta, diseños experimentales, sistemas de bases de datos). Si bien los avances tecnológicos han cambiado el enfoque acerca de estos temas, esta metodología es fundamental para la investigación de mercados. En esta parte también se destaca la recolección y la interpretación de datos cualitativos y se da una exposición práctica de los sistemas de apoyo a las decisiones.

La tercera parte (capítulos 11 al 14) se refiere al muestreo, medición, preparación de escalas y redacción de cuestionarios. Esta forma de abordar el tema es la tradicional, y para facilitar la exposición se ilustra con ejemplos prácticos sobre su uso actual en el ramo. En la cuarta parte (capítulos 15 al 19) se prepara al lector para la administración, clasificación y análisis de los datos de investigación de mercado. Las aplicaciones de varios paquetes de estadística para computadora proveen de una guía práctica al lector en una materia que intimida a algunos. El texto concluye con una presentación de los resultados de estas investigaciones. Los elementos clave para redactar un reporte de investigación y planear una presentación verbal de los resultados se trata sucintamente. Los paquetes de procesadores de texto y los auxiliares gráficos resaltan el análisis de estos temas.

Cada capítulo termina con un ejemplo concreto de investigación de mercados, cuyo objetivo es fomentar la comprensión de los temas tratados y ofrecer al lector una forma práctica de abordar los métodos de estos estudios.

Resumen de objetivos de aprendizaje

■ **Describir y explicar las repercusiones que tiene la investigación de mercados en la toma de decisiones.** La investigación de mercados es un conjunto de actividades esencial para todas las decisiones que atañen al propio marketing. Esta investigación debe proveer a los administradores de información fidedigna, pertinente y oportuna para que puedan tomar decisiones en esta materia con suficiente confianza. En el contexto de la planeación estratégica, la investigación de mercados se ocupa de las tareas, métodos y procedimientos que sigue la empresa para implantar y dirigir su plan estratégico.

■ **Comprender la relación entre la investigación de mercado y la administración de las relaciones con los clientes (ARC).** La investigación de mercado es la columna vertebral de cualquier proceso de ARC mediante la parte de recolección de datos de la investigación. En concreto, la investigación de mercados facilita la ARC al generar conocimientos sobre clientes y mercados, integrar los datos, ofrecer tecnología de información y crear perfiles de clientes.

■ **Explicar el lugar de la investigación de mercado en el proceso de planeación estratégica.** La clave para el éxito de un plan estratégico es la información exacta. Es crucial la información relacionada con el desempeño del producto, la eficacia de la distribución, las políticas de precios y la promoción para establecer un plan estratégico. La principal responsabilidad del esfuerzo de investigación de mercados es diseñar un proyecto que arroje la información más exacta para colaborar en la preparación del plan estratégico.

■ **Dar ejemplos de estudios de investigación de mercados.** El alcance de las actividades de investigación de mercados rebasa con mucho el examen de las características de los clientes. Las principales categorías de esta investigación comprenden, entre otras: 1) análisis situacional (que abarca evaluación de oportunidades, estudios de beneficios y estilos de vida, estudios descriptivos y análisis de importancia y desempeño); 2) investigación de estrategias (que incluye análisis del mercado objetivo, posicionamiento o mapas perceptuales, pruebas de conceptos y productos y mercado de prueba);

3) investigación de desarrollo de programas (que se aborda en los estudios de satisfacción de los clientes, estudios de calidad del servicio, investigación de ciclos de tiempos, investigación en tiendas, evaluación logística, análisis de la demanda, pronóstico de ventas, estudios de la eficacia de la publicidad, investigación de actitudes y seguimiento de ventas); y 4) análisis de desempeño (que comprende el análisis de productos, pronósticos ambientales y sistemas de apoyo a las decisiones de marketing).

■ **Comprender el alcance y enfoque del sector de investigación de mercados.**

Los proyectos de investigación de mercado están a cargo del personal interno de investigación de mercados o de agencias independientes que realizan estos estudios. Los proveedores externos se dividen en personalizados o estandarizados y corredores o facilitadores.

■ **Comprender las nuevas tendencias y las nuevas capacidades de la investigación de mercados.**

Así como la dinámica del entorno empresarial obliga a las compañías a modificar y cambiar sus prácticas, el medio también dicta los cambios en el sector de la investigación de mercados. En concreto, los cambios tecnológicos tendrán un efecto en la manera de realizar esta investigación en el futuro. Las destrezas necesarias para adaptarse a estos cambios son: 1) capacidad para comprender e interpretar datos secundarios, 2) capacidad para realizar presentaciones, 3) capacidad de comunicación en otros idiomas, 4) capacidad de negociación, y 5) manejo de computadoras.

Términos y conceptos clave

Administración de las relaciones con los clientes (ARC) 6
Agencias facilitadoras 19
Análisis de importancia y desempeño 9
Análisis de la demanda 13
Análisis de mercado objetivo 9
Análisis del producto 16
Análisis situacional 7
Estudios de beneficios y estilo de vida 8
Estudios de calidad del servicio 11
Estudios de satisfacción de los clientes 11
Evaluación logística 12
Evaluación de oportunidades 7
Investigación de ciclos de tiempos 12
Investigación de mercado 4
Investigación en tiendas 12
Mapas perceptuales 10
Marketing 5
Marketing de prueba 10
Marketing por relaciones 5
Posicionamiento 10
Pronóstico ambiental 16
Pronóstico de ventas 14
Prueba de conceptos y productos 10
Sistema de apoyo a las decisiones de marketing (SADM) 16

Preguntas de repaso

1. Dé tres ejemplos de la ayuda que la investigación de mercados presta a los empleados de marketing para que tomen decisiones estratégicas razonables.
2. ¿Qué mejoras en la planeación estratégica se atribuyen a los resultados de los estudios de satisfacción de los clientes?
3. Anote los tres métodos básicos usados para la recolección de información de la investigación de mercados. Describa brevemente cada método y haga un comentario sobre sus aplicaciones.
4. Exponga la importancia del análisis del mercado objetivo. ¿Cómo repercute en la elaboración de la estrategia de una compañía?
5. ¿Cuáles son las ventajas y las desventajas para la compañía de mantener un departamento interno de investigación de mercado? ¿Qué ventajas y desventajas hay en la contratación de una agencia externa de investigación de mercado?
6. A medida que el sector de la investigación de mercado se extiende en el nuevo siglo, ¿qué capacidades deberán poseer los nuevos ejecutivos? ¿En qué difieren estas capacidades de las requeridas actualmente para desenvolverse en el campo de la investigación de mercados?

Preguntas de análisis

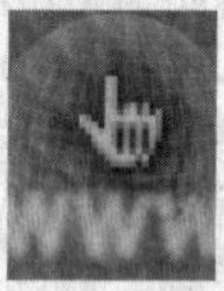

1. **EXPERIENCIA EN INTERNET.** Conéctese a la red y anote el término *Market Research* en los motores de búsqueda que prefiera (Yahoo, Lycos, etcétera). Cuando tenga los resultados, entre a un directorio de agencias del sector. Elija alguna y haga un comentario sobre los tipos de estudios de investigación que realiza.
2. **EXPERIENCIA EN INTERNET.** Con el motor de búsqueda de Yahoo (en la sección Get Local) elija una ciudad grande y compruebe el número de agencias de investigación de mercado que operan ahí. Escoja una y escríbales un correo electrónico solicitándoles descripciones de los puestos de esa agencia. Cuando los reciba, analice las cualidades que se requieren para desempeñar cada trabajo.
3. Acaba de ser contratado por McDonald's para encabezar un grupo de compradores encubiertos. El objetivo de la investigación es mejorar la calidad del servicio de los restaurantes McDonald's de su localidad. ¿Qué atributos de la calidad del servicio tratará de medir? ¿Qué conductas de clientes o empleados estudiará con más atención?
4. Visite una empresa cercana y entreviste al administrador o al propietario con relación a los tipos de investigación de mercado que realizan. Determine si la empresa tiene su propio departamento de investigación o si contrata una agencia independiente. Determine también si la compañía adopta un método sincrónico para abordar problemas particulares o uno diacrónico (que se extienda cierto tiempo).

ILUSTRACIÓN DE LA INVESTIGACIÓN DE MERCADOS

Carreras en la investigación de mercados con una visita a Federal Express

Las oportunidades laborales en la investigación de mercados varían según el sector, la compañía y el tamaño de ésta. Hay diversas posiciones en las compañías de productos de consumo, de bienes industriales, departamentos internos de investigación de mercados y agencias profesionales de investigación. Las tareas de la investigación de mercados van de las muy sencillas (como la tabulación de cuestionarios) a las muy complejas (como el sofisticado análisis de datos). En la figura 1 se citan algunos títulos y funciones comunes, así como el margen de variación de los salarios de estos puestos de investigación de mercados.

La mayoría de quienes hacen una buena investigación de mercados, son personas inteligentes y creativas; además poseen capacidades para la solución de problemas, pensamiento

FIGURA 1 **Sinopsis de las carreras en investigación de mercados**

Puesto*	Deberes	Margen de variación (anual, en miles)
Ejecutivo de cuenta o director de investigación	Es responsable de todo el programa de marketing de la compañía. Funge como intermediario entre la empresa y el cliente. Supervisa al departamento de investigación. Presenta los resultados de las investigaciones a la compañía y/o los clientes.	\$60 a \$90+
Técnico de información estadística	Se desempeña como asesor experto en la aplicación de técnicas estadísticas para problemas específicos de investigación. En muchas ocasiones es responsable del diseño de la investigación y del análisis de los datos.	\$40 a \$70+
Analista de investigación	Planea el proyecto de investigación y ejecuta las tareas correspondientes. Trabaja con analistas para elaborar el cuestionario. Realiza análisis, prepara informes, programa el calendario del proyecto y asigna el presupuesto.	\$35 a \$65+
Asistente de analista de investigación	Trabaja bajo la supervisión del analista de investigación. Auxilia la elaboración del cuestionario, las prepruebas y los análisis preliminares.	\$30 a \$45+
Coordinador del proyecto Director del proyecto Administrador de campo Director de trabajo en campo	Contrata, capacita y supervisa a los entrevistadores de campo. Traza calendarios de trabajo y es responsable de la exactitud de los datos.	\$25 a \$35+
Bibliotecario	Forma y mantiene una biblioteca con las fuentes de datos primarios y secundarios para satisfacer los requisitos del departamento de investigación.	\$35 a \$45+
Oficinista y asistente de tabulación	Maneja y procesa los datos estadísticos. Supervisa el trabajo de oficina cotidiano.	\$18 a \$32+

*Los nombres de los puestos están generalizados, y no todas las compañías tienen todos los puestos.

crítico, comunicación y negociación. Los investigadores de mercados deben ser capaces de trabajar bajo severas restricciones de tiempo y sentirse cómodos entre grandes volúmenes de datos. Por ejemplo, Federal Express busca individuos con notables capacidades de análisis de datos y manejo de computadoras para ocupar sus puestos de investigación de mercados. Los candidatos deben tener una licenciatura en negocios, marketing o sistemas de información. Contar con una maestría en administración de empresas le da al solicitante una ventaja competitiva.

Como en el caso de muchas compañías, el puesto común de entrada en el área de investigación de mercados de Federal Express es como analista asistente. Mientras asimilan los detalles de la compañía y el sector, estos individuos reciben capacitación en su puesto de parte de un analista de investigación. La carrera contempla un ascenso a técnico en información y luego a director de investigación y/o ejecutivo de cuenta.

La investigación de mercado en Federal Express es un tanto inusual en el sentido de que es realizada por la división de tecnología de la información, lo que demuestra que, si bien la función de investigación está integrada en toda la compañía, ha adoptado una orientación de alta tecnología. La investigación de mercado de FedEx opera en tres áreas generales:

1. *Establecimiento y mejora de la base de datos.* Esta función se ocupa de entablar relaciones con los clientes actuales y aprovechar la información para planear nuevos productos.

2. *Investigación de ciclos de tiempo.* En esta área se trata de ofrecer más información para el despacho eficiente de paquetes, seguimiento de los embarques, resurtido automático de los inventarios de los clientes y mejor intercambio electrónico de datos.

3. *Sistema de inteligencia de mercado.* Esta área es principalmente una base de datos logística y un esfuerzo de investigación para incrementar el servicio a los vendedores por catálogo, empresas de marketing directo y organizaciones de comercio electrónico.

Toda la función de investigación es dirigida por un vicepresidente de tecnología de investigación e información al que rinden cuentas directamente cuatro unidades funcionales. Estas cuatro unidades se ocupan del sistema de apoyo a la toma de decisiones de marketing, seguimiento de ventas, establecimiento de nuevos negocios y administración de proyectos especiales.

Si está interesado en emprender una carrera en la investigación de mercados, una buena manera de empezar es conseguir la siguiente guía vocacional publicada por la Asociación de Investigación de Mercados:

Career Guide: Your Future in Market Research
Marketing Research Association
2189 Silas Deane Highway, Suite 5
Rocky Hill, CT 06067
MRAH@aol.com

También es aconsejable obtener el *Marketing and Sales Career Directory,* que se encuentra en la biblioteca de su universidad o en la siguiente dirección:

Marketing and Sales Career Directory
Gale Research Inc.
835 Penobscot Building
Detroit, MI 48226-4094

1. Vaya a la página web de Federal Express y localice los requisitos que la empresa busca para su personal de investigación de mercados. Redacte brevemente una descripción de tales requisitos y comunique sus resultados a la clase.

2. Si aspirara a un puesto de investigación de mercados en FedEx, ¿cómo se prepararía mediante capacitación y estudios para ese trabajo? Conciba un plan de un año en el que señale cursos universitarios, actividades especiales, intereses y experiencia laboral relacionada en los que participaría para conseguir ese puesto de investigación de mercados en FedEx.

capítulo 2

El proceso de investigación

Objetivos de aprendizaje

Al terminar de leer el capítulo, usted

1. Describirá los principales factores ambientales que influyen directamente en la investigación de mercados y explicará sus efectos en el proceso de investigación.
2. Describirá y analizará las cuatro fases y las 10 tareas del proceso de investigación, y explicará las principales actividades de cada una.
3. Aclarará las diferencias entre datos puros, estructuras de datos e información, y explicará los procesos por los que los datos puros se transforman en información que los administradores pueden aprovechar.
4. Identificará la tarea fundamental del proceso de investigación y explicará por qué es tan importante.
5. Distinguirá entre diseños de investigación exploratoria, descriptiva y causal.
6. Numerará los temas cruciales en el desarrollo del plan muestral y explicará las diferencias básicas entre un plan muestral probabilístico y uno no probabilístico.
7. Identificará y explicará los principales componentes de una propuesta sólida de investigación.

"¿Cómo sé si Rosetta Technologies Inc., satisface las necesidades y requisitos de impresión de nuestros clientes?"

—ROB HULLAR
Fundador y presidente de Rosetta Technologies

Aprovechamiento del proceso de investigación para abordar problemas, preguntas y oportunidades de marketing

Trish G. Byrnes es asesora de calidad en servicios de Denver, Colorado. Hace poco trabajaba en una empresa fabricante de impresoras de tamaño mediano ubicada en Nueva York mejorando algunos procesos internos de calidad. Al final de una junta, uno de los propietarios le preguntó acerca de la satisfacción de los clientes y su percepción de la imagen de la empresa en lo referente a calidad. Durante la conversación, el dueño aseveró que no estaba seguro de cómo veían sus clientes actuales y potenciales los servicios y productos de impresión. "Apenas la semana pasada recibí llamadas de tres clientes que se quejaban de que la impresora que compraron hacía 15 días todavía no les llegaba, según habíamos prometido, o de que nuestro técnico de servicio no arregló el problema que tenían con alguna impresora. Ninguno se sentía contento." En seguida le preguntó a Byrnes: "¿Qué debo hacer para averiguar qué tan satisfechos están nuestros clientes con la calidad y los servicios que ofrecemos?"

Byrnes sugirió que la situación pedía reunir y analizar cierta clase de información mediante una investigación. El propietario le respondió: "No tengo la mínima idea de lo que quiere decirme". Cuando Byrnes le explicó las fases básicas de una investigación y los pasos de cada una, le preguntó: "¿Cuánto me costaría obtener esta información?" Byrnes le respondió preguntando si le gustaría que le presentara una propuesta de investigación, y le explicó que serviría como marco para reunir, analizar y crear la información necesaria para abordar sus preguntas. La propuesta abarcaría los siguientes elementos: 1) una declaración de objetivos, 2) un análisis para identificar el tipo de estudio y las necesidades de información, 3) una definición de la población objetivo y del tamaño de la muestra, 4) un plan y una técnica muestral, así como el método de recolección de datos, 5) un análisis del cuestionario necesario para reunir los datos puros, 6) los beneficios potenciales del estudio para la administración, y 7) una estructura de costos estimada para la totalidad del proyecto.

Byrnes explicó la importancia de las actividades realizadas para generar la información. Al salir de la oficina mencionó que terminaría la propuesta en una semana, pero que antes de completarla tendría que formularle al dueño otras preguntas.

Valor del proceso de investigación

Como se ilustra en la introducción del capítulo, los empresarios profesionales detectan problemas potenciales que sólo pueden resolver con ayuda. En estas situaciones, cuando se requiere alguna información adicional, un método consiste en aplicar el *proceso de la investigación de mercados*. En este capítulo se adopta una perspectiva de información para explicar este proceso. Se comienza con una exposición de los factores ambientales cruciales que influyen directamente en el alcance de la investigación. En la parte principal del capítulo se da una panorámica de las cuatro fases básicas que integran el proceso de investigación y las tareas de cada una, así como las actividades y preguntas que ocupan al investigador en cada etapa. En la última sección del capítulo se explica cómo elaborar una propuesta de investigación.

Este capítulo, que es el de generalidades, sirve como adelanto de algunos de los temas centrales del texto. Verá que la mayor parte de la exposición es descriptiva y que, en conjunto, se ofrece un esquema general para entender el proceso de investigación de información. En los capítulos siguientes se entra en los detalles de los temas expuestos aquí.

La nueva imagen del proceso de investigación de mercados

A medida que las empresas prosperan y maduran en el nuevo milenio, quienes toman las decisiones de marketing enfrentarán dificultades, problemas y oportunidades nuevas y más complicadas en los ámbitos legal, político, cultural, tecnológico y competitivo, que repercuten directamente en sus operaciones. La figura 2.1 muestra varios factores ambientales esenciales que ejercerán una influencia significativa en la naturaleza cambiante de la investigación de mercado en los próximos años.

Internet Red de computadoras y tecnología que las une en una supercarretera de información.

Datos secundarios Estructuras de datos históricos de variables que fueron recolectadas e integradas para algún problema de investigación u oportunidad que no es la situación actual.

Datos primarios Datos puros y estructuras de primera mano que todavía no han recibido ninguna interpretación significativa.

En primer lugar, el factor de más influencia, así como el impulsor fundamental de la nueva economía (por ejemplo, a través del comercio electrónico), es la **Internet**. Los rápidos avances tecnológicos asociados con la Internet y su veloz generalización en todo el mundo será el motor de muchos cambios actuales y futuros en cuanto a la forma de realizar investigaciones. La Internet ha producido una revolución en la forma en que ven el mundo quienes toman las decisiones, los expertos de marketing y los investigadores. En la actualidad, las filosofías tradicionales de la investigación están en tela de juicio como nunca lo estuvieron. Por ejemplo, se acentúa cada vez más la recolección, análisis e interpretación de datos secundarios más que de estructuras de datos primarios. Aquí los **datos secundarios** son información histórica o estructuras de datos recolectadas e integradas para un problema de investigación u oportunidad anterior y distinta de la actual. En contraste, los **datos primarios** representan estructuras de variables recolectadas y armadas en concreto para una investigación u oportunidad actual y que se interpretan por primera vez. Algunos expertos se refieren a los datos primarios como estructuras de datos de "primera mano".

Además, la tecnología de la Internet tiene un efecto en los rápidos avances y cambios en las tecnologías de comunicación interactiva de marketing (CIM); (por ejemplo, las bases de datos en línea y tradicionales, los sistemas multimedia interactivos, las redes de computadoras, los datos de escaneo óptico, las herramientas de *software* de investigación). Estas tecnologías de comunicación han incrementado la necesidad de los investigadores de adquirir capacidades nuevas en tecnología de bases de datos, así como habilidades administrativas de la información e interpretación de datos. Más aún, quienes toman las decisiones de marketing exigen plazos más cortos para la adquisición y recuperación de datos. Ya no pueden esperar de cuatro a ocho semanas para tener información nueva; ahora quieren los resultados de las investigaciones en tiempo real. Así, los investigadores de mañana enfrentarán el reto de crear métodos más confiables de adquisición y recuperación de datos en línea. Por ejemplo, mu-

FIGURA 2.1 **Principales factores ambientales que influyen en las prácticas de investigación de mercado del nuevo milenio**

Factores ambientales	Efecto en la investigación de mercado y ejemplos
Internet y comercio electrónico	Revolución en los métodos de recolección de datos e información. *Ejemplos:* mayor énfasis en las estructuras de datos secundarios; incremento en la necesidad y la integración de las bases de datos tecnológicas tradicionales y en línea; menores tiempos de adquisición y recuperación; mayor eficiencia de los sistemas interactivos multimedia.
Tecnologías de guardapuertas y legislación sobre la confidencialidad de los datos	Aumento en las preocupaciones sobre el derecho a la privacidad de los consumidores, hasta qué grado puede compartirse la información de los consumidores y mayores dificultades para llegar a la gente y pedirle sus comentarios acerca de actitudes y conductas. *Ejemplos:* mayor empleo de identificadores de llamadas, contestadoras electrónicas y dispositivos de mensajes de voz; aumentos en el telemercadeo invasor y engaños; leyes de privacidad de datos más rigurosas y restrictivas; obligación de incluir la posibilidad de salir de las listas.
Expansión de los mercados globales	Se crean problemas de las interacciones multiculturales, oportunidades e interrogantes para quienes toman las decisiones de marketing, así como nuevas dificultades de lenguaje y medición para los investigadores. *Ejemplo:* diferentes necesidades y deseos de los mercados por razones culturales; diferentes requisitos de datos para la segmentación de mercados; uso de esquemas de medición distintos, pero compatibles, para la información acerca del desempeño del mercado, actitudes y conductas.
Investigación de mercado como estrategia	Se lleva a las empresas a reposicionar sus actividades de investigación de mercado con más énfasis en las implicaciones estratégicas. *Ejemplos:* aprovechamiento de la investigación de mercado para establecer ARC y estrategias de inteligencia de clientes y competencia; mayor participación de los investigadores de mercado en la creación de bases de datos tradicionales y en línea.

chas tiendas (como Kentucky Fried Chicken [KFC] Worldwide, Bank of America, Marriot, Inc.) y fabricantes (PepsiCo, IBM, AT&T Worldwide, Matrix-Technology Group, Inc.) exigen enlaces entre las bases de datos por escáner en línea de las compras de los clientes en tiempo real y las bases de datos tradicionales con perfiles de los clientes para favorecer su capacidad de entender las tendencias de compras y vender mejor según sus necesidades y deseos de productos y servicios. Los adelantos de la Internet han fomentado el alejamiento del análisis de datos puros en aras de los entornos de administración de información e interpretación de datos secundarios.

Tecnología de guardapuertas Tecnología avanzada de comunicación que permite vigilar los mensajes recibidos de otras personas u organizaciones.

En segundo lugar, algunos expertos en marketing consideran que los cambios apresurados en los perfiles demográficos de los mercados y el uso siempre creciente de **tecnologías de guardapuertas** (como identificadores de llamadas, contestadoras electrónicas, mensajes de voz, contestadoras tradicionales) son medios para defender la privacidad de prácticas de marketing invasoras como las ventas por teléfono, ventas directas no solicitadas, engaños y envíos masivos (con ventas de productos o servicios disfrazadas de encuestas). La capacidad de los investigadores para recolectar datos importantes acerca de los consumidores mediante métodos tradicionales como las encuestas por correo directo y las entrevistas telefónicas han quedado limitadas en buena medida por los mecanismos guardapuertas y recientemente por leyes que defienden la privacidad de la información (por ejemplo, en Estados Unidos la Ley de Prevención del Fraude y el Abuso al Consumidor en el Telemarketing de 1994; la Ley de

Protección del Teléfono del Consumidor de 1992; la Ley Gramm-Leach-Bliley de Modernización de los Servicios Financieros de 1999, la Ley de Revelación de Tarjetas de Supermercado de 1999 y la Ley de Protección de la Privacidad de los Niños en Línea de 2000), que protegen los derechos de los individuos a la privacidad y norman la información que pueden y la que no pueden compartir entre compañías. Por ejemplo, el marketing directo, las ventas por la Internet y los investigadores en línea tienen que ofrecer a los compradores y a los posibles entrevistados la posibilidad de participar o no (es decir, medidas para que los individuos puedan borrar su nombre de las listas de aquéllos). Los avances en las tecnologías de guardapuertas seguirán planteando retos a los investigadores de mercado para que encuentren alternativas para llegar a los posibles entrevistados.

El tercer desafío que enfrentan quienes toman las decisiones de marketing es el creciente deseo de muchas compañías de competir en los mercados globales. La expansión internacional representa nuevos problemas para quienes toman las decisiones de marketing, así como oportunidades y preguntas sobre las relaciones multiculturales. En estos nuevos mercados, tan sólo las diferencias culturales obligarán a los ejecutivos e investigadores de mercado a cambiar su enfoque del análisis de datos puros de mercado por las actividades de administración de información e interpretación de datos. Por ejemplo, una de las agencias más grandes de información de marketing a nivel mundial de servicios completos es NFO (National Family Option) Worldwide Inc., con sede en Greenwich, Connecticut, y con diversas sucursales en Norteamérica, Europa, Australia, Asia y Medio Oriente. Esta agencia ha adoptado muchas de sus mediciones y dispositivos de seguimiento de marcas para responder a las diferencias culturales y lingüísticas entre las estructuras de mercado mundiales.

En cuarto lugar, el lugar de la investigación de mercado ha cambiado en las estructuras organizacionales de las empresas, con más énfasis y funciones en el proceso estratégico. Quienes toman las decisiones abordan las actividades y los productos de investigación de mercado como una estrategia integral para identificar nuevas oportunidades comerciales y generar otras ideas de productos, servicios y entrega. Estas personas comienzan a ver la investigación de mercado no sólo como el mecanismo para mejorar la información de inteligencia sobre los clientes y la administración de las relaciones con los clientes (ARC; por ejemplo, comprender las actitudes y el comportamiento en el mercado de los clientes, uno por uno, en mediciones en tiempo real), sino también como componente crítico para recolectar y establecer estrategias de información de inteligencia competitiva. Estos cambios empresariales generan nuevas dificultades y presiones para que los investigadores de mercados se integren más con los expertos en tecnología de la información de la empresa (por ejemplo, para crear métodos de enlace con las bases de datos tradicionales y en línea). Las organizaciones prefieren cada vez más estructuras multifuncionales que acentúen sobre todo el establecimiento de relaciones y el compartir de información. La estructura de la organización seguirá teniendo un efecto notable en la definición de los problemas empresariales y de marketing, así como en la determinación de las necesidades de información. En el futuro, los investigadores de mercados serán, más apropiadamente, expertos en información multifuncional. Tendrán que comprender e interpretar mejor los datos secundarios de varias funciones y ampliar su dominio de las computadoras y sus destrezas de administración de bases de datos. Sabemos que hemos utilizado numerosos términos que quizá no conoce. A medida que avance en su lectura les prestaremos una consideración más detallada.

Hay muchos factores ambientales que influyen en el proceso de investigación de mercados, pero estos elementos en particular orillan a los vendedores e investigadores a volver a pensar en la imagen que tienen de la investigación y sus tareas, desde la nueva perspectiva de la administración de la información.

Proceso de investigación de información Tareas sistemáticas para reunir, analizar, interpretar y transformar las estructuras de datos y los resultados en información para tomar decisiones.

Dado que todos estos factores ambientales esenciales se convierten en las fuerzas básicas de la revolución y los cambios que inciden en las prácticas actuales de la investigación de mercado, en el futuro un nombre más correcto para el proceso tradicional de investigación de mercado será el de **proceso de investigación de información**. La frase *investigación de información* remite a las modificaciones constantes que ocurren en el sector de la investigación de mercado y a los rápidos cambios que enfrentan quienes toman las decisiones en lo

La investigación de cerca

En el campo

Los administradores que toman decisiones...

Están orientados a las decisiones. Son pensadores intuitivos que quieren información para confirmar sus decisiones. Quieren más información ahora (o "ayer"), así como resultados acerca del comportamiento del mercado en el futuro ("¿cuáles serán las ventas el próximo año?"), al tiempo que adoptan una postura conservadora en cuanto a los costos de información adicional. Se inclinan por los resultados, no les gustan las sorpresas y rechazan la información que los toma desprevenidos. Su principal preocupación es el desempeño del mercado ("¿todavía no somos el número uno?") quieren información certera ("¿es o no es?") y abogan por la conducta proactiva, aunque a veces dejan que los problemas los obliguen a tomar decisiones de reacción.

Los investigadores de mercado...

Son pensadores científicos, técnicos, analíticos, que quieren explorar los nuevos fenómenos y aceptan la prolongación de las investigaciones para garantizar que se completen. Se enfocan en la información sobre el comportamiento pasado ("Nuestra tendencia ha sido...") y no son conscientes de los costos de la nueva información ("Recibimos lo que pagamos"). Los investigadores están orientados a los resultados pero les encantan las sorpresas. Disfrutan de las abstracciones ("Nuestra ganancia exponencial..."), la probabilidad de las ocurrencias ("Quizá", "Esto indica que...") y abogan por una necesidad activa de indagar continuamente los cambios en los componentes del mercado, pero en general opinan que están restringidos a hacer investigaciones reactivas ("el trabajo sucio") por la falta de visión y planeación de la administración.

relativo a cómo realizan sus compañías las actividades internas y externas de operación y marketing. Muchas de las tareas y actividades de la investigación de mercados son las mismas; comprender la transformación de los datos puros en información aprovechable en un marco de procesamiento de información más amplio expande la capacidad de aplicar la investigación para resolver problemas comerciales y abrir oportunidades.

Determinación de la necesidad de investigación de información

Antes de presentar y analizar las fases y las tareas concretas del proceso de investigación de mercados, conviene subrayar la importancia de que usted entienda *cuándo* se requiere un proceso de investigación y cuándo no. Además, queremos resaltar *qué* tan necesario se ha vuelto para los investigadores trabajar muy estrechamente con administradores para reconocer problemas, preguntas y oportunidades comerciales.

Aunque muchos textos de la materia postulan que la primera tarea consiste en que el investigador *establezca la necesidad de una investigación de mercados,* esto pone mucha responsabilidad y control en las manos de una persona que quizá no está capacitada para tomar decisiones administrativas. Quienes toman las decisiones y los investigadores tienen una educación diferente en cuanto al método para identificar y abordar problemas, preguntas y oportunidades empresariales, como se aprecia en los perfiles que se encuentran en el recuadro adjunto. Hasta que quienes toman decisiones y los investigadores de mercados coincidan en su forma de pensar, la aceptación inicial de la existencia de un problema o de una oportunidad debe ser responsabilidad principal de los tomadores de decisiones, no de los investigadores.

Para evitar que las diferencias entre investigadores y quienes toman decisiones compliquen la definición del problema, los que deciden deben tener la responsabilidad de emprender las actividades de reconocimiento y delimitación del problema u oportunidad. Por ahora, una buena regla práctica es preguntarse si el problema de toma de decisión (o la pregunta) puede resolverse con información subjetiva (es decir, experiencia, premisas, sentimientos, etc.). Si la respuesta lógica es negativa, hay que considerar o activar un proceso de investigación de información (o una tarea concreta). Más aún, si el problema no se resuelve con información subjetiva, quien toma las decisiones debe pensar en aplicar el proceso de investigación.

En la mayor parte de los casos, cuando se requiere más información (primaria o secundaria) al enfrentar algún problema, los que deciden necesitan ayuda para determinar, recolectar, analizar e interpretar la información. Para ilustrar esta afirmación, volvamos al texto introductorio. El dueño de la fábrica de impresoras tuvo una experiencia reciente (información subjetiva) con tres clientes que no estaban contentos con las impresoras compradas o con los servicios de reparación recibidos, de modo que reconoció que había un posible problema de satisfacción. La información subjetiva de estos tres clientes no era suficiente para resolver el problema, lo que lo llevó a pedirle ayuda a la consultora (la experta en información). La necesidad de activar el proceso de investigación procede básicamente de la capacidad de quien toma las decisiones para reconocer problemas y oportunidades, así como de vigilar el desempeño del mercado.

Problema de decisión Situación en la que un administrador no está seguro de cuál acción le permitirá cumplir cierto objetivo.

Si se acepta que se requiere tomar una decisión, surgen varias interrogantes. La situación de decisión procede de la conciencia de que hay problemas y oportunidades de decisión o síntomas del desempeño del mercado. Un **problema de decisión** es una situación en la que el administrador no está seguro de qué camino lo llevará a cumplir determinado objetivo. En un contexto más general, la palabra *problema* se refiere a una variable independiente (por ejemplo, un elemento de la mezcla de marketing, condición ambiental o factor situacional) que hace que la organización no alcance un objetivo. A veces ocurren problemas por una mezcla ineficaz de marketing (es decir, la combinación de producto, precio, promoción y distribución), cambios incontrolables en el entorno (como nuevas leyes de seguridad de los productos, aumentos en la competencia directa), modificación de los factores situacionales (como mayor demanda de calidad y satisfacción del cliente), o una combinación de éstos.

Oportunidad de decisión Situación en la que el desempeño de una compañía en el mercado puede mejorar significativamente si se emprenden nuevas actividades o se revisan las prácticas actuales.

Una **oportunidad de decisión** es una situación en la que el desempeño en el mercado de la compañía puede mejorar notablemente si se emprenden actividades nuevas o se revisan las prácticas actuales. Por ejemplo, una empresa que entiende que sus clientes quieren más calidad en el servicio impondría nuevos criterios de desempeño no sólo para fomentar la calidad, sino también para mejorar la imagen general a los ojos de los clientes. El resultado de esta acción sería un aumento en los clientes preocupados por la calidad. Al explotar las oportunidades de decisión, quienes deciden a menudo necesitan datos secundarios o primarios.

Síntomas del desempeño del mercado Condiciones que revelan la presencia de un problema u oportunidad de decisión.

Los **síntomas del desempeño del mercado** son las condiciones que señalan la presencia de un problema u oportunidad de decisión. Con mucha frecuencia, los síntomas del desempeño del mercado son señales para quienes toman decisiones de marketing. Recuerde que los síntomas no son lo mismo que los problemas o las oportunidades, sino resultados observables y medibles de oportunidades y problemas. Quien decide rara vez puede identificar y definir el problema o la oportunidad de decisión únicamente porque sabe de la existencia de uno o varios síntomas. Por ejemplo, una disminución en el volumen de ventas que siga a una reducción de 10% en el precio unitario de un producto no es un problema, sino el síntoma de un problema que hay que identificar.

A medida que más compañías empleen equipos multidisciplinarios de toma de decisiones y acentúen el compartir la información, habrá una mayor dependencia del proceso de investigación de información, y especialmente de las tareas que se centran en recolectar, analizar y presentar los datos secundarios. Por ejemplo, los sistemas de información diseñados para vigilar las medidas tradicionales de desempeño del mercado, los elementos fundamentales de la mezcla de marketing o los factores ambientales o situacionales deberán incorporar los principios científicos que guían el proceso de investigación.

FIGURA 2.2 Las cuatro fases del proceso de investigación de información

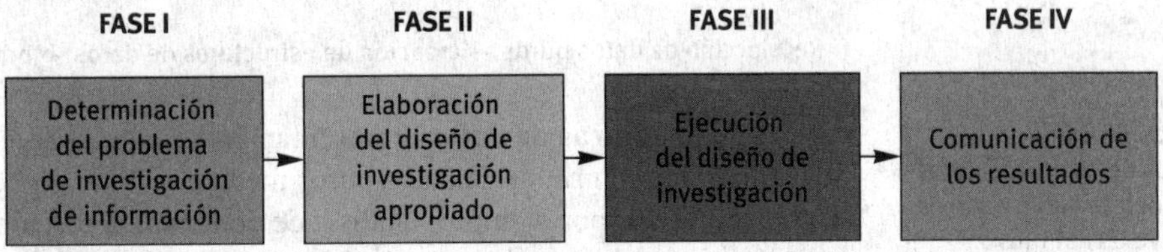

Generalidades del proceso de investigación de información

El proceso de investigación de mercados se explica como un conjunto de 6 a 11 etapas estandarizadas. En este libro se les definirá como un proceso de investigación de información que consta de cuatro fases distintas, pero articuladas, que guardan un orden lógico y jerárquico: 1) determinación del problema de investigación, 2) elaboración del diseño apropiado de investigación, 3) ejecución del diseño de investigación, y 4) comunicación de los resultados (véase la figura 2.2). Los investigadores deben verificar que cada fase se realice en orden para alcanzar la meta general de ofrecer la información necesaria a quienes toman las decisiones administrativas. Sin embargo, cada fase debe contemplarse como un proceso aparte que consiste en una combinación de tareas integradas y procedimientos concretos. Las cuatro fases y sus tareas correspondientes están regidas por los principios del **método científico**, que comprende procedimientos de investigación formalizados que se caracterizan por ser lógicos, objetivos, sistemáticos, confiables, válidos, impersonales y continuos. A diferencia del proceso de investigación de mercados tradicional, en el que se destaca la recolección y análisis de datos puros "de primera mano", en la investigación de información se da una importancia equivalente a la interpretación de los datos secundarios.

Método científico Procedimiento de investigación formalizado que se caracteriza por ser lógico, objetivo, sistemático, confiable, válido, impersonal y continuo.

Transformación de los datos puros en información

Mientras lee este capítulo, tenga presente que el principal objetivo del proceso de investigación de información es dar información secundaria y primaria que les sirva a quienes toman las decisiones administrativas para resolver un problema identificable, abordar una pregunta o explotar una oportunidad comercial. Para conseguir este objetivo es importante recordar que la información para quienes toman las decisiones surge después de que se analizan e interpretan las estructuras de datos y se transforman en expresiones escritas que los administradores entiendan y aprovechen y que no existían antes de la transformación interpretativa. Para comprender lo que significa esta transformación es indispensable advertir que hay diferencias claras entre los términos *datos puros, estructuras de datos* e *información.*

Datos puros Respuestas de primera mano obtenidas acerca del objeto de la investigación.

En primer lugar, los **datos puros** representan las repuestas de primera mano que se obtienen sobre un objeto o tema de investigación luego de formular preguntas o de observar acciones. Estas respuestas iniciales no han sido analizadas ni tienen una significancia interpretativa. Algunas categorías para ejemplificar los datos puros son: 1) las respuestas de un individuo en un cuestionario, 2) las palabras grabadas en una entrevista en un grupo focal, 3) el total de vehículos que cruzaron cierta intersección, 4) la lista de compras, por tipo de producto, en una caja registradora electrónica del supermercado local.

Toda la información de marketing secundaria y primaria se obtiene de la recolección de respuestas puras, a las que se les aplica alguna forma de análisis de datos para crear estructuras utilizables, que posteriormente interpreta alguien (el investigador o quien toma las decisiones).

Recolección de datos puros → creación de estructuras de datos → proveer de significancia interpretativa

Estructuras de datos Resultados de combinar datos puros mediante algún análisis cuantitativo o cualitativo.

Las **estructuras de datos** representan los resultados de combinar las respuestas puras de los individuos en grupos de datos puros mediante algún procedimiento de análisis cuantitativo o cualitativo (por ejemplo, análisis de contenidos, cálculo de las estadísticas de la muestra). Los resultados pueden revelar esquemas o tendencias, que serán simples o complejas. Al respecto citemos algunos ejemplos: 1) el promedio de veces que 500 cinéfilos se presentan en su sala de cine favorita, 2) la distribución de frecuencia de 1 000 universitarios que comen en varios restaurantes predeterminados en el plazo de 30 días, 3) el error muestral asociado con la satisfacción general expresada por los dueños de 205 nuevos autos Acura 3.2TL, 4) los resultados de la prueba *z* de comparar las diferencias en la media de los criterios de selección de hotel entre clientes nuevos y asiduos de determinado hotel.

Información Conjunto de hechos derivados de las estructuras de datos cuando alguien (el investigador o quien toma las decisiones) las interpreta y les asigna un significado en prosa.

La **información** se obtiene de las estructuras de datos cuando alguien (el investigador o quien toma las decisiones) dedica tiempo y esfuerzo a interpretar las estructuras de datos y a asignarles un significado lingüístico. Para ilustrar este proceso de transformación tomemos el ejemplo de un hotel. Recientemente, los ejecutivos corporativos de JP Hotel, Inc., en Atlanta, Georgia, evaluaban las formas de mejorar las utilidades netas de la compañía. En concreto, buscaban los medios de recortar los costos de operación. El vicepresidente de finanzas propuso reducir "la calidad de las toallas y ropa de cama" de las habitaciones. Antes de tomar la decisión final, el presidente pidió al departamento de investigación de mercados que realizara un estudio entre los clientes comerciales mediante una metodología científica sólida. En la tabla 2.1 se resumen algunos resultados del estudio, en el que se pidió a 880 personas (440 clientes nuevos y 440 asiduos) que indicaran el grado de importancia que daban a siete criterios al elegir un hotel. Los entrevistados se basaron en una escala de seis puntos de importancia de (6) "extremadamente importante" a (1) "nada importante". Las respuestas de los individuos (respuestas en una escala) eran en sí los *datos puros,* que tomó el investigador para calcular la importancia promedio general de cada criterio mediante un simple procedimiento de "análisis de media", cuyos resultados (mostrados en la tabla) representan *estructuras de datos* asociados con cada criterio de selección en el total de entrevistados, así como de clientes nuevos y asiduos. De hecho, todas las cifras de la tabla representan estructuras de datos. Además, hay evidencias de que las estructuras de datos también fueron sometidas a análisis estadísticos (por ejemplo, véase los resultados de los conglomerados significativos, CS), pero estos resultados no proporcionan por sí mismos información comprensible o significativa al equipo administrativo para ayudar a determinar si hay que reducir o no "la calidad de las toallas y ropa de cama" para disminuir los costos de operación.

Cuando presentaron los resultados de la tabla, el presidente (que no tenía conocimientos de metodologías de investigación) formuló esta pregunta: "Veo muchas cifras impresionantes, ¿pero qué me dicen en realidad?" El director de la investigación de mercados explicó en seguida lo que indicaban las cifras sobre el criterio de "la calidad de las toallas y la ropa de cama". "Para nuestros clientes de negocios nuevos y asiduos, *la calidad de las toallas y la ropa de cama* es uno de los tres criterios de selección más importantes que repercuten en la elección del hotel para hospedarse cuando tienen que pernoctar por razones de negocios." Además, los viajeros de negocios opinan que "*la limpieza de la habitación* y la *oferta de opciones de tarjetas de cliente distinguido* son tan importantes como el criterio de *la calidad de las toallas y la ropa de cama,* si bien los huéspedes nuevos le dan más importancia a la limpieza de la habitación ($x = 5.75$) que los asiduos ($x = 5.50$)". Por su parte, "nuestros clientes asiduos confieren significativamente más importancia a la disponibilidad de nuestras opciones de tarjetas de clientes distinguidos ($x = 5.71$) como un factor sin duda fuerte al elegir hotel que nuestros clientes de primera vez ($x = 5.42$)". Cuando comprendieron la información que aportan las estructuras de datos, los ejecutivos decidieron que no sería prudente

TABLA 2.1 Resumen de las diferencias generales de importancia en criterios para escoger hotel usados por huéspedes nuevos y asiduos

	Total (n = 880)		Huéspedes nuevos (n = 440)			Huéspedes asiduos (n = 400)			
Criterios de elección de hotel	Media[a]	(AS)[b]	Media	Error estándar	(AS)	Media	Error estándar	(AS)	Prueba z
Limpieza de la habitación	5.65	(A)	5.75	.06	(A)	5.50	.05	(A)	*
Buena calidad de las toallas y ropa de cama	5.60	(A)	5.55	.06	(A)	5.62	.07	(A)	
Opciones de tarjeta de cliente distinguido	5.57	(A)	5.42	.07	(A)	5.71	.06	(A)	*
Personal y empleados corteses y serviciales	5.10	(B)	4.85	.09	(B)	5.45	.07	(B)	*
Servicios de lujo gratuitos	5.06	(B)	4.35	.10	(C)	5.38	.11	(B)	*
Ubicación conveniente para la empresa	5.04	(B)	5.25	.09	(B)	4.92	.10	(B)	*
Entretenimiento visual en la habitación	3.63	(D)	3.30	.13	(D)	4.56	.11	(C)	*

[a] Escala de importancia: una escala de seis puntos desde 6 (extremadamente importante) hasta 1 (nada importante).
[b] Conglomerados significativos (CS): (A) = definitivamente factor fuerte; (B) = factor fuerte; (C) = factor moderadamente fuerte; (D) = factor débil.
* La media de la diferencia de importancia entre los dos grupos de clientes es significativa en $p < 0.05$.

reducir la calidad de toallas y ropa de cama para disminuir los gastos de operación y mejorar las utilidades.

Interrelación de las tareas del proceso de investigación

Una vez que quienes toman las decisiones aceptan que necesitan ayuda, deben convocar al investigador de información y dirigir sus esfuerzos a la creación y ejecución de un proceso investigativo de carácter científico. En la figura 2.3 se listan las tareas interrelacionadas de las cuatro fases del proceso de investigación. En las siguientes cuatro secciones del capítulo se da un panorama de las principales actividades de cada fase y en capítulos posteriores se detallan las tareas.

Antes de comenzar, es importante observar que aunque los investigadores deben seguir los pasos en orden, estas tareas y las actividades que comprenden están interrelacionadas y es posible desplazarlas e incluso omitirlas. De hecho, sólo en ciertos casos el investigador realizará todas las tareas con sus actividades. En muchas ocasiones, la complejidad del problema, el riesgo que plantea y la aclaración de las necesidades de información de la administración repercuten directamente en la cantidad de tareas y actividades clave que se ejecutan y en qué orden. Por ejemplo, mientras un investigador realiza ciertas actividades de la tarea 2 (perfeccionar el problema de decisión como problema de investigación), frecuentemente se descubren nuevos problemas, que no habían sido advertidos en la tarea anterior (determinar y aclarar las necesidades de información de la administración). Los nuevos descubrimientos pueden obligar al investigador a recomenzar nuevamente una tarea. En otras situaciones, efectuar una preprueba de un instrumento de encuesta (la tarea 7) revelaría debilidades en el diseño de la medición escalar o de las preguntas (en la tarea 6), lo que causaría volver a evaluar las medidas de escala que se aplicarán en la recolección de los datos. En otras situaciones, tal vez se determine que los datos requeridos para abordar problemas de investigación podrían manejarse analizando estructuras de datos secundarios, con lo que se eliminaría la necesidad de

FIGURA 2.3 Fases y tareas del proceso de investigación de información

FASE I: DETERMINACIÓN DEL PROBLEMA DE INVESTIGACIÓN DE INFORMACIÓN

Tarea 1: Determinar y aclarar las necesidades de información de la administración
Tarea 2: Volver a definir el problema de decisión como uno de investigación
Tarea 3: Establecer los objetivos de investigación y determinar el valor de la información

FASE II: ELABORACIÓN DEL DISEÑO DE INVESTIGACIÓN APROPIADO

Tarea 4: Determinar y evaluar el diseño de la investigación y las fuentes de datos
Tarea 5: Determinar el plan muestral y el tamaño de la muestra
Tarea 6: Determinar los temas y escalas de medición

FASE III: EJECUCIÓN DEL DISEÑO DE INVESTIGACIÓN

Tarea 7: Recolectar y procesar los datos
Tarea 8: Analizar los datos
Tarea 9: Transformar las estructuras de datos en información

FASE IV: COMUNICACIÓN DE LOS RESULTADOS

Tarea 10: Preparar y presentar el informe final a la administración

Nota: Cada una de estas tareas de investigación se estudia en capítulos posteriores.

establecer un plan muestral o de determinar un tamaño muestral. En este punto, lo importante es recordar que aunque diferentes problemas de administración requieren proyectos de investigación distintos, las buenas prácticas de investigación de información tendrán tantas semejanzas que las cuatro fases y muchas otras actividades fundamentales servirán para crear información significativa para quienes toman decisiones.

¿Qué puede ocurrir si no se sigue el proceso de investigación de información para dar a la administración información significativa? Es muy probable que se haya desperdiciado mucho tiempo, energía y dinero para conseguir información tendenciosa, incompleta o errónea para resolver problemas de toma de decisiones. Por ejemplo, la Comisión de Alimentos y Bebidas del Alto Lakes Golf y el Country Club de Alto, Nuevo México, quería determinar la satisfacción general de sus miembros con los servicios del "carrito de bebidas" del campo de golf y saber cómo mejorar esos servicios. Por ignorar el proceso de investigación, la comisión diseñó instintivamente una tarjeta sencilla para calificar el carrito y pidió a los miembros que clasificaran el servicio de bebidas con una escala de seis puntos de (6) "Sobresaliente" a (1) "Malísimo", además de ofrecer un espacio para comentarios. Después de revisar apenas 50 tarjetas devueltas, la comisión encontró que, de acuerdo con los comentarios de los miembros, había varias actividades relacionadas con el funcionamiento del carrito que favorecían la sensación de satisfacción y que el esquema de calificación medía no la satisfacción sino el desempeño general. La comisión, en efecto, recibió datos e información acerca del servicio del carrito de bebidas, pero no era lo que buscaban. La comisión había incorporado a ciegas algunas de las actividades esenciales del proceso de investigación de información, y los datos no les ayudaron a abordar el problema original.

Fase I: Determinación del problema de investigación

El principal objetivo de la fase 1 es identificar explícitamente el problema de investigación. Para conseguir este objetivo, los investigadores deben centrarse en las primeras tres tareas (véase la figura 2.3).

Tarea 1: Determinar y aclarar las necesidades de información de la administración

Las actividades que se dan como primer paso sirven para hacer que los investigadores y quienes toman las decisiones concuerden en que la administración acepta la necesidad de cierta información para enfrentar un problema, oportunidad o pregunta crítica sobre un síntoma del desempeño del mercado. Por lo regular, antes de que el investigador entre en escena, quien toma las decisiones ya hizo un enunciado formal de lo que, en su opinión, trata el asunto. En este momento, la responsabilidad del investigador es verificar que la administración especificó de manera clara y correcta el problema, oportunidad o pregunta. A continuación, ayuda a quien toma las decisiones a determinar si el problema definido efectivamente lo es y no sea un síntoma de un problema que todavía no se identifica. Para ello, el investigador emplea el principio de iceberg o un análisis situacional (para descripciones de estas técnicas de análisis véase el capítulo 3).

Es importante que quien toma las decisiones y el investigador estén de acuerdo con la definición del problema para que el proceso de investigación arroje información útil. En colaboración con quien decide, el investigador lista los factores que podrían tener un efecto directo o indirecto en el problema o la oportunidad definidos. Ambas partes deben coincidir también acerca de la clase de información que se requiere (subjetiva, secundaria, primaria, o una combinación de éstas). El investigador termina esta etapa con suficientes conocimientos de la situación para pasar a la tarea 2. En el capítulo 3 se profundiza en las actividades de la tarea 1.

Tarea 2: Redefinir el problema de decisión como un problema de investigación

Cuando el investigador y quien toma las decisiones han identificado las necesidades concretas de información, el investigador debe volver a definir el problema en términos científicos. En general, quienes toman las decisiones operan en un contexto práctico, mientras que los investigadores están más a gusto en un marco científico.

Volver a definir el problema de decisión es el paso más crucial en el proceso de investigación, puesto que éste influye mucho en las demás tareas. La responsabilidad del investigador es volver a enunciar las variables iniciales asociadas con el problema de decisión en uno o más formatos de preguntas clave (cómo, qué, dónde, cuándo o por qué).

Por ejemplo, recientemente la administración de Lowe's Home Improvement Warehouse Inc. (un importante vendedor de muebles y madera) estaba preocupada por la imagen de sus tiendas, así como de su apariencia entre los clientes conocidos del mercado metropolitano de Atlanta. La primera pregunta fue: "¿Hay que modificar nuestras estrategias de marketing para aumentar la satisfacción de nuestros segmentos actuales y futuros de clientes?" Los administradores de Lowe se reunieron con los consultores de Corporate Communications and

FIGURA 2.4 **Preguntas de decisión e información planteadas por Lowe's Home Improvement Warehouse, Inc.**

PREGUNTA DE DECISIÓN

¿Deben modificarse nuestras estrategias de marketing para aumentar la satisfacción entre nuestros segmentos de clientes actuales y futuros?

PREGUNTAS REDEFINIDAS DE INVESTIGACIÓN

¿*Qué* aspectos de la operación o las tiendas juzga importantes la gente para elegir un local de muebles y madera?

¿*Cómo* evalúan los clientes conocidos las sucursales de Lowe's a partir de un conjunto de aspectos de operación y tiendas asociados con la compañía?

¿*Cuáles* son las fortalezas y las debilidades que se perciben en la operación de Lowe's?

¿*Cómo* comparan clientes y no clientes a Lowe's con otras tiendas de muebles y madera de la zona metropolitana de Atlanta?

¿*Cuál* es el perfil demográfico y psicográfico de quienes son clientes de las tiendas de Lowe's en el mercado de Atlanta?

Marketing Inc. para aclarar las necesidades de información de la empresa. Los consultores trasladaron los factores del problema en las preguntas concretas de la figura 2.4.

Con la ayuda de la administración, los consultores identificaron los atributos concretos que habría que incluir en cada pregunta de investigación. Por ejemplo, "los aspectos específicos de tienda y operación" abarcaban horario conveniente, personal cortés y servicial y amplio surtido de productos y servicios. Cuando se redactan las preguntas de la investigación de información, cabe aplicar dos métodos para determinar el nivel de detalle con que se redactarán las preguntas. En un caso, una pregunta puede redactarse con un enfoque general que sólo incluya la *categoría* de los factores posibles para los que se establecen los requisitos de datos, sin especificar dichos factores por separado. Por ejemplo, en la última pregunta de investigación definida en el caso de Lowe (figura 2.4), la redacción es un tanto ambigua porque sólo expresa la necesidad de un "perfil demográfico y psicográfico" de los clientes sin especificar qué características demográficas en particular (como edad, ingreso, escolaridad o estado civil) o factores psicográficos (estilo de vida, conciencia acerca del precio, afecto al trabajo manual, lealtad a la marca, buscador de información) haya que investigar. En contraste, las preguntas de investigación pueden redactarse con mucha especificidad de los requisitos de datos. Por ejemplo, si el equipo de administración de Lowe hubiera estado interesado en determinar el margen del precio para un taladro eléctrico de Black & Decker, las preguntas de investigación se habrían redactado como sigue: 1) ¿Cuál es el margen del precio que los clientes esperan pagar por un taladro eléctrico RX de Black & Decker?, y 2) ¿Cuál es el margen del precio que los clientes están dispuestos a pagar por un taladro eléctrico RX de Black & Decker? Cada pregunta se centra en un requisito específico de datos: el margen esperado y, a continuación, el margen real del precio.

Un ejemplo de la integración de las tareas es que el investigador quizá deba efectuar actividades de investigación cualitativa o exploratoria (tarea 4) en el proceso de determinación de los aspectos fundamentales de las operaciones de venta de Lowe. Además, las actividades del investigador se centrarían en determinar qué información específica (es decir, hechos, estimaciones, pronósticos, relaciones, o una combinación de éstos) se necesitarán para contestar las preguntas concretas de investigación, así como los requisitos de calidad de las estructuras de datos.

Luego de volver a definir el problema de quien toma las decisiones e identificar los requisitos pertinentes de información, el investigador debe hacer una evaluación inicial sobre qué fuentes (primarias o secundarias) serían las más convenientes para ofrecer los datos y la información para responder las preguntas de la investigación. Aunque las decisiones finales sobre las fuentes de los datos serían parte de las actividades de la tarea 4 (Determinar y evaluar el diseño de investigación y las fuentes de datos), el investigador comienza el proceso en la tarea 2. Aquí, parte de formular esta interrogante: ¿Es posible abordar la pregunta de investigación con datos (secundarios) que ya se tengan, o se requieren datos (primarios) de primera mano? Para dar con la respuesta a esta pregunta fundamental, los investigadores formulan nuevas preguntas sobre la disponibilidad de los datos, su calidad, los costos y las restricciones de tiempo. El proceso en sí y las preguntas varían entre los investigadores. Los detalles respectivos se revisan en los capítulos 3 y 4.

Finalmente, esta tarea brinda al investigador la oportunidad de determinar si la información requerida por la administración es necesaria o no. El investigador debe completar esta tarea antes de pasar a la tarea 3.

Tarea 3: Establecer los objetivos de la investigación y determinar el valor de la información

Los objetivos de la investigación deben desprenderse de la definición de los problemas de investigación y los requisitos de información establecidos en la tarea 2. Unos objetivos de investigación enunciados formalmente ofrecen los lineamientos para determinar qué otras tareas hay que emprender. La premisa básica es que si se consiguen los objetivos, quien toma las decisiones tendrá la información que necesita para resolver el problema.

En cierto sentido, los objetivos son la justificación para que la administración y los investigadores emprendan el proyecto de investigación de información. Tomemos el ejemplo de la Fundación Ford que aparece en el recuadro adjunto, sobre las implicaciones para la pequeña empresa. Observe que los tres objetivos de información señalados al final difieren del problema de decisión descrito por la fundación y del problema de información definido por el investigador. Antes de que los investigadores superen la fase I del proceso de investigación, deben verificar que se da una definición clara y completa de cada factor o variable que será incluido en el estudio. También debe haber una justificación clara de la pertinencia de cada factor. Por ejemplo, ¿qué entiende la Fundación Ford por "protección"? ¿Protección de qué: de la lluvia, el frío, la nieve?

También antes de pasar a la siguiente fase del proceso de investigación quien toma las decisiones, auxiliado por el investigador, debe tratar de estimar el valor esperado de la información. No es fácil culminar con certidumbre esta actividad, porque entran en juego varios factores y consideraciones. Es preciso dar respuestas, que sean "buenas conjeturas", a las siguientes preguntas: 1) ¿Es posible recolectar la información?, 2) ¿La información dirá a quien toma las decisiones algo que ahora no sabe?, 3) ¿La información proveerá conocimientos importantes?, y 4) ¿Qué beneficios se obtendrán de la información? En la mayor parte de los casos, la investigación debe efectuarse sólo cuando el valor esperado de la información excede el costo de realizarla.

Fase II: Establecimiento del diseño de investigación apropiado

El principal interés de la fase II es preparar el diseño de investigación más apropiado para el conjunto de los objetivos. En seguida se resumen las tres tareas de esta fase.

La investigación de cerca

Implicaciones para la pequeña empresa

Hace varios años, la Fundación Ford para las Artes Interpretativas, con sede en Vail, Colorado, realizó una campaña de recolección de fondos por 5 millones de dólares con objeto de construir un anfiteatro para presentar espectáculos artísticos. El equipo de diseño del anfiteatro de la fundación enfrentó algunas dificultades de decisión. No estaban seguros acerca de las características de diseño que debía tener la estructura para ser apta para los distintos tipos de espectáculos (producciones teatrales, conciertos de música, producciones dancísticas, etcétera). No lograban determinar si la estructura debería dar cabida a espectáculos en interiores, al aire libre, o de las dos clases. Se preguntaban por la cantidad de asientos y les preocupaba el costo de los boletos, la capacidad de estacionamiento, la disponibilidad de zonas de descanso y para comer, y los espectáculos que más preferían los residentes y los visitantes. La fundación contrató a un consultor de investigación de mercados para que ayudara a recolectar los datos primarios y secundarios que se requerían para resolver las preocupaciones del equipo de diseño. Después de varias reuniones, el investigador presentó su propuesta de investigación, en la que afirmaba que "el *objetivo de la investigación primaria* se centra en la recolección e interpretación de información concreta sobre actitudes y conductas con la que se abordarán varias preguntas formuladas por el equipo de diseño del anfiteatro de la Fundación Ford en relación con la selección de espectáculos artísticos y las características posibles de diseño para la estructura propuesta del anfiteatro". Tres de las principales preguntas de investigación fueron las siguientes:

1. ¿Qué espectáculos artísticos prefieren ver los residentes y visitantes de la región del Vail Valley?
2. ¿Qué precios deben cobrarse por los espectáculos?
3. ¿A qué programas de veladas veraniegas asistiría el público dentro o fuera de las instalaciones? Si es al aire libre, ¿qué protección debería ofrecerse al público y los intérpretes?

Estas preguntas se convirtieron en los siguientes objetivos de investigación:

1. Determinar con qué frecuencia asistió la gente a espectáculos artísticos en el año anterior y qué tres géneros de espectáculos (producciones dancísticas, producciones teatrales, conciertos de música) estarían más interesados en presenciar durante su estancia en el Vail Valley.
2. Determinar, por género de espectáculo, la variación del precio promedio que una persona estaría dispuesta a pagar por un asiento en los espectáculos presentados en el Vail Valley.
3. Determinar el grado al que la gente prefiere asistir a un espectáculo artístico dentro o fuera de las instalaciones, así como la protección que deberá ofrecerse a la audiencia si el espectáculo se realiza al aire libre.[2]

Tarea 4: Determinar y evaluar el diseño de la investigación y las fuentes de datos

El diseño de la investigación es el plan maestro de la metodología con que van a recolectarse y analizarse los datos que necesita quien toma las decisiones. Determinar el diseño de investigación más apropiado es una función de los objetivos de la investigación y de los requisitos de información. En este plan maestro, el investigador debe considerar el tipo de datos, la técnica del diseño (encuesta, observación, experimento, etc.), la metodología y los procedimientos muestrales, el calendario y el presupuesto. Aunque cada problema de investigación es único, es posible cumplir con los objetivos mediante tres clases de diseño: exploratorio, descriptivo o causal.

Investigación exploratoria Investigación centrada en recolectar datos primarios o secundarios mediante un formato no estructurado o procedimientos informales de interpretación.

Diseños de investigación exploratoria

La **investigación exploratoria** se centra en recolectar datos primarios o secundarios mediante un formato no estructurado o procedimientos informales de interpretación. Entre los tres tipos de diseños de investigación, la exploratoria incorpora el menor número de características de los principios del método científico. Muchas veces se aplica tan sólo para clasificar los problemas u oportunidades, y no se pretende que arroje información concluyente para determinar cierta acción en particular. Entre los ejemplos de las técnicas de investigación exploratoria se encuentran las entrevistas de grupos focales, las encuestas y los estudios piloto. La investigación exploratoria también puede acudir a ciertas formas de datos secundarios (como las bases de datos en línea). A veces es intuitiva y la ejercen muchos que toman las decisiones al supervisar las medidas de desempeño del mercado que convengan a su compañía o ramo. En el capítulo 8 se tratan con más detalle los diseños exploratorios.

Diseños de investigación descriptiva

Investigación descriptiva Investigación basada en métodos y procedimientos científicos para recolectar datos puros y crear estructuras de datos que describan las características actuales de una población objetivo definida o una estructura de mercado.

En la **investigación descriptiva** se aplica un conjunto de métodos y procedimientos científicos para recolectar datos puros y generar estructuras de datos que describan las características (actitudes, intenciones, preferencias, hábitos de compra, evaluaciones de las estrategias actuales de mezcla de marketing) de una población objetivo definida o una estructura de mercado. Los diseños de investigación descriptiva se prefieren cuando los objetivos determinan el grado al que las variables de marketing (o de decisión) se relacionan con fenómenos actuales del mercado. Aquí el investigador busca respuestas a las preguntas cómo, quién, qué, cuándo y dónde acerca de los diversos componentes de la estructura del mercado.

En general, los estudios descriptivos permiten a quienes toman decisiones sacar deducciones sobre sus clientes, competidores, mercados objetivos, factores ambientales y otros fenómenos de interés. Por ejemplo, hay una creciente tendencia entre las principales cadenas de restaurantes a realizar estudios anuales destinados a identificar y describir las actitudes, sentimientos y hábitos de consumo de los clientes de sus locales y de los principales competidores. Estos estudios, que se llaman *encuestas de evaluación de imagen* o *encuestas de satisfacción con el servicio,* describen de manera parcial la calificación que dan los consumidores al servicio, la comodidad de la ubicación, calidad de la comida, calidad general, etcétera. Los diseños descriptivos no consiguen resolver las preguntas sobre el porqué de un problema de investigación; sin embargo, los datos y la información que generan dan material que puede indicar una acción a quienes tienen poder de decisión. En el capítulo 9 se exponen con más detalle los diseños descriptivos.

Diseño de investigación causal

Investigación causal Investigación destinada a recolectar datos puros y crear estructuras de datos e información para que el investigador prepare modelos de las relaciones causales entre dos o más variables de mercado (o decisión).

La **investigación causal** se destina a reunir datos y crear estructuras e información que permitan a quien toma las decisiones o al investigador establecer modelos de las relaciones de causa y efecto entre dos o más variables (o decisiones) del mercado. La investigación causal es la más apropiada cuando los objetivos de investigación incluyen la necesidad de comprender las razones del comportamiento de ciertos fenómenos del mercado; es decir, quien toma las decisiones debe sentir un deseo intenso de comprender qué variables de decisión o del mercado son la causa del fenómeno definido en el problema de investigación o decisión.

La investigación causal sirve para comprender las relaciones funcionales entre los factores causales y los efectos pronosticados en la variable de desempeño del mercado que se estudia. Con este diseño de investigación, quienes deciden obtienen los mayores conocimientos del proceso de investigación. Además, comprender las relaciones causales entre factores del desempeño del mercado permite a quien toma las decisiones formular enunciados condicionales sobre las variables. Por ejemplo, el propietario de una tienda de ropa casual para caballero en Monterrey podría decir: "*Si* amplío el surtido de las playeras con el nombre de la marca, aumento mi presupuesto de publicidad 15%, hago un descuento de introducción de 30% sobre las playeras nuevas y no modifico el resto de mis estrategias de mezcla de marketing, *entonces* nuestro volumen general de ventas aumentará 40%".

Si bien los diseños de investigación causal ofrecen la oportunidad de identificar, determinar y explicar las causas de factores cruciales en el mercado, son también complicados, caros y demorados. Entre las diversas técnicas de recolección de datos, los diseños experimentales poseen el mayor potencial para establecer relaciones causales porque los investigadores pueden estudiar los cambios en una variable cuando manipulan una o dos en condiciones controladas. Los diseños de investigación causal se tratan más a fondo en el capítulo 10.

Fuentes de datos secundarias y primarias

Las fuentes de las estructuras de datos y la información que se requieren para resolver problemas de investigación o decisión son muchas y se clasifican como secundarias o primarias. La determinación sobre a cuál pertenecen los datos se basa en tres dimensiones fundamentales: 1) la medida en que ya se tengan datos en algún formato reconocible, 2) el grado en que alguien ha interpretado los datos, y 3) la medida en que el investigador o quien decide comprende la razón o las razones de que se hubieran recolectado los datos. Si retomamos la exposición anterior, recordaremos que los datos secundarios se reúnen más rápidamente y a menor costo que las estructuras de datos primarios, pero puede ser información obsoleta o que no responda a las necesidades del investigador. Los *datos secundarios* son estructuras de datos históricos sobre variables que se reunieron e integraron para algún problema de investigación u oportunidad diferente de la actual. Las fuentes de estas estructuras de datos se encuentran dentro de la compañía, en las bibliotecas públicas y universitarias, en sitios de la Internet o se compran a agencias especializadas en información secundaria. Los capítulos 4 a 6 se dedican a los datos secundarios y sus fuentes.

En cambio, los *datos primarios* representan datos y estructuras puras "de primera mano" que deben recibir alguna interpretación significativa. Las fuentes de los datos primarios suelen ser el resultado de algún proyecto de investigación exploratoria, descriptiva o causal que se haya valido de encuestas, experimentos u observación como técnicas para recolectar esos datos. Los primarios son datos y estructuras puras de variables, reunidos específicamente e integrados para el problema de investigación o la oportunidad actual. En los capítulos 8 a 14 se abordan los conocimientos básicos de los datos primarios.

Tarea 5: Determinar el plan muestral y el tamaño de la muestra

Si se toma la decisión de realizar alguna forma de investigación secundaria, la tarea 5, en su mayor parte, no la emprende directamente el investigador, aunque debe evaluar qué población definida es la que representan los datos secundarios y decidir si es pertinente para el problema de investigación actual. En el capítulo 4 se desarrolla de manera exhaustiva la pertinencia de los datos secundarios. En contraste, los investigadores deben considerar seriamente las actividades de esta tarea cuando realizan estudios de investigación primaria.

Población objetivo definida Grupo específico de personas u objetos para los que se formulan preguntas o realizan observaciones con objeto de obtener estructuras de datos e información.

Censo Procedimiento en el que el investigador pregunta u observa a los miembros de una población objetivo definida.

Muestra Subgrupo de personas u objetos elegido al azar del conjunto total de miembros de la población objetivo definida.

Para que quienes toman decisiones y los investigadores puedan sacar deducciones o hacer pronósticos sobre los fenómenos del mercado, deben comprender quién provee los datos puros y qué tan representativos son. Quienes toman las decisiones de marketing por lo regular están interesados sobre todo en identificar y resolver problemas relacionados con sus mercados objetivo. Por tanto, los investigadores tienen que identificar la **población objetivo definida** que sea pertinente. Al dar este paso, los investigadores eligen entre dos procedimientos básicos. El primero se llama censo de la población objetivo, y es el preferido para una población pequeña. En un **censo**, el investigador pretende preguntar u observar a todos los miembros de una población objetivo definida.

El segundo procedimiento, que es el preferible cuando la población objetivo definida es grande o desconocida, consiste en elegir al azar un subgrupo, o **muestra**, de todos los individuos de la población objetivo definida. Para que las estructuras de datos y la información que se consigan sean generalizables y confiables, los investigadores deben verificar que la muestra sea representativa de la población. Para conseguir este objetivo, los investigadores trazan un plan muestral explícito como parte del diseño general de la investigación. Un plan muestral sirve como guión maestro para definir la población objetivo apropiada, identificar a los posibles encuestados, establecer la secuencia del procedimiento para obtener la muestra requerida y determinar el tamaño conveniente de ésta. En la figura 2.5 se citan varias preguntas y temas cruciales que enfrentan los investigadores cuando crean un plan muestral.

Los planes muestrales se clasifican en dos tipos generales: probabilísticos y no probabilísticos. En un plan muestral probabilístico, cada miembro de la población objetivo definida tiene una posibilidad conocida, distinta de cero, de formar parte del grupo de la muestra. El muestreo probabilístico da al investigador la oportunidad de evaluar la existencia de un error muestral.

En contraste, el plan muestral no probabilístico suprime la verdadera evaluación de la existencia de un error muestral y limita el carácter generalizable de cualquier información a grupos más numerosos y distintos del grupo que arrojó los datos puros originales.

El tamaño de la muestra tiene un efecto en la calidad de los datos y la posibilidad de generalizarlos. Por tanto, los investigadores deben meditar profundamente cuántas personas incluirán o cuántos objetos investigarán. En el capítulo 11 se aborda con más detalle el muestreo.

Tarea 6: Determinar las cuestiones y escalas de medición

Después de la tarea 2, en la que se vuelve a definir el problema de decisión como uno de investigación, hay que considerar la tarea 6 como el paso más importante en el proceso de investigación. Las actividades de esta etapa se centran en determinar las dimensiones de los factores que se investigan y medir las variables que sustentan el problema definido. El proceso de medición determina cuántos datos puros pueden recolectarse y con ello el monto de la información que puede deducirse de las estructuras de datos resultantes.

Dada la importancia de la medición en el proceso de generar información, los investigadores deben ser capaces de responder preguntas como las siguientes: 1) ¿Qué nivel de información se requiere de una variable (nominal, ordinal, de intervalo ordinal, de intervalo, de razón)?, 2) ¿Qué tan confiable debe ser la información?, 3) ¿Qué tan válida debe ser la información?, 4) ¿Cómo se garantiza la creación de medidas de escala válidas y confiables?, 5) ¿Qué dimensiones fundan los factores cruciales que se investigan (por ejemplo, estructuras unidimensionales o multidimensionales)?, 6) ¿Deben aplicarse medidas únicas o de varios reactivos para recolectar datos acerca de las variables del estudio? Por ejemplo, los investigadores deben saber sobre qué bases o propiedades de las escalas (como descripción, orden, distancia, origen) hay que incorporar un diseño de escala para satisfacer las necesidades de información de la administración. En los capítulos 12 y 13 se analizan los procedimientos de medición y elaboración de escalas, entre otros temas de medición importantes.

FIGURA 2.5 Preguntas y temas cruciales en la elaboración del plan muestral

Dado el problema de decisión enunciado, los objetivos de la investigación y los requisitos concretos de información, *¿cuál* sería el mejor tipo de persona (o el mejor objeto) para interrogar u observar?

¿Qué características explícitas demográficas (sexo, ocupación, edad, estado civil, nivel de ingresos, escolaridad) o de conducta (comprador habitual, ocasional, raro o no comprador; usuario constante, esporádico o no usuario; cliente o no cliente) deben servir para señalar la pertenencia a la población?

¿Cuántos elementos de la población deben tomarse en la muestra para que sea representativa?

¿Cuán confiable tiene que ser la información resultante para quien toma las decisiones? *¿Cuáles* son los factores de la calidad de los datos y los niveles aceptables de error muestral?

¿Qué técnica debe aplicarse en la selección de unidades muestrales?

¿Cuáles son las restricciones de tiempo y costos que se imponen en la elaboración y ejecución del plan muestral apropiado?

Aunque casi todas las actividades de la tarea 6 se refieren y aplican al ejercicio de la investigación primaria, comprenderlas es esencial para efectuar estudios de investigación secundaria. Por ejemplo, al realizar actividades de extracción de datos investigando en una base de datos, los investigadores deben estar totalmente conscientes de los temas fundamentales de medición sobre las bases de datos. Deben comprender los principios de la medición (formatos nominal, ordinal, de intervalo y de razón) que se siguieron al crear la base, así como las posibles desviaciones relacionadas con factores de los datos. La falta de comprensión lleva fácilmente a interpretaciones erróneas de las nuevas manipulaciones de los datos secundarios y a dar al que decide información mala, inapropiada o de poca calidad.

Fase III: Ejecución del diseño de investigación

En muchos sentidos, la fase de ejecución es el centro del proceso de investigación. Los principales objetivos de esta fase son elaborar todas las formas de recolección de datos, procesarlos, analizarlos y generar las estructuras apropiadas para darles una interpretación como información significativa que sirva para abordar el problema original. Para conseguir este objetivo, los investigadores tienen que centrarse en ejecutar las siguientes tareas del proceso de investigación: 7) recolectar y procesar los datos, 8) analizar los datos, y 9) transformar las estructuras de datos en información. Como en las primeras dos fases, los investigadores deben actuar con cautela para eliminar o al menos controlar los errores o desviaciones potenciales.

Tarea 7: Recolectar y procesar los datos

Métodos de recolección de datos

Es importante recordar que hay dos métodos fundamentales para recolectar datos puros. Uno es *formular preguntas* sobre las variables y fenómenos del mercado mediante entrevistadores capacitados o con la aplicación de cuestionarios. El otro es *observar* variables y fenómenos del mercado mediante observadores profesionales o dispositivos de alta tecnología. Las encuestas autoadministradas, entrevistas personales, simulaciones de computadora, entrevistas telefónicas y de grupos focales son algunos de los métodos que utilizan los investigadores para recolectar datos (véase la figura 2.6).

Una ventaja importante de las técnicas de interrogación sobre las técnicas de observación es que permiten al investigador recolectar una gama extensa de datos puros. Los datos puros de una encuesta atañen no sólo al comportamiento actual de la persona, sino también a sus ideas e intenciones.

Por su parte, los métodos de observación se clasifican como naturales o de laboratorio, disimulados o abiertos, estructurados o no estructurados, directos o indirectos y humanos o mecánicos. Por ejemplo, los investigadores podrían recurrir a observadores capacitados o a una variedad de dispositivos mecánicos como cámaras de video y cinta, audiómetros, cámaras oculares, psicogalvanómetros o pupilómetros para registrar conductas o acontecimientos.

Con los avances en la tecnología de la comunicación, los investigadores se enfilan a la integración de estas ventajas con sus herramientas para acelerar la adquisición y recuperación de los datos. En el mundo de la investigación, cada vez se acentúa más la realización de estudios de datos primarios en línea (como encuestas por correo electrónico, entrevistas en línea de grupos focales, encuestas en la Internet), así como más estudios secundarios en bases de datos. En los capítulos 8, 10 y 14 se da un tratamiento completo acerca de los instrumentos y los métodos para recolectar datos.

FIGURA 2.6 Herramientas de recolección de datos en la investigación de mercado

Herramienta de observación	Descripción
Observadores capacitados	Personas muy capacitadas que aplican los sentidos (vista, oído, olfato, tacto, gusto) para observar y registrar fenómenos físicos. *Ejemplos:* compradores encubiertos, contadores de tráfico, moderadores de grupos focales.
Dispositivos mecánicos	Instrumentos de alta tecnología que observan artificialmente y registran fenómenos físicos. *Ejemplos:* cámaras de seguridad, equipo de videograbación, dispositivos de escaneo, grabadoras, contadores de tráfico en las mangueras neumáticas.
Herramienta de cuestionario	
Entrevistadores capacitados	Personas altamente capacitadas que formulan preguntas concretas a los entrevistados y anotan fielmente sus respuestas. *Ejemplos:* entrevistadores personales y telefónicos, líderes de grupos de encuesta.
Dispositivos mecánicos/ entrevistadores	Personas muy capacitadas que emplean dispositivos de alta tecnología en sus citas con los entrevistados. *Ejemplos:* entrevistas personales con computadora; entrevistas telefónicas con computadora.
Dispositivos totalmente automatizados	Dispositivos de alta tecnología que interactúan con los entrevistados sin la intervención de un entrevistador capacitado. *Ejemplos:* entrevistas locales automatizadas, entrevistas telefónicas automatizadas, encuestas en disco de computadora enviado por correo, encuestas por correo electrónico, encuestas por fax generadas por computadora, encuestas en la Internet.
Cuestionarios autoadministrados	Instrumentos de encuesta diseñados para que el entrevistado cumpla también las funciones del entrevistador. *Ejemplos:* encuestas por correo directo, casi todas las encuestas de grupo autoadministradas.

Procesamiento de los datos

Una vez reunidos los datos primarios, el investigador debe aplicar varios procedimientos antes de emprender cualquier análisis de dichos datos. Se requiere un esquema de codificación para que los datos puros se capturen en archivos computarizados. Por lo regular, el investigador asignará un descriptor lógico numérico (un código) a todas las categorías de respuestas. Después de capturar las respuestas directas, el investigador revisa los archivos electrónicos para verificar su confiabilidad y su fácil localización. A continuación, elimina los errores de codificación o captura de los datos. Como parte de la verificación y la limpieza, se practica una tabulación sencilla en la estructura de cada variable. En el capítulo 15 se presentan nuevas exposiciones del procesamiento de datos puros.

El procesamiento de datos que se realiza en los estudios de investigación secundaria tiene una naturaleza un tanto distinta que la investigación de datos primarios. Los investigadores se centran en la evaluación del uso de bases de datos simples o múltiples para obtener la información requerida. Cuando los datos se encuentran en varias bases de datos, una de las actividades del procesamiento consiste en mezclarlas en una sola base general. En ocasiones, superponer bases de datos es muy difícil y requiere que vuelvan a estructurarse algunas por razones de compatibilidad. Otra actividad es la determinación de los factores de los datos que deben disponerse para el análisis, actividad denominada *extracción de datos.* En el capítulo 6 se ahonda en el procesamiento de datos secundarios y otros temas fundamentales.

Tarea 8: Analizar los datos

En la tarea 8, el investigador comienza el proceso de convertir los datos puros en estructuras de datos para generar información significativa y útil para el encargado de tomar decisiones. Mediante diversas técnicas de análisis de datos, el investigador puede crear estructuras de datos nuevas y complejas combinando dos o más variables en índices, proporciones, constructos, etcétera. Los procedimientos de análisis varían mucho en su grado de elaboración y complejidad, de las distribuciones simples de frecuencia (porcentajes) a las medidas estadísticas de muestras (moda, mediana, media, rango, desviación estándar y error estándar) a las técnicas de análisis multivariado de datos. Los diversos procedimientos de análisis permiten al investigador 1) buscar estadísticamente diferencias significativas entre dos estadísticas de las muestras, así como asociaciones entre variables; 2) probar hipótesis sobre la interdependencia de dos o más variables; 3) evaluar la calidad de los datos, y 4) elaborar y poner a prueba modelos complejos de relaciones causales. Los capítulos 16 a 18 abordan los procedimientos de análisis de datos.

Tarea 9: Transformar las estructuras de datos en información

En la tarea 9 se genera la información para quienes toman las decisiones. En esta tarea el investigador o, en algunos casos, el que decide, toman los resultados de las pruebas estadísticas de los descubrimientos de la investigación y producen una interpretación en prosa. Esto no significa una mera explicación verbal de los resultados. La interpretación consiste en integrar las partes (variables) de los resultados en una declaración comprensible que quien toma las decisiones pueda usar para responder la pregunta original. Los datos son análogos a colores con que se ilumina una pintura.

Fase IV: Comunicación de los resultados

La última fase del proceso de investigación de información se centra en entregar a la administración los resultados de la investigación y la información nueva. El objetivo general es preparar un reporte que sea útil para la persona no orientada a la investigación.

Tarea 10: Preparar y presentar el reporte final a la administración

La tarea 10 consiste en preparar el reporte final de investigación a la administración. No es posible exagerar la importancia de esta etapa. Algunas secciones son imprescindibles en cualquier reporte (por ejemplo, el resumen ejecutivo, introducción, definición del problema y objetivos, metodología, resultados y descubrimientos y limitaciones del estudio). Además, el investigador debe preguntar a quien toma las decisiones si debe añadir otras secciones específicas, como recomendaciones para acciones futuras, implicaciones o nuevas necesidades de información. En algunos casos, se pedirá al investigador que no sólo entregue un reporte por escrito bien preparado, sino también que haga una presentación oral ante quien decide o un grupo de ejecutivos. La presentación puede incluir el uso de transparencias, diapositivas de PowerPoint o desplegados en un pizarrón de hojas. En el capítulo 19 se explica cómo escribir y presentar reportes de investigación.

Elaboración de una propuesta de investigación de información

Propuesta de investigación Documento que sirve como contrato escrito entre quien toma las decisiones y el investigador.

Una vez comprendidas las cuatro fases y las 10 tareas del proceso de investigación, el investigador puede elaborar de manera lógica una propuesta de investigación que comunique a quien decide el marco general del estudio. Una **propuesta de investigación** es un documento que funge como contrato escrito entre quien toma las decisiones y el investigador. En él se describen las actividades que habrán de emprenderse para adquirir la información necesaria y su costo.

La propuesta de investigación no es lo mismo que el reporte final; sin embargo, algunas de las secciones se parecen. No hay sólo una forma aceptable de escribir una propuesta de investigación. En la figura 2.7 se presentan algunas sugerencias acerca de los aspectos que deben incluirse en una propuesta. Aunque sólo se trata de un esquema general, hay un ejemplo completo de una propuesta real al terminar el capítulo, en la sección relativa a la ilustración de la investigación de mercado. En el sitio en la red de este libro, (*http://www.mhhe.com/hair*), se proporcionan más ejemplos.

FIGURA 2.7 Esquema general de una propuesta de investigación

TÍTULO DE LA PROPUESTA DE INVESTIGACIÓN

I. Objetivo del proyecto de investigación propuesto
Comprende una expresión clara del problema de decisión, el problema de investigación de información y los objetivos particulares de la investigación.

II. Tipo de estudio
Contiene un análisis del tipo de diseño de investigación (es decir, exploratoria, descriptiva o causal) y de los requisitos de datos primarios o secundarios, con alguna justificación de la elección.

III. Definición de la población objetivo y el tamaño de la muestra
Describe la población objetivo general que habrá de estudiarse y se determina el tamaño apropiado de la muestra, incluyendo su justificación.

IV. Diseño muestral, técnica y método de recolección de datos
Incluye un análisis sustancial de la técnica muestral utilizada para tomar la muestra requerida, el método para la recolección de datos (como observación, encuesta, experimento), los planes de incentivos y las justificaciones.

V. Instrumentos específicos de investigación
Se analiza el método adoptado para recolectar los datos puros necesarios; incluye análisis de los tipos de medición de escala requeridos.

VI. Beneficios potenciales para la administración del estudio propuesto
Examina el valor esperado de la información para la administración y cómo puede resolverse el problema original; incluye un análisis adicional de las posibles limitaciones del estudio.

VII. Estructura propuesta de costos del proyecto total
Detalla los costos esperados al realizar el proyecto de investigación; incluye una cifra del costo total y las políticas de fijación de precios en lo que respecta a cambios, así como los plazos convenientes de culminación (de tareas particulares o de todo el proyecto).

VIII. Perfil del investigador y la agencia
Describe brevemente a los principales investigadores y sus grados académicos; incluye una evaluación general de la agencia.

IX. Tablas ficticias opcionales de los resultados proyectados
Ofrece ejemplos de cómo se presentarían los datos en el reporte final.

Componentes de una propuesta de investigación

La propuesta de investigación debe comenzar siempre con una sección sobre el *propósito de la investigación*, que es una declaración breve pero clara del problema o la oportunidad de decisión tal como aparece ante los ojos de la administración. Se destacan tanto el problema general como sus implicaciones. Además, los propósitos y objetivos de la investigación deben citarse claramente, así como el alcance y los límites del proyecto. En esta sección se describen los asuntos que serán investigados, las metas del proyecto y lo que podría faltar para alcanzarlas, así como las preguntas o hipótesis de la investigación.

En la siguiente sección de la propuesta, conocida como *tipo de estudio,* se exponen los métodos de investigación que se seguirán para recolectar los datos primarios o secundarios. Por ejemplo, ¿el problema de investigación exige un diseño cualitativo o cuantitativo, o bien un diseño más complicado que los combine? En esta sección se identifican y justifican de manera clara los requisitos de información.

La sección de la *población objetivo y tamaño de la muestra* define en términos explicativos y cuantitativos la población que se estudia. El investigador proyecta el tamaño que debe tener la muestra para ser representativa de la población objetivo definida y justifica su proyección. En la sección relativa al *diseño muestral, técnica y método de recolección de datos,* se analiza la conveniencia de recurrir a un muestreo probabilístico o no probabilístico. Se analizan detenidamente los procedimientos necesarios para tomar la muestra de manera correcta. También se identifica y justifica el diseño de investigación apropiado (es decir, observación, encuesta o experimento).

En la sección acerca de *instrumentos para la investigación* se abordan los métodos con que deben recolectarse los datos (entrevistas personales, encuestas autoadministradas, observaciones disimuladas o abiertas, grupos focales, etcétera). En ella el investigador desglosa los tipos de datos y los diseños de medición de escala requeridos para satisfacer los requisitos de la investigación. Si hacen falta entrevistadores, en esta sección se explican los procedimientos para capacitarlos. En la sección siguiente se presentan los *beneficios potenciales para la administración* del estudio, así como sus limitaciones. El enfoque debe dirigirse a cómo servirá la investigación para que la administración resuelva el problema original de decisión. En general, las limitaciones del proyecto se relacionan con la posibilidad de generalizar más los resultados que los entrevistados de la muestra, los métodos de recolección de datos, los procedimientos muestrales y las restricciones de tiempo y dinero.

La sección *estructura de costos* de la propuesta permite al investigador y a quien decide determinar qué actividades de la investigación costarán más. En esta sección deben tratarse las preocupaciones presupuestales generales del administrador; el lector tomará su decisión final sobre emprender o no la investigación basándose en el contenido de esta sección. Conocer el costo total de realizar la investigación ayudará al que decide a determinar qué valor asignar a la información que se obtenga. Debe especificarse cuánto tardará en culminar el proyecto de investigación.

El *perfil del investigador y la compañía* debe ayudar a quien toma las decisiones a evaluar la calidad de los datos y la información que el servicio generará. Al presentar claramente los méritos del investigador y sus destrezas, así como la reputación de la agencia investigadora, el investigador establece pronto una zona cómoda con el que toma decisiones, de forma tal que se mejoran las relaciones de trabajo entre todas las partes que intervienen en el proceso de la investigación.

La última sección de cualquier propuesta consta de *tablas de datos ficticias de los resultados proyectados,* elaboradas para quien toma las decisiones. La ventaja principal de esta sección es que permite a este profesional visualizar las formas en que se pueden exhibir los resultados, lo que le sirve para escoger la mejor manera de presentar los resultados finales.

Resumen de objetivos de aprendizaje

Describir los principales factores ambientales que influyen directamente en la investigación de mercados y explique sus efectos en el proceso de investigación.

Varios factores clave tienen un efecto significativo en los cambios en las tareas, responsabilidades y esfuerzos asociados con el ejercicio de la investigación de mercados. La Internet y el comercio electrónico, las tecnologías de guardapuertas y las leyes de privacidad de datos, las ampliaciones de la nueva estructura global de los mercados y el reposicionamiento de la investigación de mercado como estrategia obligan a los investigadores a equilibrar su uso de datos secundarios y primarios para ayudar a quienes toman decisiones a resolver problemas de decisión y aprovechar las oportunidades. Se pide a los investigadores que mejoren su capacidad de usar herramientas tecnológicas y bases de datos. También son más las necesidades de adquisición y recuperación expeditas de datos, análisis e interpretación de datos e información de varias funciones entre equipos de toma de decisiones en ambientes comerciales globalizados.

Describir y analizar las cuatro fases y las 10 tareas del proceso de investigación y explicar las principales actividades de cada una.

Se estudia el proceso de investigación de información en términos de cuatro fases principales: 1) determinación del problema de investigación, 2) desarrollo del diseño de investigación apropiado, 3) ejecución del diseño de investigación, y 4) comunicación de los resultados. Para alcanzar los objetivos generales de cada fase, los investigadores deben ser capaces de realizar 10 tareas relacionadas: 1) determinar y aclarar las necesidades de información de la administración, 2) volver a definir el problema de decisión como problema de investigación, 3) establecer los objetivos de investigación y determinar el valor de la información, 4) determinar y evaluar el diseño de la investigación y las fuentes de los datos, 5) determinar el plan muestral y el tamaño de la muestra, 6) determinar los temas y las escalas de medición, 7) recolectar y procesar los datos, 8) analizar los datos, 9) transformar las estructuras de datos en información, y 10) preparar y presentar el reporte final a la administración. En este panorama de las tareas se destaca la importancia de cada una y se muestran sus relaciones en el proceso de investigación.

Aclarar las diferencias entre datos puros, estructuras de datos e información, y explicar los procesos por los que los datos puros se transforman en información que pueden aprovechar los administradores.

Los investigadores y quienes toman decisiones deben comprender que datos puros, estructuras de datos e información son constructos diferentes. Los *datos puros* consisten en las respuestas obtenidas ya por un cuestionario, ya observando personas o fenómenos físicos. Las *estructuras de datos* se generan sometiendo los datos puros a algún tipo de análisis. Por su parte, la *información* se crea cuando el investigador o quien decide interpretan en prosa las estructuras de datos.

Identificar la tarea fundamental del proceso de investigación y explicar por qué es tan importante.

Aunque todas las tareas son necesarias, en *la tarea 2 se vuelve a definir el problema de decisión como uno de investigación,* y es la más crucial de todo el proceso de investigación. La manera de enunciar el problema de información en términos de investigación influye directamente en muchas de las otras tareas, si no es que en todas. En esta etapa los investigadores identifican las variables del problema de decisión y las convierten en preguntas sobre cómo, cuándo, qué, dónde y por qué. Sin una definición precisa del problema de investigación, es muy improbable que la investigación arroje la información pertinente y de calidad que se necesita para tomar las decisiones.

Distinguir entre diseños de investigación exploratoria, descriptiva y causal.

El principal objetivo de los diseños de investigación exploratoria es generar información que el investigador o quien toma las decisiones aproveche para: 1) comprender mejor el problema de decisión, 2) definir o volver a definir el problema inicial, separando las variables de síntomas de los factores independientes y dependientes, 3) materializar el problema y el objetivo, o 4) identificar los requisitos de información (por ejemplo, hechos, estimaciones, pronósticos, relaciones entre variables). Los diseños de investigación exploratoria no están destinados a ofrecer información concluyente con la cual determinar una acción particular.

El diseño de la investigación descriptiva se enfoca en el uso de un grupo de métodos científicos para recolectar datos crudos y crear base de datos que son usadas para describir las características existentes (por ejemplo actitudes, intenciones, preferencias, comportamiento de compras, evaluaciones de estrategias de mercado mixto) de una población definida. El investigador observa las respuestas a las preguntas cómo, quién, qué, cuándo y dónde. La información de este tipo de investigaciones permite a los tomadores de decisiones sacar conclusiones acerca de sus compradores, competidores, mercados objetivo, factores ambientales u otros factores que los afecten.

Finalmente, el diseño de investigación casual es más útil cuando los objetivos de investigación incluyen la necesidad de entender por qué suceden fenómenos del mercado. El enfoque de este tipo de diseño de investigación es colectar datos crudos y cruzar bases de datos de información que permitirá a los tomadores de decisiones o investigadores modelar las relaciones causa-efecto entre dos o más variables.

■ **Numerar los temas cruciales en el desarrollo del plan muestral y explicar las diferencias básicas entre un plan muestral probabilístico y uno no probabilístico.** Un plan muestral es un documento maestro para definir con tino la población objetivo apropiada, establecer la secuencia de procedimientos para tomar la muestra requerida y determinar el tamaño adecuado de ésta. Entre las principales preguntas que deben formularse los investigadores se encuentran las siguientes: ¿*Quién* sería la mejor persona para interrogar u observar? ¿*Qué* características demográficas o rasgos de conducta deben buscarse para designar a los miembros de la muestra? ¿*Cuántos* elementos de la población deben tomarse en la muestra para que sea representativa? ¿*Qué* tan confiable debe ser la información obtenida para quien decide? ¿*Qué* técnica debe aplicarse a la selección de las unidades de la muestra? ¿*Qué* restricciones de tiempo y costos se imponen a la creación y ejecución de un plan muestral apropiado?

■ **Identificar y explicar los principales componentes de una propuesta de investigación sólida.** Una vez que el investigador comprende las fases y las tareas del proceso de investigación, puede preparar una propuesta de investigación sólida. La propuesta funge como contrato entre el investigador y quien toma las decisiones. Se aconseja incluir nueve secciones en el documento: 1) propósito del proyecto de investigación propuesto, 2) tipo de estudio, 3) definición de la población objetivo y del tamaño de la muestra, 4) diseño muestral, técnica y método de recolección de datos, 5) instrumentos específicos de investigación, 6) beneficios posibles para la administración del estudio propuesto, 7) estructura de costos propuesta del proyecto total, 8) perfil del investigador y la compañía, y 9) tablas ficticias opcionales de los resultados proyectados.

Términos y conceptos clave

Censo 42
Datos primarios 28
Datos puros 33
Datos secundarios 28
Estructuras de datos 34
Información 34
Internet 28
Investigación causal 41
Investigación descriptiva 41
Investigación exploratoria 40
Método científico 33
Muestra 42
Oportunidad de decisión 32
Población objetivo definida 42
Problema de decisión 32
Proceso de investigación 30
Propuesta de investigación 47
Síntomas del desempeño del mercado 32
Tecnología de guardapuertas 29

Preguntas de repaso

1. Identifique los cambios significativos que tienen lugar ahora en los ambientes empresariales y que obligan a quienes toman las decisiones administrativas a volver a pensar la imagen que tienen de la investigación de mercado. Analice también el efecto potencial de estos cambios en las actividades de investigación de mercado.
2. En el mundo de negocios del siglo XXI, ¿será posible tomar decisiones cruciales de marketing sin la investigación correspondiente? ¿Por qué sí o por qué no?
3. ¿En que se parecen quienes toman las decisiones administrativas y los investigadores? ¿En qué difieren? ¿Cómo se reducirían las diferencias entre estos profesionales?
4. Explique las diferencias concretas entre *datos puros*, *estructuras de datos* e *información.* Analice la aplicación de la investigación de mercado para transformar los datos puros en información significativa.

5. Redacte un comentario sobre los siguientes enunciados:
   a) La principal responsabilidad de determinar la necesidad de las actividades de investigación de mercados es del especialista en investigación.
   b) El proceso de investigación de información sirve como plan maestro para reducir los riesgos al tomar decisiones de marketing.
   c) Elegir el diseño de investigación más apropiado es la tarea más crucial del proceso de investigación.
6. Diseñe una propuesta de investigación para abordar el siguiente problema de decisión: "El Hotel Marriott de Acapulco, México, ¿debe reducir la calidad de sus toallas y ropa de cama con el fin de mejorar la rentabilidad de sus operaciones?

Preguntas de análisis

1. En las cuatro fases del proceso de investigación de información, identifique las tareas correspondientes y formule preguntas que un investigador debería tratar de contestar.
2. ¿Cuáles son las diferencias en los principales objetivos de los diseños de investigación *exploratoria*, *descriptiva* y *causal*? ¿Cuál diseño sería el más apropiado para abordar esta pregunta?: ¿Qué tan satisfechos o insatisfechos están los clientes con el servicio de reparación que ofrece el distribuidor al que compraron su nuevo auto Mazda Millenia 2002?
3. ¿Cuándo debe recurrir el investigador a un método muestral probabilístico y no a uno no probabilístico?
4. **EXPERIENCIA EN INTERNET.** Con el navegador de Netscape y el motor de búsqueda Excite, vaya a la página de la organización de encuestas Gallup en www.gallup.com. Elija la opción "Take poll" ("Contestar el sondeo") y revise los resultados en la opción "Findings" ("Resultados"). Luego de revisar la información, resuma las fases y tareas del proceso de investigación de información que se siguieron en el sondeo por la Internet de Gallup.

ILUSTRACIÓN DE LA INVESTIGACIÓN DE MERCADOS

¿Cómo se ve una propuesta de investigación?

La propuesta de investigación de información sobre la tarjeta de cliente distinguido del Hotel JP

Objetivo del proyecto de investigación propuesto

El objetivo del proyecto de investigación propuesto es recolectar información específica sobre actitudes, conducta, motivaciones y datos demográficos generales que sirvan para abordar varias preguntas importantes planteadas en conjunto por la administración de Louis Benito Advertising y W.B. Johnson Properties, Inc., sobre la tarjeta de cliente distinguido del Hotel JP, una nueva estrategia del programa general de marketing de esta empresa. Las preguntas fundamentales son las siguientes:

- ¿En qué medida usan los huéspedes su tarjeta de cliente distinguido?
- ¿Cómo evalúan la tarjeta en cuanto a los privilegios que ofrece ésta?
- ¿Cuáles son los beneficios percibidos y las desventajas de la tarjeta? ¿Por qué?
- ¿En qué medida la tarjeta de cliente distinguido es un factor importante para elegir un hotel?
- ¿Con qué frecuencia usan los huéspedes su tarjeta de cliente distinguido?
- ¿Cuándo usan su tarjeta?
- De los que han usado su tarjeta, ¿qué privilegios han aprovechado? ¿Con qué frecuencia?
- ¿Qué mejoras generales o específicas deben hacerse a la tarjeta o a los privilegios especiales?
- ¿Cómo obtuvieron los huéspedes su tarjeta?
- ¿La posesión de una tarjeta de cliente distinguido debe ser gratuita o se debe pagar una tarifa anual?
- Si debe pagarse una tarifa anual, ¿de cuánto sería? ¿Cuánto está dispuesto a pagar un tarjetahabiente?
- ¿Cuál es el perfil demográfico de quienes tienen tarjetas de cliente distinguido del Hotel JP?

Tipo de estudio

Para recolectar los datos necesarios para abordar las preguntas de administración anteriores, la investigación debe tener un diseño estructurado y abierto, caracterizado como descriptivo, exploratorio y explicativo. El estudio será descriptivo en la medida en que la mayor parte de las preguntas se centre e identifique la percepción, opinión y esquema de uso de la tarjeta de cliente distinguido del Hotel JP, así como los perfiles demográficos de los poseedores de tarjetas. Será exploratoria en lo que atañe a la investigación de posibles mejoras a la tarjeta y sus privilegios, así como en cuanto a las consideraciones acerca de la estructura del precio. Por último, el estudio tendrá elementos explicativos de las razones de los beneficios y desventajas que se perciben en las características actuales de la tarjeta.

Definición de la población objetivo y el tamaño de la muestra

La población objetivo que habrá de estudiarse en el proyecto de investigación consta de adultos que se sabe poseen una tarjeta de clientes distinguidos del Hotel JP. En la actualidad, este marco poblacional es de aproximadamente 17 000 individuos repartidos en toda la República Argentina. Estadísticamente, un tamaño conservador de la muestra que sea representativo del marco de la población objetivo definida sería de 384, pero, para ser realistas, habría que incluir alrededor de 1 500 en el conjunto de la encuesta. Las bases para esta aproximación son: 1) la evaluación de la posible variación de la tasa de respuesta que se esperaría usando los factores metodológicos y de control actuales en el diseño de la muestra y del cuestionario, 2) un nivel predeterminado de precisión de no más de ±5% de error muestral y un nivel de confianza deseado de 95%, 3) costos y balances administrativos generales, y 4) lo deseable de tener un mínimo prescrito de tarjetahabientes elegidos al azar en los análisis de datos.

Diseño muestral, técnica y método de recolección de datos

Se aplicará una técnica muestral probabilística aleatoria para tomar la muestra necesaria para el proyecto del banco central de tajetahabientes de W.B. Johnson Properties, Inc. Con un método de encuesta por correo directo, aquellos tarjetahabientes elegidos al azar como posibles encuestados recibirán por ese medio un cuestionario auto-administrado. Anexa al cuestionario se enviará una carta de presentación cuidadosamente redactada en la que se expliquen las generalidades del estudio así como los incentivos para participar. Dada la naturaleza del estudio, la clase percibida del tarjetahabiente, los equilibrios y compromisos generales entre los costos y los tiempos y el recurso a incentivos actualizados para fomentar la participación de los encuestados, el diseño de correo directo sería más apropiado que los métodos opcionales de entrevista telefónica o grupo focal.

El cuestionario

El cuestionario que se aplicará en el proyecto de investigación propuesto estará diseñado para ser autoadministrado; es decir, los entrevistados llenarán la encuesta en la privacidad de su casa y sin la presencia del entrevistador. Por tanto, el cuestionario estará diseñado para lograr la máxima autoadministración, con lo que se conseguirá eliminar los costos y errores potenciales asociados con las entrevistas. Todas las preguntas de la encuesta se someterán a una prueba previa con una muestra conveniente para evaluar la claridad de las instrucciones, las preguntas y el tiempo de respuesta. Las escalas de respuesta que se encontrarán en las preguntas definitivas corresponderán a los lineamientos del diseño normalizado de cuestionarios y los conocimientos del ramo.

Beneficios potenciales para la administración del estudio propuesto

Dado el alcance y la naturaleza de este proyecto propuesto de investigación, los resultados del estudio ofrecerán a la administración del Hotel JP conocimientos e información para abordar las preguntas acerca de la tarjeta de cliente distinguido, así como otras implicaciones administrativas sobre las estrategias actuales de marketing del Hotel JP. Más concretamente, los datos y la información recopilada en este estudio propuesto darán al Hotel JP conocimientos significativos y útiles para:

1. Comprender mejor el tipo de persona que usa la tarjeta de cliente distinguido y la medida del uso.
2. Identificar problemas específicos con las características de la tarjeta que servirían como indicadores para evaluar (y quizá modificar) las estrategias, políticas o tácticas actuales de marketing y de administración en lo relativo a la tarjeta y sus privilegios.
3. Identificar características particulares de la promoción y la distribución de la tarjeta entre nuevos segmentos del mercado.

Además, este proyecto de investigación propuesto cumpliría la función de iniciar una base de datos y un sistema de recolección para que la administración de JP comprenda mejor las necesidades y los deseos en lo relativo a servicios hoteleros de sus clientes en la primera década del siglo XXI. Las bases de datos de los clientes resultarán vitales no sólo para el ámbito de la estrategia de promoción de la empresa, sino también en las áreas importantes de fijación de precios y selección de servicios.

Estructura propuesta de costos del proyecto total

Diseño del cuestionario y de la carta de presentación, más costos de reproducción	$ 2 800
Elaboración	
Captura	
Preprueba	
Reproducción (1 500)	
Sobres (3 000)	
Costos del diseño y plan muestrales	1 620
Costos de administración y recolección de datos	3 840
Preparación del paquete del cuestionario	
Franqueo y apartado postal	
Etiquetas con los datos de los destinatarios	
Costos de codificación y análisis previo de los datos	4 000
Codificación y establecimiento de los códigos finales	
Captura de datos	
Elaboración de tabuladores	
Necesidades de programación de computadoras	
Tiempo de cómputo	
Costos de análisis e interpretación de datos	6 500
Costos del reporte escrito y la presentación	2 850
Costo total máximo del proyecto propuesto*	$21 610

**Política de costos:* Algunos de los costos señalados en la propuesta podrían ser menores. En ese caso, las reducciones se pasarían al cliente. Además, hay un margen de ±10% relacionado con las actividades de análisis previas y reales, dependiendo de los cambios que haga el cliente en las tabulaciones originales y de los requisitos del análisis.

Perfil del investigador principal

La investigación necesaria para este proyecto estará a cargo de Marketing Resource Group (MRG), agencia de investigación que se especializa en una amplia gama de diseños y prácticas de investigación exploratoria, descriptiva y causal. MRG se localiza en Tampa, Florida, y ha realizado numerosos estudios de mercado para muchas de las 1 000 compañías de la revista *Fortune*. El investigador principal y coordinador del proyecto será Alex Smith, director senior de proyectos de MRG. El señor Smith cursó el doctorado en marketing en la Universidad Estatal de Louisiana, la maestría en administración de empresas en la Universidad Estatal de Illinois y la licenciatura en la Universidad del Sur de Illinois. Con 25 años de experiencia en la investigación de mercados, ha realizado numerosos proyectos de investigación en los campos de empaque de productos, hotel/estancia, banca comercial, automóviles y aseguradoras, por citar algunos. Se especializa en proyectos que se centran en la satisfacción al cliente, calidad de servicios y productos, segmentación de mercados y actitudes y conductas generales de los consumidores, así como las tecnologías interactivas de marketing. Además, ha publicado numerosos artículos sobre temas teóricos y prácticos de investigación.

Tabla figurada con ejemplos de los resultados

Para ilustrar los posibles resultados que pueden esperarse de esta investigación, en esta propuesta se incluye la siguiente tabla con datos ficticios (véase figura 1). [Observe que este ejemplo es idéntico a la tabla 2.1 (página 35). Sirve para ilustrar la tabla de datos que sería útil para abordar esta pregunta de investigación, declarada en la propuesta: ¿En qué medida la tarjeta de cliente distinguido es un factor importante para elegir un hotel?

FIGURA 1 Resumen de las diferencias generales de importancia en criterios selectos para escoger hotel usados por huéspedes nuevos y asiduos

	Total (n = 880)		Huéspedes nuevos (n = 440)			Huéspedes asiduos (n = 400)			
Criterios de elección de hotel	Media[a]	(AS)[b]	Media	Error estándar	(AS)	Media	Error estándar	(AS)	Prueba z
Limpieza de la habitación	5.65	(A)	5.75	.06	(A)	5.50	.05	(A)	*
Buena calidad de las toallas y ropa de cama	5.60	(A)	5.55	.06	(A)	5.62	.07	(A)	
Opciones de tarjeta de cliente distinguido	5.57	(A)	5.42	.07	(A)	5.71	.06	(A)	*
Personal y empleados corteses y serviciales	5.10	(B)	4.85	.09	(B)	5.45	.07	(B)	*
Servicios de lujo gratuitos	5.06	(B)	4.35	.10	(B)	5.38	.11	(B)	*
Ubicación conveniente para la empresa	5.04	(B)	5.25	.09	(B)	4.92	.10	(B)	*
Entretenimiento visual en la habitación	3.63	(D)	3.30	.13	(D)	4.56	.11	(C)	*

[a] Escala de importancia: una escala de seis puntos desde 6 (extremadamente importante) a 1 (nada importante)

[b] Conglomerados significativos (CS): (A) = factor definitivamente fuerte; (B) = factor fuerte; (C) = factor moderadamente fuerte; (D) = factor débil.

* La media de la diferencia de importancia entre los dos grupos de clientes es significativa en $p < .05$.

capítulo 3

Definición del problema, objetivos de investigación y ética de la investigación de mercados

Objetivos de aprendizaje

Al terminar de leer el capítulo, usted

1. Distinguirá los tipos de información pragmática y científica que se necesitan para determinar y resolver problemas o preguntas de información.

2. Describirá la naturaleza y el objetivo de un proyecto de investigación de mercados.

3. Ilustrará y explicará los elementos cruciales de la definición del problema en la investigación de mercados.

4. Determinará el valor de la información obtenida con la investigación de mercados.

5. Identificará y analizará los factores de procedimiento y metodología con que se evalúa un proyecto de investigación de mercados.

6. Explicará cómo se determinan los precios y cuál es su repercusión en la investigación de mercados.

7. Identificará y explicará las características con que se evalúa un servicio de investigación de mercados.

8. Analizará las cuestiones éticas del ramo de la investigación de mercados.

"Con una atención sin paralelo a las necesidades de los clientes y el uso de la información, la familia Marriott convirtió un puesto carretero de cerveza de raíz en un gigante mundial del alojamiento que vale más de 10 000 millones."

—MALCOLM FLESCHNER
Personal Selling Power[1]

Marriott International, Inc., orientada a los clientes gracias a la investigación

Marriott International, Inc., es la mayor compañía hotelera del mundo con ventas de más de 10 000 millones y más de 2 300 instalaciones propias o franquiciadas en 59 países. La compañía logró convertirse en el líder del sector hotelero a base de mucho trabajo intenso y atención al detalle, además de una actitud alerta para satisfacer las necesidades y los deseos siempre nuevos de los huéspedes. J.W. "Bill" Marriott, Jr., presidente y director ejecutivo, concede buena parte del mérito a la capacidad de la compañía de aprovechar la información para avanzar a nuevas cimas de éxito en el entorno de un mercado muy competido. Por ejemplo, a comienzos de la década de 1980, cuando el mercado hotelero tradicional de servicio completo había alcanzado todo su potencial, la compañía emprendió una extensa investigación de mercados para identificar oportunidades concretas y dirigir los programas de expansión y construcción de los hoteles Marriott Courtyard para competir directamente con cadenas de precio medio como Holiday Inn y Quality Inn ofreciendo servicios de calidad a precios módicos. Una de las armas secretas de Marriott es la búsqueda constante de las mejores maneras de brindar un producto magnífico: la "experiencia".

Con los años, Marriott ha aplicado muchos métodos para determinar exactamente lo que aprecian los clientes. La empresa recurre a grupos focales para localizar clientes diversos y hablar con ellos sobre lo que les gusta y lo que no les gusta cuando se alojan en hoteles. En los estudios de seguimiento, se entrevistan clientes durante 30 minutos y se les pide que respondan preguntas acerca de lo que piensan de Marriott en lo referente a sus fortalezas y aquello que debe mejorar, así como sobre sus experiencias con otras cadenas hoteleras. En la actualidad, la capacidad de Marriott de aplicar los resultados de la investigación para resolver problemas administrativos y empresariales no deja de dar frutos. Por ejemplo, en unos estudios amplios realizados para identificar los elementos más importantes para satisfacer a los huéspedes se encontró que los clientes de los Marriott de servicio completo querían por lo regular cinco cosas: un desayuno excelente, registro rápido, salida rápida, cuartos limpios y servicio cortés. Una investigación detallada de estos cinco aspectos descubrió los principales problemas de cada uno.

El principal problema del desayuno era que los meseros no estaban en el comedor porque se precipitaban a la cocina por pan o esperaban que despacharan una orden, mientras los clientes los buscaban para salir pronto. El problema se resolvió contratando más personal de cocina para que preparara las órdenes y empleados que llevaran los platos al comedor. Aparte, Marriott trasladó buena parte de la preparación de los alimentos al comedor.

Para mejorar la velocidad del registro, Marriott puso en marcha su programa "Los primeros 10", mediante el que los huéspedes hacen un registro anticipado y pueden evitar la recepción, pues el personal los recibe en la puerta y les entrega de inmediato las llaves de sus habitaciones.

En cuanto a la salida rápida, Marriott se convirtió en el líder del sector en el uso de los adelantos de la tecnología de comunicaciones al crear una opción que permite a los huéspedes revisar su cuenta en la televisión de su cuarto en cualquier momento y dar su aprobación sin tener que acudir al mostrador de la recepción.

Los resultados de la investigación sobre la necesidad de garantizar habitaciones limpias influyó significativamente en la creación e implantación estratégica de un sistema de supervisión. Ahora Marriott sigue un esquema de 54 pasos para arreglar las habitaciones y garantizar que estén limpias y que todos los aparatos eléctricos y las conexiones a Internet funcionan.

El último problema, la cordialidad en el servicio, se resolvió con la antigua filosofía de cerciorarse que los empleados están contentos y que se esmeran: que atienden a los clientes y que difrutan haciéndolo.

Valor de determinar el problema de investigación

La historia del éxito de Marriott pretende mostrar que la investigación de mercados es vital para resolver los problemas de toma de decisiones administrativos. Desde luego, hay muchas historias de éxito en los negocios. El ejemplo de Marriott ilustra la importancia de determinar correctamente cuál es el problema de investigación y el cuidado que hay que poner al diseñar y evaluar el proyecto, de modo que se sigan los procedimientos metodológicos convenientes para garantizar la exactitud de los datos recolectados. Por el contrario, hay muchos otros casos (como el fracaso de la "nueva coca" de Coca-Cola Company, una tasa de más de 75% de cierres de las empresas pequeñas en los primeros tres años o la tasa de quiebra de 90% de las empresas en Internet en 2001, por citar tres ejemplos) en los que los problemas de decisión administrativa y las oportunidades no se identificaron de manera adecuada ni se aplicó correctamente el proceso de investigación (o no se aplicó en absoluto), razón por la cual surgieron fallas en los productos o los servicios, o las compañías se fueron a la bancarrota. Hay muchas cosas que nunca se descubrirán a través de la investigación de mercados ni mucho menos se explicarán, pero la probabilidad de tomar las decisiones adecuadas se incrementa notablemente con una información sólida de la investigación.

Este capítulo se centra en el desarrollo de este método. Con los conocimientos e ideas del panorama dado en el capítulo 2, en este capítulo se detalla la jornada del proceso de investigación. Más aún, enfocaremos nuestra exposición en la fase I, la determinación del problema de investigación y sus tres tareas fundamentales. El capítulo intenta mostrarle la importancia que tiene identificar y explorar los lineamientos y los criterios con los que tanto la agencia investigadora como el cliente adquieren confianza en la preparación y ejecución de proyectos de investigación de mercados. El dicho "lo que mal empieza, mal acaba" no encuentra mejor aplicación que en el caso de la investigación de mercados. Los datos puros, las estructuras y la información que se generan en el proceso sólo tendrán la calidad del diseño usado; por tanto, en este capítulo se analizan los temas cruciales que deben considerarse en la fase I, además del establecimiento y la evaluación de los objetivos de la investigación.

Dada la importancia de identificar con tino los problemas de información, en este texto se adopta el método peculiar de presentar los temas éticos de la investigación de mercados en este capítulo inicial, y no más adelante en un capítulo aparte. En la exposición se resaltan los efectos de los actos inmorales en la investigación de mercados. Asimismo, a lo largo del texto aparecen ejemplos de la ética en la investigación.

Tipos de información que utilizan quienes toman decisiones

Formas pragmáticas de información

Antes de analizar el proceso de definir el problema de investigación, vamos a identificar y clasificar los tipos de información que usan quienes toman decisiones y los investigadores para resolver problemas comerciales y de marketing. Muchos de quienes deciden (incluyendo clientes) no están orientados a la investigación y se concretan a clasificar la información con que resuelven problemas, responden preguntas o evalúan oportunidades como *subjetiva*, *secundaria* o *primaria*. Este sistema pragmático de clasificación se basa en dos dimensiones fundamentales: disponibilidad y grado de manipulación. La *disponibilidad de la información* es la medida en que dicha información ya está reunida y articulada en algún formato reconocible. El *grado de manipulación* es la medida en que las estructuras de datos y los resultados han sido interpretados y aplicados a una situación en particular. En el contexto de la toma de decisiones, la disponibilidad de la información y el grado de manipulación son los dos factores dominantes que facilitan la clasificación de todos los tipos de información en tres categorías mutuamente excluyentes con la cual quienes deciden y los clientes resuelven sus problemas o aprovechan sus oportunidades. En la figura 3.1 se resumen los tipos de información y se comparan sus aspectos de disponibilidad y manipulación.

Información subjetiva
Información basada en las experiencias, pericia, suposiciones, sentimientos o juicios de quien toma las decisiones, sin ningún acopio sistemático de datos.

Información subjetiva. La información subjetiva ha recibido muchos nombres a lo largo del tiempo, como conjetura, intuición, reacción visceral, cálculo espontáneo, rumores y hasta opinión de expertos. Cualquiera que sea el nombre, la **información subjetiva** puede verse sin más como información que se basa en las experiencias, pericia, suposiciones, sentimientos o juicios de quien decide sin ninguna recolección sistemática de datos.[2] Esta información se consigue fácilmente, pero por lo regular no es generalizable a la situación actual. En buena parte, confiar en información subjetiva aumenta el riesgo de tomar una mala decisión. Esta información produce también tendencias, malas interpretaciones y acciones inadecuadas, además de que niega la objetividad en la búsqueda de la verdad.

Información secundaria
Información reunida e interpretada por lo menos una vez para alguna situación que no es la actual.

Información secundaria. La **información secundaria** es la que fue reunida e interpretada por lo menos una vez para alguna situación específica que no es la actual.[3] Básicamente, quienes toman decisiones sólo necesitan localizar tal información y volver a manipularla o interpretarla para aplicarla al problema que se presente. La disponibilidad suele ser mucha, pero hay grandes dificultades al aplicar la información secundaria a situaciones concretas actuales, ya sea por la forma en que se articuló originalmente, ya porque se desconocen las razones por las que se recolectó la información. La información secundaria antes fue primaria. Algunos ejemplos de información secundaria son los hechos, estimaciones y predicciones publicados en la *Revista del Consumidor* y otras de esa especialidad. Entre las fuentes se encuentran los comerciales de televisión, los libros de investigación de mercado y las bases de datos en línea.

FIGURA 3.1 Tipos pragmáticos de información que usan los tomadores de decisiones

Tipo de información	Factor de disponibilidad	Factor de manipulación
Subjetiva	Gran disponibilidad, pero basada en las experiencias, sentimientos y suposiciones del individuo	Interpretación selectiva
Secundaria	Buena disponibilidad, pero se requiere mucho tiempo de investigación	La información y las estructuras de datos deben volver a manipularse e interpretarse por lo menos otra vez
Primaria	Como no existe, hay que generarla	Las estructuras de datos deben ser manipuladas e interpretadas por primera vez

Información primaria Información de primera mano que se obtiene mediante un proceso formalizado de investigación para un problema actual.

Información primaria. Entre quienes toman decisiones, muchos se refieren a la **información primaria** como aquella de primera mano derivada de una investigación formal para abordar un problema concreto del momento.[4] Como ejemplos cabe citar los datos de un proyecto de investigación de mercado o un estudio piloto, los comentarios de 500 clientes de bancos elegidos al azar acerca de las características del servicio que les parecen las más importantes, un conteo de los coches que cruzan cierta intersección a determinada hora o el total de los aficionados al fútbol que comen un bocadillo cuando van al estadio.

Para comenzar con el proceso de definir el problema de investigación es importante recordar que la información secundaria y primaria no existía hasta que alguien (el investigador o quien toma las decisiones) analiza las estructuras de datos puros y les confiere una significancia interpretativa a los resultados.

Formas científicas de información

Los investigadores clasifican la información que recolectan durante el proceso de la investigación en cuatro tipos: hechos, estimaciones, pronósticos o modelos de relaciones, que se basan en dos dimensiones fundamentales: calidad y complejidad. La *calidad de la información* se relaciona con el grado al que es posible considerar que tal información es exacta y confiable. La *complejidad de la información* se refiere a la facilidad con que se entiende y aplica al problema o pregunta investigado. En la figura 3.2 se resumen los tipos de información científica que utilizan los investigadores y se comparan sus diferencias en los aspectos de calidad y complejidad.

Hecho Información que es observable y verificable a través de varias fuentes externas.

Hechos. Los hechos son la forma básica de la información. Un **hecho** es alguna información *observable* y *verificable* a través de varias fuentes externas. Por ejemplo, es un hecho el que un vendedor no haya cubierto su cuota este trimestre, que un jabón de Procter & Gamble acaparó 50% del mercado de detergentes o que un consumidor insatisfecho haya escrito una carta de queja a cierta compañía. Los hechos se consideran información de gran calidad y sin complicaciones. Si un hecho es oportuno, quienes toman las decisiones pueden confiar ampliamente en él cuando buscan soluciones para un problema definido.

Estimación Aplicación generalizada de un hecho de una fuente limitada, a información sobre una fuente más extensa.

Estimaciones. Una **estimación** puede considerarse un paso adelante de un hecho porque es una aplicación generalizada de un hecho de una fuente limitada a información sobre una fuente más extensa. Por ejemplo, cuando se realiza una encuesta entre una muestra representativa de clientes, los resultados son hechos en tanto que todas sus referencias se limitan a esa muestra. Aquí el investigador podría volver y verificar las respuestas de todos los entrevista-

FIGURA **3.2 Tipos de información usada por investigadores y por quienes toman decisiones**

Tipo de información	Factor de calidad	Factor de complejidad
Hechos	Mucha calidad. Es información observable y verificable. Mucha exactitud y confiabilidad	Sin complejidades. Fáciles de entender y usar
Estimaciones	La calidad se basa en la representatividad de las fuentes de los hechos y los procedimientos estadísticos que se les aplican	Más complicados que los hechos por los procedimientos estadísticos aplicados para obtenerlos y la posibilidad de cometer errores
Pronósticos	Menor calidad que las estimaciones o los hechos por los riesgos y las incertidumbres de las condiciones futuras	Mayor complejidad. Son estimaciones que se pronostican o proyectan al futuro.
Relaciones	La calidad depende de la precisión con que el investigador enuncia las relaciones entre las variables	La mayor complejidad por las relaciones recíprocas de diversas variables que se estudian simultáneamente

dos. Estos hechos se transforman en estimaciones cuando el investigador o quien toma las decisiones postula que representan información fidedigna sobre todo el mercado.

La calidad de las estimaciones está determinada por la exactitud de la medición y su verdadera representatividad del conjunto del grupo que se investiga. Normalmente las estimaciones son menos confiables que los hechos y más complejas por los procedimientos estadísticos con los cuales se dedujeron. Una definición correcta del problema de investigación al comienzo del proyecto reducirá al mínimo (pero nunca eliminará por completo) la posibilidad de cometer errores, y con ello las estimaciones pueden usarse para tomar buenas decisiones.

Pronóstico Estimación proyectada al futuro.

Pronósticos. Un **pronóstico** es una estimación que se proyecta al futuro. Sabiendo lo que ocurrió en el pasado y lo que está ocurriendo en el presente es muy útil para quien toma las decisiones, pero su verdadero interés es la capacidad de determinar qué acontecerá, porque el futuro es el tiempo en que se probarán las decisiones. Así, se pide con frecuencia a los investigadores que pronostiquen cuáles serán los acontecimientos dadas ciertas condiciones. En consecuencia, los pronósticos son menos confiables que las estimaciones. Como los pronósticos no son más que estimaciones proyectadas al futuro, trasladan (y acaso magnifican) cualesquiera errores que se hayan colado a tales estimaciones.

Relación Existencia de una interacción causal o covariada entre dos o más variables investigadas.

Relaciones. El último tipo de información que se consigue mediante investigación es una **relación**, que consiste en una interacción causal o covariada entre dos o más variables que estudia el investigador. Por ejemplo, muchos de quienes deciden aprendieron a creer que recortar los precios de un producto o servicio aumentará la demanda, y ciertamente tal relación es válida en muchas situaciones en las que se generan curvas descendentes de demanda. Pero es posible construir modelos de relaciones en que se comparen simultáneamente los cambios de precios, gastos en publicidad, incentivos a los vendedores, garantías de menor duración y ocupación de los clientes. Estos modelos, que aplican métodos más complicados para combinar y crear información, podrían revelar que la relación entre bajar los precios y la demanda no es simple. La calidad de la información final depende en gran parte de las afirmaciones del investigador acerca de las relaciones entre varios factores que repercuten al mismo tiempo en las ventas. Estas categorías de información aparecen integradas en el resto del libro.

Cómo determinar cuando el proceso de investigación se vuelve una alternativa significativa para quienes toman las decisiones en el nuevo milenio

En el siglo XXI, los avances tecnológicos de Internet, los sistemas de comunicación a alta velocidad y la adquisición de datos secundarios y primarios más expedita, así como los sistemas de recuperación, cambian radicalmente el paisaje de la investigación de mercados y *cómo* y *cuándo* se aplica para crear una base de datos o recolectar información para abordar los problemas o las oportunidades de la administración. Las restricciones o los factores fundamentales con que se decide si se recurre o no a una investigación son ahora menos imperiosos que en el pasado. Una clave para saber cuándo debe emprenderse una investigación radica en la noción de que la investigación de mercados ya no se enfoca en las meras actividades de recolección, análisis e interpretación de datos de primera mano (primarios) para resolver los problemas de la administración, sino que cada vez se hacen actividades de investigación secundaria y en bases de datos con más frecuencia para ocuparse de problemas u oportunidades de toma de decisión. Antes había cuatro situaciones en que no se recomendaba encargar un proyecto de investigación de mercado.[5] Estas situaciones se describen en la figura 3.3.

Una de las desventajas de este método es que para cada situación se da por sentado que quien decide ya conoce la "verdadera" disponibilidad de la información que se tiene, el tiempo y el personal que hacen falta, los recursos adecuados o una idea clara del valor que se espera de la información obtenida. A medida que avanza la tecnología, estas suposiciones son cada vez más dudosas.

FIGURA 3.3 Situaciones en las que no se necesitaría una investigación de mercado

Factores de la situación	Comentarios
Información ya disponible	Cuando quien toma decisiones tiene suficientes conocimientos de los mercados, los productos y servicios pertinentes y la competencia, quizá tenga ya suficiente información para tomar una decisión acertada sin tener que encargar una investigación de mercado.* Algunos expertos señalan que los adelantos en la tecnología de cómputo y de procesamiento de la información proveen la información correcta y de manera oportuna a quienes tienen que decidir.**
Plazos insuficientes	En ocasiones el descubrimiento de un problema de decisión impone un plazo demasiado breve para implantar las actividades de investigación necesarias para obtener información y datos primarios. En los mercados muy competidos, las acciones y reacciones de la competencia se dan tan rápidamente que imposibilitan las actividades de una investigación formalizada de mercado, al menos como opción viable.
Recursos inadecuados	Si hay grandes limitaciones de dinero, personal o instalaciones, las actividades de la investigación de mercado se descartan como inviables. Cuando una empresa requiere dinero, tiene una fuerte tendencia a evitar las actividades de investigación de mercados.***
Costos que rebasan el valor de la investigación	En situaciones en las que quien decide ve equivocadamente los síntomas del mercado como si fueran un problema de decisión, los costos de la investigación pueden ser demasiado elevados para el valor (o la calidad) de la información propuesta.

*R.K. Wade, "The When/What Research Decision Guide", en *Marketing Research: A Magazine and Application*, 5, núm. 3, verano de 1993, pp. 24-27.
**William D. Perreault Jr., "The Shifting Paradigm in Marketing Research", en *Journal of the Academy of Marketing Science*, 20, núm. 4, otoño de 1992, p. 369.
***Richard F. Tomasino, "Integrate Marketing Research with Strategic Plan to Get Budget OK", en *Marketing News*, 4 de enero de 1985, p. 8.

Como se vio en el capítulo 2, quienes toman hoy las decisiones tienen la principal responsabilidad de determinar si viene al caso una investigación para recolectar la información que se necesita. La primera pregunta que deben hacerse es: *¿Puede resolverse el problema o la oportunidad de decisión únicamente con información subjetiva?* Lo que importa es decidir qué tipo de información (subjetiva, secundaria o primaria) se necesita para responder la pregunta de decisión. Casi siempre quienes deciden meditan acerca de emprender una investigación cuando tienen una pregunta o problema o cuando piensan que hay una oportunidad, pero o no tienen la información subjetiva correcta o no están dispuestos a prestarle su confianza para resolver tal problema o aprovechar esa oportunidad. Los estudios de investigación primaria y secundaria cuestan tiempo, esfuerzo y dinero. La figura 3.4 muestra un esquema en el que se ilustran los factores y ejemplos de las preguntas de decisión que hay que formular y responder para determinar si el proceso de investigación es necesario.

Después de decidir que la información subjetiva no basta para resolver el problema de decisión definido, la siguiente pregunta que deben responder quienes toman las decisiones atañe a la naturaleza de la decisión: *¿Tiene el problema u oportunidad una importancia táctica o estratégica?* Las decisiones estratégicas tienen plazos más dilatados pero son mucho más complicadas que las tácticas. Casi todas las decisiones estratégicas son cruciales para las operaciones de la compañía y los objetivos finales de rentabilidad. A su vez, sobre la base de las inversiones que exige una decisión táctica, emprender la investigación sería la alternativa apropiada para recolectar datos e información. Por ejemplo, recientemente Outback Steakhouse tomó la decisión táctica de actualizar su menú en apariencia y en variedad. Investigar las opiniones de los clientes resultó útil para determinar cuáles platos nuevos había que incluir y cuáles no debían ponerse en el menú sino ofrecerse como ocasionales "especialidades del chef". A final de cuentas, si el problema tiene importancia estratégica o táctica significativa, es el momento de llamar a un experto en investigación como consejero.

FIGURA 3.4 Cómo determinar cuándo emprender la investigación

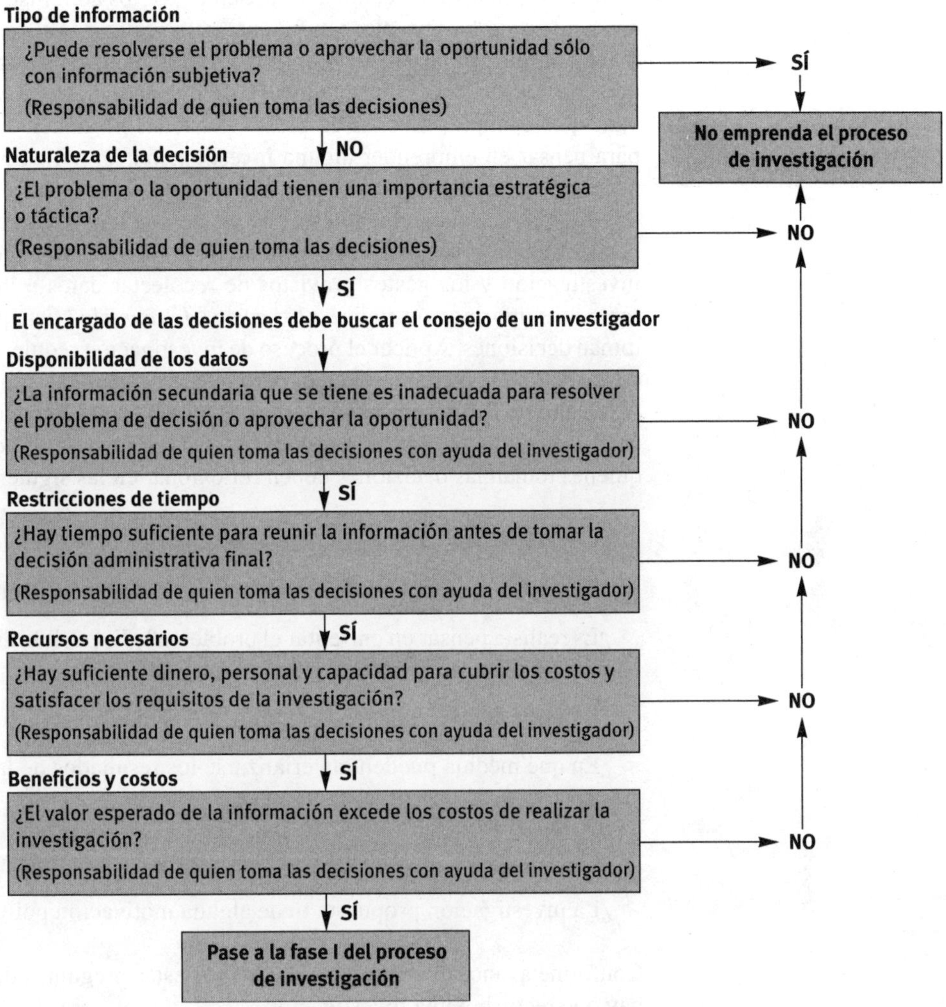

Otra pregunta clave de la administración atañe a la disponibilidad de la información que se tiene. Con la ayuda del experto en investigación, los que toman las decisiones enfrentan la siguiente pregunta: *¿Ya se tiene en los sistemas de registro interno de la compañía la información adecuada para ocuparnos del problema de decisión definido?* Antes, si la información de mercado necesaria no estaba disponible en forma correcta, guardada en el sistema de registro interno de marketing de la compañía, se emprendía un proyecto de investigación especial para encontrar, generar y presentar la información en la forma requerida. En la actualidad, los adelantos en la tecnología de la computación y el cambio de la filosofía administrativa a compartir la información entre funciones han brindado a la administración la capacidad de registrar, guardar y recuperar grandes cantidades de datos operativos (como ventas, costos y rentabilidad por productos, marcas, región de ventas, grupos de clientes) con mayor facilidad y destreza. El mayor énfasis en el marketing por base de datos ha eliminado algunas de las preocupaciones de la administración en lo referente a la disponibilidad de la información.

Con las aportaciones del experto en investigación, quienes toman las decisiones deben evaluar las "restricciones de tiempo" que les impone el problema o la oportunidad: *¿Hay* *tiempo suficiente para realizar la investigación necesaria antes de que debamos tomar la decisión administrativa final?* En la actualidad, quienes deciden necesitan información en tiempo real, pero en muchos casos la investigación sistemática que se requiere para entregar datos e información de calidad toma tiempo. Si los administradores necesitan la información en seguida, no hay un plazo suficiente para realizar la investigación. Otra pregunta fundamental se enfoca en la disponibilidad de los recursos de marketing (por ejemplo, dinero, personal, capacidades, instalaciones): *¿Hay presupuesto para efectuar la investigación formal?* Por ejemplo, muchas empresas pequeñas no tienen suficiente presupuesto operativo para pensar en emprender alguna investigación formal para resolver problemas o explotar nuevas oportunidades.

Lo que no ha cambiado es el hecho de que hay que hacer alguna evaluación de costo-beneficio a propósito del valor general de la información que se obtendrá si se emprende la investigación y los gastos previstos de recolectar datos e información: *¿Los beneficios de tener más información superan los costos de reunirla?* Esta pregunta es un reto para quienes toman decisiones. Aplicar el proceso de investigación requiere tiempo, esfuerzo y dinero. Sus costos varían con cada proyecto, pero pueden calcularse con gran exactitud. Prever el valor verdadero de la información esperada es todavía un asunto subjetivo. Además de los factores anteriores y las preguntas que ayudan a determinar si se acude o no a una investigación, quienes toman las decisiones deben reflexionar en las siguientes preguntas de evaluación:

¿Cuál es la magnitud percibida de la importancia y complejidad del problema?

¿El resultado de la investigación repercutirá en la decisión final sobre el problema?

¿Es realista pensar en enfrentar el problema? ¿Es posible diseñar y medir bien las variables cruciales de la investigación propuesta?

¿Realizar la investigación necesaria dará a la competencia información valiosa?

¿En qué medida pueden materializarse los resultados de la investigación?

¿El diseño de la investigación y los datos representan la realidad?

¿Los resultados de la investigación servirían como pruebas legales?

¿La investigación propuesta tiene alguna motivación política?

Conforme avance el capítulo analizaremos estas preguntas de evaluación para determinar si hay que recurrir a una investigación.

Al decidir si se emprende un proceso de investigación, otro método útil consiste en una pregunta siempre huidiza: *¿Por qué quien toma las decisiones debería realizar una investigación?* Aunque no hay un conjunto aceptado de reglas para determinar cuándo investigar aparte de la noción general que ya se indicó, hay varias condiciones para que los que deciden presten una atención seria a la posibilidad del proceso de investigación:[6]

1. Si la información servirá para aclarar el problema definido o identificar los cambios en el mercado que influirían directamente en las responsabilidades de los productos o servicios de la compañía.
2. Si la información sería útil para que la compañía obtenga ventajas competitivas significativas en su mercado.
3. Si la información suscitaría acciones de marketing con las que se alcanzarían los objetivos de marketing.
4. Si la información favorecería una comprensión de las condiciones del mercado que se proyecte al futuro.
5. Si el valor de la información excedería el costo de obtenerla.

Importancia de determinar el problema de investigación

Como se ilustra en el ejemplo de Marriott con que se inició el capítulo, la creación y el marketing de nuevos productos y servicios son el resultado de comprender las decisiones de los consumidores y de planear cuidadosamente un sólido proyecto de investigación. Cuando se identifica un problema u oportunidad de decisión y se admite que hace falta cierta clase de información (primaria o secundaria), cabe pensar que todas las actividades de planear y garantizar la información son parte del proceso de investigación. En consecuencia, es importante que quienes deciden y los investigadores colaboren para iniciar la primera fase del proceso. Esto es cierto sin que importe si la información debe reunirse periódicamente o sólo una vez. Cualquier intento sistemático por reunir o generar información que sirva para la toma de decisiones del administrador requiere que se active el proceso de investigación.

La primera fase del proceso de investigación, determinar el problema, consta de tres puntos importantes: 1) determinar y aclarar las necesidades de información de la administración, 2) volver a definir el problema de decisión como uno de investigación, y 3) establecer los objetivos de investigación y determinar el valor de la información. El investigador debe cumplir los objetivos de las tareas para alcanzar la meta general de identificar problemas de información que están en la base del problema u oportunidad de decisión y enunciar precisamente los objetivos de la investigación.

Determinar y aclarar las necesidades de información de la administración

Para garantizar que se generará la información apropiada mediante el proceso de investigación, los investigadores deben auxiliar a quien toma las decisiones para que verifiquen que el problema o la oportunidad están bien definidos y esté enterado de los requisitos de información. Recuerde que hay un **problema de decisión** cuando la administración ha establecido un objetivo específico que se alcanza a través de varias vías. Lo que se pregunta es cuál es la mejor opción. Para que los investigadores comprendan bien el problema de decisión deben ejecutar un proceso de definición integrado. No hay un proceso que sea el mejor, pero cualquiera debe incluir las siguientes actividades: 1) determinar el objetivo de la administración al emprender una investigación, 2) comprender toda la situación del problema, 3) identificar y separar síntomas medibles de la situación del problema, 4) determinar las unidades de análisis apropiadas, y 5) determinar las variables pertinentes. Poseer la capacidad de definir y comprender el problema actual de decisión es un importante primer paso para determinar si realmente es necesaria una investigación. Un problema de decisión mal definido puede producir fácilmente resultados carentes de valor, como en el ejemplo de la nueva Coca-Cola, que se ilustra en el recuadro La investigación de cerca en el campo.

Problema de decisión
Situación que existe cuando la administración ha establecido un objetivo específico que se alcanza a través de varias vías.

Objetivo de la solicitud de investigación

Cualquier buen proceso de definición del problema comienza por la determinación del objetivo de la investigación. Como se vio en el capítulo 2, quien toma las decisiones es el primer responsable de decidir que acaso se requieran los servicios de un investigador para abordar un problema u oportunidad de decisión. En cuanto se hace cargo de la situación, el investigador comienza el proceso de definición del problema pidiendo a quien decide que exprese las razones por las que considera que es necesario emprender una investigación. Con este cuestionamiento inicial, el investigador comienza a intuir cuál es el problema para la administración. Tener una noción básica sobre por qué investigar centra la atención en las circunstancias del problema. Entonces el investigador puede presentar varias preguntas para distinguir claramente entre síntomas y factores causales. Un método que podría aplicar el investigador es enseñar a quien decide el **principio del iceberg**, que se ilustra en la figura 3.5.

Principio del iceberg Principio según el cual quienes deciden sólo ven 10% de los problemas, mientras que el restante 90% debe descubrirse mediante la investigación.

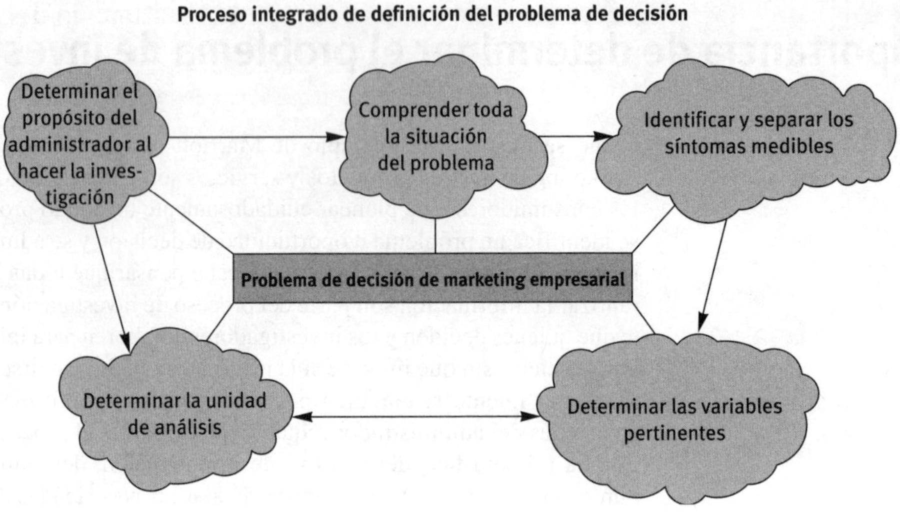

FIGURA 3.5 **Principio del iceberg**

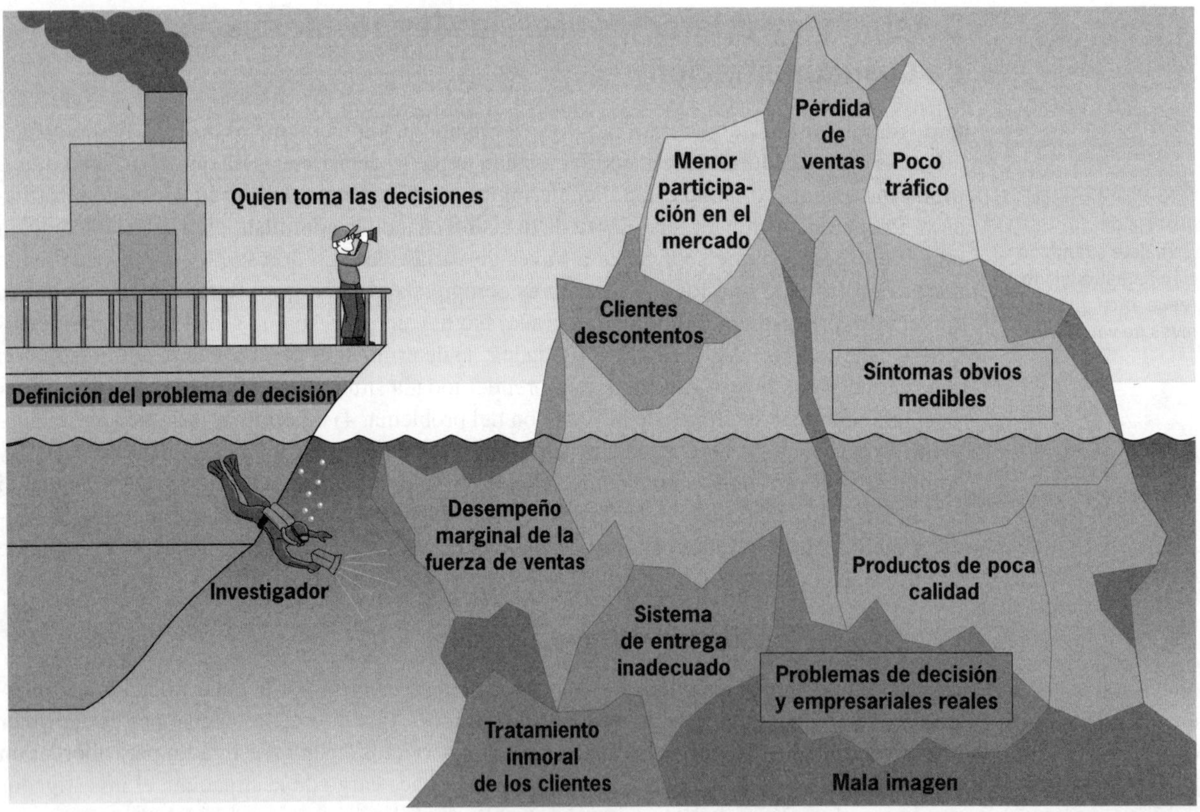

El principio del iceberg afirma que en muchas situaciones problemáticas empresariales, quien toma las decisiones sólo está consciente de 10% del verdadero problema. En general, piensan que el problema no es más que un factor o síntoma observable (es decir, algún factor medible del desempeño del mercado), mientras que no ven ni entienden 90% del problema. Los verdaderos problemas están sumergidos debajo de la línea de observación. Si estas partes sumergidas se ignoran en la definición del problema y más adelante en el diseño de investigación, las decisiones basadas en tal investigación no serán las mejores.

Comprender de manera completa la situación del problema

Análisis situacional
Herramienta centrada en reunir información informal sobre antecedentes para que el investigador se familiarice con la complejidad general del área de decisión.

Quien decide y el investigador deben comprender toda la situación del problema, lo que se dice fácilmente pero muchas veces se hace con dificultades. Para llegar a tal comprensión, el investigador y el que toma las decisiones deben realizar un análisis situacional básico de las circunstancias del problema. Un **análisis situacional** es una herramienta popular que se centra en reunir antecedentes de manera informal para que el investigador se familiarice con la complejidad general del área de decisión. Con un análisis situacional se pretende identificar los hechos y factores que llevaron a la situación problemática actual, así como a las consecuencias que se anticipan. Un amplio conocimiento de la situación del problema ofrece mejores perspectivas sobre 1) las necesidades de quien toma las decisiones, 2) la complejidad de la situación, y 3) el tipo de factores involucrados.

Realizar un análisis situacional puede mejorar la comunicación entre el investigador y quien toma las decisiones. Es responsabilidad del investigador ahondar sus conocimientos del negocio y las actividades diarias de su cliente. Para comprender objetivamente el sector del cliente (ramo, competencia, líneas de producto, mercados y en algunos casos medios de producción), el investigador no puede depender únicamente de la información que le da el cliente, porque muchos administradores son miopes en su propio campo. Sólo cuando el investigador ve objetivamente el ejercicio comercial de su cliente sucede una verdadera aclaración del problema.[9] En resumen, el investigador debe convertirse en experto en el negocio del cliente.

La investigación de cerca

En el campo

"¿Pueden pasarme una Coca nueva, por favor?"

Entre 1980 y 1984, la Pepsi Cola Company realizó una serie de pruebas de sabor a ciegas y determinó que los consumidores de refrescos preferían la dulzura de Pepsi al sabor más áspero de la Coca. Sobre la base de lo que se llamó el "Reto Pepsi", esta compañía elaboró un programa de marketing que se centró en los consumidores de refrescos más jóvenes y los denominó la *generación Pepsi*.

La primera respuesta de Coca-Cola fue aumentar su presupuesto de publicidad y preparar una declaración acerca de la superioridad de su producto. Sin embargo, las propias pruebas de degustación de Coca validaron la aseveración de Pepsi de que los clientes preferían un producto más dulce. Con información obtenida en la creación de Diet Coke, la compañía creó una nueva Coca más dulce y emprendió uno de los programas de investigación de mercados más extensos en la historia de la industria refresquera.

Con un diseño sin paralelo de investigación de mercados de prueba que duró tres años, la compañía pidió a más de 20 000 clientes que participaran en estudios de sabor a ciegas realizados en centros comerciales de todo Estados Unidos. La pregunta de investigación que dirigió el programa de la Coca fue: ¿cuáles serán las reacciones definitivas de los clientes al sabor de la nueva Coca? Los resultados de la investigación indicaron que cuando se les pidió que compararan bebidas sin identificar, los consumidores favorecieron la fórmula de la nueva Coca por un margen de 55 a 45%. Cuando se identificaban los dos productos, 53% de quienes se sometieron al estudio preferían también la nueva fórmula que la original.[7]

Con estos resultados la investigación de mercado, la dirección de Coca-Cola decidió introducir el nuevo producto. En abril de 1985 se presentó la nueva fórmula, más dulce, con el nombre de New Coke, y la Coca original fue descontinuada. Sin embargo, en julio de 1985 se volvió a distribuir la Coca original y para finales de 1985 la nueva Coca, aquella que según la investigación del mercado era la preferida por los consumidores, fue retirada. ¿Qué sucedió? ¿Por qué salió mal la nueva Coca? ¿Qué debió haberse medido? ¿Qué hubiera pasado si Coca-Cola hubiera distribuido el nuevo producto con el nombre antiguo? Quedaron estos buenos temas de análisis para la investigación de mercados. Desde un punto de vista, cabe acusar a Coca-Cola de estrechar demasiado el alcance de su pregunta de investigación y definir el problema de manera que los expertos investigaron y probaron sólo un aspecto: las preferencias de los consumidores de refrescos de cola.[8] En esta situación, se critica a los investigadores por no examinar el grado al que los consumidores tenían un apego emocional y eran leales a las marcas conocidas, así como el efecto de esa lealtad en los hábitos de compra y consumo. Coca-Cola no le preguntó a los entrevistados si la nueva Coca debería sustituir a la anterior.

Identificar y separar los síntomas medibles

Ya que el investigador comprende la situación general del problema, debe colaborar con quien decide para separar los problemas básicos de los síntomas observables y medibles que acaso la administración percibe como un problema de decisión. Por ejemplo, muchas veces los administradores ven como problemas las reducciones en las ventas o en la participación del mercado. Después de examinar a fondo estos temas, quizá el investigador descubra que son resultado de asuntos más concisos, como una publicidad mal realizada, falta de motivación entre los vendedores o incluso redes de distribución mal trazadas. La dificultad que enfrenta el investigador es clarificar el verdadero problema de decisión separando causas posibles de síntomas. ¿La reducción de las ventas es el problema, o es meramente un síntoma de una publicidad mal hecha, mala elección de los distribuidores o una administración de ventas ineficaz?

Determinar las unidades de análisis

Como parte fundamental de la definición del problema, el investigador debe ejercer la facultad objetiva pero visionaria de determinar la unidad de análisis apropiada para el estudio. El investigador debe ser capaz de especificar si deben reunirse datos acerca de individuos, hogares, organizaciones, departamentos, zonas geográficas, objetos específicos, o una combinación de éstas. La unidad de análisis señalará una dirección a actividades posteriores como la elaboración de una escala de medición y la toma de la muestra conveniente de entrevistados. Por ejemplo, tomemos los problemas de investigación que se indagan en los estudios clásicos de satisfacción con los automóviles. El investigador debe decidir si reúne datos de compradores conocidos (es decir, de individuos) de un vehículo específico o de parejas de marido y mujer como representantes de hogares en que se maneja ese vehículo.

Determinar las variables pertinentes de la situación

Constructo Conceptos o ideas acerca de un objeto, atributo o fenómeno que sean dignos de medición.

En esta etapa el investigador y quien decide determinan juntos las variables que convienen a cada problema o pregunta que hay que responder. Se trata de identificar las variables independientes y dependientes. Esta determinación está articulada con la clase de información (es decir, hechos, estimaciones, pronósticos y relaciones) y los **constructos** que conciernen al problema de decisión. En la figura 3.6 se dan varios ejemplos de constructos de marketing que se examinan de manera rutinaria en las investigaciones de mercado (aunque de ningún modo es una lista de los constructos clave).

Redefinir el problema de decisión como un problema de investigación

Una vez comprendido el problema de decisión e identificados los requisitos concretos de información, el investigador debe volver a definir ese problema en términos más científicos. Como se vio en el capítulo 2, esta segunda tarea es la más crucial del proceso de investigación. La principal razón de que sea necesario volver a formular los problemas de decisión es que los encargados de las decisiones adoptan una terminología y marco *pragmáticos* cuando definen un problema, mientras que los investigadores están capacitados para estudiar problemas y oportunidades en marcos *científicos*. En esencia, quienes toman las decisiones de marketing y los investigadores viven en mundos aparte. Ya se vieron las diferencias en el capítulo 2. En la figura 3.7, y a manera de recordatorio, se ofrece un resumen de las principales, diferencias.

Al convertir los problemas y preguntas de decisión en preguntas de investigación, los investigadores aplican sus capacidades y conocimientos científicos. Las preguntas de investigación son los enunciados de cómo, qué, cuál, dónde y por qué acerca de los aspectos problemáticos que se abordarán en el estudio. Aquí el problema de decisión se divide en una serie de preguntas de investigación más específicas. Para ilustrar el punto, en la figura 3.8 se da un ejemplo en el que la administración de una tienda de ropa informal para caballero enfrenta tendencias a la baja en su volumen de visitantes y en las cifras de ventas. Un análisis objetivo

FIGURA **3.6 Ejemplos de los constructos que se investigan**

Constructos	Descripción operativa
Conciencia de marca	Porcentaje de entrevistados que han oído de la marca designada. Esta conciencia puede ser espontánea o suscitada con ayuda.
Actitudes hacia la marca	Número de entrevistados y la intensidad de su impresión positiva o negativa de una marca.
Intenciones de compra	Número de personas que planean comprar determinado bien (un producto o servicio) en un plazo designado.
Importancia de los factores	Qué factores y con qué intensidad influyen en la decisión de compra de las personas.
Características demográficas	Edad, género, ocupación, nivel de ingreso, etc., de quienes proporcionan la información.
Satisfacción de la experiencia	Cómo evalúa la gente su experiencia después de la compra de un bien determinado.

La investigación de cerca

Implicaciones para la pequeña empresa

Business Research Lab, cuya página de Internet es www.busreslab.com, es una agencia de servicios completos de investigación de mercado. Entre los servicios que ofrece se encuentran encuestas de satisfacción de clientes, pruebas de promociones, soluciones para pequeñas empresas, asistencia para las pruebas de satisfacción de los empleados y encuestas de muestra que se pueden descargar para uso personal. Business Research Lab se enorgullece de proveer asistencia detallada y de calidad a sus clientes. Una parte importante de la distribución de presupuesto que preocupa a propietarios o administradores de pequeñas empresas atañe a la asignación de recursos para promoción. Patrocinar espectáculos y promover otras actividades agota rápidamente el presupuesto publicitario de estas compañías. Business Research Lab ofrece asistencia a los propietarios que buscan una estrategia de promoción correcta. Por ejemplo, Pro-Sort, la división de prueba de promociones de Business Research Lab en http://spider.netropolis.net/brl/prosort2.htm, extiende lineamientos para elegir las promociones que mejor favorezcan las utilidades. En tres semanas, Pro-Sort entrega a las empresas los datos que necesitan para tener una ventaja competitiva significativa. La meta de cualquier promoción debe ser, al final, aumentar las ventas. Al acercarse al Business Research Lab a través de su dirección de correo electrónico o su teléfono gratuito, los propietarios de pequeñas empresas pueden, cuando menos, obtener instrucciones expertas para diseñar sus promociones.

FIGURA **3.7 Diferencias fundamentales y filosóficas entre administradores e investigadores**

Diferencias de atributos	Administradores (tomadores de decisiones)	Investigadores
Motivación por la investigación	Hacer desaparecer los síntomas	Descubrir hechos y relaciones verdaderas
Disposición hacia el conocimiento	Quieren respuestas a preguntas	Quieren formular preguntas
Orientación	Pragmática, subjetiva	Científica, objetiva
Responsabilidad	Obtener utilidades	Generar información
Aplicación de la investigación	Política	Responder preguntas
Posición en la organización	Administración de línea, media y superior	Apoyo, especialistas
Nivel de participación	Mucha participación, emocionales	Desapegados, analíticos
Capacitación	Toma de decisiones en general	Aplicaciones científicas y técnicas

de las operaciones de la compañía llevó al investigador a definir de nuevo el problema inicial de decisión como un conjunto de preguntas concretas. Cuando se plantean preguntas de investigación relacionadas con el problema de decisión, se orilla a quien decide a proporcionar más información pertinente para ese problema.[10] En otras situaciones, definir los problemas de decisión como de investigación también incita a formular hipótesis más que simples preguntas.

Hipótesis Afirmación no probada de una pregunta de investigación en un formato verificable.

Una **hipótesis** es un enunciado no probado de una pregunta de investigación en forma verificable. Se puede enunciar una hipótesis sobre casi cualquier variable y expresar una posible relación entre dos o más factores de mercado. Las preguntas de investigación y las hipótesis son semejantes en lo referente a su pretensión de expresar relaciones, las hipótesis son más específicas y declarativas, en tanto que los enunciados de los problemas de investigación son más interrogativos. Las hipótesis se comprueban empíricamente a través del proceso de investigación. En la figura 3.8 se ilustran las diferencias entre las preguntas de investigación y las hipótesis. En capítulos subsecuentes se estudia la formulación de hipótesis.

La tarea de volver a definir los problemas de decisión como preguntas de investigación e hipótesis marca el momento en que el investigador desplaza a quien decide como la parte dominante, como el que asume la mayor responsabilidad del éxito o el fracaso de un proyecto de investigación. Más aún, las actividades de esta tarea cumplen la vital función de preparar al investigador para la siguiente tarea, que es establecer los objetivos de investigación y determi-

FIGURA 3.8 Problema administrativo expresado en términos de preguntas de investigación e hipótesis

Situación: Una pequeña tienda de ropa casual para caballeros de Santiago de Chile estaba preocupada por las tendencias a la baja en la afluencia y las cifras de ventas. La administración no sabía qué imagen proyectaba la tienda entre los clientes.

PROBLEMAS INICIALES DE DECISIÓN

¿Hay que evaluar y acaso modificar alguna de las estrategias actuales de tienda, productos, servicios u operación para aumentar el crecimiento de las utilidades de la empresa y los indicadores de participación en el mercado? ¿La calidad y el precio de la mercancía y el servicio tienen un efecto en la satisfacción de los clientes, las pautas de afluencia en la tienda y la imagen de lealtad?

PREGUNTAS DE INVESTIGACIÓN REDEFINIDAS

¿*Cuáles* son los hábitos de compra de quienes adquieren ropa casual para caballeros? Es decir,

¿*Dónde* compran habitualmente ropa casual de calidad para caballeros?

¿*Cuándo* (con qué frecuencia) compran ropa casual de calidad para caballeros?

¿*Qué* prendas de ropa casual de calidad para caballeros prefieren comprar?

¿*Para quién* compran ropa casual de calidad para caballeros?

¿*Cuánto* gastan en ropa casual de calidad para caballeros?

¿*Qué* características de la tienda o la operación juzgan importantes al elegir dónde compran ropa casual para caballeros?

¿*Cómo* evalúan los clientes conocidos el desempeño de la tienda en las características del local y la operación y en comparación con las peculiaridades de competidores directos selectos?

NUEVA DEFINICIÓN COMO HIPÓTESIS DE INVESTIGACIÓN

Hay una relación positiva entre la calidad de la mercancía ofrecida y la lealtad a la tienda de los clientes.

Los precios competitivos tienen una influencia mayor en la generación de tráfico interno que las características de la calidad del servicio.

Los vendedores inexpertos ejercen una influencia negativa en la satisfacción de la visita de compra de los clientes.

OBJETIVOS DE INVESTIGACIÓN

Recolectar datos de actitudes y conductas para identificar el proceder, las preferencias y los hábitos de compra hacia la ropa casual para caballeros.

Reunir datos del desempeño de la tienda, productos, servicios y operación para identificar los puntos fuertes y débiles de la empresa que serían indicadores para evaluar las estrategias actuales de marketing y operación.

Recolectar datos de actitudes para evaluar la imagen general de la casa y su reputación como tienda especializada en ropa casual para caballeros.

nar el valor de la investigación. Si el problema de investigación no está bien definido, es poco probable que la información que arroje el proyecto de investigación tenga algún valor. En el recuadro Implicaciones para la pequeña empresa se explica cómo la compañía Business Research Lab resuelve los problemas de investigación de mercado de pequeñas empresas.

Establecer los objetivos de la investigación y determinar el valor de la información

Establecer los objetivos de la investigación

Los objetivos de la investigación son enunciados precisos de lo que se pretende conseguir con un proyecto de investigación. También representan de manera indirecta un plan de las actividades del proyecto. Con estos objetivos el investigador documenta sucesos concisos, medibles y realistas que aumentan o reducen la magnitud del problema de la administración de marketing. Más aún, permiten especificar la información necesaria para fortalecer la capacidad de toma de decisiones de la administración. La figura 3.8, además de ilustrar la forma en que los problemas de decisión se definen como preguntas de investigación e hipótesis, ejemplifica un conjunto de objetivos de investigación (que de ninguna manera se pretende que sean representativos de todos los problemas de decisión que enfrentan los administradores actuales). Para más ejemplos de objetivos de investigación, visite el sitio en Internet del libro, www.mhhe.com/hair.

Un asunto importante de cualquier proyecto de investigación es advertir que la investigación por sí sola nunca formulará las soluciones de un problema. La investigación sólo facilita escoger las decisiones apropiadas de las soluciones que se estudian. La finalidad de la investigación es generar la información necesaria para ayudar a la administración a tomar decisiones y, con ello, encontrar soluciones. Así, es necesario determinar el valor de adquirir esa información.

Determinar el valor de la información

Al emprender la definición del problema, quien toma las decisiones y el investigador tienen que entender el valor potencial de adquirir la información. El interés principal está en saber si el costo de generar la información excederá su valor. Así suele ocurrir cuando la información debe ser sumamente precisa. Por ejemplo, Hanes, fabricante de las pantimedias L'eggs, realizó pruebas con varios diseños de empaque para sus productos. Se crearon y estudiaron tres empaques en una prueba de mercado controlada. Hanes gastó alrededor de 60 000 dólares en el proyecto y apenas consiguió información limitada sobre el mejor empaque.[11] Una posible alternativa habría sido diseñar un estudio simple de preferencias que se enfocara en la dinámica que influye en la percepción de los diversos empaques. Tal estudio habría costado menos y hubiera arrojado más datos sobre lo que caracteriza a un buen empaque para el producto. Hanes pudo haber recolectado otros datos, sin costo adicional, con los que se habría generado información útil para tomar decisiones de este tipo en el futuro. Este sencillo ejemplo ilustra un principio fundamental al decidir si se realiza o no una investigación: *sólo debe emprenderse una investigación de mercado cuando el valor esperado de la información que se conseguirá excede el costo de obtenerla.*

Este principio suena simple, pero es extremadamente difícil de llevar a la práctica. La dificultad inherente es la de calcular el valor verdadero de la información. Usualmente es imposible determinar la proporción del costo al valor de la mayoria de los proyectos investigación de mercados; sin embargo, en la figura 3.9 se proponen algunos lineamientos a los que debe prestarse atención al estimar esta proporción crítica.

La información para la toma de decisiones casi siempre será insuficiente. Quizá falte porque ya no se dispone de más a ningún costo. En el peor de los escenarios, es posible obtener más información, pero su costo sería demasiado elevado. Por tanto, cuando se especifican los requisitos de información, tal cuales o referidos al costo, los investigadores siempre deben evaluar las posibilidades de recolectar datos en fuentes secundarias (en los capítu-

FIGURA 3.9 Lineamientos para calcular la proporción de costo y valor del proyecto de investigación

1. **Céntrese en los aspectos más importantes del proyecto.** Identifique los temas importantes y los periféricos del problema. Los temas que no tienen importancia sólo consumen recursos y enturbian el conocimiento de la información que realmente debe conseguirse.
2. **Nunca trate de hacer demasiado.** Hay un límite a la cantidad de información que puede recolectarse. Dada esta limitación, el investigador debe compensar entre los temas que puede abordar y la profundidad de cada uno. Por tanto, es necesario enfocarse en aquellos temas de mayor valor potencial.
3. **Determine si se requiere información secundaria, primaria o ambas.** Ya establecidos los objetivos de la investigación, el investigador debe identificar si es más apropiada la información secundaria o la primaria para abordar el problema de decisión enunciado. En algunos casos, podría llegar a determinarse que se requiere una combinación de las dos clases de información.
4. **Analice todos los métodos posibles para recolectar los datos.** Como se verá en la siguiente fase del proceso de investigación, hay que evaluar otras fuentes de datos y diseños de investigación con que se cuente y que permitirían realizar una investigación detallada de los temas a un costo relativamente menor.
5. **Estime subjetivamente el valor de la investigación.** El investigador debe formular algunas preguntas esenciales acerca de los objetivos de la investigación. Por ejemplo:
   a) ¿Es materialmente posible conseguir la información?
   b) ¿Me dice la información algo que ya sé?
   c) ¿Arrojará la información conocimientos suficientes?
   d) ¿Qué beneficios se obtendrán de la investigación?

los 4 y 5 se detalla el tema). Si se consiguen formas secundarias adecuadas y exactas, el costo de recolección de la información casi siempre es mucho menor que el costo de recolectar datos primarios. Como se señala a lo largo de esta obra, con la proliferación de información secundaria debida a los avances tecnológicos, muchos investigadores se percatan de que la información secundaria es una fuente cada vez más valiosa para la investigación de mercado.[12]

Una vez determinados los objetivos de la investigación y los requisitos de información, se vuelve importante que quien decide y el investigador retrocedan y ponderen otra vez la necesidad de efectuar la investigación de mercados. Aunque los factores de la situación presentados en las figuras 3.3 y 3.4 pueden influir en el proceso de evaluación, hay otros criterios subjetivos que vale la pena que consideren juntos en este momento. Como ya se indicó, proseguir con el proyecto de investigación sería inapropiado si:

1. **Realizar la investigación necesaria podría dar información valiosa a la competencia.** Muchos procedimientos visibles de investigación podrían dar a otras compañías la posibilidad de formular una respuesta competitiva antes de terminar el proyecto de investigación.
2. **Los resultados no se van a aprovechar.** La información de una investigación de mercado tiene poco o ningún valor si la administración no puede llevarla a la práctica o si no quiere hacerlo.
3. **El diseño de la investigación no representa a la realidad.** Muchos diseños de investigación, en particular los experimentales, no representan adecuadamente las verdaderas condiciones del entorno del mercado.
4. **Los resultados y descubrimientos de la investigación servirán como pruebas legales.** Esto puede ocurrir en los juicios por responsabilidad comercial o por publicidad engañosa.
5. **Las variables cruciales de la investigación propuesta no pueden ser diseñadas o medidas a causa de circunstancias incontrolables o ambiguas.**
6. **La investigación tiene motivos políticos.** Algunos administradores tratarían de usar la investigación para impulsar su carrera o para fortalecer de manera inmoral la presencia de la compañía en su comunidad.

Todas estas situaciones deben ser evaluadas antes de pasar a la siguiente fase del proyecto: el diseño de la investigación. Recuerde que una investigación mal realizada o ejecutada con base en razones equivocadas hará más mal que bien. Para ilustrarlo, vuelva al ejemplo de la nueva Coca-Cola.

Muchos de quienes deciden afirmarán que no pueden darse el lujo de realizar proyectos de investigación de mercados bien diseñados. Con todo, en general estarían de acuerdo en que sobrevivir en el medio empresarial actual depende directamente de comprender, abarcar y vigilar el entorno operativo de la compañía. Actuar y reaccionar en un ambiente que cambia se hace mejor tomando decisiones razonables basadas en información precisa. En la mayor parte de los casos, no realizar la investigación de mercados es una mala elección, dadas las realidades del medio. Por tanto, la pregunta no debe ser cuánta investigación de mercados puede costearse, sino cuánta investigación puede dejar de hacerse.

Consideraciones de procedimiento al evaluar un proyecto de investigación de mercados

Aunque quienes toman las decisiones participan en los problemas y requisitos de información y los objetivos de la investigación, rara vez poseen los conocimientos para estimar el valor y el costo del proyecto de investigación de mercados en sus importantes dimensiones de procedimiento y/o de metodología. Aquí el investigador debe informar al administrador acerca de los criterios metodológicos y de procedimiento necesarios para comprender y evaluar un proyecto. Algunos de los criterios más importantes son el precio del proyecto, objetividad, confiabilidad, datos imprecisos y validación de los datos.

Fijación del precio del proyecto de investigación

El costo general del proyecto de investigación es del interés particular tanto del investigador como de quien toma las decisiones. Básicamente, el sentido común que rige en cualquier decisión de fijación de precios priva también al determinar el precio de cualquier proyecto de investigación de mercados, ya sea que se enfoque en recolectar e interpretar información y datos secundarios o primarios (de primera mano). Casi todos los proyectos de información primaria y secundaria involucran costos directos, gastos indirectos generales y honorarios por los servicios profesionales; al calcular con exactitud el valor o el costo esperado del proyecto que se recomienda entran en juego diversos factores. Como se señaló, el tipo de información requerida (datos primarios o secundarios), la distribución del presupuesto (la

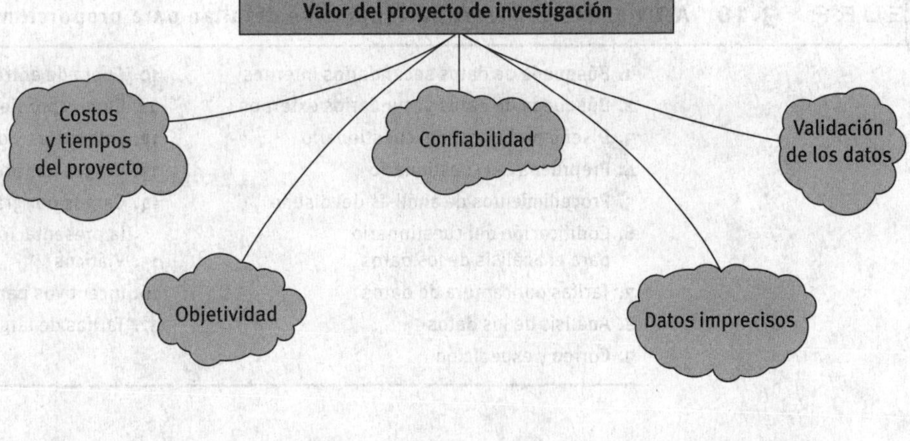

cantidad reservada para realizar las actividades de la investigación), la complejidad de la información necesaria (por ejemplo, características demográficas básicas o conductas y actitudes detalladas), recursos humanos (es decir, ocupar al personal de la casa o contratar personal externo para estas actividades) y requisitos de tiempo (corto o prolongado), así como la confianza de quien decide en la capacidad del investigador y en las especificaciones del proyecto, repercute en el cálculo del valor y el costo de cualquier estudio propuesto.

Por ejemplo, el nuevo director ejecutivo de la Gran Cámara de Comercio de Tampa y su equipo ejecutivo llegaron hace poco a la conclusión de que no sabían *por qué* empresas grandes y pequeñas se afiliaban a la cámara. Después de dedicar mucho tiempo a especular sobre las razones empresariales de la afiliación, se dieron cuenta de que requerían conocimientos de investigación para recolectar los datos necesarios y buscaron la ayuda de varios expertos en la materia. Durante la discusión con los investigadores, se advirtió que la cámara tenía muchos datos secundarios de las características demográficas de sus 1 700 miembros, pero no datos de calidad acerca de las opiniones de formar parte de la cámara ni de las necesidades de servicios. También se descubrió que el director ejecutivo quería información sobre el tema de la membresía para presentarla en la junta del consejo directivo de la cámara, programada para 30 días después. Cuando surgió el tema de los costos en la conversación, los investigadores indicaron uno tras otro los costos de las actividades de investigación que se requerirían para terminar el proyecto en tan corto tiempo y coincidieron en un costo general de poco más de 30 000 dólares. Cuando preguntaron sobre el presupuesto de la cámara para encargar por fuera tal estudio, el director confesó que había olvidado destinar recursos del presupuesto actual para esos proyectos. Después de un momento de silencio, los investigadores propusieron que la cámara buscara la ayuda de alguna institución gubernamental que tuviera los recursos necesarios y la disposición para encargar un estudio "de buena voluntad". La moraleja del ejemplo es que cualquier investigación de calidad cuesta, pero si quien toma las decisiones tiene pocos recursos o ninguno para costear el proyecto, el valor esperado de la información que se obtendría se convierte en un punto de debate.

En general, una de las mejores costumbres al evaluar el costo general de un proyecto de investigación es solicitar que en la propuesta se anexe una lista detallada de las actividades con un valor monetario asignado. Además, una buena estrategia sería que quien decide pidiera presupuestos a varias agencias investigadoras y los comparara con el costo de ejecutar el proyecto internamente. En la figura 3.10 se ilustran algunas de las tareas y actividades más frecuentes, pero recuerde que el ejercicio concreto de tales actividades varía con cada proyecto. En la mayor parte de los casos, el precio final que dé la agencia investigadora debe basarse en el conjunto de los costos de tales actividades. Si alguna de las tareas o sus costos cambian, el administrador debe anticipar un cambio en el precio negociado final. La estructura del precio debe incluir siempre una declaración concreta que explique la responsabilidad general por excederse en los costos o por subestimaciones debidas a cambios inesperados que ocurran durante la ejecución del proyecto.

FIGURA 3.10 Actividades de investigación que se detallan para proporcionar el costo total del proyecto

1. Búsqueda de datos secundarios internos
2. Búsqueda de datos secundarios externos
3. Diseño preliminar del cuestionario
4. Preprueba del cuestionario
5. Procedimientos de análisis del diseño
6. Codificación del cuestionario para el análisis de los datos
7. Tarifas por captura de datos
8. Análisis de los datos
9. Correo y expedición
10. Cuota de entrevistas personales y telefónicas
11. Cargos por tiempo de cómputo
12. Fotocopias y duplicación
13. Cargos por procesamiento de texto
14. Cargos por gráficos y proyecciones para la presentación final
15. Viáticos
16. Incentivos para los encuestados (si los hay)
17. Tarifas de larga distancia

Para entender mejor este punto, conviene volver a la propuesta de investigación de la tarjeta de cliente distinguido de Hotel JP, al final del capítulo 2, y repasar la tabla con la estructura de costos. Como se señala en el ejemplo de la cámara de comercio, un factor que complica la fijación de precios de cualquier proyecto de investigación es el *plazo* en que la investigación debe ser entregada a quien decide. En situaciones en que el plazo total es breve, los costos de recolección, análisis y preparación del reporte tienden a incrementar el precio del proyecto. Por ejemplo, la cámara de comercio quería incluir las opiniones de sus 1 700 miembros. Desde el punto de vista de ahorrar costos, se analizó un método de encuesta por correo electrónico, pero en la base de datos de la cámara faltaban las direcciones de 600 miembros. Para no dejar sin envío a ningún miembro, se propuso que 10 entrevistadores profesionales llamaran a estos 600 sin dirección electrónica para aplicarles una entrevista telefónica breve (por ejemplo, de seis minutos). Al conocerse el plazo de 30 días, no sólo aumentó el costo de reunir los datos porque se necesitarían 20 entrevistadores en lugar de 10, sino también porque el instrumento de encuesta propuesto para enviar por correo electrónico tendría que modificarse para que coincidiera con la entrevista telefónica.

Objetividad

El segundo criterio de procedimiento consiste en establecer los medios para garantizar que la información que arroje el proyecto de investigación sea verdaderamente objetiva. Quien toma las decisiones debe confirmar claramente cómo se evitarán las desviaciones en los métodos muestrales que se aplicarán. Por ejemplo, a finales de la década de 1980 la Corporación Chrysler encargó un estudio que indicó que la gente prefería los autos de Chrysler sobre los Toyota. Más tarde se reveló que ninguno de los 100 entrevistados había tenido jamás un auto importado.[13] Es probable que tuvieran prejuicios en contra de los autos extranjeros.

Para cualquier proyecto, quienes toman las decisiones deben comprender que las estadísticas deben ser usadas y manifestadas adecuadamente. Si al comienzo del proyecto no se especifica el nivel ni el tipo de análisis, es fácil confundir el uso de las estadísticas. Tomemos por ejemplo el hecho estadístico divulgado de que hay una correlación directa y positiva entre las alzas y bajas de los mercados bursátiles y el largo de las faldas de las mujeres. Tal vez esto sea cierto estadísticamente, pero las conclusiones que puedan derivar de esto carecen de valor. Una evaluación sólida del tipo de análisis y de la representación estadística garantizará la objetividad del proyecto de investigación.

Por último, los investigadores no deben diseñar los proyectos para que arrojen un resultado predeterminado que respalde una acción o causa. Por ejemplo, muchos críticos especulan que los resultados de la investigación encomendada para los cigarros Premier de R.J. Reynolds estaban en función del diseño de la investigación.[14] En lugar de hacer un estudio que determinaría las causas de las preferencias de los consumidores por ciertos productos, se empleó un estudio descriptivo porque arrojaría resultados más positivos a favor de la venta de cigarros. Por curiosa coincidencia, esto ocurrió mientras la compañía trataba de aumentar el precio de sus acciones a causa de las especulaciones sobre una compra apalancada.[15]

Confiabilidad

El tercer criterio para evaluar los proyectos de investigación es la confiabilidad. Debido a la extensa gama de actividades que emprenden muchos investigadores externos, no es raro que una agencia realice estudios para varias compañías del mismo sector. Esto puede representar o no un conflicto de intereses si hay información con registro legal de propiedad.[16] Por tanto, antes de iniciar cualquier proyecto de investigación, es una buena costumbre que quien toma las decisiones solicite al investigador externo una cláusula de confidencialidad y trato reservado de la información. También debe asentarse que toda la documentación generada en el proyecto (como cuestionarios llenos, marcos muestrales, impresiones de los análisis de datos) será en propiedad de la compañía contratante.

La investigación de cerca

Aprovechamiento de la tecnología

Casi todos sabemos que Internet ofrece un cúmulo de información. Incluso aquellos que tienen muy poca experiencia con las computadoras saben que Internet es el recurso más usado en el mundo. Y mientras muchos debaten el tema de si el gobierno debe regular la información de Internet, pocos advierten la gran cantidad de información que tiene sobre el gobierno de Estados Unidos. Una de las principales fuentes de información en línea es la que ofrece el Departamento de Comercio en www.doc.gov. La información de este sitio incluye estadísticas actualizadas de la economía, las empresas y el comercio estadounidenses, cifras empresariales y comerciales de todo el mundo y ofertas de trabajo en el gobierno federal.

Un campo vital de conocimiento disponible en este sitio gira en torno de la Oficina de la Administración de Exportaciones (OAE), una división del Departamento de Comercio que ofrece reglas y aclaraciones sobre cuestiones legales de las exportaciones. OAE también fomenta la seguridad de la nación y sus oportunidades económicas al controlar que las exportaciones respondan a las normas de seguridad nacional, la política exterior y otros factores relacionados con la oferta. La OAE está a cargo del establecimiento de las políticas de exportación, expedición de licencias para exportar y castigo de los infractores de las regulaciones en la materia. En el sitio de Internet hay información actualizada acerca de las políticas de exportación, entidades que no gozan de privilegios de exportación y boletines de prensa. Individuos o empresas que buscan información más detallada sobre políticas de exportación nacionales o regionales estadounidenses ahora tienen acceso a tal información en línea. Para las compañías multinacionales que enfrentan incertidumbre en los protocolos de exportación, esta página ofrece los reglamentos gubernamentales pertinentes que debe obedecer cada empresa.

Por último, la información que proporcionan los sitios gubernamentales en Internet es sumamente estimable. Con frecuencia se manifiesta escepticismo sobre la información que se obtiene en línea. Sin ninguna entidad gubernamental encargada de verificar lo que se transfiere a diario por la red, los individuos pueden transmitir información falsa o equívoca al público. Sin embargo, con pocas excepciones, es posible confiar en la validez de los datos que el gobierno de Estados Unidos ofrece a través de Internet.

Datos imprecisos

Pueden surgir factores controlables e incontrolables que empañen la exactitud de los datos reunidos en la investigación. En capítulos subsecuentes se ilustran las técnicas para evitar problemas en la recolección de datos, pero conviene señalar que la exactitud de los datos es un tema destacado en la evaluación de los proyectos. Una de las mejores salvaguardas para asegurar la exactitud de los datos de un investigador es su desempeño anterior. Como parte del proceso de investigación, quien toma las decisiones debe ofrecer referencias, y éstas deben estar en posición de evaluar objetivamente el desempeño del investigador en lo que respecta al tipo de proyectos realizados, los resultados conseguidos, el grado de destreza y el conocimiento de las prácticas empresariales actuales. Es difícil (cuando no imposible) garantizar una exactitud de 100% en cualquier proyecto de investigación de mercados, pero las pruebas sobre el desempeño y las capacidades de un investigador acrecientan la confianza del administrador de que el estudio o el proyecto se realizarán profesionalmente.

Validación de los datos

En el proceso de recolección de datos de los encuestados, es habitual validar por lo menos 20% de las respuestas[17] para verificar que los datos fueron reunidos y registrados de la manera correcta. Como parte del paquete de investigación, es obligación del investigador prestar este servicio al tomador de decisiones. Los investigadores que le ponen reparos deben ser sometidos a un escrutinio cuidadoso acerca de su capacidad de ejecutar un estudio profesional. Al igual que el resto de la documentación del proyecto, las formas de validación deben entregarse al administrador al concluir el trabajo. Muchos clientes llevan esto un paso adelante y efectúan su propio procedimiento de validación, además del que realizó el investigador, ya que constituye otro criterio para garantizar que el proyecto se ejecutará de manera correcta. En el recuadro "Aprovechamiento de la tecnología" se explica cómo quienes toman decisiones empresariales pueden obtener datos de calidad a través de documentos gubernamentales publicados en Internet.

Evaluación de la calidad de una agencia de investigación contratada

Como se indicó en la exposición anterior, quienes toman las decisiones deben evaluar a fondo los resultados esperados de la investigación de mercados antes de invertir en el proyecto. De igual importancia es la capacidad de evaluar las características requeridas en un investigador de mercados competente. En efecto, no es una tarea sencilla, pero de las "mejores prácticas" del ramo se desprende que entre las variables más importantes que hay que considerar al evaluar agencias de investigación están: 1) capacidad técnica, 2) conocimientos de marketing, 3) servicio confiable, 4) apego a las normas, y 5) reputación.[18]

Capacidad técnica

La capacidad técnica se refiere a si el investigador posee los requisitos operativos necesarios para realizar el proyecto de investigación. Destreza, habilidades prácticas y confianza son requisitos para cualquier agencia investigadora. La compañía contratada debe diagnosticar los problemas con tino, diseñar las técnicas apropiadas para enfrentarlos y aplicar los resultados de la investigación a acciones prácticas de marketing que brinden soluciones. Para evaluar esta capacidad técnica, la persona que toma las decisiones debe solicitar el nombre de varios clientes anteriores y llamarlos para verificar el desempeño de la agencia. Asimismo, ejemplos de otros estudios darían la validación necesaria de la capacidad técnica de la agencia.

Conocimientos de marketing

Los conocimientos de marketing completan la capacidad técnica de una agencia investigadora. Los investigadores deben ser capaces de asimilar rápidamente diversos entornos y situaciones de marketing. Asimismo, deben captar en seguida los fundamentos del negocio del cliente para concebir y realizar un proyecto válido de investigación. Para ello deben poseer

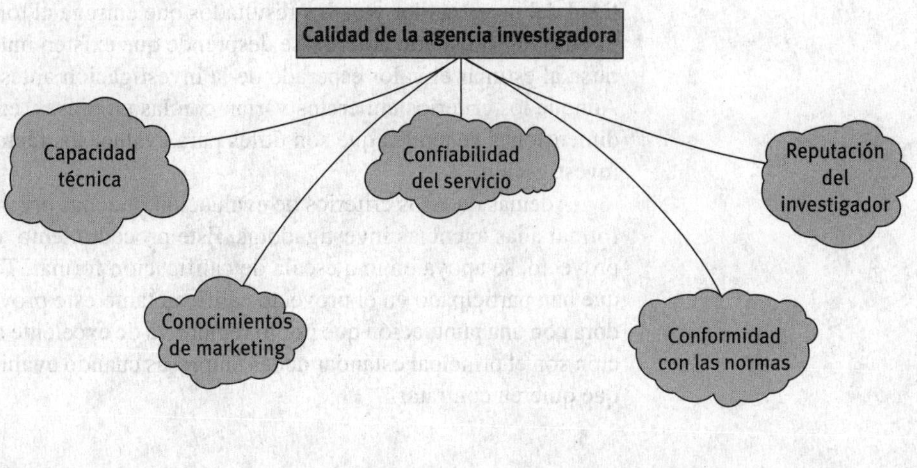

amplios conocimientos de la teoría del marketing, experiencia en la aplicación de esta teoría en varios campos (por ejemplo, comercialización, publicidad, hábitos de compra, ventas, satisfacción del cliente, calidad del servicio) y capacidad de comunicar esos conocimientos a quienes deciden. Sin ese nivel de conocimientos al investigador le será difícil o imposible entender el problema y hallar los medios para superarlo. En muchos casos, el primer contacto entre quien decide y el investigador al definir el problema de decisión (ya descrito) debe permitirle a aquél evaluar este factor.

Confiabilidad del servicio

La confiabilidad se interpreta como la capacidad del investigador de ser congruente y sensible a las necesidades de quien toma las decisiones. En el contexto de esta característica, las agencias de investigación asumen la función de un empleado de la compañía contratante. Amplían su función de meros investigadores al de consultores generales del administrador. Formulan todos los temas de costos y posibilidades de ingresos que se deriven del proyecto de investigación para beneficio de la administración. Asimismo, al concluir el trabajo, la agencia no abandona a quien toma decisiones; una agencia investigadora confiable brindará consejos sobre la ejecución de programas y recomendará medidas de acuerdo a lo señalado por los resultados del estudio.

Conformidad con las normas

La conformidad se centra en la capacidad del investigador de respetar y ser oportuno en lo que respecta a las normas de desempeño. La conformidad puede interpretarse como el acto de obedecer el viejo dicho: "no prometas lo que no puedes dar". Los investigadores de calidad se apegan a los calendarios convenidos y garantizarán la exactitud en todas las fases del proyecto. Más importante aún, aportarán una integridad y un profesionalismo sin tacha, desde la primera junta con quien toma las decisiones hasta la presentación de los resultados de la investigación.

Reputación del investigador

La reputación del investigador es la suma de las cuatro características antes enunciadas. En la mayoría de los contratos de investigación, el verdadero resultado (o el único) del proyecto rara vez se aprecia hasta que el trabajo concluye. Por desgracia, es demasiado tarde para quien toma decisiones. Por tanto, la calidad del proyecto terminado debe deducirse de varios aspectos intangibles de la agencia investigadora. La reputación es la dimensión de la calidad percibida en los resultados. Su fuerza procede de una imagen limpia, de que la calidad del producto final puede medirse en proporción directa al grado de destreza, confianza y credibilidad del investigador y de los resultados que entrega al tomador de decisiones.

De la exposición anterior se desprende que existen muchos criterios que deben considerarse al estimar el valor esperado de la investigación antes de pasar a la fase II del proceso. Aunque los criterios concretos varían con las empresas, en la figura 3.11 se resumen varias dimensiones generales que son útiles para evaluar los factores para juzgar las propuestas de investigación.

Además de estos criterios de evaluación, muchas organizaciones aplican una evaluación formal a las agencias investigadoras. Este procedimiento, que se emprende al comienzo del proyecto, se apoya en una escala de calificación formal. Todos los miembros de la empresa que han participado en el proyecto califican tanto este proyecto como a la agencia investigadora con una puntuación que por lo regular va de excelente a malo. Estos sistemas de calificación son el principal estándar de las empresas cuando evalúan a las agencias de investigación que quieren contratar.

FIGURA 3.11 **Criterios generales para evaluar agencias de investigación**

Criterios de evaluación	Descripción
Conocimientos de marketing	Muestra capacidad para poner los objetivos del proyecto en una perspectiva de marketing y de implantar las recomendaciones en actividades viables del programa de marketing
Capacidades técnicas	Posee la capacidad de diseñar una investigación, cuestionario y muestra y de aplicar convenientemente medidas y técnicas de análisis
Confiabilidad	Ofrece un desempeño investigativo congruente durante todo el proyecto
Sensibilidad	Se muestra dispuesto y listo para entregar las tareas designadas, según se indicó en la propuesta
Acceso	Da respuestas rápidas a las preguntas. Es fácil de abordar
Comunicación	Mantiene informado al cliente sobre los avances de todo el proyecto
Credibilidad	Muestra experiencia en la investigación de mercado. Es confiable en cuanto a las metas del proyecto y realiza profesionalmente sus actividades
Comprensión	Hace todo lo posible por mantener al mínimo los costos del proyecto. Entiende la verdadera naturaleza de los problemas, el negocio y las actividades diarias del cliente
Calidad del informe o la presentación	Entrega un informe bien planeado, conciso y fidedigno. No atiborra la presentación de información inútil
Costo	Justifica y detalla los costos de acuerdo con las tareas necesarias para completar el proyecto
Tiempos	Completa el proyecto según lo prometido y en un plazo razonable

Ética en el ejercicio de la investigación de mercados

Al comenzar la primera fase de la determinación del problema de investigación, quien decide y el investigador deben abordar los temas éticos y las prácticas que repercuten directa o indirectamente en la concepción y la evaluación de cualquier proyecto de investigación de mercados, así como en el proceso general de investigación. En la investigación, como en cualquier situación empresarial, algunas cuestiones éticas son difíciles o poco claras. En tales casos, quienes deciden y los investigadores deben saber cuáles son las actitudes éticas de la investigación de mercados.[19] En esta sección se repasan las prácticas éticas que influyen en la decisión de proseguir con el proyecto de investigación o de elegir determinada agencia especializada.

Disyuntivas éticas en la investigación de mercados

En el proceso de investigación hay muchas oportunidades de comportamientos morales e inmorales. En la investigación de mercados, las disyuntivas éticas proceden sobre todo de las relaciones entre tres grupos clave: 1) el usuario de la información de la investigación (por ejemplo, quien decide, el cliente que paga, el equipo de administración, un profesionista), 2) el proveedor de la información de investigación (investigador, organización o agencia investigadora, supervisor de proyectos, representantes o empleados del personal del investigador), y 3) los entrevistados elegidos (sujetos u objetos de la investigación). Las tres partes de cualquier investigación pueden denotarse con muchos términos. En la exposición siguiente se citará *tomador de decisión* para aludir a los grupos de usuarios de la información, *investigador* para señalar a los grupos proveedores de información y *entrevistado* para designar a las personas a quienes se pide que proporcionen datos puros.

Actividades inmorales del investigador o la agencia investigadora

Si bien hay muchas oportunidades para que el investigador, la agencia investigadora o sus representantes actúen de forma inmoral al realizar un estudio, son cuatro las principales fuentes de conducta carente de ética. Así, surgen conflictos frecuentes de una política inmoral de fijación de precios. Una agencia investigadora puede entregar un presupuesto arbitrariamente bajo para un proyecto, en términos de costos fijos, para conseguir un cliente, y luego aumentar las cantidades que cobra manipulando las variables de los costos. Por ejemplo, después de citar un precio general establecido para el proyecto de investigación propuesto, el investigador puede decirle a quien decide que los elementos de costos variables, como los viáticos, los incentivos monetarios para los encuestados o las tarifas por tiempo de cómputo son adicionales e independientes del precio pactado. Estos costos "blandos" permiten manipular fácilmente el costo total del proyecto.

En segundo lugar, algunas agencias son culpables de no cumplir las promesas hechas a los encuestados y a ciertos trabajadores de campo. Con mucha frecuencia, estas agencias no entregan el incentivo anunciado (como premios, regalos y aun dinero) a los entrevistados a cambio de que contesten la entrevista o el cuestionario. Asimismo, muchas agencias retrasan indefinidamente la paga adeudada a los trabajadores de campo (entrevistadores, tabuladores, capturistas). Normalmente se paga a estos trabajadores al terminar el proyecto, y así pierden cualquier posibilidad de defenderse retirando los servicios prestados.

En tercer lugar, no es raro que el investigador o la organización abusen de los entrevistados. Las agencias de investigación tienden a asegurar que las entrevistas son muy cortas cuando en realidad llegan a durar más de una hora. Otras situaciones conocidas de abuso incluyen la venta sin autorización de los nombres y datos demográficos de los entrevistados a otras compañías, uso de tinta infrarroja en los cuestionarios para rastrear a ciertos entrevistados con el propósito de venderles algo o accionar sin permiso grabadoras ocultas en las entrevistas personales.

Por último, una costumbre inmoral muy frecuente en la investigación de mercado es la venta de servicios de investigación innecesarios o injustificados. Es perfectamente aceptable vender servicios de seguimiento que sirvan a la compañía del tomador de decisiones, pero vender servicios simulados carece por completo de ética. Por ejemplo, el investigador convence al administrador de que se requieren dos o tres formas de recolección de datos, cuando en realidad sólo un método es el apropiado. Una conducta inmoral ocurre cuando el investigador vende dos o tres proyectos adicionales e innecesarios, o efectúa costosos análisis de datos que no corresponden al diseño original de la investigación. Hay otros hábitos inmorales relacionados con el investigador a los que conviene prestar atención por separado.

Actividades inmorales en la ejecución del diseño de investigación

Los investigadores pueden actuar sin ética cuando realizan el proyecto presente. Tres de las faltas más importantes en la conducta ética son: 1) falsificar los datos, 2) duplicar los datos de respuestas reales, 3) manipular mal deliberadamente las estructuras de datos.

La conducta de falsificar los datos en que incurren muchos investigadores y entrevistadores de campo se llama *maquillaje.* Ocurre cuando los entrevistadores u observadores del investigador, en lugar de realizar las entrevistas u observar las actividades de los sujetos como lo requiere el estudio, llenan ellos mismos las entrevistas o componen las conductas "observadas". Estas actividades inmorales ocurren con cualquier método de recolección de datos usado para obtener los datos primarios puros de entrevistados elegidos al azar (es decir, entrevistas personales, telefónicas, computarizadas o incluso técnicas de observación que requieran observadores humanos calificados). Otras prácticas de falsificación son pedir que amigos y parientes llenen las encuestas, omitir la muestra designada de sujetos, o que cualquier persona llene la encuesta, o no ejecutar los procedimientos habituales de verificación de encuestas indicados en el procedimiento de la investigación. En capítulos posteriores se analizan estas y otras prácticas inmorales con más detalle.

Otra variación de la falsificación de datos es la duplicación de respuestas o la creación de encuestas "fantasma". Aquí el investigador o el personal de campo (entrevistador, observador de campo o capturista) toma los datos de un entrevistado real y los duplica para que representen otro juego de respuestas. Esta costumbre crea artificialmente respuestas de personas que estaban programadas para participar en el estudio, pero que por alguna razón no fueron entrevistadas. Por ejemplo, tomemos la situación de investigación en la que los requisitos iniciales del estudio eran realizar y terminar 100 encuestas telefónicas, pero el entrevistador sólo inició y terminó, por ejemplo, 75 entrevistas. Entonces toma la información de identificación de los 25 contactos telefónicos en los que el entrevistado no se encontraba o se negó a participar y duplica las respuestas de 25 encuestas completadas con la finalidad de completar las 100 encuestas que se le piden. Para reducir la posibilidad de falsificación de datos, la agencia investigadora ordena que 10 a 15% de las entrevistas o encuestas sean verificadas al azar. Aun entonces, empleados de campo sin ética anotan números telefónicos de paga o no anotan ninguno en el cuestionario para impedir el proceso de verificación.

Finalmente, los investigadores faltan a la ética cuando 1) manipulan deliberadamente las estructuras de los procedimientos de análisis de datos con el objetivo de ofrecer una imagen tendenciosa a quien toma decisiones, o 2) no informan de ciertos resultados. Un sencillo ejemplo de este tipo de conducta es la de las investigaciones contratadas por las compañías tabacaleras durante 40 años y que indican que el tabaquismo no guarda relación directa con ciertas clases de cáncer. Muchas agencias manipularon los datos o simplemente escondieron la verdad acerca de la relación entre tabaquismo y cáncer.

Actividades inmorales del cliente

Las decisiones y actos del cliente o tomador de decisiones también brindan oportunidades al comportamiento inmoral. Ocurre esta conducta cuando quien decide solicita una propuesta de investigación detallada a varias agencias competidoras sin la intención de elegir una para realizar el estudio. En esta situación, las compañías solicitan las propuestas con objeto de aprender cómo efectuar ellas mismas la investigación de mercados. Los administradores consiguen borradores de cuestionarios, marcos y procedimientos de muestrales, así como conocimientos sobre los métodos de recolección de datos. Luego, en forma inmoral, usan la información para realizar la investigación por su cuenta o para negociar un mejor precio entre las agencias interesadas.

Por desgracia, otra conducta habitual entre administradores inmorales es prometer a una agencia una relación de largo plazo o nuevos proyectos con el fin de obtener un precio muy bajo. Entonces, cuando el investigador termina el primer proyecto, quien decide se olvida de las promesas de contacto duradero.

Actividades inmorales del entrevistado

El principal acto inmoral de los entrevistados o sujetos de cualquier estudio es dar respuestas deshonestas o falsificar una conducta. Lo que se espera es que si el individuo aceptó libremente participar, dará respuestas verdaderas, pero la veracidad es más difícil de conseguir de lo que se cree. Los investigadores cuentan con algunos procedimientos para evaluar la honestidad de las repuestas y conductas de los entrevistados. Por ejemplo, cuando se aplica una encuesta, los investigadores pueden introducir en sus preguntas verificaciones de la coherencia interna. Dichas verificaciones consisten en preguntar lo mismo de dos maneras o con dos enfoques. Por lógica, la gente debe responder de la misma forma a preguntas similares. A veces se formulan preguntas diametrales como verificación de congruencia. La primera pregunta se hace con un tono positivo y la segunda con uno negativo. Las respuestas del entrevistado, si son congruentes, guardarán una relación inversa. En capítulos posteriores se ahonda en el análisis de la honestidad de los entrevistados.

Otros campos de posibles disyuntivas éticas en la relación del investigador y el sujeto son 1) el derecho a la privacidad del entrevistado, 2) la necesidad de disimular el verdadero propósito de la investigación, y 3) el derecho del entrevistado a estar informado sobre ciertos aspectos de la investigación, incluyendo el nombre del patrocinador. A lo largo del libro se examinan éstas y otras conductas inmorales en el proceso de la investigación.

Códigos de ética de la investigación de mercados

Los programas de ética en las empresas tienen cada vez más importancia en los procesos actuales de toma de decisiones éticas. Aquí se les presta una atención especial a esos programas porque ofrecen la mejor oportunidad de reducir al mínimo el comportamiento inmoral. Es un hecho que los investigadores de mercado actuales deben adoptar una postura proactiva en su esfuerzo por garantizar un ambiente ético, y el primer paso en ese sentido es adoptar un código de ética. Muchas agencias de investigación de mercado han establecido códigos internos derivados de los códigos de ética formulados por grandes instituciones que en la actualidad rigen este sector. En la figura 3.12 se muestra el código preparado por la American Marketing Association (AMA).[20] Este código ofrece un marco de referencia para identificar los temas éticos y llegar a decisiones éticas en las situaciones que de pronto y sin aviso enfrentan los investigadores en su trabajo.

La preparación y distribución de los códigos es sólo un paso en el programa de ética. Ciertamente nada garantiza que no surjan problemas éticos en la compañía. El código debe imponerse. Cuando ocurra una infracción al código, debe enfrentarse con prontitud y congruencia, quienquiera que sea el infractor y aun si el castigo previsto es el despido. Es un problema grave que se ignoren las infracciones de la dirección general. No sólo se devalúa el código, sino que además la dirección da un ejemplo negativo a toda la compañía. Las organizaciones de investigación de mercados y los investigadores mismos deben motivar a los empleados para que entreguen pruebas de infracciones al código a un consejo o algún individuo designado. Los códigos de ética no se crean como motivo de chismorreo, sino que dependen de la integridad de los miembros de la empresa para que defiendan el carácter moral del sector empresarial y de investigación. Debe garantizarse la confidencialidad cuando sea prudente, y los empleados deben tener la posibilidad de presentar información sobre infracciones de un supervisor de proyecto o de cualquier otro miembro sin miedo a represalias. Es el infractor quien debe temer a las consecuencias de sus actos. Aproximadamente un tercio de las 1 000 compañías de la revista *Fortune* han establecido comisiones de ética para vigilar que se siguen los procedimientos apropiados cuando se enfrentan disyuntivas morales.[21] Del mismo modo, el sector de la investigación de mercado ha emprendido medidas para garantizar que las conductas éticas se conviertan en la norma más que en la excepción.

En los últimos años se han formado numerosas asociaciones de profesionales de la investigación de mercado, como el Council of American Survey Research Organizations (CASRO) y Marketing Research Association, Inc. (AMR), con la intención de fomentar la integridad del sector de la investigación de mercados. Ambas tienen un código de ética para guiar el comportamiento de sus miembros. En la figura 3.13 se presenta el código de ética suscrito por la Marketing Research Association.[22]

Los códigos de ética impulsados por las asociaciones de marketing y de encuestas de investigación han ofrecido lineamientos y dado una apariencia de integridad al sector, pero algunos investigadores no creen que basten para garantizar una conducta moral constante. Argumentan que todos los que ejercen la investigación deben tener un certificado profesional expedido al aprobar un examen en las áreas de 1) fundamentos de marketing, 2) datos secundarios, 3) métodos de investigación, y 4) análisis de datos.[23] Se ha propuesto una designación profesional de investigador público certificado que favorecería la integridad general de la imagen que da el sector, al tiempo que se garantiza que los investigadores emprendan prácticas éticas.[24] Cualesquiera que sean los lineamientos para abordar la ética de la investigación de mercado, las disyuntivas éticas son una preocupación sin fin para quienes se dedican a la investigación.

FIGURA 3.12 Código de ética de la American Marketing Association (AMA)

En busca de promover el avance de la ciencia del marketing, que es su objetivo central, y en reconocimiento de su obligación pública, la American Marketing Association, ha establecido estos principios de práctica ética en la investigación de mercado para la orientación de sus miembros. En una sociedad cada vez más compleja, la investigación de mercado depende más y más de una información obtenida en forma inteligente y sistemática. El consumidor es la fuente de una parte considerable de esta información y, al buscar su cooperación para conseguirla, la administración de marketing debe aceptar su obligación de proteger al público de una mala representación y de explotación de la investigación.

Del mismo modo, el investigador profesional tiene una obligación con la disciplina que ejerce y con aquellos que respaldan su ejercicio, así como de adherirse a las normas básicas y aceptadas de la investigación científica en lo que atañen al campo de la investigación de mercados. El objetivo de este código es definir las normas éticas que se exigen en la investigación de mercados para honrar dichas obligaciones.

El apego a este código garantizará al contratante de la investigación de mercados que fue realizada de acuerdo con las prácticas éticas aceptadas. Quienes se dedican a la investigación encontrarán en este código una afirmación de principios razonables y honestos que se han establecido con los años a medida que la profesión avanza. Los entrevistadores de campo, que son el punto de contacto entre la profesión y los consumidores, encontrarán también lineamientos para cumplir sus importantísimas funciones.

PARA LOS USUARIOS DE LA INVESTIGACIÓN, INVESTIGADORES Y ENTREVISTADORES

1. Ningún individuo ni organización emprenderá ninguna actividad que directa o indirectamente represente una investigación de mercado, pero cuyo objetivo real sea intentar la venta de mercancía o servicios a alguno o todos los entrevistados en el curso de la investigación.
2. Si se ha hecho creer a un entrevistado, directa o indirectamente, que participa en una encuesta de investigación de mercados y que se protegerá su anonimato, su nombre no debe hacerse del conocimiento de nadie ajeno a la organización o departamento de investigación, ni debe usarse salvo para fines de investigación.

PARA PROFESIONALES DE LA INVESTIGACIÓN

1. No se hará una representación equivocada, intencional o deliberada, de los métodos o los resultados de la investigación. A solicitud del patrocinador de la investigación, se le entregará una descripción adecuada de los métodos aplicados. A solicitud de los contratantes de la investigación, se pondrá a su disposición la prueba de que se cumplió con el trabajo de campo de acuerdo con sus especificaciones.
2. La organización o el departamento de investigación mantendrá la confidencialidad sobre la identidad del patrocinador de la encuesta o del cliente final para el que se realiza una encuesta y no la usará para obtener una ganancia personal ni la entregará a terceras partes, salvo que el cliente autorice explícitamente su divulgación.
3. La organización de investigación no emprenderá estudios de clientes competidores cuando tales estudios pongan en peligro la confidencialidad de las relaciones entre la empresa y el cliente.

PARA USUARIOS DE LA INVESTIGACIÓN DE MERCADOS

1. El usuario de la investigación no difundirá las conclusiones de un proyecto o servicio de información si sabe que son incongruentes o no están justificadas por los datos.
2. En la medida en que en un proyecto de investigación se aplican técnicas, métodos o conceptos de diseño exclusivos que por lo regular no están al alcance de los profesionales de la investigación, el posible usuario de la investigación no solicitará tal diseño a una empresa para entregarlo a otra que lo ejecutará sin autorización de la que lo originó.

PARA ENTREVISTADORES DE CAMPO

1. Las tareas de la investigación y el material recibido, así como la información obtenida de los entrevistados, se mantendrán con absoluta discreción y no se revelarán a nadie, salvo a la organización de investigación que realiza el estudio de mercados.
2. Ninguna información adquirida en una actividad de investigación de mercado se utilizará, directa o indirectamente, para obtener una ganancia o una ventaja personal.
3. Las entrevistas se realizarán con estricto apego a las especificaciones e instrucciones recibidas.
4. El entrevistador no realizará simultáneamente dos cometidos de entrevistas a menos que lo autoricen los contratistas y patrones respectivos.

Se espera que los miembros de la American Marketing Association se conduzcan de acuerdo con las disposiciones de este código en todas sus actividades de investigación de mercados.

Fuente: American Marketing Association, Chicago, Il.

FIGURA 3.13 Código de ética de la Marketing Research Association

El código de ética y prácticas profesionales de la
MARKETING RESEARCH ASSOCIATION
suscribe las siguientes obligaciones

1. Mantener criterios elevados de competencia e integridad en la investigación de mercados y las encuestas.
2. Ejercer todo el cuidado posible y observar las mejores normas de objetividad y precisión en el desarrollo, recolección, procesamiento y rendición del informe de la investigación de mercado o encuesta.
3. Proteger el anonimato de los entrevistados y considerar privilegiada toda la información sobre cada uno, de modo que se utilice sólo en el contexto de un estudio particular.
4. Instruir y supervisar exhaustivamente a todo el personal encargado de realizar las encuestas, de acuerdo con las especificaciones del estudio y las técnicas generales de investigación.
5. Respetar los derechos de propiedad de todos los materiales entregados o preparados por los clientes y mantener en reserva todas las técnicas de investigación, datos y toda aquella información considerada confidencial por sus propietarios.
6. Poner a disposición del cliente detalles tales como los métodos y las técnicas de investigación de un encargo en la medida en que se requieran razonablemente para la interpretación correcta de los datos, siempre que esto no infrinja la confidencialidad de entrevistados o clientes.
7. Fomentar la confianza del público en las actividades de marketing y las encuestas de investigación y evitar cualquier acto que pueda dar pie a mala interpretación de las actividades de un entrevistado, la remuneración por su cooperación o el destino de los datos.
8. No esgrimir la pertenencia a esta institución como prueba de competencia, puesto que la institución no certifica a personas ni organizaciones.
9. Fomentar la observancia de los principios de este código entre quienes se dedican a la investigación de mercados y las encuestas.

Resumen de objetivos de aprendizaje

■ Distinguir los tipos de información pragmática y científica que se necesitan para determinar y resolver problemas o preguntas de información.
En la actualidad, quienes toman las decisiones enfrentan nuevos retos que influyen directamente en la estructura competitiva de la empresa, la estructura de la organización y las estrategias de la mezcla de marketing. Quienes deciden no pueden depender estrictamente de la información subjetiva para abordar y resolver los problemas o para explotar las oportunidades de mercado. Hay que satisfacer la necesidad de información adicional con métodos científicos que generan información secundaria y primaria (es decir, hechos, estimaciones, pronósticos y relaciones). Los administradores deben interesarse tanto en la complejidad como en la calidad de la información, así como los factores de la disponibilidad y el grado de manipulación de la información con que resuelven problemas y oportunidades identificados.

■ Describir la naturaleza y el objetivo de un proyecto de investigación de mercado.
Un proyecto de investigación de mercados abarca actividades destinadas a conseguir información para tomar decisiones. Con el fin de garantizar que se reúna la información apropiada, debe trazarse un plan de investigación detallado. Hay que terminar la fase I del proyecto de investigación (la determinación del programa de investigación) antes de preparar el diseño.

■ Ilustrar y explicar los elementos cruciales de la definición del problema en la investigación de mercado.
La fase I del proceso de investigación consta de tres tareas importantes: 1) determinar y aclarar las necesidades de información de la administración, 2) volver a definir el problema de decisión como uno de investigación, y 3) establecer los objetivos de la investigación y calcular el valor de la información. El paso más crucial para el éxito de cualquier investigación es el segundo. Antes de definir el problema de decisión original como un conjunto de preguntas concretas de investigación, quien toma las decisiones debe colaborar con el investigador para determinar o aclarar las verdaderas necesidades de información de la situación. Definir correctamente el problema de decisión requiere la aplicación de un modelo de cinco etapas: descubrir el propósito de quien toma decisiones, comprender la situación del problema, separar los síntomas medibles, determinar las unidades de análisis apropiadas y determinar los factores pertinentes de la situa-

ción. Definir los problemas de decisión como preguntas de investigación permite al investigador centrarse en cómo, qué, cuál, quién, cuándo, dónde y por qué para delinear los objetivos de la investigación y aclarar los requisitos de la información. Todo el esfuerzo, tiempo y dinero que se inviertan en la ejecución de la investigación de mercados serán un desperdicio si no se entienden bien los verdaderos problemas de investigación.

■ **Determinar el valor esperado de la información que se consigue con la investigación de mercados.**
La investigación de mercados debe realizarse sólo cuando el valor esperado de la información que se obtenga excede el costo de obtenerla. Aunque es difícil evaluar la información, debe seguirse varios criterios. Primero, centrarse sólo en los temas importantes del problema. Segundo, nunca tratar de hacer demasiado en un solo proyecto; comprender que hay limitaciones. Tercero, explorar todos los métodos disponibles para recolectar los datos, pues unos son menos caros que otros. Finalmente, evaluar subjetivamente los principales beneficios que traerá la información de la investigación de mercados.

■ **Identificar y analizar los factores de procedimiento y metodología con que se evalúa un proyecto de investigación de mercados.**
Siempre se considera una buena costumbre que el cliente tenga algunos conocimientos de diversos temas metodológicos y de procedimiento para evaluar cualquier proyecto propuesto de investigación de mercado. Dichos temas varían de acuerdo con el proyecto que se realiza, varios asuntos generales ayudan al cliente a comprender los requisitos de la investigación: el costo del estudio, conservar la objetividad, proteger la confidencialidad del cliente, recolección imprecisa de datos y validación de datos.

■ **Explicar cómo se determinan los precios y cuál es su repercusión en la investigación de mercados.**
Si bien el costo de cualquier investigación de mercados se negocia entre el cliente y el investigador, los costos directos y los costos generales cumplen una función importante en la fijación del precio. Además de conocer los honorarios de los servicios profesionales, el cliente debe solicitar una lista detallada de las actividades y su costo económico. Asimismo, los sobregiros y las subestimaciones deben contemplarse en el costo final del proyecto.

■ **Identificar y explicar las características con que se evalúa un servicio de investigación de mercados.**
De las mejores prácticas del ramo se desprende que las variables más importantes al evaluar una agencia de investigación son la competencia técnica, los conocimientos de marketing, la confiabilidad del servicio, la conformidad con las normas y la reputación general. Estas variables se traducen en la experiencia, fidelidad y la credibilidad que el investigador ofrece al cliente.

■ **Analizar las cuestiones éticas del ramo de la investigación de mercados.**
La toma de decisiones éticas afecta a todos los sectores, incluyendo el de investigación de mercados. Es probable que se presenten disyuntivas éticas entre el usuario de la información de la investigación, el investigador y los sujetos elegidos. Los actos inmorales entre los investigadores son fijación arbitraria de precios, incumplimiento de las obligaciones adquiridas con los entrevistados, abuso de los entrevistados y venta de servicios innecesarios. La conducta inmoral de los clientes consiste en solicitar presupuestos sin la intención de contratar ninguna agencia y prácticas inmorales para conseguir servicios a bajo costo. La falsificación de datos y la duplicación de respuestas son prácticas inmorales de la agencia investigadora.

Términos y conceptos clave

Análisis situacional 67

Constructo 68

Estimación 60

Hecho 60

Hipótesis 70

Información primaria 60

Información secundaria 59

Información subjetiva 59

Principio del iceberg 66

Problema de decisión 65

Pronóstico 61

Relación 61

Preguntas de repaso

1. ¿Por qué definir el problema de decisión como problema de investigación es la tarea más crucial de la investigación?
2. ¿En qué difiere la declaración que hace quien decide del problema del enunciado del problema de investigación?

3. Analice las actividades o pasos en el proceso de definición del problema. ¿Cuáles deben ser las responsabilidades del investigador?
4. ¿De qué sirve a quien toma decisiones el principio del iceberg para comprender su problema de decisión? ¿Cuáles son las principales diferencias entre los síntomas de un problema y los problemas de decisión?
5. ¿Cómo determinan el investigador o quien decide el valor de la información esperada de la investigación mediante la proporción entre costo y valor? Identifique y analice tres lineamientos para evaluar el valor de la información de investigación.
6. Identifique y explique cuatro prácticas inmorales en la investigación de mercados y sus repercusiones en las situaciones "lo que empieza mal, termina mal".

Preguntas de análisis

1. Tome a McDonald's como caso y estudie por qué un análisis situacional ayudaría al investigador a determinar un problema de investigación.
2. El administrador de programación de Time Warner Cable quisiera saber cuántos espectadores sintonizarían un nuevo programa semanal titulado "Póngalo sobre la mesa". Identifique y explique tres situaciones en las que un estudio de mercado sería inapropiado para analizar la pregunta del administrador.
3. ¿Qué valor práctico cree que tendría un código de ética de la investigación de mercado para una agencia investigadora como ACNielsen? ¿Un usuario como Wal-Mart? ¿Los entrevistados (por ejemplo, los estudiantes de su universidad)?
4. **EXPERIENCIA EN INTERNET.** A medida que Internet crece como medio para realizar diversos estudios de mercado, aumenta también la preocupación acerca de los temas éticos. Identifique y analice tres temas éticos que atañan a la investigación en la red.

   Ahora conéctese a la red y haga válidas sus preocupaciones éticas. Con cualquier navegador y motor de búsqueda, visite la página de fraudes en Internet, www.fraud.org/ifw.htm. Haga clic en otros vínculos y navegue por la información. ¿Qué prácticas inmorales invaden la red?

   Con la información de Internet, escriba un informe de tres párrafos sobre los actos inmorales en la red, incluyendo aquellas prácticas sobre las que deben estar atentos los investigadores y quienes deciden cuando investigan en este medio.

ILUSTRACIÓN DE LA INVESTIGACIÓN DE MERCADOS

Fijación de los objetivos de la investigación y evaluación del valor del esfuerzo de una investigación propuesta

El estudio de la tarjeta de cliente distinguido de Hotel JP

Este ejemplo de un ejercicio de investigación de mercados se limita a presentar las actividades necesarias para completar la fase I (determinación del problema de investigación) en el proceso de investigación. Se ha retomado la propuesta de investigación presentada al final del capítulo 2 para ejemplificar un marco de referencia con el fin de determinar el valor esperado de la información de una investigación propuesta.

Problema de la gerencia de marketing

Hace varios años, el equipo de dirección de Hotel JP implantó una nueva estrategia de marketing destinada a atraer y retener clientes para su mercado de viajeros de negocios. La estrategia general consistió en la comercialización de un sistema de tarjetas de alojamiento VIP que daba a los clientes de negocios beneficios que no se ofrecían a otros huéspedes. En cierto sentido, el sistema original era como los programas de viajero frecuente de las líneas aéreas. En esa época, la administración pensaba que el programa de tarjeta de cliente distinguido de la empresa aumentaría la participación en el mercado de clientes de negocios de la cadena hotelera y despertaría un sentimiento de lealtad entre los participantes del programa. Para ser miembro del programa de cliente distinguido un viajero de negocios sólo tenía que llenar una simple solicitud en cualquiera de los hoteles de la compañía en todo el país. La inscripción era gratuita y no se cargaba una cuota anual. Los registros de contabilidad de Hotel JP indicaban que los costos iniciales de implantación del programa serían de aproximadamente 55 000 dólares y costos anuales de operación de alrededor de 85 000 dólares. Al final del tercer año del programa, los registros señalaban que la membresía se encontraba en la cifra de 17 000.

En la junta del equipo directivo, el director ejecutivo formuló las siguientes preguntas sobre el programa de tarjeta de cliente distinguido de Hotel JP: ¿Qué tal funciona la estrategia de la tarjeta de cliente distinguido? ¿Sirve como ventaja competitiva? ¿Ha aumentado la participación de la empresa en el mercado de los viajeros de negocios? ¿Obtiene la compañía utilidades con el programa? ¿Ayuda el programa a generar lealtad entre nuestros clientes de negocios? Tomado por sorpresa con estas preguntas, el vicepresidente de marketing respondió que eran grandes interrogantes sin respuestas en ese momento. Después de pedir a sus asistentes que investigaran los registros de la compañía para obtener la información necesaria, el vicepresidente se dio cuenta de que todo lo que tenía era una lista de los miembros actuales y el total de los costos a la fecha (alrededor de 310 000 dólares). No tenía ninguna información secundaria acerca de las actitudes y conducta de los tarjetahabientes, y su mejor conjetura sobre las utilidades rondaba los 85 000 dólares anuales. Cuando mucho, el programa funcionaba cerca del punto de equilibrio.

Al ver que necesitaba ayuda, el vicepresidente se puso en contacto con su amigo Alex Smith, director de proyectos de Marketing Resource Group (MRG), una agencia con sede en Tampa, Florida, que se especializa en gran variedad de diseños y actividades de investigación exploratoria, descriptiva y causal. El vicepresidente ya había trabajado con Smith en otros proyectos de investigación para Hotel JP. Programaron una reunión informal para analizar la situación del problema de decisión y comenzar el proceso de investigación. La siguiente exposición resaltará las importantes actividades de investigación y las tareas requeridas para determinar el problema de investigación y fijar los objetivos.

Tarea 1: Determinar y aclarar las necesidades de información de la administración

En la reunión informal, el vicepresidente de marketing repitió las preguntas del director ejecutivo sobre el programa de tarjetas de cliente distinguido de Hotel JP y añadió que la compañía no poseía información secundaria sólida para responder preguntas sobre actitudes, conductas o motivaciones de los tarjetahabientes actuales. En palabras del vicepresidente: "La compañía no sabe si el programa de tarjeta de cliente distinguido genera dinero o es un gasto innecesario derivado de beneficiar a unos cuantos huéspedes de negocios". En los análisis se dijo que JP Hotel había contratado una agencia de publicidad para promover el programa de tarjetas. Alex Smith sugirió que se incluyera un representante de la agencia en esas juntas iniciales y, por ende, se programó otra reunión para dos días más tarde.

En la segunda junta, Alex escuchó las preocupaciones tanto de Hotel JP como del representante de la agencia de publicidad acerca de la tarjeta. Con técnicas de análisis situacional y elementos del principio del iceberg, Alex formuló las preguntas siguientes: ¿Cuál era la finalidad del programa de tarjetas de cliente distinguido? ¿Qué factores llevaron a la creación de tal programa? ¿Qué beneficios se incluían en el programa? ¿Cómo se promovía entre los viajeros de negocios? ¿En qué medios se hacía la publicidad? ¿Qué mensaje se comunicaba acerca de la membresía? ¿En qué medida se usaba la tarjeta? ¿Qué tan importante era poseer la tarjeta al elegir un hotel? Este método sirvió para aclarar los problemas de decisión de la administración del hotel y de la agencia publicitaria. Esta primera tarea aclaró y definió los siguientes dos problemas de decisión:

1. Hotel JP necesitaba información para determinar si debería continuar con el programa de tarjetas de cliente distinguido.
2. La agencia de publicidad necesitaba información acerca de actitudes, conducta, motivaciones y datos demográficos para perfeccionar algunas estrategias de promoción para atraer nuevos clientes, retener a los tarjetahabientes y aumentar el uso de la tarjeta.

Tarea 2: Volver a definir el problema de decisión como problema de investigación

Después de aclarar los problemas de decisión de la situación, las responsabilidades de Alex Smith fue traducirlos en problemas o preguntas de investigación. Pero antes de realizar la conversión, Smith reunió más información cualitativa en varias entrevistas de profundidad con los administradores generales de tres instalaciones de Hotel JP y una sesión de grupo focal con 10 huéspedes poseedores de una tarjeta de cliente distinguido. Con todos estos antecedentes, sus conocimientos de investigación y su educación en la metodología científica, planteó las siguientes preguntas relativas a la investigación:

¿En *qué* medida se usa la tarjeta de cliente distinguido?

¿*Cómo* evalúan los clientes la tarjeta en cuanto a los privilegios que confiere?

¿*Cuáles* son los beneficios y las desventajas percibidos de la tarjeta? ¿Por qué?

¿En *qué* medida la tarjeta es un factor importante al elegir un hotel?

¿*Cuán* a menudo usan los clientes su tarjeta? ¿*Cuándo* la usan?

Entre quienes han usado la tarjeta, ¿*qué* privilegios aprovecharon? ¿Con *qué* frecuencia?

¿*Qué* mejoras generales y específicas deben hacerse a la tarjeta o los privilegios adicionales?

¿*Cómo* se obtuvo la tarjeta? ¿*Cómo* se entera la gente del programa de cliente distinguido?

¿En *qué* medida la membresía al programa de cliente distinguido debe ser gratuita o imponer una cuota anual?

Si debe haber una cuota anual, ¿*cuál* debe ser? ¿*Qué* precio está dispuesta a pagar la gente?

¿Cuál es el perfil demográfico y socioeconómico de quienes tienen una tarjeta de cliente distinguido?

Tarea 3: Establecer los objetivos de la investigación y determinar el valor esperado de la información

En esta tarea, el investigador concluye la definición de los problemas de investigación y establece lineamientos generales para conducir el estudio propuesto. Con sus conocimientos de los problemas de decisión e información identificados en las dos primeras tareas, Alex Smith estableció los objetivos de la investigación. En el enunciado de estos objetivos se explica básicamente por qué se realiza la investigación y se convierte en componente crucial para determinar el diseño de investigación más adecuado para reunir los datos primarios que se necesitan. Smith enunció los objetivos de la investigación como sigue:

1. Determinar el uso actual de las tarjetas de cliente distinguido, prestando atención a la forma de tal uso y la frecuencia con que se solicitan los privilegios del programa.
2. Identificar y evaluar los privilegios del programa, con énfasis particular en los juicios de los tarjetahabientes acerca de los beneficios y las desventajas que perciben, así como determinar la importancia de la tarjeta como factor para elegir un hotel por razones de negocios.
3. Determinar el conocimiento total de los viajeros de negocios del programa de tarjetas de cliente distinguido. Determinar los métodos para conseguir la tarjeta.
4. Determinar si la membresía al programa debe costar una cuota anual, así como el promedio que un hombre de negocios esperaría y estaría dispuesto a pagar por tener la tarjeta.
5. Identificar diferencias en los perfiles demográficos y socioeconómicos de los usuarios frecuentes, moderados y esporádicos de la tarjeta, y quienes no la usan.

Al establecer los objetivos de investigación, Smith se situó en una posición sólida para determinar qué otras tareas se requerirían para diseñar el proyecto apropiado, incluyendo las cifras de costos de cada actividad. Remítase a la sección sobre la estructura de los costos totales del proyecto al final del capítulo 2. Smith calculó que el costo total del proyecto propuesto sería de 21 610 dólares.

Una vez determinado el costo de hacer la investigación, la administración de Hotel JP tenía que resolver si la efectuaba o no. Básicamente, la administración debía decidir si los beneficios de tener más investigación primaria valía el costo de obtenerla. Una técnica de evaluación al alcance del vicepresidente de marketing era el método de proporción entre el costo y el valor visto antes. Siguiendo en parte los lineamientos de la figura 3.9 y la información de la propuesta real, la administración dio una respuesta positiva a cada punto. Además, la administración tenía que considerar el escenario siguiente: ¿Qué pasaría si la investigación señalaba que el programa ya no crecería? Dado que el costo total de llevar a la práctica el proyecto era de 21 610 dólares y que se supuso que los beneficios del programa serían de por lo menos 85 000 dólares anuales (la conjetura de las utilidades anuales del programa), el método de la proporción del costo y el valor indicaría que el aumento en las utilidades tendría que estar por arriba de los 106 610 dólares (es decir, el cálculo de 85 000 dólares de utilidades más el costo de la investigación, 21 610). Alex Smith podría garantizar los costos del proyecto señalados por MRG, la objetividad y la confiabilidad de la información, los procesos de validación de datos y algunas metodologías de investigación sólidas para evitar imprecisiones intencionales, pero, éticamente, no podía garantizar que los ingresos del programa de cliente distinguido de Hotel JP aumentarían automáticamente los ingresos actuales estimados de 85 000 dólares con sólo tener la información adicional del proyecto de investigación. Alex Smith entregó la propuesta de investigación al vicepresidente de marketing y se le respondió que la decisión de realizarla o no se tomaría en los dos días siguientes.

POSDATA. Debido a la incapacidad del equipo administrativo de determinar con mayor precisión las utilidades en dólares del programa de cliente distinguido, la decisión acerca del proyecto se suspendió indefinidamente.

capítulo 4

Administración de la información estratégica: fuentes de datos secundarios

Objetivos de aprendizaje

Al terminar de leer el capítulo, usted

1. Sabrá en qué lugar se ubican los datos secundarios en el proceso de investigación de mercados.
2. Conocerá en dónde se sitúan los datos secundarios en el proceso de administración de las relaciones con los clientes (ARC).
3. Demostrará cómo aplicar los datos secundarios para resolver un problema.
4. Nombrará las fuentes tradicionales de datos secundarios internos.
5. Demostrará cómo obtener fuentes externas de datos secundarios.
6. Numerará las fuentes externas de datos secundarios.
7. Comprenderá la disponibilidad y uso de fuentes sindicadas de datos secundarios.
8. Comprenderá el cambio de enfoque en el uso de datos secundarios.

"En el competido entorno actual, la palabra clave es *rápido.* Más rápido para obtener resultados. Más rápido para difundir resultados. Entonces, ahora en las investigaciones de mercado que realizamos le damos la prioridad a los datos secundarios. ¿Por qué? Porque es más rápido."

—ROBERT BENGEN

Director de Marketing e Investigación de Samsonite Corporation

Conoce a tus clientes: cómo aprovechar al máximo un entorno con mucha información

Dell Computer Corp. respondió recientemente a un cliente disgustado construyendo una nueva caja... de empaque. El cliente fue uno de los muchos invitados que acudieron al laboratorio de uso de la compañía para probar cuánto tiempo se necesitaba para desempacar y conectar una PC nueva. El cliente luchó y luchó para sacar la torre de la Dell Dimension de su caja de embarque. Al cabo, se fastidió tanto que la tomó y la volteó. La torre cayó al piso y se rompió. Aunque el propósito de la prueba era saber cuánto tiempo tardaba un cliente en instalar la computadora, ver que alguien destruía una torre fue tan impresionante que los ejecutivos decidieron rápidamente cambiar el diseño de la caja y el material de empaque.

Cisco Systems, Inc., líder mundial en el mercado de las redes, comprendió mucho antes que sus competidores el potencial de la información y su efecto en el establecimiento de relaciones con los clientes. Cuando Cisco se dio cuenta de que nunca contrataría suficientes ingenieros para mantener el crecimiento de su base de datos, comenzó a buscar soluciones de información. "Nuestra estrategia es facultar a los clientes para que nos den la información que consideran importante para mantener nuestra relación", dice Peter Solvik, vicepresidente senior de sistemas e información. La conexión de información en Internet se llama Cisco Connect On-line y permite a los clientes intercambiar información con Cisco con la finalidad de respaldar el proceso de compra, notificar y recibir aspectos relacionados con los productos de la compañía, enterarse de programas de capacitación para clientes, etcétera. Los clientes también aprovechan las características del sitio para configurar y determinar el precio de sus compras, comprobar el estatus de los pedidos, administrar los contratos de servicio y hacer devoluciones. Como capacidad exclusiva, el sistema de conexión incorpora un consejo de clientes con el que Cisco puede crear grupos focales en línea, reunir comentarios de los clientes a través del correo electrónico y celebrar sesiones entre clientes y funcionarios acreditados de la empresa.[1]

El valor de los datos secundarios

A primera vista parecería que los ejemplos del caso introductorio no ilustran cabalmente la noción tradicional de datos secundarios. Sin embargo, aportan una nueva forma de datos, llamada *información aportada por los clientes* o *información de conocimiento de los clientes.* Dada la nueva tecnología de la información, muchas compañías aplican ahora diversas técnicas, como las señaladas, para recolectar, almacenar y clasificar los datos de los clientes para tomar decisiones de marketing. La información reunida en los consejos de clientes, los laboratorios de uso, los comentarios por correo electrónico y las sesiones de pláticas aparecen cada vez con mayor frecuencia en los esfuerzos de las compañías por explotar este ambiente con información derivada del contacto con los clientes. A medida que hay más datos, muchas compañías advierten que pueden tomar decisiones de marketing sensatas con base en ellos. Los datos de esta clase están más a la mano, tienen mayor validez y por lo regular es más barato preservarlos que los datos primarios reunidos por las empresas.

Este capítulo se centra en los tipos de datos disponibles para la investigación secundaria de mercado, en cómo se aprovechan y qué beneficios ofrecen. La exposición se enfoca en las fuentes tradicionales de datos secundarios.

Naturaleza y alcance de los datos secundarios

Una de las tareas básicas de una eficaz investigación de mercados es obtener información que sirva a la administración de la compañía para tomar las mejores decisiones posibles. Al ocuparse de un problema de marketing que debe analizar, el investigador tiene que determinar si ya hay información útil, qué tan pertinente es y cómo debe obtenerse. Las fuentes de información están más desperdigadas de lo que uno esperaría, como se muestra en el caso de introducción, y siempre debe considerarse en primer lugar en cualquier procedimiento de recolección de datos.

Datos secundarios Datos que no se reunieron para el estudio del momento, sino con algún propósito anterior.

Datos secundarios internos Datos recolectados por la compañía con fines contables o para informes de las actividades de marketing.

Datos de conocimiento de clientes Información que entregan los clientes sin que se les solicite y que se aprovecha en la planeación de marketing.

Datos secundarios externos Datos recolectados por entidades externas, como el gobierno federal, asociaciones comerciales o publicaciones periódicas.

El término **datos secundarios** se refiere a los datos que no se reunieron para el estudio del momento, sino para algún otro propósito.[2] Estos datos son internos y externos. Los **datos secundarios internos** son los que la compañía reúne para fines contables o para los informes de las actividades de marketing. Como se vio en el caso introductorio, la información proporcionada por los clientes o que es de su conocimiento es una forma cada vez más común de datos secundarios internos. La **información de conocimiento de los clientes** es la que éstos ofrecen voluntariamente con una finalidad que acaso sea ajena a las funciones de marketing de la organización. Por ejemplo, se entrega información de este género a ingenieros, personal de apoyo logístico o departamentos de tecnología de la información para asuntos que atañen a la mejora de productos, empaque o registro en páginas de Internet. Así, estos datos, debidamente clasificados y resguardados, pueden ser una forma invaluable de información secundaria para tomar decisiones de marketing que tengan que ver con la administración de relaciones con los clientes (ARC).

Los **datos secundarios externos** son aquellos recolectados por otras entidades como el gobierno federal, asociaciones comerciales o publicaciones periódicas. También se consiguen datos secundarios externos a través de servicios generales de investigación de mercados, como los informes acerca del consumo de artículos perecederos que realiza NPD Marketing Research, las auditorías de tiendas o los paneles de compradores.

Por último, hay datos secundarios en fuentes computarizadas. Las fuentes computarizadas de datos secundarios son producto de las compañías y datos internos y externos combinados con fuentes de información en línea. Los datos computarizados proceden de vendedores de información (America Online, Prodigy), sitios de Internet privados, listas de correo o servicios de oferta y entrega por correo directo.

Función de los datos secundarios en la investigación de mercados

La función de los datos secundarios en el proceso de la investigación de mercados ha cambiado en los últimos años. Tradicionalmente, la investigación basada en datos secundarios no se consideraba original; por lo regular se encargaba al bibliotecario de la compañía, a una empresa de recolección de datos o a un analista de investigación. Las principales funciones de la investigación con datos secundarios eran proveer antecedentes históricos para un estudio primario en marcha y para ejecutar análisis longitudinales de las tendencias de un ramo. En otras palabras, la investigación con datos secundarios se consideraba complemento, anexo o apéndice de un informe formal de investigación primaria. En la actualidad, con el mayor interés en la inteligencia comercial y competitiva (que se expone en el capítulo 7) y la siempre creciente disponibilidad de información de bases de datos en línea con derechos reservados, la investigación con datos secundarios gana importancia en el proceso de investigación de mercados.

En el ambiente actual de la investigación de mercados, las tareas de la investigación secundaria se aplican más a menudo a problemas concretos de marketing que las técnicas primarias, dada la relativa velocidad y el bajo costo de reunir datos secundarios. Muchas corporaciones grandes redefinen la función del analista de investigación secundaria para que sea el de un profesional o experto en información de las unidades comerciales, ahora vinculado al área de tecnología de la información con el objetivo de generar bases de datos de contactos y ventas, preparar informes de tendencias competitivas y trazar estrategias para conservar a los clientes.

Datos secundarios y la administración de las relaciones con los clientes

Recuerde que la administración de las relaciones con los clientes (ARC) es un proceso cuya finalidad es aprender más acerca de las necesidades y las costumbres de los clientes para establecer relaciones más sólidas con ellos. La ARC se vale de una combinación de recursos tecnológicos y humanos para adquirir conocimientos sobre las conductas de los clientes y el valor que tienen para la organización. Por ejemplo, muchas instituciones financieras hacen un seguimiento de las etapas del ciclo vital para determinar el momento oportuno de comercializar productos como hipotecas o ahorro para el retiro.

Así, la organización debe indagar en todas las fuentes de información sobre los clientes que ingresan a la compañía; debe saber cuándo y dónde está almacenada y cómo se aprovechan los datos. Por ejemplo, una compañía puede interactuar con los clientes de diversas maneras, como campañas por correo, sitios en Internet, tiendas, centros de asistencia telefónica, vendedores itinerantes y publicidad. La ARC articula estas fuentes de datos secundarios, que a continuación fluyen entre sistemas operativos (ventas e inventarios) y sistemas analíticos que dividen tales datos en esquemas de clientes. Los analistas de investigación de mercados revisan los datos para obtener una imagen general de cada cliente y señalar áreas en las que falta mejorar el servicio. Por ejemplo, si alguien tiene una hipoteca, un préstamo empresarial, una cuenta de ahorro para el retiro y una cuenta corriente grande con un banco, éste mejora el trato que da a su cliente cada vez que tiene contacto con él.

Los datos secundarios son el núcleo del proceso de la ARC. Todo este proceso se completa con datos primarios, pero el acento en esto último se restringe a la vasta red de puntos de recolección y almacenamiento de información en el sistema de la ARC. En el capítulo 5 se da una descripción detallada del proceso de ARC, y se incluyen los métodos de recolección de datos y su aprovechamiento.

Tareas de la investigación de datos secundarios y el proceso de investigación de mercados

En muchos campos de la investigación de mercados, la investigación secundaria cumplirá siempre un papel subordinado de la primaria. En la prueba de productos y conceptos, grupos focales y encuestas de satisfacción de los clientes, sólo la investigación primaria puede dar las respuestas a los problemas de marketing. Con todo, cuando se elige con acierto una investigación de datos secundarios para situaciones concretas, ahorra tiempo y dinero, además de que proporciona al investigador un cúmulo de respuestas. En muchos casos, los datos secundarios sirven para evaluar directamente el problema actual de investigación. Por ejemplo, en muchas situaciones de investigación la recolección de tales datos es el comienzo para definir qué estudio debe emprenderse. Si es posible responder el problema únicamente con los datos secundarios disponibles, la compañía ahorra tiempo, dinero y esfuerzo. Si el nivel de los datos secundarios no es suficiente para solucionar un problema de investigación, entonces hay que considerar la necesidad de recabar datos primarios.

En la figura 4.1 se ilustran las funciones de la investigación de datos secundarios, los cuales por lo regular se contemplan en términos de su enfoque y valor. Si la consideración del proyecto de investigación versa acerca de la dinámica del mercado externo, es probable que se requiera una investigación secundaria. Una tarea de la investigación secundaria es el análisis de tendencias, en el que se toman datos anteriores del mercado para proyectar los cambios futuros en su dinámica. Además, la recolección de datos secundarios es una tarea de apoyo crucial para ofrecer inteligencia comercial y competitiva. Ambas tareas comprenden la adquisición de información y datos secundarios sobre todos los aspectos de las actividades comerciales y de marketing de la competencia. En resumen, la dinámica del mercado externo es un campo que requiere una investigación secundaria activa.

Si el estudio se centra en los clientes externos, la investigación secundaria añade valor al proceso. Por ejemplo, los investigadores podrían aprovechar documentos internos de la compañía para trazar el perfil de la cartera de clientes actual. Esta cartera, ya existente, sirve para identificar características de posibles clientes nuevos. Por último, el análisis de necesidades, que identifica los problemas críticos o los requisitos de determinados grupos de clientes, es otra tarea de investigación secundaria. La tercera categoría de tareas secundarias es la de proporcionar datos internos de respaldo para la compañía. Con estas tareas, el enfoque pasa del apoyo de las actividades primarias al sustento de las presentaciones de ventas y de las funciones de toma de decisiones. Es importante advertir que una organización de marketing no sobrevive sin ventas generadas por presentaciones profesionales o decisiones sobre productos, precios, lugares y promociones. Asimismo, la organización necesita tener conocimientos completos de los cambios y las transformaciones de los mercados en el contexto de

FIGURA 4.1 Funciones de la investigación de datos secundarios

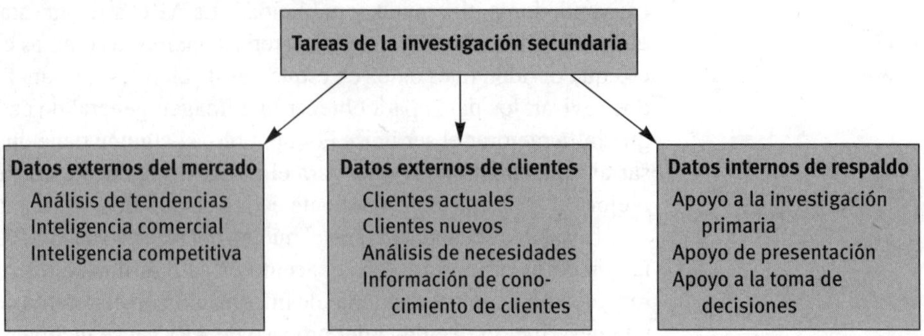

sus planes estratégicos. Proveer las herramientas de planeación indispensables es una tarea fundamental de la investigación secundaria.

Para ahondar en la caracterización de las funciones de los estudios de datos secundarios en la investigación de mercado, la Sociedad de Profesionales de la Inteligencia Competitiva realizó una encuesta entre agencias dedicadas a esta actividad.[3] Sesenta por ciento de la muestra afirmó que ejecutaban regularmente tareas de investigación secundaria. La encuesta también reveló que, entre las compañías estudiadas:

1. 82% dijo que aprovecha los datos secundarios para supervisar la inteligencia competitiva y comercial.
2. 75% usa datos secundarios para cumplir una función de apoyo de los proyectos de investigación primaria.
3. 59% indicó que toma datos secundarios para sus presentaciones administrativas.
4. 57% emplea datos secundarios para tomar decisiones empresariales.
5. 48% usa la información secundaria para validar datos internos y la recolección de datos primarios.[4]

A medida que los estudios secundarios aumentan su presencia en la investigación de mercado —y en tanto evolucionan las capacidades requeridas para encontrar nuevas formas de entregar datos—, crecerá su importancia y su valor.

Uso y evaluación de las fuentes de datos secundarios

Como se mencionó, la razón predominante para recurrir a los datos secundarios es que ahorran tiempo y dinero al investigador. Por lo regular, la recolección de datos secundarios consiste simplemente en localizar la fuente apropiada, extraer los datos necesarios y tomar los que convengan para el objetivo de la investigación del momento. Lo anterior tarda varios días, y en algunos casos tan sólo unas horas. En cambio, pasan meses para tener un conjunto fiel de datos primarios. Cuando se considera el proceso de preparar y probar cuestionarios, trazar un plan muestral, recolectar los datos y analizarlos o tabularlos, la recolección de datos puede ser un procedimiento largo y absorbente.

Además de requerir tiempo, la recolección de datos primarios cuesta mucho dinero. En 1997, en una encuesta de agencias de investigación las tarifas señaladas por los servicios prestados variaron de 5 000 a 500 000 dólares.[5] Evidentemente, el alcance y la magnitud del estudio cumple una función importante en el establecimiento de las tarifas que cobra una agencia por un proyecto.[6] En cualquier proyecto de investigación es difícil evitar emolumentos y gastos, costos de transporte, recolección de datos y cargos por servicios de oficina y campo. Con muchas fuentes de datos secundarios estos costos no se dan o, si ocurren, son apenas nominales. Los costos de los datos secundarios fueron pagados por la investigación original, como sucede con las fuentes impresas de datos (censos de población, encuestas de empresas sobre poder de compra, datos demográficos generales y locales), o los compartieron el usuario y el proveedor. Como quiera que sea, conseguir datos secundarios cuesta mucho menos que obtener datos primarios.

Por el ahorro en tiempo y dinero, la primera regla práctica de cualquier investigación es agotar todas las fuentes posibles de datos secundarios. Si por alguna razón no es posible resolver el problema presente mediante la adquisición de esos datos, entonces se considerará seriamente la recolección de datos primarios. Es muy interesante que en el entorno actual de abundancia de información muchas compañías, tanto de bienes de consumo como industriales, consideran que los datos secundarios son adecuados para resolver muchos de sus problemas de investigación de mercado. Concuerda con este hecho el pronóstico de muchas agencias de investigación de que en este nuevo siglo casi la mitad de los objetivos de investigación se cumplirán mediante la adquisición de datos secundarios.[7]

A medida que la información es más abundante y que la tecnología permite un mayor perfeccionamiento y clasificación de los datos, se considera que aumentará el énfasis en los datos secundarios, además de que serán más precisos. Los códigos de barras, el escáner óptico y las bases de datos generarán bancos de datos en los puntos de venta que proporcionarán a las compañías toda la información que necesitan para la mayor parte de su investigación de mercados.

En caso de aumentar el énfasis en los datos secundarios, los investigadores tendrán que establecer nuevos procedimientos y criterios de evaluación de la calidad de la información que se obtenga de las fuentes secundarias. En concreto, para que los datos secundarios sean eficaces para la toma de decisiones, deben ser evaluados de acuerdo con seis principios fundamentales:[8]

1. **Finalidad.** Puesto que los datos secundarios se recopilaron para un fin que no es el estudio del momento, es preciso evaluarlos cuidadosamente en lo referente a su relación con el objetivo de investigación actual. Muchas veces el grupo original de datos no concuerda con el nuevo estudio de mercado. Las incongruencias son resultado de los métodos y las unidades de medida aplicados. Por ejemplo, casi todos los datos sobre pautas de consumo de productos de la encuesta de poder de compra que publica la revista *Sales and Marketing Management* (más adelante se retoma este tema) se basan en el gasto promedio de la población. A cada cifra se le asigna un peso arbitrario para dar cuenta de las diferencias de situación o ambiente. Los resultados representan un buen promedio, pero no son lo suficientemente precisos para trazar el perfil de un mercado objetivo muy definido en relación con el dinero real gastado en determinada categoría de productos.

2. **Exactitud.** Al evaluar datos secundarios, los investigadores deben tener presente lo que se mide. Por ejemplo, si se calcularon las compras en un mercado de prueba, ¿se trataba de primeras compras o compras repetidas? Los investigadores también deben evaluar la posibilidad de generalizar esos datos. ¿Se recogieron sólo de ciertos grupos (como hombres, mujeres o niños) o bien al azar? ¿Se prepararon adecuadamente las medidas del estudio? Por ejemplo, una pregunta concreta sería: ¿Se hicieron preguntas de dos opciones en lugar de escalas de intervalos para medir las actitudes hacia las importaciones de automóviles? Los investigadores también deben evaluar los datos sobre sus clasificaciones. ¿Se presentaron los datos como totales de las respuestas de los entrevistados, o están clasificados por edad, género o posición socioeconómica?

   Además de los puntos anteriores, los investigadores deben evaluar *cuándo* fueron recolectados los datos. Por ejemplo, un investigador que verifica las ventas de coches importados de Japón en el mercado estadounidense necesita considerar el cambio de actitudes, aranceles nuevos que restrinjan las importaciones y aun las fluctuaciones de la tasa de cambio de divisas. Estos factores no sólo repercuten en la exactitud de los datos, sino que llegan a hacerlos imposibles de interpretar.

   En cuanto a la exactitud de los datos secundarios, los investigadores deben recordar que fueron recolectados para contestar preguntas de investigación totalmente distintas a las actuales. Así, tal vez no aborden exactamente todos los aspectos de un tema de investigación, o quizá tengan fallas en el diseño o el método que no se manifiestan en los resultados.

3. **Congruencia.** Al evaluar cualquier fuente de datos secundarios, una buena estrategia es buscar otras fuentes de los mismos datos para garantizar la congruencia. Por ejemplo, al evaluar las características económicas de un mercado foráneo, un investigador puede tratar de reunir la misma información de fuentes gubernamentales, publicaciones empresariales privadas (*Fortune*, *Business Week*) y publicaciones especializadas en comercio exterior.

4. **Credibilidad.** Los investigadores deben dudar siempre de la credibilidad de la fuente de datos secundarios. La competencia técnica, la calidad del servicio, la reputación y la

capacitación y pericia del personal que representa a la agencia son algunas de las medidas de credibilidad.

5. **Metodología.** La calidad de los datos secundarios es tan buena como la metodología que se usó para recolectarlos. Los defectos de los procedimientos metodológicos pueden arrojar resultados inválidos, poco confiables o imposibles de generalizar más allá del propio estudio. Por tanto, el investigador debe evaluar el tamaño y la descripción de la muestra, la tasa de respuesta, el cuestionario y el procedimiento general para recolectar los datos (teléfono, correo o entrevista personal).
6. **Tendencias.** Los investigadores deben tratar de determinar si detrás de los datos secundarios hay un motivo u objetivo ocultos. No es raro encontrar fuentes de datos secundarios publicados para favorecer a grupos de interés comercial, político o de otra clase. Los datos secundarios muchas veces se publican para suscitar polémicas o refutar otras fuentes. Los investigadores deben tratar de determinar si la organización que publica los datos lo hace impulsada por algún propósito. Por ejemplo, las estadísticas de especies animales extintas anunciadas por la Asociación Estadounidense de Maderas Duras o las muertes por arma de fuego contabilizadas por la Asociación Estadounidense del Rifle deben validarse antes de que pueda confiarse en que son fuentes sin tendencias o sesgos.

Fuentes tradicionales internas de datos secundarios

El comienzo lógico para la búsqueda de datos secundarios es la información interna de la propia compañía. Muchas organizaciones no se dan cuenta del cúmulo de información que contienen sus registros. Además, los datos internos están más a la mano y se consiguen a bajo costo o sin éste. Lo anterior parece un argumento abrumador en aras del uso de datos internos, pero los investigadores deben advertir que la mayor parte de esta información procede de actividades comerciales anteriores. Esto quiere decir que tal vez los datos internos no sean útiles para decisiones empresariales futuras. Como se ve a continuación, las fuentes de datos internas pueden ser muy eficaces para quienes deciden planear la introducción de nuevos productos o sitios de distribución.

Tipos de datos secundarios internos

En general, los datos internos consisten en información de ventas o costos. Éstos se encuentran en los registros internos contables o financieros. Las dos fuentes más útiles de información son las facturas y los informes de cuentas por cobrar. También son útiles los informes trimestrales de ventas y los informes de actividades de ventas. En la figura 4.2 se citan las variables fundamentales de estas fuentes internas de datos secundarios.

Facturas de ventas

Las facturas de ventas contienen numerosos datos sobre clientes actuales y anteriores. Como herramienta de investigación de datos secundarios, de estas facturas se desprenden perfiles de clientes, tendencias de ventas, historia de ventas por unidad y otra información clave.

Informes de cuentas por cobrar

Los informes de cuentas por cobrar contienen información sobre clientes actuales y anteriores, pero además poseen datos sobre los márgenes relativos de ganancias de ciertos productos, las razones de las devoluciones y reembolsos y las utilidades por ramo, segmento o ubicación. Con esta información, los informes de cuentas por cobrar ofrecen medidas indirectas de la satisfacción o insatisfacción de los clientes, tácticas de precios e historia de ventas.

FIGURA 4.2 Fuentes comunes de datos secundarios internos, incluyendo variables fundamentales

1. Facturas de ventas
   a) Nombre del cliente
   b) Dirección
   c) Producto o servicio vendido
   d) Precio por unidad
   e) Vendedor
   f) Términos de la venta
   g) Punto de embarque
2. Informes de cuentas por cobrar
   a) Nombre del cliente
   b) Producto comprado
   c) Ventas totales por unidad y en moneda
   d) Cliente como porcentaje de las ventas
   e) Cliente como porcentaje de las ventas regionales
   f) Margen de utilidades
   g) Calificación de crédito
   h) Artículos devueltos
   i) Razones de la devolución
3. Informes trimestrales de ventas
   a) Ventas totales en moneda y por unidad, por:
      Cliente
      Segmento de clientes
      Producto
      Segmento de productos
      Segmento geográfico
      Territorio de ventas
      Representante de ventas
   b) Ventas totales contra objetivo planeado
   c) Ventas totales contra presupuesto
   d) Ventas totales contra periodos anteriores
   e) Porcentaje real de aumento o disminución de ventas
   f) Tendencias de la contribución
4. Informes de actividades de ventas
   a) Clasificación de las cuentas de los clientes
      Gigante
      Grande
      Mediana
      Pequeña
   b) Potencial de ventas disponibles, en moneda
   c) Penetración de ventas actual
   d) Posturas o contratos por
      Ubicación del cliente
      Producto

Informes trimestrales de ventas

Los informes trimestrales de ventas ilustran las actividades planeadas de ventas en relación con los resultados reales. Estos informes son fuentes invaluables de información sobre territorios de ventas, técnicas de venta eficaces e inteligencia competitiva. Esta información es útil en la capacitación de vendedores y en la planeación de presentaciones.

Informes de actividades de ventas

Los informes de actividades de ventas son preparados cada mes por los representantes de ventas y por lo regular contienen datos de ventas, competencia, actividades en los territorios y cambios en el mercado. En general, las organizaciones de ventas requieren que sus vendedores incluyan actividades de la competencia en estos informes, por lo que son una excelente fuente de datos para la inteligencia competitiva.

Otras fuentes de datos

Otras fuentes de datos internos que se encuentren en los registros de la compañía sirven para completar la información hasta aquí estudiada. En la figura 4.3 se esbozan otras posibles fuentes internas de datos secundarios.

FIGURA 4.3 Otros recursos de datos secundarios

Fuente	Información
Cartas de clientes	Datos generales de satisfacción o insatisfacción
Tarjetas de comentarios de los clientes	Datos del desempeño general
Formas de pedido por correo	Nombre del cliente, dirección, artículos comprados, calidad, tiempo del ciclo del pedido
Solicitudes de crédito	Biografía detallada y completa (datos demográficos, socioeconómicos, uso del crédito, calificaciones de crédito) de segmentos de clientes
Recibos de caja registradora	Volumen en moneda, tipo de mercancía, vendedor, proveedor, fabricante
Informes de gastos de vendedores	Actividades de ventas, actividades de la competencia en el mercado
Entrevistas de salida a empleados	Datos generales internos de satisfacción o insatisfacción, datos internos del desempeño de la compañía
Tarjetas de garantías	Volumen de ventas, nombres, direcciones, códigos postales, artículos comprados, razones para devolver el producto
Estudios de mercado anteriores	Diversos datos sobre la situación en la que se realizó la investigación de mercados
Información de proveedores de Internet	Información de registro de clientes, seguimiento, visitas al sitio en Internet, correspondencia electrónica

Como se indicó, hay mucha información interna útil para las actividades de investigación de mercado. Si se mantienen y clasifican convenientemente, los datos internos sirven para analizar el desempeño de productos, satisfacción de clientes, eficacia de la distribución y estrategias de mercado objetivo. Estas formas de datos internos también son aprovechables para la planeación de la introducción de productos nuevos, eliminación de productos, estrategias de promoción, inteligencia competitiva o tácticas de servicio al cliente.

Uso y extracción de fuentes externas de datos secundarios

Al terminar la búsqueda de datos secundarios internos, el siguiente paso lógico del investigador es centrarse en las posibles fuentes de datos secundarios externos, que pueden ser de tres formas: 1) datos contenidos en publicaciones periódicas, directorios o índices, 2) datos compilados por una entidad externa (sindicada o comercial) que se consiguen sobre pedido a cambio de una cuota, o 3) datos contenidos en bases de datos en línea o a través de empresas o vendedores de servicios de cómputo. En esta sección nos centraremos en dos formas de fuentes externas de datos secundarios: fuentes publicadas y sindicadas o comerciales. En el capítulo 5 se hace una exposición completa de las fuentes de origen tecnológico.

Planeación de la búsqueda de datos secundarios externos

La principal dificultad de las fuentes externas no es encontrar los datos correctos para el proceso de investigación, sino hallar la fuente apropiada para extraer los datos. Varios de los principales investigadores del Departamento de Defensa de Estados Unidos especulan que en la actualidad hay información suficiente para resolver la mayoría de las preguntas y los problemas de los administradores, pero 90% no está clasificada de ninguna manera.[9] Por tanto, la dificultad no está en averiguar si hay información, sino en indagar dónde se encuentra.

Cuando se buscan fuentes de datos secundarios, lo mejor es seguir algún plan o estrategia. Para la mayoría de los investigadores, las razones fundamentales para buscar datos secundarios son tiempo y dinero. Extraviarse en la búsqueda de esos datos puede anular ambos beneficios. En esta búsqueda, los investigadores pueden emplear un método simple llamado *GO-CART*, que son las iniciales de las palabras inglesas *goals* (metas), *objectives* (objetivos), *characteristics* (características), *activities* (actividades), *reliability* (confiabilidad) y *tabulation* (tabulación).

1. **Metas.** Enfoque su búsqueda de información en temas y conceptos pertinentes para su investigación. Si la pregunta es cómo preparar perfiles de mercados o de mercados objetivos, busque la información conveniente (datos demográficos y socioeconómicos, códigos SIC, etcétera). Si la pregunta es cómo entender la satisfacción de los clientes en relación con el consumo de un producto, busque información sobre dicho producto: cómo se fabrica, distribuye y transporta. Si es posible, deje que esta información devele las posibles razones de satisfacción o insatisfacción.

2. **Objetivos.** Muchos expertos piensan que la mejor manera de manejar los datos primarios es empezar por reunir muchos y luego clasificarlos en temas específicos. El manejo de los datos secundarios es muy similar. Busque tanta información como pueda y en seguida verifique todas las citas y referencias que lo remitan a temas más específicos. Recuerde que muchas fuentes de datos secundarios se compilan de categorías de información y se publican en un formato general. Si retrocede por citas y referencias podrá estrechar la información. Por ejemplo, muchos de los datos publicados en la *Survey of Buying Power* (que se presentan más adelante) son generales y se refieren a las zonas metropolitanas ordinarias. Sin embargo, al analizar la forma en que fueron compilados se llegaría a información específica por ciudad, zonas urbanas e incluso códigos postales.

3. **Características.** Defina siempre las características de la información que busca. Redacte una lista de los temas que debe explorar en su búsqueda. Si busca datos psicográficos, identifique las características que quisiera descubrir. ¿Busca actividades, intereses, opiniones (es decir, estilos de vida)? Si es el caso, ¿sobre qué temas? ¿Hábitos de sintonización de televisión, uso de productos, preferencias políticas? Centre su búsqueda de datos en una lista auxiliar de las características que busca para responder sus preguntas de investigación.

4. **Actividades.** Prepare un esquema de los lugares, personas, acontecimientos y tareas que serán parte de su búsqueda de datos secundarios. Es probable que deba visitar bibliotecas y hablar con los bibliotecarios. Tal vez necesite presentarse en asociaciones comerciales, oficinas de planeación estatal o local, hemerotecas o incluso seminarios. Documente lo que hay que hacer, cuándo hay que hacerlo y quién lo ayudará en el trabajo.

5. **Confiabilidad.** Como se indicó en otra sección, trate de encontrar varias fuentes de datos sobre el mismo tema, pues esto le permitirá establecer alguna coherencia y sentará las bases para obtener datos más confiables.

6. **Tabulación.** Documente todas las fuentes de su búsqueda de datos. Si es posible, cruce las referencias de varias fuentes para conferir mayor significado a los datos. Lo más importante es verificar que lo que recolecte sea lo que realmente hace falta para responder la pregunta de investigación. En caso contrario, será necesario buscar más datos.

El método GO-CART para planear la búsqueda de datos secundarios no es de ninguna manera la única forma de reunirlos, pero establece un programa de seguimiento con la finalidad de determinar las prioridades de los elementos en el proceso de búsqueda. Dado que la búsqueda de datos secundarios puede ser muy simple o extremadamente complicada, se necesita un plan para cada situación que enfrenta el investigador. Sin un plan no se concretarán las ventajas de tiempo y costo de los datos secundarios.

Fuentes básicas de datos secundarios externos

Al emprender la búsqueda de datos secundarios, los investigadores deben recordar que las fuentes disponibles son muy numerosas. Así, la información disponible es vasta, pero las necesidades de información de los investigadores están vinculadas por un tema común. Las variables fundamentales que más buscan los investigadores son las dimensiones demográficas, las características de empleo, económicas, competitivas, de suministro, de las regulaciones y de los mercados internacionales.[10] En la figura 4.4 se dan ejemplos de variables selectas de estas categorías.

Varias fuentes clave de datos secundarios permiten al investigador ordenar una jerarquía de tales fuentes para guiar la búsqueda de datos secundarios, cualesquiera que sean las variables. Establecer dicha jerarquía de fuentes concuerda con la segunda tarea del método GO-CART: primero reunir volúmenes y luego adaptar la búsqueda a las necesidades concretas. A continuación se presentan varias fuentes, amplias o breves, para orientar al investigador por la jungla de la información secundaria.

Códigos del sistema de clasificación industrial de Norteamérica (NAICS) Listados industriales numéricos destinados a promover la uniformidad en los procedimientos de informes de datos para el gobierno estadounidense.

Códigos de clasificación industrial estándar

Un paso inicial de cualquier búsqueda de datos secundarios es tomar las listas numéricas de los **códigos del sistema de clasificación industrial de Norteamérica** (***North American industry classification system codes, NAICS***). Los códigos SIC están destinados a incrementar la uniformidad en los informes de datos de las fuentes gubernamentales federales y locales, así como de las empresas privadas. El gobierno federal asigna a cada industria un código SIC. Las empresas de cada ramo informan de todas sus actividades (ventas, nóminas, impues-

FIGURA 4.4 Variables fundamentales de la investigación de datos secundarios

Dimensiones demográficas	**Características de la oferta**
Crecimiento demográfico actual y proyectado	Número de instalaciones de distribución
Densidad de población	Costo de las entregas
Patrones de inmigración y emigración	Transporte ferroviario, marítimo, aéreo y terrestre
Tendencias demográficas por edad, raza y origen étnico	**Regulaciones**
Características del empleo	Impuestos
Crecimiento de la fuerza de trabajo	Licencias
Niveles de desempleo	Salarios
Porcentaje de empleo por categorías de ocupación	Zonificación
Empleo por industria	**Características del mercado internacional**
Características económicas	Requisitos de transporte y exportación
Ingreso personal (*per cápita* y mediana)	Barreras comerciales
Tipo de empresas de manufactura o servicios	Filosofías empresariales
Total de proyectos de vivienda	Sistemas legales
Permisos de construcción expedidos	Costumbres sociales
Tasas de impuestos por ventas	Ambiente político
Características de la competencia	Esquemas culturales
Ventas al menudeo y mayoreo	Antecedentes religiosos y morales
Número y tipos de detallistas competidores	
Disponibilidad de instituciones financieras	

tos) de acuerdo con su código. Actualmente hay 99 códigos industriales de dos dígitos que representan desde los cultivos agrícolas hasta la calidad del ambiente y la vivienda. En cada código industrial de dos dígitos se encuentra un código de grupo industrial de cuatro dígitos que representa sectores. Todas las empresas de la industria representadas por un código de cuatro dígitos entregarán para su publicación información detallada y estadísticas propias a varias fuentes. Por ejemplo, como se muestra en la figura 4.5, el código SIC 12 está asignado a la extracción de carbón y el código SIC 1221 especifica la explotación superficial de carbón bituminoso y lignito. Es en este nivel de cuatro dígitos donde el investigador debe centrar su búsqueda de datos.

Documentos gubernamentales

Los detalles, el carácter exhaustivo y la coherencia son razones importantes para aprovechar los documentos del gobierno estadounidense. En concreto, los informes de la Oficina del Censo son la base estadística de la mayor parte de la información sobre la población y las actividades económicas de ese país. En la figura 4.6 se citan algunas de las fuentes comunes de datos secundarios que publica el gobierno estadounidense. Incluyen datos censales específicos (como el censo agrícola o el de construcción), informes censales (como el *County and City Data Book*), datos del Departamento de Comercio y otros informes gubernamentales.

Existen dos puntos importantes al recurrir al censo y otros datos secundarios. En primer lugar, los datos censales se recolectan cada 10 años, con algunas actualizaciones periódicas de poca monta, de modo que los investigadores siempre deben tener presente el factor tiempo en estos datos. En segundo lugar, son datos no muy precisos, pues no abarcan a todas las personas ni todos los hogares. Quienes se acaban de mudar o no estaban disponibles en el momento de levantar el censo no aparecen en los datos.

La última fuente de información del gobierno estadounidense es el *Catalog of Government Publications*, compilado por Marcive, Inc. En este catálogo figuran los índices con los principales informes de investigación de mercado de diversas industrias, mercados e instituciones nacionales e internacionales. También tiene un índice de publicaciones al alcance de los investigadores de julio de 1976 al mes y año actual.

FIGURA 4.5 Muestra de una lista de los códigos del sistema de clasificación industrial estándar

10 Extracción de metales
- 1011 Menas de hierro
- 1021 Menas de cobre
- 1031 Menas de plomo y zinc
- 1041 Menas de oro
- 1044 Menas de plata
- 1061 Menas en aleación con hierro, excepto vanadio
- 1081 Servicios de extracción de metales
- 1094 Menas de uranio, radio y vanadio
- 1099 Menas de metal NCO*

12 Extracción de carbón
- 1221 Carbón bituminoso y lignito, en superficie
- 1222 Carbón bituminoso, subterráneo
- 1231 Extracción de antracita
- 1241 Servicios de extracción de carbón

13 Extracción de gas y petróleo
- 1311 Petróleo crudo y gas natural
- 1321 Líquidos de gas natural
- 1381 Perforación de pozos petroleros y de gas
- 1382 Servicios de exploración de petróleo y gas
- 1389 Servicios en campo de petróleo y gas NCO*

14 Minerales no metálicos, excepto combustibles
- 1411 Piedras de dimensión
- 1422 Caliza prensada y rota
- 1423 Granito prensado y roto
- 1429 Piedra prensada y rota NCO*
- 1442 Arena y grava para construcción
- 1446 Arena industrial

Fuente: World Business Directory of U.S. Private and Public Companies, 1995.

*No clasificado en otra parte.

FIGURA 4.6 Documentos gubernamentales comunes usados como fuentes de datos secundarios

Datos del Censo Estadounidense
- Censo de agricultura
- Censo de construcción
- Censo de gobierno
- Censo de manufactura
- Censo de industrias mineras
- Censo de comercio al detalle
- Censo de empresas de servicio
- Censo de transporte
- Censo de comercio mayorista
- Censo de alojamiento
- Censo de población

Informes del Censo Estadounidense
- *Guide to Industrial Statistics*
- *County and City Data Book*
- *Statistical Abstract of the U.S.*
- *Fact Finders for the Nation*
- *Guide to Foreign Trade Statistics*

Datos del Departamento de Comercio
- *U.S. Industrial Outlook*
- *County Business Patterns*
- *State and Metro Area Data Book*
- *Business Statistics*
- *Handbook of Cyclable Indicators*
- *Monthly Labor Review*
- *Measuring Markets: Federal and State Statistical Data*

Otros informes gubernamentales
- *Aging America: Trends and Population*
- *Economic Indicators*
- *Economic Report of the President*
- *Federal Reserve Bulletin*
- *Statistics of Income*
- *Survey of Current Business*

Fuentes secundarias de información comercial

Es prácticamente imposible documentar todas las fuentes de datos secundarios disponibles en las empresas. Sin embargo, casi todas las fuentes están clasificadas en algún índice, directorio o guía estandarizada, así que hace bien el investigador que consulta un directorio de información empresarial. En estos directorios se identifica información estadística, asociaciones comerciales, publicaciones comerciales, características del mercado, tendencias ambientales, etcétera.

Las siguientes son algunas fuentes comunes de información de empresas:

Business Organizations, Agencies, and Publications Directory.

Directory of Corporate Affiliation.

Fortune Magazine Directory.

International Directory of Corporate Affiliations.

Million Dollar Directory.

F & S Index: Domestic, International, Europe.

Standard and Poor's Registry of Corporations.

Thomas' Register of American Manufacturers.

Marketing Economics Guide.

Business Index.

Business Periodical Index.

Por lo general, reunir información de mercados mediante fuentes empresariales llevará al investigador a tres fuentes muy consultadas: la encuesta de poder de compra de la revista *Sales and Marketing Management*, la *Editors and Publishers Market Guide* y el *Source Book of Demographic and Buying Power for Every Zip Code in the U.S.A.* Como se aprecia en el recuadro "La investigación de cerca, en el campo", numerosos datos secundarios proceden de fuentes empresariales selectas.

La encuesta de poder de compra de *Sales and Marketing Management*

Una fuente popular de información sobre el poder de compra es la encuesta de la revista *Sales and Marketing Management.* Se publica cada año y abarca todas las zonas metropolitanas estadísticas (ZME), condados y ciudades de Estados Unidos. Ofrece datos sobre ventas al menudeo por categorías de mercancías, ventas totales por zona, proyecciones demográficas e ingreso efectivo de compra. En la figura 4.7 se muestran los datos de la encuesta sobre el mercado de autos en tres zonas metropolitanas del estado de Tennessee. Todos estos datos estadísticos se actualizan cada año e incluyen proyecciones a cinco años.[11]

Ingreso de compra efectivo (ICE) Medida del ingreso de una persona menos impuestos federales, estatales y locales.

Índice del poder de compra (IPC) Promedio ponderado de población, ventas al detalle e ingreso de compra efectivo de una zona.

Entre los datos más útiles que arroja la encuesta se encuentran las estimaciones del ingreso de compra efectivo de una zona. El **ingreso de compra efectivo (ICE)** es una medida de los ingresos personales (entradas, salarios, intereses, dividendos y utilidades) menos impuestos federales, estatales y locales.[12] Dicho ingreso se expresa como una cantidad total en dólares.

Cuando el ICE se combina con las ventas al detalle y el tamaño de la población, se convierte en un indicador general del poder de compra de una zona, conocido como **índice de poder de compra (IPC)**. Este índice se expresa como porcentaje total de las ventas en Estados Unidos. Cuanto mayor es el IPC, más capacidad tiene el mercado de la zona de generar ingresos. Por ejemplo, en la figura 4.7 el IPC de Nashville (.4131) es mayor que el de Memphis (.3692) y Knoxville (.2362), lo que indica que Nashville tiene mayor potencial para nuevas compras de autos.

De hecho, el IPC es un porcentaje ponderado de la población, ventas al menudeo y poder de compra efectivo de una zona. Se asigna un peso a cada uno de estos criterios de acuerdo con su importancia para el estudio. Por ejemplo, si la población es la variable más importante, debe recibir el mayor peso. Si se toman pesos de 5, 3 y 2, el índice de poder de compra se calcula como sigue:

$$\text{IPC} = \frac{(\text{población} \times 5) + (\text{ventas al menudeo} \times 3) + (\text{ingreso de compra efectivo} \times 2)}{10 \text{ (la suma de todos los pesos)}}$$

La investigación de cerca

En el campo

Datos secundarios y ARC: el valor está en la información de los clientes

En la actualidad, las organizaciones tratan la información generada por datos secundarios como una ventaja valiosa en el estado de resultados. Los líderes industriales de los procesos de ARC confieren un valor innegable a la información de los clientes con el fin de medir, clasificar y calcular costos generales de las inversiones en ARC. Las compañías que no articulan una razón económica definida (basada en la información de los clientes, las fuentes de ingresos y las consideraciones de las barreras de salida) para delinear las aplicaciones de ARC y la integración de prioridades corren el riesgo de desperdiciar su importante inversión.

Al dirigir su adquisición de ARC, vendedores por catálogo como Lands'End, Fingerhut y JC Penney recurren a grandes cantidades de datos secundarios para fijar un valor vitalicio a sus clientes. Por ejemplo, saber que es probable que cierto cliente compre 700 dólares en mercancía en 10 transacciones permite a esas compañías fijar un valor claro a esa relación y el presupuesto para los programas de ARC, de modo que se conserve o aumente ese valor imponiendo barreras de salida y campañas de ventas cruzadas. Las aplicaciones analíticas que mejoran la calidad de los datos, como el almacenaje y la extracción de datos, son, desde luego, componentes cruciales del proceso.

FIGURA 4.7 Ejemplo de ingreso de compra efectivo para automóviles en tres ciudades seleccionadas

	Knoxville	Memphis	Nashville
31 de diciembre de 200X			
Población total	608 400	990 600	997 500
Personas de 18 años o más	467 860	712 421	745 132
Porcentaje de la población de 18 años en adelante	76.9	71.9	74.7
Número de hogares	239 300	360 930	380 500
Ingreso de compra efectivo total (en miles)	$7 601 304	$12 106 512	$14 218 794
Hogar promedio (ICE)	$23 564	$24 834	$38 687
Per cápita (ICE)	$12 494	$12 221	$14 254
Porcentaje de hogares con ingreso de 35 000 a 49 999 dólares (ICE)	15.3	16.3	18.5
Ventas totales al detalle (en miles)	$4 776 261	$7 055 066	$7 828 318
Índice de poder de compra	.2362	.3692	.4131
Porcentaje del ICE en Estados Unidos	.2172	.3460	.4063
Porcentaje de ventas al detalle en Estados Unidos	.2643	.3904	.4337
Ventas al detalle de automóviles en 199X (en miles)	$1 203 682	$1 872 298	$1 982 461
Proyecciones al 31 de diciembre de 200X			
Población total	627 800	1 021 600	1 059 600
Porcentaje de cambio en la población	3.0	3.6	7.3
ICE total (en miles)	$11 088 408	$17 471 724	$21 218 110
Porcentaje total de cambio del ICE	54.5	55.5	61.0
Ventas totales al detalle (en miles)	$5 778 454	$8 682 189	$10 624 682
Porcentaje de cambio en las ventas al detalle	29.4	30.9	36.4
Índice de poder de compra	.2337	.3644	.4306

Fuente: Sales and Marketing Management, Survey of Buying Power, 1997.

Una desventaja notable del IPC es que sólo sirve para calcular el potencial de categorías generales de mercancías vendidas a precios medios. Para mercancía especializada, como zapatos para caballero, hay que preparar un IPC a la medida.[13]

Editors and Publishers Market Guide

Otra fuente de información secundaria sobre el potencial de compra es la *Editors and Publishers Market Guide*, que proporciona la misma información que la encuesta de *Sales and Marketing*, más algunas variables exclusivas ciudad por ciudad con las que pueden hacerse comparaciones. Como se observa en la figura 4.8, la guía incluye información de infraestructura, transporte, industrias principales, bancos y tiendas. Esta información da al investigador un perfil detallado de la actividad económica en determinada zona. Estos datos se usan normalmente con objeto de hacer comparaciones al elegir mercados para nuevas tiendas o para introducir productos.

Source Book of Demographics and Buying Power or Every Zip Code in the U.S.A.

El *Source Book of Demographics and Buying Power for Every Zip Code in the U.S.A.* ofrece al investigador información sobre población, características socioeconómicas, poder de compra y otros aspectos demográficos de Estados Unidos por códigos postales. Cada zona postal se analiza en lo referente a su potencial de consumo de diversas categorías de productos y se calcula un índice de poder de compra basado en una puntuación estadounidense promedio de

FIGURA 4.8 **Muestra de la lista de datos de la *Editors and Publishers Market Guide***

KNOXVILLE

1-LOCATION: Knox County (MSA). E&P Map-2. County Seat. Industrial, wholesale, and energy center. At the juncture of the Holston and French Broad Rivers, which form Louden Lake of TVA System. (Tennessee River); 112 mi. from Chattanooga; 285 mi. S. of Cincinnati, OH; 198 mi. E of Nashville; 191 mi. N of Atlanta, GA: U.S. Hwys. 11, 25@, 70, 129, 441, I-40, I-75, I-81; State Hwys. 33, 71, 127, 139.

2-TRANSPORTATION: Railroads-Southern; Louisville & Nashville (L&N)
Motor Freight Carriers-39
Intercity Bus Lines-Knoxville Transit Corp. (City); Suburban; Greyhound; Trailways.
Airlines-United; Delta; Tenn. Airways; American Eagle; ComAir; Metro Express; USAir; TWE; United Press.

3-POPULATION
Corp. City 90 Cen. 165, 121; E&P 92 Est. 163, 139
CZ-ABC: (80) 252,539
JRTZ-ABC: (80) 739,539
County 90 Cen. 335,749; E&P 92 Est. 345,679
MSA 90 Cen. 604, 816; E&P 92 Est. 624,549
City & RTZ-ABC: (80) 992, 059
Demographic Information available from Newspaper. See paragraph 14.

4- HOUSEHOLDS:
City 90 Cen. 61,727; E&P 92 Est. 69,987
CZ-ABC: (80) 95,466
RTZ-ABC: (90) 258,192
County 90 Cen. 139,896; E&P 92 Est. 144,033
MSA 90 Cen. 245,936: E&P 92 Est. 253, 932
City & RTZ-ABC: (80)

5-BANKS: NUMBER DEPOSITS
Commercial 7 $1,594,000,000
Savings & Loan 7 $788,719,000

6-PASSENGER AUTOS: Knox County 255,100

7-ELECTRIC METERS: Residence 140,685

8-GAS METERS: Residence 23,163

9-PRINCIPAL INDUSTRIES: Industry, No. of Wage Earners (Av. Wkly. Wage)-Textiles 3,200 ($225); Food 4,100 ($270); Stone & Clay Prods. 1,600 ($332); Apparel 7,600 ($261); Mach. 2,700 ($375).
Principal Industrial Pay Days-Fri, 1st, 15th, 26th.

10-CLIMATE: Min. & Max. Temp.-Spring 28-84; Summer 44-93; Fall 25-90; Winter 11-69. First killing frost, Oct. 20; last killing frost, Apr.14.

Nearby Shopping Centers

Name (No. of Stores)	Miles from Downtown	Principal Stores
Bearden (24)	6	
Broadway (28)	3	Kroger, Food City
Broadway Sq.	6	Revco
Black Oak	10	Kmart, Kroger
Chapman Hwy. (15)	12	Kmart, Kroger
Clinton Hwy. (15)	6	Kmart, Revco, Winn-Dixie
Plaza (18)	9	Kroger, Winn-Dixie
Holston (18)	4	Hall-Brown, Food City
Kingston (10)	4	Long's, Food City
Northgate (7)	5	Winn-Dixie, Revco, Food City
Southgate (12)	7	Food City
Suburban (27)	8	Toys "R" Us
West Haven (15)	7	
Western Plz. (33)	3	Hall-Brown
West Town (90)	8	Hess's, JC Penney, Proffitt's, Sears
Walker Springs (8)	12	Kroger, SupeRx
Cedar Springs	10	Winn-Dixie, Revco
Cedar Bluff	10	Food City
Knox Plz.	4	Kroger, SupeRx
Halls (10)	10	
Halls Plz. (11)	10	Winn-Dixie, Revco
East Towne Mall	8	Hess's, Proffitt's, JC Penney, Sears, Serv. Mdse.

Principal Shopping Days- Department Stores-Sun, Mon., Fri., Sat; Foods-Thur., Fri., Sat.
Stores Open Evenings- Dept. -Mon., Thur.;
Sears, Discount Stores and West Town- Mon. Through Sat.; Food-Every night until 9 p.m.
Stores Open Sundays-Some food & supermarkets: Kmart; West Town Mall; East Towne Mall.

13-RETAIL OUTLETS: Department Stores-Hess's 5; Sears 4; JC Penney 6; Ira A. Watson 2; Proffitt's 5; Hills 3.
Discount Stores- Kmart 11; Service Mdse. 2; Target 2; Wal-Mart 5.
Variety Stores- Woolworth; Emery
Chain Drug Stores-Revco; SupeRx 7; Begleys; Walgreens 2; Rite Aid 2.
Chain Supermarkets- Kroger 15; Winn-Dixie 8; A&P; Inghles 5; Bi-Lo 3; Pilot 12; Red Foods 2; Food Lion 4; Food City 30.
Other Chain Stores-Firestone; Western Auto; Sterchi's Furn.; National Shirt; Lerner; Shoes: Hill Bros., Hardy, Jaman, Bell Bros. Kinney's, Baker's; Zales Jewelers; Richman Bros., General Nutrition; Hickory Farms; Merle Norman; Brooks Fashions; Casual Corner; Singer Co.; Lillie Rubin; Ups & Downs; Radio Shack.

14-NEWSPAPERS: NEWS-SENTINEL (m) 104,545; JOURNAL (e) 40,9046; NEWS-SENTINEL (S) 172,759; Mar. 31, 1991 ABC.
Local Contact for Advertising and Merchandising Data: Bruce Hartman, Adv. Dir., NEWS-SENTINEL and JOURNAL, PO Box 59038, Knoxville, TN 37950-9038; Tel. (615) 523-3131.
National Representative: Sawyer-Ferguson-Walker Co.

Fuente: *Editors and Publishers Market Guide*, 1995.

100.[14] Por ejemplo, si el código postal 55959 genera una puntuación de 110 en compra de muebles, tiene entonces 10% mayor potencial de compra de muebles que el promedio de ese país.

Fuentes de información estadística

Las fuentes estadísticas de información secundaria conducen al investigador a publicaciones de estadísticas o a impresiones de datos extraídos de otras fuentes secundarias. Si los datos que busca el investigador se encuentran en la fuente más que en índices de referencias, puede ahorrar mucho tiempo de indagación. Los siguientes son ejemplos de fuentes de datos estadísticos:

Comercialización: "Statistical and Marketing Report"

Encuestas industriales de Standard and Poor

Fuentes de datos de análisis de empresas y mercados

American Statistics Index

Statistical Reference Index

Federal Statistical Directory

Publicaciones comerciales y periódicos

Los periódicos y las publicaciones comerciales (*Time*, *Newsweek*, *Forbes*, *Fortune*) son fuentes importantes de información secundaria. Como estas publicaciones circulan por día, semana o mes, la información que contienen es muy reciente. Además, muchas publicaciones están archivadas de alguna manera, lo que concede al investigador acceso a información histórica. El problema de estas ediciones es el volumen. Según un cálculo reciente, circulan más de 700 publicaciones de carácter empresarial.[15] Muchas de estas publicaciones, en particular los periódicos, no aparecen en los índices de los libros de referencia tradicionales. Las que cuentan con un índice, por lo regular atañen a los principales mercados metropolitanos. Por ejemplo, las siguientes publicaciones tienen índices de 1979 a la fecha:

The New York Times

The Wall Street Journal

Christian Science Monitor

Los Angeles Times

Chicago Tribune

Boston Globe

Atlanta Constitution

El *Business Periodical Index* es el índice principal de publicaciones comerciales.

Fuentes sindicadas de datos secundarios

Una tendencia importante en la investigación de mercados apunta a una mayor dependencia en las llamadas fuentes sindicadas (o comerciales) de datos. La razón es bastante sencilla. Las compañías pueden obtener mucha información de diversos sectores a un costo relativamente bajo. Asimismo, como la mayor parte de los datos contenidos en estas fuentes fueron reunidos en el punto de venta, la información representa conductas concretas de compra más que meras intenciones.

Es interesante observar que en la Sociedad de Profesionales de la Inteligencia Competitiva, 81% de las empresas de investigación de mercado afirmaron que compraban y usaban informes de datos secundarios publicados por editoriales comerciales. Además, señalaron que invertían alrededor de 8 a 10 horas a la semana en analizar estos datos. De lo anterior se desprende que si bien las fuentes tradicionales en papel y las redes de información son todavía la forma, los informes sindicados que se venden en línea adquieren popularidad rápidamente. También se señala que los investigadores de datos secundarios gastan un promedio anual de 14 300 dólares en datos sindicados o comerciales.[16]

Características de las fuentes de datos sindicados

Datos sindicados (comerciales) Datos compilados de acuerdo con algún procedimiento estandarizado. Proporcionan datos adaptados a empresas, como participación en el mercado, eficacia de la publicidad y seguimiento de ventas.

Los **datos sindicados (o comerciales)** por lo regular consisten en información recolectada y compilada de acuerdo con algún procedimiento estandarizado. Estos datos casi siempre se reúnen para una empresa o compañía, con una razón o propósito. En seguida, la información se vende a otras compañías en forma de resultados tabulados o informes comunicados de manera acorde a las necesidades de investigación del cliente. Por lo regular, estos informes están personalizados y adaptados al cliente por unidades; por ejemplo, pueden organizarse por región, territorio de ventas, segmento de mercado, clase de producto o marca. Para que estas fuentes sean eficaces, los proveedores de los datos sindicados deben poseer conocimientos profundos del ramo y ser oportunos. En general, los proveedores siguen dos métodos de recolección de datos: grupos de consumidores y auditorías de tiendas. Más adelante abordaremos el tercer método que gana popularidad: la tecnología de escáner óptico.

Paneles de consumidores

Paneles de consumidores Muestras grandes de hogares que proveen datos concretos y detallados durante cierto periodo.

Los **paneles de consumidores** constan de muestras grandes de hogares que aceptaron proporcionar datos concretos y detallados durante cierto periodo. Los datos que surgen de estos grupos consisten por lo regular en información sobre compras de producto o hábitos de atención de medios. En su forma actual, los grupos entregan información sobre bienes de consumo empacados, pero, como ya se indicó, poco a poco está siendo sustituido por tecnología de escáner óptico.

Los paneles están diseñados y formados por agencias de investigación de mercados. Como ya se mencionó, los paneles siguen un método bastante riguroso y estandarizado de recolección de datos. Se pide a los encuestados del panel que detallen conductas en el momento en que ocurren mediante un cuestionario muy estructurado. Este instrumento contiene numerosas preguntas relacionadas directamente con la compra de productos o la exposición a los medios. Se trata de un proceso continuo por el que los entrevistados envían a la compañía sus datos cada semana o mes.

A continuación, los datos de los paneles se venden a diversos clientes, después de adaptarlos a las necesidades particulares de investigación. Hay varias ventajas en usar datos de paneles como fuente de información para investigación de mercados: 1) cuestan menos que los métodos de recolección de datos primarios, 2) se dispone rápidamente de ellos y son oportunos, 3) proporcionan informes de gastos delicados o confidenciales (es decir, en productos como cerveza, licores, cigarros, genéricos), y 4) son muy específicos (atañen a productos comprados o exposición a medios, no sólo a intenciones o propensión de compra).

Al elegir como fuente de datos un panel de consumidores, los investigadores deben considerar varios aspectos. Entre los problemas inherentes de estas fuentes se encuentran los errores referidos por los entrevistados, incapacidad de responder preguntas ambiguas y olvidar nombres de marcas o características de productos. En concreto, los paneles de consumidores padecen tres desventajas fundamentales:

1. **Error muestral.** Casi todos los paneles de consumidores subrepresentan a las minorías. De hecho, muchos grupos tienen un muestreo con una tendencia notable a los encuestados blancos de clase media.
2. **Rotación de miembros.** Ningún participante está obligado a permanecer en el panel todo el tiempo. Muchos se van, hacen que sus familiares respondan o, simplemente, dejan de responder. Esta peculiaridad pone en peligro la representatividad y la validez interna de los datos.

3. **Sesgos de las respuestas.** Muchos miembros de los paneles muestran tendencia a responder de manera aceptable, a sabiendas de que se examinan sus compras. Dejar ciertas preguntas en blanco y anotar las respuestas equivocadas generan sesgos de respuestas muy intensos en estos datos.

Como ya se indicó, hay dos clases de fuentes de datos tomados de paneles: las que manifiestan compras reales de productos y servicios y las que conciernen a la exposición a los medios. La siguiente exposición ofrece primero ejemplos de grupos de consumidores, y, después, de grupos de exposición a los medios.

Ejemplos de fuentes de datos de paneles de consumidores. Diversas compañías ofrecen datos de compras tomados de paneles. Dos de las empresas más grandes son National Family Opinion (NFO) y National Purchase Diary Group (NPD). Esta última recolecta datos continuos de una muestra nacional que consta aproximadamente de 15 000 miembros. La recolección de datos se centra en actitudes de consumo y conciencia de productos como juguetes, ropa, telas, artículos deportivos, zapatos deportivos, productos para automóviles, electrodomésticos y cámaras.[17]

Tres de las fuentes más comunes de la NPD son el Informe de Consumo sobre Tendencias de Comida Compartida (*Consumer Report on Eating Share Trends*, CREST), Tendencias Alimenticias Nacionales (*National Eating Trend*, NET) y un servicio que provee datos acerca de la industria alimentaria en general. CREST abarca más de 14 000 hogares que entregan datos sobre sus hábitos alimenticios en restaurantes. NET hace un seguimiento continuo de las pautas de consumo de alimentos y bebidas en casa. ISL es una subsidiaria canadiense del grupo NPD y ofrece datos de compra semejantes a través del Grupo de Consumo de Canadá.

El NPD con servicio a clientes en Estados Unidos usa una fuente con datos de 350 000 hogares para hacer modelos de pronóstico, determinar estructuras de mercado y lealtad de marcas y colaborar en la preparación de conceptos y productos.

National Family Opinion mantiene un grupo de consumidores de más de 450 000 hogares, que equivalen a 1.2 millones de personas, para realizar pruebas de productos y conceptos, así como estudios de actitudes, conciencia y uso de marcas. En conexión con el grupo, NFO vende un programa de *software* llamado Smart-System, que permite a los clientes adquirir y analizar rápidamente información compleja, sobre la que se pueden hacer referencias cruzadas de las principales variables de datos. Además, NFO mantiene paneles muy específicos: el panel hispano, el panel de bebés, el panel de nómadas y el SIP (*Share of Intake Panel on Beverage Consumption*, Panel de Consumo Compartido de Bebidas).

En la siguiente lista se encuentran otras compañías y los paneles de consumidores que poseen:

- Market Facts, Inc., ofrece datos de grupo para modelos de pronóstico, modelos de equidad y lealtad de marcas e información de seguimiento de marcas.
- El Bases Group se especializa en planeación, evaluación y pronóstico de nuevos productos a través de paneles de consumo y mercados de prueba simulados.
- J.D. Power and Associates mantiene un panel de propietarios de autos y camiones compactos para obtener datos de calidad, satisfacción y confiabilidad de los vehículos.
- Roper Starch Worldwide ofrece datos sobre pautas de consumo del mercado de consumidores de 6 a 18 años.
- Creative and Response Research Services, conocido principalmente por mantener un panel de consumo llamado Kidspeak, ofrece publicidad y seguimiento de marcas entre niños.
- Chilton Research Services realiza investigaciones muy especializadas en las industrias automovilística, financiera y de servicios de salud.

- Yankelovitch Partners, Inc., mantiene el sistema Yankelovitch de supervisión de valores en Estados Unidos.

Ejemplos de fuentes de datos de paneles de exposición a los medios. Los paneles de exposición a los medios y de consumidores son semejantes en cuanto a procedimientos, composición y diseño. Sólo difieren en que los primeros miden los hábitos de atención a los medios de comunicación, y no los de consumo de productos o marcas. Nuestro objetivo en esta sección es dar ejemplos de las fuentes sindicadas de paneles de medios más usadas.

Nielsen Media Research es, con mucho, la fuente de datos de paneles de exposición a los medios más conocida y aceptada. El servicio insignia de Nielsen es el índice nacional de televisión (INT), que se basa en una muestra de 5 000 hogares, ofrece una estimación de las audiencias de la televisión nacional y mide un "índice de audiencia" (*rating*) y una "participación". El índice de audiencia es el porcentaje de hogares que tienen por lo menos un aparato de televisión sintonizado en un programa, al menos durante seis de cada 15 minutos de transmisión del mismo. La participación constituye el porcentaje de hogares que tienen un televisor sintonizado en determinado programa en determinado momento.[18] Se recolectan datos de audiencia de televisión al aire, por cable y video doméstico mediante un dispositivo electrónico, llamado *gentómetro*, conectado al receptor. Este aparato supervisa y registra, de manera electrónica y continua, cuándo se enciende la televisión, qué canales se sintonizan, cuánto tiempo se pasa en cada canal y quién lo hace. Los datos se expiden a la computadora central a través de la línea telefónica.

El principal objetivo de los datos del INT es ayudar a los planeadores de los medios a determinar volumen de audiencia, datos demográficos y hábitos de audiencia. Con esta información se calcula la rentabilidad de los medios determinando el costo por millar (CPM), es decir, cuánto cuesta llegar a 1 000 espectadores. El CPM representa la capacidad de un programa de llegar a la mayor audiencia objetivo al menor costo.

Además, Nielsen mantiene paneles diarios en 211 mercados locales para medir los mismos hábitos de audiencia. Nielsen también opera una muestra de 800 hogares de espectadores hispanos para medir el uso del español en Estados Unidos.

La Arbitron Company es una agencia de investigación de medios que realiza la recolección continua de datos de los medios electrónicos. Arbitron está organizada en cinco unidades de investigación de medios.[19] Arbitron Radio ofrece datos sobre audiencias radiofónicas en 261 mercados locales. Con un grupo de más de dos millones de oyentes, Arbitron Radio reúne más de un millón de audiciones diarias a la semana, que conforman la base de sus informes de los índices de audiencia de las estaciones. Quienes aprovechan los datos son principalmente planeadores de medios, agencias de publicidad y propagandistas. Estas entidades facilitadoras reciben los datos mediante dos aplicaciones de cómputo llamadas Maximizer y MediaPro.

En 1995, Arbitron compró Scarborough Research, que ofrece datos sindicados sobre medios locales, hábitos de audición e impacto de la publicidad en las ventas, para 58 de los principales mercados estadounidenses. Actualmente, 600 periódicos, estaciones de radio, canales de televisión y sistemas de cable son los mayores usuarios de estas fuentes de datos.

En la siguiente lista figuran los paneles de exposición a los medios que sostienen otras compañías.

- Local Motion Retail Ratings se inauguró en 1994 y ofrece datos sindicados sobre televisión, radio y sistemas de cable. La recolección de datos es una combinación de paneles de exposición cotidiana y paneles telefónicos reunidos en 11 mercados de Estados Unidos.

- Arbitron Newmedia proporciona datos sindicados sobre nuevos segmentos de mercado en el sector de los medios electrónicos, específicamente televisión interactiva, servicios en línea, sistemas de cable interactivo y satélites de difusión directa.

- Media Marketing Technologies, comprada por Arbitron en 1995, diseñó una base de datos, llamada Mediamaps, lo cual, con base en un panel diario de 100 000 personas, traza perfiles de posibles escuchas de radiodifusoras, identificados y clasificados en las dimensiones geodemográficas.

- Macro International, Inc., ofrece cuatro fuentes de datos sindicados tomados de un panel de consumo y exposición de más de 100 000 entrevistados. Europinion es una base de datos creada en 1992 que ofrece informes trimestrales sobre actitudes y pautas de consumo en los países del este de Europa.
- Simmons Marketing Research Bureau Group, Ltd. (SMRB), publica desde hace 30 años su *Annual Report on Media and Markets.* Simmons ofrece también informes sindicados adaptados para los mercados de adolescentes, niños e hispanos.
- ASI Marketing Research, Inc., mantiene dos fuentes de datos sindicados sobre publicidad. Targeted Copy Testing (TCT) mide la eficacia del recuerdo y la repetición de la publicidad. Kid Copy Testing (KCT) recurre a la tecnología táctil multimedia para captar momento a momento las medidas de las respuestas al contenido creativo de la publicidad dirigida a niños de 6 a 11 años.

Auditorías en tiendas

Auditorías en tiendas Examen y verificación formal de cuánto se ha vendido de cierto producto o marca en una tienda.

Las **auditorías en tiendas** consisten en el examen y la verificación formal de cuánto se ha vendido de cierto producto o marca. Las auditorías se basan en un conjunto de tiendas participantes (por lo común de descuento, supermercados y farmacias), y se ocupan del movimiento de productos o marcas y entregan a cambio informes detallados de actividad y una compensación en efectivo a la tienda. Así, las auditorías son una fuente secundaria de datos; los clientes pueden comprar datos sobre una industria, competidor, producto o marca.

Las auditorías tienen dos ventajas exclusivas: exactitud y oportunidad. No se encuentran aquí los sesgos de los grupos de consumidores. Por su diseño, las auditorías miden los movimientos de productos y marcas directamente en el punto de venta (por lo común una tienda). Estas medidas son datos precisos acerca de volúmenes de ventas, ventas de la competencia, ventas de productos nuevos y otras actividades de la competencia.

Asimismo, los datos recolectados en estas auditorías están disponibles y pueden entregarse en tiempo real. Las ventas actuales y las actividades de la competencia se informan en cuestión de horas después de terminar la auditoría, con lo que los datos son oportunos y están disponibles para los usuarios potenciales.

Un problema inherente de la auditoría tradicional es la representatividad. Por lo regular, sólo 75 a 85% de las tiendas participan en el proceso.[20] Rara vez se realiza una auditoría en todas las tiendas de una zona. Por tanto, el informe puede ser un tanto equívoco. Es posible que la auditoría omita zonas en donde las ventas de un producto son muy altas o muy bajas. Lo anterior no influiría en las deducciones sobre los promedios nacionales de ventas, pero es evidente que ello repercute en ciertas cifras locales o regionales. A pesar de este problema, las auditorías proveen datos invaluables.

Recolección de datos en la auditoría de tiendas. Las variables clave que se miden en la auditoría de tiendas comprenden niveles inicial y final de inventario, recibos de ventas, niveles de precios, incentivos de precios, publicidad local y exhibidores en punto de venta. En conjunto, estos datos permiten a los usuarios de estos servicios generar información acerca de los siguientes factores:

1. Ventas por producto o marca en relación con la competencia.
2. Ventas directas y nivel de inventario en la tienda.
3. Aprovechamiento del espacio en anaqueles y exhibidores.
4. Ventas a diversos puntos y niveles de precios.
5. Eficacia de las promociones dentro de la tienda y los cupones en el punto de venta.

6. Prácticas de marketing de la competencia.
7. Ventas directas por tipo de tienda, localización del producto, territorio y región.

Dos de los principales proveedores de servicios de auditoría en tienda son AC Nielsen (índice Nielsen de tiendas) e Information Resources (Infoscan). En conjunto, estas dos organizaciones realizan más de 150 000 auditorías en más de 40 000 tiendas. El índice Nielsen de tiendas proporciona una amplia gama de factores causales de marketing que influyen en las respuestas de los consumidores de productos perecederos, de salud y belleza, farmacia y bebidas. Las auditorías de Nielsen se efectúan con un muestreo estratificado por tamaño y tipo de tienda, población y ubicación. Las tiendas de la auditoría se eligen al azar en los estratos designados donde se encuentran. Por lo regular se realizan cada mes en el punto de venta.

Information Resources, a través de Infoscan, ofrece información basada en censos más que en una muestra de tiendas representativas. Mediante el censo de Infoscan, se practica una auditoría a todas las tiendas de una cadena (como Wal-Mart, Kroger, Kmart). La información se compila y distribuye a cada tienda para sus aplicaciones de marketing específicas. Los datos también sirven en determinadas industrias para crear programas de respuestas a clientes de manufactura o mayoreo.

Hay diversos servicios menores de auditoría, como Audits and Surveys, Inc., que ofrece datos sindicados sobre movimientos de productos en las industrias automovilísticas, de artículos deportivos, reparaciones domésticas y entretenimiento. Mediante el servicio de auditoría llamado National Total Market, Audits and Surveys provee un censo detallado de la distribución de cualquier compañía (AutoZone, Hand City, etc.) y datos acerca de disponibilidad de espacio en anaqueles, ventas de marcas, programas de compradores encubiertos e impacto de las promociones en tiendas.

Futuro de las fuentes de datos secundarios

Aunque en este capítulo nos centramos en las fuentes de datos secundarios tradicionales, 90% de la información citada aquí está en línea. A medida que la tecnología de la administración de información se hace más aceptable y accesible, más y más datos secundarios estarán al alcance de las teclas de la computadora. Ya está ocurriendo, y se detalla en el capítulo 5. Lo más importante es que conforme la tecnología de comunicación se funde con la de cómputo (televisión y compras interactivas, comunicación satelital de dos vías, compras sobre demanda desde casa), se espera que el monto de los datos secundarios crezca enormemente. Tal

La investigación de cerca

En el campo

A medida que la tecnología de cómputo cambia y más personas aprenden a valerse de las estrategias de búsqueda booleanas en las bases de datos y aprenden también a enfrentar una sociedad rica en información, la función de la investigación secundaria cambiará. Las pruebas indican que los investigadores de datos secundarios participarán más en el departamento de tecnología de la empresa conforme aprovechen el inventario en tiempo real y los sistemas de clientes o producción para adaptar mejor la información a los datos secundarios que también se encuentran en línea. Haga la prueba. Visite *www.freeedgar.com* en Internet. Ahí encontrará cientos de documentos sobre compañías estadounidenses que se actualizan a diario y que también están muy adaptados desde el punto de vista de los datos secundarios.

incremento no es el propósito de la tecnología, pero será el resultado de esta interacción. Se dispondrá de más información real de compras que nunca, de manera oportuna y a bajo costo.

Mientras cada vez más organizaciones se dan cuenta del valor de tener una base de datos y una administración de sistemas de información, serán cada vez más capaces de adaptar las fuentes de datos secundarios a sus necesidades (véase el recuadro "En el campo").

Resumen de objetivos de aprendizaje

Comprender el lugar de los datos secundarios en el proceso de investigación de mercado.

La tarea de cualquier investigador de mercado competente es resolver el problema para el que se emprendió la investigación de mercados en el menor plazo posible, al menor costo y con la mayor exactitud. Por tanto, antes de realizar el proyecto de investigación, es obligación del investigador buscar la información que pueda facilitar una decisión o resultado para la compañía. Los datos que ya se tienen se llaman datos secundarios.

Comprender el lugar de los datos secundarios en el proceso de administración de las relaciones con los clientes (ARC).

Los datos secundarios se consideran el núcleo del proceso de ARC por la enorme cantidad de datos sobre clientes que se recolectan y almacenan con el paso del tiempo. Los datos de conocimiento de clientes, o la información que entregan voluntariamente los consumidores, se recaba de manera continua, y se almacena y supervisa en la estructura de la ARC.

Demostrar cómo aplicar los datos secundarios para resolver un problema.

Para que los datos secundarios favorezcan la capacidad del administrador de tomar decisiones o resolver problemas, hay que evaluarlos de acuerdo con seis principios fundamentales: 1) propósito (qué tan pertinentes son para conseguir el objetivo de la investigación actual), 2) exactitud (¿los datos fueron recolectados, medidos e informados de manera congruente con una investigación de calidad?), 3) congruencia (¿hay varias fuentes de datos?), 4) credibilidad (¿cómo se obtuvieron los datos?, ¿cuál es su fuente?), 5) metodología (¿los procedimientos metodológicos seguidos para recolectar los datos son apropiados, en cuanto que estos datos son de calidad?) y 6) sesgos y tendencias (¿el procedimiento de informe de datos está matizado por algún propósito oculto o motivación escondida para provecho de algún interés público o privado?).

Numerar las fuentes tradicionales de datos secundarios internos.

Los datos secundarios se clasifican en tres categorías. En primer lugar están los registros internos de la compañía, contables o financieros, que consisten en facturas de ventas, informes de cuentas por cobrar e informes trimestrales de ventas. Otras formas de datos internos son estudios de mercado anteriores, solicitudes de crédito, tarjetas de garantías y entrevistas de salida a empleados.

Demostrar cómo obtener fuentes externas de datos secundarios.

Dado el volumen de datos externos, los investigadores tienen que planear los pasos para localizar y extraer aquellos datos que sean los correctos. Una guía sencilla es el método GO-CART: definir las *metas* que deben alcanzar los datos secundarios, especificar los *objetivos* de la investigación secundaria; definir las *características* de los datos que habrán de extraerse; documentar todas las *actividades* necesarias para encontrar, ubicar y extraer las fuentes de datos, enfocarse en las fuentes *confiables* de datos y *tabular* los datos después de extraerlos.

Listar las fuentes externas de datos secundarios.

Se encuentran datos secundarios en diversas fuentes. Las formas más comunes de datos externos son el Sistema de Clasificación Industrial de Norteamérica (NAICS), códigos, documentos gubernamentales (que incluyen censos), directorios de empresas, publicaciones empresariales, fuentes estadísticas, publicaciones comerciales y periódicos.

Comprender la disponibilidad y uso de fuentes sindicadas de datos secundarios.

Las fuentes sindicadas, contratadas o comerciales, constan de datos que fueron recolectados y compilados sistemáticamente de acuerdo con algún procedimiento estadístico. Los proveedores de datos estadísticos emplean dos métodos para recabarlos: paneles de consumidores y auditorías de tiendas (en otro capítulo se aborda el tercer método, la tecnología de escáner óptico). El objetivo de las fuentes de datos sindicadas es bastante claro: medir las conductas de compra en el punto de venta, o bien medir los hábitos de exposición a los medios.

Comprender el cambio de enfoque en el uso de datos secundarios.

La computarización de los datos secundarios ha revolucionado el ramo de la investigación de mercado. Los servicios en línea hacen disponibles más datos que son más aplicables que nunca a las necesidades de las empresas. Además, las bases de datos y los sistemas de información han dado dimensiones monumentales al aprovechamiento de datos secundarios. Con la tecnología se adaptarán mejor los datos secundarios y se aplicarán a más empresas; por tanto, el siguiente capítulo se enfoca en este nuevo aspecto de los datos secundarios.

Términos y conceptos clave

Auditorías en tiendas 113
Datos de conocimiento de clientes 94
Datos secundarios 94
Datos secundarios externos 94
Datos secundarios internos 94
Datos sindicados (o comerciales) 110
Índice de poder de compra (IPC) 106
Ingreso de compra efectivo (ICE) 108
Paneles de consumidores 110
Sistema de Clasificación Industrial de Norteamérica (NAICS) 103

Preguntas de repaso

1. ¿Qué características distinguen a los datos secundarios de los primarios? ¿Cuáles son las fuentes de los datos secundarios?
2. Explique por qué una agencia debe aprovechar todas las fuentes posibles de datos secundarios antes de iniciar los procedimientos de recolección de datos primarios.
3. Anote los seis principios fundamentales con que se evalúa la validez de los datos secundarios.
4. Anote los tres métodos de recolección de datos que practican los proveedores de fuentes comerciales, y exponga las ventajas y desventajas de cada uno.
5. ¿Cómo se usa un informe de actividades de ventas para mejorar los esfuerzos de marketing de una compañía?
6. Exponga brevemente el método GO-CART de búsqueda de datos secundarios.

Preguntas de análisis

1. **EXPERIENCIA EN INTERNET.** Conéctese y con su navegador preferido (por ejemplo, Netscape) encuentre la página de su ciudad o estado. Luego, busque una categoría que le dé estadísticas locales. Elija algún sector del lugar donde vive y consiga datos demográficos y socioeconómicos importantes. Ofrezca un perfil demográfico de los residentes de su comunidad.
2. **EXPERIENCIA EN INTERNET.** Vaya a la página en Internet donde se encuentre el censo de su país. Ahí, elija los indicadores económicos actuales y examine los datos que se ofrecen.
3. ¿Qué información concreta obtendrían los ejecutivos de Procter & Gamble en el *Source Book of Demographics and Buying Power for Every Zip Code in the U.S.A.*? ¿Cómo mejoraría esta información las estrategias de marketing de Procter & Gamble?
4. Usted planea abrir una cafetería en alguna zona de su comunidad. Realice una investigación sobre las variables clave que le permitirían tomar una decisión lógica sobre cuál de dos zonas elegidas presenta las mejores características para establecer su cafetería.

ILUSTRACIÓN DE LA INVESTIGACIÓN DE MERCADOS

Para comprender la metodología de recolección de datos secundarios: análisis de la brecha al detalle

El propósito de este estudio es calcular el poder de compra residencial en el vecindario Orange Mound y determinar el potencial para la creación de empresas ahí. El énfasis se pone en las tiendas y casas de servicios cuyo mercado principal son los gastos domésticos. El estudio abarca Orange Mound y la zona comercial circunvecina. Las nuevas empresas que atiendan la demanda de los consumidores locales o que atraigan compradores de una región más dilatada revitalizarán el vecindario al hacer que circule el ingreso en la comunidad y al abrir oportunidades empresariales. Los nuevos negocios también serán un catalizador de otros esfuerzos de reordenamiento urbano.

Método

El centro de desarrollo económico regional realizó cálculos actuales del ingreso total y los gastos de consumo del vecindario de Orange Mound basándose en una combinación de datos del censo y datos económicos publicados. Los rangos del ingreso en 1990 se ajustaron a las estimaciones de 1998 de acuerdo con el cálculo de la inflación y el crecimiento del ingreso real en la ciudad. Los puntos centrales de los márgenes de la estimación de 1998 se multiplicaron por el número de hogares del vecindario para llegar a una estimación conjunta del ingreso doméstico en los 25 rangos. Estos rangos de los ingresos fueron lo bastante estrechos para que los puntos medios estuvieran muy cerca del promedio de cada uno. El ingreso conjunto de cada rango se multiplicó por la proporción adecuada de gastos domésticos a ingresos tomada de la encuesta de gastos de consumo de la Oficina de Estadísticas Laborales.

Esta técnica permitió hacer una estimación más precisa del gasto de consumo, en particular de zonas con proporciones elevadas de hogares de bajos ingresos. En la tabla de gastos (tabla 4.1) se muestra un ejemplo del cálculo de los gastos totales de consumo en el vecindario.

Se aplicó una técnica semejante para estimar los gastos actuales de la zona comercial del vecindario. Sin embargo, dado que esta zona no coincide con los límites fijados en el censo, no fue posible utilizar los rangos de ingreso de la Oficina del Censo y se sustituyeron nueve rangos de ingreso de la base de datos EQUIFAX con la zona externa del vecindario. Este método es menos preciso que los rangos estrechos del censo, pero ofrece una estimación razonable de los gastos totales de consumo en la zona.

Los gastos totales de consumo fueron distribuidos en categorías de tiendas y servicios de acuerdo con las pautas de gasto de la encuesta de gastos de consumo y datos de ventas por industria para el MSA designado (Censo de tiendas al detalle de 1992, Censo de empresas de servicio de 1992). El MSA era el plano geográfico más bajo al que se encontraban datos de ventas por industria de acuerdo con el nivel de dos o tres dígitos del sistema de clasificación industrial de Norteamérica (NAICS).

Procedimiento y análisis

1. Con la tabla 4.1 como guía, consulte la página del Censo de Estados Unidos, *www.census.gov*, y determine la información que concierne a la ciudad de su elección. Luego, escoja dos regiones censales de acuerdo con dimensiones demográficas grandes, como grupo de edad, ingreso *per cápita* y gastos de consumo. Presente sus datos en una tabla como la 4.1 y explique brevemente sus resultados.

2. A continuación, consulte el censo de tiendas al detalle y de empresas de servicio. Sobre la base de la región censal que tomó para el punto 1, localice a los principales mayoris-

tas y proveedores de servicios. Tome como variables fundamentales el número de tiendas o servicios y los totales de ventas e ingresos, para determinar a las principales tiendas al detalle y empresas de servicios. Despliegue sus datos en forma de tabla y dé una breve explicación de sus resultados.

TABLA 4.1 Estimaciones de rangos de ingreso, ingreso conjunto y estimaciones de gastos domésticos conjuntos, 1997

Rangos de ingresos, 1989[1]			Rangos de ingresos estimados, 1997		Viviendas de Orange Mound		
Límite inferior	Límite superior	Ajuste del ingreso, 1989-1997[2]	Límite inferior	Límite superior	CT67	CT68	Total
$ 0	$ 4 999	$1.382	$ 0	$ 6 909	503	306	809
5 000	9 999	1.382	6 910	13 819	478	236	714
10 000	12 499	1.382	13 820	17 274	170	95	265
12 500	14 999	1.382	17 275	20 729	119	107	226
15 000	17 499	1.382	20 730	24 184	160	105	265
17 500	19 999	1.382	24 185	27 639	101	79	180
20 000	22 499	1.382	27 640	31 094	56	75	131
22 500	24 999	1.382	31 095	34 549	101	48	149
25 000	27 499	1.382	34 550	38 004	118	30	148
27 500	29 999	1.382	38 005	41 459	23	15	38
30 000	32 499	1.382	41 460	44 914	62	69	131
32 500	34 999	1.382	4 4 915	48 369	21	5	26
35 000	37 499	1.382	48 370	51 824	22	49	71
37 500	39 999	1.382	51 825	55 279	22	16	38
40 000	42 499	1.382	55 280	58 734	27	7	34
42 500	44 999	1.382	58 735	62 189	9	13	22
45 000	47 499	1.382	62 190	65 644	7	9	16
47 500	49 999	1.382	65 645	69 099	16	0	16
50 000	54 999	1.382	69 100	76 009	33	7	40
55 000	59 999	1.382	76 010	82 919	0	19	19
60 000	74 999	1.382	82 920	103 649	14	28	42
75 000	99 999	1.382	103 650	138 199	10	0	10
100 000	124 999	1.382	138 200	172 749	0	8	8
125 000	149 999	1.382	172 750	207 299	0	0	0
150 000	211 800	1.382	207 300	292 708	0	4	4
Totales					2 072	1 330	3 402
Ingreso promedio por vivienda							
Gasto promedio por vivienda							

[1]Rangos de ingreso tomados del Censo de Población y Vivienda, 1990. [2]Ajuste del ingreso para dar cuenta de la inflación y el crecimiento del ingreso real.

Punto medio de ingreso HH, estimación 1997	Ingreso conjunto estimado	Proporción CES de gastos a ingreso[3]	Grupo de referencia CES[4]	Gastos conjuntos estimados
$ 3 454	$2 794 536	4.770	Mismo gasto, 5 000 a 10 000	$13 329 937
10 364	7 400 117	1.590	Punto medio, 5 000 a 15 000	11 766 185
15 547	4 119 904	1.360	Punto medio, 10 000 a 20 000	5 601 010
19 002	4 294 409	1.286	$15 000 a $19 999	5 522 025
22 457	5 951 054	1.097	$20 000 a $29 999	6 528 307
25 912	4 664 126	1.097	"	5 116 546
29 367	3 847 052	1.097	"	4 218 458
32 822	4 890 450	0.948	$30 000 a $39 999	4 636 146
36 277	5 368 968	0.948	"	5 089 781
39 732	1 509 809	0.948	"	1 431 603
43 187	5 657 472	0.858	$40 000 a $49 999	4 854 111
46 642	1 212 687	0.858	"	1 040 485
50 097	3 556 873	0.858	"	3 052 991
53 552	2 034 969	0.837	$50 000 a $69 999	1 703 269
57 007	1 938 232	0.837	"	1 622 300
60 462	1 330 160	0.837	"	1 113 344
63 917	1 022 669	0.837	"	855 974
67 372	1 077 949	0.837	"	902 243
72 554	2 902 172	0.649	$70 000 y más	1 883 510
79 464	1 509 822	0.649	"	979 874
93 284	3 917 941	0.649	"	2 542 744
120 924	1 209 243	0.649	"	784 874
155 474	1 243 794	0.649	"	807 300
190 024	0	0.649	"	0
250 004	1 000 015	0.649	"	649 072
	$74 454 422	1.156		$86 032 090
	$21 885			
				$25 289

[3]Calculado de la encuesta de gasto de consumo BLS, 1995. [4]Grupo de ingreso doméstico CES que mejor concuerda con la estimación del rango de ingreso doméstico de 1997.

capítulo 5

Administración de las relaciones con los clientes y el proceso de investigación de mercados

Objetivos de aprendizaje

Al terminar de leer el capítulo, usted

1. Comprenderá los elementos esenciales que integran un programa de administración de las relaciones con los clientes.

2. Describirá los vínculos entre la investigación de mercado y la administración de las relaciones con los clientes.

3. Comprenderá el significado de inteligencia de mercado.

4. Describirá cómo se aprovechan la información y el conocimiento en un ambiente de administración de las relaciones con los clientes.

5. Comprenderá la función de la tecnología en un programa de administración de relaciones con los clientes.

6. Ilustrará el proceso de recolección de datos para un programa de administración de relaciones con los clientes.

"Apenas 10%
de los clientes aportan
90% de las utilidades de la
compañía.
¡El problema está en saber
quiénes son!"[1]

—DAVID OGILVY
Presidente de
Ogilvy & Mather

Mercedes depura los datos para seguir la pista de sus clientes[2]

Mercedes-Benz se enorgullece de su sofisticación, de modo que su rama estadounidense, Mercedes-Benz USA, no quiere verse torpe ni manejar equivocadamente su ampulosa base de datos de clientes actuales y posibles.

Pero es difícil seguirles la pista a los conductores de Mercedes. Muchos son empresarios ejecutivos de nivel superior que tienen muchas casas, se mudan con frecuencia y reciben su correo en el trabajo. En particular, las mujeres llegan a ser un reto para los administradores de las bases de datos: primero llevan el nombre de solteras, después el del esposo (o incluso hacen un apellido compuesto con los dos nombres), y luego es posible que vuelvan a cambiar si se divorcian.

Súmese a lo anterior el conjunto de los hijos de los conductores de Mercedes, que por lo regular se trasladan a una universidad de paga y después cambian de dirección conforme inician su carrera profesional, y se aprecia con facilidad por qué Mercedes batalla para tener datos fieles y actualizados de los 2.5 millones de clientes estadounidenses actuales y anteriores, más 7.5 millones de clientes potenciales.

La responsabilidad por ver que estos clientes no reciban duplicados fastidiosos de correos y telefonemas de marketing recae en Mark Juron, director general de la administración de productos, partes y servicios, y de Lori Adelson, directora de la administración de relaciones con los clientes. Desde comienzos de la década de 1990 encabezaron un grupo que erigió y desplegó la base de datos del centro telefónico de la compañía.

Desde entonces, la base de datos se ha hecho más compleja y Mercedes ha tratado de ampliar el acceso fuera del centro telefónico. El año pasado, la empresa automovilística acudió a Acxiom Corporation, un proveedor de aplicaciones de integración de clientes en varios canales y tiempo real, con 32 años de experiencia.

Con el *software* de Acxiom, AbiliTec, cuya licencia parte de 50 000 dólares, Mercedes redujo las entradas duplicadas en las listas de su base de datos. AbiliTec toma un cúmulo de datos de cambio de domicilio, registros matrimoniales y otra información para asignar a cada persona un número de identificación único que Mercedes guarda en su base de datos de clientes. "Anexamos el vínculo de AbiliTec a todos los individuos de la base de datos y, con ese vínculo, arreglamos los duplicados —explicó Adelson—. Así limpiamos nuestra base de datos tanto en lo que se refiere a los individuos como a las direcciones."

Cuando Mercedes puso a prueba AbiliTec organizando los registros de todos sus clientes de California, encontró que 30% de los expedientes estaban duplicados y causaban gran desperdicio de timbres postales y materiales impresos.

Asignar un número único de identificación a cada cliente también permite a Mercedes identificar con más exactitud y rastrear las interacciones con un cliente, sin que importe si el contacto se realiza a través del centro telefónico, el sitio en Internet de la compañía o una visita a un distribuidor de Mercedes.

La empresa envía los datos tomados de los clientes a Acxiom, ya sea en lotes o en tiempo real, a través de una conexión de alta velocidad. Cuando Mercedes recibe de vuelta un número único de identificación para cada nombre, puede decidir si conserva la dirección residencial y elimina la de oficina, o si deja ambas activas en sus listas de correo. Juron asevera que la eficacia que ha alcanzado Mercedes concuerda con la imagen que quiere proyectar. "La manera como nos relacionamos con los clientes, el tiempo que se ahorra y el hecho de no enviar varias piezas de correo al mismo destinatario han sido benéficos."

Valor de la administración de las relaciones con los clientes

Administración de las relaciones con los clientes (ARC)
Administración de las relaciones con los clientes que se basa en la integración de la información sobre ellos de toda la empresa, con el fin de conseguir la mayor satisfacción y retención.

La **administración de las relaciones con los clientes (ARC)** no es un concepto ni un proyecto, sino una estrategia de negocios destinada a comprender, anticipar y manejar las necesidades de los clientes actuales y potenciales de una organización. Como se vio en el caso introductorio de Mercedes-Benz, la ARC es *una combinación de cambio estratégico, de procesos, organizacional y tecnológico, por el que una compañía trata de mejorar su manejo de la empresa en lo que atañe a la información acerca de los clientes.* Adquirir y desplegar conocimientos sobre los clientes y aprovechar esta información en todas las áreas de la empresa es el objetivo de la ARC. Los resultados constituyen un incremento en el conocimiento acerca de los clientes, mayores ganancias y utilidades, mejor calidad del servicio y máxima satisfacción de los clientes.

Recientemente, Allied Medical Corporation, un enorme prestador de servicios médicos, enfrentó algunas dificultades interesantes, no muy distintas de las que encaran otras empresas.[3] Dicho en pocas palabras, la compañía no tenía un enfoque de información orientado a los clientes. No lograba responder a una clientela que cambiaba y evolucionaba con rapidez. Su infraestructura de tecnología era insuficiente para sustentar la información con la cual tomar decisiones sobre los clientes. Como resultado, se iban los clientes y los agentes que vendían sus servicios, las tasas de retención de clientes caían y los costos de operación subían hasta las nubes. La organización tenía una necesidad urgente de implantar una estrategia de administración de las relaciones con los clientes dentro de la organización y verificar que la cultura se adaptara y manifestara en las nuevas conductas. Lo que la organización no advirtió fue que:

1. Hay una estrecha correlación entre la satisfacción de los clientes y su retención. Estudios recientes indican que 95% de los clientes que califican un servicio como "excelente" volverán a comprarle a la organización y que es "muy poco probable" que cambien por otro producto o servicio.

2. Como se ilustra en la figura 5.1, de cada 100 clientes insatisfechos, más de la mitad dejarán la compañía si no tienen la posibilidad de quejarse del producto o servicio que probaron. Como se ve en la sección siguiente, la información que generan las quejas es fuente de datos clave para la estrategia de ARC.

3. El enfoque en "hacer y vender" no funcionará en el ambiente competitivo actual. Conocer a los clientes y acentuar los componentes de valor agregado para ellos es una dimensión crucial de la rentabilidad. Las herramientas empresariales y de inteligencia de marketing son fundamentales para obtener información de los clientes y comprender sus conductas.

A partir de estos hechos la empresa formuló los fundamentos de una estrategia de ARC: mejorar las utilidades aumentando la satisfacción y la retención de los clientes, para lo cual se perfeccionaría la recolección y la difusión de información acerca de ellos en toda la organiza-

FIGURA 5.1 Esfuerzos para fomentar las quejas de los clientes y manejar las insatisfacciones

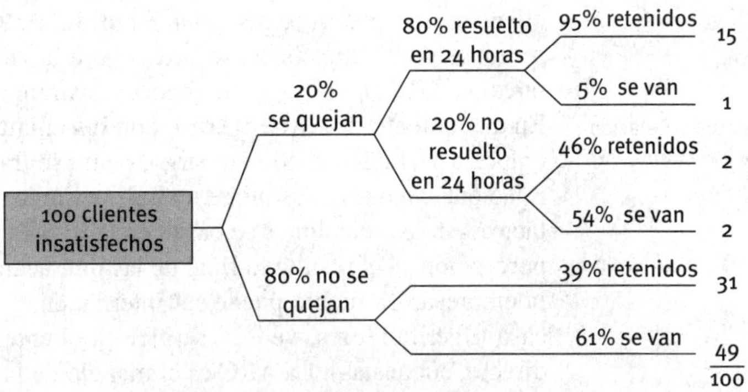

Fuente: Roger Best, *Market-Based Management*, Upper Saddle River, N.J., Prentice Hall, 2000. 2a. ed.

Empresa Unidad comercial total, incluyendo todas las facetas del negocio, así como proveedores y detallistas.

ción. Este enfoque permitió adoptar una cultura de ARC y poner en marcha un método de ARC en toda la **empresa**, entendida como la unidad comercial total que incluye todas las facetas del negocio, así como a proveedores y detallistas.

Fundamentos de la administración de las relaciones con los clientes

La administración de las relaciones con los clientes tiene muchos nombres. Algunos la llaman administración de clientes; otros se refieren a ella como administración del valor de los clientes, centricidad clientelar o administración centrada en los clientes. Cualquiera que sea el nombre, la administración de las relaciones con los clientes (ARC) se basa en la integración de la información sobre los clientes de toda la empresa, con el fin de alcanzar la máxima satisfacción y retención de éstos.

Las empresas siempre han estado sujetas a entornos fuertes y de cambios rápidos. Los cambios ambientales han sido de interés para las empresas durante años. Ahora, un recién llegado, ya bien establecido, está cambiando todavía más el entorno empresarial: Internet, la red y el comercio electrónico son nuevos participantes que provocan más trastornos en el medio. Travelocity en el sector de los viajes, Autobytel en la venta de coches y eBay en las subastas son nuevas empresas que invaden viejos ramos. Todavía más importante es el surgimiento de negocios totalmente nuevos: AOL Time Warner, Mannesmann, Lending Tree. Dados estos cambios, las empresas redescubren que, ahora más que nunca y ante una mayor competencia, mercados maduros y consumidores siempre exigentes, tratar bien a los clientes actuales es una mejor fuente de utilidades y crecimiento sostenido. En otras palabras, conserve a sus clientes y haga todo lo que pueda por hacer negocios con ellos. Retener a los clientes es mucho más barato que tratar de atraer nuevos (en una proporción de uno a tres en los gastos de ventas y marketing).

El proceso de implantación que funda el marketing de relaciones es la ARC. En los últimos 10 años las empresas se han transformado: si vendían productos y servicios en un esquema de transacción y se conducían como si siempre estuvieran buscando clientes nuevos, ahora se esfuerzan por retener a sus clientes para conseguir que gasten más en sus productos y servicios. En la actualidad, las compañías son "empresas" y se encaminan a fomentar el diálogo con los clientes, comprender y anticipar sus cambios y tratar de llevar al máximo el valor vitalicio de cada uno.

La ARC, tal como se describe aquí, es la forma en que la tiendita de la esquina trata a sus clientes: uno por uno, personalmente. La ARC pretende hacerlo "institucionalmente" con millones de clientes: se enfoca en uno a la vez, pero son millones. Para realizar semejante tarea, la ARC opera según un concepto simple pero mal entendido: el trato con los clientes. En un contexto de ARC, el **trato con los clientes** se basa en una relación entre dos partes: la empresa y el cliente. Sin embargo, como se trata de una entidad virtual, la empresa no tiene relaciones *per se*, puesto que no hay una única persona con la que el cliente establezca contacto. Así, las relaciones se basan en la impresión que tienen los clientes de la empresa. Esta percepción es el resultado final de las interacciones directas o indirectas que tienen ellos con la empresa. La fuente puede ser interna, en el trato de los clientes con diversas partes de la casa (distribuidores, ventas, servicio a clientes), o externa (campañas publicitarias, correo directo, encuestas). La ARC es el manejo de la capacidad de relacionarse con los clientes de forma tal que cada contacto sea positivo y refuerce el vínculo. Más importante aún, todo contacto es una fuente de información que se guarda y aprovecha en el programa de ARC. En suma, la interacción es un método notable de recolección de datos para la administración de las relaciones con los clientes.

Trato con los clientes Relación entre la empresa y el cliente.

Guardar y aprovechar la información de las relaciones con los clientes son un componente crucial del programa de ARC. Esta información se convierte en lo que se denomina conocimiento de los clientes en este programa. El **conocimiento de los clientes** es la recolección de información acerca de los contactos con dichos clientes. Se usa para trazar perfiles de éstos y personalizar las relaciones con ellos, segmentarlos para ofrecerles bienes y servicios adecuados y fortalecer los vínculos.[4] La investigación de mercados es la herramienta con la que se reúne, guarda y analiza esta información. En la figura 5.2 se ofrece un esquema sencillo del

Conocimiento de los clientes Conjunto de la información sobre la interacción con los clientes con la que se trazan perfiles que sirven para personalizar el trato, segmentar a los clientes y trabar relaciones sólidas.

FIGURA 5.2 Modelo de flujo simplificado del proceso de administración de las relaciones con los clientes

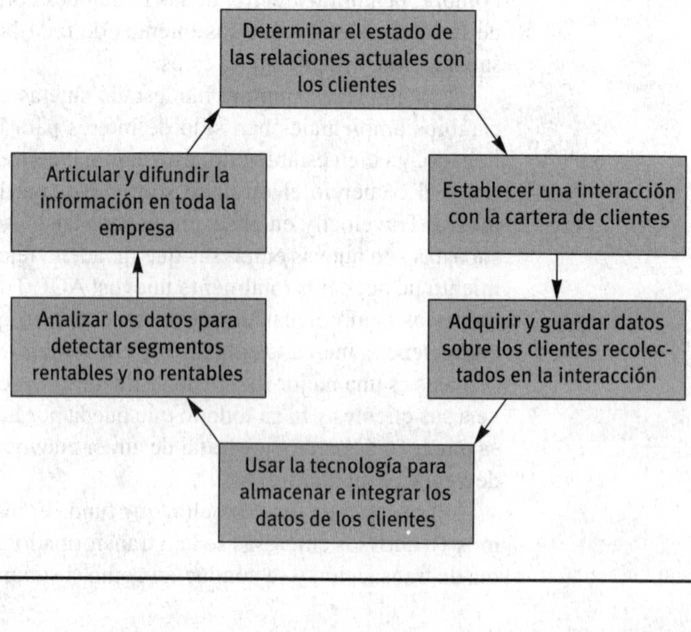

proceso de ARC. El proceso comienza cuando la empresa determina el estado de las relaciones con los clientes. En seguida establece un vínculo con la cartera para adquirir y guardar información relativa a ellos. La tecnología sustenta el proceso de ARC al analizar e integrar estos datos. A continuación, la información de los clientes se analiza con el fin de señalar qué segmentos son rentables y cuáles no. Una vez hecho esto, la información se difunde en la empresa para que todas las unidades la utilicen en sus contactos directos o indirectos con los clientes. El objetivo es fortalecer las relaciones con los clientes rentables para maximizar su retención.

Investigación de mercados y administración de las relaciones con los clientes

Una de las funciones principales de la investigación de mercados en el proceso de ARC es reunir, almacenar y analizar la información del trato con los clientes (el conocimiento de los clientes). Con ello, la investigación de mercados adopta una nueva función que es exclusiva del ambiente de ARC y que consiste en transformar la práctica de la investigación de mercados en **inteligencia de mercado**. Este método se aparta de las prácticas usuales de investigación en que se recolectan datos directos y se opta por una en que la adquisición de datos tiene un enfoque estratégico y de transacciones. En pocas palabras, la inteligencia de mercado se basa en información en tiempo real sobre los clientes. En la siguiente sección se expone más detalladamente la inteligencia de mercado.

Inteligencia de mercado Uso de información sobre los clientes en tiempo real (conocimiento de los clientes) para conseguir una ventaja competitiva.

Para los fines de nuestra exposición aquí, la inteligencia de mercado comienza con la noción de conocimiento de los clientes, que es el punto de partida necesario de cualquier proceso de ARC. Una empresa no puede abordar las necesidades y deseos de los clientes, y por tanto ofrecerles valor, si no entiende claramente su evolución y sus cambios. En un entorno de ARC, el principal uso de los datos del conocimiento de los clientes es como medio para agregar valor a los segmentos señalados como rentables y a los que pueden serlo. Por ende, desde el punto de vista de la investigación de mercados, las cuatro preguntas que se formulan al emprender un proceso de ARC son:

1. ¿Qué clase de relación añadirá valor a los clientes de la empresa: programas de lealtad, estatus de cliente distinguido, etcétera?

2. ¿Qué impresión de valor tiene el segmento de clientes y cómo puede aumentarse dicho valor: comunicación directa, nuevos servicios, etcétera?

3. ¿Qué productos y servicios, y entregados de qué manera, tienen valor para un segmento de clientes? (Por ejemplo, alertas del mercado accionario a través de telefonía con conexión a Internet.)

4. ¿Cuáles son las respuestas de los clientes a las campañas de marketing y ventas?

Para responder estas cuatro preguntas fundamentales, la responsabilidad de la investigación de mercados es captar e integrar información de varias fuentes sobre los clientes: datos demográficos y psicográficos, de conductas y preferencias, de quejas y otras comunicaciones directas e indirectas con la empresa. Los datos de esta índole cumplen dos funciones: trazar perfiles de los clientes para hacer las ofertas apropiadas de productos y servicios, campañas de marketing y programas de relaciones y descuentos.

Recolectar y capturar tal información entraña la creación de una cultura de inteligencia de mercado destinada no sólo a este fin de recolección de datos, sino también a integrar la

Silo Conjunto de datos de un área funcional de una empresa que no se comparte con otras áreas.

información en todas las facetas de la empresa. Los datos que tiene la empresa sobre los clientes se encuentran en **silos**, es decir, son exclusivos de una función y por lo regular no se comparten con las demás. Por ejemplo, las notas de retraso en los pagos de contabilidad no se comparten con los departamentos de servicio a clientes que tratan de presentar un nuevo producto o programa. Estos datos no sólo deben estar integrados, sino que también deben compartirse con todos los departamentos de la empresa para que los que se relacionan con los clientes tengan un conocimiento informado de ellos. Este grado de conocimiento e integración sólo se consigue con inteligencia de mercado.

Transformación de la investigación de mercados en inteligencia de mercado

Hace unos años, South Central Bell (SCB) perdió casi 27% de sus clientes de larga distancia estatal, pues eligieron a otros proveedores. Con información muy precisa sobre la rentabilidad de estos clientes, SCB los segmentó y personalizó una estrategia para recuperarlos. La compañía pudo volver a firmar contratos con 7% de quienes la cambiaron por otro proveedor. Esto dio por resultado la retención de casi 50% de los clientes más rentables, en tanto que los menos rentables se quedaron con la competencia. Mediante nuevas investigaciones, SCB adquirió información importante de sus clientes, incluyendo cómo los atrajo la competencia y qué calificación le daban a la calidad del servicio de SCB. La compañía aprendió que su servicio era débil y que necesitaba mejorarlo de inmediato.

Este ejemplo ilustra una premisa bien conocida de que aproximadamente 20% de la cartera de clientes de una empresa da cuenta de un porcentaje significativo de las ganancias y utilidades. En un estudio de Coca-Cola se encontró que 33 de cada 100 bebedores de Diet Coke consumían 84% de todas las ventas del producto.[5] A partir de esta clase de datos, las compañías se esfuerzan por aumentar la rentabilidad de los clientes que más consumen. En la actualidad, las compañías, al igual que Coca-Cola y South Central Bell, tienen un enfoque que abarca toda la empresa y examinan todos los departamentos para compartir y articular la información. El objetivo de esta actividad es transformarse de ser una compañía de adquisición de investigación e investigación de mercado en empresa de inteligencia de mercados que comparte la información para estar conectada y ser sensible y activa con sus clientes.

Datos granulares Datos muy detallados y personalizados estructurados concretamente alrededor de un único cliente.

Método centrado en los clientes Uso de datos granulares para anticipar y cumplir los deseos de los clientes.

La empresa de inteligencia de mercado sigue un modelo empresarial distinto que las compañías tradicionales. Es un modelo que promueve una ventaja competitiva con el uso de información de los clientes en el nivel de los **datos granulares**, es decir, datos muy detallados, personalizados y estructurados específicamente para el cliente en lo individual. Esta empresa adopta la visión de que dirigirse a los clientes no basta y que el objetivo es conseguirlos. Con base en la información granular, estas empresas anticipan los deseos de los clientes y en consecuencia perfeccionan sus ofertas. En el contexto de la ARC a esto se le llama **método centrado en los clientes**, que facilita y hace conveniente el trato de los consumidores con la empresa. Como ya se indicó, el objetivo de la relación es conseguir información acerca de los clientes para fortalecer los vínculos. En el recuadro La investigación de cerca se ilustra el funcionamiento del proceso en el sector financiero.

La empresa de inteligencia de mercado posee características únicas que conforman y definen su naturaleza y que también son las cualidades definitorias de un buen programa de ARC: 1) uso estratégico de la información de los clientes, 2) información basada en un enfoque de transacciones, 3) método de toda la empresa para el aprovechamiento de la información, y 4) apoyo tecnológico para la estructura de ARC.

La investigación de cerca

En el campo

ARC en el sector de servicios financieros

MIECO, una compañía de servicios financieros, adapta sus productos a las necesidades de cada uno de sus clientes. Un paquete incluye un fondo del mercado de dinero, un fondo mutuo, una tarjeta de crédito, una hipoteca y seguros de vida, hogar y automóvil. MIECO sabe que los clientes viajan frecuentemente al trabajo y entrega esta información a su socio de tarjetas de crédito para evitar llamadas innecesarias a un cliente para solicitar su autorización en las épocas de uso intenso.

Como acumuló preferencias de clientes al enterarse de sus hábitos y tendencias en cada transacción, MIECO envía ofertas que tienen una gran aceptación (por ejemplo, información sobre oportunidades de bienes raíces vacacionales y cambios en arrendamiento de autos). La compañía también ofrece información acerca de implicaciones fiscales de tener una segunda casa y revisa las carteras de valores de los clientes para ofrecer sugerencias sobre cómo financiar una segunda hipoteca. Cuando las tasas de interés bajan, MIECO envía correos electrónicos a los clientes para saber si quieren hablar con un representante suyo acerca de la posibilidad de refinanciar su primera hipoteca. Con datos sobre las familias tomados de las pólizas de seguros, la compañía envía información oportuna sobre programas de créditos universitarios, algo que los clientes ya habían aceptado recibir. Si un cliente pide que lo contacten por correo electrónico y nunca por teléfono, MIECO se asegura de que así se haga.

Uso estratégico de la información de los clientes

Como ya se vio, dos preguntas que impulsan el programa de ARC son: ¿qué valoran mis clientes? y ¿cuál es el valor de mis clientes? Una empresa que se adhiere a la inteligencia de mercado aborda estas preguntas en un esfuerzo inacabable por aprovechar de manera estratégica la información de los clientes para clasificarlos en segmentos rentables y no rentables. La información de fuentes internas y externas debe organizarse y clasificarse en el almacén de datos de la compañía. La información primaria recolectada abarca datos sobre transacciones (frecuencia de compras, información de crédito), vendedores (información de la competencia), centros telefónicos (líneas de servicio a clientes), promociones de ventas (hábitos de compra), datos de encuestas (satisfacción de los clientes), interacción en las tiendas, Internet, quioscos, información demográfica, servicios de oficina, agencias de comercialización de bases de datos e incluso registros vehiculares. A continuación la empresa realizará un análisis estadístico del valor de los clientes, gustos y aversiones, valor vitalicio y rentabilidad. Con esta información, perfeccionará su oferta de productos y servicios para satisfacer las necesidades de los segmentos más rentables, fomentar la lealtad de esos clientes y manejar relaciones positivas con ellos.

Por ejemplo, en el sector de los electrodomésticos, los jóvenes adultos quieren comprar aparatos estereofónicos para el hogar y el automóvil, los recién casados sin hijos quieren aparatos pequeños de uso doméstico, los padres nuevos quieren videocámaras y las familias establecidas quieren varias televisiones, aparatos de DVD y computadoras. Los adultos retirados compran aparatos para su segundo hogar. Los hombres que se divorcian empiezan a comprar aparatos para instalar su nueva casa. Esta información es la que resulta útil para la empresa de inteligencia de mercado.

Información basada en un enfoque transaccional

En todas las transacciones y contactos con los clientes hay una oportunidad de obtener información, invertir en las relaciones con ellos y fomentar la lealtad. Además, la comunicación en tiempo real entre el comprador y la empresa permite a ésta mejorar su trato positivo con aquél. Durante una comunicación en tiempo real, la empresa tiene la oportunidad de adquirir información que va más allá de la transacción. Por ejemplo, el proceso puede descubrir lo que cada cliente desea, no sólo lo que compran cuando no encuentran lo que quieren. La empresa envía esta información a planeación y producción para fundamentar la necesidad de un producto o servicio.

Más allá de las transacciones, las empresas recolectan información relacionada con el contexto de la interacción. Por ejemplo, mediante marketing contextual un banco puede aprender que cierto cliente acostumbra llamar al centro telefónico los domingos por la tarde. Cuando el banco quiera comunicarse con ese cliente, sería un buen momento y el teléfono sería un medio excelente para el contacto.

Método de toda la empresa para el uso de la información

La recolección de información durante cada transacción o en cada contacto con los clientes, así como el aprovechamiento de dicha información, es crucial para el éxito de un programa de ARC. También es importante que la información no se quede en manos de marketing o publicidad, sino que se difunda por toda la empresa. Las empresas triunfadoras de ARC usan la información en todas sus unidades para manejar la cadena de suministros, crear productos a la medida y fijar estructuras de precios, adquirir nuevos clientes y mejorar la calidad del servicio. En un contexto de ARC esto se denomina "información en todos los **puntos de contacto**", es decir, que todos los individuos de la empresa que tienen contacto directo o indirecto con los clientes deben quedar expuestos a un grado idéntico de información acerca de ellos.[6] Todas las unidades comerciales (contabilidad, ingeniería, producción, marketing, distribución, etc.) no sólo comparten información sobre los clientes, sino que utilizan la misma información. Este grado de información compartida debe extenderse más allá de la compañía para abarcar todas las facetas de la empresa: proveedores, contratistas independientes, agencias facilitadoras y detallistas.

Punto de contacto Información específica sobre los clientes acopiada y compartida por todos los individuos de una empresa.

Tecnología de apoyo para una estructura de ARC

El sustento de la tecnología posibilita la creación de una infraestructura de ARC con abundante información. La tecnología brinda la plataforma para convertir los datos de los clientes en conocimientos. En síntesis, la tecnología de información cumple una función de articulación que permite a las compañías aumentar al máximo la rentabilidad mediante la delimitación precisa de los segmentos del mercado. Nos encontramos ante una nueva era de investigación de mercado respaldada por la tecnología que abarca la articulación de las relaciones con este medio. Por ejemplo, una empresa recolecta datos de sus clientes de tipo demográfico, facturas, resúmenes de transacciones, niveles de satisfacción y calidad del servicio. Estos datos, combinados con otros de carácter secundario y primario, se integran y guardan en una base centralizada llamada *almacén de datos*. A continuación, la información se analiza mediante técnicas como la extracción de datos (en el capítulo 6 se estudia el almacenaje y la extracción de datos). Con estos poderosos métodos tecnológicos, las compañías aprovechan de tal manera la tecnología que la información en sí se convierte en un producto principal.

En pocas palabras, la tecnología puede ayudar en gran medida a administrar los datos necesarios para comprender a los clientes de manera que puedan adoptarse las estrategias adecuadas de ARC. Además, el uso de la tecnología de información (TI) permite a la compañía recolectar los datos necesarios para determinar los factores económicos de la adquisición y retención de los clientes, así como su valor vitalicio. Por ejemplo, como se explica en la figura 5.3, Matrix Technologies, con su producto de TI llamado DataLodgic, ofrece a las compañías los procesos técnicos para cimentar el programa de ARC. DataLodgic no es la única herramienta de adquisición de datos sobre consumidores, sino también un medio de

FIGURA 5.3 Administración de las relaciones con los clientes, Matrix Technology Group, Inc.

PERFIL DEL PRODUCTO: MANEJO DE LA CAMPAÑA DATALODGIC & N.QUE

Usted necesita una máquina

Los trabajos serios requieren herramientas. **DataLodgic** y **N.Que** son una suite integrada de herramientas de *software* para la administración y el procesamiento automatizado del marketing, diseñada para simplificar y apresurar la ejecución de campañas de marketing sobre la base de datos a varios niveles y entre canales. **DataLodgic** pone una poderosa tecnología cliente-servidor en las manos del vendedor mediante un acceso en escritorio con un formato muy visual y fácil de usar. **N.Que** sitúa el acceso a los datos y las actividades en una consola con formato de portal para la coordinación y la colaboración global en las campañas.

Usted necesita acceso a los datos

Cuarenta por ciento de los usuarios entrevistados calificaron la segmentación como la funcionalidad más importante al elegir una herramienta de administración de campañas. **N.Que Segment Builder** ayuda a los usuarios, desde el analista serio hasta el vendedor lego que maneja su base de datos. Para el usuario sin conocimientos técnicos, **N.Que Segment Builder** accesa las tablas y aplica una tecnología de "jalar y tirar" para calificar a la mejor audiencia para la promoción planeada de marketing. Estos usuarios ahora pueden pensar y actuar según la terminología del marketing y "traducir" el lenguaje natural en instrucciones de script SQL. Los usuarios con potencia de cómputo pueden usar esta capacidad para crear fuentes de datos totalmente nuevas y modelos dinámicos de datos definidos por cada usuario, además de tener un acceso irrestricto a los enunciados de SQL para personalización y modificación. Otras funcionalidades importantes y definidas por los usuarios son muestreo, jerarquización y cuantificación, señalar como objetivos **Slice** y **Merge.**

Usted necesita coincidir con sus clientes

La base de nuestra administración de las relaciones con los clientes es conocer, entender, anticipar y *reaccionar* a las necesidades de cada cliente. **DataLodgic Studio** es un entorno de planeación y ejecución de la administración de campañas destinado a que las empresas saquen el máximo provecho de la ARC. La ejecución activa del marketing debe ser un proceso "vivo". Las promociones o las campañas deben adaptarse a los matices de las audiencias y luego ajustarse dinámicamente a las compras y preferencias declaradas de los consumidores. Mediante inteligencia "organizada", **DataLodgic Studio** ayuda al vendedor a planear, diseñar, asignar un presupuesto y formular todas las preguntas condicionales *antes* de emprender una campaña que pudiera tener fallas. Los factores de la toma de decisiones de contingencias en la vía crítica y la distribución de recursos se reducen a ecuaciones matemáticas en **DataLodgic Studio**, que despliega con claridad todos los costos y anticipa la respuesta en el escritorio.

Usted necesita convertir los planes en acciones

DataLodgic Factory es una máquina que impulsa el proceso de marketing al abordar el punto en el que muchos planes de marketing por base de datos fracasan: la ejecución. Las fallas se deben a que pocos productos, o ninguno, se ocupan de las complejidades de mover eficazmente grandes volúmenes de datos. **DataLodgic Factory**, con sus estructuras inteligentes de comandos de procesamiento, optimiza los resultados de los datos actuales, que proceden de varias fuentes y tienen diversas dimensiones.

Cómo poner a la gente y la tecnología sobre el mismo terreno

En la actualidad, las empresas son una combinación de dos mundos: personas y procesos. Un mundo de personas con diversas capacidades y un mundo de procesos técnicos que forman la base de las operaciones de la empresa. El problema común es que, con demasiada frecuencia, los dos mundos operan *por su cuenta*. La solución para unirlos es **N.Que**, la aplicación de administración de procesos de Matrix. **N.Que** opera a lo largo de la infraestructura de la compañía y facilita el que personas y tecnología funcionen como una unidad colaboradora. **N.Que** ofrece una solución "abierta" y flexible que da visibilidad en tiempo real y control sobre las iniciativas del negocio a través de la red. Nuestra estructura exclusiva orientada a los datos conecta y utiliza valores de datos y la terminología que conoce y entiende su compañía.

La información que necesita, cuando la necesita

La capacidad de administrar productivamente la compañía recibe la influencia directa de la capacidad de "ver" todos los aspectos del negocio. **N.Que** ofrece a los ejecutivos una "imagen" *en acción* en el escritorio de los objetivos actuales y planeados de toda la corporación, lo que permite a los ejecutivos de marketing "penetrar" hasta cualquier nivel bajo su autoridad y ver en tiempo real la situación de proyectos, personas y procesos. Con extensas capacidades analíticas y de informe, **N.Que** permite a los vendedores tomar decisiones estudiadas en una fracción del tiempo que se requería en el proceso tradicional de asimilación.

La clave es la colaboración "informada"

El flujo de trabajo es el pulso al que vive la empresa. Con una arquitectura de red con tres puertos, **N.Que** conecta a los participantes internos y externos de los proyectos *en todo momento y en cualquier lugar* y les informa en tiempo real del estado de todas sus responsabilidades. **N.Que** convierte la "administración de proyectos" de un plan restringido en una responsabilidad de toda la corporación, dividida hasta el plano de los individuos.

Con **N.Que**, los administradores de marketing son capaces de determinar rápidamente y fijar las prioridades en la asignación de recursos para garantizar que su personal tiene el mejor aprovechamiento. Las "verdaderas" contingencias de las rutas críticas se establecen, imponen, calendarizan y vigilan lógicamente de acuerdo con las autoridades. El resultado es una atmósfera de trabajo positiva y favorable en la que se faculta a los empleados para que distribuyan su tiempo de la mejor manera de modo que cumplan con las expectativas de los proyectos. En este ambiente de escritorio fácil de usar, las *mejores prácticas se convierten en hábitos* y el flujo del trabajo se vuelve manejable.

DataLodgic. ***Moderniza el proceso de marketing para crear relaciones sostenidas y rentables con los clientes***

N.Que. ***Faculta a las personas para que asuman de manera directa el proceso de marketing y mejoren la productividad.***

(continúa)

FIGURA 5.3 Administración de las relaciones con los clientes, Matrix Technology Group, Inc. (*conclusión*)

Matrix Technology Group, Inc., con su suite de productos DataLodgic y N.Que proporciona a las compañías los procedimientos técnicos necesarios para echar los cimientos de un programa de ARC. La suite Data Lodgic y N. Que no es sólo una caja de herramientas para conseguir datos de los clientes, sino también un instrumento para segmentar, analizar los datos y fomentar las relaciones con los clientes. La tecnología también se está convirtiendo en una fuerza que hace cambios en los métodos de recolección de datos en ambientes, de ARC. Los avances de telecomunicaciones, Internet y tiendas interactivas están cambiando muchos métodos tradicionales de recolección de datos. Para más noticias sobre el *software* de ARC, visite el sitio en Internet de este libro (www.mhhe.com/hair) y el vínculo siguiente al sitio de Matrix Technology Group, Inc.: www.mxtg.net.

Fuente: Matrix Technology Group, Inc. Copyright © 2000 DeMartini & Associates, Inc. Todos los derechos reservados.

segmentación, análisis y fomento de las relaciones con los clientes. La tecnología también es el motor de los métodos de recolección de datos en un entorno de ARC. Los ambientes de telecomunicaciones, Iternet y tiendas interactivas están sustituyendo muchos de los métodos tradicionales de recolección de datos.

Recolección de datos en un entorno de ARC

El crecimiento del mercado electrónico y el incremento resultante en la capacidad de acceso a datos de los clientes han impulsado el ritmo acelerado con que las empresas adoptan soluciones tecnológicas para la ARC. La tecnología es el motor no sólo de la integración y la compartición de los datos, sino también de su recolección y resguardo. En los programas de ARC los datos se rastrean hasta el sitio de la interacción con los clientes, que puede ser el punto de venta (cajas registradoras) o Internet. Cualquiera que sea la fuente, el objetivo es reunir todos los datos pertinentes de la interacción con el cliente, almacenarlos y luego analizarlos para tener perfiles de clientes rentables (el almacenaje y el análisis [extracción] de los datos son los temas centrales del capítulo 6). En esta sección se aborda el proceso de recolección de datos en el programa de ARC.

Acceso a los datos de los clientes por Internet

Muchos clientes navegan en Internet con la ilusión de que sus actividades son anónimas y privadas. Conectarse a Internet, visitar los portales, enviar y recibir correo electrónico o platicar en los grupos de noticias son actividades que cada vez se rastrean más. Muchas empresas en etapa de ARC realizan búsquedas para reunir información sobre clientes actuales o posibles. Estas búsquedas se clasifican en pasivas, activas o directas.

Datos pasivos

Datos pasivos Datos entregados a una empresa cuando un consumidor visita su sitio en Internet.

Los **datos pasivos**, también llamados *automáticos*, son los que recibe automáticamente la empresa cuando un consumidor visita un sitio en Internet. Los datos que obtiene la empresa son la dirección de Internet, que puede ser de dos formas: la dirección del protocolo de Internet (IP) y el nombre de dominio (DN). La dirección de protocolo es la ubicación numérica de una computadora conectada a Internet. Cada computadora tiene su propia y única dirección de IP. El nombre de dominio combina información geográfica y específica sobre el usuario.

Por ejemplo, consideremos Harold@memphis.edu. Harold es el nombre de usuario, memphis el nombre del servidor y edu es la ubicación, en este caso una institución educativa.

Los datos pasivos sirven a la empresa de varios modos. La información que dejan los navegadores con sólo visitar un sitio puede usarse para clasificar a los individuos en grupos o segmentos mayores. La empresa puede estrechar su cartera demográfica de clientes determinando si hay puntos en común en los nombres de dominio, y puede dirigir su publicidad o material promocional a este dominio común.

Datos activos

Datos activos Datos reunidos por una empresa cuando los clientes visitan su sitio en Internet.

Los **datos activos** se adquieren cuando los clientes se relacionan con el sitio en Internet de la empresa. Mediante el uso de "cookies" o de formas de solicitud en línea que llenan los clientes, se obtiene una cantidad enorme de información. Una *cookie* es un segmento informativo pequeño que un servidor puede almacenar con un navegador y luego volver a leer. La *cookie* de un usuario es un identificador único asignado por el servidor y guardado en la computadora del usuario que devuelve información al servidor. Con esta tecnología una empresa puede rastrear el paso de un cliente por su sitio, página por página. Cuando un cliente visita un sitio en la red, se añade a su *cookie* la indicación de que visitó ese sitio. En consecuencia, cada vez que el cliente vuelve al sitio, la empresa tendrá información y será capaz de contabilizar las veces que el cliente navega ahí.

Sumados a los datos pasivos, los activos aumentan el conocimiento de los clientes para la empresa. Las direcciones de correo electrónico, otra información ofrecida voluntariamente y los hábitos de navegación rastreados mediante *cookies* sirven para aumentar el conocimiento de los clientes. Esta información también es útil para pronosticar gustos, deseos, preferencias y hábitos de compra. Por ejemplo, si un cliente visita JCPenney.com y elige productos como ropa, DVD, juguetes y artículos deportivos, a medida que los agrega a su carrito de compras se guarda una lista de ellos en el archivo de su *cookie* para que pueda pagarlos al terminar de comprar. Desde luego, si el cliente hace una compra, también se retienen en el archivo direcciones de correo electrónico, información de tarjetas de crédito y ubicación geográfica. Luego de un simple viaje de compras, JC Penney sabe quién es el cliente, dónde vive, cuál es su información financiera, qué compró, en qué cantidad y cómo entablar contacto con él para futuras notificaciones. El carácter interactivo de este método de recolección de datos permite a las compañías usar la información obtenida para centrar mejor su segmentación del mercado de manera que las actividades de marketing se adapten individualmente a cada cliente.

Datos directos

Datos directos Datos generales sobre clientes reunidos mediante computadoras.

Los **datos directos** son los más generales de que se dispone. No son por fuerza información nueva, pero pueden considerarse datos recién consignados. Por ejemplo, empezando sólo con un apellido, se puede buscar en Internet el nombre completo de una persona, un mapa de la localización de la calle donde vive con código postal, registro vehicular e incluso sus donaciones a partidos políticos. En una fuente llamada "Stalker Home Page" puede conseguirse en cuestión de minutos un cúmulo de información acerca de una persona. Esta información se basa en informes de crédito, y aunque no contiene información financiera, sí registra nombre, dirección, teléfono y número de seguro social.

Estos datos pueden proporcionar toda la información posible de un cliente. Pueden servir para seguir las visitas de esa persona en la red y sus hábitos de compra, y aun generar un perfil completo. De hecho, una organización llamada Personal Agents, Inc., ha creado tecnología para analizar los patrones de navegación de un individuo, y además realiza búsquedas fuera del sitio y recolecta datos sobre posibles clientes.

La administración de las relaciones con los clientes en operación

En una encuesta reciente de Dataquest entre empresas medianas y grandes, 65% de los entrevistados indicaron que despliegan o desplegarán una iniciativa de ARC este año. El costo promedio de instalar tal iniciativa, según informaron, fue de aproximadamente 125 000 dólares.[7] Dada esta proliferación de ARC, es probable que se convierta en un modelo frecuente de las empresas en la siguiente década. Este modelo, como se presenta en este capítulo y en los capítulos 6 y 7, se resume así:

1. Trabar relaciones con los clientes basadas en las interacciones con ellos. Dichas interacciones se dan en todos los puntos de contacto de la empresa, incluyendo los canales de comunicación dentro y fuera de la línea.
2. Integrar los datos de los clientes. Los datos generados durante las interacciones con los clientes se transforman, integran, acumulan y guardan en un almacén de datos.
3. Analizar y transformar los datos de clientes en conocimientos que sirven para determinar cuáles son los segmentos rentables y cuáles no.
4. Perfeccionar los segmentos rentables al grado de la interacción granular con los clientes en lo individual mediante comunicaciones personalizadas.

Resumen de objetivos de aprendizaje

■ **Comprender los elementos esenciales que integran un programa de administración de las relaciones con los clientes.**
La administración de las relaciones con los clientes (ARC) se basa en la integración de la información sobre ellos en toda la empresa con el fin de alcanzar la mayor satisfacción y retención. Para realizar dicha tarea, la ARC parte de un concepto sencillo pero mal entendido: el trato con los clientes, que en este contexto se basa en el vínculo entre ellos y la empresa.

■ **Describir los vínculos entre la investigación de mercados y la administración de las relaciones con los clientes.**
Una de las principales funciones de la investigación de mercados en el proceso de ARC es recolectar, guardar y analizar información del trato con los clientes (conocimiento de los clientes). Con ello, esta investigación asume una nueva función que es peculiar del entorno de ARC. Esta función consiste en transformar la práctica de la investigación de mercados en una de inteligencia de mercado.

■ **Comprender el significado de inteligencia de mercado.**
La empresa de inteligencia de mercado sigue un modelo comercial distinto al de las compañías tradicionales. Es un modelo que promueve una ventaja competitiva tomando la información de los clientes en el nivel "granular", es decir, datos muy detallados, personalizados y estructurados específicamente sobre cada cliente. Esta empresa considera que dirigirse a los clientes no basta y que la meta es atraerlos.

■ **Describir cómo se aprovechan la información y el conocimiento en un ambiente de administración de las relaciones con los clientes.**
Dos preguntas clave que impulsan los programas de ARC son: ¿qué valoran mis clientes? y ¿cuál es el valor de mis clientes? Una empresa que se basa en la inteligencia de mercado aborda estas preguntas con un esfuerzo inacabable por usar estratégicamente la información de los clientes para clasificarlos en segmentos rentables y no rentables. La información de varias fuentes internas y externas debe organizarse y clasificarse en el almacén de datos de la empresa.

■ **Comprender la función de la tecnología en un programa de administración de relaciones con los clientes.**
El soporte tecnológico hace posible crear una infraestructura estratégica de ARC con información abundante. La tecnología proporciona la plataforma para convertir los datos de los clientes en conocimiento. En síntesis, la tecnología de información cumple una función articuladora que permite a

las compañías aumentar al máximo la rentabilidad, pues los segmentos de mercado se definen con mayor precisión.

- **Ilustrar el proceso de recolección de datos para un programa de administración de relaciones con los clientes.** En los programas de ARC, los datos se rastrean hasta el sitio del contacto con los clientes, que ocurre en las terminales del punto de venta (cajas registradoras) o en la red. Cualquiera que sea la fuente, el objetivo es recolectar todos los datos pertinentes de la interacción, guardarlos en el almacén y analizarlos para trazar perfiles de clientes rentables.

Términos y conceptos clave

Administración de las relaciones con los clientes (ARC) 122

Conocimiento de los clientes 124

Datos activos 131

Datos directos 131

Datos granulares 126

Datos pasivos 130

Empresa 123

Inteligencia de mercado 125

Método centrado en los clientes 126

Punto de contacto 128

Silo 126

Trato con los clientes 124

Preguntas de repaso

1. ¿Cuáles son los tres principales beneficios que puede obtener una empresa de un programa de ARC?
2. Describa brevemente los fundamentos esenciales de un programa de ARC.
3. Explique sucintamente los siguientes conceptos en lo que se refiere a su aplicación al entorno de ARC: uso estratégico de la información de los clientes, información basada en un enfoque de transacciones, método de toda la empresa para aprovechar la información y soporte tecnológico de la estructura de ARC.
4. ¿Qué función cumple la tecnología en un programa de ARC?
5. ¿Qué implicaciones significativas se desprenden de que las compañías recolecten datos activos, pasivos y directos?

Preguntas de análisis

1. Describa el proceso de ARC y analice sus posibles aportaciones a la empresa.
2. **EXPERIENCIA EN INTERNET.** Realice una búsqueda en Internet sobre administración de las relaciones con los clientes. Trate de localizar 10 compañías que actualmente apliquen esa metodología.
3. **EXPERIENCIA EN INTERNET.** Realice una búsqueda en Internet de compañías asesoras de ARC para empresas.

ILUSTRACIÓN DE LA INVESTIGACIÓN DE MERCADOS

Administración de las relaciones con los clientes en el First Tennessee Bank

Tennessee y Missouri son los únicos estados que tienen fronteras con otros ocho estados. En tal circunstancia, es natural que el First Tennessee Bank quiera proporcionar a sus clientes acceso directo a la gama más amplia posible de productos y servicios financieros. Su estrategia Todo lo Financero determina decisiones sobre qué líneas de negocios seguir y cuáles abandonar. Durante los últimos 18 meses, los retiros abarcaron la cartera de préstamos educativos, una red de cajeros automáticos, cuentas de crédito por afinidad y su negocio mutual corporativo y municipal. "Queremos tener los recursos financieros dedicados a las situaciones en que podemos trabar relaciones múltiples con los clientes —señaló Patrick Ruckh, jefe de tecnología del First Tennessee, que vale 19 000 millones de dólares—. Si se trata de una relación de sólo un producto o servicio, lo más probable es que no la necesitemos para financiar nuestra estrategia."

Mientras que se abandonaron algunas líneas de productos, se añadieron otras. El banco comenzó a ofrecer banca en línea a empresas pequeñas mediante la suite Business e-Finance de Financial Fusion, una subsidiaria con sede en Boston de Sybase y con la que el First Tennessee ha sostenido relaciones desde hace varios años. Esta suite basada en Java posee la capacidad de iniciar transferencias electrónicas, generar pagos automáticos por cámara de compensación, revisar cuentas, transferir fondos y pagar facturas. La suite aumenta la instalación del First Tennessee en el sistema de Financial Fusion.

El enfoque exclusivo en fomentar las relaciones múltiples llevó al banco a volver a examinar sus sistemas de administración de las relaciones con los clientes. "Ahora tenemos varios sistemas de creación interna, pero los estamos revisando —dijo Ruckh—. Tenemos una compañía hipotecaria, una correduría, una aseguradora y una compañía de fondos mutuos. [El sistema] tiene que ser capaz de responder a las necesidades financieras de todos esos productos y todas esas clases de clientes. Entonces podemos hacer mejor el trabajo usando nuestros productos para asegurar el éxito financiero de nuestros clientes." Pero Ruckh, que ya estableció sus prioridades, no quiere recibir la visita de todos los vendedores de ARC del país. Está familiarizado con diversas experiencias de clientes gracias a que pertenece a varias asociaciones profesionales, incluyendo el Mid-America Automation Group, formado por directores ejecutivos de bancos de todo el país que no compiten y que comparten sus respectivas experiencias.

La estrategia de First Tennessee de establecer relaciones múltiples con los participantes más destacados también rinde en otros campos. Susan Bies, ex vicepresidente con 22 años de experiencia en el banco, acaba de ser designada para el Consejo de la Reserva Federal. Otro ejemplo es un contrato de siete años que firmó recientemente el banco con Viewpointe Archive Services, una empresa conjunta de J.P. Morgan Chase, Bank of America e IBM para ofrecer a sus clientes Internet y acceso a la sucursal para verificar imágenes. En consecuencia, tanto First Tennessee como IBM pudieron vender a Carreker, de Dallas, su sociedad de intereses en Check Solutions, una empresa de desarrollo e instalación de *software* de procesamiento de imágenes y cheques con sede en Memphis. First Tennessee ya concesionaba instalaciones administrativas a una organización de 200 empleados manejada por IBM.

Los clientes corresponsales, bancos y cajas de seguridad, también usarán el archivo de imágenes, lo mismo que First Express, una empresa conjunta desde hace 20 años entre First Tennessee y Federal Express, y que es el mayor servicio de carga aérea de Memphis. First Express liquida cheques para otros bancos comerciales así como para empresas grandes, como Charles Schwab y Merril Lynch. "Los inundan los cheques, y nosotros podemos cobrarlos más rápidamente que nadie", explicó Ruckh.

Además, tener como socio comercial a FedEx significa que First Tennessee goza de ventajas en los precios. "No tenemos un contrato de exclusividad con FedEx, pero sería difícil que alguien más lo hiciera", dijo Jim Basingame, vicepresidente ejecutivo y administrador de operaciones bancarias de First Tennessee.

First Express recolecta imágenes de cheques con clasificadores IBM 3890 para almacenarlas en el archivo de Viewpointe. "Esta nueva relación con Viewpointe va a ser muy buena para nosotros y nuestros clientes", comentó Ruckh. Los cheques que procesa First Tennessee se almacenarán en el archivo de Viewpointe, lo que significa que estarán al alcance de los clientes de bancos que trabajan con First Express.

1. De acuerdo con la figura 5.1, ¿a qué parte del modelo de ARC considera usted que se mueve First Tennessee? Aporte pruebas de su conclusión.

2. Ofrezca una evaluación detallada del programa de ARC de First Tennessee. Dado lo que sabe de ARC, sugiera mejoras que podría hacer el banco para fortalecer su programa.

parte 2

Diseño de proyecto de investigación de mercados

capítulo 6

Investigación de mercados y elaboración de una base de datos

Objetivos de aprendizaje

Al terminar de leer el capítulo, usted

1. Ilustrará y definirá una base de datos de investigación de mercados.
2. Explicará la naturaleza interactiva de la investigación de datos y el mejoramiento de los datos.
3. Describirá la dinámica de la preparación de una base de datos.
4. Anotará las reglas prácticas generales de la preparación de una base de datos.
5. Demostrará que comprende la tecnología del entorno de bases de datos.
6. Ilustrará la creación y objetivos del almacén de datos.
7. Explicará el proceso de extracción de datos en lo que se refiere al almacenaje.
8. Comprenderá la función de la elaboración de modelos en el análisis de bases de datos.

> **"Muchos directivos piensan que crear una base de datos es un juguete de marketing más que una herramienta de administración, pero cuando aprecian lo que el sistema es capaz de hacer se preguntan cómo es que tomaban las decisiones de productos y precios sin ella."**
>
> **—ROGER K. ATCHLEY**
>
> **Consultor en bases de datos**

Harrah's tiene el juego ganador

Harrah's rompió el formato conservador cuando decidió invertir en tecnología en lugar de aumentar su fantasía y esplendor. La apuesta pagó en grande, pues se creó una revolucionaria red nacional de almacenes de datos y una base de datos de clientes integrada, con lo que Harrah's impulsó el crecimiento de sus ingresos mucho más que sus ostentosos competidores.

Ahora Harrah's puede gloriarse de tener el único sistema nacional estadounidense integrado que permite una comunicación en tiempo real entre todos sus casinos. Puede informar a un local de Nevada exactamente cómo le gusta apostar, comer y gastar su dinero a un visitante de Nueva Jersey. Tal es la clave del programa Recompensa Total, una innovadora estrategia de ARC. Harrah's ha cambiado la relación con sus clientes y se ha distinguido en el sector de los casinos al tiempo que ha generado valor empresarial para toda la compañía.

Al efectuar investigaciones de mercados y realizar algunas encuestas de satisfacción, Phil Satre, director ejecutivo de Harrah's, encontró que los clientes visitaban varios locales de la empresa en todo Estados Unidos, más que ser asiduos de uno solo. Esto lo llevó a él y a John Boushy, vicepresidente de operaciones de marca, a meditar en la posibilidad de extender su programa de tarjetas de jugador para que los clientes pudieran usar las suyas en cualquier casino de Harrah's. Se dieron cuenta de que al actuar así, la compañía podría seguir a los clientes en todo el país y, lo que es más importante, saber cómo se conducen en las instalaciones. Por ejemplo, saber cuándo se recibió la última visita de un cliente, en qué local y restaurante estuvo, qué juegos jugó y cuánto gastó, permitirá a la compañía mejorar su servicio, personalizar los paquetes que ofrece (cenas gratuitas, boletos para espectáculos y cuartos de hotel) e individualizar mejor sus actividades de promoción. Todo lo anterior serviría para vincular a los clientes con la marca de Harrah's y aumentaría la participación de la empresa en el mercado de juegos de azar de Estados Unidos.

Harrah's se vale del programa de *software* WINet para compartir información en tiempo real entre todas sus casas. Si un cliente que acaba de jugar en Joliet, Illinois, esperaba un vuelo para probar su suerte en Reno,los empleados de este último sitio sabrían exactamente qué hizo el cliente en Joliet y qué servicios ofrecerle en Reno.

Las 35 000 máquinas tragamonedas de la compañía y los centros telefónicos de servicio a clientes están conectados a lo que Harrah's llama Unix Patron Database, que es un almacén con datos de clientes y jugadores. Los analistas del departamento de investigación de mercado aplican diversas herramientas de indagación para buscar en el almacén y usan un *software* de sistema SAS para hacer modelos de pronósticos.

El acceso en tiempo real es la clave que activa el programa Recompensa Total. Un cliente que recibe una promoción por correo llamará a Harrah's para pedir informes, y en cuanto el agente de servicios a clientes toma el teléfono aparece en su pantalla un cúmulo de información sobre esa persona: nivel de gastos (platino, oro o diamante), dónde juega habitualmente, cuánto ha ganado o perdido, el estado de su crédito con el casino, con qué frecuencia juega y hasta el monto en dólares que vale para el casino.

Entonces el agente pregunta al cliente si quiere hacer una reservación y para qué fechas, al tiempo que abre el sistema de reservaciones para saber si hay una habitación disponible. El agente le pregunta al cliente si llama por alguna promoción, que éste ni siquiera tiene que tener en sus manos en el momento, pues la base de datos produce una lista de las ofertas que se le hayan enviado. El sistema de reservaciones indaga en la basè para saber si el cliente ya recibió o canjeó la promoción y si todavía está vigente.

El sistema posee la capacidad de penetrar en el enorme almacén de datos de Harrah's, lo que permite a la compañía adaptar su marketing a cada cliente en particular, con el resultado de que se consigue la máxima retención de clientes. Retener un cliente cuesta una décima parte de lo que se invertiría en atraer uno nuevo.[1]

Valor de la información de la base de datos

Responder a las necesidades individuales de los clientes con el fin de fortalecer las relaciones con ellos se ha vuelto uno de los principales objetivos de muchas investigaciones de mercados. Antes se denominaba marketing por base de datos al proceso de clasificar de manera sistemática y oportuna los datos de los clientes, que hoy se ha convertido en una función crítica de la investigación de mercados. Dicho en forma sencilla, las funciones y responsabilidades de la investigación de mercados evolucionan de un mero recolectar datos a generar información a través de un diálogo continuo con el cliente. Adquirir la capacidad de identificar a los clientes, jerarquizar sus transacciones en el tiempo y saber qué comprarán forma la nueva agenda de muchas prácticas de investigación de mercados. Esta agenda, como se ilustra en la introducción del capítulo, requiere una mezcla de prácticas tradicionales de investigación de mercado con la creación de una base de datos de procedimientos.

ARC y el proceso de la base de datos

Como se ejemplifica en la introducción del capítulo, la base de cualquier proceso de ARC es su capacidad de compartir la información en la organización para trazar mejor los programas para cada cliente. Para que esto ocurra, debe evolucionar una combinación de información de investigación de mercado y tecnología de información. Esta evolución toma en cuenta la recolección y almacenamiento de datos, separación y clasificación de los datos de la cartera de clientes y recurrir a las técnicas de análisis de datos para trazar perfiles individuales de los compradores y reaccionar a sus deseos. Esta evolución es evidente en la capacidad de Harrah's de aprovechar los datos en tiempo real para atender y conservar a sus clientes.

Para comprender cómo evoluciona este proceso de información compartida, comenzaremos nuestra exposición con una descripción del concepto de base de datos. La segunda fase se refiere a cómo se elabora una base de datos y cuál es su relación con el almacén. Por último, la tercera fase, de extracción de datos, se enfoca en convertir tales datos en información aprovechable.

¿Qué es una base de datos?

Base de datos Conjunto de información que indica lo que los clientes compran, con qué frecuencia y en qué montos.

La base de datos de una investigación de mercados es el depósito central de toda la información pertinente sobre los clientes de la compañía. En concreto, una **base de datos** es un conjunto de información que indica qué compran los clientes, con qué frecuencia compran y cuánto compran. Una base de datos bien diseñada incorpora información de una multitud de fuentes, como transacciones, antecedentes de la eficacia de las promociones, encuestas de consumidores, datos secundarios y otros aspectos de proyectos de marketing anteriores. A diferencia de las bases de datos de operaciones, que tienen información contable y financiera, una verdadera base de datos de investigación permite a los usuarios analizar la conducta de compras, no las intenciones, en cierto periodo, época o situación comercial.[2]

Una base de datos común está estructurada alrededor de información sobre transacciones reales, que luego se disponen en orden cronológico para indicar cada ocasión de compra. En seguida, mediante una serie de técnicas de "marketing", se entrevera nueva información (demográfica, estilo de vida, exposición a los medios) en los datos de las transacciones para que la compañía tenga una imagen completa de quiénes son realmente los clientes. El resultado es un perfil total de los consumidores basado en datos, frecuencia y monto de compras en cualquier momento. Cuando esta información está bien clasificada, ofrece a la compañía una cartera completa de clientes que sirve para tomar decisiones sobre productos o marcas, asignación de recursos y acerca de las herramientas de comunicación y los canales de distribución.

Más específicamente, la información de la base de datos de marketing la generan los clientes por medio de las facturas, tarjetas de garantía, llamadas telefónicas, proyectos de investigación de mercado y otras aplicaciones de sus datos, como se explica en el capítulo 1. En seguida se da a la información un ordenamiento lógico para permitir un acceso instantáneo cuando el cliente llama a la compañía o viceversa.

Por lo regular, estas bases de datos están vinculadas a una computadora interactiva y un sistema telefónico que ofrece automáticamente y sobre pedido un perfil del cliente, con lo que el usuario de las bases reconoce a los compradores por su nombre, compras anteriores, intereses generales y usos de productos, así como necesidades futuras de artículos.

Además, casi todas las bases de datos de marketing se completan con información sobre la mezcla total de productos de la compañía, con lo que el usuario sabe exactamente qué hace o vende la empresa, cuáles son los artículos más populares y cuáles convienen mejor para ciertas necesidades de sus clientes.

En el núcleo de la base de datos se encuentra una red que ofrece información específica sobre todos los productos o servicios de la compañía. Con tal información, ésta puede informar a sus clientes, por ejemplo, qué refacciones necesita su lavavajillas, cómo cambiar un filtro del aire acondicionado, qué juegos están a la venta para el sistema Nintendo y cuánto cuesta cada artículo. Incluso las preguntas técnicas, como las que atañen a la instalación de un sistema de televisión satelital doméstico, pueden ser canalizadas a un experto de la compañía.

Las aerolíneas y las agencias de viajes son excelentes ejemplos de preparación y uso de bases de datos de marketing. Estos proveedores pueden organizar paseos sofisticados por todo el mundo para sus clientes, reservar habitaciones y automóviles en cada destino y entregar de un día para otro boletos, pases de abordar e itinerarios. Y todo esto gracias a una base de datos en red que vincula líneas aéreas, hoteles, agencias de renta de autos y servicios de mensajería exprés. La base de datos de marketing mejorada lleva un paso adelante el concepto. Con la información de la base, el proveedor sabe que cierto cliente prefiere asiento de ventanilla, viaja siempre en primera clase por lo regular con Northwest Airlines, es miembro de World Club y renta sus coches en el Hertz Number One Gold Club. El proveedor conoce la dirección en la que hay que entregar los boletos, el nombre del cónyuge y los teléfonos de casa y oficina. Toda la información de los clientes se guarda en la base de datos, y es posible recuperarla instantáneamente en el momento que se requiera.[3]

Objetivos de una base de datos de los clientes

En el sentido más amplio, el objetivo de cualquier base de datos de clientes es ayudar a la empresa a establecer una comunicación personal y significativa con sus compradores. Este grado de comunicación concierne a la conveniencia de productos y marcas, los diversos precios de la oferta de productos, el grado del servicio a clientes que se incorpora en la oferta total y con qué facilidad se consiguen los productos. En pocas palabras, una base de datos de clientes permite a una compañía comunicarse con el cliente correcto en el lugar conveniente, el momento oportuno y con el producto adecuado.

Los propósitos más específicos de esta base de datos son 1) mejorar la eficacia de la segmentación del mercado, 2) aumentar la probabilidad de tener compras repetidas y 3) mejorar las ventas y la eficacia de la publicidad en los medios. Para cumplir estos propósitos, una buena base de datos debe permitir que los usuarios midan, sigan y analicen los hábitos de compra de sus clientes. Así, la función de la investigación de mercado se convierte en la de generar, elaborar y sustentar una base de datos. Centraremos el resto de la exposición en estas responsabilidades. La creación de la base, los procedimientos de recolección de datos y los resultados de las pruebas y evaluaciones de la información son los tres principales aspectos de la implantación de tal base.

Todas las bases de datos de investigación de mercado se erigen para establecer o fortalecer las relaciones con los clientes. Las bases devuelven el servicio personalizado que se perdió con la comercialización en masa. Antes, los operadores de las tiendas conocían a todos los clientes y a sus familiares. Trababan con ellos un vínculo de diálogo, lealtad insuflada, mayor satisfacción e impulso al crecimiento del negocio. La comercialización en masa y las tiendas de descuento terminaron con esta relación. El precio, no la lealtad, comenzó a dirigir las decisiones de los compradores. Al tiempo que la calidad de las mercancías creció, el servicio personal se redujo. En la actualidad la situación se revierte. Al darle a la compañía información sobre cada cliente, su familia, actividades de ocio, antecedentes de compras, intereses de medios de comunicación y factores socioeconómicos, la base de datos moderna ayuda a la empresa a restablecer un servicio personalizado.

Más concretamente, los cuatro aspectos fundamentales con que una base de datos beneficia a las empresas son: 1) intercambio de información con los clientes, 2) localización de los mayores consumidores, 3) cálculo del valor vitalicio de los clientes y 4) trazo de perfiles por segmento.

Una de las ventajas más apreciables de la base de datos consiste en el intercambio de información entre la empresa y sus clientes. Para el servicio a los clientes, es un requisito crucial la información sobre existencias de productos, características especiales, comparación con productos de la competencia, reparaciones y garantías. Casi todas las empresas disponen de esta información, que arrojan los datos internos secundarios. La tarea consiste en dársela a los clientes para aumentar su capacidad de tomar mejores decisiones.

Al mismo tiempo, los clientes poseen un cúmulo de información que es absolutamente esencial para cualquier empresa. ¿Por qué compran cierto producto? ¿Qué características y ventajas buscan? ¿Qué otros productos es probable que compren? Las buenas bases de datos permiten el constante intercambio de esta información. Todos los contactos con los clientes son ocasiones para introducir más información en la base de datos. Asimismo, a medida que la casa aprende más sobre sus clientes, entenderá qué información quieren los clientes que les dé.

El intercambio de información revela a la empresa que no todos los clientes son iguales. Con la base de datos puede distinguir entre los compradores constantes, medianos y ocasionales de sus productos o servicios y, en consecuencia, adaptar su estrategia. El sistema de clasificación de todos los clientes ayuda a la empresa a personalizar productos, beneficios y servicios para cada clase, así como para conservar la lealtad de los mejores clientes y estimular a los medianos y ocasionales a que compren más.

En cada clase de usuarios, la empresa puede también determinar el valor vitalicio de cada uno. Cuando se consigue un cliente, la base de datos permite a la empresa decidir qué puede esperar de él. Calcular la aportación vitalicia de un cliente a las utilidades y las ganancias generales de la empresa es una importante tarea de las bases de datos. Con este valor, la compañía calcula fácilmente cuánto gastar en actividades de marketing para que tal cliente esté satisfecho y sea leal.

Por último, una base de datos de investigación de mercado permite a la empresa responder la pregunta crucial: ¿por qué algunos clientes compran regularmente nuestros productos o servicios y otros no? La sencilla premisa de las bases de datos es que los propios consumidores pueden dar la información que hace falta para encontrar la respuesta. Otras preguntas que contribuyen a aquella respuesta general son:

1. ¿En qué se asemejan y en qué difieren nuestros bienes de los productos de la competencia?
2. ¿Cuál es la relación entre el valor percibido y el precio del producto?
3. ¿Qué tan satisfechos están los clientes con el servicio y el soporte del producto?
4. ¿Qué resulta de comparar a los usuarios habituales, medios y esporádicos del producto en cuanto a estilos de vida, datos demográficos, actitudes y exposición a los medios?[4]

Mediante varias técnicas de elaboración de modelos, la base de datos puede trazar perfiles de individuos a partir de características o atributos selectos que parezcan distinguir a los compradores de quienes no compran. Dedicaremos el resto de esta exposición a las responsabilidades que conllevará elaborar una base de datos.

Investigación de mercado y mejoramiento de los datos

Mejoramiento de datos
Superposición o división de la información sobre clientes nuevos o antiguos con la finalidad de determinar mejor su respuesta a los programas de marketing.

La función principal de una base de datos es ser un recurso de información e inteligencia para la compañía. Una parte central de este objetivo es el proceso de **mejoramiento de datos**, que se define como la superposición o partición de la información sobre clientes nuevos o antiguos con el fin de determinar su respuesta a los programas de marketing. Como tal, el mejoramiento de datos confiere a las organizaciones tres ventajas claras:

1. **Más conocimientos de los clientes.** Saber exactamente quién compra los productos o servicios es en extremo valioso para ajustar la función estratégica de la compañía al plan de marketing. Casi todas las bases de datos se crean con este propósito de concentrarse en los datos internos limitados a los usuarios actuales de un producto o servicio. El mejoramiento de datos permite incorporar datos primarios externos en los datos internos para hacer una clasificación más exacta de los clientes en cuanto a su verdadero valor para la compañía. Los datos externos son, entre otros, demográficos, psicográficos, conductuales y de motivaciones sobre diversos consumidores.
2. **Aumentar la eficacia de los programas de marketing.** Con el mejoramiento de los datos, la función de marketing de la organización adquiere conocimientos sobre comunicaciones, distribución y creación de nuevos productos. Cuando se mejora los datos internos de los clientes con datos externos, es posible individualizar los perfiles de uso de los clientes para que se desprendan los deseos peculiares de diversos grupos de consumidores.
3. **Pronosticar la respuesta a los cambios en los programas de marketing.** Tener información concisa sobre grupos de consumidores acrecienta la eficacia al segmentar mercados. La eficacia aumenta cuando con los perfiles de los clientes se pronostica la probabilidad de alcanzar clientes nuevos pero semejantes con un nuevo plan de marketing. En suma, la probabilidad de éxito de nuevos programas y procedimientos puede calcularse de acuerdo con los datos mejorados.

Elaboración eficaz de una base de datos mejorada

Una base de datos común tiene tres unidades fundamentales de datos que se clasifican, de manera interactiva, de acuerdo con los informes, con los perfiles exclusivos de los clientes: factores geodemográficos, datos de atributos y dimensiones del mercado objetivo. En la figura 6.1 se muestran las propiedades interactivas de estas unidades.

Los factores geodemográficos proceden por lo general de dos fuentes: mercados geográficos y zonas residenciales. En el plano residencial, los requisitos de la información se centran en el individuo, el hogar y el código postal donde viven los clientes. El plano del mercado geográfico toma datos más generales que representan mercados de zonas metropolitanas o regionales.

Los datos de actitudes manifiestan preferencias, inclinaciones, puntos de vista o sentimientos de los individuos hacia un producto o servicio. Estos datos son uno de los principales asuntos en la creación de la base de datos, por su relación con la conducta de compras. En el contexto de las bases de datos, los datos de actitudes reflejan las opiniones generales de las personas sobre productos, marcas o características de los artículos. Cuando los individuos prefieren un producto o marca, están más inclinados a comprarlo que si no tuvieran predilecciones. En lo esencial, los datos de actitudes son antecedentes de la conducta de compra.

Los datos de motivación se refieren a tendencias, deseos o impulsos que dirigen a un individuo hacia un objetivo. Los datos de motivación abarcan aquellos factores que explican por qué la gente se comporta de cierta manera. Buscar ciertas ventajas en los productos, comprar en tiendas convenientes y cómodas o simplemente disfrutar del trato con ciertos vendedores constituyen características motivadoras que impulsan una decisión de comprar. En síntesis, los datos de motivación reflejan las actividades en que se basa la compra. Trátese de lealtad a una marca o tienda, o bien, del influjo de los medios de comunicación, los datos de motivación describen las circunstancias que dirigen la conducta del consumidor hacia cierto fin.

Las características del mercado meta describen a los consumidores frecuentes (comparados con los esporádicos) en dimesiones como datos demográficos, volumen y frecuencia de compras. Otros datos revelarían hábitos de consumo del hogar, viajes de compras, eficacia de la publicidad e información sobre la sensibilidad a los precios.

Desde luego, la clave del mejoramiento de la base de datos es la disponibilidad de datos para incrementar la eficacia interactiva de las tres unidades de datos. Por lo general, al crear una base de datos la unidad geodemográfica se llama dimensión del impulso, pues determina (o *impulsa*) el tipo y el monto de los datos adicionales (de atributos y mercado meta) que pueden generarse o solicitarse con la finalidad de establecer referencias cruzadas. Por ejemplo, digamos que la compañía A tiene una base de datos magra con sus clientes actuales y quiere emprender una campaña promocional para aumentar la conciencia de su producto entre posibles nuevos compradores. Los análisis de su base de datos, hechos a partir de los

FIGURA 6.1. **Tres dimensiones de una base de datos característica**

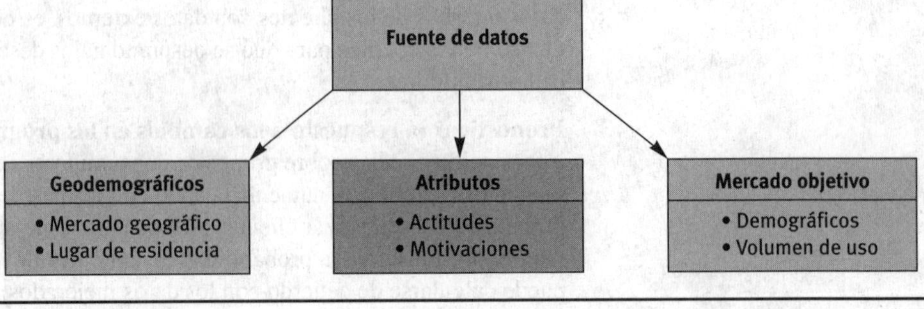

factores demográficos, revelan información útil sobre la residencia de los clientes; sin embargo, es de poco valor en cuanto a la manera de dirigirse a clientes nuevos, salvo por las semejanzas en la ubicación de su residencia. Por tanto, los requisitos de información cambian a la solicitud de datos externos sobre atributos y características del mercado objetivo de usuarios actuales para mejorar la capacidad de transferir los perfiles de los clientes actuales a los nuevos clientes potenciales.

Con este ejemplo simple, los datos geodemográficos son el impulso para determinar otros requisitos de datos. Dependiendo del nivel y el monto de la información disponible, se deciden otros requisitos de datos. Las bases electrónicas de datos también son herramientas útiles para mejorar la información, como se explica en el recuadro referente al aprovechamiento de la tecnología.

Dinámica de la elaboración de una base de datos

La definición esencial de base de datos es "conjunto exhaustivo de datos relacionados". Estos datos provienen de fuentes internas y externas. Cualquiera que sea su origen, es importante advertir que una base de datos es tan buena como la información que posee. Si la información que se necesita para tomar decisiones de marketing no se encuentra en la base, ésta es inservible. Desde el punto de vista de la investigación de mercado, es crucial que la información que arroja la base posea cuatro características:

1. **Afinidad.** Los datos deben reflejar el uso anterior de productos o servicios. Los datos que muestran el uso anterior de los clientes actuales son los mejores pronosticadores de las necesidades futuras de productos.

2. **Frecuencia.** La información de la base de datos debe dar a los usuarios la capacidad de clasificar a los clientes por frecuencia de compra. La información disponible debe reflejar el monto de los negocios que ha hecho cualquier individuo con la compañía.

3. **Tiempo.** El tiempo entre compras es un pronosticador muy atinado de las compras futuras. Por esta causa, cuándo se hizo la última compra es un factor crucial en la dinámica de la base de datos. Se supone que un cliente que compró en la empresa el mes pasado tiene mayores probabilidades de comprar de nuevo que un cliente cuya última compra fue hace seis meses.

   El tiempo entre cada consumo y la creación de la base de datos trazan perfiles de todos los clientes a partir de su última compra, de manera que el más reciente tiene la mayor probabilidad de volver a comprar y el más remoto la menor probabilidad. Se asigna a cada cliente un código de tiempos (por ejemplo, 1 = más reciente, 5 = menos reciente) y se dividen en grupos de acuerdo con esta clasificación.

   Cuando se tienen los perfiles, quienes toman las decisiones pueden ver a los clientes bajo una luz totalmente diferente. Ciertos grupos de clientes pueden recibir promociones de nuevos productos, en tanto que a otros se dirigirán esfuerzos de marketing especiales para aumentar la frecuencia de sus compras. Conocer los tiempos de compras permite a la empresa establecer mejores relaciones con distintas clases de clientes, y al investigador, determinar cuáles son los más importantes y qué grupos requieren atención adicional.

4. **Monto.** Cuánto le compra un individuo a la compañía es un buen pronosticador del uso futuro. Por tanto, los datos deben permitir la clasificación de los clientes en grupos de uso (esporádicos, medianos, frecuentes).[5]

Al tiempo que es importante observar que la información para una base de datos debe poseer ciertas características, los investigadores nunca deben perder de vista el hecho de que

La investigación de cerca

Aprovechamiento de la tecnología

Como se detalló en el capítulo 5, las bases de datos electrónicas han cobrado importancia para quienes necesitan acceso inmediato a información de investigación de calidad. Muchos sitios de Internet ofrecen acceso a bases de datos electrónicas a cambio de una cuota. El sitio que mantiene la Biblioteca de la Universidad de Pensilvania, en *www.library.upenn.edu/dialog/subjlist.html*, ofrece vínculos a bases de datos para diversos intereses. En la mayoría de los casos, cada vínculo ofrece información sobre los contenidos de la base y la cobertura.

Con frecuencia los investigadores tienen grandes dificultades para determinar dónde empezar la búsqueda de información para un estudio. Muchas veces la información sobre antecedentes es poco clara y sólo se descubre después de muchas horas de investigación.

Las bases electrónicas de datos, aunque no son una panacea, ofrecen a los investigadores un acceso relativamente sencillo a la tan necesaria información. Por ejemplo, casi todas las bases de datos están divididas para brindar mayor potencial de investigación y una atmósfera más accesible. Las bases de datos electrónicas eliminan una parte considerable de los costosos desperdicios de tiempo que resultan de la búsqueda manual en montañas de textos.

A medida que el proceso de transferencia de información electrónica por las bases de datos mejore, la capacidad de obtener datos para la investigación de mercados se enriquecerá.

la creación de una base de datos es una labor peculiar en cada compañía. El monto y el tipo de información que es pertinente para una agencia de marketing no lo será para otra. La creación de una base de datos es sumamente específica, si bien dentro de esta especificidad descansa el arte de llevar al máximo la oportunidad de la información.

En la figura 6.2 se ilustran los pasos de la creación de bases de datos. El primero requiere que el investigador determine el valor de la información que se incluirá en la base de datos. El siguiente es identificar las necesidades peculiares de investigación que regirán la recolección de datos. Como ya se ha indicado, éstos proceden de fuentes internas y externas y del mercado objetivo. En seguida se personaliza la información según los perfiles de los clientes ubicados en categorías de compras. Al final, estas categorías se convierten en el medio para trazar nuevos perfiles. Después la información se procesa mediante algún sistema de administración de base de datos con el que se generan modelos para estimar el valor vitalicio que ciertos clientes representan para la compañía. Luego de estos procedimientos, se ajustan los programas de marketing para los grupos señalados como de posibles clientes nuevos.

Determinar el valor de la información

El primer paso en la elaboración de una base de datos consiste en determinar el valor de la información que puede captarse en ella y las ventajas que confiere a todos los posibles usuarios. El valor de los datos está relacionado directamente con la variedad de funciones que se pretende que cumpla la base. Publicidad, ventas, creación de productos y servicio a clientes son algunas áreas a las que se aplicaría la base de datos.

Matriz de interacción de datos Matriz en que se detallan el tipo y la cantidad de datos que se requieren en cada departamento, cualquiera que sea el costo de recolectarlos.

Dada la gama de aplicaciones de la base de datos en cualquier empresa, los investigadores deben evaluar cada una de acuerdo con el grado de la interacción de datos que se produzca. Por ejemplo, en la figura 6.3 se ilustra una **matriz de interacción de datos** en la que se anotan todas las aplicaciones de marketing de cada función en la que la base de datos sería provechosa. El objetivo de la matriz es mostrar el tipo y la cantidad de datos que requiere cada función, cualquiera que sea el costo de reunirlos. Una vez que se han detallado todos los

FIGURA 6.2 El proceso de elaboración de una base de datos

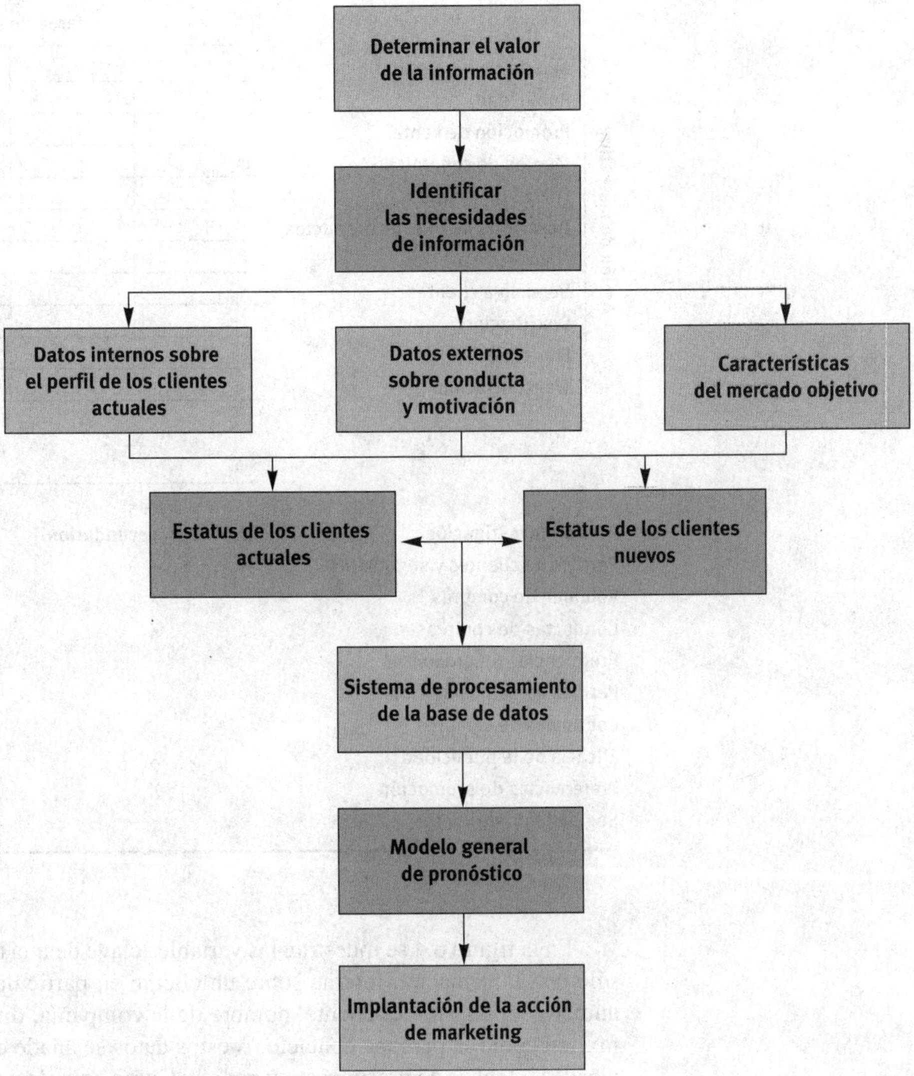

datos que se requieren, hay que identificar las áreas que revelan la necesidad de compartir datos. La idea básica es que cuantas más funciones compartan los datos y las aplicaciones de la base, menos costará establecer todo el sistema. Cuando se determinan los requisitos de datos compartidos, la siguiente tarea es verificar si los datos que hacen falta se encuentran dentro de la compañía.

Evaluar las fuentes de datos internos

La mejor manera de determinar con cuántos datos internos se cuenta es evaluar todas las maneras en que la compañía se comunica ahora con los clientes y cómo lo ha hecho en el pasado. La clave es la creatividad, pues la empresa puede comunicarse con sus compradores de más formas que las que uno pensaría en primera instancia.

FIGURA 6.3 Matriz de interacción de datos

Acción de marketing	Tarea de la investigación de mercado				
Mezcla de productos					
Publicidad					
Promoción de ventas					
Medios de comunicación					
Fuerza de ventas					
Desarrollo de nuevos productos					
Fijación de precios					
Servicio a clientes					
Distribución					
Empaque					
Transportación					

	Fuente de datos		
Área de investigación	**Datos históricos/secundarios**	**Datos primarios**	**Integración de los datos**
Perfiles de clientes y segmentos	X	X	X
Volumen de compras	X		X
Conductas de compras	X	X	X
Preferencias de productos		X	X
Perfiles de estilos de vida		X	
Conductas de compras		X	X
Eficacia de la publicidad	X	X	X
Preferencias de promoción	X	X	X
Seguimiento de ventas		X	X

En la figura 6.4 se muestran las variables clave de una base de datos característica creada sólo con información interna sobre un cliente en particular. En este ejemplo, se indican el número del puesto del cliente, nombre de la compañía, dirección y números de teléfonos y fax, así como la persona contacto. A estos datos se añade el código NAICS, número de empleados y fechas de presupuesto y pedido. Como complemento, se identifica el negocio principal, dejando espacios para añadir información acerca de las instalaciones fabriles del cliente, el crecimiento proyectado y la profundidad de las líneas de productos. Por último, hay espacio para precio de ventas, utilidades, vendedor (identificado con su número), ramo industrial, segmento y producto. El aspecto peculiar de este ejemplo es que toda la información de este perfil se encuentra en la organización.

Ya que se detectaron todas las posibles fuentes de información interna, hay que formular varias preguntas clave. En primer lugar, ¿cuál es la "vida en estante" de los datos internos? Por ejemplo, en la figura 6.4, ¿el señor Sepulveda es todavía la persona de contacto o se ha ido de la compañía? ¿Los empleados son los mismos, más o menos? En una palabra, ¿los datos internos son oportunos, exactos y actualizados? En segundo lugar, ¿faltan variables importantes para mejorar la base que puedan conseguirse internamente? Por ejemplo, quizá podrían incorporarse al perfil algunos datos demográficos de carácter personal, como el nombre de la secretaria, las personas que influyen en las decisiones del cliente o ciertas fechas de cumpleaños.

Cuando toda la información ha sido identificada y se formulan todas las preguntas pertinentes, las fuentes internas deben compararse con la matriz de interacción de datos ya citada. Hay que revisar la matriz de acuerdo con los datos internos recolectados.

FIGURA 6.4 Atributos de los perfiles de clientes clave

VENDIDO A:	Bristol Myers Squibb	Núm. Puesto:	6732
	PO Box 897	Mayzguez PR	00708-0
TELÉFONO:	8098001095	FAX:	20464
ENTREGA:	Bristol Myers Squibb		
		PR 00709	80983401
Persona de contacto:	Ben Sepulveda		
Código NAICS	2834	**Fecha cotización**	11/14/90
Volumen		**Fecha pedido**	12/14/90
Empleados	52 600	**Fecha embarque**	
Negocio:	sector salud		
Plantas de producción:			
Crecimiento proyectado:			
Profundidad de línea de productos del cliente:			
Precio de venta		**Ramo**	
Utilidades		**Segmento**	Pharma Powder/
Vendedor	2	**Producto**	Y

Evaluación de las fuentes de datos externos

Los datos externos de la base proceden de muchas fuentes. En el capítulo 4 se señala las fuentes secundarias que representan las agencias de investigaciones sindicadas de mercados, así como Internet. Una revisión breve de los datos que se encuentran en estas fuentes abarca:

- Datos de ventas de la competencia.
- Encuestas en el ramo.
- Encuestas de la competencia.
- Informes gubernamentales.
- Proyecciones históricas.

También se consiguen datos sobre los hábitos de compra de los consumidores, que revelan la propensión a adquirir un producto o servicio complementario. Por ejemplo, si una compañía compra un gran volumen de papel para impresora, debe tener una necesidad a largo plazo de impresoras. Esta clase de datos son:

- Demográficos.
- Indicadores de estilo de vida.

- Económicos.
- De compra de productos.
- De promociones y ventas.

De nueva cuenta, ya que el investigador revisó todos los datos externos pertinentes, debe proceder a estudiar la matriz de interacción para señalar la información que es asequible para mejoramiento de los datos externos.

Evaluación de las fuentes de datos personalizadas

Incluso después de haber evaluado las fuentes internas y externas, es probable que la matriz de datos muestre elementos que no se han satisfecho. La única manera de captar tales datos es acudir a una fuente de información de consumidores, que por lo regular se trata como información primaria por su distribución limitada (muestral) y la reducida posibilidad de comunicación (encubierta). Desde el punto de vista de las bases de datos, muchas veces la investigación primaria está limitada a obtener información acerca de los clientes actuales. Por ejemplo, los casinos mejoran mucho sus fuentes de datos internos merced a técnicas de investigación primaria. Desde el momento en que entra el cliente, el casino tratará de seguir cada uno de sus movimientos. De los restaurantes a los espectáculos y las mesas de apuestas, se recaba información que se incorpora a la base de datos. Muchos casinos usan tarjetas especiales de crédito o débito para rastrear todos los gastos de los clientes. Hay incluso tarjetas para las máquinas tragamonedas con las que se registran las veces que un cliente acciona la palanca y se le factura al terminar de jugar. Algunos casinos completan esta información con entrevistas de salida sobre temas de satisfacción e insatisfacción. Sin embargo, por buenas que sean estas técnicas para seguir los movimientos dentro de los casinos, no pueden seguir a los clientes en los locales de la competencia.[6] Desde la perspectiva de la base de datos, una limitación importante de las fuentes de datos personales es su incapacidad de rastrear o medir las compras efectuadas fuera del ambiente que controla la compañía.

Evaluación de la mezcla de fuentes de datos

En esta etapa, la matriz de interacción de datos debe identificar todos los planos de datos que pueden captarse. Todos los datos con que se formará la base de datos, sean internos, externos o personales, deben delinearse y hay que confirmar la inclusión de las variables apropiadas. Entonces se hace indispensable volver a evaluar las necesidades de información. Lo ideal sería incluir todos los datos posibles con que se clasificaría a los clientes actuales y potenciales, pero la recolección de tantos datos costaría mucho dinero, tiempo y esfuerzo. No faltará en la compañía alguien que diga: "demuéstrame que la base de datos será un activo que compensará el tiempo, dinero y esfuerzo que invertimos en crearla".

Las dos pruebas verdaderas de la aportación final de la base de datos son si arroja datos pertinentes y si es posible mejorarlos. Para probar la pertinencia de los datos, el investigador tiene que responder seis preguntas sencillas:

1. ¿La información que contiene la base de datos permitirá saber más de los clientes y mercados de la compañía de lo que se sabría sin ella?
2. ¿La base de datos permitirá a la compañía crear mejores productos y programas de promoción?
3. ¿Aumentará la base de datos la probabilidad de vender o contratar los bienes y servicios actuales?

4. ¿La información de la base de datos tiene la capacidad de identificar a los nuevos clientes?
5. ¿La información de la base de datos tiene la capacidad de aumentar la penetración en los mercados actuales o nuevos?
6. ¿La base de datos dará más información a los vendedores para fines de ventas?

Si todas las respuestas son afirmativas, a fin de cuentas la base de datos será un activo importante que contribuirá a la rentabilidad de la compañía.

La segunda prueba del valor de la base es su capacidad de superponer los datos para mejorarlos. Para decirlo en forma sencilla, ¿la interacción de los diversos elementos de datos aumentará el poder de pronóstico de la base más que si se recurriera a dichos elementos por separado? Como cada campo de datos tiene su propósito y sus implicaciones específicas, hay que examinar las combinaciones de tales campos para determinar si es posible obtener más conocimientos. Por ejemplo, una prueba significativa consiste en combinar las regiones de ventas con las clasificaciones de cuentas. La mera exploración de las regiones de ventas revelaría, por ejemplo, que el noroeste genera el mayor volumen de ventas. Pero cuando se combina con la clasificación cuentas, la base de datos mostraría que 90% de las cuentas A (aquellas que generan grandes utilidades al menor costo de venta por contrato) radican en el sur. Así, la combinación de los dos campos de datos mejoraría en buena medida todo el conjunto de la base e incrementaría su poder de pronóstico.

Por último, al probar varias combinaciones de campos de datos, el investigador está en mejor posición para eliminar datos que no servirían para los fines de mejoramiento. Por ejemplo, añadir una "persona de contacto" a la combinación de "clasificación de cuentas y regiones" no mejora la capacidad de pronóstico de la base de datos. En este caso, el costo de reunir los datos de personas de contacto supera sus beneficios.

Reglas prácticas generales para la elaboración de bases de datos

Dado el valor que una base de datos bien hecha añade a la compañía, la administración debe ver el proceso total de su creación como un compromiso con un plan de adquisición de datos a largo plazo. De este modo, deberá contemplar en el presupuesto la elaboración de la base como una tarea de varios años. Los investigadores deben comenzar a recolectar los datos que posean la mayor capacidad de pronóstico.

Profundidad Número general de campos de datos o variables fundamentales que integran el registro de datos.

Anchura Número total de registros que contiene la base de datos (también se llama *tamaño de la muestra*).

En segundo lugar, la administración debe considerar el proceso de adquisición de datos en términos de la anchura y profundidad de la base de datos. La **profundidad** se refiere al número total de campos de datos o variables que integra el registro. A título de ejemplo, volvamos a la figura 6.4 y observemos que cada atributo de este perfil se considera un campo o una variable. Así, el perfil tiene en total 21 variables de profundidad. La profundidad representa la densidad, el volumen o las variables clave contenidas en cada registro. En cambio la **anchura**, es el número total de registros en la base de datos. En los términos más comunes de la investigación de mercados, la anchura se refiere al *tamaño de la muestra*, es decir, el número de las respuestas obtenidas. Debido al hecho de que un mismo cliente actual o potencial puede estar representado en varios registros, los investigadores no deben preocuparse si no suman una profundidad de 100% en cada registro. Recuérdese que el valor de la base de datos radica en su capacidad de interactuar o intercambiar datos. Si un registro no es 100% completo, quizás otro registro lo compense. Por ejemplo, en el caso de los datos internos de Bristol Myers Squibb, quizá se perdieron dos variables (digamos, volumen de ventas y crecimiento proyectado). Otro registro de Bristol Myers Squibb recolectado fuera carecería, por ejemplo, del número del puesto, pero tendría las cifras de volumen de ventas y crecimiento proyectado. La posibilidad de superponer los datos es un valor de mejora en la creación de bases de datos.

Finalmente, las compañías deben evitar seguir las tendencias de las bases de datos (es decir, crear una sólo porque todos lo hacen) y luego no asignar los recursos necesarios para explotarla. Por su diseño, una base de datos de investigación de mercado es un proceso constante y continuo. Una base de datos no servirá si la compañía no se compromete a la adquisición y mejoramiento a largo plazo de los datos.

Tecnología: cómo convertir datos en información

Campo de datos Característica básica de un cliente.

Las compañías tienen datos sobre casi todos los aspectos de sus operaciones. Muchas incluso poseen información acerca de cuántos datos tienen. ¿Qué son los datos? Los datos son hechos verbales o numéricos que sirven para razonar o calcular. En la terminología de la base de datos, un elemento de datos o **campo de datos** es una característica básica sobre un consumidor o cliente (por ejemplo, género, edad, nombre, dirección). Como se vio en las secciones precedentes, los campos de datos tienen poco valor cuando se tratan por separado, pero adquieren valor y pueden considerarse información cuando se combinan de manera que se vuelven útiles para tomar decisiones.

Así pues, un paso importante en la creación de una base de datos es transformar éstos en información. La tecnología provee el motor que impulsa este paso.

Tecnología de base de datos

Tecnología de bases de datos Herramientas para transformar los datos en información.

La **tecnología de bases de datos** se refiere a las herramientas con que se transforman los datos en información. Esta definición de la tecnología parece simple, pero su aplicación llega a ser un tanto complicada. Un breve repaso bastará para aclarar las ideas sobre lo que sustenta realmente a la base de datos.

La tecnología de bases de datos permite procesar y almacenar los datos en un solo banco. Consta de dos características peculiares: un sistema de administración de la base de datos y un diccionario. El sistema de administración de la base de datos es un programa de cómputo que crea, modifica y controla el acceso a los datos. Los usuarios de los programas siguen ciertas instrucciones básicas para combinar los datos y generar alguna salida deseada. Un sistema muy común de administración de bases de datos es ACCESS.[7] La figura 6.5 muestra un ejemplo del uso de este programa. Un diccionario proporciona descripciones de los datos, les da un formato y les asigna un significado a los campos o las variables. En conjunto, el sistema de administración y el diccionario constituyen el sistema de procesamiento de la base de datos.

Sistema secuencial de base de datos Datos organizados en un esquema muy simple, como una trayectoria, vínculo o red.

Hay dos tipos de sistemas de procesamiento: secuencial y relacional. Un **sistema secuencial de base de datos** organiza los datos en esquemas muy simples: una trayectoria, vínculo o red. En estas bases de datos sólo es posible unir dos campos de datos, pero una vez unidos pueden vincularse a un tercero. Cuando este grupo se conecta, cabe enlazarlo con el cuarto campo, el quinto, etc., como se ilustra en la figura 6.6.

Muchas compañías optan por las bases de datos secuenciales porque confieren a los usuarios un acceso fácil a datos detallados vinculados a cierto campo o variable (por ejemplo, región del país). Asimismo, se usan estos sistemas en las compañías que requieren informes basados en datos congruentes con cierto formato.

Sistema relacional de base de datos Sistema en que se estructura una base de datos en forma de tablas con filas y columnas. Las tablas (no los campos de datos) se vinculan dependiendo de la salida deseada.

Un **sistema relacional de base de datos** opera de modo un tanto distinto que el sistema secuencial. La principal diferencia es que las bases relacionales no requieren una relación directa entre campos y variables. Los datos se estructuran en tablas de columnas y renglones, y son las tablas las que se enlazan (no los campos) dependiendo del resultado deseado. Con un sistema relacional de base de datos, la tabla se convierte en un archivo en el que los renglones corresponden a los registros (anchura) y las columnas representan campos o variables (profundidad) en cada registro.

FIGURA 6.5 Ejemplo de ACCESS

NEGOCIO PRINCIPAL	PERSONA CONTACTO	CALLE ENTREGA	ESTADO	C.P.	TELÉFONO	FAX	CLAVE CLIENTE	NÚM. PEDIDO
	Douglas				2882231	0	100541	52117
banca	Ernest Stevens		AL	35203-	2052521161	2053266220	020890-2	299568
bocadillos	DENNY TAVERES				7176324477	7176327207	VERBAL PER DEN	572117
	Richard Trotter						2179	342422
comida	John Lock		W	54467	7153415960	7153415966	21259	59571
comida			W	54467	715341596	7153415566	29060	127397
	DALE COWART				5014245403	5014245228	MH51114	376271
			OR	97220-	5036664545	5036692223	DM90099	222620
atención médica			PR	00709	3154322287	0	BM00030	54200
atención médica			PR	00709	0	0	BM	109800
atención médica	FRANCK		PR	00709	3154322287	315432411	VERBAL	96175
atención médica	Ben Sepulveda		PR	00709	8098340185	8098331095	20464	48541
atención médica	Ben Sepulveda		PR	00709	8098340185	8098001095	20464	48541
atención médica	JERRY WOOSTER		VA	22021	2019266786	2019266782	M-01202	60067
	MILLOS CIKASA				8185494	8185496638	101071	53582
	OLIVIER DULAUN				6096632260	6096650474	5586	407602
					6096632260	0	1187	780000
product. construcción					2154858959		72748	74000
					2068728400	2063957701	F-35580	145560
	MARK MIKA		WA	98032	2063957596	2063957591	D67428	3977000
							84007	194076
	CAROL COLLINS		MI	48043	6144386312	0	LMT104737	48897
			PA	19363	7088332900	7088331025	K-53167	43188
	PAUL MORGAN				6155976700	6155975243	13362	42009
	ALLEN RANSOM		IN	46041	8032815292	0	B883D150061	312743
bocadillos			IN	46041	2143534893	0		375954
bocadillos					0	0	U9914	383478
bocadillos			NC		0	0		360140
bocadillos			MD		0	0	EU10443	403937
bocadillos	Royce Shafer							957600
bocadillos					0	0	U9914	383478
bocadillos								42960
bocadillos	Engineering Accou		IN	46041-	2143534893	0	EU-7308	375954
bocadillos	BRUCE FISHER/JI		MD		2143344940	2143345175	EU-14060	997554
bocadillos	DAN PREMUS		OR	97005	2143344940	2145345175	EV14247	596553
bocadillos	Bruce Fisher	Aberdeen	MD	21001			EV15168	325766
comida	ED CASSATERI		IL	60185	7082311140	7082316968	WC-072810	189319
	D. WHEL		KS	66031	9137648100	9137646520	VERBAL	550691
	NANCY HOLLAND				8002556837	0	H2924	56861
		Burlingame	CA	94010			1717	222430
	Roland Gage						1717	787745
bocadillos					2159329330	2159325698	SM12067	98481
comida	CHRISTINE ALLEN	HERSHEY	PA	17033			2R5076221	49428

FIGURA 6.6 Ejemplo de base de datos secuencial

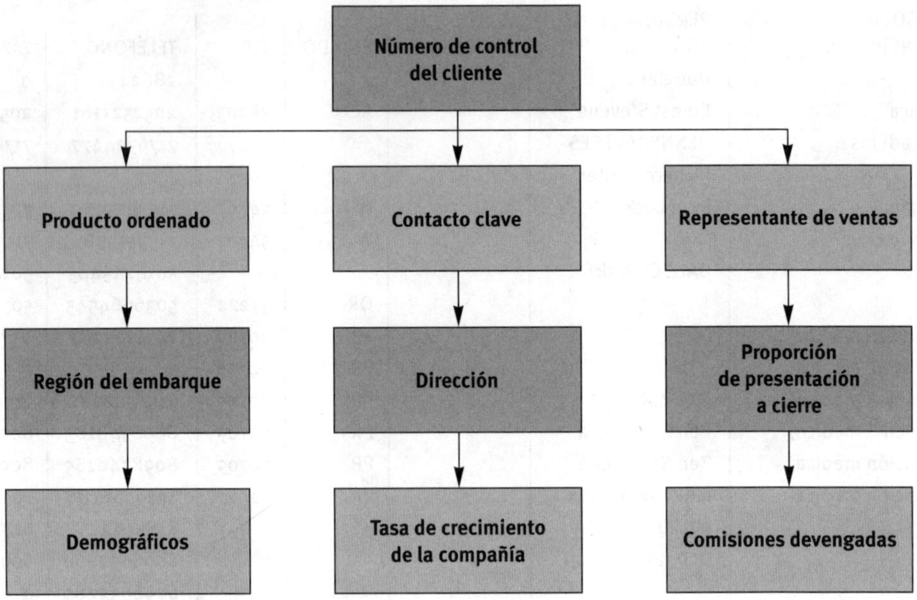

Por ejemplo, en la figura 6.7 cada renglón representa el número de clientes de ese campo en particular. Continuando con la ilustración, el atributo del mercado principal se divide en los campos regional, nacional e internacional. Cada columna contiene la división de cada cliente por negocio principal (panadería, química, farmacéutica, etc.). Los renglones y las columnas constituyen la tabla, que traza perfiles de clientes por sector industrial.

Las bases de datos relacionales ofrecen mayor flexibilidad que las secuenciales para examinar relaciones numerosas y complejas entre los datos. Además, estas bases permiten al analista contemplar simultáneamente todas las variables o los campos, en lugar de uno por uno. En general, las bases de datos relacionales son mejores para las situaciones dinámicas en las que deben crecer constantemente y se requieren aplicaciones con muchas variables.

En esta exposición apenas tocamos la punta del *iceberg* de la tecnología, pero debe bastar para tener una idea elemental de los sistemas de base de datos disponibles. Ahora dirijamos nuestra atención a la razón fundamental de la creación de bases de datos: el almacenaje de datos.

¿Qué es un almacén de datos?

Almacén de datos Depósito central de toda la información significativa que recolecta la organización.

Datos operativos Datos para las operaciones diarias de la compañía.

Un **almacén de datos** es un depósito central de toda la información importante que recolecta una organización; así, también se denomina *almacén de información*. Los datos de las diversas funciones de la organización se almacenan y se hace su inventario en una supercomputadora central, de modo que la información se comparta entre todos los departamentos de la empresa. Lo más destacado del almacén de datos es su objetivo. Desde el punto de vista de la recolección de datos, el almacén cumple dos objetivos. En primer lugar, recolecta y guarda datos para las operaciones cotidianas de las empresas. En este caso se trata de los **datos operativos**, y el sistema para recolectarlos es el procesamiento de transacciones en línea (STEL). Los datos operativos representan no sólo la información tomada de clientes, sino también datos que proceden de proveedores y vendedores.[8]

FIGURA 6.7 Base de datos relacional que muestra el perfil de un cliente por segmento industrial

	Panadería (15)	Química (7)	Farmacéutica (35)	Bocadillos (42)	Otra (11)
Mercado principal					
Regional	1 (6.7)	1 (14.3)		3 (7.1)	1 (9.1)
Nacional		2 (28.6)	7 (20)	37 (88.1)	3 (27.3)
Internacional	3 (20)	2 (28.6)	8 (22.9)		5 (45.5)
Núm. de líneas de producto					
Una	(6.7)	1 (14.3)	1 (2.9)		3 (27.3)
Dos	6 (40)		2 (5.7)	2 (4.8)	2 (18.2)
Tres		1 (14.3)	5 (14.3)	1 (2.4)	1 (9.1)
Cuatro	1 (6.7)	3 (42.9)	4 (11.4)	4 (9.5)	—
Cinco		1 (2.9)			—
Seis	1 (6.7)				1 (9.1)
Siete					
Región					
Noreste	5 (33.3)		13 (37.1)	9 (21.4)	2 (18.2)
Sureste	1 (1.7)	6 (85.7)	4 (11.4)	1 (2.4)	5 (45.5)
Centro oeste	4 (26.7)	1 (14.3)	3 (8.6)	23 (54.8)	2 (18.2)
Oeste	5 (33.3)		1 (2.9)	2 (4.8)	2 (18.2)
Canadá/Otros			13 (37.1)	7 (16.7)	

Datos informativos Datos disponibles para fines de análisis.

El segundo objetivo del almacén de datos es recolectar, organizar y disponer los datos para el análisis. Esto permite que la empresa aproveche el almacén como herramienta para tomar decisiones sobre los programas de marketing. Los llamados **datos informativos** y el sistema con que se recolectan y organizan es un procesamiento analítico en línea conocido como OLAP (*on-line analytical processing*). Este proceso consiste en establecer categorías de clientes de acuerdo con las relaciones entre los datos.[9] Por ejemplo, los antecedentes de compra, frecuencia, visitas a las tiendas y preferencias de marcas podrían compartir una relación en un grupo de clientes que, por tanto, se agruparían y clasificarían para trazar un perfil parecido a los perfiles de segmentación de mercados.

El almacenaje de datos proporciona a la compañía un sistema orientado a compartir información pertinente para todos y cada uno de los departamentos de la empresa. Un almacén de datos es comparable a la biblioteca de una universidad, tanto porque es un recurso cuanto porque constituye un servicio para toda la institución. El valor del recurso bibliotecario está determinado por la colección de libros, publicaciones periódicas e información profesional que contiene. El valor del servicio que presta se basa en la rapidez y facilidad con que su personal ayuda a encontrar y usar lo que uno busca. En un almacén de datos, el valor del recurso está determinado por la cantidad y variedad de los datos recolectados y guardados ahí. El valor del servicio depende de la facilidad de uso y el grado en que la empresa comparte su información con todas sus áreas.

Características de un almacén de datos

La información de una base de datos debe estar dispuesta en temas y ser integrada, variable (en cuanto al paso del tiempo) y fija (en el sentido de que no sea volátil). Estas cuatro características, como se ve en seguida, indican que un almacén de datos es un proceso continuo. Todos los asuntos que hay que tratar en el momento de planear el almacén también se abordan de nuevo al usarlo y, sobre todo, al ampliarlo.

FIGURA 6.8 Base de datos relacional que muestra el perfil de una industria por región

	Noreste (29)	Sureste (17)	Centro oeste (38)	Oeste (9)	Canadá/Otra (23)
Mercado principal					
Regional	3 (10.3)	1 (5.9)	1 (2.6)	1 (11.1)	
Nacional	6 (20.7)	7 (41.2)	25 (65.8)	2 (22.2)	10 (43.5)
Internacional	6 (20.7)	4 (23.5)	4 (10.5)	2 (22.2)	3 (13)
Núm. de líneas de productos					
Una	3 (10.3)	1 (5.9)		2 (22.2)	
Dos	3 (10.3)	2 (11.8)	3 (7.9)	4 (44.4)	
Tres	3 (10.3)	1 (5.9)	3 (7.9)		1 (4.3)
Cuatro	5 (17.2)	3 (17.6)	1 (2.6)	1 (11.1)	3 (13)
Cinco		1 (5.9)	—		
Seis			2 (5.3)		
Siete			1 (2.6)		
Representante de ventas					
Cavendor	2 (6.9)	3 (17.6)	—	—	2 (8.7)
Moore	—	2 (11.8)	1 (2.6)	—	—
HWN	16 (55.2)	2 (11.8)	—	—	2 (8.7)
CAC	—	2 (11.8)	12 (31.6)	6 (66.7)	8 (34.8)
RBW	5 (17.2)	1 (6.3)	14 (36.8)	—	—
JMC	1 (3.4)	—	—	—	1 (4.3)
Emond	—	2 (11.8)	—	—	1 (4.3)
Nesti	2 (6.9)	—	1 (2.6)	—	1 (4.3)
CJE	—	3 (12.6)	—	—	3 (1.3)
Cherry	—	—	1 (2.6)	1 (11.1)	—
TC	1 (3.4)	1 (6.3)	1 (2.6)	—	—
WHHE	—	—	1 (2.6)	—	—
Roger	—	—	3 (7.9)	—	—
MN	—	—	2 (5.3)	—	1 (4.3)
CC	—	—	1 (2.6)	—	—
VS	—	—	—	—	1 (4.3)
Nichols	—	—	—	—	1 (4.3)

Información temática

La principal función de los datos recolectados y guardados en el almacén es proporcionar a la empresa información sobre temas particulares más que acerca de operaciones. Así, los datos reunidos y guardados deben versar sobre clientes, servicios de la compañía, esquemas de compra, uso de productos y comentarios de los clientes. Por ejemplo, el almacén de datos de HCIA, una empresa de atención médica de Baltimore, sigue a los pacientes en cientos de hospitales, registra los resultados de ciertos fármacos recetados y vigila el desenlace de diversos procedimientos quirúrgicos. Esta información se comparte con el asegurado, las compañías de seguros, el sistema público de salud y las compañías farmacéuticas.

Información integrada

Los datos de diversas fuentes que se concentran en el almacén se funden para formar una unidad coherente de información. Esto implica que los datos recolectados para la base de datos se agrupan de acuerdo con algún denominador común ya establecido. Así, los datos se almacenan de una manera sumamente homogénea en el contexto del grupo y heterogénea entre otros grupos de datos reunidos. Por ejemplo, HCIA agrupa sus datos por procedimientos quirúrgicos efectuados en pacientes (cirugía coronaria, cerebral, de colon, etcétera). Estos grupos comparten ciertas características, pero unos y otros están diversificados.

Información variable con el tiempo

Todos los datos del almacén deben estar identificados como de cierto periodo. Esta característica significa que deben ser capturados con fecha. Por ejemplo, todos los pacientes de cirugía coronaria deben ser identificados el 10 de septiembre y documentados con esa fecha para distinguirlos de quienes fueron sometidos a esa cirugía el 20 de septiembre.

Información fija

Los datos del almacén deben ser estables; es decir, siempre se añaden datos nuevos, pero nunca se eliminan los anteriores. Esto concede a los usuarios una imagen longitudinal de las relaciones entre los datos. Por tanto, HCIA tendría en su almacén datos sobre las cirugías efectuadas hasta hace 10 años, cuando se instauró el sistema.

Datos de marketing y almacén de datos

Además de múltiples decisiones sobre tecnología de cómputo y procesamiento de información en el almacén, el tipo de datos que se recolectarán y guardarán es un determinante clave del éxito de cualquier sistema. Como es evidente, el tipo de los datos para el almacén es muy específico de la empresa, si bien una característica común, cualquiera que sea la compañía, es que atañen a los clientes. Los hospitales recolectan información sobre procedimientos médicos, las instituciones financieras sobre servicios financieros y las compañías de seguros sobre pólizas e instrumentos de inversión. Los tres sectores difieren en su oferta de servicios y productos, pero se asemejan en que recolectan datos acerca de los clientes. Aparte de los datos primarios y secundarios almacenados, las únicas dos formas de datos de clientes que se recolectan son 1) datos de transacciones en tiempo real, y 2) datos ofrecidos voluntariamente por los clientes.

Datos de transacciones en tiempo real

Datos de transacciones en tiempo real Datos que se recolectan en el punto de venta.

Los **datos de transacciones en tiempo real** son los que se recolectan en el punto de venta. Estos datos se reúnen mediante algún programa de clientes frecuentes o compras preferidas. Las muy usadas tarjetas de clientes leales identifican a cada cliente, lo que compra, en qué cantidad, con qué frecuencia y en qué tienda (física o electrónica). La dimensión clave es que los datos se toman en el momento de la compra, de modo que los fabricantes detectan la respuesta de los clientes al plan de marketing que se aplica en esa misma época. Por ejemplo, las ventas de cerveza Miller se vigilarían mediante datos de punto de venta en tiempos en que los precios varíen ciertos días en consonancia con diversas actividades de promoción. En este caso, la tienda puede descubrir el efecto del precio y las variaciones debidas a las promociones de dicha cerveza.

Datos comunicados por los clientes

Información ofrecida por los clientes Datos que los clientes entregan voluntariamente y sin que se les solicite.

La **información ofrecida por los clientes** son datos que aportan los consumidores sin que se les hayan pedido. Entre estos datos se encuentran las tarjetas de comentarios o quejas, información de registro en las páginas de Internet, comunicados de los compradores en las salas de plática y datos conseguidos en grupos de defensa del consumidor. Estos datos abiertos carecen de toda estructura y no son buscados por la empresa.

Extracción de datos: cómo convertir datos en información

Como se ha visto, muchas empresas actuales han establecido procedimientos sistemáticos para extraer datos de diversas fuentes. La justificación de estos empeños, aunque varía mucho, se centra en las preguntas de marketing que ocupan a las empresas. Los almacenes de datos están diseñados con el objetivo específico de responder esas interrogantes. En esta época de sistemas de información por computadora casi todas las compañías están inundadas de datos, pero les falta verdadera información sobre sus clientes. Tal es el ambiente que dio lugar al generalizado interés actual por la recolección de datos, también llamada exploración de bases de datos, descubrimiento de información o descubrimiento de conocimientos.

Extracción de datos Proceso de encontrar esquemas y relaciones ocultas entre variables y características contenidas en los datos del almacén.

Para definirla de manera simple, la **extracción de datos** es el proceso de encontrar esquemas y relaciones ocultas entre las variables y las características contenidas en los datos que guarda el almacén. Es un procedimiento de análisis de datos que se encarga principalmente de reconocer pautas de información que se refieran a ciertos clientes o grupos de clientes. Tales procedimientos se han llevado a cabo desde hace muchos años en las investigaciones de mercados, pero normalmente se aplicaban a conjuntos de datos pequeños (de 500 a 1 000 entrevistados). En la actualidad, con la creación de almacenes perfeccionados, la magnitud de los conjuntos de datos que se analizan es de miles e incluso cientos de miles de encuestados. Se han concebido herramientas especiales de extracción de datos cuyo objetivo es analizar esquemas de los consumidores y relaciones características deducibles de estos ingentes conjuntos de datos.

Las herramientas de extracción de datos analizan simultáneamente relaciones significativas entre varias dimensiones de clientes de los almacenes. Este procedimiento se realiza cuando el investigador del mercado tiene conocimientos vagos o limitados de un tema en particular. Por ejemplo, la administración de un casino podría preguntarse qué atributos caracterizaron a los apostadores con mayor presupuesto entre la clientela de la empresa el año pasado. Con las técnicas de extracción de datos se indagaría en el almacén, se tomarían los datos pertinentes, se clasificarían los atributos importantes y se trazaría un perfil del apostador de gran presupuesto.

Procedimiento de extracción de datos

En la figura 6.9 se ilustra un marco simple de procedimientos en que se explica el contenido de la extracción de datos. Este marco se centra en cinco elementos: la pregunta de investigación de mercados, el enfoque de extracción de datos, la técnica de extracción de datos, el proceso de implantación de la extracción y el resultado visual de la extracción.

La pregunta de investigación de mercados

Éste es el punto de partida de cualquier análisis de extracción de datos. Por ejemplo, supóngase que la administración quiere las respuestas a estas preguntas: ¿Qué clientes es más probable que visiten nuestro casino en el mes de julio? ¿Por qué? Para dar la respuesta, con las herramientas de análisis de datos se examinan dos requisitos peculiares: descripción y pronóstico.

Descripción Proceso de descubrir esquemas, asociaciones y relaciones entre características fundamentales de los clientes.

Pronóstico Uso de esquemas y relaciones para anticipar las tendencias y conductas futuras.

La **descripción** es el proceso de descubrir esquemas, asociaciones y relaciones entre las características fundamentales de los clientes, como variables demográficas, presupuesto para apostar, frecuencia de las visitas a los casinos, pérdidas o ganancias en las apuestas, días de la semana, mes, hora del día y tiempo dedicado a apostar. El **pronóstico** parte de estos esquemas y relaciones para anticipar tendencias y conductas, como: por qué ciertos clientes visitan el lugar en determinados meses, qué actividades realizan en su estancia, cuánto apuestan o a qué espectáculos asisten en ese periodo.

FIGURA 6.9 Marco de extracción de datos para tomar decisiones de marketing

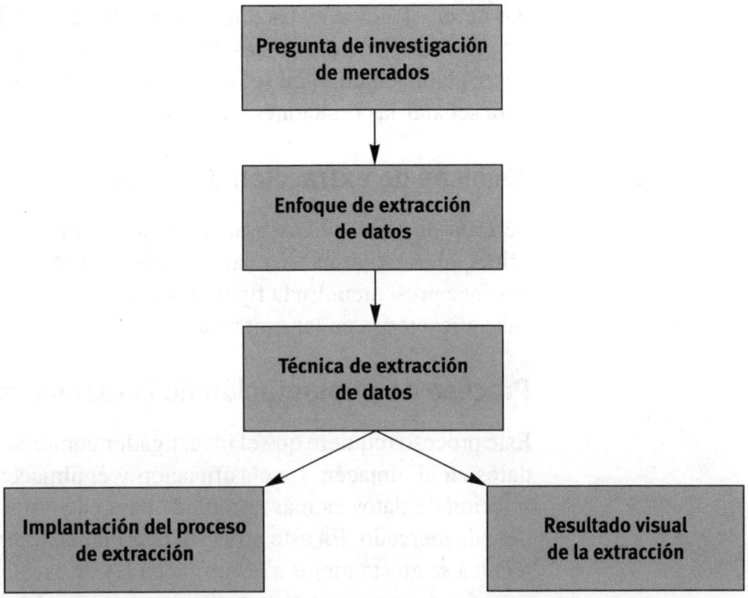

Enfoque de la extracción de datos

El enfoque consiste en la clasificación de los seis métodos de extracción de datos diseñados para los fines de descripción y pronóstico. El primer método es la *clasificación*, que consiste en trazar perfiles de grupos según ciertos atributos medidos. Por ejemplo, presúmase que la administración quiere trazar perfiles de sus grupos demográficos de acuerdo con factores tales como edad, género, ingreso, raza y ocupación. O bien, se quiere trazar perfiles de los grados de satisfacción con la amabilidad de los empleados, la limpieza del lugar, la calidad de los servicios y la reputación de la empresa.

El segundo gran método de extracción de datos es la *regresión*, que consiste en establecer una relación entre los grupos de clasificación con el propósito de predecir. En este caso, se examinarían todos los conglomerados demográficos y los grados de satisfacción para determinar las relaciones que tal vez existan entre los grupos, así como los aspectos en que difieran en términos de la conducta de compra o consumo futuro.

El tercer método, de las *series temporales*, funciona de manera semejante a la regresión, pero aplica otras medidas basadas en el tiempo. Con el método de series temporales se explorarían las relaciones que hubiera entre grupos demográficos y grados de satisfacción al analizarlas en el curso de periodos determinados (días, meses o años).

Con el *agrupamiento*, el cuarto método de extracción de datos, se dividen en conjuntos los elementos que manifiesten una conducta o características constantes. Por ejemplo, en los grupos demográficos y grados de satisfacción, un conglomerado determinaría que hay un conjunto único que abarca las siguientes características: los hombres de 24 a 30 años con ingresos anuales de más de 100 000 dólares están poco satisfechos con la amabilidad de los empleados y la limpieza del lugar.

Con el *análisis de asociaciones* se pretende reconocer que un conjunto de elementos o características implica la presencia de otro conjunto de elementos o características. En concreto, esto significaría que en determinado mes, cuando los parroquianos dan una calificación elevada a todos los elementos que se refieren a la satisfacción, el grupo demográfico que visita el casino con más asiduidad es el de mujeres de 50 a 60 años, retiradas, con ingresos anuales de 50 000 dólares.

Por último, con el *descubrimiento de secuencias* se pretende reconocer que a un conjunto de elementos le sigue otro. Por ejemplo, cada vez que aparece un conjunto definido como hombres de 45 a 50 años con ingresos anuales de 35 000 dólares, se dan calificaciones elevadas de satisfacción en las dimensiones de calidad de los servicios y reputación de la empresa.

La clasificación, regresión y series temporales se aplican principalmente a la tarea de descripción, en tanto que el agrupamiento, asociación y descubrimiento de secuencias sirven para señalar las relaciones entre los datos.

Técnicas de extracción de datos

Se trata de las técnicas básicas de todos los empeños de extracción de datos. Su función principal es examinar los datos desde el punto de vista estadístico para descubrir los esquemas que presenten. En la figura 6.10 se relacionan las técnicas de extracción más populares y sus aplicaciones en las empresas.

Proceso de implantación de la extracción

Este proceso requiere que el investigador comprenda cómo están guardados y clasificados los datos en el almacén. La clasificación y el almacenamiento determinarán qué técnica de extracción de datos es más apropiada para encontrar las respuestas a la pregunta de investigación de mercado. En este proceso, el principal interés del investigador está en determinar qué técnica se ajusta mejor a las propiedades de escala de los datos almacenados. Algunas técnicas sólo sirven si las características de estos datos se evaluaron con ciertas propiedades de escala. Otras son más eficaces si se recurrió a varias propiedades de escala al recolectar los datos y medir sus características.

Resultado visual de la extracción

Cualquiera que sea la técnica empleada, decidir cómo se presentarán y entregarán los resultados es crucial para cualquier actividad de extracción. Recuerde que la extracción de datos es la combinación de dos conceptos: el descubrimiento de esquemas automáticos entre características de los clientes y la presentación visual de dichos esquemas. Por buena que sea la herramienta de extracción para descubrir esquemas, se pierde su capacidad para tomar decisiones a partir de la información, si los esquemas no se visualizan claramente. Por tanto, el éxito de cualquier procedimiento de extracción de datos descansa en la capacidad del investigador de tomar y entender los resultados de los análisis en relación con la pregunta de marketing formulada.

Modelos de bases de datos

Antes de establecer modelos estadísticos de cualquier clase, el investigador tiene que revisar, perfeccionar y dar un formato a los datos directos de la base para que pueda procesarlos con los paquetes comerciales de *software* para estadística. Este proceso de interfase de datos es necesario para las actividades de indagación y elaboración de modelos.

Los análisis de la base de datos y la elaboración de modelos están destinados a sintetizar lo que las compañías ya saben acerca de sus mejores clientes, al tiempo indican qué más deben aprender. Cuando un modelo no pronostica el comportamiento de los clientes, el analista tiene que preguntarse si la compañía sabe lo suficiente sobre sus clientes (el recuadro "En el campo" hace referencia a una de las empresas de bases de datos más grandes del mundo).

Muchas compañías se encuentran con que son ricas en datos y pobres en información. La elaboración de modelos sobre los clientes revela en muchas ocasiones la escasez de información de la compañía y estimula nuevas ideas para futuras investigaciones de mercados.

FIGURA 6.10 Técnicas de extracción de datos

A continuación figuran las técnicas más usadas de extracción de datos, junto con ejemplos de sus posibles aplicaciones.

ÁRBOLES DE DECISIÓN

Un *árbol de decisión* es una estructura con forma de árbol en la que se describe visualmente un conjunto de reglas (condiciones) que proceden de la decisión que debe tomarse, por ejemplo, la decisión de comprar un producto. Con un árbol de decisión se generan reglas para la *clasificación* automática de un conjunto de datos, como para segmentar una cartera de clientes. Entre los métodos de los árboles de decisión se encuentran los *árboles de clasificación y regresión* y la *detección automática de interacción de ji cuadrada.*

Entre las posibles aplicaciones de los árboles de decisión pueden señalarse:

- Diagnóstico médico. *¿Cuáles son los factores que influyen en la tasa de sobrevida de los pacientes sometidos a trasplante renal?*
- Análisis de ventas al detalle. *¿Cuáles son las categorías de los resultados obtenidos en una encuesta de consumo?*

Muchas veces, los árboles de decisión se combinan con *redes neuronales* para explicar por qué éstas han llegado a determinada conclusión. También se combinan con el método de *inducción de reglas* (véase más adelante) para generar una lógica de las tomas de decisión repetitivas. Por ejemplo, sirven para ayudar al personal de telemercadeo a restringir sus contratos de hipotecas a aquellos clientes potenciales que identifiquen como *de bajo riesgo,* porque su perfil concuerda con uno extraído automáticamente de los datos.

ALGORITMOS GENÉTICOS

Los algoritmos genéticos son técnicas de optimización para mejorar otros algoritmos de extracción de datos, de modo que pueda deducirse el mejor modelo para un conjunto dado de datos. Luego, dicho modelo se aplica a los datos para descubrir esquemas ocultos o hacer pronósticos.

Los algoritmos genéticos se prestan mejor para las aplicaciones de segmentación y agrupamiento, pero pueden aplicarse a la mayoría de las situaciones de aprendizaje. Observe la noción de *óptimo* en las preguntas siguientes, lo que indica que estos algoritmos pueden ser una técnica adecuada para hallar las respuestas. Entre sus aplicaciones están:

- Correo directo. *¿Cuál es el perfil óptimo del cliente ideal que es probable que invierta más de 25 000 dólares en fondos mutuos este año?*
- Análisis de riesgos. *¿Cuál es el perfil óptimo de un candidato a préstamo hipotecario de bajo riesgo que gana menos de 75 000 dólares al año y quiere vivir en San José, California?*
- Diagnóstico médico. *¿Cuál es el esquema óptimo de tratamiento para este diagnóstico?*
- Análisis de ventas al detalle. *¿Cuál es la disposición óptima de una tienda para determinada ubicación?*

REDES NEURONALES

Se trata de modelos de pronóstico no lineales que "aprenden" a detectar un esquema que coincida con cierto perfil mediante un proceso de entrenamientos consistente en aprendizaje iterativo, con un conjunto de datos que describen lo que uno quiere que encuentren. Se llaman así porque, en un plano superficial, su operación se asemeja a la del cerebro humano.

Sus aplicaciones potenciales son:

- Correo directo. *¿Quién responderá a este correo?*
- Análisis de riesgos. *¿Qué clientes potenciales son de bajo riesgo?*
- Diagnóstico médico. *¿Qué enfermedad es probable que contraiga este paciente?*
- Análisis de ventas al detalle. *¿Qué producto es probable que compre el cliente?*

Las redes neuronales son convenientes para problemas de agrupamientos, secuencias y pronósticos. Su principal inconveniente es que no son transparentes: no explican por qué llegaron a determinada conclusión. Pero en algunas aplicaciones, como las muestras de concordancia grafológica, esto carece de importancia.

MODELOS DE PRONÓSTICOS

Hay diversas técnicas para identificar esquemas, los cuales pueden usarse para pronosticar el futuro. Estas técnicas son la *regresión lineal* y su derivada, el *análisis de regresión logística,* así como extensiones como los *modelos generalizados de adición* y las *tiras de regresión adaptada multivariada.* Estas técnicas se emplean sobre todo para pronosticar las probabilidades de que se dé cierto resultado, de acuerdo con los datos observados. Por ejemplo:

- Correo directo. *¿Qué zonas tienen más probabilidades de responder a una nueva iniciativa de correo?*
- Análisis de ventas al detalle. *¿Qué clientes es más probable que se interesen en un producto nuevo?*

INDUCCIÓN DE REGLAS

La inducción de reglas es el proceso de extraer reglas condicionales útiles ("si... entonces") a partir de los datos y de acuerdo con la importancia estadística. Las aplicaciones posibles son:

- Correo directo. *¿La respuesta a una campaña de correo será mayor de 5%?*
- Análisis de riesgos. *¿El rendimiento anual de una inversión en acciones será mayor, igual o menor de 10%?*
- Administración de riesgos. *¿Cuáles son los criterios de "bajo riesgo" y los umbrales que hay que fijar antes de ofrecer una hipoteca a un cliente?*

LÓGICA DIFUSA

La lógica difusa se ocupa de conceptos imprecisos (como *pequeño, grande, joven, viejo, alto, bajo*) y es mucho más flexible que otras técnicas. Aporta la noción de un conjunto difuso más que una demarcación exacta. Por ejemplo, más que 0 y 1 se encuentran 0.9, 0.85, 0.93, 0.21, 0.05.

Una posible aplicación estaría en el correo directo: *¿Quiénes serían las personas adecuadas para enviarles un mensaje de nuestra nueva campaña?*

VECINO MÁS CERCANO *K* (VC-*K*)

Con esta técnica, para situar un objeto de interés en una clase o grupo se examinan sus atributos y se une a otros cuyas cualidades se le aproximen. Se trata de una técnica antigua para descubrir asociaciones y secuencias cuando los atributos de datos son numéricos. Es mucho más laboriosa de aplicar con atributos no numéricos o variables, por la dificultad de definir las unidades de medida para cuantificar la *distancia* entre dos variables no numéricas.

Fuente: Mike Ferguson, "Evaluating Data Mining Tools", en *InfoDB*, 7 de julio de 2001.

Un método eficaz para manejar los modelos de la base de datos es comenzar con el punto final en mente. Andreasen explica esta investigación de mercado retrógrada.[10] Afirma que la mejor manera de diseñar una investigación aprovechable es empezar donde termina el proceso y proceder hacia atrás. Entonces la pregunta es cómo se usará la información reunida (o qué puede hacerse con ella). La planeación retrógrada permite al investigador entender mejor cuál será la utilidad de los modelos para quien toma las decisiones.

Modelos de puntuación

Modelos de puntuación Modelos de bases de datos para pronosticar la conducta de consumo. Se asigna a cada individuo de la base una puntuación de acuerdo con su propensión a responder a una variable del mercado o a hacer una compra.

Los **modelos de puntuación** se usan para pronosticar el comportamiento de consumo. A cada individuo de la base de datos se le asigna una puntuación de acuerdo con su propensión a responder a una variable de marketing o hacer una compra. Las puntuaciones elevadas señalan a los clientes más deseables; las bajas, a los segmentos indeseables. El objetivo inicial es establecer una jerarquía de segmentos de clientes de acuerdo con su rentabilidad para la compañía. La característica principal de los modelos de puntuación es la tabla de ganancias, de la que se presenta un ejemplo en la figura 6.11.

Con dicha tabla, el analista de la base de datos puede proyectar y administrar la rentabilidad de diversos segmentos de clientes. Por ejemplo, de acuerdo con los datos de la figura 6.11, la cartera de clientes está compuesta por 500 000 personas, divididas en cinco segmentos iguales de 100 000 o 20% del mercado. En la tabla se establece la jerarquía de los seg-

La investigación de cerca

En el campo

Database America Companies presenta SalesLeads™, el primer servicio en Internet que genera pistas para consumidores y pequeñas empresas

Montvale, Nueva Jersey, 28 de octubre de 1996. Database America Companies anunció hoy SalesLeads™, una base de datos de marketing directo conectada a Internet y destinada a generar pistas de ventas para empresas pequeñas y medianas. SalesLeads proporciona a quienquiera que tenga acceso a la red un medio costeable de preparar listas de posibles clientes a partir de los archivos de Database America, que contienen amplia información acerca de más de 11 millones de empresas estadounidenses. Los visitantes del sitio de Database America pueden preparar listas muy especializadas de correo o telemercadeo a cambio de una cuota mínima por los nombres que descargan. Con la introducción de SalesLeads, Database America hace que el marketing directo sea una herramienta accesible, costeable y fácil de usar para consumidores, aficionados, empresas pequeñas y medianas e industrias caseras.

Quien tenga una computadora y una conexión a Internet puede tener acceso a SalesLeads a través del sitio de Database America, http://www.databaseamerica.com. El sistema ofrece una interfase sencilla para elegir criterios de marketing (como atributos geográficos y demográficos) e indagar en la lista en búsqueda de detalles (como volumen de ventas o número de empleados). Los usos de SalesLeads van de estudiantes que investigan patrones posibles, a aficionados que buscan listas de iglesias regionales o asociaciones que patrocinen ferias de artesanías, a corredores de bienes raíces comerciales que buscan pistas para vender propiedades. No se cobra por ver y no hay requisitos mínimos. Los clientes pagan sólo unos centavos de dólar por cada candidato que descargan y pueden pagar con tarjeta de crédito en un sistema de transacción segura.

"Database America aprovecha más de 40 años de experiencia en el marketing por correo directo de negocio a negocio. Nos enorgullecemos de encabezar el mercado con la última tecnología —señaló Al Ambrosino, presidente de Database America Companies—. Con SalesLeads diseñado como servicio en línea, ahora podemos ofrecer a las pequeñas empresas y oficinas en casa un acceso a información de una base de datos idéntica y fidedigna, que antes sólo se concebía para organizaciones mucho más grandes."

SalesLeads es el primer producto generador de pistas de negocios de su clase que arriba a la red y ofrece información actualizable en tiempo real. Los usuarios pueden

(*continúa*)

La investigación de cerca

En el campo

(*conclusión*)

efectuar búsquedas si llenan una sencilla forma en la página en Internet de Database America, con datos tales como nombre de la empresa, tipo de negocio por código de la clasificación industrial estándar (SIC), región, código postal, número de empleados y volumen de ventas.

Ya que los usuarios determinaron sus criterios de búsqueda y prepararon una lista de correo o de telemercadeo, pueden descargar el archivo en su computadora. La lista se crea en un formato de archivo de texto estándar que es compatible con prácticamente todos los procesadores de palabras y hojas de cálculo. La lista incluye los nombres de las empresas, dirección y teléfono para imprimir como etiquetas de destinatarios. Database America también ofrece a los usuarios la opción de comprar los datos para recibir las etiquetas en papel.

Al terminar la búsqueda, el sistema crea y guarda un registro de la lista, que puede ser descargado cuantas veces se quiera sin costo adicional. Esta característica permite a los usuarios hacer el seguimiento de aquellos a quienes se dirigieron, para evitar duplicados inadvertidos de correo, así como para manejar las secuencias de los mensajes de correo o de las campañas de telemercadeo. Es posible actualizar las listas.

En junio de 1996, Database America lanzó una división de medios interactivos, creada para llevar a los usuarios de Internet, la World Wide Web, intranets corporativas y otros medios de comunicación electrónica, su información de calidad sobre empresas y consumo y sus técnicas de marketing directo. La compañía se encuentra entre los primeros proveedores de datos que ofrecen vehículos de búsqueda en línea como SalesLeads, con información de marketing directo para los visitantes de su página en Internet.

Disponibilidad

Database America desplegará dos versiones de SalesLeads. Una versión para oficinas pequeñas y domésticas se presenta en la reunión de esta semana en la exhibición de la Nueva Asociación de Marketing Directo en Nueva Orleáns (local #1901). Un demo de prueba con algunas características del producto se encuentra en el sitio en Internet de Database America. La versión industrial de SalesLeads, dirigida a los directores de marketing de las empresas más tradicionales y con características más profundas, como informes de crédito, se presentará en la exhibición de la COMDEX, que se celebrará el próximo noviembre.

Database America

Database America se especializa en compilar, actualizar y distribuir información y servicios de marketing para aumentar las ventas y la ventaja mercadológica de las empresas. Con sede en Montvale, Nueva Jersey, y oficinas regionales de ventas en todo Estados Unidos, Database America ha sido líder en información de marketing durante más de 40 años. Además de crear una extensa base de datos de más de 11 millones de empresas y 97 millones de hogares estadounidenses, la compañía también provee servicios de cómputo y medios interactivos como valor añadido. Para entrar en contacto con Database America, en Estados Unidos se marca el teléfono (800) 223-7777.

Fuente: Montvale, NJ, 1996 [cita del 28 de octubre de 1996]. Disponible en *http://www.databaseamerica.com.*

FIGURA 6.11 Ejemplo de tabla de ganancias

Número del grupo	Número de clientes	Porcentaje de clientes	Número acumulado de clientes	Porcentaje acumulado	Perfil promedio por cliente	Utilidades totales proyectadas	Total acumulado	Porcentaje acumulado por cliente
1	100 000	20%	100 000	20%	$20	$2 000 000	$2 000 000	$20.00
2	100 000	20	200 000	40	15	1 500 000	3 500 000	17.50
3	100 000	20	300 000	60	10	1 000 000	4 500 000	3.50
4	100 000	20	400 000	80	5	500 000	5 000 000	1.25
5	100 000	20	500 000	100	1	100 000	5 100 000	.20

mentos de acuerdo con su potencial de utilidades. Los clientes del grupo 1 tienen el mayor potencial, y los del grupo 5 el menor. Se estima que el grupo 1 arrojará ganancias a futuro de aproximadamente dos millones de dólares, o un estimado de 20 dólares por cliente, etc. En conjunto, se calcula que los grupos 1, 2 y 3 generarán 4.5 millones de dólares en ganancias totales a futuro, o 20, 17.50 y 3.50 dólares, respectivamente, por cliente. A medida que se desciende por la tabla de la figura 6.11, el porcentaje de rentabilidad por segmento disminuye. Así, en esta tabla se confirma el principio general de marketing de que los clientes no son homogéneos y, en particular, la difundida noción de que 20% de los clientes representan 80% de las utilidades de la compañía.

Principales variables de los modelos de puntuación

Las principales variables de los modelos de puntuación permiten al investigador demostrar qué factores pueden combinarse para separar a los clientes en grupos o categorías de compra. Los modelos de puntuación toman series de pesos que se multiplican por los valores asignados en el registro de cada cliente de la base de datos.[11] Por ejemplo, supóngase que descubrimos cinco factores útiles para separar a los usuarios asiduos de fijador para el cabello de los esporádicos: edad, ingreso, ocupación, hijos menores de 18 años y valor del hogar. A partir del análisis de las características de los clientes en la base de datos, con el modelo de puntuación se determina que para los clientes asiduos del fijador para cabello, las variables se disponen en el orden siguiente y se les asigna un peso correspondiente: valor del hogar, 0.130; edad, 0.050; ocupación, 0.042; hijos de menos de 18 años, 0.022, e ingreso, 0.012. Desde luego, los pesos reales generados por el modelo serían muy diferentes, puesto que se multiplican por otras cifras (como la edad en años, el código asignado a la ocupación, el ingreso en miles). Sin embargo, para facilitar la exposición, supongamos que las cifras son reales.

En este ejemplo, el valor del hogar es un factor muy importante, en tanto que el ingreso no lo es tanto, para clasificar a los clientes en el grupo de consumidores asiduos. El modelo permite al investigador correr un programa que toma los factores pertinentes en los registros de los clientes en la base de datos y los multiplica por el peso conveniente. Luego se suman los pesos y se obtiene una puntuación general, que representa la probabilidad de que un cliente sea un consumidor asiduo (o mediano, etc.) del producto.

Como con la mayoría de las técnicas de las bases de datos, las variables con que se generan las tablas de ganancias de los modelos de puntuación deben tomarse de datos reales de comportamientos de compra. Las variables fundamentales abarcan datos demográficos, psicográficos y de estilo de vida, así como hábitos de compra, incluyendo frecuencia, volumen y monto gastado en determinado momento. En seguida se asignan pesos o puntuaciones a estas variables, dependiendo de su capacidad para pronosticar las conductas de compras. Por ejemplo, los hombres compran más herramientas eléctricas que las mujeres; por tanto, sobre la base única de la variable demográfica del género, a los hombres se les asignaría, por ejemplo, un peso o calificación de 10, y de 4 a las mujeres. La estructura de pesos y puntuaciones para dos grupos de clientes tendría el aspecto siguiente:

Grupo de clientes A		Grupo de clientes B	
Mujeres	2 puntos	Hombres	10 puntos
Volumen: 100 dólares	5 puntos	Volumen: 50 dólares	10 puntos
Frecuencia: 2 semanas	4 puntos	Frecuencia: 1 mes	8 puntos
Producto comprado: limpiador en seco	6 puntos	Producto comprado: limpiador en seco	6 puntos
Total:	17 puntos	Total:	34 puntos

Sobre la base de datos reales de consumidores, el grupo de clientes B (con 34 puntos) tiene mejor correspondencia de variables que el grupo A (con sólo 17 puntos). Cuando todos los clientes se identifican en conjunto, los que tienen las puntuaciones más altas formarían el grupo 1 (20% de la cartera de clientes) en la tabla de ganancias. El siguiente grupo superior de la cartera sería el grupo 2 (otro 20%), etcétera.

Las puntuaciones totales de cada cliente por grupo se convertirían en valores monetarios. Así, supóngase que 34 puntos equivalen a 34 dólares y 17 puntos a 17 dólares. Esta conversión se convierte en el punto de partida para predecir la rentabilidad futura en los análisis de las tablas de ganancias.

Los modelos de puntuación deben diseñarse pensando en que su eficacia abarca un periodo limitado. La vida de los modelos está relacionada directamente con los cambios en la demanda. Por tanto, hay que revisarlos y modificarlos de acuerdo con los cambios del mercado. Muchos analistas aseveran que en cuanto se elabora un modelo, se vuelve automáticamente obsoleto. En la ilustración de investigación de mercado al final del capítulo se analiza el valor de los modelos de puntuación para las instituciones financieras.

Modelos de valor vitalicio

Modelos de valor vitalicio
Modelos de bases de datos creados con datos históricos a partir de compras actuales, y no estimaciones de rentabilidad, con objeto de pronosticar las acciones futuras.

La premisa básica de los **modelos de valor vitalicio** es que los clientes, al igual que la maquinaría física y tangible, son activos de la compañía. Más importante aún es el hecho de que los clientes representan un flujo continuo de efectivo por sus transacciones con la empresa. Con demasiada frecuencia, el resultado de muchos proyectos de investigación de mercado es información que sólo sirve para adquirir clientes nuevos. Los modelos de valor vitalicio demuestran que es más valioso para la empresa concentrarse en los clientes que ya tiene y luego dedicarse a perfeccionar la atención a ellos más que en buscar clientes nuevos.

En los modelos de valor vitalicio son esenciales tres objetivos de investigación.

1. Adquirir información que fije variables para hacer una calificación preliminar de los clientes.
2. Obtener información acerca de la satisfacción de los clientes (de hecho, hay que obtener datos sobre la satisfacción que abarquen más que el producto o servicio y que incluyan medidas de satisfacción basadas en las expectativas de los clientes).
3. Generar información que permita a las empresas establecer relaciones con los clientes asiduos.[12]

Por lo regular, en los modelos de valor vitalicio la información que se extrae de la base de datos con la intención de alcanzar estos objetivos abarca los siguientes elementos:

1. **Variables de precios.** El costo inicial del producto o servicio y sus cambios.
2. **Variables de promociones de ventas.** Tipo, costo y valor de los incentivos para los clientes.
3. **Gastos en publicidad.** Costos directos de los gastos publicitarios.
4. **Costos de producción.** Costos directos más calidad de bienes y servicios.
5. **Actividades de establecimiento de relaciones.** Tipo y costo de los medios para establecer relaciones con los clientes; valor de dichas relaciones.

Si la base de datos está bien diseñada, canalizará la información en lo que puede llamarse un intrincado mapa carretero de la clientela. En la figura 6.12 se representa el resultado de un modelo hipotético de valor vitalicio para un restaurante de comida rápida. En este ejemplo, las actividades de marketing se enfocan en 10 000 clientes nuevos. El gasto promedio de los clientes de alrededor de 4.30 dólares y un emparedado gratuito (que cuesta 90 centavos de dólar) es el incentivo para atraer a los comensales. Por tanto, el ingreso estimado es de alrededor de 34 000 dólares. Los gastos suman alrededor de 60% de los ingresos totales, de modo que totalizan unos 20 400 dólares.

FIGURA 6.12 **Modelo de valor vitalicio hipotético de un restaurante de comida rápida**

PERIODO	**1**	**2**	**3**	**4**
CLIENTES	10 000			
REPITE		3 500	1 225	428
% REPETICIÓN		%35	%35	%35
INGRESOS				
BOLETO PROM.	$4.30	$4.50	$4.75	$4.75
PRECIO INCL.	.90			
TOTAL	34 000	15 750	5 818	2 033
GASTOS				
COSTOS DIRECTOS	%60	%60	%60	%60
TOTAL	20 400	9 450	3 491	1 219
ESFUERZO REPETIDO				
OBJETIVO	10 000	3 500	1 225	428
% REPETICIÓN	%35	%35	%35	%35
TASA	3 500	1 225	428	150
CORREO TOTAL	10 000	3 500	1 225	428
COSTO	$3 800	$1 330	$465	$162
GASTOS TOTALES	$24 200	$10 780	$3 956	$1 381
CONTRIB.	9 800	4 970	1 862	652
INVERS.	3 800	1 330	465	162
VALOR VITALICIO TOTAL	$6 000	$9 460	$11 037	$11 527
VALOR DEL CLIENTE	$.60	$.96	$1.10	$1.15

Esta empresa tiene un promedio de 35% de tasa de retorno de los clientes. Entonces, expedir por correo 10 000 cupones por un emparedado gratuito daría por resultado 3 500 respuestas a un costo de 3 800 dólares. Habíamos estimado los gastos totales de este esquema planeado en 24 200 dólares. Con una inversión inicial de 3 800 dólares, la contribución total daría una recuperación de costos para la empresa de 9 800 dólares, igual a un valor vitalicio total de los clientes de 6 000 dólares o 60 centavos por cliente durante el primer periodo de la promoción. Dadas las tasas esperadas de retorno de los clientes en los tres periodos de promoción siguientes, la contribución total bajaría a 652 dólares y los costos de inversión a 162. En cuatro periodos, el valor vitalicio total aumentaría a 11 527 dólares, o 1.15 dólares por cliente, cifra que es el valor vitalicio de cuatro periodos por consumidor.

Para resumir, como herramienta de análisis de la base de datos, los modelos de valor vitalicio comparan el valor como activos de los clientes. A diferencia de los datos de intención de compra, estos modelos pueden partir solamente de datos de compras efectivas. El valor de la técnica radica en que no se basa en estimaciones probabilísticas, sino en compras reales y, por ende, es un buen pronosticador del comportamiento de los consumidores.

Resumen de las bases de datos para la investigación de mercados en el nuevo milenio

"Mi departamento de investigación me dice que mi cliente es una mujer de 18 a 34 años, casada y con dos hijos. Ella y su esposo viven en una casa propia en los suburbios y tienen un ingreso anual de 40 000 dólares. Pero cuando visito las tiendas y me fijo en quién toma los productos de los estantes, nunca se parecen a lo que indica mi investigación."

Esta cita anónima repite lo que pasa con muchas empresas actuales que trabajan con datos e información. En nuestros días, la investigación de mercados se halla en una encrucijada. Muchas agencias seguirán realizando encuestas a muestras grandes de personas. Con ello enfrentarán los mismos problemas que tienen hoy, de los cuales el más grave es manejar la limitada posibilidad de generalizar las intenciones de compra, en lugar de tener perfiles específicos de los clientes generados por los esquemas de compras reales. Para la investigación de mercados, el futuro está en la capacidad de ofrecer información que se base en los hechos a medida que ocurren. Muchas agencias de investigación de mercados, así como los usuarios, aceptan que la base de datos será la herramienta del futuro.

En el ambiente actual de negocios, lento y firme no significan necesariamente "éxito". De hecho, reunir datos a un ritmo lento y firme dará con toda seguridad resultados que estén obsoletos incluso antes de poder interpretarlos. La investigación de mercado debe estar dispuesta a cambiar con las nuevas técnicas. Las aplicaciones de bases de datos tienen el potencial para transformar la investigación de mercado de una tarea de recolección de datos en un laboratorio de recursos de información.

Resumen de objetivos de aprendizaje

Ilustrar y definir una base de datos de investigación de mercado.

Una base de datos de investigación de mercado es un depósito central de información sobre lo que compran los clientes. El objetivo fundamental de cualquier base de datos de clientes es ayudar a la empresa a establecer una comunicación significativa y personal con sus clientes. Otros objetivos más específicos son mejorar la eficacia al segmentar los mercados, aumentar la probabilidad de repetir compras e incrementar la eficacia de las ventas y los medios de comunicación.

Explicar la naturaleza interactiva de la investigación de mercado y el mejoramiento de los datos.

Una base de datos está destinada a servir como recurso de información e inteligencia para la compañía. El mejoramiento de los datos permite acrecentar los conocimientos de los clientes, aumentar la eficacia de los programas de marketing y predecir la respuesta a los cambios en los programas de marketing. La investigación de mercados cumple una función crítica al recolectar y concentrar datos relacionados con factores geodemográficos, atributos de los clientes y características del mercado objetivo.

Describir la dinámica de la preparación de una base de datos.

La elaboración de una base de datos de investigación de mercado abarca varias fases: 1) evaluar qué información requiere la compañía, 2) identificar las necesidades concretas de investigación, 3) recolectar datos internos, externos y del mercado objetivo, 4) trazar perfiles de los clientes en categorías de compras, y 5) elaborar modelos de pronóstico para estimar el valor vitalicio que representa cada cliente para la compañía.

Anotar las reglas prácticas generales de la preparación de una base de datos.

En la preparación de bases de datos se siguen tres reglas prácticas. En primer lugar, hay que recolectar aquellos datos que tengan la mayor capacidad de pronóstico. Segundo, es preciso considerar la adquisición de datos en términos de la anchura y profundidad de la base de datos. Tercero, hay que comprometerse a largo plazo con la adquisición y mejoramiento de los datos.

Comprender la tecnología del entorno de bases de datos.

La tecnología de bases de datos se refiere al proceso de transformar los datos en información capaz de generar pronósticos. Esto se logra mediante un sistema de administración que crea, modifica y controla el acceso a la base. Los dos sistemas de administración más usados son el relacional y el secuencial.

Ilustrar la creación y objetivos del almacén de datos.

Un almacén de datos, también llamado "almacén de información", es un depósito central de toda la información pertinente que reúne la organización. Los datos de varias funciones de la empresa se guardan y se hace su inventario en una supercomputadora central, de modo que la información se comparta entre todos los departamentos. La principal importancia del almacén es su finalidad. Desde el punto de vista de la recolección de datos, el almacén cumple dos objetivos: 1) reunir y guardar datos para la operación diaria de la empresa, y 2) reunir, organizar y poner a disposición los datos para fines de análisis.

■ **Explicar el proceso de extracción de datos en lo que se refiere al almacenaje.**
En su definición simple, la extracción de datos es el proceso de encontrar esquemas ocultos y relaciones entre las variables y características de los datos guardados en el almacén. Es un procedimiento de análisis de datos usado principalmente porque reconoce esquemas significativos que atañen a ciertos clientes o grupos de clientes.

■ **Comprender la función de la elaboración de modelos en el análisis de bases de datos.**
El objetivo de los modelos de bases de datos es doble: 1) resumir lo que la compañía ya sabe sobre sus clientes, y 2) mostrarle lo que necesita saber acerca de tales clientes. En el análisis de bases de datos se aplican dos técnicas comunes de elaboración de modelos. Se diseña un modelo de puntuación, con tablas de ganancias, para pronosticar la conducta de consumo. El modelo de valor vitalicio está destinado a medir el valor que tienen los clientes para la empresa. Ambos modelos se basan en las compras reales, no en estimaciones de rentabilidad a partir de intenciones de compra.

Términos y conceptos clave

Almacén de datos 154
Anchura 151
Base de datos 141
Campo de datos 152
Datos de transacciones en tiempo real 157
Datos informativos 155
Datos operativos 154
Descripción 158
Extracción de datos 158
Información ofrecida por los clientes 157
Matriz de interacción de datos 146
Mejoramiento de datos 143
Modelos de puntuación 162
Modelos de valor vitalicio 165
Profundidad 151
Pronóstico 158
Sistema relacional de base de datos 152
Sistema secuencial de base de datos 152
Tecnología de bases de datos 152

Preguntas de repaso

1. ¿Cuál es la diferencia entre una base de datos de investigación de mercado y una operativa? ¿Cómo se beneficia el plan estratégico de marketing de la compañía al explotar una base de datos de investigación de mercado?
2. Anote las tres ventajas del mejoramiento de datos y explique cómo las aprovecharía una empresa fabricante de muebles de oficina.
3. Cuando se toman datos de fuentes internas, ¿cuáles son las dos posibles desventajas que se deben considerar? Identifique las posibles soluciones para superar los problemas que ocasionan estas desventajas.
4. ¿Debe una compañía abandonar el uso de una base de datos si no está 100% completa? ¿Por qué?
5. Explique las diferencias entre una base de datos secuencial y una relacional. ¿Cuáles son las ventajas de cada una?
6. ¿Cuáles son los tres factores que tendrán más impacto en los métodos aplicados en el futuro para ofrecer información en la investigación de mercado?

Preguntas de análisis

1. ¿Por qué las técnicas de recolección de datos de transacciones han adquirido tanta importancia para Anheuser-Busch y otras compañías?
2. Describa brevemente las diferencias entre los modelos de valor vitalicio y los modelos de puntuación. ¿En qué situaciones sería más apropiado cada uno?
3. **EXPERIENCIA EN INTERNET.** Visite el sitio en Internet: www.internets.com. Busque las bases de datos empresariales y financieras que contenga. Vea si puede localizar información de marketing sobre la República Popular de China. Cuando tenga los datos, ofrezca una descripción somera de la situación demográfica del país.
4. **EXPERIENCIA EN INTERNET.** Visite el sitio en Internet: www.lawhk.hku.hk/dbmenu/economics.shtml. Abra la categoría Asian Statistics (Estadísticas de Asia) e indague el perfil económico del país que prefiera.

ILUSTRACIÓN DE LA INVESTIGACIÓN DE MERCADOS

Función de las bases de datos en la industria de las finanzas

Esta ilustración de la investigación de mercados se publica con autorización de Acxiom Database Management. La aplicación es un informe de *Case-in-Point*, tomado de los archivos de clientes de Acxiom Database Management. Ilustra un caso real de elaboración, uso y manipulación de una importante base de datos en el sector de servicios.

Cómo dirigir con datos

Las emisoras de tarjetas de crédito y los bancos tienen grandes necesidades de datos sobre clientes y los usan para hacer negocios. Como explicó hace poco Gwen Dudley, del Trustmark National Bank con sede en Jackson, en la reunión del Centro Nacional de Marketing de Base de Datos, celebrada en Chicago, "si no conocemos a nuestros clientes ni sus pautas de conducta, no podemos tomar decisiones que traduzcan esas pautas de conducta en actos deseados".

Nunca ha sido más vital este conocimiento. El sector bancario se encuentra en transición, pues los nuevos canales electrónicos han fracturado la relación tradicional entre el banquero y el cliente y la han sustituido con un sistema de mercado fluido en el que los consumidores pueden comprar productos y servicios al costo. Es difícil ganarse la lealtad, pues los productos son cada vez más una mercancía y más abundantes los canales de comunicación. En este ambiente, surge en los bancos una nueva clase de ejecutivos versados en los datos que realizan sus funciones de dirección según secuencias de datos.

El cortejo de los clientes rentables

De acuerdo con Deane Conklin, ejecutiva de desarrollo de negocios en el grupo de servicios financieros de Acxiom Corporation en Conway, Arkansas, los bancos se encuentran en distintos estadios de avance en su dominio de los fundamentos de la segmentación y el mejoramiento de los datos (véase "Cómo dominar los fundamentos"); pero la competencia obliga a quienes no están al tanto a emprender transformaciones apresuradas.

"La recolección, integración, mejoramiento y análisis de los datos de los clientes se han convertido en materias obligatorias para mejorar la eficacia del marketing", dijo.

Según Conklin, las principales emisoras de tarjetas de crédito han aplicado técnicas de bases de datos durante años, en tanto que otras empresas de servicios financieros apenas comienzan a valerse de la tecnología de información. Las compañías de fondos mutuos empiezan a aprovechar las fuentes de datos de consumidores. Los bancos se sienten muy atraídos por las bases de datos de clientes (llamados archivos maestros de información sobre clientes, AMIC), pero el trabajo en la banca de desarrollo apenas comienza (para una comparación con 1995, véase el informe *Case-in-Point*, "Profiting from Banking's Data Riches", que se consigue en Estados Unidos llamando al 800-332-6391).

Conklin hizo notar que la mayor parte de los bancos están muy interesados en el almacenamiento de numerosos flujos de datos sobre clientes actuales y potenciales y en proporcionar herramientas de análisis a sus ejecutivos para respaldar sus actividades de adquisición y retención de clientes. Parte de este trabajo se encomienda a oficinas de servicios y consultoría que ayudan a terminar rápidamente los proyectos. Además, en los lugares más inesperados surgen nuevos servicios de datos. Por ejemplo, MasterCard International anunció que sus 22 000 bancos miembros pueden tener acceso a los datos de transacciones de los clientes por su número de cuenta a través de un sistema dispuesto por MasterCard.

Así, los datos impulsan más y más programas de adquisición y retención, y la empresa neoyorquina de investigación First Manhattan Group informa que sólo 10% de los 50 mayores bancos estadounidenses aprovechan sus datos en los análisis de rentabilidad más elaborados ya sea por cuentas o por hogares. Estos análisis de rentabilidad consisten en obtener los costos de operación por productos, identificar los componentes rentables del expediente de cada transacción, crear una fórmula para cada producto y validar la exactitud de los cálculos.

Por ejemplo, CoreStates Bank, un holding bancario de Filadelfia con activos por 30 000 millones de dólares, efectúa análisis de rentabilidad para medir directamente el valor de cada cliente. El primer análisis de esta empresa reveló que 20% de los clientes eran muy rentables, 20% muy poco rentables y 60% arrojaban utilidades marginales. Al profundizar en la materia, CoreStates analizó dos de sus sucursales. La sucursal A se encontraba en un barrio de gente acomodada y rentable, en tanto que la sucursal B estaba ubicada en una zona de trabajadores y arrojaba pérdidas.

Para sorpresa de la administración, las dos sucursales eran bastante parecidas en cuanto a las proporciones de préstamos y todos los demás rubros, excepto el de cheques sin cuota. Este producto solo empujó a la sucursal B al vacío. Claudia McElwee, vicepresidente de marketing de base de datos, explica lo que ocurrió después del revelador examen de los datos: "Estos conocimientos permitieron al director de productos cambiar el saldo mínimo, aumentar las cuotas y recurrir a otras alternativas para mejorar la rentabilidad de las cuentas y las sucursales. Por lo regular se piensa que los clientes trabajadores son los que mantienen a los bancos, porque los clientes acomodados establecen más de una relación bancaria; pero en el análisis se descubrió que no era así. En nuestra situación, como los saldos de los clientes adinerados eran mucho mayores (el doble de los hogares no rentables, e incluso sin la relación total con el banco), nos producían muchas más ganancias."

El dominio de los fundamentos

Tom Cloninger, director de unidades comerciales del grupo de datos de Acxiom, describe un conjunto básico de prácticas de manejo de datos que todos los bancos deberían dominar:

- **Segmentación por actualidad, frecuencia y valor.** Segmente sus archivos de clientes de acuerdo con las tres variables fundamentales de la conducta: actualidad o novedad, frecuencia y valor monetario. Los datos de las transacciones son, como siempre, el pronosticador más valioso de la conducta y sirve para que los bancos identifiquen a sus mejores candidatos y posibles desertores.
- **Mejoramiento de datos.** Añadir datos demográficos y geográficos a los registros de los clientes permite emprender varias actividades de elaboración de modelos y extracción, por ejemplo:
    1. **Trazo de perfiles.** Crear un perfil de clientes y hogares en cada uno de los segmentos fundamentales comparando la frecuencia de cierto tipo de comprador en el universo de clientes con el conjunto del mercado.
    2. **Hacer ventas transversales en su cartera de clientes actual.** Identificar a los mejores clientes y dirigirse a los mejores candidatos para otros productos y servicios. Los modelos analíticos pueden señalar las variables que suscitarán una respuesta, lo que significa que es posible enviar mensajes por correo a menos personas y obtener mayor respuesta.
    3. **Incrementar las ventas o reactivar clientes.** Los depósitos bajos y los clientes sin crédito pueden ascender a un estadio más rentable con un marketing de productos correcto. Del mismo modo, los clientes inactivos pueden volverse candidatos viables para otras ofertas. Incorpore en su estrategia de productos datos apropiados, como las variables de edad, ingreso, bienes raíces, automóviles, etapa de vida y estilos de vida.
    4. **Retención.** Reduzca las fugas de su cartera de clientes identificando los factores que predicen las deserciones y los programas de prueba que podrían convertir a los desertores en los mejores clientes.
    5. **Adquisición.** Es posible aprovechar los datos de varias maneras para fomentar la adquisición. Los perfiles de los mejores clientes señalan la manera en que es más probable que respondan, activen cuentas y resulten rentables con el paso del tiempo. Estos datos pueden impulsar sus ofertas, creatividad, selección de medios y enfoque de satisfacción. Quienes expiden grandes cantidades de piezas postales o realizan telemercadeo intenso pueden también resguardar listas de candidatos aplicándoles un modelo de regresión, puesto que tienen un considerable poder de negociación en el mercado de la renta de listas.

Al otro lado del espectro se encuentra un pequeño banco comunitario con 15 sucursales y sede en Garden City, N.Y. El Roosevelt Savings Bank, con activos de tres millones en 1996, se hizo muy eficiente para identificar las carteras en sucursales más rentables. El director de marketing Peter Labenburg usa un sistema AMIC creado por OKRA de Tampa, Florida, para determinar quiénes son los clientes más rentables de cada sucursal y evaluar la rentabilidad de los productos por cliente. Este análisis permitió al banco generar ingresos de millones de dólares en campañas de adquisición y retención de clientes durante los últimos dos años (véase "Eyes on the Profit Prize", un estudio de *Case-in-Point* que en Estados Unidos se consigue en el teléfono 800-332-6391).

La conexión de la lealtad

Fortalecer la lealtad de los clientes es un reto continuo para cualquier institución financiera. Está compuesta por la dependencia cada vez mayor en la tecnología, tanto para generar productos como para realizar las transacciones. A medida que se desvanece la dependencia en la infraestructura material de las sucursales y en las relaciones personales, Kurt Peters, editor del boletín de Faulkner & Gray, *Home Banking and Financial Services*, pondera el impacto que tendrán en sus territorios los encargados de planeación, aseguradoras e incluso corredores. Peters observa que las opciones de bajo costo y tecnología avanzada, como los cajeros electrónicos y la banca en línea, uniforman cada vez más las ofertas de productos, lo que indicaría que los bancos pierden la oportunidad de aumentar y variar las ventas a sus clientes porque los recién llegados, que no están ligados a la infraestructura tradicional de sucursales, entregan sus servicios a menor costo.

Para la mayoría de nosotros es difícil pensar en los productos y servicios de los bancos como bienes de consumo, que compremos como el pan o la leche, pero este punto de vista está cambiando, impulsado por compañías como FINdex, de West Palm Beach, Florida, que comercializa un directorio financiero interactivo de más de 500 bancos y otros proveedores de servicios financieros. En su sitio en Internet, los consumidores pueden comparar tasas, reunir información sobre ofertas de productos, encontrar bancos cercanos y comprar productos. De acuerdo con Stanton Freeman, presidente de FINdex, estas herramientas permitirán a los consumidores comparar los productos de tantos proveedores como se desee. "Si encuentran un producto que les guste, podrán comprarlo en el momento —explica—. No importa dónde esté localizada la institución financiera."

En tanto que los recién llegados al sector bancario pueden hacer algunas incursiones entre los clientes felices de estar en Internet, los participantes establecidos que amplían sus propias ofertas en línea tienen una ventaja. Las transacciones electrónicas generan datos que, si se manejan activamente, ayudan a los bancos a destacarse de la multitud. Por ejemplo, son muy ilustrativos los datos captados sobre qué cajeros automáticos usa un cliente y cuál es esta ubicación en relación con su hogar y su trabajo, o qué transacciones realiza cada cliente por hora del día, semana o mes. Los bancos pueden aprovechar estos recursos para aumentar el uso general de cajeros automáticos, redirigir el tráfico a sitios poco utilizados, aumentar el uso en horarios de tardes y fines de semana o promover el uso en vacaciones.

Diseño de situaciones ventajosas

Dirigir con datos en el sector financiero no carece de dificultades. Uno de los principales problemas es que un cliente rentable modelo (el que tiene saldos altos en su tarjeta de crédito u otros programas de créditos revolventes) es también un candidato modelo para irse a la quiebra. Este problema ha empeorado por la práctica en el sector de emitir tarjetas preaprobadas, lo que ha incrementado las deudas difíciles para consumidores y bancos. Al observar los índices generales de delincuencia en la primera mitad de 1996, James Chessen, economista en jefe de *Consumer Credit Delinquency Bulletin*, sitúa las culpas directamente en las puertas de los bancos. "Los actos delictivos que se ven hoy son resultado de las decisiones sobre préstamos que se tomaron hace 18 o 24 meses."

El aumento en los índices de delincuencia podría resultar una bendición para las instituciones financieras que usan los datos con inteligencia. Peggy Scully, líder del equipo de la oficina de ventas en el grupo de datos de Acxiom, en Nueva York, considera que los bancos y las emisoras ya comenzaron a tomar medidas correctivas. Su principal estrategia de respuesta ha sido un cambio por el que las tarjetas ya no se ofrecen preaprobadas a los clientes potenciales de sus listas. En este cambio, los datos demográficos tienen una función mucho más acentuada que en el contexto de la aprobación previa, puesto que la información de tarjetas de crédito, que es el mejor pronosticador del comportamiento de los clientes, está fuera de los límites por restricciones legales.

Según Scully, "cuando una compañía de servicios financieros enfrenta apreturas, una segmentación cuidadosa y el examen de las listas ayudan porque recortan costos adicionales de correo. El mejoramiento de los datos provee información adicional que las instituciones financieras no tenían sobre sus clientes actuales y potenciales".

La situación de la delincuencia ha atraído al mercado algunos innovadores no bancarios. Para citar uno, la empresa de ventas por catálogo Fingerhut de Minnetonka decidió atender clientes riesgosos como un mercado lucrativo de tarjetas de crédito. Con la base de datos de su catálogo, que contiene 500 elementos informativos de su archivo con 50 millones de nombres, en menos de un año Fingerhut entregó 670 000 tarjetas de crédito con 500 millones en cuentas por cobrar, con lo que se convirtió en el vigesimotercer emisor de tarjetas en Estados Unidos. Para tener en cuenta el riesgo inherente de extender créditos a familias de ingresos bajos a medianos, Fingerhut cobra 6% de amortización por mala conducta de pagos y una tasa de interés de 2% sobre las marcas de Visa y MasterCard. Theodore Deikel el director ejecutivo de Fingerhut, atribuye el éxito de la compañía a los datos. "Todo se remonta a la base de datos", señala.

Prevalece la sensibilidad

Otro uso elaborado de los datos es la fijación de precios por segmento de acuerdo con los perfiles de riesgo y utilidad de los clientes actuales y potenciales. Sin embargo, esta individualización, que se hace con éxito en el sector de las aseguradoras, enfrenta mayor resistencia de los consumidores cuando se trata del acceso al crédito. De hecho, algunas compañías emisoras de tarjetas han suscitado la ira de los consumidores al ofrecer tarjetas preaprobadas sin revelar todos los hechos de la tasa ofrecida. Es evidente que las tasas variables y las ofertas "tan bajas como" se encuentran en terrenos inestables éticos y legales (las leyes federales exigen que las emisoras revelen por escrito la tasa de interés en las ofertas de tarjetas preaprobadas). Y de acuerdo con las enmiendas recientes a la Ley de Informe de Crédito Justo, pronto se exigirá a todas las compañías que acuden a las listas de los burós de crédito a informar a sus clientes que tienen el derecho de no estar en dichas listas. Las empresas emisoras deben tener presentes estas realidades mientras experimentan con programas basados en datos.

Los datos también pueden ayudar a los banqueros a pensar de manera fresca en sus clientes. Los datos ayudan a los bancos a establecer canales tradicionales o nuevos y a espigar toda la información que puedan. Por ejemplo, Trustmark National Bank ofrece a sus clientes de tercera edad, que en general aprecian más el contacto de avanzada que la tecnología de avanzada, la posibilidad de que alguien concilie su cuenta de cheques con los registros del banco. ¿Suena a tardado y poco rentable? Por el contrario Trustmark añadió un campo relacional en la base de datos para rastrear cuáles de estos clientes abrían una cuenta de ahorros para sus nietos y en consecuencia les dirige su marketing.

A medida que los bancos se adentran en el siglo XXI, están a punto de entrar en una nueva era de estrategias orientadas a las relaciones. Siempre han estado muy orientados a las transacciones, pero se han dado cuenta de que las estrategias de productos darán paso a un marketing más dirigido y enfocado. William Geiger, de Gemini Consulting, con sede de Cambridge, resume los beneficios que obtendrán los bancos al adoptar las estrategias de establecimiento de relaciones que se manejan con datos:

- Venderán con eficacia la mayor cantidad de productos bancarios a los segmentos correctos de sus carteras de clientes.
- La segmentación básica y las ventas extendidas serán más fáciles en la medida que surjan estrategias preferidas de fijación de precios y los servicios para clientes que compran varios productos tengan su negocio cerca de casa.

- Establecerán relaciones de productos múltiples con segmentos de clientes especiales, a medida que nuevas técnicas de elaboración de modelos y análisis de rentabilidad en el plano de las cuentas permitan personalizar ofertas valiosas y la fijación de precios.
- Para superar la creciente homogeneización de los productos bancarios a través de Internet y otros servicios en línea, los bancos deben colocar y distribuir iniciativas claras asociadas con la identidad de su marca.

capítulo 7

Sistemas de apoyo a las decisiones de marketing e inteligencia comercial

Objetivos de aprendizaje

Al terminar de leer el capítulo, usted

1. Explicará el propósito de un sistema de apoyo a las decisiones de marketing (SADM).
2. Describirá los requisitos de información para el diseño de un SADM.
3. Señalará la función de los datos de transacciones en el SADM.
4. Explicará la relación entre el procesamiento de información y el SADM.
5. Explicará los modelos usados en un SADM.
6. Dará ejemplos de los resultados de un SADM.
7. Expondrá la relación entre el sistema de sustento a las decisiones y la inteligencia comercial.

> **“Las empresas exitosas de la próxima década serán las organizaciones que integren la tecnología de información en todas las áreas funcionales. El sistema de apoyo a las decisiones que vemos ahora se extenderá por lo menos tres generaciones y dará a los empresarios más información útil que nunca.”**
>
> **—RON MCINTYRE**
>
> **Director de sistemas de información del Fox Retail Group**

Sears: consolidación de datos para decisiones en tiempo real

Sears, Roebuck and Company conoce a sus clientes, sólo que no sabe cuáles de estos clientes son las mismas personas. Bajo el techo de Sears, los clientes pueden conseguir una tarjeta de crédito y comprar con ella ropa de un catálogo. Pueden teñirse el pelo de rojo y tomarse una foto mientras esperan a que reparen el coche. Sears va a la casa de sus clientes a exterminar termitas, poner bardas y entregar equipos de aire acondicionado. Pero el registro de cada compra aparece en una base de datos diferente; en lo que atañe a la compañía, se trata de ocho transacciones realizadas por ocho personas distintas. La administración de Sears necesitaba enlazar los registros para elaborar un perfil de los clientes, pero primero tenía que averiguar cuáles registros pertenecían a las mismas personas.

Para complicar todavía más el problema, era preciso establecer un sistema que prestara alguna coherencia a diferentes estructuras básicas: el salón de belleza organizaba sus registros por apellidos, la base de datos crediticia identificaba a sus clientes por sus números de seguridad social y el centro de reparación de electrodomésticos rastreaba a los clientes por número de teléfono. Sears tuvo que estandarizar y darle sentido a todos los datos. El sistema de apoyo a las decisiones, conocido como “panorama unificado de los datos”, parecía ser la respuesta, pues permitió a Sears tener una imagen de cada cliente, así como una poderosa herramienta para tomar decisiones sobre la retención de los clientes.

La capacidad de retener a los clientes es la meta que buscan por igual fabricantes y vendedores. La llegada de instrumentos más poderosos para tomar decisiones, herramientas analíticas avanzadas y abundantes fuentes de datos de clientes impulsa esta tendencia de las empresas. Los beneficios de estas tecnologías se aprovechan cuando los datos de los clientes se integran con los datos que se generan en la operación normal de la empresa. Esta estructura se denomina *sistema de apoyo a las decisiones.*[1]

Valor del sistema de apoyo a las decisiones de marketing

Cuando las empresas se encuentran en situaciones de competencia incierta, deben tomar varias decisiones estratégicas que conciernen a cambios en el personal, establecimiento de nuevas políticas de precios, introducción de productos nuevos o exploración de nuevos métodos de promoción. A continuación, la tarea se aboca a la elección de las mejores actividades para resolver un problema y llegar al resultado deseado. Por ejemplo, si se recomienda hacer un cambio en la política de precios, el administrador debe saber qué precios fijar, cuál será el efecto de los nuevos precios en la imagen que tienen los consumidores y cómo reaccionará la competencia. Del mismo modo, si se recomienda un nuevo método de promoción, ¿cuál debe emplearse?, ¿cuánto costará?, ¿qué tan bien funcionará? Estas preguntas sólo se contestan si se interpreta correctamente la información más apropiada que se tenga.

Los rápidos adelantos de la tecnología de la última década han hecho posible que las empresas reúnan, condensen y clasifiquen la información de manera eficaz. Pero, mientras esto ha producido una disponibilidad de información sin precedentes, no ha traído grandes mejoras en la capacidad de los administradores de interpretar la información. La interpretación requiere más que saber leer renglones y columnas de números, porcentajes y valores absolutos. Empieza por comprender de dónde viene la información y qué importancia tiene para la situación comercial que se examina. Quienes toman las decisiones deben anticipar la información que requerirán para reducir la incertidumbre en el proceso de toma de decisiones, lo que incluye elegir las fuentes de información adecuadas y saber cómo explotarlas.

El tiempo también influye en la interpretación correcta de la información, pues aquella que se tomó ayer quizá hoy es obsoleta. Para interpretar bien la información, debe reunirse en forma constante y oportuna. Un acopio sistemático de información longitudinal refuerza la capacidad del administrador de interpretarla antes de tomar decisiones.[2]

Por último, la capacidad de interpretar la información se centra en su exactitud. Incluso si el investigador fija unos criterios cuidadosos para reunir la información, es inevitable que surjan desviaciones por obra de factores personales y ambientales. Con la finalidad de reducir estas desviaciones, los investigadores deben recoger la información de varias fuentes o aplicar varios métodos. Diversas fuentes de información pertinentes para el problema de decisión mejoran la exactitud en el proceso de interpretación.

ARC y el sistema de apoyo a las decisiones de marketing

El crecimiento del mercado de electrónicos y el aumento concomitante en la disponibilidad y el acceso a datos de clientes han sido impulsores fundamentales del ritmo acelerado al que las empresas adoptan sistemas tecnológicos para la administración de las relaciones con los clientes. Las empresas se valen de la tecnología para favorecer el alineamiento de sus operaciones, recursos y estrategias y maximizar el valor que obtienen los clientes de sus productos y servicios. Como se vio en el capítulo 5, las aplicaciones de ARC se han centrado en automatizar las operaciones con los clientes para los fines de interacción y recolección de datos. Sin embargo, las empresas "centroclientistas" adoptan cada vez más una postura que va mucho más allá de la funcionalidad de dichas aplicaciones para incluir toda una gama de componentes en el sistema de apoyo. Estos métodos estimulan un punto de vista más elaborado sobre una ARC basada en un sistema cerrado de apoyo a las decisiones.

El proceso de la ARC arroja diversos resultados estratégicos, y los dos más comunes son el sistema de apoyo a las decisiones y el programa de inteligencia comercial. Como veremos en la primera parte del capítulo, el sistema de apoyo a las decisiones es una herramienta de ARC cuya finalidad es asistir a la empresa al tomar decisiones de marketing. Los primeros sistemas, creados en las décadas de 1980 y 1990, fueron diseñados como herramientas de inteligencia comercial. En el medio tecnológico actual, con su vasta cantidad de información sobre consumidores y competencia, los sistemas de apoyo a las decisiones y los programas de inteligencia comercial cumplen funciones únicas en las compañías. En la última parte del capítulo expondremos los programas de inteligencia comercial.

El sistema de apoyo a las decisiones de marketing

Sistema de apoyo a las decisiones de marketing (SADM) Sistema computarizado para uso del personal de marketing en cualquier nivel funcional con el objetivo de resolver problemas semiestructurados.

Un **sistema de apoyo a las decisiones de marketing (SADM)** es un sistema computarizado destinado a que sea utilizado por el personal de marketing en cualquier nivel de la compañía (ventas, administración de productos o marcas, publicidad) con el fin de resolver problemas semiestructurados. El resultado se presenta como informes, simulaciones matemáticas o mecanismos de seguimiento.

Muchos han pensado que el SADM y el sistema de información de marketing (SIM) son prácticamente idénticos. Sin embargo, y con el surgimiento de la nueva tecnología, los dos sistemas han evolucionado y se han convertido en herramientas de investigación peculiares. El SADM (a diferencia del SIM) posee las siguientes características exclusivas:

1. Está diseñado para problemas de investigación específicos que sustenten al personal de marketing.
2. Ofrece información destinada a facilitar una decisión concreta (planeación de un producto nuevo, eficacia de la publicidad y alternativas de distribución).
3. Su principal objetivo es evaluar varias soluciones para los problemas de marketing e identificar la mejor acción.
4. Está destinado a enfocar problemas estrechos (semiestructurados), como facilitar el diseño de un territorio nuevo, evaluar los resultados del lanzamiento de un nuevo producto o marca, o incluso trazar el perfil de ciertos mercados objetivo para las actividades de marketing.
5. Pone énfasis en: almacenaje y clasificación de la información y soluciones.[3]

Diagrama de un sistema de apoyo a las decisiones de marketing

En la figura 7.1 se ilustra la manera en que un SADM sirve de diferente manera al personal de marketing. El SADM almacena y clasifica tres clases de información de marketing: ambiental, de transacciones y de competidores. Estos datos se encuentran en un sistema de procesamiento de la información compuesto por una computadora, una base de datos de investigación de mercado y software especializado. Este sistema faculta al usuario para que manipule la información y entrega como salida informes especializados, respuestas a indagaciones en la base de datos y simulaciones con modelos. Los informes y las indagaciones sirven, por lo regular, para identificar problemas relacionados con el marketing. Las simulaciones son invaluables para planear otras soluciones para quien toma las decisiones de marketing.

El objetivo de este capítulo es familiarizar al lector con el uso de un SADM. En los capítulos 4, 5 y 6 se estudian los datos secundarios, la tecnología de información y la elaboración de una base de datos, que en conjunto son los fundamentos para comprender el SADM. Por tanto, sólo damos una breve explicación de estos temas.

FIGURA 7.1 Sistema de apoyo a las decisiones de marketing

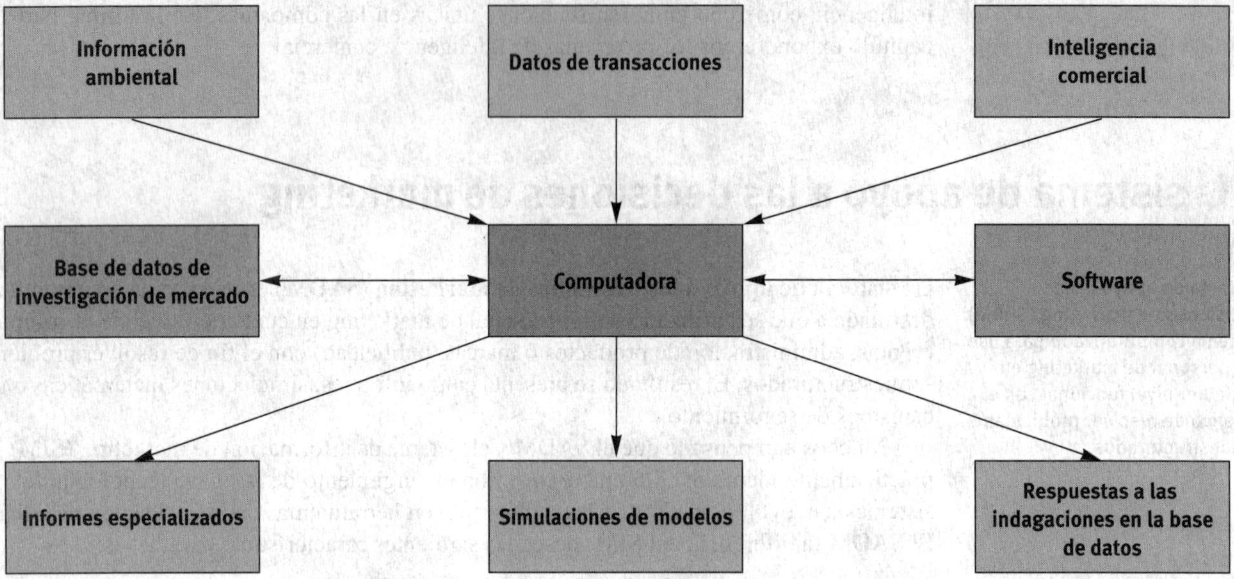

Requisitos de información

La mayor parte de la información que contiene el SADM es secundaria. Como el SADM está destinado a proveer soluciones para problemas actuales del mercado, tiene datos reales sobre éste, no intenciones ni actitudes. La información que tiene debe dar al personal de marketing una imagen de lo que verdaderamente ocurrió, para situar en perspectiva el presente y el futuro.[4] Las actividades de marketing deben informarse rápidamente, en la medida en que se desenvuelven, para que el personal de marketing actúe en consecuencia. Por ejemplo, cuando Miller Brewing Company introdujo en el mercado su nueva cerveza Miller Red, los administradores querían saber cómo se vendía el producto en diversas tiendas, en varios puntos de venta y con distintas campañas de promoción. Las acciones correctivas para cambiar o mejorar el esfuerzo de marketing debían tener lugar inmediatamente. Por tanto, los únicos datos valiosos eran los datos directos de las transacciones en el punto de venta, enlazados con el SADM desde las tiendas. Estos datos revelaron que las ventas eran menores que las estimadas en las tiendas de abarrotes del suroeste de Estados Unidos. Resultó que Budweiser realizaba una campaña masiva de punto de venta para su marca Michelob y socavaba los empeños de Miller. En 24 horas se instruyó a los distribuidores de Miller para que se pusieran en contacto con los gerentes de las tiendas y les ofrecieran una rebaja de un dólar por caja si retiraban la promoción de Michelob y se ocupaban exclusivamente de Miller Red.[5]

Sobre la base de una simulación de datos de transacciones, Miller calculó que las ventas crecerían 40%, lo que compensaría y superaría la pérdida de ingresos por la rebaja de un dólar ofrecida a la gerencia de las tiendas. Además, del modelo se estimó que las tiendas venderían en promedio 700 cajas a la semana, lo que arrojaría ingresos adicionales de 700 dólares para cada tienda. Armados con estos datos, los distribuidores no tuvieron dificultades para persuadir a los gerentes de que dirigieran su interés a Miller Red. Esta reacción rápida no habría sido posible sin los datos del punto de venta y las simulaciones del SADM. La clave para el tino de esta decisión fue mostrar a los administradores de Miller lo que había ocurrido antes, lo que ocurría entonces y lo que ocurriría después.

Información ambiental

Información ambiental
Información sobre proveedores y distribuidores.

En el contexto del SADM, la **información ambiental** es la que atañe a proveedores y distribuidores. La información sobre los proveedores es particularmente importante, porque la cooperación y coordinación de actividades con estas entidades garantiza que la compañía tenga las materias primas suficientes y los servicios para reaccionar ante los cambios del mercado. En concreto, las compañías deben poseer información confiable acerca de temas de suministros como costos, calidad y confiabilidad de los productos.

En un SADM, los proveedores se clasifican por el volumen en moneda de los negocios que la compañía hace con ellos. A continuación se fija una serie de criterios relacionados y se almacenan en la unidad de procesamiento de información del SADM. Luego, esta información puede analizarse mediante software que evalúa a los proveedores de acuerdo con las siguientes dimensiones:

1. Volumen en moneda por temporada y año.
2. Crecimiento o encogimiento del volumen anual en moneda
3. Precisión en embarque y facturación.
4. Oportunidad de las entregas.
5. Términos de precios y descuentos.
6. Devoluciones y procedimientos.

En la figura 7.2 se ofrece una muestra de la salida de un software de procesamiento de proveedores. Quizá la mayor ventaja de tal sistema es que es posible elegir o sustituir inmediatamente a un proveedor, para que la compañía evite alguna escasez o exceso de inventario y, en última instancia, insatisfacción de los clientes.

FIGURA 7.2 Ejemplo de salida de un software de procesamiento de proveedores

Dept. núm.
Fecha
Recurso
Mercancía Calif. superior _______ Media _______ Inferior_______
Actividad (fabr., patr., import.)
Dirección de oficina de ventas Teléfono_______
Dirección de fábrica o almacén
Directores de la compañía y sus títulos
Contactos de compras: peculiaridades del estado o requisitos especiales de manejo de
a. Oficina de ventas b. Fábrica
Calificación de Dun & Bradstreet
Ética de la compañía
Clasificación en la industria
Importancia del vendedor para la tienda
Importancia de la tienda para el vendedor
Registro de todos los acuerdos (términos, descuentos comerciales, descuentos en efectivo, publicidad compartida, etc.)
Observaciones (Anote claramente cualquier información no cubierta arriba que guíe a cualquier miembro de nuestra organización que tenga que tratar con este vendedor)
Semestral
Fecha Preparó

Socios de distribución

Por lo común, los distribuidores se consideran mayoristas de servicios. Son empresas que adquieren productos de un fabricante y los venden a las tiendas. Los mayoristas de servicios son muy buscados porque ofrecen muchas ventajas sobre la venta directa al detalle. Por ejemplo, ofrecen servicios de empaque y envío, reducen las necesidades de llevar un inventario, disminuyen los riesgos del crédito y simplifican la contabilidad. Muchas empresas, como las tiendas de abarrotes y perecederos, no tienen otra opción que recurrir a los mayoristas por la enorme variedad de mercancía que deben mantener. En tal papel, los mayoristas de servicios son entidades cuya contribución a las utilidades de la compañía deben evaluarse de continuo. Entre los datos directos relacionados con los mayoristas se encuentran los siguientes:

1. Niveles de inventario manejados por varios mayoristas.
2. Desempeño de entrega a tiempo.
3. Requisitos de pedido mínimos.
4. Costos de transporte.
5. Reparaciones, descuentos y ajustes.
6. Nivel del servicio (es decir, sustitución automática de la mercancía, incremento de precios, administración del inventario).[6]

En la figura 7.3 se muestra un documento del sistema de evaluación de un mayorista que se incluye en muchos sistemas de apoyo a las decisiones de marketing. Como se ve, el sistema permite comparar mayoristas. Aquí también la precisión y la oportunidad de los datos son indispensables para que el sistema sea eficaz en el proceso de toma de decisiones.

FIGURA 7.3 Ejemplo de sistema de evaluación del mayorista

```
1 INDAGACIÓN DE VENDEDOR                                   NOMBRE-PROGRAMA:201U5031
                                                           CLAVEPF 1 - REINICIAR
     DEPT.       20    DEPORTIVOS DAMAS                    CLAVEPF 16 - SALIR
   VENDEDOR    437801  LONGSTREET INDUSTRIES, LTD.
     FECHA     06/8-

RECEPCIÓN:                  REBAJAS:
UNIDADES          420       UNIDADES        56        CONTRIB. PUBLICIDAD: .00
AL DETALLE     6715.80      AL DETALLE     280.23
AL COSTO       3156.45                              NÚM. DE ÓRDENES DE PAGO 6
                            COMPRAS:
VENTAS:                                                 NÚM. DE EMBARQUES: 5
                            AL DETALLE    7438.20
UNIDADES          324       AL COSTO      4462.92     EMBARQUES SOBRANTES: 0
AL DETALLE     5389.77
AL COSTO       3108.45      FACTURACIONES:             EMBARQUES FALTANTES:1

DEVOLUCIONES:                 FACTURA     3782.40
                              DESCUENTO    231.18
UNIDADES           23             FLEJE     45.20
AL DETALLE      367.77        DETALLE     6715.80

                                                  Oprima RETORNO para continuar *
```

Inteligencia comercial

Inteligencia comercial Procedimiento para reunir la información de las operaciones diarias que sea útil para la compañía y su mercado.

Otro requisito de información en un sistema de apoyo a las decisiones de marketing es la **inteligencia comercial**. Estas actividades carecen de la estructura y el rigor de las prácticas más formales de recolección de datos asociadas con proveedores o distribuidores, pero representan una importante entrada de información en el SADM. La inteligencia comercial incluye un procedimiento para reunir información de las operaciones diarias que se relacione con la compañía y sus mercados. Esta información se consigue en las publicaciones comerciales, libros y periódicos, así como al hablar con clientes, proveedores, mayoristas y personal de la compañía.

Más adelante, en la sección sobre los programas de inteligencia comercial, examinamos su naturaleza peculiar y su relación con el proceso de ARC.

Datos de transacciones

Datos de transacciones Información que resulta del intercambio entre los clientes y los vendedores.

Como lo indica el nombre, los **datos de transacciones** son la información que surge, por lo regular, de un intercambio entre un consumidor y un vendedor. En los próximos años surgirán nuevos métodos revolucionarios para reunir estos datos que producirán cambios notables en el ejercicio de la investigación de mercado. Por ahora, cinco tecnologías se entretejen para ayudar a los investigadores a reunir y mantener datos de transacciones: códigos de barras, escáner óptico, resurtido automático, intercambio electrónico de datos y lectores ordenadores. Vamos a detenernos un momento en cada tecnología.

Código de barras Esquema de barras y espacios de anchura variable que representan números y letras.

Los **códigos de barras** consisten en un esquema de barras y espacios de anchura variable que representan un código de números y letras. Cuando se decodifica mediante un escáner óptico, el código señala información importante del producto. Nombre de la marca, estilo, tamaño, color y precio son algunos de los datos que se representan con códigos de barras, que también proveen información sobre niveles de inventarios, porcentaje de aumento de precio del artículo, tasa de rotación de existencias de la mercancía y cantidades necesarias para nuevos pedidos.

Escáner óptico Dispositivo sensible a la luz que "lee" códigos de barras, es decir, capta y traduce los datos de estos códigos en información sobre el producto.

Los códigos de barras operan junto con el **escáner óptico**, un mecanismo sensible a la luz que "lee" aquellos códigos; es decir, capta y traduce los números de los códigos en información de los productos, con lo que facilita la entrada de datos en el SADM. Son comunes dos técnicas de escaneo. En la primera, el ramo de las tiendas al detalle acepta el código universal de productos (CUP) como sistema de barras. Se trata de un número de 12 dígitos con que se identifica la mercancía. La segunda es el marcaje de contenedores de embarque (MCE), un código de barras que facilita la identificación y el embarque de los contenedores entre fabricantes, distribuidores y vendedores. Ambos sistemas se leen con diversos escáneres ópticos. Casi todas las tiendas de descuento, como Target o Wal-Mart, utilizan escáneres manuales o pistolas de láser por razones de velocidad y conveniencia. Las varas de escaneo se usan predominantemente en las tiendas de departamentos, como Dillard's y Macy's, porque las etiquetas de los precios cuelgan sueltas. Los escáneres de cama plana o los transmisores en línea se ven en los supermercados debido al volumen de artículos y cupones que hay que tramitar.

Cada vez que un escáner lee un código de barras, registra electrónicamente lo que se compró, los datos del fabricante y el vendedor, el tamaño y el precio. Esta información se archiva en una base de datos y se mejora con inteligencia de mercado y otra información de investigación. La base de datos que se genera tiene la posibilidad de revelar qué ven consumidores en la televisión, en qué vecindario viven y en qué tiendas compran. En la figura 7.4 se describe la manera de hacer referencias cruzadas con los datos de escáner, así como el valor que tienen para los investigadores de mercado.

Sistema de resurtido automático (SRA) Sistema automatizado continuo para analizar niveles de inventario, tiempos de entrega de pedidos de mercancía y ventas proyectadas.

El **sistema de resurtido automático (SRA)** es un sistema continuo y automatizado destinado a analizar los niveles de inventario, tiempos comunes de pedido de mercancía y pronósticos de ventas. También genera pedidos de compras de mercancía que hay que reponer

FIGURA 7.4 HomeScan: datos de escáner para la toma de decisiones

Los hombres son compradores más activos de productos de muchas categorías de lo que se pensaba, de acuerdo con nuevos datos de la división de servicios publicitarios de NPD/Nielsen.

Los primeros datos hechos públicos de la base de datos HomeScan de Nielsen cubren un año de lectura de revistas y compras de productos en más de 18 000 hogares de Estados Unidos que forman parte del grupo de hogares de Nielsen.

Si bien el servicio de información de fuente única de HomeScan es similar a las encuestas anuales de Mediamark Research Inc (MRI) y Simmons Market Research Bureau, HomeScan reúne electrónicamente la información de compras mediante escáner de vara. Los entrevistados de MRI y Simmons registran la información de sus compras en respuesta a un cuestionario escrito o una entrevista.

HomeScan sigue el consumo que hacen los lectores de revistas de 1 500 marcas en 1 000 categorías de productos. Entre los primeros resultados se encuentra el elevado número de compras de bienes empacados por parte de los hombres.

"Hemos descubierto que los hombres son mucho más importantes [como consumidores]. En general, alrededor de 30% del dinero registrado por bienes empacados correspondió a compras de hombres", dijo Steve Coffey, vicepresidente de NPD/Nielsen.

Por ejemplo, entre las marcas de pastas de dientes, los hombres adquirieron 52% de todas las compras de Viadent y 22% de Colgate Tartar en el año que terminó el 1 de junio.

Nielsen no está seguro de por qué HomeScan muestra más compras de hombres que los cálculos anteriores, pero Coffey explicó que puede deberse a que otras encuestas designan a un solo miembro del hogar para que dé informes sobre las compras de productos, en tanto que HomeScan distingue a los integrantes de la casa por edad y sexo.

Otro resultado es que los lectores de revistas son más de los que registraron MRI y Simmons. En general, ScanHome muestra 44% más lectores que MRI y 86% más que Simmons en las 140 revistas que siguió.

Esta disparidad puede obedecer a desviaciones de los entrevistadores de otros estudios, dijo Coffey. A diferencia de MRI y Simmons, HomeScan reúne electrónicamente la información sobre lectura, no mediante una entrevista.

Como resultado, algunas revistas (en particular aquellas que los lectores se sentirían apenados de decir que leen, como *The National Enquirer* y *Playboy*) indican más lectores que en otras encuestas. Otras categorías, incluyendo semanarios de noticias, revelan cifras de lectura parecidas a las de MRI y Simmons.

Los suscriptores de HomeScan tienen acceso a la base de datos, que se actualiza en abril y octubre, mediante servicio en línea o disco compacto. Entre los suscriptores se encuentran *Parade, Reader's Digest, USA Today,* Kraft, General Foods, Leo Burnett Co., Foote, Cone Belding Communications y Walter Thompson USA.

pronto. El SRA está destinado a ayudar a las empresas a mantener los niveles de inventario más bajos posibles al tiempo que mantienen existencias suficientes para evitar agotamientos. Los niveles de inventario pueden optimizarse porque las cantidades pedidas son menores y los pedidos son más frecuentes. Además, el movimiento del inventario mejora porque los nuevos pedidos se hacen automáticamente, las tasas de rotación de inventario son más altas y el costo por desperdicio y encogimiento se reduce notablemente.

Intercambio electrónico de datos (IED) Sistema computarizado destinado a acelerar el flujo de información y productos del productor al distribuidor y el vendedor.

El **intercambio electrónico de datos (IED)** es un sistema computarizado destinado a acelerar el flujo de información y productos del fabricante, al distribuidor y al vendedor. Esto, por su parte, contribuye a aumentar las ventas, reducir las bajas de precios y recortar los costos de elaborar un inventario. El IED difiere del sistema de resurtido automático (SRA) en que los beneficios se derivan de reducir los costos de las actividades administrativas y de oficina relacionadas con los pedidos de mercancías. El IED se centra principalmente en el intercambio electrónico de información como órdenes de compras, facturas, notas de adelanto de embarque y notas de devolución de productos. En esencia, el IED es el brazo informativo de un sistema de resurtido automático.

El IED cuenta con dos formatos: intercambio de datos directos (del minorista al mayorista o distribuidor) y redes de terceros, que operan como distribuidoras o buzones electrónicos para las tiendas. Hay algunas diferencias entre los dos formatos, pero sus beneficios son los mismos. El IED reduce los costos del trabajo de oficina y la captura de datos, correo, manejo e impresión de formas. La velocidad de la comunicación reduce los costos del inventario y mejora la eficacia del mayorista y el minorista.

Los sistemas de resurtido automático y de intercambio electrónico de datos son las claves del SADM. Por ejemplo, Toys "R" Us, que tiene 451 sucursales en Estados Unidos y 97 en otros países, atribuye su crecimiento y rentabilidad a su inventario y su componente de información en el SADM. Como es una compañía de temporada (60% de sus ventas las realiza entre mediados de noviembre y Navidad), depende del control de su inventario para sobrevivir. A la fecha, la red de Toys "R" Us abarca a más de 500 vendedores. Los datos que se transmiten son pedidos y confirmaciones de embarque, así como los registros de ventas e inventario, con lo que compradores y vendedores saben qué juguetes se venden en qué tiendas de todo el mundo y cuándo hay que resurtir. Más en concreto, mediante IED, Toys "R" Us vigila las tendencias de ventas y se comunica automáticamente con sus vendedores. Por ejemplo, las tiendas de California venden más mercancía de moda que otras sucursales. El IED permite a los compradores crear una mezcla equilibrada de estos artículos con otros productos que dependan menos de la temporada.[7]

Lector ordenador Mecanismo electrónico situado en el punto de venta (PDV) que parece un cajero automático en miniatura. Permite a los consumidores pagar sus transacciones con tarjetas de crédito, especiales o débito.

El último elemento para generar datos de transacciones es el **lector ordenador**, dispositivo computarizado parecido a un cajero automático en miniatura y situado en el punto de venta. Permite a los consumidores pagar sus transacciones con tarjetas de crédito, especiales o de débito. La banda magnética del reverso de la tarjeta contiene numerosos datos del consumidor. Esta diminuta banda alberga datos personales e históricos del individuo, junto con información pertinente (en qué tienda se usó la tarjeta, qué se compró y cuándo), además de datos demográficos y de estilo de vida.

En el punto de venta, cuando un consumidor usa un lector ordenador como método de pago, los datos de la banda magnética y de la compra se recolectan automáticamente. El escáner óptico (a través del código de barras) lee y registra compras de productos al tiempo que el lector ordenador (mediante tarjeta de crédito, cajero automático o tarjeta de débito) reúne y guarda información acerca de quién hace la compra. Los dos grupos de información se almacenan en la base de datos central del SADM. Cuando se compilan con otras compras del consumidor, se genera un perfil por productos de acuerdo con las actividades semanales o incluso diarias de la tienda.

En la figura 7.5 se encuentra una muestra de un informe de SADM sobre quienes han comprado productos de Pepsi en cierta cadena de supermercados. Sobre la base de la información que se desprende del lector ordenador, sabemos que estos individuos también escuchan música de rock contemporáneo, visitan parques temáticos, beben vodka, rentan videocasetes, hacen comidas y barbacoas, ven rugby profesional y tienen computadora personal en casa. Aunque sólo son algunos de los datos que podrían reunirse sobre quienes toman Pepsi, son datos reales reunidos y almacenados en el punto de venta.

Con esta información, Pepsi puede anticipar las ventas diarias, planear sus promociones en las tiendas, prever las reacciones a los cambios de precios y empaques y mantener una descripción fiel de su mercado objetivo. El valor de esta información radica en su capacidad de pronóstico, dado que procede de compras reales de productos, no de la propensión o la probabilidad de comprar Pepsi. Por tanto, es obvio que los beneficios del SADM es su capacidad de reunir y clasificar información importante sobre los clientes. Sin embargo, recuerde que la clave para interpretar esta información descansa en el elemento de procesamiento de información del SADM.

Procesamiento de información y SADM

Los tres elementos clave del componente de procesamiento de información del SADM son la base de datos, los equipos de cómputo y el sistema de software. Dado nuestro exhaustivo

FIGURA 7.5 **Muestra de un informe de SADM sobre compradores de Pepsi**

OJETIVO ESTILOS DE VIDA / ESTILOS DE MEDIOS / DEMOGRÁFICOS PARA PEPSI
OBJETIVO: CONSUMIDOR FRECUENTE DEL SUR

	Penetración				Penetración		
Demográficos	**Total**	**Objetivo**	**Índice**	**Demográficos**	**Total**	**Objetivo**	**Índice**
Compró rock pesado	7.76	13.11	109	Navega con motor fuera de borda	4.83	5.82	120
Compró rock contemporáneo	15.90	24.85	156	Aficionado a la lucha libre	10.95	13.17	120
Fue a conciertos de rock y pop	8.91	13.53	152	Bebe vodka	18.74	22.24	115
Montó motocicletas	3.71	5.46	147	Anda en bicicleta	16.77	19.63	117
Compró soul, R&R o música negra	8.13	11.65	143	Compró su primer camión	7.12	8.31	117
Jugó raquetbol	4.53	6.45	143	Compró cintas de casete grabadas	23.44	27.26	116
Esquió en montaña	3.98	5.65	143	Rentó videos a/pas.	48.06	35.70	115
Compró música vernácula cont.	17.10	24.18	141	Compró jazz o música tradicional	5.97	6.81	114
Levanta pesas	9.84	13.87	141	Compró coche nuevo con puerta tras.	2.70	3.05	113
Esquió en agua	3.94	5.53	140	Compró coche nuevo importado	12.28	13.85	113
Trotó o corrió	9.16	12.61	138	Fuma cigarros mentolados	9.15	10.26	112
Cabalga	4.26	5.35	137	Compró música campirana	17.70	10.82	112
Compró rock de 1960	6.48	8.37	137	Toma educación para adultos	7.13	7.98	112
Visitó un parque temático a/pas.	20.08	27.39	136	Fue a teatros y conciertos	21.49	23.55	120
Pasó una noche de campamento	9.41	12.62	134	Salió a navegar	2.74	3.00	118
Compró reproductora de CD a/pas.	6.34	8.24	130	Gastó más de 10 dólares en			
Más de cuatro películas en 90 días	15.10	19.51	129	una reunión de Tupperware	7.23	7.83	108
Bebe ron	17.43	22.36	128	Ofrece comidas y barbacoas	36.62	39.65	108
Jugó tenis más de 10 veces a/pas.	3.35	4.30	128	Aficionado al fútbol profesional	41.47	44.27	107
Nadó más de 20 veces a/pas.	8.75	11.16	128	Aficionado al basquetbol profesional	26.00	27.59	106
Hizo tiro al blanco	4.49	5.71	127	Pesca en aguas marinas	4.41	4.67	106
Compró cintas de casete vírgenes	17.78	22.25	125	Masca tabaco	1.83	1.92	105
Escala o va de excursión	8.84	10.77	121	Bebe brandy o coñac importado	7.28	7.64	105
Pertenece a un club de salud	4.37	5.28	121	Tiene una computadora en su hogar	22.36	23.26	101
Pesca en agua dulce	11.83	14.28	121	Aficionado al basquetbol colegial	21.27	21.98	103

análisis de la creación de bases de datos del capítulo 6, ahora centraremos nuestra exposición en las computadoras y el software.

El sistema de cómputo y software cumple una función principal en el SADM: generar informes útiles para quien toma las decisiones. Este sistema del SADM debe apegarse a los siguientes lineamientos:

1. El diseño del informe debe corresponder a las necesidades del usuario, no del analista.
2. El sistema de software debe ser capaz de entregar informes al usuario en cuestión de minutos.
3. El sistema debe tener la capacidad de clasificar e imprimir informes con datos muy específicos.
4. Los datos deben ser fáciles de leer, usar y manipular.
5. El sistema debe funcionar a la medida, a diferencia de los sistemas prescritos. Un sistema de software prescrito es menos caro, pero si no satisface las necesidades del usuario es inútil.[8]

Para el SADM se cuenta con dos tipos de sistemas de software: de estadísticas y de función administrativa.

Sistemas de software para estadística

Sistemas de software para estadística Sistemas de SADM que analizan grandes volúmenes de datos y calculan cifras estadísticas básicas como medias y desviaciones estándares.

Desde los primeros años de la computadora hay **sistemas de software para estadística** cuya finalidad es realizar análisis estadísticos básicos. Los sistemas analizan grandes volúmenes de datos y calculan cifras estadísticas básicas, como medias y desviaciones estándares. También comparan conjuntos de números y aplican pruebas *t* y de ji cuadrada para determinar su grado de semejanza o diferencia. También hacen rutinas más elaboradas, como regresión múltiple y análisis de varianza. En los capítulos 17 y 18 tratamos a fondo las técnicas estadísticas.

Hay diversos sistemas de software para estadística, pero los paquetes más completos para SADM son SAS y SPSS-X. Sin embargo, debido a los grandes conocimientos de matemáticas y estadística que se requieren para operar estos sistemas, por lo regular, los elige el investigador, no el administrador; por tanto, también se incorporan en el SADM sistemas de software para la función administrativa.

Sistemas de software para la función administrativa

Sistemas de software para la función administrativa Sistemas para uso de los administradores para pronóstico, administración de marcas y nombres y presupuesto de promoción.

En el entorno de SADM se utilizan sobre todo tres **sistemas de software para la función administrativa**: de pronóstico, de administración de productos y marcas y de presupuesto de promoción.

Hay muchos sistemas de pronóstico que permiten a los administradores de ventas y marketing proyectar acontecimientos futuros. Todos parten de los datos ya descritos en el capítulo para predecir las ventas. Por ejemplo, si los datos de transacciones indican que las compras aumentan con el incremento en la presencia del producto en la tienda, se podría expresar matemáticamente la relación exacta (es decir, hacer un modelo). Los sistemas de pronóstico arrojan proyecciones de ventas o rentabilidad a modo de informe, como el que se muestra en la figura 7.6.

Los sistemas de software para la administración de productos y marcas permiten a los administradores planear la introducción de nuevos productos. Uno de los paquetes, llamado de planeación de marcas, se basa en un análisis de ruta crítica y despliega su salida en forma de gráfica de Gantt. El paquete planea la secuencia de actividades (producción, ventas, empaque, etc.) que deben efectuarse simultáneamente para lanzar con éxito el producto.

El sistema de presupuesto de promoción permite a los administradores predecir y controlar los gastos de promoción. Se imponen límites a cada rubro del presupuesto, ventas, publicidad, promoción de ventas y gasto en medios. Cada mes se expiden informes en los que se señala la relación entre los gastos reales y las proyecciones del presupuesto. Un ejemplo de sistema de presupuesto de promoción es ADBUG,[9] un procedimiento para elaborar modelos con que se evalúa la respuesta de las ventas a la publicidad. En teoría, el sistema es bastante simple pues evalúa lo que sucede en todo el sector, producto o incluso marcas de un producto en relación con la participación en el mercado de nuestra marca. El sistema opera sobre una base muy fundamental; con un esquema condicional ("qué pasa si"), ADBUG realiza análisis de sensibilidad para medir la respuesta de ventas por los efectos de la participación en publicidad, eficacia de los medios, carácter temporal de los productos, tendencias, competencia y precios.

Con el fin de establecer una función de respuesta de ventas, el usuario de ADBUG pone en consideración otras premisas:

1. Determinado monto de gastos en publicidad mantendrá la participación de la marca en cierto nivel.
2. Sin publicidad, hay un piso al que caerá la participación de la marca en cantidades fijas.

FIGURA 7.6 Ejemplo de una salida del sistema de pronóstico de ventas

RESUMEN DE PROYECTOS PRESUPUESTADOS: Septiembre

RESUMEN POR SECTOR INDUSTRIAL:

		Val. tot./revisiones por sect. y tipo	Val. tot./revisiones por sect.	Gran total por sect. y tipo	Gran total por sect.	Núm. de presupuestos
BANCA:	Sistemas	$550 004.00		$2 398 425.00		3
	Pantallas	$38 761.91		$38 761.91		1
	Válvulas rotación	$0.00		$0.00		0
	Misceláneos	$0.00	$588 765.91	$0.00	$2 437 186.91	0
PLÁSTICOS:	Sistemas	$0.00		$0.00		0
	Pantallas	$0.00		$0.00		0
	Válvulas rotación	$0.00		$0.00		0
	Misceláneos	$0.00	$0.00	$0.00	$0.00	0
QUÍMICOS:	Sistemas	$314 980.00		$559 519.00		4
	Pantallas	$19 140.00		$19 140.00		3
	Válvulas rotación	$10 860.00		$10 860.00		2
	Misceláneos	$0.00	$344 980.00	$0.00	$589 519.00	0
FARMACÉUTICOS:	Sistemas	$69 918.00		$129 918.00		4
	Pantallas	$0.00		$0.00		0
	Válvulas rotación	$0.00		$0.00		0
	Misceláneos	$200 000.00	$269 918.00	$252 000.00	$381 918.00	2
ALIMENTOS:	Sistemas	$13 670 547.00		$22 409 527.00		12
	Pantallas	$155 667.00		$155 667.00		6
	Válvulas rotación	$28 120.00		$28 120.00		3
	Misceláneos	($67 100.00)	$13 787 234.00	$317 200.00	$22 910 514.00	1
DIARIOS:	Sistemas	$0.00		$0.00		0
	Pantallas	$13 374.00		$13 374.00		1
	Válvulas rotación	$0.00		$0.00		0
	Misceláneos	$0.00	$13 374.00	$0.00	$13 374.00	0
PARTES:	General (partes)	$0.00	$0.00	$0.00	$0.00	0
Pintura en polvo:	Sistemas	$0.00		$0.00		0
	Pantallas	$46 065.00		$97 584.00		3
	Válvulas rotación	$0.00		$0.00		0
	Misceláneos	$0.00	$46 065.00	$0.00	$97 584.00	0
		$15 050 336.91	$15 050 336.91	$26 430 095.91	$26 430 095.91	45

Val. tot. revisiones	Gran total	Núm. presup.
$311 987.91	$363 506.91	19
$0.00	$0.00	0
$138 918.00	$138 918.00	3
$13 485 890.00	$21 758 234.00	7
$655 000.00	$655 000.00	2
$458 541.00	$3 514 437.00	14
$0.00	$0.00	0
$0.00	$0.00	0
$0.00	$0.00	0
$15 050 336.91	$26 430 095.91	45

3. Hay un tope hasta el que se incrementará la participación de la marca con mayores gastos de publicidad.

El sistema ADBUG tiene dos objetivos fundamentales: 1) determinar el monto óptimo de gastos de publicidad para alcanzar el nivel de ventas deseado, y 2) determinar cómo cambiar los gastos de publicidad con el paso del tiempo para maximizar las utilidades.

Cualquiera que sea el sistema de software de SSDM, el objetivo es producir información a partir de los datos para facilitar las decisiones. El denominador común de todos estos sistemas está en su capacidad de hacer modelos para dar apoyo directo al administrador para que resuelva problemas. Por tanto, antes de emprender el estudio de la salida del SADM, haremos una exposición breve de los modelos.

Tipos de modelos de SADM

Cuando la información del SADM se ordena y clasifica con el sistema de software apropiado, el resultado es alguna forma de salida para quien toma las decisiones. Cuando el objetivo de la salida es dar la solución al problema, por lo regular, fue obra de alguna técnica de elaboración de modelos.

Un modelo es una abstracción que representa un fenómeno o actividad que se relaciona con una entidad. Por ejemplo, si un modelo va a representar por qué fluctúan las ventas de una compañía, las fluctuaciones se convierten en la entidad. Los modelos se clasifican como estáticos o dinámicos, probabilísticos o deterministas y de optimización o suboptimización.

Los modelos estáticos no toman el tiempo como una variable importante. Se ocupan de sucesos en un momento determinado. Un modelo de asignación de publicidad que calcula el gasto óptimo en propaganda tomando el gasto actual es estático. Cuando se añade el tiempo, el modelo se vuelve dinámico. Los modelos dinámicos ilustran el comportamiento con el paso del tiempo. Un pronóstico tradicional de ventas de un año es un modelo dinámico.

Otra forma de clasificar los modelos depende de que incluyan o no probabilidades. Una probabilidad es la posibilidad de que cierto hecho suceda. Las probabilidades van de 0.00 (no hay ninguna posibilidad de que ocurra) a 1.00 (una certidumbre de 100% de que ocurra). Un enunciado probabilístico sería: "Hay 75% de probabilidades de que los clientes compren Pepsi a un dólar la lata." Los modelos que incluyen probabilidades se llaman probabilísticos. Los que no las incluyen son modelos deterministas. Muchos pronósticos de ventas son deterministas.

Un modelo de optimización es aquel que elige la mejor solución entre alternativas y uno de suboptimización es el que proyecta un resultado por sí mismo. Casi todos los modelos que se usan en distribución y eficacia logística son de optimización o suboptimización.

Las capacidades de hacer modelos permiten al SADM arrojar una salida que es del mayor interés para el administrador o usuario. Los tipos más comunes de salida del SADM son informes, simulaciones e indagaciones.

Ejemplo del resultado de un análisis de ventas de SADM

Un ejemplo de una salida de SADM es un conjunto de informes de análisis de ventas generado por datos de transacciones y de contabilidad. Los datos con que se preparan los registros se clasifican en varias secuencias para dar al administrador de ventas información que describa las ventas de la compañía por cliente, región y vendedor. En la figura 7.7 se muestra un informe de ventas por cliente. Los clientes se anotan en orden descendente según las ventas del último año y el porcentaje de su contribución a las ventas totales. Esta técnica permite al administrador de ventas analizar a los clientes por porcentaje de ventas. La misma técnica se aplica en el informe de ventas por región de la figura 7.8. Aquí el administrador puede analizar las ventas concretadas por sus vendedores en cada región.

Sistemas de información geográfica

Cuando un modelo simula una entidad, se dice que ése es el *simulador* y el proceso que usa la herramienta la *simulación.* Una simulación muy empleada en SADM es el sistema de información geográfica (SIG). En su forma presente, el SIG sigue una técnica de elaboración de modelos espaciales junto con los datos tomados del SADM. Faculta a los usuarios para que capturen, codifiquen, editen, analicen, compongan y desplieguen datos espaciales organizados en capas de mapas. Cada capa representa un tema geográfico conceptuado como una pila de mapas flotantes enlazados a una base común. Cada mapa tiene un acceso por separado. Es posible dirigir referencias recíprocas en un esquema espacial a la información combinada y los atributos relacionados de cada capa.

FIGURA 7.7 **Salida de un informe de ventas por cliente del sistema de productos**

Cliente	Región	Ventas ($)	% ventas	% de ventas/ sistema
Emerald Industries	mw	$3 272 428	21.6%	31.2%
Keebler	mw	1 067 051	7.0%	10.2%
Merck Sharp & Dohme	ot	1 038 019	6.8%	9.9%
Pretzels Inc	mw	776 218	5.1%	7.4%
Snyders of Hanover	ne	632 505	4.2%	6.0%
Syntex	ot	590 717	3.9%	5.6%
Floor Daniel (Frito)	w	330 270	2.2%	3.1%
Ore-Ida Foods	w	300 830	2.0%	2.9%
Schultz Foods	ne	252 122	1.7%	2.4%
Sterling Drug	ne	233 028	1.5%	2.2%
Golden Flake	ne	178 000	1.2%	1.7%
M&M Mars	ne	172 725	1.1%	1.6%
Glaxo	ne	147 868	1.0%	1.4%
Continental Mills	w	145 560	1.0%	1.4%
Marion Merrell Dow	mw	125 688	0.8%	1.2%
Reading (troyer)	ne	117 644	0.8%	1.1%
Warner Lambert	ot	106 678	0.7%	1.0%
Reading (keystone)	ne	98 806	0.7%	0.9%
United Catalyst	se	75 957	0.5%	0.7%
Searle	ot	71 745	0.5%	0.7%
Ore-Ida Foods	w	70 566	0.5%	0.7%
Hershey Chocolate	ne	66 939	0.4%	0.6%
IFF	ne	63 801	0.4%	0.6%
Nutrasweet	se	60 476	0.4%	0.6%
Brystol Meyers	ne	59 667	0.4%	0.6%
Procter & Gamble	mw	53 500	0.4%	0.5%
Ferodo America	se	36 288	0.2%	0.3%
Syntex	ot	34 307	0.2%	0.3%
Procter & Gamble	se	33 418	0.2%	0.3%
Ferodo America	se	33 016	0.2%	0.3%
Kline Process	ne	31 050	0.2%	0.3%
M&M Mars	se	24 987	0.2%	0.3%

FIGURA 7.8 Salida de un informe de ventas por región para el noroeste

Nombre del cliente	Producto	Ventas ($)	% ventas	% de ventas/sistema
Snyders of Hanover	sys	$632 505	4.2%	26.6%
Schultz Foods	sys	252 122	1.7%	10.6%
Sterling Drug	sys	233 028	1.5%	9.8%
Golden Flake	sys	178 000	1.2%	7.5%
M&M Mars	sys	172 725	1.1%	7.3%
Glaxo	sys	147 868	1.0%	6.2%
Reading (troyer)	sys	117 644	0.8%	4.9%
Reading (keystone)	sys	98 806	0.7%	4.2%
Congoleum Corp	engr	74 000	0.5%	3.1%
Hershey Chocolate	sys	66 939	0.4%	2.8%
IFF	sys	63 801	0.4%	2.7%
Schultz Foods	inst	60 850	0.4%	2.6%
Brystol Meyers	sys	59 667	0.4%	2.5%
Kline Process	sys	31 050	0.2%	1.3%
Union Carbide	vlv	30 050	0.2%	1.3%
Wasca Foods	vlv	18 982	0.1%	0.8%
Glatt Air Technology	vlv	18 523	0.1%	0.8%
A & G Machine	scr	15 073	0.1%	0.6%
M&M Mars	vlv	15 062	0.1%	0.6%
Union Carbide	vlv	15 025	0.1%	0.6%
McNeil Consumer	vlv	14 672	0.1%	0.6%
McCormick	vlv	10 264	0.1%	0.4%
Harley-Davidson	scr	8 942	0.1%	0.4%
Deitrich Milk	vlv	8 890	0.1%	0.4%
L D Cauck	scr	6 805	0.0%	0.3%
Technik Inc	scr	5 325	0.0%	0.2%
McCormick	vlv	5 196	0.0%	0.2%
Ames Goldsmith	scr	5 028	0.0%	0.2%
MRA	scr	4 540	0.0%	0.2%
Providence Metal	scr	4 221	0.0%	0.2%
M&M Mars	vlv	2 680	0.0%	0.1%
Total		$2 378 283	15.7%	100.0%

Con el SIG es posible analizar zonas del mercado y averiguar dónde se superponen ciertas características demográficas definidas. También se puede agrupar vecindarios en categorías para definirlos por sus datos demográficos y de estilo de vida. A continuación estos datos se vinculan a la información de los hogares para trazar perfiles elaborados de vecindarios que son invaluables para la planeación de ventas. En la ilustración de investigación de mercado, al final del capítulo, se da un ejemplo sencillo de uso del SIG.

En el contexto del SIG, se manipulan conjuntos de parámetros geográficos para identificar regiones o localidades basadas en la coincidencia espacial de factores pertinentes para determinada entidad. Por ejemplo, refiriéndose al tema de la ubicación de una tienda, se podría recurrir al SIG para dar una salida sobre las interacciones de los objetivos de ampliación y los factores ambientales, económicos y políticos para determinar los sitios potenciales y el impacto en el medio de la construcción propuesta. La principal ventaja del SIG es su capacidad de plantear escenarios condicionales.

Por ejemplo, la corporación Hilton aprovecha la salida del SIG para reducir la incertidumbre en la ubicación de nuevos casinos. Hilton se valió del SIG para crear escenarios condicionales cuando pensaba en incursionar o no al mercado de los casinos en la zona del Mississippi y la costa del golfo. Se consideraron las peculiaridades demográficas, socioeconómicas y psicográficas, junto con la ubicación de empresas competidoras dedicadas al entretenimiento en la zona. Cuando la salida del SIG indicó que la región estaba saturada, pero que había un ambiente de grandes oportunidades en Nueva Orleáns, Hilton decidió abrir su casino en ese lugar. En la figura 7.9 se indica cómo opera el SIG para dar a las compañías información valiosa acerca de ubicaciones y facilitar con ello la decisión sobre esta materia.

Es probable que en el futuro veamos que el SIG se extiende al uso de fotografía satelital. El creciente uso de este recurso como fuente de datos llevará a una mayor integración y perfeccionamiento del sistema de posicionamiento global en lo referente a la ubicación de las sedes, junto con un intercambio avanzado de datos.

SADM e indagaciones (*queries*) como recurso de salida

Indagación (*query*) Segmento del SADM que faculta al usuario para que recupere información del sistema sin tener un software especial.

Una **indagación**, también conocida como *lenguaje de indagación*, es otro segmento del SADM que facilita la recuperación de datos. Permite al usuario rescatar información del sistema sin tener un software especial. La respuesta, desplegada en pantalla o impresa en papel, tiene el mismo aspecto que un informe común de SADM.

La característica exclusiva de las indagaciones en el SADM es que se dan después de presentar los datos de otro informe al analista; es decir, las indagaciones son especificables en el contexto de las salidas del SADM. Por ejemplo, un administrador de préstamos interesado en extender las ventas de servicios bancarios puede pedir un despliegue del uso que hacen los consumidores de productos bancarios (por ejemplo, préstamos, tarjetas de crédito, cuentas de ahorro), con el que efectuará indagaciones detalladas sobre la información financiera de los clientes sin tener que cambiar de contexto ni de informes. Esto le permitiría ver los servicios que los clientes no aprovechan, lo que le abriría al banco la posibilidad de extender sus ventas. El lenguaje de indagación facultaría al analista para que combine formatos de entrada y salida, de modo que las entradas (nuevos servicios bancarios para extender las ventas) se den siempre en el contexto de la salida anterior (el uso actual de un producto) del SADM. Además, el analista puede llenar o elegir entradas que modifiquen la salida actual o se dividan en varias salidas, como nuevos criterios de selección y evaluación de ofertas de nuevos productos.

Programas de inteligencia comercial

Un programa de inteligencia comercial (PIC) es un proceso formal y en constante evolución por el que una empresa evoluciona la marcha de su sector, así como las capacidades y actos de sus competidores actuales y potenciales, para ayudar a crear y sostener una ventaja competitiva. Así, es un componente integral y continuo del proceso de ARC de una empresa. El objetivo del PIC es reunir información precisa y confiable. Las bases para esto se consiguen mediante una auditoría de la inteligencia comercial, que es ante todo una revisión de las operaciones de la compañía para determinar qué se sabe verdaderamente sobre la competencia y sus operaciones.

Cuando la empresa tiene algunos conocimientos de la competencia y sus propias necesidades de un PIC, se procede a la fase de recolección de datos para este programa. De acuerdo con dichas necesidades, se reúnen datos pertinentes de la fuerza de ventas de la empresa, clientes, publicaciones del sector, material promocional de la competencia, el personal interno de investigación de mercado, análisis de los productos de la competencia, informes anuales de la competencia, exposiciones industriales y distribuidores.

FIGURA 7.9 Cómo funciona el SIG

El funcionamiento del SIG

Una compañía de apartaderos de vinilo quiere identificar para su distribuidor local las zonas del condado de Shelby que tienen el mayor potencial de ventas. Su objetivo se basa en *a*) la ubicación de hogares de más de 15 años *b*) cuyos propietarios tengan un ingreso anual promedio de por lo menos 35 000 dólares. Con la herramienta de indagación del software de SIG, junto con datos del censo codificados para la base de datos de este sistema, el usuario puede clasificar segmentos del censo por edad de los hogares (A) e ingreso promedio anual (B). Con la superposición de dos capas de mapas se determina rápidamente una capa final que identifica varias categorías de necesidades y capacidad de compra (C).

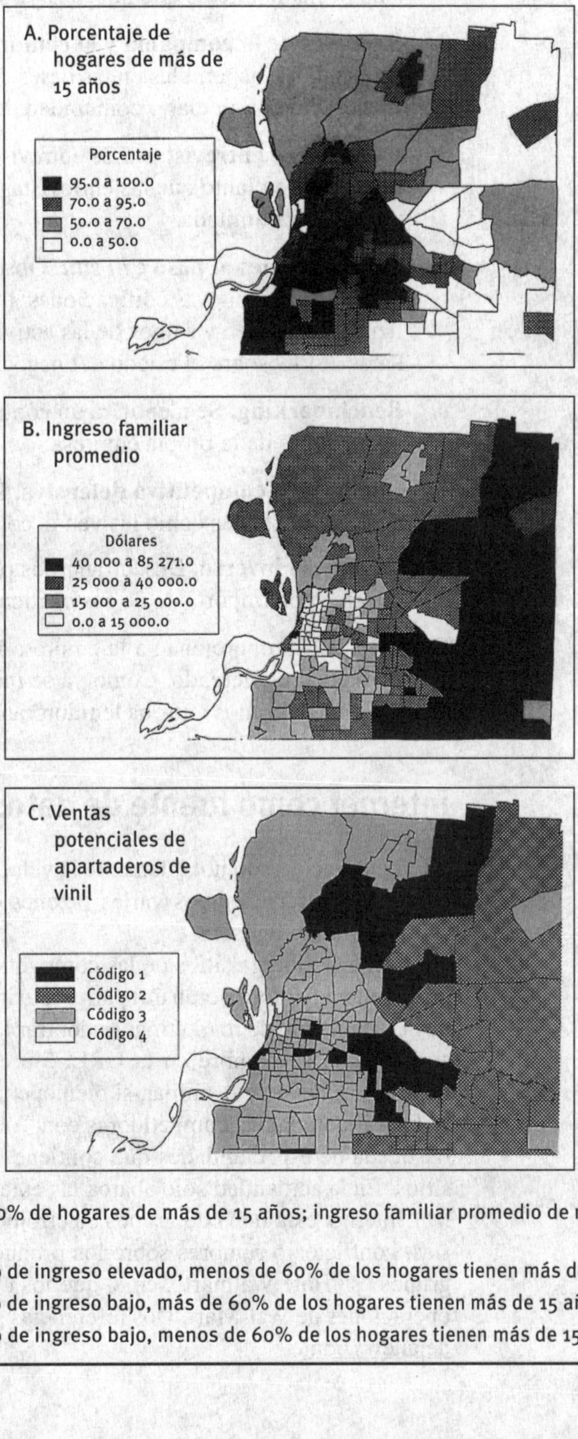

Código 1 = Más de 60% de hogares de más de 15 años; ingreso familiar promedio de más de 35 000 dólares

Código 2 = Promedio de ingreso elevado, menos de 60% de los hogares tienen más de 15 años

Código 3 = Promedio de ingreso bajo, más de 60% de los hogares tienen más de 15 años

Código 4 = Promedio de ingreso bajo, menos de 60% de los hogares tienen más de 15 años

Herramientas y técnicas para reunir datos del PIC

Aunque hay una variedad de herramientas y técnicas para reunir los datos del PIC, la decisión particular sobre la técnica más apropiada depende del objetivo de ese programa. Para reunir datos del PIC se acude a las siguientes ocho fuentes:

1. **Dependencias gubernamentales.** Las fuentes gubernamentales pueden arrojar datos valiosos para el PIC, pero su uso requiere a veces mucho tiempo previo.
2. **Bases de datos en línea.** Con el perfeccionamiento y la mayor disponibilidad de la tecnología de información, esta técnica proliferará como método de recolección de datos. Las búsquedas en las bases de datos rara vez proveen información que no haya sido hecha pública o que nunca haya sido recopilada.
3. **Recursos de la compañía y la comunidad de inversionistas.** Algunos tipos de datos no están tan disponibles en las bases de datos y pueden traerse de fuentes de una corporación particular o comunidad de inversionistas.
4. **Encuestas y entrevistas.** Las entrevistas arrojan muchos datos sobre competidores y productos, en tanto que las entrevistas ofrecen puntos de vista más profundos sobre una muestra limitada.
5. **Observaciones al paso e *in situ*.** Observar los espacios de estacionamiento de los competidores, nuevas edificaciones, departamentos de servicio a clientes en las tiendas, volumen y ritmos de las actividades de transporte, etc., puede aportar valiosos datos al PIC sobre el estado del negocio de la competencia.
6. **Benchmarking.** Se identifica un competidor líder y se analiza y compara con las operaciones de la propia empresa.
7. **Inteligencia competitiva defensiva.** La compañía vigila y analiza sus propias actividades comerciales como las ven la competencia y los foráneos.
8. **Ingeniería inversa.** Desentrañar los productos y servicios de la competencia brinda información importante de sus cualidades y costos.

Estas técnicas proporcionan a la empresa información exclusiva sobre las actividades de la competencia y el mercado. Como ya se indicó, Internet ofrece acceso fácil a estas bases de datos, y en los últimos años ha tenido gran influencia en las actividades de PIC.

Internet como fuente de datos de inteligencia comercial

Internet ha acelerado notablemente la velocidad a la que se puede rastrear información útil. A continuación repasaremos varias razones de esta dependencia de Internet como fuente de acopio para inteligencia.

Internet alberga sitios de las compañías en los que se describen productos y servicios y que contienen información útil para evaluar la estructura de la corporación y las estrategias de posicionamiento de marketing. Encontrar la página en Internet de una compañía es muy fácil si ésta pone su nombre en la URL. Sin embargo, muchas veces las compañías tienen un nombre equivalente o similar, si bien operan en sectores distintos. Una solución al problema es buscar compañías competidoras con "Web Sitez" (websitez.com), que es una máquina de búsqueda de especialidades que contiene las direcciones en la red de más de un millón de sitios. En la actualidad sólo abarca las extensiones .com, .net y .edu.

Internet está llena de grupos electrónicos de discusión que pueden descubrir controversias, conflictos o rumores sobre los productos y servicios de la competencia. Uno de estos grupos es "Hate Walmart", en el que los clientes expresan su insatisfacción respecto de las operaciones de Wal-Mart. Dos referencias para encontrar dichos grupos son reference.com y dejanews.com.

FIGURA 7.10 Principales fuentes de datos e información para programas de inteligencia comercial

Fuente	Descripción de los datos	Dirección electrónica
International Business Research	Ofrece a las empresas internacionales información y vínculos a fuentes de datos útiles	infotoday.com
BUSLIB-L	Colección de artículos sobre investigación comercial y grupos de discusión por correo electrónico	montague.com
@BRINT	Guía comentada de sitios de investigación comercial	brint.com
CI Resource Index	Lista por categoría de sitios donde hallar fuentes de inteligencia competitiva	ciseek.com
European Research Gateways	Almacena 60 000 registros de proyectos de IyD que se llevan a cabo en Europa	cordis.lu/ergo/home
Intellifacts.com	230 000 perfiles de compañías y localizadores de empresas	intellifact.com
International Business Resource	Vasto directorio de comercio regional y estadísticas relativas	globaledge.msu.edu
The Internet for Competitive Intelligence	Recursos en la red para encontrar inteligencia corporativa e industrial	freeprint.com
Internet Intelligence Index	600 sitios sobre inteligencia	fuld.com
Powerize.com	Versión de Hoover.com que contiene más de 32 fichas de empresas	powerize.com
PR Webpress Database	Boletines de prensa de empresas y sectores industriales de los 90 días anteriores	prweb.com

La información administrativa, financiera y de marketing de la empresa son componentes necesarios de cualquier PIC, y la mayor parte de esta información se encuentra fácilmente en Internet. Un punto de partida excelente es un sitio especializado llamado "Corporate Information" (corporateinformation.com), que contiene vínculos a compañías públicas y privadas de más de 100 países y recientemente añadió una máquina de búsqueda para tener acceso a una base de datos de más de 100 000 compañías.

Otro uso de Internet es rastrear y vigilar las alertas actuales acerca de los competidores. Boletines de prensa y artículos tienen un cúmulo de información acerca de los servicios, productos y mercados de la competencia. Dos fuentes valiosas de esta información son "Exite's Newstracker Clipping Service" (news.excite.com) y "Company Sleuth" (companysleuth.com).

No hay duda de que Internet se ha convertido en una herramienta importante, y quizá llegue a ser la única fuente para proveer información al PIC. En la figura 7.10 se ofrecen otras fuentes de información de PIC en Internet. Es esencial proceder con cautela, pues la calidad y la confiabilidad de la información en la red (y, para el caso, cualquier información) debe ponerse en tela de juicio y verificarse.

Resumen de objetivos de aprendizaje

■ **Explicar el propósito de un sistema de apoyo a las decisiones de marketing (SADM).**

El SADM está destinado a ayudar a personal de marketing en la toma de decisiones. Estas actividades están muy centradas en un problema específico y en la información que se requiere para resolverlo. Con la información adecuada, el SADM permite al administrador identificar y evaluar las mejores acciones para resolver los problemas que plantea el mercado; por tanto, el objetivo principal del SADM es manipular la información para dar soluciones a los problemas.

■ **Describir los requisitos de información para el diseño de un SADM.**
La mayor parte de la información contenida en el SADM procede de datos secundarios. Las formas comunes de información usadas en el SADM son información ambiental, datos de transacciones e inteligencia comercial. El objetivo fundamental de los datos es dar a los administradores la información que necesitan para tomar decisiones inmediatas sobre el mercado.

■ **Señalar la función de los datos de transacciones en el SADM.**
Los datos de transacciones están considerados como el requisito de información más importante y proporcionan información de los intercambios en el punto de venta. Esta información permite a los administradores reaccionar a las fluctuaciones diarias de las ventas y elaborar modelos de pronóstico basados en datos reales de ventas de productos.

■ **Explicar la relación entre el procesamiento de información y el SADM.**
Los elementos fundamentales de los componentes de procesamiento de información del SADM son la base de datos, los equipos de cómputo y el sistema de software. En conjunto, estos elementos deben facultar al administrador o usuario para que genere informes oportunos y exactos. El motor de la generación de informes es el sistema de software que emplea el SADM. Las dos formas más comunes de sistemas de software son los de estadísticas y de función administrativa.

■ **Explicar los modelos usados en un SADM.**
Hay varias formas de clasificar los modelos del SADM. Son estáticos o dinámicos, probabilísticos o deterministas, o bien de optimización o de suboptimización. Cualquiera que sea el modelo empleado, el objetivo es dar al administrador un conjunto de resultados u opciones aprovechables. Dichas opciones son informes, simulaciones e indagaciones.

■ **Dar ejemplos de los resultados de un SADM.**
Las formas más comunes de resultado o salida del SADM son informes, simulaciones e indagaciones. Por lo regular, los informes se generan en torno a los elementos de marketing y pretenden determinar la rentabilidad o las medidas de desempeño de la mezcla. Las simulaciones se usan para crear escenarios condicionales ("qué pasaría si"). Una simulación valiosa para muchos usuarios de SADM es el sistema de información geográfica (SIG). Por último, las indagaciones permiten a los usuarios recuperar información del sistema sin tener un programa único de software.

■ **Exponer la relación entre el sistema de apoyo a las decisiones y la inteligencia comercial.**
Los primeros sistemas de apoyo a las decisiones surgieron en las décadas de 1980 y 1990 como herramientas de inteligencia comercial. En el campo tecnológico actual, con tanta información sobre consumidores y la competencia, los sistemas de apoyo a las decisiones y los programas de inteligencia comercial cumplen funciones exclusivas en las empresas. El objetivo de un PIC es reunir información fidedigna y confiable. Los cimientos se echan con una auditoría de inteligencia comercial, que es una revisión de las operaciones de una empresa para determinar lo que se sabe sobre la competencia y sus operaciones.

Términos y conceptos clave

Preguntas de repaso

1. ¿Qué ventajas del sistema de apoyo a las decisiones de marketing no se encuentran en un sistema de información para la administración?
2. ¿Por qué es importante recurrir a la información secundaria de marketing en un sistema de apoyo a las decisiones de marketing?
3. ¿Por qué las compañías recurren a los servicios de mayoristas? ¿Cuál es el efecto de estos servicios en el uso que hacen las compañías del sistema de apoyo a las decisiones de marketing?
4. Anote los cinco métodos para reunir y mantener datos de transacciones y dé una explicación de las repercusiones de cada uno en la estrategia de marketing de la compañía.
5. ¿Qué implicaciones éticas tiene el uso de dispositivos de escáner óptico y los procedimientos de almacenaje electrónico de información?
6. ¿Cuáles son los tres elementos principales que integran el componente de procesamiento de información en el SADM?

Preguntas de análisis

1. **EXPERIENCIA EN INTERNET.** Vaya al sitio www.internets.com y elija una empresa de la lista que surja. Ahí seleccione Business Databases ("Bases de datos de empresas") y luego BizWiz. En las instrucciones de búsqueda escriba *marketing decision Support systems* (*sistemas de apoyo a las decisiones de marketing*). En la página que aparezca, revise algunos de los puestos clasificados que requieren conocimientos del SADM y vea cómo se utilizan.
2. **EXPERIENCIA EN INTERNET.** Busque en www.yahoo.com compañías que usen y desarrollen SADM. Escriba un breve informe sobre el número de estas compañías y las aplicaciones del sistema.
3. Analice las diferencias de los sistemas de software para estadística y para la función administrativa. ¿Por qué el software para funciones administrativas se usa mucho más en el contexto actual de las empresas?
4. ¿Cuál es la ventaja más importante de un sistema de información geográfica (SIG)? ¿Qué información proporcionaría el SIG a una franquicia de deportes profesionales que trata de mudarse? Explique.

ILUSTRACIÓN DE LA INVESTIGACIÓN DE MERCADOS

Uso de un sistema de información geográfica

En la siguiente ilustración se detalla la elaboración y uso investigativo de un sistema de información geográfica (SIG). Esta aplicación fue proporcionada por el doctor Devlin Fung.

La administración según el mapa

Inscríbase a un seminario o lea un artículo sobre la moderna investigación de mercado e invariablemente encontrará las siglas SIG.

Los sistemas de información geográfica (SIG), una de las herramientas más importantes en esta era de marketing de "nichos", tiene aplicaciones importantes en diversos sectores. De hecho, SIG representa para muchos la panacea para resolver problemas y tomar decisiones de marketing, administrar los recursos, planear y supervisar el ambiente.

Sin embargo, como todas las herramientas, la tecnología de SIG sólo es tan buena como la persona que la usa, así como el solo manejo de un software de procesamiento de texto como Word Perfect no lo hace a uno por fuerza buen escritor. Ésta es una trampa que, con demasiada frecuencia, ignoran quienes tratan fervientemente de adoptar la tecnología. El uso eficaz del SIG requiere que se comprendan los conceptos fundamentales de los datos geográficos, sistemas y anotación de coordenadas planas, integridad y exactitud de los datos, análisis de capas y manipulación de la base de datos. Por tanto, la aplicación del SIG consiste en mucho más que sólo invertir en el hardware y software necesarios; además, el dominio del software del SIG no debe confundirse con destreza en el SIG. En este artículo se pretende dar al lector los rudimentos de esta tecnología y mostrarle su potencial como herramienta valiosa para las aplicaciones de negocios.

El concepto de sistemas de información geográfica (SIG) surgió a finales de la década de 1950 de los procedimientos manuales tradicionales para registrar y superponer capas de mapas (lo que dio origen a la expresión "tabla gimnástica blanda"). Este uso innovador de los mapas como herramienta analítica abrió una faceta enteramente nueva que pasó de la mera descripción física de los fenómenos geográficos a las aplicaciones en modelos espaciales (Berry, 1987; Parker, 1987).

En la actualidad, la evolución de la tecnología de SIG está vinculada íntimamente con la llegada y el desarrollo de la tecnología de cómputo. En su forma actual, la tecnología de SIG integra modelos espaciales, administración de bases de datos y gráficas computarizadas en un sistema de hardware y software para manejar y manipular datos geográficos. Así, el software de SIG prestará los medios para capturar, codificar, editar, analizar, componer y desplegar datos espaciales organizados como capas de mapas en una base de datos del SIG. En efecto, estas funciones están clasificadas (véase figura 1) como cuatro componentes de un SIG: captura, análisis, administración y salida de datos (Aronoff, 1989; Star y Estes, 1990).

En el centro, una base de datos

La clave para la aplicación correcta de la tecnología del SIG es la base de datos. En la actualidad, lo más probable es que esta aplicación incorpore un sistema de administración de una base de datos relacional para la manipulación de información con los atributos indicados.

Una base de datos de SIG contiene muchas capas que representan temas geográficos organizados en formato digital (Marble y Peuquet, 1983). Estas capas de mapas, que poseen una codificación geográfica y un sistema de coordenadas normalizado, como el Sistema Transversal Unificado de Mercator (STUM) o el Sistema Estatal de Coordenadas Planas que se usa en nuestros días, pueden verse en la figura 2 como una pila de mapas flotantes unidos a un mapa común de base (Avery y Berlin, 1992). Es posible tener acceso de manera independien-

FIGURA 1 Componentes de un SIG: entrada, análisis, administración y salida de datos

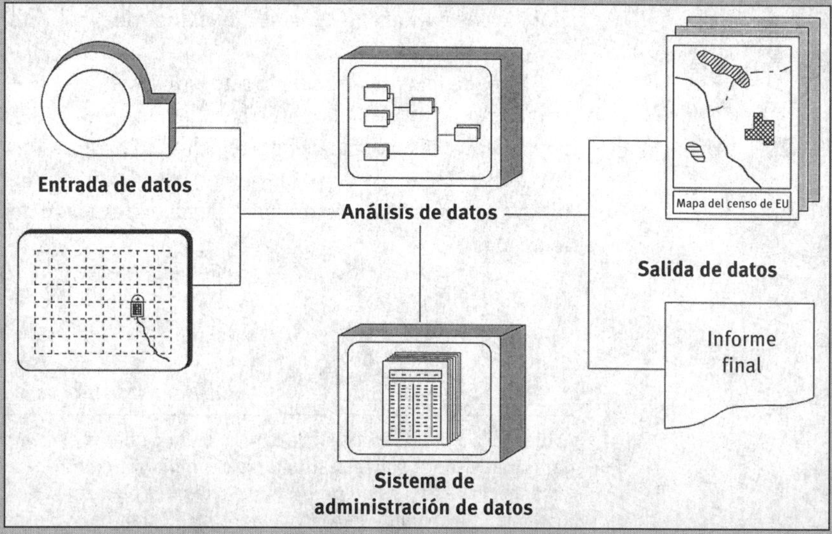

te a cada capa de mapas. Al combinar la información y los atributos relacionados de cada capa, es posible remitir a unas y otras desde cualquier punto del espacio.

Además de las capas de mapas, la base de datos del SIG incluye también uno o varios archivos de datos con información de atributos de las características encontradas en cada capa de mapas y que están guardados en la base de datos. Por ejemplo, los datos para una capa de mapas con la red de carreteras del condado de Shelby podría incluir información como el nombre del camino, tipo de vía, distancia, clase y numeración. Mediante un sistema de administración de base de datos relacional, la información con los atributos de cada mapa de la base se puede conseguir directamente como parte de la entrada para el análisis.

SIG y análisis espacial

En un SIG, el componente de análisis representa lo esencial del sistema. Básicamente, el análisis espacial consiste en la manipulación de capas de mapas, uno por uno o combinados, para obtener soluciones a los problemas espaciales y ayudar al usuario en la toma de decisiones. Los sistemas de información geográfica se dividen en *a*) reclasificación de mapas, *b*) superposición de mapas, *c*) caracterización de vecindarios y *d*) análisis de conectividad (o de redes) (Berry, 1987). En cualquier software de SIG se incluyen varios comandos para efectuar estas funciones. Mediante el uso combinado de estas funciones, se ponen en práctica varios modelos de análisis.

FIGURA 2

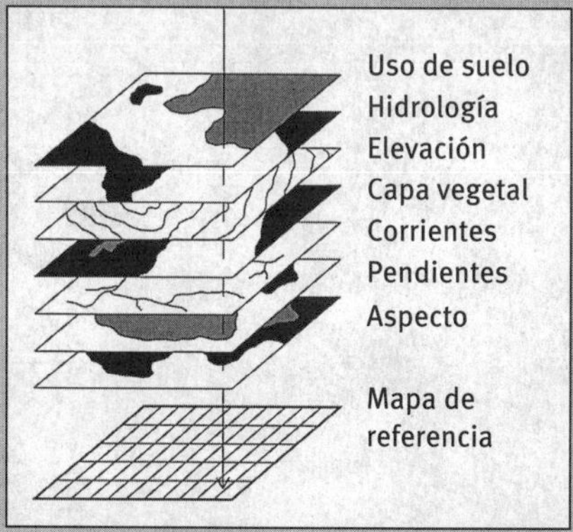

Una base de datos de un SIG puede verse como una pila de capas de mapas flotantes asignados a un mapa básico común.

Aplicaciones de marketing

En la década de 1980, cuando en el marketing de nichos se hizo esencial relacionar información demográfica y de otro tipo de los clientes, el SIG proporcionaba a los mercadólogos un medio de "tender capas" de información en un vecindario o en zonas geográficas más grandes.

Con el SIG se hizo posible observar una zona de mercado y verificar dónde se superponen ciertas características geográficas determinadas, como edad, sexo, ingreso y raza. Los vecindarios podían "agruparse" en categorías y definirse por datos demográficos y encuestas de estilos de vida.

Es cada vez más frecuente que la información geodemográfica se vincule con otros tipos de información de los hogares para generar perfiles elaborados de vecindarios, que son una herramienta valiosa para el correo directo y otras formas de marketing por objetivos. En la actualidad, algunas compañías de investigación de mercados ofrecen bases de datos que permiten a las empresas examinar su zona de mercado en planos tan pequeños como de algunas manzanas.

¿Qué estructura de datos?

Al diseñar un SIG, la elección de la estructura de datos es una decisión importante. Los dos formatos de datos más usados son las estructuras de rejilla y vectorial (Burrough, 1989). En cada capa de mapas, los datos espaciales se representan con los tres elementos geométricos fundamentales: punto, línea y plano. Estos elementos se definen de manera distinta en los formatos de rejilla y vectorial (Star y Estes, 1990).

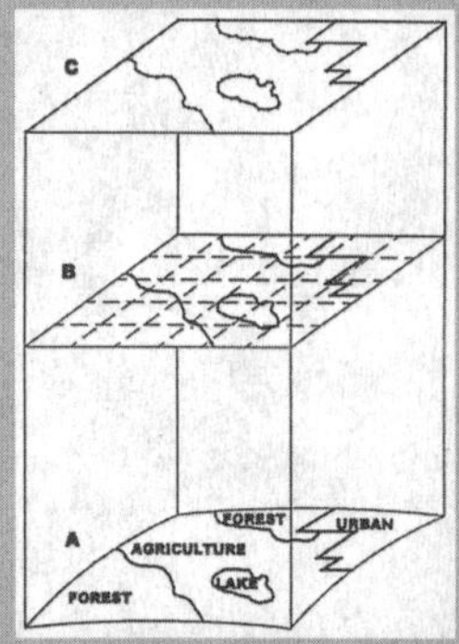

Formato de rejilla

En un formato de rejilla (A), cada capa se representa con una matriz de celdillas en la que se asigna la dirección este-oeste a los renglones horizontales y la norte-sur a las columnas verticales (Aronoff, 1989). El origen de la matriz se sitúa normalmente en la esquina superior izquierda (renglón 1, columna 1) que corresponde a la esquina noroeste del mapa (Star y Estes, 1990). Cada celdilla está codificada de modo que represente una característica o valor del mapa.

Quizá la característica más notable del formato de rejilla es la representación de la información espacial con una unidad uniforme (celdilla) que define el tamaño mínimo cartográfico (Avery y Berlin, 1992). Por ejemplo, un punto se representa con una celdilla que, en efecto, indica su existencia en ese sitio. Del mismo modo, una línea se representa con una concatenación de celdillas contiguas y un plano está representado por un grupo de celdillas adyacentes.

Formato vectorial

El formato vectorial provee un método más preciso para representar características mediante el uso de cadenas coordenadas X,Y (B). Un punto se representa con un par ordenado único que indica su localización exacta en el mapa. Una línea se representa mediante una cadena ordenada de X,Y ordenados consecutivos, en los que los puntos (o nodos) inicial y final son el principio y el término de las coordenadas. Un plano se representa de la misma manera, salvo que los nodos inicial y final tienen el mismo par ordenado de puntos para indicar una entidad cerrada (Aronoff, 1989; Star y Estes, 1990).

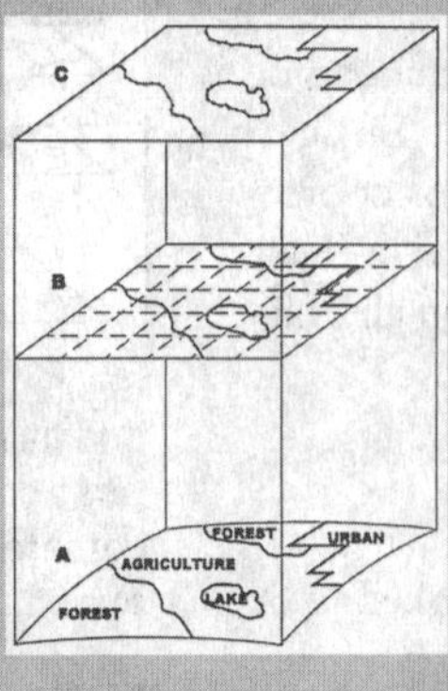

En una base de datos vectorial, cada punto, línea o plano guarda una organización topográfica en la que también se guarda la información sobre planos cercanos, límites comunes y nodos. Esto permite conservar las relaciones entre entidades y reducir las redundancias de los puntos o líneas comunes (Aronoff, 1989). Otra característica del formato vectorial es su uso de un sistema de administración de base de datos relacional. Cada punto, línea o plano tiene una identificación única y está vinculado al archivo de datos de la base. Esto provee los medios para almacenar la información sobre los atributos. A través de este sistema se tiene acceso a la información sobre cada característica identificada para corregirla y actualizarla (Antenucci *et al.*, 1991; Avery y Berlin, 1992).

Análisis del SIG y aplicaciones en la empresa

Desde hace mucho, científicos ambientales, planificadores y administradores de recursos conocen el uso potencial del SIG como herramienta de investigación y planeación para aplicaciones como encuestas de inventario de recursos, análisis de cambios, enrutamiento de recursos y elaboración de modelos de pronóstico (Goodchild, 1987; Burrough, 1989; Antenucci *et al.,* 1991). Una gran ventaja de la tecnología del SIG es su capacidad de plantear escenarios condicionales. En nuestros días, las empresas advierten y aprovechan cada vez más este potencial. Entre estas aplicaciones comerciales, los modelos de pronóstico parecen la estrategia de análisis de SIG más conveniente.

En los modelos de pronóstico del SIG se manipulan conjuntos de parámetros geográficos para identificar regiones o ubicaciones de acuerdo con la coincidencia espacial de factores pertinentes para un escenario dado. Por ejemplo, al planear el uso del suelo urbano, es posible recurrir a estos modelos para analizar las interacciones de los objetivos de desarrollo con los factores ambientales, económicos y políticos para determinar los sitios potenciales, así como el impacto ambiental de la urbanización propuesta (Gahegan y Roberts, 1988), o para detectar asentamientos urbanos y su efecto en el entorno (Lo y Shipman, 1990).

En un ejemplo de aplicación exitosa de la tecnología, SYLVANIA se valió del SIG para ayudar a Stuart C. Irby Company, un proveedor de artículos eléctricos de Jackson, Mississippi, a incrementar sus ventas de productos SYLVANIA. Irby entregó a esta empresa información sobre los productos que vende a los clientes de sus localidades. SYLVANIA creó un plan para que Irby aumentara sus negocios de SYLVANIA (Wendelken, 1994).

Lichliter, Jameson and Associates (L/JA), una empresa de asesoría en ingeniería con sede en Houston, ha aplicado el SIG para apoyar sus proyectos de ingeniería y planeación de transporte. En uno de estos proyectos, usó el SIG para evaluar impactos ambientales, manejar datos de activos y analizar los efectos de alternativas del proyecto en el plan de la compañía de construir un sistema ferroviario para pasajeros de 320 kph para servicio de Houston, Dallas, Austin y San Antonio.

Éstas son algunas de las aplicaciones del modelo de predicción utilizado como herramienta de planeación por científicos, administradores y planeadores. En esencia, SIG se ha convertido en una herramienta vital capaz de proveer soluciones a problemas de planeación de recursos para ayudar a formular políticas en organizaciones privadas y agencias de planeación públicas.

Creación de la base de datos del SIG

La creación de una base de datos es la etapa fundamental y quizá la crucial en la operación del SIG. Es una tarea que toma mucho tiempo y representa la mayor parte del esfuerzo en cualquier instalación del SIG. La tarea consiste en generar las capas de mapas que se requieren para el análisis. Para utilizar las capas en la base de datos, éstas deben estar codificadas en formato digital compatible con el software de SIG. Estos datos deben digitalizarse de mapas o fotografías aéreas, o bien se obtienen de fuentes gubernamentales o comerciales.

El gobierno estadounidense elabora dos bases de datos y de calles y carreteras que se usan mucho. Se trata de Digital Line Graphics (DLG), publicado por la oficina de investigación geológica estadounidense, y los archivos Topologically Integrated Geographic Encoding and Referencing (TIGER/line) de la oficina del censo. Además, hay que incorporar información de atributos en el archivo de datos como el componente relacional de la base de datos del SIG. En la oficina del censo también se consiguen datos demográficos y censales de condados, así como extensiones del censo.

Fuentes comerciales de datos

Las empresas comerciales son fuentes importantes de datos geográficos, demográficos, comerciales y ambientales y de recursos naturales. Por ejemplo, EtakMAP ofrece mapas para bases de datos fidedignos y a gran escala de carreteras, direcciones, códigos postales, límites de zonas metropolitanas estadísticas y otros afines. Otras fuentes comerciales son Claritas, Geographic Data Technology, DataMap, SMI, EarthInfo y MapInfo.

El funcionamiento del SIG

Una empresa de inversiones interesada en construir un centro comercial grande en el perímetro del pueblo de Dondesea ha decidido que la ubicación probable debe satisfacer los siguientes requisitos:

a) Debe encontrarse en la franja de 1 kilómetro alrededor de la zona urbana.

b) Debe ubicarse a no más de 200 metros de caminos transitados y a no más de 100 metros de caminos de poca circulación.

c) Debe localizarse en una zona que no invada tierras arboladas

d) Las parcelas deben tener por lo menos 12 acres.

De las capas de mapas de Dondesea se identifica una zona de amortiguamiento de 800 metros (A); se trazan zonas de transición de 200 y 100 metros junto a los caminos de tráfico pesado y ligero (B). Al superponer estas capas, se identifican las zonas preferidas (C). Las regiones arboladas se presentan y "retiran" de las zonas selectas (D). Se suprimen las zonas que tengan menos de los 12 acres requeridos para delimitar el sitio potencial del centro comercial (E).

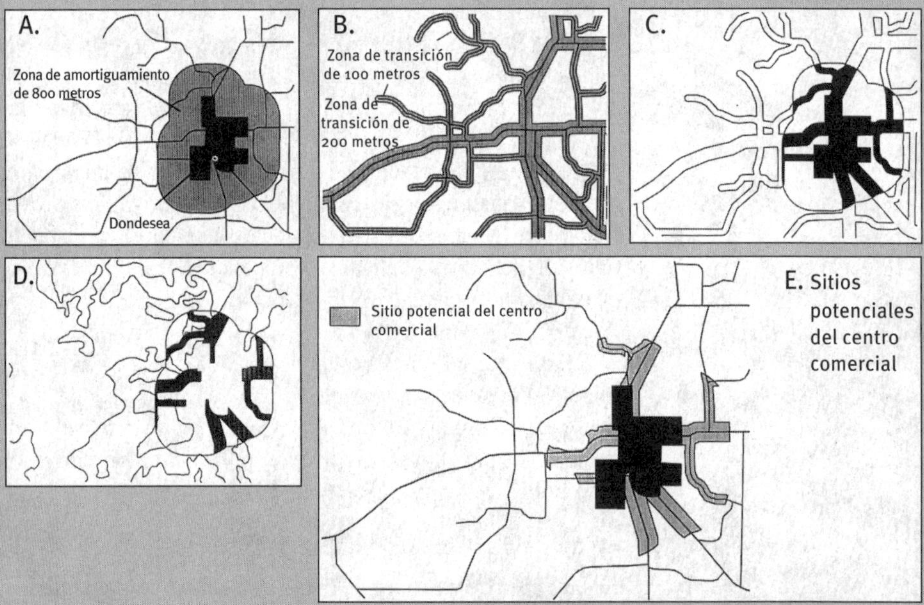

Para que los datos sean útiles, hay que transformarlos o codificarlos al formato requerido por el software particular del SIG. Casi todas fuentes de datos ofrecen la interfase necesaria para esta transformación. Del mismo modo, casi todos los programas de software para SIG ofrecen una función de captura de datos desde diversos formatos reconocidos, lo que da un medio para capturar estos datos así como la posibilidad de tomar las salidas de datos de otras fuentes.

El SIG en el siglo XXI

Como el software del SIG se perfeccionó constantemente en la década de 1990, se esperan grandes adelantos en los años que vienen, tanto en la parte del hardware como, especialmente, en la parte del software de esta tecnología.

En la actualidad, casi todo el software de SIG más elaborado hace uso de una estructura de datos vectorial. Recientemente ha vuelto a surgir software que emplea tecnología de rejilla por SIG, posibilitado por los avances en sistemas de cómputo que los hacen más eficientes para almacenaje, recuperación y despliegue de conjuntos voluminosos de datos. Estas aplicaciones de rejilla completarán los sistemas vectoriales y en el futuro atestiguaremos la integra-

El funcionamiento del SIG

Una compañía de bienes raíces quiere investigar el costo promedio de las casas vendidas en el condado de Shelby en 1980 y 1990, y cómo cambiaron en esos años. Los datos necesarios son las casas vendidas en ambos periodos, mapas de calles y caminos y zonas residenciales de acuerdo con el servicio de listas múltiples (SLM). La ubicación de cada casa se encuentra en un mapa de calles mediante la función de correspondencia domiciliaria del software del SIG (A). Los precios promedio de las casas en los dos años se resumen de acuerdo con las zonas del SLM (B y C). Por último, al superponer los dos mapas, los cambios en el precio de cada una se comparan y despliegan (D). El mapa resultante ayuda a identificar la distribución espacial y la magnitud de los cambios en los precios promedio de las casas en esas fechas en el condado de Shelby.

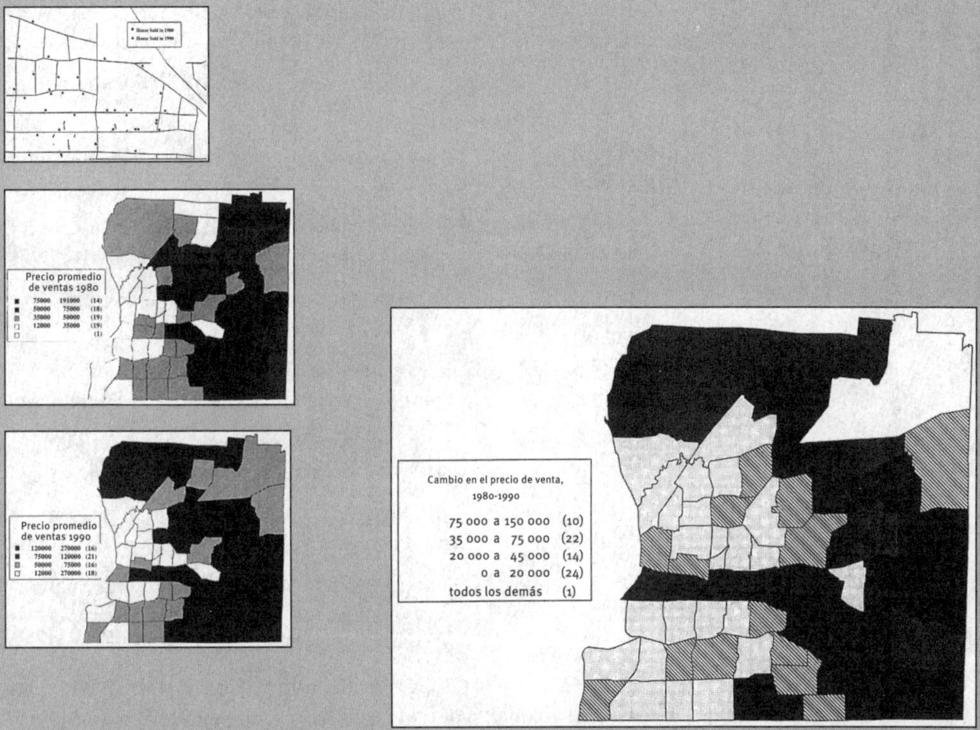

ción completa de los dos, lo que permitirá al usuario aprovechar las ventajas de ambos sistemas en un solo software.

La disponibilidad y el creciente uso de imágenes satelitales para aplicaciones de SIG tendrán un efecto notable en esta tecnología. Cada vez se recurrirá más a estas imágenes como fuentes de datos para el SIG, lo que a su vez llevará a una mayor integración de las aplicaciones respectivas y la tecnología de detección remota. No hay duda de que habrá un uso creciente del sistema de posicionamiento global para la localización y registro de los datos. Además, habrá que disponer de nuevas normas y protocolos para facilitar el intercambio de información y de datos.

En el horizonte se atisba la introducción de las técnicas de inteligencia artificial y sistemas expertos a los componentes de las aplicaciones del SIG. Las técnicas de inteligencia artificial se utilizarán cada vez más para la conversión de datos (en particular de rejilla a vectores), sistemas de administración de bases de datos relacionales, extracción y reconocimiento de características y diseño cartográfico. Ya hay una tendencia a la introducción de sistemas de expertos de conocimiento que sirvan para el análisis de modelos del SIG. Todavía es un sueño un sistema general que automatice la captura de datos, el análisis de modelos y la cartografía en un solo software de SIG. Sin embargo, ciertamente la tecnología se dirige en esa dirección y es probable que ese sueño se convierta en realidad en un futuro no muy distante.

1. Sobre la base de la información contenida en esta aplicación, dé cinco razones o proposiciones sobre la utilidad del SIG para identificar la ubicación de una tienda.
2. En el contexto de las decisiones de marketing, el SIG tiene muchas aplicaciones de largo alcance. Formule y defienda una posición sobre el uso del SIG en el diseño de territorios de ventas para tomar decisiones sobre cobertura. En concreto, ¿de qué sirve un SIG para que los administradores de ventas diseñen territorios adecuados para sus vendedores?

REFERENCIAS

Antenucci, J.C., K. Brown, P.L. Croswell, M.J. Kevany y H. Archer, *Geographic Information System: A Guide to the Technology*, Van Nostrand Reinhold, Nueva York, 1991, 301 pp.

Aronoff, S., *Geographic Information Systems: A Management Perspective*, WDL Publications, Ottawa, 1989, 294 pp.

Avery, T.E. y G.L. Berlin, *Fundamentals of Remote Sensing and Airphoto Interpretation*, Macmillan Publishing Co., 1992, 472 pp.

Berry, J., "Computer-Assisted Map Analysis: Potential and Pitfalls", en *Photogrammetric Engineering and Remote Sensing*, vol. 52, núm. 10, 1987, pp. 1405-1410.

Burrough, P.A., *Principles of Geographical Information Systems for Land Resources Assessment*, Oxford University Press, Nueva York, 1989, 193 pp.

Gahegan, M.N. y S.A. Roberts, "An Inteligent, Object-Oriented Geographical Information System", en *International Journal of Geographical Information Systems*, vol. 2, núm. 2, 1988, pp. 101-110.

Goodchild, M.F., "A Spatial Analytical Perspective on Geographical Information Systems", en *International Journal of Geographical Information Systems*, vol. 1, núm. 4, 1987, pp. 327-334.

Lo, C.P. y R.L. Shipman, "A GIS Approach to Landuse Change Dynamics Detection", en *Photogrammetric Engineering and Remote Sensing*, vol. 56, núm. 11, 1990, pp. 1483-1491.

Marble, D.F. y D.J. Peuquet (comps.), "Geographical Information Systems and Remote Sensing", en *Manual of Remote Sensing*, American Society of Photogrammetry, Falls Church, 2a. ed., 1983, pp. 923-957.

Parker, H.D., "What Is Geographic Information System?", Proceedings, Sixth Annual GIS Conference, 26-29 de octubre, San Francisco, 1987, pp. 72-80.

Schultink, G., "Integrated Remote Sensing, Spatial Information Systems and Applied Models in Resources Assessment, Economic Development, and Policy Analysis", en *Photogrammetric Engineering and Remote Sensing*, vol. 58, núm. 8, 1992, pp. 1229-1237.

Star, J. y J. Estes, *Geographic Information Systems: An Introduction*, Prentice-Hall, Englewood Cliffs, 1990, 303 pp.

Welch, R., M. Remillard y J. Alberts, "Integration of GPS, Remote Sensing, and Geographical Information System Technologies for Coastal Resource Management", en *Photogrammetric Engineering and Remote Sensing*, vol. 58, núm. 11, 1992, pp. 1571-1578.

Wendelken, "Hilton Beats the Odds", en *Business Geographics*, vol. 3, núm. 1, 1995, pp. 28-32.

Wendelken, "SYLVANIA Lights Up Sales", en *Business Geographics*, vol. 2, núm. 1, 1994, pp. 22-25.

Fuente: Dr. Devlin Fung, "Managing by the Map", en *Business Perspectives*, The University of Memphis, 8, núm 2, primavera de 1995.

capítulo 8

Diseños exploratorios: entrevistas de profundidad y grupos focales

Objetivos de aprendizaje

Al terminar de leer el capítulo, usted

1. Identificará las diferencias fundamentales entre los métodos de investigación cualitativa y cuantitativa, y explicará su pertinencia para crear información administrativa útil.

2. Describirá y explicará dos técnicas populares usadas para reunir datos primarios directos.

3. Explicará las ventajas y desventajas básicas de seguir métodos cualitativos para generar estructuras de datos.

4. Explicará qué son los grupos focales, cuál es la importancia de un moderador y cómo se transforman los datos obtenidos en información.

> "¿Qué servicios bancarios nuevos o qué cambios en los servicios actuales debe considerar Barnett Bank para garantizar la calidad y la satisfacción del servicio a clientes?"
>
> —LAURA W. GAUTHIER
> Vicepresidente y directora de ventas de Barnett Bank, del condado de Pasco

El recurso de entrevistas a los grupos focales para adquirir conocimientos sobre la satisfacción a los clientes bancarios

Durante el cuarto trimestre consecutivo, el Barnett Bank del condado de Pasco (BBP) se encontró en una posición de menguante participación en el segmento del mercado compuesto por personas de edad avanzada. El banco realizaba encuestas de satisfacción cada trimestre y los resultados indicaban una complacencia elevada entre sus clientes mayores, pero los registros del banco señalaban que cada vez más estos clientes pasaban sus cuentas a la competencia. Como la administración de BBP no entendía esta tendencia, pidió al departamento de investigación de mercado que reuniera información entre estos clientes acerca de sus actitudes, percepciones y conductas sobre los servicios ofrecidos por el banco y los métodos actuales de prestarlos, así como sobre sugerencias para mejorar su calidad y garantizar la satisfacción de los clientes.

Se realizaron discusiones moderadas de grupo con clientes mayores, antiguos y actuales, del BBP sobre sus expectativas y actitudes relacionadas con los servicios del banco. Para ayudar al investigador en el exhaustivo análisis, se filmaron todas las sesiones de los grupos focales. Los resultados revelaron que esos clientes actuales y antiguos querían 1) un trato muy amistoso y cortés del personal y los directivos de BBP; 2) una relación personal con alguien que mostrara confianza, capacidad de diagnóstico, competencia, confiabilidad, credibilidad y comprensión de sus necesidades bancarias, y 3) respuestas claras y correctas a sus preguntas. En las sesiones se descubrió que los clientes que habían cambiado de banco 1) su cajero "consentido" fue despedido o transferido a otro puesto, 2) experimentaron falta de empatía e interés de parte de los empleados del banco, y 3) tuvieron dificultades con el departamento de préstamos.

La investigación proporcionó datos a la administración del BBP acerca de los posibles problemas al prestar sus servicios al segmento de clientes de edad mayor. Los directivos supieron que sus métodos para tratar con los clientes eran demasiado inflexibles para manejar diferencias de actitudes entre segmentos demográficos. El personal de atención había sido capacitado para tratar a todos los clientes de la misma manera. Como resultado de los nuevos conocimientos adquiridos en las entrevistas de los grupos focales, el BBP modificó sus programas de capacitación para enseñarles a los empleados que clientes, de distintos sectores demográficos, tienen percepciones diferentes sobre los servicios del banco y la forma de prestarlos. En estos nuevos programas se insistía en la necesidad de que cajeros y personal de servicio fueran más flexibles. Se volvió a capacitar a los empleados para que fueran más pacientes y corteses con los clientes de edad avanzada.

Valor de la información de investigación cualitativa

El ejemplo del BBP en la introducción del capítulo ilustra varios temas importantes sobre los que deben estar atentos quienes toman las decisiones en su proceso de solución de problemas y preguntas de marketing. En primer lugar, muchas veces la administración enfrenta situaciones problemáticas en las que las preguntas importantes no se pueden responder o resolver sólo con información secundaria. Se consiguen conocimientos provechosos sobre algunas de estas situaciones al reunir los datos primarios (o de primera mano) pertinentes. Recuerde que los datos primarios se recopilan mediante un conjunto de procedimientos normalizados con los que los investigadores formulan preguntas a individuos seleccionados o los observan y registran su comportamiento. En segundo lugar, recoger sólo estructuras de datos cuantitativos no garantiza que la administración comprenderá por completo la situación, pues también puede ser necesario conseguir datos cualitativos.

Al continuar por la fase II del proceso de investigación (Determinar y evaluar el diseño de la investigación), la atención deja las actividades de investigación en que se enfocaba y acentúa la información y los datos secundarios. Con este capítulo iniciamos una serie de tres en los que se analiza las tres categorías básicas de diseño de investigación (exploratoria, descriptiva y causal) en que se fundamenta la recolección de datos primarios y la creación de estructuras de datos e información. Como se indicó en capítulos anteriores, los objetivos de investigación y los requisitos particulares de información son las claves para determinar qué diseño es el más apropiado para reunir los datos directos. Por ejemplo, se emprende un diseño exploratorio cuando los objetivos de la investigación se centran en conseguir información de antecedentes y aclarar los problemas de administración o investigación (redefinidos) para formular hipótesis, definir términos y establecer prioridades de investigación. Se piensa en emplear un diseño descriptivo cuando en los objetivos se subraya la descripción y medición de fenómenos de marketing, en cierto momento. Los datos y la información de un diseño descriptivo dan respuestas a las preguntas de investigación de información enmarcadas en los formatos de las interrogantes *quién, qué, dónde, cuándo, cuánto, con qué frecuencia,* en tanto que se relacionan con el problema inicial de decisión o con la situación de oportunidad. En cambio, este tipo de diseño no es muy útil para reunir datos primarios que sirvan para explicar *por qué* se presenta un fenómeno de marketing. Como se vio en el capítulo 2, los datos y la información para abordar las preguntas *por qué* se consiguen mediante un diseño de investigación causal. Los objetivos de investigación de un diseño causal se enfocan en la necesidad de determinar el sentido de la causalidad en las relaciones que se establecen entre los factores de marketing y los fenómenos que se estudian, así como de verificar enunciados condicionales sobre los constructos de la investigación.

En este momento, conviene recordar dos puntos importantes. El primero, que aunque los diseños exploratorio, descriptivo y causal parecerían de índole tal que se excluyen mutuamente, en muchos casos es el conjunto total de preguntas de información redefinidas el que determina si habrá que emplear un diseño o una combinación para reunir los datos apropiados con los cuales abordar el problema o la oportunidad inicial. El segundo punto que hay que recordar es que si bien el proceso de investigación de información sugeriría implícitamente que se emprendiera siempre un estudio exploratorio antes que uno descriptivo o causal, hay muchos casos en los que convendría una investigación exploratoria después de aplicar los otros diseños a la recolección de datos. Para ilustrar el punto, volvamos al ejemplo del BBP en la introducción del capítulo. Después de recabar los datos generales sobre la satisfacción mediante un diseño descriptivo acerca del segmento de clientes de edad avanzada del banco, la administración debió acudir a datos reunidos en un diseño exploratorio (es decir, la investigación con los grupos focales) para comprender mejor la información contradictoria de que esos clientes concedían una calificación elevada a su satisfacción con el banco, pero llevaban sus cuentas a la competencia.

En el centro de cualquier diseño de investigación se encuentran los métodos y técnicas que se aplican para reunir los datos requeridos. Los adelantos en la tecnología e Internet, así como la mayor aceptación de la nueva economía, cambian rápidamente las técnicas de que se valen los investigadores para elaborar diseños de investigación y la velocidad con que se desempeñan las actividades de adquisición y recuperación de datos. Con estos cambios también se ha modificado la terminología con que se describen los métodos y las técnicas usadas para planear los tres diseños de investigación tradicionales, en particular el exploratorio. En los últimos años, los métodos para la recolección de datos se han clasificado en dos categorías amplias: *cualitativos* y *cuantitativos*. Conforme avance su lectura, verá que hemos integrado los métodos cualitativos y cuantitativos en la exposición de los diseños exploratorio, descriptivo y causal. Recuerde que para conseguir los objetivos generales de un estudio, en algunos casos los investigadores tendrán que adoptar un enfoque de varios diseños y en el que se sigan métodos tanto cualitativos como cuantitativos para reunir los datos necesarios. Sin embargo, en este capítulo presentamos varios métodos de investigación populares que se usan principalmente en los *diseños de investigación exploratoria* para reunir estructuras de datos "suaves" cualitativos. Así, escribimos indistintamente los términos "cualitativo" y "exploratorio". En los capítulos 9 y 10 nos centramos en los métodos cuantitativos (como encuestas, experimentos, mercados de prueba) que utilizan los investigadores para preparar y ejecutar diseño de investigación descriptiva y causal.

Generalidades de los métodos de investigación cualitativa y cuantitativa

Antes de analizar las populares técnicas de recolección de datos cualitativos que se usan en los diseños de investigación exploratoria, vamos a señalar algunas diferencias fundamentales entre los métodos cualitativos y los cuantitativos. Estas diferencias son vastas, pero no hay un conjunto de factores que las distinga en exclusiva y con el que todos estén de acuerdo. Los factores que se anotan en la figura 8.1 arrojan luces sobre las diferencias generales.

Métodos de investigación cuantitativa

Investigación cuantitativa Investigación que pone énfasis en preguntas formales normalizadas y en opciones de respuesta predeterminadas en cuestionarios o encuestas aplicadas a muchos entrevistados.

En la actualidad, la investigación cuantitativa se asocia principalmente con las encuestas o los experimentos, y todavía se considera central en el sector de investigación para reunir datos de marketing. La **investigación cuantitativa** destaca primordialmente el recurso a preguntas formales normalizadas y opciones de respuesta predeterminada en cuestionarios o encuestas aplicadas a muy numerosos entrevistados. Cuando se piensa en investigación cuantitativa, viene a la mente, por ejemplo, J.D. Power and Associates y su encuesta por correo en Estados Unidos sobre la satisfacción de los nuevos compradores de autos o la encuesta telefónica, también en ese país, de American Express sobre hábitos de viaje. En la investigación cuantitativa, los problemas y oportunidades de información son específicos y están bien definidos, y tanto el investigador como el administrador están de acuerdo sobre cuáles son exactamente las necesidades de información. Los métodos de investigación cuantitativa se relacionan, de manera más directa, con los diseños descriptivo y causal que con el exploratorio. Conseguir los datos primarios depende más de diseñar y aplicar bien el instrumento de encuesta que de las capacidades de comunicación e interpretación que posea el entrevistador o el observador.

El principal objetivo de la investigación cuantitativa es proporcionar hechos concretos para que quienes toman las decisiones puedan 1) hacer pronósticos atinados sobre las relaciones entre los factores y las conductas del mercado, 2) adquirir conocimientos sobre esas relaciones, y 3) verificar o validar las relaciones que hubiera. En el ejercicio de la investigación cuantitativa, los investigadores están capacitados para elaborar constructos, medir escalas, diseñar cuestionarios, tomar muestras y efectuar análisis estadísticos de datos. Además, deben tener una habilidad sólida para convertir estructuras de datos numéricos en información

FIGURA 8.1 Diferencias entre métodos de investigación cualitativa y cuantitativa

Factores/características	Métodos cualitativos	Métodos cuantitativos
Metas/objetivos de investigación	Descubrimiento e identificación de nuevas ideas, pensamientos, sentimientos; conocimientos preliminares y comprensión de ideas y objetos	Validación de hechos, estimaciones, relaciones y pronósticos
Tipo de investigación	Normalmente diseños exploratorios	Diseños descriptivo y causal
Tipo de preguntas	Abiertas, poco o nada estructuradas, sondeo profundo	Principalmente estructuradas
Tiempo de ejecución	Plazos relativamente cortos	Por lo regular prolongado
Representatividad	Muestras pequeñas, limitadas a sus miembros	Muestras grandes con buena representación de las poblaciones objetivo
Clase de análisis	Preguntas y respuestas, subjetivo, contenido, interpretativo, semiótico	Predicciones y relaciones estadísticas, descriptivas y causales
Habilidades del investigador	Comunicación personal, observación, interpretación	Procedimientos científicos y estadísticos, destrezas de traducción y habilidades de interpretación subjetiva
Generalización de los resultados	Muy limitada; sólo conocimientos preliminares	Por lo general muy buena; deducciones de los hechos; estimaciones de relaciones

textual significativa. Los temas de la confiabilidad y la validez de los datos son preocupaciones serias de los procedimientos de investigación. En el capítulo 9 se detallan los métodos y los procedimientos de investigación, y en el capítulo 10 los diseños de investigación experimental.

Métodos de investigación cualitativa

Investigación cualitativa Investigación de los diseños exploratorios para adquirir ideas preliminares sobre problemas y oportunidades de decisión.

Durante la última década, la **investigación cualitativa** se ha referido a ciertos métodos de investigación aplicados en los diseños exploratorios. Uno de los principales objetivos de la investigación cualitativa es adquirir conocimientos preliminares sobre los problemas y las oportunidades de decisión. Los métodos de investigación cualitativa incorporan, de forma superficial, algunos elementos científicos, pero, por lo regular, carecen de elementos fundamentales que tengan verdadera confiabilidad. La investigación cualitativa se centra en la recolección de montos detallados de datos primarios de relativamente pocas muestras de sujetos a los que se hacen preguntas o cuyo comportamiento se observa. Investigadores capacitados en las capacidades de comunicación e interpretación formulan preguntas abiertas que permiten sondear a fondo las primeras respuestas de los sujetos, o bien aplican técnicas de observación que propician el análisis de comportamientos. Por lo general, los datos cualitativos se reúnen en periodos más bien breves, pero es difícil resumir o cuantificar las estructuras de datos en formas o cifras significativas. El análisis de los datos se restringe a procedimientos muy subjetivos, interpretativos, o semióticos de contenidos.

Entre los factores dimensionales, el formato no estructurado de las preguntas y el tamaño pequeño de las muestras limitan grandemente la posibilidad de generalizar los datos cualitativos a segmentos más grandes de sujetos. Sin embargo, estos datos tienen usos importantes para comprender y abordar problemas y oportunidades de negocios, en especial en las áreas iniciales de descubrimiento y de explicación preliminar de la conducta del mercado o de los consumidores y de los procesos de toma de decisiones. Por ejemplo, los datos cualitativos pueden ser invaluables para dar a investigadores y administradores ideas iniciales sobre problemas y oportunidades, teorías, modelos o constructos, o para el diseño de mediciones de escalas nuevas y específicas. Con todo, no se pretende que estas estructuras de datos sirvan para recomendar una acción final.

Cuándo aplicar métodos de investigación cualitativa en los diseños exploratorios

En la mayoría de los casos de investigación exploratoria, la información pura se reúne mediante actividades de recolección de datos cualitativos. En la figura 8.2 se dan algunos lineamientos para determinar cuándo es apropiado aplicar métodos de investigación cualitativa para reunir y generar información adicional en los diseños exploratorios. Estos lineamientos no son de ninguna manera exhaustivos.

Ventajas y desventajas de los métodos de investigación cualitativa

Como otras técnicas de recolección de datos primarios, los métodos de investigación cualitativa ofrecen varias ventajas a los investigadores actuales. En la figura 8.3 se resumen las principales ventajas y desventajas.

FIGURA 8.2 Lineamientos para las metodologías de investigación cualitativa

Los métodos de investigación cualitativa son apropiados cuando los administradores y los investigadores

- se encuentran en el proceso de identificar un problema u oportunidad comercial o establecer los requisitos de información.
- se interesan en obtener ideas preliminares sobre factores de motivación, emocionales, de actitudes y personalidad que influyen en las conductas en el mercado.
- están en la etapa de elaborar teorías y modelos para explicar las conductas en el mercado o las relaciones entre dos o más constructos de marketing.
- tratan de elaborar mediciones de escala confiables y válidas para investigar factores específicos del mercado, cualidades de los consumidores (como actitudes, sentimientos, preferencias, convicciones y percepciones) y resultados conductuales.
- pretenden determinar la eficacia preliminar de sus estrategias de marketing en las conductas en el mercado.
- se interesan en la creación de nuevos productos o servicios o en el reposicionamiento de la imagen de un producto o servicio actual.

FIGURA 8.3 Ventajas y desventajas de los métodos de investigación cualitativa

Ventajas de los métodos cualitativos	Desventajas de los métodos cualitativos
Recolección económico y oportuno de datos	No se generalizan
Riqueza de los datos	No distinguen diferencias pequeñas
Registro fiel de las conductas en el mercado	Falta de confiabilidad y validez
Ideas preliminares para elaborar modelos y mediciones de escala	Dificultad para encontrar investigadores, entrevistadores y observadores bien capacitados

Principales ventajas

Una ventaja general de los métodos de investigación cualitativa es que son económicos y oportunos. Debido en parte a que se usan muestras pequeñas, los investigadores completan sus estudios más pronto y con un costo total significativamente menor que con otros métodos. Otra ventaja es la riqueza de los datos. La naturaleza poco estructurada de las técnicas cualitativas permite al investigador recoger datos profundos de las actitudes, ideas, emociones y percepciones de los individuos, que pueden influir de manera notable en sus conductas observables en el mercado. Estos datos son invaluables para adquirir conocimientos preliminares de dichas conductas. Algunas técnicas cualitativas permiten a quienes deciden ganar experiencias de primera mano con clientes reales y pueden arrojar información muy reveladora acerca de ellos y sus ideas. La riqueza de los datos cualitativos complementa muchas veces los hechos y las estimaciones que se generaron mediante otras técnicas de reunión de datos primarios. Algunos métodos cualitativos permiten al investigador registrar de manera correcta conductas reales, no sólo comportamientos referidos de palabra.

Algunos métodos de investigación cualitativa dan a los investigadores excelentes conocimientos preliminares para elaborar modelos de marketing y mediciones de escala. Además, los datos cualitativos cumplen una función crucial al identificar problemas u oportunidades comerciales. La información exhaustiva mejora la capacidad del investigador de pronosticar el comportamiento de los consumidores en el mercado, así como de elaborar mejores constructos de marketing y mediciones de escala más confiables y válidas para éstos.

Principales desventajas

Aunque la investigación cualitativa arroja información útil y provechosa, tiene dos posibles desventajas: las limitaciones del tamaño de las muestras y la necesidad de contar con entrevistadores, observadores e investigadores bien capacitados. En primer lugar, los datos cualitativos no son generalizables. Como se toman muestras pequeñas que no son estadísticas, la información que generan las técnicas de investigación cualitativa no puede generalizarse a grupos mayores de individuos. Esta falta de representatividad de la población objetivo definida limita gravemente la utilidad de la información cualitativa para que quienes toman las decisiones elijan e implanten las estrategias definitivas. Por ejemplo, sería difícil demostrar que las actitudes y conductas de un grupo de ocho a 12 universitarios son representativas de todos los estudiantes del país, de los alumnos de cierta universidad, de los que se especializan en negocios en esa universidad o de quienes se especializan en marketing. Las muestras pequeñas no permiten a los investigadores comprobar deducciones sobre las actitudes, ideas, sentimientos, motivaciones y percepciones de los grupos, así como del comportamiento independiente de sus miembros.

Otra desventaja es que los datos generados por métodos cualitativos están limitados por su incapacidad de distinguir diferencias pequeñas. Muchas veces, los éxitos y fracasos de marketing se deben a pequeñas diferencias en las estrategias de las mezclas. Tomar muestras pequeñas de sujetos para conseguir información y datos cruciales no deja a los investigadores en posición de evaluar el efecto de diferencias pequeñas. Más aún, los investigadores se ven obligados a analizar los datos cualitativos en conjunto, no en detalle. Conjuntar los resultados suprime la oportunidad de descubrir tales diferencias pequeñas y sus efectos. En la mayor parte de los casos, los métodos de investigación cualitativa recopilan datos cuya confiabilidad no puede evaluarse de forma adecuada. En las situaciones que requieren información primaria, los administradores no están satisfechos si no es posible determinar si ésta es confiable.

Por último, la dificultad de encontrar investigadores, entrevistadores y observadores bien capacitados para realizar investigaciones cualitativas puede ser una desventaja. Debido al carácter informal de la falta de estructura de la recolección de datos cualitativos, hay muchas personas que sin una educación amplia y formal se dicen expertas en el campo cualitativo. Es difícil para el lego discernir las calificaciones del investigador o la calidad de la investigación. Por todas estas desventajas, los investigadores deben integrar técnicas tanto cuantitativas como cualitativas para que el programa de investigación sea completo.

Técnicas de preguntas en la investigación cualitativa

En el ambiente comercial actual dominado por la tecnología, muchos problemas de marketing sólo se resuelven si se estudia más que información secundaria sobre la conducta en el mercado. A menudo, los administradores necesitan información actual que no se consigue sino mediante observaciones en tiempo real de comportamientos individuales o preguntando directamente a las personas. Las técnicas de observación y entrevista cumplen una función importante en los diseños de investigación exploratoria. Ya que los métodos de observación requieren actividades que tienen la capacidad de captar estructuras de datos cualitativos y cuantitativos, los veremos por separado en el capítulo 10. Aquí nos enfocamos en presentar y detallar las técnicas de entrevista y las actividades relacionadas con la recolección de datos primarios mediante métodos cualitativos. Hay una "familia" definida de métodos de entrevista que sirven para recopilar datos cualitativos primarios: encuestas de experiencia, entrevistas de protocolos, técnicas proyectivas de entrevistas, entrevistas de profundidad y grupos focales. Todos estos métodos dan información a quienes toman las decisiones, pero nosotros nos centraremos particularmente en las entrevistas de profundidad y los grupos focales, técnicas populares que escogen muchos administradores e investigadores, y señalaremos lo más destacado de las otras.

Encuestas de experiencia

Encuestas de experiencia
Acopio informal de información de individuos reconocidos como expertos en los temas pertinentes al problema de investigación.

Las **encuestas de experiencia** se refieren a opiniones e ideas reunidas informalmente de personas que se consideran conocedoras de los temas que rodean al problema de investigación. Por ejemplo, si el problema se centra en las dificultades para comprar libros en línea en Amazon.com, se realizarían encuestas de los compradores insatisfechos. Si una compañía como Procter & Gamble tiene un problema de investigación que atañe al cálculo de la demanda futura de su nuevo sitio en Internet, podría empezar por llamar a varios "expertos" en sitios de la red para pedirles su opinión sobre la materia.

En su mayor parte, las encuestas de experiencia difieren de otras en que no hay un intento formal por garantizar que las estructuras de datos resultantes sean representativas de ningún grupo definido de sujetos. Para ilustrarlo, pensemos en algún maestro de su institución al que se le pide que imparta el curso de investigación de mercados por primera vez. El principal problema de investigación concierne a *qué temas deben ser tratados con qué detalle en un plazo finito.* El maestro podría ponerse en contacto con personas que hayan tenido la experiencia de dar un curso de investigación de mercado y les pediría su opinión sobre los temas y la profundidad de la cobertura. Aunque estos "expertos" pueden dar información muy útil, es muy probable que sus opiniones y sugerencias difieran de las opiniones colectivas de todas las personas que tienen experiencia en la enseñanza de la investigación de mercado.

Entrevistas de protocolo

Entrevista de protocolo
Ejercicio en que el sujeto se coloca en una situación de toma de decisiones y se le pide que exprese en voz alta los procesos y las actividades que emprendería para decidir.

En las **entrevistas de protocolo** se sitúa una persona en una situación específica de toma de decisión y se le pide que describa los procesos y actividades que considera al tomar la decisión. Esta técnica es útil cuando el problema de investigación se centra en aspectos selectos (digamos, de motivación o de procedimientos) de tomar una decisión de compra con plazos muy cortos o muy largos. Por ejemplo, Dell Computer quiere entender las dificultades de los componentes de decisión por los que pasan los consumidores cuando compran en línea computadoras Dell para uso doméstico. Al pedir a compradores selectos que comenten las etapas y actividades por las que pasaron, el investigador puede retroceder y señalar los procesos seguidos para tomar decisiones de compra en línea, lo que puede darle conocimientos y hacerlo entender las actividades de motivación o de procedimiento del proceso general que puedan ser obstáculos o impedimentos para que otros consumidores potenciales tomen la decisión de comprar en línea computadoras Dell.

Técnicas proyectivas de entrevista

Técnica proyectiva Método indirecto de interrogación en el que el sujeto proyecta ideas y sentimientos en un tercero, una tarea o un objeto inanimado.

Las **técnicas proyectivas** constituyen una "familia" de métodos de recolección de datos cualitativos en los que se pide a los sujetos que se proyecten en determinadas situaciones de compra y luego se les formulan preguntas al respecto. El objetivo básico es aprender más sobre los sujetos en las situaciones cuando quizá no revelarían sus verdaderos pensamientos si se les preguntaran de manera directa. Estas técnicas surgieron primero en el campo de la motivación de la psicología social y clínica e incluyen pruebas de asociación de palabras, de completar oraciones, de imágenes, de caricaturas o globos de diálogo y actividades de cambio de papeles.

Pruebas de asociación de palabras

En esta clase de entrevistas, se lee al sujeto un conjunto de palabras y se le pide que responda lo primero que le venga a la mente en relación con cada vocablo. Por ejemplo, ¿en qué piensa cuando oye la palabra *rojo*? Algunos dirían *caliente*; otros, *peligro, manzana, alto, camión de bomberos* o *Santaclós.* Al terminar la lista, los investigadores buscan significados ocultos y asociaciones entre las respuestas y las palabras de prueba de la lista. Los investigadores del área publicitaria recurren a estas pruebas para elaborar anuncios significativos con los que se identifique rápidamente un mercado objetivo.

Pruebas de completar oraciones

En la entrevista, los entrevistados reciben oraciones incompletas y se les pide que las terminen con sus propias palabras, con la esperanza de que revelarán aspectos ocultos de sus pensamientos y sentimientos sobre el objeto de investigación. De los datos reunidos, los investigadores interpretan la oración completada para tratar de identificar temas o conceptos significativos. Por ejemplo, digamos que el restaurante Chili's que le queda más cerca quiere averiguar qué modificaciones necesita su imagen actual para atraer una proporción mayor del segmento de estudiantes universitarios. Los investigadores podrían entrevistar alumnos de la zona y pedirles que completen las oraciones siguientes:

Las personas que comen en Chili's son ____________________.

Chili's me recuerda ____________________.

Chili's es el lugar ideal para ____________________.

Los universitarios van a Chili's a ____________________.

Mis amigos piensan que Chili's es ____________________.

El investigador debe identificar por separado los temas que surjan de los datos que arroje cada pregunta, pero también al integrar estos datos se pueden revelar temas generales que resulten más útiles para crear una experiencia alimenticia que tenga más probabilidades de atraer a muchos más estudiantes. Por ejemplo, si una interpretación de los datos de la primera oración revela el tema "parroquianos más maduros", ello indica que habría que realizar cambios grandes para atraer a esos estudiantes que no se interesan en tomar la cena en un restaurante donde come gente de más edad. El tema de la segunda oración podría ser "carácter familiar", lo que manifestaría que Chili's aparece como un establecimiento donde hay muchos niños, lo que no atrae a numerosos universitarios. La siguiente oración, supongamos, expresaría el tema "buen lugar para una cita", lo que señalaría que para muchos estudiantes

Chili's es un lugar para cenar al salir con alguien. Los datos de la siguiente oración indicarían el tema "un lugar para pasarla con los amigos y ver deportes en la tele". Aquí sería importante que el restaurante se asegurara de que sus anuncios transmitieran esa idea a los universitarios. La última oración podría generar datos en favor del tema "atmósfera divertida", para señalar que a los estudiantes les gusta ir a Chili's cuando quieren divertirse. Entonces, al combinar la información, la administración de Chili's puede tener un conocimiento más claro de que los universitarios piensan que el restaurante es un lugar agradable para encontrarse con los amigos, mirar encuentros deportivos y cenar con una pareja, pero que también es un lugar demasiado familiar favorecido por parroquianos que no son universitarios.

Pruebas de imágenes

En este método de entrevista, se da al entrevistado una imagen y se le pide que escriba un cuento breve con sus impresiones. Los investigadores interpretan el contenido de los cuentos para identificar sus sentimientos, reacciones o intereses positivos, neutros o negativos generados por la imagen. Tradicionalmente, este método ha resultado muy útil a las agencias de publicidad y los especialistas en comunicación para comprobar el efecto de imágenes en empaques, letreros de advertencia y folletos.

Pruebas de caricaturas y globos de diálogos

Este método consiste en el uso de personajes de caricaturas o tiras cómicas como las del periódico. Por lo común, se sitúan uno o dos personajes en un escenario, a veces descrito con antelación y otros de naturaleza ambigua. Los personajes mismos se presentan de manera vaga, sin expresión, para no dar al entrevistado indicios sobre alguna respuesta sugerida. El investigador pone un globo sobre un personaje o sobre los dos y le pide al entrevistado que escriba ahí lo que cree que se dice. Luego, el investigador interpreta esos pensamientos escritos para identificar sentimientos latentes sobre la situación que se retrata en la caricatura.

Entrevistas de cambio de papeles

Entrevista de cambio de papeles Entrevista en la que se pide al sujeto que represente la conducta de otra persona en un escenario especificado.

En las **entrevistas de cambio de papeles** se pide a los participantes que asuman la identidad de otra persona, como un vecino o amigo colocado en una situación específica y predeterminada, y a continuación se les solicita que expliquen cómo actuarían en su lugar. En otros casos en los que el interés de la investigación radica en las respuestas de los sujetos a ciertas declaraciones, más que preguntarles de manera directa lo que piensan, estas declaraciones se redactan con un circunloquio, como "sus vecinos" o "la mayoría de la gente" o cualquier otra forma afín. Por ejemplo, en lugar de preguntarle a una persona por qué no se conecta más a menudo a Internet para comprar en línea artículos para el hogar, el investigador formulará una pregunta así: "¿Por qué muchas personas no se conectan más seguido a Internet para comprar en línea bienes de uso doméstico?" Para profundizar en estos métodos cualitativos de los diseños de investigación exploratoria, visite el sitio del libro en la red: www.mhhe.com/hair.

Entrevistas de profundidad

Técnicas de las entrevistas de profudidad

Entrevista de profundidad Proceso formal en el que un entrevistador capacitado formula al sujeto preguntas semiestructuradas en un encuentro personal.

Como técnica cualitativa, la **entrevista de profundidad**, también llamada *entrevista personal*, es un proceso formalizado en el que un entrevistador bien capacitado formula a un sujeto un conjunto de preguntas semiestructuradas de sondeo, por lo regular, en persona. Dependiendo de los objetivos de la investigación, el entorno normal de esta entrevista es el hogar o la oficina del sujeto o algún centro de entrevistas especializado que sea muy conveniente para él. En situaciones especiales, las entrevistas de profundidad pueden realizarse por teléfono o a través de un sistema de comunicaciones de alta tecnología que permita el diálogo por una televisión o computadora. En la figura 8.4 se refieren algunos de los principales objetivos de los métodos de la entrevista de profundidad.

Esta clase de entrevista permite al investigador reunir datos de actitudes y conductas del sujeto que abarquen pasado, presente y futuro. Supóngase, por ejemplo, que la dirección de los hoteles Marriott quiere saber cómo prestar mejor sus servicios internos a los clientes de negocios. Los investigadores de Marriott pueden realizar entrevistas de profundiad en los hoteles con viajeros de negocios selectos en las que se incluyan las preguntas siguientes:

1. ¿Qué factores concretos consideró usted al elegir Marriott para alojarse durante su viaje de negocios a San Diego, California? (Motivos)
2. ¿Qué servicios del hotel usó durante su estancia? (Conducta)
3. ¿Se siente satisfecho o insatisfecho con estos servicios? (Sentimientos actuales)
4. ¿Qué tan probable es que se aloje en el Hotel Marriott la próxima vez que venga a San Diego por razones de negocios? ¿Por qué? (Intención de conducta)

Preguntas de sondeo
Preguntas que se plantean cuando un entrevistador toma la respuesta del sujeto como marco de referencia con la finalidad de conseguir respuestas más detalladas.

Una característica peculiar de este método de recolección de datos es que el entrevistador formula **preguntas de sondeo** para obtener del sujeto más información sobre el tema. Al tomar la primera respuesta del sujeto y convertirla en pregunta, el entrevistador lo incita para que abunde en ella y abre oportunidades espontáneas para detenerse más en el tema. La regla práctica general es que cuanto más habla un sujeto de cierto tema, más probable es que revele actitudes, motivos, emociones y conductas. Para ilustrar la técnica de las preguntas de sondeo, tomemos la segunda pregunta del ejemplo anterior de Marriott. El diálogo sería así:

Entrevistador: ¿Qué servicios del hotel usó durante su estancia?
Sujeto: Estuve en recepción, el restaurante y el gimnasio.
Entrevistador: En cuanto a la recepción, ¿cuáles fueron los servicios que solicitó?
Sujeto: Aparte de registrarme, pregunté por un gimnasio y por un coche para rentar.
Entrevistador: ¿Por qué se interesaba en el gimnasio del hotel y en el servicio de renta de autos?
Sujeto: Cuando viajo de negocios, me gusta una buena sesión de acondicionamiento para aliviar la acumulación de tensión y siento que mi energía aumenta.
Entrevistador: En su estancia en el hotel, ¿cuál es la utilidad para sus planes de rentar un coche?
Sujeto: Tengo una junta de negocios mañana a las 9:30 de la mañana al otro lado de la ciudad. Después, planeo hacer unos hoyos de golf.
Entrevistador: ¿Qué compañía prefiere para rentar un coche?
Sujeto: Hertz, son los mejores. Tengo con ellos categoría Gold VIP y me dan kilometraje como viajero frecuente.
Entrevistador: Aparte del gimnasio y la renta de un coche, ¿qué otros servicios del hotel podría solicitar durante su estancia?
Sujeto: Es posible que rente una película esta noche.

FIGURA 8.4 Principales objetivos de investigación de la entrevista de profundidad

1. Descubrir nociones preliminares sobre **qué** piensa el sujeto sobre el tema de investigación y **por qué** exhibe ciertas conductas.
2. Obtener comentarios libres y detallados que incluyan sentimientos, ideas u opiniones que ayuden a comprender mejor los elementos diferentes de los pensamientos del sujeto y las razones de éstos.
3. Hacer que el entrevistado comunique tanto como sea posible sus conocimientos y conducta hacia determinado tema u objeto.

Entrevistador: ¿Va a rentar una película? Dígame más sobre sus intereses al rentar películas.
Sujeto: Cuando estoy lejos de casa, me gustan las películas de acción para relajarme después de un día de viaje. No tengo muchas oportunidades cuando estoy en casa con mi esposa y los niños.
Entrevistador: ¿Hay otros servicios que pensaría en solicitar?
Sujeto: No. [Con esta respuesta, el entrevistador pasaría al tema siguiente.]

Al interpretar este diálogo y el de otros participantes, el investigador puede crear categorías de temas que revelen no sólo *qué* servicios del hotel solicitaron los huéspedes, sino también información sobre *por qué* los solicitaron durante su estancia en Marriott. Aquí, la administración adquiere conocimientos sobre que *el gimnasio, la disponibilidad de rentas de películas para los cuartos* y *el servicio interno de renta de autos* son características del hotel que deben ofrecerse para atraer clientes de negocios. Además, la renta de películas y el gimnasio podrían promoverse con un tema de actividades de "reducción de la tensión" durante la estancia de los huéspedes.

A propósito de las preguntas de sondeo, es conveniente actuar con cautela; es muy importante que el entrevistador no sitúe las preguntas en un contexto que permita al sujeto responder con un tajante "no", simple pero lógico. Salvo que el entrevistador quiera dar por terminada la conversación, las preguntas de sondeo nunca adoptarán estos formatos: "¿Puede decirme más sobre el punto?", "¿Puede abundar en el tema?", "¿Tiene razones concretas?", "¿Hay algo más?" Todas estas formas permiten a los sujetos decir lógicamente "no", y cuando se recibe esa respuesta, se torna muy difícil continuar el sondeo de un tema en busca de datos más detallados.

Habilidades necesarias para realizar entrevistas de profundidad

Capacidades de comunicación personal Facultad del entrevistador para articular preguntas de manera directa y clara.

Capacidad para escuchar Facultad del entrevistador para interpretar y tomar nota con fidelidad de las respuestas del sujeto.

Para que una entrevista de profundiad sirva como herramienta eficiente y valiosa para recopilar datos, el entrevistador debe tener excelentes dotes de comunicación personal y gran capacidad para escuchar. Las **capacidades de comunicación personal** se refieren a la habilidad del entrevistador para articular las preguntas de manera clara y directa de modo que el sujeto entienda a qué responde. La **capacidad para escuchar** es la facultad de oír, tomar nota e interpretar las respuestas de los sujetos. Dependiendo de la complejidad del tema y de los requisitos de los datos deseados, los entrevistadores empezarán por pedir permiso al sujeto para captar la entrevista con una grabadora o una video, más que confiar en las notas escritas.

Como ya se indicó, sin una excelente capacidad para sondear, el investigador corre el riesgo de concluir, inadvertidamente, la conversación sobre un tema antes de revelar todos los datos potenciales. Las preguntas de sondeo deben ser precisas e incorporar la respuesta anterior del sujeto. Las facultades de interpretación son las habilidades del entrevistador para entender y anotar correctamente las respuestas de la persona. Estas destrezas tienen una función crucial en el proceso de transformar datos puros en estructuras de datos e información. Si el entrevistador no tiene grandes facultades interpretativas, tendrá un impacto negativo en la calidad de los datos reunidos. Por ejemplo, si el entrevistador no comprende la respuesta del sujeto, no es probable que continúe con una pregunta de sondeo que lleve el diálogo adonde se pretendía que fuera. Los datos resultantes podrían ser insignificantes para las pretensiones de la investigación. Por último, la personalidad del entrevistador es un factor importante en el establecimiento de una "zona cómoda" para el sujeto durante la entrevista. Los entrevistadores deben ser sociables, flexibles, confiables y profesionales. Si los entrevistados se sienten cómodos con una persona, es más probable que le revelen actitudes, sentimientos, motivaciones, percepciones y conductas.

Ventajas de las entrevistas de profundidad

Como método de recolección de datos cualitativos, la entrevista de profundidad ofrece a los investigadores varios beneficios. El primero es la flexibilidad. En una entrevista personal los investigadores pueden preguntar y reunir datos acerca de una amplia variedad de temas.

El proceso de preguntas y respuestas da a los investigadores la flexibilidad para recopilar datos no sólo sobre las actividades y las pautas de conducta del sujeto, sino también en lo referente a las actitudes, motivaciones, sentimientos y opiniones en que se fundan esas conductas. Otro beneficio se relaciona con la gran cantidad de datos detallados que pueden recopilarse de cada sujeto. Las preguntas de sondeo permiten a los investigadores reunir datos muy detallados acerca del tema de estudio. En cuanto se alcanza una zona cómoda en la relación de entrevista, los sujetos revelan de buena gana sus pensamientos íntimos.

Desventajas de las entrevistas de profundidad

Como se vio, los datos reunidos por las entrevistas de profundidad tienen las mismas limitaciones generales de todos los métodos cualitativos. Estas entrevistas generan muchos datos detallados, pero las estructuras no se dejan generalizar ni son confiables, además de que no distinguen diferencias pequeñas. El investigador debe preocuparse por el tema de la fidelidad, dadas las desviaciones de la relación entre entrevistador y entrevistado (por ejemplo, que el entrevistador matice por simpatía las respuestas del entrevistado), las tendencias del sujeto (recuerdos imprecisos, ansiedad por la aceptación social, fatiga) o los errores del entrevistador (lista inadecuada de preguntas, malos procedimientos de registro, cansancio). Otros factores que limitan el método de las preguntas son los costos de preparación y ejecución y el largo tiempo requerido.

Entrevistas en grupos focales

Naturaleza de las entrevistas en grupos focales

Investigación con grupos focales Proceso formalizado de reunir un grupo pequeño de personas para una discusión libre y espontánea de un tema o concepto particular.

El segundo método popular de investigación cualitativa que estudiaremos en este capítulo son los grupos focales. La **investigación con grupos focales** es un proceso formalizado de reunir un grupo pequeño de personas para una discusión espontánea e interactiva de un tema o concepto. Los grupos focales constan de seis a 12 personas, guiadas por uno o dos facilitadores profesionales, llamados moderadores, en una discusión no estructurada que dura entre 90 minutos y dos horas. Al hacer que los integrantes se extiendan sobre un tema, el moderador consigue al respecto tantas ideas, actitudes, sentimientos y experiencias como pueda.

La finalidad de la investigación con grupos focales es dar a los investigadores, y en última instancia a quienes toman las decisiones, tanta información como sea posible sobre las personas en lo que se refiere al tema de interés. Por lo regular, este tema es un producto, servicio, concepto u organización. A diferencia de muchas técnicas de preguntas, esta investigación no se restringe sólo a interrogar y responder las preguntas del entrevistador. Su éxito depende sobremanera en la dinámica del grupo, la disposición de sus miembros a participar en un diálogo y la capacidad del moderador profesional para mantener la discusión en su cauce. La idea fundamental del enfoque es que la respuesta de una persona incitará comentarios de otros miembros y así se generará un intercambio espontáneo entre todos los participantes. El costo general de un grupo focal varía de 2 000 a 5 000 dólares por sesión.[1]

Objetivos de la investigación con grupos focales

Hay muchas razones por las que los grupos focales son el método de investigación cualitativa más popular. Como se ha visto, los datos reunidos en estos grupos ofrecen conocimientos preliminares sobre fenómenos de marketing ocultos. La figura 8.5 muestra otros objetivos de esta investigación, los cuales se detallan a continuación.

Proporcionar datos para definir y redefinir problemas de marketing. En esas situaciones en que los administradores o los investigadores experimentan dificultades para identificar y comprender un problema de marketing, los grupos focales ayudan a distinguir las diferencias entre síntomas y factores básicos. Por ejemplo, el director del departamento de

FIGURA 8.5 Principales objetivos de la investigación con grupos de enfoque

1. Proporcionar datos para definir y redefinir problemas de marketing.
2. Identificar requisitos de información oculta.
3. Generar datos para comprender mejor los resultados de otros estudios cuantitativos.
4. Revelar necesidades, deseos, actitudes, sentimientos, conductas, percepciones y motivos ocultos de los consumidores sobre servicios, productos o prácticas.
5. Generar ideas nuevas sobre productos, servicios o métodos de atención.
6. Descubrir nuevos constructos y métodos de medición.
7. Explicar los cambios en las preferencias de los consumidores.

marketing en una importante universidad no está seguro de por qué desciende continuamente la matrícula en las licenciaturas. Por tanto, convocó a junta a los catedráticos del departamento con el formato de un grupo focal. De la discusión se desprendieron varios factores inesperados que dieron al departamento de marketing algunas ideas preliminares sobre la reducción de las inscripciones. Uno de los factores tenía que ver con el hecho de si el programa vigente de marketing ofrecía especializaciones en las habilidades que las empresas demandan en la actualidad. El departamento de marketing investigó el tema y encontró lagunas importantes entre dos puntos de vista sobre qué habilidades de marketing deberían adquirirse en la especialización. El departamento emprendió una nueva evaluación de su programa para tratar de articular las destrezas impartidas con las que exige el mundo empresarial.

Identificar requisitos de información oculta. En algunas situaciones, los investigadores y administradores no están totalmente seguros sobre qué datos o información hay que investigar. Entonces, los grupos focales pueden revelar componentes inesperados del problema y así dirigir a los investigadores para que determinen en concreto qué datos deben buscarse. Por ejemplo, como se indica en el capítulo 2 (véase el recuadro de implicaciones para la pequeña empresa en la página 40), los directores de la Fundación Ford para las Artes Interpretativas, con sede en Vail, Colorado, tenían dificultades para decidir qué características de diseño debían incluir en la construcción de un nuevo anfiteatro para espectáculos artísticos de cinco millones de dólares. El equipo de investigación de la fundación reunió varios grupos focales integrados por residentes del lugar y visitantes temporales. De las discusiones espontáneas y libres del grupo surgieron características e intereses importantes, como espectáculos bajo techo y al aire libre, necesidades de estacionamiento, disponibilidad de refrigerios, diseño y capacidad de asientos, precio de los boletos y protección de la intemperie, que requerían mayores investigaciones.

Generar datos para comprender mejor los resultados de otros estudios cuantitativos. Hay situaciones en las que las investigaciones cuantitativas dejan al administrador o al investigador preguntándose por qué arrojaron ciertos resultados. Entonces es posible reunir grupos focales para poder explicarse los resultados de otras investigaciones. Por ejemplo, la dirección de los hoteles JP realizaron una encuesta entre sus huéspedes de negocios sobre los servicios gratuitos de entretenimiento en los cuartos. Los resultados señalaron que 85% de estos visitantes sabían de la disponibilidad de estos servicios, pero que solamente 15% los solicitaban. Como los directivos no comprendían esta brecha entre conocimiento y uso, realizaron varios grupos focales con huéspedes de negocios para ahondar acerca de estos servicios. Las discusiones revelaron que estos viajeros estaban demasiado ocupados en sus trámites o muy cansados para ver televisión de noche. Preferían leer o escuchar música como medio de relajarse después de un largo día de trabajo.

Revelar necesidades, deseos, actitudes, sentimientos, conductas. Las entrevistas en los grupos focales dan a los investigadores excelentes oportunidades de obtener conocimientos preliminares acerca de lo que los consumidores piensan o sienten sobre una vasta gama de productos y servicios. Por ejemplo, Procter & Gamble recurre a grupos focales para conseguir datos que revelen las actitudes de los consumidores en favor o en contra de la pasta dental Crest. Estos datos le sirven a la compañía para comprender cómo se genera la lealtad a la marca y qué factores se requieren para reforzarla.

Generar ideas nuevas sobre productos, servicios o métodos de atención. Desde hace mucho tiempo este objetivo de los grupos focales ha sido fundamental entre administradores e investigadores. Aquí, los grupos focales generan discusiones sobre productos y servicios actuales y nuevos. Los datos reunidos en estas discusiones ofrecen valiosos conocimientos preliminares acerca de la creación de productos nuevos, nuevos usos de productos y servicios anteriores, posibles cambios para mejorar servicios y productos o identificar mejores métodos de atención. Un ejemplo clásico es la forma en que Arm & Hammer, división de Church and Dwight Company, Inc., descubrió nuevos usos domésticos para el bicarbonato de sodio. Periódicamente, la compañía realiza entrevistas en grupos focales entre los consumidores de su bicarbonato. Los datos generados en estas discusiones han revelado que el producto sirve para limpiar cocinas y baños, asear bebés, desodorizar, desde alfombras hasta cajas de excrementos de gatos, refrescar la ropa de lavado, suavizar y acondicionar la piel y para la higiene dental. En la actualidad, el bicarbonato de sodio de Arm & Hammer se vende como un producto natural con "un hogar lleno de usos".

Descubrir nuevos constructos y métodos de medición. Para estudiosos y profesionales por igual, los grupos focales cumplen una función crucial en el proceso de crear nuevos constructos de marketing y escalas de medición confiables y válidas. En la etapa exploratoria de la elaboración de constructos, los investigadores pueden efectuar varias reuniones de grupos focales sobre una idea de marketing para revelar conocimientos nuevos sobre dimensiones básicas que compongan o no el constructo. Estos conocimientos sirven a los investigadores para establecer escalas que más tarde comprobarán y perfeccionarán mediante diseños de investigación más extensos. Tomemos por ejemplo el importante constructo de *calidad del servicio.* Los investigadores han tratado de perfeccionar la medición de este constructo desde hace 15 años y se hacen preguntas como las siguientes: ¿Qué significa *calidad del servicio* para consumidores, profesionistas y estudiosos? ¿Cuáles son las dimensiones básicas del constucto; es decir, es unidimensional o multidimensional? ¿Cuál es la manera más apropiada de medir la calidad del servicio? Lea el recuadro "En el campo" para ver cómo se han investigado estas preguntas.

Explicar los cambios en las preferencias de los consumidores. Este objetivo se refiere al uso de grupos focales para reunir datos que sirvan para entender cómo describen los clientes sus experiencias con diversos productos y servicios. Estos datos cualitativos son valiosos para mejorar la comunicación de marketing, así como para trazar mejores estrategias de segmentación de mercados. Por ejemplo, un fabricante de productos de marca para jardinería podría estar interesado en preguntas como éstas: ¿Qué quieren los clientes en lo relacionado a jardinería? ¿Con qué palabras o términos describen los productos de jardinería que usan? ¿Por qué se ocupan ellos mismos del cuidado de su jardín? ¿Cómo se ocupan del cuidado de su jardín?

Cómo realizar entrevistas en grupos focales

Aunque no hay un método aceptado por todos los investigadores, las entrevistas en grupos focales pueden verse como un proceso dividido en tres fases: planeación del estudio, realización de las discusiones del grupo y análisis y reporte de los resultados (véase la figura 8.6).

FIGURA 8.6 Proceso de tres fases en una entrevista en grupo focal

Fase 1: Planear el estudio con grupos focales

Es la fase más crucial. Los investigadores deben conocer el propósito del estudio, tener una definición precisa del problema y especificar los requisitos de datos.

Las decisiones clave se centran en quiénes son los participantes apropiados, cómo elegirlos y reclutarlos, de qué tamaño debe ser el grupo y dónde se realizarán las sesiones.

Fase 2: Realizar las sesiones de los grupos focales

En esta fase, uno de los participantes primordiales es el moderador del grupo. Para garantizar que la sesión tenga éxito, la función del moderador y sus características deben ser entendidas claramente por todos.

Una actividad necesaria de esta fase es la elaboración de una guía del moderador en la que se detallen temas, preguntas principales y preguntas secundarias que se propondrán en la sesión. Dicha sesión debe estar estructurada con secciones inicial, principal y de conclusión.

Fase 3: Analizar y reportar los resultados

Al terminar la sesión, y si están presentes los representantes del cliente patrocinador, el investigador debe realizar un análisis de preguntas y respuestas con todos los interesados, para comparar notas.

El investigador debe realizar un análisis de contenido de los datos puros obtenidos de los participantes durante la sesión de entrevistas y escribir un reporte formal en el que comunique los resultados. Aquí la clave para el investigador es recordar quiénes serán los lectores, cuál es el objetivo del reporte y cuál es la finalidad de informar los resultados, así como el formato de dicho reporte.

La investigación de cerca

En el campo

Recientemente, varios investigadores de la Universidad del Sur de Florida emprendieron una investigación para aclarar la controversia sobre la dimensionalidad que satura el constructo "calidad del servicio". Con información secundaria tomada de una investigación anterior sobre la calidad del servicio publicada en la bibliografía, se realizaron varias entrevistas en grupos focales con clientes conocidos de bancos comerciales. Un moderador profesional capacitado condujo a los participantes durante discusiones espontáneas y sin estructura con una serie de preguntas temáticas predeterminadas relacionadas con los aspectos generales de la calidad del servicio. Los datos cualitativos resultantes revelaron siete posibles conductas de trato personal que manifiestan los consumidores cuando evalúan la existencia de calidad en los servicios. Estas conductas se describieron subjetivamente como las capacidades de comunicación y escucha del proveedor, competencia diagnóstica (comprender las necesidades y deseos de los clientes), empatía con las necesidades y deseos de los clientes, respuesta sensible a las preguntas de los clientes, confiabilidad y credibilidad del proveedor de servicios, conocimientos técnicos y habilidades de trato social. Además, los datos dieron a los investigadores ideas preliminares acerca de los intercambios de proveedores y clientes, que fueron útiles para elaborar un inventario de 75 reactivos de conductas de trato personal que se aplicaron en una encuesta cuantitativa destinada a probar qué intercambios se asociaban con estas conductas.

Fuente: David J. Ortinau y Ronald P. Brensinger, "An Empirical Investigation of Perceived Quality's Intangible Dimensionality through Direct Cognitive Structural (DCS) Analysis", en *Marketing: Perspectives for the 1990s*, Robert L. King (comp.), Richmond, VA: Southern Marketing Association, 1993, pp. 214-219.

Fase 1: Planeación del estudio del grupo focal

Como con otros tipos de investigación de mercado, la fase de planeación es la más crucial para el éxito de las entrevistas en los grupos focales. En esta fase, los investigadores y quienes toman las decisiones deben comprender claramente el propósito del estudio, una definición precisa del problema y unos requisitos especificados de los datos. Debe haber un acuerdo sobre preguntas como las siguientes: ¿Por qué hay que hacer este estudio? ¿Qué información arrojará? ¿Qué información es de particular importancia? ¿Cómo se aprovechará la información? ¿Quién quiere la información? Las respuestas a estas preguntas ayudan a eliminar obstáculos (políticas organizacionales, revelación incompleta, proyectos personales ocultos) que retrasen los acuerdos y generen problemas entre administradores e investigadores. Otros factores importantes en la fase de planeación se relacionan con las decisiones sobre quiénes deben participar, cómo elegir y reclutar a los entrevistados, de qué tamaño deben ser los grupos focales y dónde sostener las sesiones de éstos.

Participantes en los grupos focales

Al decidir quiénes deben ser incluidos en un grupo focal, los investigadores tienen que considerar seriamente el propósito del estudio y meditar en quiénes pueden dar mejor la información requerida. Aunque no hay un conjunto de características personales que garantice la dinámica correcta en un grupo, éste debe ser tan homogéneo como sea posible, pero con la suficiente variedad para dar lugar a opiniones contrastadas. Los factores centrales en la selección son la dinámica potencial del grupo y la disposición de los miembros a participar en un diálogo. Las semejanzas en los integrantes son ocupación, consumo de un producto, servicio o programa, escolaridad, edad, sexo o estructura familiar. La preocupación básica es el grado en que estos factores influyen en la disposición de los miembros a compartir sus ideas en las discusiones del grupo. Si se tiene un grupo homogéneo en el que los participantes adviertan sus factores comunes y se sientan cómodos juntos, es más probable que se genere una atmósfera más natural y relajada que en un grupo heterogéneo. Más aún, los participantes de los grupos focales homogéneos se inclinan menos a dar respuestas inventadas, aceptables por la sociedad, sólo para impresionar a otros miembros o al moderador. Los investigadores deben recordar que en la mayor parte de los casos, los integrantes de los grupos focales no son amigos y ni siquiera conocidos, sino meros extraños. Muchas personas se sienten intimidadas o dudan de expresar sus opiniones, sentimientos o sugerencias frente a desconocidos.

Un factor que suele pasarse por alto en la selección de los participantes en los grupos focales es el nivel de conocimientos que poseen los sujetos sobre el tema. Los investigadores deben determinar si los posibles participantes tienen algunos conocimientos sobre el tema que habrá de discutirse en la entrevista. Si no los poseen, se limitan notablemente las oportunidades de iniciar discusiones espontáneas que generen datos detallados sobre un tema. Por ejemplo, reunir a un grupo de personas que venden zapatos para dama con la finalidad de analizar las operaciones de una planta nuclear producirá muy pocas ideas importantes sobre esta materia.

Selección y reclutamiento de los participantes

Elegir y reclutar a los participantes apropiados son claves para el éxito de cualquier grupo focal. Ya hablamos de la necesidad de tener grupos homogéneos. Ahora resulta crítico entender la composición general de la audiencia objetivo que debe representar el grupo focal. En la figura 8.7 se citan algunas reglas generales para el proceso de selección.

Selección de los participantes. Para elegir a los participantes de un grupo focal, el investigador tiene que comenzar por elaborar una forma de selección en que se especifiquen las características que deben tener los entrevistados para calificar como miembros del grupo. Los investigadores también tienen que escoger un método para investigar a los posibles participantes. Pueden usar las listas de candidatos que tengan suministradas por la compañía que patrocina el proyecto, una compañía que se especialice en entrevistas en grupos focales o la lista de correo de la empresa. Otros métodos son el traslado de grupos focales, entrevistas en las instalaciones, muestreo de la bola de nieve, selección aleatoria telefónica y colocación de anuncios en periódicos y boletines. Cualquiera que sea el método para obtener nombres de posibles participantes, la clave para calificarlos es la forma de selección. En la figura 8.8 se muestra una forma hipotética de selección telefónica para ejemplificar un formato muestral, las preguntas con información importante y las instrucciones de selección.

FIGURA 8.7 Reglas generales para la selección de los participantes de los grupos focales

Factores de la regla general	Descripción de la regla
Especificar los criterios	Al interactuar con el administrador, el investigador debe identificar con la mayor precisión posible todas las características deseadas en los miembros del grupo.
Mantener el control sobre el proceso de selección	El investigador debe mantener el control del proceso de selección. Debe establecerse un mecanismo de selección que contenga las características demográficas o socioeconómicas fundamentales para garantizar la congruencia en el proceso. En las situaciones en que el investigador permite que otra persona efectúe la selección, hay que darle instrucciones precisas y capacitación.
Estar consciente del peligro de desviaciones en la selección	Investigadores y administradores tienden a ignorar las desviaciones en la selección. Éstas pueden surgir de maneras sutiles y socavar grandemente la calidad de los datos obtenidos. Hay que tener cuidado con los participantes tomados de memoria o porque manifestaron un interés o preocupación por el tema, o bien porque son clones de la persona que se ocupa de la selección.
Sistema aleatorio	Cuando sea posible, hay que aplicar esquemas aleatorios al proceso, que ayudarán a garantizar que la sección transversal de los participantes potenciales no tiene desviaciones. Esto sólo funcionará si el fondo de entrevistados satisface los criterios de selección establecidos.
Verificar conocimientos y experiencia de los participantes	Para cualquier tema, los participantes potenciales deben diferir en conocimientos y experiencia. La falta de conocimientos repercute en la capacidad de los entrevistados de participar en una discusión espontánea del tema.
Recordar que ningún proceso es perfecto	Los investigadores deben hacer las mejores elecciones que puedan con los conocimientos que poseen en el momento de la selección. Es posible que en el proceso se omitan ciertos aspectos del problema o que se descuiden individuos con puntos de vista únicos.

Fuente: Adaptado de sugerencias ofrecidas por Richard A. Krueger, *Focus Groups: A Practical Guide for Applied Research*, Thousand Oaks, Cal., Sage Publications, 2a. ed., 1994, pp. 79-82. Véase también Joe L. Welch, "Research Marketing Problems and Opportunities with Focus Groups", en *Industrial Marketing Management*, 14, 1985, p. 248.

Procedimientos muestrales para los grupos focales. El tema del muestreo requiere atención especial cuando se planean entrevistas en grupos focales. Tradicionalmente, los investigadores tratan de hacer aleatorio el proceso de identificar a los posibles sujetos. El carácter aleatorio es crucial en las investigaciones cuantitativas, pero no lo es necesariamente en los estudios cualitativos. Los grupos focales requieren un diseño de investigación más flexible; en tanto que algún grado de azar es deseable, no es el primer factor de selección. La credibilidad de los participantes durante las discusiones en grupo es uno de los factores clave que quieren garantizar los investigadores. El muestreo aleatorio ayuda a reducir las desviaciones en la elección que son inherentes a varias formas de selección de personal, pero nunca hay una garantía total.

Reclutamiento de los participantes. Una vez que un participante es identificado, localizado y aceptado como posible miembro del grupo, la tarea se enfoca a conseguir su disposición a unirse al grupo. No es fácil convencer a los entrevistados de que participen. El investigador debe invitarlos a tomar parte en la discusión de un tema interesante e importante. No hay un método óptimo para realizar esta tarea, pero en el proceso deben incorporarse ciertos factores clave. El investigador debe recurrir sólo a reclutadores profesionales capacitados, con amplia habilidad en la comunicación personal, además de características como una voz positiva y agradable, un aspecto profesional, maneras educadas y corteses y una personalidad tratable. El reclutador debe establecer una zona cómoda con el entrevistado a la brevedad.

Para dar legitimidad al proyecto de investigación, el reclutador debe ser capaz de expresar claramente el interés general y la importancia del tema. Debe dejar en claro al entrevistado que como el grupo es pequeño, sus opiniones y sentimientos sobre el tema son muy importantes para el éxito del proyecto. El reclutador debe especificar que la reunión del grupo no es una junta de ventas, sino estrictamente un proyecto de investigación. Otros datos que hay que aportar son la fecha, hora de comienzo y término, ubicación del grupo, incentivos por participar y un medio para ponerse en contacto con el reclutador si el participante potencial tiene preguntas o problemas sobre la junta. En la figura 8.8 se muestra un ejemplo de la parte de reclutamiento de una forma de selección para las sesiones de un grupo focal.

FIGURA **8.8** **Cuestionario de selección por teléfono para reclutar participantes en grupos focales; programas para las artes interpretativas entre adultos de Vail, Colorado***

Nombre del entrevistado: ______________ Fecha: ______________

Dirección postal: ______________ Teléfono: ______________

______________ Fax: ______________

(ciudad) (estado) (C.P.)

Hola, mi nombre es ______________ y llamo del Marketing Resources Group de Tampa, Florida. Estamos realizando una entrevista breve e interesante en su zona y nos gustaría incluir sus opiniones. El Marketing Resources Group realiza un estudio sobre programas de artes interpretativas ofrecidas en su zona metropolitana y quisiéramos hacerle algunas preguntas que tomarán menos de dos minutos. Permítame comenzar preguntándole...

1. ¿Usted o algún miembro de su hogar trabaja para una empresa de investigación, agencia de publicidad o compañía que produzca o comercialice programas o espectáculos de artes interpretativas?
   (__) Sí [AGRADEZCA A LA PERSONA, TERMINE Y TOTALICE]
   (__) No [CONTINÚE]
2. ¿Asistió el mes pasado a un espectáculo de artes interpretativas?
   (__) Sí [CONTINÚE]
   (__) No [AGRADEZCA A LA PERSONA, TERMINE Y TOTALICE]
3. ¿Es usted residente permanente del condado de Summit?
   (__) Sí [CONTINÚE]
   (__) No [AGRADEZCA A LA PERSONA, TERMINE Y TOTALICE]
4. ¿Trabaja de tiempo completo o medio tiempo fuera de casa?
   (__) Tiempo completo [CONTINÚE]
   (__) Medio tiempo [AGRADEZCA A LA PERSONA, TERMINE Y TOTALICE]
   (__) No trabaja [AGRADEZCA A LA PERSONA, TERMINE Y TOTALICE]
5. Deténgame cuando llegue a la categoría de edad a la que pertenece.
   (__) Menos de 20 [AGRADEZCA A LA PERSONA, TERMINE Y TOTALICE]
   (__) 21 a 35 [RECLUTE POR LO MENOS 12]
   (__) 36 a 50 [RECLUTE POR LO MENOS 12]
   (__) 51 a 65 [RECLUTE POR LO MENOS 12]
   (__) Más de 65 [AGRADEZCA A LA PERSONA, TERMINE Y TOTALICE]

[PARTE DE RECLUTAMIENTO DE PARTICIPANTES. LEE EL ENTREVISTADOR]

(Sr. Sra. Srita) **(Apellido)**, el **Marketing Resources Group (MRG)** patrocina una junta con personas como usted para discutir programas y espectáculos de artes interpretativas. Entendemos que **mucha gente está ocupada pero le gusta asistir a espectáculos artísticos y tiene una opinión sobre temas relacionados con las artes.** Nos gustaría que se uniera a un grupo de personas como usted para **analizar** y **conocer sus opiniones** sobre algunos temas artísticos. **No es** una junta de ventas **sino estrictamente un proyecto de investigación.** El grupo se reunirá la **tarde del miércoles 15 de agosto en la oficina de la Cámara de Comercio de Vail** en el centro de la ciudad. Nos gustaría que fuera nuestro invitado. La **sesión empezará puntualmente a las 7:00 pm**, se ofrecerán bocadillos y **se concluirá la sesión hacia las 9:30 pm.** Las personas **que participen recibirán 100 dólares** como nuestro gesto de agradecimiento por tomar parte en esta importante sesión de discusión. ¿Podrá asistir?

(__) Sí [CONFIRME NOMBRE, DIRECCIÓN, TELÉFONO Y FAX]
(__) No [AGRADEZCA A LA PERSONA, TERMINE Y TOTALICE]

[Si la repuesta es SÍ] Le enviaré una **carta y un paquete de información en los próximos días para confirmar la junta y su participación.** Si tiene **preguntas o necesita cancelar**, llame a nuestra oficina en **[DÉ EL NÚMERO TELEFÓNICO DE LA OFICINA]**. A nombre de MRG, **gracias y que tenga (un día o una tarde) excelente.**

**Nota del autor:* Los reactivos que deben incluirse sin falta en la forma de selección y reclutamiento se ponen en negritas con fines de identificación.

FIGURA **8.9** **Muestra de carta de confirmación e invitación a los miembros de un grupo focal***

[USE MEMBRETE OFICIAL]

[Fecha]

[Nombre del participante]

[Dirección postal]

[Ciudad, estado, C.P.]

Estimado/Estimada **[Primer nombre del participante]**

Gracias por aceptar nuestra invitación a asistir a la discusión sobre los programas y espectáculos artísticos en la oficina de la Cámara de Comercio de Vail, Colorado, la tarde del miércoles 15 de agosto. La oficina de la Cámara de Comercio de Vail **está ubicada** en el 1240 de Windsor Pine Drive, en el centro de la ciudad. Para su comodidad, **verifique el mapa anexo y las direcciones de la oficina de comercio,** si lo necesita. Le pedimos que **llegue** a la oficina **entre las 6:45 y las 7:00 pm.** La sesión de discusión **comenzará a las 7:00 pm.** Habrá bocadillos y la **sesión terminará hacia las 9:30 pm.**

Puesto que nos hemos dirigido a muy pocas personas, **el éxito y la calidad** de la discusión **dependerán de la cooperación y participación de quienes asistan.** Sus opiniones y sentimientos son **muy importantes, y la asistencia** a la sesión ayudará **al éxito del proyecto de investigación.**

Como mencionamos en nuestra conversación por teléfono, la discusión se centrará en varios asuntos y temas importantes sobre los programas y espectáculos de artes interpretativas, y **nos gustaría tener sus opiniones y sentimientos al respecto.** Recuerde que esta sesión es **estrictamente un proyecto de investigación** y no se harán **ofertas de venta. Al concluir** la sesión de discusión **se le darán 100 dólares** para cubrir sus gastos de asistencia. Si es necesario, proporcionaremos servicio de guardería.

Si **no estará disponible** para asistir a la sesión o **tiene preguntas,** llámenos para informarnos **tan pronto como sea posible** a nuestra oficina. **El número telefónico es (813) 974-6236.**

De nuevo, a nombre de MRG le agradezco su disposición a participar en el estudio. Espero que nos encontremos el 15 de agosto para compartir sus importantes ideas y sentimientos sobre los temas y los espectáculos de artes interpretativas.

Sinceramente

Thomas G. Smith
Moderador de MRG

**Nota del autor:* Las partes en negrita son información que debe incluirse en la carta.

Después de que el entrevistado se ha comprometido a participar en el grupo focal, el investigador debe enviar una carta formal de confirmación/invitación que incluya toda la información importante acerca de la reunión del grupo focal. El principal propósito de este tipo de carta es reforzar el compromiso de la persona a participar en el grupo focal. La figura 8.9 muestra un ejemplo de una carta de confirmación. La última actividad en el proceso de reclutamiento es hacer una llamada al entrevistado un día antes (o en la mañana del mismo día) de la sesión real del grupo focal, para reforzar aún más su compromiso para participar en el grupo focal.

Tamaño del grupo focal

En general, los expertos están de acuerdo en que el número óptimo de participantes en cualquier entrevista en grupo focal es de seis a 12 (o de seis a 10 si se recurre a expertos profesionales). Un grupo con menos de seis participantes no es probable que genere la dinámica adecuada o la energía necesaria para efectuar sesiones provechosas. Muy pocos participantes crean una situación en la que una o dos personas dominan la discusión por mucho que se esfuerce en contrario el moderador. También aumenta la probabilidad de que el moderador se vuelva sumamente activo y tenga que hablar demasiado para mantener el flujo de las discusiones. En cambio, si los participantes son muchos, se limitan las oportunidades de cada persona de aportar ideas y observaciones.

Una de las razones para la variación en los integrantes (de seis a 12) se relaciona de manera directa con el hecho de que es difícil saber de antemano cuántos entrevistados se presentarán a la sesión del grupo. No es raro que 12 personas acepten participar, pero se presenten tan sólo seis. Algunos investigadores tratan de resguardarse de las tasas de respuesta invitando más personas de lo conveniente, con la esperanza de que se presenten sólo las necesarias. Cuando llegan demasiados participantes, estos investigadores se ven obligados a decidir si los rechazan. El mayor miedo de un investigador en un grupo focal es que nadie se presente a la sesión a pesar de sus promesas.

Incentivos del grupo focal. El uso de formas de selección, reclutadores profesionales capacitados, invitaciones personalizadas y llamadas telefónicas de seguimiento ayudan a garantizar la disposición a participar de una persona, pero también hacen falta incentivos porque la participación requiere tiempo y esfuerzo. Los participantes tienen que reservar un espacio en su ocupada agenda y es probable que incurran en gastos de cuidado de hijos, desplazamiento y comidas. Por último, los integrantes dedican tiempo (de 90 minutos a dos horas) en la sesión. En algunos casos el tiempo se extiende a tres horas: dos para la sesión y una para las actividades anteriores y posteriores a la entrevista.[2] En consecuencia, los integrantes del grupo deben ser compensados por la "inversión" que acompaña su disposición a participar.

El incentivo no debe verse como una recompensa, honorarios o paga, sino más bien como un estímulo para que los posibles candidatos lleguen a tiempo a la sesión programada. Los incentivos de los grupos focales sirven para recordarle a la gente que su compromiso de participación vale el esfuerzo, mantener el horario establecido sin que otros factores adquieran la preferencia y comunicarle que la sesión de discusión es importante. Distintos incentivos tienen efectos diferentes en la proporción de participación, y el dinero suele ser la mejor elección. Las ventajas de dar dinero como incentivo son que 1) los participantes lo reconocen y entienden inmediatamente, 2) es portátil y cabe en espacios pequeños, 3) a la mayoría de las personas les gusta recibir efectivo inmediato, y 4) tiene antecedentes probados de que funciona. El monto por participante varía con el proyecto, por lo general, de 50 a 200 dólares.

Número de sesiones de los grupos focales. Dependiendo de la complejidad del problema de información y de las decisiones sobre la estructura de la audiencia objetivo, hay muchas situaciones que requieren realizar una serie de entrevistas o sesiones de grupos focales. Cuántas sesiones realizar es una pregunta difícil, pues no hay un criterio fijo. El mejor consejo que puede ofrecerse es que debe haber cuando menos dos sesiones y que deberían continuar hasta que ya no surjan nuevas ideas, reflexiones o sentimientos de distintos grupos de participantes.

Ubicación de los grupos focales

El último elemento de la fase de planeación es dónde celebrar las sesiones del grupo focal. Este componente es importante por la duración de las discusiones. Puesto que una sesión puede durar entre 90 minutos y dos horas, es necesario garantizar que el lugar sea cómodo, sin apiñamientos y que se preste al diálogo libre y espontáneo entre todos los miembros del grupo; por ejemplo, un salón grande que deje espacio para un formato de mesa redonda y que sea lo bastante tranquilo para que por lo menos se pueda grabar la sesión sin interrupciones. Dependiendo de las restricciones presupuestarias del investigador, los grupos focales pueden sesionar en la sala de juntas del cliente, la casa del moderador, una sala de juntas en una iglesia o centro cívico, el hogar de uno de los entrevistados o la sala de juntas de una oficina u hotel, por mencionar algunas posibilidades.

Todos los sitios antes referidos son adecuados, pero en la actualidad el lugar ideal es un centro profesional para grupos focales. Estas instalaciones tienen un conjunto de habitaciones diseñadas de manera especial para realizar entrevistas de grupos focales. Normalmente, cada sala tiene una mesa grande y sillas cómodas hasta para 13 personas (12 participantes y un moderador), una atmósfera apacible, equipo de audio incorporado y, por lo regular, un espejo de una vista para que los investigadores o administradores vean y escuchen las discusiones sin ser advertidos. También se cuenta con equipo de video para grabar las conductas no verbales de los participantes durante las discusiones. Acudir a estas instalaciones de grupos focales aumenta los costos de la recolección general de los datos. Dependiendo de qué servicios se contraten, los costos adicionales van de 800 a 2 000 dólares por sesión.[3]

Fase 2: Realización de las discusiones del grupo focal

El éxito de la sesión del grupo focal depende en buena medida del moderador y sus dotes de comunicación, trato personal, sondeo, observación e interpretación. El moderador debe ser capaz de formular las preguntas correctas y de estimular y controlar la dirección de las discusiones de los participantes sobre una variedad de temas preestablecidos.

El moderador del grupo focal

Moderador del grupo focal Persona adiestrada en las capacidades de comunicación personal y las maneras profesionales.

El **moderador del grupo focal** es una persona especialmente capacitada en las habilidades y aspectos profesionales de la comunicación personal. Los moderadores toman de los participantes las mejores y más innovadoras ideas acerca del tema o la pregunta de investigación. Los objetivos del moderador son buscar las mejores ideas de cada participante y estimular discusiones espontáneas y detalladas. El moderador es responsable de crear una dinámica positiva y una zona cómoda entre él y cada miembro, así como entre los propios integrantes. Aunque no hay un conjunto de características que definan al tipo de persona que sería el mejor moderador de un grupo foco, en la figura 8.10 se citan algunos rasgos en los que concuerdan los investigadores al elegir moderadores para los grupos focales.

Características y función del moderador. El moderador debe conocer y manejar plenamente los procesos y las dinámicas de los grupos. Debe ejercer un control suave y abierto sobre los participantes y debe ser capaz de guiarlos de un tema a otro sin dejar que se pierda el entusiasmo y el interés por éstos. La buena moderación exige saber cuándo concluir un tema y pasar al siguiente. El moderador debe comprender bien los temas y las preguntas, además de manifestar curiosidad por cada tema y la respuesta de cada participante que dé lugar a preguntas de sondeo que descubran ideas, vías o conexiones que arrojen nuevas luces sobre tal tema. Otra característica importante es demostrar respeto y sensibilidad por los participantes y las opiniones y sentimientos que expresen por cada tema. Mostrar respeto por los integrantes del grupo influye de manera directa en el valor y la calidad de los datos reunidos.

El moderador debe tener suficientes antecedentes sobre el tema para poner en perspectiva todos los comentarios y seguir en las áreas críticas de interés.[4] Más aún, debe ser capaz de comunicarse con claridad y precisión de manera verbal y por escrito. Moderar una sesión requiere objetividad, disciplina, concentración y atención. El moderador debe evitar verter opiniones personales acerca del tema o la respuesta de un participante y centrarse en encontrar las percepciones de los miembros del grupo. Además, debe estar preparado mentalmente y conocer por completo la secuencia de las preguntas, así como ser lo bastante flexible para abrir espacio a preguntas de sondeo.

Guía del moderador Esquema detallado de los temas, preguntas principales y preguntas secundarias que propondrá el moderador al conducir la sesión del grupo focal.

Elaboración de la guía del moderador. Para que la sesión de un grupo focal sea productiva es necesario preparar una detallada **guía del moderador**, que representa un esquema puntual de temas, preguntas principales y preguntas secundarias que será la base para estimular el diálogo espontáneo entre los participantes (en el recuadro de implicaciones para la pequeña

FIGURA 8.10 Rasgos importantes del moderador del grupo focal

Las siguientes descripciones representan algunos de los rasgos importantes que debe considerar el investigador en la selección de un excelente moderador para la sesión del grupo focal.

1. El moderador debe estar capacitado y tener habilidades de *comunicación personal* y poseer excelentes facultades para *escuchar, observar* e *interpretar.*
2. El moderador debe exhibir *maneras y personalidad profesionales*, tener una buena memoria para los nombres, crear una *dinámica positiva en el grupo* y una *zona cómoda* para el diálogo.
3. El moderador debe *conocer* las dinámicas y procesos de los grupos y debe ser capaz de ejercer un *control ligero y suelto* sobre los participantes.
4. El moderador debe *comprender bien y conocer los antecedentes* de los temas y preguntas, así como *la capacidad de guiar* a los participantes de un tema a otro.
5. El moderador debe estar *bien capacitado* para formular *preguntas de sondeo*, y debe demostrar *respeto y sensibilidad* por los participantes y sus opiniones y sentimientos expresados.
6. El moderador debe ser capaz de *comunicarse de manera clara y precisa* tanto de *palabra como por escrito* y debe ser *objetivo, disciplinado y concentrado.*
7. El moderador debe ostentar una *personalidad amistosa, cortés, entusiasta y adaptable*, además de *sentido del humor.*
8. El moderador debe *tener experiencia* en la investigación con grupos focales.
9. El moderador debe poseer una *mente rápida* capaz de detectar ideas nuevas que surjan del grupo.
10. El moderador debe *saber cuándo y cómo dar por terminado* un tema y llevar la discusión al siguiente.

empresa se muestra una guía del moderador incorporada al ejemplo anterior de la Fundación Ford para las Artes Interpretativas, de Vail). Con una sinopsis estructurada, se establece un orden para formular una serie de preguntas de apertura, introducción, transición, crítica y conclusión. Las *preguntas de apertura* se formulan al comienzo de la sesión del grupo y están destinadas a obtener una respuesta rápida para identificar características comunes de los participantes. Estas preguntas abordan hechos y son importantes para establecer la zona cómoda del grupo y la dinámica interna. Las *preguntas de introducción* sirven para presentar el tema general de análisis así como para dar a los integrantes la oportunidad de reflexionar sobre sus experiencias y la relación que pudieran tener con el tema general. Por lo común, estas preguntas no son cruciales para el análisis final, pero son importantes para iniciar discusiones espontáneas. El principal objetivo de las *preguntas de transición* es dirigir la conversación hacia los temas fundamentales. Ayudan a que los miembros del grupo visualicen el tema en su alcance más amplio y sepan cuáles son las opiniones de los demás al respecto. En general, estas preguntas constituyen un enlace lógico entre las preguntas de introducción y las de crítica. Desde el punto de vista del contenido, las *preguntas de crítica* son el motor de todo el estudio. El moderador se vale de estas preguntas para llegar al fondo de la discusión de los asuntos fundamentales que son básicos para el tema de interés. Por último, las *preguntas de conclusión* se plantean para dar término a la discusión. Permiten a los participantes reflexionar sobre los comentarios e impresiones anteriores y los estimulan para que resuman sus ideas finales.

La sesión del grupo focal

Comienzo de la sesión. Cuando los participantes llegan a la sesión, deben ser saludados cordialmente por el moderador y ponerlos cómodos. Si no se prepararon de antemano tarjetas con nombres, debe pedirse a los participantes que anoten en ese material su nombre con letras grandes. Antes de que los participantes se siente, deben tener la oportunidad (unos 10 minutos) de entablar pláticas sociales acompañadas de bocadillos. El objetivo de estas actividades previas es crear un ambiente amistoso y cordial en el que los participantes se sientan a gusto. Durante el periodo de socialización, el moderador debe apelar a sus facultades de observación para advertir cómo se relacionan y conversan los integrantes. Si el moderador identifica conversadores dominantes y escuchas tímidos, puede aprovechar esta información para sentarlos estratégicamente en la mesa.

La investigación de cerca

Implicaciones para la pequeña empresa

Guía del moderador para las sesiones de los grupos focales sobre el programa de artes interpretativas de Vail

I. INTRODUCCIÓN
   a. Dé la bienvenida a los participantes.
   b. Explique brevemente el formato de los grupos focales. Recabe las formas de consentimiento firmadas (si es necesario).
   c. Explique las reglas básicas de la sesión.
      No hay respuestas correctas, sólo sus opiniones y sentimientos. Sus palabras representan a otras personas como ustedes. Quiero oír a todos.
      Explico brevemente la grabación de audio de la sesión y por qué se hace así... para que no deba tomar muchas notas. Si es necesario, menciono el espejo de una vista y que algunos de mis colegas observan la sesión.
      Sólo uno habla a la vez... les pido que no entablen conversaciones laterales... No quiero perderme el comentario de ninguno de ustedes.
      No se preocupen si no saben mucho de un tema en particular... Está bien y es importante que yo lo sepa... Si sus opiniones son distintas que las de otra persona, no se preocupen... también es importante que sepa eso... no tengan miedo de tener opiniones diferentes, sólo exprésenlas... recuerden que no hay una respuesta correcta.
      Ésta es una discusión informal... un proyecto de investigación, no una reunión de ventas... No los llamaré después para tratar de venderles nada... Quiero que se sientan cómodos y relajados... sólo expresen sus opiniones y sentimientos.
   d. ¿Alguna pregunta? **[Responda las preguntas de los participantes]** Comencemos.

II. CALENTAMIENTO **[Use el formato de preguntas abiertas]**
   Digan su nombre y una o dos cosas sobre ustedes. (Establezca una dinámica en el grupo y una zona cómoda para los miembros.)

III. PRESENTE EL PRIMER TEMA
   [Use el formato de preguntas introductorias]
   "DESDE SU PUNTO DE VISTA, ¿EN QUÉ MEDIDA LES GUSTA ASISTIR A PROGRAMAS O ESPECTÁCULOS ARTÍSTICOS Y DE ENTRETENIMIENTO?"
   Sondee lo siguiente:
   a. *Programas y espectáculos* a los que ha asistido y que le gustaría presenciar.
   b. Programas y espectáculos *que más prefieran ver que se ofrecen* en la zona del Valle de Vail.

[Use un formato de preguntas de transición para pasar al tema siguiente]

IV. SEGUNDO TEMA PRINCIPAL
   [Use el formato de preguntas de crítica]
   Ahora quiero que piensen en cómo toma la gente su decisión de asistir a los espectáculos artísticos.
   "¿QUÉ CARACTERÍSTICAS DE LAS ARTES Y EL ENTRETENIMIENTO JUZGA IMPORTANTE LA GENTE AL DECIDIR SU ASISTENCIA A UN PROGRAMA O ESPECTÁCULO?"
   Sondee lo siguiente:
   a. *Detalles* y *aclaración* de las características.
   b. Comprender la *importancia de las características identificadas.*
   [Use el formato de preguntas de transición para pasar al tema siguiente]

V. CARACTERÍSTICAS ESPECÍFICAS DEL DISEÑO
   [Use un formato de preguntas de crítica]
   "¿QUÉ FACTORES HAY QUE INCLUIR EN EL DISEÑO ESTRUCTURAL DEL EDIFICIO?"
   a. *Características de diseño* específicas y sus *razones.*
   b. Ideas e impresiones sobre instalaciones para espectáculos *en interiores o al aire libre.*
   c. *Clase de resguardo* para los espectáculos al aire libre, para el público y *los ejecutantes.*

VI. CIERRE LA SESIÓN CON SUGERENCIAS Y REFLEXIONES FINALES
   [Use el formato de preguntas conclusivas]
   "TOMANDO EN CONSIDERACIÓN NUESTRO ANÁLISIS, ¿QUÉ ACCIONES ESPECÍFICAS SUGERIRÍA O RECOMENDARÍA AL EQUIPO DE DISEÑO PARA AYUDAR A QUE EL NUEVO CENTRO DE ARTES INTERPRETATIVAS SEA EL MEJOR POSIBLE?
   Sondee para aclarar *ideas específicas* y *detalles de las razones.*

Características: __ diseños estructurales
__ requisitos para los asientos
__ estilo teatro o estilo auditorio
__ calidad del sistema sonoro y la acústica
__ protección al aire libre

   "¿TIENEN REFLEXIONES, SENTIMIENTOS O COMENTARIOS FINALES?"
   [Pregunte y sondee a cada participante]

VII. FIN DE LA SESIÓN DE FOCO.
   a. *Agradezca* a los participantes su cooperación y comentarios.
   b. *Dé* a cada participante *su regalo de gratitud.*
   c. Extienda un cálido deseo *de que lleguen con bien a casa.*

Si se requieren formas de aceptación, los participantes deben firmarlas y entregarlas al moderador antes de comenzar la sesión. El moderador expone brevemente las reglas básicas de la sesión: sólo una persona debe hablar cada vez, todos deben comprender la finalidad de la sesión y actuar en consecuencia, etcétera. En algunos casos conviene hacer una breve mención del patrocinador (por ejemplo, explicar que el cliente patrocinador espera la discusión del grupo como medio para decidir sobre una materia crucial). Si la situación requiere un espejo de una vista o equipo de audio o video para grabar, el moderador debe llamar la atención de los participantes a este hecho y explicar brevemente las razones lógicas de tal uso. Después de explicar las reglas básicas, el moderador formula la primera pregunta en formato abierto. Esta pregunta está diseñada para atraer a los participantes a la discusión. Normalmente, se pide a los miembros que se presenten con algunos comentarios. Este sistema rompe el hielo, hace que todos los participantes hablen y continúa el proceso de generar una dinámica positiva en el grupo y zonas cómodas.

Sesión principal. Con la guía del moderador, se presenta el primer tema a los participantes. A medida que la discusión se desenvuelve, el moderador debe ser capaz de aplicar técnicas de sondeo para conseguir cuantos detalles pueda. Si se establece una buena relación entre él y los participantes, no será necesario en absoluto que dedique mucho tiempo a nada más que formular las preguntas seleccionadas y recibir las respuestas. Como no hay reglas establecidas sobre cuánto debe durar la discusión de cualquier tema, el moderador debe recurrir a su buen sentido para decidir cuándo culminar un tema y pasar a otro. Por lo regular, la sesión debe dirigirse a las preguntas de crítica del estudio a un ritmo que deje tiempo suficiente para sondear a fondo en busca de tantos detalles, ideas, pensamientos y sentimientos como sea posible.

Clausura de la sesión. Después de haber tratado todos los temas preestablecidos a satisfacción del moderador, se formula a los participantes una pregunta de conclusión que los estimule a expresar sus ideas, pensamientos y sentimientos finales. Para favorecer el proceso de clausura, el moderador debe resumir en forma breve los principales puntos del grupo y debe preguntar si son acertados. A la hora del resumen, el moderador debe observar el lenguaje corporal de los participantes en busca de señales de acuerdo, desacuerdo, duda o confusión. Por ejemplo, sería apropiado que presentara un repaso general de la discusión y preguntara a los participantes si se omitió algo. Las repuestas a estas preguntas pueden revelar pensamientos que no se anticipaban. Al concluir, debe permitirse a los participantes formular sus preguntas, se les da las gracias por participar, se les entrega el incentivo, regalo o efectivo prometido y se les desea que vuelvan con bien a casa.

Fase 3: Análisis e informe de los resultados

Técnicas de análisis

Análisis de preguntas y respuestas Procedimiento interactivo en el que el investigador y el moderador analizan las respuestas de los sujetos sobre los temas que conformaron la sesión del grupo focal.

Análisis de preguntas y respuestas. Si el investigador o los representantes del patrocinador están presentes, ellos y el moderador pueden efectuar un **análisis de preguntas y respuestas** y una recapitulación en cuanto los integrantes del grupo abandonen la sesión. Estas actividades dan al investigador, el cliente y el moderador la oportunidad de comparar notas. Los principales interesados que escucharon la discusión deben comparar sus impresiones con las del moderador. Cabe expresar reflexiones e impresiones acerca de las principales ideas, sugerencias, pensamientos y sentimientos de la sesión.

Pueden descubrirse ideas para mejorar las sesiones, que se aplicarán en adelante. Por ejemplo, es posible detectar y subrayar puntos fuertes, así como advertir errores, mientras están frescos en la mente de todos. A algunos investigadores les gusta el análisis de preguntas y respuestas porque 1) brinda la oportunidad de incluir opiniones de expertos en marketing junto con las del moderador; 2) permite a los representantes del cliente y al investigador conocer, comprender y reaccionar a las impresiones y sentimientos inmediatos del moderador sobre lo que se dijo en la discusión, y *3*) se abren oportunidades de obtener nuevas ideas e implicaciones de los puntos principales expuestos en la discusión. En cambio, los posibles inconvenientes de una sesión de preguntas y respuestas son: 1) una posibilidad real de generar una tendencia interpretativa, 2) recuerdos imprecisos del moderador por la novedad del material o por pocas facultades de memoria, y 3) concepciones equivocadas debidas a la falta de tiempo para reflexionar en lo que realmente dijeron los participantes.[5]

Análisis de contenidos Procedimiento sistemático para tomar las respuestas de los individuos y agruparlas en categorías temáticas o esquemas mayores.

Análisis de contenido. Aunque el **análisis de contenido** es una herramienta muy apropiada para cualquier diseño de investigación cualitativa, es quizá el procedimiento formal más usado por los investigadores cualitativos en sus esfuerzos por crear estructuras de datos a partir de las discusiones de los grupos focales. Este procedimiento requiere que el investigador establezca un procedimiento sistemático para tomar las respuestas de los individuos y clasificarlas en categorías o esquemas generales.

Dependiendo de la forma de registrar y traducir la discusión del grupo (es decir, transcripción, grabación de audio, de video, notas de la sesión), el investigador revisa los comentarios directos de los participantes y crea estructuras de datos acordes con los temas o esquemas generales. Este proceso exige que el investigador considere varios factores de análisis e interpretación (véase la figura 8.11).

Reporte de los resultados del grupo focal

En situaciones en las que se solicita un reporte final, el investigador debe comprender a la audiencia, la finalidad del reporte y el formato esperado. El investigador debe saber bien qué

FIGURA 8.11 Factores importantes de análisis e interpretación cuando se estudian los datos de grupos focales

Factores de análisis o interpretación	Descripción y comentarios
Considere las palabras	Debe prestarse atención a las palabras usadas por los participantes y a sus significados. Como los miembros usarán una gran variedad de palabras y frases, el investigador tendrá que determinar el grado de semejanza y clasificarlas en consecuencia. Debe recordar que desentrañar expresiones enredadas es una tarea difícil, pero necesaria.
Considere el contexto	El investigador tendrá que conocer el contexto en el que los participantes expresaron palabras y frases clave. El contexto incluye las palabras en sí, tanto como el tono y la intensidad (las inflexiones de la voz). Debe recordarse que la comunicación no verbal (lenguaje corporal) también provee datos significativos que vale la pena analizar.
Considere la frecuencia de los comentarios	En la mayor parte de las situaciones, algunos de los temas presentados en la sesión serán abordados por más participantes (extensión) y ciertos comentarios se harán más a menudo que otros (frecuencia). El investigador no debe asumir que la extensión y la frecuencia de los comentarios se relacionan de manera directa con su importancia.
Considere la intensidad de los comentarios	A veces los miembros del grupo hablarán de aspectos de un tema con pasión o profundos sentimientos. El factor de la intensidad pasa inadvertido en las transcripciones solas, pero se descubre en las citas de audio y video por los cambios en las inflexiones de la voz, la velocidad del habla y el énfasis puesto en ciertas palabras o frases.
Considere la especificidad de las respuestas	Aquellas respuestas que se asocian con una experiencia emocional de primera mano serán más intensas que las respuestas vagas e impersonales. Por ejemplo, el comentario: "Me parece que la nueva hamburguesa McArch de McDonald's es una estafa porque una vez me comí una y me supo horrible, en especial a ese precio", debe recibir un peso mayor que este otro: "La nueva hamburguesa McArch no tiene muy buen sabor, considerando lo que cuesta."
Considere todo el cuadro	Como los datos de los grupos focales tienen muchas formas (palabras, lenguaje corporal, intensidad, etc.), el investigador debe elaborar un tema o mensaje global acerca de lo que se comunica. Trazar el cuadro completo de lo que dicen realmente los miembros del grupo puede dar ideas preliminares sobre cómo ven los consumidores el producto, servicio o programa. Debe tenerse cuidado al tratar de cuantificar los datos. El uso de cifras puede transmitir la impresión errónea de que es posible proyectar los resultados a una población mayor, lo que no forma parte de las capacidades de los datos cualitativos.

Fuente: Adaptado de Richard A. Krueger, *Focus Groups: A Practical Guide for Applied Research*, Thousand Oaks, Cal.: Sage Publications, 2a. ed., 1994, pp. 149-151.

personas aprovecharán los resultados y cuáles son sus preferencias para recibir la información, así como su perfil demográfico (incluyendo escolaridad, ocupación y edad), por citar sólo algunos factores. Sobre todo, en el reporte se debe insistir en la claridad y la comprensión y debe sustentar los resultados. En muchos casos, la prosa puede ser informal y el vocabulario familiar. El investigador debe usar la voz activa, no la pasiva, al incorporar en los lugares apropiados citas, ilustraciones y ejemplos.

Al escribir el reporte, el investigador debe tener presente su objetivo básico. En primer lugar, el reporte debe comunicar al lector ideas e información útil. Debe ser una presentación clara y precisa adaptada a las necesidades de información de los usuarios específicos. Debe ofrecer una secuencia lógica de resultados, conocimientos y recomendaciones. El investigador también debe recordar que el reporte será un registro histórico que acaso sea sometido a examen en el futuro.

Formato del reporte

Tradicionalmente, los reportes de los grupos focales se presentan en prosa con oraciones completas apoyadas por citas directas de la discusión del grupo. Una alternativa es un formato de sinopsis apoyado en listas de enunciados con palabras o frases clave para subrayar los puntos cruciales de la discusión. Cualquiera que sea el estilo, el reporte debe estar escrito de manera clara y lógica y debe tener un aspecto profesional. Aunque no hay un formato óptimo, en la figura 8.12 se hace referencia a los componentes esenciales de un reporte común.

Ventajas de las entrevistas en los grupos focales

Una vez que los procesos y las actividades de conducir entrevistas en grupos focales son comprendidos, pueden verse las ventajas y desventajas de este popular método de investigación cualitativa. Básicamente, los grupos focales tienen cinco ventajas principales: estimulan

FIGURA 8.12 Componentes de un informe escrito de una investigación con grupos focales

Componentes del reporte	Descripción y comentarios
Portada	La portada debe contener el título, nombres de quienes reciben o comisionan el informe, nombres de los investigadores y fecha de entrega.
Resumen ejecutivo	Un resumen ejecutivo breve y bien escrito en el que se describa por qué se realizó la sesión del grupo y se anoten las principales ideas y recomendaciones. Debe limitarse a dos páginas y ser tan completo que se baste solo.
Contenido	En esta sección se da al lector información sobre cómo está organizado el reporte y dónde se ubican sus partes (es opcional en los reportes breves).
Enunciado del problema, preguntas cruciales y métodos	En esta sección se explica el propósito del estudio y se incluye una descripción breve de las entrevistas de grupo focal, el número de sesiones en grupo, los métodos para elegir a los miembros y las personas que participaron en cada sesión.
Resultados y descubrimientos	Normalmente, los resultados se organizan por preguntas cruciales o ideas generales. Los resultados se presentan de varias maneras, como listas numeradas o escritura en prosa, enumeración de datos directos, resumen de la discusión o algún método interpretativo.
Resumen de los temas	El texto de esta sección no se limita a preguntas específicas, sino que más bien une varias preguntas en un cuadro más grande.
Limitaciones y explicaciones alternativas	Esta sección puede colocarse en el apartado de resultados, si es breve. Las limitaciones reflejan aspectos del estudio que reducen la aplicación de los resultados o afectan otras interpretaciones de los resultados.
Recomendaciones	Esta sección opcional no se incluye automáticamente en todos los reportes de grupos focales. Las recomendaciones sugieren lo que puede hacerse con los resultados.
Apéndice	El apéndice debe incluir materiales adicionales que sean útiles para el lector. Por lo regular, comprende una copia de la guía del moderador, forma de selección y otro material pertinente.

Fuente: Adaptado de Richard A. Krueger, *Focus Groups: A Practical Guide for Applied Research*, Thousand Oaks, Cal., Sage Publications, 2a. ed., 1994, pp. 165-166.

nuevas ideas, pensamientos y sentimientos sobre el tema; fomentan la comprensión del comportamiento de la gente en ciertas situaciones; favorecen la participación de clientes; incitan gran cantidad de respuestas inmediatas de los consumidores, y consiguen reunir grupos de sujetos difíciles de alcanzar.

Ideas nuevas

El trato libre y espontáneo entre los integrantes de un grupo focal durante las discusiones estimula ideas nuevas, pensamientos y sentimientos que no surgen en las entrevistas individuales. Es muy probable que los entrevistados den opiniones creativas y francas sobre un tema. Sin un entrevistador presente, se sienten más cómodos para expresar sus opiniones honestas, que las opiniones y los sentimientos que creen que a un entrevistador le gustaría oír. En un ambiente de trato espontáneo y sin restricciones, se alienta a los participantes para que intervengan libremente en la creatividad del grupo que induce un efecto "de bola de nieve" (o de lluvia de ideas) por el que los comentarios de una persona incitan los de otra.

Razones de las conductas

Los grupos focales permiten a los investigadores recopilar datos detallados sobre las razones de que la gente se comporte de cierta manera en diversas situaciones de mercadeo. Un moderador capaz dirige la discusión del grupo focal de manera que los integrantes se sientan cómodos al explicar por qué manifiestan ciertas convicciones u opiniones a propósito de los temas analizados, como atributos del producto, componentes del servicio, imágenes de marcas o determinadas prácticas de marketing, por citar algunos ejemplos.

Participación de los clientes

Las entrevistas en los grupos focales ofrecen otra ventaja en tanto que conceden a quienes toman las decisiones la oportunidad de participar desde el comienzo hasta el final del proceso. Como acabamos de ver, el administrador tiene una función interactiva en la creación de los objetivos de la investigación y en el establecimiento del programa general de los grupos focales y en las primeras preguntas de investigación. La atmósfera energética que se crea en las sesiones confiere a los representantes del cliente y a los investigadores la posibilidad de observar, de primera mano (detrás de un espejo de una vista) la dinámica de los grupos y las respuestas de los participantes a la información acerca de los temas y las preguntas de interés. La participación puede causar una impresión favorable y los resultados pueden sugerir acciones concretas. En algunos casos, los clientes formulan y emprenden planes de acción basados en sus observaciones antes de que los datos se analicen y entreguen en un reporte final.

Amplitud de los temas tratados

Las entrevistas de los grupos focales abarcan un número ilimitado de temas y asuntos administrativos. Las sesiones pueden incorporar prototipos de productos nuevos para mostrar su operación o anuncios publicitarios cuya aceptación se investiga. Además, es posible incluir otros métodos proyectivos de recolección de datos (pruebas de globos de diálogo, actividades de cambio de papeles, pruebas de asociación de palabras, pruebas de imágenes) para enriquecer las discusiones espontáneas de un tema o asunto. Los avances en las tecnologías de comunicación han añadido nuevas dimensiones de flexibilidad al proceso al permitir que clientes situados en otras regiones participen y observen las sesiones en vivo sin tener que trasladarse a las instalaciones.

Segmentos especiales de mercado

Otra ventaja de esta técnica es su capacidad única para reunir grupos de individuos como médicos, abogados e ingenieros, por citar algunos, que de otro modo no estarían dispuestos a participar en el estudio. El formato del grupo focal da a estos individuos difíciles de entrevistar una oportunidad de relacionarse con sus colegas y comparar ideas y sentimientos sobre temas y asuntos de interés común.

Desventajas de las entrevistas en los grupos focales

Como cualquier diseño de investigación exploratoria, las entrevistas en grupos focales no son un método perfecto de investigación. Las principales desventajas de los grupos focales son inherentemente semejantes a todos los métodos cualitativos: las dificultades de generalizar las estructuras de datos a la población objetivo, la confiabilidad cuestionable de los datos, la subjetividad de la interpretación y el costo elevado por participante.

Dificultad de generalizar los resultados

Como cualquier método cualitativo, las estructuras de datos originadas en las entrevistas de grupos focales carecen de representatividad de la población objetivo, lo que hace muy difícil, cuando no imposible, que el investigador generalice los resultados a segmentos de mercado más grandes. Por ejemplo, en Procter & Gamble el administrador de marca de la pasta dental Crest al igual que el investigador correrían grandes riesgos si creyeran que las actitudes y percepciones sobre la nueva fórmula del producto, obtenidas de 12 usuarios en un grupo focal, son en verdad representativas de las de millones de usuarios de Crest en el mercado.

Dudas acerca de la confiabilidad de los datos

Dada la clase de datos que se reúnen en las entrevistas en grupos focales, el investigador no tiene modo de sustentar la confiabilidad de los datos o de distinguir diferencias pequeñas. Además de tener que manejar muestras extremadamente pequeñas, la naturaleza no estructurada de los datos (naturaleza nominal de los comentarios verbalizados y el lenguaje corporal no verbal) obtenidos de los participantes no brindan la oportunidad de analizar los resultados con los medios estadísticos habituales (por ejemplo, porcentajes y promedios) necesarios para evaluar la confiabilidad de los datos. A este inconveniente se añade la posibilidad de que algún grado del llamado "efecto de Hawthorne" haya repercutido en los datos de los participantes: el proceso del grupo focal puede crear fácilmente un ambiente en el que algunos participantes crean que son "especiales" y actúen en consecuencia cuando manifiesten sus comentarios.

Como vimos antes, otro problema potencial se relaciona con las desviaciones introducidas por la participación del moderador. Al ser parte del ambiente de trato social de un grupo focal, el moderador debe evitar comportarse de formas que incidan en las respuestas de los participantes. Por ejemplo, un moderador agresivo y confrontador llevaría sistemáticamente a los participantes a decir lo que creen que aquél quiere oír. En contraste, sus intentos por enmudecer o respaldar demasiado los comentarios de los participantes puede crear la sensación de falsedad, lo que hará que algunos participantes dejen de aportar sus comentarios. Estas condiciones no se dejan medir, pero sólo pueden reducir la confiabilidad de los datos.

Subjetividad de las interpretaciones

Dada la naturaleza de los datos reunidos, su uso selectivo por parte del investigador o los representantes del cliente puede crear problemas. Por ejemplo, si el cliente llega al proceso de los grupos focales con ideas preconcebidas sobre cuál será la información que resulte, en general, encontrará en los datos (es decir, en los comentarios de los participantes) algo que se interprete subjetivamente como apoyo de sus propias opiniones, al tiempo que ignora todos los datos opuestos. Además, siempre existe la posibilidad de tendencias en la interpretación del moderador, lo que reduce, de manera rápida, la credibilidad y confiabilidad de los datos, estructuras de datos e información que se entrega a quienes toman decisiones de marketing.

Costo elevado por participante

Como ya se vio, el costo de identificar, reclutar y pagar a cada participante potencial de un grupo focal, junto con los costos del moderador o los moderadores y las instalaciones, son en general bastante altos (entre 2 000 y 8 000 dólares por sesión), lo que da por resultado un costo promedio por participante de entre 200 y 800 dólares, suponiendo que los datos provienen de 10 participantes. Este promedio por participante es significativamente mayor que el costo de otros métodos cualitativos.

A medida que los grupos focales se hacen más populares entre los investigadores de mercado, es útil comprender las diferencias de su aplicación en todo el mundo. En el recuadro "Ideas mundiales" se describen las prácticas de la investigación con grupos focales en varios países y se comparan con las de Estados Unidos.

La tecnología avanzada lleva a los grupos focales al siglo XXI

Pocos se opondrían a que el futuro de las entrevistas en grupos focales será brillante. El perfeccionamiento de Internet, las telecomunicaciones y los adelantos en la tecnología de cómputo apuntan a tendencias nuevas y estimulantes en la conducción de los grupos focales que sostendrán la popularidad de este método de recolección de datos cualitativos hasta bien entrado el siglo XXI.

Grupo focal en línea Grupo en el que los sujetos se reúnen en un lugar centralizado y la sesión se lleva a cabo en tiempo real a través de Internet para que la presencien clientes e investigadores en otras ubicaciones.

En la actualidad, una versión de alta tecnología de los grupos focales, promovida con el nombre de **grupos focales en línea**, está muy de moda. Básicamente, proveedores de servicios de aplicación, no investigadores de mercado, han logrado integrar muchos de los beneficios de la computación de alta velocidad y las tecnologías de telecomunicaciones en aplicaciones de adquisición y recuperación de información y datos cualitativos que se acostumbran en la investigación con grupos focales. Por ejemplo, los rápidos adelantos en las tecnologías de marketing interactivo abren nuevos caminos para realizar entrevistas en grupos focales a través del teléfono, video e Internet mediante formatos como redes de teleconferencia. TeleSessions, Focus Vision Networks y software buscador en Internet han ampliado las capacidades de la telefonía en sistemas de videoconferencia y sistemas de Internet en línea.[6] Además, cada vez más compañías, como Market Opinion Research, Focus Vision Worldwide, Inc., e Interactive Tracking Systems, Inc. (itracks) ofrecen sistemas de investigación de grupos interactivos que pueden adaptarse a todas las necesidades de las empresas, ya sea que se trate de poner a prueba nuevos comerciales de televisión, probar conceptos de productos o anuncios, o bien observar las reacciones de consumidores a palabras, frases o imágenes.[7]

La pronta introducción y la mejora continua de tecnologías innovadoras en Internet marcan la pauta de *cómo, qué, cuándo* y *cuán rápidamente* se reúnen y analizan datos cualitativos y se difunde la información entre investigadores y administradores. Los rápidos métodos basados en Internet hacen cada vez más fácil llegar a los actuales sujetos difíciles de alcanzar y acortan los ciclos de tiempos de realización de proyectos de investigación de grupos focales, además de que permiten que los administradores participen en el proceso en tiempo real.[8] A su vez, los avances en los métodos tecnológicos para realizar grupos focales en línea y por videoconferencia han incrementado los costos de recopilar datos cualitativos, por lo menos en el corto plazo.

Investigación de grupos focales en línea o fuera de la línea

Difieren las opiniones sobre si el futuro del ejercicio de la investigación con grupos focales está en línea o fuera de la línea (es decir, en los grupos tradicionales que hemos estudiado aquí), dados los nuevos requisitos de velocidad y flexibilidad. Por ahora, es importante comprender los motores de este ejercicio. El impulso no viene tanto de los investigadores de mercado, sino más bien de la nueva raza de instalaciones especializadas en la recolección de datos en grupos foco. Estas instalaciones, que antes se limitaban a ofrecer a los investigadores

IDEAS MUNDIALES

Para entender los grupos focales en el mundo

A medida que cada vez más compañías ingresan en el mercado mundial, se hace más necesaria la información cualitativa de calidad, tanto para evaluar la demanda de artículos como para identificar los métodos óptimos de comerciar en otros países. Muchas compañías estadounidenses amplían su uso de grupos focales a sus mercados foráneos. Hay algunas diferencias importantes al trabajar con grupos focales fuera de Canadá y Estados Unidos, de acuerdo con Thomas L. Greenbaum, presidente de Groups Plus, Inc., de Wilton, Connecticut. No es posible concretarse sólo a tomar los mismos materiales con los que se efectúan sesiones de grupos focales en Estados Unidos, enviarlos a una organización de investigación en otro país y esperar que los resultados sean equivalentes o al menos confiables. Las siguientes nociones se enmarcan en los siete componentes clave de la investigación en los grupos focales:

1. **Tiempos.** En tanto que muchas compañías están acostumbradas a crear un proyecto el lunes y terminarlo al final de la semana siguiente, esto es casi imposible en otros países. Los tiempos suelen ser mucho mayores y el Lejano Oriente es particularmente problemático. Si en Estados Unidos se requieren dos semanas para preparar los grupos, el tiempo casi se duplica en buena parte de Europa y aumenta todavía más en Asia.
2. **Estructura.** Ocho a 10 personas en un grupo es una cifra grande para la mayor parte de los estudios en el extranjero, donde los grupos son de cuatro a seis individuos (nuestros minigrupos). Más aún, la duración de las sesiones fuera de Estados Unidos puede ser de hasta cuatro horas. Sea muy específico cuando organice grupos focales internacionales. Casi todas las organizaciones de investigación foráneas se adaptan bien al formato estadounidense, si están bien informadas y supervisadas.
3. **Reclutamiento y reselección.** En general, en Estados Unidos son mucho más rígidos para adherirse a las especificaciones sobre reclutamiento y selección. Estos procesos deben supervisarse con cuidado.
4. **Metodología.** Los moderadores de otras partes suelen ser mucho menos estructurados y autoritarios, lo que puede dar lugar a mucho tiempo perdido en las sesiones. También usan menos ejercicios escritos y estímulos externos como tableros de conceptos y fotos. Lo anterior debe tenerse en cuenta al planear las sesiones en el extranjero.
5. **Longitud del proyecto.** Es posible que la ejecución de los proyectos tarde mucho más. En Estados Unidos se acostumbra reunir dos y a veces tres o cuatro grupos al día, pero en muchos mercados extranjeros un grupo es el límite por el horario en que se programan, la duración de las sesiones o exigencias de los moderadores. Asimismo, algunos moderadores programan un descanso a la mitad de la sesión, lo que sería muy poco usual en las sesiones estadounidenses.
6. **Instalaciones.** El lugar de las sesiones fuera de Estados Unidos y Canadá es como era ahí hace 20 años. Por ejemplo, es más común observar a un grupo instalado en una casa con un televisor conectado a la sala del grupo por cable. Muchos de los locales con espejos de una vista no tienen las facilidades con que se cuenta en Estados Unidos.
7. **Costos.** Finalmente, los costos de realizar investigación con grupos focales varía considerablemente por región y país. No es inusual pagar cerca del doble por grupo en las sesiones realizadas en Europa y casi tres veces más en muchas partes de Asia.

A la luz de estas diferencias, es importante que las compañías emprendan acciones para garantizar que obtienen los resultados que necesitan en sus investigaciones en otros países. Greenbaum sugiere que las investigaciones internacionales estén en manos de las mismas personas que se ocupan de los estudios en Estados Unidos o que se recurra a una compañía foránea con sede en Estados Unidos que pueda ser el punto central de contacto y que maneje los detalles en el extranjero. Si usted va a realizar investigación cualitativa fuera de Estados Unidos, dedique más tiempo y dinero y hágalo bien. En el largo plazo, será una inversión pequeña.

Fuente: Thomas L. Greenbaum, "Understanding Focus Group Research Aboard", en *Marketing News*, 30, núm. 12, 3 de junio de 1996, pp. H16, H36.

una alternativa de grabación "profesional" para realizar las sesiones de los grupos han avanzado, con la integración de la tecnología y ahora acortan las actividades de adquisición, análisis, recuperación e informe de los datos en la investigación con grupos focales y de información cualitativa. Quienes toman decisiones han adoptado la dimensión de tiempo real que ofrecen estos servicios profesionales, y pronto lo harán muchos investigadores, en particular los moderadores de los grupos. En cambio, no todas las empresas con instalaciones para grupos foco cuentan con las costosas tecnologías de cómputo y el software que se necesita para celebrar sesiones en línea.

En general, los procesos y actividades, lineamientos, decisiones y reglas que se necesitan en las fases de planeación y ejecución son, en su mayor parte, los mismos que al efectuar una sesión de grupos focales tradicional. Por ejemplo, los dos métodos requieren que el administrador y el investigador comprendan por completo la *naturaleza de las entrevistas en grupos focales* y fijen juntos *los objetivos de los grupos foco*. Actividades similares para *identificar a las personas apropiadas para incluirlas en el grupo, muestreo, selección y reclutamiento de los posibles participantes*, así como las decisiones cruciales acerca del *tamaño y número de los grupos focales*, cualesquiera *incentivos* y la *ubicación*, deben ser abordadas por el investigador y el administrador cualquiera que sea el método. Al efectuar las sesiones de los grupos focales, ambos métodos piden participantes y un moderador capacitado situados en cierto lugar central para grabar el encuentro. Aquí es donde comienzan a aparecer las diferencias. Por ejemplo, la tecnología de las actividades de captura de datos durante la sesión es mucho más elaborada en línea que fuera, y es preciso que los moderadores en línea tengan mayores aptitudes tecnológicas y comprendan los dispositivos con que se recaban y manipulan los datos en tiempo real. Los grupos focales en línea proporcionan mucha mayor flexibilidad para la *participación de los clientes* antes, durante y después de la sesión. Los métodos tradicionales requieren que los representantes del cliente estén presentes en las juntas, situados detrás de un espejo de una vista y los medios de comunicación con el moderador son limitados y anticuados (un audífono, notas escritas o pausas especificadas en la sesión). En cambio, los métodos en línea se valen de tecnologías de comunicación avanzadas que permiten a los clientes participar, de manera directa, desde cualquier parte del mundo; todo lo que necesitan es una computadora y acceso a Internet.

Las mayores diferencias entre los dos métodos están en la última fase del proceso (analizar e informar los resultados). En las entrevistas de grupos focales en línea es posible manipular, recuperar e informar los resultados de los datos cualitativos en tiempo real, mientras que en los métodos tradicionales los investigadores se tardarían días, o hasta semanas, para manipular los resultados y entregarlos a los administradores. Para más información sobre el ejercicio de la investigación con grupos focales, visite la página en Internet del libro, en www.mhhe.com/hair.

Resumen de objetivos de aprendizaje

■ **Identificar las diferencias fundamentales entre los métodos de investigación cualitativa y cuantitativa y explicar su pertinencia para crear información administrativa útil.**

En las situaciones en que hay un problema o una oportunidad comercial y la información secundaria sola no basta para responder las preguntas de la administración, debe dirigirse entonces la atención a la recolección de datos primarios para transformarlos en información útil. Los investigadores escogen entre dos métodos de recolección de datos: cualitativos y cuantitativos. Hay muchas diferencias entre estos dos métodos en cuanto a sus objetivos y metas de investigación, tipo de investigación, tipo de preguntas, tiempo de ejecución, representatividad (o posibilidad de generalización) de poblaciones grandes, clase de análisis y requisitos de capacidades del investigador.

Además, los métodos cualitativos se enfocan en generar conocimientos exploratorios preliminares sobre los problemas y oportunidades. Los métodos cualitativos se enfocan en reunir montos detallados de datos de muestras relativamente pequeñas preguntando u observando lo que la gente dice y hace. Estos métodos requieren investigadores bien capacitados en las habilidades de comunicación, observación e interpretación. Normalmente, los datos se recopilan mediante formatos de preguntas abiertas y no estructuradas que dejan lugar a sondear actitudes, sentimientos o pautas de conducta ocultas o bien a la observación humana o mecánica de conductas o sucesos actuales. En tanto que los datos se reúnen en periodos cortos, es difícil analizarlos y transformarlos en inferencias generalizadas sobre la población objetivo mayor.

En contraste, los métodos de investigación cuantitativa (o encuestas) recurren a esquemas de preguntas muy formalizadas, normalizadas y estructuradas en los que el investigador determinó de antemano las opciones de respuesta. Estas preguntas se formulan a muy numerosos entrevistados. Los métodos cuantitativos se relacionan, en forma directa, con los proyectos de investigación descriptivo y conclusivo (o causal), en los que los objetivos o metas son hacer pronósticos más precisos sobre las relaciones entre los factores del mercado y las conductas o bien verificar (o validar) la existencia de relaciones. Los investigadores cuantitativos están bien capacitados para elaborar constructos, mediciones de escalas, diseños de cuestionarios, muestreo y análisis estadísticos de los datos.

Describir y explicar dos técnicas populares usadas para reunir datos puros primarios.
Aunque hay muchos métodos cualitativos para recolectar datos, en este capítulo nos centramos en las entrevistas de profundidad y los grupos focales. Una entrevista de profundidad es un proceso formalizado de plantear en persona a un sujeto un conjunto de preguntas de sondeo semiestructuradas. Las entrevistas de grupos focales consisten en reunir a un pequeño grupo de personas para una discusión libre y espontánea de cierto tema o concepto. En tanto que el éxito de la entrevista de profundidad depende en buena medida de las capacidades de comunicación y sondeo del entrevistador, el éxito de los grupos focales descansa más en la dinámica que establecen los miembros, su disposición a entablar un diálogo y la capacidad del moderador para llevar la discusión por su cauce.

Los dos métodos de entrevista están guiados por objetivos de investigación semejantes: 1) ofrecer datos para definir y redefinir el problema o la oportunidad de marketing; 2) identificar requisitos de información especiales y ocultos; 3) proporcionar datos para comprender mejor los resultados de otros estudios cuantitativos; 4) revelar y comprender necesidades, deseos, actitudes, sentimientos, conductas, percepciones y motivos ocultos de los consumidores acerca de servicios, productos o prácticas; 5) generar ideas nuevas sobre productos y servicios o métodos de atención; 6) descubrir nuevos constructos y métodos de medición y 7) comprender mejor los cambios en las preferencias de los consumidores.

Explicar las ventajas y desventajas básicas de seguir métodos cualitativos para generar estructuras de datos.
Las ventajas generales de los métodos de investigación cualitativa son la economía y oportunidad de la recolección de datos, la riqueza de los datos, la precisión del registro de las conductas en el mercado y conocimientos preliminares sobre la elaboración de modelos y mediciones de escalas. Las posibles desventajas son la incapacidad de generalizar los datos a poblaciones más grandes, imposibilidad de distinguir diferencias pequeñas en los datos, falta de confiabilidad de los datos y dificultad para conseguir investigadores, entrevistadores y observadores bien capacitados.

Explicar qué son los grupos focales, cuál es la importancia de un moderador y cómo se transforman los datos obtenidos en información.
Un grupo focal es un grupo pequeño de personas (seis a 12) reunidas para sostener una discusión libre y espontánea. Las tres fases de un estudio con grupos focales son planeación de la investigación, realización de las sesiones de los grupos y análisis y reporte de los resultados. Al planear un grupo foco, hay que tomar decisiones cruciales sobre quiénes deben participar, cómo hay que elegir y reclutar a los participantes apropiados, de qué tamaño debe ser el grupo, qué incentivos hay que ofrecer para reforzar la disposición y el compromiso de los participantes y dónde deben sostenerse las reuniones. En la figura 8.10 se anotan rasgos importantes del moderador del grupo focal y en la figura 8.11 se ilustra una guía del moderador. Hay diversas técnicas analíticas apropiadas para crear estructuras de datos e interpretar los resultados, los cuales pueden presentarse en un formato de reporte profesional.

Términos y conceptos clave

Análisis de contenidos 231
Análisis de preguntas y respuestas 230
Capacidad para escuchar 217
Capacidades de comunicación personal 217
Encuestas de experiencia 213
Entrevista de profundidad 215
Entrevista de protocolo 213
Entrevistas de cambio de papeles 215
Grupos focales en línea 235
Guía del moderador 227
Investigación con grupos focales 218
Investigación cualitativa 210
Investigación cuantitativa 209
Moderador del grupo focal 227
Preguntas de sondeo 216
Técnicas proyectivas de entrevista 214

Preguntas de repaso

1. ¿Cuáles son las principales diferencias entre los métodos de investigación cuantitativa y cualitativa? ¿Qué destrezas debe tener el investigador para preparar y emprender cada diseño?

2. Compare las características exclusivas, principales objetivos de investigación y ventajas y desventajas de las técnicas de entrevistas de profundidad y grupos focales.

3. Explique las ventajas y las desventajas de los métodos de investigación cualitativos como medio de crear estructuras de datos puros para las situaciones siguientes:
   a) Añadirle gas al Gatorade y venderlo como verdadero refresco.
   b) Encontrar nuevos usos de consumo para el bicarbonato de sodio de Arm y Hammer.
   c) Inducir a volver a los consumidores que dejaron de comprar en Sears.
   d) Aconsejar a una agencia de viajes que quiere entrar en el mercado de los cruceros vacacionales.

4. ¿Cuáles son las características de un buen moderador de grupos focales? ¿Cuál es el objetivo de la guía del moderador?

5. ¿Por qué es importante tener de 6 a 12 participantes en un grupo focal? ¿Qué dificultades se enfrentan para cumplir este objetivo?

6. ¿Por qué son tan importantes las actividades de selección al decidir los participantes en los grupos focales? Elabore un formato de selección para designar a los participantes en un grupo foco sobre los beneficios y costos de rentar automóviles nuevos.

Preguntas de análisis

1. ¿Qué diseño de investigación exploratoria (observación, entrevista de profundidad, grupo focal) sugeriría usted para las siguientes situaciones? ¿Por qué?
   a) El director de investigación y desarrollo de Calvin Klein sugiere una nueva colonia para hombres que sería promovida por personalidades del deporte como Michael Jordan.
   b) El director de dormitorios de su universidad propone algunos cambios significativos a la configuración física de las habitaciones actuales para los estudiantes de primer ingreso y los de transferencia.
   c) El vicepresidente de marketing a cargo de las nuevas tiendas de Home Depot debe decidir la mejor ubicación para una nueva tienda donde usted vive.
   d) El ingeniero diseñador en jefe de Ford Motor Company quiere identificar cambios significativos de diseño para incorporarlos en el nuevo Ford Taurus.
   e) El gerente general de Clyde's Restaurant en Washington, D.C., quiere ofrecer a sus clientes platillos para cenar "nuevos y atractivos" que sean una combinación de hierbas aromáticas, pollo y limón.
   f) El gerente de un supermercado quiere conocer la popularidad de una nueva marca de cereal fabricada por General Mills.

2. Redacte una guía del moderador que sirva para un grupo focal que investigue la siguiente pregunta: ¿Por qué 30% de los suscriptores por cable de Time Warner desconectaron el servicio luego de los tres meses iniciales de oferta?

3. Reflexione en la forma de reclutar a los participantes de los grupos focales, e identifique y analice tres cuestiones éticas que el investigador y el administrador deben considerar cuando recurren a este diseño de investigación para reunir información y datos primarios.

4. **EXPERIENCIA EN INTERNET.** Busque en Internet un tablero de mensajes para universitarios y realice un grupo focal entre algunos estudiantes de universidades de Illinois, Michigan y Nebraska sobre los factores que ponderan cuando eligen un destino en Colorado para unas vacaciones de esquí en primavera.

ILUSTRACIÓN DE LA INVESTIGACIÓN DE MERCADOS

Diseño e implantación de una entrevista en un grupo focal

Este ejemplo está destinado a resaltar las principales actividades de investigación que emprendió el Barnett Bank del condado de Pasco (BBP) para resolver el problema de decisión presentado al comienzo del capítulo. Al integrar la información de este capítulo y los anteriores sobre los objetivos y los problemas de la investigación, en la siguiente exposición nos centraremos en cómo se planearon y realizaron las entrevistas en grupos focales para reunir la información y los datos necesarios para el equipo administrativo del BBP.

El problema de decisión

Como vimos en la introducción del capítulo, la dirección del BBP descubrió que su segmento de clientes de edad avanzada refería una satisfacción elevada en cuanto a los productos y servicios del banco, pero que la institución había perdido participación en el mercado de este segmento porque desde hacía un año estos clientes se iban con la competencia de la región. En particular, la dirección no entendía la relación entre el grado de satisfacción manifestado por los clientes de edad avanzada y el hecho de que muchos de ellos habían cerrado sus cuentas en BBP y se habían pasado a las instituciones financieras de la competencia (la dirección del banco definía a los "clientes de edad" como cualquiera de más de 54 años). Por tanto, la dirección de BBP llamó al departamento de marketing para dar con las respuestas. Se encomendó a la vicepresidenta de marketing y ventas la tarea de reunir información sobre las actitudes, percepciones y conductas de los clientes de edad del BBP hacia los productos y servicios y hacia los métodos de atención, así como recomendaciones para mejorar la calidad del servicio y garantizar a los clientes una experiencia satisfactoria.

Como sabía que no era experta en investigación de mercado, la vicepresidenta de marketing solicitó la ayuda de un especialista en investigación. Después de la conversación telefónica, el investigador programó la primera junta con ella y con el presidente del banco para analizar su problema de decisión.

Problemas y objetivos de la investigación de información

En esa primera junta, el investigador escuchó el punto de vista de la administración sobre el problema. Con un marco de análisis, el investigador formuló muchas preguntas de antecedentes y siguió el principio del *iceberg* para ayudar a la administración a obtener una imagen más clara del problema. El principal interés era comprender por qué los clientes de edad avanzada dejaban BBP a cambio de otras instituciones financieras, a pesar de que los registros señalaban que estaban satisfechos, en general, con los servicios bancarios de BBP. En su oportunidad, el investigador formuló a la administración varias preguntas de investigación, como las siguientes:

¿Qué características o criterios bancarios aplicaron los clientes de edad avanzada para elegir al BBP la primera vez?

¿Qué productos y servicios del banco fueron juzgados como los más importantes por este segmento del mercado?

¿Qué calificación dieron los clientes de edad avanzada a la calidad del servicio que recibían en el BBP?

¿Qué prácticas y procedimientos seguía BBP para mantener a los clientes contentos o satisfechos?

¿Quién tiene la facultad de garantizar la satisfacción de los clientes?

Con las respuestas de la administración a las preguntas de sondeo, los antecedentes proporcionados por ella y el conocimiento del experto de los diseños de investigación, éste sometió a la aprobación del BBP los siguientes objetivos de investigación:

1. Adquirir conocimientos preliminares de aquellos factores bancarios que se consideran importantes para elegir una institución financiera, con énfasis en los productos, servicios, instalaciones y estacionamientos.
2. Identificar y entender las actitudes de los clientes de edad avanzada hacia los métodos de realizar transacciones, particularmente sala, servicio en el auto, cajeros automáticos de 24 horas, teléfono, correo y en línea.
3. Adquirir conocimientos preliminares sobre las percepciones de los clientes de edad avanzada de que obtenían un servicio de calidad en los sistemas actuales de atención del BBP.
4. Descubrir el efecto del grado de satisfacción de los clientes de edad en su lealtad al BBP.

Después de fijar los objetivos básicos de la investigación, el investigador analizó con la vicepresidenta de marketing varios posibles diseños de investigación cualitativa y cuantitativa que podrían usarse pare reunir la información y los datos necesarios, así como las restricciones de tiempo y costos de cada alternativa.

Dada la necesidad de la administración de conocimientos para entender por qué unos clientes satisfechos se iban del banco y saber qué prácticas bancarias habría que cambiar para garantizar la calidad del servicio y una experiencia satisfactoria con el banco, el investigador sugirió que se celebraran seis sesiones de grupos focales entre clientes de edad avanzada actuales y otros que se habían cambiado de banco. El especialista preparó una propuesta completa de investigación con dos sesiones de grupos focales, cada una con 10 participantes escogidos de los clientes actuales y otras cuatro sesiones realizadas con antiguos clientes del BBP. En la propuesta se indicaba que cada sesión costaría al BBP alrededor de 2 500 dólares. La administración aprobó la propuesta y el investigador comenzó a planear las entrevistas en los grupos focales.

Planeación de las entrevistas en los grupos focales

Al diseñar las sesiones de los grupos foco, al investigador le interesaba definir, elegir y reclutar a los posibles participantes de las seis sesiones. Los registros del BBP mostraban que aproximadamente 26 000 clientes de edad avanzada en la zona del mercado de servicio del BBP y alrededor de 4 000 clientes de ese segmento habían cerrado sus cuentas en los últimos 12 meses. Se tomó una muestra aleatoria probabilística para elegir a los 20 clientes actuales que se necesitaban, junto con 40 relevos y 40 ex clientes con 100 relevos. Se siguió un proceso de varias fases para ponerse en contacto y reclutar a los participantes de los grupos focales. Los participantes potenciales elegidos fueron llamados y por teléfono se verificó que fueran adecuados para los grupos mediante el instrumento de "selección" que se muestra en la figura 1. A continuación, se envió por correo una carta de agradecimiento y confirmación a todos los sujetos que aceptaron participar. La carta, que se muestra en la figura 2, indicaba día, hora, lugar, así como información pertinente para que reservaran su tiempo para la sesión del grupo. Puesto que las sesiones iban a ser grabadas en video, a los participantes también se les envió por correo una forma de consentimiento (figura 3) para que la firmaran y la llevaran a la sesión.

A medida que reclutaba a los participantes, el investigador también preparó el texto de una guía del moderador que se usaría al realizar las sesiones de los grupos focales. Como vimos en el capítulo, la principal función de esta guía es formar el marco y aportar los lineamientos sobre *qué* temas y *cómo* se abordarán en la sesión. En realidad, la guía no es más que un esquema puntual que sirve para garantizar que se tratan los temas requeridos para obtener información. En la figura 4 se muestra la guía del moderador usada en el estudio de BBP.

FIGURA 1 **Cuestionario de selección por teléfono para reclutar participantes en grupos focales; programas para las artes interpretativas entre adultos de Vail, Colorado**

Nombre del entrevistado: ______________________ Fecha: ____________

Dirección postal: ______________________ Teléfono: ____________

______________________ Fax: ____________

(ciudad) (estado) (C.P.)

Hola, mi nombre es ______________ y llamo del Marketing Resources Group de Tampa, Florida. Estamos realizando una entrevista breve e interesante en su zona y nos gustaría incluir sus opiniones. El Marketing Resources Group realiza un estudio sobre programas de artes interpretativas ofrecidas en su zona metropolitana y quisiéramos hacerle algunas preguntas que tomarán menos de dos minutos. Permítame comenzar preguntándole...

1. ¿Usted o algún miembro de su hogar trabaja para una empresa de investigación, agencia de publicidad o compañía que produzca o comercialice programas o espectáculos de artes interpretativas?
   (__) Sí **[AGRADEZCA A LA PERSONA, TERMINE Y TOTALICE]**
   (__) No **[CONTINÚE]**
2. ¿Realiza transacciones en un banco comercial?
   (__) Sí **[CONTINÚE]**
   (__) No **[AGRADEZCA A LA PERSONA, TERMINE Y TOTALICE]**
3. Deténgame cuando llegue a la categoría de edad a la que pertenece.
   (__) Menos de 20 **[AGRADEZCA A LA PERSONA, TERMINE Y TOTALICE]**
   (__) 21 a 35 **[RECLUTE POR LO MENOS 12]**
   (__) 36 a 50 **[RECLUTE POR LO MENOS 12]**
   (__) 51 a 65 **[RECLUTE POR LO MENOS 12]**
   (__) Más de 65 **[AGRADEZCA A LA PERSONA, TERMINE Y TOTALICE]**

[PARTE DE RECLUTAMIENTO DE PARTICIPANTES. LEE EL ENTREVISTADOR]

(Sr. Sra. Srita) **(Apellido)**, el Marketing Resources Group (MRG) patrocina una junta con personas como usted para discutir programas y espectáculos de artes interpretativas. Entendemos que mucha gente está ocupada, pero le gusta asistir a espectáculos artísticos y tiene una opinión sobre temas relacionados con las artes. Nos gustaría que se uniera a un grupo de personas como usted para analizar y conocer sus opiniones sobre algunos temas artísticos. No es una junta de ventas sino estrictamente un proyecto de investigación. El grupo se reunirá el martes 12 de junio en el Centro de Servicios para Jóvenes y Familias de New Port Richey y nos gustaría que fuera nuestro invitado. La sesión empezará puntualmente a las 5:00 pm, se ofrecerán bocadillos y se concluirá la sesión hacia las 7:00 pm. Las personas que participen recibirán 100 dólares como gesto de agradecimiento por tomar parte en esta importante sesión de discusión. ¿Podrá asistir?

(__) Sí **[CONFIRME NOMBRE, DIRECCIÓN, TELÉFONO Y FAX]**
(__) No **[AGRADEZCA A LA PERSONA, TERMINE Y TOTALICE]**

[Si la repuesta es SÍ] Le enviaré una carta y un paquete de información en los próximos días para confirmar la junta y su participación. Si tiene preguntas o necesita cancelar, llame a nuestra oficina en **[DÉ EL NÚMERO TELEFÓNICO DE LA OFICINA]**. A nombre de MRG, gracias y que tenga (un día o una tarde) excelente.

Las discusiones de los grupos focales

Dado el hecho de que a los consumidores de edad avanzada no les gusta manejar de noche, las dos sesiones en las que había participantes de más de 65 años fueron celebradas de 5:00 a 7:00 pm, y las demás, de 6:30 a 8:30. Estos horarios se consideraron apropiados porque las sesiones se efectuaron en junio y julio, cuando había suficiente luz diurna para que todos los participantes volvieran a casa antes del anochecer. Para cada sesión, se llamó por teléfono a los participantes la noche anterior para confirmar su asistencia y se les pidió que llegaran 15 minutos antes del comienzo. Este lapso sirvió para pasar lista de participantes y permitir

FIGURA 2 Carta de agradecimiento y confirmación

4 de junio de 2003

Sr. Henry C. Aniello
2305 Windsor Oaks Avenue
New Port Richey, FL 34655

Estimado Sr. Aniello:

Gracias por aceptar participar en el estudio de grupo focal sobre servicios bancarios que se celebrará el 12 de junio a las 5:00 PM. Espero conocerlo y oír sus comentarios y sugerencias acerca del sector bancario.

Esta carta es para confirmar la fecha, hora y lugar donde se reunirá el grupo focal. Anexo un mapa para su comodidad y he dispuesto que le ofrezcan sándwiches y bebidas. Como lo platicamos por teléfono, voy a pedir que tomen video de la sesión para auxiliarme en el estudio.

Le suplico que traiga la forma de consentimiento para grabación del video a la reunión del grupo focal el martes de la semana próxima.

No hay un "atuendo adecuado" para la reunión. Le sugeriría que usara algo cómodo e informal. Le pido que trate de estar en el lugar de la cita (el Centro de Servicios para Jóvenes y Familias) al filo de las **4:45 PM** para que podamos iniciar con el grupo focal lo más puntual que sea posible a las 5:00 PM.

FECHA: MARTES 12 DE JUNIO DE 2003

HORA: DE 5:00 PM A 7:00 PM

LUGAR: CENTRO DE SERVICIOS PARA JÓVENES Y FAMILIAS

Gracias de antemano por su disposición y cooperación para participar en este grupo focal. El éxito en esta etapa del proyecto de investigación depende en buena medida de las opiniones de todos los participantes del grupo.

Si tiene preguntas, llámeme a las oficinas del MRG: (813)974-2313

Sinceramente

Thomas G. Smith
Moderador de MRG

FIGURA 3 Forma de consentimiento para grabación en video

FORMA DE CONSENTIMIENTO PARA LA GRABACIÓN EN VIDEO
Grupo focal del estudio sobre banca comercial, 12/06/03

Concedo mi autorización a Thomas G. Smith y Market Resources Group, Inc., para que graben en video mis comentarios durante la entrevista de grupo focal de clientes de la banca comercial que se celebrará el martes 12 de junio de 2003.

Entiendo sin lugar a dudas que esta cinta no será usada para fines comerciales ni ganancias económicas.

____

(Firma del participante y fecha)

FIGURA 4 Guía del moderador para el estudio del BBP

I. INTRODUCCIÓN Y CALENTAMIENTO

A. Dé la bienvenida a los participantes. Como calentamiento, pídales que se presenten cada uno y digan un par de cosas acerca de ellos mismos; establezca una zona cómoda.

B. Explique las reglas de la sesión.

C. Vea si alguien tiene preguntas. Respóndalas con claridad.

II. PRESENTE EL PRIMER TEMA: DISCUSIÓN GENERAL SOBRE LOS CAMBIOS EN LAS TENDENCIAS DE LA BANCA

A. Puntos de vista de los consumidores sobre los cambios en las tendencias.

"DESDE SU PUNTO DE VISTA, ¿CÓMO HAN CAMBIADO LOS BANCOS EN ESTOS CINCO AÑOS?"

(Sondee en busca de cambios claros, significativos y específicos.)

B. Capacidad de los bancos para manejar estos cambios.

"¿QUÉ HAN HECHO LOS BANCOS PARA MANEJAR ESTOS CAMBIOS Y EXPLICARLOS A NOSOTROS LOS CLIENTES?"

(Sondee en busca de detalles y aclaraciones; si es necesario, ponga como ejemplo la tecnología de los cajeros automáticos.)

C. Motivos y misiones de la operación actual de los bancos.

(Prepare el contexto: algunas personas creen que los bancos actuales son EMPRESAS ENORMES como General Motors Corp., y que su principal objetivo es "hacer grandes ganancias a toda costa", pero otros consumidores ven a los bancos más como una extensión del gobierno (federal, estatal, local) con el objetivo de "atender a la gente al costo más bajo posible".)

"¿CUÁL ES SU OPINIÓN SOBRE QUE LOS BANCOS OPEREN SÓLO CON EL PROPÓSITO DE RECABAR GANANCIAS? ¿CUÁNTO ES UNA GANANCIA EXCESIVA?"

(Si es apropiado, sondee en busca de detalles.)

III. CRITERIOS PARA ESCOGER UN BANCO

A. Impresiones que tienen los clientes de los factores **importantes** para escoger un banco.

"AL DECIDIRSE POR UN BANCO, ¿QUÉ CARACTERÍSTICAS O FACTORES PONDERA LA GENTE?"

(Use los factores siguientes para conducir la discusión.)

B. **"PARA USTED, ¿CUÁLES SON LAS CARACTERÍSTICAS IMPORTANTES Y CUÁLES LAS NO TAN IMPORTANTES?"**

(Sondee en busca de características y razones de importancia.)

Productos y servicios bancarios

__ Cuentas de cheques	__ Ahorros habituales	__ Ahorro para el retiro
__ Mercados de dinero	__ Líneas de crédito	__ Fondos mutuos
__ Tarjetas Visa y MasterCard	__ Préstamos a plazos	__ Depósitos en firme
__ Socio principal	__ Servicios de correduría	__ Hipotecas
__ Sencillez de los estados de cuenta	__ Exactitud de los estados de cuenta	__ Préstamos continuos
__ Apoyo en la comunidad	__ Tasas de interés sobre depósitos	

Instalaciones y estacionamiento

__ Comodidad dentro del banco	__ Tiene cajeros automáticos	__ Horario de ventanillas
__ Fácil de llegar	__ Instalaciones limpias	__ Fácil de llamar por teléfono
__ Disponibilidad de estacionamiento	__ Tiene muchas sucursales	__ Servicios de banca en línea
__ Horario de atención		

Métodos bancarios

__ Dentro del banco	__ Cajeros automáticos de 24 horas	__ Ventanillas de acceso en auto
__ Banca por teléfono	__ Banca por correo	__ Banca en línea

Personal y funcionarios bancarios

__ Personas corteses y amables	__ Rapidez al realizar las transacciones
__ Voluntad de responder las preguntas	__ Capacidad para resolver los problemas
__ Explican bien y claramente	__ Conocedores
__ Realizan bien las transacciones	__ Aspecto profesional
__ Lo llaman por su nombre	

IV. CALIDAD DEL SERVICIO DEL BANCO

A. Opinión de los consumidores de lo que debe ser la calidad del servicio de un banco.

"PARA USTED, ¿QUÉ SIGNIFICA LA CALIDAD EN LOS SERVICIOS BANCARIOS?"

(Sondee en busca de claridad y detalles.)

(*continúa*)

FIGURA 4 (*conclusión*)

B. **"¿QUÉ DEBEN HACER LOS BANCOS PARA GARANTIZAR O MEJORAR LA CALIDAD DEL SERVICIO QUE PRESTAN A SUS CLIENTES?"**
(Sondee en busca de detalles y claridad.)

C. **"¿QUÉ PIENSA QUE HACEN MAL LOS BANCOS Y QUÉ VA EN CONTRA DE LA CALIDAD DE LOS SERVICIOS A LOS CLIENTES?"**
(Sondee en busca de claridad y detalles.)

V. SATISFACCIÓN DE LOS CLIENTES BANCARIOS

A. Opinión de los consumidores de lo que debe ser la satisfacción con el servicio.
"PARA USTED, ¿QUÉ SIGNIFICA LA SATISFACCIÓN CON EL SERVICIO A LOS CLIENTES?"
(Sondee en busca de aclarar ideas.)

B. **"¿QUÉ DEBEN HACER LOS BANCOS PARA GARANTIZAR O MEJORAR LA SATISFACCIÓN DE SUS CLIENTES CON EL SERVICIO?"**
(Sondee en busca de medios específicos y claridad.)

C. **"¿QUÉ PIENSA QUE HACEN MAL LOS BANCOS EN SUS ESFUERZOS POR DAR SATIFACCIÓN A LOS CLIENTES CON EL SERVICIO?"**
(Sondee en busca de claridad y detalles)

VI. CONCLUSIÓN DE LA SESIÓN CON SUGERENCIAS E IDEAS FINALES

A. En general, ¿qué acciones concretas sugeriría o recomendaría para mejorar la calidad y la satisfacción del servicio a los clientes en el sector bancario actual?
(Vea que todos los participantes tengan una oportunidad de hablar.)

B. Presente el hecho de que todos son (o fueron) clientes del BBP.
Si la sesión es con clientes actuales, pregunte:
"¿QUÉ HACE EL BARNETT BANK (SI ACASO) PARA MEJORAR LA RELACIÓN BANCARIA CON USTEDES?"
Si la sesión es con ex clientes, pregunte:
RESUMAN SUS RAZONES CONCRETAS PARA DAR POR CONCLUIDA SU RELACIÓN BANCARIA CON BBP.
(Sondee en busca de respuestas concretas.)
"¿QUÉ DEBIÓ HABER HECHO EL BARNETT BANK PARA NO TERMINAR LA RELACIÓN BANCARIA CON USTEDES?"
(Sondee en busca de ideas concretas.)

C. Termine la sesión del grupo focal.
Responda preguntas de los participantes.
Déles las gracias por su cooperación y comentarios.
Entregue a cada uno su regalo de agradecimiento.
Extienda un cálido deseo de que vuelvan con bien a casa.

---

alguna socialización para conocer al moderador y los demás participantes. Otro objetivo importante de este lapso era dar a los participantes, hasta entonces desconocidos, la oportunidad de relajarse y familiarizarse con el lugar.

Cada sesión de dos horas se dividió en tres segmentos: inicio, principal y conclusión. En la parte de inicio se realizaron las presentaciones y actividades de calentamiento. Se dio la bienvenida formal a los integrantes y se les agradeció de nuevo su disposición a participar; el moderador destacó y explicó los lineamientos de la sesión y se esforzó por establecer pronto una zona cómoda para los miembros del grupo. Además, era importante que los sujetos se sintieran tranquilos ante el hecho de que se les grabaría en video y que se olvidaran del operador que manejaba la cámara. Como parte del proceso, el moderador comenzó la discusión centrándose en el cambio general en las tendencias de los servicios bancarios. Por ejemplo, la primera pregunta puesta sobre la mesa para que la discutieran los participantes fue: Desde su punto de vista, ¿cómo han cambiado los servicios de los bancos en los últimos cinco años? La principal función de esta pregunta inicial era relajar a los integrantes, más que obtener sus opiniones sobre un elemento fundamental del problema de la administración del banco. Las preguntas sobre los temas se presentaron a los participantes en orden de lo general a lo particular.

El segmento principal de la sesión se enfocó en temas relacionados con los criterios para elegir un banco, la calidad del servicio y la satisfacción de los clientes con el servicio (véase en la figura 4 las preguntas reales planteadas en cada tema). El moderador controló el flujo, la dirección y la profundidad de las discusiones. Con sus facultades para escuchar y de comunicación personal, el moderador habría guiado las discusiones, de ser necesario, mediante preguntas de sondeo. Aunque la presentación de las transcripciones completas de los diálogos entre los participantes de los grupos focales supera el alcance de este ejercicio, el ejemplo siguiente ilustra el procedimiento seguido por el moderador.

Sesión del grupo focal 4, celebrada el martes 12 de junio de 2001. Grupo de ex clientes (sujetos de más de 65 años):

Moderador: Para concluir nuestra sesión de hoy, quisiera que analizaran y respondieran esta pregunta: ¿Cuáles son las razones concretas para haber terminado su relación bancaria con el Barnett Bank del condado de Pasco?
Sally P: En mi caso, fue que me cansé de que me trataran como "tonta" cuando le hacía preguntas sobre la hipoteca de mi casa al funcionario de préstamos. Ese empleado me hacía sentir como si no fuera importante y le quitara su tiempo.
Henry A: Ajá, yo tuve el mismo problema con varios cajeros cuando les preguntaba el saldo de mi cuenta de ahorros.
Moderador: Sally, ¿qué hacía o decía ese funcionario para que te sintieras tonta y sin importancia?
Sally P: Me acuerdo en particular de dos cosas: primero, la expresión de su cara cuando le preguntaba algo, y luego lo llamaron tres veces por teléfono, y en cada una habló con la otra persona y me dejó sentada ahí.
Moderador: ¿Cuál era la expresión de su cara cuando le hacías preguntas?
Sally P: Arrugaba la frente y la nariz como si dijera: "¿Qué quieres que haga al respecto?", o como si no entendiera lo que le preguntaba.
Moderador: Henry, ¿tu experiencia con los cajeros era parecida?
Henry A: Sí y no. Mi problema era un tanto diferente. Una vez, una cajera se portó como si dirigiera a la persona equivocada mis preguntas sobre mi cuenta de ahorros, pero no me indicó cuál era la persona correcta. Me parece que es igual en cuanto a que la cajera tenía una mala actitud para ayudarme. Hizo como si las cuentas de ahorro no fueran de su interés o su responsabilidad.
Mary F: Yo me cansé de todos los errores en mis estados de cuenta mensuales. En un error, el banco decía que tenía en mi cuenta 300 dólares menos de lo que indicaban mis registros. El banco se tardó tres meses en corregir su error y entonces me cobraron 21 dólares por el servicio. Entonces tomé la decisión de cerrar todas mis cuentas de Barnett y pasarme al Nationsbank.

Aunque analizar y reportar los resultados de las investigaciones con grupos focales está más allá del alcance de este apéndice, vale la pena hacer un par de comentarios. Al terminar las entrevistas en los grupos focales, el investigador tomó las respuestas de las seis sesiones y realizó un análisis de contenidos para identificar los temas generales en lo que expresaban los sujetos en conjunto. En colaboración con el equipo administrativo del BBP, el investigador podía presentar los resultados de varias maneras. Un método habría sido una comparación de los temas identificados entre grupos de clientes actuales y antiguos o entre los segmentos de clientes de 55 a 64 años y de 65 en adelante.

capítulo 9

Diseños de investigación descriptiva: métodos de encuestas y sus errores

Objetivos de aprendizaje

Al terminar de leer el capítulo, usted podrá

1. Explicar las ventajas y desventajas de los diseños de investigación por encuestas, descriptivos y cuantitativos, para recoger datos directos primarios.

2. Exponer los métodos de encuesta con que cuentan los investigadores. Identificar y analizar los factores que deciden la elección de un método.

3. Explicar el efecto de la revolución electrónica en la aplicación de diseños de investigación por encuesta.

4. Identificar y describir las ventajas y desventajas de cada método de encuesta.

5. Identificar y explicar los errores que se presentan en la investigación por encuestas.

> "Las técnicas básicas
> de investigación de mercados
> —entrevista, grupos focales,
> encuestas y observación—
> se utilizan en todos los rincones
> del planeta."
>
> —MICHAEL R. CZINKOTA
> E ILKKA A. RONKAINEN[1]

Realty One utiliza la investigación por encuesta para redirigir sus estrategias de marketing[2]

Se ha dicho que es la diferencia de los 500 millones de dólares. Realty One, corredora nacional estadounidense de fincas con sede en Independence, Ohio, lanzó una nueva estrategia de marketing destinada a aumentar sus ventas de 2 500 a 3 000 millones de dólares. Las cifras de ventas representan el valor bruto de casas vendidas por Realty One en las zonas de Cleveland-Akron, Canton, Sandusky y Ashtabula, Ohio. La nueva estrategia es un programa integrado de marketing multimedia. El programa se considera la clave del éxito de Realty One en los años anteriores al nuevo milenio. La empresa no revelará el costo de la nueva estrategia de marketing, pero la llama "un esfuerzo multimillonario".

Esta nueva estrategia de marketing se centra en la publicidad de Realty One. En el pasado la empresa, como todas las de bienes raíces, trabajaba sobre todo con periódicos. La nueva estrategia tiene un esquema mucho más amplio para difundir toda la información posible a los compradores potenciales de casas, de acuerdo con Joseph Aveni, presidente y director ejecutivo de Realty One. El viejo método de los anuncios en los periódicos hacía que la información de la compañía fuera parca. Realty One pretende diferenciarse en el mercado con riqueza de información.

La nueva estrategia de marketing incorpora varios métodos de difusión de la información. Una publicación quincenal, llamada *Realty One Home Book,* se imprimirá en tres ediciones regionales. Cada edición incluirá unas 4 000 fotos de casas. El segundo vehículo de difusión de la información será un programa de televisión semanal con duración de media hora, llamado *Fine Homes.* Se emitirá en una estación local y mostrará recorridos grabados en video de algunas casas. Los hogares filmados serán los que valgan de 400 000 dólares en adelante y se encuentren en los suburbios exclusivos del este de Cleveland, además de casas de menor precio en otras zonas. Realty One también aprovechará internet mediante la red de información de bienes raíces de la asociación estadounidense de corredores de fincas. El último cambio importante del programa publicitario es un sistema telefónico avanzado con valor de 250 000 dólares. Los compradores de casas pueden recibir información acerca de fincas particulares mediante este sistema telefónico automático. Realty One no abandonará de ninguna manera los anuncios en los periódicos, pero ya no serán una mera lista de casas, sino una referencia de casas abiertas y una promoción de otros elementos de marketing.

La nueva estrategia de marketing de Realty One es resultado de una extensa investigación cuantitativa por encuestas en el mercado de bienes raíces de Cleveland. La investigación costó más de 100 000 dólares y consistió en numerosas entrevistas personales, cientos de encuestas telefónicas y otros medios de comunicarse con los clientes. Anthony Ciepiel, director de finanzas de Realty One, resumió los resultados de la investigación de la manera siguiente: "Las investigaciones muestran que al compartir pronto la información [con los clientes], seremos la compañía que necesitan para satisfacer sus necesidades." La empresa tomó deliberadamente técnicas de investigación de compañías de productos de consumo, como Procter & Gamble, y las aplicó a su proceso de compraventa de casas.

Algunos expertos de marketing fuera de Realty One tienen grandes esperanzas de éxito para la nueva estrategia de marketing basada en investigaciones. El enfoque integrado de marketing es probablemente un intento de controlar los costos de publicidad, de acuerdo con Robert Redmond, presidente del consejo de corredores de fincas de la zona de Cleveland. Susan Rotman, presidenta de la compañía de anuncios Winning Strategies, dice que la nueva estrategia es "gran marketing". Rotman señala que los corredores no pueden darse el lujo de poner todo su inventario de hogares en el *Cleveland Plain Dealer,* el mayor periódico. "Si tienen éxito, van a cambiar las cosas y otros los seguirán."

Valor de los diseños de investigación descriptiva por encuestas

En la introducción de este capítulo se destaca el hecho de que, en ocasiones, el problema de decisión que enfrenta la administración requiere datos primarios que sólo pueden reunirse preguntando a muchas personas que sean representativas de la población objetivo definida. La investigación por encuestas llega a cumplir la importante función de dar la información necesaria para encauzar la creación de nuevas estrategias de marketing en la compañía.

Este capítulo es el segundo de tres capítulos, dedicado a los métodos de recolección de datos primarios. Mientras que en el capítulo 8 se discutió algunos métodos cualitativos utilizados en la investigación exploratoria, este capítulo se enfoca en el diseño de encuestas usadas en la investigación descriptiva. La práctica de la observación y el diseño de investigación experimental se tratarán por completo en el capítulo 10.

En este capítulo comenzaremos el análisis de las relaciones entre los diseños de investigación descriptiva y los métodos de investigación por encuestas. Después daremos el panorama de los métodos de investigación por encuestas y sus objetivos principales. La siguiente sección examina con mayor detalle varios de los tipos de métodos de encuesta. Ésta es seguida por el análisis de los factores de la selección del método de encuesta. El resto del capítulo trata los tipos de errores más comunes en la investigación por encuesta.

Relación de los diseños de investigación descriptiva y los métodos de investigación por encuestas

Antes de analizar los métodos de la investigación descriptiva, es necesario comprender las relaciones recíprocas entre diseños de investigación descriptiva, métodos cuantitativos y metodología de encuestas, así como la manera en que los investigadores barajan estos conceptos en su esfuerzo por reunir información y datos primarios para quienes toman las decisiones. En primer lugar, la determinación sobre si un diseño debe ser descriptivo se basa en tres factores: 1) la naturaleza del problema o la oportunidad de decisión inicial, 2) las preguntas redefinidas de investigación de información y 3) los objetivos de investigación manifestados. Como se indicó en capítulos anteriores, cuando la naturaleza del problema u oportunidad de decisión es describir las características de un fenómeno de marketing, o evaluar la mezcla actual de estrategias de marketing de una población objetivo o estructura de mercado, la elección más apropiada es el diseño descriptivo. En segundo lugar, si las preguntas redefinidas de investigación de información están articuladas para contestar interrogantes sobre *quién, qué, dónde, cuándo* y *cómo* acerca de los miembros o elementos conocidos de la población objetivo o la estructura de mercado que se investiga, el estudioso debe considerar un diseño de investigación descriptiva para reunir los datos primarios que necesita. Si los objetivos generales de la investigación son arrojar datos para identificar relaciones significativas, establecer la presencia de verdaderas diferencias o verificar la validez de las relaciones entre los fenómenos de marketing, debe contemplarse el empleo de diseños de investigación descriptiva. Recuerde que estos factores por sí mismos no determinan automáticamente la necesidad de utilizar diseños descriptivos.

Los investigadores también deben considerar los aspectos cuantitativos de los diseños descriptivos. Como se señala en el capítulo 8, el ejercicio de la investigación cuantitativa está impulsado por el deseo de los investigadores de recopilar información sustancial de suficientes miembros de la población objetivo, de modo que se puedan hacer inducciones lógicas y probabilísticas, más que meras deducciones racionales, para comprender la relación entre factores selectos del mercado y los fenómenos que se investigan. Conseguir esta meta requiere de la recolección sistemática de los mismos datos mensurables de un grupo grande de personas. Muchos investigadores reconocen y aceptan la noción de que los diseños descriptivos son, en su mayor parte, de naturaleza cuantitativa.

El último elemento al determinar el recurso a los diseños descriptivos se centra en la manera de recopilar los datos primarios. Como se dijo, hay dos métodos fundamentales para esta recopilación: observar y hacer preguntas. Aunque estos métodos se usan en cualquier diseño de investigación (exploratoria, descriptiva y causal), en los diseños descriptivos se acude más a menudo a estos procedimientos de recolección de datos en que se formula a los entrevistados un conjunto normalizado de preguntas estructuradas sobre lo que piensan, opinan y hacen, en lugar de observar su comportamiento en situaciones específicas de marketing. Hay varios *métodos de encuestas* que se siguen para tratar con las personas en este protocolo de preguntas y respuestas. Con el tiempo, los diseños de investigación descriptiva han llegado a ser vistos y reconocidos como los diversos métodos de investigación por encuestas al alcance de los investigadores del mercado para reunir datos primarios cuantitativos de grupos numerosos de personas a través del protocolo de preguntas y respuestas. A medida que avance con su lectura, presentaremos y estudiaremos varios de estos métodos. También analizaremos el impacto que los adelantos en las tecnologías de cómputo y comunicaciones tienen en los diseños de investigación por encuestas.

Generalidades de los métodos de investigación por encuestas

Métodos de investigación por encuestas Procedimientos de investigación para recolectar grandes cantidades de datos puros mediante formatos de preguntas y respuestas.

Como se vio en el capítulo 8, los investigadores de mercado pueden observar conductas, encuestar personas o realizar experimentos. Los **métodos de investigación por encuestas** son un pilar de la investigación en general y por lo regular se asocian con situaciones de investigación descriptiva y causal. Uno de los factores distintivos de estos métodos es la necesidad dominante de reunir datos directos de grupos abundantes de personas (por ejemplo, 200 personas o más). Este factor del tamaño exige el uso de "prácticas de comunicación bidireccional", lo que significa que se pregunta a individuos selectos y sus respuestas se registran de manera estructurada y precisa. La mayor parte de la investigación de mercados o de información se realiza mediante uno o más métodos de encuesta. En general, los problemas u oportunidades de investigación están muy bien definidos y hay un acuerdo sobre los requisitos exactos de datos.

El éxito en la recolección de datos es más resultado de diseñar y aplicar bien el instrumento de la encuesta, como un cuestionario, que de depender de las habilidades de comunicación e interpretación del entrevistador u observador. El principal objetivo de los métodos de investigación cuantitativa por encuestas es arrojar hechos y estimaciones —de una muestra grande y representativa de entrevistados— que sirva a quienes toman las decisiones para 1) hacer predicciones atinadas sobre las relaciones entre factores de marketing y conductas de los consumidores, 2) comprender las relaciones y las diferencias, y 3) verificar y validar las relaciones halladas.

La investigación por encuestas se centra en recoger datos directos "normalizados" que permitan al investigador generar información para responder exactamente preguntas sobre cómo, quién, qué, dónde y cuándo respecto a factores y condiciones del mercado. Ocasionalmente, la investigación por encuestas será apropiada para abordar preguntas sencillas sobre porqués. Como vimos en capítulos anteriores, estos diseños tienen varias ventajas sobre otros medios de recopilar datos puros, así como algunas desventajas. Todas se anotan de manera resumida en la figura 9.1, y las veremos con detalle en las secciones siguientes.

Ventajas de los métodos de encuestas

Una de las principales ventajas de las encuestas, ya señalada brevemente, es su capacidad de dar cabida a muestras grandes a costos relativamente bajos. Tomar una muestra grande incrementa la flexibilidad geográfica de la investigación. Cuando se implantan de manera correcta, las estructuras de datos creadas con los métodos de encuestas aumentan la capacidad del investigador de hacer inferencias inductivas y probabilísticas generalizadas sobre la población objetivo definida como un todo. Los datos puros se analizan de muchas maneras, de acuerdo con la diversidad de las variables; por ejemplo, analizarlos por sexo, ingreso, ocupación o alguna otra variable de la encuesta. El análisis también puede basarse en muchas variables. Por ejemplo, un análisis de las conductas de compras de productos en hogares encabezados por mujeres solas del noroeste puede compararse con el estudio de las conductas de compras de productos en hogares encabezados por mujeres solas del sureste para revelar diferencias pequeñas en las preferencias regionales que acaso no sean evidentes en un análisis de datos acumulados.

Otra ventaja importante de las encuestas es la facilidad de aplicarlas. Casi todas se implantan sin problemas porque no se requieren mecanismos elaborados para registrar acciones y reacciones, como sucede con observaciones y experimentos. Incluso las entrevistas personales pueden seguir una rutina. Como colofón de la facilidad de emprender las encuestas, también permiten reunir datos comunes normalizados. Todos los entrevistados contestan a las mismas preguntas y cuentan con el mismo conjunto de respuestas, lo que permite hacer comparaciones directas entre ellos.

Otro factor en favor de las encuestas es que cosechan datos cuantitativos para análisis estadísticos avanzados. Es posible determinar pautas y tendencias en los datos con análisis matemáticos para identificar diferencias grandes y pequeñas en las estructuras de datos. Como vimos en el capítulo 8, los datos cualitativos tienen el problema de la subjetividad, pues las interpretaciones pueden ser especulativas o anecdóticas.

FIGURA 9.1 Ventajas y desventajas de los diseños de investigación cuantitativa por encuestas

Ventajas de los métodos de encuestas

Capacidad de abarcar muestras grandes; aumenta la generalización de los resultados
Capacidad de distinguir diferencias pequeñas
Facilidad de aplicar y registrar las preguntas y respuestas
Capacidades de aplicar análisis estadísticos avanzados
Capacidades de tocar muchos factores y relaciones que no se miden directamente

Desventajas de los métodos de encuestas

Dificultad de elaborar instrumentos de encuesta exactos (diseño de cuestionarios)
Limitaciones al detalle de las estructuras de datos
Falta de control sobre el tiempo y las posibles tasas bajas de respuesta
Dificultades para determinar si los entrevistados responden honestamente
Interpretaciones erróneas de los datos y uso inapropiado de los procedimientos de análisis de datos

La última ventaja de las encuestas es su capacidad de tocar factores o conceptos que no se observan directamente, es decir, actitudes, sentimientos, preferencias, rasgos de personalidad. Mediante técnicas de preguntas directas e indirectas, se pregunta a las personas por qué prefieren, por ejemplo, un empaque y no otro. Las preguntas predeterminadas pueden referirse a qué secuencia de ideas concatenó el consumidor para elegir una marca o cuántas marcas ponderó. Por ejemplo, la observación sólo mostraría que ese individuo eligió una marca. Casi todos los métodos de investigación por encuestas permiten al investigador reunir datos de todos tipos (véase en el capítulo 12 descripciones de las cuatro categorías de datos) y todos los tiempos posibles (es decir, presente, pasado y futuro).

Desventajas de los métodos de encuestas

En tanto que la investigación cuantitativa tiene ventajas claras sobre la investigación exploratoria cualitativa, los métodos de encuestas no carecen de problemas. La implantación es bastante fácil, pero establecer el método adecuado puede ser muy difícil. Para garantizar la precisión, el investigador debe trajinar con varios temas relacionados con la elaboración de constructos, escalas de medición y diseños de cuestionarios. El tratamiento inapropiado de estos temas dará por resultado inexactitudes en la elaboración y medición de los constructos, con lo que se abrirán las compuertas para la entrada de errores sistemáticos. A medida que aumenta la posibilidad de errores sistemáticos, se incrementa también la posibilidad de recopilar datos irrelevantes o de mala calidad. Trataremos con más detalle los temas críticos de la elaboración, medición y diseño en las encuestas en los capítulos 12 a 14.

Otra posible desventaja de los diseños de encuestas se relaciona con su uso limitado de preguntas de sondeo. En general, estos diseños reducen el sondeo por parte del investigador y rara vez formulan preguntas abiertas o no estructuradas. En consecuencia, es fácil que los datos carezcan de los detalles o la profundidad que desea el investigador para abordar los problemas iniciales de investigación. La tercera desventaja de las encuestas es la falta de control de los investigadores sobre los tiempos. Dependiendo de las técnicas de aplicación, las encuestan pueden tardar mucho más que otros métodos. Por ejemplo, en las encuestas de correo directo el investigador debe preparar cuidadosamente un paquete de cuestionario, distribuirlo y esperar a que lo devuelvan por vía postal. Sólo puede estimar cuánto tardará el servicio postal en llevar el paquete a cada entrevistado, cuánto demorará cada entrevistado en llenar el cuestionario y lo que dilatará el correo en devolver los paquetes. En realidad, el investigador pierde el control del proceso en cuanto los paquetes se entregan al sistema postal. En tanto que el investigador puede calcular que el proceso tomará 14 días en completarse, los diseños de correo directo llegan a tardar hasta 45 días. Expedir y recuperar las encuestas en un tiempo razonable sigue siendo el gran reto para los investigadores que siguen este método. Relacionado con el problema de los tiempos de respuesta se encuentra el de garantizar una tasa de respuesta elevada (o tasa de devolución de cuestionarios llenos). Con el perfeccionamiento de las tecnologías de cómputo y software que impulsan internet, las comunicaciones multimedia y la adquisición y recuperación de datos en tiempo real, se eliminará la desventaja de los tiempos.

La cuarta desventaja de algunos diseños de encuesta es que puede ser difícil saber si los encuestados seleccionados son fidedignos. Esta dificultad es de grado variable, dependiendo del método empleado por el investigador. Por ejemplo, en aquellos diseños que incorporan un entrevistador capacitado en un proceso de comunicación personal (es decir, las entrevistas personales en casa o centros comerciales) el problema es mínimo debido al hecho de que el investigador puede observar los movimientos faciales y otro lenguaje corporal de los entrevistados o aplicar técnicas de preguntas de sondeo para mayor claridad. En cambio, en las encuestas de respuesta individual (correo directo, encuestas asistidas por computadora, encuestas por internet) la veracidad se convierte en una gran preocupación. Finalmente, aunque las encuestas están diseñadas para reunir datos puros cuantitativos, las técnicas estadísticas elegidas pueden introducir sutiles e insidiosos niveles de subjetividad en la derivación e interpretación de las estructuras de datos. Esta subjetividad, o tendencia, puede no ser tan patente en la investigación por encuestas como en la investigación cualitativa. Los temas cruciales relacionados con el análisis apropiado de los datos reciben un tratamiento detallado en los capítulos 16 a 18.

Tipos de métodos de encuestas

Probablemente hay tantas maneras de reunir datos puros como tipos de comunicación e investigadores. Los adelantos continuos en las tecnologías de comunicaciones, telecomunicaciones y computadoras personales, junto con los usos creativos de los investigadores actuales, han producido un número casi ilimitado de métodos de encuesta. Comoquiera que sea, casi todos pueden clasificarse en *aplicadas por una persona, aplicadas de manera individual* o *aplicadas por teléfono.* Más recientemente, las nuevas tecnologías de cómputo han tenido un efecto significativo en las llamadas técnicas *automatizadas* o *asistidas por computadora*, o simplemente encuestas en línea. Los progresos en las tecnologías de telecomunicaciones seguirán afectando los diseños de investigación por encuestas en el futuro. En la figura 9.2 se describen brevemente varios métodos de encuesta para reunir datos puros. En las siguientes secciones los veremos detenidamente.

Encuestas aplicadas por personas

Encuestas aplicadas por personas Técnicas de recolección de datos en que se requiere la presencia de un entrevistador capacitado que formula las preguntas y anota las respuestas del sujeto.

Los métodos de **encuestas aplicadas por personas** se distinguen por la presencia de un entrevistador capacitado que formula preguntas a los sujetos y toma nota de sus respuestas. Aunque una vez fue el método principal con el que los investigadores reunían datos primarios de los entrevistados, el uso de estos métodos está amenazado seriamente por la creciente aceptación de las tecnologías actuales de internet y telecomunicaciones, así como por las exigencias de los administradores de una adquisición y recuperación de datos más rápida. Sin embargo, las técnicas de encuestas realizadas por personas seguirán siendo empleadas por los investigadores del futuro, si bien con menos frecuencia que antes. Dependiendo del problema de información y los requisitos de datos, las diversas metodologías ofrecen a los investigadores ventajas y desventajas peculiares.

Entrevistas en el hogar

Entrevistas en el hogar Intercambio estructurado de preguntas y respuestas realizado en el hogar del entrevistado.

Como su nombre lo indica, las **entrevistas en el hogar** consisten en un intercambio estructurado de preguntas y respuestas en el domicilio del entrevistado (a veces el intercambio ocurre en el medio laboral y no en el trabajo, en cuyo caso se denomina *entrevista en la oficina*). El entrevistador capacitado se comunica en persona con el entrevistado. Este método tiene varias ventajas. El entrevistador puede explicar preguntas confusas o complicadas, recurrir a auxiliares visuales o usar otros estímulos para suscitar las respuestas, además de evaluar las condiciones del contexto. Todo esto ayuda a generar mucha realimentación del entrevistado. Además, el entrevistado se encuentra en un lugar cómodo y conocido donde se siente seguro, lo que aumenta la probabilidad de que esté dispuesto a responder las preguntas de la encuesta.

Con frecuencia, la entrevista en casa se realiza después de llamar de puerta en puerta en las secciones geográficas. Esta solicitud se relaciona con una de las desventajas de tales entrevistas. Los entrevistadores que no están bajo una constante supervisión pueden omitir hogares que consideran amenazadores o simplemente inventan las entrevistas. Para garantizar la seguridad de los entrevistados, es posible que los investigadores deban capacitarlos sobre cómo evitar posibles situaciones de amenaza. Además, las entrevistas en la casa y la oficina son caras y tardadas.

FIGURA 9.2 Métodos de investigación por encuestas

Tipo de encuesta	Descripción
Personal	
Entrevista en casa	Entrevista que tiene lugar en el domicilio del entrevistado o, en situaciones especiales, en su oficina.
Entrevista ejecutiva	Entrevista personal a un ejecutivo de una empresa.
Entrevista en centro comercial	Se detiene a los compradores y se les piden sus comentarios durante su visita al centro comercial.
Entrevista en el punto de compra	Se detiene al entrevistado en el sitio de compra y se le pide su opinión.
Telefónica	
Encuesta telefónica	La entrevista se lleva a cabo por teléfono desde una ubicación central o desde la casa del entrevistador.
Encuesta telefónica asistida por computadora (CATI)	Se usa una computadora en la entrevista telefónica. Los entrevistados dan sus respuestas oprimiendo los botones del teléfono.
Respuesta individual	
Encuesta de panel de correo	Las encuestas se expiden por correo a una muestra representativa de individuos que accedieron de antemano a participar.
Entrevista entregada en casa	El cuestionario se deja al entrevistado para que lo llene después. El entrevistador pasa a recogerlo o se regresa por vía postal.
Encuesta por correo	Los cuestionarios se distribuyen y los entrevistados los regresan por correo.
Asistida por computadora (en línea)	
Encuesta por fax	Las encuestas se distribuyen y los entrevistados las devuelven por fax.
Encuesta por correo electrónico	Las encuestas se distribuyen y los entrevistados las devuelven por correo electrónico.
Encuesta en internet	En internet se formulan las preguntas y se anotan las respuestas de los entrevistados.

Entrevistas ejecutivas

Entrevista ejecutiva Intercambio personal con un ejecutivo de una empresa realizado en su oficina.

Una **entrevista ejecutiva** es un intercambio personal con un ejecutivo empresarial que por lo común tiene lugar en su oficina. En general, estas entrevistas se enfocan en recopilar datos primarios sobre productos o servicios porque pocos ejecutivos están dispuestos a dedicar sus horas hábiles a hablar de sus preferencias personales o de consumo.

Realizar entrevistas ejecutivas es muy caro, no sólo por la compensación del entrevistador sino también por sus viáticos. Además, conseguir una cita con un ejecutivo puede ser demorado, y aun entonces su aceptación o su compromiso con la entrevista pueden ser problemáticos. Finalmente, las entrevistas ejecutivas requieren entrevistadores capaces y con experiencia, porque los temas pueden ser muy técnicos.

Entrevistas en centros comerciales

Entrevistas en centros comerciales Entrevista personal que tiene lugar en un centro comercial.

El costo de las entrevistas ejecutivas y en casa ha obligado a muchos investigadores a realizar sus encuestas en ubicaciones céntricas, frecuentemente dentro de centros comerciales regionales.[3] Las **entrevistas en centros comerciales** son entrevistas personales que tienen lugar en un centro de compras. Se detiene a los consumidores y se les pide su comentario sobre uno o más productos o servicios. Estas entrevistas ocurren en una zona común del centro comercial o en las oficinas del entrevistador dispuestas en el sitio.

Las entrevistas en centros comerciales comparten las ventajas de las entrevistas en la casa y la oficina, salvo por la familiaridad del entorno para el entrevistado. Sin embargo, las entrevistas en los centros comerciales son menos caras y más convenientes para el investigador, quien no invierte mucho tiempo ni dinero en conseguir que una persona esté dispuesta a participar, pues ya se encuentran ambos en un lugar común. Además, el investigador se beneficia de los costos de selección reducidos y del menor tiempo, porque los entrevistadores pueden valerse ahí mismo de sus dotes de observación para identificar a los posibles miembros de la población objetivo.

Las desventajas de las entrevistas en centros comerciales son parecidas a las que sufren las entrevistas en la casa y la oficina en cuanto al tiempo, pero como es fácil reclutar a los entrevistados y el tiempo de traslado es nulo, la inversión total en este rubro es menor. Sin embargo, es posible que los clientes del centro comercial no sean representativos de la población en general. Además, los individuos que sí representan a la población pueden comprar en otras tiendas o en otros momentos del día. Normalmente, estas entrevistas aplican planes muestrales no probabilísticos para elegir a sus posibles entrevistados (véase en el capítulo 11 descripciones de los planes muestrales). Estas técnicas muestrales pueden tener un efecto adverso en la capacidad de generalizar los datos. Los investigadores de mercados que recurren a estas entrevistas deben ser conscientes de estos aspectos.

Entrevistas en el punto de compra

Entrevistas en el punto de compra Entrevista personal que tiene lugar inmediatamente después de la compra de un bien o servicio.

Como en las entrevistas en los centros comerciales, en las **entrevistas en el punto de compra**, los posibles entrevistados se detienen y se les piden sus comentarios mientras están de compras. Sin embargo, las entrevistas en el punto de compra difieren en que se aborda a los individuos después de que han manifestado una conducta predeterminada, por lo regular la selección o compra de cierto producto. Una ventaja de estas entrevistas es que, como el comportamiento de compra es reciente, el entrevistado lo tiene fresco.

Hay dos ventajas principales en las entrevistas en el punto de compra, aparte de las que tienen en común con las entrevistas en los centros comerciales. En primer lugar, a los encargados de muchas tiendas no les gusta que aborden a los compradores e interrumpan su compra. En segundo lugar, concierne sólo a los sujetos que demostraron cierta conducta. Así, los consumidores que nada más pensaron en hacer la compra quedan excluidos de esta técnica de recolección de datos.

Entrevistas telefónicas

Encuestas telefónicas Intercambio de preguntas y respuestas que se realiza mediante tecnología telefónica.

Las **encuestas telefónicas** se han convertido en una fuente importante de información de marketing que sustituye muchos métodos de entrevista personal. En comparación con las entrevistas en persona, las telefónicas son más baratas, rápidas y se prestan mejor para reunir datos de muchos entrevistados. En un plano muy básico, se trata de entrevistas personales realizadas por vía telefónica. Individuos que trabajan desde su casa o en oficinas centrales hacen preguntas por teléfono y registran las respuestas. No obstante, las encuestas telefónicas tienen varios aspectos únicos que es necesario referir.

Como se indicó, los métodos de encuestas telefónicas tienen varias ventajas sobre los métodos de encuestas personales; una es que es posible supervisar de cerca a los entrevistadores si se encuentran en unas oficinas centrales. También pueden grabar las llamadas para escucharlas después, u oírlas mientras son registradas. Estas actividades administrativas pueden revelar necesidades de capacitación, descubrir innovaciones de los empleados e identificar a los empleados que necesitan otro trabajo. Los entrevistadores capacitados que trabajan fuera de casa pueden fijar horarios convenientes para ellos, dentro de los límites prescritos por el patrón y la ley.

Las encuestas telefónicas son menos onerosas que las personales por varios aspectos. Permiten que los entrevistadores hagan más encuestas en el mismo plazo y reducen el tiempo de traslado y búsqueda de entrevistados. Aunque se suma el costo de las llamadas y el equipo, los servicios telefónicos de zona extensa han hecho que el teléfono sea un medio de encuestas costeable. Las encuestas telefónicas también incrementan la flexibilidad geográfica del diseño general de encuesta.

Otra ventaja de las encuestas telefónicas es que permiten a los investigadores volver a llamar a los entrevistados que no respondieron o los que no quisieron conceder la entrevista la primera vez. Estas segundas llamadas son muy baratas en comparación con los costos de la encuesta. La tercera ventaja es que los entrevistados consideran que las encuestas telefónicas son más anónimas, se sienten menos amenazados y, por tanto, son más francos (sin embargo, aunque uno esperaría que las respuestas de carácter personal serían más honestas, los resultados de las investigaciones del tema son contradictorios).[4] El anonimato también reduce las posibilidades de tendencias del entrevistador. Por último, los diseños de encuestas telefónicas podrían ser la mejor esperanza para realizar entrevistas ejecutivas. En tanto que los ejecutivos no conceden tiempo para entrevistas personales, a menudo toman llamadas telefónicas. Lo mismo ocurre con muchas personas muy ocupadas y difíciles de localizar. Usar el teléfono en un momento conveniente para el entrevistado ha permitido obtener información de muchos individuos que sería imposible entrevistar personalmente.[5]

Al tiempo que algunos investigadores creen que las ventajas citadas harán que los diseños de encuestas telefónicas se conviertan en la principal forma de recolección de datos primarios, este método, como cualquier otro de encuestas, tiene varios inconvenientes. Una desventaja es que imágenes y otros estímulos visuales no pueden presentarse a través del teléfono. La segunda desventaja es que es difícil que los entrevistados realicen tareas complicadas. Por ejemplo, imaginemos la confusión mental de un entrevistado al que se le pide que recuerde durante toda la entrevista siete marcas de un producto, cada una con numerosas variedades. La tercera es que las encuestas telefónicas suelen ser más cortas que las personales porque la gente cuelga las llamadas largas. Las encuestas telefónicas también están limitadas, por lo menos en la práctica, por las fronteras nacionales (rara vez se usa el teléfono en investigaciones internacionales). Probablemente la mayor desventaja radica en la restricción a los tipos de datos que pueden reunirse en el teléfono. A los investigadores se les dificulta recabar en el teléfono datos de opinión detallados de los entrevistados (actitudes, creencias y sentimientos) cuando hay una escala estructurada para las respuestas de cinco o más puntos.[6] Los investigadores no pueden usar niveles múltiples de acuerdo o descuerdo, gustos y aversiones, etcétera. Por ejemplo, es imposible formular bien una pregunta sobre imágenes de marcas que requeriría que el entrevistado respondiera con una escala de diferencial semántico (véase el capítulo 13).

Otra desventaja es la mala imagen de la investigación telefónica que tienen algunas personas, debido en parte al aumento del telemercadeo y la percepción equivocada de que esta investigación es lo mismo.[7] En el recuadro sobre ética se describe un acto ilegal e inmoral de venta disfrazada de investigación. El público ha manifestado ampliamente que esta práctica va en contra de las leyes federales. Con todo, a muchas personas les molesta la investigación telefónica porque invade su intimidad, interrumpe su cena o su descanso. El gobierno federal ha respondido con legislación que limita el horario de las investigaciones y ventas por teléfono. En general, desde el punto de vista del investigador las horas más productivas para llegar a las amas de casa son las del día. Las horas de la tarde entre semana y las primeras del mediodía los fines de semana son buenas para encontrar personas que trabajan de lunes a viernes.

Una tarea difícil pero crucial para realizar encuestas telefónicas es elegir el número al cual llamar. El directorio no da una muestra completamente aleatoria porque muchos suscriptores tienen números privados. En algunos casos, el cliente dará al investigador una lista de prospectos u otra semejante, pero las investigaciones de mercados requieren una muestra aleatoria. Se han creado tres técnicas para superar el problema de la selección de números: marcado más uno, marcado sistemático de dígitos aleatorios y marcado de dígitos aleatorios.

Marcado más uno. En el marcado más uno, el investigador genera números telefónicos eligiendo números al azar en el directorio y sumando uno. Por ejemplo, supóngase que se elige en el directorio el teléfono 727-7119. Al sumar uno, se tiene que marcar 727-7120. Este método es sencillo y da la posibilidad de incluir en la muestra números que no estén en el listado. Pero los investigadores deben recordar que los directorios dan generalmente una muestra débil.

Marcado sistemático de dígitos aleatorios. El marcado sistemático de dígitos aleatorios es una técnica con la cual los investigadores marcan al azar números telefónicos, pero sólo

Ética

Aprovechamiento de la tecnología

El correo fraudulento es un delito

Existe una práctica de telemarketing que consiste en vender bajo el disfraz de realizar una investigación. Se dice que es la perdición de la investigación a distancia y, especialmente, del investigador. Con frecuencia los investigadores se ven obligados a lidiar con entrevistados que los retan a demostrar que su llamada es una investigación legítima y no una oferta de venta escondida.

El enojo de los consumidores por esta práctica llevó al Congreso estadounidense a promulgar la Ley de ventas por telemarketing que entró en vigor, según las reglas de implantación de la Comisión Federal de Comercio, a finales de 1995. Las reglas finales afirman:

> La historia legislativa de la Ley de Telemarketing observó el problema de vendedores fraudulentos que llamaban a víctimas potenciales bajo el disfraz de realizar un sondeo, encuesta u otro tipo de investigación de mercados. Para abordar estos problemas, la Comisión cree que en cualquier llamada de diversos propósitos en la que el vendedor o telemercadólogo planea, por lo menos en algunas llamadas, vender bienes o servicios, el anuncio requerido por esta sección de las reglas debe hacerse "pronto", en la primera parte de la llamada, antes de que comience la parte que no es de ventas.

La ley sigue a la Ley de protección telefónica del consumidor, que señalaba los horarios de 8:00 am y 9:00 pm, hora local, como los únicos durante los cuales pueden hacerse ofertas y peticiones por teléfono. De acuerdo con las disposiciones de las dos leyes, el sector de la investigación está exento. Las nuevas leyes se aplican al telemarketing, a aquellas personas que hacen o reciben llamadas de clientes en conexión con transacciones de ventas. Una "petición por teléfono" se define como "la iniciación de una llamada telefónica o mensaje con el fin de estimular la compra, renta o inversión en propiedades, bienes o servicios, que se transmite a "cualquier persona". El telemarketing y la investigación de mercados por medio del teléfono son diferentes.

La Asociación de Marketing Directo, la Asociación Nacional de Fiscales y el Consejo para la Investigación de Opinión y Marketing se reunieron para respaldar la declaración de las llamadas fraudulentas. La intención de la ley es asegurarse de que el receptor está informado sobre una llamada de un desconocido. El receptor puede escoger si participa o no en una encuesta telefónica legítima de investigación o si hace una compra a un vendedor.

Fuente: Diane K. Bowers, "Sugging Banned, At Last", en *Marketing Research* 7, núm. 4, otoño de 1995, p. 40.

aquellos que cumplen ciertos criterios. Por ejemplo, los números que no se encuentran dentro de un código zonal deben ser ignorados. Suponiendo que el investigador está interesado en las respuestas de los consumidores, las conexiones dedicadas a organizaciones gubernamentales o de negocios también deben ignorarse. En este método, el investigador de mercados elige al azar un número telefónico como el punto de partida y aplica un "salto" constante en la selección. El punto de partida, el número de base, se toma con una muestra interválica. En concreto, el salto se suma a la base de acuerdo con los teléfonos conectados y se divide entre el número de entrevistados. Por ejemplo, supóngase que hay 10 000 teléfonos en la zona 727. Considerando que el investigador quiere entrevistar 500 hogares de la zona, el salto será de 10 000/500 = 20. Así, el investigador elige al azar un número entre el 727-0000 y el 727-0020, por ejemplo, 727-0009. Para generar otros números, el investigador sólo suma el intervalo; así, el siguiente número de este ejemplo sería 727-0029, el tercero 727-0049, etcétera.

Las ventajas de este método son que cada número de la zona tiene una probabilidad conocida, pero no igual, de ser marcado. Así, en una zona la selección de entrevistados es aleatoria. Si se hace el mismo número de llamadas en varias zonas, la muestra tenderá a compartir los atributos de cada una y a tener la misma dispersión geográfica. Por último, el método es muy simple de emprender y aplicar.

Marcado de dígitos aleatorios. El marcado de dígitos aleatorios, en su forma más simple, se refiere a la selección aleatoria de códigos zonales, conexiones y sufijos. La ventaja es que todos los números tienen la misma probabilidad de ser llamados, tanto los del directorio como los privados. Sin embargo, el marcado de dígitos aleatorios es muy caro porque muchos números no dan servicio o pertenecen a personas u organizaciones que salen del alcance del diseño de la encuesta. En el capítulo 11 nos detendremos más en estas técnicas.

Encuestas telefónicas asistidas por computadora

Encuestas telefónicas asistidas por computadora (CATI) Sistema integrado de telefonía y cómputo en el cual el entrevistador lee las preguntas en una pantalla y captura directamente en el programa las respuestas de los entrevistados.

Los adelantos del nuevo milenio en la tecnología de telecomunicaciones, cómputo y software han revolucionado completamente los métodos de encuestas telefónicas. Casi todas las empresas de investigación han computarizado del todo la operación de su central de entrevistas telefónicas. Con computadoras más rápidas y poderosas y software más accesible, en la actualidad incluso empresas muy pequeñas (por ejemplo, las de menos de cinco empleados) cuentan con las capacidades de los sistemas de **encuestas telefónicas asistidas por computadora** (*Computer-assisted telephone inteviewing, CATI*). Aunque hay varios sistemas CATI, básicamente integran tecnologías de telecomunicación avanzadas con los métodos tradicionales de encuestas telefónicas. Por lo regular, cada entrevistador está equipado con una diadema telefónica de "manos libres" y se sienta frente a un teclado, terminal de computadora táctil o computadora personal. Al activar el sistema, la computadora marca automáticamente el número del posible entrevistado y muestra al entrevistador una pantalla con la introducción apropiada. Cuando el entrevistado correcto se pone en la línea, el entrevistador activa la entrevista presionando una tecla o una combinación de ellas en el teclado, o bien presiona la pantalla sensible. Luego de los comentarios de introducción, otro simple teclazo despliega en la pantalla la primera pregunta y las opciones de respuesta. Muchos sistemas de CATI están diseñados para hacer una pregunta por pantalla. El entrevistador lee la pregunta y anota la respuesta del entrevistado. Observe que dependiendo del diseño de preguntas o escalas, el entrevistador lee no sólo la pregunta, sino también las opciones de respuesta. Más adelante tratamos a fondo este tema. Al anotar la respuesta, la computadora pasa automáticamente a la siguiente pregunta. Por ejemplo, si Procter & Gamble realiza un estudio de hábitos de compra de detergente para ropa mediante un sistema CATI, una pregunta puede ser: "¿En los últimos 30 días ha comprado productos para limpieza de la ropa?" Si la respuesta es afirmativa, sigue una serie de preguntas sobre los tipos de productos de limpieza de ropa. Si la respuesta es no, tales preguntas serían inapropiadas para el entrevistado. La computadora está programada para pasar a la siguiente pregunta a partir de la respuesta de la persona. En este ejemplo, la siguiente pregunta sería: "¿Con qué frecuencia compra productos para limpieza de la ropa en su casa?" Si la computadora está programada para reaccionar de determinada manera según la respuesta anterior del entrevistado, puede eliminar posibles errores humanos, que se presentan en las encuestas telefónicas realizadas de modo tradicional con lápiz y papel.

El sistema CATI sirve para personalizar las preguntas a los clientes. Tomemos el estudio de J.D. Power and Associates sobre la satisfacción de los nuevos compradores de coches. En la primera parte de la encuesta, se pide al entrevistado que diga los años, marcas y modelos de los coches que ha tenido en los 10 años anteriores. Más adelante, el entrevistador es llevado a pedir al entrevistado que califique las características de seguridad de algún coche que haya tenido. La pregunta podría aparecer de esta manera: "Dijo que tuvo un Acura 3.2 TL 2000. ¿Cómo calificaría las siguientes características de seguridad de ese coche?" El entrevistador empezaría por explicar la escala y su manejo, y en seguida haría una pregunta sobre la primera característica de seguridad desplegada en la pantalla. El proceso continuaría hasta que todas las características tuvieran una calificación. Aunque estas preguntas pueden manejarse con el método tradicional de encuestas telefónicas, la versión computarizada las maneja mucho mejor porque el entrevistador no tiene que pasar las hojas del cuestionario de un lado al otro ni recordar las respuestas que dio el entrevistado. Los sistemas de CATI actuales han aligerado casi todos los problemas relacionados con los sistemas manuales de devolución de llamadas, cuotas complejas, saltos lógicos, rotaciones y muestreo aleatorio.

Aunque muchas de las ventajas de las encuestas telefónicas asistidas por computadora se basan en el bajo costo por llamada, hay también otras ventajas. En los sistemas más elaborados es posible pasar de un cuestionario a otro durante la entrevista. Esta capacidad permite entrevistar a otros miembros de la familia, aparte del jefe. La ventaja es que la información común se difunde en todos los cuestionarios, lo que ahorra la necesidad de varias llamadas. Otra ventaja es la posesión de la llamada. A veces la gente necesita detenerse a la mitad de una entrevista, pero está dispuesta a concluir en otro momento. La tecnología de cómputo tiene la capacidad de *enrutar* las llamadas al entrevistador que es "dueño" de una entrevista. Esto da lugar a una mayor eficiencia en términos de trabajo por llamada, además de que se ahorran costos. Otra ventaja en los costos, no tan obvia, es la capacidad de los sistemas de elegir el enlace menos costoso para una llamada particular.

Los sistemas de CATI también eliminan la necesidad de separar las tareas de corrección y captura de los sistemas manuales. El investigador no depura de errores los cuestionarios llenos ni crea manualmente los archivos electrónicos, porque no hay cuestionarios materiales y las respuestas se alimentan de manera directa en un archivo electrónico al final de la entrevista. La posibilidad de cometer errores de codificación o captura se elimina con estos sistemas porque es imposible anotar accidentalmente una respuesta incorrecta que no esté en las opciones preestablecidas para cada pregunta. Veamos un ejemplo sencillo para ilustrar el caso. Se hace al entrevistado esta pregunta: "¿Cuál es la importancia para usted que su coche nuevo tenga un sistema automático de cinturones de seguridad?" Las opciones de respuesta son: *a*) "Extremadamente importante", *b*) "Importante", *c*) "Algo importante", *d*) "No es importante". Si por equivocación el entrevistador anota un código que no sea uno de los cuatro establecidos, la computadora le pedirá que ponga como respuesta un código aceptable.

Dada la elaboración del *software* con que funcionan los sistemas de CATI, la tabulación de los resultados se hace en tiempo real en cualquier momento del estudio. El informe en tiempo real no es posible usando los métodos tradicionales de papel y lápiz. Unos resultados preliminares rápidos pueden ser beneficiosos para determinar cuándo pueden eliminarse ciertas preguntas de futuras actividades de recolección de datos porque ya se tiene suficiente información o cuándo hacen falta más preguntas porque en la primera parte del proceso de entrevistas se descubren tendencias inesperadas. En general, el recurso a los sistemas de CATI crece a un ritmo rápido porque quienes toman las decisiones han adoptado sus aspectos de ahorros de costos, control de calidad y ahorro de tiempo.

Para los investigadores de mercados, los sistemas de CATI presentan dos grupos de problemas. Preparar y activar un sistema requiere una inversión inicial sustancial y costos de operación. La inversión en computadoras, en especial para sistemas grandes y elaborados, es elevada, considerando la prontitud con que el equipo de cómputo puede quedar obsoleto. El software para controlar el hardware, vigilar las llamadas y anotar las respuestas en tiempo real también es caro, cambia rápidamente y, si está adaptado a las necesidades del investigador, toma mucho tiempo en escribirse y depurarse. En segundo lugar, además de poseer las capacidades tradicionales, los entrevistadores deben tener habilidades de cómputo para aplicar bien estas encuestas. A medida que se reducen los costos del hardware y el software y más personas adquieren mayores capacidades de cómputo, estos problemas serán menos patentes.

Con un software más perfecto que el usado en los sistemas de CATI, algunas compañías de investigación han automatizado completamente su proceso de recolección de datos mediante encuestas telefónicas. Este sistema se llama de **encuestas telefónicas completamente automatizadas** (*completely automated telephone surveys, CATS*) y no requiere un entrevistador humano, pues una computadora las aplica. Cuando el sistema se activa, la computadora marca un teléfono y una grabación introduce la encuesta y da instrucciones al posible entrevistado. En el transcurso de la encuesta, el entrevistado escucha la voz electrónica y responde oprimiendo las teclas de un teléfono digital por tonos. Aunque el sistema de CATS es relativamente nuevo, ha sido utilizado con éxito en la supervisión de la calidad del servicio, registros de garantías y productos, estudios de satisfacción de clientes, pruebas domésticas de productos y en un sondeo electoral reciente.[8] Una de las dificultades surgidas al usar este sistema totalmente automático es que hay una tasa elevada de desconexión entre los entrevistados; se realizan estudios para investigar este comportamiento. De algunas pruebas informales se desprende que hay problemas en la invasión del hogar y la comunicación unidireccional e impersonal al responder a una voz electrónica no solicitada.

Encuestas telefónicas completamente automatizadas (CATS) Sistema de encuestas telefónicas en el que una computadora marca un número telefónico y una grabadora presenta y aplica la encuesta, de modo que el entrevistado se relaciona directamente con la computadora.

Encuestas de respuesta personal

Encuesta de respuesta personal Técnica de recolección de datos en la que el entrevistado lee las preguntas y anota sus respuestas sin la presencia de un entrevistador capacitado.

El tercer tipo general de entrevista es la de respuesta individual. Una **encuesta de respuesta personal** es una técnica de recolección de datos en la que el entrevistado lee las preguntas y anota sus respuestas sin la presencia de un entrevistador capacitado. Las ventajas son el bajo costo por encuesta y menos desviaciones del entrevistado, lo que sin embargo tiene su costo. No hay un entrevistador que sondee para ahondar una respuesta. Por ejemplo, en una encuesta de esta clase un entrevistado puede indicar que no compró cierto producto y no contestar la pregunta: "¿Por qué?"

Aunque la aparición de la tecnología de comunicaciones ha permitido la expansión de los sistemas de entrega de encuestas de respuesta personal, el tipo más común sigue siendo la encuesta por correo directo. A continuación se exponen tres tipos de encuestas de respuesta personal: correo directo, panel de correo y entrega en casa.

Encuestas por correo directo

Encuesta por correo directo Cuestionario de respuesta individual que se entrega por correo a los encuestados seleccionados, quienes lo devuelven al investigador por la misma vía.

En situaciones en las que el investigador decide que una **encuesta por correo directo** es un método prudente, se redacta un cuestionario y se envía a una lista de personas para que lo llenen y lo devuelvan también por correo. El investigador debe elegir cuidadosamente una lista que represente a la población objetivo. A veces obtener la lista requerida de direcciones es fácil, pero en otros casos resulta difícil y tardado. Además, hay consideraciones de producción. Por ejemplo, debe diseñarse un sobre que atrape la atención del entrevistado potencial para que no descarte el cuestionario. Éste tiene que diseñarse con cuidado para adquirir tanta información como sea posible y que sea lo bastante breve para que las personas lo completen en un tiempo razonable.

Esta forma de encuesta tiene la ventaja de que su realización es barata. No hay costos de entrevistadores como salario, capacitación, viáticos o gastos por indagación. Además, los gastos de producción son costos únicos que se amortizan con muchas encuestas. Los costos variables son principalmente los gastos postales y de impresión y el costo del incentivo. Otra ventaja es que las encuestas por correo directo llegan incluso a las personas más difíciles de alcanzar.

Sin embargo, las encuestas por correo directo tienen sus inconvenientes. Uno muy importante es que las tasas de respuesta son mucho menores que en las entrevistas telefónicas personales. El riesgo de desviaciones por falta de respuesta es muy real en estas encuestas: el entrevistador pierde el control sobre quién responde y quién da las respuestas. Nunca está seguro sobre quién llenó el cuestionario, lo que suscita dudas acerca de si el destinatario encomendó a otra persona que diera las respuestas. Por ejemplo, al enviar una encuesta por correo al señor Rodríguez de Buenos Aires sobre la programación de la televisión por cable, el entrevistador no puede determinar con exactitud si el señor Rodríguez o algún miembro de su familia contestó la encuesta.

Otro problema es el de las preguntas saltadas o mal entendidas. Las encuestas por correo directo dificultan el manejo de los problemas de vaguedad e interpretación errónea de la disposición de preguntas y respuestas. Las personas que no entienden una pregunta pueden anotar una respuesta que el investigador no pretendía ni esperaba, o bien un encuestado omite del todo una o más preguntas. Estos problemas surgen al no haber entrevistador capacitado para ayudar al entrevistado. Por último, las entrevistas por correo son lentas; puede haber una demora significativa entre la expedición de la encuesta y su devolución.

Encuestas de panel de correo

Encuesta de panel de correo Cuestionario enviado a un grupo de individuos que de antemano aceptaron participar.

Para evitar algunos de los inconvenientes de la técnica de correo directo que acabamos de estudiar, un investigador puede escoger un método de encuestas en panel de correo. Una **encuesta de panel de correo** es un cuestionario que se envía a un grupo de individuos que acordaron de antemano su participación. Es posible verificar al grupo antes de la encuesta para que el investigador sepa que es representativo. Además, el acuerdo previo también produce tasas de respuesta elevadas. Asimismo, este método permite realizar investigaciones longitudinales; es decir, las mismas personas pueden ser sometidas a prueba varias veces en un periodo prolongado, con lo que el investigador puede observar con el tiempo los cambios en las respuestas de los integrantes del grupo.

El principal inconveniente del panel de correo es que es muy probable que los miembros adecuados no sean representantes del conjunto de la población objetivo. Por ejemplo, los individuos que aceptan participar en el grupo pueden tener un interés especial en el tema o simplemente contar con mucho tiempo libre. En este momento no está claro cuánto desvían los resultados de la investigación, si es que lo hacen, estos aspectos. Sin embargo, los investigadores deben ser cautos en lo relativo al grado en que es posible generalizar los datos. *Es importante recordar que diversos métodos de encuesta no son necesariamente excluyentes.* Es bastante común que se empleen varios métodos en el mismo proyecto. Por ejemplo, el investigador puede escribir una carta a los posibles entrevistados en casa para mejorar la tasa de respuesta o como parte del proceso de selección. Puede hacer llamadas telefónicas para informar a las personas que recibirán una encuesta por correo. Enviar varias copias de una encuesta por correo a quienes no responden es una manera útil de aumentar las tasas de respuesta.

Encuestas entregadas en casa

Encuestas entregadas en casa Cuestionario de respuesta individual que un representante del investigador entrega personalmente a los entrevistados seleccionados. Las encuestas llenas se devuelven por correo o el representante las recoge.

Una técnica de combinación común es la de las **encuestas entregadas en casa**. En este método, un representante del investigador entrega personalmente las formas de la encuesta a los entrevistados. Cuando las llenan, se devuelven por correo o las recoge el representante. Las ventajas de estas encuestas son la disponibilidad de una persona que pueda contestar preguntas generales, seleccionar a los posibles entrevistados e incitar el interés en completar el cuestionario. La desventaja de las entregas en casa es que son mucho más caras en comparación con las encuestas por correo directo.

Métodos de encuestas en línea

El ejercicio de la investigación de mercados y los métodos de aplicación para recolectar datos primarios han sido totalmente revolucionados a medida que la gente acepta la "nueva economía", las tecnologías de internet, las telecomunicaciones y la exigencia de administradores e investigadores de rapidez en la adquisición y recuperación de datos, así como el informe de los resultados en tiempo real. Todos los métodos tradicionales de encuestas han sido revisados sustancialmente por investigadores conocedores de la tecnología y expertos en tecnología de la información (TI) con el fin de integrarlos en la nueva plataforma "en línea". En la actualidad, los métodos tradicionales que acaban de ser citados se denominan "fuera de línea", mientras que aquellos que han sido actualizados mediante adaptaciones de cómputo se llaman métodos de encuestas "en línea". Aunque muchos de los principios fundamentales del enfoque de los métodos de encuesta en las entrevistas personales, telefónicas y de respuesta individual están intactos, la velocidad de los sistemas de adquisición, recuperación y reporte de datos ha creado nuevos puntos de referencia para mejorar la forma en que se reunirán datos primarios en los años venideros. Estos avances en línea, que hasta hace pocos años eran sueños, ahora son reales.[9] En la figura 9.3 se resumen 10 técnicas de recolección de datos computarizadas o en línea, que están en vías de sustituir o reforzar los métodos tradicionales de investigación por encuestas. Algunos de estos nuevos esquemas en línea ya han sido abordados. En la exposición siguiente nos centramos en tres diseños de encuestas en línea: por fax, correo electrónico e internet, que los investigadores usan cada vez más para reunir datos primarios.

Encuestas por fax

Encuesta por fax Cuestionario de respuesta individual que se envía al sujeto elegido por fax.

Una **encuesta por fax** es en esencia una encuesta de correo enviada por fax. En este caso, se permite a los investigadores reunir respuestas a estímulos visuales, como en una encuesta por correo, así como a escalas de diferencial semántico o de sumas constantes (véase el capítulo

FIGURA 9.3 Integración de la tecnología de cómputo en línea y los métodos tradicionales de encuestas de recolección de datos

Método tradicional	Método en línea	Comentarios
Entrevista personal	Entrevista personal asistida por computadora	El entrevistado se sienta con el entrevistador. Éste lee las preguntas en una computadora portátil y captura las respuestas.
Entrevista de entrega en casa	Entrevista de respuesta individual asistida por computadora	El investigador dirige al entrevistado a una terminal de cómputo donde lee las preguntas y captura directamente las respuestas.
Entrevista de respuesta individual	Entrevista de respuesta individual totalmente automatizada	El entrevistado llega por sí mismo a la estación central de cómputo (quiosco), lee y responde las preguntas sin intervención del entrevistador.
Encuesta telefónica	CATI	El entrevistador llama al entrevistado a su casa u oficina, lee las preguntas en una pantalla y captura directamente las respuestas en el sistema.
Encuesta telefónica	CATS	La computadora llama a los entrevistados y una voz electrónica da las instrucciones y formula las preguntas. El entrevistado responde con el teclado por tonos de su teléfono.
Encuesta por correo directo	Discos de computadora por correo	Se envía por correo a los entrevistados un disco de computadora para que llenen la encuesta en su máquina y devuelvan el disco por vía postal.
Encuesta de panel de correo	Encuesta de grupo en línea	Con varios métodos, diversas personas aceptan ser miembros de un grupo de consumidores. Al principio, estos consumidores llenan una forma con sus datos sobre factores demográficos y de compras. Después, se les envían periódicamente encuestas por correo electrónico, que llenan y devuelven por la misma vía o por correo ordinario.
Encuesta de respuesta individual	Encuesta por correo electrónico	La característica de lotes de los sistemas de correo electrónico se usa para enviar "correo masivo" a los posibles entrevistados, quienes tienen la opción de exclusión o inclusión. Quienes aceptan continúan y realizan la encuesta, que se devuelve por correo electrónico.
Encuesta de respuesta individual	Encuesta por fax generada por computadora	Una computadora marca y envía una encuesta a los posibles entrevistados por fax. Éstos llenan la encuesta y la devuelven por la misma vía.
Encuesta de respuesta individual	Encuesta por internet	La encuesta se sube a un sitio en internet. El entrevistado tiene que visitar dicho sitio, llamar la encuesta, contestarla y hacer clic en el botón de envío. O bien la encuesta se sube al sitio y aparte se envía a los entrevistados un correo electrónico o carta sobre la encuesta con la dirección del sitio, y se les da una contraseña única para que tengan acceso al documento. Los entrevistados llenan la encuesta y la devuelven oprimiendo el botón de envío.

13), que son difíciles de usar en las encuestas telefónicas.[10] El beneficio potencial de las encuestas por fax es que se combina la flexibilidad del correo, en cierta medida, con la velocidad del teléfono.[11]

En comparación con las encuestas por correo, el sistema de aplicación mediante tecnología de fax permite una mayor velocidad de entrega y respuesta, e incluso llega a ser menos costoso. También se pueden reducir las funciones administrativas y de oficina, porque no hace falta doblar encuestas ni pegar sobres. Finalmente, una encuesta por fax da la impresión de urgencia y muchos destinatarios no la ven como correo basura. Incluso en una encuesta por correo normal, la mera opción de responder por fax puede aumentar la tasa de respuesta.[12]

Una desventaja de las encuestas por fax es que muchos consumidores y pequeñas empresas todavía no incorporan esta tecnología en sus medios de comunicación y, por tanto, quedan fuera del alcance. Además, puede ser que los entrevistados tengan que pagar para devolver por fax sus respuestas, lo que reduciría la tasa de respuesta. Enviar una etiqueta de correo con porte pagado aumenta el tiempo de respuesta y ofrecer un número telefónico gratuito incrementaría el costo. Además, las encuestas por fax pueden retrasarse o no entregarse por errores del operador, mal funcionamiento del equipo o tonos de ocupado. Estos problemas pueden ser graves si se manejan volúmenes grandes. También la relativa falta de privacidad puede causar problemas. Finalmente, a veces las entrevistas por fax no tienen la claridad de imagen de una encuesta impresa, y un fax con paleta de colores puede ser demasiado caro.

Sin embargo, las encuestas por fax ofrecen una alternativa atractiva a las encuestas por correo directo en las condiciones apropiadas. Pueden suscitar respuestas relativamente rápidas, mayores tasas de respuesta y la misma calidad de datos. Además, pueden ser más baratas por los costos bajos de transmisión y del papel. Con todo, los problemas de calidad de la imagen y de alcance limitado no van a resolverse en el futuro inmediato.

Encuestas por correo electrónico

Encuesta por correo electrónico Técnica de recolección de datos de respuesta individual en la que la encuesta se entrega y devuelve por correo electrónico.

Una **encuesta por correo electrónico** es una técnica de recolección de datos de respuesta individual que se expide y devuelve a través del correo electrónico del participante. Estas encuestas se han convertido en métodos populares en la "familia" de las encuestas en línea que usan los investigadores de mercados. Con las mejoras en el proceso por lotes de los sistemas actuales de correo electrónico, los investigadores preparan un mensaje normalizado, a veces con el formato de una carta de presentación, y le anexan la encuesta en línea. El mensaje y la encuesta se transmiten electrónicamente como "correo masivo" a un gran número de posibles entrevistados. Cuando un entrevistado abre el correo electrónico, se encuentra con una opción de inclusión o exclusión con la que se pretende obtener su aprobación a la participación en el estudio. Las leyes federales de protección al consumidor y de privacidad de datos exigen esta opción de inclusión o exclusión para defender a las personas de correo chatarra o de ventas. En internet, el correo chatarra se refiere a la práctica ilegal de marketing de vender productos o servicios no solicitados con el pretexto de realizar una investigación. Por ley, los entrevistados que eligen la opción de exclusión no participan en la encuesta y sus direcciones se borran automáticamente de la lista de correo del investigador para que ya no reciban mensajes originados en esa fuente particular. En cambio, los entrevistados que eligen la opción de inclusión, con que conceden su autorización, prosiguen con las direcciones en pantalla. Al terminar la encuesta, la devuelven al investigador por correo electrónico. En la actualidad, devolver una encuesta por correo electrónico es tan fácil como oprimir el botón de envío localizado al final de la encuesta.

Los defensores de las encuestas por correo electrónico están a favor del método por sus capacidades para recoger una diversidad de datos de manera instantánea y a un costo muy bajo por participante. Además, como con otros métodos de investigación en línea asistidos por computadora, los controles tecnológicos eliminan errores tales como datos de falta de respuesta debidos a errores del entrevistador, tendencias en la interpretación del entrevistador y errores en la captura de los datos. Las encuestas por correo electrónico se han hecho populares como medio de realizar investigaciones rápidas y baratas para estudios internacionales de consumo de productos y servicios. Como con cualquier otro método de encuestas en línea, todavía hay algunas dificultades que deben superarse. En primer lugar, no todos tienen acceso a internet. Algunos expertos calculan que entre 40 y 46% de los hogares estadounidenses están conectados a internet,[13] pero en otros mercados del mundo el porcentaje es mucho menor. Se espera que estas cifras aumenten lentamente en Estados Unidos y con rapidez en la mayoría de los otros mercados de América Latina, Europa y la Cuenca del Pacífico.[14] Los investigadores en línea tendrán que continuar con sus esfuerzos por legitimar la generalización de sus resultados a poblaciones objetivo mayores. El segundo problema significativo ronda en torno de los temas de privacidad de los datos. Todas las empresas de investigación están obligadas a integrar estrategias de opción de exclusión al preparar los elementos de sus grupos en línea. Pero las diferencias en cuanto al grado de rigor y aplicación de las leyes de privacidad de datos siguen siendo un escollo, especialmente entre los gobiernos de los mercados mundiales.[15]

Encuestas en internet

Encuestas en internet Cuestionario de respuesta individual que se sube a un sitio de internet para que los sujetos lo lean y llenen.

Otro método que gana interés entre empresas de marketing y sus investigadores es el de **encuestas en internet**. Este tipo de método de encuestas en línea está integrado firmemente a las tecnologías de páginas de internet. Algunas de sus características son semejantes a las de encuestas electrónicas, pero también hay diferencias específicas. Una encuesta por internet presenta un cuestionario de respuesta individual que se coloca en un sitio para que los posibles entrevistados lo lean y contesten. Este método requiere que los entrevistados se comprometan primero a hacerse miembros de un club especial o grupo de asesores que es controlado directamente por la organización que realiza la encuesta. Después de aceptar los requisitos de exclusión de la compañía, los candidatos eligen códigos de acceso y contraseña que son sus claves de entrada para participar. Siguiendo las instrucciones en el sitio de internet, los entrevistados llenan y envían su encuesta. Otra diferencia exclusiva es que los entrevistados pueden tener

FIGURA 9.4 Métodos de recolección de datos asistidos por computadora

	Personal	En el lugar	En el lugar	Teléfono	Teléfono	Correo	Panel en línea	Correo electrónico	Fax	Internet
	Entrevista personal asistida por computadora	Entrevista de respuesta individual asistida por computadora	Entrevista de respuesta individual totalmente automatizada	Encuesta telefónica asistida por computadora	Encuesta telefónica totalmente automatizada	Discos de computadora por correo	Encuesta de panel en línea	Encuesta por correo electrónico	Encuesta por fax generada por computadora	Encuesta de respuesta individual
Beneficios										
No se requiere que los entrevistados sepan computación	X			X	X		X		X	X
Permite a los entrevistados escoger su horario para contestar el cuestionario		X	X			X	X	X	X	X
Puede incorporar preguntas secundarias en la encuesta	X	X	X	X	X	X	X*	X*		X*
Puede incorporar palabras de los entrevistados en las preguntas	X	X	X	X	X	X	X*	X*		X*
Puede medir los tiempos de respuesta a las preguntas	X	X	X	X	X	X	X*	X*		X*
Puede desplegar gráficas y relacionarlas con las preguntas	X	X	X			X	X*	X*		X*
Elimina la necesidad de codificar los datos de las formas en papel	X	X	X	X	X	X	X*	X		X
Son menos probables los errores de los datos, en comparación con los métodos manuales	X	X	X	X	X	X	X	X		X
Recolección y codificación de datos más rápida que con los métodos manuales	X	X	X	X	X	X	X	X	X	X

*Supone una especificación de población con correo electrónico interactivo.

Fuente: Scott Dacko, "Data Collection Should Not Be Manual Labor", en *Marketing News* 29, núm. 18, 28 de agosto de 1995, p. 31; Michael Kraus, "Research and the Web: Eyeballs or Smiles", en *Marketing News*, 7 de diciembre de 1998, p. 18.

acceso a los resultados de la encuesta en tiempo real. Algunas compañías como Procter & Gamble, a través de su sistema de grupos Consumercorner.com, incluso alientan a los entrevistados a que recorran la página de resultados y tengan otras opciones para hacer y compartir comentarios sobre los productos estudiados con otros miembros. Lea el recuadro sobre el aprovechamiento de la tecnología de esta página, pues ahí se ilustra el uso de simulaciones computarizadas como método creativo para integrar las tecnologías de cómputo con la investigación por encuestas. Aunque los beneficios son muchos, todavía hay dificultades que sujetan la calidad de los datos a grados de desviación por falta de respuesta. Además, las tendencias en las respuestas son un problema porque las encuestas de internet están al alcance de cualquiera y no se dirigen a nadie. En principio son de naturaleza pasiva: el entrevistado potencial debe buscar el sitio, así que sólo quienes ya estaban interesados lo encontrarán, ya no digamos completarán la encuesta. En la figura 9.4 se resumen los beneficios de los métodos de encuestas asistidas por computadora y en línea para reunir datos primarios en la investigación de mercados. Lo invitamos a consultar el sitio en internet del libro, www.mhhe.com/hair, para una exposición mayor y ejemplos de métodos y prácticas de encuestas en línea.

La investigación de cerca

Aprovechamiento de la tecnología

Realidad virtual en la investigación de mercados

Tom Allison, presidente de Allison Hollander de Atlanta, Georgia, piensa que un programa de computadora puede tabular mejor lo que hacen los clientes que lo que planean hacer. El problema, de acuerdo con Allison, es que las personas nos comunicamos mediante palabras, pero no pensamos ni sentimos con palabras, sino con imágenes. La tecnología de cómputo tiene la ventaja adicional de reducir también las desviaciones del entrevistador y el consumidor.

Para ilustrar el problema de la desviación del consumidor como resultado de pensar en imágenes y comunicarse con palabras, Allison pide al público que piense en la siguiente oración: "Estás sentado a la orilla del agua." Entonces muestra cuatro imágenes: un mar, un lago, un río y una corriente. Cada imagen despierta sensaciones distintas, según Allison. En la práctica, la desviación del consumidor es la razón de que la gente reaccione de manera distinta a una lata de Coca-Cola que a una botella vieja de esa bebida.

Para Allison, la receta es llevar al consumidor al restaurante McDonald's en lugar de hablar de McDonald's. De esta manera, el investigador puede tener un cuadro más verídico de las reacciones del consumidor que con ideas y sentimientos posteriores. La manera de llevar al consumidor al McDonald's es por simulación computarizada.

Mediante simulaciones electrónicas de escala completa, el consumidor es expuesto a menús, anaqueles, refrigeradores y máquinas tragamonedas. El realismo de la simulación permite una comunicación exacta con el consumidor y también la recolección de datos significativos. Allison sugiere que la simulación debe ser breve y atractiva para captar la atención del entrevistado. Si se deja que éste haga, observe y pregunte, activa todo el proceso de selección.

Allison dice que las compañías de bienes de consumo pueden recurrir a las simulaciones de muchas maneras. Por ejemplo, se podría pedir a un consumidor que fabricara un sistema estereofónico con un gasto preestablecido. Con la simulación computarizada, el investigador vería lo que el entrevistado compraría. Otro ejemplo sería la tienda de anteojos para sol. Se barrería con escáner de computadora el rostro del consumidor y luego se "probaría" los anteojos con un ratón.

Otros investigadores piensan que la realidad virtual podría ofrecer formas atractivas de pruebas. El consumidor podría "comprar" en la tienda tomando los artículos de los estantes como si estuviera en un local ordinario. La computadora rastrearía sus acciones y reacciones. Estas pruebas en realidad virtual permitirían a las compañías ensayar con mucha seguridad cambios de precios, empaques, promociones, distribución en estantes, intereses en productos nuevos y conductas de sustitución.

Los defensores de la investigación con simulación computarizada dicen que las pruebas se hacen cada vez más rápidas y los costos decrecen a medida que avanza la tecnología. Otros beneficios son un contexto realista para el entrevistado, un ambiente controlado y sin riesgos y el hecho de que no se necesiten datos de respaldo ni normas.

Fuente: Chad Rubel, "Researcher Praises On-Line Methodology", en *Marketing News* 30, núm. 12, 3 de junio de 1996, p. H18.

Factores para elegir el método de encuesta apropiado

Los investigadores deben considerar varios factores al elegir un método de encuesta. Como se desprende de la exposición anterior, los investigadores sólo están limitados por su imaginación. Elegir cualquier método de comunicación que les parezca interesante o conveniente puede no arrojar datos puros o esquemas útiles y costeables. Por ejemplo, al determinar el método adecuado de comunicación, el investigador debe considerar varios factores y características importantes, como las que se refieren en la figura 9.5. En las siguientes secciones vamos a detallar estas características de la situación, la tarea y el entrevistado.

Características de la situación

En una situación ideal, el único punto de interés del investigador sería la recolección de datos exactos y completos. Sin embargo, vivimos en un mundo imperfecto y los investigadores deben contemplar los objetivos rivales y a menudo contradictorios de presupuesto, plazos y calidad de los datos. En casi todos los métodos de investigación por encuestas, la meta es producir datos puros y estructuras aprovechables en el plazo más breve y al costo más bajo. Encontrar el equilibrio óptimo entre los factores es una tarea complicada. Es fácil generar grandes cantidades de datos en poco tiempo si se hace caso omiso de la calidad, y una calidad superior se consigue con métodos costosos y que demandan tiempo. Al elegir la metodología, el investigador considera juntas todas las características de la situación.

FIGURA 9.5 **Factores importantes al elegir un método de encuesta**

Factores y características	Temas y preguntas importantes
Características de la situación	
Presupuesto de recursos disponibles	¿Cuántos recursos apropiados pueden destinarse al proyecto? ¿Cuál es la suma total y las horas de trabajo disponibles para ejecutar las actividades del proyecto de recabar los datos puros, elaborar las estructuras de datos y generar y presentar la información? ¿Cuál es el costo de reunir los datos requeridos?
Plazo de terminación	¿Cuánto tiempo se necesita para terminar el proyecto de investigación? ¿En cuánto tiempo hay que concluir las actividades de recolección de datos, análisis y generación de la información?
Requisitos de calidad de los datos	¿Qué tan exacta y representativa es la información derivada para el problema de investigación? *Completa*: ¿Cuánta información y con qué detalle se necesita para el problema de investigación definido? *Generalizable*: ¿Con qué nivel de confianza quiere el investigador hacer inferencias sobre la población objetivo a partir de los resultados de los datos? *Precisión*: ¿Cuál es el margen de error aceptable en los resultados de los datos para que representen los parámetros de la población verdadera?
Características de la tarea	
Dificultad de la tarea	¿Cuánto esfuerzo requiere el entrevistado para responder las preguntas? ¿Cuánto debe trabajar para contestarlas? ¿Cuánta preparación se requiere para crear el ambiente deseado para los entrevistados?
Estímulos necesarios para suscitar una respuesta	¿Cuántos estímulos físicos necesitan los entrevistados? ¿Hay que usar estímulos específicos para incitar una respuesta? ¿Qué tan complejos deben ser los estímulos?
Cantidad de información necesaria	¿Qué tan detalladas tienen que ser las respuestas del entrevistado? ¿Se requerirá sondeo? ¿Cuántas preguntas debe haber? ¿Cuánto se espera que tarde el entrevistado?
Delicadeza del tema investigado	¿En qué medida tiene la encuesta preguntas delicadas de naturaleza social, política o personal?
Características del entrevistado	
Diversidad	¿Qué semejanzas hay entre los posibles entrevistados? ¿Cuántas características comunes deben tener?
Tasa de incidencia	¿Qué porcentaje de la población objetivo tiene las características fundamentales para su inclusión en la encuesta?
Grado de participación en la encuesta	¿Son capaces los entrevistados seleccionados de emprender completamente el proceso de preguntas y respuestas? ¿Cuál es la capacidad de las personas para participar? ¿Cuál es la disposición de las personas a participar? ¿Cuál es el grado de conocimientos que se requiere de las personas que participan en la encuesta?

Presupuesto de recursos disponibles

El factor presupuestal se refiere a la cantidad de recursos con que cuenta el investigador. En general, se piensa en el presupuesto como el gasto del dinero, pero otros recursos, como el tamaño del personal, tienen efectos restrictivos similares. Todos los investigadores enfrentan restricciones presupuestarias. Los recursos disponibles para un estudio tienen un efecto grande en la elección del método. Por ejemplo, si sólo se tienen 500 horas en el departamento de investigación, sería imposible realizar más de 1 000 entrevistas personales de media hora cada una. El investigador podría elegir un método de correo directo porque preparar la forma de la encuesta, enviarla y recopilar las respuestas tomaría mucho menos tiempo que las entrevistas personales. De manera semejante, un presupuesto de 20 000 dólares para un estudio de 1 000 personas limita al investigador a hacer un gasto de 20 dólares por persona. Dadas estas restricciones, podría preferir una encuesta telefónica, ya que el costo por respuesta sería mucho menor que en una entrevista personal. Debe advertirse que no se requiere que los investigadores gasten todo el dinero presupuestado ni que aprovechen todos los recursos humanos al realizar una encuesta cuantitativa, pero la mayoría tratará de que el diseño y las actividades de la investigación sean lo más costeables posible.

Las determinaciones presupuestarias en verdad son, con frecuencia, mucho más arbitrarias de lo que los investigadores preferirían. Sin embargo, es raro que el presupuesto sea el único determinante del método de encuesta. Mucho más a menudo se considera el presupuesto junto con los factores de calidad de los datos y plazos.

Plazo de terminación

Para que las decisiones de marketing y administración sean eficaces, deben tomarse en cierto periodo, llamado marco temporal, que tiene mucho que ver con el método de recolección de datos. Unos marcos muy grandes dan al investigador la ventaja de elegir el método que producirá los mejores datos. Sin embargo, en muchos casos el plazo es mucho más breve y obliga al investigador a escoger un método que quizá no sea el ideal. Algunos métodos de encuestas de datos primarios, como el correo directo o las entrevistas personales, requieren marcos temporales relativamente tardados. Otros métodos, como las encuestas telefónicas o en centros comerciales, se hacen más de prisa.

Requisitos de calidad de los datos

La calidad de los datos es un asunto muy complejo que abarca los temas de medición escalar, diseño de cuestionarios y de muestras y análisis de los datos. Así, la calidad de los datos es demasiado complicada para exponerla en esta breve sección, pero un repaso somero de tres temas fundamentales ayudará a explicar el impacto de la calidad de los datos en la selección de los métodos de encuestas. En los capítulos 12 a 14 se da un tratamiento más detallado de esta materia.

La primera clave de la calidad de los datos es que estén completos. El *carácter completo* se refiere a la profundidad y amplitud de los datos. Si el investigador tiene datos completos, puede pintar todo el cuadro, describir totalmente la información de cada entrevistado. Los datos incompletos perderán detalles y producirán un cuadro que en partes sea vago u oscuro. Las entrevistas personales pueden ser muy completas, en tanto que no lo son las encuestas por correo. En algunos casos, la profundidad de la información necesaria para tomar una decisión meditada determinará que una entrevista personal la profundidad es el método apropiado. En otros casos, una encuesta telefónica con tiempos reducidos de llamada y respuesta puede ser la opción conveniente.

El segundo aspecto de la calidad de los datos es su *carácter generalizable* que, como se indicó en capítulos anteriores, se refiere a que los datos sean un retrato fidedigno del conjunto de la población objetivo. En contraste, los datos que no pueden generalizarse no reflejan a toda la población. En esta situación, sólo llevan a estimaciones y quizá sólo representan a los entrevistados que contestaron. Por ejemplo, se piensa que los datos primarios de las encuestas por correo son menos generalizables debido a la baja tasa de respuesta o a las muestras pequeñas.

El tercer aspecto de la calidad de los datos es la *precisión*, que está relacionada con el carácter completo y es el grado de exactitud de los datos puros en relación con otras respuestas posibles en el plano de la población. Por ejemplo, supóngase que una compañía automovilística quiere saber qué colores serán los de moda para sus nuevos modelos. Los entrevistados pueden indicar su preferencia por un color brillante. El aspecto del carácter completo se referiría aquí, por ejemplo, a la preferencia por el rojo, en tanto que la precisión remite a la predilección por el rojo antes que el azul por un margen de dos a uno. Si todo lo que queremos saber es que se prefieren los colores brillantes, bastarán datos bastante incompletos e imprecisos. Si deseamos saber que el rojo es el color preferido por un margen de dos a uno, necesitamos datos completos y precisos. Las entrevistas por correo arrojan resultados precisos, pero no siempre serán los más generalizables. Las encuestas telefónicas tal vez sean generalizables, pero les falta precisión por la brevedad de las preguntas y las entrevistas.

Características de la tarea

Las características de los requisitos de tareas impuestos a los entrevistados también influyen en el método de encuesta usado para recopilar los datos. Estas características pueden clasificarse en cuatro áreas: 1) dificultad de la tarea, 2) estímulos necesarios para suscitar una respuesta del entrevistado, 3) cantidad de la información que se le pide al entrevistado, y 4) delicadeza del tema de investigación.

Dificultad de la tarea

Dificultad de la tarea Cuánto tiene que esforzarse el entrevistado y cuánta preparación necesita el investigador.

La **dificultad de la tarea** se refiere a cuánto necesitan trabajar los entrevistados. Por ejemplo, las pruebas de degustación requieren que los participantes prueben alimentos preparados en condiciones muy controladas. En este ejemplo, la dificultad de la tarea radica ante todo en crear exactamente el mismo estímulo para todos los participantes. En otros casos, un entrevistado tendrá que esforzarse para responder las preguntas. A veces las pruebas de preferencia de marca o productos consisten en artículos muy similares, y por tanto son laboriosas para los entrevistados. En términos generales, cuanto más complejo es el ambiente de la encuesta, más necesario es que un individuo capacitado aplique la entrevista o formule las preguntas. Cualquiera que sea la dificultad de la tarea, el investigador debe tratar de que los entrevistados respondan fácilmente todas las preguntas.

Estímulos necesarios para suscitar respuestas

Los investigadores a menudo necesitan exponer a los entrevistados a algún estímulo para suscitar una respuesta. Los estímulos pueden consistir en productos (como en las pruebas de degustación), carteles de promoción (como en la investigación de publicidad) o cierto material para manifestar la opinión del entrevistado. Como regla general, se precisa alguna intervención personal en situaciones en que los entrevistados tienen que tocar, ver o probar. Es muy difícil para el investigador mantener el control sobre esas situaciones sin un entrevistador capaz. Por ejemplo, en la investigación de conceptos de productos, los entrevistados tienen que ver y tocar el artículo con el fin de formarse una opinión.

La forma concreta de la entrevista personal varía. No siempre es necesario diseñar una entrevista de una sola persona. Por ejemplo, las personas pueden llegar a una central para una prueba de degustación o se pasan videos a los compradores de un centro comercial para obtener su opinión sobre la publicidad.

Cantidad de información necesaria

Los investigadores siempre buscan la manera de obtener más datos o respuestas de los entrevistados, pero éstos tienen límites de tiempo, conocimientos y paciencia, entre otros. En términos generales, si se requiere que los entrevistados den mucha información detallada, aumenta la necesidad del trato personal con un entrevistador capacitado. Por el contrario, si se requiere información muy simple y en montos parcos, hace falta poco trato con un entrevistador.

En tanto que algunas personas se resisten a las encuestas largas por correo, esto puede no ser la causa de caídas notables en la tasa de respuestas. Aunque algunos terminarán entrevistas largas en los centros comerciales, otros no tolerarán ni las breves. También la gente cuelga en las entrevistas prolongadas. La tarea del investigador es conseguir la mejor concordancia entre el método de encuesta y la cantidad de información que requiere. En consecuencia, tiene que evaluar los equilibrios entre recibir más información y correr el riesgo de cansar al entrevistado.

Delicadeza del tema

Delicadeza del tema Grado al que una pregunta de la encuesta lleva al entrevistado a dar una respuesta aceptable desde el punto de vista social.

En algunos casos, el problema definido de información exige que los investigadores formulen preguntas delicadas desde el punto de vista personal o social. La **delicadeza del tema** es el grado al que una pregunta de la encuesta orilla al entrevistado a dar una respuesta aceptable por la sociedad. En general, se trata de preguntas sobre el ingreso, política, religión e higiene personal. En estos ámbitos, y en algunos más, el investigador debe ser cuidadoso. Cuando les preguntan sobre un tema delicado, algunos entrevistados piensan que tienen que dar respuestas convenientes aunque opinen o se conduzcan de otra manera. Además, algunos se niegan a responder preguntas que consideran demasiado personales o delicadas; otros más incluso dan por concluida la entrevista. Por lo regular, los temas de investigación menos delicados son los que se relacionan con preferencias de marcas, hábitos de compra y grado de satisfacción. Los entrevistados no consideran que estas preguntas invadan su privacidad o que de alguna manera sean problemáticas. Otro tema delicado es la confidencialidad de la competencia: a veces el cliente patrocinador de las investigaciones no quiere que encuestas escritas caigan en manos equivocadas (es decir, en poder de la competencia).

Características de los encuestados

Puesto que casi todos los proyectos de investigación de mercados se dirigen a grupos específicos de personas, el tercer factor importante al elegir el método de encuesta apropiado es el de las características de los entrevistados. El grado al que los miembros del grupo objetivo compartan características tendrá alguna influencia en el método elegido. La siguiente exposición se enfoca en tres características de los entrevistados: diversidad, incidencia y participación.

Diversidad

Diversidad Grado al que los entrevistados comparten características.

La **diversidad** de los entrevistados se refiere al grado en que comparten características. Cuanto más diversos o heterogéneos sean los encuestados, menos semejanzas comparten. Cuanto menos diversos o más homogéneos sean los participantes, más semejanzas tendrán. Por ejemplo, si la población objetivo definida está especificada como de personas que cuentan con máquina de fax, la diversidad es poca y una encuesta por fax puede ser un método eficaz y costeable. Sin embargo, si la población objetivo no tiene acceso a tal máquina de fax (muy diversa), es probable que la encuesta por fax no consiga reunir los datos puros primarios necesarios.

Hay casos en los que el investigador puede asumir que una característica o conducta personal la comparten muchos individuos de la población objetivo cuando, en realidad, son muy pocos. Por ejemplo, hay diferencias muy significativas en las tasas de números telefónicos privados. En algunas regiones (como ciertas poblaciones rurales pequeñas), la tasa de números privados es muy baja, mientras que en otras (en las grandes zonas metropolitanas) es muy alta.[16] Si los investigadores aplicaran métodos de encuestas telefónicas que meramente eligieran a los posibles entrevistados a partir de los números del directorio, habría problemas importantes en cuanto a la exactitud de los resultados. Es posible que quienes tienen números privados sean diferentes en algún sentido significativo de quienes dejan su número en el directorio. En general, cuanto más diversa sea la población objetivo, mayor es la necesidad de intervención de un entrevistador capacitado. Por ejemplo, los sondeos de opinión acerca de la reforma de los servicios sociales, el gasto gubernamental y la educación se realizan normalmente por vía telefónica, porque la mayoría de las personas tienen opiniones sobre estos temas. Compárese con la situación en la que Mazda Motor Corporation quiere preguntarles a los dueños de coches sobre su satisfacción con el servicio brindado. En este caso, con una población objetivo menos diversa, una encuesta por correo sería con mayor probabilidad el método elegido.

Tasa de incidencia

Tasa de incidencia Porcentaje de la población general que es sujeto de la investigación de mercado.

El término **tasa de incidencia** se refiere al porcentaje de la población general que es sujeto de la investigación de mercados. En ocasiones el investigador está interesado en una parte grande de la población; en estos casos la tasa de incidencia es elevada. Por ejemplo, la tasa de incidencia de los manejadores de autos es muy elevada entre la población. En cambio, si el grupo definido es pequeño en relación con el total, la tasa de incidencia es baja. La tasa de incidencia de pilotos aviadores en la población general es mucho menor que la de automovilistas. Normalmente, la tasa de incidencia se expresa como un porcentaje. Así, una tasa de 5% significa que cinco de cada 100 miembros de la población posee las características que se buscan en un estudio.

El problema persistente de ponerse en contacto con los posibles entrevistados complica el factor de incidencia. Por ejemplo, un investigador pudo haber tenido mucho cuidado al elaborar una lista de encuestados potenciales para una encuesta telefónica, pero luego descubre que un buen número de ellos se mudaron, cambiaron de teléfono o están desconectados (sin que se aclare la razón). En este caso, la tasa de incidencia será menor que la esperada.

Como se imaginará, la tasa de incidencia puede tener un impacto en el costo de realizar la investigación. Cuando la tasa es muy baja, el investigador dedicará mucho más tiempo y dinero a localizar y conseguir la cooperación de suficientes entrevistados. En las situaciones de baja incidencia, las entrevistas personales se harían muy esporádicamente, puesto que es demasiado caro encontrar a los individuos adecuados. En casos en que los grupos definidos están dispersos, una encuesta por correo sería la mejor opción. En otros casos, las encuestas telefónicas serían muy eficaces como método de selección. Por ejemplo, los individuos que aprueban la selección telefónica recibirían una encuesta por correo. Al hacer investigación de mercados, el investigador tiene el objetivo de reducir el tiempo y el costo de búsqueda de los entrevistados potenciales, a la vez que incrementa la cantidad de datos concretos aprovechables.

Grado de participación en la encuesta

La participación de los entrevistados se divide en tres formas básicas: capacidad, disposición y conocimientos sobre el tema u objeto.

Capacidad de participar Aptitud del entrevistador y el entrevistado de reunirse para un intercambio de preguntas y respuestas.

La **capacidad de participar** se refiere al potencial del entrevistador y el entrevistado de reunirse en un intercambio de preguntas y respuestas. La capacidad del entrevistado de manifestar sus pensamientos al investigador o entrevistador es una consideración importante al elegir el método. Es muy frustrante para el investigador encontrar un entrevistado potencial que está dispuesto a responder, pero que por alguna razón es incapaz de participar en el estudio. Por ejemplo, las entrevistas personales requieren una sesión sin interrupciones. Encontrar una hora para entrevistar a un ejecutivo ocupado puede representar problemas tanto para el investigador como para el ejecutivo. Aunque algunos compradores quieran participar en una encuesta en un centro comercial, tienen prisa por recoger a sus hijos en la escuela o guardería. Un optometrista podría tener nada más que cinco minutos hasta el paciente próximo. La lista de distracciones es interminable. Un método como el correo directo, en el que el tiempo requerido para contestar las preguntas no tiene que ser continuo, es una alternativa atractiva en estos casos.

Como ilustra el ejemplo anterior, el problema de incapacidad de participar es muy común. Para superarlo, por ejemplo, la mayoría de las encuestas telefónicas permiten que se llame al entrevistado en otro momento más conveniente, lo que expresa la regla general de que los investigadores de mercados hagan todo lo posible por respetar las restricciones de tiempo de los participantes.

Disposición a participar Inclinación o voluntad del entrevistado a compartir sus opiniones.

El segundo componente de la participación de los posibles entrevistados es su **disposición a participar**, que es, simplemente, su inclinación o resolución de compartir sus opiniones. Algunas personas responderán porque tienen algún interés en la materia. Otras no lo harán porque no están interesadas, quieren resguardar su privacidad o les parece que el tema es objetable por alguna razón. En cualquier caso, tiene lugar un proceso de autoselección. La encuesta elegida para recopilar los datos tiene un efecto en este proceso. A la gente se le facilita mucho más ignorar una encuesta por correo o colgar una llamada telefónica que rehusarse a una persona en un centro comercial o un entrevistador que llega a su casa.

Grado de conocimientos Medida en que los entrevistados seleccionados piensan que tienen conocimientos o experiencia con los temas de la encuesta.

El **grado de conocimientos** se refiere a la medida en que los encuestados elegidos creen que conocen o tienen experiencia con el tema de la encuesta. Los conocimientos de los entrevistados cumplen una función crítica sobre si emprenden o no el intercambio de preguntas y respuestas de todos los métodos de encuestas. Este componente del conocimiento tiene también repercusiones directas en la calidad de los datos recopilados. Por ejemplo, un gran fabricante de software de computadora quería identificar los factores fundamentales con que los mayoristas de volumen reducido deciden qué sistema de seguimiento electrónico de inventario (*electronic inventory tracking system, EITS*) necesitarían para mejorar su servicio de entrega justo a tiempo a los minoristas. El fabricante decidió realizar una encuesta telefónica entre un grupo selecto de 100 mayoristas de volumen reducido que en ese momento no tenían ningún tipo de EITS. En el proceso de tratar de fijar el primer contacto entre el entrevistador

La investigación de cerca

Implicaciones para la pequeña empresa

Los granjeros dicen lo que piensan

"Los agricultores, como grupo y cuando se comparan con la población en general, muestran más cooperación en las encuestas telefónicas", dice Tony Blum, vicepresidente de Market Directions, Inc., de Kansas City. Sin embargo, es posible que no se sostenga esta elevada tasa de respuesta. En un estudio reciente de agricultores del medio oeste que poseían más de 250 acres y habían participado en estudios de investigación anteriores, Blum encontró que tenían una actitud negativa y escéptica hacia la investigación de mercados.

En el estudio, Blum encontró que 78% de los agricultores estaba en algún grado de desacuerdo con la declaración de que la investigación de mercados tiene una utilidad y que 44% pensaba que responder los sondeos de opinión era una pérdida de tiempo. Un enorme 92% dijo que no creía completamente que las encuestas le dieran a la gente la oportunidad de retroalimentar a los fabricantes.

Con todo, la tasa de respuesta entre los agricultores es muy elevada. En el estudio de Blum, que no daba incentivos, participaron 70% de los llamados. Esta respuesta es aproximadamente el doble que la tasa que tiene Market Directions con los que no son granjeros. Los incentivos aumentan la tasa incluso de aquéllos. Cenex/Land O' Lakes Ag Services, de St. Paul, Minnesota, encuentra que para los agricultores 5 a 10 dólares por una entrevista de 30 minutos es una compensación justa. Growthmark, de Bloomington, Illinois, encuentra que para su encuesta usual de cuatro páginas 2 dólares parecen funcionar. Blum dice que el incentivo de 5 dólares es la mejor suma para ofrecer a los agricultores. De acuerdo con él, 86% de los granjeros participan en sus estudios con esa cantidad. La tasa de respuesta es prácticamente idéntica con incentivos de 2 y 10 dólares, en 80 y 81%, respectivamente. La falta de incentivos reduce la tasa a 70 por ciento.

Mantener una tasa de respuesta elevada entre los granjeros es importante para los investigadores agrícolas. Los estudiosos postulan que cambiar las actitudes de ellos en cuanto al valor de la investigación de mercados a largo plazo es la clave para tener tasas altas. Los investigadores piensan que compartir los resultados con los agricultores, incluso en forma de resumen, ayudaría a revelarles el valor de los estudios. Exhortan a las compañías a hacer un seguimiento con los agricultores y decirles que efectúan cambios de acuerdo con lo que aprenden en las investigaciones. El problema de entregar a esas personas los resultados de las investigaciones, al menos de acuerdo con un investigador de mercados, es que quieren resultados sustanciosos, pero quizá el patrocinador no quiera compartir la sustancia.

Fuente: Debby Hartke, "What Farmers Think of Market Research", en *Agri Research* 34, núm. 3, marzo de 1996, pp. 54-58.

y el entrevistado para aplicar la encuesta, los encuestadores telefónicos capacitados observaron una respuesta "no interesado" de aproximadamente 80%. Al sondear la respuesta, descubrieron que la mayoría de los entrevistados no podían identificarse con la solicitud de información hecha por los encuestadores. Pensaban que no sabían lo suficiente de los detalles del EITS para analizar los factores de la decisión solicitada. Como regla general, cuanto más detallada sea la información que se necesita en una investigación por encuestas, mayor es el grado de conocimientos que deben tener los participantes. El grado de conocimientos o experiencias con los temas investigados que tengan los entrevistados influirá directamente en su capacidad y disposición de participar en el estudio.

Con el paso de los años, los investigadores se han esforzado por idear e implantar diversas estrategias para aumentar los niveles de participación del conjunto de entrevistados. Una estrategia muy usada consiste en ofrecer algún incentivo, que puede ser un regalo en dinero o artículos como una pluma, un cupón para canjearlo por un producto alimenticio o la admisión a un sorteo. Por ejemplo, supóngase que el investigador decide reunir datos puros mediante un diseño de entrevistas personales. Una estrategia para aumentar la tasa general de respuesta sería ofrecer a los entrevistados dinero, muestras de productos o camisetas. Otra estrategia sería entregar personalmente el cuestionario a los entrevistados potenciales. En los diseños de encuestas que comprenden grupos, los investigadores pueden valerse de las influencias sociales para aumentar la participación. Es importante señalar que las estrategias de incentivos no deben promoverse como un "premio" por participar. Las recompensas pueden ser un motivador equivocado para las personas que deciden participar en una encuesta. En general, el investigador trata de asegurar todas las participaciones para evitarse los problemas de una desviación por falta de respuestas. En el recuadro se exponen las implicaciones de un caso concreto para la pequeña empresa acerca de la participación de agricultores en encuestas.

Generalidades de los errores en los métodos de encuestas

Los errores reducen rápidamente la exactitud y la calidad de los datos directos que reúne el investigador de mercados para resolver problemas de las empresas. Para tomar la mejor decisión posible, los administradores de las empresas deben estar en posición de determinar algo respecto de la exactitud general de los datos puros y la información resultante proporcionada por el investigador. En cualquier diseño de investigación, sea cuantitativa o cualitativa, hay muchas oportunidades para que los investigadores descuidados cometan errores. Esto es cierto particularmente en los diseños de investigación por encuestas. Todos los errores posibles pueden clasificarse como *de muestreo aleatorio* o *no muestrales*. En la figura 9.6 se sintetizan los principales errores de los métodos de investigación por encuestas. Los investigadores deben estar conscientes de ellos y tratar de eliminarlos, o al menos controlarlos. Como se muestra en la figura, hay muchos tipos de errores sistemáticos que ponen en peligro el éxito de cualquier método de encuestas. Asimismo, los errores se presentan en cualquier fase de la investigación de información.

Error muestral aleatorio

Cualquier diseño de investigación que requiera recopilar datos de una muestra tomada en la población objetivo tendrá cierto grado de error en los resultados simplemente por alguna forma de posibilidad aleatoria natural de que ocurran o por fluctuaciones azarosas en las estimaciones de los datos. En términos simples, el error muestral aleatorio es la diferencia medida estadísticamente entre los resultados muestreados reales y los resultados estimados en la población verdadera. Este error recibe una influencia inversa del tamaño de la muestra. A medida que la muestra aumenta, el error muestral decrece. En el capítulo 11 y en otros capítulos posteriores en los que tratamos el análisis de datos, nos ocupamos detalladamente del error muestral aleatorio.

FIGURA 9.6 Errores en los métodos de encuestas (descripción y orígenes)

Errores del entrevistado

Error por falta de respuesta. Ocurre cuando no se incluyen bastantes de los entrevistados potenciales en la muestra final de un estudio. Los resultados de una parte de la población no representada o mal representada cuando el fondo de respuestas es diferente de manera sistemática y significativa de los entrevistados que sí respondieron.

Principales desviaciones:

Rechazo. Cuando un entrevistado potencial no está dispuesto a participar en el intercambio de preguntas y respuestas.

No está en casa. Cuando los intentos razonables por ponerse en contacto con el entrevistado no consiguen una reunión con el entrevistador.

Dirección equivocada. Cuando la dirección del posible entrevistado no está actualizada o activa.

Teléfono equivocado. Cuando el número telefónico de un posible entrevistado ya no da servicio o está incorrecto en la lista de la muestra.

Error en las respuestas. Ocurre cuando un número significativo de los entrevistados equivoca sin querer o deliberadamente falsea sus respuestas.

Principales desviaciones:

Hostilidad. Respuestas que surgen de sentimientos de ira o resentimiento engendrado por la tarea de la respuesta.

Sanción social. Respuesta fundada en lo que se percibe como aceptable o respetable en la sociedad.

Prestigio. Respuesta destinada a mejorar la imagen del entrevistado a los ojos de los demás.

Auspicio. Respuesta dictada por la imagen u opinión del patrocinador, más que por la pregunta.

Inercia. Respuesta influida por la tendencia general a dar respuestas positivas o negativas.

Disposición mental. Cogniciones o percepciones basadas en la influencia de las respuestas anteriores sobre las últimas.

De extremos. Respuestas influidas por la claridad de los puntos extremos de la escala y la ambigüedad de las opciones centrales.

De aquiescencia. Respuesta basada en la percepción del entrevistado de lo que el patrocinador considera deseable.

Errores de medición y diseño

Error en la elaboración de constructos. Ocurre cuando el investigador no identifica bien o completamente dimensiones importantes de los temas o constructos de la investigación. Los datos necesarios resultan mal definidos o se cometen errores sobre lo que debe ser el acumulado general de los conceptos y constructos cruciales que se investigan.

Principales desviaciones:

Constructos incompletos. Sólo se satisfacen en parte los requisitos de los datos. Se elaboran lineamientos inapropiados para las mediciones de escala y las actividades de diseño del cuestionario.

Poca confiabilidad o validez. No se conserva la validez de los constructos, lo que aumenta la probabilidad de recopilar datos irrelevantes o de poca calidad.

Error en las escalas de medición. Ocurre cuando se introducen imprecisiones en las medidas de escalas usadas para recabar datos puros primarios. Los errores proceden de preguntas, arreglos, atributos escalares o puntos de escalas inapropiados con que se representan las respuestas de los entrevistados.

Principales desviaciones:

Falta de precisión. Disminuye la confiabilidad de la calidad de los datos.

Falta de poder discriminatorio. Los entrevistados encuentran dificultades para la expresión adecuada de la sensibilidad entre respuestas posibles; los datos no sirven para detectar diferencias pequeñas.

Ambigüedad de las preguntas o disposiciones. Confunde o distrae al entrevistado.

Descriptores de escalas inadecuados. Se reúnen datos erróneos o incompletos. Se reduce notablemente la capacidad del investigador para generar información significativa.

Error en el diseño del instrumento de encuesta. Representa una "familia" de errores de diseño o formato que arrojan un cuestionario que no reúne correctamente los datos puros apropiados. Estos errores no muestrales limitan la generalización, confiabilidad y validez de los datos recopilados.

Principales desviaciones:

Secuencia incorrecta de las preguntas. Corrompe los datos y reduce su calidad.

Falta de instrucciones. Aumenta la probabilidad de desviaciones en las respuestas por mala interpretación. Disminuye la calidad de los datos.

Longitud del cuestionario. Aumenta los errores por falta de respuesta. Reduce la posibilidad de generalizar los datos y la información.

Error en el análisis de los datos. Representa un grupo de errores que se relacionan con someter los datos puros a procedimientos de análisis inapropiados.

Principales desviaciones:

Análisis inapropiado. Crea estructuras de datos equivocadas y puede llevar a errores de interpretación.

Desviación de pronóstico. Hechos y estimaciones estadísticas equivocadas invalidan la capacidad del investigador de predecir y comprobar relaciones entre factores importantes.

(*continúa*)

FIGURA 9.6 Errores en los métodos de encuestas (descripción y orígenes), (*continuación*)

Error de interpretación. Transformaciones inadecuadas de las estructuras de datos y resultados de los análisis en información para uso del administrador.

Principales desviaciones:

Desviación de interpretación. Cuando el investigador o el administrador hace una inferencia equivocada sobre el mundo real o la población objetivo a causa de algún factor externo.

Percepción selectiva. Situaciones en las que el investigador o el administrador toma sólo una parte selecta de los resultados de la encuesta para dar una imagen modificada de la realidad.

Errores administrativos

Error en el procesamiento de los datos. Ocurre cuando los investigadores no transfieren bien o completamente los datos puros de los entrevistados a los archivos electrónicos.

Principales desviaciones:

Errores de codificación de los datos. Asignación incorrecta de los códigos de cómputo a las respuestas de los entrevistados.

Errores de captura de datos. Asignación incorrecta de los códigos de cómputo en su ubicación predeterminada en los archivos electrónicos de datos.

Errores de corrección de datos. Procedimientos descuidados de verificación de los datos en los archivos electrónicos.

Error del entrevistador. Ocurre cuando el entrevistador distorsiona de manera sistemática la información que dan los entrevistados durante o después del encuentro. Los errores proceden de anotación incorrecta, representación equivocada inconsciente o fraude.

Principales desviaciones:

Mala representación inconsciente. Ocurre cuando el entrevistador induce sin quererlo un esquema de respuestas que no es indicativo de la población objetivo definida.

Errores de anotación. Cuando el entrevistador marca o anota una respuesta que no dio el entrevistador.

Fraude. Representa la falsificación deliberada de las respuestas del entrevistado.

Error del diseño de la muestra. Representa imprecisiones sistemáticas creadas por usar un diseño muestral defectuoso para identificar y ponerse en contacto con los entrevistados "correctos" elegidos que integran una sección transversal representativa de la población objetivo definida. Estos errores no muestrales limitan la generalización, confiabilidad y validez de los datos recolectados.

Principales desviaciones:

Error de especificación de la población. Representa una definición incorrecta de la población objetivo verdadera en la pregunta de investigación.

Error de selección muestral. Ocurre cuando se toma una muestra inadecuada de la población objetivo por causa de procedimientos muestrales incompletos o defectuosos o por no seguir los procedimientos correctos.

Error del marco muestral. Ocurre cuando se toma una muestra de una lista incompleta de posibles entrevistados.

Errores no muestrales

En la investigación por encuestas, la contraparte del error muestral estadístico es el error no muestral, o error sistemático. Representa todos los errores que pueden formar parte de un diseño de investigación por encuestas y que no se relacionen con el tamaño ni el método muestral. Los errores no muestrales se reducen a cuatro grandes grupos de orígenes: error del entrevistado, error del diseño o la medición del investigador, definición incorrecta del problema y error de aplicación del investigador.

Cualquiera que sea el método de investigación por encuestas con el que se recaben datos puros de los entrevistados, hay varias características comunes entre todos los errores no muestrales. En primer lugar, tienden a generar alguna forma de "variación sistemática" en los datos puros que no se considera una ocurrencia o una fluctuación natural de parte de los entrevistados. Las variaciones sistemáticas son resultado de imperfecciones en el diseño de la encuesta o de errores cometidos en la ejecución de la investigación. En segundo lugar, los errores no muestrales se controlan. Surgen de algún traspié humano ya en el diseño, ya en la ejecución del diseño. En consecuencia, la responsabilidad de reducirlos o eliminarlos recae lisa y llanamente sobre los hombros del investigador y exige que se impongan controles (o reglas) durante el diseño y la ejecución de cualquier proyecto de investigación por encuestas.[17] Tercero, a diferencia de los errores muestrales aleatorios, que se miden de manera estadística, estos errores no pueden medirse directamente con una fórmula estadística. Por último, los errores no muestrales son interactivos; un tipo puede inducir otros en el proceso de recolección de datos. Los errores no muestrales guardan una relación recíproca y directa. Por ejemplo, cuando el investigador diseña un instrumento de encuesta débil, los errores (por ejemplo, preguntas malas) pueden generar equivocaciones en los entrevistados tales como anticipación, extremismo o aceptación social (los cuales se abordaran en capítulos posteriores). En general, los errores no muestrales reducen la calidad de los datos reunidos y de la información que se entrega al administrador. Para una exposición y ejemplos de los errores que preocupan a los investigadores en los estudios de encuestas, visite el sitio en internet del libro, *www.mhhe.com/hair*.

Resumen de los objetivos de aprendizaje

Explique las ventajas y desventajas de los diseños de investigación por encuestas, descriptivos y cuantitativos, para recoger datos puros primarios.
Algunas de las principales ventajas de recopilar datos puros primarios de los entrevistados con diseños de encuesta son: capacidad de abarcar muestras grandes, generalización de los resultados, capacidad de distinguir diferencias pequeñas entre grupos muestreados, facilidad de administrar y registrar preguntas y respuestas, mayor capacidad de aplicar análisis estadísticos avanzados y capacidad de ahondar en factores y relaciones latentes. En cambio, las principales desventajas de los diseños de investigación por encuestas se centran en las posibles dificultades para elaborar instrumentos de encuesta exactos, imprecisiones al preparar las mediciones escalares de los factores y limitaciones a la profundidad de las estructuras de datos. Además, los investigadores pueden perder el control de los plazos y las posibles tasas bajas de respuesta, entre otros problemas.

Exponga los métodos de encuestas con que cuentan los investigadores. Identifique y analice los factores que deciden la elección de un método.
Los métodos de encuestas se dividen en tres tipos generales. Uno es la *encuesta personal*, en la que hay un intercambio en persona entre el entrevistador y el entrevistado. En segundo lugar figura la *encuesta telefónica*, en la que el intercambio de preguntas y respuestas se hace por el teléfono. Ahora se usan computadoras de muchas maneras en las encuestas telefónicas, especialmente en las funciones administrativas, registro de datos y selección de números telefónicos. En tercer lugar se encuentra la *encuesta de respuesta individual*, en la que hay poco trato directo entre el investigador y el entrevistado, pues éste lee las preguntas y anota sus respuestas. Casi todos los métodos de encuestas mediante nuevas tecnologías son de respuesta individual, aunque algunos, como la realidad virtual, requieren la intervención humana.

Tres factores principales influyen en la elección del método de encuestas: las características *de la situación*, *de la tarea* y *del entrevistado*. En el caso de los factores de la situación, debe prestarse atención a elementos como los recursos disponibles, el plazo de terminación y los requisitos de calidad de los datos. Asimismo, el investigador debe considerar los requisitos generales de las tareas y preguntarse qué tan difíciles son, qué estímulos se necesitan para suscitar las respuestas, cuánta información es necesario que dé el entrevistado y en qué medida las preguntas tienen que ver con temas delicados. Por último, los investigadores deben interesarse en la diversidad de los posibles entrevistados, la tasa probable de incidencia y el grado de participación en la encuesta. Maximizar la cantidad y la calidad de los datos recopilados, a la vez que minimizar los costos y el tiempo de la encuesta, requiere que el investigador establezca equilibrios.

Explique el efecto de la revolución electrónica en la aplicación de diseños de investigación por encuesta.
Con los crecientes adelantos en las tecnologías de telecomunicaciones y cómputo, los investigadores cuentan con numerosas técnicas nuevas y rápidas para reunir datos puros primarios tomados de la gente. La gama de las técnicas nuevas no deja de aumentar y abarca métodos como la encuesta telefónica asistida por computadora, las técnicas totalmente automatizadas y las encuestas por correo electrónico, fax e internet. Hay pocas dudas de que los plazos para recopilar datos se reducirán significativamente con los nuevos métodos.

Identifique y describa las ventajas y desventajas de cada método de encuestas.
Es importante recordar que todos los métodos tienen ventajas y desventajas. Ninguno es la mejor opción en todas las circunstancias, ni tampoco el investigador está restringido a usar sólo uno. Las combinaciones innovadoras de métodos de encuestas pueden arrojar resultados excelentes, pues las ventajas de uno sirven para compensar las desventajas de otro.

Identifique y explique los errores que se presentan en la investigación por encuestas.
El investigador tiene que evaluar los errores de los resultados de la investigación. Todos los errores son *muestrales aleatorios*, o bien *no muestrales*. Los errores más grandes que pueden reducir por mucho la calidad de los datos proceden de fuentes que no son muestrales (sistemáticos). Los tres orígenes principales de errores son *del entrevistado* (es decir, falta de respuesta o respuesta tendenciosa), *de medición y diseño* (es decir, en la elaboración de constructos, mediciones de escala y diseño de instrumento de encuesta) y *administrativos* (es decir, en el procesamiento de datos, del entrevistador y del diseño de la muestra). En la investigación con encuestas, los errores sistemáticos reducen la calidad de los datos reunidos.

Términos y conceptos clave

Capacidad de participar 271
Delicadeza del tema 270
Dificultad de la tarea 269
Disposición a participar 272
Diversidad 270
Encuesta de panel de correo 261
Encuesta de respuesta personal 261
Encuesta entregada en casa 262
Encuesta por correo directo 261
Encuesta por correo electrónico 264
Encuesta por fax 262
Encuesta por internet 265
Encuesta telefónica 256
Encuesta telefónica asistida por computadora (CATI) 259
Encuesta telefónica completamente automatizada (CATS) 260
Encuestas realizadas por personas 254
Entrevista ejecutiva 255
Entrevista en centro comercial 255
Entrevista en el punto de compra 256
Entrevistas en el hogar 254
Grado de conocimientos 272
Métodos de investigación por encuestas 251
Tasa de incidencia 271

Preguntas de repaso

1. Identifique y analice las ventajas y desventajas de los métodos cuantitativos de investigación por encuestas, para recopilar datos puros primarios en investigación de mercados.
2. ¿Cuáles son los tres componentes fundamentales para determinar la calidad de los datos? ¿En qué difiere la consecución de la calidad en las encuestas personales y en las de respuesta individual?
3. Explique por qué los diseños de encuestas con un entrevistador capacitado son más apropiados que los diseños asistidos por computadora cuando la tarea es difícil y se requieren muchos estímulos.
4. Explique las principales diferencias entre las entrevistas en casa y en centros comerciales. Incluya sus ventajas y desventajas.
5. ¿Cómo influyen los errores de medición y diseño en los errores del entrevistado? Haga tres recomendaciones para que los investigadores aumenten las tasas de respuesta en las encuestas por correo directo y telefónicas.
6. ¿Qué temas posibles asociados con las conductas de los consumidores y los hábitos de compra serían muy delicados de abordar en una encuesta? ¿Cómo superan los investigadores las dificultades de reunir datos delicados?

Preguntas de análisis

1. Elabore una tabla cruzada de los factores con que se eligen los diseños de encuestas personales, telefónicas, de respuesta individual y asistidas por computadora. A continuación analice la conveniencia de dichos factores para cada diseño.
2. ¿Qué efecto tendrán los avances en las tecnologías de telecomunicaciones y cómputo en la investigación por encuestas? Defienda sus ideas.

3. Situación: El gerente regional de ventas de Procter & Gamble entrevista a sus representantes de ventas del medio oeste y les hace preguntas acerca del porcentaje de su tiempo que dedican a hacer presentaciones a posibles clientes nuevos, hablar por teléfono con clientes actuales, trabajar en la computadora y realizar las actividades de su puesto. ¿Qué posibles fuentes de errores se asociarían con las preguntas del gerente?

4. Revise la figura 9.6, en la que se refieren errores muestrales y no muestrales en los diseños de investigación por encuestas. Identifique cinco fuentes potenciales de errores que tengan implicaciones éticas directas. Escriba un informe breve en el que analice los temas éticos de cada fuente de errores y las estrategias que debería establecer el investigador para resolverlos.

5. **EXPERIENCIA EN INTERNET.** Repase la última encuesta de Gallup Poll (www.gallup.com) y evalúe el diseño utilizado. Escriba un informe de dos páginas en el que señale sus ventajas y desventajas.

ILUSTRACIÓN DE LA INVESTIGACIÓN DE MERCADOS

Determinación y planeación del método de encuestas apropiado

El estudio de la tarjeta de cliente preferido de los hoteles JP

Esta ilustración está destinada a integrar la información del capítulo sobre los métodos de investigación por encuestas con el ejemplo continuo de los Hoteles JP. El objetivo aquí se limita específicamente a ilustrar las actividades y decisiones del investigador al decidir qué modo de comunicación es apropiado al recurrir a los métodos de investigación por encuestas para recopilar datos primarios. Estas actividades comienzan normalmente en la fase II del proceso de investigación de información (elaborar el diseño de investigación apropiado). Para comprender mejor lo anterior, será útil que revise la información sobre el estudio de la tarjeta de cliente preferente de los Hoteles JP al final de los capítulos anteriores.

Selección y planeación del método de encuestas apropiado

Al principio, los objetivos de la investigación de información y los requisitos de datos identificados en la fase I del proceso de investigación cumplen una función crucial para determinar si debe acudirse a una observación, encuesta o experimento para recopilar los datos primarios necesarios. Antes, el investigador Alex Smith describió los cinco objetivos de información del estudio de la siguiente manera:

1. Determinar el uso de la tarjeta entre los clientes conocidos que la poseen.
2. Identificar y evaluar los privilegios del programa de la tarjeta, al igual que la importancia de ésta como factor para elegir el hotel con fines de negocios.
3. Determinar la conciencia entre los viajeros de negocios del programa de la tarjeta.
4. Determinar si los Hoteles JP deben cobrar una cuota anual por la posesión de la tarjeta.
5. Identificar las diferencias de perfiles entre usuarios constantes, moderados, esporádicos y no usuarios de la tarjeta.

Una evaluación de estos objetivos muestra que debe realizarse algún tipo de investigación descriptiva entre los poseedores de una tarjeta de cliente preferente de los Hoteles JP. Los requisitos de los datos indican la necesidad de información demográfica y sobre actitudes y conductas de los posibles entrevistados. Estos objetivos y requisitos de datos llevaron a Smith a decidir que un diseño de encuesta sería el enfoque más eficaz para reunir los datos necesarios. Ahora había que tomar una decisión en cuanto al modo de comunicación más asequible para formular las preguntas y registrar las respuestas. En otras palabras, había que decidirse por un esquema de entrevista personal, encuesta telefónica o encuesta de respuesta individual.

Aunque hay muchos factores que considerar, Smith realizó un análisis comparativo de los tres enfoques básicos de comunicación con algunas de las características de la situación, la tarea y los entrevistados que se refieren en la figura 9.5 (véase la página 237). Smith elaboró una matriz de evaluación (figura 1), y con sus conocimientos de los tres medios de comunicación, así como de sus ventajas y desventajas, hizo una evaluación cruzada de los métodos de encuestas calificando qué tan bien manejarían o conseguirían los factores anotados. Su sistema de calificación consistió en representar con 1 "excelente", 2 "bueno", 3 "malo" y N/A para "no se aplica". Al hacer las evaluaciones, en sus calificaciones influyeron factores como las consideraciones de costos y tiempos, la necesidad de usar escalas de múltiples atributos con descriptores multisensibles (véase el capítulo 13), la dificultad del proceso de preguntas y respuestas y la dispersión geográfica de la población objetivo definida.

FIGURA 1 Factores en la selección del diseño de encuesta

Factores	Entrevistas personales	Encuestas telefónicas	Encuestas de respuesta individual
Presupuesto de recursos			
Necesidad de dinero	3	2	1
Necesidad de personal	3	2	1
Tiempo total de terminación	3	1	2
Calidad de los datos			
Completos	1	3	2
Generalizables	1	2	2
Precisos	1	2	2
Dificultad de la tarea			
Cantidad de razonamiento	3	2	1
Tiempo de preparación	3	2	1
Requisitos de la información			
Monto de la información	1	3	2
Profundidad de la información	1	3	2
Tipo de datos	1	3	1
Longitud de la encuesta o entrevista	1	3	1
Delicadeza de los temas	3	2	1
Diversidad de los entrevistados	1	1	2
Dispersión geográfica	3	1	1
Tasa de incidencia	1	1	1
Tiempo de búsqueda y contacto	3	2	1
Participación en la encuesta			
Capacidad de participar	3	2	2
Disposición de participar	3	2	2
Grado de conocimiento de los temas	1	1	1
Costo general por entrevistado	3	2	1
Probable tasa de respuesta	1	2	2
Control de errores potenciales			
Errores del entrevistador	3	2	[N/A]
Errores de respuesta	2	2	2
Errores de no respuesta	1	2	2

La decisión sobre el diseño de investigación

Después de revisar los resultados, Smith determinó que el modo apropiado de comunicación para realizar la encuesta sería un informe de respuesta individual en el que los entrevistados seleccionados leerían y responderían las preguntas sin la ayuda de un entrevistador capacitado. ¿Cómo llegó a esa decisión? La interpretación inicial de los resultados de la evaluación cruzada señala que cualquiera de los tres modos de aplicar una encuesta descriptiva sería apropiado. No hay un método que sobresalga como el mejor. Todos tienen sus propias ventajas y desventajas.

En esta situación, influyó en la decisión final el hecho de que la población objetivo definida era de 17 000 viajeros de negocios dispersos en todo Estados Unidos. Por tanto, el uso de un diseño de entrevista personal requeriría contratar y capacitar muchos entrevistadores, o contratar y capacitar pocos pero aumentar notablemente el tiempo de localización y contacto para encontrarse con los encuestados. De cualquier manera, el aumento en los costos y los tiempos para reunir los datos necesarios superaba el factor de la calidad. Dados los requisitos de datos demográficos, de conductas y actitudes asociados con los cinco objetivos de investigación, la encuesta tendría que incluir un número significativo de escalas en las preguntas.

Además, algunas de éstas tendrían que llevar descriptores de escalas multisensibles para captar y satisfacer los requisitos de información del estudio. En consecuencia, el empleo de una encuesta telefónica no sería deseable por dos razones: primera, formular preguntas con tales descriptores genera una tarea difícil para que los entrevistados la realicen por teléfono, ya que no pueden visualizar fácilmente las alternativas de las escalas; segunda, los entrevistados son hombres de negocios que no contestarían una encuesta que tardara más de 7 a 10 minutos. Dados los objetivos de investigación enunciados y los requisitos de información, cualquier diseño de encuesta sería muy largo.

En esta situación de investigación, la encuesta de respuesta individual no tendría los mismos problemas que aquejan a las encuestas personales y telefónicas. En general, las encuestas de respuesta individual son más baratas que las alternativas. Las principales preocupaciones se centran en las posibles tasas bajas de respuesta, el control sobre los posibles errores por falta de respuesta, el marco de tiempo total para completar las actividades de recolección de datos y la calidad de éstos. Alex Smith estaba preocupado por estos inconvenientes, pero pensaba que una buena planeación y ejecución de los procesos del método de encuestas de respuesta individual los reducirían al mínimo sin dejar de satisfacer los requisitos de información del estudio.

Ejercicio práctico

Asuma el papel de Alex Smith, investigador asesor en el estudio de la tarjeta de cliente frecuente de los Hoteles JP (si es necesario, lo invitamos a que revise las ilustraciones al final de los capítulos 2 y 3 para que comprenda mejor la situación de Smith). Con sus nuevos conocimientos sobre los métodos de encuestas en línea, elabore una nueva figura 1 (página 250) añadiendo dos métodos cualquiera de encuesta asistida por computadora o en línea. Luego proceda y clasifique los cinco métodos con el mismo esquema de tres puntos descrito para todos los factores anotados. Después de generar los nuevos resultados, analícelos y responda estas preguntas:

1. Dadas las nuevas estructuras de datos en su tabla de factores de selección del diseño de la encuesta, ¿qué diseño recomendaría al equipo administrativo de los Hoteles JP? ¿Por qué?
2. ¿Hay que incluir otros factores de consideración en la tabla? ¿Cuáles, si los hay? ¿Por qué?
3. En esta nueva situación, ¿debe el equipo administrativo dar su aprobación final al proyecto de investigación? ¿Por qué?

capítulo 10

Técnicas de observación, experimentos y mercados de prueba

Objetivos de aprendizaje

Al terminar de leer el capítulo, usted podrá

1. Analizar las características, beneficios e inconvenientes de las técnicas de observación y explicar cómo se aplican para recolectar datos primarios.

2. Describir y explicar la importancia y las diferencias entre las variables usadas en los diseños de investigación experimental.

3. Explicar la importancia teórica y las repercusiones de las medidas de validez interna, externa y de constructo en los experimentos y en la interpretación de las relaciones funcionales.

4. Analizar los tres tipos principales de diseños experimentales usados en la investigación de mercados. Explicar las ventajas y desventajas de los diseños causales como medios para evaluar los resultados de las relaciones.

5. Explicar qué son los mercados de prueba, la importancia y las dificultades de ejecutar este diseño de investigación y cómo aprovechan los investigadores y los profesionales del marketing las estructuras de datos resultantes.

> **"Las investigaciones experimentales son los guardavías en el juego de la investigación científica. No consiguen mucha publicidad, pero la investigación no avanza sin ellas."[1]**
>
> **—GREGORY SCHADABERG**
> **Analista Senior de Investigación**
> **EMI Corporation**

R.J. Reynolds Tobacco: pruebas de marketing para medir la aceptación de nuevos productos

Todavía mareados por los efectos de su error de 2 000 millones de dólares con los cigarrillos Premier, en R.J. Reynolds Tobacco (RJR) vuelven a la carga para probar y evaluar un nuevo cigarrillo sin humo llamado Eclipse. Con los conocimientos aprendidos en el fracaso del cigarrillo sin humo Premier, RJR realiza una serie de extensas pruebas de mercado con Eclipse. En la actualidad, se realizan pruebas del producto en cinco mercados grandes de Estados Unidos. El objetivo general es aprender más de hábitos de consumo, aceptación y compras repetidas del nuevo cigarrillo sin humo. Los directores de la compañía están determinados a probar y evaluar todo el programa de marketing de Eclipse antes de tomar cualquier decisión sobre un lanzamiento nacional del producto. En varias ciudades se somete a prueba tanto el tamaño del paquete como del producto. Cigarrillos más largos, con paquetes planos y anchos, se vigilan y evalúan de acuerdo con las ventas a los clientes. Incluso se prueba la reacción de los consumidores al color del producto (café o el blanco tradicional). En una ciudad particular, el cigarrillo ostenta instrucciones sobre cómo encenderlo. Los cigarrillos sin humo no se queman como los cigarrillos comunes, así que muchos que se inician en su consumo los destruyen al encenderlos a la manera usual. Las instrucciones que se anexan a Eclipse sirven para evitar posibles confusiones de los clientes.

Se recurre a correo directo y muestras comerciales para evaluar los vehículos de comunicación para el nuevo producto. Los cupones en punto de venta y los descuentos varían de una tienda a otra como un medio para vigilar la sensibilidad al precio. Al operar junto con un equipo de personas dedicadas a la recolección de datos, RJR trata de determinar la reacción de los clientes a una variedad de programas de marketing para el nuevo cigarrillo sin humo.

Basados en las primeras respuestas, los directivos de la compañía tienen esperanzas de que el marketing de prueba de Eclipse sea exitoso. Además de la reacción positiva de los clientes que indican los primeros resultados de la prueba, RJR espera reunir información crucial para que la compañía no cometa los mismos errores de marketing del pasado.[2]

Valor de la experimentación y el marketing de prueba

Marketing de prueba Uso de experimentos de campo controlados para obtener información sobre indicadores específicos de desempeño de mercado.

Como se indica en la introducción del capítulo, un sector creciente de la investigación de nuestra materia es el del marketing de prueba con diseños de investigación causal. El **marketing de prueba** consiste en experimentos de campo controlados que se llevan a cabo en mercados limitados sobre ciertos indicadores del desempeño de estos mercados. Su principal objetivo es pronosticar ventas, descubrir información de marketing valiosa o anticipar consecuencias negativas de un programa de marketing para determinado producto. Con su cada vez mayor popularidad, los procedimientos experimentales y las técnicas de observación se emplean para investigar y recolectar datos importantes sobre relaciones causales que atañen a nuevos productos o mejoras de los actuales. Como se explica más adelante en este capítulo, muchos profesionales recurren al marketing de prueba para determinar actitudes de los clientes hacia nuevos productos, alternativas de prestación de servicios o estrategias de comunicación de marketing. En tanto que los estudios exploratorios y descriptivos son en extremo eficaces para recolectar datos primarios en ciertas situaciones, no establecen necesariamente relaciones causales entre diversos factores y hechos. Como se señaló en el capítulo 2, los diseños de investigación causal son métodos poderosos que dan a investigadores y administradores los datos apropiados para adquirir conocimientos claros sobre por qué ocurren ciertos acontecimientos, y por qué suceden en ciertas situaciones y no en otras. En este capítulo nos enfocaremos en presentar y analizar los populares diseños experimentales y de marketing de prueba, pero comenzaremos estudiando técnicas y prácticas de observación que pueden integrarse con todos los diseños de investigación para los fines de recolección de diversos datos conductuales de la gente. Junto con los diseños experimentales y de marketing de prueba, estudiaremos los importantes temas de la validez y la confiabilidad referentes a los métodos de investigación causal en general. Estos análisis constituirán los cimientos para entender esos temas cruciales para la elaboración de constructos y mediciones de escala que se abordan en capítulos posteriores. Comenzamos con las generalidades de las técnicas de observación que usan los investigadores para recolectar datos primarios.

Generalidades de las técnicas de observación

Antes de referirnos a los diseños experimentales usados por los investigadores para identificar vínculos causales entre constructos y fenómenos de marketing, es importante conocer los elementos básicos sobre las *técnicas de observación* que se aplican e integran en otros diseños de investigación. Algunos investigadores clasifican los métodos de observación como cualitativos, mientras que para otros son procedimientos cuantitativos. Casi todos los textos de investigación describen estos métodos de observación como una "familia" de diseños, en sí mismos y por sí mismos, y les conceden su propio capítulo. Aquí tratamos a las técnicas de observación como *herramientas* utilizadas por los investigadores para recolectar datos primarios acerca del comportamiento de las personas y los fenómenos de marketing, cualquiera que sea la naturaleza de los diseños de investigación (es decir, exploratorios, descriptivos o causales).

La principal característica de las técnicas de observación es que los investigadores deben confiar en sus facultades de observación más que en comunicarse con las personas para recolectar los datos primarios. El investigador depende básicamente de la observación y el registro del comportamiento de personas u objetos en diferentes situaciones de investigación. Se puede observar mucha información sobre el comportamiento de objetos y personas: *actos* (por ejemplo, hábitos de compra de consumidores o de manejo de automóviles), *conductas manifiestas* (como el tono de voz y las expresiones del rostro de los entrevistados en una entrevista personal), *conductas verbales* (las conversaciones en el marketing telefónico), *pautas de conducta temporal* (como el tiempo dedicado a comprar en línea o a navegar en un sitio), *relaciones espaciales y lugares* (como el número de vehículos que atraviesan un crucero o los movimientos de las personas en un parque temático), *objetos* (qué artículos de una marca se compran en los supermercados o qué modelo de camioneta deportiva se prefiere manejar), etc. Estos datos sirven para ampliar o reforzar otros conjuntos de datos recolectados mediante otros diseños de investigación para aportar pruebas complementarias sobre las verdaderas opiniones de los individuos.

La observación de los signos de comunicación no verbal que exhiben las personas aumenta el conocimiento que tiene el investigador de una situación. Por ejemplo, volvamos al capítulo 8, en el que examinamos las entrevistas de grupos focales sobre la satisfacción de los clientes de Bank of America y su cambio de cuenta a los bancos competidores. Los videos de las entrevistas revelaron signos claros de comunicación no verbal en las expresiones y los gestos de los participantes, que sustentaron la existencia de sentimientos negativos de desconfianza e infelicidad al examinar su conducta de cambio de banco.

Observación Actividades sistemáticas de atestiguar y registrar las pautas de comportamiento de objetos, personas, acontecimientos y otros fenómenos, sin entrar en contacto directo con ellos.

En la investigación de mercados, la **observación** se refiere a las actividades sistemáticas de atestiguar y registrar las pautas de comportamiento de objetos, personas, acontecimientos y otros fenómenos sin entrar en contacto directo con ellos. A medida que avance su lectura, verá que la principal razón para emplear las técnicas de observación es generar estructuras de datos primarios al tiempo que ocurren los sucesos o los fenómenos de marketing o para reunir pruebas de conductas a partir de registros antiguos. En muchas situaciones, el empleo de las técnicas de observación requiere dos elementos: una conducta o acontecimiento observable y un sistema de registro. Registrar las pautas de conducta de objetos, personas o fenómenos de marketing se consigue con observadores capacitados o medios como videograbadoras, cámaras, cintas de audio, computadoras, notas manuscritas y bitácoras o algún otro mecanismo tangible de registro. Aquí, los puntos importantes que hay que recordar son: 1) las técnicas de observación pueden emplearse en cualquier tipo de diseño de investigación que cumpla ciertas condiciones y 2) las actividades de observación pueden usarse apropiadamente para recolectar y describir una variedad de datos conductuales. En cambio, las técnicas de observación no sirven para captar elementos cognoscitivos como actitudes, preferencias, ideas o aspectos emocionales de las personas, como sentimientos o motivaciones.

Condiciones apropiadas para usar las técnicas de observación

Se requieren varias condiciones para el uso exitoso de la observación como herramienta de investigación. Los objetivos de la investigación deben indicar claramente que se atestiguará algún tipo de suceso o comportamiento. En su mayor parte, el suceso o comportamiento debe ser repetido, frecuente y relativamente predecible. Por último, la conducta debe tener lugar en algún entorno público que permita al investigador observarla directamente. En la figura 10.1 se resumen estas importantes condiciones.

Condición de información

Si las pautas de conducta actuales son importantes para el éxito del estudio, entonces el investigador debe considerar el uso de una técnica para recolectar datos de observación. Tratar de reunir datos sobre conductas actuales utilizando cualquier otro método reduciría la exactitud y el significado debido a un recuerdo impreciso por parte de los sujetos. Por ejemplo, quizá las personas no recuerden con fidelidad las veces que hicieron caso omiso a los comerciales mientras veían su programa favorito de una hora los lunes por la noche. Las nuevas tecnologías creadas y aplicadas por compañías como Nielsen Media Research captan mecánicamente las veces que evitan los comerciales los miembros de los grupos de consumidores que forman parte del Índice de Televisión de Nielsen (NTI, Nielsen Television Index).

FIGURA 10.1 Condiciones para el uso de técnicas de observación

Condición	Descripción breve
Información	Los patrones de conducta actual deben ser parte de los requerimientos de datos.
Tipo de datos	Los datos necesarios deben ser observables.
Marco de tiempo	Los patrones de los datos deben ajustarse a los factores de repetición, frecuencia y predecibilidad en un marco de tiempo preespecificado.
Entorno	La conducta debe ser observable en algún tipo de entorno público o de laboratorio.

Condición del tipo de datos

Si el investigador quiere saber por qué un individuo compró una marca de cereal en lugar de otras disponibles, las técnicas de observación por sí solas no darán las respuestas. Los métodos de observación no registran adecuadamente motivaciones, convicciones, actitudes o sentimientos que sean fundamento de conductas manifiestas. Sólo en aquellos casos en que los sentimientos de los sujetos no son importantes para el objetivo de la investigación o se piensa que se deducen fácilmente del comportamiento, sería apropiado el uso exclusivo de las técnicas de observación. Por ejemplo, al estudiar niños que juegan con juguetes, es posible atender a las expresiones faciales como indicador de sus actitudes o preferencias hacia tales juguetes, pues los pequeños suelen reaccionar con expresiones corporales conspicuas. Sin embargo, esta forma de observación impone grandes presiones a las facultades interpretativas de los investigadores.

Condición de plazos

Para que las técnicas de observación sean factibles, los comportamientos y hechos investigados deben completarse en un plazo relativamente breve. Esto significa que también deben ser repetidos y frecuentes. Por ejemplo, tratar de observar todas las actividades realizadas en el proceso de comprar una casa o un coche no sería viable en términos de los costos y el tiempo de recolectar los datos. A su vez, observar las conductas asociadas con la compra de perecederos en un supermercado, con personas en una fila en un banco o con niños que ven un programa de televisión se presta a las técnicas de observación.

Condición del entorno

Las actividades están limitadas a aquellas que el investigador puede observar de primera mano o a través de un dispositivo mecánico, como una cámara de video. Normalmente, actividades como el culto privado o el uso de productos domésticos (por ejemplo, artículos para cocinar, controlar el sistema de aire acondicionado o lavar la ropa) no se observan fácilmente.

Es importante reconocer que las cuatro condiciones para uso de las técnicas de observación se aplican a las situaciones de acontecimientos *actuales*. No son válidas para situaciones en las que los investigadores están interesados en recolectar datos de sucesos *pasados*, puesto que es imposible observarlos de primera mano. Algunos expertos proponen el uso de técnicas de observación indirectas para deducir conductas o acontecimientos pasados. Lo que observan los investigadores en tales situaciones es algún objeto (cinta de video o audio, transcripción en papel).[3] Estos objetos son como los datos secundarios. El acento principal se pone en interpretar los resultados y hacer enunciados inductivos preliminares sobre el comportamiento real.

Características peculiares de las técnicas de observación

Desde hace mucho se reconocen cuatro características generales de las técnicas de observación para recolectar datos primarios (véase la figura 10.2). Dependiendo de la necesidad del investigador de 1) observación directa, 2) conciencia de los sujetos, 3) estructura y 4) cierto mecanismo de observación o registro, puede escoger entre varias formas para observar los acontecimientos y tomar nota de los datos primarios. Lo más importante que hay que recordar sobre estas características es que ejercen una influencia directa en el marco de referencia para realizar las observaciones. Es sumamente importante que los métodos de observación estén diseñados para poder recolectar datos primarios congruentes y generalizables. Con buenos diseños, los investigadores pueden eliminar o al menos controlar diferencias metodológicas y otros problemas que harían confusos los resultados.

Cualidad directa de la observación

Observación directa Proceso de observar conductas o sucesos conforme ocurren.

Observación indirecta Proceso de observar directamente objetos registrados de conductas pasadas.

Dicho de manera sencilla, la **observación directa** es el proceso de contemplar conductas o sucesos conforme ocurren. La observación directa recurre a un ser humano, más que a un mecanismo, para examinar y registrar los comportamientos. Por ejemplo, si unos investigadores están interesados en realizar un experimento de campo para averiguar con qué frecuencia se leen las revistas de chismes en las filas de las cajas registradoras de los supermercados, podrían recurrir a diversas técnicas de observación. En contraste, algunos expertos creen que estas técnicas sirven para captar las conductas pasadas de las personas en ciertas circunstancias.[4] Como se indicó antes, la **observación indirecta** se centra en observar directamente los objetos que, a lo sumo, representan conductas de un tiempo anterior. Es fácil argumentar que esta observación directa de objetos del comportamiento humano no es en realidad más que la interpretación de datos secundarios por parte de un investigador capaz. En tanto que la observación indirecta daría al investigador conocimientos preliminares sobre conductas pasadas, estos conocimientos deben considerarse, cuando mucho, como vagos. Por ejemplo, la administración de Tech Data, compañía que vende sistemas de computadora en todo Estados Unidos, puede revisar e interpretar sus bitácoras telefónicas para averiguar cuántas llamadas de larga distancia se hicieron desde el departamento de ventas durante el mes anterior. Después de interpretar los registros, la administración obtendría conclusiones sobre el efecto de las llamadas iniciales de los vendedores más productivos, en comparación con los menos rentables. Las fuentes secundarias que registran la conducta pasada son *archivos*, *auditorías físicas* o *vestigios*,[5] que simplemente dan prueba tangible de algún suceso pasado. Por ejemplo, una cadena de tiendas que pretende extender sus operaciones a otras localidades podría observar directamente la cantidad de *graffitis* en los edificios alrededor de los sitios propuestos para tener una idea del factor potencial de la delincuencia en esas zonas.

FIGURA 10.2 Características peculiares de métodos de investigación por la observación

Característica	Descripción
Cualidad directa de la observación	Grado en que el investigador o el observador capacitado observa realmente la conducta o el hecho conforme ocurre. Los investigadores pueden emplear técnicas de observación *directa* o *indirecta*.
Conciencia de los sujetos de ser observados	Grado en que los sujetos están conscientes de que su conducta es observada y registrada. Los investigadores pueden valerse de técnicas de observación *encubierta* o *abierta*.
Cualidad de estructura de la observación	Grado en que las actividades o hechos de la conducta que serán observados son conocidos específicamente por el investigador antes de hacer las observaciones. Se dispone de técnicas *estructuradas* o *no estructuradas* para recolectar los datos primarios conductuales.
Tipo de mecanismo de observación	Forma en que se observarán y registrarán las actividades o hechos de la conducta. Básicamente, los investigadores tienen la opción de servirse de un *observador humano capacitado* o de algún tipo de *dispositivo mecánico*.

Conciencia de los sujetos de ser observados

Esta característica se refiere al grado en que los sujetos saben que su conducta es observada y registrada. Cuando los sujetos ignoran completamente que son observados, el método se denomina *observación encubierta*. Un ejemplo conocido y fácil de entender es la técnica del "comprador encubierto", usada por muchas tiendas. Por ejemplo, Wal-Mart contrata una agencia de investigación para que envíe observadores bien capacitados y disfrazados como compradores ordinarios a observar la forma en que los empleados tratan a los clientes. Los observadores prestan atención a conductas de trato personal que demuestren atributos como amabilidad, cortesía y conocimiento de los productos de la compañía. Los datos obtenidos sirven a la administración de Wal-Mart para determinar de qué manera las habilidades de trato personal de sus empleados pueden mejorar la experiencia de compra general de los consumidores. La administración de Wal-Mart puede emplear otros métodos, como espejos de una vía y cámaras ocultas, para que los empleados no sepan o adviertan que son observados. Se hacen observaciones encubiertas debido a que si las personas saben que se les vigila, por supuesto modifican su comportamiento normal y, por tanto, su proceder no será natural ni espontáneo. Por ejemplo, si usted fuera un vendedor de Wal-Mart, ¿cómo actuaría si su gerente le dijera que estará observándolo las siguientes horas? Lo más probable es que en ese lapso exhibiría su mejor comportamiento. Las nuevas leyes de derecho a la privacidad de los consumidores tienen el potencial de limitar el uso de las técnicas encubiertas. Restringen las condiciones en que las técnicas son apropiadas porque requieren la aprobación de los sujetos. Por ejemplo, 16 estados de EUA tienen leyes contra el "acecho" y en otros 18 estados se estudian leyes que consideran un delito seguir a las personas sin que éstas lo sepan.

Sin embargo, los investigadores pueden enfrentar situaciones en las que es imposible impedir que los sujetos se enteren de que son observados. Tomemos por ejemplo la observación de actividades como el trato de un nuevo mesero con los clientes de un restaurante como T.G.I.F. de Washington, D.C., o la conducta de los representantes de ventas de libros de texto cuando visitan a los catedráticos. Nielsen Media Research encontraría difícil usar sus audiómetros en los televisores de los hogares sin que los sujetos lo sepan. Cuando los sujetos están conscientes de que son observados, el proceso se llama *observación abierta*. Como práctica general, la presencia del observador debe reducirse al mínimo para evitar la posibilidad de conductas atípicas de los sujetos.

Estructura de la observación

Esta característica se refiere al grado en que el investigador conoce de antemano los comportamientos o acontecimientos. Cuando un investigador sabe específicamente qué conductas o sucesos debe registrar, lo más apropiado es una técnica de *observación estructurada*. En estas situaciones, el observador capacitado ignora las otras conductas y se vale de alguna lista de verificación o registro normalizado para restringir su atención exclusivamente a los actos y hechos predeterminados. Por ejemplo, cuando el gerente de productos de un local de Safeway trata de decidir si empaca los jitomates o los exhibe individualmente, se interesa en la medida en que los clientes manipulan estas frutas cuando las escogen. Con un método de observación estructurada, asignaría a un empleado de frutas y verduras para que circulara por el departamento y observara a 100 clientes mientras escogen jitomates. El empleado se concretaría a registrar las siguientes conductas predeterminadas: 1) veces que se toma y manipula un jitomate, 2) veces que los jitomates empacados se toman y manipulan, 3) cualquier presión notable en los jitomates sueltos o empacados. Digamos que el total de los resultados mostró que 75% de los clientes observados tomaban y manipulaban los jitomates sueltos, en tanto que 35% hacía lo mismo con los empacados. Asimismo, 55% de los observados oprimieron los jitomates sueltos, mientras que apenas 40% hicieron otro tanto con los empacados. Aunque los jitomates sueltos eran más manipulados, el gerente no estaba convencido de llevar al administrador de la tienda la sugerencia de empacar todos los jitomates para reducir el desperdicio. ¿Qué otras conductas debió haber registrado?

En cambio, los formatos de *observación no estructurada* no imponen restricciones al observador en cuanto a lo que debe registrar. Idealmente, todos los sucesos deben observarse y registrarse. Al emplear una técnica no estructurada, lo que ocurre es que se instruye a los observadores capacitados acerca de los objetivos y requisitos de la investigación y luego se les libra a discreción (con base en el interés y la pertinencia) para determinar qué comportamientos registran finalmente. Por ejemplo, supóngase que el director de parques y recreación de la población donde vive usted quiere hacer una propuesta para renovar algunos parques viejos. Como no está seguro de qué equipamiento habría que incluir para el remozamiento, envía dos supervisores para que observen a las personas que usan las instalaciones de varios de los parques más concurridos de la localidad. Los datos recolectados demostrarían la conveniencia no sólo de rediseñar los parques viejos, sino también de concebir ideas sobre cómo hacerlos lugares más seguros para la gente.

Tipo de mecanismo de observación

Esta característica se relaciona con la forma en que se observarán comportamientos y sucesos. El investigador puede escoger entre *observadores humanos* o *dispositivos mecánicos*. En el caso de la **observación humana**, el observador es una persona contratada y capacitada por el investigador o es miembro del equipo de investigación. Para ser eficaz, el observador debe poseer un buen conocimiento de los objetivos de la investigación y sólidas capacidades de observación e interpretación subjetiva. Como se señaló, los observadores humanos sirven para captar una amplia variedad de conductas o actos durante un suceso. Por ejemplo, el profesor de su clase de investigación de mercados puede recurrir a sus capacidades de observación para captar no sólo el comportamiento de los estudiantes en el aula, sino también los signos de la comunicación no verbal (como expresiones faciales, posturas corporales, movimientos en los asientos, gestos de las manos), con lo que puede determinar, en tiempo real, si prestan atención a la exposición, cuándo se sienten frustrados por no entender un concepto o si comienzan a aburrirse.

Observación humana
Recolección de datos por un investigador u observador capacitado que registra las acciones y conductas de los sujetos.

En muchas situaciones el uso de un medio mecánico es más apropiado que una persona para recolectar los datos primarios. La **observación mecánica**, como indica el nombre, es el uso de algún dispositivo mecánico o electrónico (videocámara, contador de tráfico, escáner óptico, monitor de movimientos oculares, pupilómetro, analizador de tono de la voz, psicogalvanómetro, por citar algunos) con objeto de registrar comportamientos, sucesos o fenómenos de marketing. Estos dispositivos electrónicos reducen el costo y mejoran la flexibilidad, exactitud y otras funciones del proceso de recolección de datos. Por ejemplo, si el Departamento del Transporte realiza un estudio de tránsito, puede tender líneas de presión neumática a lo largo del camino que se conectan a un contador mecánico que se activa cada vez que las ruedas de un vehículo pasan sobre las líneas. Los datos se limitarían al número de vehículos que pasan en determinado lapso, pero este método sería menos costoso y más exacto que contratar personas para que registren el flujo del tránsito. Otros ejemplos de situaciones en las que la observación mecánica sería apropiada son las cámaras de seguridad de los cajeros automáticos para detectar problemas de los clientes al operar las máquinas; el uso de tecnología de escáner óptico y código de barras (como el código universal de productos) para contar en tiempo real el número y tipo de productos comprados en una tienda y supervisar los niveles de lealtad a las marcas y tasas de rotación de los productos, y el uso de torniquetes para contar el número de aficionados en un encuentro deportivo o de entretenimiento.

Observación mecánica
Recolección de datos por medio de algún dispositivo mecánico para captar la conducta humana, los hechos o los fenómenos de marketing.

Con los adelantos tecnológicos, telecomunicaciones y hardware y software de cómputo, las técnicas de observación mecánica se han vuelto rápidamente útiles y baratas para recolectar y supervisar ciertas conductas y fenómenos del mercado.[6] Por ejemplo, hace poco Nielsen actualizó su sistema de índice de televisión al integrarle la tecnología del medidor de personas. Éste es un sistema computarizado de calificación de televisión que funciona con microondas y que sustituye a los antiguos medidores pasivos y sistemas de diarios manuscritos con una medición electrónica de avanzada. Con los miembros de los grupos de Nielsen de televisión en el hogar, cuando se enciende el aparato aparece un signo de interrogación en la pantalla para recordar a los espectadores que indiquen quién va a ver el programa. Con un aparato de mano muy parecido al control remoto, el espectador o los espectadores anotan quién está frente al aparato. Otro dispositivo integrado al televisor envía automáticamente a las computadoras de Nielsen, mediante líneas telefónicas, información preespecificada (como edad, sexo, programa sintonizado, hora del programa). Con estos datos, Nielsen genera índices de audiencia (*ratings*) de un día para el otro, tanto de programas como de perfiles demográficos. Otro dispositivo tecnológico es el nuevo software para monitorear el comportamiento de las personas en los sitios de Internet. Compañías como Itracks, FocusVision Worlwide, Inc., HarrisInteractive y Burke se encuentran entre las primeras que escribieron nuevo software de seguimiento para vigilar la conducta de la gente en los sitios de Internet y rastrear la popularidad de los sitios y los proveedores del servicio participantes (como America Online, Yahoo, MSN). Este software de seguimiento se instala en las computadoras personales de los consumidores participantes y rastrea los sitios compuestos de varias páginas, una por una, así como las rutas o secuencias de páginas que siguen los visitantes.

Los adelantos en la tecnología de escáner sustituyen rápidamente los métodos tradicionales de diario de compras. En pocas palabras, se forma un grupo por escáner con hogares participantes a los que se asigna un código de barras único que se presenta en la caja registradora. El código del hogar se hace coincidir con información obtenida de transacciones por escáner anteriores. El sistema permite al investigador observar y acumular una extensa base de datos sobre hábitos de compra de cada hogar. Los adelantos tecnológicos más recientes ya permiten a los investigadores combinar estos sistemas de seguimiento fuera de línea con bases de datos e información demográfica y psicográfica de los hogares generada en línea, con lo que se tienen perfiles más completos de los consumidores. Los datos de observaciones por escáner dan a los vendedores información semanal sobre cómo se mueven los productos, uno por uno, en cada tienda y se siguen las ventas en su relación con los cambios de precio y los anuncios locales y las actividades de promoción.

Técnicas para medir actos y reacciones fisiológicas

Durante años los investigadores han recurrido a la observación mecánica para evaluar los actos y las reacciones físicas y fisiológicas de los consumidores a diversos estímulos usados al crear anuncios, paquetes y nuevos productos. Estas técnicas se emplean cuando el investigador está interesado en registrar actos y reacciones de los que no son conscientes los individuos o cuando los sujetos no están dispuestos a dar respuestas francas ante los efectos de los estímulos estudiados. Tradicionalmente, hay cuatro categorías de medios de observación mecánica para medir y registrar actos y reacciones fisiológicas que exhiben las personas: analizadores del tono de la voz, pupilómetros, monitores de movimientos oculares y psicogalvanómetros.

Analizador del tono de la voz Sistema computarizado que mide las respuestas emocionales por cambios en la voz del sujeto.

El **analizador del tono de la voz** es un sistema computarizado que mide las respuestas emocionales por cambios en el tono de la voz de los individuos. Esta técnica se vale de complejas computadoras con adaptaciones de audio para detectar frecuencias anormales en la voz del sujeto causadas por cambios en el sistema nervioso autónomo. Es semejante a una prueba del detector de mentiras, pero el sujeto no está conectado a numerosos cables. El análisis computarizado compara los esquemas de nivel de la voz del sujeto durante una sesión de calentamiento (tomada como referencia de la gama normal) con los esquemas obtenidos al registrar las respuestas verbales a sus reacciones evaluativas ante un estímulo dado (por ejemplo, un comercial de televisión).

Pupilómetro Instrumento mecánico que observa y registra mecánicamente los cambios en el diámetro de las pupilas del sujeto.

El **pupilómetro** observa y registra mecánicamente los cambios en el diámetro de las pupilas del sujeto. En su aplicación, se le indica al sujeto que vea una pantalla en la que se proyecta el estímulo. Mientras la distancia a la que se aprecia el estímulo y el brillo de éste se mantienen constantes, se registran los cambios en los tamaños de la pupila y se interpretan como resultados de algún tipo de actividad cognoscitiva observable. El uso del pupilómetro se basa en la creencia de que los aumentos en el tamaño de la pupila en un ambiente controlado reflejan una actitud positiva o interés por el estímulo.

Monitor de movimientos oculares Aparato mecánico que observa y registra los movimientos oculares inconscientes de una persona.

El **monitor de movimientos oculares** es un aparato que observa y registra la movilidad inconsciente de los ojos de una persona. Unos haces de luz infrarroja invisible registran los movimientos oculares del sujeto mientras lee o ve el estímulo (esto es, un anuncio de una revista, un comercial de televisión, un diseño de un paquete) y otra cámara de video registra el estímulo que resulta del movimiento. Las dos bases de datos se despliegan y el sistema de monitor puede determinar qué partes del estímulo fueron vistas y cuáles se pasaron por alto. En publicidad, este tipo de datos proporciona vistas a fondo de posibles puntos de interés y efectos en los puntos de venta.

Psicogalvanómetro Instrumento electrónico que mide los cambios involuntarios del sujeto en la resistencia electrónica de su piel, lo cual se denomina *respuesta galvánica cutánea* (RGC).

El **psicogalvanómetro** mide los cambios involuntarios del sujeto en la resistencia electrónica de su piel, lo cual se denomina *respuesta galvánica cutánea* (RGC). Esta técnica de observación mecánica indica cuándo el nivel de excitación o tensión emocional de la persona cambia hacia el estímulo, y se considera que es la presencia de dicho estímulo la que crea estos cambios.

Aun cuando estas técnicas de observación son interesantes, se basan en el supuesto no demostrado de que las acciones y reacciones fisiológicas son predictoras de los pensamientos cognoscitivos o los sentimientos inobservables de las personas. No hay consenso teórico de que este supuesto sea válido. Más aún, la precisión de las mediciones obtenida por estas técnicas es cuestionable, y la tecnología necesaria es costosa. Además, la validez externa sigue en discusión porque el uso de estos aparatos de observación fisiológica requiere que los sujetos sean puestos en entornos controlados de laboratorio, lo cual no representa la realidad.

Elección del método de observación apropiado

Para determinar el tipo más apropiado de método de observación para recolectar datos primarios, los investigadores deben integrar su conocimiento y comprensión del objetivo de investigación definido, de los requerimientos de información específicos, de las condiciones para el uso de las observaciones y de las características de los métodos de observación.

El primer paso para determinar el método correcto de observación es que el investigador entienda los requerimientos de información específica y que considere cómo se usará la información después. Sin entender esto, la tarea de decidir lo apropiado de una técnica se vuelve significativamente más difícil. El investigador tiene que responder a las siguientes preguntas antes de elegir el método: 1) ¿Qué tipos de conducta son pertinentes para el problema de investigación definido?; 2) ¿Qué tan sencillas o complejas son las conductas?; 3) ¿Qué tanto detalle de la conducta se tiene que registrar?, y 4) ¿Cuál es el entorno más apropiado (natural o armado artificialmente) para la conducta? Sólo después de que el investigador obtiene por lo menos un conocimiento básico de las necesidades de información, puede dar el segundo paso.

Este segundo paso consiste en integrar el conocimiento del investigador sobre las condiciones para observar la conducta y las características de los métodos de observación, a fin de crear un método objetivo de observar y registrar la conducta especificada. Entre los problemas que hay que atender están los siguientes: 1) ¿Qué tan complejo es el entorno público requerido? ¿Está disponible para observar las conductas o hechos especificados?; 2) ¿En qué medida las conductas o hechos deseados son repetitivos y se manifiestan frecuentemente?; 3) ¿Qué grados de cualidad directa y estructurada deben asociarse con la observación de las conductas o hechos?; 4) ¿En qué medida deben estar conscientes los sujetos de que ellos y sus comportamientos están siendo observados?, y 5) ¿Son las conductas o hechos observables lo bastante complejos para requerir el uso de un dispositivo mecánico para observar la conducta? En caso afirmativo, ¿qué método específico sería más apropiado?

El último paso se concentra en los factores de costo, flexibilidad, precisión, eficiencia y objetividad asociados con las técnicas de observación, así como con las cuestiones éticas. Antes de poner en práctica cualquier método de observación, el investigador debe evaluar la capacidad del método propuesto para observar con precisión y registrar la conducta especificada. Hay que determinar y comparar los costos que el método demanda (en tiempo, dinero, mano de obra) con la eficiencia esperada en recolección de datos, basados parcialmente en el número de sujetos necesarios para la investigación. Además, el investigador ha de considerar los problemas éticos que podrían surgir con el método de observación propuesto. En el recuadro de *Ética* se exponen las cuestiones éticas relacionadas con los métodos de observación.

Beneficios y limitaciones de las técnicas de observación

Las técnicas de recolección de datos tienen varias ventajas y debilidades específicas que ameritan análisis (véase la figura 10.3). Probablemente el beneficio más obvio es que las técnicas de observación permiten reunir patrones muy precisos de conducta real de los consumidores o hechos de marketing en lugar de actividades reportadas. Esto se aplica especialmente a las situaciones en que se observa a los sujetos en un entorno público natural empleando una técnica encubierta. Las técnicas de observación mecánica son particularmente útiles en situaciones en que la conducta o los eventos son complejos y no estructurados; además, pueden ayudar a reducir el error potencial de recuerdo del sujeto, el sesgo de respuesta y la negativa a participar, así como los potenciales errores del observador. En muchas situaciones, estas técnicas de observación, en especial los dispositivos mecánicos, le brindan al investigador la oportunidad de reunir y registrar en profundidad detalles de conducta o hechos actuales. De modo habitual, se puede recolectar los datos en menos tiempo y a costo más bajo que con otros tipos de procedimientos de recolección de información.

Las técnicas de observación tienen varias limitaciones. Una de las desventajas de estas técnicas es que producen datos e información difíciles de generalizar. Es complicado hacer inferencias precisas acerca de grupos grandes de personas más allá de aquellos sujetos de prueba que fueron observados realmente. Por lo común, los métodos de observación se integran en los proyectos de investigación enfocados en un número pequeño de sujetos (entre 5 y 60) en circunstancias únicas o especiales, lo cual reduce la representatividad de grupos mayores de personas. Dada la naturaleza de los métodos de observación, es en extremo difícil para el investigador explicar con lógica por qué tuvieron lugar las conductas o hechos observados. Esta incapacidad para interrogar a los sujetos sobre sus actitudes, motivos, sentimientos y otros factores no observables significa que cualesquiera inspecciones de la conducta resultantes deben considerarse preliminares y subjetivas. El conocimiento completo de la conducta observada se limita severamente a "conjeturas intelectuales".

En las situaciones en que el escenario público natural incluye gran número de sujetos, es muy difícil aun para observadores adiestrados vigilar todas las actividades que ocurren a un tiempo. Aunque un observador se enfoque en la conducta de un sujeto particular, es probable que pierda por completo de vista el comportamiento de los demás sujetos del entorno durante ese periodo. Las situaciones de observación encubierta plantean una limitación adicional en el sentido de que los observadores humanos no pueden registrar en forma instantánea o automática las actividades de conducta al tiempo que ocurren. Entre la conducta o hecho y el registro de lo observado se genera cierto rezago. Con este retraso natural es posible que el

FIGURA 10.3 Beneficios y limitaciones de las técnicas de observación

Principales beneficios de la observación	Limitaciones de la observación
Precisión de la conducta realizable	Falta de la cualidad de generalización de los datos
Disminución de factores confusos	Incapacidad de explicar conductas o hechos
Detalle de los datos conductuales	Complejidad del entorno y registro de conducta(s) o hechos

Ética

La característica de la *conciencia de los sujetos* de los métodos de observación plantea algunos problemas éticos que hay que tomar en cuenta. Cuando se recurre a las observaciones para recolectar datos de conducta primarios, ¿se debe informar a los sujetos de que están siendo observados? En caso afirmativo, ¿qué cambios en su conducta natural podrían producirse? Recuerde que el investigador quiere captar la conducta natural de los sujetos tal como *se produce* y *relaciona realmente* con las situaciones específicas. Los sujetos observados podrían sentirse incómodos con su conducta o acciones verdaderas y tratar de conducirse de una manera socialmente más aceptable. Por ejemplo, a un profesor de marketing de cierta universidad le dice su director de sección que, como parte de su revisión anual de desempeño, el jueves habrá un observador externo en clase para vigilar su estilo de enseñanza. ¿Qué probabilidades hay de que el profesor modifique su conducta "normal" en el aula durante esa sesión de clases del jueves para asegurarse de que su eficiencia cumpla con los estándares o los exceda?

¿Se conduciría usted de manera socialmente más aceptable si supiera que alguien va a observarle? En las observaciones encubiertas, el investigador recurre a cierto grado de engaño para captar la conducta sin el conocimiento del sujeto. En esta situación, las cuestiones éticas se centran en el derecho de los sujetos a la privacidad. ¿Hay ciertas conductas públicas o privadas protegidas por las leyes estadounidenses? ¿Espiar a la gente es una norma aceptable de nuestra sociedad? Éstas son preguntas embarazosas pero pertinentes que un investigador debe considerar antes de llevar a cabo una investigación con técnicas de observación, y no hay respuestas fáciles y claramente definidas a las mismas. Los dilemas éticos en torno al uso de las técnicas encubiertas pudieran estar relacionados en parte con la cuestión de si las conductas que se investiguen son legales o ilegales.

recuerdo del observador tenga fallas. Una forma de superar estas limitaciones potenciales es que las observaciones se hagan con el dispositivo mecánico apropiado siempre que sea posible.

Naturaleza de la experimentación

Variables Cualquier aspecto (o atributo) observable y medible de un elemento o hecho.

Todas las prácticas de investigación de mercados requieren la manipulación o la medición de **variables**. Las variables son los aspectos (o atributos) observables y medibles de un elemento o un hecho; son las cualidades que el investigador especifica o estudia, o de las que obtiene conclusiones. Pueden modificarse en situaciones y ocasiones diferentes. Para ilustrar este concepto, consideremos el vehículo que actualmente conduce usted. Su automóvil o camión en realidad se integra de muchos atributos diferentes. El color, la hechura, el modelo, el número de cilindros, el rendimiento de kilometraje por litro y el precio son variables. Más todavía, diferentes automóviles y camiones poseen variables distintas, y cada vehículo tiene un conjunto determinado de variables en un momento dado. Siempre que se describe un objeto, idea o hecho, cada elemento por el cual sea observado o medido puede considerarse una variable, incluyendo dónde se encuentra, cómo se usa y qué lo rodea.

Cuando se lleva a cabo un experimento, el investigador trata de identificar las relaciones entre diferentes variables. Considérese, por ejemplo, la siguiente pregunta de investigación: "¿Cuánto tiempo le toma a un cliente dictar y recibir una orden de comida del 'servicio en su auto' en un restaurante Wendy's de comida rápida?" El tiempo que toma recibir la orden de alimentos es una variable que puede medirse cuantitativamente. Es decir, los diferentes valores de la variable tiempo se determinan por algún método de medición. Pero cuánto tiempo le toma a un cliente particular recibir una orden de comida se complica por un número de otras variables. Por citar un ejemplo, ¿qué pasaría si hubiera diez autos esperando en fila, o si fueran las 12:00 del día, o si estuviera lloviendo? Añádase otras variables como el número de ventanillas para el "servicio en su auto", el nivel de capacitación de los tomadores de órdenes y el número de clientes en espera. En consecuencia, todas estas variables probablemente tienen algún efecto en la variable tiempo.

A su vez, la hechura del auto que la persona conduce, el número de hermanos que tenga y la cantidad de alimentos que ordena son asimismo variables. Pero es improbable que las dos primeras variables tengan mucho efecto sobre el tiempo de entrega de la orden. No obstante, hay una relación entre la cantidad de lo ordenado y el tiempo de espera, porque a mayor número de alimentos ordenados, más tiempo se llevará prepararlos.

Relación funcional Cambio sistemático observable y medible en una variable a medida que otra variable cambia.

Si bien es cierto que la cantidad de alimentos ordenados alarga la espera en un "servicio en su auto", el investigador puede decir que hay una **relación funcional** entre la cantidad de comida ordenada y el tiempo de espera. De tal manera, puede establecerse que el tiempo de espera en un "servicio en su auto" de comida rápida está en función de la cantidad de comida ordenada. En los diseños de investigación causal que se valen de procedimientos experimentales, el investigador desea investigar las relaciones funcionales entre las variables. La atención se enfoca en investigar el cambio sistemático en una variable a medida que otra variable cambia. En el recuadro *Aprovechamiento de la tecnología* se ilustra una versión de esto, llamada BehaviorScan.

Tipos de variables utilizados en los diseños experimentales

En el empleo de los diseños experimentales, los investigadores deben tener especial cuidado de confirmar que las relaciones que descubren entre las variables investigadas realmente existan. Hay que intentar mantener constante la influencia de las variables extrínsecas, de modo que se puedan tomar medidas precisas de las variables en investigación. Cuando diseñan experimentos de investigación causal, los investigadores deben entender los cuatro tipos de variables que son cruciales en el proceso de diseño: independientes, dependientes, de control y extrínsecas (véase la figura 10.4).

Variables independientes Aquellas cuyos valores son manipulados directamente por el investigador.

Las **variables independientes** son aquellas cuyos valores son manipulados directamente por el investigador, el cual se interesa en establecer relaciones funcionales entre las variables independientes y dependientes. En muchos experimentos de investigación de mercados, las variables de la mezcla de marketing, como los niveles de precio, los diseños de producto y/o empaque, los sistemas de canal de distribución y los temas de publicidad se tratan como variables independientes. Supóngase que Procter & Gamble (P&G) se interesa en determinar la relación entre varios diseños de empaque nuevo para su detergente para ropa marca Tide y sus ventas unitarias. Empleando procedimientos de diseño experimental, los investigadores podrían observar la compra del producto por los clientes en cuatro ocasiones diferentes. En cada ocasión, los investigadores pueden cambiar el diseño del empaque, por ejemplo, de redondo a cuadrado, a rectangular o a ovalado. Cada vez que se cambia el diseño del empaque puede registrarse una medida unitaria de ventas. Como los investigadores lo manipulan directamente, el diseño del empaque sirve de variable independiente.

Variables dependientes Medidas del efecto o resultado que se produce durante el experimento, o medidas del cambio en las condiciones que existen después de consumar tal experimento.

Las **variables dependientes** son medidas del efecto o resultado que se produce durante el experimento, o medidas del cambio en las condiciones que existen después de consumar tal experimento. Estas variables pueden incluir factores de desempeño de mercado como ventas unitarias, niveles de utilidades y participaciones de mercado. En tanto que los valores de las variables independientes se asignan antes de que comience el experimento, esta actividad de control de procedimiento no es posible con las variables dependientes, las cuales son atributos o elementos que resultan afectados por el proceso del experimento. Sus valores de resultado específico no pueden medirse antes de que comience el experimento. En el ejemplo del diseño de empaque de P&G, la variable dependiente son las ventas unitarias de Tide. Esta variable se mide en cada manipulación del diseño del empaque. Si los investigadores quieren declarar los resultados en términos de una relación funcional, dirían que el total de ventas

La investigación de cerca

Aprovechamiento de la tecnología

BehaviorScan: un dispositivo usado para probar nuevos productos y programas de marketing

BehaviorScan es un laboratorio dentro del mercado, único en su clase, para probar nuevos productos y programas de marketing en condiciones estrictamente controladas, pero en situaciones del mundo real. El efecto del programa de prueba se puede medir en términos de las ventas de tienda totales y el comportamiento de compra a nivel de hogar. BehaviorScan ofrece el único servicio de televisión designable como meta en la nación, capaz de difundir valores diferentes de anuncios impresos y/o de medios a dos de tres grupos selectos de hogares dentro de un mercado determinado.

En siete mercados de diversas partes de EUA, Information Resources Inc. (IRI), la agencia que provee el BehaviorScan, mantiene una infraestructura diseñada óptimamente para el marketing de prueba. IRI maneja tanto ventas como abastecimiento de productos, realización de promociones, y recolección y análisis de datos. IRI puede controlar distribución, precio, colocación en anaqueles, trato comercial, promoción al consumidor y publicidad de televisión de cada producto en una prueba. Esta capacidad de controlar todas las variables hace posible una evaluación muy precisa de la variable de prueba.

En cada mercado de BehaviorScan se mantiene activo un gran panel de hogares, que permite rastrear las conductas de compra de cada hogar a nivel de cada artículo por tiempo. La recolección de datos del panel es pasiva: los miembros sólo necesitan presentar su tarjeta de "identificación de servicio directo del comprador" ("Shopper's Hotline ID") en cajas de los establecimientos detallistas participantes. Los datos de ventas de captación por escáner se recogen básicamente durante la operación de las abacerías, farmacias y comercios de venta a granel. Se observa la actividad de promoción en la tienda en la mayoría de las categorías, así como la asignación de precios documentada, los exhibidores y las presentaciones vistosas de un artículo. Los datos de otros puntos de venta, como las tiendas de conveniencia o las ferreterías, pueden recolectarse mediante un pedido. Se puede obtener más detalles de BehaviorScan en www.infores.com.

unitarias de Tide (la variable dependiente) es función del diseño de empaque (la variable independiente).

Variables de control Variables que el investigador no permite que varíen libre o sistemáticamente con las variables independientes; el valor promedio de las variables de control no debe cambiar al manipularse la variable independiente.

Las **variables de control** son las condiciones o elementos que hacen del diseño de investigación un verdadero experimento. Éstas son variables que el investigador controla o que no permite que varíen libre o sistemáticamente con las variables independientes. De este modo, el valor promedio de una variable de control o de su efecto no debe cambiar al manipularse la variable independiente. Los investigadores deben diseñar el experimento de modo que las variables de control no puedan afectar libre o sistemáticamente a la relación entre las varia-

FIGURA 10.4 Tipos de variables usados en los diseños de investigación experimental

Tipo de variable	Explicación
Variable independiente	Llamada también *variable predictora* o *de tratamiento (X)*. Atributo o elemento de un objeto, idea o hecho cuyos valores de medición son manipulados directamente por el investigador. Se supone que la variable independiente es el factor causal de una relación funcional con una variable dependiente.
Variable dependiente	Llamada también *variable de criterio (Y)*. Atributo o elemento observable singular que es el resultado medido o cambio de efecto en los sujetos de prueba especificados que se derivan de la manipulación de la(s) variable(s) independiente(s).
Variables de control	Variables que el investigador controla de modo que no afecten a la relación funcional entre las variables independientes y dependientes incluidas en el experimento.
Variables extrínsecas	Variables incontrolables que deben promediarse en una serie de experimentos. Si no se da cuenta de ellas, pueden tener un efecto de confusión en las medidas variables dependientes que podría debilitar o invalidar los resultados de un experimento.

bles independientes y dependientes. Las variables de control pueden plantear un problema importante en el uso de diseños experimentales para investigar relaciones de función (o funcionales) hipotéticas. Por ejemplo, si P&G quiere investigar la verdadera relación entre las ventas unitarias de Tide y las alternativas del diseño del empaque, los investigadores no desean que ninguna influya en las ventas unitarias; querrían asegurarse de que las condiciones involucradas en las ventas unitarias de Tide (la variable dependiente) sean lo más semejantes posible para cada una de las manipulaciones de diseño del empaque (la variable independiente). Por ejemplo, los clientes deben 1) comprar en la misma tienda durante cada manipulación de diseño del empaque; 2) comprar a la misma hora del día estando la tienda atestada, y 3) comprar en días sucesivos sin verse expuestos a mensaje publicitario alguno de Tide. Además, el precio y la colocación en anaqueles de Tide deben mantenerse iguales en todas las manipulaciones sucesivas de diseño del empaque. Esto apunta al problema de que hay tantas influencias posibles sobre las ventas unitarias de Tide que a los investigadores no les es posible controlarlas todas; sin embargo, deben vigilar tantas como puedan.

Variables extrínsecas Variables que no pueden ser controladas por los investigadores, pero que deben promediarse entre los diferentes intentos, por lo que no afectan sistemáticamente los resultados del experimento.

Los investigadores no pueden controlar las **variables extrínsecas**, como los cambios de temperatura, de estado de ánimo, de salud, o incluso las condiciones físicas de la tienda, por nombrar sólo algunas. Estos tipos de variables pueden promediarse entre las diferentes manipulaciones de las variables independientes, y así no tienen influencias sistemáticas sobre la variable dependiente, pero también pueden debilitar los resultados del experimento.

Un método que los investigadores de P&G podrían emplear para reducir los efectos de las variables extrínsecas es hacer aleatoria la misma condición de manipulación del diseño del empaque en un número de clientes y luego medir las ventas unitarias. Este procedimiento tendría que llevarse a cabo con todas las manipulaciones de diseño del empaque y medir un número significativo de clientes por ventas unitarias de Tide con cada manipulación. A este método se le llama **aleatorización** de los sujetos; el resultado que se desea es que la influencia de las variables extrínsecas se promedie con todas las manipulaciones de la variable independiente. Si bien los resultados medidos en estas condiciones pudieran no ser muy precisos para cualquier sujeto de prueba individual, pueden ser lo suficientemente atinados para mostrar una relación bastante precisa entre las variables independiente y dependiente.

Aleatorización Procedimiento por el cual muchos sujetos son asignados a diferentes condiciones de tratamiento experimental, con el resultado de que en cada grupo se promedia cualquier efecto sistemático con la relación funcional investigada entre las variables independiente y dependiente.

Teoría Gran cantidad de propuestas interconectadas acerca de alguna porción de cómo opera cierto fenómeno.

Función de la teoría en los diseños experimentales

Desde una perspectiva de diseño experimental, la **teoría** es un gran cuerpo de proposiciones acerca de cómo opera cierto fenómeno. La teoría sostiene el desarrollo de hipótesis acerca de las relaciones. De tal suerte, las hipótesis son versiones pequeñas de las teorías. La investigación experimental es en principio un método de prueba de hipótesis y, consecuentemente, se le puede llamar investigación *deductiva*. Los investigadores derivan una hipótesis de una teoría, diseñan un experimento y reúnen datos para demostrar la hipótesis. Hay situaciones en las que los investigadores utilizarán procedimientos de diseño causal para generar hipótesis a fin de crear nuevas teorías o extender las existentes acerca de un fenómeno; a estos procedimientos se los llama investigación *inductiva*. En la práctica, los investigadores emplean a menudo tanto el método de diseño deductivo como el inductivo. Un investigador puede iniciar una investigación utilizando procedimientos de investigación causal para probar algunas hipótesis enfocadas en las relaciones causa-efecto entre variables, pero luego tal vez elabore nuevas hipótesis cuando vea los resultados de los datos. Las profundizaciones teóricas existentes pueden ayudar a un investigador a identificar las variables independientes críticas que pudieran traer consigo cambios en variables dependientes. Es importante entender que los diseños de investigación experimental y otros de investigación causal son más apropiados cuando lo que se quiere es descubrir por qué ocurren ciertos hechos, y por qué suceden en ciertas condiciones y no en otras. Identificar y tener la capacidad de explicar las relaciones causa-efecto les permite a los investigadores de mercado y a los practicantes de negocios por igual estar en posición de hacer predicciones razonables acerca de los fenómenos de marketing en ciertas condiciones.

Preocupaciones por la validez y confiabilidad de los diseños de investigación experimental

Antes de iniciar el estudio de los tipos específicos de diseños y procedimientos de investigación causal a disposición de los investigadores de mercados, es de importancia fundamental estar conscientes de los problemas de validez general que afectan directamente a los diseños causales. Como ya se expuso, las variables extrínsecas son numerosas y difíciles de controlar cuando se utilizan diseños causales para probar las relaciones propuestas en hipótesis. Su presencia puede provocar la contaminación de la relación funcional. Esta contaminación nubla la capacidad del investigador para determinar de manera concluyente si los resultados del experimento son válidos o no. En su forma más simple la **validez** se refiere a la medida en que las conclusiones extraídas de los experimentos son ciertas. En otras palabras, ¿reflejan realmente una relación de causa-efecto las diferencias de la variable dependiente halladas por medio de las manipulaciones experimentales de las variables independientes? Aunque hay muchas formas de clasificar la validez de los diseños de investigación causal, explicaremos tres: la validez interna, la externa y la de constructo.

Validez Grado en que son ciertas las conclusiones extraídas de los experimentos.

Validez interna

Validez interna Grado en que el diseño de investigación identifica con precisión relaciones causales.

La **validez interna** se refiere al grado en que el diseño de investigación identifica con precisión relaciones causales. Dicho de otro modo, la validez interna existe cuando el investigador puede descartar explicaciones rivales de los resultados observados y conclusiones sobre la relación funcional. Por ejemplo, en un experimento sobre los efectos de la electricidad, si se le aplica una descarga a un sujeto (tratamiento experimental) y éste salta (efecto observado), y lo hace sólo a causa de la descarga y no por otra razón, hay validez interna.

¿Por qué es importante para los investigadores establecer la validez interna de los diseños de investigación causal? El caso que sigue ilustra la respuesta. Supóngase que los encargados de una pequeña pastelería en White Water, Wisconsin, quieren saber si agregar o no un escarchado a sus nuevos pasteles haría éstos más del gusto de los clientes. La aplicación de un diseño experimental demostró la hipótesis de que a los clientes les gustó el escarchado adicional en sus pasteles. Al manipularse la cantidad del escarchado, los pasteleros descubrieron que este agregado conservaba más tiempo la humedad o frescura de los pasteles. En consecuencia, podía haber sido esa frescura y no el escarchado lo que causara la reacción positiva de los clientes hacia los nuevos pasteles. Para tratar de evaluar la validez interna, se establecieron grupos de control integrados por clientes que no fueron expuestos al tratamiento (el escarchado extra, pero con la menor frescura original), pero para los cuales se mantuvieron iguales las demás condiciones (la menor humedad o frescura originales).[7] La incorporación del grupo de control al diseño experimental redujo la posibilidad de que el efecto observado de los nuevos pasteles fuera causado por un factor distinto del tratamiento. En este caso, si el factor decisivo era el escarchado, entonces al grupo tratado le gustaría más el nuevo pastel que al grupo de control. Pero si el factor era la frescura, a ambos grupos les agradarían por igual los nuevos pasteles.

La figura 10.5 muestra los tipos de amenazas que pueden afectar negativamente a las valideces interna, externa y de constructo asociadas con los diseños de investigación causal. Los dos últimos se explicarán en las secciones siguientes; aquí trataremos las amenazas a la validez interna. Las amenazas de la *historia* implicarían los hechos que ocurren entre la primera manipulación de la variable independiente y la segunda manipulación. Cuando el objetivo de la manipulación era medir los cambios en la actitud de una persona hacia la integridad política resultante de un curso de historia política, los resultados podrían verse gravemente afectados si entre los dos tratamientos de manipulación se produjera un enorme escándalo político, como el reciente desastre de los ahorros y los préstamos.

Sin duda, nuestras actitudes y conductas cambian conforme avanza nuestra edad (y, esperamos, nuestra sensatez), y estos cambios pueden representar también una amenaza de *maduración* contra la validez interna. La amenaza de *prueba* se refiere a la segunda adminis-

FIGURA 10.5 **Tipos de validez y amenazas a la misma**

Amenazas a la validez interna	
Historia	Cuando los factores extrínsecos que forman parte del proceso experimental entre la primera y la última manipulaciones afectan las medidas de la variable dependiente.
Maduración	Cambios en la variable dependiente basados en la función natural del tiempo y no atribuidos a hecho específico alguno.
Prueba	Cuando el conocimiento adquirido del primer tratamiento y de las medidas de la variable dependiente distorsionan los tratamientos futuros y las actividades de medición.
Instrumentación	Contaminación de los cambios en los procesos de medición, las técnicas de observación y/o los instrumentos de medición.
Sesgo de selección	Contaminación creada por los procesos inapropiados de selección y/o asignación de los sujetos de prueba a los grupos de tratamiento experimental.
Regresión estadística	Contaminación creada cuando los grupos experimentales se seleccionan sobre la base de sus respuestas o puntuaciones extremas.
Mortalidad	Contaminación debida al cambio en la composición de los sujetos de prueba en el experimento.
Ambigüedad	Contaminación de determinación confusa de la relación causa-efecto.
Amenazas a la validez externa	
Tratamiento y tratamiento	Cuando los sujetos de prueba en diferentes grupos de tratamiento son expuestos a diferentes cantidades de manipulaciones.
Tratamiento y prueba	Cuando el proceso de premedición sensibiliza a los sujetos a responder de manera anormal a las manipulaciones de tratamiento.
Tratamiento y selección	Generalización de los resultados a otras categorías de personas aparte de los tipos usados en el experimento.
Tratamiento y entorno	Generalización de los resultados a otros ambientes aparte del utilizado en el experimento.
Tratamiento e historia	Uso de la relación funcional existente para predecir futuros resultados de fenómeno.
Amenazas a la validez de constructo	
Preoperacionalización inadecuada de variables	Contaminación debida a la comprensión inadecuada de la disposición completa de las variables independientes y dependientes incluidas en el diseño experimental.
Sesgo de la monooperación	Contaminación creada por usar un solo método para medir los resultados de la variable dependiente.
Sesgo del método único	Contaminación debida a que se evalúan manipulaciones de tratamiento de atributos múltiples (variables independientes) utilizando instrumentos de medición de elemento único.
Conjetura de hipótesis	Contaminación por sujetos de prueba que creen conocer la relación funcional deseada antes del tratamiento de manipulación.
Aprensión de evaluación	Contaminación causada por sujetos de prueba temerosos de que sus actos o respuestas lleguen a ser del conocimiento de otros.
Características de demanda	Contaminación creada por sujetos de prueba que tratan de conjeturar el verdadero propósito detrás del experimento, con lo cual dan respuestas anormales socialmente aceptables.
Difusión de tratamiento	Contaminación debida a los sujetos de prueba que hablan de las actividades de tratamiento y medición con individuos que aún no reciben el tratamiento.

Fuente: Edward G. Carmines y Richard A. Zeller, *Reliability and Validity Assessment* (Newbury Park, CA: Sage, 1979), pp. 9-48; véase también Donald T. Campbell y Julian C. Stanley, *Experimental Designs for Research* (Skokie, IL; Rand-McNally, 1966).

tración del tratamiento, cuando la experiencia con la primera administración puede afectar las puntuaciones en la segunda administración. Los cambios en las actitudes de los observadores, la precisión disminuida de los puntuadores o las técnicas de administración cambiadas son ejemplos de la amenaza de *instrumentación* a la validez interna.

Cuando no se sigue una asignación aleatoria estricta a los grupos de tratamiento y de control, puede producirse el *sesgo de selección* resultante en grupos no comparables que amenaza a la validez interna. La *mortalidad* implica la pérdida de sujetos de los grupos debida a causas naturales, lo cual crea grupos de sujetos que ya no son comparables. Factor principalmente en los estudios correlacionales, no experimentales, la *ambigüedad* de la dirección causal puede constituir asimismo una amenaza. Por ejemplo, ¿los ingresos familiares más altos son resultado de niveles de educación más altos o los niveles de ingresos más altos permiten niveles de educación más altos? Tales ambigüedades reducen la capacidad del investigador de diferenciar entre causa y efecto.

La amenaza de *regresión estadística* es manifestación del fenómeno por el cual los seres humanos tienden a obtener calificaciones diferentes en cada intento de un experimento, y las puntuaciones registradas regresan hacia la verdadera media aritmética de la población. En otras palabras, los errores se equilibran. En los casos en que se selecciona a los sujetos para grupos particulares basados en respuestas extremas de pretratamiento, las medidas observadas postratamiento acusarán un sesgo aún mayor. Como se mencionó, el principal y más poderoso recurso contra las amenazas a la validez interna es la selección aleatoria de los sujetos de una población meta heterogénea, y luego la asignación aleatoria a grupos de tratamiento. Esto se considera práctica estándar en estudios de investigación experimental bien acreditados.

Validez externa

Validez externa Medida en que se puede esperar que una relación causal descubierta en un estudio sea válida para la población meta entera.

La **validez externa** se refiere a la medida en que puede esperarse que una relación causal descubierta en un estudio sea válida para la población meta entera. Por ejemplo, supóngase que una compañía productora de alimentos quiere averiguar si su nuevo postre podría atraer a un porcentaje comercialmente viable de consumidores estadounidenses entre los 18 y 35 años de edad. Sería prohibitivamente costoso pedirle a cada persona entre esas edades en EUA que probara el producto. Por consiguiente, empleando procedimientos de diseño experimental correctos, la empresa seleccionaría al azar sujetos de prueba de la población del mercado meta definido (de 18 a 35 años) y los asignaría a diferentes grupos de tratamiento, cambiando un componente del postre para cada grupo. Los sujetos probarían luego el nuevo postre. Si 60% indicaran que comprarían el producto, y si en realidad 60% de la población entera comprara el nuevo producto cuando fuera lanzado al mercado, entonces los resultados del estudio se considerarían externamente válidos.

Las amenazas a la validez externa comprenden las interacciones del tratamiento con la historia, el entorno, la selección, la prueba y las exposiciones al tratamiento. Las interacciones con la historia que pudieran reducir la validez externa podrían incluir la prueba en un día especial como Navidad o Día de muertos. Si el investigador estuviera interesado en la conducta caritativa, la manipulación de tratamiento y las medidas de efecto administradas en Navidad pudieran darle resultados muy diferentes del obtenido en alguna otra ocasión menos notable. Después de ver varias películas con énfasis en la caridad y el amor a nuestros semejantes, el sujeto promedio pudiera reaccionar en este día de modo significativamente diferente de algún otro día. Asimismo, las encuestas sobre control de armas probablemente se verían afectadas si se efectuaran inmediatamente después del asesinato de un personaje público importante. En consecuencia, la cualidad de generalización a otros periodos o marcos de tiempo se reduciría de modo considerable.

Reducciones semejantes en la validez externa podrían ocurrir si la ubicación o el entorno del experimento influyeran en los resultados observados. Una escala de temor a las alturas administrada en lo alto de una montaña con seguridad tendría resultados diferentes a la realizada en un salón de clases. La amenaza definitiva del sesgo de selección ocurre cuando la muestra no es en verdad representativa de la población meta. Pedirles a los sujetos que participen en una encuesta o experimento que requiere varias horas limitará la muestra real a sólo los que tienen el tiempo disponible y quizás no generen una muestra en verdad representativa.

Otra posible amenaza a la validez externa puede tener lugar cuando algunos de los sujetos de prueba experimentan más de un tratamiento en el entorno experimental. Las conclusiones extraídas podrían no ser generalizables a situaciones en que los individuos recibieran menos o más tratamientos. Por ejemplo, si se diseñara un experimento para estudiar los efectos de la disminución del precio en ventas de un producto en las que éste se exhibiera en dos lugares separados, los resultados no podrían generalizarse a situaciones en las que sólo se utilizara una exhibición. En este caso, la exhibición extra compite con la rebaja de precio como explicación de las ventas.

Validez de constructo

Validez de constructo Grado en que las variables en investigación son identificadas completamente y con precisión antes de proponer alguna hipótesis de relación funcional.

Fundamental para todos los diseños de investigación causal es la capacidad de identificar, definir y entender con precisión las variables clave independientes y dependientes incluidas en el estudio. Además, los investigadores deben ser capaces de medir u observar en forma precisa esas variables a fin de evaluar sus verdaderas relaciones funcionales o de causa-efecto. En consecuencia, los investigadores deben tratar de evaluar la **validez de constructo** de las variables independientes así como de las dependientes antes de poner en acción su diseño de investigación experimental o causal. La validez de constructo puede verse sencillamente como el grado en que las variables en investigación son identificadas completamente y con precisión antes de proponer hipótesis de relación funcional alguna. Establecer la validez de constructo para las variables incluidas puede ser una meta elusiva, pero esencial. De los múltiples métodos que hay para establecer la validez de constructo, uno de uso muy difundido consta de tres pasos.[8]

Primero, la relación entre los constructos (o variables) de interés tiene que identificarse con precisión. Para ilustrar esto, supongamos que un investigador quiere utilizar un constructo llamado *motivación para alcanzar el éxito* (*MPAE*) como una variable independiente para predecir la probabilidad del éxito de los individuos en la vida. La pregunta fundamental a la que hay que atender es: "¿Cuáles son los indicadores observables, de la vida real, de tal éxito?" Con ayuda de un proceso al que se denomina *especificación del dominio de los subcomponentes observables relacionados con el constructo*,[9] imaginemos que el respeto de los coetáneos, el logro académico y la seguridad financiera personal representan el éxito en la sociedad particular que se está investigando. La naturaleza precisa de esta especificación es necesaria para que la relación propuesta en hipótesis se pueda probar empíricamente con datos reales. De otra suerte, los datos reunidos serán insuficientes ya sea para apoyar o para refutar la hipótesis.

Segundo, el investigador ejecuta un diseño experimental que manipula la MPAE y mide el resultado "éxito en la vida". Si se determina que los datos son positivos e importantes para apoyar la relación funcional propuesta en hipótesis, entonces existe la evidencia de la validez del constructo. Como ya se expuso, los investigadores tratarían también de determinar con qué otros constructos podrían relacionarse estos observables, como la posición social, la riqueza heredada o la superioridad atlética. En la medida en que los subcomponentes observables no se relacionen con la MPAE, sino con otros constructos alternativos, se debilitaría la evidencia en apoyo de la validez de constructo. Por ejemplo, el respeto de los coetáneos y la seguridad financiera personal podrían ser resultado de una riqueza heredada y tener poco que ver con la motivación para alcanzar el éxito. Como resultado, sería necesario encontrar otros subcomponentes observables más estrechamente relacionados con la MPAE y que no pudieran ser causados en general por otros constructos.

Tercero, antes de poner en marcha el experimento, el investigador diligente tratará de evaluar los métodos de medición propuestos de las variables independientes y dependientes para esos otros métodos. Cuando las medidas existentes del mismo constructo se correlacionan en alto grado con las medidas del investigador, tenemos evidencia de *validez convergente* en apoyo de la validez de constructo que buscamos. Una evidencia adicional, de lo que se llama *validez discriminante*, puede provenir de una correlación negativa entre los métodos de medición del experimento y los diseñados para medir constructos completamente diferentes.[10] La validez de constructo se explica más extensamente en capítulos posteriores.

Como se describe en la figura 10.5, la validez de constructo puede ser amenazada en muchas formas, entre ellas 1) la preoperacionalización inadecuada de constructos; 2) el sesgo de monooperación; 3) el sesgo de método único; 4) la conjetura de hipótesis; 5) las características de demanda; 6) la aprensión de evaluación, y 7) la difusión de tratamiento. Para evitar la *preoperacionalización inadecuada*, el investigador debe definir cuidadosa y completamente el constructo con toda la exactitud posible. La acrofobia no puede definirse simplemente como el miedo a encontrarse en lugares altos, ya que algunas personas temen hallarse en caminos de alta montaña, pero no en una oficina en un edificio alto o en un avión. Como investigador, es esencial que usted sepa *exactamente* qué forma de temor está tratando de medir. Luego, una vez que la definición se ha refinado a la luz del propósito del estudio y de la literatura existente, usted puede seleccionar con más precisión las manifestaciones medibles, observables del constructo.

Los sesgos de *monooperación* y de *método único* pueden amenazar la validez del constructo por la contaminación creada por utilizar sólo un método o instrumentos de medición de un solo elemento. En lo posible, los investigadores deben utilizar más de un método de medición (bolígrafo y lápiz, entrevista o reacciones físicas), y más de una sola medida en cada método para recolectar los datos.[11]

Algo interesante es que los investigadores han descubierto que muchos sujetos tratan de conjeturar el propósito de la investigación y responden como creen que el investigador quiere que respondan. Esta amenaza, llamada por algunos estudiosos *característica de la demanda*, puede reducirse limitando la reactividad de los investigadores a los sujetos, y haciendo que sea difícil conjeturar sobre la hipótesis. Por ejemplo, un psicólogo hábil invitó a varias personas a participar en un experimento, las hizo esperar en una oficina externa y luego las llevó a una sala donde se les hicieron varias preguntas. En realidad, el experimento tenía que ver con patrones de conversación entre las personas y tuvo lugar en la sala de espera, con la ayuda de colaboradores que se hacían pasar por sujetos (sin el conocimiento de los sujetos reales).[12]

La mayoría de nosotros dejamos ver nuestra *aprensión de evaluación* antes de un examen de admisión a una universidad, de una actuación física deportiva o incluso de nuestro primer baile escolar. Puesto que tal aprensión puede introducir un marcado sesgo en los resultados de muchos estudios, los investigadores tratarán de reducirla tanto como sea posible. Una técnica ética de uso frecuente en la investigación de mercados consiste en asegurar el anonimato de los sujetos o encuestados. Las instrucciones cuidadosas a cada sujeto por el equipo investigador pueden hacer mucho también para reducir esta amenaza.

La amenaza definitiva a la validez de constructo tratada aquí consiste en la *difusión del tratamiento*. Ya que rara vez resulta posible aislar por completo a los sujetos, el grupo de control puede intercambiar información con el grupo de tratamiento, o aquellos que ya han llenado antes un cuestionario pueden hablar de esto con los que aún están por participar. Aunque el investigador pueda advertir a los sujetos que no hablen de la investigación, estos esfuerzos suelen ser infructuosos. Por lo común esta amenaza disminuirá si se toman varias muestras de la población meta en distintos lugares y en diferentes condiciones. De hecho, este procedimiento de servirse de muestras de la población de interés bastante diferentes entre sí es una herramienta poderosa para combatir muchas amenazas al constructo y a otras formas de validez.

Confiabilidad de los diseños de investigación experimental

Confiabilidad del diseño experimental Grado en el que se pueden hacer réplicas del diseño y de sus procedimientos, y llegar a conclusiones similares a las de las relaciones propuestas en hipótesis.

Aun cuando la confiabilidad tiende a ser una preocupación mayor en el desarrollo de la medición de escalas, y por consiguiente se la trata en capítulos posteriores, pueden hacerse aquí un par de comentarios acerca de la confiabilidad del diseño de investigación causal. La **confiabilidad del diseño experimental** se puede evaluar indirectamente a través de la idea de que los resultados confiables de una investigación son repetibles y que las conclusiones extraídas pueden generalizarse más allá de las condiciones particulares en el experimento inicial (por ejemplo, la validez externa). Para que exista la confiabilidad del diseño, los investigadores han de ser capaces de demostrar que pueden hacerse repeticiones o réplicas de su experimento, y que se llegará a las mismas conclusiones. Si bien tiende a haber poca recompensa en hacer réplicas de los experimentos de otros investigadores o científicos, los practicantes de la investigación de mercados pueden hallar beneficios considerables en repetir los procedimientos asociados con los diseños de investigación causal. Por ejemplo, una compañía como AT&T, que tiene tantos tipos diferentes de productos de telecomunicación, podría estandarizar sus procedimientos de diseño y prueba para investigar relaciones de aceptación de nuevos productos. Una estandarización de actividades de procedimiento de esta naturaleza lograría importantes disminuciones de costos dentro de las actividades de investigación y desarrollo de AT&T.

Mejora de la validez interna y externa de los diseños experimentales

Como ya se mencionó, la meta última de la investigación experimental es determinar la verdadera relación causal o funcional entre las variables independientes y dependientes. Los investigadores tienen que preocuparse por la medida en que las variables extrínsecas puedan confundir los resultados experimentales e inducir a conclusiones inválidas acerca de las relaciones investigadas. Como una forma de contrarrestar las amenazas a la validez interna y externa, los investigadores pueden poner en práctica varias técnicas únicas para los diseños experimentales.

Inclusión de grupos de control

Cuando diseña un experimento, el investigador tiene que determinar quiénes serán asignados a los grupos que se expondrán a la manipulación y quiénes al grupo de control que no será manipulado. Los grupos de control representan la mayor fuerza del experimento y la mejor forma de asegurar la validez interna.

Orden cronológico de la exposición a la manipulación

El investigador debe determinar asimismo qué variables, independientes o dependientes, ocurrirán primero. Esto se consigue utilizando medidas preexperimentales de las variables previas a la manipulación o estableciendo grupos de tratamiento y de control experimentales que no difieran en términos de influir en la variable dependiente antes de que la manipulación tenga lugar.

Exclusión de sujetos no similares

Para aumentar la validez interna, el investigador puede seleccionar sólo a aquellos sujetos de prueba que tengan características similares y controlables. Digamos, por caso, que el investigador se interesa por ciertas conductas de compra de producto entre un grupo meta de consumidores altamente definido. Los resultados de este estudio podrían confundirse por las diferencias en edad y en estatus ocupacional de los sujetos de prueba. Para contrarrestar esta posibilidad, el investigador seleccionaría sólo a aquellos sujetos de prueba con características de edad y estatus ocupacional similares a los del mercado meta. Haciendo esto, el investigador elimina la variación extrínseca debida a la edad y la ocupación.

Cotejo de variables extrínsecas

Mediante el cotejo, el investigador mide ciertas variables extrínsecas individuo por individuo. Los que responden de manera similar a las variables son asignados entonces a los grupos experimentales y de control. Nuevamente, con este procedimiento se puede hacer frente a las amenazas de selección y de regresión estadística e incrementar la validez interna.

Aleatorización de los sujetos de prueba para los grupos de tratamiento

Como quedó expuesto, la aleatorización de la asignación de los sujetos de prueba a los grupos experimental y de control puede ayudar a hacer equivalentes los grupos. La clave de la verdadera aleatorización de los sujetos de prueba es que la aleatoriedad se asegure de manera cuidadosa y controlada. Para aumentar la validez externa, el investigador debe elegir también al azar entornos y tiempos para el experimento sobre la base de la población o de los hechos que se averiguan.

Al asegurar que los procedimientos mencionados se integren en el diseño experimental, el investigador aumenta la capacidad del experimento para identificar con precisión las verdaderas relaciones causales o funcionales. Más aún, estos procedimientos ayudan al investigador a controlar la contaminación de las relaciones entre las variables independientes y dependientes.

Tipos de diseños de investigación experimental

Los diseños de investigación experimental se pueden clasificar en tres grupos: 1) preexperimentos, 2) experimentos verdaderos y 3) cuasiexperimentos (véase la figura 10.6). La diferencia principal entre estos grupos es el grado de control que el investigador puede ejercer

FIGURA 10.6 Tipos de diseños de investigación experimental en investigación de mercados

Diseño	Descripción
Diseños preexperimentales	
Estudio de una toma	Un solo grupo de sujetos de prueba se expone al tratamiento *X* de variable independiente, y luego se toma una sola medida de la variable dependiente (O_1).
Un grupo, preprueba-posprueba	Primero se toma una medida pretratamiento de la variable dependiente (O_1), luego los sujetos de prueba son expuestos al tratamiento independiente *X*, y después se toma una medida postratamiento de la variable dependiente (O_2).
Comparación de grupo estático	Hay dos grupos de sujetos de prueba: el primero es el grupo experimental (EG), y éste es expuesto al tratamiento independiente, y el segundo es el grupo de control (CG), al cual no se le da tratamiento. La variable dependiente se mide en ambos grupos después del tratamiento.
Diseños experimentales verdaderos	
Preprueba-posprueba, grupo de control	Los sujetos de prueba se asignan aleatoriamente al grupo experimental o al de control, y cada grupo recibe una medida pretratamiento de la variable dependiente. Luego el tratamiento independiente es expuesto al grupo experimental, después de lo cual ambos grupos reciben una medida postratamiento de la variable dependiente.
Posprueba solamente, grupo de control	Los sujetos de prueba son asignados al azar al grupo experimental o al de control. El grupo experimental es expuesto entonces al tratamiento independiente, después de lo cual ambos grupos reciben una medida postratamiento de la variable dependiente.
Cuatro grupos de Solomon (Solomon Four Group)	Este diseño combina los diseños "preprueba-posprueba, grupo de control" y "posprueba sólo, grupo de control", y proporciona efectos de prueba tanto directos como reactivos. No se usa en prácticas de investigación de mercados por su complejidad y los prolongados requerimientos de tiempo.
Diseños cuasiexperimentales	
Grupo de control no equivalente	Este diseño es una combinación de los diseños preexperimentales de "comparación de grupo estático" y de "un grupo, preprueba-posprueba".
Muestra separada, preprueba-posprueba	Se toman dos grupos diferentes de sujetos de prueba; no se expone a ninguno de los dos grupos a la variable de tratamiento independiente. Un grupo recibe una medida de preprueba de la variable dependiente. Luego, después del tratamiento independiente insignificante, el segundo grupo de sujetos de prueba recibe una medida de posprueba de la variable dependiente.
Experimento de campo	Éste es un diseño causal que manipula las variables independientes a fin de medir la variable dependiente en el entorno natural del hecho o prueba.

en el diseño y la ejecución. Para facilitar el análisis y la comprensión de los diferentes tipos de diseños experimentales utilizados para recolectar datos y hacer inferencias acerca de relaciones causales, definimos un conjunto de símbolos de uso común en la investigación de mercados:[13]

X = Exposición de una variable independiente (manipulación de tratamiento) a un grupo de sujetos de prueba en los cuales se determinarán los efectos
O = Proceso de observación o medición de la variable dependiente (resultado de efecto) sobre los sujetos de prueba
[R] = Asignación aleatoria de los sujetos de prueba a los grupos de tratamiento separados
EG = Grupo experimental de los sujetos de prueba
CG = Grupo de control de los sujetos de prueba
$\rightarrow$ = Movimiento en el tiempo, normalmente mostrado como movimiento de izquierda a derecha

Nótese también que la alineación vertical de símbolos implica que éstos se refieren a actividades que ocurren simultáneamente a un punto prescrito en el tiempo, y que la alineación horizontal de los símbolos involucra que todos éstos se refieren a un grupo de tratamiento específico de sujetos de prueba.

Diseños preexperimentales

Los investigadores de mercados disponen de tres diseños preexperimentales específicos: el estudio de una toma; el de un grupo, preprueba-posprueba; y el de comparación de grupo estático. A estos diseños se los llama comúnmente experimentos crudos, y se recurre a ellos sólo cuando no es posible un diseño experimental más sólido. Estos diseños se caracterizan por la falta de aleatorización de los sujetos de prueba. Su mayor debilidad es la incapacidad de satisfacer criterios de validez interna por la falta de comparaciones de grupo equivalente.[14]

Estudio de una toma

El estudio de caso de una toma se ilustra como sigue:

$$(EG): X \rightarrow O_1$$

Un ejemplo de este diseño surgiría cuando un investigador desea observar o medir todas las reacciones del cliente a una exhibición de un producto en una sola tienda. Un diseño de esta naturaleza obviamente no logra proveer control alguno de variables extrínsecas; ignora el proceso de las comparaciones de grupo que es fundamental en el proceso de experimentación. En los diseños de una toma, las únicas comparaciones que se hacen son las basadas en el conocimiento común, las experiencias pasadas o las impresiones generales de cuál hubiera sido la condición si no se hubiera producido la manipulación. En este caso, incluso el desarrollo cuidadoso de medidas precisas no compensará el diseño inadecuado.

Un grupo, preprueba-posprueba

El único valor del diseño de "un grupo, preprueba-posprueba" es su capacidad de proporcionarle al investigador una medida de comparación. Se diagrama como sigue:

$$(EG): O_1 \rightarrow X_1 \rightarrow O_2$$

El diseño está sujeto a los mismos factores extrínsecos engañosos analizados anteriormente. La contaminación de historia es una debilidad importante, dados los hechos que pueden producirse ente O_1 y O_2. Incluso el ruido ambiental (sirenas, truenos, teléfonos) puede afectar los resultados. La única forma de controlar el hecho es aislar el experimento en un ambiente controlado. Desafortunadamente, éste es un diseño de amplio uso en la investigación de mercados, empleado a menudo para medir los efectos de la publicidad entre los consumidores. Muchos anunciantes tomarán una medida de criterio de preprueba de recuerdo de anuncios, participación con el producto, hábitos de medios o historia de compra. Luego se hace una manipulación de tratamiento independiente experimental (por ejemplo, exposición a un anuncio durante un programa de televisión), seguida de una medida posprueba de la variable dependiente, por lo común, de recuerdo (o "recordación", como también la llaman) de anuncios. A diseños experimentales como éstos les afectan también los problemas de maduración e instrumentación. El efecto de la medida de preprueba provoca problemas también con el factor de prueba.

Una ventaja del diseño de "un grupo, preprueba-posprueba" es la ausencia del sesgo de selección. Como sólo existe un grupo, esto elimina automáticamente el problema de la selección diferenciada. En general, este diseño tiene protecciones imperfectas para la validez interna y debe usarse sólo cuando no se dispone de nada mejor.

Comparación de grupo estático

La comparación de grupo estático es un diseño experimental de dos grupos que consiste en un grupo experimental (EG) y un grupo de control (CG) de sujetos de prueba, pero que carece de aleatorización. El grupo experimental recibe la manipulación de tratamiento independiente, mientras que el segundo grupo opera como el control. Se ilustra como sigue:

$$\begin{array}{ll} \text{(EG):} & X \rightarrow O_1 \\ \text{(CG):} & \qquad O_2 \end{array}$$

El sesgo de selección es el mayor defecto de este diseño sobre todo porque los grupos se forman básicamente de manera no aleatoria. Por ejemplo, muchos estudios observan entornos de dos tiendas o de usuarios intensos contra leves cuando comparan pruebas de nuevos productos o ventas. Aunque los grupos se seleccionan para que sean aleatorios, en teoría no hay seguridad de que los dos grupos sean equivalentes. No obstante, comparada con los otros diseños preexperimentales, la comparación de grupo estático es considerablemente menos susceptible a las contaminaciones de historia, maduración, instrumentación y prueba.

Diseños experimentales verdaderos

Sólo hay tres formas de diseños experimentales verdaderos: 1) el de preprueba-posprueba, grupo de control; 2) el de sólo posprueba, grupo de control, y 3) el de Cuatro Grupos de Solomon (Solomon Four Group). El común denominador es que los tres diseños aseguran la equivalencia entre los grupos experimentales y de control mediante la asignación aleatoria a los grupos.[15]

Preprueba-posprueba, grupo de control

El diseño de "preprueba-posprueba, grupo de control" consiste en un grupo experimental y un grupo de control de sujetos de prueba, sujetos que son asignados a uno u otro grupo por el proceso de aleatorización. Lo anterior se ilustra así:

$$\begin{array}{ll} \text{(EG):} & [R]\ O_1 \rightarrow X \rightarrow O_2 \\ \text{(CG):} & [R]\ O_3 \longrightarrow O_4 \end{array}$$

Con el efecto de tratamiento (TE) de la manipulación experimental tiene

$$TE = (O_2 - O_1) - (O_4 - O_3)$$

Este diseño experimental controla los factores extrínsecos que contribuyen a la contaminación de la validez interna. Por ejemplo, si unos acontecimientos de historia extrínsecos producen una diferencia entre O_2 y O_1, y una diferencia entre O_4 y O_3, puede suponerse que el investigador tiene control de la contaminación de la historia en la relación resultante. No obstante, el investigador no puede determinar directamente si los mismos hechos exactos de la historia ocurrieron en ambos grupos. Ciertos hechos pueden haber tenido lugar en el grupo experimental y no en el otro, aun si los resultados sugieren que hay todavía validez interna. Esto puede ocurrir debido a cierta perturbación, distracción o factor ambiental que influye en los sujetos de prueba en el grupo de control. Para prevenir este problema, el investigador asignaría primero de manera aleatoria a los individuos en grupos experimental y de control, y luego haría que cada individuo se sometiera a una prueba respecto de tal perturbación.

Las amenazas de regresión, prueba y maduración están bajo control, toda vez que las diferencias deben medirse igualmente en grupos experimentales y de control. Un problema de instrumentación podría provenir del investigador que, a sabiendas de lo que hace, pudiera modificar el instrumento medidor entre las medidas de preprueba y posprueba de la variable dependiente. Las diferencias en las tasas de deserción entre los miembros del grupo pueden asimismo evolucionar y convertirse en un problema de mortalidad. La selección es manejada adecuadamente a través del proceso de aleatorización, con técnicas de cotejo que se emplean para mejorar la equivalencia. El cotejo debería usarse sólo como un complemento de la aleatorización.

Las operaciones de este diseño son bastante sencillas. Para ilustrar este punto, consideremos la prueba del efecto de un mensaje promocional de correo directo relativo al conocimiento automovilístico de los clientes. Para empezar, se elegiría al azar una muestra de individuos. La mitad se asignaría aleatoriamente al grupo de control, la otra mitad al grupo experimental (por ejemplo, el grupo que recibe el correo directo sobre automóviles). Toda persona seleccionada sería examinada para establecer su nivel de conocimiento acerca de automóviles. El grupo experimental recibiría entonces el mensaje promocional, y después de un periodo razonable la medida del "conocimiento de automóviles" se administraría de nuevo a todos los sujetos.

Se percibirían fuentes de variación extrínseca si se presentaran diferencias entre las medidas de O_4 menos O_3 (por ejemplo, un recuerdo de producto real ocurrido durante el experimento). Sin embargo, si se presentara este tipo de efecto extrínseco, se mediría igualmente en esos individuos del grupo experimental. Aunque el diseño produce un control adecuado de la validez interna, no hace necesariamente lo mismo con la validez externa. Hay dos factores que funcionan como amenazas a la validez externa de este diseño: las contaminaciones de prueba y de selección. Las prepruebas corren el riesgo de introducir sesgo en el diseño basado en el área temática sujeta a preprueba. Esto puede causar que surjan actitudes desusadas entre sujetos de grupo experimental que finalmente pueden sesgar las medidas posprueba. Además, una alta tasa de mortalidad de los sujetos puede acabar con las intenciones de los procedimientos de aleatorización correctos. Si esto fuera un factor, para asegurar la validez externa sería necesario hacer réplicas del experimento en el tiempo entre diferentes grupos.

Posprueba sólo, grupo de control

Este diseño experimental es idéntico al anterior, salvo por la ausencia de las medidas de preprueba de la variable dependiente. Este tipo de diseño causal está bien practicado si se asegura totalmente el proceso de aleatorización. El diseño se ilustra como sigue:

$$\text{(EG): [R]} \quad X \rightarrow O_1$$
$$\text{(CG): [R]} \quad \quad \quad O_2$$

Cuatro Grupos de Solomon

Aunque es un diseño sumamente complejo, el de Cuatro Grupos de Solomon le permite al investigador conocer más de la validez interna y externa que cualquier otro diseño experimental. Sin embargo, a causa de su complejidad, los investigadores de mercados no lo utilizan tanto como las otras alternativas de diseño. La ilustración es la siguiente:

Diseño 1

(EG): [R] $O_1 \rightarrow X \rightarrow O_2$

(CG): [R] $O_3 \longrightarrow O_4$

Diseño 2

(EG): [R] $X \rightarrow O_5$

(CG): [R] O_6

El diseño es una combinación de los diseños experimentales "preprueba-posprueba, grupo de control" y "posprueba sólo, grupo de control". Proporciona efectos de prueba directos y reactivos, basados en $O_1 \rightarrow X \rightarrow O_2$ y $X \rightarrow O_5$, respectivamente. Hay una mejora en la validez externa, junto con la seguridad del efecto experimental verdadero al comparar [O_2 menos O_1], [O_2 menos O_4], [O_5 menos O_6] y [O_5 menos O_3]. Cuando estas cuatro comparaciones concuerdan, crece radicalmente la capacidad del investigador para inferir que la relación funcional resultante entre las variables dependientes e independientes tiene su causa en el tratamiento variable independiente experimental.

Diseños cuasiexperimentales

Entre los extremos de los diseños preexperimentales (que tienen poco o ningún control) y los experimentales verdaderos (basados en la aleatorización), están los diseños cuasiexperimentales. Estos diseños son apropiados cuando el investigador puede controlar algunas variables (por ejemplo, nivel de precios, vehículo de medios, diseño del empaque), pero no puede establecer grupos experimental y de control iguales, basados en la aleatorización (por ejemplo, los tipos de tienda o los grupos de clientes). Si bien hay muchos tipos diferentes de diseños cuasiexperimentales a disposición de los investigadores de marketing, como se aprecia en la figura 10.7, nos centraremos sólo en los dos de más amplio uso: 1) el grupo de control no equivalente y 2) el de muestra separada, preprueba-posprueba.[16]

Grupo de control no equivalente

De uso común en la investigación de mercados, el diseño de "grupo de control no equivalente" difiere de los diseños experimentales verdaderos en que los grupos experimental y de control no son equivalentes. Se ilustran como sigue:

Grupo 1 (EG): $O_1 \rightarrow X \rightarrow O_2$

Grupo 2 (CG): $O_3 \qquad O_4$

El diseño cuasiexperimental puede operar en dos niveles. El diseño equivalente intacto permite formar grupos experimentales y de control en entornos naturales. Por ejemplo, en muchos cuasiexperimentos de investigación de mercados se recurre a sujetos de prueba de organizaciones establecidas, como clubes eclesiásticos o grupos cívicos; se sirven también de clientes de tiendas similares. En términos ideales, los grupos deben ser lo más semejantes posible. En este diseño de grupo experimental autoseleccionado, la constitución del grupo se basa en el interés o deseo de participar del sujeto. Muchas veces esto se logra seleccionando a los sujetos de prueba de un centro comercial, mientras que los sujetos de control se eligen por disponibilidad.

La diferencia entre O_1 y O_3 se convierte en una indicación de equivalencia entre los grupos experimentales y los de control. Si las medidas de preprueba son significativamente diferentes, la compatibilidad de grupo debe cuestionarse seriamente. Sin embargo, si las medidas tienen apariencia similar, hay una mayor certeza de validez interna. Si bien este diseño

FIGURA 10.7 **Resumen de otros diseños cuasiexperimentales utilizados en la práctica de la investigación de mercados**

Diseño variable dependiente no equivalente	Grupo único de sujetos de prueba y medidas de preprueba en dos escalas, de las cuales una se espera que cambie debido a la manipulación del tratamiento y la otra no. Este diseño se limita a los contextos teóricos en los que se predice el cambio diferencial. El diseño tiene que ser lo bastante poderoso para determinar que la variable no tratada está confiablemente medida. Estos resultados son interpretables sólo cuando las dos medidas de resultado son similares conceptualmente y ambas serían afectadas por el mismo efecto de falta de tratamiento.
Diseño de tratamiento eliminado con preprueba y posprueba	Podría haber un problema ético en la eliminación del tratamiento en el segundo escenario. Es necesario que haya una discontinuidad notable después de la eliminación del segundo tratamiento; de otro modo, podría ser que el tratamiento inicial no tuviera efectos a largo plazo.
Diseño de tratamiento repetido	Este diseño es más interpretable cuando los resultados del primer experimento ocurren en la misma dirección que la del segundo experimento y la medida preprueba inicial difiere de cualquiera de las siguientes medidas de prueba. Este diseño es mejor cuando hay tratamientos inobservables y largos periodos entre un tratamiento y su reintroducción.
Diseño de grupo de control no equivalente, de tratamiento invertido	Este diseño requiere medidas de preprueba así como de posprueba e hipótesis direccionales. Hay potencial para una alta validez de constructo, pero depende de que la investigación revele la existencia de una relación inversa.
Diseños de cohorte, con rotación cíclica	*Cohortes* son los sujetos de prueba que se siguen uno a otro a través de un ambiente institucional, como el de la escuela o el trabajo. En este tipo de diseño el investigador preprueba a un grupo de sujetos de prueba, luego le da manipulación de tratamiento al siguiente grupo y recoge medidas de posprueba del segundo grupo. La premisa mayor que sostiene este tipo de diseño cuasiexperimental es que las muestras se extraen de la misma población. Este diseño elimina las amenazas de historia y de prueba mediante la estratificación de los grupos de tratamiento.
Diseño de discontinuidad de regresión	Este diseño causal se utiliza cuando a los grupos experimentales se les recompensa o a los que tienen necesidades especiales se les da ayuda extra. Las líneas devueltas para los grupos de tratamiento y sin tratamiento deben ser diferentes debido al efecto del tratamiento. La interpretación de los resultados se dificulta con la posibilidad de las relaciones curvilíneas. El conocimiento de la recompensa podría llevar a acciones extra para recibirla.

puede conformarse con las prácticas de validez interna, depende mucho de las circunstancias que llevan a la selección de los sujetos de prueba.

Muestra separada, preprueba-posprueba

Cuando es virtualmente imposible determinar quién va a recibir la manipulación de tratamiento independiente, pero pueden determinarse las medidas de la variable dependiente, la elección apropiada es un diseño de "muestra separada, preprueba-posprueba". Este diseño se ilustra así:

$$\text{Muestra 1} \quad O_1 \rightarrow (X)$$
$$\text{Muestra 2} \quad X \rightarrow O_2$$

Cuando la manipulación de tratamiento experimental (X) es insignificante para la investigación, sencillamente indica que el grupo experimental de sujetos de prueba no se puede controlar para tratamiento. Aunque éste es un diseño débil, no es una situación rara en las prácticas de investigación de mercados. Este tipo de cuasidiseño se emplea más a menudo cuando la población es grande; una medida de preprueba no produciría información significativa alguna y no hay manera de controlar la aplicación de la manipulación experimental. Esta estructura cuasiexperimental se utiliza comúnmente en investigación publicitaria. Por ejemplo, supóngase que la agencia de publicidad de Home Depot, la cadena proveedora para la construcción del tipo "hágalo usted mismo", puede estar lanzando una importante campaña de imagen. Primero, toma dos muestras de sujetos de prueba. Una muestra es entrevistada acerca de su impresión de la imagen de Home Depot (variable dependiente) previa a la campaña de imagen. Al terminar la campaña, se entrevista a los sujetos de prueba del segundo grupo acerca de su impresión sobre Home Depot.

Obviamente, este tipo de diseño debe lidiar con varias amenazas a su validez interna. La historia y la mortalidad son las mayores preocupaciones. La repetición del experimento en varios entornos puede reducir en algo estos efectos. Con todo, este diseño cuasiexperimental es considerado superior a los experimentos verdaderos en lo que concierne a la validez externa. Esto se debe a su entorno natural y al uso de grandes muestras de sujetos de prueba que son representativos del grupo meta. En general, la razón por la que se practican los diseños cuasiexperimentales en la investigación de mercados es porque se conforman a un entorno natural. De este modo, son un tipo de experimento de campo. Los experimentos de campo, a los que dedicamos la siguiente sección de este capítulo, proveen valiosa información al investigador porque le permiten generalizar las relaciones funcionales y causales a la población meta.

Experimentos de campo

Experimentos de campo Diseños de investigación causal que manipulan las variables independientes a fin de medir la variable dependiente en un entorno natural de la prueba.

Los **experimentos de campo** son diseños de investigación experimental que manipulan las variables independientes para medir la variable dependiente en el entorno natural de la prueba. Los experimentos de campo se llevan a cabo frecuentemente en ambientes detallistas, como centros comerciales, supermercados u otras tiendas detallistas. Estos entornos tienden a crear un alto nivel de realismo. Sin embargo, los altos niveles de realismo contribuyen a la falta de control de las variables independientes y aumentan la variación extrínseca. Puede haber problemas con el control en diversas formas. Por ejemplo, llevar a cabo un experimento de campo de un nuevo producto en un supermercado requiere el compromiso del detallista para que autorice el producto en la tienda. En la actualidad, los detallistas vacilan cada vez más antes de añadir nuevos productos, dado el gran número de presentaciones de estos bienes cada año. Aun si se autoriza el producto, se necesitan la exhibición y el apoyo adecuados del detallista para conducir apropiadamente el experimento. La competencia también puede influir de manera negativa en un experimento de campo. En algunos experimentos de campo de nuevos productos, los competidores han influido negativamente en las ventas del producto experimental introduciendo fuertes descuentos de precio y promociones para incrementar las ventas de sus propios productos al momento de la prueba.

Consideraciones para el uso de experimentos de campo

Aparte del realismo y el control, hay por lo menos otras tres cuestiones que deben considerarse antes de decidir si se recurrirá o no a un experimento de campo: los periodos o marcos de tiempo, los costos y las reacciones competitivas. Los experimentos de campo requieren más tiempo para su realización total que los de laboratorio. La etapa de planeación (que puede incluir la determinación de las ciudades mercados de prueba que se elegirán, el apartado del tiempo publicitario y la coordinación de la distribución del producto experimental) alarga el tiempo necesario para llevar a cabo estos experimentos. Los experimentos de campo son más costosos de efectuar que los de laboratorio por el gran número de variables independientes que hay que manipular. Por ejemplo, la sola erogación de una campaña de publicidad puede aumentar el costo del experimento. Otros elementos que incrementan el costo de los experimentos de campo son los cupones, la elaboración del empaque del producto, las promociones comerciales y el muestreo del producto. Puesto que los experimentos de campo se efectúan en un entorno natural, los competidores pueden conocer el nuevo producto casi tan pronto como se presenta y contestar con una fuerte actividad promocional o apresurándose a llevar productos similares al mercado. Si lo que se desea es preservar el secreto, los experimentos de laboratorio son en general más eficaces.

Preocupaciones de validez

Al decidir si se recurrirá a los experimentos de campo, los investigadores han de considerar la validez interna y externa del experimento propuesto. Aunque el experimento ideal tendría una alta validez interna y externa, esto es difícil de lograr en una situación de campo; por lo común hay que hacer un trueque. Los investigadores que quieran tener la capacidad de generalizar los resultados de un experimento a otros entornos o mercados podrían optar por los experimentos de campo. Si les preocupa la falta de control de las variables independientes asociada con los experimentos de campo, entonces los experimentos de laboratorio les resultarán más apropiados para evaluar la relación funcional verdadera.[17] Los investigadores que opten por los experimentos de campo pueden elegir entre varios tipos, según los objetivos del experimento y las consideraciones mencionadas. En la sección siguiente se expone el tipo más común de experimento de campo (el marketing de prueba) y se incluyen las generalidades de seis métodos diferentes para efectuar pruebas de mercado.

Marketing de prueba

Al principio de este capítulo definimos *marketing de prueba* como la utilización de los experimentos de campo para obtener información sobre indicadores específicos de desempeño de mercado. Las compañías disponen de varias opciones cuando eligen un método de marketing de prueba. Sin importar el método empleado, el marketing de prueba mide el potencial de ventas de un producto y evalúa variables en la mezcla de marketing del producto. El costo de realizar los experimentos de marketing de prueba puede ser alto. Sin embargo, dada la tasa de fracaso de nuevos productos de consumo estimada entre 80 y 90%, en muchas empresas se cree que el gasto de efectuar un experimento de prueba de mercado puede evitarles el error más costoso del lanzamiento de un producto que no tendrá éxito. En la figura 10.8 se presentan los seis tipos de métodos de marketing de prueba más populares en las prácticas de marketing, a saber: tradicional, controlado, electrónico, simulado, televisivo basado en Internet y virtual.[18]

FIGURA 10.8 Diferentes tipos de marketing de prueba utilizados en la investigación de mercados

Tipos de marketing de prueba	Observaciones
Mercados de prueba tradicionales	Llamados también pruebas "estándar"; en ellos se emplean procedimientos de diseño experimentales para probar las variables de un producto y/o mezcla de marketing de un producto por los canales de distribución existentes.
Mercados de prueba controlados	Pruebas realizadas por una agencia investigadora externa que garantiza la distribución del producto de prueba por los puntos de venta especificados en ciudades escogidas.
Mercados de prueba electrónicos	Pruebas que integran el empleo de paneles selectos de consumidores con tarjetas de identificación especial para el registro de los datos de compra de productos de estos clientes.
Mercados de prueba simulados	Llamados también "pruebas de laboratorio" o "simulaciones de mercado de prueba"; son cuasiexperimentos en que se preselecciona a los sujetos de prueba, se les entrevista y se observan sus compras y actitudes hacia el producto de prueba.
Mercados de prueba televisivos basados en Internet	Similares a los mercados de prueba electrónicos; utilizan la televisión interactiva de banda ancha (TVI) y los adelantos en las tecnologías interactivas de comunicaciones de multimedios para efectuar el experimento de campo. A los encuestados preseleccionados se les muestran diversos estímulos y se les hacen preguntas en línea por medio de su televisión interactiva (TVI).
Mercados de prueba virtuales	Pruebas completamente computarizadas que permiten a los sujetos observar el producto e interactuar con él como si estuvieran realmente en el ambiente de la tienda de prueba.

Mercados de prueba tradicionales

La forma de uso más frecuente del marketing de prueba es el *mercado de prueba tradicional*. Este método prueba las variables de la mezcla de marketing por medio de los canales de distribución existentes. Las compañías seleccionan ciudades específicas, o mercados de prueba, que tengan características demográficas y de mercado semejantes a las de los usuarios enfocados como meta del producto o servicio que se está probando. El uso más común de una prueba tradicional es evaluar la aceptación de un nuevo producto o variación de uno existente por el consumidor. Al respecto, Procter & Gamble hizo el marketing de prueba de Sunny Delight Smoothies, una combinación de bebida de frutas y leche de Sunny Delight, en Mobile, Alabama, y en Nueva Orleans, Louisiana.[19] Además, el marketing de prueba se utiliza para evaluar el potencial de nuevos conceptos de marketing. Spalding, uno de los principales fabricantes de artículos deportivos, hizo prueba de mercado en una tienda temática para damas en 58 tiendas de cuatro detallistas nacionales de artículos deportivos en un esfuerzo por llegar a las consumidoras.[20]

Ventajas y desventajas de los mercados de prueba tradicionales

La ventaja principal de una prueba tradicional es que ésta se lleva a cabo en los canales de distribución reales. Otros métodos de marketing de prueba tratan de simular los canales de distribución, mientras que los mercados de prueba tradicionales colocan los productos en los puntos de venta de distribución reales, los puntos de venta característicamente detallistas. Además de medir la aceptación de un producto por el consumidor, los mercados de prueba estándares pueden determinar el nivel de apoyo del ramo para el elemento probado. Si los detallistas están renuentes a darle a una compañía espacio o exhibidores adicionales para el nuevo producto, tal vez sea necesario reevaluar los planes para el lanzamiento inaugural del producto. Aun los productos que son sumamente atractivos para el consumidor tendrán dificultad para lograr el éxito si no se pueden alcanzar ciertos niveles de distribución.

Las limitaciones de los mercados de prueba tradicionales son el costo, el tiempo y la exposición a la competencia. Primero, los mercados de prueba tradicionales son mucho más costosos comparados con los experimentos de laboratorio. Los gastos de prueba que se hacen en un mercado de prueba tradicional abarcan la elaboración del producto, el empaque, la distribución, la publicidad y la promoción. Segundo, los mercados de prueba tradicionales requieren más tiempo para su realización que otras formas de marketing de prueba. Los procesos de mercado de prueba estándar toman entre 12 y 18 meses para completarse. Tercero, puesto que el marketing de prueba tradicional utiliza los canales de distribución reales, otras empresas pueden observar la actividad de un competidor y emprender una acción para causar daño en un mercado de prueba. Los competidores pueden responder con fuerte actividad promocional, como incremento de publicidad, más cupones y descuentos de precio fuertes para combatir el producto de prueba.

De igual manera, un mercado de prueba prolongado da oportunidad a los competidores de apresurarse a llevar productos de competencia al mercado, arrebatando así a la empresa probadora la ventaja de ser primeros en el mercado. La combinación de las presiones de tiempo y de competencia ha cambiado las formas en que muchas compañías presentan nuevos productos. La necesidad de presentar productos más rápidamente que los competidores está dando lugar a lanzamientos en gran escala de nuevos productos. El procedimiento tradicional de comenzar con un mercado de prueba y aumentar luego la distribución región por región está siendo reemplazado, en muchos casos, por la presentación de un producto en múltiples regiones simultáneamente. Además, el marketing de prueba no siempre significa éxito, como se ilustra en la figura 10.9, que describe los problemas experimentados por Coors.

Mercados de prueba controlados

Un segundo tipo de mercado de prueba es un *mercado de prueba controlado*. Un mercado de prueba controlado es el efectuado por una empresa externa que garantiza la distribución del

FIGURA 10.9 Los buenos resultados del mercado de prueba no garantizan el éxito de un nuevo producto

COORS LES VUELVE FRÍAMENTE LA ESPALDA A LOS COOLERS

Adolph Coors Company, fabricante de la cerveza Coors, sufrió una serie de desastres de nuevos productos a principios de la década de los años ochenta, así que cuando hizo un segundo intento para entrar en el mercado de las bebidas de frutas con contenido alcohólico (*coolers*) confió en un marketing de prueba simulado para determinar la aceptación del consumidor para su nueva oferta.

Las calamidades del marketing de prueba para la compañía empezaron en 1978, cuando introdujo la Coors Light. Para el momento en que el producto de Coors llegó al mercado, Miller Lite ya estaba firmemente atrincherada como la cerveza ligera número uno. El lento lanzamiento inaugural no pareció molestar a la firma. De hecho, fue congruente con su filosofía. Pete Coors comentó que su compañía dejaba que otras hicieran el trabajo precursor, refiriéndose al desarrollo del producto. "Entonces, tomaremos lo que hayan hecho y lo haremos mejor", añadió. Otro fracaso de producto, la Killian's Irish Red Ale, se presentó en 1982 empleando los mercados de prueba tradicionales. El producto se atascó en la fase de marketing de prueba antes que pudiera hacerse el lanzamiento inaugural nacional. Tal vez la peor experiencia fue con Herman Josephs, una nueva cerveza posicionada como de alta calidad y precio, que supuestamente competiría con Michelob y Löwenbräu. Una vez más, Coors confió en el marketing de prueba tradicional, planeando resolver todas las dificultades del producto y del marketing de prueba antes de presentar aquél en todos los mercados. El marketing de prueba para Herman Josephs comenzó en 1981. Coors abandonó el producto en 1989, después de años de permanecer en la fase de mercado de prueba.

Coors había hecho un intento anterior para incursionar en el mercado de los *coolers* con sus Colorado Chiller. El fracaso de Colorado Chiller se atribuyó en parte a que no se pudo conseguir participación informativa de los consumidores acerca del producto. Coors trató de corregir este error cuando otro *cooler*, Crystal Springs Cooler, se probó en 1986. La compañía recurrió al marketing de prueba simulado (MDPS) para indagar cómo responderían los consumidores al nuevo producto. Los resultados del MDPS fueron alentadores. Aproximadamente 63% de los bebedores de *cooler* encuestados se interesaron por comprar Crystal Springs Cooler, y 74% dijeron que comprarían el producto después del muestreo. Las proyecciones de ventas para Crystal Springs excedieron los 300 000 barriles por año, lo cual habría sido el tercer producto de Coors en magnitud. En 1987, la empresa decidió frenar sus planes para Crystal Springs Cooler. Indudablemente, sus fracasos anteriores con nuevos productos dejaron a Coors con poca confianza para el lanzamiento inaugural de un nuevo producto como Crystal Springs Cooler a pesar de los prometedores resultados del marketing de prueba.

Fuente: Robert Burgess, "Coors Chiller Fiasco Costs Brewer Dearly", *The Denver Business Journal* 44, núm. 32 (23 de abril de 1993), p. 1A.

producto de prueba por medio de los puntos de venta en ciudades seleccionadas. ACNielsen y Audits & Surveys son dos agencias que ofrecen servicios de marketing de prueba controlado. Estas compañías brindan incentivos financieros a distribuidores que permitan agregar el producto de prueba a la línea de producto. La compañía externa maneja todas las funciones de distribución para su cliente en lo que dura el mercado de prueba, incluyendo el inventario, el abasto de existencias, la asignación de precios y la facturación. La agencia de investigación reúne los datos de venta. Para compilar información sobre tasas de primera prueba y repetición, penetración de mercado y demografía del consumidor, se utilizan los datos de escáner de barras del código universal de productos (CUP) y las encuestas de consumo.

Ventajas y desventajas de los mercados de prueba controlados

Los mercados de prueba controlados superan muchas de las desventajas de los mercados de prueba tradicionales. Primero, la empresa que maneja el mercado de prueba asegura la distribución del producto de prueba. Segundo, el costo de un mercado de prueba controlado es menor que el de un mercado de prueba tradicional. Tercero, la vigilancia competitiva de un mercado de prueba controlado es algo difícil comparada con la de los mercados de prueba tradicionales, dado el nivel de control que se puede realizar.

Los mercados de prueba controlados no están exentos de límites. Primero, el número limitado de mercados utilizados dificulta las proyecciones precisas de las ventas y la penetración de mercados. Segundo, el grado de apoyo real del ramo industrial o comercial para un producto de prueba puede ser poco claro si la agencia investigadora ofreció incentivos a los detallistas para obtener espacio en anaqueles. ¿La aceptación del nuevo producto por el ramo industrial o comercial será la misma sin incentivos? Tercero, es difícil evaluar el efecto de un programa de publicidad propuesto.

A pesar de estas limitaciones, los mercados de prueba controlados pueden ser benéficos para los comerciantes. Muchas compañías utilizan los mercados de prueba controlados para determinar si un producto garantiza un mercado de prueba estándar a toda escala. Asimismo, los mercados de prueba controlados se utilizan para probar variables promocionales y de asignación de precios como los cupones y los exhibidores.

Mercados de prueba electrónicos

Un *mercado de prueba electrónico* reúne datos de los consumidores que consienten en portar una tarjeta de identificación que presentan al comprar bienes o servicios en los establecimientos detallistas participantes en ciudades seleccionadas. Una agencia externa como ACNielsen o Information Resources Inc. es la que efectúa la prueba. La ventaja de este método es que la tarjeta de identificación permite que el investigador recolecte datos demográficos sobre consumidores que compran el producto de prueba. Una desventaja importante de este método es que los consumidores portadores de tarjeta no son probablemente representativos del mercado entero porque no son elegidos al azar. Además, hay un alto costo relacionado con el uso de tecnologías avanzadas. El resultado es que las pequeñas empresas normalmente no pueden permitirse el marketing de prueba electrónico.

Mercados de prueba simulados

Otro tipo de mercado de prueba en el que se usan modelos de computadora para estimar la respuesta del consumidor a un nuevo programa de marketing es el *mercado de prueba simulado* (*MDPS*). Los MDPS se emplean para proyectar volumen de ventas y evaluar la mezcla de marketing planeada. Algunos servicios comunes de MDPS son Assessor, Bases II, ESP y Litmus. Si bien cada uno de estos métodos tiene su propio enfoque muestral, cuestionarios y modelado, el proceso en general incluye normalmente los siguientes pasos:

1. Se filtra a los participantes potenciales para satisfacer ciertos criterios demográficos y de estudio de forma de uso de productos.
2. Se les muestran comerciales o anuncios impresos del producto de prueba a los participantes, así como de otros productos. Éstos pueden o no ser competitivos.
3. Se les permite a los participantes comprar productos en una tienda detallista simulada. Independientemente de que se elija o no el producto de prueba, los participantes reciben una muestra gratis.
4. Después de un periodo de estudio de forma de uso, se hace contacto con los participantes para obtener información sobre el producto así como sobre sus intenciones de repetir la compra.[21]

Ventajas y desventajas de los mercados de prueba simulados

Los mercados de prueba simulados (MDPS) ofrecen varias ventajas. Primero, pueden brindar considerables ahorros en costo y tiempo. Los MDPS pueden efectuarse en un lapso de cuatro a seis meses, en comparación con el año o más que requieren los mercados de prueba tradicionales, y cuestan aproximadamente de 5 a 10% de lo que cuesta un mercado de prueba tradicional. Segundo, una simulación puede predecir la tasa de prueba de uso de producto, la tasa de repetición de compra y la duración del ciclo de compra con gran precisión. Tercero, el modelado de computadora permite que se prueben varios planes de mezcla de marketing alternativos en efectos sobre el volumen de ventas. Por último, la exposición a la competencia se minimiza porque el mercado de prueba no se realiza por los canales de distribución acostumbrados.[22]

El aislamiento del MDPS del ambiente del mundo real conduce a algunas debilidades de este método. La aceptación de un nuevo producto por el ramo (industrial, comercial, de servicios) no se puede medir usando el MDPS; es necesario suponerlo. Un mercado de prueba tradicional sería más conveniente si una compañía cree que se dificultará el convenio de distribución con el ramo. Por ejemplo, Ore-Ida efectuó una vez un MDPS para un nuevo producto en el cual supuso una tasa de distribución de 90% en los canales normales. Sin embargo, la tasa de distribución real fue de sólo 10%, lo que hizo imposible alcanzar las proyecciones del volumen de ventas del MDPS. Segundo, la reacción del consumidor de base amplia a un nuevo producto es difícil de medir usando el MDPS. Un mercado de prueba tradicional le brinda la oportunidad de probar un nuevo producto a un mayor número de consumidores. Además, los MDPS son más eficaces para estimar tasas de prueba de uso que las tasas de repetición de compra. Sin embargo, se necesita un buen estimado de las intenciones de repetir la compra para determinar el potencial de éxito de un nuevo producto. Tercero, aunque el MDPS implica menor erogación que los mercados de prueba tradicionales, aún son caros, a un costo de entre 75 000 y 150 000 dólares. Sólo las compañías más grandes tienen la opción de utilizar los MDPS.[23]

Los MDPS son un método muy eficaz para probar nuevos productos, en especial variaciones de una marca o categoría existente de productos de empaque de consumo. Por ejemplo, cuando Reynolds Metal Company introdujo la envoltura plástica Reynolds Cristal Color, una variación de la envoltura de plástico transparente Reynolds tradicional, 40% de los participantes indicaron que definitivamente la probarían, lo cual es el doble de la tasa promedio de prueba predicha para nuevos productos.[24]

El MDPS sirve para dos propósitos. Primero, puede utilizarse como sustituto o complemento de los mercados de prueba tradicionales; también funciona como sustituto cuando el riesgo de fracaso o costo de un producto es menor que el de un mercado de prueba tradicional. Se pueden emplear como complemento de combinaciones de prueba de las variables de mezcla de marketing previas a una presentación de mercado de prueba tradicional, cuando hacer cambios sería demasiado costoso, si no imposible. Segundo, los MDPS pueden servir como prueba piloto para determinar si un concepto o producto particulares tienen potencial para el éxito; en caso negativo, la idea puede abandonarse antes de que haya más pruebas y aumente el costo del error.

Mercados de prueba televisivos basados en Internet

Con la aceptación creciente aunque lenta, por parte del consumidor, del uso de las tecnologías televisivas basadas en Internet, a las que se hace referencia como televisión interactiva (TVI), y los adelantos en el refinamiento de las tecnologías de comunicación interactiva de multimedios, las grandes agencias de investigación en línea orientadas por la tecnología, como HarrisInteractive, Burke, Inc., Lieberman Research WorldWide, M/A/R/C Research, NFO WorldGroup, y pequeñas agencias de investigación especializadas, como Critical Mix, POPULUS y DataStar, Inc., están haciendo fuertes inversiones en hardware y software de computadora necesarios para llevar las capacidades de marketing de prueba directamente a las salas de los hogares de los consumidores. Los *mercados de prueba televisivos basados en Internet* representan la realización de un mercado de prueba entre consumidores por medio de la tecnología de televisión basada en Internet. Este tipo de aplicación de mercado de prueba puede literalmente reunir a consumidores, fabricantes y patrocinadores en una experiencia de "sala de estar hogareña" más cómoda que una experiencia "de escritorio". Básicamente, TVI computariza el televisor del consumidor con un "gabinete-aparato" ("*set-top box*") que tiene una unidad de disco duro para almacenar grandes cantidades de datos (por ejemplo, un comercial de 60 segundos en vivo o demostraciones interactivas de producto de 30 minutos), que le permiten al consumidor ver a su antojo la información del producto más a fondo.

Ventajas y desventajas de los mercados de prueba televisivos basados en Internet

Todas las ventajas asociadas con las prácticas de investigación en Internet están ahora esencialmente disponibles a través de la TVI. Las grandes diferencias son la comodidad de que el proceso sea enviado a una gran pantalla en lugar de la pequeña pantalla de la PC, con fuentes tipográficas mayores, gráficos más grandes y productos interactivos, anuncios y otros estímulos proyectados en formato digital.

Por ahora, las aplicaciones para el uso de este tipo de mercado de prueba alternativo se han limitado a la prueba de anuncios de publicidad y algunos "infomerciales" (combinación de comerciales con información) de productos orientados al consumidor. Varios factores están frenando la aceptación y uso de los mercados de prueba de TVI; los de más peso son la lenta demanda de tecnología de TVI en el hogar, los costos del hardware y software requeridos, y el débil interés y la incertidumbre entre las operadoras de cable para proveer los servicios de TVI. Como TVI es todavía una empresa muy joven, muchos consumidores no tienen cabal conocimiento de las tecnologías. Sin el conocimiento, la aceptación para comprar TVI seguirá siendo lenta. Por ejemplo, después de tres años en el mercado, la base de suscriptores del servicio MSNTV (previamente apodado WebTV), de Microsoft, apenas es de alrededor de un millón.[25] AOL Time Warner Inc. tiene su versión de TVI llamada AOLTV, que fue probada hace más de dos años entre 4 000 hogares selectos en Orlando, Florida, pero no ha sido presentada todavía por la baja demanda del consumidor. Aun cuando el servicio de TVI es comparativamente barato, su aceptación puede ser lenta porque esta tecnología es aún una inversión onerosa para muchos segmentos de consumidores. Por último, esta nueva tecnología es de difícil venta para muchas compañías no familiarizadas con el marketing de prueba televisivo basado en Internet. Esta situación se complica por el hecho de que muchos proveedores de cable han sido lentos para ofrecer los servicios de TVI más allá de sólo una guía de programa interactiva. Por ejemplo, en el primer trimestre de 2001, AT&T Broadband con base en Denver, subsidiaria de AT&T Corp. con base en Nueva York, abandonó los planes de introducir un avanzado gabinete-aparato para sus 16 millones de suscriptores de cable en EUA. Algunos expertos creen que el problema aquí es que la industria de la TVI se ha construido sobre la premisa de que el método primario de distribución de este sistema sería el de los gabinetes-aparatos proporcionados por las operadoras de cable. No obstante, se espera que esta forma de marketing de prueba crezca en algunos años al punto de que se apoderará de las actividades de marketing de prueba electrónico.

Mercados de prueba virtuales

La idea de usar la simulación de computadora para probar la aceptación de producto se lleva a un nivel diferente en un *mercado de prueba virtual*. En los mercados de prueba virtuales, no sólo pueden evaluarse las diferentes mezclas de marketing por medio del modelado de computadora, sino que incluso la tienda simulada misma aparece en la pantalla de la PC. Aplicando este método, los participantes ven los anaqueles de la tienda atestados de muchas clases de productos. Los compradores pueden tomar un producto tocando su imagen en la pantalla y examinarlo moviendo un dispositivo de bola de rastreo que imprime giro a la imagen. Los artículos se compran poniéndolos en el carrito de compra que aparece en la pantalla. La información recogida durante este proceso incluye el tiempo que el consumidor pasa comprando en cada categoría de producto, el tiempo que pasa examinando cada lado de un paquete, la cantidad de producto adquirido, y el pedido de los productos adquiridos.[26]

Ventajas y desventajas de los mercados de prueba virtuales

Aunque los mercados de prueba virtuales son semejantes a los mercados de prueba simulados, los primeros sí ofrecen algunas ventajas únicas. Primero, las "tiendas" que aparecen en los mercados de prueba virtuales se asemejan más estrechamente a las tiendas reales que las creadas en los mercados de prueba simulados. Segundo, los investigadores pueden hacer cambios en las tiendas con bastante rapidez. En cuestión de minutos pueden aparecer diferentes presentaciones de marcas, asignación de precios, empaques, promociones y asignaciones de espacio en anaqueles. Tercero, los mercados de prueba virtuales pueden emplearse para propósitos diferentes. Se pueden utilizar para la prueba de conceptos o productos enteramente nuevos, así como para probar cambios en productos ya existentes. Finalmente, como en el caso de los mercados de prueba simulados, los mercados de prueba virtuales permiten que estas pruebas se lleven a cabo sin exposición a la competencia.

Las desventajas de los mercados de prueba virtuales son similares a las de los mercados de prueba simulados. La preocupación principal de muchas compañías es si los consumidores comprarán en tiendas virtuales siguiendo los mismos patrones que utilizan en las tiendas reales. Sin embargo, la investigación sobre esta inquietud sugiere que hay un alto grado de correlación entre las ventas de la tienda virtual y de la tienda real. Un estudio en el que 300 consumidores hicieron seis recorridos por una tienda virtual y una tienda real para comprar productos de limpieza y de salud y belleza reveló participaciones de mercado similares. Las correlaciones fueron de .94 para productos de limpieza y .90 para productos destinados a salud y belleza. Otra preocupación es el costo del hardware y software de computadora necesario para llevar a cabo los mercados de prueba virtuales. Aun cuando el costo es todavía prohibitivo para muchas empresas, las mejoras en la tecnología deben hacerlo descender en el futuro. Por último, en la tienda virtual, los consumidores no pueden sentir, oler o tocar un producto. Los artículos que implican un manejo especial de los consumidores podrían no ser adecuados para el marketing de prueba virtual. Los mercados de prueba virtuales pueden utilizarse para estudiar cuestiones como las siguientes:

1. ¿Cuál es nuestro valor de nombre y marcas en un nuevo canal detallista?
2. ¿Ofrecemos suficiente variedad de productos?
3. ¿Cómo deben exhibirse los productos?[27]

El recuadro *En el campo* proporciona un ejemplo de cómo utilizó una compañía los mercados de prueba virtuales para un propósito distinto del de una evaluación de nuevo producto.

Otros temas del marketing de prueba

Marketing de prueba del consumidor comparado con el industrial

Nuestra explicación del marketing de prueba se ha centrado en la evaluación de productos de consumo. Sin embargo, los fabricantes de productos industriales emplean también el marketing de prueba, aunque con métodos diferentes. Más que desarrollar un producto para su prueba de uso en el mercado, los manufactureros industriales buscan la participación informativa de los clientes para determinar las características y tecnologías necesarias para los nuevos productos. Los fabricantes crean prototipos basados en la información de los clientes. Estos prototipos son evaluados entonces por clientes selectos. Los fabricantes reciben la retroalimentación de los clientes que han participado en la prueba del producto y utilizan esa información para hacer más cambios al producto antes de introducirlo en el mercado entero. Como en el caso de los mercados de prueba del consumidor, los mercados de prueba industriales pueden ser de larga duración. Cuanto más tiempo tarda un mercado de prueba, más probable es que un competidor se entere del nuevo producto y responda llevando a toda prisa un producto similar al mercado o volviéndose más competitivo con los productos existentes.

Cotejo del método experimental con los objetivos

Cuando seleccionan un método de marketing de prueba, los investigadores deben considerar los objetivos del experimento. Por ejemplo, si una compañía realiza el marketing de prueba de una extensión de su presente línea de productos, tal vez de un nuevo color o sabor, estaría interesada en la aceptación de este nuevo producto por el consumidor. Por consiguiente, querrá resultados de experimento que puedan generalizarse no sólo a los mercados de prueba (alta validez externa) sino a todos. De igual manera, deseará observar cómo se desempeña el nuevo producto en el mercado en relación con la competencia o cómo el ramo acepta el nuevo producto. La decisión para la empresa sería la de si utilizará un mercado de prueba estándar o

La investigación de cerca

En el campo

Goodyear da un paso afuera de sus propias tiendas

Goodyear Tire and Rubber Company utilizó el marketing de prueba virtual para evaluar un cambio importante en la estrategia de distribución. Por espacio de muchos años, la compañía vendió sus neumáticos a través de sus propios puntos de venta detallistas. La nueva estrategia fue vender los neumáticos Goodyear a través de tiendas de mercancía en general y mantener aún el sistema actual de tiendas Goodyear. Aunque tal maniobra sin duda le permitiría a Goodyear llegar a más consumidores, la nueva estrategia pondría los neumáticos Goodyear en competencia directa con otras marcas en las tiendas de artículos en general. En Goodyear se preguntaban si esta creciente competencia dictaría un cambio en la estrategia de marketing. La firma necesitaba determinar específicamente cuál era el nivel del valor de nombres y marca para sus productos. ¿Era lo bastante fuerte para llevar a cuestas un sobreprecio ante otras marcas, o se vería forzada a reducir precios y/o a extender garantías para ser competitiva ante otras marcas?

Goodyear se volvió hacia el marketing de prueba virtual para encontrar respuestas a sus preguntas. La compañía llevó a cabo un estudio de 1 000 consumidores que recientemente habían comprado o deseado comprar neumáticos sencillos de alto rendimiento o para camiones ligeros. Los participantes compraron en varias tiendas virtuales de neumáticos, cada una de las cuales ofrecía un diferente surtido de productos, asignación de precios y garantías. Goodyear creía lograr lo correspondiente a su valor de nombre y marcas si un consumidor compraba uno de sus productos a un precio más alto que el de la competencia, si atrapaba ventas de los competidores cuando los productos Goodyear tenían rebaja en precio, y si mantenía los niveles de ventas a pesar de las reducciones de precios de los competidores.

Los resultados del estudio le sirvieron a Goodyear de varias maneras. Primero, la compañía determinó cómo los compradores en diferentes segmentos de producto-mercado valoraron la marca Goodyear en comparación con marcas competidoras. Segundo, la prueba de mercado virtual permitió que la compañía probara muchas estrategias de asignación de precios. Esta característica le sirvió a Goodyear para evaluar cómo los diferentes precios, tanto propios como de los competidores, afectaban a las tendencias del consumidor a cambiar entre marcas. Tercero, se identificó a los principales competidores. Goodyear está consciente de las compañías que debe considerar como sus competidores mayores en las tiendas de mercancía general.

Fuente: Raymond R. Burke, "Virtual Shopping: Breakthrough in Marketing Research", *Harvard Business Review*, marzo/abril de 1996, p. 120.

un mercado de prueba simulado o virtual. Esta decisión se basa en factores ya mencionados (tiempo, costo, exposición a la competencia). Independientemente del método elegido, el objetivo es proyectar el potencial del nuevo producto para el mercado entero.

Otros experimentos de campo pueden requerir más control sobre las variables del mundo real. Considere una compañía que quiere evaluar la eficacia de una campaña de publicidad para un nuevo producto. Aunque la capacidad de generalizar los resultados del experimento al mercado entero es importante, la empresa debe tratar de determinar si hay una relación actual entre la campaña publicitaria y la aceptación del nuevo producto por los consumidores. En otras palabras, ¿influyó la campaña promocional en las ventas o esa influencia vino de otras variables, como la asignación de precios, la posición de exhibición o del hecho de competir? Este objetivo requiere que el experimento tenga una alta validez interna. Un diseño experimental para este objetivo pudiera ser un mercado de prueba electrónico que pueda registrar información acerca de la actividad de ver televisión por parte de los consumidores (¿Vieron ellos el anuncio?) y conductas de compra y repetición de compra (¿Compraron el producto anunciado?, y si fue así, ¿cuántas veces?), y que pueda determinar si existe una relación entre la campaña publicitaria y las ventas del producto. Tal experimento pudiera no ser generalizable, pero la compañía puede determinar si la campaña publicitaria tiene el efecto pretendido sobre una pequeña muestra de consumidores. Si los resultados son positivos, la empresa pudiera hacer su lanzamiento inaugural de la campaña publicitaria en otras áreas o incluso en todo el país. Si los resultados no son positivos, la firma puede hacer cambios a la campaña publicitaria o renunciar a ella por completo.

Cada enfoque de marketing de prueba tiene ciertas fortalezas y debilidades. El investigador puede poner en la balanza estas fuerzas y debilidades respecto de los objetivos del experimento de campo. Una vez que el investigador identifica el objetivo del experimento, puede elegir el método que ofrece la mayor medida interna o externa de la validez deseada.

Algunas de las dificultades asociadas con los mercados de prueba estándares están conduciendo a dos tendencias en desarrollo de la prueba de productos nuevos. Primero, las compañías que no quieren asumir el tiempo y los gastos de los mercados de prueba estándares podrían volverse a los mercados de prueba simulados y virtuales. De igual modo, la creciente resistencia de los detallistas a sumar millares de nuevos productos a las listas de autorización de productos puede llevar a más empresas a emplear métodos de marketing de prueba distintos de los mercados de prueba estándares. Segundo, las compañías a las que se les dificulta el proceso del mercado de prueba estándar, pero que no quieren hacer intentos con otros métodos, podrían empezar a hacer sus lanzamientos inaugurales con más productos sin marketing de prueba alguno, especialmente si no hay un alto riesgo de fracaso del producto.

Este capítulo cierra las explicaciones de los diversos tipos de diseños de investigación exploratoria, descriptiva y causal a disposición de los investigadores para la recolección de datos primarios. El siguiente capítulo inicia una serie de cuatro que se enfocan en la obtención y recolección de datos precisos. Más aún, en el capítulo 11 se introducen y detallan las cuestiones fundamentales en torno a la identificación de la gente de la cual deben obtenerse los datos primarios y la determinación del número de personas que se necesitan como encuestados prospectos.

Resumen de objetivos de aprendizaje

Analizar las características, beneficios e inconvenientes de las técnicas de observación y explicar cómo se aplican para recolectar datos primarios.

Los investigadores utilizan las técnicas de observación en todo tipo de diseños (exploratorios, descriptivos y causales) de investigación. Además de las ventajas generales de la observación, los beneficios importantes son la precisión de recabar los datos sobre la conducta real conforme ésta se presenta, la reducción de los factores engañosos, y la cantidad de datos conductuales detallados que pueden registrarse. Las únicas limitaciones del empleo de métodos de observación son la falta de la característica generalizable de los datos, la incapacidad para explicar conductas o hechos actuales, y la complejidad del entorno y el registro de la conducta.

Describir y explicar la importancia y las diferencias entre las variables usadas en los diseños de investigación experimental.

Para efectuar la investigación causal, el investigador tiene que entender los cuatro tipos de variables (independientes, dependientes, extrínsecas y de control) que comprenden los diseños experimentales, así como la aleatorización de los sujetos de prueba y la función que desempeña la teoría en la preparación de los experimentos. La meta más importante de cualquier experimento es determinar qué relaciones, si las hay, existen entre las diferentes variables (independientes, dependientes). Las relaciones funcionales, o de causa-efecto, requieren el cambio sistemático en una variable conforme la otra variable cambia.

Explicar la importancia teórica y las repercusiones de las medidas de validez interna, externa y de constructo en los experimentos y en la interpretación de las relaciones funcionales.

Los diseños experimentales se crean para controlar la contaminación, la cual puede confundir la verdadera relación que se está estudiando. Si bien hay diversos temas referentes al concepto de contaminación, lo que está en el centro del análisis es la validez interna, la externa y la de constructo. La validez interna se refiere al nivel de las conclusiones exactas que el investigador extrae acerca de una relación funcional demostrada. La pregunta es: ¿Se deben los resultados experimentales verdaderamente a las variables experimentales? La validez externa se refiere a la interacción de las manipulaciones experimentales con factores extrínsecos que mueven al investigador a sospechar del grado en que son generalizables los resultados a otros entornos o situaciones. La validez de constructo es importante en el proceso de identificar y entender correctamente las variables independientes y dependientes en un diseño experimental.

Se emplean varias técnicas únicas del diseño experimental para enfrentar los problemas de la validez interna y externa. Estas técnicas se centran en el uso de grupos de control, medidas preexperimentales, exclusión de sujetos, cotejo de sujetos dentro de los grupos, y aleatorización de los miembros de los grupos. Estas dimensiones, incorporadas en el diseño experimental, proveen la verdadera fuerza para controlar la contaminación.

■ **Analizar los tres tipos principales de diseños experimentales usados en la investigación de mercados; explicar las ventajas y desventajas de los diseños causales como medios para evaluar los resultados de las relaciones.**
Los diseños experimentales no logran satisfacer los criterios de validez interna por la falta de comparaciones de grupo. Pese a esta debilidad, los tres diseños que se usan todavía con frecuencia en la investigación de mercados: el estudio de una toma; el diseño de un grupo, preprueba-posprueba, y la comparación de grupo estático.

Los diseños experimentales verdaderos aseguran la equivalencia entre grupos experimentales y de control mediante la asignación aleatoria de los sujetos en los grupos. Hay tres formas de diseños experimentales verdaderos: preprueba-posprueba; grupo de control, y los Cuatro Grupos de Solomon (Solomon Four Group).

Los diseños cuasiexperimentales son apropiados cuando el investigador puede controlar algunas de las variables, pero no es capaz de establecer la verdadera aleatorización de los grupos. Aunque hay una multitud de estos diseños, dos de las formas más comunes son el grupo de control no equivalente y el de muestra separada, preprueba-posprueba.

■ **Explicar qué son los mercados de prueba, la importancia y las dificultades de ejecutar este diseño de investigación y cómo aprovechan los investigadores y los profesionales del marketing las estructuras de datos resultantes.**
Los mercados de prueba son un tipo específico de experimento de campo y se llevan a cabo más comúnmente en los entornos de campo naturales. Lo más usual en el campo de la investigación de mercados son los mercados de prueba tradicionales, los controlados, los electrónicos, los simulados, los televisivos basados en Internet y los virtuales. Los datos reunidos de los mercados de prueba proporcionan a investigadores y practicantes información invaluable acerca de actitudes de los clientes, preferencias, hábitos o patrones de compra, y perfiles demográficos. Esta información es muy útil para predecir niveles de aceptación de nuevo producto o servicio, y de efectividad de publicidad e imagen, así como para evaluar estrategias de mezcla de marketing.

Términos y conceptos clave

Aleatorización 296
Analizador del tono de la voz 290
Confiabilidad del diseño experimental 301
Experimentos de campo 309
Marketing de prueba 284
Monitor de movimientos oculares 291
Observación 285
Observación directa 287
Observación humana 289
Observación indirecta 287
Observación mecánica 289
Psicogalvanómetro 291
Pupilómetro 290
Relación funcional (o de función) 294
Teoría 296
Validez 297
Validez de constructo 300
Validez externa 299
Validez interna 297
Variables 293
Variables de control 295
Variables dependientes 294
Variables extrínsecas 296
Variables independientes 294

Preguntas de repaso

1. Liste los tres tipos de variables de diseño experimental y dé una explicación de cada uno.
2. Identifique las variables significativas que un consumidor tomaría en consideración al comprar una computadora.

3. Emplear estudiantes universitarios como sujetos para estudios experimentales es algo común en la investigación de mercados. ¿Qué problemas podrían surgir de esta práctica?
4. Identifique las pruebas específicas que se utilizan para *a*) la prueba preexperimental y *b*) la prueba experimental verdadera. ¿Qué ventajas y desventajas se asocian con cada una?
5. Explique la diferencia entre validez externa y validez interna. En su explicación, analice las causas comunes de cada tipo de validez.
6. Cuando se hacen experimentos de campo, ¿qué factores son perjudiciales para las técnicas de observación que se emplearían como aspecto de control?

Preguntas de análisis

1. ¿Cuál de los seis tipos de marketing de prueba está ganando la aceptación de los principales anunciantes publicitarios de Estados Unidos? ¿Por qué ocurre esto?
2. ¿Por qué, en opinión de usted, enfrentó Adolph Coors tantos problemas en las pasadas dos décadas en relación con las presentaciones de nuevos productos? ¿Qué recomendaría usted que haga Coors para resolver estos problemas?
3. ¿Qué tipo de técnica de observación y de diseño experimental sugeriría usted para cada una de las siguientes situaciones, y por qué?
   a) El director de investigación y desarrollo de Calvin Klein sugiere un nuevo tipo de agua de colonia para hombres que podría ser promovido por una celebridad deportiva, como Michael Jordan.
   b) El director del alojamiento en el campus de su universidad propone algunos cambios significativos de estilo a la configuración física de las habitaciones actuales de dormitorios del campus para estudiantes de nuevo ingreso o recién transferidos.
   c) El vicepresidente de marketing a cargo de la ubicación de nuevas tiendas de Home Depot tiene que elegir la mejor localización para una nueva tienda en la ciudad en que usted reside.
   d) El ingeniero diseñador en jefe de Ford Motor Company desea identificar cambios de diseño significativos para integrarlos en el modelo 2003 del Ford Taurus.
   e) Un gerente de supermercado detallista quiere conocer la popularidad de una nueva marca de cereal que produce General Mills.
4. **EXPERIENCIA EN INTERNET.** Visite la página base de la agencia investigadora ACNielsen, en www.acnielsen.com. Examine las herramientas, procedimientos y técnicas que utiliza la compañía para llevar a cabo mercados de prueba. Dé una breve explicación de las metas y objetivos que la compañía proporciona a sus clientes en relación con el marketing de prueba.

   Visite el sitio web del libro en www.mhhe.com/hair para ver más ejemplos de preguntas de repaso y análisis.

ILUSTRACIÓN DE LA INVESTIGACIÓN DE MERCADOS

Riders ajusta su nueva base de datos para el lanzamiento de su marca

Esta ilustración fue obra de Axiom Corporation, de Conway, Arkansas. Presenta el uso de datos de prueba de mercado de un experimento de campo para la creación de una base de datos y colabora en el lanzamiento exitoso de una nueva marca de jeans por Lee Apparel Company.

En 1993, Lee Apparel Company decidió poner en el mercado una nueva línea de jeans con el nombre de Riders. El equipo de administración de la marca aprovechó la oportunidad de empezar a formar una base de datos de clientes. A diferencia del proceso normal de construir una base de datos de clientes en torno a las promociones, la comercialización y los esfuerzos publicitarios que beneficiaban directamente a los detallistas, su meta fue hacer que el dinero del marketing construyera al mismo tiempo la marca y la base de datos. En 1994, el lanzamiento de la línea de vestir de Riders marchó bien con los lanzamientos inaugurales en los mercados regionales del medio oeste y del noreste de la compañía. La estrategia inicial de posicionamiento pedía que a los productos se les asignara un precio ligeramente más alto que los de las marcas competitivas, y que se llevaran a mercados de detallistas de canal masivo de calidad, como Ames, Bradlee's, Caldor, Target y Venture. El programa de comunicación de 1994 subrayó la línea "ajuste confortable" y en 1996 los lanzamientos se efectuaron en toda la nación, utilizando los canales detallistas mayores, como la supertienda Wal-Mart. De inicio, recurrió a una promoción de primavera llamada "Dinero Fácil" para generar prueba o cata de producto y reunir información de nombre, dirección y datos demográficos acerca de los primeros clientes de la línea. Estos datos se reunieron utilizando una tarjeta de reembolso y un certificado del detallista. Al llenar y remitir por correo la tarjeta de reembolso a Riders, el cliente era recompensado con un cheque también por vía postal. Esta prueba inicial de mercado aportó elementos de datos valiosos sobre cada cliente, como el tipo exacto de producto comprado, cuánto gastó, para quién compró, dónde oyó hablar de la marca Riders, e información acerca de sus intereses de estilo de vida. Como parte del mercado de prueba, Riders apoyó el esfuerzo con exhibidores de punto de compra (POP) y promociones en circulares del diario dominical. Además, el equipo administrativo de Riders proveyó los fondos de la promoción y manejó todo el desarrollo, pago de reembolsos y cumplimiento de todos los aspectos en el establecimiento. Los resultados del primer mercado de prueba fueron como sigue: se imprimieron certificados por valor total de 1.5 millones de dólares, que rindieron una respuesta de 2.1%, o poco más de 31 000 nombres de clientes. Cerca de 20% de los compradores adquirieron más de un artículo.

Otra parte del diseño del mercado de prueba fue la encuesta telefónica de seguimiento entre los clientes nuevos, tres meses después de la promoción inicial. De los clientes encuestados, 62% habían comprado productos Riders. Esta encuesta le sirvió a Riders para proporcionar información detallada a vendedores y consumidores. En 1995, Riders repitió el diseño de mercado de prueba agregando el envío de una tarjeta postal a los nombres existentes en la base de datos. El esfuerzo promocional abarcó más de 40 000 nombres de clientes nuevos e información para la creciente base de datos. También demostró la reactividad de los clientes de la base de datos: 3.8% de los clientes de la base de datos que recibieron la tarjeta postal de promoción acudieron a la tienda para hacer una compra, en comparación con la respuesta de 2.8% a los anuncios de POP y de las circulares.

Para construir una base de datos de clientes exitosa a partir de los diseños de mercado de prueba, el primer paso fundamental es concebir la forma más eficiente de reunir los nombres que usted desea. Luego viene la cuestión de cómo desea usted usar la información con los clientes, prospectos y detallistas. Por último, usted inicia el proceso de probar y evaluar las relaciones y de aplicar lo que ha aprendido para crear y hacer que crezca la lealtad del cliente.

Enfoque en las asociaciones detallistas

La meta principal de todo el marketing de prueba fue crear información valiosa que pudiera usarse para armar relaciones con los consumidores de Riders y con aquellas cuentas detallistas de las que Riders dependía para la distribución. La filosofía creciente dentro del equipo de administración de la marca Riders era "Cuanto más sepamos de nuestros clientes, mejores decisiones podremos tomar en el trato con ellos y con nuestros detallistas". Más aún, la información detallada que se crea con la base de datos (como los resultados en dinero contante y sonante de cada promoción, así como los perfiles demográficos) se comparte con los detallistas, al igual que la investigación que muestra los beneficios de la conducta del consumidor. Por ejemplo, un estudio de rastreo reciente reveló que el intento de compra de los clientes de la base de datos era el doble que el de los clientes no inscritos en la base de datos en un área determinada del ramo. La conciencia de marca sin ayuda era igualmente alta (100%, en comparación con 16% de la población general), y la conciencia de la publicidad de Riders era de 53%, en comparación con 27%.

El equipo de Riders creía tan firmemente en ligar la información de la base de datos con los esfuerzos de promoción que insistió en que un componente de esta base sea parte de cualesquiera promociones específicas de la cadena. La administración de Riders tenía esperanzas de convencer a los detallistas de que crearan sus propias capacidades de base de datos para que tomaran parte en su información. Por ejemplo, la información de una cuenta detallista puede identificar más oportunidades de producto y promoción. En Riders creían que la retribución real llega cuando tanto el fabricante como el detallista pueden usar los datos, de cualquier fuente, para hacer un mejor trabajo para atraer y conservar el mejor activo para ambos miembros del canal, esto es, el cliente. Riders tiene que seguir convenciendo a los detallistas de que poner la mercancía de este fabricante en sus anaqueles es llevar gente a sus tiendas.

Desde el marketing de prueba hasta la creación de completas bases de datos de clientes, el equipo de Riders ha empezado a poner una parte importante de su inversión de marketing en estrategias de publicidad de creación de imagen enfocadas a los medios impresos y de televisión. Dicen, por ejemplo,

> Cuanto más sepamos de nuestros clientes y de sus preferencias, más capaces seremos de refinar nuestros mensajes de publicidad y compras de medios, de señalar qué clase de promociones funcionarán mejor, y de entender qué productos nuevos debemos crear. Conforme aumentan las presiones competitivas, Riders espera que la información detallada del cliente se vuelva más valiosa para ayudar a definir claramente la posición de la marca. Definirnos y definir lo que es diferente en los productos de Riders va a ser un elemento cada vez más importante para atraer a los clientes que cuentan con tantas opciones de tiendas que tienen nuestros productos en sus anaqueles. Aunque inicialmente comenzaron con mercados de prueba que guiaban el desarrollo de un programa de base de datos del cliente completa, son ahora las bases de datos las que guían la inclusión de los elementos clave en nuestra investigación de mercados de prueba. La meta definitiva de Riders es crear una herramienta (investigación de base de datos) que haga más atractivos sus productos para detallistas y consumidores.

Ejercicio práctico

Utilizando su conocimiento obtenido de la lectura acerca de las pruebas de mercado en el capítulo y de la ilustración de investigación de mercados precedente, responda las siguientes preguntas:

1. ¿Cuál era la meta general de Lee Apparel Company para llevar a cabo un mercado de prueba tan extenso de su nueva línea de jeans bajo el nombre de marca "Riders"? En su opinión, ¿logró la compañía su meta? ¿Por qué sí o por qué no?

2. Identifique y explique las fortalezas y debilidades asociadas con el proceso de mercado de prueba utilizado por Lee Apparel Company.

3. En su opinión, ¿debe la compañía dar consideración al desarrollo e implantación de las estrategias de marketing de prueba basadas en Internet? ¿Por qué sí o por qué no? (Asegúrese de integrar las fortalezas y debilidades de este tipo de marketing de prueba.)

parte 3

Recolección y captura de datos precisos

capítulo 11

Muestreo: teoría, diseños y temas en la investigación de mercados

Objetivos de aprendizaje

Al terminar de leer el capítulo, usted podrá

1. Analizar el concepto del muestreo y hará una lista de las razones para el mismo.

2. Señalar y explicar las diferentes funciones del muestreo en el proceso total de investigación.

3. Identificar las diferencias fundamentales entre los métodos de muestreo probabilístico y no probabilístico y señalar sus fortalezas y debilidades.

4. Analizar y calcular las distribuciones, errores estándar e intervalos de confianza muestrales y la forma en que se utilizan para evaluar la precisión de una muestra.

5. Reconocer los criterios relacionados con la determinación del diseño apropiado de muestra para un proyecto de investigación determinado.

6. Analizar los factores que deben considerarse para determinar el tamaño de la muestra.

7. Examinar los métodos de cálculo de los tamaños de muestra apropiados.

8. Indicar y explicar los pasos necesarios para trazar un plan muestral y diseñar diferentes planes.

> **"Estoy convencido de que necesitamos hacer alguna clase de encuesta nacional para determinar las actitudes hacia el viaje aéreo, así como las impresiones y patrones generales de consumo del mismo antes de pronosticar nuestras cargas de rutas de vuelo. Sin embargo, ¿cuánta gente necesitamos incluir en el estudio para garantizar la recolección de datos e información de buena calidad, y cuál debe ser el plan muestral y el procedimiento de selección de esa gente?"**
>
> **—RONALD P. BRENSINGER, DOCTOR EN FILOSOFÍA**
> **Gerente de planeación de capacidad de American Airlines**

Decisiones de diseño muestral: American Airlines

En fecha reciente, el vicepresidente ejecutivo de marketing de American Airlines (AA) recibió un informe de costos de fin de trimestre del departamento de contabilidad que mostraba que los costos de operación de las rutas de las aerolíneas de California a Nueva York y Washington, D.C., estaban subiendo y que la compañía estaba perdiendo dinero nuevamente. Para entender mejor esta situación, el vicepresidente llamó a Ron Brensinger, gerente de planeación de capacidad, para hablar de las alternativas de planes de acción. En esta junta, Brensinger mencionó que uno de los problemas de AA era que los modelos utilizados para estimar el número de pasajeros en los vuelos de esta aerolínea no tomaban en cuenta las actitudes e intenciones de los viajeros. Brensinger explicó que aun cuando el precio de los boletos y las pasadas cargas de uso eran factores importantes en la predicción de futuras cargas de ruta, los modelos presentes no incorporaban los posibles efectos de las actitudes de los consumidores hacia el vuelo como forma de transportación. Agregó que las impresiones de satisfacción de los clientes por los servicios en vuelo, así como su confianza en la capacidad de AA de brindar servicios de alta calidad al pasajero, tenían también una importante influencia en el proceso del mismo para elegir aerolínea y en sus futuras intenciones de compra. Este análisis mostró claramente que AA necesitaba reunir algunos datos primarios de sus mercados de consumo conocidos, así como del público usuario de aerolíneas en general.

En vista de su formación universitaria, se le pidió a Brensinger que escribiera una propuesta de investigación en la que delineara los procedimientos necesarios para capturar los datos primarios requeridos. Una semana después presentó su propuesta al vicepresidente de marketing de AA para su aprobación definitiva. En la presentación, Brensinger trató los problemas de la información y los objetivos de la investigación, y luego pasó a los métodos propuestos para reunir los datos. Después de explicar que un estudio autoadministrado sería la forma de proceder más eficiente en costo, pasó a analizar un plan de varias etapas para muestreo. Fue en ese momento cuando al vicepresidente de marketing le pareció que había algo confuso y preguntó: "¿Cuál es el propósito real de un plan muestral que suena tan complicado?" Brensinger respondió que el solo acto de la recolección de datos de la gente no garantizaba la calidad de los mismos. Dado que AA había transportado por aire a más de 39.7 millones de personas en los 12 meses anteriores, sería imposible entrevistar a cada una de ellas. En consecuencia, se tendría que tomar una muestra de estos clientes y sería muy importante asegurarse de que ésta representara a la base total de clientes de la compañía. Además, Brensinger señaló que la base total de clientes de la compañía volaba con la misma frecuencia. Por ejemplo, algunas de las personas que vuelan por AA eligen el transporte aéreo con una frecuencia significativamente mayor que otras; asimismo, hay viajeros de negocios y otros que no lo son. Estos grupos de clientes tendrían que estar debidamente representados en cualquier encuesta para asegurar que los datos reunidos mostraran un cuadro fiel de las impresiones de la clientela acerca de volar por AA. Estos cuadros se utilizarían entonces para puntualizar sobre las actitudes y conducta de la base total de clientes de AA. Brensinger agregó que la decisión de a quién se habría de incluir en el estudio afectaría a los constructos y dimensiones por investigar, a las mediciones apropiadas de pregunta/escala y al diseño de los materiales de cuestionario y apoyo.

Debido a que la población total de clientes de la aerolínea habría de dividirse en diferentes grupos de viajeros aéreos, Brensinger propuso un plan muestral estratificado de etapas múltiples. En tal plan, sería necesario no sólo definir muy cuidadosamente cada estrato, sino también determinar el tamaño muestral apropiado para cada uno. Los tamaños muestrales se vuelven críticos para determinar el costo total de reunir los datos primarios requeridos, la precisión o representatividad de los datos y las observaciones minuciosas que deben incluirse en los modelos del pronóstico de la compañía. Hasta este punto, Brensinger sólo podía estimar de manera aproximada los costos de reunir los datos, porque los tamaños de muestra reales no estaban calculados como parte de la propuesta. Dada la naturaleza de las preocupaciones inmediatas de la administración por ciertas rutas, Brensinger sugería que la investigación propuesta fuera un "estudio piloto", y que, según sus resultados, se ampliaría con el tiempo a todas las rutas de AA. Como estudio piloto, los costos de la recolección de datos serían significativamente menores.

Al término de la presentación de Brensinger se aprobó tentativamente un presupuesto de 50 000 dólares para el estudio piloto. Una condición era que se darían cifras de costos más específicas antes de la aprobación definitiva de la administración. Llegado ese momento, Brensinger sabía que tendría que desarrollar el plan muestral completo. El trazo del plan requeriría siete etapas básicas: 1) definir específicamente la población meta, 2) elegir el método de recolección de datos (por ejemplo, la encuesta o entrevista autoadministradas), 3) identificar el o los marcos muestrales necesarios, 4) determinar el método muestral más apropiado (esto es, probabilístico o no probabilístico), 5) establecer los tamaños de muestra necesarios, 6) trazar un plan de operación para seleccionar unidades de muestra y 7) ejecutar este plan. La ilustración de la investigación de mercados que aparece al final de este capítulo muestra cómo desarrolló Brensinger el plan muestral.

Valor del muestreo en la investigación

El muestreo es un concepto importante que ponemos en práctica en nuestras actividades cotidianas. Tómese como ejemplo acudir a una entrevista para obtener empleo. Se nos ha enseñado que causar de entrada una buena impresión es en extremo importante, porque después de esta exposición inicial (cabe decir muestra) es muy común que se hagan juicios sobre el tipo de personas que somos. La gente se sienta ante su televisor de programación por cable, control remoto en mano, y pasa rápida revista a una serie de canales diferentes (el *surf* o recorrido de canales), deteniéndose unos segundos en cada uno para tomar una muestra del programa hasta que encuentra uno digno de verse. La próxima vez que usted tenga tiempo libre, vaya a una librería y observe el muestreo en plenitud. En la librería, la gente por lo general toma un libro, ve la portada y luego lee algunos párrafos para darse una idea del estilo del autor y del contenido para decidir si comprará el volumen. Cuando alguien va a comprar un auto, quiere probarlo conduciéndolo algunos kilómetros para ver cómo lo siente y cómo funciona antes de decidir si va a adquirirlo. Un aspecto común de todas estas situaciones es que una decisión se basa en el supuesto de que la porción menor o muestra es representativa de la población mayor. Desde una perspectiva muy general, el **muestreo** consiste en la selección de un número relativamente pequeño de elementos tomado de un grupo de elementos definido mayor, con la expectativa de que la información recogida del grupo menor permita que se hagan juicios sobre el grupo mayor.

Muestreo Selección de un número relativamente pequeño de elementos tomado de un grupo de elementos definido mayor, con la expectativa de que la información recogida del grupo menor permita que se hagan juicios sobre el grupo mayor.

Muestreo como parte del proceso de investigación

Censo Investigación que comprende datos de cada miembro de la población meta definida.

Se suele recurrir al muestreo cuando efectuar un censo es imposible o está fuera de lo razonable. Cuando se lleva a cabo un **censo**, el investigador está interesado en reunir datos primarios relativos a, o aportados por *cada* miembro de una población meta definida. Por intuición es fácil ver que el muestreo toma menos tiempo y es menos costoso que levantar un censo. Pongamos por caso que la administración de US Airways quisiera indagar, entre los viajeros de negocios, qué les agrada y desagrada de volar por esa aerolínea. Recoger datos de unos 2 000 viajeros experimentados de negocios que utilizan US Airways sería mucho menos costoso y lento que encuestar a cerca de 6.5 millones de viajeros. Como se explicó en capítulos anteriores, independientemente del tipo de diseño de investigación en línea o no en línea que se use para recabar datos secundarios o primarios, los factores de tiempo y dinero de los proyectos de investigación suelen ser cruciales para quienes toman las decisiones. Para los investigadores es más factible que los proyectos cortos se ajusten al tiempo de los encargados de decidir.

El concepto del muestreo tiene también una función importante en el proceso de *identificar, desarrollar* y *entender* nuevos constructos (u objetos) de marketing que debe estudiar el investigador. Considérese a este último cuando ayuda al propietario de una clínica médica local de libre acceso a entender el concepto de la calidad de servicio en los procedimientos de asistencia médica. El investigador tiene que determinar las diversas dimensiones que podrían constituir la calidad del servicio; para esto, empleando diferentes métodos de investigación exploratoria (o cualitativa), establece un conjunto manejable de dimensiones y atributos que es representativo del concepto total de la calidad del servicio. Otra área en la que la toma de muestras tiene una función importante es el proceso de *desarrollo de las mediciones de escala* utilizado para recoger los datos primarios acerca de los objetos o las personas. Cuando el investigador crea una medición de escala debe tener alguna idea de quiénes son los encuestados a los que se pretende llegar, con el fin de incorporar las palabras y frases apropiadas en el diseño de la medición. Además, ha de tener la capacidad de determinar la confiabilidad y validez de la escala. Estas actividades de diseño y prueba requieren que el investigador administre la medición de escala a un subconjunto representativo de la población meta propuesta.

Las muestras tienen también una función indirecta importante en el proceso de *diseño de los cuestionarios*. Dependiendo del problema de la información redefinida, así como de la población meta seleccionada, las decisiones muestrales afectarán a las relativas al tipo de diseño de investigación (por ejemplo, exploratoria, descriptiva, causal, en línea, no en línea), al instrumento de encuesta (administrado en persona, asistido por computadora o autoadministrado) y a los atributos de diseño estructural del cuestionario real. Así, teniendo una idea general de la población meta y de las características clave que se utilizarán para obtener la muestra necesaria de encuestados, los investigadores confeccionan el cuestionario con la redacción y las palabras apropiadas para asegurar que éste sea de interés para los encuestados prospectos y que sus resultados sean de alta calidad.

En los casos en que el proceso de medición de un estudio cause la destrucción de los elementos en estudio, el muestreo puede ser la única alternativa. Si a cada hojuela de papa frita Ruffles que saliera de la línea de producción de Frito-Lay se le probara la sal, el aceite, el color, etc., no quedaría una para empacarla y venderla. Aunque esta razón para el muestreo se suele considerar en términos de control de calidad, se puede aplicar a muchas situaciones problemáticas empresariales y de marketing que requieren datos primarios de investigación al probar nuevos productos o ideas. Como lo ilustran estos ejemplos, hay diferentes razones para la inclusión de procedimientos muestrales en la investigación de la información. El objetivo principal es darle a los investigadores la capacidad de hacer juicios inductivos y predictivos o de tomar decisiones acerca de la población meta total sobre la base de una información limitada o a falta del conocimiento perfecto. El concepto del muestreo comprende dos cuestiones básicas: 1) hay que tomar las decisiones debidas en la selección de elementos (por ejemplo, gente, productos o servicios) y 2) hay que confiar en que los datos generados por la muestra pueden transformarse en información precisa acerca de la población meta total.

Por último, conocer el material explicado en este capítulo le ayudará a entender mejor los temas que se presentan en el resto de la obra: desarrollo de constructos, procedimientos de medición de escala, diseño de cuestionarios, codificación y trabajo de campo, y técnicas de análisis de datos. Comenzamos este capítulo sentando las bases para entender el muestreo, al presentarle a usted los fundamentos de la teoría de la obtención de muestras. A continuación trataremos las cuestiones críticas de fondo de la manera de determinar los tamaños muestrales apropiados para diferentes proyectos de investigación de mercados. Asimismo, mostraremos los diferentes tipos de diseños muestrales probabilístico y no probabilístico de que disponen los investigadores. Aprovechando su conocimiento de los temas analizados, concluimos el capítulo refiriéndonos a los pasos, actividades y decisiones que tienen que ver con el desarrollo de un plan muestral.

Generalidades de los fundamentos de la teoría del muestreo

Terminología básica del muestreo

Población

Población Conjunto total identificable de elementos de interés que estudia el investigador.

Una **población** es un grupo o congregación de elementos (por ejemplo, gente, productos, organizaciones, entidades físicas) de interés para el investigador y pertinente para el problema de información específico. Supóngase que Mazda Motor Corporation contratara a J.D. Power and Associates para medir la "satisfacción del cliente entre propietarios de automóviles". Esta formulación sugeriría que la población de interés la constituirían todos los propietarios de automóviles. Sin embargo, es muy improbable que J.D. Power and Associates pudiera extraer una muestra verdaderamente representativa de una población tan amplia y heterogénea: cualesquiera que fuesen los datos recogidos, probablemente no permitirían hacer generalizaciones acerca de la satisfacción del cliente que fueran útiles para Mazda (que fueran precisas o incluso que tuvieran sentido alguno). Semejante especificación (o falta de la misma) desafortunadamente es muy común en la investigación de mercados. A la mayoría de las empresas que requieren la recolección de datos puros no les interesan realmente las poblaciones totales, sino un segmento prescrito del total. Para los fines prácticos y de análisis de la comprensión de las cuestiones muestrales importantes en estudio, usaremos una versión modificada de la *población*: la **población meta definida**. Ésta consiste en el grupo completo de elementos (personas u objetos) identificados de manera específica para la investigación, de acuerdo con los objetivos del proyecto de estudio. La definición precisa de la población meta es esencial y suele hacerse en términos de los elementos, unidades muestrales y marcos de tiempo.

Población meta definida Conjunto completo de elementos identificados para la investigación.

Elemento

Elemento Persona u objeto de la población meta definida de la cual o del cual se buscan datos e información.

Un **elemento** es una persona u objeto de la cual o del cual se buscan datos e información. En la investigación, el objeto es a menudo un producto o grupo de individuos en particular. Los elementos deben ser únicos y contables, y si se los suma deben dar el total de la población meta. Se puede ver a los elementos colectivamente como el marco de población meta para el cual se tomará algún tipo de muestra. Entre los elementos de la población meta podría haber un producto de consumo particular (por ejemplo, automóviles Mazda), grupos específicos de personas (por ejemplo, mujeres de 18 a 34 años de edad, u hogares con cuenta bancaria), u organizaciones específicas (por ejemplo, las 500 compañías de *Fortune*). Cuando en la definición inicial de la población meta se definen mal los elementos, se crea una desviación a la que se llama *error de marco de población meta*.

Unidades muestrales

Unidades muestrales Elementos de la población meta disponibles para su selección durante el proceso muestral.

Las **unidades muestrales** son los elementos de la población meta disponibles para la selección durante el proceso de obtención de muestras. En una muestra sencilla, de una sola etapa, las unidades muestrales y los elementos de la población pueden ser los mismos. Sin embargo, muchos estudios implican problemas complejos que requieren la aplicación de un proceso muestral de etapas múltiples. Sirviéndonos del ejemplo de Mazda como uno de tales casos, los propietarios de autos de esta marca serían los elementos de interés, pero J. D. Power and Associates pudiera interesarse sólo por propietarios que han adquirido Mazda nuevos, en lugar de usados. De tal suerte, la población meta definida se redefiniría. El refinamiento del conjunto de elementos de la población con un segundo factor crea segmentos de población de los cuales se extrae una muestra representativa.

Los elementos de la población meta podrían identificarse también utilizando un marco de tiempo específico (digamos, el año 2002, el mes de agosto de 2002, o el periodo del 15 al 30 de abril de 2002). Mazda Motor Corporation podría especificar su interés por entender la satisfacción del cliente sólo entre propietarios de autos Mazda que hayan comprado vehículos nuevos en 2002. En consecuencia, J. D. Power and Associates tendría que refinar más su definición de la población meta, reduciendo así las unidades muestrales elegibles. La figura 11.1 ilustra algunos ejemplos hipotéticos que resumen el impacto del elemento, de la unidad muestral y de los factores de marco de tiempo en las poblaciones meta.

Marco muestral

Marco muestral Lista de todas las unidades muestrales elegibles.

Después de definir la población meta, el investigador debe elaborar una lista de unidades muestrales elegibles, a la que se denomina **marco muestral**. Algunas fuentes comunes de marcos muestrales son las listas de votantes registrados y las listas de clientes de los editores de revistas, las compañías de tarjetas de crédito, y hasta los mapas. En la actualidad, hay incluso compañías comerciales especializadas (por ejemplo, Survey Sampling, Inc.; American Business Lists, Inc.; Scientific Telephone Samples) cuyo negocio es crear y mantener bases de datos que contienen nombres, direcciones y números telefónicos de elementos de población potenciales; también generan y venden los marcos muestrales necesarios. Aun cuando los costos de obtener tales listas de correo de marco muestral son variables, una lista puede adquirirse normalmente a un precio de 50 a 200 dólares por cada 1 000 nombres.[1]

FIGURA 11.1 Ejemplos hipotéticos del impacto de los elementos, las unidades muestrales y los marcos de tiempo

Automóviles Mazda	
Elementos	Compradores adultos de automóviles
Unidad muestral	Automóviles Mazda nuevos
Marco de tiempo	1 de enero a 30 de septiembre de 2002
Esmalte para uñas	
Elementos	Mujeres de 18 a 34 años de edad que compraron por lo menos una marca de esmalte para uñas en los últimos 30 días
Unidades muestrales	Ciudades de Estados Unidos con población entre 100 000 y un millón de habitantes
Marco de tiempo	1 a 15 de junio de 2002
Servicios bancarios al detalle	
Elementos	Hogares con cuentas de cheques
Unidades muestrales	Hogares situados dentro de un radio de 16 kilómetros de la ubicación central de NationsBank en Charlotte, Carolina del Norte
Marco de tiempo	1 de enero a 30 de abril de 2002

Independientemente de la fuente, suele ser muy difícil y costoso para el investigador lograr el acceso a marcos muestrales en verdad precisos o representativos.[2] Es de dudar, por ejemplo, que pueda disponerse fácilmente de una lista de los individuos que se hayan comido un taco en un establecimiento de alguna cadena de comida rápida en los últimos seis meses. En este caso, el investigador tendría que emplear un método alternativo como el marcado telefónico aleatorio (si se hacen entrevistas telefónicas) o una encuesta en un lugar (por ejemplo, entrevista de intercepción en un centro comercial) para generar una muestra de encuestados prospectos. En la figura 11.2 se describe cómo se pueden generar números telefónicos al azar utilizando diferentes métodos. El marco muestral contiene la población operacional (o población de trabajo) de la cual se tomará la muestra. En una situación ideal, la población operacional, el marco de la población meta definida y el marco muestral son idénticos. En esas situaciones en las que un marco muestral contiene todas las unidades muestrales elegibles de la población meta definida más las adicionales, decimos que el marco tiene *sobrerregistro*. Supongamos que nos interesa recoger opiniones de personas que usan regularmente sus tarjetas de crédito MasterCard para comprar gasolina. Para llevar a cabo la encuesta, podríamos comprarle a MasterCard International una lista de correo actual. En esencia, esta lista se convierte en nuestro marco muestral, y lo más probable es que se vea afectada por el sobrerregistro, ya que abarcará a personas que no usan regularmente su tarjeta de crédito MasterCard para comprar gasolina.

En cambio, cuando las unidades muestrales elegibles se dejan accidentalmente fuera del marco muestral, éste se encuentra en estado de *subregistro*. Un ejemplo clásico que ilustra este estado se da cuando se usa el directorio telefónico de una localidad como marco muestral para llevar a cabo una investigación telefónica. Los directorios de teléfonos no incluyen a personas cuyos números no están en la lista, a aquellas cuyos números de teléfono se activaron después de la fecha de publicación de la guía y a las que no tienen teléfono o que no están anotadas directamente en la lista. Hoy día, no debe usarse nunca un directorio telefónico como fuente primaria para desarrollar un marco muestral que se utilice en proyectos de investigación de mercados. En las situaciones de subregistro se producirá una **brecha muestral**.

Brecha muestral Diferencia de representación entre los elementos de la población y las unidades muestrales en el marco muestral.

Si bien tanto el factor de sobrerregistro como el de subregistro crean brechas muestrales, este último plantea problemas de representatividad más graves. Una brecha muestral se ve también como un error de marco muestral, y ocurre cuando ciertas unidades muestrales no son excluidas necesariamente o cuando segmentos completos de la población meta definida no están representados con precisión en el marco muestral. Cuanto más grande es el error del marco muestral, mayor es la oportunidad de que haya error e imprecisión en los resultados de datos. El ejemplo clásico siguiente ilustra el impacto del error muestral en la precisión de los datos. En 1936, la revista *Literary Digest* llevó a cabo una encuesta telefónica de predicción del ganador de las elecciones presidenciales de Estados Unidos en ese año. La encuesta se realizó utilizando un marco muestral compilado de directorios telefónicos y archivos de registro de automóviles. La predicción, con base en los resultados de la encuesta telefónica de *Literary Digest*, fue que Alfred Landon ganaría la elección por un margen de 20%. En realidad Franklin D. Roosevelt ganó la elección por un margen e 20%.[3] ¿Dónde se equivocaron los encuestadores? El marco muestral incluyó sólo a los votantes registrados que tenían teléfono o automóvil, cosas ambas consideradas artículos de lujo en 1936. En consecuencia, el marco muestral omitió una proporción significativamente grande de votantes elegibles y generó resultados inexactos.

Principales factores de la teoría del muestreo

Para entender esta teoría es importante que usted conozca los conceptos y símbolos relacionados con ella. En la figura 11.3 se incluye un resumen de los conceptos básicos y de sus símbolos. Las descripciones y análisis de estos conceptos se dan en este capítulo y se repasan en los posteriores.

FIGURA 11.2 Métodos de marcado telefónico digital aleatorio para generar listas de marco muestral telefónico

La única solución al problema de los números telefónicos no listados es generar números telefónicos por algún procedimiento aleatorio. Este procedimiento, al que se denomina marcado telefónico digital aleatorio (MTDA), es sencillo en teoría: los números telefónicos se generan al azar. Sin embargo, las consideraciones prácticas complican mucho el cuadro. La primera y más importante es la proporción relativamente pequeña de números funcionales entre todos los números telefónicos posibles de 10 dígitos. Apenas uno de 170 de todos los números telefónicos posibles (9 999 999 999 son posibles) está realmente en uso (hay 60 000 000 de números residenciales). La proporción de números residenciales funcionales en muestras de MTDA se puede incrementar de manera considerable seleccionando sólo entre los 103 códigos de área funcionales (primeros tres dígitos). Este método rinde aproximadamente un número residencial funcional por cada 17 números generados al azar. Desde el punto de vista de los costos, esta tasa es todavía demasiado baja, pues acarrea muchos marcados improductivos. La pregunta en este punto es: ¿qué tipo de sistema de MTDA reducirá la proporción de marcados improductivos a la vez que incluya un número proporcionado de hogares con teléfono fuera de lista en la muestra? Hay tres métodos alternativos creados para el uso de un directorio telefónico.

MÉTODO DE CUATRO DÍGITOS

Al adoptar el método de cuatro dígitos, los investigadores, además de limitar la muestra a los 103 códigos de área funcionales, deben elegir números sólo de oficinas centrales o conmutadores telefónicos. Los últimos cuatro dígitos del número se generan por algún proceso que se acerca a la aleatoriedad. Hay aproximadamente 30 000 conmutadores funcionales en Estados Unidos o cerca de 300 millones de números posibles. En consecuencia, este método rendirá aproximadamente un número funcional por cada cinco generados al azar. Los problemas de este método se relacionan con el hecho de que todos los conmutadores tienen igual probabilidad de ser elegidos, mientras que algunos tienen una alta proporción de todos los números posibles en servicio y otros sólo tienen una pequeña proporción en servicio.

MÉTODO DE TRES DÍGITOS

La siguiente progresión lógica en la tecnología de MTDA es el método de tres dígitos, el cual incrementa la proporción de números funcionales a algo más de uno de cada tres. Esto es posible porque la compañía telefónica no asigna números de un conmutador particular al azar, sino de los bancos funcionales de 1 000 números. La consulta de la sección de un directorio cruzado, en el que los números telefónicos están listados numéricamente, mostrará que dentro de un conmutador particular ciertas secuencias de 1 000 números (000-999) están en total desuso, mientras que otros grupos de 1 000 están, digamos, en 70% de uso. Al emplear la opción de tres dígitos, el usuario tiene que especificar códigos de área, conmutadores y "bancos funcionales" (cuatro dígitos) de números dentro de los conmutadores. Los bancos funcionales pueden identificarse en un directorio cruzado o seleccionarse por muestra probabilística de la guía telefónica. Un banco sin números telefónicos listados no tiene oportunidad de ser elegido, mientras que otro con 60% de sus números en lista tiene el doble de oportunidad de ser elegido que el que sólo tiene 30% listado. El paso final del método de tres dígitos es generar los últimos tres dígitos de cada código o conmutador o banco funcional por medio de algún proceso aleatorio.

El método de tres dígitos es más eficiente para eliminar números no funcionales, pero aumenta la desviación debido a la omisión (del directorio) de nuevos bancos funcionales que se hayan activado. El método de cuatro dígitos es más seguro desde el punto de vista de la elusión de la desviación, pero más costoso por el mayor número de llamadas que hay que hacer. Se sugiere que el método de tres dígitos es más apropiado cuando el o los directorios del área de interés son relativamente actuales o cuando ha habido poco crecimiento en el área desde la publicación del directorio más reciente. En otros casos, debe considerarse seriamente el método de cuatro dígitos.

USO DEL DIRECTORIO TELEFÓNICO COMO LIBRO

Las muestras de MTDA también pueden generarse a partir de la guía telefónica impresa. En general, esto se hace seleccionando números al azar del libro y agregando un número aleatoriamente como sexto o séptimo dígito. Entre uno de dos y uno de tres de los números generados serán números residenciales funcionales. Éste es un método viable porque todos los conmutadores y bancos están representados de manera proporcional en el directorio telefónico en libro. Por lo general, el directorio telefónico en libro se recomienda como fuente de MTDA sólo en los casos en que no se dispone del *hardware* y *software* de computadora apropiados. Esta recomendación obedece a dos razones principales: primera, la formación de una muestra por este método es lenta y costosa si es hecha por o para los entrevistadores; segunda, si a los entrevistadores se les dan instrucciones y se les deja que ellos generen los números, el investigador pierde todo el control sobre la validez de la muestra.

Los programas de computadora pueden incorporar métodos de tres o cuatro dígitos y generar muestras de MTDA a muy bajo costo. Además, se puede dar formato al impreso para la captura de datos adicionales y para ayudar al investigador a controlar los costos de campo y la ejecución apropiada del plan muestral.

Fuente: Roger Gates y Bob Brobst, "RANDIAL: A Program for Generating Random Telephone Numbers", *Journal of Marketing Research* 14, mayo de 1977, p. 240.

FIGURA 11.3 Conceptos y símbolos usados en la teoría de muestreo*

Parámetros de población	Símbolo	Notaciones de muestra	Símbolo
Tamaño	N	Tamaño	n
Valor de media aritmética	μ	Valor de media aritmética	$\bar{x}$
Valor de porcentaje (proporción de población)	P	Valor de porcentaje (proporción de la muestra)	$\bar{p}$
	Q o $[1 - P]$		$\bar{q}$ o $[1 - \bar{p}]$
Desviación estándar	σ	Desviación estándar estimada	$\bar{s}$
Varianza	σ^2	Muestra estimada	$\bar{s}^2$
Error estándar (parámetro de población)	S_μ o S_P	Error estándar estimado (estadísticas de la muestra)	$s_{\bar{x}}$ o $s_{\bar{p}}$
Otros conceptos de muestreo			
Intervalos de confianza	$\mathrm{CI}_{\bar{x}}$ o $\mathrm{CI}_{\bar{p}}$		
Nivel de tolerancia de error	e		
Valor z crítico	Z_B		
Niveles de confianza	NC		
Factor de corrección finita (raíz cuadrada total de $[N - n/N - 1]$ (llamado también "multiplicador finito" o "corrección de población finita")	fcf		

*Para un rápido repaso de estos conceptos y símbolos visite el sitio web del libro en www.mhhe.com/hair y siga los vínculos.

En muchos textos de estadística se explican los conceptos y métodos muestrales respecto de situaciones en las que los parámetros de la población clave de interés son conocidos o desconocidos por el investigador antes de realizar el proyecto de investigación. Aquí los análisis muestrales se limitan de manera premeditada a las situaciones en las que el investigador no conoce en principio los verdaderos parámetros de la población de interés. La lógica de esta perspectiva es doble. Primero, los ambientes empresariales actuales son tan complejos y cambiantes que es muy improbable que los tomadores de decisiones en las empresas conozcan los verdaderos parámetros de sus poblaciones meta. Por ejemplo, la mayoría de los detallistas que agregaron recientemente las alternativas de compra comparada de consumo en línea se afanan atropelladamente para identificar y describir a las personas que comienzan a hacer sus compras detallistas de consumo por Internet, en lugar de acudir a las tiendas "edificadas" tradicionales. Los expertos estiman hoy que la población mundial en línea fluctúa entre 280.4 y 304.36 millones de personas,[4] pero el número real de compradores detallistas en línea queda sujeto a la conjetura. Uno de los objetivos principales de investigar muestras pequeñas pero representativas de supuestos miembros de una población meta definida es utilizar los resultados de la muestra para predecir o calcular cuáles son los verdaderos parámetros de la población dentro de cierto grado de confianza.

En segundo lugar, si los tomadores de decisiones empresariales tuvieran pleno conocimiento de sus poblaciones meta definidas, tendrían información inmejorable acerca de la realidad de esas poblaciones, con lo que se eliminaría la necesidad de llevar a cabo actividades de investigación primaria. Más aún, creemos que aproximadamente 95% de las situaciones problemáticas actuales de empresas o de marketing se deben de modo fundamental a que los encargados de las decisiones carecen de información sobre sus problemas y del conocimiento de quiénes son sus clientes, e ignoran también cuáles son las actitudes, preferencias, impresiones y patrones de comportamiento de mercado de los mismos.

Un supuesto importante de la teoría del muestreo es que los elementos de la población están distribuidos al azar. Es decir, si el investigador pudiera levantar un censo del total de los elementos de la población meta, la distribución probabilística de la población, o las frecuen-

Distribución muestral
Frecuencia de distribución de una estadística de muestra específica (por ejemplo, la media aritmética de muestra o proporción de muestra) de muestras aleatorias repetidas del mismo tamaño.

cias relativas de los parámetros de la población (por ejemplo, los ingresos de ventas en dólares reales por tienda de Home Depot), seguirían un patrón de distribución en forma de campana. En teoría, este supuesto le permite al investigador creer que si fuera a tomar muestras representativas aleatorias repetidas de las unidades muestrales conocidas (o elementos de población), la **distribución muestral** resultante de una estadística muestral específica emularía aproximadamente un patrón de distribución en forma de campana normal, similar al de la distribución probabilística de la población.[5]

Vamos a suponer que los investigadores se interesaran en determinar el ingreso por hogar promedio en el estado de Florida. Supóngase también que hay 4.73 millones de hogares en Florida, y que los investigadores pudieron tomar 1 000 muestras aleatorias separadas, cada una del tamaño de 500 hogares. Supongamos, incluso, que los archivos del estado indicaran que el ingreso por hogar promedio (μ) de estos 4.73 millones de hogares se reportara de 28 000 dólares y que la distribución muestral del ingreso por hogar promedio ($\bar{x}$) de las 1 000 muestras al azar se encontrara entre 15 500 y 41 000 dólares. La distribución de frecuencia de las medias aritméticas ($\bar{x}$), o promedios de esas muestras, tomaría la forma de campana con la media de población (μ) como la media de distribución, como se muestra en la figura 11.4. En realidad no sería práctico tomar 1 000 muestras diferentes. La idea de una distribución muestral es un concepto teórico; sin embargo, es un concepto fundamental en estadística y muestreo. Para lidiar con la realidad de este factor muestral, la mayoría de los investigadores se apoyarán en los soportes teóricos básicos del teorema del límite central (al que se hace referencia también como regla de aproximación normal) para extraer una muestra aleatoria representativa de una población meta definida en lugar de muchas muestras repetidas.

Teorema del límite central (TdLC)
Teorema que establece que, para casi todas las poblaciones meta, la distribución muestral de las medias aritméticas ($\bar{x}$), o valor de porcentaje ($\bar{p}$) derivado de una muestra aleatoria sencilla, se distribuirá aproximadamente con normalidad, siempre que el tamaño de la muestra sea lo bastante grande.

Teorema del límite central

El **teorema del límite central (TdLC)** se convierte en la columna vertebral teórica de la investigación por encuesta y de la recolección de datos por medio de diseños experimentales. El TdLC tiene una función importante para el proceso de entender los conceptos del error muestral, la significación estadística y la determinación de los tamaños de muestra. En pocas palabras, el teorema establece que, para casi todas las poblaciones meta definidas (prácticamente sin tomar en cuenta la forma real de la población original), la distribución muestral de la media aritmética ($\bar{x}$) o el valor de porcentaje ($\bar{p}$) derivado de una muestra aleatoria sencilla

FIGURA 11.4 **Ejemplo de la distribución muestral de ingresos por hogar promedio entre 1 000 muestras aleatorias**

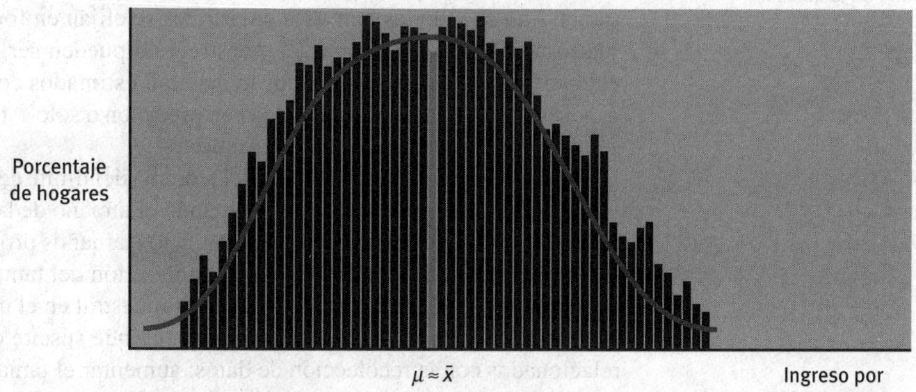

se distribuirán en forma prácticamente normal, siempre que el tamaño de la muestra sea lo bastante grande (esto es, cuando n sea mayor que o igual a 30). A su vez, el valor de la media aritmética de la muestra ($\bar{x}$) de esa muestra aleatoria con un error muestral estimado ($S_{\bar{x}}$) fluctúa alrededor del valor de la media aritmética de la población verdadera (μ), con un error estándar de $\sigma/\sqrt{n}$ y una distribución muestral casi normal, independientemente de la forma de la curva de distribución de frecuencia probabilística de la población meta total.[6] En otras palabras, hay una alta probabilidad de que la media aritmética de cualquier muestra ($\bar{x}$) tomada de la población meta sea una aproximación estrecha a la media aritmética de la población meta real o verdadera (μ), a medida que uno incrementa el tamaño de la muestra tomada (n). Entendidos los fundamentos del teorema del límite central, el investigador puede

1. Tomar muestras representativas de cualquier población meta independientemente de la forma verdadera de la distribución probabilística de la población.
2. Obtener estadísticas de muestra de una muestra grande tomada al azar que puedan servir como estimados de los parámetros de la población meta, reduciendo la necesidad de tomar muestras múltiples del mismo marco de población meta.
3. Tomar una muestra aleatoria, en lugar de muchas, con lo que se reduce el costo de la recolección de datos puros.
4. Probar con mayor precisión la confiabilidad y validez de los constructos y las mediciones de escala.
5. Analizar de manera estadística estructuras de datos y transformarlas en información significativa acerca de la población meta.

Herramientas teóricas para evaluar la calidad de las muestras

Como se explicó en capítulos anteriores, los investigadores tienen numerosas oportunidades de equivocarse, o de cometer errores de juicio, que resultan en algún tipo de sesgo o desviación en cualquier estudio. Todos los tipos de errores se pueden clasificar lógicamente como errores muestrales o errores no muestrales. Los errores muestrales aleatorios se detectan por la observación de la diferencia entre los resultados de la muestra y los de un censo levantado por procedimientos idénticos. Dos de las dificultades asociadas con la detección del error muestral son: 1) el hecho de que muy rara vez se trata de un censo efectuado en una investigación por encuesta y 2) que el error muestral se determina sólo después de que se toma la muestra y que se ha llevado a cabo la recolección de datos.

Error muestral Cualquier tipo de desviación atribuible a errores en la toma de la muestra o en la determinación del tamaño de la misma.

Desde la perspectiva teórica, el **error muestral** es cualquier tipo de desviación atribuible a errores cometidos en el proceso de selección de unidades muestrales en prospecto o en la determinación del tamaño de la muestra. Más todavía, el error muestral aleatorio tiende a ocurrir por las variaciones casuales en la selección científica de las unidades muestrales necesarias. Aun cuando las unidades muestrales se elijan en forma apropiada de acuerdo con las rigurosas pautas de la teoría del muestreo, no pueden ser una representación perfecta de la población meta definida sino, por lo general, estimados confiables. Cuando hay una discrepancia entre la estadística calculada con precisión o sólo estimada de la muestra y el valor real de la población, ha habido un error muestral.

Sobre la base de los principios del teorema del límite central, el tamaño del error muestral y de su efecto se puede reducir aumentando el tamaño de la muestra. La figura 11.5 ilustra la relación entre los tamaños de la muestra y los tamaños proyectados del error muestral.

Los resultados demuestran que la duplicación del tamaño de la muestra no reduce automáticamente la magnitud relativa del error muestral en el mismo factor. De hecho, el posible error muestral puede llegar a ser tan pequeño que suscite dudas acerca de los costos totales relacionados con la recolección de datos: aumentar el tamaño de la muestra con el propósito principal de reducir estadísticamente la magnitud del error estándar estimado puede no valer lo que cuesta.

FIGURA 11.5 Ejemplo teórico de la relación de los tamaños de muestra con los estimados de error muestral

En este ejemplo, el investigador quiere entender mejor el impacto del tamaño de muestra en los estimados predichos de error muestral. Sirviéndose del error estándar estimado para un porcentaje de muestra en el que ($S_{\bar{p}}$) es igual a la raíz cuadrada total de ($\bar{p}$) ($\bar{q}$)/n y $\bar{p}$ se mantiene constante al 50%, el investigador calcula el error estimado predicho al tiempo que la muestra se duplica y mantiene todos los demás factores constantes. Los resultados serían los siguientes:

Resultados de la muestra ($\bar{p}$)	Tamaño de la muestra	Error estándar estimado ($S_{\bar{p}}$)	Cambio en $S_{\bar{p}}$
50%	10	±15.8%	—
50	20	±11.2	4.6%
50	40	±7.9	3.3
50	80	±5.6	2.3
50	160	±4.0	1.6
50	320	±2.8	1.2
50	640	±2.0	0.8

Presentando gráficamente los resultados se tiene:

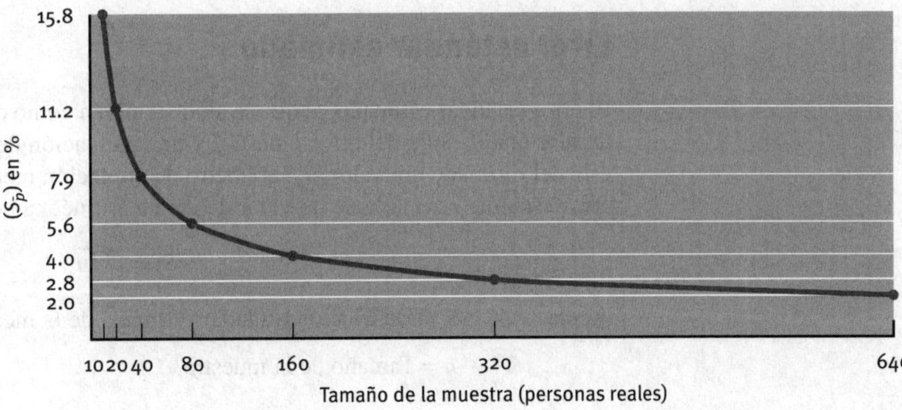

Errores no muestrales
Desviaciones que ocurren en un estudio independientemente de que se utilice una muestra o un censo.

Errores no muestrales son los tipos de desviaciones que se producen en una investigación independientemente de que se utilice una muestra o un censo. Estos errores pueden ocurrir en cualquier etapa del proceso de estudio. Por ejemplo, la población meta puede estar imprecisamente definida, lo que causa el error de marco de población; las mediciones inadecuadas de pregunta o escala originan error de medición (véanse los capítulos 12 y 13); un cuestionario puede estar mal diseñado, lo que causa formas de error de respuesta (véase el capítulo 14), o puede haber otros errores en la recolección y registro de los datos, o cuando se codifican datos puros y se introducen para su análisis (véase el capítulo 15). En general, cuanto más extenso es un estudio, mayor es el potencial de errores no muestrales. A diferencia del error muestral, no se dispone de modelos estadísticos claros para aproximarse a la magnitud relativa verdadera del impacto de los errores no muestrales sobre la calidad de los datos puros recolectados. Los investigadores no conocen con exactitud los efectos limitantes, porque no hay medidas precisas directas del impacto del error. Los errores no muestrales se relacionan normalmente en alguna forma con la precisión (o calidad) de los datos que utilizan los investigadores y practicantes, mientras que los errores muestrales se relacionan con la representatividad de la muestra respecto de la población meta definida.

Determinación de la precisión estadística

Como ya se explicó, el conocimiento de las distribuciones muestrales y sus formas le permite al investigador hacer estimados o juicios inferenciales relativos a la verdadera posición de la población meta. Utilizando varios métodos estadísticos, el investigador puede especificar el nivel de tolerancia crítica de error (esto es, el margen admisible de error) antes de emprender el estudio. Este nivel de tolerancia crítica de error (e) representa la precisión general (S) sin nivel de confianza específico o de precisión rigurosa $[(S)(Z_{B,NC})]$ cuando se requiere un nivel de confianza específico. En términos simples, el **nivel de tolerancia crítica de error** es el grado de diferencia observada entre un valor estadístico de muestra (verbigracia, $\bar{x}$ o $\bar{p}$) y el valor de parámetro de población meta verdadero o propuesto hipotéticamente (por ejemplo, μ o P) que el investigador considere aceptable antes de emprender las actividades de recolección de datos.

Nivel de tolerancia crítica de error Diferencia observada entre un valor estadístico de una muestra y el correspondiente al verdadero o hipotético valor de parámetro de población.

Precisión general Grado de error muestral general asociado con los datos puros.

Precisión rigurosa Grado de error muestral en un nivel de confianza específico.

La **precisión general** se considera como el grado de error muestral general asociado con la muestra dada de datos puros, generada por algún tipo de actividad de recolección de datos. La **precisión rigurosa** representa el grado de error muestral medido, asociado con los datos puros a un nivel de confianza específico. Cuando se trata de medir la precisión de los datos puros, los investigadores tienen que incorporar la comprensión teórica de los conceptos de las distribuciones muestrales, el teorema del límite central y el error estándar estimado a fin de calcular los intervalos de confianza necesarios.

Error estándar estimado

El error estándar estimado, al que se alude también como de precisión general, le da al investigador una medida del error muestral y una indicación de lo lejos que el resultado muestral está del estimado del valor de parámetro de población meta real. La fórmula para calcular el error estándar estimado de un valor de media aritmética de muestra ($S_{\bar{x}}$) es

$$S_{\bar{x}} = \bar{s}/\sqrt{n}$$

donde $\bar{s}$ = Desviación estándar estimada de la media aritmética de la muestra

n = Tamaño de la muestra

Supóngase, por ejemplo, que Burger King lleva a cabo una encuesta entre la población para determinar cuántas hamburguesas compra el hogar promedio y consume en un periodo de 30 días, en Estados Unidos. El investigador toma al azar una muestra de 950 números telefónicos de la recién adquirida base de datos telefónica de la compañía, que contiene más de 95 millones de números telefónicos residenciales. Los resultados de la encuesta indican que el número promedio de hamburguesas compradas y consumidas por hogar en el periodo dado es de 36 (esto es, $\bar{x}$ = 36), y la desviación estándar de la muestra estimada es de 12.5 hamburguesas. Utilizando la fórmula precedente, el investigador calcula que el error estándar estimado de la muestra es de ±.406 hamburguesas. Considérese ahora que el investigador hubiera muestreado al azar sólo 400 hogares y que el número promedio de hamburguesas y los valores de desviación estándar estimada se encontraran igual que antes; en este caso, el error muestral general calculado que se asocia con el estudio asciende a ±0.625 hamburguesas. Sin preocuparse por factor de confianza alguno, los resultados sugieren que hay mayor oportunidad de error muestral cuando se reduce el tamaño de la muestra real. Esto ilustra mejor aún la relación inversa inherente entre el tamaño de muestra (n) y el error estándar estimado de una media aritmética de muestra ($S_{\bar{x}}$).

Podemos encontrar también el error estándar estimado de un valor de porcentaje de muestra ($S_{\bar{p}}$) aplicando la siguiente fórmula:

$$S_{\bar{p}} = \sqrt{\frac{[(\bar{p})(\bar{q})]}{n}}$$

donde

$\overline{p}$ = Porcentaje de la muestra que posee una característica específica

$\overline{q}$ = Porcentaje de la muestra que no posee la característica o $(1 - \overline{p})$

n = Tamaño de la muestra

Suponga que Bank of America llevó a cabo una encuesta de clientes con cuentas de cheques y resultó que 65% de los muestreados tienen una cuenta de ahorros además de su cuenta de cheques (esto es, $\overline{p} = 65\%$). El resultado provino de muestrear aleatoriamente a 489 clientes de Bank of America actualmente conocidos. Utilizando la fórmula de $S_{\overline{p}}$ anterior para porcentajes de muestra, el error estándar estimado que se asocia con el porcentaje de la muestra sería de ±2.16 puntos de porcentaje. De nuevo, la magnitud relativa del error muestral asociada con los resultados reemplaza cualquier consideración de la confianza por parte del investigador.

El error estándar estimado es una medida de la variabilidad, toda vez que mide el intervalo en el que puede esperarse que caiga el valor real para la población meta. Cuanto más dispersos o desemejantes sean los datos, mayores son la variabilidad y el error estándar estimado. Cuanto más semejantes sean los resultados de la encuesta, menor es la variabilidad. El error estándar estimado puede utilizarse ahora para construir un intervalo de confianza en el que se espera que caiga el parámetro de la población meta real. Para ver más ejemplos de cómo se usan los errores estándar estimados para determinar la precisión estadística, visite el sitio web del libro en www.mhhe.com/hair y siga los vínculos.

Intervalo de confianza

Intervalo de confianza Espacio estadístico de valores dentro del cual se espera que se encuentre el valor verdadero del parámetro de la población meta definida.

Un **intervalo de confianza** representa un espacio estadístico de valores dentro del cual se espera que se encuentre el valor verdadero del parámetro de la población meta. Los extremos del intervalo de confianza (valores superior e inferior) se determinan sobre la base de los resultados de la muestra. Las fórmulas siguientes se pueden utilizar para establecer un intervalo de confianza para un valor de media aritmética (μ) de una población y un valor de proporción de ésta (P). La fórmula del intervalo de confianza para un parámetro de media aritmética de una población es

$$IC_{\mu} = \overline{x} \pm (S_{\overline{x}})(Z_{B,\,NC})$$

donde

IC_{μ} = Intervalo de confianza para un parámetro de media aritmética de población meta

$\overline{x}$ = Valor de media aritmética de la muestra

$S_{\overline{x}}$ = Error estándar estimado de la media aritmética de la muestra

$Z_{B,NC}$ = Nivel de confianza expresado en valores z (que están estandarizados)

La fórmula del intervalo de confianza para un parámetro de proporción de la población es

$$IC_{P} = \overline{p} \pm (S_{\overline{p}})(Z_{B,\,NC})$$

donde

IC_{P} = Intervalo de confianza para un parámetro de proporción de población meta

$\overline{p}$ = Valor de proporción de la muestra

$S_{\overline{p}}$ = Error estándar estimado de la proporción de la muestra

$Z_{B,NC}$ = Nivel de confianza expresado en valores z (que están estandarizados)

Si bien en teoría hay un número infinito de niveles de confianza, que van de casi 0% a casi 100%, los que más se usan y analizan en investigación son los de 90, 95 y 99%. Puesto que el teorema del límite central permite a los investigadores suponer curvas de distribución muestral normales, ellos aplican su conocimiento de estadística básica relativo a las curvas de distribución normal y utilizan un valor z crítico de 1.65 para un nivel de confianza de 90%, un valor z de 1.96 para un nivel de confianza de 95% y un valor z de 2.58 para un nivel de confianza de 99%. Ya que éstos son los valores z estandarizados, sus valores son los únicos representados de sus respectivos niveles de confianza y nunca cambiarán cuando se empleen para calcular los intervalos de confianza. Los valores z críticos se analizan de manera más detallada en capítulos posteriores.

Para emplear el ejemplo anterior de Bank of America, si el investigador quisiera construir un intervalo de confianza de 95% para los resultados de la encuesta del banco, podría hacerlo utilizando la fórmula anterior para un intervalo de confianza de proporción de población e incorporar el error estándar estimado previamente calculado:

$$\begin{aligned} IC_P &= 65\% \pm (2.16)(1.96) \\ &= 65\% \pm 4.23\% \\ &= (65\% - 4.23\%), (65\% + 4.23\%) \\ &= 60.77\% \leq P \leq 69.23\% \end{aligned}$$

En la interpretación del intervalo de confianza construido, estamos 95% confiados en que el porcentaje real de clientes de Bank of America que tienen una cuenta de cheques y una de ahorros con esta institución caerán entre 60.77 y 69.23%. Dicho de otra forma, si el investigador hubiera tomado muestras aleatorias repetidas de los clientes de cuentas de cheques de Bank of America, entonces 95% del tiempo (19 de 20 o 95 de 100 veces) el porcentaje verdadero de cuentahabientes de cheques y de ahorros en Bank of America estaría en algún punto entre 60.77 y 69.23 por ciento.

Debiera quedar claro que el valor derivado que resulta de multiplicar el error estándar estimado asociado con la estadística de muestra dada por el valor z crítico asociado con el nivel de confianza deseado determina la cantidad precisa de error muestral aleatorio que puede producirse debido al proceso de muestreo. Ésta, desde luego, es la definición de la precisión rigurosa a un determinado nivel de confianza. Al leer este capítulo y los restantes del libro, le será posible notar la gran importancia de las mediciones del error muestral y la capacidad de un investigador para construir intervalos de confianza. Para ver más ejemplos de cálculos de intervalos de confianza, visite el sitio web del libro en www.mhhe.com/hair y siga los vínculos.

Determinación de los tamaños de muestra apropiados

Determinar el tamaño de muestra apropiado no es tarea fácil. El investigador debe considerar lo precisos que tienen que ser los estimados y de cuánto tiempo y dinero dispone para recolectar los datos requeridos, pues esta tarea de recolección es generalmente una de las partes más costosas del estudio. Hay tres factores que tienen una función importante en la determinación de los tamaños de muestra apropiados:

1. **Variabilidad de la característica de población que se investiga (σ_μ o μ_P).** Cuanto mayor sea la variabilidad de la característica, mayor será el tamaño de la muestra necesaria.
2. **Nivel de confianza deseado en el estimado (NC).** Cuanto más alto sea el nivel de confianza que se desee, mayor será el tamaño de muestra necesario.

3. **Grado de precisión deseado en la estimación de la característica de población (e).** Cuanto más precisos sean los resultados de la muestra que se requieren (esto es, cuanto menor sea la e), mayor será el tamaño de muestra necesario.

Igual que con los intervalos de confianza, hay fórmulas separadas aunque similares para determinar el tamaño de muestra sobre la base de una media aritmética de población predicha (μ) y una proporción de población (P). Estas fórmulas son fundamentales para estimar el tamaño de muestra apropiado para una muestra aleatoria sencilla. Cuando la situación tiene que ver con información que se relaciona con los estimados proyectados de una media aritmética de población, la fórmula estandarizada apropiada para calcular el tamaño de muestra necesario sería

$$n = (Z^2_{\text{B, NC}})\left(\frac{\sigma^2}{e^2}\right)$$

donde

$Z_{\text{B,NC}}$ = Valor z estandarizado asociado con el nivel de confianza
σ_μ = Estimado de la desviación estándar de población (σ) basado en algún tipo de información previa
e = Nivel aceptable de tolerancia de error (enunciado en puntos de porcentaje)

En situaciones en las que interesan los estimados de una proporción de población, la fórmula estandarizada para calcular el tamaño de muestra necesario sería

$$n = (Z^2_{\text{B, NC}})\left(\frac{[P \times Q]}{e^2}\right)$$

donde

$Z_{\text{B,NC}}$ = Valor z estandarizado, asociado con el nivel de confianza
P = Estimado de la proporción de población esperada que tiene una característica deseada, basada en intuición o en información previa
Q = $[1 - P]$ o el estimado de la proporción de población esperada no tiene la característica de interés
e = Nivel aceptable de tolerancia de error (enunciado en puntos de porcentaje)

Las fórmulas para determinar el tamaño de muestra necesario para una situación determinada no son en realidad más que una manipulación de la fórmula estándar para calcular el error estándar del parámetro de población, ya sea S_μ o S_P, a un nivel de confianza deseado particular. La interpretación de los modelos de tamaño de muestra precedentes ilustra la existencia de varias relaciones generales entre los componentes de los modelos y el tamaño necesario de una muestra. Por ejemplo, cuando se aplica la fórmula de la media aritmética de población, conforme aumenta la medición de la variabilidad (σ_μ) de la distribución probabilística de la media aritmética de población (μ), y siempre que se mantengan constantes los demás factores, mayor es el tamaño de la muestra requerida. En lo fundamental, esta relación se sostiene porque σ_μ es parte del numerador de la ecuación. En cambio, cuando la situación requiere el uso de un valor de proporción de población (P), cualquier valor de proporción de población distinto del 50% (por ejemplo, P = 70% o P = 30%), manteniéndose constantes los demás factores, resultará en una disminución del tamaño requerido de la muestra.

Con referencia al nivel de confianza, hay una relación directa entre el nivel de confianza deseado (por ejemplo, 90, 95 o 99%) y el tamaño de muestra requerido. Como se explicó antes en el capítulo, los niveles de confianza se asocian directamente con los valores z críticos correspondientes (es decir, 90% NC $\approx$ 1.65; 95% NC $\approx$ 1.96; 99% NC $\approx$ 2.58). Puesto que el componente del nivel de confianza es parte del numerador, cuanto más alto es el nivel de confianza requerido, mayor es el número requerido en la muestra.

El último componente clave en las fórmulas es el nivel aceptable de tolerancia de error (e), que representa el grado de precisión estadística deseado por el investigador. Este valor se formula normalmente como un porcentaje, ya sea en puntos de porcentaje enteros o en formato decimal (por ejemplo, 2% [.02], 5% [.05] o 10% [.10]), pero se puede expresar como valores de media aritmética. Cuanto más bajo es el porcentaje, más preciso es el estimado y, por ende, mayor el tamaño de la muestra requerido. Normalmente, el grado de precisión estadística se especifica con anticipación por el usuario de investigación. Esta relación inversa existe porque este componente es el denominador en cada uno de los modelos del tamaño de la muestra.

Se ofrece el ejemplo siguiente para ilustrar la forma en que los investigadores calcularían el tamaño de muestra requerido en una situación en la que utilizan estimados de parámetro de población de un estudio piloto. Suponga que usted es el analista de investigación de LDS Technologies, un nuevo proveedor de servicio telefónico de larga distancia ubicado en Chicago, Illinois. Hace tres meses, LDS llevó a cabo un pequeño estudio piloto en San Diego, California, entre 200 hogares que hacían uso de diversos servicios telefónicos de larga distancia. Los resultados sugirieron que 50% de los hogares estudiados podrían clasificarse como usuarios regulares de servicios telefónicos de larga distancia. Ahora, LDS ha decidido efectuar un estudio mayor que le permitiría predecir patrones de uso telefónico de larga distancia potenciales, así como entender el criterio de la gente para elegir servicios telefónicos de larga distancia dentro de su mercado total propuesto de la costa oeste. La administración desea que la precisión de los datos sea ±3% con un nivel de confianza de 99%. Para determinar el tamaño de muestra necesario, usted usaría la fórmula estándar para una proporción de población:

$$n = (Z^2_{\text{B, NC}})\left(\frac{[P \times Q]}{e^2}\right)$$

donde

$Z_{\text{B,NC}}$ = 2.58, valor z estandarizado, asociado con el nivel de confianza de 99%

P = 50%, proporción estimada de la base de clientes potenciales que son usuarios regulares de servicios telefónicos de larga distancia

Q = 50%, $[1 - P]$, o la proporción estimada de la base de clientes potenciales que no son usuarios regulares de servicios de larga distancia

e = ±3.0%, nivel aceptable de tolerancia de error (enunciado en puntos de porcentaje)

De esta manera,

$$\begin{aligned} n &= 2.58^2 \frac{(50 \times 50)}{30^2} \\ &= 6.6564 \frac{(2.500)}{9.0} \\ &= 6.6564(277.8) = 1\,849.15, \text{ o } 1\,850 \text{ hogares} \end{aligned}$$

De esto resulta que la administración de LDS tendrá que elegir al azar y encuestar a una muestra de 1 850 hogares en su mercado de la costa oeste, a fin de conformarse con que los resultados de la investigación estén dentro del nivel aceptable de tolerancia de error de ±3.0% deseado de intervalo de error, a un nivel de confianza de 99%. Para ver más ejemplos de cálculo de tamaños de muestra necesarios, visite el sitio web del libro en www.mhhe.com/hair.

Tamaño de la muestra y poblaciones finitas pequeñas

En la mayoría de las situaciones de investigación de mercados, el tamaño real de una población no tiene mayor impacto en los estimados del tamaño de la muestra. Cuando se considera el muestreo, hay a menudo el malentendido de que una población mayor requiere que se tome una muestra mayor para generar un resultado preciso. En las fórmulas analizadas, el tamaño de la población no es un factor directo en la determinación del tamaño de la muestra. Esto es válido siempre que la población sea grande. Sin embargo, si una población es pequeña en relación con el tamaño calculado de la muestra, se debe usar un **factor de corrección finita (fcf)**, al que también se denomina factor de población finita, para determinar el tamaño de muestra requerido. Las normas del ramo de la investigación sugieren que una población se considera pequeña si el tamaño de la muestra calculada es de más del 5% de la población. La fórmula del factor de corrección finita es

Factor de corrección finita (fcf) Factor de ajuste del tamaño de la muestra que se hace en situaciones en las que se espera que la muestra tomada sea igual a o mayor del 5% de la población meta definida. Fcf es igual a la raíz cuadrada total de [$N - n/N - 1$].

$$\sqrt{\frac{N-n}{N-1}}$$

donde

N = Tamaño de la población meta definida conocido (o dado)

n = Tamaño de la muestra calculado mediante la fórmula de tamaño original de la muestra

El uso del factor de corrección finita es un proceso de dos pasos. Primero, determinamos si el tamaño de la muestra es mayor que el 5% de la población, tomando el tamaño de la muestra calculada y dividiéndola entre el tamaño de la población meta. Segundo, si es de más del 5%, calculamos el factor de corrección finita apropiado y lo multiplicamos por el tamaño de la muestra calculado originalmente para ajustar el tamaño de muestra requerido. Para ilustrar en qué forma afecta el factor de corrección finita a los estimados de los tamaños de muestra, utilicemos el ejemplo anterior de LDS Technologies.

Como el investigador no sabía inicialmente cuántos hogares integraban el mercado de la costa oeste de LDS, estimó que se tendrían que incluir en el estudio 1 850 hogares elegidos al azar, con precisión de datos de ±3% y un nivel de confianza de 99%. Supongamos ahora que la administración de LDS se entera de que el tamaño de la población meta inicial se calcula en unos 15 000 hogares. Para ver si el tamaño de la muestra inicial tiene que ajustarse, el investigador determinaría primero si el tamaño de la muestra inicial es mayor del 5% del tamaño de la población meta definida total. Esto se hace dividiendo el tamaño de la muestra estimada [n] (1 850 hogares) entre el tamaño de la población meta [N] (15 000 hogares). Los resultados de este primer paso indican que el tamaño de la muestra estimada inicial representa cerca de 12.33% de la población meta definida; por consiguiente, se debe calcular y aplicar el factor de corrección finita para ajustar el estimado del tamaño de muestra necesario. Utilizando la fórmula estándar anterior, el factor de corrección necesario es 0.93634. Multiplicando ahora el estimado del tamaño de muestra inicial (1 850 hogares) por el factor de corrección, la administración de LDS se percata de que el número de hogares necesario en el estudio mayor es de sólo 1 733, es decir, una reducción de 117 hogares. Cuando se usa en forma adecuada, aparte de otras ventajas, el beneficio más grande del factor de corrección finita es que reduce los costos totales de la recolección de datos primarios. Visite el sitio web del libro en [www.mhhe.com/hair] para ver más ejemplos.

En los casos en que se determina que *el tamaño de la población meta definida es de 500 elementos o menos, recomendamos mucho que el investigador levante un censo de los elementos de la población, en lugar de preocuparse por estimar los tamaños correctos de muestra.* La lógica de esta recomendación se relaciona con la noción teórica de que se tendrían que incluir por lo menos 384 unidades muestrales en la mayoría de los estudios para que el investigador operara a un nivel de confianza de 95%, con una tolerancia en error muestral de ±5 puntos de porcentaje. Lea el recuadro En el campo para tener una mejor perspectiva sobre la forma en que algunas compañías han usado las bases de datos de perfil del consumidor para eliminar la necesidad de encargar costosos diseños muestrales aleatorios hechos a la medida.

Muestreo no probabilístico y tamaño de la muestra

En vista de que las fórmulas de tamaño de la muestra no se pueden emplear en forma apropiada para las muestras no probabilísticas, la determinación del tamaño de muestra necesario suele ser un juicio subjetivo, intuitivo, que hace el investigador basándose en estudios pasados (a fin de usarlos para comparación), en estándares del ramo o industria o en la cantidad de recursos disponibles. No importa qué método se emplee, los resultados muestrales no pueden usarse para hacer inferencias estadísticas acerca de los verdaderos parámetros de la población de interés. Lo más que se puede ofrecer son inspecciones profundas preliminares de los parámetros de la población meta definida.

La investigación de cerca

En el campo

Dannon Yogurt elimina la necesidad de encargar costosos diseños muestrales hechos a su medida

Durante la década de los años ochenta, Dannon Yogurt Company se estableció como líder de mercado en Estados Unidos. La creciente competencia de principios de la década de los años noventa obligó a Dannon a decidir si necesitaba replantearse un mejor concepto de los atributos y beneficios que diferenciaban, a los ojos de los consumidores, a la marca de yogurt de Dannon de las de la competencia. Para obtener esta información necesaria, Dannon acudió a su firma publicista, Grey Advertising, Inc., la cual, en asociación con Marketplace Measurement Worldwide y Ambrosino Research, creó el Dannon Consumer Awareness, Attitude and Usage Tracking System (Sistema de Rastreo de Conciencia, Actitud y Uso del Consumidor de Dannon). Como sistema en funciones para vigilar el mercado del yogurt, el método le permitió a Dannon crear rápidamente una base de datos de perfil del consumidor de yogurt de 300 miembros. En lugar de tener que elaborar periódicamente costosos diseños muestrales aleatorios de usuarios del yogurt para recoger los datos, la base de datos del perfil le permitió a Grey Advertising realizar entrevistas telefónicas trimestrales entre los 300 miembros de la base informática para evaluar la conciencia de los consumidores de la categoría, marca y publicidad del producto; el uso de la marca, y las actitudes hacia las marcas de Dannon y de sus competidores.

En las últimas tres oleadas de entrevistas (900 en total), los datos se analizaron aplicando el Competitive Leverage Analysis (Análisis de Apalancamiento Competitivo), una herramienta estadística hecha a medida, creada por Grey Advertising, Inc. Algunos de los resultados indicaron que los consumidores valoraban al Yogurt Dannon por la dedicación de la compañía a brindar calidad y pureza en sus ingredientes, por su manufactura y por su atención al empaque. "Los consumidores sentían apego sentimental al comprar Dannon, una sensación de alimentación para sí y para su familia." Por los resultados, Grey Advertising ideó un nuevo lema de campaña de anuncios —"Taste Why It's Dannon"— ("Pruebe por qué es Dannon")- para hacer énfasis en el cuidado que Dannon pone en usar ingredientes de alta calidad y para sugerir que este cuidado es evidente en el sabor del yogurt. La medición del impacto de la campaña en las ventas de Dannon se logró parcialmente haciendo que Information Resources Inc. (IRI) rastreara las ventas usando datos de escáner de supermercado. Los resultados de los análisis indicaron que las ventas de yogurt de Dannon estaban creciendo a ritmo más rápido de lo que crecía la propia categoría del yogurt como artículo. Un interesante efecto colateral de este tipo de método muestral e investigación fue que la nueva campaña de anuncios no sólo ayudó a estimular las ventas de Dannon para que alcanzaran nuevas alturas, sino que en 1995 Grey Advertising, Dannon, Ambrosino Research y Marketplace Measurement Worldwide recibieron el prestigiado premio Advertising Research Foundation (ARF) David Ogilvy Award, en reconocimiento por el eficaz uso de la investigación para desarrollar una publicidad poderosa.

Un concepto clave de este caso es que la creación de bases de datos de perfil de consumidor precisas provee a los investigadores de marcos muestrales alternativos eficaces, de los cuales pueden obtener datos necesarios, en lugar de recurrir a los diseños muestrales aleatorios, casi siempre más costosos.

Fuente: Paula Kephart, "The Leader of the Pack: How Dannon Yogurt Put Research to Work-and Came Out a Winner", *Marketing Tools*, septiembre de 1995, pp. 16, 18, 19.

Tamaños de muestra u observaciones aprovechables para el análisis de datos

Un problema preocupante en la estimación de tamaños requeridos de muestra que rara vez se aborda, pero que los investigadores deben considerar, es el que tiene que ver con las observaciones que son realmente aprovechables. Apoyándose en los principios de la teoría de muestreo, los investigadores pueden estimar el número de unidades muestrales que deben explorarse para asegurar que las estadísticas de muestra representan los parámetros de la población meta definida. En teoría, se tienen que incluir en el análisis de datos todas las respuestas de las unidades muestrales seleccionadas. Sin embargo, en realidad no todas las unidades muestrales iniciales son utilizables. Entre las razones de esto se cuentan las direcciones de correo inactivas, los números de teléfono que ya no están en servicio y las respuestas incompletas.

Puede surgir una cuestión relativa al valor del tamaño muestral que se incorpora en muchos de los modelos estadísticos usados para estimar los valores de parámetro de la población meta definida de una estadística de muestra de investigación. Por ejemplo, si en el proceso de estudio los investigadores estiman que se necesita un tamaño de muestra —digamos, 1 850 unidades—, pero que se introducen menos unidades muestrales —1 500, por citar algo— en análisis de datos, ¿qué valor de tamaño de muestra se debe usar entonces en los modelos estadísticos para calcular y probar estimados de la población meta: 1 850 o 1 500? Esta diferencia de 350 unidades muestrales puede tener impacto significativo en las magnitudes relativas de la estadística de muestra. En capítulos posteriores se proporcionan explicaciones más detalladas de esta cuestión, con el tema de la desviación de no respuesta.

El grado en que la población meta se defina específicamente (esto es, el número de factores calificantes) afectará a la capacidad del investigador de obtener una lista representativa de todas las unidades muestrales que sirvan para localizar las unidades muestrales tomadas. Aunque hay un número de factores que pueden entrar en juego, haciendo que cualquier lista sea utilizable en menos del 100%, la *tasa alcanzable* y la *tasa de incidencia total* de la lista, combinadas con la *tasa de terminación esperada* y el tamaño de muestra estimado, son claves para determinar el número real de contactos (por ejemplo, llamadas telefónicas, intercepciones iniciales en centro comercial, o comunicaciones por correo) que serán necesarios para obtener los datos puros requeridos de una muestra tomada. El número total de contactos necesarios afectará directamente al costo total de la recolección de datos. La tasa alcanzable (TA) reflejará la calidad del marco muestral derivado total. Por ejemplo, en una encuesta de correo directo, la lista de correos que sirve como marco muestral puede estar fechada, y algunas de las direcciones listadas tal vez ya no estén activas. Normalmente, el porcentaje de direcciones activas en una lista de correos sirve como tasa alcanzable.

La tasa de incidencia total (TIT) es el porcentaje de los elementos de la población meta definida que califican realmente para su inclusión en la encuesta. Supóngase que unos investigadores están haciendo un estudio telefónico para Time Warner Cable sobre los hábitos de ver televisión que tiene la gente, y que el tamaño de muestra necesario se estimara en 1 500 personas. Además, Time Warner decide que, para calificar para la encuesta, los individuos tienen que llenar los requisitos siguientes:

- Tener entre 20 y 60 años de edad.
- Poseer (o tener acceso a) televisor con cable contratado.
- No trabajar para una compañía de telecomunicaciones, una agencia de investigación de mercados o una estación televisora, ni tener en el hogar un pariente o allegado en estas circunstancias.
- No haber participado en un estudio de mercado en los últimos seis meses.

Cuanto mayor sea el número de requisitos de factor calificador que se impongan a los encuestados prospectos, mayor será la oportunidad de que el individuo no califique. Una regla práctica es que a medida que un mayor número de factores calificadores (o de filtración) se activen en el proceso de localizar a encuestados prospectos, la tasa de incidencia total disminuirá significativamente.

En el ramo de la investigación, la tasa de terminación esperada (TTE) refleja el porcentaje de encuestados prospectos que continuarán con la encuesta y llegarán al fin de la misma. A este factor se hace referencia también como la *tasa de respuesta anticipada* (TRA). En el ejemplo de Time Warner, digamos que se determinó que la tasa alcanzable era de 90%, la tasa de incidencia total se estimó en 55%, y la tasa de terminación esperada para las entrevistas telefónicas de esta naturaleza fue de 85%. Utilizando la siguiente fórmula,

$$\text{Número de contactos} = \frac{n}{(\text{TA}) \times (\text{TIT}) \times (\text{TTE})}$$
$$= \frac{1\,500}{.90 \times .55 \times .85}$$
$$= \frac{1\,500}{.421} = 3\,562.95, \text{ o } 3\,563 \text{ personas}$$

Para asegurar que se obtendrá el tamaño de muestra estimada de 1 500, este número se ajustará con la tasa alcanzable y las tasas de incidencia total y terminación esperada. En consecuencia, esto significa que Time Warner Cable tiene que hacer contacto con 3 563 personas para asegurarse de que se obtenga el tamaño de muestra necesario de 1 500 personas. Antes de llevar a cabo el estudio, el grupo de administración de Time Warner habrá de considerar el costo de hacer contacto con 2 063 personas extra a fin de basar los resultados de datos en los 1 500 encuestados necesarios.

Generalidades: muestreo probabilístico y no probabilístico

La forma de obtener una muestra es una cuestión muy importante cuando se diseña un estudio en el que se emplean la entrevista o las encuestas para la recolección de datos puros. En total, hay dos diseños muestrales fundamentales: el probabilístico y el no probabilístico (véase la figura 11.6).

Muestreo probabilístico
Técnica de toma de muestra en la que cada unidad muestral tiene una probabilidad conocida, distinta de cero, de ser incluida en la muestra.

En el **muestreo probabilístico**, cada unidad muestral en la población meta definida tiene una probabilidad conocida, distinta de cero, de ser elegida para la muestra.[7] La probabilidad real de selección de cada unidad muestral puede o no ser igual, según sea el tipo de diseño muestral probabilístico que se utilice. Al principio de un estudio se fijan las reglas específicas de la selección de miembros de la población operacional para su inclusión en la muestra, a fin de asegurar 1) la selección sin desvío de las unidades muestrales y 2) la representación de la muestra apropiada de la población meta definida. El muestreo probabilístico le permite al investigador juzgar la confiabilidad y validez de los datos puros recolectados mediante el cálculo de la probabilidad en que los resultados basados en la muestra diferirían de la población meta definida.[8] Como se explicó, esta diferencia observada se puede atribuir parcialmente a la existencia del error muestral. Los resultados obtenidos utilizando diseños muestrales probabilísticos se generalizan a la población meta dentro de un margen específico de error por medio de la aplicación de métodos estadísticos. En el **muestreo no probabilístico** se desconoce la probabilidad de selección de cada unidad muestral. Por esta razón, tampoco se puede conocer con precisión el error muestral potencial. La selección de unidades muestrales se basa en algún tipo de juicio intuitivo, deseo o conocimiento del investigador. El grado en que la muestra puede o no ser representativa de la población meta definida depende del método muestral y de lo bien que el investigador realice y controle las actividades de selección.[9] Aun cuando siempre existe la tentación de generalizar los resultados de los datos de la muestra no probabilística a la población meta definida, en realidad esos resultados se limitan sólo a la gente que proveyó los datos puros en la encuesta. El investigador no debe tratar de generalizar los resultados de los datos de la encuesta o de hacer inferencias acerca de esas personas en una muestra no probabilística en la que por alguna razón mostraron indisposición a participar. En la figura 11.7 se ofrece una comparación de métodos muestrales probabilísticos y no probabilísticos, basados en varios factores muestrales.

Muestreo no probabilístico
Proceso muestral en el que la probabilidad de selección de cada unidad muestral es desconocida.

FIGURA 11.6 Método de tipos muestrales probabilísticos y no probabilísticos

Métodos muestrales probabilísticos

Muestreo aleatorio sencillo (MAS)

Los investigadores usan una tabla de números aleatorios, marcado aleatorio de dígitos, u otro procedimiento de selección aleatoria que asegure que cada unidad muestral que integra la población meta definida tenga una oportunidad conocida, igual, y diferente de cero, de ser elegida en la muestra.

Muestreo aleatorio sistemático (MASI)

Sirviéndose de alguna forma de lista ordenada de los miembros de la población meta definida, los investigadores seleccionan un punto de partida aleatorio para el primer miembro muestreado. Después de determinar cuál tiene que ser el valor de "intervalo de salto" constante para asegurar la representatividad, este intervalo se aplica para elegir a cada miembro *n*-ésimo [enésimo] desde el punto de partida aleatorio hasta que se toma la muestra necesaria. Este método muestral se emplea de modo que se abarque la lista entera, no importa cuál sea el punto de partida, y con él se logra el mismo objetivo final que persigue el MAS y es más eficiente que este último.

Muestreo aleatorio estratificado (MAE)

Cuando se cree que la población meta definida tiene una distribución anormal (o bifurcada) para una o más de sus características distintivas (por ejemplo, edad, ingreso, propiedad de producto), los investigadores tienen que identificar subpoblaciones, a las que se llama *estratos*. Después de segmentarse los estratos, se toma una muestra aleatoria sencilla por cada estrato. Se aplican factores de ponderación proporcional y desproporcional para estimar los valores de población totales.

Muestreo de conglomerados

Este método requiere que la población meta definida se segmente en áreas geográficas, cada una de las cuales se considera muy similar a las otras. Los investigadores seleccionan al azar algunas áreas y luego levantan un censo de los elementos de cada área; como alternativa, pueden elegir más áreas y tomar muestras de cada una. Este método muestral es atractivo cuando los investigadores pueden identificar fácilmente las áreas que son muy semejantes.

Métodos muestrales no probabilísticos

Muestreo de conveniencia

Procedimiento en el que las muestras se toman a conveniencia del investigador o el entrevistador, con frecuencia al mismo tiempo que se lleva a cabo el estudio. Los supuestos en que se basa el proceso son que la población meta definida es homogénea y los individuos entrevistados son similares a la población meta total en relación con las características en estudio.

Muestreo de juicio

Se selecciona a los participantes de acuerdo con la creencia del investigador u otra persona experimentada de que llenarán los requisitos del estudio. El supuesto fundamental es la creencia subjetiva del investigador de que las opiniones de un grupo de expertos percibidos sobre el tema de interés son representativas de la población meta definida entera.

Muestreo de cuota

Este método implica la selección de participantes prospectos de acuerdo con cuotas especificadas de antemano sobre características demográficas (edad, raza, sexo, ingresos), actitudes específicas (por ejemplo, satisfacción o insatisfacción, agrado o desagrado, calidad grande o marginal o inexistente) o conductas específicas (verbigracia, comprador comparativo regular u ocasional o raro, usuario del producto en grado nulo o alto o ligero). El propósito fundamental del muestreo de cuota es brindar la seguridad de que los subgrupos preespecificados de la población meta definida estén representados en factores muestrales pertinentes que sean determinados por el investigador o el cliente.

Muestreo de bola de nieve

Método que comprende el procedimiento de identificar y calificar subjetivamente a un conjunto de encuestados prospectos iniciales que a su vez pueden ayudar al investigador a identificar a personas adicionales para incluirlas en el estudio. Después de entrevistar a una persona, el entrevistador le pide a ésta su ayuda para identificar a otras personas con características, opiniones o sentimientos similares. Los miembros de la población meta definida que pudieran no abrigar las mismas creencias o sentimientos que los encuestados tienen menos probabilidad de ser incluidos en este tipo de muestra.

FIGURA 11.7 **Resumen de diferencias comparativas de métodos muestrales probabilístico y no probabilístico**

Factores de comparación	Muestreo probabilístico	Muestreo no probabilístico
Lista de los elementos de población	Lista completa necesaria	Ninguno es necesario
Información sobre las unidades muestrales	Se identifica cada unidad	Se necesitan detalles de hábitos, actividades, rasgos, etcétera
Se requiere habilidad muestral	Se requiere habilidad	Se requiere poca habilidad
Requerimiento de tiempo	Consume tiempo	Bajo consumo de tiempo
Costo por unidad muestreada	Moderado a alto	Bajo
Estimados de parámetros de población	Sin desviación	Hay desviación
Representatividad de la muestra	Buena, asegurada	Sospechosa, indeterminable
Precisión y confiabilidad	Calculada con intervalos de confianza	Desconocida
Medición del error muestral	Medidas estadísticas	No hay medida fiel disponible

Tipos de diseños muestrales probabilísticos

Muestreo aleatorio sencillo

Muestreo aleatorio sencillo (MAS) Procedimiento muestral probabilístico que asegura que cada unidad muestral en la población meta tenga una oportunidad conocida, igual y diferente de cero de ser seleccionada.

El **muestreo aleatorio sencillo (MAS)** es un procedimiento muestral probabilístico que asegura que cada unidad muestral que forma parte de la población meta definida tenga una oportunidad conocida, igual y diferente de cero de ser elegida. Por ejemplo, supóngase que un instructor decidiera tomar una muestra de 10 alumnos ($n = 10$) entre todos los estudiantes de una clase de investigación de mercados integrada por 30 alumnos ($N = 30$). El instructor podría escribir el nombre de cada alumno en un papel aparte idéntico, y poner todos los papeles con los nombres en un tarro de cristal. Cada estudiante tendría una probabilidad igual de selección para una muestra de tamaño determinado que podría expresarse con la fórmula que sigue:

$$\text{Probabilidad de selección} = \frac{\text{Tamaño de la muestra}}{\text{Tamaño de la población}}$$

Aquí cada alumno de la clase de investigación de mercados tendría una oportunidad de 10/30 (o .333) de que se le seleccione aleatoriamente en la muestra tomada.

Cuando la población meta definida consta de un número mayor de unidades muestrales, se aplica un método más avanzado para tomar aleatoriamente la muestra necesaria. Uno de los procedimientos que se siguen comúnmente en la investigación de mercados es incorporar una tabla impresa o generada por computadora de números aleatorios para elegir las unidades muestrales. Una tabla de números aleatorios es justamente lo que su nombre implica: una tabulación que lista números generados al azar (véase la figura 11.8). Muchos de los programas de computadora actuales tienen la capacidad de generar una tabla de números aleatorios.

Con los mismos estudiantes de investigación de mercados definidos anteriormente como población meta podría generarse una muestra aleatoria 1) utilizando los últimos dos dígitos de los números de seguridad social de los alumnos, o 2) asignando a cada estudiante un código único de dos dígitos, que vayan de 01 a 30. Con el primer procedimiento tendríamos que estar seguros de que no hubiera dos alumnos con los últimos dos dígitos iguales en su número de seguridad social; la gama de números aceptables iría de 00 a 99. Entonces podríamos ir a la tabla de números aleatorios y elegir un punto de partida, que podría estar en cualquier parte de la tabla. Sirviéndonos de la figura 11.8, digamos que se elige la esquina superior de la izquierda de la tabla (31) como punto de partida. Empezaríamos entonces a leer

FIGURA 11.8 Tabla parcial de números aleatorios

31 25	81 44	54 34	67 03
14 96	99 80	14 54	30 74
49 05	49 56	35 51	68 36
99 67	57 65	14 46	92 88
54 14	95 34	93 18	78 27
57 50	34 89	99 14	57 37
98 67	78 25	06 90	39 90
40 99	00 87	90 42	88 18
20 82	09 18	84 91	64 80
78 84	39 91	16 08	14 89

Fuente: M. G. Kendall y B. Babington Smith, "Table of Random Sampling Numbers", *Tracts for Computers*, 24 (Cambridge, Inglaterra: Cambridge University Press, 1946), p. 33.

de arriba abajo la primera columna (u horizontalmente el primer renglón) y elegiríamos los números de dos dígitos que hicieran pareja con los números de la gama aceptable hasta que quedaran 10 estudiantes seleccionados. Leyendo de arriba abajo la primera columna, empezaríamos con el 31 y luego pasaríamos al 14, 49, 99, 54, y así sucesivamente.

Si hubiéramos optado por asignar un descriptor único (01 a 30) para cada alumno de la clase, seguiríamos el mismo procedimiento de selección de la tabla numérica aleatoria, pero usaríamos sólo los números aleatorios que casaran con los números de la gama aceptable de 01 a 30. Los números que quedaran fuera de la gama aceptable se descartarían. Así, comenzaríamos y seleccionaríamos a los estudiantes con los números 14, 20, 25, 05, 09, 18, 06, 16, 08 y 30. Si los objetivos de investigación total requieren entrevistas telefónicas, la toma de la muestra necesaria puede hacerse por medio del marcado telefónico digital aleatorio (MTDA) (véase la figura 11.2).

Ventajas y desventajas. La técnica muestral aleatoria sencilla tiene varias ventajas dignas de tomarse en cuenta. La técnica se entiende fácilmente y los resultados de datos de la encuesta se pueden generalizar a la población meta definida con un margen preespecificado de error *e*. Otra ventaja es que las muestras aleatorias sencillas le permiten al investigador obtener estimados sin desviación de las características de la población. Este método garantiza básicamente que cada unidad muestral de la población tenga igual oportunidad de ser seleccionada, sin importar el tamaño real de la muestra, lo que da por resultado una representación válida de la población meta definida. La desventaja primaria del muestreo aleatorio sencillo es la dificultad de obtener una lista completa, actual y precisa de los elementos de la población meta. El muestreo aleatorio sencillo requiere que se identifiquen todas las unidades muestrales. Por esta razón, el muestreo aleatorio sencillo a menudo funciona mejor con las poblaciones pequeñas o con aquellas en que se dispone de listas derivadas de computadora.

Muestreo aleatorio sistemático

Muestreo aleatorio sistemático (MASI) Técnica muestral probabilístico que requiere que la población meta definida esté ordenada de alguna manera.

El **muestreo aleatorio sistemático (MASI)** es similar al muestreo aleatorio sencillo, pero requiere que la población meta definida se ordene de alguna manera, por lo común en la forma de una lista de clientes, nómina de pago de impuestos o matrícula de miembros. En los procedimientos de investigación, el MASI se ha convertido en un método probabilístico alternativo de toma de muestras que goza de gran aceptación. En comparación con el muestreo aleatorio sencillo, el muestreo aleatorio sistemático es potencialmente menos costoso porque puede practicarse con relativa rapidez.[10] Cuando se le ejecuta apropiadamente, el MASI puede crear una muestra de objetos o encuestados prospectos muy semejante en calidad a una muestra tomada con el MAS.

Para emplear el MASI, el investigador tiene que asegurar una lista completa de las unidades muestrales potenciales que componen la población meta definida. Pero a diferencia del

MAS, no hay necesidad directa de transcribir las unidades muestrales ni de darles código especial alguno previo a la toma de la muestra. En lugar de esto, se seleccionan unidades muestrales individuales de acuerdo con su posición utilizando un intervalo de salto. El intervalo de salto se determina dividiendo el número de unidades muestrales potenciales de la población meta definida entre el número de unidades deseado en la muestra. El intervalo de salto requerido se calcula aplicando la siguiente fórmula estandarizada:

$$\text{Intervalo de salto} = \frac{\text{Tamaño de la lista de la población meta definida}}{\text{Tamaño de muestra deseado}}$$

Por ejemplo, si el investigador necesita que se tome una muestra de 100 de una población meta definida de 1 000, el intervalo de salto sería de 10 (1 000/100). Una vez determinado el intervalo de salto, el investigador elegiría al azar un punto de partida y tomaría al azar cada décima unidad hasta acabar con la lista entera de la población meta. En la figura 11.9 se muestran los pasos que seguiría el investigador que tome una muestra aleatoria sistemática.

Hay dos consideraciones importantes cuando se usa el muestreo aleatorio sistemático. Primero, es importante que el orden natural de la lista de la población meta definida no esté relacionado con la característica en estudio. Segundo, el intervalo de salto no debe corresponder a un cambio sistemático en la población meta. Si se usara un intervalo de salto de 7 en el muestreo de ventas o facturas diarias de una tienda detallista, como Bloomingdale's, y se

FIGURA 11.9 Pasos para la toma de una muestra aleatoria sistemática

Paso 1 → **Obtener una lista de unidades muestrales potenciales que contenga un marco aceptable de los elementos de la población meta.**
Ejemplo: Lista actual de los estudiantes (nombres, direcciones, números telefónicos) inscritos en su universidad, obtenida en la oficina de registro.

Paso 2 → **Determinar el número total de unidades muestrales que integran la lista de elementos de la población meta definida y el tamaño de muestra deseado.**
Ejemplo: 30 000 nombres de estudiantes actuales en la lista. El tamaño de muestra deseado es de 1 200 alumnos, para un nivel de confianza de 95%, un valor *P* igual a 50%, y una tolerancia de error muestral de ±2.83 puntos de porcentaje.

Paso 3 → **Calcular el intervalo de salto necesario dividiendo el número de unidades muestrales potenciales de la lista entre el tamaño de muestra deseado.**
Ejemplo: 30 000 nombres de estudiantes actuales en la lista, muestra deseada de 1 200, así que el intervalo de salto sería cada vigésimo quinto nombre.

Paso 4 → **Utilizando un sistema de generación de números aleatorios, determinar aleatoriamente un punto de partida para muestrear la lista de nombres.**
Ejemplo: Seleccionar: Número aleatorio de la página inicial de la lista de varias páginas (por ejemplo, la octava página). Seleccionar número aleatorio de la posición de nombre en esa página inicial (por ejemplo, Carol V. Clark).

Paso 5 → **Con Carol V. Clark como primera unidad muestral, aplicar el intervalo de salto para obtener los nombres restantes que deben incluirse en la muestra de 1 200.**
Ejemplo: Clark, Carol V. (saltar 25 nombres); Cobert, James W. (saltar 25 nombres); Damon, Victoria J. (saltar 25 nombres: repetir el procedimiento hasta que se hayan tomado los 1 200 nombres).

Nota: El investigador tiene que visualizar la lista como si fuera continua o "circular"; esto es, el proceso de toma debe continuar más allá de los nombres que representen a la Z e incluir los que representen a la A, a la B, etc., de modo que el nombre número 1 200 será básicamente el vigésimo quinto nombre anterior al primer nombre tomado (que fue Carol V. Clark).

eligiera al azar el martes como punto de partida, acabaríamos con datos del mismo día de cada semana. No querríamos obtener conclusiones relativas al desempeño total de las ventas sobre la base de lo que ha ocurrido cada martes.

Ventajas y desventajas. El muestreo sistemático se utiliza con frecuencia porque, si se sigue de modo correcto, es una forma relativamente fácil de tomar una muestra, a la vez que se asegura la aleatoriedad. La disponibilidad de listas y el corto tiempo requerido para tomar la muestra, en comparación con el muestreo aleatorio sencillo, hacen del muestreo sistemático un método atractivo y económico para los investigadores. La mayor debilidad del muestreo aleatorio sistemático es el potencial de que haya patrones ocultos en los datos que no sean detectados por el investigador. Esto podría resultar en una muestra que no sea verdaderamente representativa de la población meta definida. No obstante, la pequeña pérdida potencial en la representatividad total de la población meta se contrarresta normalmente con los ahorros económicos significativamente mayores en tiempo, esfuerzo y costo. Otra dificultad es que el investigador tiene que conocer exactamente cuántas unidades muestrales integran la población meta definida. En situaciones de investigación en las que el tamaño de la población meta es en extremo grande o desconocido, se dificulta la identificación del verdadero número de unidades, e incluso los estimados pueden no ser precisos.

Muestreo aleatorio estratificado

Muestreo aleatorio estratificado (MAE) Método de muestreo probabilístico en el que la población meta definida se divide en grupos, llamados estratos, y se seleccionan muestras de cada estrato.

El **muestreo aleatorio estratificado (MAE)** requiere la separación de la población meta definida en grupos diferentes llamados *estratos* y la selección de muestras de cada *estrato*. El muestreo aleatorio estratificado es muy útil cuando las divisiones de la población meta están bifurcadas o cuando hay extremos presentes en la distribución probabilística de los elementos de interés de la población meta. El objetivo de estratificar es reducir al mínimo la variabilidad (o bifurcación) dentro de cada estrato y maximizar las diferencias entre los estratos. En algunos sentidos, el MAE se puede comparar con la segmentación de la población meta definida en conjuntos más pequeños y homogéneos de elementos. Dependiendo de la situación del problema, hay casos en los que la población meta definida no retrata una distribución simétrica normal de sus elementos.

Para asegurar que la muestra mantiene la precisión requerida de la población total, se deben tomar muestras representativas de cada uno de los grupos de población más pequeños (esto es, de cada estrato). La obtención de una muestra aleatoria estratificada comprende tres pasos básicos:

1. Dividir la población meta en subgrupos o estratos homogéneos.

2. Tomar muestras aleatorias de cada estrato.

3. Combinar las muestras de cada estrato en una sola muestra de la población meta.

Supóngase que los investigadores estuvieran interesados en el potencial de mercado de sistemas de seguridad del hogar en un área geográfica específica. Quizás quieran dividir a los propietarios de viviendas en varios estratos diferentes. Las subdivisiones podrían basarse en factores como el valor tasado de las viviendas, el ingreso por hogar, la densidad de población o la ubicación (por ejemplo, secciones designadas como áreas de alta o baja incidencia delictiva).

Muestreo estratificado proporcionado Método muestral estratificado en el que cada estrato depende de su tamaño en relación con la población.

Muestreo estratificado desproporcionado Método muestral estratificado en el que el tamaño de cada estrato es independiente de su tamaño relativo a la población.

Hay dos métodos comunes para derivar muestras de los estratos: el proporcionado y el desproporcionado. En el **muestreo estratificado proporcionado**, el tamaño de la muestra de cada estrato depende del tamaño de ese estrato relativo a la población meta definida. Por consiguiente, los estratos mayores se muestrean más intensamente utilizando el muestreo estratificado proporcionado porque representan un porcentaje mayor de la población meta. En el **muestreo estratificado desproporcionado**, el tamaño de muestra seleccionado de cada estrato es independiente de la proporción de ese estrato de la población meta definida total. Este método se utiliza cuando la estratificación de la población meta produce tamaños de muestra para subgrupos que contradicen su importancia relativa al estudio. Por ejemplo, la estratificación de los fabricantes basada en el factor *número de empleados* comúnmente dará por resultado un gran segmento de manufactureros con menos de 10 empleados y una muy pequeña proporción con, digamos, 500 o más empleados. La obvia importancia económica de las firmas con 500 o más empleados indicaría que es preciso tomar una muestra mayor de este estrato y una menor del subgrupo con menos de 10 empleados, a diferencia de lo que propondría el método de proporcionalidad.

Un tipo alternativo de método estratificado desproporcionado es la *asignación óptima*. En este método se toma en consideración el tamaño relativo del estrato así como la variabilidad dentro del mismo para determinar el tamaño de muestra necesario de cada estrato. La lógica básica de la asignación óptima es que, cuanto mayor sea la homogeneidad de las unidades muestrales prospecto dentro de un estrato particular, manteniéndose igual todo lo demás, menor será el número de unidades que tendrían que seleccionarse para estimar el parámetro de la población verdadera (μ o P) exactamente para ese subgrupo. En cambio, lo opuesto sería válido para cualquier estrato que tuviera varianza considerable entre sus unidades muestrales o que se viera heterogéneo. En la figura 11.10 se exponen los pasos básicos que el investigador tendría que seguir para tomar una muestra aleatoria estratificada.

FIGURA 11.10 Pasos para la toma de una muestra aleatoria estratificada

Paso 1 → **Obtener una lista de unidades muestrales potenciales que contenga un marco aceptable de los elementos de la población meta definida.**
Ejemplo: Lista de los patrocinadores conocidos de artes interpretativas (nombres, direcciones, números telefónicos) que vivan en un radio de un área de tres condados de la actual base de datos del Asolo Performing Arts Centre. El número total de patrocinadores conocidos en la base de datos actual es de 10 500.

Paso 2 → **Utilizando algún tipo de información secundaria o experiencia previa con la población meta definida, seleccionar un factor de estratificación respecto del cual la distribución de población esté bifurcada (no en forma de campana) y que pueda usarse para determinar que la población meta definida total se integra por subpoblaciones separadas de elementos.**
Ejemplo: Sirviéndose de registros de asistencia y ubicación del condado, identifique los estratos por condado y el número de eventos a los que se asiste por temporada (esto es, asistencia regular, ocasional o rara). Total: 10 500 patrocinadores, con 5 900 "regulares" (56.2%); 3 055 "ocasionales" (29.1%), y 1 545 "raros" (14.7%).

Paso 3 → **Utilizando el factor de estratificación seleccionado (o alguna otra variable sustituta), segmentar la población meta definida en estratos congruentes con cada una de las subpoblaciones separadas identificadas. Esto es, usar el factor de estratificación para reagrupar las unidades muestrales prospectas dentro de sus subgrupos mutuamente excluyentes. Luego determine el número real de unidades muestrales y los equivalentes de porcentaje para cada estrato.**
Ejemplo: Condado A: 5 000 patrocinadores, con 2 500 "regulares" (50%); 1 875 "ocasionales" (37.5%), y 625 "raros" (12.5%).
Condado B: 3 000 patrocinadores, con 1 800 "regulares" (60%); 580 "ocasionales" (19.3%), y 620 "raros" (20.7%).
Condado C: 2 500 patrocinadores, con 1 600 "regulares" (64%); 600 "ocasionales" (24%), y 300 "raros" (12%).

Paso 4 → **Determinar si hay necesidad de aplicar un método de asignación óptima al proceso de estratificación; de otra suerte, emplee el método proporcionado y luego estime los tamaños de muestra deseados.**
Ejemplo: Compare los valores de porcentaje de estratos de condado individuales con los valores de estratos de la población meta total. Supóngase un método proporcionado y un nivel de confianza de 95% y una tolerancia de error muestral de ±2.5 puntos de porcentaje. Estime el tamaño de la muestra para una población meta total sin necesidad de estratos y suponiendo $P = 50\%$. El tamaño de muestra deseado sería igual a 1 537 personas. Proporcione entonces ese tamaño con los valores totales de porcentaje de patrocinadores para cada uno de los tres condados determinados en el paso 2 (por ejemplo, Condado A = 5 000/10 500 [47.6%]; Condado B = 3 000/10 500 [28.6%]; Condado C = 2 500/10 500 [23.8%]). Los nuevos tamaños de muestra de cada condado serían: Condado A = 732; Condado B = 439; Condado C = 366. Ahora, para cada tamaño de muestra de condado, proporcione los tamaños de muestra con los estimados respectivos dentro de condado para los porcentajes de estratos "regular", "ocasional" y "raro" determinados en el paso 3.

Paso 5 → **Seleccionar una muestra probabilística de cada estrato, utilizando los procedimientos MAS o MASI.**
Ejemplo: Siga los procedimientos explicados anteriormente para tomar muestras de MAS o de MASI.

Ventajas y desventajas. La división de la población meta definida en estratos homogéneos proporciona varias ventajas, entre ellas: 1) la seguridad de la representatividad en la muestra; 2) la oportunidad de estudiar cada estrato y de hacer comparaciones relativas entre estratos, y 3) la capacidad de hacer estimados para la población meta con la expectativa de mayor precisión o menor error muestral total. La dificultad principal que se encuentra en el muestreo estratificado es determinar la base para la estratificación. Es imperativo que la base de ésta se asocie directamente con las características de interés de la población meta. Tal vez no se disponga fácilmente de la información secundaria pertinente para los factores de estratificación requeridos, lo que obligaría al investigador a utilizar variables sustitutas menos convenientes como factores para estratificar la población meta. Normalmente, cuanto mayor es el número de estratos relevantes, más precisos son los resultados. Sin embargo, la inclusión de estratos excesivos o irrelevantes sólo provocará pérdida de tiempo y dinero, sin aportar resultados significativos. Lea el recuadro Ética para ver las cuestiones éticas que podrían afectar a los métodos de muestreo estratificado.

Muestreo por conglomerado

Muestreo por conglomerado Método muestral probabilístico en el que las unidades muestrales se dividen en subpoblaciones mutuamente excluyentes y colectivamente exhaustivas, llamadas conglomerados.

Si bien el **muestreo por conglomerado** es semejante al muestreo aleatorio estratificado, es diferente en que las unidades muestrales se dividen no en forma individual, sino en subpoblaciones mutuamente excluyentes y colectivamente exhaustivas llamadas conglomerados.[11] Se supone que cada uno de éstos es representativo de la heterogeneidad de la población meta. Los ejemplos de las posibles divisiones muestrales del conglomerado incluyen a los clientes que favorecen a una tienda un día determinado, los asistentes a la exhibición de una película que se proyecta en una ocasión particular (por ejemplo, en la matiné), o las facturas procesadas durante una semana específica. Una vez que se ha identificado el conglomerado, las unidades muestrales prospectas (o elementos de población) se toman dentro de la muestra utilizando el método muestral aleatorio sencillo o encuestando uno por uno a todos los elementos (esto es, levantando un censo) dentro del conglomerado definido.

Muestreo de área Forma de muestreo por conglomerados en la que éstos se integran por designaciones geográficas.

En la información y la investigación de mercados, una forma popular de muestreo por conglomerado es el **muestreo de área**. En éste, los conglomerados se forman por designaciones geográficas. Como ejemplos pueden citarse las áreas estadísticas metropolitanas (AEM), ciudades, subdivisiones y manzanas. Se puede utilizar cualquier unidad geográfica con límites identificables. Cuando se usa muestreo de área, el investigador tiene dos opciones adicionales: el método de un paso y el de dos pasos. Cuando se decide a usar el método de un paso, el investigador debe contar con suficiente información previa acerca de los diversos conglomerados geográficos para creer que todos los conglomerados de este tipo son básicamente idénticos en lo relativo a los factores de designación de conglomerado específica utilizadas inicialmente para identificar los conglomerados. Sobre el supuesto de que todos los conglomerados son idénticos, el investigador puede centrar su atención en la exploración de las unidades muestrales dentro de un conjunto de conglomerados designado y generalizar los resultados a la población meta completa. El aspecto probabilístico de este método muestral particular se ejecuta seleccionando al azar un conglomerado geográfico y levantando un censo de todas las unidades muestrales ubicadas dentro de ese conglomerado seleccionado.

Por ejemplo, digamos que el vicepresidente corporativo de comercialización de Dillard's Department Stores se interesa por conocer acerca de los comportamientos de compras comparadas entre gente que compra en las 36 tiendas de Dillard's situadas por todo Florida. Dadas las limitaciones de presupuesto y tras una revisión de la información de perfil del cliente disponible en la base de datos de la oficina corporativa matriz, el vicepresidente supone que los mismos tipos de clientes compran en Dillard's independientemente de la ubicación geográfica de la tienda o del día de la semana. En consecuencia, la nueva tienda de Dillard's, situada en el centro comercial University Mall, en Tampa, Florida, es elegido de manera aleatoria como la ubicación comercial para efectuar entrevistas personales en la tienda. Aun cuando se preferiría levantar un censo de todos los compradores en la tienda, esto se considera imposible de llevar a cabo. Como alternativa, se programan 300 entrevistas a efectuar el 17 de febrero de 2002.

Hay puntos débiles en la lógica del vicepresidente de utilizar un método muestral por conglomerado para reunir datos acerca de los comportamientos de compras comparados de los clientes. Primero, su suposición de que los clientes de la tienda University Mall son similares a los que compran en las otras 35 tiendas de Florida bien podría carecer de fundamento. Segundo, suponer que las diferencias geográficas en tiendas y consumidores no existen es básicamente un acto de fe. Limitar el muestreo sólo a los miércoles también puede crear problemas. Podría resultar muy engañoso suponer que la heterogeneidad de las actitudes y comportamientos de compras (esto es, los patrones de flujo de tráfico) hacia las tiendas Dillard's Department Stores son las mismas en un día entre semana que al final de ésta.

La alternativa para el investigador puede ser la de seguir un método muestral por conglomerado de dos pasos. Primero, el investigador muestrearía aleatoriamente un conjunto de conglomerados y luego decidiría cuál es el método probabilístico más apropiado para muestrear individuos dentro de cada uno de los conglomerados elegidos. Por lo común, el método de dos pasos es preferible al de uno porque hay una posibilidad considerable de que un solo conglomerado no sea tan representativo de todos los demás como cree el investigador. Para ilustrar los fundamentos del método muestral por conglomerado de dos pasos, retrocedamos

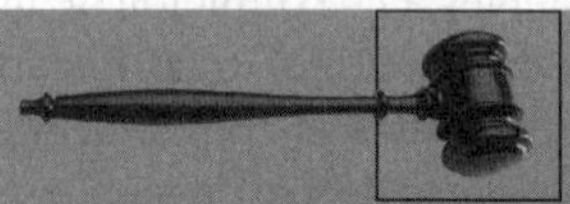

Ética

El gobierno estadounidense está interesado en ganarse el apoyo del público para su idea de invertir superávit de presupuesto en el mercado de valores como un método para asegurar la futura estabilidad del Programa de Seguridad Social (Social Security Program), saturado de problemas. La idea de la administración es que los miembros del Congreso de Estados Unidos respondan de manera predecible cuando tengan ante sí los resultados de la opinión pública estadounidense. Los funcionarios del gobierno se deciden a emprender una rápida encuesta telefónica para preguntar al pueblo estadounidense sus opiniones sobre tres posibles planes: 1) invertir una parte significativa de los superávit presupuestales del gobierno en el mercado de valores, 2) usar los superávit para reducir los impuestos sobre ingresos totales de todas las personas, o 3) utilizar los superávit para pagar la deuda nacional. Para llevar a cabo este estudio, la administración pide a los investigadores de la Oficina del Censo de Estados Unidos (U.S. Census Bureau) que elaboren un plan para que se administre la encuesta telefónica a 5 000 estadounidenses elegidos al azar, que asegure la representación a través de cuatro conglomerados de edad descritos como *a*) 20 a 35 años, *b*) 36 a 50 años, *c*) 51 a 65 años y *d*) 66 años en adelante. Al recordárseles la importancia del objetivo principal del estudio, los investigadores eligieron desarrollar un plan muestral aleatorio estratificado desproporcionado que haría mayor énfasis en los estadounidenses de los conglomerados de 36 a 50 y 51 a 61 años de edad, que en las personas de los otros dos conglomerados. Para tratar de asegurar el resultado deseado, se alentaría a los entrevistadores a "trabajar duro" para obtener respuestas de los encuestados entre los 36 y 65 años de edad. Se determinó incluso que sin importar cuáles fueran las tasas reales de respuesta en el conglomerado de edad, sólo se darían a conocer al Congreso, a los medios y al público en general la tasa de respuesta total y el factor de error normal del estudio.

- ¿Es ético efectuar un estudio del cual se sabe que representa mal a la población definida verdadera para los fines de buscar un resultado predeterminado?
- ¿Es acorde con la ética alentar a los entrevistadores a hacer esfuerzos desproporcionados para obtener entrevistas completas de menos del total de los estratos muestreados definidos?
- ¿Va de acuerdo con la ética reportar sólo la tasa de respuesta total y el factor de error cuando se usa un método muestral aleatorio estratificado desproporcionado para recolectar los datos?
- ¿Va conforme con la ética no informar de estos hechos al Congreso, los medios y el público en general, causando con ello que estos grupos interpreten mal los resultados?
- ¿Sería más acorde con la ética servirse de un método muestral aleatorio estratificado proporcionado?

y utilicemos el ejemplo anterior de las tiendas Dillard's Department Stores. Revisando la base de datos de Dillard's sobre perfiles del cliente, supongamos que las 36 tiendas pueden acumularse, sobre la base de los ingresos por ventas brutas anuales, en tres grupos: 1) la tienda tipo A (tiendas con ventas brutas inferiores a los 2 millones de dólares), 2) la tienda tipo B (tiendas con ventas brutas de entre 2 y 5 millones de dólares) y 3) la tienda tipo C (tiendas que perciben más de 5 millones de dólares por ventas brutas). El resultado es que el vicepresidente de comercialización indica que, entre las 36 tiendas que operan en el mercado de Florida, 6 pueden agruparse como tiendas tipo A, otras 18 como tiendas tipo B y 12 como tiendas tipo C. Además, hubo indicaciones de que las ventas eran significativamente mayores en los fines de semana (es decir, los viernes, sábados y domingos) que entre semana (esto es, de lunes a jueves). En la figura 11.11 se muestran los pasos básicos que seguiría el investigador para tomar una muestra de conglomerado para la situación de Dillard's.

Ventajas y desventajas. En su mayor parte, el método muestral por conglomerado es de amplio uso en la investigación de mercado debido a su rendimiento en costo y a su viabilidad de realización, especialmente en situaciones de muestreo de área.[12] En muchos casos, el único marco de unidad muestral confiable a disposición de los investigadores, que es representativo de la población meta definida, es el que describe y lista conglomerados (por ejemplo, estados, municipios, AEM —áreas estadísticas metropolitanas—, carriles de censo). Estas listas de regiones geográficas, conmutadores telefónicos o bloques residenciales, por lo regular pueden compilarse normalmente con facilidad, lo que evita la necesidad de recolectar con precisión listas de todas las unidades muestrales individuales (es decir, objetos o personas) que conforman la población meta. Los métodos por conglomerado tienden a ser una forma eficiente en costo de muestrear y obtener datos puros de una población meta definida.

Al mismo tiempo, los métodos muestrales por conglomerado no dejan de tener sus desventajas. Un inconveniente primario en relación con el muestreo de agrupamientos es la tendencia de éstos a ser homogéneos. Cuanto más homogéneo es el conglomerado, menos precisos son los estimados derivados de la muestra en la representación de los parámetros de la población meta definida. Lo ideal es que los objetos o personas reales de un programa sean tan heterogéneos como los de la propia población meta. Cuando el investigador cree que hay varios conjuntos de conglomerados homogéneos que son diferentes únicamente sobre la base del factor de conglomerado designado (esto es, la tienda tipo A, B y C de Dillard's), este problema puede aminorarse seleccionando al azar y muestreando una unidad de cada uno de los conjuntos de conglomerados. En la figura 11.11 se ilustra la forma en que el investigador puede superar este problema de conglomerados homogéneos diferentes dentro de una población meta definida.

Otra preocupación relativa a los métodos muestrales por conglomerado —de la que rara vez se dan explicaciones— es lo apropiado del factor de conglomerado designado que se utilice para identificar las unidades muestrales dentro de los conglomerados. De nuevo empleemos el ejemplo de Dillard's para ilustrar esta debilidad potencial. El vicepresidente de comercialización de Dillard's se valió de un factor de designación de conglomerado geográfico sencillo (esto es, el estado de Florida) para derivar un conglomerado compuesto de 36 tiendas. Suponiendo que hubiera igual heterogeneidad entre todos los compradores de Dillard's, independientemente de la ubicación de la tienda, él muestreó en forma aleatoria una tienda para llevar a cabo las entrevistas en tienda necesarias. Luego, cambiando el factor de conglomerado de designación a "ingresos por ventas brutas anuales", determinó que había tres diferentes conjuntos de conglomerados de tiendas (a saber, las tiendas tipos A, B y C) entre las mismas 36 tiendas de Dillard's situadas en Florida. Este método por conglomerado requiere una técnica muestral más compleja para asegurar que los datos de muestra reunidos sean representativos de la población meta definida de todos los clientes de Dillard's. Lo que se pretende aquí es que, mientras la población meta definida se mantenga constante, la subdivisión de las unidades muestrales se pueda modificar de acuerdo con la selección del factor de designación que se use para determinar los conglomerados en situaciones de muestreo de área.[13]

FIGURA 11.11 Pasos para la toma de una muestra de conglomerado de dos pasos

Paso 1 → **Entender cabalmente la situación del problema de información y las características que se utilizan para definir la población meta. Luego determinar los factores de conglomerado que se usarán para identificar los conglomerados de unidades muestrales.**
Ejemplo: Las unidades muestrales iniciales serían las 36 tiendas Dillard's conocidas, situadas en Florida. Empleando datos secundarios de los ingresos por ventas brutas anuales de las tiendas, establezca las categorías de conglomerado (es decir, los tipos de tiendas A, B y C) y las cifras de ventas en dólares entre semana en comparación con las de fin de semana.

Paso 2 → **Determinar el número de unidades muestrales que integran cada conglomerado, obtener una lista de unidades muestrales potenciales para cada conglomerado y asignarles un código de designación único.**
Ejemplo: 6 tiendas de tipo A: (01) Jacksonville; (5) Fort Lauderdale; (3) Gainesville, etcétera.
18 tiendas tipo B: (01) Tampa; (16) Sarasota; (07) Vero Beach, etcétera.
12 tiendas tipo C: (10) Miami; (02) West Palm Beach; (07) Orlando, etcétera.
Ventas entre semana: (01) a (52).
Ventas de fin de semana: (01) a (52).

Paso 3 → **Determinar si ha de seguir un método muestral por conglomerado de uno o de dos pasos.**
Ejemplo: Dado que ambos factores, el de *tipo de tienda* y el de *ventas entre semana o de fin de semana* se utilizan para designar los conglomerados, se usará un enfoque de conglomerado de dos pasos para tomar las unidades muestrales:

Paso 4 → **Determinar cuántas unidades muestrales en cada conglomerado se tienen que muestrear para que sean representativas del mismo.**
Ejemplo: Dadas la homogeneidad percibida dentro de cada conjunto de conglomerados de tiendas y las consideraciones de costo, supongamos que el investigador acuerda muestrear sólo una tienda de cada tipo durante dos periodos de entre semana y cuatro periodos de fin de semana.

Paso 5 → **Emplear números aleatorios, elegir la unidad muestral (es decir, una tienda) dentro de cada conglomerado y los marcos de tiempo de entre semana y fin de semana que se muestrearán.**
Ejemplo: Para la tienda tipo A: (1) Jacksonville; periodos de entre semana por semanas (10) y (34); periodos de fin de semana por semanas (03), (14), (26) y (41).
Para la tienda tipo B: (12) Lakeland; periodos de entre semana por semanas (33) y (45); periodos de fin de semana por semanas (09), (24), (29) y (36).
Para la tienda tipo C: (10) Miami; periodos de entre semana por semanas (22) y (46); periodos de fin de semana por semanas (04), (18), (32) y (37).

Paso 6 → **Determinar los tamaños de muestra necesarios para cada conglomerado por los marcos de tiempo de entre semana o fin de semana.**
Ejemplo: Supongamos un nivel de confianza deseado de 95% y una tolerancia de error muestral de ±2.5 puntos de porcentaje. Estime el tamaño de muestra deseado para la población meta total sin conjunto de conglomerados necesario y suponiendo $P = 50\%$. El tamaño de muestra deseado sería igual a 1 537 personas. Luego, proporcione ese tamaño conforme a los valores de porcentaje para cada tipo de tienda, a fin de que el número total de tiendas forme el marco de la población meta definida (esto es, tienda tipo A = 6/36 [16.7%]; tienda tipo B = 18/36 [50%]; tienda tipo C = 12/36 [33.3%]). Los nuevos tamaños de muestra para cada tipo de tienda serían: tienda tipo A = 257; tienda tipo B = 769; tienda tipo C = 512. Ahora, por cada tamaño de muestra de tipo de tienda, proporcione los tamaños de muestra conforme a los respectivos dentro de los estimados de entre semana y de fin de semana, determinados en el paso 4. Como resultado, los tamaños de muestra requeridos por tipo de tienda por marcos de tiempo de entre semana y/o de fin de semana serían:
Tienda tipo A: Periodos de entre semana: 43 personas en la semana (10), 43 personas en la semana (34); Periodos de fin de semana: 43 personas en la semana (03) y el mismo número para las semanas (14), (26) y (41).
Tienda tipo B: Periodos de entre semana: 43 personas en la semana (33); 43 personas en la semana (45); Periodos de fin de semana: 43 personas en la semana (09) y el mismo número para las semanas (24), (29) y (46).
Tienda tipo C: Periodos de entre semana: 43 personas en la semana (22), 43 personas en la semana (46); Periodos de fin de semana: 43 personas en la semana (04) y el mismo número para las semanas (18), (32) y (37).

Paso 7 → **Elegir un método muestral probabilístico para seleccionar clientes para las entrevistas en tiendas.**
Ejemplo: Organice de manera aleatoria las entrevistas de entre semana (esto es, los lunes, martes, miércoles y jueves), así como las de fin de semana (los viernes, sábados y domingos), de modo que los datos se representen a través de los días de compras y de las horas de operación de tiendas.

Tipos de diseños muestrales no probabilísticos

Muestreo por conveniencia

Muestreo por conveniencia Método muestral no probabilístico en el que las muestras se toman a conveniencia del investigador.

Como su nombre lo indica, el **muestreo por conveniencia** (o muestreo accidental) es un método en el que las muestras son tomadas a conveniencia por el investigador o entrevistador, con frecuencia al tiempo que se lleva a cabo el estudio. Por ejemplo, la entrevista de intercepción en *mall* de individuos en centros comerciales u otras áreas de tráfico intenso es un método común de generación de una muestra de conveniencia. Los supuestos son que la población meta es homogénea y que los individuos entrevistados en el centro comercial son similares a la población meta definida total respecto de la característica en estudio. En realidad no hay manera de evaluar con precisión la representatividad de la muestra. Dadas la autoselección y la naturaleza voluntaria de la participación en el proceso de recolección de datos en asociación con el muestreo por conveniencia, los investigadores deben (aunque rara vez lo hacen) considerar seriamente la cuestión en extremo importante del error de no respuesta.

Ventajas y desventajas. El muestreo por conveniencia permite que un gran número de encuestados (por ejemplo, 150-200) sean entrevistados en un tiempo relativamente breve. Por esta razón se le utiliza por lo común en las primeras etapas de la investigación (verbigracia, en el desarrollo del constructo y la medición de escala, así como en la prueba previa de actividades de diseños de cuestionarios). A su vez, el uso de muestras por conveniencia en las fases de desarrollo de constructos y mediciones de escala puede tener un efecto seriamente negativo en la confiabilidad y validez totales de esas medidas e instrumentos empleados para recoger datos puros. Tomemos, por ejemplo, una situación en la que el investigador crea una medida más precisa de la calidad de servicio y en las etapas de prueba previa utiliza una muestra de conveniencia de 300 estudiantes de licenciatura de comercio y administración de empresas para probar su instrumento de calidad de servicio. Si bien los estudiantes universitarios son consumidores de servicios, hay serias dudas de que puedan ser en verdad representativos de la población general o de una población meta definida más específica que pudiera investigarse en ocasión posterior (por ejemplo, los pacientes de la sala de urgencias de un hospital). Desarrollando y refinando constructos y mediciones de escala de los datos obtenidos de una muestra de conveniencia de estudiantes universitarios, el instrumento de medición de constructo pudiera no resultar confiable más adelante, cuando se use en investigaciones de otras poblaciones meta definidas. Otra gran desventaja de las muestras por conveniencia es que los datos y resultados brutos no son generalizables a la población meta definida con alguna medida de precisión. No es posible medir la representatividad de la muestra, porque los estimados de error muestral no pueden determinarse con exactitud.

Muestreo por juicio

Muestreo por juicio Método muestral no probabilístico en el que los participantes se eligen de acuerdo con la convicción de un individuo experimentado de que llenarán los requisitos del estudio.

En el **muestreo por juicio**, llamado también muestreo con propósito, se elige a los participantes de acuerdo con la convicción de un individuo experimentado de que cumplirán con los requisitos del estudio. En muchos estudios de ventas industriales, el administrador de ventas regionales a menudo muestreará y encuestará a los representantes de ventas de la compañía antes que a sus clientes reales para determinar si las necesidades y deseos de éstos están cambiando, o para evaluar el producto o el desempeño de servicio de la empresa. Muchos fabricantes de productos de consumo (por ejemplo, Procter & Gamble) seleccionan de manera regular una muestra de cuentas clave a las que consideran capaces de proporcionar información de fondo relacionada con patrones de consumo y posibles cambios en la demanda de productos seleccionados (por ejemplo, dentífrico Crest, detergente para lavadoras Cheer). El supuesto en que se basan estos ejemplos es la convicción del investigador de que las opiniones de un grupo de personas consideradas expertas acerca del tema de interés son representativas de la población meta entera.

Ventajas y desventajas. Si el juicio del investigador o experto es correcto, la muestra generada por el muestreo por juicio será mucho mejor que la generada por el muestreo por conveniencia, por lo que toca a proveer información sobre la característica de interés. Sin embargo, como suele suceder con todos los procedimientos muestrales no probabilísticos, no es posible medir la representatividad de la muestra. En el mejor de los casos, los datos puros y la información recolectados de las unidades muestrales generados a través del método muestral de juicio deben interpretarse sólo como perspectivas preliminares.

Muestreo por cuota

Muestreo por cuota Método muestral no probabilístico en el que los participantes son seleccionados de acuerdo con cuotas preespecificadas en relación con la demografía, las actitudes o los comportamientos.

El método del **muestreo por cuota** consiste en la selección de participantes prospectos de acuerdo con cuotas preespecificadas en relación con características demográficas (verbigracia, edad, raza, género, ingreso), actitudes específicas (por ejemplo, satisfecho/insatisfecho, agrado/desagrado, calidad grande/marginal/ninguna) o comportamientos específicos (cliente regular/ocasional/raro, usuario/no usuario del producto). El propósito fundamental del muestreo por cuota es ofrecer la seguridad de que los subgrupos preespecificados de la población meta definida están representados en factores muestrales pertinentes que son determinados por el investigador o el cliente. Más aún, en las encuestas con frecuencia se usan cuotas que han sido determinadas por la naturaleza específica de los objetivos de la investigación. Por ejemplo, si se llevara a cabo una investigación de información sobre restaurantes de comida rápida, el investigador podría establecer cuotas relativas a un factor de edad y a comportamientos de preferencia específicos de los encuestados prospectos como sigue:

Edad	Comportamiento de preferencia
[1] Menos de 25 años	[1] Preferencia de un establecimiento de comida rápida en promedio de una vez al mes o más
[2] 25 a 54 años	[2] Preferencia de establecimientos de comida rápida con frecuencia menor de una vez al mes
[3] 55 años o más	

Sirviéndose de estos factores demográficos y de comportamiento de preferencia o patrocinio, el investigador identifica seis subgrupos diferentes de personas en el estudio. Determinar el tamaño de la cuota para cada uno de los subgrupos es un proceso subjetivo en cierto grado por parte del investigador. Aquí el investigador podría usar información secundaria de ventas de la compañía para determinar el tamaño de porcentaje de cada subgrupo de encuestados por la proporción con que cada subgrupo ha contribuido a las ventas totales de la firma. Esto asegura que la muestra contendrá el número deseado en cada subgrupo. Una vez establecidos los tamaños de porcentaje individual para cada categoría de cuota, el investigador simplemente segmentaría el tamaño total de la muestra estimada entre los valores de porcentaje para determinar el número real de los encuestados prospectos que habrán de incluirse en los grupos de cuota preespecificados. Por ejemplo, supóngase que un restaurante de comida rápida quisiera entrevistar a 1 000 personas y que, valiéndose de los informes de ventas proporcionados por la industria y los archivos de ventas de la compañía, determinara que los individuos de 25 a 54 años que favorecen con su visita a los restaurantes de comida rápida por lo menos una vez al mes sólo son el 6% del tamaño de muestra total.

Ventajas y desventajas. La mayor ventaja del muestreo de cuota es que la muestra generada contiene subgrupos específicos en las proporciones deseadas por los investigadores. En esos proyectos de investigación que requieren entrevistas, el uso de cuotas asegura que se identifiquen los subgrupos apropiados y se incluyan en la encuesta. El método de muestreo por cuota puede eliminar o reducir el sesgo o desviación de selección por parte de los trabajadores de campo. Una limitación inherente del muestreo por cuota es que el buen resultado del estudio dependerá otra vez de las decisiones subjetivas que tomen los investigadores. Como método muestral no probabilístico, no puede medir la verdadera representatividad de la muestra ni la precisión del estimado obtenido. Por consiguiente, los intentos de generalizar los resultados de los datos más allá de los encuestados que fueron muestreados y entrevistados se vuelven muy discutibles y pueden representar mal a la población meta definida dada.

Muestreo por bola de nieve

Muestreo por bola de nieve Método muestral no probabilístico en el que se elige un conjunto de encuestados, el cual ayuda luego al investigador a identificar a personas adicionales para incluirlas en el estudio.

El **muestreo por bola de nieve** consiste en el procedimiento de identificar y calificar a un conjunto de encuestados prospectos iniciales que pueden, a su vez, ayudar al investigador a identificar a personas adicionales para incluirlas en el estudio. A este método muestral se le llama también *muestreo de recomendación*, porque un encuestado recomienda a otros encuestados potenciales. El muestreo por bola de nieve suele emplearse en situaciones de investigación en las que 1) la población meta definida es única y muy pequeña y 2) compilar una lista completa de unidades muestrales es tarea casi imposible.[14] Considérese, por ejemplo, la situación problemática de investigación de las actitudes y comportamientos de personas que aportan voluntariamente cantidades significativas de su tiempo y energía a organizaciones caritativas, como la Children's Wish Foundation. Si bien los métodos tradicionales probabilísticos y otros métodos muestrales no probabilísticos requerirían normalmente un esfuerzo extremo (en tiempo y costo) para calificar al número suficiente de encuestados prospectos, el método por bola de nieve daría mejores resultados a mucho más bajo costo, pues le permitiría al investigador identificar y entrevistar a un encuestado calificado y luego solicitar la ayuda de éste para identificar a otras personas con características similares. Aunque la afiliación en estos tipos de círculos sociales pudiera no ser de amplio conocimiento público, su entendimiento hacia el interior del círculo es muy preciso. La lógica principal de este método es que los grupos raros de personas tienden a formar sus propios círculos sociales.

Ventajas y desventajas. El muestreo por bola de nieve es un método razonable de identificación y selección de encuestados prospectos que son miembros de poblaciones meta definidas en forma única que son pequeñas y de difícil acceso. Como método muestral no probabilístico, es de la mayor utilidad para los procedimientos de investigación cualitativa, como las entrevistas de grupo focal. Las reducciones en los tamaños de muestra y los costos son las ventajas primarias de este método muestral. Contra esto, el muestreo por bola de nieve permite que penetre la desviación en el estudio de investigación total. Si hay diferencias significativas entre las personas conocidas dentro de ciertos círculos sociales y las no conocidas, con esta técnica muestral puede haber problemas. Como todos los demás métodos muestrales no probabilísticos, las estructuras de datos están limitadas en cualesquiera intentos de generalizar los resultados a miembros de la población meta definida mayor.

Determinación del diseño muestral apropiado

Sin perder de vista los componentes teóricos, los problemas muestrales, y las ventajas y desventajas de las distintas técnicas muestrales, la elección del diseño muestral más apropiado debe incorporar los siete factores que se listan en la figura 11.12.

FIGURA 11.12 Factores críticos para la elección del diseño muestral apropiado

Factores de selección	Preguntas
Objetivos de investigación	¿Requieren los objetivos de investigación el uso de diseños de investigación cualitativa o cuantitativa?
Grado de precisión	¿Requiere la investigación que se hagan predicciones o inferencias inductivas acerca de la población meta definida, o sólo inspecciones preliminares profundas?
Disponibilidad de recursos	¿Hay estrechas restricciones de presupuesto respecto de los recursos monetarios y humanos que puedan asignarse al proyecto de investigación?
Marco de tiempo	¿Qué tan pronto debe terminarse el proyecto de investigación?
Conocimiento anticipado de la población meta	¿Hay listas completas de los elementos de la población meta definida? ¿Qué tan fácil o difícil es generar el marco muestral requerido de los encuestados prospectos?
Alcance de la investigación	¿La investigación va a ser internacional, nacional, regional o local?
Necesidades percibidas de análisis estadístico	¿En qué medida son precisas las proyecciones estadísticas y/o las diferencias supuestas hipotéticamente en las estructuras de datos requeridas?

Objetivos de la investigación

Entender cabalmente la situación total del problema de información y los objetivos de la investigación da las pautas para determinar el diseño muestral apropiado. Si entre los objetivos de la investigación está el deseo de generalizar los resultados de datos de la muestra a la población meta definida, entonces el investigador tiene que considerar seriamente el empleo de algún tipo de método muestral probabilístico en lugar de uno no probabilístico. A esto hay que añadir que el escenario del proyecto y tipo de investigación (si es exploratorio, descriptivo, causal) influirá en la elección del método muestral por el investigador.

Grado de precisión

El grado de precisión requerido o la tolerancia de error que admita el investigador pueden variar de un proyecto a otro, sobre todo cuando los ahorros en costos u otras consideraciones se pueden canjear por una reducción en la precisión. Si el investigador quiere poseer la capacidad de hacer predicciones o inferencias acerca de la "verdadera" posición de todos los miembros de la población meta definida, tiene que elegir algún tipo de método muestral probabilístico; en cambio, si sólo trata de identificar y obtener imágenes preliminares a fondo de la población meta definida, los métodos no probabilísticos pudieran resultar más apropiados.

Disponibilidad de recursos

Si los recursos financieros y humanos del investigador son restringidos, estas limitaciones eliminarán desde luego algunos de los métodos muestrales probabilísticos complejos y más lentos. Los estudiosos de mercado en quienes influyan las preocupaciones de costo contra el valor de la información a menudo optarán por un método muestral no probabilístico antes que por la renuncia total a efectuar una investigación.

Marco de tiempo

Los investigadores que tienen que cumplir con plazos perentorios breves tenderán con mayor probabilidad a elegir un método muestral sencillo y menos lento que uno más complejo y preciso. Por ejemplo, los investigadores se inclinan por utilizar alguna forma muestral de conveniencia para recolectar datos necesarios a fin de probar la confiabilidad de un constructo o una medición de escala recién desarrollados. Aunque los datos de este tipo de método muestral podrían proporcionar al investigador las imágenes preliminares profundas sobre la población meta definida, no hay medios exactos para evaluar verdaderamente la representatividad de los datos ni los resultados de las pruebas.

Conocimiento anticipado de la población meta

En muchos casos no se dispondrá de una lista completa de los elementos de la población. La carencia de listas adecuadas puede descartar automáticamente el muestreo aleatorio sistemático, el muestreo aleatorio estratificado o algún otro tipo de método muestral probabilístico; puede imponer que se lleve a cabo un estudio preliminar (por ejemplo, una encuesta telefónica breve efectuada con marcado digital aleatorio) para generar información con la que pueda construirse un marco muestral para el estudio. El investigador tiende a entender muy bien los factores descriptores clave que forman a los verdaderos miembros de cualquier población meta. Revise el recuadro "Aprovechamiento de la tecnología" para ver la utilización de Internet para conseguir valiosa información de inteligencia mediante el muestreo dentro de las bases de datos.

Alcance de la investigación

Ya sea que el proyecto de investigación tenga alcance internacional, nacional, regional o local, de todos modos influirá en la elección del método muestral. La proximidad geográfica proyectada de los elementos de la población meta definida influirá no sólo en la capacidad del investigador de compilar listas necesarias de unidades muestrales, sino también en el diseño de la selección. Cuando se sabe o se ve que los elementos de la población meta están distribuidos en forma geográficamente desigual, un método muestral de conglomerado puede ser mucho más atractivo que otros métodos disponibles. En términos generales, cuanto más amplio sea el alcance geográfico del proyecto de investigación, más extenso y complejo se vuelve el método muestral para asegurar la apropiada representación de la población meta.

Necesidades percibidas de análisis estadístico

La necesidad de proyecciones estadísticas (es decir, estimados) basadas en los resultados de muestra es a menudo un criterio. Sólo las técnicas muestrales probabilísticas permiten al investigador hacer uso apropiado del análisis estadístico para estimados que van más allá del conjunto inmediato de encuestados muestreados. Aunque se puede aplicar métodos de análisis estadístico a estructuras de datos obtenidas de muestras probabilísticas de personas y objetos, la capacidad del investigador de generalizar con precisión los resultados y hallazgos a la población meta definida mayor es muy sospechosa y resulta técnicamente inapropiada. En capítulos posteriores se verán explicaciones más detalladas sobre el análisis de datos. Como ya se expuso, otro tema importante para la mayoría de los investigadores, en la decisión de lo adecuado de cualquier diseño muestral que se proponga, es el de la determinación del tamaño de muestra apropiado para el que se recogen los datos primarios necesarios que requiere un proyecto dado de investigación. El tamaño de la muestra tiene efecto directo sobre las evaluaciones de la calidad de los datos, la precisión estadística y la capacidad de generalización de los resultados.

Plan muestral Programa o estructura de trabajo necesarios para asegurar que los datos puros reunidos son representativos de la población meta definida.

Después de entender los componentes clave de la teoría del muestreo, los métodos para determinar los tamaños de muestra y los diversos diseños disponibles, el investigador está listo para integrar todo en un plan muestral practicable. Un **plan muestral** es el programa o estructura de trabajo necesarios para asegurar que los datos puros reunidos son representati-

La investigación de cerca

Aprovechamiento de la tecnología

El muestreo dentro del marketing de la base de datos puede aportar una invaluable información de inteligencia

Conforme aumenta el número de empresas que vuelven a la práctica de la investigación comercial en línea y en base de datos para resolver los problemas de marketing, las cuestiones y procedimientos muestrales cobrarán mayor importancia en la obtención de la información correcta de modo oportuno. Las avanzadas tecnologías que se utilizan para crear y mantener bases de datos —que son propiedad de la compañía— de perfil del cliente les sirven a muchas empresas para mejorar su capacidad de identificar, entender, dirigir, alcanzar y vigilar a los clientes. El aumento de la disponibilidad de información de diversas bases de datos en línea ha acrecentado el valor de la práctica de la segmentación y el mapeo geodemográfico. Los propietarios de empresas con base en Estados Unidos que tratan de ampliar sus mercados internacionalmente pueden tener fácil acceso a la World Wide Web y localizar compañías como Business Geographic Online (www.geoweb.com) para disponer de información geodemográfica. Por ejemplo, una empresa podría usar esta información para determinar si la expansión en el Reino Unido sería económica y financieramente factible. El tamaño de la población, la composición demográfica y las características del estilo de vida, la situación competitiva, la cobertura y eficiencia de los medios y el aislamiento de los mismos, los mercados de prueba sobreutilizados, las áreas comerciales autosuficientes, y la disponibilidad de datos de escaneo o lectura electrónica son todos elementos que podrían aprovecharse para muestrear diversos mercados meta prospectos. La información resultante sería valiosa en extremo para evaluar la viabilidad de la expansión, así como para determinar la estrategia de marketing apropiada para esto. Además, la información geodemográfica en línea brinda oportunidades para el mapeo digital, la planeación de la ubicación de tiendas, el trazado de perfiles demográficos de clientes, y las actividades de modelación de gravedad.

vos de la población meta definida. Un buen plan muestral abarcará, por lo menos, los siguientes pasos: 1) definir la población meta, 2) elegir el método de recolección de datos, 3) identificar los marcos muestrales necesarios, 4) elegir el método muestral apropiado, 5) determinar los tamaños de muestra necesarios y las tasas de contacto total, 6) trazar un plan operativo para seleccionar unidades muestrales, y 7) ejecutar el plan operativo.

Pasos para el desarrollo de un plan muestral

El muestreo es mucho más que sólo encontrar algunas personas que participen en un estudio de investigación. En este capítulo se tratan diferentes conceptos, procedimientos y decisiones que el investigador debe considerar para reunir con éxito datos puros de un grupo de gente que puedan, a su vez, usarse para generalizar o hacer predicciones inferenciales acerca de todos los elementos en una población meta mayor. Armado con la comprensión de estos aspectos analizados individualmente, el investigador puede integrarlos en un plan muestral practicable. Se puede considerar el plan muestral como el programa o la estructura de trabajo necesarios para asegurar que los datos puros reunidos son representativos de la población meta.

En la figura 11.13 se presentan los pasos lógicos que integran un plan muestral, así como algunas de las actividades clave comprendidas en cada paso. Se alienta al estudiante a repasar partes anteriores del capítulo para ver más detalles de estas actividades.

Paso 1: Definir la población meta

En cualquier plan muestral, la primera tarea del investigador es determinar e identificar el grupo completo de personas u objetos que se deben investigar para el proyecto. Con la declaración del problema de información definido y los objetivos de investigación establecidos como pautas, se debe dar a la población meta su identidad mediante descriptores que representen las características de los elementos que forman el marco de la población meta. Estos elementos se convierten en las unidades muestrales prospectas de las cuales se tomará una muestra. La clara comprensión de la población meta ayudará al investigador a tomar una muestra representativa de manera adecuada.

Paso 2: Elegir el método de recolección de datos

Empleando la definición del problema de información, los requerimientos de datos y los objetivos de investigación establecidos, el investigador tiene que elegir un método para recolectar los datos puros requeridos de los elementos de la población meta. Las opciones abarcan algún tipo de método de entrevistas (por ejemplo, personales o telefónicas) o una encuesta autoadministrada. El método de recolección de datos guía al investigador para identificar y asegurar el o los marcos muestrales necesarios para llevar a cabo la investigación.

Paso 3: Identificar el o los marcos muestrales necesarios

Una vez que ha entendido quién o qué debe estudiarse, el investigador tiene que hacer una lista de las unidades muestrales elegibles. Es necesario que esta lista contenga suficiente información sobre cada unidad muestral prospecta, de modo que el investigador pueda hacer contacto exitosamente con ella. Tener un marco muestral incompleto aminora la probabilidad de tomar una muestra representativa. Las listas del marco muestral se pueden elaborar a partir de varias fuentes diferentes (por ejemplo, las listas de clientes de la base de datos interna de

FIGURA 11.13 Pasos necesarios para el desarrollo de un plan muestral

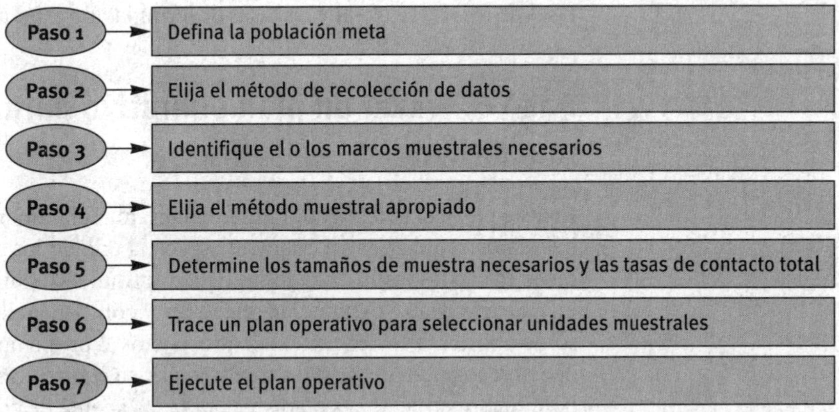

una compañía, el marcado telefónico digital aleatorio, la lista de afiliación de una organización). En la creación de los marcos muestrales necesarios, el investigador debe estar consciente de las posibles situaciones de sobrerregistro o subregistro de las unidades muestrales prospectas. Estas situaciones crearán brechas muestrales o errores de marco muestral que disminuyen la probabilidad de tomar una muestra representativa.

Paso 4: Elegir el marco muestral apropiado

El investigador tiene que elegir entre dos tipos de orientaciones muestrales: la probabilística y la no probabilística. Dependiendo del grado en que los datos puros vayan a usarse para hacer estimados acerca de la población meta, el empleo de un método probabilístico dará siempre mejor y más precisa información sobre los parámetros de la población meta que la que proporcionaría cualquiera de los métodos muestrales no probabilísticos. En la determinación de lo apropiado del método muestral, el investigador tiene que considerar seriamente siete factores: 1) objetivos de la investigación, 2) grado de precisión deseada, 3) disponibilidad de recursos, 4) marco de tiempo, 5) conocimiento anticipado de la población meta, 6) alcance de la investigación y 7) necesidades percibidas de análisis estadístico. Estos factores ya se analizaron en detalle anteriormente en el capítulo; se le sugiere repasar estas explicaciones.

Paso 5: Determinar los tamaños de muestra necesarios y las tasas de contacto total

En este paso del plan muestral, el investigador debe considerar lo precisos que tienen que ser los estimados y de cuánto tiempo y dinero dispone para reunir los datos puros requeridos. Para determinar el tamaño de muestra apropiado se tienen que tomar decisiones acerca de 1) la variabilidad de la característica de población que se investiga, 2) el nivel de confianza deseado en los estimados y 3) el grado de precisión que se desea al estimar la característica de la población. Asimismo, en este paso del plan, el investigador tiene que decidir cuántas encuestas terminadas necesitará para introducir las actividades de análisis de datos del proyecto de investigación total, entendiendo que, el tamaño de la muestra normalmente, *no* es igual a las observaciones utilizables.

En este punto el investigador debe considerar qué impacto tendría en la precisión de las estadísticas contar con menos encuestas de las deseadas inicialmente. Una pregunta importante es ¿cuántas unidades muestrales prospectas se tendrán que abordar para tener la seguridad de que se obtenga el tamaño de muestra estimado y a qué costos adicionales? Para responder a esto, el investigador debe tener la capacidad de calcular las tasas alcanzables, las tasas de incidencia total y las tasas de terminación esperada asociadas con la situación muestral.

Paso 6: Trazar un plan operativo para seleccionar unidades muestrales

En este paso, el investigador quiere diagramar claramente, en detalle, los procedimientos que habrán de seguirse en el contacto con cada uno de los encuestados prospectos tomados en la muestra. Todas las instrucciones deben formularse claramente por escrito para que los entrevistadores sepan exactamente qué hacer y cómo manejar cualesquiera problemas en el proceso de abordar a los encuestados prospectos. Por ejemplo, si los datos puros para un estudio deben recogerse por medio de entrevistas en centro comercial, el entrevistador tiene que proporcionar instrucciones claras y detalladas acerca de cómo elegir a los encuestados y llevar a cabo las entrevistas.

Paso 7: Ejecutar el plan operativo

En algunos proyectos de investigación, este paso es similar al de llevar a cabo realmente las actividades de recolección de datos (esto es, llamar realmente al encuestado prospecto para hacerle una encuesta telefónica). Lo importante en esta etapa es mantener la congruencia y el control. Para mayor información relacionada con este paso, véanse las explicaciones sobre el trabajo de campo que se dan en el capítulo 15.

La comprensión de los temas que se presentan en el resto del libro dependerá de que usted entienda el material que se expone en este capítulo: el desarrollo del constructo y de la medición de escala, los diseños de cuestionario, la codificación y el trabajo de campo, y las técnicas del análisis de datos. El capítulo 12 se enfoca en el proceso de recoger datos puros e información primarios introduciendo el desarrollo de constructo y la medición de escala en las prácticas de investigación de mercados.

Resumen de objetivos de aprendizaje

■ Analizar el concepto del muestreo y hacer una lista de razones para efectuarlo.

Se puede pensar que el muestreo es tomar una parte del todo y estudiarla para hacer estimaciones acerca de éste. Utilizamos los fundamentos muestrales en muchas de nuestras actividades diarias (por ejemplo, al elegir qué programa de televisión vamos a ver, al hacer la prueba de conducción de un auto antes de decidir si lo compraremos, al determinar si nuestro platillo está demasiado caliente o si necesita sazón adicional). El término *población meta* se usa para señalar al grupo completo de elementos (verbigracia, personas u objetos) que se identifican de manera específica para la investigación y que son determinados por los objetivos del proyecto de investigación. El investigador tiene la facultad de seleccionar unidades muestrales de la población meta y de usar los resultados obtenidos de la muestra para obtener conclusiones acerca de la población meta. Es esencial que la muestra sea representativa de la población meta, de manera que provea estimados precisos de los parámetros de la población.

El muestreo se emplea frecuentemente en los proyectos de investigación de mercado en lugar de levantar censos, porque puede reducir en forma significativa la cantidad de tiempo y dinero requeridos en las actividades de recolección de datos. En los casos en que el proceso de medición en un estudio destruye o contamina los elementos que se estudian, el muestreo puede ser la única alternativa.

■ Identificar y explicar las diferentes funciones que tiene el muestreo en el proceso total de la investigación.

El muestreo tiene una importante función cuando el tiempo para reunir la información necesaria es escaso. Los marcos de tiempo tienen más probabilidades de encajar en los marcos de tiempo de decisión de los usuarios de la nueva información. El muestreo tiene un papel significativo en el proceso de identificar, desarrollar y entender nuevos constructos de marketing y empresas, así como en desarrollar las mediciones de escala que se usan en la actualidad para recabar realmente datos primarios puros acerca de personas u objetos. Las decisiones concernientes al uso de muestras afecta indirectamente al proceso de diseñar cuestionarios. Por último, el muestreo tiene una importante función en las decisiones concernientes al tipo de procedimientos de análisis de datos que pueden emplearse para investigar las estadísticas de datos de la muestra.

■ **Identificar las diferencias fundamentales entre los métodos muestrales probabilístico y no probabilístico y señalar sus fortalezas y debilidades.**

Analizamos los métodos muestrales probabilístico y no probabilístico. Los métodos muestrales probabilísticos requieren que cada elemento de la población meta sea identificado y tenga una probabilidad conocida, distinta de cero, de ser elegido para la muestra, de modo que se puedan utilizar métodos estadísticos para proyectar los resultados de la muestra a la población meta dentro de un margen de error especificado. Los métodos muestrales probabilísticos producen estimados sin desviación de la característica de interés de la población meta definida y aseguran la representatividad de la muestra. Sin embargo, los diseños muestrales probabilísticos pueden ser lentos y costosos en comparación con los métodos muestrales no probabilísticos.

El muestreo no probabilístico no permite el uso de métodos estadísticos para determinar el grado de representatividad de la población meta definida; en lugar de esto, las unidades muestrales se eligen con base en el juicio subjetivo o el conocimiento intuitivo del investigador. El éxito del proyecto de investigación dependerá de las decisiones tomadas por el investigador, ya que es casi imposible generalizar con precisión los datos de la muestra derivados de un método de base no probabilística a todos los elementos que integran la población meta.

Entre los tipos de diseños muestrales probabilísticos se cuentan el muestreo aleatorio sencillo (MAS), el muestreo aleatorio sistemático (MASI), el muestreo aleatorio estratificado (MAE) y el muestreo de conglomerado. Cuatro tipos de diseños muestrales no probabilísticos son el muestreo de conveniencia (o accidental), el muestreo de juicio (o con un propósito), el muestreo por cuota y el muestreo por bola de nieve.

■ **Analizar y calcular las distribuciones muestrales, los errores estándar, los intervalos de confianza y la forma en que se usan para evaluar la precisión de una muestra.**

Distribución muestral es la distribución de frecuencia de una estadística de muestra específica (por ejemplo, media aritmética de muestra [$\bar{x}$] o proporción de muestra [$\bar{p}$] que resultarían si tomáramos muestras aleatorias repetidas del mismo tamaño. El teorema del límite central de las estadísticas señala que hay una alta probabilidad de que la media aritmética de cualquier muestra aleatoria tomada de una población meta se aproxime mucho a la media aritmética de la población real a medida que crece el tamaño de la muestra. Las fórmulas se usan para computar el error estándar estimado de una media aritmética de muestra [$\bar{x}$] y el error estándar estimado de un porcentaje de muestra ($\bar{p}$). El error estándar estimado $S_{\bar{x}}$ o $S_{\bar{p}}$ indica lo lejos que están los datos de la muestra de sus respectivos parámetros de población reales.

Los intervalos de confianza se basan en el nivel de confianza deseado del investigador y dentro del grado calculado de error muestral en el cual podría esperarse que cayeran los estimados del valor verdadero del parámetro de población.

■ **Identificar los criterios que intervienen en la determinación del diseño muestral apropiado para un proyecto de investigación dado.**

El diseño muestral para un proyecto de investigación dado se elige después de considerar siete factores: 1) objetivos de investigación, 2) grado de precisión deseada, 3) disponibilidad de recursos, 4) marcos de tiempo, 5) conocimiento anticipado de la población meta, 6) alcance geográfico del proyecto (por ejemplo, local o nacional) y 7) necesidades percibidas de análisis de datos.

■ **Analizar los factores que deben considerarse al determinar el tamaño de la muestra.**

El investigador debe considerar varios factores cuando determina el tamaño apropiado de la muestra para usarlo en un estudio dado. La cantidad de tiempo y dinero disponibles suele afectar esta decisión. En general, cuanto mayor es la muestra, más grande es la cantidad de recursos requeridos para recabar datos puros. Tres factores de importancia primaria en la determinación del tamaño de la muestra son: 1) la variabilidad de la característica de la población en consideración (σ_μ o σ_p), 2) el nivel de confianza deseado en el estimado (NC) y 3) el grado de precisión deseado en la estimación de la característica de población (e). A mayor variabilidad de la característica que se investiga, más alto el nivel de confianza requerido; y cuanto más precisos sean los resultados de muestra requeridos, mayor será el tamaño de muestra necesario.

■ **Analizar los métodos de cálculo de los tamaños de muestra apropiados.**

Las fórmulas estadísticas se usan para determinar el tamaño de muestra requerido en el muestreo probabilístico. Los tamaños de muestra para los diseños muestrales no probabilísticos se determinan aplicando métodos subjetivos como las normas de la industria, los estudios pasados o los juicios intuitivos por parte del investigador. El tamaño de la población meta definida no afecta al tamaño de la muestra requerido a menos que la población sea pequeña en relación con ese tamaño de muestra. Los tamaños de muestra no son lo mismo que las observaciones utilizables para el análisis de datos. Tener menos observaciones que las deseadas afectará la precisión de los datos. En consecuencia, los investigadores tienen que considerar las tasas alcanzables, las tasas de incidencia total y las tasas de terminación esperada sobre el número de contactos de encuestado prospecto necesarios para asegurar la precisión de la muestra.

Identificar y explicar los pasos necesarios para desarrollar un plan muestral, y diseñar varios planes muestrales diferentes.
Los siete pasos que deben incluirse en el desarrollo de un plan muestral son: 1) definir la población meta, 2) elegir el método de recolección de datos, 3) identificar los marcos muestrales necesarios, 4) elegir el método muestral apropiado, 5) determinar los tamaños de muestra necesarios y las tasas de contacto total, 6) trazar un plan operativo para seleccionar unidades muestrales y 7) ejecutar el plan operativo.

Términos y conceptos clave

Brecha muestral 332
Censo 329
Distribución muestral 335
Elemento 330
Error muestral 336
Error no muestral 337
Factor de corrección finita (fcf) 343
Intervalo de confianza 339
Marco muestral 331
Muestreo 328
Muestreo aleatorio estratificado (MAE) 351
Muestreo aleatorio sencillo (MAS) 348
Muestreo aleatorio sistemático (MASI) 349
Muestreo por área 353
Muestreo por bola de nieve 359
Muestreo por conveniencia 357
Muestreo por conglomerado 353
Muestreo por cuota 358
Muestreo por juicio 357
Muestreo estratificado desproporcionado 351
Muestreo estratificado proporcionado 351
Muestreo no probabilístico 346
Muestreo probabilístico 346
Nivel de tolerancia crítica de error 338
Plan muestral 361
Población 330
Población meta definida 330
Precisión general 338
Precisión rigurosa 338
Teorema del límite central (TdLC) 335
Unidades muestrales 331

Preguntas de repaso

1. ¿Por qué muchas de las situaciones de investigación actuales hacen gran énfasis en definir correctamente una población meta más que una población total?
2. ¿Cuáles son las principales dificultades asociadas con un marco muestral que está en una situación de sobrerregistro? ¿Y las de una condición de subregistro?
3. ¿Por qué se da tanta importancia al teorema del límite central en los diseños de investigación de encuesta?
4. Identifique, grafique y explique la relación entre los tamaños de muestra y las medidas de error estándar. ¿Qué mide realmente el error estándar estimado en la investigación de encuesta?
5. Describa las diferencias principales entre los diseños muestrales probabilístico y no probabilístico. ¿Cuáles son las ventajas y desventajas de cada uno?
6. El vicepresidente de operaciones de Busch Gardens sabe que al 70% de sus favorecedores les gusta subir al *roller coaster* (juego mecánico de parque de atracciones). Quiere tener un margen de error aceptable de no más de ±2% y estar 95% confiado

acerca de las actitudes hacia el *roller coaster* "Gwazi". ¿Qué tamaño de muestra se requeriría para un estudio de entrevista personal entre favorecedores en el sitio?

Visite el sitio web en www.mhhe.com/hair para ver más ejemplos.

Preguntas de análisis

1. Analice en forma crítica por qué un directorio telefónico actual no es una buena fuente para desarrollar un marco muestral para la mayoría de los estudios de investigación.
2. ¿Por qué a los investigadores les parece necesario calcular los intervalos de confianza? En una encuesta telefónica de 700 personas, 45% respondieron positivamente que les agradaban los gatos. Calcule un intervalo de confianza, al 95% de nivel de confianza, que revele el estimado de intervalo de la proporción de personas que gustan de los gatos dentro de una población meta de 60 000 individuos. ¿Cómo interpretaría los resultados?
3. Usted trabaja para la comisión de turismo de Fort Lauderdale, Florida. Está haciendo una encuesta sobre el consumo de cerveza y los precios de ésta durante la *spring break* (pausa de primavera) en Fort Lauderdale Beach. El año pasado, el precio promedio por paquete de seis cervezas fue de 3.75 dólares, con una desviación estándar de .30 dólares, y el consumo diario promedio de la bebida fue de 12 latas por persona, con una desviación de 3.5 latas. Su encuesta requiere 90% de nivel de confianza y error tolerable de .10 dólares sobre el precio del paquete de seis latas, y error tolerable de 1.5 latas en el consumo de la cerveza. Calcule el tamaño muestral necesario para hacer la encuesta de este año entre los estudiantes de Fort Lauderdale Beach durante la *spring break*.
4. Microsoft, Inc. contrata a un investigador independiente para que lleve a cabo una encuesta sobre el uso de Windows 98 en la computadora casera. La propuesta de investigación pide un nivel de confianza de 95%, un error aceptable de ±2.0% y una muestra aleatoria de 2 500 encuestados. El investigador enfrenta dificultades para conseguir encuestados calificados. La fecha límite para terminar las actividades de recolección de datos está a cuatro días, y sólo se han llevado a cabo 1 000 encuestas. Para cumplir con estos requisitos muestrales, el investigador va a una universidad local y administra la encuesta a 1 500 estudiantes en ambientes de aula seleccionados. ¿Cuáles son algunas de las consideraciones éticas de esta situación?
5. **EXPERIMENTE CON INTERNET.** Conéctese en Internet y visite VACATION RENTALS, de los propietarios de www.vrbo.com/. Este sitio web consiste en miles de arrendamientos de vacaciones en todo el mundo. Después de entrar al sitio, seleccione y haga clic en "Colorado". Primero, ¿cuántos arrendamientos de vacaciones hay disponibles en cada una de las siguientes ciudades: Breckenridge, Copper Mountain, Dillon, Frisco, Keystone y Silverthorne? Luego, utilizando un diseño muestral sistemático, tome una muestra representativa de esos arrendamientos de vacaciones dentro de las seis ciudades designadas.

   Visite el sitio web en www.mhhe.com/hair para ver más ejemplos.

ILUSTRACIÓN DE LA INVESTIGACIÓN DE MERCADOS

Decisiones de diseño muestral y provisión de datos primarios significativos

Esta ilustración es continuación de la investigación de American Airlines y del problema muestral en la apertura del capítulo. Debe repasar la situación antes de continuar aquí.

Utilizando las bases de datos existentes de AA de investigación de mercado y de carga de ruta, Ron Brensinger investigó el número total promedio de pasajeros que volaron por rutas de American Airlines de California a Nueva York y a Washington, D.C., en un lapso de tres años. Los registros de carga de ruta indicaron que, en promedio, 2.73 millones de personas (esto es, 30 vuelos diarios por 7 días por 52 semanas por 250 pasajeros [factor de carga promedio de 83.3%]) abordaron vuelos con destino final a Nueva York, y otros 1.92 millones de personas (esto es, 22 vuelos diarios por 7 días por 52 semanas por 240 pasajeros [factor de carga promedio de 80.0 por ciento]) abordaron vuelos con destino final a Washington, D.C. En promedio, 18 de los vuelos diarios a Nueva York (60%) fueron vuelos directos, y AA promedió 11 vuelos directos diarios (50%) a Washington, D.C. Sobre la base de los pasajeros totales a los dos destinos, la población total de pasajeros se estimó en cerca de 4.85 millones de personas por año, con poco más de 60% en dirección a aeropuertos de Nueva York y cerca de 40% en dirección a aeropuertos de Washington, D.C. Un factor de complicación en la determinación de los tamaños de muestra apropiados fue el de los vuelos "indirectos", para los cuales los pasajeros podrían no tener Nueva York o Washington, D.C., como destinos finales, o hubo pasajeros nuevos que pudieran haber abordado el vuelo en una de las escalas intermedias. En consecuencia, Brensinger utilizó los valores de porcentaje conocidos de vuelos directos a cada destino final para calcular inicialmente los tamaños de muestra necesarios para el segmento de pasajeros que vuelan a Nueva York ($P = 60\%$) y los que van a Washington, D.C. ($P = 50\%$). Se agrega que quería operar a 99% de nivel de confianza y a un nivel de tolerancia de error muestral de ±2.5 puntos de porcentaje, porque los datos se usarían como factores de entrada para sus modelos de predicción de carga de ruta.

Aplicando el modelo estadístico estándar para calcular el tamaño de muestra de los valores de parámetro de población conocidos [$n = (Z^2_{99\%\ CL})\ (P^*Q)/e^2$], Brensinger estimó que los tamaños de muestra deben ser 2 556 personas que vuelan a Nueva York y 2 663 que van a Washington, D.C. Ahora la cuestión se convertía en una de cómo seleccionar a las personas reales de cada una de las poblaciones meta respectivas. Las ideas de utilizar encuestas de correo directo, entrevistas personales o entrevistas telefónicas se eliminaron sobre la base de una combinación de factores de tiempo, altos costos del trabajo de entrevista, bajas tasas de respuesta y costos del diseño de encuesta. En lugar de esto, eligió un enfoque de encuesta autoadministrada "en vuelo". Equipado con la información de que AA volaba 126 rutas directas (promediando 31 500 pasajeros) a Nueva York y 77 rutas (promediando 18 480 pasajeros) a Washington, D.C., por semana, podía elegir aleatoriamente en el año entero, mes, semana o día, y obtener el número necesario de encuestas. Obtuvo información del departamento de investigación de mercados de AA de que la tasa usual de respuesta para las encuestas en vuelo era cercana a 50%. Esta tasa explica la posibilidad de que no todos los pasajeros están dispuestos a participar en encuestas y que algunos pasajeros son niños. Con este factor de respuesta, Brensinger calculó que para el estudio se necesitarían 21 vuelos directos a Nueva York y 23 a Washington, D.C.

En vista de que el proyecto se consideraba como un estudio piloto, Brensinger decidió reducir a una semana el marco de tiempo total para reunir los datos. Su nuevo marco muestral, del cual elegiría al azar los vuelos para el estudio, se redujo a 126 vuelos para los pasajeros a Nueva York y a 77 vuelos para los viajeros a Washington, D.C. De cada uno de los vuelos seleccionados, Brensinger sabía que se presentaba la posibilidad de que más pasajeros de los esperados llenaran la encuesta. Esto crearía a su vez la posibilidad de sobremuestreo de cada segmento de encuestados prospectos. Explicó que el sobremuestreo no afectaría a la representatividad de la muestra para la población meta, pero que el submuestreo sí le repercutiría. Sirviéndose de su base de datos de carga de ruta de vuelo, quería seleccionar una semana en que se predijera que las cargas de ruta serían uniformes cada día. Además, tenía que considerar los requisitos de tiempo para desarrollar la encuesta y tener todo listo para administrar las encuestas. Brensinger eligió la tercera semana de agosto como fecha meta para la recolección de datos. Eso le daba un mes para tenerlo todo a punto.

Conociendo los tamaños de muestra requeridos para el proyecto, tenía la capacidad ahora para estimar con precisión los costos de la recolección de datos. Tomando en cuenta el costo de elaboración del cuestionario, la reproducción de 10 800 encuestas, las cartas de portada y otros materiales requeridos, así como una tasa de respuesta de 50%, el costo por encuesta terminada sería de 5.15 dólares, o 26 878 dólares en total. Éste y otros costos de investigación en la propuesta inicial sumaron un costo total del proyecto de 42 550 dólares. Como resultado, los estimados de costo total estaban dentro de la asignación de presupuesto tentativa de 50 000 dólares. En consecuencia, se dio la aprobación final al proyecto y Brensinger lo puso en marcha al día siguiente.

Esta situación de American Airlines destaca varios puntos importantes. Primero, se requieren un plan adecuado y buenas técnicas muestrales para asegurar que se recojan datos primarios de calidad que puedan utilizarse para representar cuadros verdaderos acerca de la población meta. Segundo, las decisiones acerca del muestreo y los tamaños de muestra se tienen que tomar temprano en el proceso de investigación total, porque afectarán al desarrollo de constructos, mediciones de escala y cuestionarios. Tercero, el desarrollo de un plan muestral puede variar mucho de una técnica a una estructura compleja que comprenda etapas y pasos múltiples. Por último, la información necesaria para un plan muestral se puede usar para tratar de determinar el costo total de llevar a cabo un proyecto de investigación que requiera la recolección de datos primarios.

capítulo 12

Generalidades de la medición: desarrollo del constructo y medición de escala

Objetivos de aprendizaje

Al terminar de leer el capítulo, usted podrá

1. Explicar lo que son los constructos, cómo se crean y por qué son importantes para la medición y los diseños de escala.

2. Analizar las concepciones integradas de la validez y la confiabilidad que son el fundamento del desarrollo del constructo y de la medición de escala.

3. Explicar lo que es la medición de escala y describir cómo se aplica correctamente en la recolección de datos puros de los encuestados.

4. Identificar y explicar los cuatro niveles básicos de las escalas y analizar la cantidad de información que pueden proveerle a un investigador o a un tomador de decisiones.

5. Analizar el diseño de la escala híbrida de intervalo ordinal y los tipos de información que puede proporcionarle a los investigadores.

6. Analizar tres componentes del desarrollo de la escala y explicar por qué son de importancia fundamental para reunir datos primarios.

> **"El éxito en la predicción de las ventas al consumidor para los nuevos establecimientos Burger King llegó después de que entendimos cómo medir mejor los criterios de elección de ubicación aplicando procedimientos de investigación de la información."**
>
> **—C. MICHAEL POWELL**
> **Ex Director de Análisis Financiero de Burger King Corporation**

Comida rápida a pocos pasos: éxito de la predicción de ubicación de establecimientos

En los primeros días de Burger King Corporation, uno de los problemas cruciales era elegir lugares para los nuevos restaurantes que atrajeran al número suficiente de clientes para que el nuevo establecimiento fuera rentable. Como la empresa no era tan conocida como McDonald's, su competidor principal, Burger King decidió ubicar sus establecimientos a distancias no menores de unos 5 kilómetros de los McDonald's, en calles de intenso tráfico, en barrios con escuelas, y en áreas con predominio de familias de medianos ingresos. Esta decisión se basaba en la creencia de la administración de que estas ubicaciones producirían la mayor probabilidad de éxito.

Desafortunadamente, el proceso de toma de decisiones no incluía datos de investigación de mercado organizados en forma alguna y se basaba principalmente en la experiencia y conocimientos del equipo veterano de administración de Burger King. Después de seguir este modelo de elección de ubicación de locales durante algunos años, se volvió cada vez más difícil cumplir con estos requisitos y las predicciones de ventas de los nuevos establecimientos, con frecuencia, resultaban imprecisas. En este punto, la administración empezó a buscar una nueva fórmula para la elección de ubicaciones. Como en ese tiempo no existía un departamento de investigación de mercados de Burger King, la tarea de desarrollar el nuevo modelo se asignó al departamento de análisis financiero. Utilizando los datos de ventas y geográficos de los establecimientos de Burger King existentes, así como los estimados de las ventas de McDonald's, los analistas financieros agregaron entonces datos de entrevista y encuesta de clientes de ambas cadenas.

Los objetivos del estudio eran medir la fuerza de la relación entre los criterios de elección de ubicación y las ventas, y luego buscar cualesquiera otros criterios que predijeran las ventas con mayor precisión. Por esos años, el éxito de cada restaurante era de importancia crítica para la joven e inexperimentada compañía, y si varios nuevos establecimientos fallaran, la organización entera podría estar en riesgo. Los resultados de la investigación mostraron que si bien la densidad de tráfico era indicador significativo de ventas, ni la proximidad de escuelas ni los niveles de ingresos del área circundante eran buenos indicadores. Más aún, los clientes parecían desear lugares donde varios establecimientos de comida rápida estuvieran reunidos, para disponer así de más opciones. Otra pequeña pero importante porción de información proporcionada a la administración fue el hallazgo de que las ventas de los nuevos restaurantes de Burger King, ubicados cerca de McDonald's, podían estimarse con precisión y congruencia como un porcentaje de las ventas del McDonald's vecino.

En el curso de los años siguientes, la compañía abrió establecimientos contiguos, puerta por puerta, a los de McDonald's, en centros comerciales y en áreas de muy bajos ingresos. Hubo momentos en que las unidades que percibían los ingresos brutos más altos estaban en áreas de bajos ingresos de Detroit, un área que la compañía había eludido de muy estudiada manera en el pasado. En la actualidad, cuando usted encuentra varios establecimientos de comida rápida reunidos y a todos les está yendo bien, esa ubicación se debe en parte a los estudios de mercado efectuados por el departamento de análisis financiero de Burger King.

De la experiencia de Burger King Corporation se han realizado varias observaciones exhaustivas sobre la importancia de los hechos relativos al constructo y a la medición. Primero, la circunstancia de que no se conozcan con exactitud los criterios clave de constructo para ubicar una empresa puede conducir a conjeturas intuitivas y a resultados contraproducentes. Segundo, para tomar decisiones exactas de ubicación se requiere identificar y definir, de manera precisa, los constructos de aceptación comercial (por ejemplo, actitudes, emociones, factores conductuales) que los consumidores consideran importantes.

Valor de la medición dentro de la investigación de la información

La medición es parte importante del mundo moderno, si bien sus comienzos se remontan al pasado. Antes de que un granjero pudiera vender su cosecha de maíz, papas o manzanas, él y el comprador tenían que acordar las unidades de medida. Con el tiempo, esta medida particular vino a conocerse como un bushel (equivalente a 35.23 litros) o cuatro pecks (1 peck equivale aproximadamente a 9 litros) o, más precisamente, 2 150.42 pulgadas cúbicas. En los primeros días, la medición se hacía simplemente usando una cesta o un recipiente de tamaño estándar que todos convenían que era un bushel.

Hemos progresado en las ciencias físicas de tan sencillos instrumentos de uso cotidiano como la cesta de bushel estándar a un grado tal que ahora podemos medir la rotación de una estrella distante, la altura de un satélite en micropulgadas, o el tiempo en picosegundos (1 billonésimo de segundo). En la actualidad, semejante precisión de la medición física, es crítica para el piloto de una aerolínea que atraviesa en vuelo una densa niebla o para el cirujano que controla un láser quirúrgico.

Sin embargo, en muchas situaciones de marketing, la mayoría de las medidas se aplican a cosas que son mucho más abstractas que la altitud o el tiempo. Por ejemplo, la mayoría de quienes toman decisiones estarían de acuerdo en que la información de si a los clientes de una empresa les va a gustar o no un producto nuevo es de importancia crucial antes de introducir éste. En muchos casos, tal información ha hecho la diferencia entre el éxito y el fracaso. No obstante, de modo distinto al tiempo o la altitud, las preferencias de la gente pueden ser muy difíciles de medir con precisión. Como se indicó en el capítulo 3, Coca-Cola Company introdujo New Coke después de medir, de manera inadecuada, las preferencias del consumidor, y sufrió pérdidas considerables por ello. De manera parecida, tales mediciones inadecuadas de las actitudes del consumidor conducen a menudo a la temprana cancelación de muchas series de televisión, al retiro de productos nuevos y al fracaso de compañías enteras.

Toda vez que la medición precisa de constructos es esencial para la toma efectiva de decisiones, el propósito de este capítulo es proporcionarle a usted la comprensión básica de la importancia de medir las actitudes y comportamientos de los clientes, y otros fenómenos del mercado. Describimos el proceso de medición y las reglas de decisión medular necesarias para crear medidas de escala correctas. Queremos que usted comprenda que la creación del constructo no es exactamente lo mismo que su medición. Para que tenga lugar la verdadera medición de constructo, el investigador tiene que entender las mediciones de escala, así como las relaciones entre lo que se está midiendo y la forma de medirlo. En el capítulo 13 se continúa con el tema de la medición y se analizan varias avanzadas y populares escalas de actitudes, emociones e intención conductual, que se usan en investigación de mercados.

Generalidades del proceso de medición

Medición Proceso integrador de determinación de la cantidad (o la intensidad) de la información acerca de los constructos, los conceptos o los objetos.

Independientemente del tipo de diseño de investigación que estén empleando quienes la llevan a cabo, el concepto de **medición** se considera como el proceso integrador de determinación de la cantidad (o la intensidad) de la información acerca de las personas, acontecimientos, conceptos o ideas, y/u objetos de interés y su relación con un problema u oportunidad definidos de negocios. En otras palabras, los investigadores participan en el proceso de medición al asignar *números* o *etiquetas* a 1) pensamientos, sentimientos, conductas y características de la gente; 2) las características o atributos de los objetos; 3) los aspectos de los conceptos o ideas, o 4) cualquier tipo de fenómeno o acontecimiento en el que se apliquen reglas específicas para representar cantidades y cualidades de los factores que se investigan. Por ejemplo, para reunir datos que ofrezcan una percepción profunda de quienes compran automóviles en línea (un fenómeno de marketing), el investigador no mide a los compradores por Internet, sino más bien las características demográficas, actitudes, impresiones, comportamiento pasado de compra en línea, y otros factores pertinentes asociados con estas personas.

Para el proceso de recolección de los datos primarios es crítico el desarrollo de procedimientos de medición bien construidos. Es importante entender que el proceso de medición consiste en dos procedimientos de desarrollo claramente diferentes que se pueden denominar *desarrollo del constructo* y *medición de escala*. Para lograr la meta total de obtener datos de alta calidad, los investigadores deben entender qué es lo que están tratando de medir antes de desarrollar la medición de escala apropiada. La meta del proceso de desarrollo de constructo es identificar y definir con precisión *qué es lo que se mide*, incluyendo cualesquiera rasgos de dimensionalidad. A su vez, la meta del proceso de medición de escala es determinar *cómo medir con precisión cada constructo*. Empezaremos por el desarrollo de constructo para pasar después a las mediciones de escala.

Objeto Cualquier elemento tangible en el ambiente de una persona que puede ser identificado clara y fácilmente por los sentidos de ésta.

La comprensión del material y los temas tratados en este capítulo se basa en el entendimiento de varias diferencias en la forma en que los investigadores interpretan, ven y usan los términos categóricos de objetos y constructos. Primero, el término **objeto** se refiere a cualquier elemento tangible en el ambiente de una persona que pueda identificarse clara y fácilmente a través de los sentidos (vista, oído, tacto, olfato y gusto). Recuérdese que los investigadores no miden el objeto en sí, sino más bien los elementos que integran ese objeto. Cualquier objeto tiene las que se han llamado *propiedades objetivas*, o características que se utilizan para identificarlo y distinguirlo de otro objeto. Estas propiedades representan los atributos que constituyen un objeto de interés y que son observables de manera directa, físicamente verificables, y de naturaleza medible, como las características físicas y demográficas de una persona (edad, sexo, ingresos, estatus de ocupación, color de ojos, etc.), o el número real de compras que se hacen de un producto particular, o las características tangibles del objeto (caballaje, estilo, color, sistema estereofónico de un automóvil, etc.), por nombrar algunas. Asimismo, cualquier objeto puede tener también *propiedades subjetivas*, que son características abstractas, intangibles, que no se pueden observar o medir, de manera directa, pues son las imágenes (aspectos) mentales que una persona agrega a un objeto, como actitudes, sentimientos, impresiones, expectativas o expresiones de acciones futuras (por ejemplo, intenciones de compra). A estas propiedades intangibles, subjetivas, se refieren quienes las investigan con el nombre de **constructos** abstractos. Como se expone más adelante, la medición de constructos requiere que los investigadores pidan a la gente que traslade estas características mentales a un continuo de intensidad utilizando preguntas y escalas diseñadas con cuidado.

Constructo Variable hipotética formada por un conjunto de respuestas o comportamientos componentes que se considera que están relacionados.

Desarrollo de constructos

Como se explicó en capítulos anteriores, la necesidad de definiciones precisas en la investigación de mercados puede parecer obvia, pero, con frecuencia, es el área donde el programa entero empieza a ir mal. La definición precisa de los constructos de marketing comienza fundamentalmente con la definición del propósito del estudio y la presentación de expresiones claras del problema de investigación. Sin entender con claridad el problema de investigación antes del comienzo del estudio, el investigador puede acabar recogiendo datos irrelevantes o de baja calidad, y desperdiciando con ello mucho tiempo, esfuerzo y dinero. Los esfuerzos de investigación mal dirigidos han contribuido a que se cometan muchos errores en industrias como la música, la moda y los alimentos. Tómese la industria automotriz como un caso al respecto; aun después de que se introdujeron los primeros Volkswagen en Estados Unidos, la mayoría de los fabricantes estadounidenses siguieron invirtiendo en fábricas diseñadas para producir automóviles grandes e ineficientes; ignoraron los estudios que sugerían que los precios del combustible en aumento, el congestionamiento de las autopistas y los controles de la contaminación favorecían el montaje de vehículos más pequeños. El resultado fue que se perdieron cientos de millones de dólares en ventas de automóviles a manos de los competidores extranjeros. Tales casos demuestran que es esencial una muy cuidadosa definición del propósito del estudio.

Desarrollo de constructo Proceso integrador en el que los investigadores determinan qué datos específicos deben reunirse para resolver el problema de investigación definido.

El **desarrollo de constructo** se puede ver como el proceso integrador por el que los investigadores concentran sus esfuerzos en la identificación de las propiedades subjetivas de las cuales se deben reunir los datos para resolver el problema de investigación definido. La identificación de las propiedades que deben investigarse requiere el conocimiento y la comprensión de los constructos, así como de su dimensionalidad, validez y operacionalización.

Abstracción del constructo

En el centro del desarrollo del constructo está la necesidad de determinar con exactitud qué es lo que se va a medir. Una vez que el tomador de decisiones y el investigador establecen qué objetos son pertinentes para los problemas de investigación redefinidos, el siguiente paso es identificar el objetivo pertinente y las propiedades subjetivas de cada objeto en cuestión. En casos en que se necesitan datos para la inspección a fondo de lo concreto de un objeto, el punto focal de la investigación se limita a medir primariamente las propiedades objetivas del objeto; en cambio, cuando se necesitan datos de inspección profunda para entender las propiedades subjetivas del objeto, el investigador tiene que identificar conjuntos de subcomponentes mensurables que puedan utilizarse para aclarar la abstracción asociada con esas propiedades subjetivas.

Por ejemplo, se puede pensar con facilidad en un martillo considerándolo un objeto concreto. Los investigadores pueden medir de manera sencilla las características físicas de un martillo: la dureza de su cabeza, su largo y su peso, la composición del mango, etcétera. No obstante, el martillo puede tener también un conjunto de propiedades subjetivas, como su calidad y rendimiento, que se crean por las actitudes, emociones y juicios de la gente hacia esa herramienta. Debido al nivel de abstracción asociada con la calidad y las características de rendimiento intangibles del martillo, no hay instrumentos físicos que puedan medir directamente estos constructos. En la figura 12.1 se ofrecen algunos ejemplos de objetos y sus propiedades concretas y tangibles, y las propiedades abstractas e intangibles del constructo. Por el momento, una regla sencilla de uso práctico es que si la característica del objeto deseado puede medirse, de manera directa, utilizando instrumentos físicos, entonces no es un constructo.

Determinación de la dimensionalidad del constructo

Para determinar qué es lo que se va a medir, el investigador debe tener en mente la necesidad de adquirir datos, estructuras de datos e información pertinentes, de alta calidad, para apoyar las decisiones de la administración. Por ejemplo, si el propósito es evaluar la calidad de servicio de un concesionario automotriz, ¿qué es exactamente lo que debe medirse? Puesto que la calidad de servicio del concesionario es un constructo abstracto, acaso la forma más apropia-

FIGURA 12.1 Ejemplos de características concretas y constructos abstractos de los objetos

Avión	**Propiedades concretas:** número de motores, altura, peso, longitud, capacidad en número de asientos, características físicas de los asientos, tipo de avión, etcétera. **Constructos abstractos:** calidad del servicio de cabina en vuelo, comodidad de los asientos, suavidad del despegue y el aterrizaje, etcétera.
Consumidor	**Propiedades concretas:** edad, sexo, estado civil, ingresos, última marca comprada, cantidad en dólares de la compra, tipos de productos comprados, color de ojos y cabello, etcétera. **Propiedades abstractas:** actitudes hacia un producto, lealtad a la marca, compras de alta participación, emociones (amor, temor, ansiedad), inteligencia, personalidad, asumir riesgos, etcétera.
Organización	**Propiedades concretas:** nombre de la compañía, número de empleados, número de lugares, activos totales, calificación en las 500 de *Fortune*, capacidad de computadora, tipos y números de productos y ofertas de servicio, tipo de afiliación de ramo industrial o comercial, etcétera. **Propiedades abstractas:** competencia de empleados, control de calidad, poder de canal, ventajas competitivas, imagen de la compañía, prácticas orientadas al consumidor, etcétera.

da de empezar a responder a esta pregunta sea identificar de manera indirecta los atributos de un concesionario que son importantes para los clientes.

Dominio de observables
Conjunto de componentes identificables y mensurables, asociados con un constructo abstracto.

Como se explicó en capítulos anteriores, los investigadores pueden utilizar en este caso diversos métodos de recolección de datos cualitativos (por ejemplo, grupos foco o entrevistas de profundidad) entre algunos clientes para efectuar observaciones de penetración en la calidad de servicio y su **dominio de observables**, que es el conjunto de componentes identificables y mensurables asociados con un constructo abstracto.[1] Para ilustrar este punto, los investigadores interesados en identificar el dominio de componentes mensurables que representan el constructo de la calidad de servicio llevaron a cabo dos tipos diferentes de investigación exploratoria, una revisión de literatura secundaria de la investigación del pasado sobre la calidad del servicio y varios grupos foco cualitativos entre los consumidores. Los resultados sugirieron que el constructo de la calidad de servicio se puede representar de manera indirecta por el dominio de la capacidad de servicio de un proveedor para 1) *comunicarse con* los consumidores y *escucharlos*; 2) demostrar *habilidades interpretativas excelentes*; 3) *crear empatía sincera* con los consumidores en la interpretación de sus necesidades y deseos; 4) *tener tacto en la respuesta* a las preguntas, objeciones y problemas de los clientes; 5) crear una impresión de *confiabilidad en el desempeño* de los servicios; 6) crear una *imagen de credibilidad* mediante el cumplimiento de las promesas; 7) demostrar *suficiente conocimiento técnico* y competencia, y 8) mostrar *grandes habilidades sociales interpersonales* en el trato con los consumidores. En su momento, esta información preliminar se usaría como pauta para reunir datos de una muestra más representativa de los clientes acerca de importantes atributos de la calidad del servicio. Durante el proceso de descubrimiento, el investigador debe esforzarse por incluir en los procedimientos cualitativos a personas que sean representativas de la población meta definida. También es necesario evaluar el grado en que las acciones emprendidas como resultado de las observaciones preliminares se ajustan a las metas y objetivos de la organización. Por ejemplo, la mayoría de los clientes suelen desear precios más bajos. No obstante, si el concesionario es competitivo en precio en el mercado, entonces puede no favorecer los intereses del concesionario reducir sus precios.

Evaluación de la validez del constructo

Otra actividad importante en este punto del proceso de desarrollo del constructo es la de evaluar la validez de este último, en especial si se cree que sea un constructo multidimensional. Es importante notar aquí que evaluar la validez de un constructo es en realidad una actividad posterior al hecho, toda vez que el proceso requiere que el investigador cree un conjunto de mediciones de escala para cada uno de los componentes del dominio del constructo y que reúna datos de cada uno de esos componentes. Como se explicó en el capítulo 10, el investigador tiene que hacer análisis estadísticos para probar la validez de contenido, la validez convergente y la validez discriminante.[2] La *validez de contenido* (llamada a veces *validez aparente*) es la evaluación subjetiva, si bien sistemática, de lo bien que los componentes mensurables de un constructo lo representan. La *validez convergente* se concentra en lo bien que la medición de constructo se correlaciona positivamente con diferentes mediciones del mismo constructo. Para que los investigadores puedan evaluar la validez convergente, tienen que aplicar diferentes técnicas de medición, a fin de determinar la existencia del constructo. Para que exista la *validez discriminante*, el investigador debe establecer el hecho de que el constructo que se investiga no se correlaciona significativamente con otros constructos que se sometan a operacionalización como si fueran diferentes. Por último, en algunos casos específicos, como en las situaciones de elaboración de teoría, la *validez nomológica* permite a los investigadores evaluar qué tan bien funciona, de manera teórica, en red un constructo particular con otros constructos establecidos relacionados pero diferentes. Por lo común, uno de los dos métodos se emplea en la recolección de datos para evaluar la validez del constructo. Si hay recursos suficientes, los investigadores llevarán a cabo un estudio piloto entre 50 personas o más que se consideren representativas de la población meta definida. En situaciones en que los recursos no están disponibles para un estudio piloto, los investigadores tratarán de obtener por lo menos una aproximación de la validez de contenido recurriendo a un panel de expertos que juzguen en forma independiente la dimensionalidad del constructo. Si bien estos constructos han llegado a ser prácticas de medición comunes, contienen varias debilidades que vale la pena señalar.

Formatos inapropiados de medición de escala

Cuando se utilizan datos posteriores al hecho para evaluar la validez de contenido, existe el riesgo de que los resultados sean imprecisos debido al conjunto de descriptores de puntos de escala real que se utilice para reunir los datos.[3] Esto quiere decir que el uso de indicadores de medición de escala no probados o inapropiados para medir el constructo crea un artefacto de medición que podría llevar a interpretaciones erradas de los verdaderos componentes, así como de los verdaderos rasgos de dimensionalidad que forman el constructo investigado. Esta situación representa el caso en que los datos puros dirigen la estructura teórica del investigador en lugar de que sea la teoría la que dirija el proceso de medición. Un procedimiento que puede seguirse para superar este tipo de debilidad es el *análisis estructural cognoscitivo directo*, en el que se pide a los encuestados que determinen, de forma simple, si un atributo es parte del constructo, y, de ser así, qué tan importante es para dicho constructo.[4]

Conjunto de encuestados inapropiado

En escenarios de investigación universitarios, por ejemplo, los investigadores se apoyan, con demasiada frecuencia, en la aportación de los estudiantes de grados superiores en su proceso de determinar los componentes del constructo investigado. Aun cuando los estudiantes son consumidores y pueden tener algún conocimiento y experiencia con ciertos productos y servicios, en la mayoría de los casos sus actitudes, sentimientos y comportamientos de compra no son representativos de la población general o de muchas poblaciones meta definidas específicamente. Un segundo problema que se relaciona con el apoyo de estudiantes universitarios en la etapa preliminar del desarrollo de constructo es que las muestras de estudiantes se toman, por lo general, aplicando un método muestral de conveniencia no probabilístico. Como se explicó en el capítulo 11, el uso del muestreo de conveniencia no garantiza la representación de una población estudiantil universitaria, no se diga la de una población meta definida mayor. En consecuencia, los componentes que originalmente se pensó que formaban el constructo a menudo no resultan ser estables cuando se les asignan medidas de escala y el estudio se extiende a una muestra mayor de sujetos de la población meta. El recuadro de Trabajo de campo ofrece un ejemplo de este problema ocurrido en un estudio bancario.

Operacionalización del constructo

Operacionalización Explicación del significado de un constructo en términos de medición, especificando las actividades u operaciones necesarias para medirlo.

La **operacionalización** es el proceso por el cual el investigador explica el significado de un constructo en términos de medición, especificando las actividades u operaciones necesarias para medirlo. El proceso se concentra en el diseño y uso de preguntas y mediciones de escala para reunir las estructuras de datos necesarias. Ya que muchos constructos (como los de satisfacción del cliente, preferencias, emociones, imágenes de calidad y lealtad a la marca, por nombrar sólo unos cuantos) no pueden observarse o medirse en forma directa, el investigador trata de medirlos, de manera indirecta, a través de la operacionalización de sus componentes.

Recientemente, un investigador elaboró un cuestionario de 100 preguntas con el que trataba de determinar si los clientes estaban satisfechos con la compra de su último automóvil y con el servicio del concesionario.[5] Utilizando diversos formatos de medición de escala de preguntas diferentes, se pedía a los clientes que calificaran un número de elementos componentes, incluidas las habilidades de escucha del vendedor, la confiabilidad del servicio, el aspecto de las instalaciones de servicio y las habilidades interpersonales del asesor de servicio; se les preguntaba también sobre los atributos del vehículo adquirido, incluida la capacidad de adhesión al piso (o "agarre"), la comodidad en general, el costo del mantenimiento de rutina, la durabilidad general, la elegancia exterior en conjunto, la visibilidad, la precisión de la dirección, las características de seguridad, la economía de consumo de combustible y la potencia en general. En la figura 12.12 se ilustran dos enfoques de medición diferentes utilizados para recolectar datos acerca del constructo de satisfacción con el servicio proporcionados por los concesionarios de automóviles.

Estos ejemplos sugieren que evaluar lo que parece ser un simple constructo de satisfacción por servicio puede ser más complicado de lo que parecería en principio. Aquí el investigador trataba de recolectar por completo datos e información en todas las dimensiones que puedan afectar a la satisfacción de un cliente por servicio. Desde luego, este enfoque les dará a los concesionarios una base más precisa para evaluar qué tan bien han satisfecho a los clientes. Más todavía, este tipo de análisis a profundidad le brinda a una empresa mejores oportunidades de localizar áreas de interés y de efectuar acciones correctivas. Con sólo el enfoque de pregunta sencilla, la acción correctiva sería muy difícil, si no imposible, ya que el investigador no sería capaz de determinar el área exacta de problema. Después de que los constructos y sus posibles rasgos de dimensionalidad se identifican y entienden adecuadamente, el investigador necesita volver la atención a los procesos relacionados con la creación de las mediciones de escala apropiadas. El resto de este capítulo se enfoca en las cuestiones básicas asociadas con el desarrollo de la medición de escalas usadas para reunir los datos primarios puros de encuesta.

Conceptos básicos de la medición de escala

Tipos de datos reunidos en las prácticas de investigación

Independientemente de si el investigador está tratando de recoger datos secundarios o primarios para abordar un problema de información declarado, todos los datos, así como sus estructuras, se tomarán de las respuestas expresadas a preguntas que se enfocan sobre el estado de la existencia de hechos verificables, pensamientos o sentimientos, acciones pasadas o presentes de la gente, o acciones futuras planeadas, organizaciones, objetos o fenómenos. En tal calidad, cualquier elemento de datos se puede clasificar en forma lógica, como uno de los cuatro estados básicos de la naturaleza: hechos verificables, pensamientos y/o sentimientos, conductas pasadas y presentes, e intenciones de conducta futura planeada. Para simplificar las explicaciones sobre estos estados de naturaleza diferentes que acentúan todos los tipos de datos, nos referiremos a los hechos verificables como *datos materiales*, a los pensamientos

La investigación de cerca

En el campo

En fecha reciente, un investigador quería identificar las áreas fuente que podría utilizar la gente en su proceso de juzgar la calidad del servicio bancario. El investigador dirigió varios grupos foco tanto entre estudiantes de prelicenciatura como entre los de licenciatura de un curso de marketing básico, a fin de identificar las actividades de servicio y los ofrecimientos que podrían representar la calidad del servicio. La razón esencial del investigador para utilizar a estos grupos era que tenían experiencia en efectuar operaciones bancarias, que eran consumidores y que él tenía fácil acceso a ellos para pedir su opinión. Los resultados preliminares de las entrevistas del grupo foco revelaron que los estudiantes se valieron de cuatro dimensiones para juzgar la calidad de servicio de un banco: 1) habilidades sociales interpersonales del personal del banco; 2) confiabilidad de las declaraciones del banco; 3) conveniencia de los sistemas emisores de los cajeros automáticos, y 4) competencia de diagnóstico de los cajeros del banco.

Un mes después, el investigador dirigió una serie con cuatro grupos foco entre clientes conocidos de uno de los grandes bancos en Charlotte, Carolina del Norte. Los resultados preliminares sugirieron, con claridad, que esos clientes utilizaban siete dimensiones para juzgar la calidad del servicio bancario. Las dimensiones se identificaron como: 1) comunicarse con los clientes y escucharlos; 2) demostrar competencia de diagnóstico para entender las necesidades y deseos bancarios del cliente; 3) provocar la empatía sincera mostrando interés por la forma en que los consumidores interpretan sus requerimientos; 4) responder con tacto a las preguntas, objeciones o problemas de los clientes; 5) crear la impresión de confiabilidad y credibilidad inherentes en el encuentro de servicio bancario; 6) demostrar la competencia tecnológica suficiente en el manejo de los aspectos críticos de las operaciones bancarias, y 7) mostrar fuertes habilidades sociales interpersonales positivas en la realización de las operaciones bancarias.

El investigador se había colocado en la posición tentativa de no saber a ciencia cierta si a la gente le parecía que la calidad del servicio bancario tenía cuatro o siete componentes críticos. ¿Qué fuente cualitativa de información debe usarse para entender mejor el constructo de la calidad del servicio bancario? ¿En qué información preliminar debe apoyarse el investigador para llevar a cabo la encuesta empírica sobre la calidad del servicio bancario? Estas interrogantes afectarían, de manera directa, la operacionalización del desarrollo del constructo.

Fuente: Estos estudios los llevó a cabo el autor en 1991 y 1992. De una parte de los resultados informaron David J. Ortinau y Ronald P. Brensinger, "An Empirical Investigation of Perceived Quality's Intangible Dimensionality through Direct Cognitive Structural (DCS) Analysis", en *Marketing: Perspectives for the 1990s*; editor, Robert L. King (Nueva Orleans, LA: Southern Marketing Association, 1992), pp. 214-219.

y/o sentimientos como *datos de opinión*, a las conductas pasadas y actuales como *datos de conducta*, y a las intenciones de conducta futura planeada como *estado de intención*.

Datos materiales (hechos verificables)

Datos materiales Características físicas, demográficas y/o socioeconómicas de los individuos, objetos y organizaciones.

Cuando el problema de información requiere que el investigador reúna respuestas pertinentes para las características físicas, demográficas o socioeconómicas de los individuos, objetos u organizaciones, los datos puros resultantes se consideran hechos verificables, o **datos materiales**. Los datos materiales representan características de hechos que pueden verificarse por medio de fuentes distintas de la persona que proporciona las respuestas. Por ejemplo, un investigador pregunta de manera directa a los encuestados su sexo, edad, nivel de ingresos, grado de educación, estado civil, número de hijos, ocupación, estatura, peso, color de ojos y número de teléfono —o bien, el investigador podría obtener estos datos por medio de fuentes secundarias, como actas de nacimiento, solicitudes de préstamo, devoluciones de pago de impuestos, licencias de conductor, documentos públicos en un juzgado municipal, trámites con la compañía de teléfonos, etcétera. En cuanto a las organizaciones, los datos puros de ventas totales en dólares o unidades, la capacidad de una computadora, el número de empleados, los activos totales, el número y los tipos de tiendas, etc., se pueden obtener mediante fuentes secundarias, eliminando la necesidad de hacerle a alguien preguntas directas al res-

FIGURA 12.2 **Escalas de pregunta seleccionada empleadas para medir la satisfacción con el servicio de los concesionarios automotrices**

Ejemplo 1:

Ahora, con todo el conocimiento, opiniones, sentimientos y experiencias personales que usted ha adquirido como cliente con su proveedor *principal* de servicio automotriz (PSA), querríamos saber qué tan satisfecho o insatisfecho está con algunas características del servicio.

Utilizando la escala descrita abajo, en la que

6 = Completamente satisfecho | 4 = Un tanto satisfecho | 2 = Insatisfecho, claro
5 = Satisfecho, claro | 3 = Un tanto insatisfecho | 1 = Completamente insatisfecho

por favor, escriba un número de 1 a 6 en el espacio proporcionado que exprese mejor qué tan satisfecho o insatisfecho está usted con **cada una** de las características de servicio **que aparecen en la lista.**

___Conveniencia de la ubicación del PSA
___Flexibilidad en las horas de operación del PSA
___Habilidades sociales personales del proveedor de servicio
___Comprensión, por el personal, de las necesidades del cliente
___Confiabilidad/credibilidad de los proveedores de servicio del PSA
___Conocimiento o competencia técnicos del proveedor de servicio
___Habilidades de comunicación del PSA
___Disponibilidad de los ofrecimientos de servicio de calidad
___Reputación en general de su PSA principal
___Interés del PSA en poner a sus clientes "en primer lugar"
___Habilidades de escucha del PSA
___Calidad de los productos (o servicios) del PSA

Ejemplo 2:

Utilizando el método de calificación por letras del sistema de enseñanza estadounidense, de "A", "B", "C", "D" y "F", por favor **encierre en un círculo** la "letra de calificación" que exprese mejor la calificación total que le daría a cada uno de los siguientes factores de servicio de su PSA principal.

a. Las habilidades de comunicación de mi PSA principal son...	A	B	C	D	F
b. Las capacidades de escucha del personal de servicio en mi PSA principal son...	A	B	C	D	F
c. La capacidad del equipo de servicio para entender mis diversas necesidades de servicio de reparación y/o mantenimiento son...	A	B	C	D	F
d. La capacidad de los empleados de servicio para demostrar comprensión a mis necesidades (o requerimientos) de servicio automotriz, desde mi punto de vista, son...	A	B	C	D	F
e. La capacidad del personal de servicio para responder rápidamente a mis objeciones (o problemas, o preguntas) son...	A	B	C	D	F
f. La confiabilidad (o credibilidad) demostrada por los representantes de servicio son...	A	B	C	D	F
g. El conocimiento técnico (o entendimiento) demostrados por el personal de servicio son...	A	B	C	D	F
h. Las habilidades sociales personales utilizadas por los empleados al tratar conmigo son...	A	B	C	D	F
i. Las instalaciones o el equipo o el personal, todo, demuestra que es una organización "profesional" con la que se va a tratar...	A	B	C	D	F

pecto. Lo mismo hay que decir de las características físicas de muchos objetos. El punto principal que debe recordarse sobre los datos materiales es que el investigador no está limitado a reunir datos puros sólo por el procedimiento de hacer preguntas.

Datos de opinión (pensamientos o sentimientos)

Datos de opinión Atributos mentales o emociones de las personas.

Los **datos de opinión** representan los atributos mentales o las emociones de los individuos que no son observables de manera directa ni accesibles por algún tipo de fuente externa. Los datos de opinión existen sólo dentro de la mente de las personas. Para reunir tales datos, el investigador tiene que pedirle, en forma clara, a una persona que responda a preguntas o instrucciones formuladas. La verificación por fuentes secundarias o externas es punto menos que imposible. Algunos ejemplos de datos de opinión serían los rasgos de personalidad, actitudes, sentimientos, percepciones, creencias, procesos cognoscitivos de decisión, preferencias de productos y/o servicios, niveles de conciencia e imágenes. Por ende, la calidad y la precisión de los datos se limitan al grado de honestidad de la persona que proporcione las respuestas a las preguntas del investigador.

Datos de conducta (conductas pasadas o actuales)

Datos de conducta Acciones y/o reacciones observables o registradas actuales de una persona o una organización.

Los **datos de conducta** representan las acciones o reacciones observables actuales de un individuo o una organización o sus acciones y/o reacciones pasadas registradas. El investigador dispone de varias opciones en su pesquisa para obtener los datos de conducta. Se le pueden hacer preguntas, diseñadas con cuidado, a una persona acerca de la conducta actual o pasada. Por ejemplo, se le podría pedir que responda a cuestiones como "En los últimos seis meses, ¿cuántas veces compró usted cereal seco para su hogar?", o "En una semana común, ¿qué tan a menudo va de compras a un centro comercial?". Para obtener información de la conducta actual, se le podrían preguntar a la persona cosas como "¿Está usted inscrito(a) actualmente en la universidad?" o "¿Cuántos cursos está tomando actualmente sobre marketing?". Como explicamos en el capítulo 10, otra opción para el investigador es utilizar a un observador capacitado o recurrir a algún tipo de dispositivo mecánico para observar directamente y registrar la conducta actual de la persona. Así, puede recurrirse a un observador disfrazado o a una cámara oculta para observar, de manera selectiva y registrar las elecciones de alimentos congelados que hacen los clientes en el supermercado local Winn-Dixie. Tales datos conductuales podrían incluir el tiempo transcurrido en la sección de alimentos congelados de la tienda, las marcas específicas o tipos de alimentos congelados examinados o elegidos, o el número de unidades de un producto puestas en el carrito de compras.

Una tercera opción pertinente para la recolección de datos de conducta pasada sería que el investigador encontrara registros de conducta anteriores. Por ejemplo, el investigador podría examinar los recibos de cargo a tarjeta de crédito de un periodo específico para determinar la frecuencia con que un individuo elegido entraría y comería en ese restaurante. Obviamente, hay algunas limitaciones en la calidad y precisión de los datos puros con esta opción. En general, la verificación de la conducta pasada de un individuo por cualquier tipo de fuente externa, secundaria, es un proceso difícil en términos de tiempo, esfuerzo y exactitud. Este método hace mucho hincapié en la existencia de conductas bien documentadas.

Datos de intención (conductas futuras planeadas)

Datos de intención Planes declarados de conducta futura de una persona o una organización.

Los **datos de intención** representan los planes de conducta futura declarados de un individuo o una organización. Los datos de intención sólo pueden recolectarse pidiéndole a una persona que responda a preguntas diseñadas, con cuidado, sobre conductas que aún no han tenido lugar. Por ejemplo, un investigador puede hacer preguntas como "¿Qué probabilidades hay de que compre usted un Mazda nuevo en los próximos seis meses?", o "¿Planea ir al Museo de Ciencia e Industria la próxima vez que vaya a Chicago?", o "¿Qué probabilidades hay de que compre usted Tide la próxima vez que necesite un detergente para ropa?". Como los datos de conducta, los datos de intención son muy difíciles de verificar por fuentes externas secundarias, aunque la verificación es posible.

Naturaleza de la medición de escala

Medición de escala Proceso de asignar descriptores para representar la gama de posibles respuestas a una pregunta acerca de un objeto o constructo particular.

Como se ha enfatizado a lo largo de este libro, para conseguir información primaria útil para abordar los problemas, el investigador tiene que reunir los datos puros apropiados. La cantidad y calidad de las respuestas asociadas con cualquier técnica de pregunta u observación depende, en forma directa, de las medidas de escala utilizadas por el investigador. La **medición de escala** puede definirse como el proceso de asignar un conjunto de descriptores para representar la gama de posibles respuestas a una pregunta acerca de un objeto o constructo particular.[6]

En este proceso la atención se concentra en medir la existencia de diversas propiedades o características de la respuesta de una persona. La medición de escala señala, de manera directa, la cantidad de datos puros que pueden obtenerse de un método determinado de interrogación u observación. Con la medición de escala se trata de dar grados de intensidad designados a las respuestas. Estos grados de intensidad designados se denominan comúnmente **puntos de**

Puntos de escala Grados de intensidad designados que se asignan a las respuestas en un método determinado de interrogación u observación.

escala. Supóngase que un detallista desea saber qué importancia tiene un conjunto de características de tienda o servicio para que los consumidores decidan dónde comprar. El nivel de importancia dado a cada característica de tienda o servicio lo determinaría la asignación que haga el investigador de una gama de descriptores de intensidad (puntos de escala) para representar los posibles grados de importancia (por ejemplo, muy importantes, importantes en general, poco importantes, no importan en absoluto) asociados con cada característica.

Propiedades de las mediciones de escala

Incorporando propiedades o supuestos de elaboración de escala en los puntos de escala, el investigador puede controlar la cantidad de datos puros que se obtienen con preguntas. Hay cuatro propiedades de escala, tomadas de las matemáticas teóricas, que el investigador puede utilizar para elaborar escalas: la asignación, el orden, la distancia y el origen (véase figura 12.3).

Asignación

Propiedad de asignación Uso de descriptores únicos para identificar cada objeto en un conjunto.

La **propiedad de asignación**, llamada también *propiedad de descripción* o *de categoría*, es el uso de descriptores o etiquetas únicos por el investigador para identificar cada objeto dentro de un conjunto.[7] Cuando es activada, esta propiedad le permite al investigador tomar las respuestas y clasificarlas en grupos mutuamente excluyentes, cada uno con su propia identidad. Cualquier descriptor se puede usar para una respuesta. Algunos ejemplos son el uso de números (12, 34, 45, 8, 58, etc.) para identificar a los jugadores de un equipo de baloncesto, de modo que el anotador pueda registrar en forma correcta los puntos anotados o las faltas cometidas; las respuestas *sí* y *no* a la pregunta "¿Va usted a comprar un automóvil nuevo dentro de los próximos seis meses?"; el uso de colores (rojo, verde, azul, rosa, etc.) para identificar los tipos de autos, ropas o toallas de baño que los consumidores compran para su uso personal, y el uso de indicadores de tamaño (grande, mediano, chico) para identificar la cantidad de refrescos, o las tallas de prendas de vestir, o la cantidad de pizza que la gente podría pedir en una tienda detallista.

FIGURA 12.3 Cuatro propiedades de elaboración de escalas: descripción y ejemplos

Propiedades de elaboración de escalas	Descripción y ejemplos
Propiedad de asignación	Empleo de descriptores únicos para identificar un objeto en un conjunto. Algunos ejemplos: uso de números (10, 38, 44, 18, 23, etc.); uso de colores (rojo, azul, verde, rosa, etc.); respuestas de sí y no a preguntas que identifican objetos en grupos mutuamente excluyentes.
Propiedad de orden	Establece "magnitudes relativas" entre los descriptores, creando relaciones de grado y orden entre los objetos. Algunos ejemplos: en llegar a la meta es mejor el primer lugar que el cuarto; una persona de 1.55 m de estatura es más baja que una de 2.10 m; un cliente regular compra más a menudo que un cliente ocasional.
Propiedad de distancia	Les permite al investigador y al encuestado identificar, entender y expresar las diferencias absolutas entre los objetos. Algunos ejemplos: la familia A con seis hijos en casa, comparada con la familia B con tres hijos en casa, tiene tres hijos más que esta última; diferencias en los niveles de ingresos o en las categorías de edad.
Propiedad de origen	Descriptor de escala único designado como si fuera "cero natural verdadero" o "estado de nada verdadero". Algunos ejemplos: preguntarle a un encuestado su peso o edad actual; número de veces que alguien compra en un supermercado; o participación de mercado de una marca de jabón facial específica.

Orden

Propiedad de orden Magnitud relativa asignada a cada descriptor de punto de escala.

La **propiedad de orden** se refiere a la magnitud relativa entre los descriptores, o etiquetas, usados como puntos de escala (o respuestas puras).[8] En cualquier situación en la que se empleen descriptores múltiples para identificar las posibles respuestas puras a preguntas formuladas, el orden (llamado también rango) se establece cuando el investigador o encuestado conoce la magnitud relativa de los descriptores. La magnitud relativa entre descriptores se basa en la existencia de tres relaciones matemáticas puras entre dos o más descriptores u objetos. Por ejemplo, hay sólo tres relaciones matemáticas puras que podrían existir entre los objetos A y B o las respuestas de las personas A y B: A puede ser *mayor que* B; A puede ser *menor que* B; o A puede ser *igual a* B. En las situaciones en las que el investigador o el encuestado pueden identificar y entender la existencia de una relación de "mayor que" o "menor que" entre dos o más objetos o respuestas, la propiedad de elaboración de escala de orden se activa y puede establecerse algún tipo de rango significativo entre las respuestas puras reportadas. Algunos ejemplos de la propiedad de orden incluyen los siguientes: 1 es menor que 5; "extremadamente satisfecho" es más intenso que "algo satisfecho"; "de la mayor importancia" tiene más importancia que "sólo una pequeña importancia"; "un tanto en desacuerdo" entraña menos desacuerdo que "definitivamente en desacuerdo", y una persona que ostenta una maestría en administración de empresas (MAE) tiene más años formales de estudios que una persona que tiene un grado de adjunto en artes (AA). Cuando la propiedad de elaboración de escala de orden se incorpora en un conjunto de puntos de escala, permite que el investigador establezca un orden de rango "de más alto a más bajo" o "más bajo a más alto" entre las respuestas puras. Es importante recordar que la propiedad de elaboración de escala de orden, por sí sola, identifica sólo las diferencias relativas entre las respuestas puras y no las diferencias absolutas.

Distancia

Propiedad de distancia Esquema de medición que expresa la diferencia exacta (o absoluta) entre cada uno de los descriptores, puntos de escala o respuestas puras.

La **propiedad de distancia** es el esquema de medición que expresa la diferencia exacta (o absoluta) entre cada uno de los descriptores, puntos de escala o respuestas puras.[9] En otras palabras, la propiedad de distancia establece el hecho de que el investigador conoce la magnitud absoluta (o precisa) que existe entre cada respuesta pura a una pregunta o instrucción formulada. Por ejemplo, la familia A conduce dos autos, y la familia B conduce cuatro autos; la familia A tiene dos autos menos que la familia B. Un estudiante que tiene que recorrer 32 kilómetros para ir a la escuela conduce lo doble que muchos miles de estudiantes que conducen sólo 16 kilómetros para ir a la misma escuela. Normalmente, la propiedad de la elaboración de escala de distancia se limita a las situaciones en que las respuestas puras representan algún tipo de respuesta numérica natural.

En muchos casos, los investigadores tratan de sugerir que muchas de las escalas asociadas con la recolección de datos de opinión activan la propiedad de distancia. Éste es un mito creciente que causa confusión respecto a los tipos particulares de datos puros y sus estructuras. Por ejemplo, algunos expertos creen que "extremadamente especioso" es un grado a una unidad de distancia de "muy especioso" o que "firmemente de acuerdo" está a dos unidades de concordancia de "un tanto de acuerdo", o que "extremadamente importante" está a cuatro unidades de importancia de "apenas un poco importante". En todos estos ejemplos, no hay manera de que un investigador pueda verificar estadísticamente que en efecto existe la relación absoluta supuesta entre esos descriptores de escala. Este problema de medición se tratará con mayor detalle más adelante en este capítulo.

Origen

Propiedad de origen Punto de comienzo único en un conjunto de descriptores de puntos de escala que se designa como cero verdadero.

La última propiedad de elaboración de escala, la **propiedad de origen**, se refiere al uso de un punto de arranque (o comienzo) único en un conjunto de puntos de escala que se designa como "cero natural verdadero" o estado de nada verdadero. En su mayor parte, la propiedad de origen se relaciona con un sistema de numeración en el que el cero es el punto de inicio mostrado o indicado por referencias en el conjunto de respuestas puras posibles. Es una respuesta posible que tiene un significado interpretativo especial. Normalmente, esta propiedad de elaboración de escala se activa cuando el investigador hace una pregunta específica que requiere una respuesta numérica. En cambio, la respuesta de una persona de "no sé", "no tengo opinión al respecto", "ni de acuerdo ni en desacuerdo", "no me interesa", "no es importante", "no voy a responder a eso", etc., a una pregunta formulada no representa la propiedad de origen.[10] Sin embargo, las respuestas que convocarían esta propiedad de elaboración de escala son la edad actual, el nivel de ingresos, el número de hijos dependientes que viven en casa, el número de kilómetros que se recorren para ir de compras a un supermercado, y el número de veces que una persona compra un producto o servicio específico en una semana.

Cuando se desarrollan mediciones de escala es importante entender y recordar que cuantas más propiedades de elaboración de escala puedan activarse, de manera simultánea, en un diseño de escala, más complejos serán los datos puros. A medida que un diseño de escala incluye más propiedades de elaboración de escala, aumenta la cantidad de datos puros que puede reunir el investigador. Por último, se debe advertir que cada propiedad de elaboración de escala se erige sobre la anterior. Esto significa que cualquier escala tendrá la propiedad de asignación. Si el investigador diseña una escala con la propiedad de distancia, la escala activa también la asignación y el orden. Las escalas que se crean con la propiedad de origen tienen también las propiedades de asignación, orden y distancia.

Cuatro niveles básicos de escalas

Mientras las propiedades de elaboración de escala determinan la cantidad de datos puros que se pueden obtener de cualquier diseño de escala, todas las preguntas y mediciones de escala se pueden clasificar lógica y precisamente como uno de los cuatro niveles de escala básicos: nominal, ordinal, de intervalo o de razón matemática. Hay relaciones específicas entre el nivel de escala y las propiedades de elaboración de escala que se activan dentro de la escala (véase figura 12.4).

Escalas nominales

Escala nominal Tipo de escala en la que las preguntas requieren que los encuestados provean sólo algún tipo de descriptor como respuesta pura.

Una **escala nominal** es el más básico de los cuatro niveles de diseños de escala. En este nivel de escala las preguntas requieren que los encuestados proporcionen sólo algún tipo de descriptor como respuesta pura. La respuesta no contiene nivel de intensidad alguno; por esto, es imposible establecer forma alguna de orden de rango entre el conjunto de respuestas dadas. Esto es, las escalas nominales proveen datos que no se pueden disponer en un patrón jerárquico "mayor o menor que" o "más grande o más pequeño que". Las escalas nominales sólo le permiten al investigador clasificar las respuestas puras en subconjuntos mutuamente excluyentes que no ilustran las magnitudes relativas entre ellos.[11] En la figura 12.5 se dan algunos ejemplos de estructuras de escala nominales.

FIGURA 12.4 Relaciones entre niveles de escala y propiedades de elaboración de escala

	Propiedades de elaboración de escala			
Nivel de escala	**Asignación**	**Orden**	**Distancia**	**Origen**
Nominal	Sí	No	No	No
Ordinal	Sí	Sí	No	No
Intervalo	Sí	Sí	Sí	No
Razón matemática	Sí	Sí	Sí	Sí

FIGURA 12.5 Ejemplos de estructuras de escala nominales

Ejemplo 1:
Por favor, indique su estado civil actual.
___ Casado(a) ___ Soltero(a) ___ Soltero(a), nunca antes casado(a) ___ Viudo(a)

Ejemplo 2:
¿Le agrada o le desagrada el helado de chocolate?
___ Me agrada ___ Me desagrada

Ejemplo 3:
Por favor, marque los departamentos de información y servicio de su proveedor o centro principal de atención médica (PAM) con uno de cuyos representantes haya tenido una conversación en persona o telefónica en los últimos seis meses. (Marque todos los que vengan al caso.)
___ Citas ___ Tratamiento en casa ___ Remisión a otro PAM
___ Recetas ___ Resultados de análisis clínicos ___ Estancia en el hospital
Alguna(s) otra(s) área(s) de servicio. Por favor, especifique: ____________________

Ejemplo 4:
Por favor, indique su sexo:
___ Mujer ___ Varón

Ejemplo 5:
¿En cuáles de los siguientes supermercados ha comprado en los últimos 30 días? (Marque los que vengan al caso.)
___ Carrefour ___ Comercial ___ Gigante ___ Superama ___ Wal-Mart

Escalas ordinales

Escala ordinal Escala que le permite al encuestado expresar la magnitud relativa entre las respuestas a una pregunta.

La estructura de una **escala ordinal** activa las propiedades de elaboración de escala de asignación y de orden. Este nivel de escala les permite a los encuestados expresar la magnitud relativa entre las respuestas a una pregunta. El investigador puede ordenar por rango las respuestas puras en un patrón jerárquico.[12] Como tal, es fácil determinar los tipos de relaciones "mayor que o menor que", "más alto que o más bajo que", "más frecuente que o menos frecuente que", "más importante o menos importante" o "menos de acuerdo o más de acuerdo" entre las respuestas. Es importante recordar que los diseños de escala ordinal no le permiten al investigador determinar la diferencia absoluta en ninguna de las relaciones ordinales. En realidad, casi todas las respuestas de datos de opinión se recolectan usando escalas ordinales. La figura 12.6 presenta varios ejemplos de estructuras de escala ordinal.

Escalas de intervalo

Escala de intervalo Escala que demuestra las diferencias absolutas entre cada punto de escala.

La estructura de una verdadera **escala de intervalo** activa no sólo las propiedades de elaboración de escala de asignación y orden, sino también la propiedad de distancia. Al activar la propiedad de distancia, el investigador puede construir respuestas de escala que demuestran las diferencias absolutas entre cada punto de escala. Aquí, el investigador y el encuestado pueden identificar y entender por igual cuál es la diferencia exacta entre las posibles respuestas puras. En realidad, una escala de intervalo no es más que un conjunto contraído de respuestas basadas en una razón matemática. Normalmente, los descriptores numéricos se usan para representar el conjunto de rangos de intervalo que integran las categorías de respuesta pura. Cuando el investigador emplea la propiedad de distancia, permite que se utilicen técnicas estadísticas más poderosas para analizar los datos puros dentro de estructuras de datos significativas.[13] Con las estructuras de escala de intervalo, los investigadores pueden identificar no sólo algún tipo de orden jerárquico entre los datos puros, sino también las diferencias específicas entre los datos puros. En las verdaderas escalas de intervalo, la distancia entre

FIGURA 12.6 Ejemplos de estructuras de escala ordinal

Ejemplo 1:

¿Cuál categoría describe mejor su conocimiento del surtido de servicios que se ofrecen en su centro proveedor principal de atención médica (PAM)?

(Por favor, marque sólo una categoría.)

___ Conocimiento completo de los servicios
___ Buen conocimiento de los servicios
___ Conocimiento básico de los servicios
___ Poco conocimiento de los servicios
___ Ningún conocimiento de los servicios

Ejemplo 2:

La siguiente lista de servicios de biblioteca puede o no ser de importancia para usted cuando visite una y haga consultas en ella. Con la escala que se ofrece, por favor marque la respuesta que exprese mejor lo importante que le parezca que una biblioteca provea **cada uno de los elementos enlistados.**

Servicios, actividades, recursos	Extremadamente importante	Importante	Un tanto importante	No tiene importancia alguna
Préstamos de libros, CD, videos, etcétera	___	___	___	___
Disponibilidad de revistas actuales	___	___	___	___
Programas infantiles	___	___	___	___
Programas para adultos	___	___	___	___
Clases de computación o ayuda en tal sentido	___	___	___	___
Material de consulta para empresas	___	___	___	___
Catálogo en línea de recursos en la región	___	___	___	___
Material de referencia en general	___	___	___	___

Ejemplo 3:

Nos gustaría conocer sus preferencias en uso real de diferentes métodos bancarios. Entre los métodos enlistados, por favor indique sus tres preferencias principales usando un “1” para representar su primera elección, un “2” para la segunda preferencia y un “3” para la tercera.

(Por favor, escriba los números sobre las líneas contiguas a sus métodos elegidos.)

___ Dentro del banco ___ Banco por correo
___ Ventanillas de autobanco ___ Banco por teléfono
___ Cajero automático de 24 horas ___ Banco por Internet

Ejemplo 4:

De cada par de tiendas detallistas de descuento, encierre en un círculo la que usted frecuenta más:

Carrefour o Comercial Mexicana   Comercial Mexicana o Wal-Mart   Wal-Mart o Carrefour

Ejemplo 5:

¿Cuál de los enunciados describe mejor su opinión de la calidad de un procesador Intel Pentium 4?

(Por favor, marque una sola declaración.)

___ Más alta calidad que el procesador Athlon de AMD
___ Aproximadamente la misma calidad que el procesador Athlon de AMD
___ Calidad inferior a la del procesador Athlon de AMD

cada punto de escala o respuesta no tiene que ser igual. La investigación puede emplear descriptores de escala no proporcionales cuando desarrolla una escala de intervalo. Las escalas de intervalo son más apropiadas cuando el investigador desea captar datos de conducta, datos de intención, o ciertos tipos de datos materiales.

Hay muchas situaciones en las que los datos materiales son de interés para el investigador y el deseo de aplicar un análisis estadístico más poderoso fuerza a éste, después del hecho, a transformar los datos de escala ordinal en lo que muchos consideran datos de escala de intervalo. La transformación se logra asumiendo que los descriptores de punto de escala original activaron la propiedad de elaboración de escala de distancia.[14] Sin embargo, esta transformación es un artilugio de investigador que viola los principios matemáticos fundamentales en los que descansan las cuatro propiedades de elaboración de escala. Más adelante, en este capítulo, se explica el formato de escala de "intervalo supuesto". En la figura 12.7 se ilustran algunos ejemplos de formatos de escala de intervalo.

Escalas de razón matemática

Escala de razón matemática
Es una escala que permite al investigador, no sólo identificar las diferencias absolutas entre cada punto de escala, sino también hacer comparaciones entre las respuestas puras.

Una **razón matemática** es el único nivel de escala que activa de manera simultánea las cuatro propiedades de elaboración de escala. Una escala de razón matemática tiende a ser la escala más avanzada en el sentido de que le permite al investigador no sólo identificar las diferencias absolutas entre cada punto de escala (o respuesta pura), sino también hacer comparaciones absolutas entre las respuestas puras.[15] Por ejemplo, en la recolección de datos acerca de cuántos autos circulan por número de hogares en Atlanta, Georgia, en EUA, el investigador sabe que la diferencia entre la circulación de un auto y la de tres siempre va a ser dos. Más aún, cuando compara la familia de un auto con la familia de tres, puede suponer que la familia de tres autos tendrá seguros de cobertura total de autos y mantenimiento de los mismos por una cifra considerablemente más alta que la familia de un auto.

Es necesario recordar que las estructuras de escala de razón matemática están diseñadas para permitir que una respuesta de "cero natural verdadero" o de "estado de nada verdadero" sea una respuesta pura válida a la pregunta. Por lo común, la escala de razón matemática requiere que los encuestados den (o escriban) un valor numérico singular específico como respuesta, independientemente de si un conjunto de puntos de escala se usa o no. En la figura 12.8 se presentan varios ejemplos de estructuras de escala de razón matemática.

FIGURA 12.7 Ejemplos de estructuras de escala de intervalo

Ejemplo 1:

¿Aproximadamente cuántos cargos por cheques sin fondos suficientes (cheques SFS) le ha impuesto "su" banco en el último año?

___ Ninguno ___ 1-2 ___ 3-7 ___ 8-15 ___ 16-25 ___ Más de 25

Ejemplo 2:

¿Aproximadamente cuánto tiempo ha vivido en su domicilio actual?

___ Menos de 1 año ___ De 4 a 6 años ___ De 11 a 20 años
___ De 1 a 3 años ___ De 7 a 10 años ___ Más de 20 años

Ejemplo 3:

¿En cuál de las siguientes categorías figura su edad actual?

___ Menos de 18 años ___ De 26 a 35 ___ De 46 a 55 ___ Más de 65
___ De 18 a 25 ___ De 36 a 45 ___ De 56 a 65

Ejemplo 4:

¿En cuál de las siguientes categorías se ubica su ingreso familiar actual total por año, antes de impuestos (aproximado)?

___ Menos de 10 000 dólares ___ De 25 000 a 29 999
___ De 10 000 a 14 999 ___ De 30 000 a 50 000
___ De 15 000 a 19 999 ___ Más de 50 000
___ De 20 000 a 24 999

Ejemplo 5:

En una semana típica (periodo de siete días), ¿con qué frecuencia se conecta a Internet desde una computadora casera?

(Por favor, marque la categoría de respuesta más apropiada)

___ Más de 20 veces ___ De 11 a 15 veces ___ De 1 a 5 veces
___ De 16 a 20 veces ___ De 6 a 10 veces ___ No se conecta

FIGURA 12.8 Ejemplos de estructuras de escala de razón matemática

Ejemplo 1:

Por favor, encierre en un círculo el número de hijos menores de 18 años que viven con usted actualmente en su hogar.

0 1 2 3 4 5 6 7 (Si son más de siete, especifique: ____.)

Ejemplo 2:

En los pasados siete días, ¿cuántas veces fue usted de compras a un centro comercial detallista?

______ número de veces

Ejemplo 3:

En años completos, ¿cuál es su edad actual?

______ número de años de edad

Ejemplo 4:

Cuando compra refrescos para su hogar, ¿aproximadamente cuántos paquetes de seis refrescos de 12 onzas (alrededor de un cuarto de litro) cada uno compra de cada una de las siguientes marcas enlistadas?

___ Pepsi regular	___ Coca-Cola regular	___ Orange Crush
___ Pepsi de dieta	___ Coca-Cola de dieta	___ Sprite
___ A&W Root Beer	___ Mountain Dew	___ 7Up

Ejemplo 5:

En un periodo típico de 12 meses, ¿cuántos kilómetros conduce su auto y/o camión por actividades personales?

______ número de kilómetros conducidos en su auto ______ número de kilómetros conducidos en su camión

Escalas híbridas de intervalo ordinal

Hay muchas situaciones en la investigación de mercados en las que el problema de información, el constructo definido y los requerimientos de datos hacen necesaria la recolección de ciertos tipos de datos de opinión, de conducta y de intención que son ordinales verdaderamente, pero tienen una propiedad de elaboración de escala de distancia supuesta artificialmente impuesta sobre ellos, de modo que el investigador puede efectuar algún tipo de análisis estadístico avanzado.[16] Por ejemplo, el investigador podría estar interesado en conocer no sólo las actitudes o sentimientos individuales hacia un producto o servicio dado, sino también las actitudes o sentimientos totales combinados de un grupo de individuos en un momento. Para lograr esto, el investigador ha de tener la capacidad de sumar muchas respuestas puras separadas y seguir algún tipo de procedimiento matemático básico, como el de establecer la respuesta "de media aritmética" del grupo. De este modo, el investigador tiene que violar de manera temporal las propiedades de distancia y origen y suponer artificialmente que pueden existir en una escala que, por lo común, no puede activar esas dos propiedades.[17] Cuando un investigador incorpora propiedades artificiales de distancia y/u origen en un diseño de escala ordinal, a este tipo de escala se le llama **escala de intervalo ordinal**. El término se refiere a que se toma una escala ordinal y se transforma, en forma artificial, en una escala de intervalo.

Escala de intervalo ordinal Escala ordinal transformada artificialmente en una escala de intervalo por el investigador.

Para crear una escala de intervalo ordinal, el investigador usa dos conjuntos de descriptores de punto de escala. El primer conjunto se compone de indicadores expresados narrativamente, denominados *descriptores de punto de escala primaria*. El segundo conjunto lo forman números enteros asignados de manera arbitraria al conjunto primario de descriptores y se denominan *descriptores de punto de escala secundaria*. Tómese, por ejemplo, una situación en la que el investigador desarrolla una escala ordinal para reunir opiniones generales de los encuestados. El conjunto original de puntos de escala va de "Definitivamente de acuerdo" a "Definitivamente en desacuerdo" (esto es, "Definitivamente de acuerdo", "Generalmente de acuerdo", "Ligeramente de acuerdo", "Ligeramente en desacuerdo", "Generalmente en desacuerdo" y "Definitivamente en desacuerdo"). Estos indicadores de punto de escala se considerarían los descriptores primarios, y la medición de escala completa podría verse como sigue:

En cada uno de los siguientes enunciados, marque la respuesta que exprese mejor el grado en que usted está de acuerdo o en desacuerdo con lo declarado.

Declaraciones	Definitivamente de acuerdo	Generalmente de acuerdo	Ligeramente de acuerdo	Ligeramente en desacuerdo	Generalmente en desacuerdo	Definitivamente en desacuerdo
Es bueno tener cuentas abiertas de crédito.	___	___	___	___	___	___
Compro muchas cosas con una tarjeta bancaria (o de crédito).	___	___	___	___	___	___
Me gusta pagar en efectivo todo lo que compro en tiendas departamentales.	___	___	___	___	___	___
Quisiera que mi familia tuviera muchísimo más dinero.	___	___	___	___	___	___

Una opción que un investigador tiene es la de redefinir de forma artificial esos puntos de escala para incluir la propiedad de distancia asignando arbitrariamente un conjunto secundario de descriptores numéricos para representar de manera específica cada uno de los descriptores de escala primaria originales. Habitualmente, el investigador usará un conjunto de *números cardinales* como conjunto secundario de descriptores. En la forma más simple, los números cardinales son cualquier conjunto de enteros consecutivos (1, 2, 3, 4, 5, 6, 7, etcétera). Puesto que los descriptores numéricos son elementos de un sistema numérico basado en razón matemática, las propiedades de elaboración de escala de distancia y origen son activadas, de manera automática, en la escala. Combinando los conjuntos primario y secundario, el investigador crea una falsa relación entre los descriptores de escala original pensando ahora que "Definitivamente de acuerdo" = "6"; "Generalmente de acuerdo" = "5"; "Ligeramente de acuerdo" = "4"; "Ligeramente en desacuerdo" = "3"; "Generalmente en desacuerdo" = "2", y "Definitivamente en desacuerdo" = "1". Al utilizar estos valores numéricos secundarios para representar los puntos de escala originales, el investigador puede aplicar ahora niveles más altos de técnicas de análisis de datos a los datos puros. Este primer método haría que la medición de escala se pareciera un tanto a la siguiente:

En cada uno de los siguientes enunciados, encierre por favor, en un círculo la respuesta que exprese mejor el grado en que usted está de acuerdo o en desacuerdo con lo declarado.

Declaraciones	Definitivamente de acuerdo	Generalmente de acuerdo	Ligeramente de acuerdo	Ligeramente en desacuerdo	Generalmente en desacuerdo	Definitivamente en desacuerdo
Es bueno tener cuentas abiertas de crédito.	6	5	4	3	2	1
Compro muchas cosas con una tarjeta bancaria (o de crédito).	6	5	4	3	2	1
Me gusta pagar en efectivo todo lo que compro en tiendas departamentales.	6	5	4	3	2	1
Quisiera que mi familia tuviera muchísimo más dinero.	6	5	4	3	2	1

Otra opción utilizada con frecuencia por algunos investigadores se basa en usar descriptores primarios para identificar sólo los puntos terminales extremos de un conjunto de números cardinales secundarios que forman la gama de descriptores de escala puros. Este enfoque deja la interpretación de lo que los descriptores de escala numérica intermedia representan para la imaginación del encuestado. Nuevamente, tal método fuerza al investigador y al encuestado a asumir que hay una propiedad de distancia conocida entre cada uno de los descriptores de puntos de escala.[18] Usando el ejemplo anterior, este segundo método haría que la medición de escala se parezca un tanto a la siguiente:

En cada uno de los siguientes enunciados, por favor encierre en un círculo la respuesta que exprese mejor el grado en que usted está de acuerdo o en desacuerdo con lo declarado.

Declaraciones	Definitivamente de acuerdo					Definitivamente en desacuerdo
Es bueno tener cuentas abiertas de crédito.	6	5	4	3	2	1
Compro muchas cosas con una tarjeta bancaria (o de crédito).	6	5	4	3	2	1
Me gusta pagar en efectivo todo lo que compro en tiendas departamentales.	6	5	4	3	2	1
Quisiera que mi familia tuviera muchísimo más dinero.	6	5	4	3	2	1

En este segundo enfoque, para los investigadores no es más que un acto de fe creer que la diferencia absoluta entre una respuesta de encuestado de “Definitivamente de acuerdo” y la de “Generalmente de acuerdo” es una unidad de acuerdo. No hay manera de demostrar que esa relación sea verdadera. El investigador ha de tener mucho cuidado con la forma en que interpreta las estructuras de datos que se generan de los datos creados por este diseño de escala híbrida. (En la figura 12.9 se proporcionan ejemplos de estructuras de escala del tipo de intervalo ordinal.) Los problemas generados por los diseños de escala de intervalo ordinal se tratarán con más detalle en los capítulos de análisis de datos.

Para ver más ejemplos de los diversos tipos de escalas visite el sitio web del libro en www.mhhe.com/hair y siga los vínculos.

Desarrollo y refinamiento de las mediciones de escala

Las claves para diseñar mediciones de escala confiables, de alta calidad, son: 1) entender el problema de información definido, 2) establecer los requerimientos de datos detallados, 3) identificar y desarrollar los constructos críticos, y 4) entender que una escala de medición completa consta de tres componentes cruciales (la cuestión o interrogante, las dimensiones y atributos, y los descriptores de puntos de escala). Una vez entendidos el problema de información y los requerimientos de datos, el investigador tiene que desarrollar los constructos, como ya se explicó en este capítulo, para saber qué tipos de datos ha de reunir. El investigador debe elegir con cuidado el nivel apropiado de formato de escala (es decir, nominal, ordinal, de intervalo, de razón matemática o de intervalo ordinal) para usarlo en la recolección de datos puros. Por ejemplo, si se determina que la situación del problema de información requiere patrones de datos de intervalo, pero el investigador hace las preguntas aplicando un diseño de escala nominal, se reunirá un nivel incorrecto de datos y la información final que se pueda generar no será útil para resolver el problema inicial. Para ilustrar este punto, en la figura

FIGURA 12.9 Ejemplos de estructuras de escala de intervalo ordinal

Ejemplo 1:

De cada una de las siguientes marcas de refrescos, por favor encierre en un círculo el número que exprese mejor su juicio del desempeño total de esa marca.

Marcas de refrescos	Muy malo						Sobresaliente
Coca-Cola	1	2	3	4	5	6	7
Pepsi	1	2	3	4	5	6	7

Ejemplo 2:

Usando la escala que se da a continuación, elija el número que describa mejor lo importante que sea cada uno de los atributos enlistados para su elección del restaurante en el que va a comer. Por favor, ponga su respuesta sobre la línea contigua a cada atributo.

Escala de importancia

1 = No es importante
2 = Es muy poco importante
3 = Es un tanto importante
4 = Es importante
5 = Es definitivamente importante
6 = Es extremadamente importante

Atributos del restaurante

___ Calidad del alimento
___ Ambiente (atmósfera) de lugar de buen comer
___ Conveniencia de la ubicación
___ Amplia variedad para elegir
___ Rapidez del servicio
___ Tiene sección de no fumadores
___ Se pueden hacer reservaciones
___ Platos fuertes a precios razonables

Ejemplo 3:

En lo concerniente a los diferentes métodos bancarios que usted puede o no emplear, querríamos conocer su apinión acerca de los mismos. Junto a cada uno de los métodos bancarios enlistados, por favor encierre en un círculo el número que mejor describa el grado en que le agrada o desagrada a usted ese procedimiento.

Métodos bancarios	Me desagrada mucho hacerlo de este modo					Me agrada mucho hacerlo de este modo
Dentro del banco	1	2	3	4	5	6
Por ventanilla de autobanco	1	2	3	4	5	6
En cajero automático de 24 horas	1	2	3	4	5	6
Banco por correo	1	2	3	4	5	6
Banco por teléfono	1	2	3	4	5	6
Banco por Internet	1	2	3	4	5	6

12.10 se ofrecen ejemplos de los diferentes niveles de respuestas puras aplicables al requerimiento de información inicial. Por consiguiente, la forma en que se formulen las preguntas incluidas en una escala completa afectará directamente a la cantidad de datos puros que pueden recopilarse. Debe quedar claro que las preguntas de escala nominal proporcionan la menor cantidad de datos puros, y las preguntas de escala de razón matemática consiguen los datos más específicos.

Algunos criterios para la elaboración de una escala

Al entender la importancia de la formulación de la pregunta, el investigador puede centrar ahora su atención en el desarrollo de los descriptores de escala más apropiados para usarlos

FIGURA 12.10 Ejemplo de los cuatro tipos básicos de formulación de preguntas

Requerimiento de información: Determinar la frecuencia con que los clientes emplean las instalaciones o servicios de su proveedor de servicio automotriz primario.

FORMULACIÓN DE PREGUNTA NOMINAL:

Cuando su vehículo requiere servicio de mantenimiento o tiene usted problemas mecánicos, ¿lleva habitualmente su auto a su proveedor de servicio automotriz primario?

FORMULACIÓN DE PREGUNTA ORDINAL:

Cuando su vehículo requiere servicio de mantenimiento o tiene usted problemas mecánicos, ¿con qué frecuencia lleva su auto a su proveedor de servicio automotriz primario? **(Marque sólo una respuesta.)**

Las respuestas puras lógicas podrían ser las siguientes:

___ Nunca ___ Rara vez ___ Ocasionalmente ___ Habitualmente ___ Siempre

FORMULACIÓN DE PREGUNTA DE INTERVALO:

Desde que compró su auto, ¿aproximadamente con qué frecuencia ha empleado los servicios de su proveedor de servicio automotriz primario? **(Marque la respuesta apropiada.)**

Las respuestas puras lógicas podrían ser las siguientes:

___ Menos de tres veces ___ De 9 a 12 veces ___ Más de 16 veces

___ De 4 a 8 veces ___ De 13 a 16 veces

FORMULACIÓN DE PREGUNTA DE RAZÓN MATEMÁTICA:

En los pasados doce (12) meses, ¿cuántas veces llevó su vehículo para servicio o reparaciones con su proveedor de servicio automotriz primario? **(Escriba el número de veces en la línea adjunta.)**

___ número de veces

como elementos de puntos de escala primaria. Si bien no hay un conjunto acordado de criterios para establecer los descriptores de punto de escala real, aquí ofrecemos varios.

Inteligibilidad de las preguntas

El investigador debe tomar en consideración la capacidad intelectual y la habilidad para expresarse de las personas a quienes se administrará la escala. El investigador debe suponer que los encuestados prospectos desconocen los requerimientos de información del proyecto de investigación. Es decir, los investigadores no deben asumir de manera automática que los encuestados entienden las preguntas que se hacen o las elecciones de respuesta. El criterio de **inteligibilidad** para el diseño de la escala se relaciona con el grado en que las preguntas son entendidas por los encuestados. El investigador tiene que usar el lenguaje apropiado tanto en las preguntas como en las elecciones de respuesta.

Inteligibilidad Grado en que las preguntas de una escala son entendidas por los encuestados.

El investigador debe tratar de eliminar todas las conjeturas por parte del encuestado. Los encuestados deben ser capaces de entender qué tipos de datos se están pidiendo y cómo han de responder. Vea el ejemplo de escala 3 en la figura 12.9; suponga que en la porción de preparación de esa escala el investigador ha usado sólo la primera oración ("En lo concerniente a los diferentes métodos bancarios que usted puede o no emplear, querríamos conocer su opinión sobre los mismos"). Esto sugeriría que el investigador asumiera que los encuestados entenderían automáticamente cómo completar la pregunta de escala. Sin la segunda oración (las instrucciones exactas), los encuestados quizá no sepan qué hacer. Tales supuestos por parte del investigador podrían acrecentar con facilidad la probabilidad de respuestas de datos incompletos. El factor de inteligibilidad promueve así el uso de "instrucciones para el encuestado" en los diseños de medición de escala, especialmente en las encuestas autoadministradas. Para las entrevistas en persona o por teléfono, es muy posible que las "instrucciones para el entrevistador" tengan que ser incluidas también en la parte de pregunta o preparación de las mediciones de escala. En los capítulos 14 y 15 se darán más explicaciones sobre los requerimientos de instrucciones.

Propiedad de los descriptores de escala primaria

Propiedad de los descriptores Grado en que los elementos de punto de escala concuerdan con los datos que se buscan.

El investigador tiene que asegurarse de que los descriptores de escala concuerdan con el tipo de datos puros que está buscando. De este modo, otro criterio es que el investigador debe considerar la **propiedad de los descriptores**. Esto es, los adjetivos o adverbios usados para distinguir las magnitudes relativas tienen que relacionarse con los descriptores de escala primaria. Digamos, por ejemplo, que el investigador quiere encontrar opiniones de los encuestados acerca de si el supermercado Winn-Dixie tiene "precios competitivos en la carne". La tarea crucial en este caso es determinar cuáles descriptores de escala primaria representan más apropiadamente la noción de "precios competitivos". Hay varias formas creativas de hacer esta tarea. Primero, si el investigador diseña la pregunta o preparación para preguntar a los encuestados si están de acuerdo o en desacuerdo con que "Winn-Dixie tiene precios competitivos en la carne", entonces el conjunto apropiado de descriptores de escala sería el de los niveles de acuerdo o desacuerdo (por ejemplo, "firmemente de acuerdo", "de acuerdo", "ni de acuerdo ni en desacuerdo", "en desacuerdo", "firmemente en desacuerdo"). Declarar la cuestión en términos de competitividad requeriría un conjunto ordinal de descriptores, como "extremadamente competitivo", "definitivamente competitivo", "generalmente competitivo", "sólo ligeramente competitivo", "nada competitivo". En cambio, sería inapropiado tratar de representar las opiniones de los encuestados acerca de los "precios competitivos" utilizando un conjunto de descriptores orientado por el desempeño, como "excelente", "muy bien", "bien", "término medio", "aceptable" y "mal".

Poder discriminatorio de los descriptores de escala

Poder discriminatorio Capacidad de una escala de diferenciar significativamente entre las respuestas de escala categóricas.

Este criterio de escala se relaciona con las situaciones en las que 1) el problema de información requiere la inclusión de magnitudes relativas en el conjunto de posibles respuesta puras, o 2) el investigador opta por establecer la existencia de magnitudes (relativas o absolutas) de diferencias entre los puntos de escala. El **poder discriminatorio** de una escala es la capacidad de ésta de diferenciar de manera significativa entre las respuestas de escala categóricas.[19] Más aún, el investigador debe decidir cuántos puntos de escala son necesarios para formar las magnitudes relativas de una escala de respuesta deseada; recuerde: es el número de puntos de escala que se relaciona de manera directa con la información que puede obtenerse de hacer preguntas a los encuestados.

Aunque no hay regla clara acerca del número de puntos de escala que debe usarse para crear una escala, muchos investigadores reconocen que la mayoría de las escalas que incluyen las propiedades de elaboración de escala de orden y distancia deben tener entre tres y siete puntos.[20] En la mayoría de los casos, a los encuestados se les dificulta elegir cuando hay más de siete niveles de magnitudes relativas o absolutas. Para ilustrar este punto, suponga que Marriott International se interesa en determinar qué características hoteleras son las que los favorecedores empresariales consideran importantes al elegir un hotel para un viaje de negocios. Al crear una escala "de importancia" para capturar la magnitud relativa de la relevancia atribuida a cada característica del hotel, el investigador debe decidir subjetivamente cuántos niveles reconocibles de importancia existen en la mente de los viajeros empresariales. El investigador tiene que entender primero que los descriptores de escala dicótoma básica son sencillamente "importante" y "no importante"; segundo, debe decidir qué tan detalladas o variadas tienen que ser las respuestas de datos puros de importancia para el problema de información inicial.[21] Por lo general, una escala completa de importancia consta de cinco niveles diferentes de importancia *y* de una categoría de "nada importante" (que le da al encuestado seis elecciones reales). Los cinco grados de diferencia se expresan por lo común como "Extremadamente", "Definitivamente", "Generalmente", "Un tanto" y "Ligeramente" importante.

Al entender la composición de la escala de importancia completa, el investigador puede incorporar correctamente variaciones que tal vez se ajusten mejor a los requerimientos de información en las diferentes situaciones. Cuando cree una escala de importancia, recuerde que los descriptores de la escala raíz no son simplemente "importante" y "no importante". En realidad, la mayoría de los seres humanos *no piensan o expresan* su sensación de "nada importante" en grados de "no importante" (por ejemplo, "Extremadamente no importante", "Definitivamente no importante" o "Generalmente no importante"). Además, hay ocasiones en que tratar de incorporar demasiados grados de magnitud relativa a la escala da por resultado la disminución de su poder discriminatorio. Suponga, en el ejemplo recién citado del Hotel Marriott, que el investigador diseñe una escala de importancia compuesta de 15 descriptores de escala y que la presente como sigue:

ESCALA DE IMPORTANCIA

Nada importante: 1 2 3 4 5 6 7 8 9 10 11 12 13 14 15 :Extremadamente importante

Aun cuando esta escala indica que "Nada importante" es 1 y "Extremadamente importante" es 15, es muy improbable que el investigador o el encuestado puedan agregar interpretaciones de descriptor diferencial significativas a los puntos de escala del 2 al 14. Este problema potencial del poder discriminatorio puede existir en cualquier tipo de diseño de escala.

Confiabilidad de la escala

Confiabilidad de la escala Medida en que una escala puede reproducir los mismos resultados de medición en intentos repetidos.

La **confiabilidad de la escala** se refiere a la medida en que una escala puede reproducir los mismos resultados de medición en repetidos intentos. Como se explicó en capítulos anteriores, el error aleatorio produce una incongruencia en mediciones de escala que conduce a una confiabilidad menor de escala. Dos de las técnicas que pueden ayudar a un investigador a evaluar la confiabilidad de las escalas son la prueba y prueba posterior y la forma equivalente.

Preprueba y posprueba Técnica para medir la confiabilidad de una escala mediante la administración de la misma a los encuestados en dos ocasiones diferentes, o a dos distintas muestras de encuestados en condiciones similares.

Primero, la técnica de **preprueba y posprueba** consiste en repetir la administración de la medición de escala a la misma muestra de encuestados en dos ocasiones diferentes, o a dos distintas muestras de encuestados de la misma población meta definida en casi las mismas condiciones, de ser posible. La idea de este método es sencillamente que si se presentan las variaciones aleatorias, se revelarán por las variaciones en las puntuaciones entre las dos mediciones muestreadas.[22] Si hay muy pocas diferencias entre la primera y la segunda administraciones de la escala, la escala de medición se considera estable y, por ende, confiable. Por ejemplo, suponga que determinar la efectividad de la enseñanza asociada con su curso de investigación de mercado implicara el uso de una escala de 28 reactivos diseñados para medir el grado en que los encuestados están de acuerdo o en desacuerdo con cada reactivo. Para reunir los datos puros necesarios sobre la efectividad de la enseñanza, su profesor administra esta escala a la clase después de la séptima semana del semestre y de nuevo después de la semana 12. Aplicando un procedimiento de análisis de media aritmética para crear estructuras de datos en los reactivos para cada periodo de medición, el profesor hace un análisis de correlación a esos valores de media aritmética. Si las correlaciones entre las mediciones de valores de media aritmética de los dos periodos de evaluación fueran altas, el profesor concluiría que la confiabilidad de la escala de 28 reactivos es alta.

Hay varios problemas con el método de preprueba y posprueba. Primero, algunos de los estudiantes que llenaron la escala la primera vez podrían no estar presentes en la segunda administración de la misma. Segundo, los estudiantes podrían volverse sensibles a la medición de escala y, en consecuencia, quizás alteren sus respuestas en la segunda medición. Tercero, el ambiente o los factores personales pueden cambiar entre las dos administraciones, lo que causaría cambios en las respuestas del estudiante en la segunda medición.

Forma equivalente Técnica para establecer la confiabilidad de la escala midiendo y correlacionando las medidas de dos instrumentos de elaboración de escala equivalentes.

Algunos investigadores creen que los problemas asociados con la técnica de confiabilidad de preprueba y posprueba pueden evitarse utilizando la técnica de la **forma equivalente**. Con esta técnica, el investigador crea dos mediciones de escala similares pero diferentes (es decir, equivalentes) para el constructo dado (por ejemplo, efectividad de la enseñanza) y administra ambas formas a la misma muestra de encuestados, o bien a dos muestras de encuestados de la misma población meta definida.[23] En el ejemplo de la "efectividad de la enseñanza" del curso de investigación de mercado, el profesor armaría dos escalas de 28 reactivos cuya diferencia principal consistiría en la redacción de los enunciados de reactivo, no en los puntos de elaboración de escala *de acuerdo o en desacuerdo*. Aunque la redacción de los enunciados cambie, su significado se mantendría constante. Después de administrar cada una de las mediciones de escala, el profesor calcula los valores de media aritmética de cada reactivo y luego hace el análisis de correlación. La confiabilidad de forma equivalente se evaluaría midiendo las correlaciones de las puntuaciones de valores de media aritmética del reactivo en las dos mediciones de escala. Los valores de correlación altos se interpretarían como una alta confiabilidad de la medición de escala.

Hay dos desventajas potenciales asociadas con la técnica de confiabilidad de la forma equivalente. Primero, si el proceso de prueba sugiere que se puede lograr la equivalencia, pudiera no valer el tiempo, esfuerzo y gasto de determinar que dos escalas similares pero diferentes se pueden usar para medir el mismo constructo. Segundo, es muy difícil y acaso imposible crear dos mediciones de escala totalmente equivalentes. Pueden suscitarse dudas acerca de cuál medición de escala es la más adecuada para medir la efectividad de la enseñanza.

Cuando se investigan constructos multidimensionales, las mediciones de escala condensadas tienden a ser las escalas más apropiadas. En este tipo de escala, cada dimensión representa algún aspecto del constructo. De tal suerte, el constructo es medido por la escala entera, no sólo por un componente. La **coherencia interna** se refiere al grado en que las diversas dimensiones de un constructo multidimensional se correlacionan con la escala. En otras palabras, el conjunto de atributos de reactivo que integran la escala debe ser internamente coherente. Hay dos técnicas de bastante aceptación que se usan para evaluar la coherencia interna: las pruebas divididas en dos y las de coeficiente alfa (esta última llamada también alfa de Cronbach). En una **prueba dividida en dos**, los reactivos de la escala se dividen en dos partes iguales (atributos impares contra pares, o aleatoriamente) y las puntuaciones sumadas de estas mitades resultantes se correlacionan una con otra. Las correlaciones altas entre las mitades indican buena (o aceptable) coherencia interna. Un **coeficiente alfa** toma el promedio de todas las medidas partidas a la mitad posibles que resultan de fraccionar los reactivos de la escala.[24] El valor del coeficiente puede fluctuar entre 0 y 1, y en la mayoría de los casos un valor de menos de 0.6 indicaría habitualmente una coherencia interna entre marginal y baja (o insatisfactoria). Estas pruebas de confiabilidad se repasarán en capítulos posteriores. Los investigadores necesitan recordar que aunque sus diseños de medición de escala resulten confiables, no por ello los datos reunidos son necesariamente válidos. Hay que hacer mediciones de validez separadas en los constructos que se están midiendo.

Coherencia interna Grado en el que las diversas dimensiones de un constructo multidimensional se correlacionan con la escala.

Prueba dividida en dos Técnica usada para evaluar la coherencia de las mediciones de escala que tienen dimensiones múltiples.

Coeficiente alfa Técnica de tomar el promedio de todos los coeficientes posibles divididos por mitad para medir la coherencia interna de las escalas multidimensionales.

Equilibrio de descriptores de escala positivos o negativos

Este criterio de desarrollo de escala se relaciona con la decisión del investigador de mantener la objetividad en una escala diseñada para capturar respuestas puras tanto positivas como negativas. Para mantener la objetividad de la escala, el investigador debe diseñar un balance de descriptores positivos y negativos como puntos de escala. Por ejemplo, supóngase que J. D. Power and Associates quiere agregar a su "Encuesta de vehículos nuevos" una medición global de escala de reactivo único que calcularía la satisfacción de un comprador con el rendimiento total de su vehículo nuevo. Puesto que la mayoría de la gente consideraría positiva la sensación de satisfacción y negativa la de insatisfacción, J. D. Power and Associates tendría que decidir si la medición de escala sería "objetiva" y no desviaría (o sesgaría) las sensaciones del encuestado en un sentido u otro. Al tener magnitudes relativas iguales de satisfacción (positivas) y de insatisfacción (negativas), la medida de escala global mantendría un nivel de objetividad. Un diseño de medición de escala balanceado así podría verse como sigue:

Con base en sus experiencias con su nuevo vehículo, desde que lo tiene y lo conduce, ¿en qué medida está actualmente satisfecho o insatisfecho con el rendimiento total del auto?

(POR FAVOR, MARQUE LA RESPUESTA APROPIADA)

___ Completamente satisfecho (ninguna insatisfacción)	___ Ligeramente insatisfecho (alguna satisfacción)
___ Definitivamente satisfecho	___ Generalmente insatisfecho
___ Generalmente satisfecho	___ Definitivamente insatisfecho
___ Ligeramente satisfecho (alguna insatisfacción)	___ Completamente insatisfecho (ninguna satisfacción)

Con una medición de escala equilibrada, la objetividad se mantiene tanto en la parte de pregunta o preparación de la escala como en la de los descriptores.[25]

Supóngase ahora que J. D. Power and Associates se interesa principalmente en evaluar la satisfacción de los compradores de vehículos nuevos con el rendimiento total de su vehículo y que los datos de insatisfacción no le parecen tan importantes. Este tipo de requerimiento de datos pudiera satisfacerse mejor utilizando una medición de escala global no equilibrada[26] que hizo mayor énfasis en los descriptores de escala positivos (de satisfacción) que en los negativos (de insatisfacción). El diseño de medición de escala no equilibrado pudiera verse como el siguiente:

Con base en sus experiencias con su nuevo vehículo, desde que lo tiene y lo conduce, ¿en qué medida está actualmente satisfecho o insatisfecho con el rendimiento total del auto?

(POR FAVOR, MARQUE LA RESPUESTA APROPIADA)

___ Completamente satisfecho ___ Generalmente satisfecho ___ Insatisfecho
___ Definitivamente satisfecho ___ Ligeramente satisfecho

Es importante recordar que, con una medición de escala no equilibrada, se pierde la objetividad tanto en la parte de pregunta o preparación de la escala como en la de los descriptores.

Inclusión de una elección de respuesta neutral

En el diseño de medición de escala, el número de descriptores de punto de escala se vuelve un criterio importante sólo si los requerimientos de datos puros piden la captura de datos de opinión o de tipos específicos de datos de intención que se concentren en tramos de continuo positivo/negativo. La cuestión fundamental aquí estriba en ofrecer al encuestado la oportunidad de expresar una respuesta neutral.[27] Tener un número par de descriptores de escala positivos o negativos tiende a obligar al encuestado a elegir sólo una respuesta positiva o negativa.

A una escala que no tiene un descriptor neutral para dividir los dominios positivo y negativo se la denomina medición de escala de *elección obligada*. En cambio, una escala que incluye una respuesta neutral de centro recibe el nombre de medición de escala de *elección libre*. En la figura 12.11 se presentan diferentes ejemplos de descriptores de "puntos pares, elección obligada" y de "puntos impares, elección libre".

Algunos expertos creen que las escalas usadas para reunir datos de opinión deben diseñarse como mediciones de escala de "puntos impares, elección libre",[28] ya que no todos los encuestados tendrán el conocimiento o la experiencia suficientes con el tema dado para ser capaces de evaluar con precisión sus pensamientos o sentimientos. Si se fuerza a los encuestados a elegir, la escala tal vez produzca datos de más baja calidad de lo que el investigador desea. Sin embargo, en los diseños de escala de elección libre, el punto de escala llamado neutral ofrece a los encuestados una forma muy fácil de evitar el tener que pensar o expresar su sentir acerca del tema. Los datos puros de una respuesta de escala neutral se vuelven inútiles para efectos de diagnóstico, tanto para el investigador como para el tomador de decisiones en una empresa.

Desde la perspectiva de la interpretación, no hay tal actitud o sentir neutrales; estos aspectos mentales casi siempre tienen cierto grado de orientación positiva o negativa aparejada a ellos. Una persona tiene una actitud acerca de un objeto o no la tiene; de igual manera, se siente o no se siente de cierto modo respecto de algo. Un planteamiento alternativo al manejo de situaciones en las que los encuestados puedan sentirse incómodos por tener que expresar sus pensamientos o su sentir respecto de un objeto dado, porque no tengan conocimiento de éste o experiencia con el mismo, sería el de incorporar una elección de respuesta de "no aplicable" que no sería parte de la medición de escala real. El siguiente ejemplo ilustra la respuesta *no aplicable* (NA):

Con base en sus experiencias con su nuevo vehículo, desde que lo tiene y lo conduce, ¿en qué medida está actualmente satisfecho o insatisfecho con el rendimiento total del auto? Si cree que le falta experiencia

FIGURA 12.11 Ejemplos de descriptores de escala de "puntos pares, elección obligada" y de "puntos impares, elección libre"

Descriptores de escala de puntuación ajustada por reactivo de "Puntos pares, elección obligada"

INTENCIÓN DE COMPRA (COMPRAR O NO COMPRAR)

___ Definitivamente compraré ___ Probablemente compraré
___ Probablemente no compraré ___ Definitivamente no compraré

CREENCIAS U OPINIONES PERSONALES (DE ACUERDO O EN DESACUERDO)

Definitivamente de acuerdo	Generalmente de acuerdo	Ligeramente de acuerdo	Ligeramente en desacuerdo	Generalmente en desacuerdo	Definitivamente en desacuerdo
___	___	___	___	___	___

MODERNIDAD (MODERNO O ANTICUADO)

___ Muy moderno ___ Algo moderno ___ Algo anticuado ___ Muy anticuado

COSTO (COSTOSO O BARATO)

Extremadamente costoso	Definitivamente costoso	Algo costoso	Algo barato	Definitivamente barato	Extremadamente barato
___	___	___	___	___	___

Escalas de puntuación ajustada por reactivo de "Puntos impares, elección libre"

INTENCIÓN DE COMPRA (COMPRAR O NO COMPRAR)

Definitivamente compraré	Probablemente compraré	No me inclino por comprar ni por no comprar	Probablemente no compraré	Definitivamente no compraré
___	___	___	___	___

CREENCIAS U OPINIONES PERSONALES (DE ACUERDO O EN DESACUERDO)

Definitivamente de acuerdo	Generalmente de acuerdo	Ligeramente de acuerdo	Ni de acuerdo ni en desacuerdo	Ligeramente en desacuerdo	Generalmente en desacuerdo	Definitivamente en desacuerdo
___	___	___	___	___	___	___

MODERNIDAD (MODERNO O ANTICUADO)

Muy moderno	Algo moderno	Ni moderno ni anticuado	Algo anticuado	Muy anticuado
___	___	___	___	___

COSTO (COSTOSO O BARATO)

Definitivamente costoso	Algo costoso	Ni costoso ni barato	Algo barato	Definitivamente barato
___	___	___	___	___

suficiente con su vehículo o que la declaración no es pertinente para usted, por favor marque la respuesta "NA" (No aplicable).

(POR FAVOR, MARQUE LA RESPUESTA APROPIADA)

___ Completamente satisfecho (ninguna insatisfacción)
___ Definitivamente satisfecho
___ Generalmente satisfecho
___ Ligeramente satisfecho (alguna insatisfacción)
___ Ligeramente insatisfecho (alguna satisfacción)
___ Generalmente insatisfecho
___ Definitivamente insatisfecho
___ Completamente satisfecho (ninguna insatisfacción)
___ NA (No aplicable)

Este método permite que el investigador clasifique todas las respuestas "NA" fuera de los datos puros y asegura que sólo los datos puros de calidad se incluyan en los procedimientos de análisis de datos.

Medidas deseadas de tendencia central y dispersión

Para determinar qué niveles de mediciones de escala deben desarrollarse, el investigador tiene que considerar los análisis de datos que se usarán después de reunir los datos puros de

Medidas de tendencia central Estadísticas de muestra básicas que se generan mediante el análisis de los datos puros; son el modo, la mediana y la media aritmética.

Medidas de dispersión Estadísticas de muestra que le permiten al investigador reportar la diversidad de los datos puros recolectados de mediciones de escala; son la frecuencia de distribución, el rango y la desviación estándar de la muestra estimada.

los encuestados. En consecuencia, debe tener noción de las medidas de tendencia central y de las medidas de dispersión asociadas con los diferentes tipos de diseños de medición de escala. Las **medidas de tendencia central** se refieren a las estadísticas básicas de muestra que se generan mediante el análisis de los datos puros recolectados; estas estadísticas son la moda, la mediana y la media aritmética. La *moda* es la respuesta pura que se da con más frecuencia entre todos los encuestados. La *mediana* representa la estadística de muestra que parte en dos los datos puros en un patrón jerárquico, en el que una mitad de los datos puros está sobre el valor estadístico y la otra mitad está debajo. La *media aritmética* es el promedio aritmético de todas las respuestas de datos puros.

Las **medidas de dispersión** se relacionan con la forma en que todos los datos puros se dispersan realmente en torno a un valor de tendencia central dado. Estas estadísticas de muestra le permiten al investigador reportar la diversidad de respuestas puras para una medición de escala particular; estas estadísticas son la distribución de frecuencia, el rango y la desviación estándar de la muestra estimada. Una *distribución de frecuencia* es un resumen de la cantidad de veces que cada posible respuesta o preparación de escala fue registrada por el grupo total de encuestados. Esta distribución puede convertirse de forma sencilla en porcentajes o histogramas para facilitar la comparación entre las respuestas de datos puros. El *rango* representa la agrupación de respuestas de datos puros en subgrupos mutuamente excluyentes, cada uno con límites inferior y superior identificables. La *desviación estándar de la muestra estimada* es el valor estadístico que especifica el grado de variación en las respuestas de datos puros de manera que permite al investigador traducir las variaciones en interpretaciones de curva normal (por ejemplo, 99% de las respuestas puras caen entre el valor de media aritmética más o menos tres desviaciones estándar).

Dado el importante papel que estas seis estadísticas de muestra básicas desempeñan en los procedimientos de análisis de datos, entender cómo los diferentes niveles de escalas activan estas estadísticas viene a ser crucial en el diseño de medición de escala. En la figura 12.12 se muestran estas relaciones. Es importante recordar que los datos recolectados por medio de una escala nominal sólo pueden analizarse usando los modos y las distribuciones de frecuencia. Sería inadecuado en tales casos intentar análisis que requieran medianas, medias aritméticas, rangos o desviaciones estándar de muestras estimadas. Para las escalas ordinales, sería más apropiado analizar los datos puros empleando medianas y rangos, pero estos datos podrían analizarse también con modas y distribuciones de frecuencia; no conviene en estos casos usar las medias aritméticas ni las desviaciones estándar estimadas.

Para las mediciones de escala de intervalo o de razón matemática, los procedimientos de análisis más adecuados serían los que requieren el uso de medias aritméticas de muestra y desviaciones estándar estimadas como las estadísticas de muestra. Además, los datos puros de intervalo y de razón matemática se pueden analizar debidamente empleando modos, me-

FIGURA 12.12 Relaciones entre los niveles de escala y las medidas de tendencia central y de dispersión

	Cuatro niveles básicos de escalas				
Mediciones	**Nominal**	**Ordinal**	**De intervalo**	**De razón matemática**	**Híbrida de intervalo ordinal**
Tendencia central					
Modo	**Apropiado**	Apropiado	Apropiado	Apropiado	Apropiado
Mediana	Inapropiado	**Más apropiado**	Apropiado	Apropiado	Apropiado
Media aritmética	Inapropiado	Inapropiado	**Lo más apropiado**	**Lo más apropiado**	**Lo más apropiado**
Dispersión					
Distribución de frecuencia	Apropiado	Apropiado	Apropiado	Apropiado	Apropiado
Rango	Inapropiado	**Más apropiado**	Apropiado	Apropiado	Apropiado
Desviación estándar estimada	Inapropiado	Inapropiado	**Lo más apropiado**	**Lo más apropiado**	**Lo más apropiado**

La investigación de cerca

Uso de la tecnología

Decidir sobre una estrategia de investigación de mercados puede ser una tarea muy difícil para cualquier administrador o propietario de empresa. Para propietarios de pequeñas empresas, la elección puede ser en especial sobrecogedora. Macro Consulting, Inc., cae en la cuenta de que los propietarios y administradores de pequeñas empresas se ven forzados a tomar la mayoría de sus decisiones con muy pocos insumos o ayuda externa. Para proporcionar orientación en esta área, Macro Consulting publica artículos en su página de World Wide Web (www.macroinc.com/articles/imageq.htm), que promueve, entre otras opciones, las estrategias innovadoras de segmentación de mercados. A continuación se presenta un extracto de la página de Internet de Macro Consulting, que describe ImageQ, método único para medir la segmentación de clientes. Utilizando el sitio web de Macro Consulting, los propietarios de pequeñas empresas y administradores tienen acceso a muchas ideas innovadoras de marketing.

Por ejemplo, ImageQ ofrece varias ventajas sobre otros métodos: 1) los consumidores se agrupan no sobre la base de cómo percibe cada uno de ellos diversas marcas, sino más bien de qué atributos de imágenes de marca son más importantes para sus decisiones de compra individuales; 2) las percepciones de marca más importantes (así como las menos importantes) se identifican de manera clara por cada segmento de consumidor; 3) los datos de la importancia de las imágenes de marca no necesitan recolectarse, y 4) prácticamente cualesquiera datos de imágenes de marca existentes pueden servir de base para este enfoque de segmentación, lo que hace innecesario la recolección de datos costoso.

Estas ventajas técnicas de ImageQ ofrecen varios beneficios clave a los comerciantes, anunciantes y a cualquiera que necesite comunicarse con sus clientes: 1) una visión profunda completamente nueva al interior de las motivaciones del mercado meta; 2) una base enfocada al cliente para desarrollar estrategias de comunicaciones; 3) una perspectiva fresca de cómo definir mejor los segmentos de mercado primarios y secundarios, y 4) una comprensión nueva y más profunda de cómo las imágenes de marca afectan las ventas en segmentos de mercado específicos. El enfoque implica un protocolo analítico único y propio. Es una herramienta ideal para el análisis secundario de conjuntos de datos existentes.

ImageQ usa las medidas de correlación de McCullough (MCM), una familia de correlaciones no paramétricas que miden las relaciones entre una batería de atributos de imágenes de marca e interés de compra en el nivel de encuestado individual. Una de estas correlaciones puede calcularse prácticamente para cualquier conjunto de datos que contenga datos de imágenes de marca y alguna medida de interés o preferencia de compra. MCM refleja la importancia de cada atributo de las imágenes de marca para medir el interés de compra de todas las marcas probadas por cada encuestado en la muestra. Luego se hace un análisis de agrupamientos usando MCM como base. Por lo general, se examinan y evalúan varias soluciones de agrupamientos. La solución que ofrece los resultados más interpretables y accionables se elige para generar perfiles y nuevos análisis. La segmentación resultante proporciona un panorama único de dinámica de mercado basada en imágenes de marca, sobre una base de segmento por segmento.

Hasta donde se sabe, éste es el único método que puede segmentar el mercado con base en la relevancia de diversos atributos de imágenes de marca para consumidores considerados de manera individual. En un mercado dinámico, es esencial reunir información y tomar decisiones con la mayor rapidez posible. Hacer que llegue rápidamente el mensaje preciso al consumidor es vital para el éxito. Este procedimiento recolecta minuciosamente valiosa información adicional de conjuntos existentes de datos, ahorrando tiempo y dinero, a la vez que proporciona ángulos a fondo que no pueden conseguirse con otros enfoques o medidas.

Fuente: Macro Consulting, Inc., 1998, www.macroinc.com/articles/imageq.htm.

dianas, distribuciones de frecuencia o rangos. Estas estadísticas y medidas de muestra se tratan en forma más detallada en capítulos posteriores.

Ahora que hemos presentado los fundamentos del desarrollo de constructo, así como los elementos y reglas involucrados en la elaboración de las mediciones de escala, estamos listos para avanzar a las populares escalas de actitudes, emocional y de conducta, utilizadas por los investigadores de mercados. En el capítulo 13 la explicación se centra en estas escalas más avanzadas. Sin embargo, primero lea el recuadro de Uso de la tecnología, acerca de cómo una empresa consultora integra las tecnologías adelantadas para crear medidas de segmentación de alta calidad.

Resumen de objetivos de aprendizaje

■ Explicar qué son los constructos, cómo se crean y por qué son importantes para los diseños de medición y escala.

Dentro del proceso total de crear información significativa para resolver los problemas actuales y futuros de las empresas y/o el marketing, los investigadores deben tener la capacidad de elaborar las preguntas apropiadas y de registrar las respuestas puras a esas preguntas. Después de definir en forma correcta el problema de información, determinar qué tipo de datos debe recolectar es el segundo aspecto más crítico en la investigación de la información. El logro del acceso a las respuestas de datos puros se alcanza por la medición de escala incorporada en el proceso de interrogación. Un constructo se puede ver como cualquier objeto que no puede observarse y medirse directamente por los dispositivos físicos. Dentro del proceso de desarrollo, los investigadores deben considerar la abstracción del constructo, su dimensionalidad, las evaluaciones de validez y su operacionalización. No conocer exactamente lo que se necesita para medir dificulta el diseño de las mediciones de escala apropiadas.

■ Analizar las cuestiones integradas de validez y confiabilidad en las que se fundamentan el desarrollo de constructo y la medición de escala.

Independientemente del método que se emplee para recolectar datos, los investigadores deben afanarse por reunir éstos, así como la información más precisa que sea posible. La precisión de los datos depende fundamentalmente de la validez de los constructos y de la confiabilidad de las mediciones aplicadas a ellos. Los constructos pueden evaluarse por validez de contenido, convergente, discriminante y nomológica. La prueba de confiabilidad de los constructos se efectúa de manera indirecta al probar la confiabilidad de las mediciones de escala usadas en la recolección de datos. Entre los métodos de prueba de confiabilidad de que disponen los investigadores se encuentran los de preprueba y posprueba, forma equivalente y coherencia interna. Aunque las mediciones de escala resulten confiables, esta confiabilidad no garantiza por sí sola la validez del constructo.

■ Explicar qué es la medición de escala y describir cómo se aplica correctamente en la recolección de datos puros de los encuestados.

La medición de escala es el proceso de asignar un conjunto de descriptores para representar la gama de posibles respuestas de una persona al contestar a una pregunta acerca de un objeto, constructo o factor particulares. Este proceso ayuda a determinar la cantidad de datos puros que pueden obtenerse haciendo preguntas, y por ende tiene efecto de manera indirecta en la cantidad de información primaria que se puede derivar de los datos. Medular para la cuestión de la cantidad de datos es entender que hay cuatro propiedades básicas de elaboración de escala (a saber, asignación, orden, distancia y origen) que pueden activarse por la vía de las mediciones de escala. La regla práctica común es que el investigador activa en forma simultánea más propiedades dentro del proceso de pregunta y/o respuesta cuanto mayor sea la cantidad de datos puros que puedan reunirse de las respuestas de la gente. Todos los datos puros se pueden clasificar en uno de cuatro tipos mutuamente excluyentes: datos materiales, de opinión, de conducta y de intención. Entender los tipos categóricos de los datos que pueden producir las respuestas de los individuos a las preguntas mejora la capacidad del investigador para determinar no sólo *qué* preguntas hay que hacer, sino *cómo* hay que hacerlas.

■ Identificar y explicar los cuatro niveles básicos de las escalas, y analizar la cantidad de información que pueden proporcionarle al investigador o a quien toma las decisiones.

Los cuatro niveles básicos de las escalas son el nominal, el ordinal, el de intervalo y el de razón matemática. Las escalas nominales son las más elementales y proporcionan la menor cantidad de datos. Activan sólo la propiedad de elaboración de escala de la "asignación"; los datos puros no exhiben magnitudes relativas entre los subconjuntos categóricos de respuestas. Las estructuras (o patrones) principales de datos que se pueden derivar de los datos puros nominales se dan en la forma de modos y distribuciones de frecuencia. Las escalas nominales le preguntan a los encuestados sobre su afiliación religiosa, sexo, tipo de vivienda, ocupación, o la última marca de cereal comprado, etc. Las preguntas requieren respuestas de sí o no, agrado o desagrado, o de acuerdo o en desacuerdo.

Las escalas ordinales requieren que los encuestados expresen sus sensaciones de magnitud relativa sobre el tema dado; activan sólo las propiedades de elaboración de escala de asignación y orden, y le permiten a los investigadores crear un patrón jerárquico entre las posibles respuestas (o puntos de escala) que determina las relaciones "mayor que" o "menor que". Las estructuras de datos que se pueden derivar de las mediciones de escala ordinal se dan en la forma de medianas y rangos, así como de modos y distribuciones de frecuencia. Un ejemplo de un conjunto de descriptores de escala ordinal sería el de "conocimiento completo", "buen conocimiento", "conocimiento básico", "poco conocimiento" y "ningún conocimiento". Si bien la medición de escala ordinal es un diseño excelente para captar las magnitudes relativas en las respuestas puras de los encuestados, no puede capturar magnitudes absolutas.

Una escala de intervalo activa no sólo las propiedades de elaboración de escala de asignación y orden, sino también la de distancia. Esta medición de escala le permite al investigador incorporar en la escala elementos que demuestran la existencia de diferencias absolutas entre cada punto de escala. Normalmente, los descriptores de escala puros representarán un conjunto diferenciado de rangos numéricos como posibles respuestas a una pregunta dada (por ejemplo, "menos de 1 kilómetro", "de 1 a 5 kilómetros", "de 6 a 10 kilómetros", "de 11 a 20 kilómetros", "más de 20 kilómetros"). Con los diseños de elaboración de escala de intervalo, la distancia entre cada uno de los puntos de escala o respuestas no tiene que ser igual. Se pueden usar descriptores de escala no proporcionales (por ejemplo, rangos numéricos de tamaño diferente). Con los datos puros de intervalo, los investigadores pueden desarrollar varias estructuras de datos más significativas basadas en medias aritméticas y desviaciones estándar, o crear estructuras de datos basadas en el modo, la mediana, la distribución de frecuencia y el rango.

Las escalas de razón matemática son las únicas mediciones de escala que activan de manera simultánea las cuatro propiedades de elaboración de escala (es decir, asignación, orden, distancia y origen). Consideradas el diseño de escala más complejo y avanzado, le sirven a los investigadores para identificar diferencias absolutas entre cada punto de escala y hacer comparaciones absolutas entre las respuestas puras de los encuestados. Las estructuras de pregunta o escala de razón matemática se diseñan para admitir respuestas de "cero natural verdadero" o de "estado de nada verdadero". Sin embargo, lo normal es que se le pida al encuestado que elija un valor numérico singular específico. Las estructuras de datos que se derivan de las mediciones de escala de razón matemática son básicamente las mismas que las de las mediciones de escala de intervalo. Es importante recordar que cuantas más propiedades de elaboración de escala se activen en forma simultánea, mayor será la oportunidad de derivar estructuras de datos más detalladas y complejas, y por ende de obtener más información. Lo más apropiado es utilizar los diseños de escala de intervalo y de razón matemática cuando los investigadores quieren recolectar datos de conducta, de intención, o ciertos tipos de datos materiales.

■ Analizar el diseño de escala híbrida de intervalo ordinal y los tipos de información que puede aportarle al investigador.

Algunos investigadores identifican equivocadamente ciertos tipos de escalas ordinales como escalas de intervalo. Toman un diseño de escala ordinal y suponen artificialmente que la escala ha activado las propiedades de elaboración de escala de distancia (y de origen). Este supuesto se produce cuando el investigador asigna de manera arbitraria un conjunto secundario de descriptores de escala numérica (por ejemplo, números enteros consecutivos) al conjunto primario original de descriptores ordinales. Lo que mueve a un investigador a representar mal el formato de escala ordinal es la necesidad de conocer no sólo las actitudes o sensaciones de un individuo, sino la actitud o el sentir plenos combinados de un grupo de individuos. Para lograr este resultado de respuesta total, el investigador debe poder sumar muchas respuestas puras separadas y efectuar algún tipo de procedimiento matemático básico, como establecer la respuesta de media aritmética del grupo. Hay dos enfoques principales para el desarrollo de una medición de escala de intervalo ordinal: 1) utilizar un conjunto secundario de descriptores numéricos cardinales y redefinir el conjunto completo de descriptores de escala primarios (1 = Definitivamente de acuerdo, 2 = Generalmente de acuerdo, 3 = Ligeramente de acuerdo, 4 = Ligeramente en desacuerdo, 5 = Generalmente en desacuerdo y 6 = Definitivamente en desacuerdo); o 2) usar descriptores primarios para identificar sólo los puntos terminales extremos de un conjunto de números cardinales secundarios que constituya la gama de descriptores o puntos de escala puros (definitivamente de acuerdo 1 2 3 4 5 6 definitivamente en desacuerdo). Independientemente del método que se utilice, en realidad no es más que cuestión de fe que el investigador crea que la diferencia absoluta entre la respuesta de un encuestado de "Definitivamente de acuerdo" y la respuesta de otro de "Generalmente de acuerdo" es de una unidad de acuerdo. Se advierte a los investigadores que sean muy cautos en cuanto a la forma de interpretar las estructuras de datos generadas de este diseño de escala híbrido.

■ Analizar los tres componentes del desarrollo de escala y explicar por qué son cruciales para la recolección de datos primarios.

Para desarrollar mediciones de escala de alta calidad, el investigador debe entender que hay tres componentes críticos para cualquier medición de escala completa: la pregunta o preparación; las dimensiones del objeto, constructo o conducta, y los descriptores de punto de escala. Algunos de los criterios para la formación de la escala son la inteligibilidad de las preguntas, la propiedad de los descriptores primarios, la confiabilidad de la escala, el equilibrio de los descriptores de escala positivos y/o negativos, la inclusión de una elección de respuesta neutral, y las medidas deseadas de tendencia central (modo, mediana y media aritmética) y de dispersión (distribución de frecuencia, rango y desviación estándar estimada). Para reunir datos puros de la más alta calidad a fin de transformarlos en información primaria útil, investigadores y practicantes por igual deben entender en forma integrada el desarrollo de constructo y la medición de escala.

Términos y conceptos clave

Preguntas de repaso

1. ¿Cómo es que la activación de las propiedades de elaboración de escala determina la cantidad de datos e información que se pueden derivar de los diseños de medición de escala?
2. Entre los cuatro niveles básicos de mediciones de escala, ¿cuál le proporciona al investigador la mayor cantidad de datos e información? ¿Por qué esta escala particular es la menos usada en los procedimientos de investigación? Explique las diferencias fundamentales entre las mediciones de escala de intervalo y de razón matemática.
3. ¿Qué son las mediciones de escala de intervalo ordinal? ¿Por qué los investigadores insisten en crearlas para medir o recolectar datos de opinión de los encuestados? Asegúrese de analizar sus fortalezas y debilidades en su respuesta.
4. Identifique y explique los tres componentes que forman cualquier nivel de medición de escala. ¿Cuáles son las interrelaciones entre estos componentes y en qué consisten?
5. Cuando el investigador desarrolla descriptores de punto de escala para una medición de escala, ¿qué reglas prácticas debe seguir?
6. ¿Por qué los investigadores llevan totalmente a cabo las actividades de desarrollo de constructo antes de diseñar realmente una medición de escala completa?

Preguntas de análisis

1. ¿Cuáles son algunos de los puntos débiles de recurrir a estudiantes universitarios como encuestados cuando se desarrollan constructos como "lealtad a la tienda detallista", "calidad del servicio de telecomunicaciones" o "actitudes hacia los anuncios publicitarios de niños"?

2. En cada una de las mediciones de escala de la lista, responda a las siguientes preguntas:

   a. ¿Qué tipo de datos puros se están reuniendo?
   b. ¿Qué nivel de escala se está usando?
   c. ¿Qué propiedades de escala se están activando en la escala?
   d. ¿Cuál es la medida más apropiada de tendencia central?
   e. ¿Cuál es la medida más apropiada de variación (o dispersión)?
   f. ¿Qué debilidad, si la hay, existe en la escala?

   A. ¿Con qué frecuencia viaja usted por motivos de negocios o de placer?

___ 0 a 1 veces al mes	___ 0 a 1 veces al año
___ 2-3 veces al mes	___ 2-3 veces al año
___ 4-5 veces al mes	___ 4-5 veces al año
___ 6 o más veces al mes	___ 6 o más veces al año

   B. ¿Cómo paga sus gastos de viaje?

___ En efectivo	___ Con cargo a la compañía
___ Con cheque	___ Con cargo a mi cuenta personal
___ Con tarjeta de crédito	___ De otro modo ____________________

   C. Por favor, marque la categoría que se aproxime más a su ingreso anual familiar total, antes de impuestos (en dólares o su equivalente en otra moneda). (Por favor, marque una sola categoría.)

___ Menos de 10 000	___ 30 001 a 40 000	___ 60 001 a 70 000
___ 10 000 a 20 000	___ 40 001 a 50 000	___ 70 001 a 100 000
___ 20 001 a 30 000	___ 50 001 a 60 000	___ Más de 100 000

3. Por cada uno de los conceptos u objetos de la lista, diseñe una medición de escala que le permita recolectar datos sobre ese concepto u objeto.

   a. Un excelente corredor de larga distancia.
   b. El restaurante de comida mexicana favorito de una persona.
   c. Tamaño de la audiencia de una popular estación de radio campirana.
   d. Actitudes de los consumidores hacia el equipo de futbol que es el campeón actual.
   e. Satisfacción de una persona con su automóvil.
   f. Intenciones de compra de una nueva raqueta de tenis.

4. **EXPERIMENTE CON INTERNET.** Con el programa navegador que usted elija, conéctese a Internet y visite la página base de American Demographics (demografía de EUA) en www.demographics.com. Recorra los "puntos sensibles" hasta que localice uno de sus cuestionarios de segmentación. Tome las cinco primeras preguntas o escalas que aparezcan en el cuestionario y evalúe cada una de ellas respecto de las siguientes cinco cuestiones:

   a. ¿Qué tipo de datos se están buscando?
   b. ¿Qué nivel de medición de escala se está utilizando?
   c. ¿Qué propiedades de elaboración de escala se están activando?
   d. ¿Cuál sería la medida más apropiada de tendencia central para analizar los datos?
   e. ¿Cuál sería la medida más apropiada de dispersión?

ILUSTRACIÓN DE LA INVESTIGACIÓN DE MERCADOS, PARTE 1

Qué puede hacernos saber un índice de lealtad del cliente

Esta ilustración se presenta en un formato de dos partes. En esta parte 1 leerá cómo los investigadores de Burke Customer Satisfaction Associates, empresa de investigación comercial que se especializa en programas de medición de satisfacción del cliente y de administración, define *lealtad del cliente* y cómo este constructo se operacionaliza en un índice mensurable llamado *índice del cliente seguro* (*secure customer index*). La segunda parte se presenta en la Ilustración de la investigación de mercados al final del capítulo 13, y se enfocará en la forma en que Burke Customer Satisfaction Associates mide realmente este constructo.

La idea de que los clientes leales son especialmente valiosos no es nueva para los administradores de empresas de la actualidad. Los clientes leales compran de manera repetida los productos o servicios, recomiendan una empresa a otros y se mantienen fieles a la firma a lo largo del tiempo. Los clientes leales valen el esfuerzo especial que se requiera para conservarlos. ¿Pero cómo puede usted brindar ese tratamiento especial si no conoce a sus clientes y no sabe cómo se gana o se pierde la lealtad de éstos?

Entender la lealtad (lo que hace a sus clientes leales y la forma de medir y entender a los clientes leales) le permite a su empresa mejorar la calidad impulsada por el cliente. Un índice de lealtad del cliente le proporciona a la administración una herramienta fácil de entender que ayuda a enfocar a la organización en el mejoramiento de la satisfacción y de la retención, para un impacto positivo en la línea vital de las pérdidas y ganancias.

Qué es y qué no es la lealtad del cliente

Para entender mejor el *concepto* de la lealtad del cliente, definamos primero lo que *no* es esa lealtad. La satisfacción es un componente necesario de los clientes leales o seguros. Sin embargo, el mero aspecto de estar satisfecho con una compañía no hace ineludiblemente leales a los clientes. El hecho de que estén satisfechos con su empresa no significa que seguirán haciendo negocios con usted en el futuro.

La lealtad del cliente *no* es una reacción a las ofertas o incentivos para prueba de productos o servicios. Si los clientes empiezan de pronto a comprar su producto o servicio, puede ser resultado de una oferta o incentivo especiales y no necesariamente un reflejo de la lealtad del cliente. Estos mismos clientes pueden ser rápidos para responder a los incentivos de los competidores de usted.

La lealtad del cliente *no* es una fuerte participación de mercado. En muchas empresas se miran en forma equivocada las cifras de ventas y de la participación de mercado y se piensa: "Estos números son sustitutos de las medidas directas de la lealtad del cliente. Después de todo, no estaríamos disfrutando de altos niveles de participación de mercado si nuestros clientes no nos quisieran." No obstante, esto tal vez no sea verdad. Muchos otros factores pueden impulsar el ascenso de la participación de mercado, incluido el mal desempeño de los competidores o los problemas de la asignación de precios. Y una alta participación no significa un bajo revoloteo (la tasa a la que los clientes existentes lo dejan a usted —posiblemente para favorecer a sus competidores— y son reemplazados por nuevos clientes).

La lealtad del cliente *no* es la compra de repetición o la compra habitual. Muchos clientes de repetición pueden estar eligiendo sus productos o servicios por conveniencia o hábito. No obstante, si se enteran de que hay producto que puede ser menos caro o de mejor calidad, tal vez cambien rápidamente a ese producto. Los compradores habituales pueden desertar; los clientes leales no suelen hacerlo.

Ahora que sabemos qué *no* es la lealtad del cliente, podemos hablar de lo que sí es. La lealtad del cliente se integra por varias cualidades. Tiene su impulso en la satisfacción del cliente, pero también trae aparejado un compromiso del cliente de hacer una inversión sostenida en una relación móvil con una marca o una compañía. Por último, la lealtad del cliente se refleja en una combinación de *actitudes* y *conductas*. Estas actitudes abarcan:

- La intención de comprar de nuevo y/o comprar productos o servicios adicionales de la misma compañía.
- La disposición a recomendar la empresa a otros.
- Un apego a la firma demostrado por la resistencia a mudarse con un competidor.

Entre las conductas de los clientes que reflejan la lealtad están:

- La compra repetida de productos o servicios.
- La compra de diferentes productos o servicios, y en mayor cantidad, de la misma compañía.
- La recomendación de la compañía a otras personas.

Cualquiera de estas actitudes o conductas en forma aislada no indica necesariamente clientes leales. Sin embargo, reconociendo cómo colaboran estos indicadores en un sistema de medición, podemos derivar un índice de lealtad del cliente o, en un sentido más amplio, de *seguridad* del cliente. En Burke Customer Satisfaction Associates hemos elaborado un índice del cliente seguro —*Secure Customer Index* (SCI)— utilizando tres componentes principales para medir la lealtad del cliente: satisfacción total del cliente, probabilidad de repetir los negocios, y posibilidad de recomendar la compañía a otras personas. En el índice pueden incluirse otros elementos, dependiendo de la industria. Con todo, en nuestra experiencia, estos tres componentes son el núcleo de un índice significativo de la lealtad del cliente.

FIGURA 1 Secure Customer Index (Índice del cliente seguro; equivale a decir "índice de lealtad del cliente")

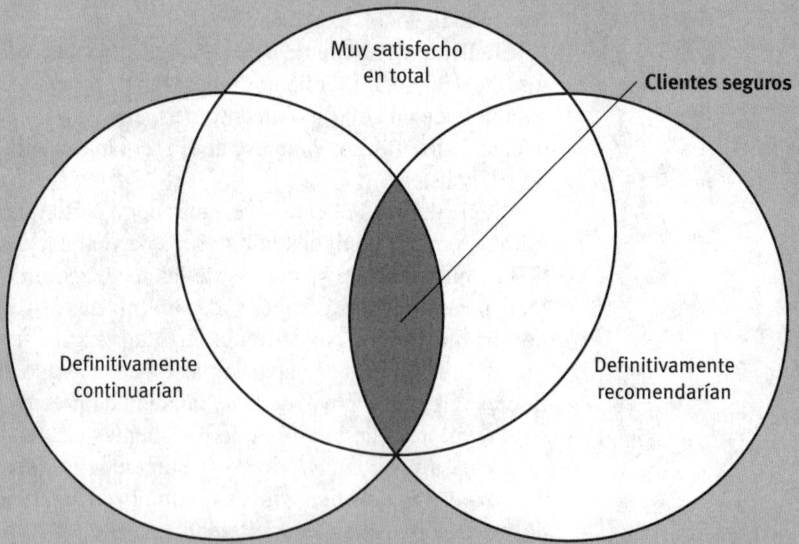

Ejercicio de manos a la obra

Usando el material del capítulo y la información que acaba de darse, responda a cada una de las siguientes preguntas:

1. Identifique y proporcione una definición con sentido de cada uno de los tres constructos que los investigadores de Burke Customer Satisfaction Associates creen que son las fuerzas impulsoras de la medición del concepto de la *lealtad del cliente*.
2. ¿Cuál es la dimensionalidad de estos tres constructos? Esto es, ¿son unidimensionales o multidimensionales los constructos por naturaleza? Por cada uno de esos constructos que usted cree que es multidimensional, identifique el posible dominio de subcomponentes que sería representativo de ese constructo. Asimismo, explique por qué le parece que el conjunto de dominio que usted propone representa ese constructo.
3. A su juicio, ¿qué nivel de diseño de escala sería el más apropiado para crear las mediciones de escala necesarias para reunir los datos primarios sobre cada constructo?
4. Diseñe un ejemplo de la medición de escala real de cada constructo que Burke Customer Satisfaction Associates podría utilizar para recolectar datos.

Fuente: www.burke.com.

capítulo 13

Mediciones de escala de actitud usadas en la investigación por encuestas

Objetivos de aprendizaje

Al terminar de leer el capítulo, usted podrá

1. Analizar la importancia de la medición de actitud, y describir dos métodos diferentes para medir las actitudes de las personas hacia un objeto determinado.

2. Diseñar y probar las escalas de Likert, de diferencial semántico y de intención conductual, y explicar sus puntos fuertes y sus debilidades.

3. Analizar las diferencias entre los diseños de las escalas no comparativa y comparativa, así como la idoneidad de las mediciones de escala de puntuación y de rango.

4. Identificar y analizar los aspectos críticos de las actitudes del consumidor y de otros fenómenos del mercado que requieren medición para permitirnos tomar mejores decisiones.

5. Discutir las reglas generales de la medición y explicar las diferencias entre las medidas simples o las múltiples de un constructo, así como las directas o las indirectas.

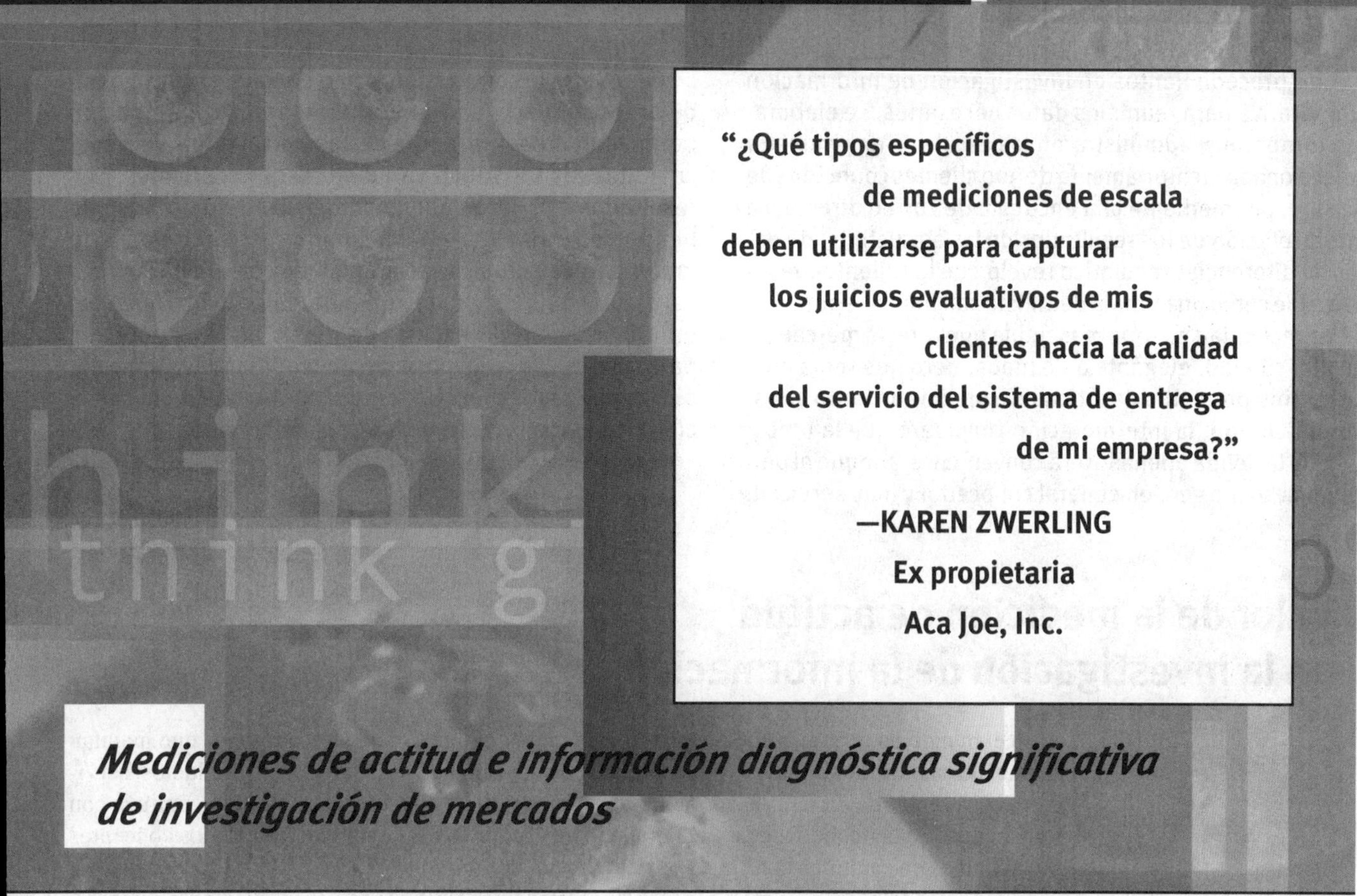

"¿Qué tipos específicos de mediciones de escala deben utilizarse para capturar los juicios evaluativos de mis clientes hacia la calidad del servicio del sistema de entrega de mi empresa?"

—KAREN ZWERLING

Ex propietaria

Aca Joe, Inc.

Mediciones de actitud e información diagnóstica significativa de investigación de mercados

Aca Joe, Inc., lleva tres años operando en el área metropolitana de Tampa Bay. Antes de abrir el negocio, el propietario decidió presentar la imagen de Aca Joe como una tienda especializada de ropa informal masculina famosa convenientemente ubicada con un amplio surtido de prendas de moda de alta calidad a precios competitivos. Además, el propietario quería que Aca Joe fuera reconocida por sus directivos de ventas y personal de tiendas, dedicados a brindar satisfacción y destacado servicio al cliente.

El propietario creó y llevó a la práctica diversas estrategias de marketing para asegurar que esta imagen se transmitiera a los clientes potenciales y reales. Sin embargo, tres años después, las cifras de ganancias de ventas y finanzas eran más bajas de lo esperado, lo que hizo que el propietario cuestionara la eficacia de las estrategias de marketing de la tienda, pues ya no estaba seguro de cómo veían los consumidores al establecimiento.

Al comprender que se necesitaba ayuda, el propietario de Aca Joe consultó a un experto en investigación de mercados. Después de varios análisis preliminares, se decidió que debía llevarse a cabo un estudio de imagen de la tienda para hacer observaciones profundas de la imagen de Aca Joe en comparación con diversos competidores directos. El consecuente proceso de investigación de la información combinó métodos de investigación cualitativos y cuantitativos en un estudio de dos fases. Primero, empleando procedimientos de investigación cualitativa, el investigador hizo varias entrevistas a fondo con el propietario y los directivos de ventas, y revisó también la literatura detallista; asimismo, se efectuaron cuatro sesiones de grupo foco entre clientes conocidos para identificar las dimensiones y características de servicio de la tienda que estuvieran más estrechamente relacionadas con su imagen deseada. Los resultados de la etapa cualitativa indicaron que los clientes consideraban que eran siete las dimensiones (calidad, surtido, estilo o moda, y precios de la mercancía; ubicación de la tienda, reputación general de la misma y conocimiento del personal de ventas), junto con 18 características de servicio en la tienda, las que se requerían para la imagen de Aca Joe. Una vez identificadas las dimensiones y características críticas de la tienda, el investigador tenía que determinar las dimensiones de escala apropiadas que eran necesarias para reunir datos sobre esos hechos. Guiado por el problema de investigación de información, la lista establecida de las necesidades de información y la clara idea de los diferentes tipos de mediciones de escala que podían usarse, el investigador creó una escala de diferencial semántico de siete puntos para medir las siete dimensiones reconocidas y una escala de importancia de autoevaluación de cuatro puntos para las características del servicio de la tienda. Estas mediciones de escala se incluyeron en un cuestionario de imagen de ocho páginas de la tienda.

Con procedimientos de investigación de información cuantitativa para reunir los datos necesarios, se elaboraron, probaron y administraron las escalas a una muestra seleccionada aleatoriamente de 300 clientes conocidos de Aca Joe, por medio de una encuesta de correo directo. La interpretación de los resultados de las estructuras de datos de diferencial semántico reveló que los clientes veían a Aca Joe como una tienda detallista con buena reputación de especialidad en ropa masculina que ofrecía mercancía de alta calidad, elegante o de moda, pero que tenía sólo un surtido promedio de artículos a precios un tanto altos; por añadidura, la interpretación consideró que la ubicación de la tienda apenas si era conveniente, aunque el personal de ventas era en general conocedor y muy servicial.

Cuando se la comparó en forma cruzada con la imagen de la tienda deseada por el propietario, la información de imagen creada a partir de las estructuras de datos cuantitativos identificó varias áreas preocupantes. Los resultados señalaron que la imagen deseada total de la tienda de Aca Joe se estaba comprometiendo en cierto grado por las actuales estrategias de comercialización y asignación de precios de la tienda. El propietario se vio en la necesidad de evaluar de nuevo estas estrategias particulares con la disposición de modificarlas para cambiar la imagen actual que tienen los clientes de la selección de mercancía y de los precios de la tienda.

Valor de la medición de actitud en la investigación de la información

En el mundo de negocios actual, es cada vez mayor el número de mercadólogos que intentan entender mejor las actitudes y percepciones de sus clientes respecto de sus productos, servicios y sistemas de entrega, así como de sus competidores directos. Este capítulo continúa con el análisis de la medición de escala iniciado en el capítulo 12. También trata de los conceptos estudiados en capítulos anteriores, especialmente los capítulos 2, 8, 9, 10 y 11, de los cuales, en consecuencia, se le anima a repasar la información. Después de ver los elementos científicos y las consideraciones que deben emplearse en el proceso de desarrollo de mediciones de escala consistentes, estamos listos para explorar algunos tipos específicos de escalas avanzadas de uso común en la investigación de mercados. Este capítulo se centra en las escalas utilizadas para recoger respuestas de actitudes, emocionales y de intención de las personas. Estas escalas tienen un vínculo normal en el sentido de que por lo regular se usan para reunir datos de opinión y de intención de los encuestados; abarcan las escalas de calificación comparativa y no comparativa.

Además, hay varios principios fundamentales de capítulos anteriores que necesitan considerarse al tiempo que se lee este capítulo: 1) los datos puros, las estructuras de datos y la información no son lo mismo; son conceptos únicos con orígenes y usos diferentes (capítulo 2); 2) los datos puros no son más que un conjunto dado de respuestas a una pregunta y/o instrucción formuladas (capítulos 2, 3, 9, 11), y 3) una medición de escala completa consta de tres componentes: la pregunta o preparación, las dimensiones y atributos de escala y los descriptores de puntos de escala (capítulo 12). De ninguna manera está de más subrayar la importancia del último principio. Si los investigadores y practicantes quieren recabar datos de alta calidad para transformarlos en información primaria útil, deben por igual entender en forma integrada las relaciones que existen entre los tres componentes que integran las mediciones de escala.

Naturaleza de las actitudes y comportamiento en el mercado

Conforme se adentran en el siglo XXI, muchas empresas conceden cada vez mayor importancia a la identificación de las actitudes y el sentir de sus clientes como una forma de diagnosticar sus fortalezas y debilidades en el mercado. Las estructuras de actitudes son útiles para entender los comportamientos de mercado observables de los consumidores y los compradores industriales. No obstante, medir las actitudes y sus componentes es un proceso difícil en el que se utilizan escalas menos precisas que las que se encuentran en las ciencias físicas. Si bien el tratamiento completo de la teoría de las actitudes rebasa el alcance de este capítulo, creemos que si entiende los fundamentos de lo que es una actitud, estará en mejor posición de generar buenas mediciones de escala de ese constructo. Para el tratado completo de la teoría de la actitud, le sugerimos consultar cualquier libro de texto de conducta del consumidor; se sugieren *Handbook of Consumer Behavior* de T.S. Robertson y H.H. Kassarjian,[1] o *Readings in Attitude Theory* de Martin Fishbein.[2]

Actitud Predisposición aprendida para reaccionar de alguna manera uniforme positiva o negativa a un objeto, idea o conjunto de información determinados.

Para nuestros propósitos aquí, una **actitud** se define como una predisposición aprendida para reaccionar de manera uniforme, positiva o negativa, a un objeto, idea o conjunto de información determinados.[3] Las actitudes son constructos de opinión que no son directamente observables. La verdadera estructura de una actitud se asienta en la mente del individuo que tiene esta actitud. Para tener oportunidad de captar con precisión las actitudes del cliente, el investigador ha de ser capaz de entender las dimensiones del constructo. En la actualidad hay dos escuelas predominantes de pensamiento acerca de la estructura de una actitud: el enfoque de la trilogía y el del afecto global. Las explicaciones siguientes ilustran cómo los formatos diferentes de elaboración de escala de actitud rendirán resultados diferentes acerca del mismo constructo de actitud.

Generalidades del método de la trilogía

Método de la trilogía Punto de vista teórico de que la actitud total de una persona consiste en la interacción entre tres componentes específicos: 1) sus creencias (componente cognoscitivo), 2) sus sentimientos (componente afectivo) y 3) conducta de resultados (componente volitivo).

Componente cognoscitivo Parte de una actitud que representa las creencias, percepciones y conocimiento de la persona acerca del objeto específico.

El **método de la trilogía** indica que entender la actitud completa de una persona hacia un objeto, una persona o un fenómeno requiere que se entiendan los componentes *cognoscitivo*, *afectivo* y *volitivo* que forman esa actitud. Es la integración de estos tres componentes la que le permite a una persona crear una manifestación total acerca de un objeto determinado. La figura 13.1 ilustra la naturaleza integradora de estos componentes.

El **componente cognoscitivo** de una actitud representa las creencias, percepciones y conocimiento de la persona acerca del objeto específico y sus atributos. Estos aspectos son los elementos y resultados clave del aprendizaje. Por ejemplo, eche un vistazo al pasado y piense en los 39 días que siguieron a las elecciones presidenciales de EUA del 7 de noviembre de 2000. Consideremos la idea de que el ganador robó las elecciones con ayuda de su hermano menor, entonces gobernador de Florida. Mucha gente tenía diferentes creencias al respecto, las cuales tomaron forma al tiempo que fueron conociendo más de la situación. He aquí una muestra de esas creencias:

- Al Gore recibió más votos en Florida que los que obtuvo George W. Bush.
- Florida no contó todos los votos emitidos por los ciudadanos.
- El proceso de votación de Florida dejó fuera del padrón electoral a un número considerable de votantes clave.
- Los republicanos vencieron con sus maniobras a Al Gore y al Partido Demócrata.
- George W. Bush ganó el estado de acuerdo con las leyes electorales de Florida.
- La gente en Florida no puede contar los sufragios.

Estas declaraciones son creencias seleccionadas acerca de algunos de los atributos que la gente adquirió acerca del hecho de la votación en Florida. Aun cuando algunas de estas creencias proporcionarían, por sí mismas, una mala representación de la actitud de las personas en lo concerniente a que Bush le escamoteara la presidencia a Gore, en combinación pueden constituir la base para identificar la actitud total de la gente sobre el fenómeno del recuento de los votos. Un punto clave que debe considerarse aquí es que la mayoría de los objetos de opinión o constructos estudiados por los investigadores tendrán con toda probabilidad un aspecto de multidimensionalidad que requerirá que los estudiosos incluyan conjuntos de atributos

FIGURA 13.1 Los tres componentes de una actitud

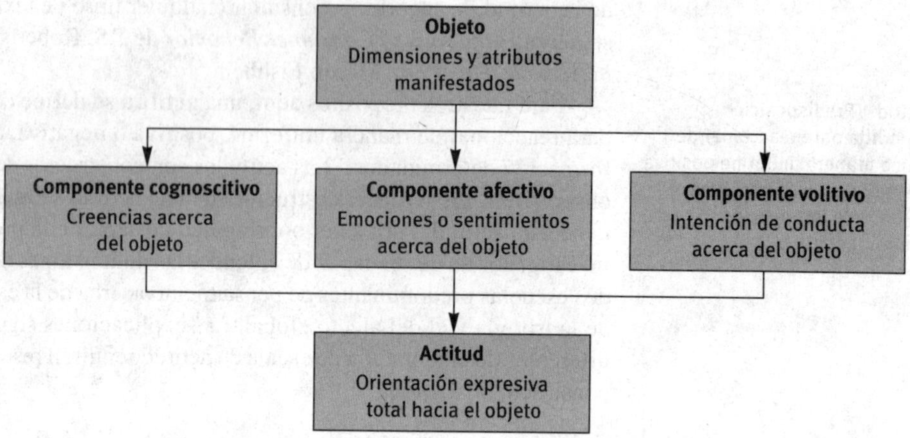

en sus diseños de mediciones de escala. En realidad, la gente tiene cientos de creencias acerca de muchos aspectos, atributos y objetos diferentes que constituyen su ambiente cotidiano.

Componente afectivo Parte de una actitud que representa los sentimientos de la persona hacia el objeto dado.

El **componente afectivo** de una actitud representa los sentimientos de la persona hacia el objeto dado. Éste es el componente que se expresa con mayor frecuencia cuando a una persona se le pide que exprese verbalmente su actitud hacia algún objeto, persona o fenómeno. Una forma sencilla de ver este componente afectivo consiste en pensar que es la cantidad de sentimiento que una persona le agrega a cada una de sus creencias individuales. Este componente sirve como un mecanismo que le permite a una persona crear algún tipo de orden jerárquico entre un conjunto de creencias acerca de un objeto o conducta. Por ejemplo, una persona que considera la compra de un Mazda Millenia 2003 nuevo podría identificar varios factores comunes acerca de los autos que, en general, son importantes en el proceso de selección. El componente afectivo de la actitud de esa persona hacia el Millenia le permite decidir cuál de los atributos del auto (potencia del motor, sistema de seguridad, paquete de opciones deportivas, economía de consumo de combustible, precio, etc.) tiene más importancia (o menos) en relación con ese automóvil específico. En este momento, recuerde que los sentimientos de la gente hacia un objeto anclan en un conjunto de creencias reconocibles acerca del mismo.

Componente volitivo Parte de una actitud que representa la respuesta de conducta intentada o real de la persona al objeto determinado.

El **componente volitivo** de una actitud se relaciona con la respuesta de comportamiento intentado o real de la persona con el objeto determinado. Esta parte de una actitud tiende a ser un resultado observable movido por la interacción del componente cognoscitivo de una persona (creencias) y el componente afectivo (fortaleza emocional de esas creencias) en su relación con el objeto dado. En el ejemplo del Millenia, sobre la decisión de intención de compra de la persona de adquirir (componente volitivo) un Mazda Millenia 2003 con interiores en cuero y madera, sistema de frenos de antibloqueo, control de crucero, ajuste automático de asiento y espejos, motor de seis cilindros de alto desempeño, bolsas de aire duales y sistema de sonido de CD de alta tecnología, influirían el conjunto de creencias (componentes cognoscitivos) y los sentimientos de apreciación de la importancia (componentes afectivos) agregados a esas creencias concernientes a cada una de las opciones enlistadas que son parte del auto Millenia.

El punto clave que debe recordarse acerca del método de la trilogía es que la medición completa (o concebible) de actitudes no se puede lograr con un diseño de escala global de reactivo único o múltiple, sino más bien requiere la creación de algún tipo de modelo multiplicativo-aditivo. Las razones fundamentales de la necesidad de un modelo son que la mayoría de los objetos no son en realidad más que un compuesto de muchas partes (o atributos) diferentes, que la gente tiene la capacidad de desarrollar una actitud independiente hacia cada atributo, y que las actitudes mismas tienden a consistir en componentes distinguibles. En otras palabras, para medir las actitudes, los investigadores tienen que reunir varios tipos de datos (cognoscitivos, afectivos y volitivos) acerca del objeto y de sus atributos de interés, y entonces, a través de un proceso de modelado, derivar una puntuación de actitud compuesta. Se han elaborado varios tipos de modelo multiplicativo-aditivo dentro del marco de la trilogía, pero vamos a limitar nuestra exposición a dos de los modelos de uso más frecuente: el de actitud hacia el objeto y el de actitud hacia la conducta.

Modelo de actitud hacia el objeto

Modelo de actitud hacia el objeto Modelo multiplicativo-aditivo que trata de captar la actitud de una persona acerca de un objeto específico, en la que la actitud es una medida compuesta derivada indirectamente y separada de los pensamientos de una persona y de sus sentimientos en pro o en contra de un objeto determinado.

Un modelo de actitud muy aceptado es el **modelo de actitud hacia el objeto** de Fishbein, que se presenta en la forma de la siguiente ecuación:[4]

$$\text{Actitud}_G = \sum_{i=1}^{k} c_i e_i$$

donde Actitud_G es una medida compuesta, derivada indirectamente y separada de los pensamientos de una persona (considerada a veces una medida general o global [$_G$]) y de sus sentimientos en pro o en contra de un objeto determinado (por ejemplo, un producto, un servicio, una marca, un fabricante, un establecimiento detallista); c_i es la fuerza de la creencia que la persona tiene del atributo *i*-ésimo del objeto (esto es, el Mazda Millenia 2003 tiene una calificación de kilometraje satisfactoria); e_i es la evaluación del afecto de la persona (sentimiento o importancia expresados) de la creencia sobre ese atributo *i*-ésimo del objeto (por ejemplo, es *muy importante* que mi auto tenga un excelente índice de kilometraje [por consumo de combustible]), y Σ indica que hay *k* atributos destacados que constituyen el objeto sobre el cual se suman las combinaciones multiplicativas de c_i y de e_i de esos atributos.

Para ilustrar los procesos, actividades y ejemplos de desarrollo de las escalas que los investigadores utilizan para reunir los datos necesarios para captar la actitud general de una persona hacia un objeto a través del método de modelado de la actitud hacia el objeto, ampliamos el ejemplo del Mazda Millenia 2003. Digamos que el objetivo de investigación general es reunir los datos y la información que le permitan a la administración entender mejor las actitudes que los propietarios tienen sobre el desempeño de un Mazda Millenia 2003. Los expertos de marketing de Mazda colaboraron con J.D. Power and Associates para trazar un plan de dos fases que comprende tanto las actividades de investigación cualitativas como las cuantitativas para crear las diferentes mediciones de escala necesarias para reunir los componentes cognoscitivos (c_i) y los componentes afectivos correspondientes (e_i) que se relacionan con las actitudes de los encuestados acerca del desempeño de un automóvil. Primero, siguiendo procedimientos de investigación cualitativa, se efectuaron varias entrevistas generales con grupos foco entre un corte transversal de personas conocidas por haber comprado un automóvil nuevo en los últimos doce meses. Uno de los temas de esas entrevistas se centraba en los elementos que utiliza la gente para juzgar el desempeño de los automóviles. En esta parte de la investigación se descubrieron e identificaron los siete atributos siguientes:

1. Percepción de que el auto *no presenta problemas* (o, prácticamente, que no tiene defectos).
2. *Índice* real *de kilometraje por litro* (KPL) del automóvil.
3. La *comodidad* (o suavidad) de conducción del auto.
4. La *calidad de manufactura* (o mano de obra de hechura) del automóvil.
5. La *calidad general* del vehículo.
6. La *confiabilidad* del auto.
7. La *reacción* del automóvil en diferentes climas.

Para validar estos siete atributos como subfactores significativos que las personas emplean para evaluar sus actitudes hacia el desempeño de los automóviles, los investigadores llevaron a cabo un estudio piloto en el que a 300 encuestados elegidos al azar se les presentó una encuesta que incluyó estos siete atributos y se les pidió que los juzgaran usando un esquema de escala de cuatro puntos en el que 4 = "Definitivamente, un factor de desempeño", 3 = "Generalmente, un factor de desempeño", 2 = "Sólo un tanto, factor de desempeño", 1 = "En nada, factor de desempeño". Los investigadores examinaron entonces los datos reunidos del estudio piloto usando el análisis estructural cognoscitivo directo (AECD). Los resultados demostraron que los siete atributos eran considerados factores que la gente utilizaba para evaluar el desempeño de los automóviles, y todos tenían valores de 3.5 o superiores.

Con la información generada en la primera fase del proyecto de investigación, se planeó y ejecutó la segunda fase con la realización de un estudio cuantitativo más elaborado, en el que los investigadores administraron encuestas a 1 500 propietarios conocidos de Mazda Millenia, elegidos al azar del banco de datos del cliente de Mazda Corporation. Para captar la importancia emocional (e_i) de estos encuestados asociada con cada uno de los siete atributos de desempeño, se creó y probó en coherencia interna la medición de escala afectiva que aparece en la figura 13.2. Con esta medición de escala se pedía a los encuestados que escribieran un número del 1 al 6 en el espacio ofrecido que expresara mejor qué tan importante en lo emocional era para ellos cada factor enlistado, para la evaluación del desempeño de un automóvil nuevo. En cambio, la medición de escala cognoscitiva de seis puntos que se muestra en la figura se creó, se probó en coherencia interna y se utilizó para capturar las creencias (c_i) de desempeño evaluativo de los encuestados acerca del Mazda Millenia 2003. En la aplicación de la medición de escala cognoscitiva, se pedía a los encuestados que encerraran en un círculo el número del 1 al 6 que mejor expresara lo bien que se desempeñaba su Mazda Millenia 2003 en cada factor enlistado. En los casos en que un factor particular pudiera no ser pertinente en su evaluación, se instruía a los encuestados que encerraran la respuesta 0 (cero) en el círculo, que significaba "No aplicable" (N/A).

Después de reunir los datos cognoscitivos (c_i) y afectivos correspondientes (e_i) sobre los siete atributos, los investigadores pueden aplicar el modelo multiplicativo-aditivo para determinar una actitud compuesta general del estudiante hacia el desempeño del Mazda Millenia 2003 o las actitudes individuales del encuestado por cada uno de los siete atributos por separado. Para ver cómo los investigadores pueden determinar la actitud individual de un encuestado hacia un atributo particular, usemos el atributo 1, la percepción del auto libre de problemas (prácticamente libre de defectos). Sencillamente multiplicamos la puntuación pura de creencia (c_i) del encuestado asignada a este factor por la puntuación pura de importancia (e_i), con el resultado de un posible rango de puntuación de 1 ($1 \times 1 = 1$) a 36 ($6 \times 6 = 36$). La puntuación se interpretaría con el significado de que cuanto más bajo sea el valor, más débil es la actitud, y cuanto más alto sea el valor, más fuerte es la actitud. Para determinar la actitud general de un encuestado hacia el desempeño del Mazda Millenia 2003, los investigadores tomarían cada una de las puntuaciones de actitud derivadas de manera individual por cada factor y simplemente las sumarían en una puntuación compuesta que podría caer dentro del rango de 7 (7 atributos $\times 1 = 7$) en el extremo inferior y 252 (7 atributos $\times 36 = 252$) en el extremo alto. De nuevo, la interpretación de las puntuaciones compuestas sería que cuanto más bajo sea el valor compuesto, más débil es la actitud general, y cuanto más alta sea la puntuación, más fuerte es la actitud.

Este enfoque de modelado permite también que los investigadores determinen las actitudes promedio que tienen todos los encuestados incluidos en el estudio de cada atributo, así como la actitud de desempeño amplia que se tiene hacia el Mazda Millenia 2003. Para analizar la actitud de grupo hacia un atributo particular, los investigadores calcularían las 1 500 puntuaciones de actitud individual para ese atributo, luego las sumarían y dividirían el total entre el número de encuestados que contribuyeron a la obtención de esa puntuación total. La puntuación promedio de actitud del grupo para cualesquiera de los atributos individuales fluctuaría entre 1 y 36 y se interpretaría de modo similar al aplicado para una puntuación de actitud individual. Se utilizaría un procedimiento semejante para determinar la actitud com-

FIGURA 13.2 Mediciones de escala empleadas para determinar la actitud hacia el desempeño de un Mazda Millenia 2003

MEDICIÓN DE ESCALA (DE IMPORTANCIA) AFECTIVA

Usando la escala que sigue, por favor escriba un número del uno (1) al seis (6) en el espacio ofrecido que mejor exprese cuán importante, en sentido emocional, le parece que es cada atributo enlistado para la evaluación del desempeño de un automóvil.

Nada importante	Sólo ligeramente importante	Algo importante	En general importante	Definitivamente importante	Extremadamente importante
(1)	(2)	(3)	(4)	(5)	(6)

____ Percepción de que el auto está libre de problemas (prácticamente libre de defectos).
____ Tasa real de kilometraje por litro (KMPL) del automóvil.
____ Comodidad (o suavidad) de manejo del vehículo.
____ Destreza de manufactura incorporada en el auto.
____ Calidad en general del vehículo.
____ Confiabilidad del auto.
____ Reacción del auto en diferentes climas.

MEDICIÓN DE ESCALA COGNOSCITIVA (DE CREENCIA)

Pensando en todas las experiencias de conducción de su Mazda Millenia 2003, nos gustaría saber qué opina de los siguientes factores.
En cada factor, por favor encierre en un círculo el número que mejor exprese ese aspecto. En cualquier (cualesquiera) factor(es) que no sean pertinentes para su evaluación, encierre en un círculo el "o", que significa "no aplicable" (N/A).

Mazda Millenia 2003	Verdaderamente pésimo	Tolerable	Promedio	Bueno	Excelente	Verdaderamente excepcional	(N/A)
Sin problemas (prácticamente sin defectos)	1	2	3	4	5	6	o
Tasa de kilometraje por litro	1	2	3	4	5	6	o
Comodidad (suavidad) de la conducción	1	2	3	4	5	6	o
Destreza de manufactura (o mano de obra)	1	2	3	4	5	6	o
Calidad en general	1	2	3	4	5	6	o
Confiabilidad	1	2	3	4	5	6	o
Reacción (o manejo)	1	2	3	4	5	6	o

puesta general ante el desempeño del grupo hacia el Mazda Millenia 2003. Los investigadores tendrían que hacer que sus computadoras calcularan las puntuaciones compuestas individuales en cada uno de los siete atributos entre los 1 500 encuestados, sumaran esas puntuaciones y dividieran luego el total entre el tamaño de muestra de los encuestados utilizado para obtener la puntuación de actitud total. La interpretación de actitud compuesta promedio del grupo sería la misma que la interpretación compuesta de un individuo descrita anteriormente.

Es importante recordar que en este enfoque de medición se da igual énfasis a la medición de las creencias (cognoscitivo) de la persona como a sus sentimientos (afectivo) respecto de los atributos del objeto en estudio. Este planteamiento de modelado puede proporcionar a investigadores y tomadores de decisiones mucha observación profunda de diagnóstico adentro de los componentes que forman la actitud del consumidor. Como se ilustra, el tomador de decisiones puede conocer cómo y qué usó el cliente para evaluar el desempeño potencial o el real de un objeto dado (en nuestro caso, un Mazda Millenia 2003).

Modelo de actitud hacia la conducta

Modelo de actitud hacia la conducta
Modelo multiplicativo-aditivo que trata de captar la actitud de una persona hacia la conducta o los actos respecto de un objeto determinado más que la actitud de la persona hacia el objeto mismo; la actitud es una medida compuesta separada y derivada indirectamente de los pensamientos y sentimientos de una persona en favor o en contra de tener una conducta o realizar un acto específico.

Otro popular modelo de actitud multiplicativo-aditivo es el **modelo de actitud hacia la conducta** de Fishbein.[5] En este enfoque, el interés está en captar la actitud de una persona hacia su conducta con un objeto determinado más que en atrapar la actitud hacia el objeto en sí. Una ventaja de este método es que da a los investigadores una imagen que demuestra más de cerca la conducta real de los individuos de lo que lo hace el modelo de la actitud hacia el objeto. Normalmente, el modelo de la actitud hacia la conducta se presenta mediante la ecuación siguiente:

$$\text{Actitud}_{(\text{conducta})} = \sum_{i=1}^{k} c_i a_i$$

donde la $\text{Actitud}_{(\text{conducta})}$ es una medida compuesta separada y derivada indirectamente de los pensamientos y sentimientos de una persona en favor o en contra de realizar un acto específico o de tener una conducta específica (por ejemplo, la compra y conducción de un Mazda Millenia 2003); c_i es la fuerza de la creencia de la persona en que la acción específica i-ésima conducirá a un resultado específico (esto es, que conducir un Mazda Millenia 2003 elevará la posición social de la persona en la comunidad); a_i es el sentimiento expresado de la persona (afecto) hacia el resultado de la acción i-ésima (es decir, el "sentimiento de causar impresión favorable" por saber que los amigos admiran el Mazda Millenia 2003); y Σ indica que hay n resultados de acción destacados que forman la conducta sobre la cual se suman las combinaciones multiplicativas de c_i y a_i para esos resultados. En la figura 13.3 se ilustran las escalas y procedimientos que podrían utilizarse en un modelo de actitud hacia la conducta para captar la actitud general de una persona hacia la compra de un Mazda Millenia 2003. Los aspectos clave que hay que recordar aquí son que se usan las creencias orientadas a la conducta y que se hace mayor énfasis en medir la evaluación afectiva que hace la persona del resultado conductual. Este enfoque puede ayudar al investigador o tomador de decisiones a entender por qué los clientes se comportan como lo hacen respecto de un objeto determinado. Por ejemplo, reunir este tipo de datos acerca de actitudes le proporciona al investigador observaciones profundas de cómo y por qué los clientes juzgan el constructo de la "calidad de servicio" asociado con la compra de un automóvil nuevo.

Desde una perspectiva de medición de escala, puede ser difícil decidir qué descriptores de puntos de escala afectiva o cognoscitiva han de utilizarse para una medición de escala de actitud. Con la intención de facilitar un poco esa decisión, recomendamos las reglas siguientes:

1. Si el objetivo de la medición es reunir datos que le permitan identificar qué está pensando el encuestado, la atención debe centrarse en el uso de descriptores de escala que reflejen el componente cognoscitivo.

2. Si el objetivo de la medición de escala es reunir datos que le permitan identificar cómo se siente el encuestado, la atención debe dirigirse al uso de descriptores de escala que reflejen el componente afectivo.

Enfoque global del afecto

Enfoque global del afecto
El enfoque teórico de ver sólo la expresión general (global) en la estructura de la actitud de una persona de sus sentimientos evaluativos favorables o desfavorables hacia un objeto o conducta determinados.

En contraste con el método de la trilogía para la medición de la actitud, el **enfoque global del afecto** sostiene que una actitud no es más que la expresión global (o general) de los sentimientos favorables o desfavorables de una persona respecto de un objeto determinado. La idea aquí es que los sentimientos de una persona pueden tener influencia dominante en su juicio general de un objeto dado. En otras palabras, el afecto equivale a la actitud. Dentro de este enfoque, se hace gran énfasis en captar el sentimiento evaluativo global que una persona tiene por un objeto como positivo o negativo (es decir, agrado o desagrado, bueno o malo, satisfecho o insatisfecho). En los formatos de escala de calificación se usa un conjunto de

FIGURA 13.3 Mediciones de escala que se usan para determinar la actitud hacia la compra de un Mazda Millenia 2003

En este ejemplo, se efectuaron actividades de investigación cuantitativa y cualitativa para crear las diferentes mediciones de escala necesarias para reunir tanto los componentes cognoscitivos (c_i) como los afectivos (a_i) que se relacionan con la evaluación de la actitud de los encuestados hacia la compra de automóviles (actitud hacia la conducta).

I. Actividades de investigación cualitativa

A. Se hicieron varias entrevistas generales de grupo foco entre una sección transversal de personas de las que se sabía que estaban considerando la compra de un automóvil nuevo dentro de los seis meses siguientes. Uno de los temas de esas entrevistas fue el de los elementos que los entrevistados estimaban como factores para la compra de un nuevo automóvil. En el estudio se descubrieron e identificaron los siguientes 15 factores.

1. Se ve al auto *libre de problemas* (*o prácticamente libre de defectos*).
2. La *tasa de kilometraje por litro* (*KMPL*).
3. La *comodidad* (*o suavidad*) *de conducción del auto.*
4. La *destreza de manufactura* (*o mano de obra de hechura*) incorporada en el auto.
5. La *calidad general* del auto.
6. La *confiabilidad* del auto.
7. El auto *responderá* en diferentes climas.
8. El *valor de reventa* potencial del automóvil.
9. El *programa de garantía* otorgado con el auto.
10. El auto debe tener las *características de estilo* (*u opciones*) que deseo.
11. El precio del auto es *accesible.*
12. *Reputación general* del concesionario.
13. *Reputación* del departamento de servicio del concesionario.
14. *Características de seguridad* del automóvil.
15. *Reputación de calidad* del fabricante.

B. Para validar los 15 factores como los elementos significativos que la gente considera en su compra de un automóvil nuevo, se les hizo a 250 encuestados elegidos al azar una encuesta que incluyó esos 15 factores y se les pidió que expresaran el grado en que cada uno era un factor de consideración que utilizarían en la compra de un auto nuevo, usando la siguiente escala de cinco puntos: (5) "factor crítico"; (4) "definitivamente un factor"; (3) "generalmente un factor"; (2) "sólo en cierta medida un factor", y (1) "de ninguna manera un factor". Con el análisis estructural cognoscitivo directo (AECD), los resultados demostraron que los 15 factores fueron elementos razonables de consideración que las personas utilizaron en su proceso de comprar un automóvil; todos los elementos tienen valores de media aritmética de 3.1 o superiores.

Nada importante	Sólo ligeramente importante	Algo importante	Generalmente importante	Definitivamente importante	Extremadamente importante
(1)	(2)	(3)	(4)	(5)	(6)

Comprar un automóvil...

____ *sin problemas (o prácticamente in defectos).*

____ con una *tasa de kilometraje por litro (KMPH)* aceptable.

____ que brinda una *conducción cómoda* (*o suave*).

____ que tiene *destreza de manufactura* incorporada.

____ que está hecho con *buena calidad general.*

____ que es *confiable.*

____ que tendrá *buena respuesta* en diferentes climas.

____ que mantiene su *valor de reventa.*

____ que está respaldado por un *programa de garantía* firme.

____ que tiene las *características (u opciones) de estilo* que deseo.

____ que tiene un *precio accesible.*

____ que venga de un concesionario *con reputación de excelencia en general.*

____ de un concesionario cuyo departamento de servicio es *recomendable.*

____ que tiene las *características de seguridad* que deseo.

____ que fue manufacturado por un fabricante con *reputación de buena calidad.*

(*continúa*)

FIGURA 13.3 Mediciones de escala que se usan para determinar la actitud hacia la compra de un Mazda Millenia 2003 (*continuación*)

II. Actividades de investigación cuantitativa

A. Para captar la importancia emocional para los encuestados (a_i) asociada con cada uno de los 15 atributos de compra, se creó la siguiente medición de escala y se probó la coherencia interna de ésta.

Con la escala de la página anterior, por favor escriba un número del 1 al 6 en el espacio ofrecido que mejor exprese cuán importante emocionalmente le parece cada factor enlistado en la compra de un nuevo automóvil.

B. Para captar las creencias (c_i) de expectación evaluativa acerca de que el Mazda Millenia 2003 pueda satisfacer las necesidades o deseos del individuo, se creó la siguiente medición de escala y se la probó por coherencia interna.

Respecto a todas sus expectativas acerca de un nuevo automóvil, querríamos saber qué opina de cada uno de los siguientes factores en relación con el Mazda Millenia 2003. En cada factor, encierre en un círculo el número que mejor exprese el grado en que está de acuerdo o en desacuerdo en que comprar el Mazda Millenia 2003 satisfará ese factor. En cual(es)quier(a) factor(es) que no sean pertinentes para su evaluación, encierre en un círculo el "cero" (o), que significa "no aplicable" (NA).

Comprar un Mazda Millenia 2003...	Definitivamente de acuerdo	En general de acuerdo	Ligeramente de acuerdo	Ligeramente en desacuerdo	En general en desacuerdo	Definitivamente en desacuerdo	(NA)
Me brindará un modo de transporte *libre de problemas* (*o prácticamente libre de defectos*)	(6)	(5)	(4)	(3)	(2)	(1)	(0)
Me dará un auto con una tasa aceptable de *kilometraje por litro* (*KMPL*)	(6)	(5)	(4)	(3)	(2)	(1)	(0)
Me permitirá una *conducción cómoda* (*suave*)	(6)	(5)	(4)	(3)	(2)	(1)	(0)
Me proporcionará un auto de *gran manufactura*	(6)	(5)	(4)	(3)	(2)	(1)	(0)
Me dará un auto con la *calidad general* que estaba buscando	(6)	(5)	(4)	(3)	(2)	(1)	(0)
Me dará un auto *confiable*	(6)	(5)	(4)	(3)	(2)	(1)	(0)
Me dará un auto que *responde* en diferentes climas	(6)	(5)	(4)	(3)	(2)	(1)	(0)
Me dará un auto que mantiene su *valor de reventa*	(6)	(5)	(4)	(3)	(2)	(1)	(0)
Me dará un firme *programa de garantía*	(6)	(5)	(4)	(3)	(2)	(1)	(0)
Me dará un automóvil que tiene las *características* (*u opciones*) *de estilo* que deseo	(6)	(5)	(4)	(3)	(2)	(1)	(0)
Me dará un auto que *puedo permitirme pagar*	(6)	(5)	(4)	(3)	(2)	(1)	(0)
Me dará un auto de un concesionario con *reputación general de excelencia*	(6)	(5)	(4)	(3)	(2)	(1)	(0)
Me dará un auto de un concesionario cuyo departamento de servicio es *recomendable*	(6)	(5)	(4)	(3)	(2)	(1)	(0)
Me dará un auto que tiene las *características de seguridad* que deseo	(6)	(5)	(4)	(3)	(2)	(1)	(0)
Me proporcionará un auto manufacturado por un fabricante con *reputación de calidad*	(6)	(5)	(4)	(3)	(2)	(1)	(0)

descriptores de escala afectiva para captar las respuestas necesarias. Una limitación del enfoque global del afecto es que no le permite al investigador profundizar en qué creencias contribuyen a la formación de la actitud general. En el mejor de los casos, el investigador tan sólo puede conjeturar acerca de las creencias en que se basan las puntuaciones emocionales expresadas. En la figura 13.4 se aprecian varios formatos de escala de actitud basada en el afecto.

Generalidades de los vínculos entre las mediciones de la conducta cognoscitiva, afectiva y real o pretendida

Los investigadores tienden a tener sentimientos confusos acerca de la fuerza de las relaciones entre los componentes cognoscitivos y afectivos utilizados para explicar o predecir conductas de mercado. Algunos investigadores han descubierto que cuando las creencias de las personas sobre un objeto (por ejemplo, el Mazda Millenia 2003) coinciden con sus sentimientos relacionados con el mismo, hay coherencia de actitud y la conducta tiende más a ser predecible;[6]

FIGURA 13.4 Ejemplos de formatos de escala de afecto para medir actitudes

Ejemplo 1:

En cada uno de los conceptos enlistados siguientes, por favor *llene* el cuadro que exprese mejor el grado en que usted quedó satisfecho o insatisfecho con ese aspecto en el momento en que compró o adquirió rentado su vehículo.

	Muy satisfecho	Algo satisfecho	Algo insatisfecho	Muy insatisfecho
Disponibilidad de partes y servicio	❑	❑	❑	❑
Operación sin problemas	❑	❑	❑	❑
Calidad de manufactura	❑	❑	❑	❑
Reputación del fabricante	❑	❑	❑	❑
Bajo precio de compra	❑	❑	❑	❑
Alto valor de reventa	❑	❑	❑	❑

Ejemplo 2:

Ahora piense en sus experiencias de conducción, después lea cada una de las declaraciones siguientes y *llene* el cuadro que mejor exprese sus sentimientos sobre lo declarado.

	Me agrada mucho	Me agrada un poco	Ni me agrada ni me desagrada	Me desagrada un poco	Me desagrada mucho
Seleccionar una opción para mi auto	❑	❑	❑	❑	❑
Cambiar el aceite yo mismo	❑	❑	❑	❑	❑
Conducir en un viaje largo	❑	❑	❑	❑	❑
Dejar que alguien más conduzca	❑	❑	❑	❑	❑
Observar todo el tiempo los límites de velocidad	❑	❑	❑	❑	❑

Ejemplo 3:

En general, ¿qué tan contento o descontento quedó usted con el resultado del juicio por conducta impropia del presidente Clinton? **(Por favor, marque una sola respuesta.)**

Muy descontento	Algo descontento	Ni descontento ni contento	Algo contento	Muy contento
❑	❑	❑	❑	❑

no obstante, otros han encontrado sólo relaciones limitadas entre los tres componentes.[7] Los hombres de negocios actuales deben estar conscientes de varios factores que pueden operar para reducir la coherencia entre las medidas de creencias, sentimientos y observaciones de la conducta de mercado:[8]

1. Una actitud favorable requiere una necesidad o motivo para poder traducirse en acción.
2. Se requiere capacidad para traducir las creencias y sentimientos favorables en propiedad.
3. Algunas escalas de actitud miden sólo un concepto, constructo u objeto a la vez.
4. Si los componentes cognoscitivos y afectivos se sostienen débilmente cuando el consumidor obtiene información adicional dentro del proceso de las compras comparadas, entonces las actitudes iniciales pueden ceder el paso a las nuevas.
5. Los investigadores por lo regular miden las actitudes de un miembro aislado de la familia; los otros miembros pueden afectar la conducta de compra.
6. Los investigadores por lo general miden actitudes de marca independientes de la acción de compra.
7. En realidad, es difícil medir la totalidad de los aspectos relevantes de una actitud.

Tipos especiales de escalas de actitud y conducta

Aun cuando el problema de información y los objetivos de investigación definidos de manera específica dictan el tipo de medición de escala que debe emplear el investigador, hay varios tipos específicos de formatos de elaboración de escala de actitudes que han resultado muy confiables en muchas situaciones diferentes. En la siguiente sección se presentan tres formatos de escalas de actitud: las escalas de Likert, las de diferencial semántico y las de intención de conducta. Como se expuso en el capítulo 12, la preparación de cualquier medición de escala de calificación por reactivos comienza por entender los constructos que habrán de medirse. La figura 13.5 presenta los pasos generales en el proceso del desarrollo de constructo o medición de escala.

Escala de Likert

Escala de Likert Formato de escala ordinal en el que se pide a los encuestados que indiquen el grado en el que están de acuerdo o en desacuerdo con una serie de declaraciones de creencia de pensamiento o de creencia conductual acerca de un objeto determinado.

En la **escala de Likert** se pide a los encuestados que indiquen en qué están de acuerdo o en desacuerdo de una serie de declaraciones de creencia de pensamiento o de creencia de conducta acerca de un objeto dado. Normalmente, el formato de escala se equilibra entre los descriptores de escala de acuerdo y desacuerdo. Nombrada por su creador, Rensis Likert, esta escala consiste en un conjunto de cinco descriptores de escala: "Muy de acuerdo", "De acuerdo", "Ni de acuerdo ni en desacuerdo", "En desacuerdo", "Firmemente en desacuerdo".[9] Originalmente, se requería que los investigadores siguieran una serie de actividades jerárquicas (o pasos) para desarrollar una escala de Likert:

1. El investigador identifica y entiende el concepto que se estudiará; supóngase que el concepto es el voto en Florida.
2. El investigador arma un gran número de declaraciones de creencia (por ejemplo, de 50 a 100) concernientes al sentir del público en general hacia el voto en Florida.
3. El investigador clasifica subjetivamente cada declaración como una relación "favorable" o "desfavorable" con la actitud específica que se investiga. Luego, la lista entera

FIGURA 13.5 Proceso general de desarrollo de constructo o medición de escala

Pasos de proceso	Actividades clave
1. Identificar y definir teóricamente el constructo	Determinar la dimensionalidad del constructo
2. Crear un acervo inicial de reactivos de atributos	Determinar la investigación de teoría, de datos secundarios y cualitativa
3. Evaluar y seleccionar un conjunto reducido de reactivos	Hacer el análisis estructural y emitir juicios cualitativos
4. Construir mediciones y preprueba iniciales	Realizar un estudio piloto y reunir datos de una muestra de preprueba
5. Hacer análisis de datos estadísticos apropiados	Hacer pruebas de validez de constructo y de confiabilidad de escala
6. Refinar y purificar las mediciones de escala	Eliminar reactivos de atributo irrelevantes
7. Reunir más datos en escala purificada	Seleccionar una nueva muestra de sujetos de la población meta definida
8. Evaluar estadísticamente las mediciones de escala	Llevar a cabo las pruebas de confiabilidad, validez y generalización
9. Efectuar la medición de escala final	Incluir la medición de escala en el cuestionario final

de declaraciones se somete a preprueba (por ejemplo, mediante una prueba piloto) utilizando una pequeña muestra de encuestados de conveniencia.

4. En el curso de la prueba piloto, los encuestados deciden el grado en que están de acuerdo o en desacuerdo con cada declaración, usando los descriptores de intensidad "Firmemente de acuerdo", "De acuerdo", "No estoy seguro", "En desacuerdo", "Firmemente en desacuerdo". A cada respuesta se le da luego un valor numérico, como 5, 4, 3, 2, 1. En las declaraciones consideradas favorables, un valor de 5 se le daría a una respuesta de "Firmemente de acuerdo"; en las declaraciones consideradas desfavorables, un valor de 5 se le daría a una respuesta de "Firmemente en desacuerdo".
5. El investigador calcula una calificación de actitud general de encuestado por la suma de los valores asociados con las declaraciones calificadas.
6. Al analizar los resultados, el investigador utiliza sólo las declaraciones que parecen distinguir entre las puntuaciones totales alta y baja. Un método posible es una simple comparación del 25% superior (o más alto) de las puntuaciones de media aritmética totales con el 25% del fondo (o más bajo) de las puntuaciones de media aritmética totales.
7. Para determinar el conjunto final de declaraciones (normalmente de 20 a 25), el investigador seleccionaría las declaraciones que mostraran las mayores diferencias en los valores de media aritmética entre las puntuaciones totales superior e inferior.
8. Utilizando el conjunto final de declaraciones, los pasos 3 y 4 se repiten en un estudio total.

Utilizando la suma de los valores asociados con todas las declaraciones, el investigador puede distinguir si la actitud de una persona hacia el objeto es de naturaleza positiva o negativa. Por ejemplo, la puntuación favorable máxima en una escala de 25 reactivos sería de 125; en consecuencia, de una persona que puntuara 110 se supondría que tiene una actitud positiva (favorable). De otro encuestado que puntúa 45 se supondría que tiene una actitud negativa hacia el objeto. Estas puntuaciones totales no identifican las posibles diferencias que acaso existirían entre los encuestados sobre una base de declaración individual.

Al paso de los años, la escala de Likert ha sido modificada tan extensamente y adaptada por los investigadores de mercados que su definición actual varía de un investigador a otro. En la actualidad, la escala de Likert modificada amplía el formato original de cinco puntos ya sea a un formato de elección forzosa de seis puntos con descriptores de escala como "Definitivamente de acuerdo", "Generalmente de acuerdo", "Ligeramente de acuerdo", "Ligeramente en desacuerdo", "Generalmente en desacuerdo" y "Definitivamente en desacuerdo" o un formato de elección forzada de siete puntos con estos mismos descriptores más "Ni de acuerdo ni en desacuerdo" en medio. Además, muchos investigadores han tratado el formato de la escala de Likert como una escala de intervalo ordinal.

Independientemente del número real de descriptores de escala que se usen para crearlas, las escalas de Likert tienen otras características que son dignas de señalarse. Primero, la escala de Likert es la única escala de calificación sumada que utiliza un conjunto de descriptores de escala de acuerdo o desacuerdo. Una escala de Likert reúne sólo creencias basadas en lo cognoscitivo o en lo conductual específico. Pese a la difundida idea de que las escalas de Likert se pueden usar para medir la actitud completa de una persona, sólo pueden captar los componentes cognoscitivos de la actitud de la misma y, en consecuencia, únicamente son medidas parciales. Tampoco captan los diferentes niveles de intensidad posibles de la actitud afectiva expresada ni los componentes volitivos. Este malentendido de la capacidad de una escala de Likert pudiera explicar los débiles resultados interpretativos en situaciones en las que es crucial identificar y medir las actitudes de los encuestados para resolver el problema de información.

Como otro punto de interés, una escala de Likert es muy adecuada para los diseños de investigación en los que se emplean las encuestas autoadministradas, los entrevistadores personales o la mayoría de los métodos en línea para reunir los datos. Resulta un poco difícil administrar una escala de Likert por teléfono porque los encuestados tienen dificultades para visualizar y recordar las magnitudes relativas de acuerdo y desacuerdo que forman los descriptores de escala. En la figura 13.6 se ilustra un ejemplo de una escala de Likert modificada parcial en una encuesta autoadministrada.

Para señalar las dificultades interpretativas asociadas con la escala de Likert, hemos destacado en negritas cada una de las declaraciones de la figura13.6 para las palabras que indican un solo nivel de intensidad. Por ejemplo, en la primera declaración (Compro muchas cosas con tarjeta de crédito), la creencia principal se enfoca en **muchas cosas**. Si el encuestado marca la respuesta "Generalmente en desacuerdo", sería cuestión de fe para el investigador interpretar que esa respuesta significa que el encuestado compra sólo unas cuantas cosas con

FIGURA 13.6 Ejemplo de una escala de Likert modificada parcial

En cada una de las declaraciones presentadas, por favor marque la respuesta que mejor exprese el grado en que usted está de acuerdo o en desacuerdo con la declaración.

Declaraciones	Definitivamente de acuerdo	En general, de acuerdo	Ligeramente de acuerdo	Ligeramente en desacuerdo	En general, en desacuerdo	Definitivamente en desacuerdo
Compro **muchas cosas** con tarjeta de crédito.	___	___	___	___	___	___
Quisiera que tuviéramos **mucho más** dinero.	___	___	___	___	___	___
Mis amigos **suelen acudir a mí** para que les aconseje.	___	___	___	___	___	___
Nunca influyen en mí los anuncios publicitarios.	___	___	___	___	___	___

una tarjeta de crédito. Además, sería mera conjetura por parte del investigador suponer que la actitud del encuestado hacia la compra de productos o servicios con tarjeta de crédito es desfavorable. El nivel de intensidad asignado a los descriptores de punto de escala de acuerdo o en desacuerdo no representan verdaderamente los sentimientos del encuestado asociados con la respuesta de creencia. Los niveles de intensidad usados en una escala de Likert identifican sólo el grado en que el encuestado piensa que la declaración representa su propia creencia acerca de las compras con tarjeta de crédito.

Tomemos la última declaración de la figura 13.6 (Nunca influyen en mí los anuncios publicitarios) como otro ejemplo. Las palabras clave de esta declaración son **Nunca influyen**. Si el encuestado marca "Definitivamente en desacuerdo", sería de nuevo conjetura subjetiva del investigador que la respuesta significa que los anuncios influyen mucho en el primero. En realidad, lo único que indica la respuesta "Definitivamente en desacuerdo" es que la declaración no es la que el encuestado haría; ninguna medida de sentimiento podría darse a la declaración.

Las escalas de Likert se pueden usar también para identificar rasgos personales o psicográficos (de estilo de vida) de los individuos. Para ver la forma en que las compañías de investigación de mercados internacionales, como la Gallup Organization, utilizan las mediciones de escala de actitud y psicográficas para obtener perfiles de consumidores en los países latinoamericanos, visite el sitio web del libro en www.mhhe.com/hair y siga los vínculos.

Escala de diferencial semántico

Escala de diferencial semántico Formato único de escala ordinal bipolar que capta las actitudes o sentimientos de una persona acerca de un objeto determinado.

Otra escala de calificación ordinal usada muy a menudo en los trabajos de investigación de información y de mercados es la **escala de diferencial semántico**. Esta escala de calificación fue desarrollada inicialmente por Charles Osgood, George Suci y Percy Tannenbaum.[10] Este tipo de escala es único en su uso de adjetivos y adverbios bipolares (bueno o malo, agrado o desagrado, competitivo o no competitivo, útil o inútil, alta calidad o baja calidad, confiable o no confiable, etc.) como extremos de un *continuum* aparentemente simétrico.[11] Normalmente, habrá un objeto y un conjunto de factores relacionado con éste, cada factor con su propio conjunto de escalas bipolares para medir un elemento cognoscitivo o afectivo. Puesto que no se identifican los descriptores de escala individual, cada escala bipolar parece ser un *continuum*. En la mayoría de los casos, en las escalas de diferencial semántico se usarán entre cinco y siete descriptores de escala, aunque sólo se identifiquen los extremos.[12] Al encuestado se le pide elegir el punto en el *continuum* que exprese su pensamiento o sus sentimientos acerca del objeto dado.

La mayoría de las veces, en una escala de diferencial semántico se utilizará un número impar de puntos de escala, con lo que se crea una respuesta llamada neutral que divide simétricamente los polos positivo y negativo en dos partes iguales.[13] Un problema interpretativo que surge con un formato de punto de escala de número impar (o de libre elección) parte de la respuesta neutral natural en medio de la escala. Como se observó en el capítulo 12, en muchos casos una respuesta neutral tiene poco a ningún valor de diagnóstico para el investigador o el tomador de decisiones; a veces se la interpreta con el significado de "Sin opinión", "No sé", "Ni" o "Promedio". Ninguna de estas interpretaciones le da mucha información al investigador.[14] Para resolver este problema, el investigador puede emplear un formato de puntos pares (o de elección forzosa) e incorporar una respuesta de "No aplicable" a un lado de la escala bipolar.[15]

Una escala de diferencial semántico es uno de los pocos formatos de escala de actitudes que le permite al investigador reunir datos tanto cognoscitivos como afectivos de cualquier factor determinado. Sin embargo, no permite recoger ambos tipos de datos al mismo tiempo. Para un factor dado, puede diseñarse una escala bipolar para captar ya sea los sentimientos de una persona **o** sus creencias cognoscitivas. Aunque hay investigadores que creen que se puede utilizar una escala de diferencial semántico para medir la actitud completa de una persona acerca de un objeto o una conducta, este tipo de escala es mejor para identificar un "perfil de imagen perceptual" acerca del objeto o conducta en cuestión.[16]

FIGURA 13.7 Ejemplo de un formato de escala de diferencial semántico para Tiger Woods como portavoz de credibilidad

Ahora, respecto a Tiger Woods como portavoz para vestuario y equipo de golf, queremos conocer la opinión de usted acerca de la pericia, carácter fidedigno y atracción que el citado golfista aporta al anuncio. Cada dimensión tiene cinco factores que pueden o no representar la opinión de usted. En cada factor de la lista, marque **por favor, la línea que mejor exprese su opinión acerca del mismo.**

Pericia:								
Conocedor	___	___	___	___	___	___	___	No conocedor
Experto	___	___	___	___	___	___	___	Inexperto
Capacitado	___	___	___	___	___	___	___	No capacitado
Calificado	___	___	___	___	___	___	___	No calificado
Experimentado	___	___	___	___	___	___	___	Inexperimentado
Carácter fidedigno:								
Confiable	___	___	___	___	___	___	___	Inconfiable
Sincero	___	___	___	___	___	___	___	Insincero
Fidedigno	___	___	___	___	___	___	___	Que no es digno de fe
Que se puede depender de él	___	___	___	___	___	___	___	Que no se puede depender de él
Honesto	___	___	___	___	___	___	___	Deshonesto
Atracción:								
Sexualmente atrayente	___	___	___	___	___	___	___	No atrayente sexualmente
Hermoso	___	___	___	___	___	___	___	Feo(a)
Atractivo	___	___	___	___	___	___	___	No atractivo
Con clase	___	___	___	___	___	___	___	Sin clase
Elegante	___	___	___	___	___	___	___	Común

Fuente: Roobina Ohanian, "Construction and Validation of a Scale to Measure Celebrity Endorsers' Perceived Expertise, Trustworthiness, and Atractiveness", *Journal of Advertising* 19, núm. 3(1990), pp. 39-52.

El diseño real de una escala de diferencial semántico puede variar de una situación a otra. Para ayudarle a entender los beneficios y debilidades asociados con las diferencias de diseño, le presentamos tres formatos diferentes y exponemos los pros y contras de cada uno. En la primera situación, el investigador está interesado en crear una escala de credibilidad que Nike Corporation pueda utilizar para evaluar la credibilidad de Tiger Woods como portavoz en anuncios de televisión o prensa para las marcas de Nike de productos de higiene y cuidado personal. El investigador determina que el constructo de credibilidad consta de tres factores (1, pericia; 2, confiabilidad; 3, atractivo), cada uno medido con un conjunto específico de cinco escalas bipolares (véase la figura 13.7).

Aleatorización de los descriptores de polos positivo y negativo

Si bien el formato de escala de diferencial semántico de la figura 13.7 parece estar diseñado correctamente, hay varios problemas técnicos que podrían generar innecesariamente un sesgo de respuesta. Primero, observe que todos los descriptores de polo positivo están dispuestos del lado izquierdo de cada escala y los negativos del lado derecho. La investigación ha demostrado que tal característica de diseño tiene la tendencia a causar un sesgo de *efecto de halo*.[17] Esto es, tiende a hacer que el encuestado reaccione más favorablemente a los polos positivos en el lado izquierdo que a los negativos en el lado derecho. Para prevenir este problema, el investigador debe mezclar aleatoriamente las posiciones de los descriptores de polo positivos y negativos.[18]

Falta de magnitud extrema expresada en los descriptores de polo

Un segundo problema de respuesta del formato de escala que se presenta en la figura 13.7 es que los descriptores empleados para expresar los extremos de cada escala carecen de la expresión de intensidad extrema asociada con esos polos terminales. Al encuestado se le pide que marque una de siete líneas posibles para expresar su opinión, pero sólo a las dos líneas de los extremos se les da significado narrativo. El investigador no puede más que conjeturar cómo interpreta el encuestado las otras líneas de intensidad entre los extremos. Tomemos, por ejemplo, la escala de "se puede depender de/no se puede depender de" dentro de la dimensión de carácter fidedigno. Advierta que la escala del extremo izquierdo representa "se puede depender de" y la del extremo derecho, "no se puede depender de". Puesto que *se puede depender de* y *no se puede depender de* son descriptores de frase dicotómica natural, el diseño de la escala no permite que haya magnitud significativa alguna entre ellos. Esto suscita la interrogante lógica de qué representan realmente las otras cinco líneas de escala, lo que a su vez da lugar a la pregunta de si la escala representa verdaderamente o no un *continuum* que va de *se puede depender de* a *no se puede depender de*. Este problema se puede corregir fácilmente agregando una magnitud extrema expresada de manera narrativa a los descriptores bipolares (por ejemplo, *se puede depender* "en extremo de" o "mucho" *de* y *no se puede depender* "en extremo de" o "mucho" *de*).

Uso de descriptores no bipolares para representar los polos

Un tercer problema de respuesta que surge al diseñar escalas de diferencial semántico tiene que ver con las expresiones narrativas inapropiadas de los descriptores de escala. En un buen diseño de escala de diferencial semántico, las escalas individuales deben ser en verdad bipolares para que se pueda trazar una escala simétrica. A veces, el investigador expresará el polo negativo de tal manera que el positivo no es realmente su opuesto. Tal decisión crea un diseño de escala sesgada que al encuestado le resulta difícil interpretar correctamente.

Tome, por ejemplo, la escala "experto/no experto" en la dimensión de "pericia" de la figura 13.7. Aunque la escala es dicotómica, la palabra "inexperta" no le permite al encuestado interpretar alguno de los otros puntos de escala como magnitud relativa de esa frase. Aparte de ese extremo descrito como "inexperto", todos los demás puntos de escala tendrían que representar alguna intensidad de "experto", creando así una escala sesgada hacia el polo positivo. En otras palabras, interpretar "inexperto" como si realmente significara "en extremo" o "muy" inexperto tiene poco o ningún sentido diagnóstico. El investigador debe ser cuidadoso cuando crea los descriptores bipolares para asegurar que las palabras o frases sean extremadamente bipolares en su naturaleza y que permitan crear diseños de escala simétricos. Por ejemplo, el investigador podría usar descriptores de polo como "experto por completo" y "novato por completo" para corregir los problemas mencionados de descriptor de punto de escala.

Comparación de descriptores de intensidad estandarizada con descriptores de polo

El diseño de escala usado por Bank of America en un estudio de imagen de un banco en la figura 13.8 elimina los tres problemas tratados en relación con el ejemplo de la figura 13.7, así como una cuarta dificultad: le da una expresión narrativa al nivel de intensidad de cada punto de escala. Note que todos los distintos polos y puntos de escala entre ellos están anclados por el mismo conjunto de descriptores de intensidad ("muy", "moderadamente", "ligeramente", "ni lo uno ni lo otro", "ligeramente", "moderadamente", "muy"). No obstante, al usar descriptores de intensidad estandarizada el investigador debe ser muy cuidadoso en la determinación de las frases específicas para cada polo: cada frase debe ajustarse al conjunto de descriptores de intensidad para que los puntos de escala tengan sentido completo para el encuestado. Tómese, por caso, la escala "le brinda comodidad/le brinda incomodidad" de la figura 13.8; aquí, el descriptor de intensidad de "mucho" no tiene gran sentido cuando se aplica a la escala (esto es,

FIGURA 13.8 Ejemplo de una escala de diferencial semántico utilizada por Bank of America que expresa cada descriptor de escala

En cada uno de los siguientes aspectos o características bancarios, por favor marque la línea que mejor exprese su impresión de ese aspecto en relación con Bank of America. Asegúrese de dar sólo una respuesta por cada aspecto enlistado.

	Muy	Moderadamente	Ligeramente	Ni lo uno ni lo otro	Ligeramente	Moderadamente	Muy	
Empleados corteses	___	___	___	___	___	___	___	Empleados descorteses
Personal útil	___	___	___	___	___	___	___	Personal inútil
Exterior no atractivo	___	___	___	___	___	___	___	Exterior atractivo
Tarifas competitivas	___	___	___	___	___	___	___	Tarifas no competitivas
Ofertas de servicio limitadas	___	___	___	___	___	___	___	Gran variedad de ofertas de servicio
Buenos horarios de operación	___	___	___	___	___	___	___	Malos horarios de operación
Servicio de alta calidad	___	___	___	___	___	___	___	Servicio de baja calidad
No confiable	___	___	___	___	___	___	___	Confiable
Banco exitoso	___	___	___	___	___	___	___	Banco sin éxito
Le brinda comodidad	___	___	___	___	___	___	___	Le brinda incomodidad

"le brinda mucha comodidad" o "le brinda mucha incomodidad"). De tal manera, que los descriptores de intensidad estandarizada en un diseño de escala de diferencial semántico pudieran forzar al investigador a limitar los tipos de frases bipolares usados para describir o evaluar el objeto o la conducta en cuestión. Esto sólo podría suscitar dudas acerca de lo apropiado de los datos puros reunidos con este tipo de diseño de escala.

Los fundamentos tratados en el capítulo 12 pueden ayudar al investigador a aprender la forma de elaborar correctamente las escalas personalizadas para reunir los datos puros de actitud o conductuales más apropiados para el problema de información dado. Para ilustrar este punto, la figura 13.9 presenta un formato de escala de diferencial semántico personalizada que usa Midas Auto Systems Experts para reunir datos acerca del desempeño de Midas visto desde la perspectiva de sus clientes. Observe que cada una de las 15 características diferentes que forman el perfil de servicio de Midas tiene su propia escala bipolar que comunica claramente qué nivel de intensidad tienen los polos positivo y negativo. Esto reduce la posibilidad de que el encuestado malentienda el rango del *continuum* de la escala. Este ejemplo ilustra también el uso de una respuesta "NA" (no aplicable) como sustituto de la respuesta neutral de mitad de la escala más tradicional. Después de que se recogen los datos puros con este formato de escala, el investigador podría calcular artificialmente los valores de media aritmética agregados por cada una de las 15 características, graficar estos valores en cada una de sus respectivas líneas de escala, y proyectar gráficamente los resultados utilizando líneas de "perfil". El resultado es un perfil general que ilustra los patrones de desempeño del servicio de Midas (véase figura 13.10). Además, el investigador podría utilizar la misma escala y recoger datos puros de varios proveedores de servicio automotriz competidores (por ejemplo, Firestone Car Care y Sears Auto Center), y mostrar luego cada uno de los perfiles de diferencial semántico en una representación.

FIGURA 13.9 Ejemplo de una escala de diferencial semántico para Midas Auto Systems Experts

De acuerdo con sus experiencias personales con los representantes de servicio de Midas Auto Systems, califique el desempeño de Midas con base en los siguientes aspectos enlistados. Cada característica tiene su propia escala que va de "uno" (1) a "seis" (6). **Por favor, encierre en un círculo el número que mejor describa cómo se desempeñó Midas en ese aspecto.** En cual(es)quier(a) característica(s) que a usted no le parezca(n) relevante(s) para su evaluación, inscriba en el círculo el código de respuesta NA (No aplicable).

Costo del trabajo de reparación o mantenimiento	(NA)	Extremadamente caro	6	5	4	3	2	1	Muy bajo, casi gratis
Apariencia de las instalaciones	(NA)	Muy profesional	6	5	4	3	2	1	Muy falto de profesionalismo
Satisfacción del cliente	(NA)	Totalmente insatisfecho	6	5	4	3	2	1	Verdaderamente satisfecho
Prontitud en la prestación del servicio	(NA)	Inaceptablemente lento	6	5	4	3	2	1	De rapidez impresionante
Calidad de las ofertas de servicio	(NA)	Verdaderamente pésimo	6	5	4	3	2	1	En verdad excepcional
Entiende las necesidades del cliente	(NA)	Las entiende realmente	6	5	4	3	2	1	No tiene ni idea
Credibilidad de Midas	(NA)	Extremadamente creíble	6	5	4	3	2	1	Increíble al extremo
Cumplimiento de las promesas por Midas	(NA)	Muy digno de confianza	6	5	4	3	2	1	Muy indigno de confianza
Surtido de servicios de Midas	(NA)	Servicio verdaderamente completo	6	5	4	3	2	1	Sólo servicios básicos
Precios, tarifas y cargos por servicios	(NA)	Demasiado altos	6	5	4	3	2	1	Estupendas tarifas
Aptitud del personal de servicio	(NA)	Muy competente	6	5	4	3	2	1	Totalmente incompetente
Habilidades sociales personales del empleado	(NA)	Muy groseros	6	5	4	3	2	1	Muy amistosos
Horarios de operación de Midas	(NA)	Extremadamente flexibles	6	5	4	3	2	1	Extremadamente limitados
Conveniencia de las ubicaciones de Midas	(NA)	De muy fácil acceso	6	5	4	3	2	1	De acceso demasiado difícil

FIGURA 13.10 Ejemplo de perfil de desempeño de Midas Auto Systems comparado con el de dos competidores

Escala de intención de conducta

Escala de intención de conducta Tipo especial de escala de calificación diseñado para captar la probabilidad de que la gente muestre algún tipo de intención de conducta predecible hacia la compra de un objeto o servicio en un marco de tiempo futuro.

Uno de los formatos de escala de mayor uso en la investigación de mercado comercial es la **escala de intención de conducta.**[19] Al usar este formato, el investigador está tratando de hacerse una idea de la probabilidad de que la gente muestre algún tipo de conducta predecible en relación con la compra de un objeto o servicio. En general, ha resultado que las escalas de intención de conducta son buenas predictoras de las elecciones de los consumidores de productos de consumo comprados frecuentemente y durables.[20]

Las escalas de intención de conducta (por ejemplo, la intención de compra, la intención de asistencia, la intención de ir de compras, el intento de uso) son muy fáciles de construir. Sencillamente se les pide a los consumidores que formulen un juicio subjetivo sobre su probabilidad de comprar un producto o servicio, o de emprender una acción específica. Los descriptores de escala incluidos normalmente en un formato de escala de intención de conducta son "Definitivamente lo haría", "Probablemente lo haría", "No estoy seguro", "Probablemente no lo haría" y "Definitivamente no lo haría". Tomemos, por ejemplo, el interés de Vail Valley Foundation por identificar la probabilidad de que la gente asista a una variedad de espectáculos de artes representativas en su nuevo Anfiteatro Ford, en Vail, Colorado. En la figura 13.11 se expone la

FIGURA 13.11 Ejemplo de escala de intención de conducta para determinar la asistencia a eventos de artes representativas en Vail, Colorado

Ahora, respecto de los próximos seis meses, nos gustaría saber el grado en que se animaría a asistir a diversos tipos de eventos de artes de entretenimiento y representación si se llevaran a cabo en la zona de Vail Valley.

En seguida, de cada tipo de evento, por favor marque el cuadro que mejor exprese el grado en que usted se animaría a asistir en el curso de los próximos seis meses.

(POR FAVOR, MARQUE SÓLO UN CUADRO POR CADA EVENTO)

Tipo de evento	Definitivamente me animaría a asistir	Probablemente me animaría a asistir	Probablemente no me animaría a asistir	Definitivamente no me animaría a asistir
I. Conciertos				
Música popular	❑	❑	❑	❑
Jazz	❑	❑	❑	❑
Música Country (campirana)	❑	❑	❑	❑
Música Bluegrass (folklórica del sur de EUA)	❑	❑	❑	❑
Música clásica	❑	❑	❑	❑
Música de cámara	❑	❑	❑	❑
II. Producciones teatrales				
Drama	❑	❑	❑	❑
Comedia	❑	❑	❑	❑
Melodrama	❑	❑	❑	❑
Espectáculo musical	❑	❑	❑	❑
III. Producciones de danza				
Danza clásica	❑	❑	❑	❑
Danza moderna	❑	❑	❑	❑
Jazz	❑	❑	❑	❑
Danza folklórica	❑	❑	❑	❑

escala de intención de conducta que el grupo Vail Valley Foundation Management Team utilizó para reunir los datos puros de intención. Observe que en esta escala se emplea un diseño de elección forzosa al no incluir el punto de escala lógico medio de "No estoy seguro". Es importante recordar que cuando se diseña una escala de intención de conducta, se tiene que incluir un marco de tiempo específico (por ejemplo, "Me animaría a asistir en el curso de los próximos *seis meses*") en la pregunta o preparación de la escala. Sin un marco de tiempo expresado, usted aumenta la posibilidad de que los encuestados sesguen su respuesta hacia las categorías de "Definitivamente me animaría" o "Probablemente me animaría".

Para aumentar la claridad de los descriptores de punto de escala, el investigador puede agregar una expresión equivalente de porcentaje a cada uno. Para ilustrar este concepto, supongamos que en Sears se interesan por saber qué probabilidades hay de que los clientes vayan de compras a ciertos tipos de tiendas detallistas en busca de ropa informal masculina. Podría usarse el siguiente conjunto de puntos de escala para obtener los datos puros de intención necesarios: "Definitivamente iría de compras a (90 a 100% de probabilidades)"; "Probablemente iría de compras a (50 a 89% de probabilidades)"; "Probablemente no iría de compras a (10 a 49% de probabilidades)", y "Definitivamente no iría de compras a (menos de 10% de probabilidades)". En la figura 13.12 se muestra cómo podría verse la escala de intención de ir de compras.

Para ver más ejemplos de los tipos de diseños de escala de Likert, de diferencial semántico y de intención de conducta, visite el sitio web del libro en www.mhhe.com/hair y siga los vínculos.

Fortalezas y debilidades de las mediciones de escala de actitud y de intención de conducta

Los investigadores y practicantes de marketing deben entender por igual que, no importa qué tipos de mediciones de escala se elaboren y empleen para captar las actitudes y conductas de la gente, no hay método que sea mejor que los demás o que esté garantizado. Aunque hay mediciones de escala consistentes y demostradas para captar los componentes que forman las actitudes así como sus intenciones conductuales, los datos proporcionados por estas mediciones de escala no deben interpretarse como si fueran hechos acerca de un objeto o conducta dados; en lugar de esto, los datos puros y cualesquiera estructuras derivadas deben verse como *observaciones profundas* estables de lo que podría ser la realidad. Por ejemplo, si el problema de información definido es de predecir algún tipo de recorrido de tiendas, compra o conducta de consumo, entonces la elaboración y administración de las escalas de intención conductual bien pudieran ser el mejor enfoque. El predictor directo más fuerte de la conducta real es el de entender las intenciones conductuales.[21]

En cambio, si el problema de información es entender mejor por qué los consumidores o clientes se comportan o responden como lo hacen en el mercado, el investigador necesita algo distinto de una medición básica de sus intenciones de compra. La conducta se puede explicar, directa o indirectamente, midiendo los elementos cognoscitivos y afectivos de las actitudes del consumidor. Lea el recuadro Implicaciones para la pequeña empresa para ver la forma en que los propietarios de pequeños negocios pueden utilizar Internet y los opiniómetros para medir la satisfacción de sus clientes.

Otros tipos de formatos de escala comparativa y no comparativa

Además de los formatos de escala de calificación no comparativa específica expuestos anteriormente, hay diversas variantes, tanto comparativas como no comparativas, que continúan teniendo aceptación entre las empresas de investigación de mercado comercial. Desafortuna-

FIGURA 13.12 **Tienda detallista: escala de intención de salida de compras en busca de ropa informal masculina**

Cuando va de compras en busca de ropa masculina o para alguien más, ¿qué probabilidades hay de que visite cada uno de los siguientes tipos de tienda detallista? **(Por favor, marque una respuesta por cada tipo de tienda.)**

Tipo de tienda detallista	Definitivamente iría de compras a (90-100% de probabilidades)	Probablemente iría de compras a (50-89% de probabilidades)	Probablemente no iría de compras a (10-49% de probabilidades)	Definitivamente no iría de compras a (menos de 10% de probabilidades)
Tiendas detallistas gigantes (por ejemplo, Sears, JCPenney)	❑	❑	❑	❑
Tiendas de departamentos (por ejemplo, Burdine's, Dillard´s, Marshall Field)	❑	❑	❑	❑
Tiendas departamentales de descuento (por ejemplo, Marshall's, TG&Y, Kmart, Target)	❑	❑	❑	❑
Outlets de centro comercial detallista (por ejemplo, Orlando Mall Outlet)	❑	❑	❑	❑
Tiendas de especialidad de ropa masculina (por ejemplo, Wolf Brothers, Surrey's George Ltd.)	❑	❑	❑	❑
Tiendas de especialidad de ropa informal masculina (por ejemplo, The Gap, Banana Republic, Aca Joe's)	❑	❑	❑	❑

damente, los términos empleados para identificar estos diferentes formatos de escala varían de un investigador al siguiente. Por ejemplo, algunos investigadores se refieren a un formato de escala de calificación de *desempeño* (como el ejemplo B de la figura 13.13) como un formato de escala de calificación *por reactivos*. Otros estudiosos se refieren a un formato similar como escala *numérica*, o también puede haber una escala *monádica*, o una escala *compuesta*, o una escala *de categoría*. Por ahora, para evitar una confusión de terminología innecesaria, es más fácil clasificar cualquier tipo de formato de escala de calificación o jerarquía como si fuera comparativa o no comparativa por naturaleza.

Escala no comparativa Formato de escala que requiere un juicio sin referencia a otro objeto, persona o concepto.

Escala comparativa Formato de escala que requiere un juicio en el que se compara un objeto, persona o concepto con otro de la escala.

Descriptores de escala de calificación gráfica Medida de escala en la que se utiliza un formato de punto de escala que le presenta al encuestado algún tipo de *continuum* gráfico como el conjunto de respuestas puras posibles a una pregunta dada.

En términos generales, se usa un formato de **escala no comparativa** cuando el objetivo de medición es hacer que el encuestado exprese su actitud, o sus emociones, acciones o intenciones acerca de un objeto específico (o persona o fenómeno) o sus atributos, sin hacer referencia a otro objeto (o persona o fenómeno) o sus atributos. En cambio, un formato de escala particular se puede ver como si fuera **comparativo** por naturaleza cuando el objetivo de la elaboración de escala es hacer que un encuestado exprese su actitud, sus sentimientos o conductas acerca de un objeto (o persona o fenómeno), o sus atributos con base en algún otro objeto (o persona o fenómeno) o sus atributos. Dentro de la "familia" de los diseños de descriptor de escala no comparativa que usan los investigadores, figuran los tres tipos (escalas de calificación gráfica, escalas de calificación de desempeño y escalas graduadas) usadas con frecuencia por los investigadores en sus trabajos de creación de escalas no comparativas. En la figura 13.13 se presentan algunos de los muchos ejemplos que ilustran estos tipos de diseños de descriptores de escala. Se pueden ver más ejemplos en el sitio web del libro, www.mhhe.com/hair, siguiendo los vínculos.

Los **descriptores de escala de calificación gráfica** (también llamados escalas de calificación continua) utilizan un formato de descriptor de elaboración de escala que le presenta al encuestado algún tipo de *continuum* gráfico como conjunto de respuestas puras posibles a la

FIGURA 13.13 Diferentes formas de escalas de calificación no comparativa usadas en investigación de mercado

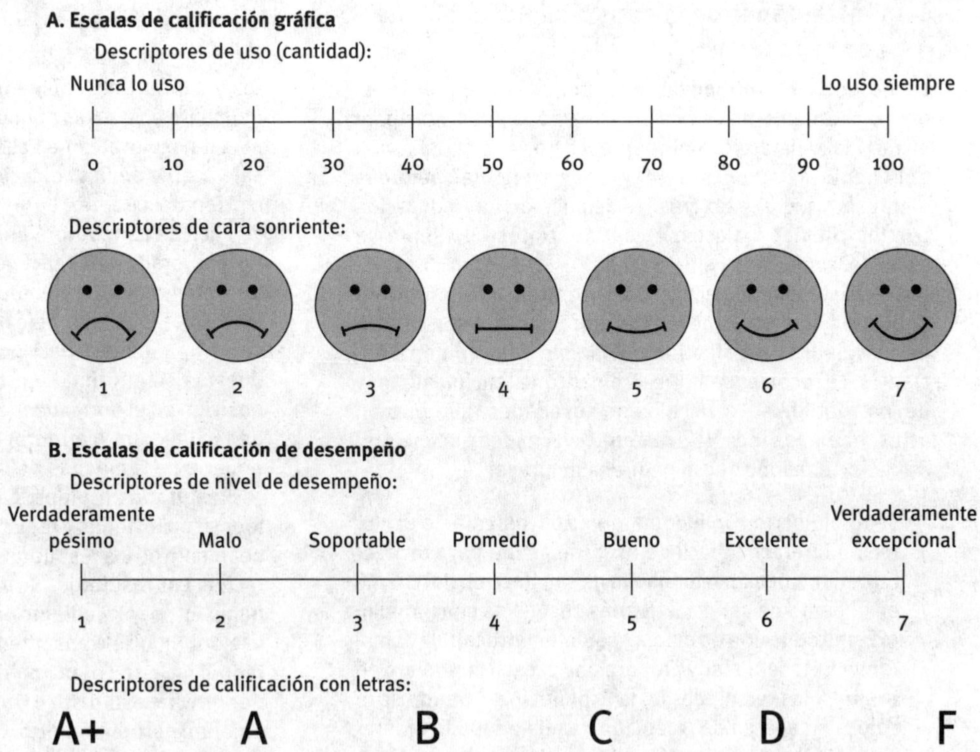

C. Escalas de grados

−5	−4	−3	−2	−1	Buena tasa de kilometraje por litro (KMPL)	+1	+2	+3	+4	+5
−5	−4	−3	−2	−1	Entiende las necesidades de servicio	+1	+2	+3	+4	+5
−5	−4	−3	−2	−1	Tiene precios competitivos	+1	+2	+3	+4	+5

pregunta o instrucción dada. Por ejemplo, la primera escala de calificación gráfica (descriptores de uso o cantidad) que se muestra en la figura 13.13 se emplea en situaciones en las que el investigador quiere reunir datos de "conducta de uso" acerca de un objeto (o persona o fenómeno) o tal vez de un atributo particular fundamental del objeto. Digamos que Yahoo quiere determinar con qué frecuencia los usuarios de Internet utilizan su motor de búsqueda sin hacer referencia a alguna otra de las alternativas de motor de búsqueda disponibles (por decir, Excite, Alta Vista, Webcrawler). Al usar este tipo de diseño de descriptor de escala, los encuestados simplemente pondrían una "X" en algún punto a lo largo de la línea de "uso" donde los puntos extremos de la línea se describen con descriptores narrativos (*Nunca lo uso* y *Lo uso siempre*) y descriptores numéricos (0 y 100) mientras que el resto de la línea está seccionado y descrito en intervalos numéricos de igual apariencia (10, 20, 30, etcétera). Otro tipo popular de diseño de descriptor de escala de calificación gráfica es el de las "Caras sonrientes". Como se aprecia en la ilustración, las caras sonrientes están dispuestas en un orden y diseño particular que representa un rango continuo de "muy feliz" a "muy triste" sin proporcionar significado narrativo de las dos posiciones extremas. Normalmente, en el diseño se usa un formato simétrico que tiene iguales cantidades de caras felices y tristes con una

La investigación de cerca

Retroalimentación informativa instantánea de la satisfacción del cliente en cada lugar

Implicaciones para la pequeña empresa

La mayoría de los propietarios de pequeñas empresas están constantemente en busca de métodos diferentes para evaluar la satisfacción del cliente. La positiva satisfacción del cliente, componente integral de cualquier pequeña empresa, es vital para crear relaciones de larga duración con los clientes valiosos. A continuación se presenta un extracto, tomado del sitio web de Direct Network Access, Inc. (www.opinionmeter.com), que describe una herramienta que los dueños de pequeñas empresas pueden utilizar para evaluar la satisfacción del cliente con rapidez y eficiencia. Le recomendamos examinar con atención algunos de los "hot links", o vínculos de novedades, que revelan otros productos tecnológicamente avanzados que mejorarán las operaciones de la pequeña empresa.

> El opiniómetro (Opinionmeter) es un sistema de exploración interactivo fácil de usar, diseñado para recoger retroalimentación informativa de satisfacción del cliente en el punto de servicio. No más encuestas con papel ni más introducción de datos; el opiniómetro tabula al instante las respuestas y proporciona acceso inmediato en el sitio a los resultados de la exploración. Cuando se lo coloca en el área de recepción de una pequeña empresa, los clientes interactúan con el opiniómetro autónomo de operación por baterías para autoadministrar sus propias exploraciones anónimamente. El opiniómetro aprovecha el tiempo de espera de los clientes y captura retroalimentación de información en un momento en que las opiniones aún están vigentes. Además, la exploración en el sitio envía un poderoso mensaje acerca de la dedicación de la compañía a la satisfacción del cliente.
>
> **Fácil de usar.** Ahora puede usted tener el cuestionario elaborado por reactivos, la máquina programada, los datos reunidos y el reporte formal terminado en un solo día. El sistema de exhibición de cuestionario único del opiniómetro hace posible que las preguntas y respuestas se impriman en cualquier lengua para su exposición en el portacuestionario (Questionnaire Holder) de fácil lectura. La reprogramación de un nuevo cuestionario no toma más de dos o tres minutos.
>
> **Resultados rápidos.** Las respuestas de los encuestados son filtradas y registradas, y se dispone instantáneamente de los resultados después de cualquier exploración. Los resultados se pueden presentar en pantalla, poner en papel mediante una impresora de rayo infrarrojo manual, o se transmiten por cable serial a la computadora de usted para analizarlos a fondo con el paquete de software estadístico Opinion Analyzer (analizador de opinión) del opiniómetro. Es posible la tabulación cruzada de los datos, incluyendo la inserción de fecha y hora.

cara "neutral" en la posición media. Este tipo de diseño de calificación gráfica se puede usar para reunir datos con niños. Por ejemplo, supóngase que Mattel, Inc., el fabricante de juguetes, está haciendo pruebas de producto de varios juguetes nuevos entre niños de 6 a 10 años de edad. Los investigadores pueden permitir que los niños jueguen con los juguetes y luego hacerles preguntas acerca de lo que les agrada y lo que no, y que cada niño responda simplemente señalando la cara que mejor exprese su sentir sobre ese juguete particular. Las escalas de calificación gráfica se elaboran fácilmente y su uso es sencillo. Permiten la identificación de distinciones finas entre respuestas, suponiendo que los encuestados tengan las capacidades discriminatorias adecuadas. En general, las escalas de calificación gráfica son de lo más apropiado para encuestas autoadministradas (tanto en línea como fuera de línea), o en entrevistas personales, y son obviamente difíciles de emplear en encuestas telefónicas.

Descriptores de escala de calificación de desempeño Medida de escala en la que se utiliza un formato de punto de escala evaluativa que le permite al encuestado expresar algún tipo de decisión posterior o de juicio evaluativo de conducta acerca de un objeto.

Los **descriptores de escala de calificación de desempeño** son sólo un tipo particular de escala de calificación por reactivos en la que se utiliza un formato de punto de escala que les permite a los encuestados expresar alguna especie de decisión posterior o juicio evaluativo acerca del objeto en estudio. Aun cuando estos diseños de descriptor de escala tienen una apariencia inicial muy similar a una escala de calificación gráfica, la diferencia principal es que a cada punto de escala incluido se le da significado narrativo, y también a veces significado numérico adicional. Los ejemplos de la parte B de la figura 13.13 ilustran sólo dos posibilidades de diseño entre muchas a las que un investigador podría recurrir. Al emplear descriptores de escala de nivel de desempeño, el investigador les pediría a los encuestados que, de una lista previa de respuestas posibles, elijan la respuesta que mejor exprese su juicio evaluativo hacia el objeto o atributo de interés. Retorne al ejemplo del auto Mazda Millenia 2003 para ver cómo J.D. Power and Associates utilizó este tipo de formato de escala de calificación de desempeño para capturar datos cognoscitivos para Mazda Corporation. El segundo diseño en la figura 13.13 ilustra el diseño de descriptor de calificación con letras. Con este diseño, el investigador le pide al encuestado que exprese su juicio de desempeño utilizando un esquema de calificación con letras conocido y aceptado en EUA. Este tipo de diseño tiene un factor de flexibilidad inherente en el sentido de que los investigadores podrían ampliar fácilmente el formato de 6 puntos mostrado en la figura 13.13 a una escala de 13 puntos que va descendiendo de A+ a F (A+, A, A–, B+, B, B–, C+, C, C–, D+, D, D–, F). Contrasta con esto el hecho de que este formato de descriptor de escala particular tiene obvias limitaciones, que hacen su uso inapropiado en la realización de investigaciones internacionales. Las escalas de calificación de desempeño son excelentes para su uso en cuestionarios autoadministrados (fuera de línea y en línea) o en encuestas personales, y en general deficientes para su utilización en cualquier tipo de encuesta por teléfono, a menos que el número de descriptores de escala se limite a tres o cuatro. Una excepción de este último punto sería la forma corta del diseño de calificación por letras. Por la inherente aceptación y comprensión de este diseño particular, los descriptores de calificación por letras son bastante fáciles de administrar en las entrevistas tradicionales, así como en las encuestas telefónicas con ayuda de computadora.

Escalas graduadas Versión modificada de la escala de diferencial semántico que toma un descriptor solo expresado narrativamente y lo centra dentro de un conjunto numérico de descriptores de más y de menos.

Se considera que las **escalas graduadas** son una versión modificada de una escala de diferencial semántico. El diseño de la escala toma un descriptor solo expresado en forma narrativa y lo centra dentro de un conjunto numérico de descriptores de (+) y de (–). Los descriptores numéricos pueden clasificarse en cualquier punto de +5 a –5, lo cual da normalmente una escala de 6, 8 o 10 puntos. Los formatos de escala graduada se usan para medir simultáneamente la dirección e intensidad de una actitud dimensional única; eliminan la necesidad de crear pares de descriptores bipolares. Sin embargo, no son muy populares en la investigación de mercados actual.[22] Las escalas graduadas necesitan una pregunta o preparación elaborada con cuidado para no confundir al encuestado. Su uso más apropiado se da en las encuestas autoadministradas (fuera de línea y en línea) y en las entrevistas personales.

Ahora volvamos la atención a las escalas comparativas. La figura 13.14 presenta algunos de los descriptores de puntos de escala asociados con la calificación de rango u orden, las comparaciones pareadas y los formatos de escala de sumas constantes. Como ya se mencionó, una característica común entre todos los tipos de diseños de escala comparativa es que el objetivo de la elaboración de escala es reunir datos que le permitan al investigador identificar y comparar directamente las semejanzas y diferencias entre objetos (por ejemplo, los automóviles Mercedes comparados con los Lexus), personas (el presidente comparado con el candidato perdedor), fenómenos de marketing (por ejemplo, las compras en línea contra las compras fuera de línea), conceptos (la satisfacción del cliente en comparación con la calidad del servicio), o cualesquiera de los atributos en que se fundan los objetos, las personas o los fenómenos (por ejemplo, la importancia de las cualidades de los vendedores). Además, los diseños de escala comparativa se pueden utilizar para reunir cualquier tipo de datos puros (tal como aspectos materiales, opinión, conducta o intenciones).

Escalas de calificación jerárquica Escalas que les permite a los encuestados comparar sus propias respuestas indicando su primera, segunda o tercera preferencias, y así sucesivamente, hasta que todas las respuestas deseadas se ordenan jerárquicamente.

Las **escalas de calificación jerárquica** incorporan un formato de punto de escala que les permite a los encuestados comparar sus propias respuestas indicando su primera, segunda o tercera preferencias, y así sucesivamente, hasta que todas las respuestas deseadas se ordenan "de superior a inferior" o "de inferior a superior". Por ejemplo, considere el diseño de escala jerárquica de la figura 13.14. CDMusic.com, un nuevo detallista de música en línea, podría incorporar este diseño de escala jerárquica particular en una encuesta más amplia de usuario de Internet para conocer mejor los tipos específicos de música que con más probabilidad comprarían en línea los clientes prospectos. Este formato permite la comparación fácil de cada posible respuesta pura (por ejemplo, el tipo de música) que tenga gran importancia o se asocie con sentimientos positivos para los encuestados. Las escalas jerárquicas son fáciles de

FIGURA 13.14 Diferentes formas de escalas de calificación comparativa usadas en la investigación de mercado

A. Escalas de calificación jerárquica

Pensando en los diferentes tipos de música, por favor dé un rango a sus tres preferencias principales de tipos de música que usted disfrute escribiendo sus opciones primera, segunda y tercera en las líneas que se ofrecen a continuación.

Primera preferencia: ______________

Segunda preferencia: ______________

Tercera preferencia: ______________

B. Escalas de calificación de comparación pareada

Vamos a presentarle varios pares de rasgos asociados con las actividades de un vendedor en funciones. De cada par, por favor indique qué rasgo le parece más importante para ser un vendedor.

a. confianza	b. competencia
a. confianza	b. habilidades de comunicación
a. confianza	b. habilidades personales sociales
a. competencia	b. habilidades de comunicación
a. competencia	b. habilidades personales sociales
a. habilidades de comunicación	b. habilidades personales sociales

Nota: Tal vez el investigador quiera revolver estas comunicaciones pareadas e invertir su orden para evitar un posible sesgo de orden.

C. Escalas de calificación de sumas constantes

A continuación aparece una lista de siete características bancarias. Por favor, reparta 100 puntos entre estas características de modo que el reparto represente la importancia que cada característica tuvo para usted en su "selección" de banco. Cuantos más puntos asigne a una característica, más importante será ésta para su proceso de selección. Si la característica "no fue en modo alguno importante" para su proceso, no le asigne puntuación. Cuando haya acabado, haga la prueba de su operación para asegurarse de que su total suma 100.

Características bancarias	Número de puntos
La conveniencia y/o ubicación	_____
Los horarios del banco	_____
Cargos justos por el servicio	_____
Las tasas de interés en préstamos	_____
La reputación del banco	_____
Las tasas de interés en ahorros	_____
La publicidad promocional del banco	_____
	100 puntos

usar en entrevistas personales y en todo tipo de encuestas (en línea y fuera de línea) autoadministradas. Puede dificultarse el uso de las escalas jerárquicas en encuestas telefónicas tradicionales o con ayuda de computadora, pero es posible siempre que el número de reactivos se limite a cuatro o cinco. En estos casos, en que a los encuestados se les pide jerarquizar los atributos de un objeto, puede haber problemas; si los atributos preferidos de un encuestado no son parte del conjunto preenlistado de atributos que se están midiendo, los resultados podrían resultar confusos en esencia. Otra limitación es que sólo se pueden obtener estructuras de datos ordinales al emplear escalas jerárquicas. El investigador no puede conocer en grado alguno la intensidad o el razonamiento de los encuestados al hacer sus elecciones jerárquicas.

Escalas de calificación de comparación pareada Formato que crea un grupo preseleccionado de rasgos, características de producto o cualidades que se parean con los de otro grupo, para que a los encuestados se les pida que elijan el elemento de cada par que sea más importante para ellos.

Las **escalas de calificación de comparación pareada** crean un grupo preseleccionado de rasgos, características de producto o servicio, o características que se parean con las de otro grupo. Luego se les pide a los encuestados que elijan qué rasgo, característica o cualidad de cada par es más importante para ellos. En consecuencia, los encuestados hacen una serie de juicios pareados entre los atributos (características). Es importante recordar que el número de comparaciones pareadas aumenta geométricamente en función del número de cualidades que se están evaluando. Por ejemplo, la escala de comparación pareada de la figura 13.14 es una de varias que el grupo reclutador de personal de Procter & Gamble (P&G) administra a los titulados de licenciatura que solicitan empleo en su división de ventas de productos de consumo. En este caso, P&G se interesa en los rasgos importantes de habilidades de comunicación, aptitud y confianza que han de tener sus asociados de ventas. Después de pedirle a un solicitante prospecto que haga una serie de juicios pareados entre estos rasgos, los resultados se comparan con los estándares de Procter & Gamble para determinar parcialmente qué tanto se ajusta el solicitante al perfil deseado de P&G de un asociado de ventas. Una debilidad potencial de este tipo de diseño de escala es que puede intervenir la fatiga del encuestado si se incluyen demasiados atributos y elecciones pareadas, lo que crea un sesgo potencial en las estructuras de datos resultantes.

Escalas de calificación de sumas constantes Las que requiere que el encuestado reparta un número determinado de puntos, por lo común 100, entre varios atributos o cualidades, con base en la importancia que le merezca u otro sentimiento que le despierte; este formato precisa que el encuestado evalúe cada atributo o característica en relación con todos los demás enlistados.

En las **escalas de calificación de sumas constantes** se requiere que el encuestado reparta un número determinado de puntos, por lo común 100, entre varios atributos o cualidades, con base en la importancia que le merezca u otro sentimiento que le despierte. De tal suerte, este formato pide que el encuestado determine el valor de cada característica separada en relación con todas las demás características enlistadas. Las asignaciones de valor resultantes indican la magnitud relativa de importancia (o sentimiento) que cada característica tenga para el encuestado. Este formato de elaboración de escala exige que los valores individuales sumen 100 [o el total repartible asignado originalmente]. Tómese, por caso, la escala de sumas constantes mostrada en la figura 13.14. Bank of America puede recurrir a este tipo de diseño de escala para identificar qué atributos bancarios son más importantes para los clientes reales y potenciales en la influencia sobre su proceso de decisiones al determinar el banco que preferirán. Este tipo de diseño de escala comparativa es sumamente apropiado para su uso en todo tipo de encuesta autoadministrada en línea y fuera de línea, y en mucho menor medida en entrevistas personales. Se ha de tener cuidado con los diseños de escalas de sumas constantes cuando se incorporan para su evaluación demasiados atributos o cualidades (por ejemplo, más de siete), toda vez que esto demanda mucha energía mental de parte del encuestado.

Para ver más ejemplos de diseños de escala comparativa y no comparativa, visite el sitio web del libro en www.mhhe.com/hair y siga los vínculos.

Comentarios sobre las escalas de reactivo único y de varios reactivos

Antes de concluir nuestra explicación de las mediciones de escala avanzadas que se usan en la investigación de mercados, vale la pena hacer varias observaciones acerca de cuándo y por qué los investigadores emplean los formatos de elaboración de escala de reactivo único y de varios reactivos. Primero, un diseño de escala puede caracterizarse como **diseño de escala de reactivo único** en los casos en que los requerimientos de datos se concentran en reunir éstos acerca de un solo atributo del objeto o constructo que se investiga. Un ejemplo fácil de recordar que ilustra este punto sería la necesidad de recolectar datos de edad de los encuestados. Aquí el objeto es "una persona", y el atributo único de interés es la "edad" de esa persona. Sólo se necesita una medida para recoger los datos de edad requeridos. Al encuestado se le hace una sola pregunta acerca de su edad, y él proporciona sólo una respuesta posible a la pregunta. En cambio, como se explicó antes, la mayoría de los requerimientos de datos que tienen que ver con información de actitudes, emociones y conducta, con toda probabilidad precisarán que el investigador utilice algún tipo de **diseño de escala de reactivos múltiples** (a la que también se le llama medición de escala "compuesta" o "multidimensional"). Básicamente, cuando se emplea una escala de reactivos múltiples, o compuesta, para la medición del objeto o constructo de interés completo, el investigador tendrá que medir varios reactivos (o

Diseño de escala de reactivo único Formato que reúne datos acerca de un solo atributo de un objeto o constructo.

Diseño de escala de reactivos múltiples Formato que recoge simultáneamente datos de varios atributos de un objeto o constructo.

atributos) en forma simultánea, en lugar de medir sólo uno. La mayoría de las escalas avanzadas de actitud, emoción y conducta expuestas anteriormente en el capítulo son ejemplos de formatos de medición de escala de reactivos múltiples.

La decisión de emplear una escala de reactivo único en lugar de una de reactivos múltiples se toma en la etapa de desarrollo del constructo. Dos factores intervienen de manera significativa en este proceso. Primero, el investigador tiene que evaluar la *dimensionalidad* del constructo en estudio. Cualquier constructo que consiste en varias subdimensiones diferentes, únicas, exigirá que el investigador mida cada uno de esos subcomponentes definibles. Segundo, los investigadores tienen que lidiar con los problemas de la *confiabilidad* y la *validez* de las mediciones de escala que se empleen para la recolección de datos. Por consiguiente, están obligados a medir cada subcomponente utilizando un conjunto de reactivos de elaboración de escala diferentes. Para ilustrar estos dos puntos, veamos de nuevo el ejemplo de Tiger Woods como vocero en la figura 13.7. Aquí el principal constructo de interés era la "credibilidad como portavoz". Se determinó que había tres componentes clave (pericia, carácter fidedigno y atracción) que forman la credibilidad. Cada uno de los subcomponentes se midió utilizando cinco diferentes medidas de escala bipolares de siete puntos (por ejemplo, en pericia: conocedor/no conocedor, experto/inexperto, capacitado/no capacitado, calificado/no calificado, experimentado/inexperimentado).

Escala compuesta formativa Formato de escala en el que se utilizan varios reactivos de escala individual para medir partes diferentes del objeto o constructo completo.

Escala compuesta reflexiva Formato de escala en el que se utilizan reactivos de escala múltiples para medir un componente de un objeto o constructo.

Otro punto que debe recordarse acerca de las escalas compuestas (o de reactivos múltiples) es que son de dos tipos: diseños de escala formativa y reflexiva. Se utiliza un diseño de **escala compuesta formativa** cuando cada uno de los reactivos individuales de la escala mide alguna parte del constructo, objeto o fenómeno entero. Por ejemplo, para medir la imagen general de un Mazda Millenia 2003, los investigadores tendrían que medir los diferentes atributos que integran la imagen del automóvil, como el desempeño, el valor de reventa, el estilo, el precio, las características de seguridad, el sistema de sonido y la manufactura (vuelva a ver la figura 13.3). Creando una escala que mida cada atributo pertinente, el investigador puede sumar las partes en un todo completo (es decir, formativo) que mide la imagen general que tienen los encuestados del Mazda Millenia 2003. Con un diseño de **escala compuesta reflexiva**, los investigadores se valen de reactivos múltiples para medir un(a) subcomponente (dimensión) individual de un constructo, objeto o fenómeno. Por decir, reduciendo la investigación a la dimensión de desempeño del Mazda Millenia 2003, el investigador puede usar una escala común de calificación de desempeño y medir esos atributos identificados (por ejemplo, que está libre de problemas, su tasa de kilometraje por litro, su comodidad de conducción, la destreza de hechura, la calidad en general, que se puede depender del auto, su respuesta) que forman la dimensión de desempeño (véase figura 13.2). Cada una de estas medidas de atributo refleja el desempeño del Mazda Millenia 2003, y un promedio de los reactivos de escala compuesta reflexiva puede interpretarse como una medida de desempeño.

Recapitulación de los temas fundamentales del diseño de mediciones

Antes de avanzar al capítulo 14, que trata de la elaboración de los cuestionarios, recapitularemos brevemente sobre los principales temas del diseño relacionados tanto con el desarrollo del constructo como con la medición de escala.

Temas del desarrollo de constructo

Los investigadores deben definir y operacionalizar claramente los constructos antes de tratar de crear las mediciones de escala necesarias. Por cada constructo que se estudie, el investigador debe determinar sus rasgos de dimensionalidad (esto es, único contra multidimensional) antes de crear las mediciones de escala apropiadas. En un constructo multidimensional, se tienen que identificar todas las dimensiones relevantes así como los atributos relacionados con ellas.

Evite crear dimensiones que sirvan a dos propósitos; esto es, eluda presentar dos dimensiones diferentes de un constructo como si fueran una. Por ejemplo, cuando se investigan las percepciones de calidad del servicio por parte de los consumidores, no trate de combinar la aptitud tecnológica del proveedor de servicio y la competencia de diagnóstico en una dimensión. Dentro de una dimensión singular, eluda el uso de atributos de doble propósito. Por ejemplo, no le pida al encuestado que califique dos atributos en forma simultánea (por ejemplo, indique en qué medida está de acuerdo o en desacuerdo en que el presidente *cometió perjurio* y *debió ser depuesto*). En un constructo multidimensional use los diseños de escala en que se utilizan reactivos de atributo múltiples por separado para medir cada dimensión independientemente de las otras (vea el ejemplo de Tiger Woods en la figura 13.7). En un constructo unidimensional emplee los diseños de escala para medir un componente diferente del constructo (vea de nuevo el ejemplo del Mazda Millenia 2003). Las evaluaciones de validez de constructo deben efectuarse siempre antes de crear la medición de escala final.

Temas de medición de escala

Cuando redacte el elemento de pregunta o preparación de una escala, evite preguntar o pedir dos o más cosas en una situación (esto es, hacer una pregunta o preparación de doble propósito). Utilice una redacción clara y evite la ambigüedad. A menos que sea absolutamente necesario, eluda el uso de palabras o frases "guía" en cualquier pregunta o preparación de medición de escala.

Independientemente del método de recolección de datos (ya sean encuestas personales, telefónicas o con ayuda de computadora, o cualquier tipo de encuesta autoadministrada fuera de línea o en línea), todas las instrucciones necesarias tanto para el encuestado como para el entrevistador deben ser parte de la pregunta o preparación de la medición de escala. Todas las instrucciones deben ser sencillas y claras. Cuando utilice reactivos de atributos múltiples, asegúrese de que los primeros estén redactados unidimensionalmente (de nuevo, evite las frases de reactivo con doble propósito). Cuando determine el conjunto apropiado de descriptores de punto de escala, asegúrese de que los descriptores sean relevantes para el tipo de datos que se buscan. Utilice sólo descriptores y formatos de escala que hayan sido preprobados y evaluados en confiabilidad y validez de escala. Los descriptores de escala deben tener el adecuado poder discriminatorio, ser mutuamente excluyentes y tener sentido para el encuestado.

Preguntas de selección

En todo tipo de entrevista deben usarse siempre las preguntas de selección (también llamadas "seleccionadoras" o "preguntas filtro"). Su propósito es identificar a los encuestados prospectos calificados y evitar que se incluya en el estudio a encuestados no calificados. Es muy difícil crear las preguntas de selección en la mayoría de los cuestionarios autoadministrados, excepto en encuestas con ayuda de computadora. Las preguntas de selección se tienen que administrar al principio mismo de la entrevista o encuesta.

Pregunta de salto

En lo posible hay que evitar las preguntas de salto (también llamadas "condicionales" o "de derivación"); si son necesarias, se deben dar instrucciones claras al encuestado o al entrevistador. Las preguntas de salto pueden aparecer en cualquier parte dentro del cuestionario y se utilizan si la pregunta (o conjunto de preguntas) siguiente(s) debe contestarla(s) sólo un encuestado que cumpla con una condición previa. Una expresión simple de orden de salto podría ser: "Si contestó *sí* a la Pregunta 5, salte a la Pregunta 9." Las preguntas de salto ayudan a asegurar que sólo los encuestados específicamente calificados respondan a ciertos reactivos.

Responsabilidad ética del investigador

En la elaboración de las mediciones de escala que habrán de emplearse en la investigación de mercados, es responsabilidad ética del investigador idear y usar las escalas más apropiadas posibles. El uso intencional de mediciones de escala para producir información sesgada hace que surjan dudas acerca de la ética profesional del investigador. Como ilustración, repasemos el ejemplo de Aca Joe del principio del capítulo.

Cualquier conjunto de descriptores de punto de escala que se utilice para estructurar una escala de calificación no comparativa puede ser manipulado incorrectamente para imprimir un sesgo a los resultados en cualquier dirección. Se puede utilizar descriptores de escala inapropiados para reunir datos de imagen de marca que creen incorrectamente un cuadro positivo de una marca o una imagen negativa de la marca de un competidor, lo cual no daría un panorama verdadero de la situación. Para ilustrar este punto, supongamos que en la creación de la escala de diferencial semántico de siete puntos utilizada para recoger datos de imagen para las siete dimensiones anotadas de la imagen de la tienda de Aca Joe (esto es, calidad, surtido, estilo o moda, precios de la mercancía, ubicación de la tienda, reputación general y conocimientos del personal de ventas), el investigador decidiera no seguir muchas de las pautas o principios de elaboración de mediciones de escala precisas, e incluso no preprobara las escalas, y que se atuviera a su juicio intuitivo de lo que pensara que el propietario de Aca Joe estuviera esperando. En consecuencia, se desarrolló la siguiente medición de escala de diferencial semántico:

En cada uno de los siguientes atributos, por favor encierre en un círculo el número que mejor exprese cómo calificaría usted ese atributo para la tienda detallista Aca Joe.

Calidad de la mercancía	Verdaderamente pésima	1	2	3	4	5	6	7	Buena
Surtido de mercancía	Limitado	1	2	3	4	5	6	7	Extremadamente amplio
Estilo de la mercancía	Muy a la moda	1	2	3	4	5	6	7	Nada a la moda
Precios de la mercancía	Extremadamente altos	1	2	3	4	5	6	7	Razonables
Reputación de la tienda en general	Buena	1	2	3	4	5	6	7	Extremadamente mala
Ubicación de la tienda	Muy inconveniente	1	2	3	4	5	6	7	Conveniente
Personal de ventas	Profesional	1	2	3	4	5	6	7	Muy poco profesional

Ahora, seleccione la tienda detallista que desee, suponga que es Aca Joe, y califíquela usando la escala anterior. Interprete el perfil de la imagen que usted creó y compárelo con las imágenes deseada y real de Aca Joe descritas al principio del capítulo. ¿Qué diferencias detecta? ¿Qué tan objetivas fueron las calificaciones de usted? ¿Se sorprendió calificando su tienda positivamente como Aca Joe? ¿Con qué problemas se encontró en cada dimensión? Usando la escala anterior, un investigador puede sesgar en forma negativa las evaluaciones de la imagen de sus competidores dando descriptores moderadamente negativos contra descriptores positivos fuertes, o a la inversa. En sentido ético, ya ve usted cuán importante es usar de manera correcta escalas equilibradas con descriptores positivos y negativos comparables. Además, cuando un investigador no sigue las pautas de elaboración de escala, las respuestas pueden sesgarse e interpretarse de acuerdo con este sesgo. Este ejemplo señala también la necesidad de preprobar y establecer mediciones de escala que tengan factores adecuados de confiabilidad, validez y capacidad de generalización. Recuerde que las escalas que no son confiables, que son inválidas o que carecen de capacidad de generalización a la población meta definida proporcionarán resultados defectuosos y confusos (entra basura, sale basura o lo que mal entra mal sale) y creará indeseados problemas éticos.

Resumen de objetivos de aprendizaje

Analizar la importancia de la medición de actitud, y describir dos métodos diferentes para medir las actitudes de las personas hacia un objeto determinado.

Hay una creciente necesidad entre los hombres de marketing actuales de entender mejor las actitudes y sentimientos de sus clientes hacia los productos, servicios y sistemas de entrega de sus compañías. Algunos investigadores ven la "actitud" como el resultado compuesto derivado de la interacción entre las creencias de una persona (esto es, los pensamientos cognoscitivos) y las emociones expresadas (es decir, los sentimientos afectivos) concernientes a esas creencias. Conocer estas interacciones puede ser útil para la predicción de la conducta de una persona (es decir, la acción volitiva). No todos los investigadores aceptan este enfoque de la trilogía para medir las actitudes; algunos simplemente ven éstas como un indicador global de los sentimientos de una persona (dígase, afecto = actitud) hacia un objeto o conducta. No importa el método, hay un valor de diagnóstico significativo para investigadores y practicantes en el acto de entender las diferentes mediciones de escala que se usan para captar las estructuras de creencia de la gente comparadas con sus sentimientos comparados con sus tendencias de conducta.

Decir cómo se diseñan y prueban correctamente las escalas de Likert, de diferencial semántico y de intención conductual, y explicar sus puntos fuertes y debilidades.

Los diseños de escala de Likert emplean únicamente un conjunto de descriptores de escala de acuerdo o en desacuerdo para captar la actitud de una persona hacia un objeto o conducta determinados. Contra lo que comúnmente se cree, un formato de escala de Likert no mide la actitud completa de una persona, sino sólo la estructura cognoscitiva. Los formatos de escala de diferencial semántico son excepcionales para capturar el perfil de la imagen perceptual de una persona acerca de un objeto o conducta dados. Este formato de escala es único en el sentido de que emplea un conjunto de escalas bipolares para medir varios factores diferentes, aunque interrelacionados (cognoscitivos y afectivos) de un objeto o conducta determinados.

En las escalas de afecto de atributos múltiples se utilizan descriptores de punto de escala que consisten en magnitudes relativas de una actitud (por ejemplo, "muy importante", "algo importante", "no demasiado importante", "nada importante", o "me agrada mucho", "me agrada algo", "ni me agrada ni me desagrada", "me desagrada algo", "me desagrada mucho"). Respecto de los formatos de escala de intención de conducta, el practicante se interesa en obtener alguna idea de probabilidad de que la gente (por ejemplo, consumidores, clientes o compradores reales o potenciales) mostrarán algún tipo de conducta predecible hacia la compra de un objeto o servicio. Los descriptores de escala como "Definitivamente lo haría", "Probablemente lo haría", "Probablemente no lo haría" y "Definitivamente no lo haría" se usan normalmente en un formato de escala de intenciones. Si el objetivo de la información es recoger datos puros que puedan predecir de manera directa algún tipo de comportamiento de mercado, entonces deben emplearse escalas de intención de conducta en el estudio. Por el contrario, si el objetivo es entender las razones por las cuales tiene lugar cierto tipo de comportamiento de mercado, entonces es necesario incorporar formatos de medición de escala que capten tanto las estructuras de creencia cognoscitiva de la persona como sus sentimientos.

Analizar las diferencias entre los diseños de las escalas no comparativa y comparativa, así como la idoneidad de las mediciones de escala de puntuación y jerárquica.

La diferencia principal es que las mediciones de escala comparativa requieren que el encuestado haga algún tipo de comparación directa entre los atributos de la escala desde el mismo punto de referencia conocido, mientras que las escalas no comparativas califican cada atributo independientemente de los demás atributos que forman la medición de escala. Los datos de las escalas comparativas deben interpretarse en términos relativos y sólo se debe activar la asignación y ordenar las propiedades de elaboración de escala. Los datos de la escala no comparativa se tratan como intervalo o razón matemática, y se pueden emplear procedimientos estadísticos más avanzados para analizar las estructuras de datos. Un beneficio de las escalas comparativas es que permiten identificar pequeñas diferencias entre los atributos, constructos u objetos. Además, sus diseños de escala comparativa requieren menos supuestos teóricos y son más fáciles de entender y responder para los encuestados que muchos de los diseños de escala no comparativa. Sin embargo, las escalas no comparativas brindan la oportunidad de penetrar más en el conocimiento de los constructos y sus componentes.

Identificar y analizar los aspectos críticos de las actitudes del consumidor y de otros fenómenos del mercado que requieren medición para permitirnos tomar mejores decisiones.

Para que las organizaciones tomen decisiones informadas en relación con sus proveedores, clientes, competidores, empleados o miembros de la organización, tienen que reunir información detallada y precisa. La selección de un proveedor puede descansar parcialmente en su historia de entrega a tiempo, reputación de calidad y experiencia dentro de la industria. La información concerniente a las preferencias, conducta de compra, patrones de compras comparadas, demografía y actitudes de los consumidores puede ser vital para el éxito o fracaso de una organización.

De manera similar, los perfiles profundos de los competidores pueden revelar oportunidades o retos que encara la compañía, y pueden conducir a planes coherentes diseñados para crear una ventaja competitiva significativa. Si los consumidores prefieren el producto de un competidor, entonces sería de gran valor entender, mediante el uso de técnicas de medición apropiada, por qué existen tales preferencias.

■ **Discutir las reglas generales de la medición y explicar las diferencias entre las medidas simples o las múltiples de un constructo, así como las directas o las indirectas.**
No existe un conjunto único de reglas para todas las mediciones; sin embargo, se pueden aplicar ciertos estándares para el proceso de medición. Por ejemplo, las reglas para el uso correcto de un termómetro para medir la temperatura del agua serían muy diferentes de las del uso de un telescopio para medir la distancia a una estrella. Aun así, las reglas tienen que ser explícitas y detalladas para permitir la aplicación uniforme del instrumento.

Términos y conceptos clave

Actitud 409
Componente afectivo 410
Componente cognoscitivo 409
Componente volitivo 410
Descriptores de escala de calificación de desempeño 430
Descriptores de escala de calificación gráfica 428
Diseño de escala de reactivo único 433
Diseños de escala de reactivos múltiples 433
Enfoque global del afecto 414
Escala comparativa 428
Escala compuesta formativa 434
Escala compuesta reflexiva 434
Escala de diferencial semántico 421
Escala de intención de conducta 426
Escala de Likert 418
Escala no comparativa 428
Escalas de calificación de comparación pareada 432
Escalas de calificación de sumas constantes 433
Escalas de calificación jerárquica 431
Escalas graduadas 431
Método de la trilogía 409
Modelo de actitud hacia el objeto 421
Modelo de actitud hacia la conducta 414

Preguntas de repaso

1. Conceptualmente, ¿qué es una actitud? ¿Hay un método mejor que otros para medir la actitud? ¿Por qué sí o por qué no?
2. Explique las diferencias principales entre las escalas de “calificación” y “jerárquica”. ¿Cuál es la mejor técnica de medición de escala para reunir datos de actitudes sobre el desempeño como fuerza de ventas de quienes venden impresoras láser comerciales? ¿Por qué?
3. Cuando se reúnen datos de importancia acerca de las características que los viajeros de negocios toman en cuenta para elegir un hotel, ¿debe el investigador utilizar una medición de escala equilibrada o no equilibrada? ¿Por qué?
4. Explique las diferencias principales entre utilizar diseños de medición de escala “de puntos pares” y “de puntos impares” para reunir datos de intención de compra. ¿Es un método mejor que el otro? ¿Por qué?

5. Si un diferencial semántico tiene ocho dimensiones de atributo, ¿deben dejarse del lado izquierdo todos los descriptores del polo positivo y todos los descriptores del polo negativo del lado derecho del *continuum* de la escala? ¿Por qué sí o por qué no?

6. ¿Cuáles son los beneficios y limitaciones de las mediciones de escala comparativa? Diseñe una escala de comparación pareada que le permita determinar la preferencia de marca entre las cervezas Bud Light, Miller Lite, Coors Light y Old Milwaukee Light.

Preguntas de análisis

1. Elabore una escala de diferencial semántico de intervalo ordinal que pueda identificar las diferencias perceptuales de perfil entre los restaurantes Outback Steakhouse y Longhorn Steakhouse.

2. Explique las diferencias entre un formato de escala sumada de Likert y un formato de escala de calificación numérica. ¿Debe una escala de Likert considerarse nunca una escala de intervalo? ¿Por qué sí o por qué no? Elabore ahora una medición de escala de Likert de elección forzosa que se pueda emplear para medir las impresiones de los consumidores acerca de la película *Titanic*.

3. Diseñe una escala de intención de conducta con la capacidad de tratar de contestar a la siguiente pregunta de investigación: "¿En qué medida tienen probabilidades los alumnos universitarios de comprar un automóvil nuevo dentro de los seis meses que siguen a su obtención del título?" Analice las desventajas potenciales del diseño de escala de usted.

4. **EXPERIMENTE CON INTERNET.** Una compañía que se apoya fuertemente en preguntarles a los estadounidenses acerca de sus actitudes y valores es SRI International. Ha desarrollado una técnica de segmentación única que utiliza datos tipo VALS para clasificar a las personas en diferentes categorías de estilo de vida. Entre en Internet y vaya al sitio web de SRI en www.future.sri.com:/valshome.htm. Efectúe su encuesta corta para determinar su tipo VALS (valores y estilos de vida). Mientras realiza la encuesta, evalúe qué mediciones de escala están utilizándose. ¿Qué tipo de sesgo de diseño podría haber?

ILUSTRACIÓN DE LA INVESTIGACIÓN DE MERCADOS, PARTE 2

Uso de las mediciones de escala para la creación de un índice de lealtad del cliente

Aquí se presenta la segunda parte de la Ilustración de la investigación de mercados que figura al final del capítulo 12. Recuerde que los investigadores de Burke Customer Satisfaction Associates midieron los tres componentes principales (satisfacción del cliente en general, probabilidad de repetición de negocios y probabilidad de que se recomiende la compañía) que forman su constructo derivado de Secure Customer Index (SCI; índice del cliente seguro).

Medición de la lealtad del cliente

En Burke Customer Satisfaction Associates medimos estos tres componentes (satisfacción del cliente en general, probabilidad de repetición de negocios y probabilidad de que se recomiende la compañía) atendiendo a las puntuaciones combinadas de tres preguntas de encuesta. Por ejemplo, al examinar la satisfacción general o global de los clientes de restaurantes, es posible que preguntemos: "En general, ¿qué tan satisfecho quedó usted al venir a este restaurante?" Para conocer su probabilidad de recomendarlo, "¿qué probabilidad hay de que usted le recomiende este restaurante a un amigo o a un asociado?". Y, por último, para examinar la probabilidad de compras de repetición, preguntaríamos: "¿Qué probabilidad hay de que se decida a venir de nuevo a este restaurante?"

Con estos tres componentes, y las escalas apropiadas para cada uno, se definiría a los clientes seguros como los que dan las respuestas más positivas *en los tres componentes juntos.* Los demás clientes se considerarían vulnerables o en riesgo de desertar e irse con un competidor. Los grados de vulnerabilidad o riesgo se pueden determinar también por las respuestas a las preguntas.

Cuando interpretamos el SCI de una compañía, de manera característica lo comparamos con otras puntuaciones de SCI pertinentes, como la propia puntuación de SCI de la compañía en los últimos diez años, las puntuaciones de SCI de los competidores y las puntuaciones de SCI de las compañías "mejores de la clase". Si bien una compañía debe afanarse siempre por obtener puntuaciones más altas, entender qué tan "buena" o "mala" podría ser una puntuación dada es algo que se hace mejor en términos comparativos.

Lealtad del cliente y desempeño de mercado

En grado creciente, podemos enlazar la satisfacción del cliente y su lealtad con los beneficios en el renglón de utilidades. Si examinamos los comportamientos del cliente en el tiempo y los comparamos con las puntuaciones SCI, vemos una fuerte conexión entre los clientes seguros y la compra repetida de productos o servicios. Por ejemplo, examinamos la relación entre los datos de encuesta de satisfacción del cliente y los niveles de compras de repetición en el ramo de las computadoras. Los clientes seguros en este ramo indicaron *el doble* de probabilidades que los clientes vulnerables de renovar contratos. Los clientes seguros dieron también indicios *del doble* de probabilidades que los clientes vulnerables en cuanto a ampliar sus negocios con su proveedor primario.

Al seguir viendo casos de otros tipos de clientes y del ramo del comercio o industria, hemos encontrado otros ejemplos de peso que ilustran una conexión entre las puntuaciones del índice y el desempeño financiero o de mercados. Estos resultados demuestran el valor de examinar las puntuaciones del índice no sólo en la industria, sino también en el tiempo dentro de la misma compañía para determinar los cambios dentro de la proporción de clientes seguros.

Competencia, clientes y encuestas

Igual que cualquier otra medición, el índice de lealtad del cliente puede experimentar la influencia de factores adicionales según el ramo de comercio o industria, las características del mercado o los métodos de investigación. Estos factores deben considerarse cuando se interpreta el significado de cualquier índice de lealtad.

Los ramos con más de un proveedor de servicios tienden a producir puntuaciones más altas de satisfacción del cliente que los ramos con menos proveedores a elegir. Por ejemplo, el ramo de la televisión por cable, que en muchos mercados tiende a ser monopólico, tiene en general puntuaciones de satisfacción del cliente bajas en comparación con otros ramos. La idea de que la competencia genera más oportunidades afecta claramente también a la satisfacción del cliente.

Un segundo factor que puede contribuir en forma indirecta a la puntuación del índice de lealtad del cliente es el tipo de mercado que se esté examinando. En los mercados de especialidad, en los que el producto se confecciona o ajusta a la medida del cliente, las puntuaciones del índice de lealtad tienden a ser más altas que en los mercados generales o no personalizados. Por ejemplo, las puntuaciones del índice para los clientes de una configuración especializada de software o de red serían probablemente más altas que las de clientes de una aerolínea.

El tipo de cliente que se evalúa influye también en las puntuaciones del índice. Por ejemplo, los clientes de negocio a negocio pueden dar puntuaciones diferentes de las que arrojan los consumidores en general. De nueva cuenta, el tipo de ramo comercial o industrial influirá asimismo en el tipo de clientes que se estudia.

Por último, el método de recolección de datos puede influir en la respuesta del cliente. Los investigadores han reconocido desde hace mucho tiempo que los diferentes métodos empleados para reunir información, como las entrevistas en vivo, las encuestas por correo y las encuestas telefónicas, producen resultados variables.

Reconocer estos factores es importante no sólo para reunir información, sino también para interpretar un índice. El aprendizaje de la forma de minimizar o corregir estas influencias aumentará la validez o la "lectura" veraz de un índice de lealtad del cliente.

Uso de los datos para evaluar sus propios esfuerzos

Las empresas comprometidas con la calidad orientada al cliente deben integrar la voz de este último en sus operaciones de negocios. Un índice de lealtad del cliente provee información para actuar al mostrar la razón matemática de clientes seguros a clientes vulnerables; actúa como línea de base o regla de medir para que la administración cree las metas para la organización, y ayuda a enfocar los esfuerzos para el mejoramiento continuo en el tiempo. Además, a medida que se realizan los cambios y las iniciativas en la organización, la puntuación se puede vigilar como una forma de evaluar cada iniciativa.

El uso de un índice de lealtad del cliente le sirve a las empresas para entender mejor a sus clientes. Escuchando a éstos, realizando los cambios y revisando en forma continua los resultados, las compañías pueden centrar sus esfuerzos de mejoramiento con objeto de ganarse a los clientes y de conservarlos.

Utilizando el conocimiento obtenido de este capítulo y la información proporcionada en esta ilustración, responda cada una de las siguientes preguntas. Asegúrese de que puede defender sus respuestas.

1. ¿Cuáles son algunas de las debilidades con la forma en que Burke Customer Satisfaction Associates midió su Secure Customer Index (SCI)? Asegúrese de identificar en forma clara cada debilidad y explique por qué la percibe como tal.

2. Si fuera el investigador jefe, ¿qué tipos de diseños de medición de escala habría empleado usted para reunir los datos necesarios para calcular el SCI? ¿Por qué? Diseñe una muestra de las mediciones de escala que utilizaría usted.

3. ¿Está usted de acuerdo o en desacuerdo con la interpretación de Burke Associates del valor que proveen a sus clientes al emplear el índice de lealtad del cliente? Refuerce su respuesta.

Fuente: www.burkeinstitute.com y Amanda Prus y D. Randall Brandt, "Understanding Your Customers-What You Can Learn from a Customer Loyalty Index", *Marketing Tools*, julio/agosto de 1995, pp. 10-14.

capítulo 14

Diseño y temas de cuestionario

Objetivos de aprendizaje

Al terminar de leer el capítulo, usted podrá

1

Identificar y analizar los factores críticos que pueden contribuir a mejorar directamente la precisión de las encuestas, y explicar por qué la elaboración del cuestionario no es un proceso sencillo.

2

Analizar los principios teóricos del diseño de cuestionario y explicar por qué un cuestionario es más que simplemente hacerle algunas preguntas a un encuestado.

3

Identificar y explicar las funciones de comunicación de los cuestionarios en el proceso de recolección de datos.

4

Explicar por qué el tipo de información necesario para atender a las preguntas y problemas de un tomador de decisiones influirá sustancialmente en la estructura y contenido de los cuestionarios.

5

Analizar y explicar los 11 pasos del proceso de la elaboración de un cuestionario, y decir cómo se eliminan algunos errores comunes en los diseños de cuestionarios.

6

Analizar y emplear el "método del florero" en la elaboración de cuestionarios científicos.

7

Analizar la importancia de las cartas de presentación, y explicar las pautas para tratar de eliminar errores comunes en los diseños de cartas de presentación.

"Habiendo llevado a cabo nuestro intento de prueba de Time Warner's Interactive Cable System, necesitamos ahora una herramienta precisa para reunir las actividades, sentimientos y conductas de los participantes hacia este nuevo sistema. Predecir las tasas de aceptación futuras y los patrones de uso de tal sistema de cable interactivo es el siguiente paso vital para determinar su éxito en el largo plazo, así como la creación y el marketing de ofrecimientos potenciales de producto."

—KEVIN NOLAN
Ex vicepresidente de Marketing y Operaciones del Cliente; Time Warner Cable-FSN

Valor de un instrumento de encuesta para crear información significativa de diagnóstico

En una importante universidad del sureste de Estados Unidos se decidió que era necesario trazar un plan de marketing para un programa completo de alojamiento en el campus, plan que influiría directamente en la calidad de las experiencias de vida de los estudiantes en la universidad en los siguientes 15 años. Los administradores elaboraron un programa de "*Vida en residencia*" para identificar, investigar y observar a fondo los factores en el campus que los estudiantes necesitan para enriquecer sus experiencias académicas y sociales a la vez que asisten a la institución.

Algunas de sus metas a corto plazo se desarrollaron en torno a la idea de que las instalaciones y programas de habitación de alta calidad en el campus podrían atraer a nuevos estudiantes a la universidad. Otros intereses se centraron en desarrollar sólidas estrategias de marketing que pudieran 1) ayudar a la universidad a aumentar la tasa de ocupación de sus instalaciones de alojamiento actuales a 100%; 2) mejorar los niveles de retención de los estudiantes, aumentando con ello la probabilidad de que éstos renueven sus contratos de alojamiento en el campus por varios años, y 3) predecir las necesidades de renovación, nuevo desarrollo y construcción de nuevas instalaciones en el campus en relación con el estilo de estructuras, las configuraciones de modo de vida, los precios de la renta y los programas integradores de aprendizaje.

Entendidos los objetivos básicos del programa *Vida en residencia*, el director del proyecto se percató de que se necesitaba nueva información primaria para atender a los objetivos. Por consiguiente, se contrató a MPC Consulting Group, Inc., empresa especializada en valuación de programas de habitación en el campus, para que asesorara y supervisara el proyecto. No se reconocía a esta firma por su capacidad de llevar a cabo investigación de mercados de información primaria. Después de varias consultas con administradores universitarios, los representantes de MPC determinaron que el método apropiado para recolectar la información necesaria requeriría la elaboración de un instrumento de encuesta autoadministrado. Se decidió que la encuesta sería administrada a través del sistema de correo electrónico estudiantil existente en la universidad. Detrás del enfoque del correo electrónico estaba la creencia de que los 28 000 estudiantes universitarios tenían acceso al correo electrónico y lo usaban, y que este método ahorraría tiempo y costos.

Dados los múltiples objetivos del proyecto, el equipo consultor elaboró mediante lluvia de ideas una lista de 59 preguntas para planteárselas a estudiantes de dentro y fuera del campus, inscritos en la universidad al momento del estudio. Varias preguntas se centraban en las actitudes y preferencias relativas a la habitación (datos de opinión); a la importancia de diferentes estructuras de la vivienda, las configuraciones del estilo de vida, los montos de las rentas, las comodidades y los programas integradores de aprendizaje (datos de opinión); la probabilidad de elegir habitación en o fuera del campus con base en las comodidades, precios y disponibilidad (datos de estado de intención), y aproximadamente 17 características demográficas y/o socioeconómicas (datos materiales). Se hicieron esfuerzos para crear 59 diferentes formatos de escala que fueran razonablemente representativos de la lista inicial de preguntas.

La tarea que tenían ahora ante sí los consultores era tomar las 59 escalas y crear un cuestionario que pudiera ser enviado a los estudiantes por correo electrónico. Como no tenían gran conocimiento de los instrumentos científicos de encuesta, en la firma consultora establecieron el cuestionario inicial, en el que se comenzaba por hacer preguntas acerca de las características demográficas personales, a las que seguían algunas relativas a situaciones de habitación actual de los estudiantes, y luego evaluaciones de estas condiciones. Después se hacían preguntas acerca de la importancia de una lista de las características de habitación preseleccionadas, y posteriormente las preguntas ideadas para captar las intenciones del estudiante de vivir en habitaciones en el campus, comparadas con las instalaciones fuera del campus, y las razones de tales intenciones. Tras unas cuantas preguntas más, concernientes al estado civil y al número de hijos pequeños, se presentaban preguntas sobre los tipos de estructuras de habitación y las comodidades más deseadas por los estudiantes. La encuesta terminaba con los pensamientos personales acerca de la necesidad de contar con servicios de atención a los niños.

Puesto en pantalla de computadora para su acceso por correo electrónico, el cuestionario era de 12 páginas con seis preguntas "de selección" diferentes que harían a los encuestados saltar pantallas adelante y atrás según respondieran a estas interrogantes de filtro. Tres semanas después de haber salido la encuesta en computadora, sólo 17 estudiantes habían respondido y 8 de estas encuestas estaban incompletas. Los funcionarios de la universidad hicieron tres preguntas sencillas pero críticas: 1) ¿Por qué había sido tan baja la tasa de respuesta?, 2) ¿La encuesta fue buen o mal instrumento para reunir la información primaria necesaria? y 3) ¿Tienen algún valor de diagnóstico los datos para atender a los objetivos determinados?

Sobre la base de su conocimiento y comprensión de buenos procedimientos de investigación de información en este momento, ¿puede usted dar algunas respuestas a estas tres preguntas? Tómese unos momentos para hacer una lista de los problemas potenciales originados por el procedimiento de la firma consultora que acaba de describirse. Después de que lea usted este capítulo volveremos con este asunto y veremos si contestaría a estas preguntas de modo diferente.

Valor de los cuestionarios en la investigación

El caso de apertura del capítulo demuestra que diseñar una sola pregunta y/o escala para recolectar un tipo específico de datos puros es diferente de tomar un conjunto de mediciones de escala y elaborar científicamente un buen cuestionario. La capacidad de un investigador para diseñar una buena medición de escala no basta, por sí sola, para garantizar que se recogerán automáticamente los datos puros apropiados.

En este capítulo se trata de establecer la comprensión de la importancia de los diseños de cuestionario y del proceso que debe seguirse para la creación de los instrumentos de encuesta. Para entender los diseños de cuestionario será requisito que usted integre muchos de los conceptos analizados en capítulos anteriores, en particular los capítulos 3, 8, 9, 10, 11, 12 y 13. Como se explicó en los capítulos 12 y 13, las mediciones de escala consisten en tres componentes diferentes: 1) la pregunta y/o preparación; 2) las dimensiones del objeto, constructo o concepto que se está investigando, y 3) los puntos o descriptores de escala reales que representan el conjunto de posibles respuestas puras. Las explicaciones detalladas del segundo componente se dieron en el capítulo 12, y las del tercer componente y aspectos del primero en el capítulo 13.

Como futuro tomador de decisiones de marketing o de empresa, tal vez usted no tenga jamás que diseñar personalmente un cuestionario para recolectar datos primarios, pero lo más seguro es que se vea en la posición de cliente de determinar si una encuesta diseñada para usted es buena o mala. En consecuencia, debe conocer las consideraciones, actividades preliminares y procesos que se llevan a cabo para diseñar cuestionarios científicos.

Como se explicó en capítulos anteriores, muchos de los datos que se necesitan en la creación de información nueva para resolver problemas de información empresarial y de marketing requieren que el investigador haga preguntas a la gente y registre sus respuestas de manera reconocible. Si los problemas de información empresarial fueran sencillos y requirieran sólo unos cuantos datos puros, no se necesitarían los cuestionarios. Un investigador podría elaborar una medición de pregunta sencilla y administrarla a una muestra de encuestados, recolectar los datos puros, analizarlos y derivar una pequeña porción de información de la estructura de los datos. Por ejemplo, digamos que un detallista como Sears quisiera saber si con una venta de "50% de descuento" el sábado 5 de enero de 2004 se incrementarían los ingresos por ventas de ese día. Un investigador podría elaborar la siguiente pregunta: "Si Sears tuviera una venta en toda la tienda con 50% de descuento en toda la mercancía el sábado 5 de enero de 2004, ¿vendría usted a Sears y compraría por lo menos un artículo? ___SÍ ___NO", y podría administrarla a 1 000 consumidores representativos de la población general. Supongamos que 650 personas dicen sí (65%) y 350 dicen no (35%) a la pregunta anterior, y que el investigador interpreta los resultados como si fueran que "la mayoría (65%) de los compradores vendrían a Sears y comprarían mercancía". Con esta mínima porción de información, ¿tiene Sears los datos suficientes para decidir si se sostiene o no en el propósito de llevar a cabo la venta?

En realidad, es muy improbable que esta pequeña cantidad de información sea buena pronosticadora del comportamiento real de compras. Algunos otros factores que afectan también directamente a la decisión de una persona de comprar en Sears podrían ser: 1) la actitud hacia Sears y su mercancía, 2) otras obligaciones o actividades del día de la venta, 3) falta de medios de transporte ese día en particular o 4) recursos financieros limitados. El punto es que muchas situaciones o problemas de empresa no son unidimensionales, de ahí que una pequeña porción de información acerca de una situación de problema definida normalmente no basta para resolverlos.

Cuestionario Estructura formalizada que consiste en un conjunto de preguntas y escalas diseñadas para generar datos puros primarios.

Un **cuestionario** (llamado también *instrumento de encuesta*) es una estructura formalizada que consiste en un conjunto de preguntas y escalas diseñadas para generar datos puros primarios. El armado del cuestionario consiste en tomar conjuntos establecidos de mediciones de escala y en formar con ellos un instrumento completo para la transmisión y recolección de datos puros de los encuestados.

Principios teóricos del diseño de cuestionarios

En la actualidad, una de las grandes debilidades en el diseño del cuestionario es que muchos investigadores no entienden la teoría en que se funda el desarrollo de este instrumento. Muchos investigadores creen que diseñar cuestionarios es un arte más que una ciencia, en el sentido de que el *arte* se relaciona con el uso creativo de las palabras para hacer las preguntas adecuadas y crear los puntos de escala relativos a esas preguntas. El hecho de que exista cierto nivel de creatividad en el diseño de un cuestionario debe constituir un proceso científico que integre reglas establecidas de lógica, objetividad, capacidad de discriminación y procedimientos sistemáticos.[1] Todo mundo entiende que en las preguntas utilizan palabras y que los cuestionarios involucran preguntas, pero no todos comprenden que la mera redacción de las preguntas *no* le da a usted un cuestionario.

Cuatro componentes teóricos del cuestionario

En teoría, el cuestionario consta de varios componentes (palabras, preguntas, formatos e hipótesis) que se integran en un sistema de capas jerárquico y reconocible.[2]

Palabras

El componente más obvio es el constituido por las palabras. El investigador tiene que considerar con cuidado qué palabras utilizará para elaborar las preguntas y escalas que empleará para la recolección de datos puros de los encuestados. Algunos ejemplos de redacción incluyen la ambigüedad, la abstracción y la connotación. Las palabras elegidas por el investigador pueden influir de manera definitiva en la respuesta de un encuestado a una pregunta determinada. Los ejemplos siguientes ilustran esta cuestión:

1. ¿Cree usted que *sea posible* hacer algo para que a la gente le sea más fácil efectuar sus operaciones financieras en Citicorp Bank?
2. ¿Cree usted que *debiera* hacerse algo para que a la gente le sea más fácil efectuar sus operaciones financieras en Citicorp Bank?
3. ¿Cree usted que *quizás podría* hacerse algo para que a la gente le sea más fácil efectuar sus operaciones financieras en Citicorp Bank?

Las diferentes respuestas que generarían estas preguntas demostrarían cómo las variaciones en la elección de palabras pueden ser significativas en los diseños de cuestionario. El menor cambio en la elección de palabras puede introducir conceptos o niveles emocionales diferentes en el cuestionario.

Preguntas y/o preparaciones

El elemento siguiente es la pregunta o preparación empleada en una medición de escala particular para recolectar datos puros del encuestado. La confiabilidad, validez y sesgo de la pregunta se trataron al referirse a las actividades de diseño de la medición de escala, y por consiguiente no son parte del diseño del cuestionario en sí. Dos temas importantes relativos a la redacción de la pregunta que tienen impacto directo en los diseños de encuesta son 1) el tipo de formato de la pregunta (estructurado o no estructurado) y 2) la calidad (buena o mala) de la pregunta.[3]

Preguntas no estructuradas Preguntas abiertas cuyo formato permite a los encuestados replicar en sus propias palabras.

Las **preguntas no estructuradas** son las abiertas, cuyo formato permite a los encuestados replicar en sus propias palabras. No hay lista predeterminada de respuestas que facilite o limite las contestaciones de los encuestados. Este tipo de pregunta requiere más reflexión y esfuerzo de los encuestados. En la mayoría de los casos, se requiere un entrevistador para que haga preguntas de sondeo de seguimiento. Si se administran correctamente, las preguntas no estructuradas pueden proporcionarle al investigador un nutrido despliegue de información. (Repase las explicaciones del capítulo 8 sobre los formatos de pregunta abierta.) El formato real de las preguntas abiertas podría variar según el método de recolección de datos (por ejemplo, la entrevista personal, la entrevista telefónica o la encuesta autoadministrada). La figura 14.1 presenta varios ejemplos para ilustrar estas diferencias de formato.

Preguntas estructuradas Preguntas cerradas que requieren que el encuestado elija su respuesta de un conjunto predeterminado de respuestas o puntos de escala.

Las **preguntas estructuradas** son las cerradas, que requieren que el encuestado elija su respuesta de un conjunto predeterminado de respuestas o puntos de escala. Este formato de pregunta reduce la medida de reflexión y esfuerzo requeridos por los encuestados. En general, las preguntas estructuradas son más populares que las no estructuradas en cuestionarios autoadministrados fuera de línea y en línea. Se elimina el sesgo del entrevistador porque 1) éste simplemente pone una marca en un cuadro o línea, encierra una categoría en un círculo, oprime una tecla, señala y hace clic con un ratón de computadora o apunta un número, o 2) los propios encuestados ponen la marca en un cuadro o línea, encierran la categoría en un círculo, oprimen una tecla, señalan y hacen clic con un ratón de computadora, o apuntan el número que mejor representa su respuesta a la pregunta.[4] En muchos sentidos, los formatos estructurados le dan al investigador grandes oportunidades de controlar la reflexión que los encuestados tienen que hacer para responder a una pregunta. En la figura 14.2 se exponen algunos ejemplos.

Malas preguntas Las preguntas que impiden o distorsionan la comunicación fundamental entre el investigador y el encuestado.

Malas preguntas son *las que impiden o distorsionan la comunicación fundamental entre el investigador y el encuestado*. El investigador puede creer que redactó una pregunta

FIGURA 14.1 Ejemplos de diseños de pregunta o preparación no estructurada

Encuestas personales o telefónicas

¿Qué ingredientes adicionales, si los acostumbra, suele pedir que le pongan a una pizza, además del queso, cuando la ordena para usted en Pizza Hut? **(Entrevistador: Apunte todos los ingredientes extra mencionados en el espacio ofrecido a continuación. Asegúrese de sondear para obtener respuestas específicas y claras.)**

____

____

____

o

¿Qué ingredientes adicionales, si los acostumbra, suele pedir que le pongan a una pizza, además del queso, cuando la ordena para usted en Pizza Hut? **(Entrevistador: NO lea los ingredientes extra de la lista; sólo regístrelos marcando el cuadro inmediato a ellos a medida que sean mencionados. Asegúrese de sondear para obtener respuestas específicas y claras.)**

❑ anchoas	❑ tocino	❑ carne *barbecue*
❑ aceitunas negras	❑ queso extra	❑ aceitunas verdes
❑ pimiento verde	❑ carne molida de res	❑ jamón
❑ chiles	❑ champiñones	❑ cebolla
❑ pepperoni	❑ salchicha	❑ algún otro ingrediente adicional: ______

Encuesta autoadministrada

En el espacio ofrecido a continuación, anote por favor los tipos de ingredientes adicionales, si los acostumbra, que suele pedir que le pongan a una pizza, además del queso, cuando la ordena para usted en Pizza Hut. **(Por favor, indique todos los ingredientes adicionales que vengan al caso.)**

____

____

____

excelente porque transmite con precisión su punto de vista o de interés al encuestado, pero si éste no responde en forma significativa, la pregunta es mala. Algunos ejemplos de malas preguntas son las

1. **Incomprensibles para el encuestado** porque debido a la elección de palabras, al concepto o a ambas cosas, no se entienden. Un ejemplo sería: "¿Cuál es la actitud de usted acerca de la vinculación entre la guerra en 2002 contra los terroristas de al Quaida en Afganistán y la censura de los demócratas al McCarthismo sexual en relación con el mejoramiento del ambiente en Arizona?"

2. **Incontestables** porque el encuestado no tenga acceso a la información necesaria o porque ninguna de las opciones de respuesta es aplicable para él. Un ejemplo sería: "¿A cuánto ascendió exactamente el ingreso anual de sus padres hace dos años?"

3. **Tendenciosas (o cargadas)** en el sentido de que el encuestado es obligado o dirigido a dar una respuesta que ordinariamente no daría si se le proporcionaran todas las categorías o conceptos de respuesta posibles, o si se le enterara de todos los hechos de una situación. Un ejemplo de esto sería: "¿Cree usted que los demócratas que amaban a William Jefferson Clinton estarían de acuerdo en que desempeñó una buena labor como presidente de EUA?"

4. **De doble objetivo** porque le piden al encuestado que atienda a más de un tema a un tiempo. Un ejemplo sería: "¿En qué medida está de acuerdo o en desacuerdo en que Monica Lewinsky y el representante Henry Hyde, R-Ill., fueron los responsables del voto de destitución contra el presidente Clinton?"

FIGURA 14.2 Ejemplos de diseños de pregunta o preparación estructurada

Entrevista personal

(DÉLE LA TARJETA AL ENCUESTADO.) Por favor, vea esta tarjeta y dígame las letras que indican los ingredientes adicionales, si los acostumbra, que usted suele pedir que le pongan a una pizza, además del queso, cuando la ordena para usted en Pizza Hut. **(Entrevistador: Apunte todos los ingredientes extra mencionados encerrando en un círculo las letras correspondientes que siguen, y asegúrese de indagar si se piden otros ingredientes.)**

[a] anchoas	[b] tocino	[c] carne de res *barbecue*
[d] aceitunas negras	[e] queso extra	[f] aceitunas verdes
[h] pimientos verdes	[i] carne molida de res	[j] jamón
[k] chiles	[l] champiñones	[m] cebolla
[n] pepperoni	[o] salchicha	[p] algún otro ingrediente adicional: ________

Encuesta telefónica

Voy a leerle una lista de ingredientes de pizza. De cada uno, dígame por favor si es o no un ingrediente que habitualmente pediría que le agregaran a su pizza cuando ordene una para usted en Pizza Hut. **(Entrevistador: Lea despacio cada ingrediente y apunte todos los que se mencionen encerrando en un círculo las letras correspondientes que siguen, y asegúrese de indagar si se piden otros ingredientes.)**

[a] anchoas	[b] tocino	[c] carne de res *barbecue*
[d] aceitunas negras	[e] queso extra	[f] aceitunas verdes
[h] pimientos verdes	[i] carne molida de res	[j] jamón
[k] chiles	[l] champiñones	[m] cebolla
[n] pepperoni	[o] salchicha	[p] algún otro ingrediente adicional: ________

Encuesta autoadministrada

Entre los ingredientes adicionales de pizza de la lista que sigue, ¿cuáles, si lo acostumbra, suele pedir que le agreguen a una pizza, además del queso, cuando la ordena para usted en Pizza Hut? **(Por favor, marque tantos cuadros como vengan al caso.)**

❑ anchoas	❑ tocino	❑ carne de res *barbecue*
❑ aceitunas negras	❑ queso extra	❑ aceitunas verdes
❑ pimientos verdes	❑ carne molida de res	❑ jamón
❑ chiles	❑ champiñones	❑ cebolla
❑ pepperoni	❑ salchicha	❑ algún otro ingrediente adicional: ________

Para ver más ejemplos de malas preguntas, visite el sitio web en www.mhhe.com/hair y siga los vínculos.

Formato de cuestionario

Este componente no se relaciona directamente con el proceso de elaborar cada pregunta, sino más bien con el esquema de conjuntos de preguntas o mediciones de escala integrado en un instrumento sistemático. El formato del cuestionario debe permitir la comunicación clara. Más adelante en el capítulo trataremos en detalle el método del florero para diseñar cuestionarios científicos, que mejora la calidad del investigador para recolectar datos puros primarios de calidad.

Elaboración de hipótesis

Hipótesis Declaración formalizada de una relación susceptible de probarse entre dos o más constructos o variables.

Este componente final se concentra en la idea de que los cuestionarios se diseñan para recolectar datos puros significativos para poner a prueba una **hipótesis** más puramente para reunir hechos acerca de objetos que se investigan. En teoría, cada una de las preguntas y mediciones de escala usadas dentro de un diseño de cuestionario debe relacionarse directa o indirectamente con una hipótesis de investigación reconocible que es pertinente para los objetivos del estudio en general. Las hipótesis pueden relacionarse con

1. La naturaleza del encuestado.
2. La relación entre las actitudes expresas y la conducta del encuestado (por ejemplo, la motivación).
3. Las estructuras sociológicas y su influencia en el encuestado.
4. El significado de las palabras y el dominio de la lengua y los conceptos por el encuestado.
5. Las relaciones entre el conocimiento, las actitudes y el comportamiento de mercado del encuestado.
6. Las capacidades descriptiva y de predicción de los atributos y dimensiones respecto de los constructos y conceptos investigados (por ejemplo, la satisfacción del cliente, la calidad del producto o servicio y las intenciones conductuales).[5]

Tomándose el tiempo para identificar la hipótesis asociada con cada una de las preguntas o mediciones de escala que habrían de incluirse en el diseño del cuestionario, los investigadores pueden aumentar su capacidad de determinar qué mediciones son necesarias para recolectar los datos puros primarios y cuáles son agradables pero no necesarias. Recolectar datos "agradables pero no necesarios" sólo aumenta la longitud del cuestionario y la probabilidad de un riesgo de no respuesta. En la figura 14.3 se muestran algunos ejemplos de diferentes tipos de hipótesis que un investigador puede establecer acerca de las preguntas o mediciones de escala incluidas en un cuestionario. La elaboración de hipótesis se retoma en capítulos posteriores.

Descripción comparada con predicción

Si bien todos los buenos cuestionarios se estructuran sistemáticamente, la mayoría de las encuestas están diseñadas para que sean descriptivas o predictivas.[6] Un diseño predictivo le permite al investigador recolectar datos puros que pueden convertirse en hechos acerca de una persona o un objeto. Por ejemplo, la Oficina del Censo de los EUA (U.S. Census Bureau) utiliza diseños de cuestionario que reúnen principalmente datos materiales o de conducta que se puedan traducir en hechos acerca de la población estadounidense (por ejemplo, niveles de ingresos, estado civil, edad, ocupación, tamaño de la familia, tasas de uso, cantidades de consumo). En cambio, los cuestionarios predictivos fuerzan al investigador a recolectar una gama más amplia de datos de opinión y de conducta que puedan usarse para predecir cambios en las actitudes y conductas, así como en la prueba de hipótesis.

Exactitud de los datos comparada con precisión

Otro principio teórico que debe guiar el diseño de los cuestionarios es el de la exactitud de los datos. Esta cualidad se puede ver como la obtención de un informe verídico de las actitudes, preferencias, creencias, sentimientos, intenciones conductuales y acciones y/o reacciones. Hay que incorporar preguntas y mediciones de escala que le permitan al investigador tener un cuadro total en lugar de sólo un fragmento.[7] La *exactitud* se refiere al grado con que los datos le brindan al investigador una descripción del verdadero estado de cosas; en cambio, la *precisión* en el diseño de cuestionarios se refiere a la capacidad de reproducción de los resultados luego de usos repetidos (es decir, es semejante a la confiabilidad de las mediciones de escala).

Valor de un buen instrumento de encuesta

Investigadores y practicantes del marketing nunca sobreestimarán el valor de un cuestionario bien elaborado. La forma de crear un instrumento de encuesta se vuelve un componente críti-

FIGURA 14.3 Ejemplos de distintos tipos de hipótesis que se usan en la investigación

Tipo de hipótesis	Ejemplos
Hipótesis nula	***No hay diferencia significativa*** entre las preferencias por métodos bancarios específicos mostradas por los clientes del sector de oficinistas y los del sector obrero. ***No se encontrarán diferencias significativas*** en la petición de tratamientos médicos específicos de las clínicas públicas de emergencia entre usuarios y no usuarios de los programas anuales de atención médica preventiva.
Hipótesis no direccional	Hay ***diferencias significativas*** en los perfiles de conducta sexual de los estudiantes varones y mujeres académicamente fuertes y débiles. Hay una ***diferencia significativa*** en los niveles de satisfacción entre propietarios del Mazcla Millenia 2003 según el tiempo que han manejado el automóvil.
Hipótesis direccional inversa (negativa)	Los estudiantes que exhiben ***altos niveles*** de confianza en sí mismos y conocimiento del tema, así como hábitos de estudio generalmente ***positivos,*** mostrarán ***bajos perfiles*** de conducta social introvertida. ***Cuanto más tiempo*** dediquen al estudio fuera del aula los alumnos de marketing, ***menos probabilidades*** hay de que opten por recursos indebidos para mejorar sus calificaciones.
Hipótesis direccional directa (positiva)	Los hábitos de estudio ***positivos*** se relacionan ***positivamente*** con el promedio de calificaciones. Los estudiantes universitarios que ***se preocupan mucho*** por lo que otros alumnos piensen acerca de ellos tenderán a ser ***más conservadores*** en su conducta general social y en aula que los que no se preocupan mucho por su imagen personal.

co en el proceso general de la creación de nueva información que pueda usarse para resolver problemas de negocios. La función principal de un cuestionario es captar el verdadero pensar y sentir de la gente acerca de diferentes asuntos u objetos. Los datos puros recolectados por medio de un instrumento de encuesta se ven como las claves fundamentales para tener mayor comprensión y dar paso a la verdad acerca de los elementos predeterminados de una situación problemática definida.[8]

En oposición a lo anterior, un mal cuestionario puede ser muy costoso en términos de tiempo, esfuerzo y dinero. No produce más que datos "basura" que, en manos de los tomadores de decisiones, provocan acciones de marketing impropias o incorrectas.[9] Las tecnologías computacionales avanzadas ofrecen nuevas alternativas para diseñar buenos cuestionarios. Lea el recuadro Aprovechamiento de la tecnología para ver la explicación de los diseños de cuestionario computarizados. Para ver ejemplos de cuestionarios "buenos" y "malos", visite el sitio web del libro en www.mhhe.com/hair y siga los vínculos.

Método del florero para los diseños de cuestionario

El proceso que siguen los investigadores para elaborar un cuestionario tiende a ser muy sistemático. Aunque los pasos específicos pueden variar, la mayoría de los estudiosos siguen reglas establecidas. En la figura 14.4 se muestra un conjunto de pasos para elaborar instrumentos de encuesta. Observe que algunas de las actividades en cada paso son fundamentalmente

La investigación de cerca

Aprovechamiento de la tecnología

Cuestionarios computarizados

Un avance muy importante en la investigación de mercado ha sido el uso de cuestionarios "inteligentes" presentados por computadoras personales. Estos cuestionarios se estructuran con una capacidad lógica matemática que habilita a la computadora para personalizarlos para cada encuestado a medida que avanza en la entrevista. Por medio del *software* interactivo, la computadora evalúa constantemente la información más reciente y le presenta una opción nueva al encuestado. En este tipo de encuesta, varios encuestados que responden a un mismo cuestionario contestarían a diferentes conjuntos de preguntas, cada uno diseñado de manera individual para proporcionar los datos más relevantes.

A las empresas globales con diversas líneas de productos, los cuestionarios computarizados podrían aportarles información importante relativa a cada línea de productos. Antes de la aparición de los cuestionarios computarizados, las empresas se veían obligadas a confiar en los datos de encuesta obtenidos con preguntas de guión que a menudo no proporcionaban información relevante. Sin embargo, con los cuestionarios computarizados, los datos obtenidos son útiles para las necesidades de la organización.

Entre las ventajas de los cuestionarios computarizados sobre las encuestas de papel y pluma están la mayor facilidad de participación, el menor tiempo que requieren y la reducción de los recursos necesarios para llevar a cabo la encuesta, con lo cual disminuye el costo general de administración de la misma. Para las empresas que enfrentan exigencias en constante aumento sobre su tiempo, los cuestionarios computarizados parecerían la decisión lógica para sus necesidades de investigación de mercado.

necesarias, pero no forman parte del esquema real. Por ejemplo, algunos cuestionarios piden separar la elaboración de las preguntas de selección usadas para calificar a los encuestados prospectos. Hay otras actividades pertinentes para la tarea real de diseño.

Método del florero Marco específico para integrar conjuntos de mediciones de pregunta o escala en un cuestionario lógico y fluido.

Con todos estos pasos y particularidades por entender, el proceso de elaboración tal vez parezca abrumador al principio. Para simplificar el proceso de elaboración de cuestionario, presentamos el **método del florero**. Este procedimiento científico comprende una serie de actividades que tienen un orden lógico y jerárquico.[10] La idea del florero deriva simbólicamente de la forma natural asociada con un tiesto (maceta o vasija de arcilla) usado para plantar y cultivar flores. La forma es ancha en su parte superior y algo más angosta en la base o fondo, lo cual simbolizaría el flujo natural de los datos de lo general a lo específico. Aunque este enfoque se utiliza principalmente para crear una sólida estructura de cuestionario, tiene impacto directo en los pasos 1 y 3 del proceso de elaboración delineado en la figura 14.4. El método del florero ayuda al investigador a tomar decisiones relativas a 1) la creación del constructo, 2) las dimensiones y atributos de los objetos, 3) los diversos formatos de pregunta y/o medición de escala, 4) la redacción de las preguntas reales y 5) los puntos de escala. En situaciones en las que hay múltiples objetivos de investigación, cada uno tendrá su propio florero de datos. Para aminorar la probabilidad de crear datos sesgados, hay que determinar el tamaño y la amplitud de los requerimientos de datos para cada objetivo, de modo que los requerimientos de datos más generales entren en el florero más grande y el siguiente conjunto de datos más generales pase a un tiesto más pequeño. Como se ilustra en la figura 14.5, cuando se apilan más de dos floreros, el mayor se coloca siempre sobre uno menor para asegurar que el flujo de datos total de lo general a lo específico se mantenga en el diseño del cuestionario.

En este punto, alguien que apenas esté aprendiendo a elaborar un cuestionario de base científica podría plantear esta pregunta fundamental: *¿Por qué el esquema interrogatorio en el cuestionario general así como en los floreros individuales debe crear siempre un flujo direccional de la información general a la más específica?* La respuesta es triple. En primer lugar hay que usar la lógica al recolectar datos primarios en una situación en la que el investigador (o el entrevistador) y el encuestado comienzan el proceso como "extraños" el uno para el otro. Una encuesta que comienza con preguntas de información general promueve la

FIGURA 14.4 **Pasos en la elaboración de instrumentos de encuesta**

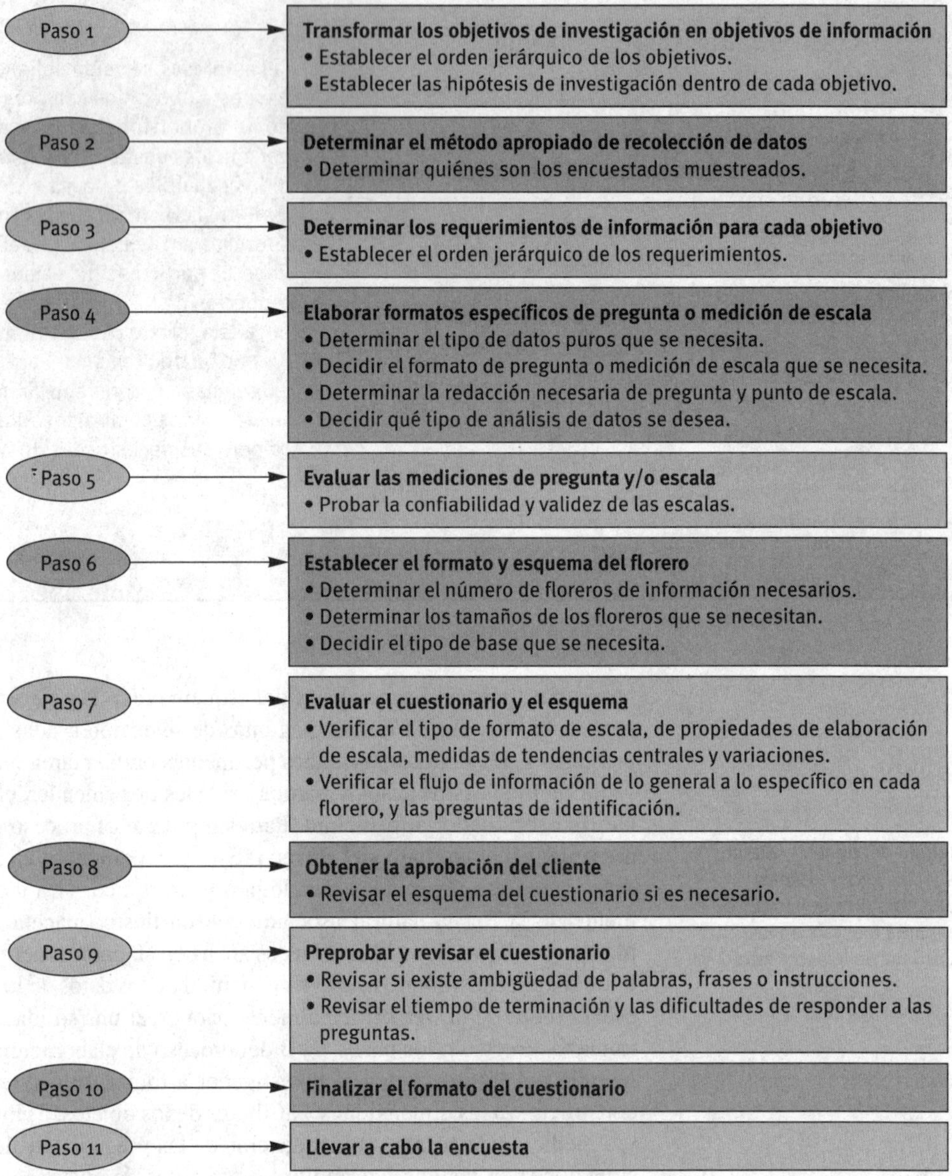

creación de la necesaria "zona cómoda" entre las dos partes. Esta zona cómoda es semejante a la que tiene que establecerse en las entrevistas de grupo foco o en las profundas. Cuando los encuestados se sienten cómodos, el proceso de intercambio de pregunta y respuesta fluye más suavemente y los encuestados son más reflexivos y honestos en sus respuestas.

En segundo lugar, la calidad de los datos es crucial en cualquier investigación. Los investigadores corren el riesgo de recolectar datos de baja calidad por hacerles preguntas en orden ilógico a los encuestados acerca de un objeto o constructo. Por ejemplo, esperar que los encuestados sean capaces de expresar con honestidad o exactitud sus juicios evaluativos acerca del desempeño de un objeto particular (por ejemplo, un automóvil Acura 3.2 TL) es ilógico si los primeros no tienen conocimiento de ese objeto particular o experiencia personal con el mismo. Una pregunta más general acerca de la propiedad de automóviles o la experiencia con

FIGURA 14.5 Diagrama ilustrativo del método del florero

Este diagrama ilustra el diseño general del florero a partir de un cuestionario que se ajusta a una encuesta de investigación que tiene dos objetivos de información definidos y pide una base de identificación que contenga rasgos tanto psicográficos como demográficos-socioeconómicos acerca del encuestado.

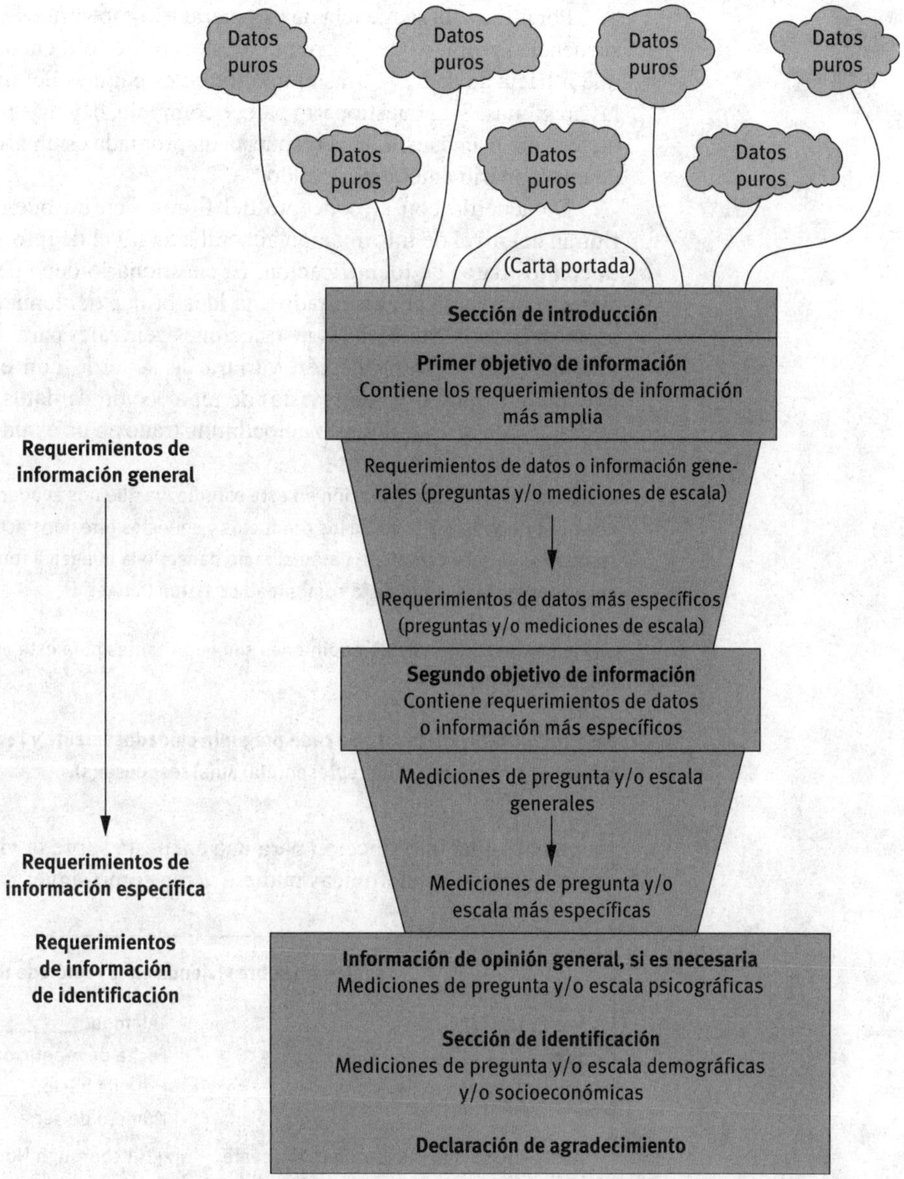

ellos ha de plantearse antes de la pregunta evaluativa del rendimiento. En algunos casos, hacer una pregunta específica acerca de los atributos o los comportamientos de compra asociados con un objeto, y luego continuar con preguntas más generales acerca del objeto, puede causar ambigüedad, confusión y posible sesgo de respuesta por el encuestado. Por ejemplo, digamos que el investigador, al llevar a cabo un estudio de una tienda detallista en Chicago, haga varias preguntas concernientes a las *intenciones* del encuestado de ir de compras a Marshall Fields en busca de ropa para niños, y que luego haga una pregunta acerca de qué le agrada o desagrada al encuestado de ir de compras a Marshall Fields. Vayamos más lejos al suponer que el encuestado indicara que *definitivamente planea ir de compras* a Marshall Fields la próxima vez que sea necesario adquirir ropa para los niños. La respuesta del encuestado en este punto podría influir en su patrón de respuesta a la pregunta del agrado o desagrado, en el sentido de que las respuestas dadas justificarán la respuesta de las intenciones de compra. Lo que a un encuestado le agrada y desagrada acerca de la tienda debe establecerse antes de revelar las intenciones del encuestado de comprar en esa tienda.

Por último, la secuencia de lo general a lo específico ayuda a asegurar que se mantenga la secuencia apropiada de interrogación, de modo que el encuestado o el entrevistador no tengan que ir hacia adelante o atrás entre diferentes páginas del instrumento para leer o responder a las preguntas. Si el cuestionario parece complejo, hay más probabilidades de que el encuestado no termine la encuesta. Una respuesta inapropiada es un problema potencial en cualquier tipo de cuestionario autoadministrado.

De acuerdo con el concepto del florero, en un buen diseño de cuestionario los datos fluirán del nivel de información general a un nivel de información más específica, y terminará con los datos de identificación. El cuestionario debe comenzar por una sección de introducción que le dé al encuestado una idea básica del tema principal de la investigación. Esta sección abarcará también las instrucciones generales para llenar el formulario de encuesta. La apariencia de la introducción variará de acuerdo con el método deseado (por ejemplo, autoadministrado o de entrevista) de recolección de datos. Por decir, la introducción que se necesita para un cuestionario autoadministrado en un estudio bancario podría ser como sigue:

Le agradecemos su participación en este estudio, ya que nos ayudará a determinar lo que la gente de nuestra comunidad piensa de los productos y servicios ofrecidos actualmente por los bancos. Los resultados de este estudio le darán al ramo bancario la imagen a fondo de cómo ha de servir mejor a las necesidades de la gente de la comunidad de Baton Rouge.

Sus actitudes, preferencias y opiniones son importantes para este estudio, y se mantendrán en estricta confidencialidad.

INSTRUCCIONES: Por favor, lea cada pregunta cuidadosamente y responda a ella marcando el (los) cuadro(s) apropiado(s) que represente(n) su(s) respuesta(s).

En cambio, una introducción para una encuesta sobre la vivienda en la región efectuada mediante entrevistas telefónicas pudiera verse como sigue:

Estudio sobre vivienda en la región de Hillsborough

Verificado	Teléfono: ____________
Por: ______	Fecha de repetición de llamada: ______ Hora: ______
Fecha:______	Hora de inicio: ______ (A.M.) (P.M.)
	Número de serie:____________

MERCADOS: [1] Hillsborough Noroeste [2] Hillsborough Noreste [3] Brandon

ENTREVISTADOR: Pida hablar con el jefe de la casa. Si no está disponible o no existe, pida hablar con la jefa de la casa.

Hola, mi nombre es (Nombre de usted) y represento a Marketing Resources Group aquí, en Tampa. Estamos llevando a cabo un interesante estudio sobre vivienda en la región de Hillsborough y nos gustaría incluir su opinión.

Como se explicó en la carta enviada a su domicilio hace una semana, no estamos interesados en venderle nada; sólo nos importan sus opiniones francas sobre las estructuras de vivienda en esta región.

Note las diferencias en las presentaciones. La encuesta telefónica requiere instrucciones específicas para el entrevistador.

En seguida, el entrevistador tiene que determinar cuántos objetivos de información diferentes hay (esto es, el número de floreros necesarios para la elaboración del cuestionario) y la verdadera amplitud y profundidad de los requerimientos de información (es decir, los diferentes tamaños de los floreros).

Al trabajar primero con el florero mayor (por ejemplo, el objetivo de información más general), el investigador tiene que identificar los requerimientos de información específica y disponerlos de lo general a lo más específico. Luego, al pasar al segundo florero más grande, el investigador ordena de nuevo los requerimientos de información de lo general a lo específico. Como apilar los tiestos mayores sobre otros más pequeños tiende a crear una estructura inestable, pesada en la parte superior, un buen diseño de cuestionario terminará también con preguntas demográficas y socioeconómicas sobre el encuestado para formar una base de identificación sólida. Todos los cuestionarios producidos con el método del florero terminarán con una declaración de agradecimiento.

Son dobles las razones en que se funda la colocación de las características demográficas y socioeconómicas al final del cuestionario en lugar de que estén al principio. Primero, en la mayoría de los estudios, los objetivos primarios de investigación inciden en la recolección de datos de actitudes, emociones y/o conducta acerca de objetos, personas y fenómenos de marketing. Las características demográficas, socioeconómicas y físicas acerca de la gente y las organizaciones, si bien son importantes, no se recogen normalmente para agregarle una "cara" a esas actitudes, sentimientos y comportamientos. En la mayoría de los casos que requieren una carta de presentación, rara vez se expresa el propósito de la investigación en términos de que se quiera obtener información demográfica acerca de la gente. Como leerá usted más adelante, los factores demográficos y socioeconómicos no son el objetivo primario que se declara ni el que se usa directamente para conseguir la disposición de una persona a participar en el estudio. Segundo, estos tipos de características son hechos directos de naturaleza muy personal sobre el encuestado. En general, la gente al principio se muestra reacia a informar de estos hechos a extraños (verbigracia, el investigador o entrevistador). Esta indisposición parte de la circunstancia de que la mayoría de los encuestados no entienden su propia relevancia para los principales objetivos de información del estudio y consideran inapropiados esos datos. Mientras no se establezca la "zona cómoda" entre el entrevistador y el encuestado, hacer preguntas de hechos personales podría terminar fácilmente con el proceso de entrevista. Para ilustrar esto, suponga que al salir del salón un estudiante al que usted no conoce le detiene y empieza a hacerle preguntas sobre su edad, ingresos, miembros de su familia, ocupación, estado civil, etcétera. ¿Cómo reaccionaría usted? Si no sabe *por qué* ese desconocido le estaba haciendo ese tipo de preguntas ni *en qué* se utilizará esa información, esta extraña situación le creará una sensación de intranquilidad: razones poderosas para no responder y para dar por terminado el proceso de intercambio de pregunta y respuesta.

Efecto del método del florero en la elaboración del cuestionario

Aun cuando el método del florero se usa principalmente para determinar el orden secuencial apropiado de las preguntas y de las mediciones de escala utilizadas para recolectar los datos puros, incide directamente en otros pasos de la elaboración.

Determinación de los objetivos de información (paso 1)

Después de transformar los objetivos de investigación en objetivos de información, el investigador debe evaluar cada objetivo de información en su amplitud. Esta actividad logra dos cosas para el investigador. Primero, le ayuda a determinar qué objetivos del estudio representan verdaderamente un florero de información; segundo, le sirve para determinar cuántos floreros, y de qué tamaños será necesario apilar en el diseño de cuestionario.

Determinación de los requerimientos de información (paso 3)

En lugar de recurrir a técnicas de lluvia de ideas para desarrollar todos los requerimientos de datos para el conjunto global de objetivos de información, el investigador que aplica el método del florero puede centrarse en un tema de información por vez. Esto reduce las probabilidades de generar requerimientos de datos irrelevantes o "agradables pero innecesarios". Este procedimiento mejora también la capacidad del investigador de determinar el orden necesario (por ejemplo, de lo general a lo específico) entre los requerimientos de datos en un florero determinado.

Elaboración de un cuestionario diseñado con el método del florero

Esta sección describe cómo el método del florero influye en los 11 pasos del proceso de la creación del instrumento de encuesta descrito en la figura 14.4. Se integrará en la explicación un ejemplo detallado concerniente a un estudio llevado a cabo para American Bank and Trust Company, que se localiza en Baton Rouge, Louisiana. El cuestionario final se presenta en la figura 2 de la Ilustración de investigación de mercado al final del capítulo.

La situación

El proyecto de investigación se llevó a cabo a nombre de American Bank and Trust Company, un banco local que sirve al área metropolitana mayor de Baton Rouge, Louisiana. La meta principal de la encuesta y del análisis posterior era proporcionar información pertinente relativa a los hábitos y patrones de operación bancaria al equipo de administración de marketing de American Bank, así como las características demográficas y de estilo de vida de los actuales clientes del banco.

Paso 1: Transformación de los objetivos de investigación en objetivos de información

En el paso 1 del proceso de elaboración, el método del florero guía al investigador no sólo en transformar los objetivos de investigación en objetivos de información, sino en determinar cuántos objetivos de información se han de incluir (el número de floreros), junto con partes de la posición de base y los objetivos que representan hipótesis susceptibles de prueba. El investigador determina entonces el orden de los objetivos de información (el tamaño de los floreros). En el estudio de American Bank, los objetivos de investigación (en negritas) se reescribieron como objetivos de información (en cursivas) como sigue:

1. **Obtener un perfil demográfico de los clientes actuales de American Bank.**
   (Recolectar datos sobre características demográficas seleccionadas que se puedan utilizar para crear un perfil descriptivo que identifique a las personas que son clientes actuales de American Bank.)

2. **Obtener un perfil parcial de estilo de vida de la gente que a la fecha hace operaciones con American Bank, con interés particular en las dimensiones financieras.**
   (Recolectar datos sobre dimensiones seleccionadas de estilo de vida de orientación financiera que se puedan usar para la creación de un perfil descriptivo que identifique a más personas que actualmente hacen operaciones con American Bank.)

3. **Determinar los hábitos y patrones bancarios de estos clientes.**
   (Recolectar datos pertinentes para identificar y describir los hábitos y patrones bancarios deseados y reales que muestran los clientes, así como una selección de sus actitudes y sentimientos respecto de esas prácticas bancarias.)

4. **Investigar la existencia de posibles diferencias entre las dimensiones psicológica y demográfica asociadas con la impresión que los clientes tienen de ser obreros u oficinistas.**
(Recolectar datos que le permitan al investigador 1) clasificar a los clientes como "obreros" u "oficinistas" en el aspecto social y 2) hacer pruebas en busca de diferencias significativas de perfil demográfico y de estilo de vida entre estos dos grupos de clientes basados en la clase social.)

5. **Determinar los diversos mercados geográficos a los que sirve ahora Bank of America sobre la base de la antigüedad de residencia de los clientes en el área.**
(Recolectar datos materiales selectos que le permitan al investigador identificar y describir los mercados fuertes de servicio geográfico que existan.)

Después de transformar los objetivos de investigación en objetivos de información, el investigador determinó que los objetivos 1 y 2 se relacionaban directamente con los datos que serían parte de la estructura de base del cuestionario. El objetivo 3 representa un florero de información. En cambio, los objetivos 4 y 5 no representan floreros de información, sino más bien hipótesis acerca de las estructuras de datos que se derivarán de los datos puros obtenidos dentro de la base o en el florero de información identificado. Aunque había cinco objetivos de información iniciales en este ejemplo, la estructura real consiste sólo en un florero de información y su base.

Paso 2: Determinación del método apropiado de recolección de datos

Sobre la base de los objetivos de información y de la población meta (por ejemplo, los propios clientes actuales de American Bank), la administración del banco y el investigador decidieron de manera conjunta que un método de encuesta de correo directo sería el procedimiento más eficiente para llegar a los encuestados elegidos en forma aleatoria. Este paso tiene influencia directa en la creación de las preguntas y las mediciones de escala consideradas individualmente, aunque éstas se diseñan sólo después de que se determinan los elementos de información específica para cada objetivo.

Paso 3: Determinación de los requerimientos de información para cada objetivo

El método del florero tiene importante efecto en este paso de diseño previo del proceso de elaboración. En este paso, el investigador interactúa con la administración del banco para determinar cuáles son los requerimientos de datos específicos para lograr cada uno de los objetivos de información declarados, así como los factores de clasificación que constituirán la base del cuestionario. El investigador debe establecer el orden de lo general a lo específico entre los requerimientos de datos identificados. Los requerimientos y el flujo de datos del estudio se detallan como sigue:

1. **Florero 1** (el tercer objetivo): Recolectar datos pertinentes para identificar y describir los hábitos y patrones bancarios deseados y reales mostrados por los clientes, así como sus actitudes y sentimientos seleccionados respecto de esos comportamientos bancarios.
   a. Cómo considera el banco que favorece más a menudo con su preferencia.
   b. Aspectos bancarios (características) que se consideran importantes en la elección de un banco (verbigracia, la comunidad o ubicación, los horarios de servicio, los cargos por buen servicio, las tasas de interés en las cuentas de ahorros, contar con un conocido en el banco, la reputación del banco, los anuncios publicitarios de éste, las tasas de interés sobre préstamos).
   c. Consideraciones respecto de tener cuentas de ahorros personales en diversos tipos de instituciones financieras.
   d. Consideraciones de preferencia de métodos bancarios escogidos (por ejemplo, dentro del banco, por ventanilla de autobanco, cajero automático disponible las 24

horas, banca electrónica, banco por correo, banco por teléfono, por alguna otra persona).

   e. Consideraciones de uso real respecto de los diversos métodos bancarios (por ejemplo, dentro del banco, por ventanilla de autobanco, cajero automático disponible las 24 horas, banca electrónica, banca por correo electrónico, banco por teléfono, por alguna otra persona).
   f. Frecuencia de cargos por balance de chequera así como por fondos insuficientes.

2. **Base del florero: dimensiones del estilo de vida** (el segundo objetivo): Recolectar datos sobre dimensiones seleccionadas del estilo de vida de orientación financiera que puedan utilizarse para crear un perfil descriptivo que identifique a más personas que hagan operaciones actualmente con American Bank. Declaraciones de creencia que medirán la existencia de un estilo de vida del cliente como optimista financiero, financieramente insatisfecho, intercambiador de información, usuario de tarjeta de crédito, espectador de la publicidad, orientado a la familia, atento a los precios, o de orientación obrera u oficinista.
3. **Base del florero: características demográficas** (el primer objetivo): Recolectar datos sobre características demográficas seleccionadas que puedan utilizarse para crear un perfil descriptivo que identifique a personas que sean clientes actuales de American Bank.

   Incluir características de género, años en el área, años en la residencia actual, estado de empleo presente, estado civil actual, estado de empleo actual del cónyuge, número de hijos dependientes, nivel de educación, edad, ocupación, naturaleza del trabajo, afiliaciones sindicales, nivel de ingresos, código postal.

Observe que los objetivos de información cuarto y quinto no tienen efecto directo en la determinación de los requerimientos de datos, porque incorporan factores de datos que se cubren en el florero de información o en su base. En consecuencia, el investigador no tiene que integrarlos en este paso particular del proceso de elaboración.

Paso 4: Elaboración de formatos de pregunta o de medición de escala específicas

El método del florero no tiene efecto real alguno sobre las actividades que tienen lugar en este paso del proceso de elaboración; no obstante, este paso sigue siendo parte fundamental del diseño de cuestionario. El investigador tiene que emplear su conocimiento del constructo y la medición de escala en la elaboración de mediciones de escala completas (es decir, pregunta o preparación, dimensión o atributos, puntos de escala o respuestas) para cada factor de datos individuales identificado en el paso 3. El investigador debe tomar tres decisiones clave: 1) el tipo de datos (por ejemplo, materiales, de opinión, de conducta, de intención); 2) formato de pregunta y/o escala (verbigracia, de formato abierto o cerrado, y nominales, ordinales, de intervalo o de estructura de razón matemática), y 3) la redacción de la pregunta y de punto de escala específicos.

El método del florero sostiene que cuando diseñan las mediciones de pregunta y/o escala específicas, los investigadores deben dividir su modo de pensar como si fueran dos personas diferentes: una que piensa como investigador técnico y lógico, y la otra que piensa como un encuestado. (Repase los capítulos 12 y 13 para ver los detalles.) Los resultados de este paso se pueden ver en el cuestionario final que se presenta en la Ilustración de investigación de mercado al final de este capítulo.

Paso 5: Evaluación de las mediciones de pregunta o escala

De nueva cuenta, el método del florero no tiene efecto real alguno sobre las actividades que tienen lugar en este paso del proceso de elaboración. El investigador tiene que evaluar por separado la confiabilidad y validez de cada pregunta y medición de escala; asimismo, evaluaría las instrucciones y las corregiría en lo necesario. En la figura 14.6 verá un resumen de las pautas para evaluar la adecuación de las preguntas.

Paso 6: Establecimiento del formato y esquema del florero

Este paso está en el centro del método del florero para los diseños de cuestionario. El investigador tiene que tomar todas las preguntas y escalas elaboradas en el paso 4 y presentarlas en un orden específico y lógico. Una vez creado el título para el cuestionario, el investigador tiene que incluir una breve sección de introducción y transmitir cualesquiera instrucciones generales antes de formular la primera pregunta. Las preguntas que componen el primer florero (en este caso, el único) de información tienen que hacerse en orden natural de lo general a lo específico, para reducir el potencial de sesgo de secuencia.

En cualquier cuestionario autoadministrado (fuera de línea o en línea), todas las instrucciones deberían incluirse dentro de cada pregunta o escala, cuando fuera apropiado. Después de terminar con el florero de información, el investigador debe estabilizar la estructura construyendo para ello una base. En el ejemplo de American Bank, hay una estructura de base de dos partes. Primero se presenta la sección de creencia de estilo de vida (por ejemplo, de opiniones generales) y luego la sección de clasificación más estandarizada (por ejemplo, de descriptores demográficos). La parte final de cualquier base es la declaración de agradecimiento.

Al principio de la sección de clasificación se encuentra esta declaración para el encuestado: Ahora sólo unas cuantas preguntas más para que podamos combinar las respuestas de usted con las de las otras personas que toman parte en este estudio. Ésta es una "frase de transición", que sirve para tres propósitos básicos. Primero, les comunica a los encuestados que está a punto de tener lugar un cambio en su proceso de pensamiento. Ya no tienen que pensar en sus estructuras de creencia específicas; pueden despejar su mente antes de pensar en sus datos personales. Segundo, deja entrever que la tarea de terminar la encuesta casi ha terminado. Tercero, le asegura al encuestado que la información que dé se usará sólo en combinaciones añadidas; esto es, que irá mezclada con información de otros encuestados que participan en la encuesta.

FIGURA 14.6 Pautas para evaluar la adecuación de las preguntas

1. Las preguntas deben ser sencillas y directas en lo posible.
2. La pregunta se debe expresar claramente siempre que sea posible.
3. En las preguntas se deben evitar las frases calificativas o las referencias no esenciales, a menos que se estén utilizando como un tipo de factor calificador (de selección).
4. Deben evitarse las palabras descriptivas, a menos que sean absolutamente necesarias.
5. Las categorías de pregunta o respuesta, declaraciones de atributos y respuesta de datos deben ser unidimensionales, salvo cuando haya necesidad de una pregunta de respuesta múltiple.
6. Las categorías de respuestas de datos puros (puntos de escala) deben ser mutuamente excluyentes.
7. Las categorías de pregunta o preparación y de respuesta deben ser significativas para el encuestado.
8. En los formatos de pregunta o medición de escala se debe evitar la disposición de las categorías de respuesta que pudiera sesgar la respuesta del encuestado.
9. A menos que se pida lo contrario, en las preguntas o preparaciones se debe evitar el realce indebido de palabras particulares.
10. En las preguntas o preparaciones se deben evitar las dobles negaciones.
11. En las mediciones de pregunta o escala se debe evitar el lenguaje técnico o rebuscado a menos que sea necesario.
12. Siempre que se pueda, las preguntas o preparaciones se deben formular en un escenario realista.
13. Las mediciones de pregunta o escala deben diseñarse de manera que se lean lógicamente.
14. En las mediciones de pregunta o escala se debe evitar siempre el uso de elementos de doble propósito.

Nota: Para ver ejemplos visite el sitio web del libro en www.mhhe.com/hair y siga los vínculos.

Paso 7: Evaluación del cuestionario y el esquema

Después de elaborar el borrador del cuestionario, pero antes de entregarlo al equipo de administración de marketing para su aprobación, el investigador debe revisar el esquema para asegurarse de que el cuestionario comprende todos los objetivos de información declarados. En circunstancias normales, este paso sería para determinar si cada pregunta es necesaria y si la longitud general es aceptable. En cambio, el método del florero prestaría más atención a 1) verificar si el instrumento alcanza los objetivos generales, 2) comprobar el formato de la escala, las propiedades de elaboración de escala y las medidas de las tendencias centrales y las variaciones, y 3) verificar el orden de lo general a lo específico.

Un método fácil para evaluar cuestionarios es responder a las siguientes cinco preguntas por cada pregunta o medición de escala incluidas en el diseño:

1. ¿Qué tipos específicos de datos puros (materiales, de opinión, de conducta) y con qué propósito se están buscando en la pregunta?
2. ¿Qué tipos de preguntas o mediciones de escala (nominales, ordinales, de intervalo, de razón matemática, de intervalo ordinal) se están utilizando?
3. ¿Qué propiedades de elaboración de escala (de asignación, orden, distancia, origen) se están activando en la medición de escala?
4. ¿Cuál es la medida más apropiada de tendencia central (de modo, de mediana de distribución o de media aritmética)?
5. ¿Cuál es la medida más apropiada de dispersión (distribución de frecuencia, rango o desviación estándar)?

Paso 8: Obtención de la aprobación del cliente

El concepto del florero no tiene otro efecto en este paso del proceso de elaboración total que el de proveer al investigador un marco sólido para explicar por qué se eligieron las preguntas o mediciones de escala particulares y el esquema resultante del instrumento de encuesta. Deben hacerse copias del borrador del cuestionario y distribuirse a todas las partes que tengan autoridad sobre el proyecto e interés en éste. Si hemos de ser realistas, el cliente puede aparecer en cualquier momento del proceso de diseño para expresar la necesidad de algún tipo de modificación.

Sin embargo, es importante obtener la aprobación final del cuestionario antes de una prueba. La lógica de la aprobación del cliente es que compromete al equipo de administración con el cuerpo de datos y, a la larga, con la información que resulte del diseño del cuestionario específico. Este paso trata de eliminar las sorpresas innecesarias y ahorra tiempo y dinero. Si se estima necesario que haya cambios fundamentales (mayores o menores), en este punto es donde deben hacerse. En su caso, el investigador tiene que asegurarse de que cualesquiera cambios se apeguen a los requerimientos de diseño.

Paso 9: Preprueba y revisión del cuestionario

Si bien el cuestionario se afina mediante las discusiones entre el investigador y el cliente, la evaluación final debe venir de las personas que representan a los individuos a quienes se les pedirá finalmente que llenen los formularios de encuesta. Recuerde que preprobar el cuestionario no significa que un investigador se lo presente a otro investigador o a los directivos o al personal del cliente; más aún, no se trata de que la preprueba se haga con alumnos universitarios, a menos que éstos sean representativos de la población meta del estudio.

Una preprueba apropiada implica una administración apropiada de la encuesta a un pequeño grupo representativo de encuestados. El número de éstos que deberá incluirse en la preprueba queda abierto a discusión. Algunos investigadores se valdrán apenas de unos cinco encuestados, en tanto que otros lo harán hasta con 50, dependiendo del propósito de la preprueba, del método de administración de la encuesta y de cómo se elaboró ésta. Por ejemplo, si no se probó adecuadamente la confiabilidad y validez de las preguntas en el paso 5, entonces la preprueba debe hacerse al menos con 50 encuestados, a fin de que el investigador pueda llevar a cabo los procedimientos apropiados de prueba estadística con las estructuras de datos para atender a los aspectos de confiabilidad y validez.[11] En cambio, si el propósito principal de la preprueba es verificar problemas específicos de redacción, bastará con unos 10 encuestados en este examen previo.[12] Normalmente, en una preprueba se les pide a los encuestados que presten atención a elementos como las palabras, frases, instrucciones y patrones de flujo de preguntas, y que señalen cualquier cosa que les parezca confusa o difícil de entender, o que acarree problemas.

Cuando utilice el método del florero, el investigador no debe topar con problemas de confiabilidad y/o validez, ni de redacción en este punto, ya que estas cuestiones se abordaron en los pasos 4 y 5. En lugar de esto, la preprueba debe ayudar a determinar cuánto tiempo necesitarán los encuestados para completar la respuesta de la encuesta, y a saber si hay que añadir instrucciones y qué debe mencionar la carta de presentación. Si surgen problemas en la preprueba, hay que hacer las modificaciones pertinentes, las cuales deben ser aprobadas por el cliente antes de ir al siguiente paso. En el estudio de American Bank, la preprueba que se administró a 25 clientes bancarios escogidos al azar no reveló sorpresas.

Paso 10: Terminación del formato del cuestionario

En este paso se le da al cuestionario su formato definitivo. Se toman decisiones acerca de la inclusión de instrucciones, el espaciado, la numeración de preguntas y páginas, el doblado y el engrapado, todo lo cual tiene que ver con la apariencia profesional del cuestionario. La calidad en la apariencia es más importante en las encuestas autoadministradas que en los documentos de entrevista personal o telefónica. En este paso también aparecen las consideraciones de duplicación. Se completa y reproduce todo material de apoyo para su distribución, como las instrucciones para el entrevistador, cartas de presentación, tarjetas de calificación, sobres de envío y devolución. Los materiales de apoyo se analizan en una sección posterior.

Hay otro conjunto de decisiones que se relaciona con la precodificación de las categorías de respuestas utilizada para representar los puntos de elaboración de escala. La precodificación se trata en el capítulo 15. En el estudio de American Bank, al cuestionario se le dio el formato de un folleto de cuatro páginas con carta de presentación aparte y un sobre de remisión autodirigido y con portes postales prepagados. (Véase la figura 1 en la Ilustración de la investigación de mercado al final de este capítulo, donde se presenta la carta de presentación que utilizó American Bank.)

Paso 11: Efectuar la encuesta

Este último paso en realidad no tiene que ver con el proceso de diseño real del cuestionario; su propósito es dar por concluido el proceso de elaboración e indicar los procedimientos que deben seguirse para iniciar la recolección de los datos puros requeridos. Estos procesos variarán de acuerdo con el método de recolección de datos. Repase el capítulo 9 para ver las diferentes actividades asociadas con las entrevistas personales y telefónicas, y las encuestas autoadministradas; las explicaciones adicionales sobre la administración de encuestas se dan en el capítulo 15.

Aun cuando el ejemplo de American Bank ilustra la forma en que el método del florero tiene una importante y útil función en el proceso de elaboración de los instrumentos de encuesta, ningún estudio puede dar ejemplos de los numerosos factores que investigadores y practicantes tienen que considerar cuando diseñan un cuestionario científico. En la figura 14.7 se ofrece un resumen general de las consideraciones principales en los diseños de cuestionario. Las empresas en la actualidad enfrentan también nuevos retos al expandirse en los mercados globales. Una cuestión a la que tienen que atender es si las técnicas de investigación que aplicaron en su propio país pueden adaptarse directamente en los países extranjeros. Para ilustrar este punto, visite el sitio web del libro (www.mhhe.com/hair), siga los vínculos que llevan a Global Insight (visión global), lea el ejemplo de Holiday Inn Resort y responda a las preguntas.

FIGURA 14.7 Resumen de las consideraciones importantes en los diseños de cuestionario

1. Determine los objetivos de información y el número de floreros de información requeridos para alcanzar esos objetivos.
2. Defina los requerimientos de datos específicos (por ejemplo, el tamaño) de cada florero de información, y apile los floreros de mayor (arriba) a menor (abajo).
3. La sección de introducción debe incluir una descripción general del asunto al que se refiere el estudio; esto puede hacerse con un formato disfrazado.
4. Todas las instrucciones, cuando sean necesarias, deben expresarse claramente.
5. Tal vez lo más importante, las mediciones de pregunta o escala tienen que seguir algún orden lógico, esto es, un orden que le parezca lógico al encuestado, más que al investigador o practicante.
6. Comience una entrevista o cuestionario con preguntas sencillas que sean fáciles de contestar, y luego ascienda gradualmente a las más difíciles. Cree un flujo de lo general a lo específico.
7. Posponga las preguntas muy personales (datos materiales) hasta bien avanzada la entrevista o encuesta (por ejemplo, colóquelas en la base, después del último florero de información).
8. Coloque las preguntas que impliquen pruebas psicológicas (por ejemplo, creencias de estilo de vida) hacia el final de la entrevista o encuesta, pero antes de la fase de identificación.
9. No haga demasiadas preguntas seguidas del mismo formato de medición (por ejemplo, formatos nominal, ordinal, de intervalo o de escala de razón matemática).
10. Aminore gradualmente una entrevista o encuesta hacia su fin con unas cuantas preguntas sencillas que no requieran pensar mucho o expresiones de sentimiento (por ejemplo, las preguntas de datos demográficos son muy apropiadas en este punto).
11. Termine siempre la entrevista o encuesta con la declaración apropiada de agradecimiento.

Elaboración de cartas de presentación

Función de una carta de presentación

Carta de presentación Comunicación escrita por separado para un encuestado prospecto, con objeto de aumentar la disposición de esta persona a llenar totalmente los formularios de la encuesta y a devolverlos de manera oportuna al remitente.

Un aspecto fundamental asociado con un buen diseño de cuestionario es la elaboración de una carta de presentación apropiada. En muchos libros de texto de investigación de mercado se tiende a no dar o a dar poca explicación de la elaboración de una carta de presentación. Normalmente, una **carta de presentación** se ve de manera restringida como una carta adjunta a un cuestionario autoadministrado (por ejemplo, en una encuesta en línea o por correo directo) que sirve para explicar la naturaleza de la encuesta. En las encuestas personales o telefónicas, los investigadores pudieran no pensar en utilizar una carta de presentación; sin embargo, estas cartas tienen varias funciones importantes en la recolección exitosa de datos puros primarios, independientemente del método de acopio de éstos. Una carta de presentación no es lo mismo que la sección de introducción en el cuestionario real, ni tampoco que un filtro de selección.

La principal función de la carta de presentación debe ser la de conseguir la cooperación y disposición del encuestado a participar en el proyecto de investigación. En otras palabras, esta carta debe tratar de persuadir a un encuestado prospecto a llenar el cuestionario y a devolverlo oportunamente, o a participar en la entrevista actual. En el caso de las entrevistas autoadministradas, muchas veces un proyecto de investigación se queda a poca distancia de su meta porque la tasa de respuesta (por ejemplo, el número de encuestas terminadas comparado con el de encuestas administradas) termina siendo muy bajo (25% o menos). Habitualmente, cuando la tasa de respuesta es baja, el investigador no puede más que conjeturar por qué esto es así. Con la encuesta telefónica o personal se plantean problemas similares cuando gran número de encuestados prospectos se niegan a participar.

Las funciones secundarias de una carta de presentación incluyen *a*) presentarle al encuestado el proyecto de investigación y al investigador, *b*) informar al encuestado de la importancia del estudio y *c*) informar de la legitimidad del estudio y de otros detalles, como la fecha límite para devolver los formularios de la encuesta llenos y la dirección a la que haya que enviarlos.[13]

Es poco probable que se pueda tener una carta de presentación estandarizada que se ajuste a todas las situaciones de encuesta o entrevista, pero hay varios factores que deben incluirse en cualquier carta introductora, así como un orden apropiado para los mismos. En la figura 14.8 se exponen pautas para redactar cartas de presentación; cada una de estas normas se explican en la sección siguiente.

Lineamientos para redactar cartas de presentación

Independientemente de cuál sea el método de recolección de datos que se elija para un proyecto de investigación, el investigador debe agregar una carta de presentación bien redactada que corresponda directamente al instrumento de encuesta. En los cuestionarios autoadministrados se debe agregar una carta de presentación en hoja aparte. En la mayoría de las encuestas telefónicas y algunos tipos de entrevistas personales, se debe enviar por correo una carta de presentación al encuestado prospecto antes de que el entrevistador haga su contacto inicial.

Aunque el envío previo de cartas de presentación en situaciones de entrevista no es práctica común entre investigadores, este procedimiento puede ayudar a incrementar la disposición del encuestado prospecto a participar.[14] La razón de esto viene de entender la conducta humana. Por ejemplo, el encuestado prospecto y el entrevistador son por lo común extraños el uno para el otro. Las personas dudan más para expresarle sus opiniones o modo de sentir sobre un tema a un extraño que a alguien a quien conocen, incluso en grado limitado. El envío de la carta de presentación a los encuestados prospectos le permite al investigador romper el hielo antes de la entrevista real.

La carta de introducción debe presentarle al encuestado el proyecto de investigación, acentuar la legitimidad de éste, alentar a la participación y avisar al encuestado de que un representante (por ejemplo, un entrevistador) se pondrá pronto en contacto con él. El uso de la carta de presentación en situaciones de entrevista aumenta el costo inicial de la recolección de datos, pero el aumento resultante en la tasa de respuesta puede reducir el costo total del proyecto.

FIGURA 14.8 **Lineamientos para redactar cartas de presentación**

Factores	Descripción
1. Personalización	La carta de presentación debe dirigirse al encuestado prospecto específico; use el papel membretado profesional de la agencia investigadora.
2. Identificación de la organización que hace el estudio	Aclare la identidad de la agencia que lleva a cabo la encuesta o entrevista; decida si mantendrá en el anonimato o no el nombre del cliente (o patrocinador) real de estudio.
3. Formulación clara del propósito e importancia del estudio	Describa el tema general de la investigación y subraye su importancia para el encuestado prospecto.
4. Anonimato y confidencialidad	Asegure que no se revelará el nombre del encuestado. Explique cómo se le eligió y haga énfasis en que su participación es importante para el éxito del estudio.
5. Marco general de tiempo para efectuar el estudio	Infórmele del marco de tiempo general de la encuesta o entrevista.
6. Refuerzo de la importancia de la participación del encuestado	Cuando sea adecuado, exprese la importancia de la participación del encuestado prospecto.
7. Reconocimiento de razones para no participar en la encuesta o entrevista	Señale las razones de "falta de tiempo libre", "encuestas clasificadas como correo chatarra" y "olvido de las encuestas" para no participar y desactívelas.
8. Requerimientos de tiempo y compensaciones	Informe claramente del tiempo requerido para terminar la encuesta; hable del programa de incentivo, si lo hay.
9. Fecha de terminación y dirección y procedimiento para remisión de los formularios de encuesta	Comuníquele al encuestado prospecto todas las instrucciones para la remisión del cuestionario totalmente contestado.
10. Declaración de agradecimiento anticipado por la disposición de participar	Agradézcale su cooperación al encuestado prospecto.

Si bien la redacción exacta de una carta de presentación variará de un investigador a otro y de una situación a otra, cualquiera de estas cartas debe incluir tantos factores de los manifestados en la figura 14.8 como sea posible.

Factor 1: Personalización

En lo posible, la carta de presentación debe dirigirse a la persona particular que se eligió en forma aleatoria como encuestado prospecto; debe imprimirse en papel membretado profesional que represente a la afiliación de la agencia investigadora, no al cliente.

Factor 2: Identificación de la organización que hace el estudio

Las primeras observaciones deben identificar a la agencia de investigación que hace la encuesta, pero no necesariamente al patrocinador o cliente. Si éste quiere o necesita que se le identifique, el investigador puede elegir una de dos opciones: el método descubierto o el encubierto. Con el método de encubrimiento, el nombre del patrocinador real aparecerá como parte de la declaración de introducción. Por ejemplo, la declaración inicial podría decir:

> En Nationwide Opinion Research Company, aquí en Nueva York, estamos llevando a cabo un interesante estudio sobre hábitos de operación bancaria de la gente para Citibank.

En cambio, un método de encubrimiento no revelaría la identidad del patrocinador al encuestado y diría:

> En Nationwide Opinion Research Company, aquí en Nueva York, estamos llevando a cabo un interesante estudio sobre hábitos de operación bancaria de la gente y querríamos conocer sus opiniones.

El método de mención del patrocinio que se utilice será determinado por los objetivos generales de la investigación o por acuerdo entre el investigador y el cliente en relación con los posibles beneficios y desventajas de revelar al encuestado el nombre del patrocinador. Una razón para recurrir al método encubierto es impedir que los competidores descubran la encuesta.[15]

Factor 3: Formulación clara del propósito y la importancia del estudio

Una de dos declaraciones se tiene que incluir en cualquier carta de presentación para describir la naturaleza o tema general de la encuesta y acentuar su importancia. En el ejemplo de encuesta de American Bank expuesto anteriormente, el investigador podría hacer las declaraciones siguientes:

> Los hábitos de operación bancaria del consumidor están cambiando rápidamente en los años 2000. Las instituciones financieras ciertamente están cambiando, con más ubicaciones bancarias, muchos servicios y tecnologías nuevos, el crecimiento de los consorcios de crédito, ahorros y préstamos, y la cada vez mayor complejidad de las necesidades y deseos financieros de la gente. Estos cambios tienen efecto importante en usted y en su familia. Deseamos tener la visión a fondo de estos cambios y de su impacto desde la perspectiva del consumidor, entendiendo mejor las opiniones de usted acerca de diferentes servicios, hábitos y patrones bancarios.
>
> Creemos que la encuesta le parecerá interesante.

Cuando usted declara el propósito de la encuesta, es importante que presente el tema general de la misma de manera interesante empleando palabras que sean familiares para la mayoría de los miembros del auditorio meta. A la declaración del propósito debe seguir otra que transmita la importancia de las opiniones del encuestado sobre el tema. A algunos investigadores les gusta agregar, a continuación del propósito, una exculpación que enfatice que 1) la agencia no está tratando de vender algo y 2) que el nombre del encuestado no se agregará a lista alguna de correos.

Factor 4: Anonimato y confidencialidad

Después de describir el propósito de la encuesta, el investigador debe enterar al encuestado de cómo y por qué se eligió a las personas para el estudio; para ello puede usar una declaración como ésta:

> El suyo fue uno de sólo 2 000 nombres elegidos al azar de una lista representativa de personas que viven en la comunidad de Baton Rouge. Debido a que el éxito de la encuesta depende de la cooperación de todas las personas seleccionadas, agradeceríamos especialmente su voluntad de ayudar.

La redacción debe hacer énfasis especial en la importancia de la participación del encuestado para el éxito del estudio y comentar indirectamente que el encuestado es especial.

Anonimato Seguridad de que los encuestados de ninguna manera serán asociados con sus respuestas.

Si el investigador y el cliente deciden que es necesario dar seguridades sobre el anonimato y la confidencialidad, eso debe incorporarse en este punto. El **anonimato** se refiere sencillamente a la seguridad de que ni el nombre del encuestado prospecto ni designación identificable alguna se asociarán con sus respuestas. Entre los diferentes métodos de recolección de datos, las declaraciones de seguridad de anonimato se asocian más propiamente con los cuestionarios autoadministrados. El investigador podría servirse de una declaración de anonimato como la siguiente:

> La información obtenida de la encuesta no reflejará en modo alguno las identidades de las personas que participan en el estudio.

Cuando se utiliza una entrevista para recolectar datos puros, puede aparecer una declaración de anonimato en la carta de presentación que se envía por correo antes del contacto inicial del entrevistador con el encuestado prospecto.

Confidencialidad Seguridad de que la identidad del encuestado no se revelará a terceros, incluido el cliente de la investigación.

La declaración de **confidencialidad** le asegura al encuestado prospecto que su nombre, aunque sea conocido por el investigador, no se revelará a un tercero, en especial al cliente. Independientemente del método de recolección de datos, en una carta de presentación debe incluirse siempre una declaración de confidencialidad, la cual podría redactarse así:

> Su cooperación, actitudes y opiniones son muy importantes para el éxito del estudio y se mantendrán en estricta confidencialidad. Sus opiniones y respuestas se usarán sólo agrupadas con las de las demás personas que participan en la encuesta.

Una vez prometida la confidencialidad al encuestado prospecto, es responsabilidad del investigador ser fiel a la promesa.

Factor 5: Marco de tiempo

La carta de presentación debe indicar el marco general de tiempo para la encuesta. Para animar a un encuestado prospecto a participar, debe declarar los requerimientos reales de tiempo de terminación y cualquier compensación que pudiera ofrecerse. Cuando se utiliza una entrevista, por ejemplo, el investigador incluiría una declaración como la siguiente:

> En un par de días, uno de nuestros representantes capacitados se pondrá en contacto con usted por teléfono... La encuesta sólo le quitará unos momentos de su tiempo.

La consideración clave con este factor es no usar un formato de pregunta que requiera una respuesta simple de sí o no. Por ejemplo, "¿Puedo enviar a uno de nuestros representantes capacitados a que le haga una visita dentro de los próximos dos días?" o "¿Puede concedernos unos momentos de su tiempo?" Si el investigador le permite al encuestado prospecto responder *no* a una pregunta formulada en la carta de presentación, es probable que no participe en el estudio.

Factor 6: Refuerzo de la importancia de la participación del encuestado

El investigador puede incorporar frases sencillas en cualquier parte de la carta de presentación para reforzar el punto de que la participación del encuestado es crítica para el éxito del estudio. Tales oraciones deben redactarse en estilo positivo, no negativo.

Factor 7: Reconocimiento de razones para no participar en el estudio

Las personas dan muchas razones cuando rehúsan participar como encuestadas en un estudio. Numerosas entrevistas de grupos foco en un periodo de más de 10 años, entre diversos grupos de personas muestran que tres de las razones más comunes para no participar en una encuesta son: 1) no tener tiempo suficiente, 2) ver las encuestas como correo chatarra y 3) olvidarse de la encuesta.

Primero, la gente atesora su tiempo libre y aun no le parece tenerlo en medida suficiente. En consecuencia, cuando reciben una visita o llamada telefónica de encuesta o se les pide en cualquier parte que respondan a unas cuantas preguntas, los encuestados potenciales tienden a decir "no tengo tiempo" como razón para no participar. Puesto que, como ya se mencionó, es más probable que la gente se tome el tiempo para responder a preguntas de alguien a quien conoce, aunque sea vagamente, que de un desconocido total, el investigador tiene que reconocer el factor tiempo en la carta de presentación. Para esto, el investigador tiene que hacer una declaración del tipo de la siguiente:

> Estamos conscientes de que para la mayoría de nosotros, en la comunidad, nuestro tiempo libre es escaso e importante y que no nos gusta gastarlo en llenar cuestionarios para el estudio de alguna persona u organización desconocidas. Por favor, recuerde que usted es de las pocas personas a quienes se les ha pedido participar en este estudio y que sus opiniones son muy importantes para el éxito del mismo.

Este tipo de declaración puede combinarse fácilmente con las declaraciones sobre requerimientos de tiempo y compensación para rebatir de manera efectiva la objeción del tiempo.

Segundo, mucha gente tiene la tendencia a clasificar las encuestas recibidas por vía postal como "correo chatarra" o la llamada de un encuestador telefónico como un intento de venderle algo que no quiere ni necesita. Para reconocer esto, podría usarse una declaración como la siguiente:

> Comprendemos que muchos de nosotros en la comunidad recibimos una cantidad de cosas por vía postal que calificamos como "correo chatarra" y a las que no es importante responder, pero por favor no considere que la encuesta adjunta lo sea. Sus opiniones, actitudes y puntos de vista sobre cada pregunta son muy importantes para nosotros y para el buen resultado de este estudio.

Y para las entrevistas, el investigador podría incorporar una declaración como la siguiente:

> Sabemos que muchos de nosotros en la comunidad recibimos muchas llamadas telefónicas de extraños que tratan de vendernos algún producto o servicio que no necesitamos ni queremos. Déjeme asegurarle que no estoy tratando de venderle algo. Sólo quiero tener sus sinceras opiniones sobre varias cuestiones pertinentes a sus costumbres y preferencias de operación bancaria; son importantes para el éxito de este estudio.

Tercero, la cuestión de olvidar la encuesta se relaciona directamente con las encuestas de correo directo. Para tratar de resolver este problema, el investigador debe incorporar en la carta de presentación una declaración parecida a ésta:

> La investigación pasada indica que muchos cuestionarios recibidos por correo, si no se llenan y remiten en las primeras 36 horas, tienen la tendencia a quedar mal puestos o a ser olvidados. Al recibir esta encuesta, por favor tómese el tiempo para llenarla. Sus opiniones son muy importantes para nosotros.

Rebatiendo estas tres razones principales para no participar en un estudio de investigación, el investigador mejora considerablemente la probabilidad de que el encuestado prospecto llene y remita la encuesta de correo directo o coopere en una encuesta telefónica.

Factor 8: Requerimientos de tiempo y compensación

Con el afán de ganarse a un encuestado prospecto, el investigador podría hacer hincapié en la carta de presentación en que la encuesta no requerirá mucho tiempo o esfuerzo. Para una encuesta autoadministrada, el investigador puede incorporar declaraciones como la siguiente:

> Diseñamos el cuestionario de modo que incluya todas las guías e instrucciones necesarias para llenar la encuesta sin ayuda de un entrevistador. Tomará aproximadamente 15 minutos llenarla. Por favor, tómese su tiempo al responder a cada pregunta. Sus respuestas francas son muy importantes para el éxito del estudio.

Para las entrevistas, el investigador podría incorporar la siguiente declaración en la carta de presentación: "La entrevista le tomará aproximadamente 15 minutos." Este tipo de observaciones refuerza la idea de que la encuesta no tomará mucho del tiempo libre de la persona.

Como lo explicamos en capítulos anteriores, el investigador y el cliente podrían decidir que se necesita alguna forma de compensación para animar al encuestado a participar. El tipo de compensación dependerá del tema de estudio y del método de recolección de datos. Se puede ofrecer una cantidad de dinero en prenda (por ejemplo, 1 o 5 dólares) a cada encuestado prospecto e incluirla en el paquete del cuestionario. La idea es que darle a los encuestados una recompensa de entrada por participar los hará sentirse obligados a llenar la encuesta y a remitirla como se les solicita.[16] Sin embargo, la experiencia con este método deja percibir que la gente tiende a asignarle un precio más alto de 1 o incluso 5 dólares a su tiempo libre. En otras situaciones, se podrían utilizar incentivos no monetarios (como un producto de muestra, entradas para ver una película, un cupón canjeable por productos o servicios específicos) para animar a la participación del encuestado.

Método de la lotería Colecta de las ofertas de incentivo individual en un ofrecimiento significativamente mayor para que las personas participantes tengan iguales oportunidades.

Una alternativa al sistema de recompensa individual es el **método de la lotería**, en el que el dinero de incentivo suma una cifra significativamente mayor y en el cual todos los que llenen la encuesta y la devuelvan al remitente tienen iguales oportunidades de obtenerla. Una recompensa significativa tiene las mayores probabilidades de aumentar la tasa de respuesta. Sin embargo, el método de la lotería no se limita a recompensas monetarias directas. Entre las recompensas alternativas podría estar la oportunidad de ganar un viaje con gastos pagados a alguna parte. Por ejemplo, JP Hotel Corporation se valió de una "estancia con todos los gastos pagados por tres días, dos noches, para dos personas", en uno de sus complejos de hotel de lujo, como incentivo para los encuestados que llenaron y devolvieron sus cuestionarios en la fecha especificada.

Entre los diferentes programas de incentivo disponibles para el investigador, el sistema de incentivo de la lotería se recomienda siempre que sea posible. Cuando recurre a la lotería, el investigador tiene que hacer un esfuerzo extra para elaborar e incluir un formulario de identificación *aparte* en el paquete del cuestionario que pueda llenar y devolver el encuestado junto con el cuestionario contestado. Este sistema de incentivo tiende a ser más apropiado para las encuestas autoadministradas. Las observaciones concernientes a los incentivos en una carta de presentación podrían formularse, por ejemplo, como sigue:

> Para mostrarle en parte nuestro reconocimiento por tomarse el tiempo para participar en este estudio, sortearemos 500 dólares entre quienes nos ayuden dedicando algo de su tiempo libre para llenar esta encuesta. El procedimiento de rifa se ha diseñado de manera que todos los que llenen y remitan el cuestionario tengan igual oportunidad de recibir el regalo de reconocimiento de 500 dólares.

Factor 9: Fecha de terminación y dirección y forma de remisión de la encuesta

Al final de la carta de presentación, el investigador debe darle al encuestado instrucciones sobre cómo, a dónde y cuándo remitir su encuesta llena. Las instrucciones de *cómo* y *a dónde* puede expresarse sencillamente por medio de un tipo de declaración como el siguiente:

> Después de responder a todas las preguntas de la encuesta, por favor use el sobre adjunto, que ya está dirigido y con portes pagados, para devolver su encuesta llena y su tarjeta de regalo de reconocimiento.

Para tratar lo de la fecha límite de devolución, el investigador habría de incluir una declaración como ésta:

Para ayudarnos llenando los formularios del estudio a tiempo, necesitamos su cooperación en la devolución del cuestionario lleno acompañado de la tarjeta de regalo de reconocimiento en **fecha no posterior al viernes 21 de junio de 2004**.

Factor 10: Agradecimiento anticipado

Antes de poner fin a la carta de presentación con una nota de agradecimiento, tal vez el investigador quiera agregar un reaseguramiento final de que no está tratando de venderle algo al encuestado prospecto. Además, la legitimidad puede reforzarse proporcionando un nombre y número de teléfono por si hay alguna inquietud o duda, como sigue:

> De nuevo, permítame darle mi garantía personal de que no estamos tratando de venderle algo. Si tuviera cualquier duda, inquietud o pregunta que hacer sobre esta encuesta, por favor llámeme al (504) 974-6236. Le damos las gracias por anticipado; apreciamos profundamente su cooperación por tomar parte en nuestro estudio.

El investigador debe firmar la carta de presentación e incluir su título o designación.

Como puede ver, una buena carta de presentación entraña tanta reflexión, cuidado y esfuerzo como el propio cuestionario. Ya sea que los factores reales cambiaran de un investigador a otro, estos 10 son elementos estándar de cualquier buena carta. Los ejemplos específicos que se han dado no deben verse como frases estandarizadas que tengan que incluirse en todas las cartas de presentación, pero muestran la forma en que un investigador podría incre-

La investigación de cerca

En el campo

MARKETING RESOURCES GROUP
2305 Windsor Oaks Drive, Suite 1105
Baton Rouge, Louisiana 70814

ESTUDIO DE OPINIÓN DE OPERACIÓN BANCARIA DEL CONSUMIDOR
BATON ROUGE, LOUISIANA

Si tiene usted una cuenta bancaria...

Necesitamos su opinión.

Con más sucursales bancarias, nuevos servicios del banco, y la multiplicación de las instituciones de crédito y ahorros y préstamos, las instituciones financieras ciertamente están cambiando. Estos cambios le afectarán a usted y a su familia, y por eso su opinión es importante.

Su nombre ha sido seleccionado en una muestra de residentes de Baton Rouge para determinar lo que la gente de nuestra comunidad piensa acerca de los productos y servicios ofrecidos actualmente por los bancos. Sus opiniones individuales en esta encuesta no pueden ser seguidas hasta usted, y todos los resultados se mantendrán en estricta confidencialidad. Los resultados del estudio le proporcionarán al ramo bancario una visión de fondo de cómo atender mejor a las necesidades de sus clientes.

La flamante moneda adjunta a esta carta no es bastante para compensarle su tiempo, pero puede alegrarle el día a un chiquillo que usted conozca.

Gracias por su ayuda.

Atentamente,

Thomas L. Kirk
Director de Proyecto de Marketing

P.D. Por favor, remítanos la encuesta a más tardar el 21 de junio de 2004.
Le adjuntamos para ello un sobre con portes pagados.

mentar la disposición de un encuestado prospecto a participar en un estudio determinado. Para ver cómo se acomodan juntos estos factores en una carta de presentación, examine la figura 1 de la Ilustración de la investigación de mercado al final de este capítulo.

Una cuestión de diseño rara vez abordada que afecta directamente a la elaboración de las cartas de presentación es la de cuán larga tiene que ser. No hay respuesta simple que sea correcta en todas las situaciones, y de hecho hay dos puntos de vista opuestos. Primero, muchos investigadores creen que la carta de presentación debe ser sencilla, ir al grano y no ser mayor de una página. El recuadro En el campo ilustra una carta de presentación hipotética para la encuesta de American Bank and Trust que sigue el enfoque directo de una página.

Aun cuando la carta de presentación de una página incluye algunos de los factores que hemos explicado para influir en la disposición de un encuestado prospecto a participar, tiende a carecer del nivel de intensidad y la claridad que se necesitan para ganarse a un desconocido. No obstante, muchos investigadores se inclinan por el diseño de una página por el factor costo y porque creen que a la gente no le gusta leer correspondencia de organizaciones comerciales desconocidas, como una agencia de investigación. Es cierto que cuesta menos redactar, copiar y enviar por correo una carta de presentación de una página que una de varias, pero si la carta de una página no produce la tasa de respuesta adecuada, el estudio costará más a la larga. La idea de que a la gente no le gusta leer correspondencia de remitentes comerciales desconocidos es básicamente acertada y, como ya explicamos, es una de las razones que la gente aduce para justificar su negativa a participar en una encuesta.

El punto de vista contrario se enfoca en la necesidad de transmitir una historia cargada de emoción que mueva al encuestado prospecto a cooperar. Si una carta de presentación está bien elaborada y es interesante, el encuestado prospecto leerá no sólo la primera página, sino la carta entera, y seguirá con el cuestionario.

Ética

Encuesta telefónica se amarga

En el primer trimestre de 2002, Quality A-1 Rainbow Rug Cleaners, nueva empresa franquiciataria de limpieza de alfombras, inició operaciones en San Diego, California. Esta compañía era miembro de la cámara de comercio de San Diego. Los propietarios de esta empresa de franquicia de limpieza de alfombras pugnaban por conseguir clientes. Acudieron a una agencia de telemarketing en busca de ayuda. Después de varias conversaciones con los expertos de telemarketing, se tomó la decisión conjunta de seguir un método encubierto para solicitar clientes prospectos por teléfono. La agencia de telemarketing preparó lo que llamó una encuesta telefónica que captaría la información necesaria para identificar a personas que requirieran servicios de limpieza de alfombras. Sobre la determinación de la necesidad, la encuesta se diseñó para que el encuestador telefónico activara el tema de ventas personalizado para los servicios de Quality A-1 Rainbow Rug Cleaners. La encuesta comenzaba informando a los clientes prospectos que habían sido elegidos al azar para participar en una corta encuesta acerca de productos de limpieza. Una vez que se determinaba que el individuo calificaba, la encuesta se convertía en discursillo de ventas, en el que se les decía a los clientes prospectos calificados que Quality A-1 Rainbow Rug Cleaners estaría en su vecindario esa semana, y se les preguntaba cuándo querrían programar una cita. A los encuestados que no sospechaban y accedían los ponía en agenda inmediatamente el entrevistador de telemarketing. La agencia de telemarketing convenció a los propietarios de la compañía de que el proceso de la encuesta se alargaría un mes a un costo de 4 000 dólares. A dos semanas de marcha del proyecto, los dueños de Quality A-1 Rainbow Rug Cleaners recibieron una llamada de la cámara de comercio de San Diego, en la cual se les notificaba que habían recibido cerca de 100 llamadas telefónicas de residentes que se quejaban de solicitación de ventas indeseadas de servicios de limpieza de alfombras de Quality A-1 Rainbow Rug Cleaners. Identifique usted los problemas éticos que Quality A-1 Rainbow Rug Cleaners se creó a través de su programa de investigación. ¿Cómo hubiera podido la compañía de limpieza evitarse esos problemas?

Como siempre, el investigador debe tener en mente la importancia de la conducta ética. En el recuadro *Ética* se expone el caso de un mal uso, por una compañía de limpieza de alfombras, de una encuesta telefónica para obtener nuevas ventas.

Documentos complementarios vinculados a los diseños de instrumentos de encuesta

Aunque el foco de atención principal de este capítulo es el proceso de elaboración y el método del florero para diseñar cuestionarios basados científicamente para los propósitos de recolección de datos, hay varios documentos complementarios, requeridos para ejecutar actividades de trabajo de campo en investigación de mercado, que vale la pena explicar. Cuando se toma la decisión de reunir datos puros por medio de encuestas personales o telefónicas, hay necesidad de redactar buenas instrucciones para el supervisor y el entrevistador, así como formularios de selección, tarjetas de calificación y hojas de registro de llamada. Estos tipos de formas documentales ayudan a asegurar que el proceso de recolección de datos puros de alta calidad tendrá éxito. Explicaremos lo más importante de cada una de estas formas en esta sección.

Instrucciones para el supervisor

Formulario de instrucciones para el supervisor Formulario que sirve de plan de acción detallado para informar y capacitar al personal sobre el modo de ejecutar el proceso de entrevista de manera estandarizada; delinea el proceso de conducir un estudio en el que se hacen encuestas personales y telefónicas.

Como se explicó en el capítulo 9, la mayor parte de las entrevistas de investigación comercial las llevan a cabo compañías de servicio de entrevistas de campo dentro de mercados de prueba geográficos seleccionados. Estas compañías de servicio pueden verse como la línea de producción para la recolección de datos puros dentro del ramo de la investigación. Normalmente, es responsabilidad de estas compañías efectuar todas las entrevistas y enviarlas de vuelta a la agencia investigadora para su procesamiento. Un **formulario de instrucciones para el supervisor** sirve de plan de acción detallado para informar y capacitar al personal sobre el modo de ejecutar el proceso de entrevista de manera estandarizada. Las instrucciones delinean el proceso para conducir el estudio y son de importancia vital para cualquier proyecto de investigación en el que se utilicen las encuestas personales o telefónicas; incluyen información detallada de la naturaleza del estudio, fechas de inicio y conclusión, instrucciones muestrales, número de entrevistadores necesarios, requerimientos de equipo e instalaciones, formularios de reporte, cuotas y procedimientos de validación. En la figura 14.9 se ofrece una página de muestra de una lista de instrucciones para el supervisor de un estudio bancario detallista en el que se emplea a entrevistadores estudiantes para realizar entrevistas personales con objeto de recolectar los datos puros.

Instrucciones para el entrevistador

Instrucciones para el entrevistador Medio para capacitar al entrevistador sobre la forma de seleccionar a encuestados prospectos, de seleccionarlos en cuanto a elegibilidad, y de llevar a cabo la entrevista real.

Para asegurar la calidad de los datos, el proceso de entrevista debe mantener un nivel de uniformidad; en consecuencia, es muy importante capacitar al personal que llevará realmente a cabo las entrevistas. Las **instrucciones para el entrevistador** son el medio para enseñar a los entrevistadores a 1) seleccionar correctamente a un encuestado prospecto para su inclusión en el estudio, 2) seleccionar a los encuestados prospectos en cuanto a elegibilidad y 3) conducir en forma apropiada la entrevista real (hacer las preguntas y anotar las respuestas). Aunque estas instrucciones cubren muchos de los mismos puntos que se hallan en las instrucciones del supervisor, están diseñadas para que sean pertinentes para la entrevista real. Las instrucciones incluyen información detallada sobre la naturaleza del estudio; fechas de inicio y conclusión; instrucciones muestrales; procedimientos de selección, cuotas; número de en-

FIGURA 14.9 Ejemplo de instrucciones para el supervisor de un estudio bancario detallista con entrevistas personales

Propósito:	Determinar los hábitos de operaciones bancarias de los estudiantes y sus actitudes hacia la calidad de los servicios bancarios de diferentes tipos de instituciones financieras.
Número de entrevistadores:	Un total de 90 entrevistadores estudiantes capacitados (30 entrevistadores por clase, tres clases diferentes).
Ubicación de las entrevistas:	Las entrevistas se llevarán a cabo en un periodo de dos semanas, del 10 al 24 de octubre de 2004. Se efectuarán entre las 8 de la mañana y las 9 de la noche, de lunes a viernes. Las ubicaciones de las entrevistas estarán frente a los edificios del campus de los 14 colegios o facultades que integran la universidad, más la Biblioteca y la Unión de Estudiantes. Habrá tres turnos de entrevistadores, con 30 entrevistadores por turno, trabajando de 8 a 12 de la mañana, de 12:01 a 5 de la tarde y de 5:01 a 9 de la noche.
Cuotas:	Cada entrevistador conducirá y consumará 30 entrevistas, con un máximo de 5 entrevistas concluidas por cada uno de los siguientes bancos detallistas: **Bank of America, Sun Trust Bank, Citicorp, Capital One, First Union**, y cinco de cualesquiera **"Otros bancos"**. Todas las entrevistas terminadas deben proceder de su ubicación y medida de tiempo asignados. Por cada turno de 30 entrevistadores habrá un mínimo de 150 entrevistas llenas por cada uno de los cinco bancos nombrados en el estudio y un máximo de 150 entrevistas terminadas que representen el conjunto de los "Otros bancos".
Materiales del proyecto:	Para este estudio se les proveerá a ustedes de los siguientes materiales: 2 701 cuestionarios personales; 91 formularios de instrucciones para entrevistador, selección y cuota; 91 conjuntos de "Tarjetas de Calificación", cada uno de los cuales consta de seis tarjetas de calificación diferentes; 91 formularios de "Verificación de entrevista", y un formulario de matriz de programación del entrevistador.
Preparación:	Utilizando su conjunto de materiales, revise todo para entenderlo completamente. Fije un marco de tiempo de dos horas para capacitar a sus 90 entrevistadores estudiantes sobre cómo seleccionar a un encuestado prospecto, seleccionar en cuanto a elegibilidad, y conducir las entrevistas. Asegúrese de que cada entrevistador entienda las "instrucciones para el entrevistador" incorporadas en los cuestionarios reales de la encuesta. Además, asigne a cada entrevistador en una ubicación y un marco de tiempo específicos para efectuar las entrevistas, asegurándose de que todas las ubicaciones y marcos de tiempo quedan apropiadamente cubiertos.

trevistas requeridas; lineamientos para hacer las preguntas, uso de las tarjetas de calificación y registro de respuestas; formularios de reporte, y procedimientos de formulario de verificación. La figura 14.10 presenta una página de muestra de un conjunto de instrucciones para el entrevistador de un estudio bancario detallista en el que se recurrió a entrevistas personales para recolectar datos puros.

Aun cuando no se muestran explícitamente en la figura 14.10, muchas instrucciones del entrevistador listarían cada instrucción general aparte de las instrucciones de cada pregunta de la encuesta. Además, las instrucciones incluirían comentarios específicos sobre procedimientos para hacer cada pregunta y registrar las respuestas. Todas las instrucciones necesarias aparecen en la encuesta. Lo más importante de las instrucciones para el entrevistador es asegurar que todas las entrevistas se conduzcan básicamente de la misma forma. Es crucial que todos los entrevistadores lean cada pregunta de la encuesta tal como se escribió, sin modificaciones. Las instrucciones para el entrevistador constituyen una herramienta de capacitación para acentuar la probabilidad de que todas las entrevistas se conduzcan de la misma manera, con lo cual se reduce la posibilidad de que el sesgo del entrevistador potencial se cuele adentro del estudio y afecte negativamente el nivel de calidad de los datos puros recolectados.

Formas de selección

Aunque las formas de selección no conciernen directamente al investigador en la elaboración de alguna encuesta, tienen una importante función en la tarea de asegurar que los encuestados de la muestra de un estudio son en realidad representativos de la población meta definida. Determinar la elegibilidad de un encuestado prospecto aumenta de manera considerable la probabilidad de que el investigador y el practicante de marketing puedan usar los datos puros,

FIGURA **14.10** **Ejemplo de instrucciones para el entrevistador de un estudio de banco detallista en el que se hicieron entrevistas personales**

Propósito:	Determinar los hábitos de operaciones bancarias de los estudiantes y sus actitudes hacia la calidad de los servicios bancarios de diferentes tipos de instituciones financieras.
Método:	Toda entrevista se hará en persona en sus ubicaciones designadas y dentro de sus marcos de tiempo de entrevista asignados. Estas ubicaciones y tiempos se los asignará su supervisor.
Ubicación y tiempo de las entrevistas:	Sus entrevistas las llevará a cabo en un periodo de dos semanas, del 10 al 24 de octubre de 2004. Esto lo hará en su turno asignado entre las 8 de la mañana y las 9 de la noche, de lunes a viernes. Las ubicaciones de las entrevistas estarán fuera de los edificios del campus asignados a usted por su supervisor.
Número o cuota de entrevistas:	Usted conducirá y consumará 30 entrevistas, con un máximo de 5 entrevistas completas por cada uno de los siguientes bancos detallistas nombrados: **Bank of America, Sun Trust Bank, Citicorp, Capital One, First Union**, y cinco de cualesquiera **"Otros bancos"**. Todas sus entrevistas completas deben provenir de su ubicación y marco de tiempo asignados.
Materiales del proyecto:	Para este estudio se le provee a usted de los siguientes materiales: 30 cuestionarios personales; 1 formulario de instrucciones para entrevistador y selección y cuota; 1 conjunto de "Tarjetas de calificación", que consta de seis tarjetas de calificación diferentes; 1 formulario de "Verificación de entrevista", y un formulario de matriz de programación del entrevistador.
Procedimiento muestral:	Una vez que a usted se le asigne ubicación durante su turno de entrevistas asignado (por ejemplo, College of Education, 8:00 de la mañana a 12:00 del mediodía), seleccione al azar a una persona de esa área y siga las instrucciones de "Introducción" en su hoja de *Introducción, Selección y Cuota*. (Primero, camine cortésmente hacia la persona y preséntese. Luego, explíquele gentilmente que: [lea la declaración de presentación dada en su hoja de *Introducción, Selección y Cuota*].) Si la persona califica, se inicia la encuesta real. Si usted determina que la persona no es elegible, siga las instrucciones para terminar la entrevista y seleccionar a su siguiente encuestado prospecto. Todas las instrucciones del entrevistador se marcarán en **NEGRITAS MAYÚSCULAS** en su hoja de *Introducción, Selección y Cuota*.
Factores de selección:	Los encuestados prospectos serán elegibles si: 1. Son estudiantes universitarios actuales en el presente semestre. 2. **No** han participado antes en esta encuesta. 3. Se les necesita para llenar cualquiera de las "cuotas" designadas para los cinco bancos específicos nombrados o el grupo de "Otros bancos".
Lineamientos para la entrevista real:	Una vez que el encuestado prospecto es determinado elegible, debe usted iniciar la entrevista empezando con la pregunta 1. Asegúrese de leer cada pregunta tal como está escrita en el cuestionario. Todas las instrucciones para usted aparecerán en **NEGRITAS MAYÚSCULAS**; sígalas cuidadosamente. Al terminar la entrevista, debe usted hacer que el encuestado dé la información requerida en el formulario de "Verificación de Entrevista". Luego, seleccione al azar a su siguiente encuestado prospecto y siga los procedimientos e instrucciones de su hoja de *Introducción, Selección y Cuota*.
Preparación:	Utilizando su dotación de materiales, revíselos todos para entenderlos por completo. Antes de iniciar las entrevistas reales, haga por lo menos tres entrevistas de práctica para familiarizarse con los procedimientos para la selección de un encuestado prospecto, seleccionar por elegibilidad y conducir las entrevistas. Asegúrese de que entiende las "instrucciones para el entrevistador" insertadas en las preguntas reales que componen la encuesta.

Formularios de selección Conjunto de preguntas preliminares que se usan para determinar la elegibilidad de un encuestado prospecto para su inclusión en la encuesta.

estructuras e información resultantes para hacer inferencias inductivas acerca de la población meta definida mayor. Las **formas de selección** representan un conjunto de preguntas preliminares que se usan para determinar la *elegibilidad* de un encuestado prospecto para su inclusión en la encuesta. Normalmente, el investigador y el grupo cliente deciden cualquier conjunto de características o requerimientos especiales que una persona debe tener para ser incluida en el fondo muestreado de encuestados prospectos. Casi cualquier factor o características de un individuo puede usarse como filtro de selección. Por ejemplo, la edad, estado civil, nivel de educación, número de compras en un marco de tiempo dado, o el nivel de satisfacción obtenida de un producto o servicio, podrían servir de filtro de selección útil en una encuesta particular.

En cambio, las características de selección deben utilizarse para asegurar que *no* se incluya en el estudio a encuestados prospectos de ciertos tipos. Esto significa que hay muchas situaciones de marketing en las que es conveniente tener un buen corte transversal de los individuos, aunque dentro de ese corte hay tipos particulares de individuos a los que se debe excluir automáticamente de la posibilidad de ser miembros del grupo. Esto sucede con mayor frecuencia cuando la ocupación directa de una persona o de un familiar de ésta en un ramo eliminaría al prospecto de su inclusión en el estudio. Por ejemplo, supongamos que se contratara a J. D. Power and Associates para que lleve a cabo un estudio entre la población general sobre el efecto de la publicidad en la calidad percibida de los automóviles fabricados por Ford Motor Company. Para asegurar la objetividad en los datos puros y los resultados, J. D. Power and Associates querría excluir automáticamente a la gente que trabaja personalmente o que tiene familiares directos haciéndolo en una agencia de investigación de mercados, en una empresa publicitaria, en Ford Motor Company, o en una concesionaria que venda vehículos de esta marca. La razón de excluir a las personas que tienen (ellas o familiares directos de ellas) asociación alguna con estos tipos particulares de ocupaciones es que normalmente tienen sesgos inherentes hacia los vehículos Ford o conocimiento de sesgo acerca del ramo publicitario. Sus opiniones, actitudes y sentimientos acerca del impacto de la publicidad y/o la calidad de los vehículos Ford *no son representativos* de la gente que constituye la población general.

Las preguntas de selección deben incorporarse, siempre que sea posible, en el proceso de administración de cualquier encuesta (esto es, encuestas telefónicas o personales, o encuestas autoadministradas, fuera de línea o en línea). En realidad, las formas de selección tienden a usarse en el curso de las encuestas personales o telefónicas, más que en cualquier tipo de encuesta autoadministrada. La razón básica de esto es que el investigador necesita que un ser humano controle el proceso de selección y haga el juicio final sobre elegibilidad.

El método de cuestionario autoadministrado para recolectar datos puros no se presta directamente para este tipo de factor de control. Esto no significa que no se pueda hacer una selección de encuestados prospectos en los estudios de encuesta autoadministrada. Este proceso suele consistir en llevar a cabo un procedimiento de selección aparte, ya sea por teléfono o por medio de un entrevistador personal, antes de que el encuestado prospecto reciba su paquete de cuestionario. Una excepción a la necesidad de que un ser humano sirva de mecanismo de control sería una encuesta autoadministrada por computadora (verbigracia, las encuestas por correo electrónico, Internet y la Web), o por una red de televisión (por ejemplo, una encuesta de huésped de hotel, programada en el televisor de su habitación). En estos métodos, el cuestionario puede preprogramarse para que termine automáticamente la encuesta dependiendo de cómo respondan los encuestados prospectos a las preguntas de selección prelistadas. En la figura 14.11 se ilustra la forma de selección utilizada en el estudio bancario detallista entre estudiantes universitarios.

Hojas de cuota

En todo tipo de investigación (verbigracia, exploratoria, descriptiva, causal) hay situaciones en las que investigador y cliente deciden que los encuestados prospectos deben representar automáticamente subgrupos o categorías definidos específicamente de tamaños preestablecidos (o cuotas). Las **hojas de cuota** representan una forma de rastreo simple que realza la capacidad del entrevistador para recolectar datos puros del tipo adecuado de encuestados. Este tipo de forma ayuda a asegurar que los grupos encuestados identificables cumplan con los requerimientos de representación preespecificados. Las cuotas ayudan también al entrevistador a determinar quién es y quién no es elegible para su inclusión en el estudio. Cuando se llena una cuota particular para un subgrupo de encuestados, esto indica al entrevistador que aunque un encuestado prospecto particular califique sobre la base de todos los factores de selección, ya no se le necesita para el subgrupo específico de encuestados. Por consiguiente, la entrevista debe terminar en ese punto.

Hojas de cuota Forma de rastreo simple que destaca la capacidad del entrevistador para recolectar datos puros del tipo adecuado de encuestados; esta forma ayuda a asegurar que se cumplan las normas de representación.

En nuestro ejemplo bancario detallista se observó que se empleó a 90 entrevistadores para recolectar los datos primarios para el estudio. Se requirió que cada entrevistador llena-

FIGURA **14.11** **Ejemplo de una hoja de introducción, selección y cuota para un estudio bancario detallista por medio de entrevistas personales**

HOJA DE INTRODUCCIÓN, SELECCIÓN Y CUOTA PARA LA ENCUESTA DE OPINIÓN SOBRE OPERACIONES BANCARIAS ENTRE ESTUDIANTES UNIVERSITARIOS

Método para seleccionar aleatoriamente a un estudiante

A. Camine cortésmente para abordar a una persona y preséntese con ella.

B. Explíquele gentilmente que:

Su clase de Investigación de mercado lleva a cabo un interesante proyecto en este semestre acerca de actitudes y hábitos bancarios de los estudiantes, y usted desea incluir sus opiniones en el estudio.

- SI LE DICEN **"NO"** o **"NO DESEO PARTICIPAR"**, cortésmente dé las gracias y proceda a seleccionar aleatoriamente a otra persona y a repetir los pasos A y B.
- SI ESTÁN DISPUESTOS A SER ENTREVISTADOS, PREGÚNTELES:

P1. **¿Está usted inscrito como alumno de la universidad en este semestre?**

Si la respuesta es **SÍ**, continúe con la P2.

Si es **NO**, dé las gracias y **SUSPENDA** la encuesta con esta persona.

P2. **¿Ha participado ya en esta encuesta?**

Si es **SÍ**, dé las gracias y **SUSPENDA** la encuesta.

Si es **NO**, continúe con la P3.

P3. **Tomando en cuenta los diversos sistemas bancarios que usted utilice o no, por favor dígame el nombre del banco que generalmente consideraría "su" banco principal.**

(VEA SI LA ELECCIÓN DEL ENCUESTADO SE AJUSTA A SU CUOTA NECESARIA DE TIPOS DE BANCO, QUE SE DA A CONTINUACIÓN)

Cuota		"Otros" bancos posibles
1 2 3 4 5	Bank of America	❑ Beneficial Savings
1 2 3 4 5	Sun Trust Bank	❑ Glendale Federal
1 2 3 4 5	Citicorp	❑ USF Credit Union
1 2 3 4 5	Capital One	❑ Southeast Bank
1 2 3 4 5	First Union	❑ Wells Fargo
1 2 3 4 5	Algún otro banco ⟶	❑ Anote ____________

- SI LA RESPUESTA SE AJUSTA A UN ÁREA DE CUOTA NECESARIA,
  (a) cruce una de las cuentas de cuota respectivas, y
  (b) registre la respuesta en la Pregunta 1 de la encuesta **y** continúe con la Pregunta 2 de la encuesta.
- SI LA RESPUESTA **NO SE AJUSTA** A UN ÁREA DE CUOTA NECESARIA,
  (a) cortésmente dé las gracias y **SUSPENDA** la encuesta, y
  (b) vuelva atrás y repita los Pasos A y B.

ra 30 entrevistas, para un total de 2 700 entrevistas. Entre ese total se establecieron cuotas generales de 16.67% para Bank of America, Sun Trust Bank, Citicorp, Capital One y First Union, así como para "Otros bancos". Una vez alcanzada la cuota de un banco particular, por ejemplo Capital One, cualquier encuestado prospecto que calificara en las preguntas de selección, pero que indicara que Capital One era su banco principal, sería retirado de la encuesta. La figura 14.11 ilustra cómo funcionó el sistema de cuota para la encuesta bancaria detallista.

Tarjetas de calificación
Tarjetas usadas en entrevistas personales que representan una reproducción del conjunto de puntos de escala real y descripciones usadas para responder a una pregunta o preparación específica en la encuesta. Estas tarjetas sirven de herramienta para ayudar al entrevistador y al encuestado a acelerar el proceso de recolección de datos.

Tarjetas de calificación

Cuando reúne datos por medio de entrevistas personales, el investigador necesita elaborar otro tipo de documento de soporte, denominado **tarjetas de calificación**. Estas tarjetas ayudan al entrevistador y al encuestado a acelerar el proceso de preguntar y responder a las mediciones de pregunta y/o escala que conforman el instrumento de escala real. Una tarjeta de calificación representa una reproducción del conjunto de puntos de escala reales y sus descripciones utilizados para responder a una pregunta o preparación específicas en la encuesta. Siempre que hay una pregunta en la que se le pide al encuestado expresar algún grado de intensidad como parte de la respuesta, el entrevistador debe proporcionarle al encuestado una tarjeta de calificación que refleje las respuestas de escala posibles. Antes de hacer la pregunta de la encuesta, el entrevistador le daría al encuestado la tarjeta y le explicaría cómo usar la información en la tarjeta para responder a la pregunta. Luego, el entrevistador le leería la pregunta y cada declaración de atributo prelistada al encuestado y registraría la respuesta de éste. Normalmente, la respuesta del encuestado estaría en forma de descriptor de letra o numérico que fue asignado específicamente para representar cada respuesta medida real en la tarjeta. La figura 14.12 presenta un ejemplo específico de una pregunta y/o escala y de la tarjeta de calificación apropiada usada en una encuesta bancaria detallista que se administró por medio de entrevistas personales.

FIGURA 14.12 Ejemplo del formato de la pregunta y/o escala y de la tarjeta de calificación usados para recolectar datos puros en una encuesta bancaria detallista

TARJETA DE CALIFICACIÓN A
(ESCALA DE IMPORTANCIA PARA LA PREGUNTA P2)

Números de calificación	Descripción
6____	Consideración **extremadamente** importante para mí
5____	Consideración **definitivamente** importante para mí
4____	Consideración **en general** importante para mí
3____	Consideración **algo** importante para mí
2____	Consideración **apenas** importante para mí
1____	Consideración **nada** importante para mí

P2 Empecemos. Voy a leerle algunas características bancarias que pueden haber sido o no importantes para usted al seleccionar "SU" banco.

Utilizando esta tarjeta de calificación **(DÉLE AL ENCUESTADO LA TARJETA DE CALIFICACIÓN A)**, por favor dígame el número que mejor describa lo importante que fue la característica bancaria para que usted eligiera "SU" banco.

¿En qué medida fue **(LEA LA PRIMERA CARACTERÍSTICA)** *una consideración importante para que usted eligiera "SU" banco?*

(ENTREVISTADOR: ASEGÚRESE DE LEER Y REGISTRAR LAS RESPUESTAS A TODAS LAS CARACTERÍSTICAS LISTADAS)

Número de calificación	Características	Número de calificación	Características
____	Conveniencia de ubicaciones de sucursal	____	Cargos competitivos por servicio mínimo
____	Flexibilidad de horarios de bancos	____	Disponibilidad de comprobación gratuita
____	Personal del banco amistoso o considerado	____	Tasas de interés en cuentas del tipo de ahorros
____	No se requiere saldo mínimo	____	Tasas de interés competitivas en los préstamos
____	Disponibilidad de servicios de tarjeta de crédito	____	Credibilidad de la reputación del banco
____	Disponibilidad de servicios de cajero automático (CA)	____	Anuncios promocionales del banco

(AL TERMINAR, RECOJA LA TARJETA DE CALIFICACIÓN A)

Hojas de registro de visita

Hojas de registro de visita Documento de registro que reúne información de resumen básica acerca de la eficiencia de desempeño de un entrevistador (verbigracia, el número de intentos de contacto, el número de entrevistas consumadas, la duración de la entrevista).

Las **hojas de registro de visita**, llamadas también hojas *de reporte* o *de rastreo*, se elaboran y usan para ayudar al investigador a estimar la eficiencia de desempeño de los investigadores. Si bien no hay un formato mejor que los demás para diseñar una hoja de registro de visitas, la forma suele indicar alguna información de resumen básica relativa al número de contactos (o intentos) hechos por cada entrevistador y a los resultados de esos intentos de contacto. Por lo común, las hojas de registro se emplean en métodos de recolección de datos que requieren a un entrevistador. Los ejemplos de los tipos de información reunida de una hoja de registro de visitas incluirían el número de visitas o contactos hechos por hora, el número de contactos por entrevista consumada, la duración de la entrevista, las consumaciones de entrevista por categorías de cuota, el número de entrevistas suspendidas, las razones básicas de la suspensión y el número de intentos de repetición de visita (véase la figura 14.13).

Un investigador o supervisor examina la información con el afán de evaluar la eficiencia de un entrevistador para reunir los datos puros requeridos o para identificar áreas de problema potencial dentro del proceso de recolección de datos. Por ejemplo, si el supervisor nota que el número de contactos de un entrevistador por encuesta llevada a cabo de manera completa está significativamente por encima del promedio de todos los entrevistadores, debe investigar las razones del hecho. Tal vez no se capacitó debidamente al entrevistador o éste no está utilizando el método adecuado para asegurar la disposición de los encuestados prospectos a participar. Desde la perspectiva de los costos, al investigador pudiera parecerle que el alto costo por entrevista asociado con una operación de servicio de campo particular se debió al mayor número de contactos necesario para obtener una entrevista consumada. Posteriores investigaciones podrían indicar que la compañía de servicio del ramo hizo un trabajo deficiente al seleccionar a los entrevistadores necesarios o dio una capacitación inadecuada.

Al entender usted las actividades necesarias para elaborar un instrumento de encuesta de base científica queda completa la tercera fase del proceso de investigación (recolección de los datos precisos) y le prepara para pasar a la última fase (preparación y análisis de los datos). El capítulo 15 se concentrará en las actividades de codificación, edición y análisis de los datos. Pero antes de terminar este capítulo se le anima a repasar el caso de apertura y a reevaluar sus respuestas a las tres preguntas críticas de los funcionarios de la universidad. No olvide visitar el sitio web del libro (www.mhhe.com/hair) para ver más información útil y ejemplos pertinentes para los diseños del cuestionario.

Resumen de objetivos de aprendizaje

■ **Identificar y analizar los factores críticos que pueden contribuir a mejorar directamente la precisión de las encuestas, y explicar por qué la elaboración del cuestionario no es un proceso sencillo.**

La elaboración del cuestionario es mucho más que sólo escribir un conjunto de preguntas y pedirle a la gente que las conteste. El diseño de buenas encuestas va más allá de sólo elaborar mediciones de escala confiables y válidas. Hay varios factores de diseño, pasos de procedimiento sistemático y reglas de lógica que deben considerarse en el proceso de elaboración. Además, el proceso requiere conocimiento de los planes muestrales, la elaboración de constructo, la medición de escala y los tipos de datos. Es importante recordar que un cuestionario es un conjunto de preguntas y/o escalas diseñado para generar datos puros suficientes que le permitan al investigador y al tomador de decisiones generar información para resolver el problema de negocios.

■ **Analizar los principios teóricos del diseño de cuestionario y explicar por qué un cuestionario es más que simplemente hacerle algunas preguntas a un encuestado.**

Muchos investigadores que no conocen la teoría fundamental creen todavía que el diseño del cuestionario es un arte en lugar de una ciencia. Sin embargo, los cuestionarios son estructuras jerárquicas que consisten en cuatro componentes distintos: palabras, preguntas, formatos e hipótesis. La mayoría de las encuestas son instrumentos descriptivos que se apoyan marcadamente en la recolección de datos materiales o de conducta; otros son instrumentos predictivos que se

FIGURA 14.13 Ejemplo de hoja de registro de llamadas de un entrevistador

Número de código de entrevistador 076		Fecha 10/11	Fecha 10/13	Fecha 10/16	Fecha 10/18	Fecha 10/19	Fecha 10/20	Fecha 10/23
Total de intentos de contacto		20	22	24	18	14	20	8
Número de intentos iniciales		8	12	10	8	12	14	4
Número de repetición de intentos		12	10	14	10	2	6	4
Número total de contactos no logrados		4	2	5	0	6	2	2
No hubo respuesta		1		1				
Contestó una grabadora		2		1		3		1
Número telefónico equivocado			1			1		
Número telefónico fuera de servicio		1		3			1	1
La persona específica no está disponible						2		
Otras razones			1			1		
Número total de contactos reales		4	10	5	8	6	12	2
Número de entrevistas consumadas		4	8	5	6	3	2	2
Bank of America		2	1		1	1		
Sun Trust Bank			2	1	2			
Citicorp		1	1	2		1		
Capital One		1	1		3			
First Union			3			1		1
Otros bancos				2		1	1	1
Contactos por entrevista consumada		1	1.25	1	1.3	2	6	0
Número de entrevistas suspendidas		0	2	0	2	3	10	0
Inelegibilidad de selección						1	2	
Participación rehusada					1		1	
Suspensión por parte del encuestado			1		1			
Requerimiento de cuota cumplido						3	7	
Problemas de lenguaje o auditivos			1					
Alguna otra razón								
Horas de entrevista		4	4	4	5	4	4	4
Horas de capacitación	2							
Horas de viaje	4.5							
Kilometraje al centro de entrevistas	35							

centran en reunir datos de opinión y de intención que permitan predecir cambios en las actitudes y conductas de la gente, así como demostrar hipótesis.

■ **Identificar y explicar las funciones de comunicación de los cuestionarios en el proceso de recolección de datos.** Los buenos cuestionarios le permiten a los investigadores obtener no sólo un fragmento, sino un verdadero informe de las actitudes, preferencias, creencias, sentimientos, intenciones de conducta, y acciones o reacciones, de manera holista. Por medio de preguntas cuidadosamente redactadas e instrucciones claras, el investigador puede dar cauce a los pensamientos del encuestado y asegurar la objetividad. Entendiendo los principios de la buena comunicación, los investigadores pueden evitar los malos procedimientos de interrogación que podrían resultar en peticiones de información incomprensibles, o preguntas incontestables o que oscurezcan, prohíban o distorsionen el significado de las respuestas de una persona.

■ **Explicar por qué el tipo de información necesario para atender a las preguntas y problemas de un tomador de**

decisiones influirá sustancialmente en la estructura y contenido de los cuestionarios.
Una vez que los objetivos de investigación se transforman en objetivos de información, la determinación de los requerimientos de información específicos tiene una función crucial en la elaboración de los cuestionarios. El investigador tiene que ser capaz de determinar el tipo de datos puros (datos materiales, de opinión, de conducta o de intenciones), los tipos de formatos de medición de pregunta o escala (nominales, ordinales, de intervalo o de razón matemática), los tipos de estructuras de pregunta (abierta o cerrada) y la selección apropiada de descriptores de punto de escala, para cada objetivo de información. Los investigadores deben estar conscientes del efecto que los diferentes métodos de recolección de datos (personales, telefónicos, autoadministrados, con ayuda de computadora, etc.) tienen en la redacción de las preguntas y de las opciones de respuesta.

■ **Analizar y explicar los 11 pasos del proceso de la elaboración de un cuestionario, y decir cómo se eliminan algunos errores comunes en los diseños de cuestionarios.**
Utilizando su conocimiento de la elaboración de constructo y de la medición de escala (capítulo 12) y de la medición de actitudes (capítulo 13), los investigadores pueden seguir un proceso de 11 pasos para crear instrumentos de encuesta científicos. Vea la figura 14.4, en la que se listan estos pasos.

■ **Analizar y emplear el método del "florero" en la elaboración de cuestionarios científicos.**
El método del florero sirve de marco o plan de acción para integrar diferentes conjuntos de preguntas y mediciones de escala en una estructura científica para recolectar datos puros de alta calidad. Este enfoque ordenado ayuda a los investigadores a tomar decisiones críticas relativas a 1) elaboración de constructo, 2) dimensiones y atributos apropiados de objetos, 3) formatos de medición de pregunta y/o escala, 4) redacción de preguntas e indicaciones reales y 5) puntos de escala y descriptores. Al seguir el método del florero se asegura que el flujo de los datos irá correctamente del nivel de información general a un nivel más específico.

■ **Analizar la importancia de las cartas de presentación y explicar las pautas para tratar de eliminar errores comunes en los diseños de cartas de presentación.**
Aunque el objeto principal de toda carta de presentación debe ser el de ganarse al encuestado prospecto, hay un conjunto de funciones secundarias que van de la presentación inicial con una persona a la comunicación de la legitimidad y otros factores importantes acerca del estudio. Hay 10 factores críticos que deben incluirse en la mayoría de las cartas de presentación, si no en todas; esto ayudará al investigador a contrarrestar las tres razones principales que los encuestados prospectos utilizan para no participar en una encuesta autoadministrada y en entrevistas personales. Un incentivo con base en la lotería o un sistema de compensación pueden mejorar significativamente la disposición de un encuestado prospecto a participar.

Términos y conceptos clave

Anonimato 467
Carta de presentación 464
Confidencialidad 467
Cuestionario 447
Formulario de instrucciones para el supervisor 472
Formularios de selección 474
Hipótesis 450
Hojas de cuota 475
Hojas de registro de visitas 478
Instrucciones del entrevistador 472
Malas preguntas 448
Método de la lotería 469
Método del florero 453
Preguntas estructuradas 448
Preguntas no estructuradas 448
Tarjeta de calificación 476

Preguntas de repaso

1. Analice las ventajas y desventajas de utilizar preguntas no estructuradas (abiertas) y estructuradas (cerradas) en la elaboración de un instrumento de encuesta de correo directo.
2. Explique la función de un cuestionario en el proceso de investigación de información. ¿Cuál debe ser el papel del cliente durante el proceso de elaboración del cuestionario?
3. Identifique y analice los lineamientos disponibles para decidir la forma y esquema de un cuestionario. Pondere las ventajas y desventajas de aplicar el método del florero para elaborar instrumentos de encuesta.

4. ¿Cuáles son los factores que constituyen las malas preguntas en el diseño de un cuestionario? Elabore tres ejemplos de malas preguntas. Luego, recurriendo a la información de la figura 14.6, vuelva a redactar sus ejemplos de modo que se los pueda juzgar como buenas preguntas.
5. Analice el valor de un buen diseño de cuestionario. Debata los principales beneficios de incluir una breve sección de introducción en los cuestionarios. A menos que se necesiten para propósitos de selección, ¿por qué no se presentan con franqueza las preguntas de selección en la mayoría de los diseños de cuestionario?
6. Analice los temas críticos relacionados con la preprueba de un cuestionario.

Preguntas de análisis

1. Identifique y analice las pautas para redactar las cartas de presentación para un instrumento de investigación de encuesta. ¿Cuáles son algunas de las ventajas de redactar buenas cartas de presentación? ¿Cuáles son algunos de los costos de una mala carta de presentación?
2. Utilizando las cinco preguntas específicas que deben hacerse al evaluar cualquier diseño de cuestionario (véanse las pp. 431-432), evalúe el cuestionario del American Bank and Trust al final de este capítulo. Escriba un informe de evaluación de una página.
3. **EXPERIENCIA EN INTERNET.** Usando cualquier programa explorador de su elección, visite www.opentext.com y teclee la frase de búsqueda *questionnaire design* (diseño de cuestionario). Explore las diversas listas hasta encontrar un cuestionario que le guste. Evalúe la medida en que su cuestionario elegido sigue el método del florero y escriba un resumen de dos páginas de lo que encuentre. (Asegúrese de incluir en su reporte la dirección exacta del sitio web que utilizó para llegar al cuestionario que eligió.)
4. **EXPERIENCIA EN INTERNET.** Entre en la red y vaya al sitio web de Visual Research en www.vrcinc.com. Explore el sitio y evalúe las diversas nuevas tecnologías que se ofrecen para realizar encuestas por Internet. Escriba un resumen de una página enfocado a las ventajas y desventajas asociadas con la recolección de datos de encuesta por medio de Internet.

ILUSTRACIÓN DE LA INVESTIGACIÓN DE MERCADOS

Diseño de un cuestionario para evaluar los hábitos bancarios de los consumidores

En esta ilustración se extienden las explicaciones del capítulo sobre la elaboración del cuestionario por el método del florero. Para utilizar el ejemplo del American Bank and Trust del capítulo, la carta de presentación (figura 1) y el cuestionario (figura 2) representan los instrumentos reales elaborados para el grupo administrativo de marketing de American Bank and Trust, para recolectar los datos puros principales necesarios para atender sus problemas de investigación. Los números en la carta se refieren a los lineamientos listados en la figura 14.8 del capítulo. El cuestionario se diseñó de modo que la introducción de datos se pueda efectuar mediante el uso de técnicas de escaneo óptico.

FIGURA 1 Carta de presentación usada en la encuesta de American Bank

MARKETING RESOURCES GROUP
2305 Windsor Oaks Drive, Suite 1105
Baton Rouge, Louisiana 70814

10 de junio de 2002

[1]
Ms. Caroline V. Livingstone
873 Patterson Drive
Baton Rouge LA 70801

Estimada Ms. Livingstone:

[2] Nosotros, en Marketing Resources Group, aquí en Baton Rouge, estamos llevando a cabo en este mes un interesante estudio sobre los hábitos y servicios bancarios **[5]** en este mismo periodo y querríamos incluir las opiniones de usted.

[3] Como usted sabe, los hábitos de operación bancaria del consumidor están cambiando rápidamente en el nuevo milenio. Con más sucursales bancarias, muchos servicios bancarios y nuevas tecnologías, el crecimiento de las uniones de crédito y ahorros y préstamos, y la complejidad acrecentada de las necesidades financieras de la gente, las instituciones financieras están cambiando. Estos cambios tienen efectos importantes en usted y en su familia. Deseamos tener visiones a fondo de estos cambios y de su efecto desde la perspectiva del consumidor al entender mejor sus opiniones sobre diferentes servicios, hábitos y patrones bancarios.

Creemos que la encuesta le parecerá interesante.

[4] El de usted fue uno de sólo 600 nombres seleccionados de manera aleatoria de una lista representativa de personas que viven actualmente en la comunidad de Baton Rouge. **[6]** Debido a que el éxito de la encuesta depende de la cooperación de todas las personas que fueron seleccionadas, apreciaríamos de manera especial su disposición a ayudarnos en este estudio.

[4] La información obtenida de la encuesta no reflejará en modo alguno las identidades de las personas que participan. Su cooperación, actitudes y opiniones son muy importantes para el éxito del estudio y se mantendrán en estricta confidencialidad. Su respuesta se usará sólo en grupo con las de las otras personas que toman parte en el estudio.

[7] Nos damos cuenta de que muchos de nosotros en la comunidad recibimos cantidad de cosas por vía postal a las que clasificamos como "correo chatarra", al cual no es importante responder, pero por favor no considere la encuesta adjunta como esa "chatarra". **[6]** Sus opiniones, actitudes y puntos de vista respecto de cada cuestión son muy importantes para nosotros.

[7] Para la mayoría de nosotros nuestro tiempo libre es escaso e importante, y no queremos gastarlo llenando un cuestionario para la encuesta de alguna organización desconocida. Por favor, recuerde que usted está entre los pocos a los que se les pidió participar en este estudio y **[6]** sus opiniones son muy importantes para el éxito del mismo. **[8]** Diseñamos el cuestionario de modo que incluyera todas las indicaciones e instrucciones necesarias para consumar la encuesta sin ayuda de un entrevistador. Verá que la encuesta le tomará sólo 15 minutos de su tiempo. Por favor, tómese su tiempo para responder a cada pregunta. **[6]** Sus respuestas francas son lo que buscamos en este estudio.

[8] Para mostrarle, en parte, nuestro aprecio por tomarse el tiempo de participar en este importante estudio, vamos a hacer una rifa de 500 dólares entre aquellos de ustedes que donan parte de su tiempo libre para ayudarnos a consumar esta encuesta. El procedimiento de la rifa se diseñó de manera que todo el que llene y devuelva el cuestionario tendrá igual oportunidad que los demás que lo hagan de recibir el regalo de reconocimiento de 500 dólares.

(*continúa*)

FIGURA 1 Carta de presentación usada en la encuesta de American Bank (*continuación*)

[7] La investigación pasada ha sugerido que muchos cuestionarios que se reciben por correo, si no se llenan y devuelven dentro de las primeras 36 horas, tienden a traspapelarse, quedar malpuestos o a ser olvidados. Al recibir esta encuesta, por favor tómese el tiempo para llenarla. **[6]** Sus opiniones son muy importantes para nosotros.

[9] Después de contestar a todas las preguntas de esta encuesta, por favor use el sobre ya dirigido y con portes pagados para remitirnos su encuesta y tarjeta de regalo de reconocimiento bien llenas. Para ayudarnos a completar el estudio en tiempo oportuno, necesitamos su cooperación para remitirnos la encuesta y la tarjeta de regalo **a más tardar el viernes 21 de junio de 2002.**

De nueva cuenta, déjeme darle mi garantía personal de que no estamos tratando de venderle cosa alguna. Si tiene cualquier duda, preocupación o pregunta que hacer sobre esta encuesta, por favor llame por teléfono al (504) 974-6236.

[10] Nuestro agradecimiento anticipado. Apreciamos profundamente su cooperación al tomar parte en este estudio.

Atentamente,

Thomas L. Kirk

Thomas L. Kirk
Director de proyecto de MRG

FIGURA 2 Encuesta de opinión bancaria del consumidor: Baton Rouge, Louisiana

GRACIAS por tomar parte en este interesante estudio. Su participación nos ayudará a determinar lo que la gente de nuestra comunidad piensa sobre los productos y servicios ofrecidos ahora por los bancos. Los resultados le proporcionarán al ramo bancario vistas de fondo adicionales de cómo servir mejor a las necesidades del público en la comunidad de Baton Rouge. Sus actitudes, preferencias y opiniones son importantes para este estudio; se mantendrán en estricta confidencialidad.

INDICACIONES: POR FAVOR, LEA CADA PREGUNTA CUIDADOSAMENTE. RESPONDA A LA PREGUNTA LLENANDO EL (LOS) CUADRO(S) CORRESPONDIENTE(S) QUE REPRESENTE(N) SU(S) RESPUESTA(S).

I. SECCIÓN DE HÁBITOS BANCARIOS GENERALES

1. ¿Cuál de los siguientes bancos considera usted que es el que utiliza más a menudo para hacer operaciones bancarias o financieras? **(POR FAVOR, LLENE EL CUADRO CORRESPONDIENTE)**

❑ American Bank ❑ Capital Bank ❑ Fidelity National Bank
❑ Baton Rouge Bank ❑ City National Bank ❑ Louisiana National Bank
❑ Algún otro banco; por favor, especifique: ______________

2a. ¿En qué medida fue cada uno de los siguientes aspectos bancarios una consideración importante para que usted seleccionara su banco mencionado en la P.1 anterior? **(POR FAVOR, ASEGÚRESE DE LLENAR SÓLO UN CUADRO DE RESPUESTA POR CADA ASPECTO BANCARIO.)**

Aspectos bancarios	Definitivamente una consideración importante	Consideración algo importante	De ninguna manera fue una consideración importante
Conveniencia de ubicación	❑	❑	❑
Horas de servicio bancario	❑	❑	❑
Buenos cargos por servicio	❑	❑	❑
Tasas de interés sobre ahorros	❑	❑	❑
Conocía personalmente a alguien del banco	❑	❑	❑
Reputación del banco	❑	❑	❑
Publicidad promocional del banco	❑	❑	❑
Tasas de interés sobre préstamos	❑	❑	❑

(*continúa*)

FIGURA 2 **Encuesta de opinión bancaria del consumidor: Baton Rouge, Louisiana (*continuación*)**

2b. Si hubiera alguna otra razón (o aspecto bancario) que usted estime importante para que seleccionara el banco mencionado en la P.1, por favor escríbala en el espacio de abajo.

3. ¿En cuál de las siguientes instituciones financieras tienen usted o algún miembro de su hogar una cuenta personal de ahorros? **(POR FAVOR, LLENE TANTOS O TAN POCOS CUADROS COMO SEA NECESARIO.)**

Instituciones financieras	Usted y algún otro miembro del hogar	Algún otro miembro	Usted
Una unión de crédito	❑	❑	❑
Ahorros y préstamos	❑	❑	❑
American Bank	❑	❑	❑
Baton Rouge Bank	❑	❑	❑
Capital Bank	❑	❑	❑
City National Bank	❑	❑	❑
Fidelity National Bank	❑	❑	❑
Louisiana National Bank	❑	❑	❑
Otra institución: ____________________ (Por favor, especifique)	❑	❑	❑

4. Por lo que concierne a los diferentes métodos bancarios que usted utilice o no, querríamos saber su sentir sobre ellos. Por cada método bancario listado, por favor llene la respuesta apropiada que mejor describa su deseo de emplear ese método.

Métodos bancarios	Definitivamente me agrada usarlos	Me agrada algo usarlos	Me desagrada algo usarlos	Definitivamente me desagrada usarlos
Adentro del banco	❑	❑	❑	❑
Entre con su auto (Pase con su auto)	❑	❑	❑	❑
Cajero automático de 24 horas	❑	❑	❑	❑
Banco por teléfono	❑	❑	❑	❑
Banco por correo	❑	❑	❑	❑
Banca electrónica	❑	❑	❑	❑
Operaciones bancarias por terceras personas	❑	❑	❑	❑

5. Ahora querríamos saber en qué medida utiliza usted realmente cada uno de los siguientes métodos bancarios. **(POR FAVOR, LLENE LA RESPUESTA APROPIADA POR CADA MÉTODO BANCARIO LISTADO.)**

Métodos bancarios	Habitualmente	Ocasionalmente	Rara vez	Nunca
Adentro del banco	❑	❑	❑	❑
Pase con su auto (Pase con su auto)	❑	❑	❑	❑
Cajero automático de 24 horas	❑	❑	❑	❑
Banco por teléfono	❑	❑	❑	❑
Banco por correo	❑	❑	❑	❑
Operación bancaria electrónica	❑	❑	❑	❑
Operaciones bancarias por terceras personas	❑	❑	❑	❑

6. Pensando en su declaración bancaria mensual, ¿aproximadamente qué tan a menudo hace el balance de su chequera con ayuda de su declaración?

❑ Siempre (cada declaración) ❑ Rara vez (una o dos veces al año)
❑ Ocasionalmente (cada dos o tres meses) ❑ Nunca

(*continúa*)

FIGURA 2 **Encuesta de opinión bancaria del consumidor: Baton Rouge, Louisiana (*continuación*)**

7. ¿Aproximadamente cuántos cargos de sobregiro de su cuenta de cheques (FI) le impuso su banco el año pasado?

Ninguno ❑ 1–2 ❑ 3-7 ❑ 8-15 ❑ 16-25 ❑ Más de 25

II. SECCIÓN DE OPINIÓN GENERAL

En esta sección hay una lista de declaraciones de opinión general para las cuales no hay respuestas correctas o incorrectas. De tal manera, las declaraciones pueden o no describirlo(a) a usted o su modo de sentir.

8. En seguida de cada declaración, por favor llene el cuadro de respuesta que mejor exprese la medida en que usted está de acuerdo o en desacuerdo con lo expresado. Recuerde: no hay respuestas correctas o incorrectas; sólo queremos sus opiniones.

Declaraciones	Definitivamente de acuerdo	En general de acuerdo	Un tanto de acuerdo	Un tanto en desacuerdo	En general en desacuerdo	Definitivamente en desacuerdo
A menudo busco el consejo de mis amigos para muchas cosas diferentes.	❑	❑	❑	❑	❑	❑
Compro muchas cosas con tarjetas de crédito.	❑	❑	❑	❑	❑	❑
Quisiera que tuviéramos mucho más dinero.	❑	❑	❑	❑	❑	❑
La seguridad de mi familia es lo más importante para mí.	❑	❑	❑	❑	❑	❑
Definitivamente influye en mí la publicidad.	❑	❑	❑	❑	❑	❑
Me gusta pagar en efectivo todo lo que compro.	❑	❑	❑	❑	❑	❑
Mis vecinos o amigos suelen acudir a mí para que les aconseje en muchas cosas diferentes.	❑	❑	❑	❑	❑	❑
Es bueno tener cuentas de crédito.	❑	❑	❑	❑	❑	❑
Probablemente tendré más dinero para gastar el año próximo que lo que tengo ahora.	❑	❑	❑	❑	❑	❑
Una persona puede ahorrar bastante dinero andando de compras en busca de gangas.	❑	❑	❑	❑	❑	❑
Para la mayoría de los productos o servicios, pruebo los que son más populares.	❑	❑	❑	❑	❑	❑
Las situaciones inesperadas a menudo me sorprenden sin dinero en el bolsillo.	❑	❑	❑	❑	❑	❑
Dentro de cinco años, el ingreso familiar será probablemente mucho más alto que ahora.	❑	❑	❑	❑	❑	❑
En lo social, me veo más como un obrero que como trabajador de oficina.	❑	❑	❑	❑	❑	❑

(*continúa*)

FIGURA 2 Encuesta de opinión bancaria del consumidor: Baton Rouge, Louisiana (*continuación*)

III. SECCIÓN DE DATOS DE CLASIFICACIÓN

Ahora, sólo unas preguntas más para que podamos combinar sus respuestas con las de las demás personas que participan en este estudio.

9. Por favor, indique su sexo. ❑ Hombre ❑ Mujer

10. Por favor, llene el cuadro de respuesta que más se aproxime al tiempo que ha vivido en el área de Baton Rouge.
❑ Menos de 1 año ❑ 4 a 6 años ❑ 11 a 20 años
❑ 1 a 3 años ❑ 7 a 10 años ❑ Más de 20 años

11. ¿Aproximadamente cuánto tiempo ha vivido en su dirección actual?
❑ Menos de 1 año ❑ 4 a 6 años ❑ 11 a 20 años
❑ 1 a 3 años ❑ 7 a 10 años ❑ Más de 20 años

12. Por favor, indique su situación de empleo actual.
❑ Empleado(a) de tiempo completo ❑ Empleado(a) de tiempo parcial ❑ Sin empleo actualmente ❑ Retirado(a)

13. Por favor, indique su estado civil actual.
❑ Casado(a) ❑ Soltero(a) (viudo(a), divorciado(a) o separado(a)) ⟶ **POR FAVOR, PASE A LA P.15**
❑ Soltero(a) (no ha estado casado(a)) ⟶ **POR FAVOR, PASE A LA P.15**

14. **SI HA ESTADO CASADO(A),** por favor indique la situación de empleo actual de su cónyuge.
❑ Empleado(a) de tiempo completo ❑ Empleado(a) de tiempo parcial ❑ Sin empleo actualmente ❑ Retirado(a)

15. **SI TIENE HIJOS,** por favor indique el número de hijos menores de 18 años que viven con usted.

0	1	2	3	4	5	6	7	8	Más de 8; por favor especifique: ______	❑ No tengo hijos
❑	❑	❑	❑	❑	❑	❑	❑	❑		

16. ¿Cuál de las siguientes categorías corresponde mejor a su último año alcanzado de escolaridad?
❑ Estudios de posgrado o de grado avanzado ❑ Secundaria y bachillerato completos
❑ Estudios para titulación ❑ Algunos estudios de bachillerato
❑ Estudios de carrera (4 años de estudios) ❑ Escuela primaria completa
❑ Algunos estudios de universidad o escuela técnica ❑ Algunos estudios de escuela primaria

17. ¿En cuál de las siguientes categorías entra su edad actual?
❑ Menos de 18 años ❑ 26 a 35 ❑ 46 a 55 ❑ 66 a 70
❑ 18 a 25 ❑ 36 a 45 ❑ 56 a 65 ❑ Más de 70

18. ¿Cuál es su ocupación? Esto es, ¿en qué clase de trabajo pasa la mayor parte de su tiempo?
____

19. ¿Cuál de las siguientes categorías describe mejor la naturaleza de su trabajo?
❑ Del gobierno (federal, estatal, municipal) ❑ Jurídico ❑ Financiero ❑ De seguros
❑ Petroquímica ❑ Manufacturero ❑ Transporte ❑ De consultoría
❑ Educacional ❑ Médico ❑ Detallista ❑ Mayorista
❑ De alguna otra área; por favor, especifique: ______________________

20. ¿Es usted trabajador no sindicalizado o sindicalizado? ❑ Trabajador no sindicalizado ❑ Trabajador sindicalizado

21. ¿En cuál de las siguientes categorías entra su ingreso familiar anual total (aproximado, en dólares), antes de descontar impuestos?
❑ Menos de 10 000 ❑ 30 001 a 50 000
❑ 10 001 a 15 000 ❑ 50 001 a 75 000
❑ 15 001 a 20 000 ❑ 75 001 a 100 000
❑ 20 001 a 30 000 ❑ Más de 100 000

22. ¿Cuál es el código postal de su domicilio? ❑ ❑ ❑ ❑ ❑

¡MUCHAS GRACIAS POR SU PARTICIPACIÓN EN ESTE ESTUDIO!
EN VERDAD APRECIAMOS MUCHO SU TIEMPO Y SUS OPINIONES.

parte 4

Preparación de datos, análisis e informe de los resultados

capítulo 15

Codificación, edición y preparación de los datos para su análisis

Objetivos de aprendizaje

Al terminar de leer el capítulo, usted podrá

1. Ilustrar el proceso de preparar los datos para su análisis preliminar.
2. Demostrar el procedimiento para asegurar la validación de los datos.
3. Ilustrar el proceso de editar y codificar los datos obtenidos por métodos de encuesta.
4. Familiarizar al usuario con los procedimientos de introducción de datos.
5. Ilustrar un proceso para detectar errores en la introducción de datos.
6. Examinar a fondo las técnicas empleadas para la tabulación y el análisis de datos.

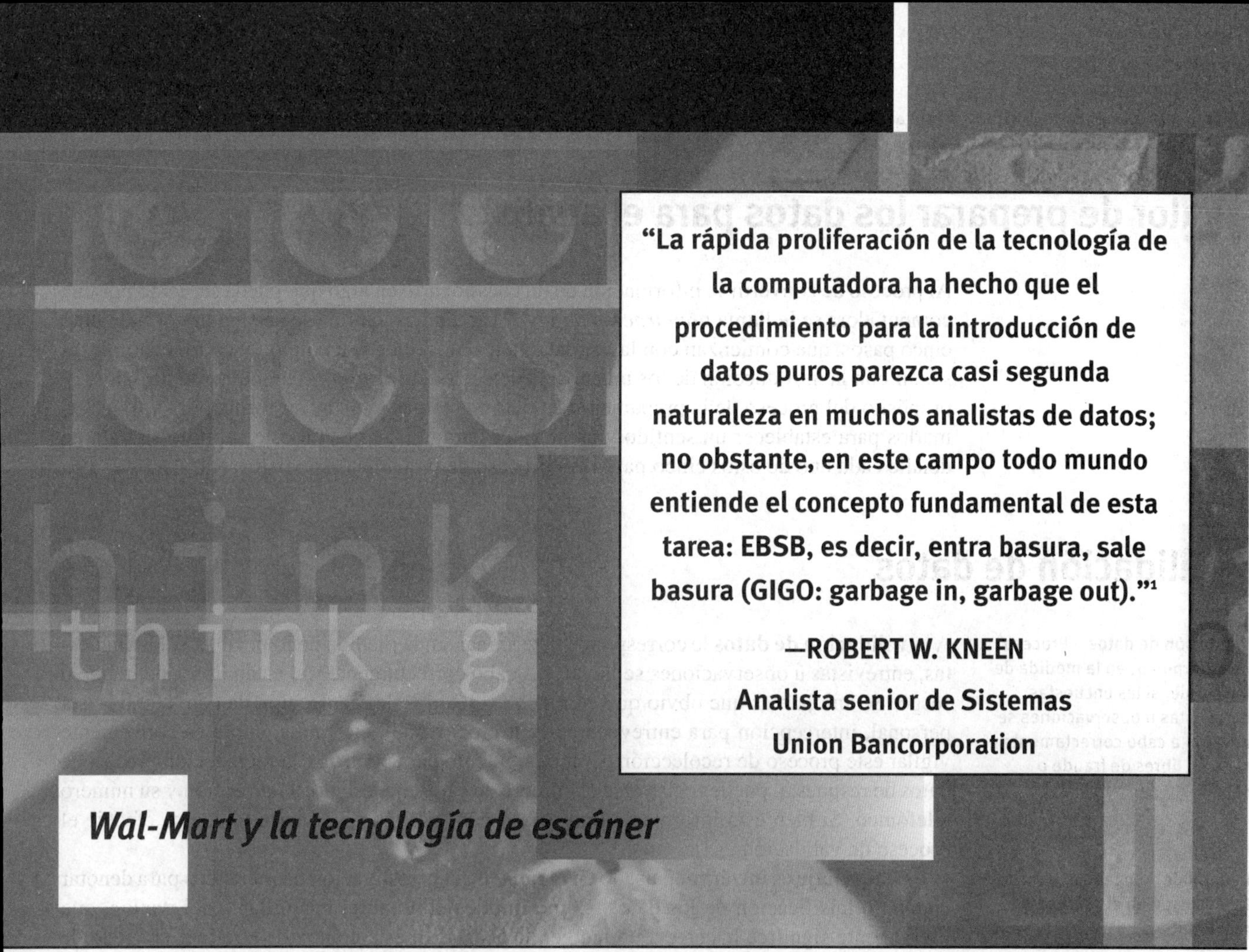

> **"La rápida proliferación de la tecnología de la computadora ha hecho que el procedimiento para la introducción de datos puros parezca casi segunda naturaleza en muchos analistas de datos; no obstante, en este campo todo mundo entiende el concepto fundamental de esta tarea: EBSB, es decir, entra basura, sale basura (GIGO: garbage in, garbage out)."[1]**
>
> **—ROBERT W. KNEEN**
> **Analista senior de Sistemas**
> **Union Bancorporation**

Wal-Mart y la tecnología de escáner

Cada artículo que usted compra en una tienda detallista es escaneado en computadora. El código de barras permite que cada tienda sepa exactamente qué está vendiendo y cuándo. También le permite a los gerentes de tienda llevar un control muy preciso del inventario, de modo que pueden pedir fácilmente los artículos que necesitan cuando disminuyen las existencias de éstos. Probablemente el ejemplo definitivo del uso del escáner es Wal-Mart, establecimiento para el que ha sido vital este aparato o sistema. Wal-Mart no posee los artículos que están en sus anaqueles; esos productos están ahí encomendados en consignación por los fabricantes. Sin embargo, con su sistema de escáner, Wal-Mart sabe siempre qué tiene en esos anaqueles, qué está vendiendo y de qué necesita reabastecerse. El escáner rebatió el precepto de retribuciones disminuyentes [supuesto de que, rebasado cierto nivel, las utilidades no pueden aumentar en proporción con las estructuras adicionales de inversión] e hizo posible crear y manejar inventarios mayores de los que habrían sido posibles hasta hace poco tiempo.

El mismo equipo que escanea códigos de productos puede hacerlo también con una tarjeta del cliente con código de barras, de modo que se asocia a ese comprador con su adquisición en una computadora central. Este proceso toma sólo uno o dos segundos por operación, y sólo requiere que el cliente presente su tarjeta al momento de la compra.

La tecnología de escáner se usa ampliamente en el ramo de la investigación de mercados. Los cuestionarios se pueden preparar en cualquiera de varios programas de *software* de procesamiento de palabras y llevarse al papel en una impresora láser. Los encuestados pueden llenar el cuestionario con cualquier instrumento de escritura. Con el aparato apropiado de *software* y de escáner, el investigador puede escanear los cuestionarios llenos, y los datos se revisan en busca de errores, se clasifican y se almacenan en cuestión de segundos. Cuando un investigador espera recibir 400 o 500 encuestas llenas, la tecnología de escáner puede valer su peso en oro.[2]

Valor de preparar los datos para el análisis

Al proceso de convertir la información de un cuestionario en algo que pueda ser leído por una computadora se le llama *preparación de los datos*. Para este proceso se siguen normalmente cinco pasos, que comienzan con la validación de datos, luego su edición y codificación, para seguir con la introducción de los mismos, la detección de errores y la tabulación de datos. El propósito del proceso de la preparación de datos es tomar éstos en su forma pura y transformarlos para establecer un sentido y crear valor para el usuario. En este capítulo se trata en detalle cada uno de estos cinco pasos del proceso de preparación de datos.

Validación de datos

Validación de datos Proceso de determinar, en la medida de lo posible, si las encuestas, entrevistas u observaciones se llevaron a cabo correctamente y si están libres de fraude o sesgo.

A la **validación de datos** le corresponde determinar, en la medida de lo posible, si las encuestas, entrevistas u observaciones se llevaron a cabo correctamente y si están libres de fraude o sesgo. Se antoja más que obvio que en muchos métodos de recolección de datos (entrevista personal, intercepción para entrevista en centro comercial, etc.) no siempre es conveniente vigilar este proceso de recolección. Como un intento para controlar la recolección precisa de datos de respuesta, puede registrarse el nombre de cada encuestado, su dirección y su número telefónico. Si bien esta información no se usa para el análisis, sí permite que se efectúe el proceso de validación.

Maquillaje Engaño o falsificación en el proceso de recolección de datos.

Maquillaje es un término usado en el ramo de la investigación de mercados para denotar engaño o falsificación de los datos. Como implica el nombre, maquillar (*curbstoning*, que literalmente significa hacerse a un lado en la acera), en este contexto se refiere al hecho de que los entrevistadores busquen un lugar fuera de ruta y llenen ellos mismos las formas de encuesta o entrevista en lugar de seguir el procedimiento con un encuestado real. Debido al potencial para semejante falsificación, la validación de datos sustituye un paso necesario en el proceso de la adquisición de éstos.

La mayoría de los profesionales de la investigación de mercado tomarán como objetivo entre 10 y 30% de las entrevistas completas para hacerles "llamadas de verificación". Específicamente en los casos de las encuestas telefónicas, postales y personales, cierto porcentaje de los encuestados del conjunto total de entrevistadores que regresaron será llamado de nuevo por la empresa investigadora para asegurarse de que efectuó la entrevista en la forma convenida. Normalmente, mediante la repetición del contacto telefónico, a los encuestados se les harán varias preguntas cortas, como una forma de validar la entrevista retomada.

En general, el proceso de validación trata de abarcar cinco áreas:

1. **Fraude.** ¿Se entrevistó realmente a la persona o se falsificó la entrevista? ¿Hizo contacto el entrevistador con el encuestado sólo para obtener un nombre y una dirección, y luego procedió a inventar las respuestas? ¿Utilizó el entrevistador a un amigo o compañero de trabajo para obtener la información necesaria?

2. **Selección.** Muchas veces la entrevista debe hacerse sólo con encuestados calificados. Para asegurar la precisión de los datos reunidos, se seleccionará a muchos encuestados, de acuerdo con algunos criterios preseleccionados, como el nivel de ingresos del hogar, una compra reciente de un producto o marca específicos, o incluso el sexo o la edad. Por ejemplo, el procedimiento del estudio puede requerir que sólo se entreviste a las cabezas de familia mujeres con ingreso familiar de 25 000 dólares (por año). En este caso, una llamada de validación verificaría cada uno de esos factores separados.

3. **Procedimiento.** En muchos proyectos de investigación de mercado es crucial que los datos se recojan siguiendo un procedimiento específico. Así, muchas entrevistas de salida de clientes deben hacerse en un lugar designado, cuando el encuestado sale de cierto establecimiento detallista. En este ejemplo particular, se requeriría una llamada

de validación para comprobar que la entrevista tuvo lugar en el sitio apropiado, y no en alguna área de reunión social, como un restaurante o un parque.

4. **Completamiento.** Para acelerar el proceso de recolección de datos, un entrevistador puede hacerle al encuestado sólo unas cuantas de las preguntas requeridas. En tales casos, suele ocurrir que el entrevistador le haga al encuestado algunas preguntas del principio de la entrevista y luego se salte al final, omitiendo preguntas de las secciones intermedias. Luego, el entrevistador elabora las respuestas a las preguntas restantes. Para determinar si la entrevista es válida, el investigador podría volver a hacer contacto con una muestra de encuestados y hacerles preguntas de diferentes partes de la forma de entrevista.
5. **Cortesía.** Un supuesto normal es el de que se trate al encuestado con cortesía y respeto durante el proceso de entrevista. Sin embargo, puede haber situaciones en las que el entrevistador, consciente o inconscientemente, proyecte un tono de negatividad en la entrevista. Para el simple aspecto de establecer una imagen positiva con los encuestados, son comunes las llamadas de verificación para determinar si el entrevistador fue amable. Otros aspectos del entrevistador comprobados en las llamadas de verificación son la apariencia, el modo de ser agradable y la personalidad apropiada.

Edición y codificación de datos

Edición Proceso por el cual se revisan los datos puros en busca de errores cometidos por el entrevistador o el encuestado.

Después de validar los datos, hay que editarlos ante la posibilidad de que haya errores. La **edición** (llamada también revisión) es el proceso por el cual se revisan los datos puros en busca de errores cometidos por el entrevistador o el encuestado. Mediante el escrutinio manual de cada entrevista, el investigador puede revisar varias áreas de interés: 1) formulación apropiada de las preguntas, 2) registro apropiado de las preguntas, 3) selección adecuada de encuestados y 4) registro apropiado de las preguntas abiertas.

Formulación de las preguntas apropiadas

Un aspecto del proceso de edición que es de especial importancia para los métodos de entrevista es el de comprobar que se hicieron las preguntas apropiadas al encuestado. Como se ilustra en la figura 15.1, se debió haber hecho la pregunta 2 a todos los encuestados; no obstante, las respuestas muestran que en este caso no se formuló dicha pregunta. El procedimiento normal sería hacer contacto otra vez con el encuestado para obtener la respuesta a esa pregunta.

Registro apropiado de respuestas

También es evidente en la figura 15.1 que no se registraron apropiadamente dos partes clave de la información. En esta entrevista no se anotó el sexo del encuestado y se omitió el último dígito de su número telefónico. De no ser por la cuidadosa edición de este cuestionario, estarían faltando dos respuestas vitales. Por fortuna, se tuvo la capacidad de volver a hacer contacto con este encuestado y se logró registrar las respuestas omitidas.

Preguntas de selección apropiadas

El escrutinio del cuestionario de la figura 15.1 muestra que los primeros tres reactivos son en realidad preguntas de selección que determinan si el encuestado es elegible para completar la entrevista. Durante la fase de edición, el investigador cuidará de que se incluya sólo a los encuestados calificados.

FIGURA 15.1 Cuestionario para la edición y codificación de datos

NOMBRE DEL ENCUESTADO B. BELLS TELÉFONO # 236.-279
ENTREVISTADOR 1127 FECHA 3-30

HORA DE INICIO 7:05 PM HORA DE TERMINACIÓN 7:20 PM DURACIÓN ______
BARRERA DE COMUNICACIÓN ______

1	[ ]	[ ]	[ ]
2	[ ]	[ ]	[ ]
3	[ ]	[ ]	[ ]
4	[ ]	[ ]	[ ]
5	[ ]	[ ]	[ ]
6	[ ]	[ ]	[ ]
7	[ ]	[ ]	[ ]
8	[ ]	[ ]	[ ]
9	[ ]	[ ]	[ ]
0	[ ]	[ ]	[ ]

Hombre .... [ ]
Mujer ..... [ ]

Buenas tardes, mi nombre es ______ de ______. Somos una compañía profesional de investigación de mercados. No vendemos nada, sólo queremos hacer diversos tipos de estudios para nuestros clientes.

INTRODUCIR NEGATIVA ______

1. ¿Trabaja alguien de su familia para: (LÉALE LA LISTA.)

	Sí	
Una tienda de departamentos	[ ]	
Un hospital	[ ]	
Una agencia de publicidad o de investigación de mercados	[ ]	→ TERMINE
Un restaurante de servicio rápido	[ ]	Y ANOTE ______

2. ¿Alguien de su familia, de 18 años o mayor, <u>que actualmente esté en casa</u>, ha comido en o algo de un restaurante de servicio rápido, en el área de usted, en el curso del <u>mes pasado</u>?

No ...... [ ] → TERMINE Y ANOTE ______
Sí ...... [ ] → REPITA LA INTRODUCCIÓN SI EL ENCUESTADO ES NUEVO. TERMINE Y ANOTE SI:

NINGÚN MIEMBRO DEL HOGAR CALIFICA ______
NO ESTÁ DISPONIBLE LA PERSONA CALIFICADA ______

3a. ¿Cuál de los siguientes platillos ha consumido en/de un restaurante de servicio rápido en su barrio el mes pasado? (LEA LA LISTA. MARQUE TODO LO QUE CORRESPONDA EN 3a.)

3b. PREGUNTE POR CADA COSA QUE NO SE HAYA MARCADO EN 3a: ¿Querría usted comer/beber (______), si lo hubiera? (MARQUE EN 3b.)

	3a Mes pasado	3b Me gustaría	
Verdadera leche malteada de helado de crema hecho a mano	[ ]	[ ]	→ SI NO SE MARCÓ
Agua fresca de limón exprimido hecha en casa ..	[ ]	[ ]	NINGUNO, TERMINE
Hamburguesa grande (de 150 o 200 gramos)	[✓]	[ ]	Y ANOTE
Sándwich de pollo asado al carbón	[✓]	[ ]	______

NEGATIVA A DAR DETALLES CALIFICADA ______

4a. Cuando usted piensa en los restaurantes de <u>hamburguesas</u> de servicio rápido de su área, ¿cuáles le vienen a la mente? (NO LEA LA LISTA. MARQUE TODO LO QUE CORRESPONDA EN 4a.) SONDEE: ¿Algunos otros?

4b. (PREGUNTE POR CADA UNO DE LOS NO MARCADOS EN 4a.) (MARQUE EN 4b.)

	4a Sin ayuda	4b Con ayuda
@ Back Yard Burgers	[ ]	[ ]
@ Burger King	[✓]	[ ]
@ McDonald's	[✓]	[ ]
@ Rally's	[ ]	[ ]
@ Wendy's	[✓]	[ ]
Otro ______	[ ]	

(*continúa*)

FIGURA 15.1 Cuestionario para la edición y codificación de datos (*continuación*)

5a. Cuando usted piensa en restaurantes de hamburguesas de servicio rápido que venden hamburguesas grandes (de 150 o 200 gramos), ¿cuáles le vienen a la mente? (MARQUE TODO LO QUE CORRESPONDA EN 5a.)

5b. Cuando usted piensa en restaurantes de hamburguesas de servicio rápido que venden sándwiches de pollo al carbón, ¿cuáles le vienen a la mente? (MARQUE TODO LO QUE CORRESPONDA EN 5b.)

5c. Cuando usted piensa en restaurantes de hamburguesas de servicio rápido que venden agua fresca de limón exprimido hecha en casa, ¿cuáles le vienen a la mente? (MARQUE TODO LO QUE CORRESPONDA EN 5c.)

5d. Cuando usted piensa en restaurantes de hamburguesas de servicio rápido que venden verdadera leche malteada de helado de crema hecho a mano, ¿cuáles le vienen a la mente? (MARQUE TODO LO QUE CORRESPONDA EN 5d.)

	5a Hamburguesas	5b Sándwich de pollo	5c Agua de limón	5d Malteadas
Back Yard Burgers	[ ]	[ ]	[ ]	[ ]
Burger King	[✓]	[✓]		
McDonald's	[✓]	[✓]		
Rally's	[ ]	[ ]		
Wendy's	[✓]	[ ]		
Otro ______________	[ ]	[ ]	[ ]	

6a. ¿Ha visto, leído u oído recientemente alguna publicidad de restaurantes de hamburguesas de servicio rápido?

No ...... [✓] → PASE A LA PREGUNTA 7.

Sí ...... [ ] → 6b ¿De qué restaurantes de hamburguesas de servicio rápido ha visto, leído u oído publicidad recientemente? (NO LEA LA LISTA. MARQUE TODO LO QUE CORRESPONDA.)

	6b Conciencia de la publicidad, sin ayuda
Back Yard Burgers	[ ]
Burger King	[ ]
McDonald's	[ ]
Rally's	[ ]
Wendy's	[ ]
Otro ______________	[ ]

7a. ¿En o de cuál de los siguientes restaurantes de hamburguesas de servicio rápido consideraría comer? (LEA LA LISTA EN EL ORDEN INDICADO. MARQUE TODO LO QUE CORRESPONDA EN 7a.)

7b. ¿En o de cuál de esos restaurantes de servicio rápido preferiría absolutamente comer? (MARQUE SÓLO UNO EN 7b.)

7c. ¿En o de cuáles de esos restaurantes de servicio rápido con igual decisión definitivamente no comería? (MARQUE TODO LO QUE CORRESPONDA EN 7c.)

	7a Consideraría	7b Preferiría absolutamente	7c Definitivamente no comería
@ Back Yard Burgers	[✓]	[✓]	[ ]
@ Burger King	[✓]	[✓]	[ ]
@ McDonald's	[✓]	[✓]	[ ]
@ Rally's	[✓]	[✓]	[ ]
@ Wendy's	[✓]	[✓]	[ ]
Otro ______________	[ ]	[ ]	[ ]

8a. ¿Aproximadamente cuántas veces durante el mes pasado comió usted en o de: (LEA LA LISTA EN EL ORDEN INDICADO. REGISTRE LOS NÚMEROS EN 8a.)?

8b. ¿Aproximadamente cuántas de esas (NÚMERO) veces en o de (CADA RESTAURANTE) fueron para almorzar, esto es, de 11:00 a.m. a 4:00 p.m.? ¿Una comida vespertina, esto es, de 4 p.m. a 9:00 p.m.? (REGÍSTRELO EN 8b.)

8c. ¿Aproximadamente cuántas de esas (NÚMERO) veces en o de (CADA RESTAURANTE) fueron relacionadas con el trabajo? ¿Relacionadas con el hogar? (REGÍSTRELO EN 8c.)

	8a	8b		8c	
	Total	Almuerzo	Comida vespertina	Trabajo	Hogar
@ Back Yard Burgers	___	___	___	___	___
@ Burger King	___	___	___	___	___
@ McDonald's	___	___	___	___	___
@ Rally's	___	___	___	___	___
@ Wendy's	___	___	___	___	___
Otro ______________ ...	___	___	___	___	___

(*continúa*)

FIGURA 15.1 Cuestionario para la edición y codificación de datos (*continuación*)

9. ¿Con cuáles dos de los siguientes restaurantes de hamburguesas de servicio rápido está usted más familiarizado? (LEA LA LISTA EN EL ORDEN INDICADO. MARQUE UNO EN UN CUADRO DE A Y UNO EN UN CUADRO DE B.)

	MARQUE SÓLO UNO EN A→ A	B ←MARQUE SÓLO UNO EN B
@ Back Yard Burgers	[✓]	[ ]
@ Burger King	[✓]	[ ]
@ McDonald's	[✓]	[ ]
@ Rally's	[✓]	[ ]
@ Wendy's	[✓]	[ ]
Otro	[ ]	[ ]

10. Ahora, quisiera que usted comparara (LEA LOS MARCADOS EN P.9) en diversas características. De cada característica que yo lea, por favor dígame si cree:

--Uno de los restaurantes de hamburguesas de servicio rápido es mejor o
--Son aproximadamente iguales

Por ejemplo, ¿diría usted que (LEA EL RESTAURANTE MARCADO EN EL CUADRO A DE LA P.9) es mejor, o que (LEA EL RESTAURANTE MARCADO EN EL CUADRO B DE LA P.9) es mejor, o que son aproximadamente iguales en términos de (LEA EL ATRIBUTO CON * EN LA LISTA QUE SIGUE)? (MARQUE LA RESPUESTA APROPIADA ABAJO, LUEGO CONTINÚE EN LA DIRECCIÓN DE * HASTA QUE HAYA HECHO TODAS LAS PREGUNTAS.)

	"A" es mejor	"B" es mejor	Son aproximadamente iguales
@ 1. Anuncios que atraen la atención	[ ]	[ ]	[✓]
@ 2. Ubicación conveniente	[ ]	[ ]	[✓]
@ 3. Precios de las bebidas	[ ]	[ ]	[✓]
@ 4. Menú fácil de entender	[ ]	[ ]	[✓]
@ 5. Cada orden es fresca, se prepara en el momento	[ ]	[ ]	[✓]
@ 6. Comida sana ✓	[ ]	[ ]	[✓]
@ 7. Tamaño de la porción	[ ]	[ ]	[✓]
@ 8. Precios de los alimentos ✓	[ ]	[ ]	[✓]
@ 9. Los empleados pueden responder a preguntas y resolver problemas	[ ]	[ ]	[✓]
@ 10. Ofertas especiales y promociones ✓	[ ]	[ ]	[✓]
@ 11. Rapidez del servicio ✓	[ ]	[ ]	[✓]
@ 12. Ofrece un menú para niños ✓	[ ]	[ ]	[✓]
@ 13. Variedad de platillos	[ ]	[ ]	[✓]
@ 14. Limpieza	[ ]	[ ]	[✓]
@ 15. Utilizan carne molida extramagra ✓	[ ]	[ ]	[✓]
@ 16. Toman las órdenes correctas ✓	[ ]	[ ]	[✓]
@ 17. Comida de buen sabor	[ ]	[ ]	[✓]
@ 18. Un lugar agradable adonde ir	[ ]	[ ]	[✓]
@ 19. Calidad uniforme en cada visita	[ ]	[ ]	[✓]
@ 20. Comida caliente al servirla	[ ]	[ ]	[✓]
@ 21. Hamburguesa grande	[ ]	[ ]	[✓]
@ 22. Calidad de los ingredientes ✓	[ ]	[ ]	[✓]
@ 23. Comida bien preparada	[ ]	[ ]	[✓]
@ 24. Platillos del menú únicos	[ ]	[ ]	[✓]
@ 25. Calidad del alimento	[ ]	[ ]	[✓]
@ 26. Selección de tipos de papas fritas	[ ]	[ ]	[✓]
@ 27. Método de preparación de las hamburguesas	[ ]	[ ]	[✓]
@ 28. Empleados amistosos	[ ]	[ ]	[✓]
@ 29. Valor a cambio del dinero	[ ]	[ ]	[✓]
@ 30. Prepara comida a petición especial del cliente	[ ]	[ ]	[✓]
@ 31. Selección de postres	[ ]	[ ]	[✓]

(*continúa*)

FIGURA 15.1 Cuestionario para la edición y codificación de datos (*continuación*)

11a. REMÍTASE A LA P8a. SI SE MENCIONA BACK YARD BURGERS, PASE A LA P11b. EN CASO DISTINTO, PREGUNTE:
¿Ha comido usted en/de Back Yard Burgers?

Sí ...... [ ] → HAGA LA PREGUNTA 11b
No ...... [ ] → PASE A LA P.12

11b. ¿Comería usted en/de Back Yard Burgers más a menudo si: (<u>LEA LA LISTA EN EL ORDEN INDICADO</u>)? ¿Diría usted <u>definitivamente sí</u>, <u>probablemente sí</u>, <u>probablemente no</u> o <u>definitivamente no</u>?

	Definitivamente sí	Probablemente sí	Probablemente no	Definitivamente no
@ Enviaron la comida a su domicilio	[ ]	[✓]	[ ]	[ ]
@ Tenían una ventanilla de órdenes para llevar	[ ]	[✓]	[ ]	[ ]
@ Tenían un servicio más rápido de pase con su auto	[ ]	[✓]	[ ]	[ ]
@ Tenían asientos dentro	[ ]	[✓]	[ ]	[ ]

16. 12. ¿Cuál de las siguientes categorías describe mejor la edad de usted? (LEA LA LISTA. <u>MARQUE UNA SOLA</u>.)

19 años o menos ...... [ ]
20-29 .... [ ]
30-34 .... [✓]
35-44 .... [ ]
45-54 .... [ ]
55 años o más .... [ ]

REHUSÓ DAR DATOS ..... [ ]

13a. ¿Tiene usted empleo actualmente?

Sí .... [ ] → HAGA LA PREGUNTA 13b
No .... [✓] → ¿Es usted: jubilado? ...... [ ]
desempleado? ..... [✓]
ama de casa? ..... [ ]

13b. ¿Cuál de las siguientes categorías describe mejor su ocupación? (LEA LA LISTA. <u>MARQUE UNA SOLAMENTE</u>.)

Ejecutivo o profesionista .... [ ]
Administrador o dueño o usufructuario ... [ ]
Oficinista .... [ ]
Trabajador de servicio.................. [ ]
Obrero .... [ ]

REHUSÓ DAR DATOS .... [ ]

14. ¿Cuál de las siguientes categorías describe mejor el ingreso total aproximado anual de su hogar el año pasado?

Menos de $15 000 .... [ ]
$15 000-$24 999 .... [✓]
$25 000-$34 999 .... [ ]
$35 000-$49 999 .... [ ]
$50 000-$74 999 .... [ ]
$75 000 o más .... [ ]

REHUSÓ DAR DATOS .... [ ]

¡Gracias por su ayuda!

Doy fe de que ésta es una entrevista verdadera, sincera y completa hasta donde sé. Garantizo que toda la información relativa a esta entrevista se mantendrá en estricta confidencialidad.

____
FIRMA DEL ENTREVISTADOR

Es fundamental también en el proceso de edición establecer que las preguntas se hicieron y (en las encuestas autoadministradas) contestaron en el orden apropiado. Por ejemplo, en la figura 15.1, si se registró una respuesta "no" a la pregunta 6a, el entrevistador debió haber pasado a la pregunta 7a. En este caso se siguió el orden apropiado y se pasó por alto la pregunta 6b. Si no hubiera sido éste el caso, con toda probabilidad se tendría que haber repetido el contacto con el encuestado.

Respuestas a las preguntas abiertas

Unos datos sumamente significativos que resultan de los instrumentos de encuesta son las respuestas a las preguntas abiertas. Estos tipos de preguntas, cuando se formulan debidamente, pueden profundizar más en el proyecto de investigación que las preguntas de opción forzosa o las escalas de calificación. Una parte importante de la edición de las respuestas a las preguntas abiertas es la interpretación. La figura 15.2 muestra algunas respuestas típicas y señala de este modo los problemas asociados con la interpretación de las preguntas abiertas. Por ejemplo, una respuesta a la pregunta "¿Por qué ha aumentado su consumo de hamburguesas de [este restaurante]?" es sencillamente "Tienen buen servicio". Esta respuesta por sí sola no es suficiente para determinar a qué se refiere el encuestado con "buen servicio". El entrevistador necesitaba sondear en busca de una respuesta más profunda. Por decir, ¿son los empleados amistosos, serviciales, amables? ¿Se ven bien vestidos y limpios? ¿Sonríen cuando toman la orden? Sondeos como éstos le permitirían al investigador interpretar la respuesta de "buen servicio" de manera más estricta. En casos como éstos, el individuo que hace la edición tiene que aplicar su juicio para clasificar las respuestas. En algún punto, tiene que estandarizar las respuestas; las incompletas tienen que clasificarse simplemente como inútiles. La *Ilustración de la investigación de mercados* al final de este capítulo atiende a la evaluación de lo completo de los datos.

FIGURA 15.2 Respuestas y problemas en la interpretación de las preguntas abiertas

10a. ¿Por qué ha aumentado su consumo de hamburguesas de ________?

72032

- Descubrí lo buena que es la comida.
- Me gusta la comida.
- Acabamos de mudarnos aquí, y donde vivíamos antes no había ____________.
- Esa parte de la ciudad está creciendo muy rápido, y está bien situado junto a Wal-Mart.
- Tienen un par de ofertas en el diario.
- Está justo al lado de donde trabaja mi esposo.

72076

- Sabe mejor... a la plancha.
- Empezaron dando paquetes de mejor valor.
- Tienen buen servicio.
- Verdaderamente nos gustan sus sándwiches de pollo, así que vamos más a menudo ahora.
- La buena comida.
- Sólo porque apenas abrieron uno el año pasado.
- Acaban de inaugurar.

72113

- Me encantan los sándwiches de pollo, pero no las papas fritas.
- Apenas se mudaron a esta zona. Tienen buena comida, pero no son locales de Maumelle.
- Hay uno en el área donde trabajo.

Proceso de codificación

Codificación Agrupación y asignación de valor a las diversas respuestas del instrumento de encuesta.

La codificación de datos implica agrupar y asignar valor a las respuestas a las preguntas contenidas en el instrumento de encuesta. La **codificación** consiste específicamente en la asignación de valores numéricos a la respuesta de cada individuo a cada pregunta de la encuesta. Característicamente, estos códigos son numéricos (un número del 0 al 9), porque los números son rápidos y fáciles de introducir y las computadoras trabajan mejor con los números que con los valores alfanuméricos. Como la edición, la codificación puede ser muy tediosa si no se atienden ciertas cuestiones antes de repartir el instrumento de encuesta. Un cuestionario bien planeado y elaborado puede reducir el tiempo gastado en la codificación, a la vez que aumenta la precisión del proceso. Los mejores métodos sugieren que se debe incorporar la codificación en el diseño del cuestionario. La figura 15.3 presenta un cuestionario con respuestas codificadas incorporadas. En la pregunta 6, declaración A de este cuestionario, por ejemplo, el encuestado tiene la opción de responder de 1 a 5, con base en su grado de acuerdo o desacuerdo con este enunciado. De tal suerte, si el encuestado encerró en un círculo "4" como su elección, el valor de "4" se convertiría en el valor del código para la declaración A.

FIGURA **15.3** **Uso de escalas como aplicación de los procedimientos de codificación**

6. A continuación hay varias declaraciones concernientes a la Observancia de Normas Ambientales (Enviromental Compliance). En una escala de 1 a 5, en la que 1 es "Estoy muy en desacuerdo" y 5 estar "Muy de acuerdo", ¿cómo respondería usted a las siguientes cuestiones?

	Estoy muy en desacuerdo				Estoy muy de acuerdo
A. En mi empresa están muy conscientes de toda la documentación que hay que entregar en relación con la Observancia de Normas Ambientales.	1	2	3	4	5
B. Para mejorar la resistencia a sanciones impuestas por organismos como la RCRA, se requiere más atención por parte de mi empresa a la administración física de los desechos.	1	2	3	4	5
C. Mejoraríamos nuestra resistencia a castigos impuestos por organismos como la RCRA si entregamos los documentos requeridos de manera oportuna y precisa.	1	2	3	4	5
D. Es muy importante que nuestra compañía ponga a prueba el conocimiento y comprensión de nuestros empleados sobre comunicaciones peligrosas como lo exige la OSHA (Occupational Safety and Health Administration; Administración de la Salud y Seguridad en el Trabajo).	1	2	3	4	5
E. Conocer los reglamentos actuales y propuestos sobre materiales peligrosos no es una de las preocupaciones principales de esta compañía.	1	2	3	4	5
F. En esta empresa se hacen todos los intentos de capacitar a los empleados sobre los procedimientos de respuesta sobre materiales peligrosos.	1	2	3	4	5
G. En mi opinión, la Capacitación de Empleados, como la requiere la EPA (Environmental Protection Agency; Agencia de Protección Ambiental), debe ser un proceso formal, permanentemente activo dentro de esta empresa.	1	2	3	4	5
H. La puesta en práctica de un Sistema de Revisión (Auditing System) sería sumamente benéfico para esta compañía, por lo que concierne a la EPA y a otros Asuntos de Observancia de Reglamentos (Regulatory Compliance Issues).	1	2	3	4	5
I. Ser citado a comparecer como no observante por la OSHA es algo que esta empresa trata enérgicamente de evitar.	1	2	3	4	5
J. Ser citado a comparecer como no observante por la EPA es un problema menor en nuestra compañía.	1	2	3	4	5
K. Ser citado a comparecer como no observante por la Secretaría de Transportes (DOT, Department of Transportation) es una consecuencia muy grave para esta empresa.	1	2	3	4	5

En cuestionarios en los que no se usen respuestas codificadas tan sencillas, el investigador establecerá un código maestro en el cual se muestran los valores numéricos asignados para cada respuesta. En la figura 15.4 se ofrece un ejemplo de una forma así. La pregunta 1 de la figura 15.4 ilustra todos los valores codificados para las respuestas a "establecimientos de comida rápida visitados en los últimos dos meses". Estos valores van de 01 a 13, empezando por Taco Bell con el valor 01, Hardee's con el 02, Kentucky Fried Chicken con el 03, y así sucesivamente. Un enunciado adicional en la pregunta 1, "Otros, por favor especifique", tiene diferentes propiedades de código. "Otros, por favor especifique" tendrá un conjunto aparte de claves basadas en todas las posibles respuestas que puedan haber dado los encuestados. Por ejemplo, un encuestado puede haber especificado "White Castle" en esta categoría de respuesta. Como "White Castle" no está en la lista de respuestas posibles para esta pregunta 1, se tendrá que codificar un valor aparte y único para "White Castle" que sea mutuamente excluyente de los otros valores de la pregunta 1. Tales valores codificados se guardan y listan normalmente en una hoja aparte de códigos identificada como "hojas de códigos para respuestas 'Otros'".

En la pregunta 3 puede verse otro ejemplo de una respuesta codificada. En este caso, si el encuestado marcó "$4.01-$6.00" en la pregunta 3, el codificador le asignaría el valor 3 a esa respuesta. Si un encuestado marcara "más de $12.00", el codificador le asignaría el valor 7 a

FIGURA 15.4 Ilustración de una forma de códigos maestros

Forma de código maestro | **Identificación de cuestionario número 000 (1-3)**

ENCUESTA DE OPINIÓN SOBRE COMIDA RÁPIDA

Este cuestionario pertenece a un proyecto llevado a cabo por un grupo de estudiantes de una clase de investigación de mercado en la Universidad de Memphis. El propósito de este proyecto es entender mejor las actitudes y opiniones de los consumidores acerca de los restaurantes de comida rápida. Tomará sólo de 10 a 15 minutos llenar el cuestionario y todas las respuestas se mantendrán en estricta confidencialidad. Gracias por su ayuda en este proyecto.

1. **Abajo se presenta una lista de diversos restaurantes de comida rápida. ¿Cuántos de estos restaurantes diría usted que visitó en los pasados dos meses? Marque tantos como correspondan.**

Taco Bell	01	Church's Fried Chicken	08
Hardee's	02	McDonald's	09
Kentucky Fried Chicken	03	Burger King	10
Wendy's	04	Back Yard Burgers	11 ✓
Rally's	05	Arby's	12
Popeye's Chicken	06	Sonic	13
Krystal's	07	Otros, por favor especifique →	vea la hoja de código
		No he visitado ninguno de estos establecimientos	20

2. **En un mes típico, ¿cuántas veces diría usted que visita un restaurante de comida rápida, como los indicados arriba? (MARQUE UN CUADRO CON UNA X)**

Uno ❑	Dos ❑	Tres ☑	Cuatro ❑	Cinco ❑	Seis ❑	Siete o más ❑
1	2	3	4	5	6	7

3. **En su última visita a un restaurante de comida rápida, ¿cuál fue la cantidad en efectivo que usted gastó en alimentos y bebidas?**

Menos de $2	❑ 1	$8.01-$10.00	❑ 5
$2.01-$4.00	❑ 2	$10.01-$12.00	❑ 6
$4.01-$6.00	☑ 3	Más de 12 dólares	❑ 7
$6.01-$8.00	❑ 4	No lo recuerdo	❑ 8

la categoría. Las preguntas cerradas como éstas normalmente se precodifican al momento del diseño de cuestionario. El uso de un código maestro es una salvaguarda adicional para asegurar que la secuencia de codificación se sigue correctamente.

En cambio, las preguntas abiertas le plantean problemas únicos al proceso de codificación, ya que no permiten una lista exacta de respuestas potenciales; en consecuencia, los datos que proporcionan no son fáciles de preparar. No obstante, en la mayoría de los casos el valor de la información obtenida de las preguntas abiertas compensa sobremanera los problemas de la codificación de las respuestas.

El investigador puede seguir un proceso de cuatro pasos para crear códigos para las respuestas previstas. Este procedimiento comienza por generar una lista del mayor número posible de respuestas potenciales. A estas respuestas se les asignan entonces valores dentro de un rango determinado por el número real de respuestas independientes identificadas. Al tiempo que el investigador empieza a editar las respuestas a las preguntas abiertas, puede darles sencillamente un valor de la lista creada de respuestas. Para las respuestas que no aparecen en la lista, el investigador tan sólo agrega una nueva respuesta y el valor correspondiente a la lista, o consolida la respuesta en una de las categorías que ya tiene.

La consolidación (o integración) de respuestas es en realidad la segunda fase del proceso de cuatro pasos. La figura 15.5 ilustra varias respuestas reales a la pregunta "¿Por qué disminuyó su consumo en/de [este restaurante][en los últimos seis meses]?". Cuatro de estas respuestas, relacionadas con el hecho de que la comida no le agrada al encuestado, pueden consolidarse en una sola categoría de respuesta porque tienen el mismo significado compartido. Desde luego, el establecimiento de categorías consolidadas es decisión subjetiva que debe tomar el analista de investigación experimentado con participación del cliente o patrocinador del proyecto.

El tercer paso del proceso es asignar un valor numérico como código. Si bien al principio ésta puede parecer una tarea sencilla, hay que tomar en consideración la estructura del cuestionario y el número de respuestas por pregunta. Por ejemplo, si una pregunta tiene más de 10 respuestas, hay que usar códigos de dos dígitos, como "01", "02"... "12". Otro buen procedi-

FIGURA 15.5 Ilustración de consolidación de respuestas con preguntas abiertas

P10a. ¿Por qué *disminuyó* su consumo en/de ________?

72113
- (Soy) empleado federal. Busco gangas. (Necesito) más ofertas especiales.
- Porque ya no estoy cerca de un ________.

72114
- No me gusta su comida.

72116
- Nunca toman bien mi orden.
- Estoy cansado de las hamburguesas. No me gustan las especias.
- Los precios (son) demasiado altos. A la familia no le gusta. Mi esposo dice que no le gusta el sabor de las hamburguesas. Deberían dar más de lo que dan con sus *combos* [combinaciones]. Más papas fritas.
- Porque siempre toman mal nuestras órdenes y son groseros.
- La orden nunca está bien.
- Razones de salud.
- Trabajo horarios largos y no pienso en la comida.
- No puedo comer la comida que preparan.
- Empezamos a comer en/de ________.
- Mi lugar de trabajo cambió, así que ya no estoy cerca de un ________.

miento es asignar a las respuestas positivas códigos de valor más alto que a las negativas. Por ejemplo, a las respuestas "no" se les da código 1 y a las respuestas "sí", código 2; a las respuestas "no me agrada" se les da código 1 y a las respuestas "me agrada", código 5. Una codificación de esta naturaleza facilita el análisis posterior. Por citar algo, al investigador le será más fácil interpretar medianas o promedios si se presentan valores cuando estos promedios pasan de "no me agrada" a "me agrada".

Y algo más importante: es en verdad fundamental asignar un valor codificado a datos faltantes. Si, por ejemplo, un encuestado llena todo un cuestionario excepto la última pregunta y no es posible repetir el contacto con él, ¿cómo codificaría usted la respuesta a la pregunta no contestada? En esta situación es buena práctica considerar primero cómo se utilizará la respuesta (o la falta de la misma) en la fase de análisis.[3] En ciertos tipos de análisis, si la respuesta se queda en blanco y no tiene valor numérico, se borrará el cuestionario entero (no sólo esa pregunta). La mejor forma de manejar la codificación de respuestas omitidas es revisar primero cómo manejará su *software* de análisis de datos las omisiones de datos o de códigos. Deje que ésta sea la guía para determinar si las omisiones deben codificarse o dejarse en blanco.

El cuarto paso del proceso de codificación es asignar un valor codificado a cada respuesta. Éste es probablemente el proceso más tedioso porque se hace en forma manual. Sin embargo, a menos que se aplique un método de escaneo óptico para introducir los datos, esta tarea casi siempre es necesaria para evitar problemas en la fase de alimentación de los datos.

Primero, hay que asignarle un valor numérico a cada cuestionario. Normalmente, éste es un código de tres dígitos si hay menos de 1 000 cuestionarios que deban codificarse, y un código de cuatro dígitos si hay 1 000 o más. Por ejemplo, si se devuelven 452 cuestionarios llenos, se codificaría al primero 001, al segundo 002, y así sucesivamente hasta terminar con 452. Volveremos a hacer referencia a la codificación de cuestionarios en nuestra explicación de la introducción de datos.

Se debe incluir una referencia numerada entre paréntesis en seguida del código, inmediatamente después de cada código de cuestionario, esto le indica al operador de introducción de datos que ponga el código de cuestionario en los campos de datos correspondientes del registro de datos. Es importante entender que en todo el cuestionario los números entre paréntesis indican el campo de datos donde se agregará cada respuesta codificada en el registro de datos.

El investigador deberá proceder con el cuestionario entero, asignando los códigos numéricos apropiados a cada respuesta. En la figura 15.6 se ilustra un cuestionario completamente codificado. Una persona aplicó físicamente el código apropiado como estaba indicado en una hoja de códigos maestros. Asimismo, las respuestas a preguntas abiertas (pregunta 8) se codificaron como lo indicaba la hoja de códigos maestros. Tenga en cuenta que a cada pregunta se le asigna también un número de campo de datos; por ejemplo, la pregunta 3 está marcada (35) para asegurar que el personal de introducción de datos pondrá el código en los campos apropiados del registro de datos.

Introducción de datos

Introducción (o captura) de datos Tareas relativas a la colocación directa de los datos codificados en algún programa de *software* especificado que en último término le servirá al analista de investigación para manipular y transformar los datos puros en información útil.

Después de la validación, la edición y la codificación, viene el procedimiento para introducir los datos en la computadora para su subsecuente análisis. La **introducción** (o **captura**) **de datos** comprende las tareas relativas a la colocación directa de los datos codificados en algún programa de *software* especificado que en último término le servirá al analista de investigación para manipular y transformar los datos puros en información útil.

Hay cuatro formas principales de introducir datos codificados en una computadora. Las opciones preferidas son la terminal con teclado y el teclado de la computadora personal (PC). Ambos son aparatos activados por teclas, conectados directamente al procesador de la computadora. El teclado de la PC está conectado directamente a la computadora, mientras que la terminal con teclado está conectada a la computadora por un enlace de comunicación de datos, como una línea telefónica o un satélite que puede abarcar miles de kilómetros.

FIGURA **15.6** **Ilustración de un cuestionario lleno en un formato completamente codificado**

ENCUESTA DE OPINIÓN SOBRE COMIDA RÁPIDA

Este cuestionario es parte de un proyecto llevado a cabo por un grupo de estudiantes de una clase de investigación de mercado de la Universidad de Memphis. El propósito de este proyecto es entender mejor las actitudes y opiniones de los consumidores acerca de los restaurantes de comida rápida. Tomará sólo de 10 a 15 minutos llenar el cuestionario y todas las respuestas se mantendrán en estricta confidencialidad. Gracias por su ayuda en este proyecto.

I. Opiniones y patrones sobre restaurantes de comida rápida

1. A continuación hay una lista de diversos restaurantes de comida rápida. Por favor, marque los restaurantes a los que acudió en los últimos dos meses. (Marque tantos como correspondan.)

(4-5)	Taco Bell	✓01		Church's Fried Chicken	___
	Hardee's	___	(20-21)	McDonald's	✓09
(8-9)	Kentucky Fried Chicken	✓03		Burger King	___
(10-11)	Wendy's	✓04	(24-25)	Back Yard Burgers	✓11
	Rally's	___	(26-27)	Arby's	✓12
	Popeye's Chicken	___		Sonic	___
(16-17)	Krystal's	✓07		Otro, por favor especifique →	___
				No he ido a ninguno de estos establecimientos	___

(34) **2. En un mes típico, ¿cuántas veces diría usted que va a restaurantes de comida rápida, como los antes citados? (MARQUE CON X UN CUADRO)**

Uno ❑ Dos ❑ Tres ❑ Cuatro ❑ Cinco ❑ Seis ☒ Siete o más ❑

6

(35) **3. En su última visita a un restaurante de comida rápida, ¿qué cantidad en dólares gastó en alimentos y bebidas?**

Menos de $2	❑	$8.01-$10.00	☒ 5
$2.01-$4.00	❑	$10.01-$12.00	❑
$4.01-$6.00	❑	Más de $12	❑
$6.01-$8.00	❑	No recuerdo	❑

4. En las dos últimas semanas, ¿a qué restaurante(s) ha ido con más frecuencia? Marque tantos como correspondan:

(36-37)	Taco Bell	✓01		Church's Fried Chicken	___
	Hardee's	___	(52-53)	McDonald's	✓09
	Kentucky Fried Chicken	___		Burger King	___
	Wendy's	___		Back Yard Burgers	___
	Rally's	___	(58-59)	Arby's	✓12
	Popeye's Chicken	___		Sonic	___
	Krystal's	___		Otro, por favor especifique →	___

5. A continuación se numera un conjunto de atributos (razones) que mucha gente toma en cuenta cuando elige un restaurante de comida rápida para ir a comer. En cuanto a su elección más reciente de un restaurante de comida rápida, por favor dé un rango a cada atributo calificándolo de 1 a 7, con 1 como atributo más importante para elegir algún restaurante y 7 como atributo menos importante.

	Atributo	**Rango**	
(64)	a) Precios de los platillos	6	6
(65)	b) Rapidez del servicio	2	2
(66)	c) Ubicación conveniente	4	4
(67)	d) Calidad uniforme de la comida	1	1
(68)	e) Variedad de platillos del menú	3	3
(69)	f) Empleados amistosos	5	5
(70)	g) Porciones de gran tamaño	7	7

(*continúa*)

FIGURA 15.6 Ilustración de un cuestionario lleno en un formato completamente codificado (*continuación*)

II. Actitudes de satisfacción, calidad y valor

6. En una escala de 1 a 6, con 1 como Muy insatisfecho a 6 como Muy satisfecho, por favor califique en cada una de las siguientes dimensiones el restaurante de comida rápida al que haya ido más recientemente:

		Muy insatisfecho					Muy satisfecho	
(71)	Precios razonables de los alimentos	1	2	3	4	⑤	6	5
(72)	Trato amistoso de los empleados	1	2	3	4	⑤	6	5
(73)	Diversidad de los platillos del menú	1	2	3	4	⑤	6	5
(74)	Rapidez del servicio	1	2	3	④	5	6	4
(75)	Ubicación conveniente	1	2	3	④	5	6	4
(76)	Calidad de la comida	1	2	3	4	⑤	6	5
(77)	Porciones de gran tamaño	1	2	3	④	5	6	4

7. Las siguientes preguntas se refieren a sus impresiones sobre la calidad, el valor y los ofrecimientos de un restaurante de comida rápida. En una escala de 1 a 6, con 1 como Muy de acuerdo y 6 como Muy en desacuerdo, por favor encierre en un círculo el número que mejor exprese la medida en que usted está de acuerdo o en desacuerdo con cada una de las siguientes declaraciones.

		Muy de acuerdo					Muy en desacuerdo	
(1)	Sólo voy a los establecimientos de comida rápida que están convenientemente cerca de mi hogar o mi trabajo	1	2	3	4	⑤	6	5
(2)	Prefiero ir a los restaurantes de comida rápida que sirven comida saludable/nutritiva	1	②	3	4	5	6	2
(3)	El precio de los alimentos no es importante cuando uno va a un restaurante de comida rápida	1	2	3	④	5	6	4
(4)	En mi opinión, todos los restaurantes de comida rápida son iguales	1	2	3	4	5	⑥	6
(5)	Todos los restaurantes de comida rápida deben ofrecer algún menú o comida para niños	1	2	3	④	5	6	4
(6)	Tiendo a visitar los restaurantes de comida rápida que ofrecen cupones o promociones de precios especiales	1	2	3	4	5	⑥	6
(7)	La entrega a domicilio sería un gran servicio que podrían ofrecer los restaurantes de comida rápida a los clientes	1	2	3	④	5	6	4
(8)	Cuando voy a un restaurante de comida rápida, por lo regular utilizo la ventanilla de servicio en su auto	1	2	3	④	5	6	4
(9)	La variedad de platillos del menú es importante para mi elección de un restaurante de comida rápida	1	②	3	4	5	6	2
(10)	En mi opinión, la calidad de los ingredientes que utiliza un restaurante de comida rápida es más importante que el precio	①	2	3	4	5	6	1
(11)	Que se tome mi orden de alimentos correctamente es un gran problema en muchos restaurantes de comida rápida	1	2	③	4	5	6	3
(12)	Los empleados amistosos son importantes para que yo elija un restaurante de comida rápida	1	②	3	4	5	6	2
(13)	Prefiero ir a restaurantes de comida rápida que ofrezcan ensaladas o barras de ensaladas	1	2	③	4	5	6	3
(14)	Voy a restaurantes de comida rápida a la hora del almuerzo	1	2	3	4	⑤	6	5
(15)	Rara vez voy a un restaurante de comida rápida para desayunar	1	2	3	④	5	6	4
(16)	Prefiero comprar comidas combinadas que tengan todos los elementos a un precio en lugar de ordenar platillos sueltos del menú	1	2	3	④	5	6	4
(17)	Que se cocine con carne molida extramagra es muy importante para mí cuando elijo un restaurante de comida rápida	1	②	3	4	5	6	2
(18)	Los anuncios de restaurantes de comida rápida que veo influyen en mi decisión de visitar un establecimiento	1	2	③	4	5	6	3

(*continúa*)

FIGURA 15.6 Ilustración de un cuestionario lleno en un formato completamente codificado (*continuación*)

		Muy de acuerdo					Muy en desacuerdo	
(19)	Normalmente como dentro de los restaurantes de comida rápida	1	2	3	④	5	6	4
(20)	Uno de los principales problemas de muchos restaurantes de comida rápida es la falta de uniformidad de la calidad en la preparación de los alimentos	1	2	3	④	5	6	4
(21)	Tiendo a ordenar porciones de gran tamaño en los restaurantes de comida rápida	1	2	3	4	5	⑥	6

8. Por favor, responda llenando el espacio en blanco en la declaración que sigue:

Si tuviera que recomendar mi restaurante de comida rápida favorito a un amigo, sería probablemente...

(22-23) ARBY's 12

III. Opiniones generales

9. En esta sección hemos numerado varias declaraciones sobre intereses y opiniones. Queremos saber si está personalmente de acuerdo o en desacuerdo con cada declaración de la lista.

Después de cada declaración, hay seis números del 1 al 6. Cuanto más alto es el número, más tiende usted a estar <u>de acuerdo</u> con la declaración; cuanto más bajo, más tiende a estar <u>en desacuerdo</u>. Los números del 1 al 6 pueden describirse como sigue:

1. Estoy <u>definitivamente</u> en desacuerdo con la declaración.
2. Estoy <u>en general</u> en desacuerdo con la declaración.
3. Estoy <u>levemente</u> en desacuerdo con la declaración.
4. Estoy <u>levemente</u> de acuerdo con la declaración.
5. Estoy <u>en general</u> de acuerdo con la declaración.
6. Estoy <u>definitivamente</u> de acuerdo con la declaración.

En cada declaración, por favor encierre en un círculo el número que mejor describa su opinión acerca de esa declaración. Puede pensar que muchos reactivos son semejantes. En realidad, no hay dos que sean exactamente iguales, así que para estar seguros encierre en un círculo **<u>UN NÚMERO POR CADA DECLARACIÓN</u>**.

ENCIERRE EN UN CÍRCULO SÓLO UN NÚMERO POR CADA DECLARACIÓN

		Definitivamente en desacuerdo					Definitivamente de acuerdo	
(24)	Soy cuidadoso con lo que como para tener mi peso bajo control	1	2	3	4	⑤	6	5
(25)	Prefiero pasarme la noche tranquilo en casa que ir a una fiesta	1	2	3	4	5	⑥	6
(26)	Me preocupo por tomar en mi dieta el calcio suficiente	①	2	3	4	5	6	1
(27)	A mediodía suelo omitir el almuerzo o comer sólo un alimento ligero	1	2	③	4	5	6	3
(28)	Soy persona de hogar	1	2	3	4	⑤	6	5
(29)	Me gusta que se me considere líder	1	2	3	4	5	⑥	6
(30)	Tal parece que siempre hay alguien de nuestra familia que está de prisa ...	1	2	3	4	⑤	6	5
(31)	Trato de evitar alimentos altos en colesterol	1	2	3	4	⑤	6	5
(32)	Hay demasiada violencia en el horario de mayor audiencia en la televisión	1	2	3	4	5	⑥	6
(33)	Le temo al futuro	①	2	3	4	5	6	1
(34)	No estoy satisfecho sino hasta que la ropa de mi familia se ve perfectamente limpia	1	2	③	4	5	6	3
(35)	Cuando compro gasolina, busco una marca particular	1	②	3	4	5	6	2
(36)	Trato de evitar los alimentos con alto contenido de sal	1	2	3	4	⑤	6	5
(37)	Cuando me dan una muestra gratis de un producto, suelo comprar éste más tarde	1	2	3	④	5	6	4
(38)	Estaría dispuesto a pagar más por un producto cuyos ingredientes sean completamente naturales	1	2	3	4	⑤	6	5
(39)	Una marca anunciada nacionalmente suele ser mejor compra que una marca genérica	1	②	3	4	5	6	2
(40)	Mis amigos y vecinos a menudo acuden a mí para que les dé consejos sobre productos y marcas	1	2	③	4	5	6	3

(*continúa*)

FIGURA 15.6 Ilustración de un cuestionario lleno en un formato completamente codificado (*continuación*)

		Definitivamente en desacuerdo					Definitivamente de acuerdo	
(41)	Tengo influencias en mi barrio	1	2	3	4	(5)	6	5
(42)	Los hijos son lo más importante de un matrimonio	1	2	3	4	(5)	6	5
(43)	Tengo gustos o hábitos algo anticuados	1	2	3	4	(5)	6	5
(44)	Me gusta comprar cosas nuevas o diferentes	1	2	3	4	(5)	6	5
(45)	Parece que mis días siguen una rutina definida: mis comidas son a la misma hora, etcétera	1	2	3	4	(5)	6	5
(46)	Suelo tomar comidas balanceadas, nutritivas	1	2	3	(4)	5	6	4
(47)	Paso mucho tiempo visitando a los amigos	1	(2)	3	4	5	6	2
(48)	Voy de compras en busca de ofertas especiales	1	(2)	3	4	5	6	2
(49)	La marca propia de una tienda suele ser mejor compra que una marca que se anuncia en todo el país	1	2	3	4	(5)	6	5
(50)	Cuando veo televisión, habitualmente cambio de canal durante los comerciales	1	2	3	(4)	5	6	4
(51)	Me rehúso a comprar una marca cuya publicidad no me agrada	1	2	3	(4)	5	6	4
(52)	Probablemente el año próximo tenga más dinero para gastar del que tengo ahora	1	2	3	4	(5)	6	5
(53)	Con frecuencia busco el consejo de mis amigos en relación con marcas o productos	(1)	2	3	4	5	6	1
(54)	A mí me preocupa más la nutrición que a la mayoría de mis amigos	1	2	(3)	4	5	6	3
(55)	Quisiera poder comprar más productos alimenticios en paquetes de una sola porción	1	(2)	3	4	5	6	2
(56)	Por lo común tengo un gran desayuno familiar los fines de semana	1	2	3	4	(5)	6	5
(57)	La preparación de los alimentos debe tomar el menor tiempo posible	1	2	3	(4)	5	6	4
(58)	Ir de compras ya no es divertido	1	(2)	3	4	5	6	2
(59)	Me gusta cocinar	1	2	3	4	(5)	6	5
(60)	Me gusta hojear las revistas de modas	1	(2)	3	4	5	6	2
(61)	Soy la clase de persona que prueba lo que sea una vez	(1)	2	3	4	5	6	1
(62)	La cocina es mi cuarto favorito	1	(2)	3	4	5	6	2
(63)	Trato de evitar los alimentos fritos	1	2	3	4	(5)	6	5

IV. Hábitos de medios

10. En una escala de 0 a 100 por ciento, ¿qué porcentaje del tiempo que ve televisión a la semana lo dedica a redes de TV por cable, como TBS, ESPN, CNN, HBO, etcétera?

(Encierre en un círculo el porcentaje apropiado.)

0% 10% 20% 30% 40% 50% (60%) 70% 80% 90% 100% 06

11. En una escala de 0 a 100 por ciento, ¿qué porcentaje del tiempo que ve televisión a la semana lo dedica a redes de TV tradicionales, como (66-67) ABC, CBS, Fox, NBC, etcétera?

(Encierre en un círculo el porcentaje apropiado.)

0% 10% 20% 30% (40%) 50% 60% 70% 80% 90% 100% 04

12. En el curso de la semana pasada, ¿a qué lapso diría que dedicó la mayor parte del tiempo que vio televisión? (Por favor, marque sólo uno.)

La programación matutina (de 7 A.M. a mediodía) .... ____

La programación vespertina (de mediodía a las 6 P.M.) .... ____

La programación del anochecer (de las 6:01 P.M. a las 11 P.M.) .... ✓ 3

La programación nocturna tardía (11:01 en adelante) .... ____

No vi televisión .... ____

(69-70) **13. En el curso de la semana pasada, ¿recuerda si vio algunos anuncios de televisión de restaurantes de comida rápida?**

No ___ Sí ✓, en caso afirmativo, ¿de qué restaurante? 02

(71-72) McDonald's 09

(*continúa*)

FIGURA 15.6 Ilustración de un cuestionario lleno en un formato completamente codificado (*continuación y conclusión*)

14. He aquí una lista de diferentes tipos de música. ¿Querría leerla y marcar cada tipo de música que escucha con bastante frecuencia? (Marque tantos como correspondan.)

(1) Country/western	✓	(6) Soft rock	✓ 1		Cantantes populares	☐	
Country rock	☐	New wave	☐		Contemporánea urbana	☐	
Rock clásico	☐	Rhythm & blues	☐	(13)	Lo que se oye en el Este	✓	1
Clásica	☐	New age	☐		Gospel	☐	
Hard rock	☐	Jazz	☐		Ninguna de éstas	☐	

V. Información de clasificación

15. Necesitamos alguna información con fines de clasificación. Por favor, háblenos un poco de usted.

(16) **¿Tiene usted hijos? (Marque un cuadro con una X.)**

Sí ☒ (1) No ☐

(SI DIJO SÍ) ¿Cuántos de sus hijos viven en su casa? (Marque un cuadro con UNA X.)

(17) Ninguno ☐ (PASE A LA SIGUIENTE PREGUNTA)

(18) Uno ☒ 1 Dos ☐ Tres ☐ Cuatro ☐ Cinco ☐ Cinco o más ☐

¿De qué edades son cada uno de sus hijos que viven en su casa? (Marque UN cuadro con una X.)

Menos de 1 año ☐ 3-5 años ☐ 12 años ☐ 25-34 años ☐

1 año ☐ 6-9 años ☐ 13-17 años ☐ 35 años o más ☐

2 años ☐ 10-11 años ☐ (27) 18-24 años ☒ 1

(30) **¿Cuántas personas hay en su hogar? Inclúyase usted, a su cónyuge, cualesquiera hijos y cualquier otra persona que vivan en casa con usted. (Marque UN cuadro con una X.)**

Una ☐ Tres ☒ 3 Cinco ☐ Siete ☐

Dos ☐ Cuatro ☐ Seis ☐ Ocho o más ☐

(31) **¿Cuál de los siguientes estados civiles describe mejor el suyo? (Marque UN cuadro con una X.)**

Casado ☒ 1 Viudo ☐ Separado ☐ Divorciado ☐ Nunca antes casado ☐

(32-33) **¿En qué categoría figura su ingreso anual total, previo a deducción de impuestos? (Marque UN cuadro con una X.)**

Menos de $10 000 ☐	$30 000-$34 999 ☐	$60 000-$69 999 ☐
$10 000-$14 999 ☐	$35 000-$39 999 ☐	$70 000-$79 999 ☐
$15 000-$19 999 ☐	$40 000-$44 999 ☐	$80 000-$89 999 ☐
$20 000-$24 999 ☐	$45 000-$49 999 ☐	$90 000-$99 999 ☐
$25 000-$29 999 ☐	$50 000-$59 999 ☐	$100 000 o más ☒ 15

(34-35) **¿Cuál de las siguientes ocupaciones describe mejor la de usted? (Marque UN cuadro con una X.)**

01 Gerente ☒ Profesional ☐ Ventas ☐ Oficinista ☐ Artesano ☐

Obrero de fábrica ☐ Autoempleado ☐ Labores del hogar ☐ Jubilado ☐ Estudiante ☐

Otro ________ (por favor especifique)

(36) **¿Cuál fue el nivel de instrucción más alto que alcanzó usted? (Marque UN cuadro con una X.)**

Algo de escuela secundaria y preparatoria ☐ Graduado de preparatoria ☐ Algo de estudios universitarios o de colegio superior ☐

4 Titulado universitario ☒ Estudios de posgrado ☐

(37) **¿De qué raza proviene usted? (Marque UN cuadro con una X.)**

Negra ☐ Hispano ☐ 3 Blanca ☒ Otra ________ (por favor especifique)

(38) **¿Cuál es su sexo? (Marque UN cuadro con una X.)**

Mujer ☐ (2) Hombre ☒

(39-43) **¿Cuál es el código postal (ZIP) de su dirección de correos? (Marque UN cuadro con una X.)**

[37922] 37922

GRACIAS POR COMPARTIR SUS OPINIONES SOBRE COMIDA RÁPIDA CON LOS ESTUDIANTES DE NUESTRA CLASE DE INVESTIGACIÓN DE MERCADOS.

Para la introducción de datos se dispone también de otros dispositivos que ahorran trabajo. Algunas terminales tienen capacidad de pantalla sensible al tacto que le permiten al analista tocar simplemente un área de la pantalla de la terminal para introducir un elemento de datos. Una técnica similar se sirve de una pluma de luz, que es un señalador electrónico manual utilizado para introducir datos por la pantalla de la terminal.

Los cambios recientes en la tecnología de escáner y la proliferación de las computadoras personales han creado un nuevo enfoque de la introducción de datos.[4] Los cuestionarios preparados en cualquier forma de paquetes de programas de *software* de Windows de Microsoft e impresos en impresoras láser pueden escanearse fácilmente mediante un procedimiento de escáner óptico. La figura 15.7 muestra un cuestionario diseñado para el reconocimiento óptico de caracteres. Este método permite que la computadora lea códigos de caracteres alfabéticos, numéricos y especiales por medio de un dispositivo de escáner. En el cuestionario de la figura 15.7, el encuestado utilizaría un lápiz del número 2 para anotar sus respuestas, las cuales se escanearían después directamente a la computadora.

Una tarea básica del personal de la captura de datos es asegurarse de que éstos sean introducidos de manera correcta y libres de errores. El *software* personalizado puede prevenir errores haciendo imposible que el personal de captura de datos cometa cierto tipo de equivocaciones. Sin embargo, debido al costo del desarrollo, tal *software* es demasiado caro para muchos proyectos. En consecuencia, la detección de errores es todavía un procedimiento adicional que se realiza a medida que se analizan los resultados del proceso de introducción de datos.

Detección de errores

El primer paso en la detección de errores es determinar si el *software* utilizado para la captura y tabulación de los datos le permitirá al investigador efectuar "rutinas de edición de errores". Estas rutinas pueden identificar un tipo de datos que no es el pertinente. Por ejemplo, supóngase que para un campo particular en un registro determinado de datos sólo deben aparecer los códigos de 1 o 2. Una rutina de edición de errores puede exhibir un mensaje de error en la salida de datos cuando se ha introducido cualquier número que no sea 1 o 2. Tales rutinas pueden ser bastante rigurosas. Así, un valor codificado particular puede ser rechazado si es demasiado grande o pequeño para un elemento particular valuado a escala en el cuestionario. En algunos casos, dado el *software* apropiado, se puede establecer una rutina adicional de edición de errores para cada reactivo del cuestionario.

Otro método de detección de errores es que el investigador revise una representación impresa de los datos capturados. En la figura 15.8 se ilustran los valores codificados de 23 observaciones que se recogieron del cuestionario de la figura 15.6. En este ejemplo, el renglón que encabeza todo el cuadro indica los nombres de las variables asignados a cada campo de datos (por ejemplo, "id" es la etiqueta para el número de cuestionario, "tbq1" representa la pregunta 1 de Taco Bell, etc.). Los números en las columnas son los valores codificados que se introdujeron. Los puntos indican respuestas omitidas. Aun cuando el proceso es algo tedioso, el analista puede ver los datos introducidos reales en cuanto a precisión y podría distinguir exactamente dónde se localizó cualquier error.

El último método de detección de errores es generar un procedimiento de lista de datos o columna para los datos capturados. Una vez que se ha ejecutado cada rutina de edición de errores y se han corregido los errores obvios viendo los resultados reales de la captura de datos, el analista debe pedir una tabla de lista de datos o columnas de cada campo individual de datos. En la figura 15.9 se presenta una muestra de lista de datos o columnas. Los renglones de esta salida de resultados indican los campos del registro de datos. Las columnas indican la frecuencia de las respuestas de cada campo en particular. Por ejemplo, en el campo de datos 40 se introdujeron 50 respuestas de 1, 20 respuestas de 2, etcétera. Un rápido vistazo a este procedimiento de lista de datos o columnas puede indicarle al analista si se introdujeron códigos inapropiados en los campos de datos. El analista puede encontrar entonces el cuestionario correspondiente y corregir el error según sea necesario.

FIGURA 15.7 Ejemplo de cuestionario de reconocimiento óptico de caracteres

CUESTIONARIO DE EVALUACIÓN DE BIENESTAR

Risk Assessment Systems, Inc.
5846 Distribution Drive
Memphis, Tennessee 38141.

INSTRUCCIONES

Para dar con seguridad una relación precisa de Evaluación de Bienestar Personal (Personal Wellness Assessment), por favor responda a todas las preguntas que siguen en la forma más exacta y completa posible.

USE SÓLO LÁPIZ DEL NÚM 2 | Ejemplo: ▭ ▭ ▬ ▭ ▭ | Para cambiar una anotación, bórrela *completamente*

Nombre ______________________

Dirección (calle y número[s]) ______________________

Ciudad ______________________

Estado ______________________

Número telefónico (__________)

Código postal (ZIP) — 5 casillas, cada una con opciones 0 1 2 3 4 5 6 7 8 9

Número de Seguridad Social — 3 + 2 + 4 casillas, cada una con opciones 0 1 2 3 4 5 6 7 8 9

DATOS FÍSICOS/ESTADO DE SALUD ACTUAL

Sexo	Fecha de nacimiento: Mes – Día – Año	Estatura	Peso	Presión sanguínea
▭ Hombre ▭ Mujer	Mes: 0 1 / 0–9 Día: 0–3 / 0–9 Año: 0–9 / 0–9	Pies: 4 5 6 7 Pulgadas: 0 1 / 0–9	Kilogramos: 0 1 / 0–9 / 0–9	Si conoce el dato de su presión sanguínea, introdúzcalo aquí ·······> Sístole (alta): 0–2 / 0–9 / 0–9; Diástole (baja): 0–2 / 0–9 / 0–9 Si no, ¿qué calificativo la describe mejor? ▭ Alta ▭ Normal o baja ▭ No sé

1. En general, diría que su estado de salud actual es:
▭ Excelente ▭ Muy bueno ▭ Bueno ▭ Regular ▭ Malo

2. Durante los 12 meses pasados, ¿cuántos días de trabajo perdió por lesión o enfermedad propias?
▭ Ninguno ▭ 1 a 3 ▭ 4 a 6 ▭ 7 a más ▭ No es pertinente

HISTORIAL MÉDICO PERSONAL O FAMILIAR

3. ¿Con qué frecuencia el médico le hace un examen físico de rutina?
▭ Más de una vez al año ▭ Una vez al año ▭ Una vez cada 2 años ▭ Una vez cada 3 años o más ▭ Nunca me lo han hecho

4. ¿Cuánto tiempo hace que le hicieron su último electrocardiograma (ECG)?
▭ Hace menos de 1 año ▭ Hace 1 o 2 años ▭ Hace 2 o 3 años ▭ Hace 3 años o más ▭ Nunca me lo han hecho

5. ¿Alguien de su familia (padres, abuelos, hermano o hermana) o usted han tenido alguno de los siguientes problemas de salud? Si es así, por favor marque el cuadro correspondiente. (*Por favor, marque todos los que correspondan.*)

	Yo	Hermano	Hermana	Padre	Madre	Lado paterno: Abuelo	Lado paterno: Abuela	Lado materno: Abuelo	Lado materno: Abuela
Padecimiento del corazón antes de los 55 años	▭	▭	▭	▭	▭	▭	▭	▭	▭
Padecimiento del corazón de los 55 a los 64 años	▭	▭	▭	▭	▭	▭	▭	▭	▭
Padecimiento del corazón a los 65 años o después	▭	▭	▭	▭	▭	▭	▭	▭	▭
Alta presión sanguínea	▭	▭	▭	▭	▭	▭	▭	▭	▭
Ataque	▭	▭	▭	▭	▭	▭	▭	▭	▭
Diabetes	▭	▭	▭	▭	▭	▭	▭	▭	▭
Cáncer mamario	▭	▭	▭	▭	▭	▭	▭	▭	▭
Cáncer de colon	▭	▭	▭	▭	▭	▭	▭	▭	▭
Cáncer (excepto mamario o de colon)	▭	▭	▭	▭	▭	▭	▭	▭	▭
Enfermedad renal	▭	▭	▭	▭	▭	▭	▭	▭	▭
Tuberculosis	▭	▭	▭	▭	▭	▭	▭	▭	▭
Enfermedad mental	▭	▭	▭	▭	▭	▭	▭	▭	▭
Suicidio	▭	▭	▭	▭	▭	▭	▭	▭	▭
Adicción a drogas o alcohol	▭	▭	▭	▭	▭	▭	▭	▭	▭

Continúa en la página 2

 1 SCANTRON FORM NO. F-5414-RAS P4 3593-C1520- 5 4 3 2

FIGURA 15.8 Salida de computadora de valores codificados de 23 observaciones

	id	tbq1	harq1	kfcq1	wenq1	ralq1	popq1	kryq1	chrq1	mcdq1	bkq1	bybq1	arbq1	sonq1	otherq1	ninguno
1	1							1					1	1		
2	2	1								1				1		
3	3	1	1	1	1			1			1					
4	4				1					1						
5	5		1		1					1						
6	6	1	1	1	1					1	1			1		
7	7	1								1	1					
8	8	1	1	1				1		1			1			
9	9		1								1		1			
10	10				1											
11	11		1		1											
12	12	1	1		1			1								
13	13									1	1					
14	14			1						1				1		
15	15	1						1		1		1				
16	16		1		1							1				
17	17	1		1				1								
18	18		1		1						1		1			
19	19	1								1	1					
20	20		1		1			1		1	1				1	
21	21	1								1						
22	22	1		1						1						
23	23	1	1		1			1		1	1		1			

id (identificación: número de cuestionario)
tbq1 (Taco Bell pregunta 1)
harq1 (Hardee's pregunta 1)
kfcq1 (Kentucky Fried Chicken pregunta 1)
weq1 (Wendy's pregunta 1)
ralq1 (Rally's pregunta 1)
popq1 (Popeye's Chicken pregunta 1)
kryq1 (Krystal's pregunta 1)
chrq1 (Church's Fried Chicken pregunta 1)
mcdq1 (McDonald's pregunta 1)
bkq1 (Burger King pregunta 1)
bybq1 (Back Yard Burgers pregunta 1)
arbq1 (Arby's pregunta 1)
sonq1 (Sonic pregunta 1)
otherq1 (Otros pregunta 1)
ninguno

FIGURA 15.9 Ejemplo de procedimiento de lista de datos o columnas

Campo de datos	1	2	3	4	5	6	7
40	50	20	33	81	0	2	1
41	5	9	82	77	36	8	0
42	10	12	11	15	0	0	0
43	15	16	17	80	1	3	5
44	0	0	7	100	2	11	0
45	17	42	71	62	1	3	5
46	100	2	5	18	16	2	12
47	22	25	62	90	10	30	15
48	0	0	25	18	13	17	35
49	61	40	23	30	18	22	17
50	10	11	62	73	10	21	0
51	7	11	21	17	52	47	5
52	82	46	80	20	30	6	7

La investigación de cerca

En el campo

La recolección de datos no debe ser labor manual

Con el uso de las computadoras en el diseño y distribución de encuestas, los cuestionarios manuales se han vuelto cosa del pasado. Las encuestas basadas en computadora pueden acomodar vastos y complejos despliegues de datos, lo que aumenta en gran medida la capacidad para la recolección de datos y reduce considerablemente la confusión y los errores de entrevistadores y encuestados. Tres de los principales beneficios son los siguientes:

1. **Codificación de los datos sin transcribirlos del papel.** El entrevistador o el encuestado pueden introducir datos codificados directamente en una base de datos de computadora. Al no tener que hacer la transcripción de las encuestas en papel se eliminan muchas horas de tedioso esfuerzo.
2. **Minimización de errores en los datos.** Los errores en los datos son menos probables con la recolección de datos por computadora que con las transcripciones de datos manuales. Los investigadores ya no tienen que descifrar escritura manual ilegible del entrevistador o el encuestado.
3. **Aceleración de la recolección y la codificación de los datos.** Las encuestas con ayuda de computadora pueden acelerar el proceso de acopio de los datos en cualquiera de los cinco puntos del proceso de recolección de los mismos: *a*) preparación de las preguntas para el encuestado, *b*) formulación de las preguntas al encuestado, *c*) registro de las respuestas del encuestado, *d*) entrega de las respuestas al investigador, y *e*) introducción de las respuestas en una base de datos de computadora. Está claro que todo esto aumenta los ahorros de tiempo y la potencial economía en costos.

Luego de iniciar las rutinas de edición de errores, de escanear la entrada de datos puros reales y de generar una tabla de lista de datos o columnas, el investigador debe confiar en que cuenta con una entrada de datos libre de errores. En este punto, el material debe estar listo para la tabulación preliminar y el análisis de datos. En el recuadro *En el campo* se tratan temas adicionales referentes a la detección de errores.

Tabulación de datos

Tabulación Proceso simple de contar el número de observaciones (casos) que se clasifican en ciertas categorías.

Tabulación unidireccional Clasificación de variables sencillas existentes en un estudio.

Tabulación cruzada Aquella en la que se tratan simultáneamente dos o más variables de un estudio; en ella se clasifica el número de encuestados que han respondido a dos o más preguntas consecutivas.

La **tabulación** es el simple proceso de contar el número de observaciones (casos) que se clasifican en ciertas categorías. En los proyectos de investigación de mercados se usan dos formas comunes de tabulación de datos: las tabulaciones unidireccionales y las tabulaciones cruzadas. La **tabulación unidireccional** es la clasificación de variables sencillas existentes en un estudio. En la mayoría de los casos, una tabulación unidireccional muestra el número de encuestados que dieron cada posible respuesta a cada pregunta en el cuestionario. El número real de tabulaciones unidireccionales se relaciona directamente con el número de variables que se miden en el estudio.

En la **tabulación cruzada** se tratan simultáneamente dos o más variables en un estudio; en ella se clasifica el número de encuestados que han respondido a dos o más preguntas consecutivas. Por ejemplo, una tabulación cruzada podría comprender el número de encuestados que gastaron más de 7.00 dólares en comida rápida en McDonald's.

El uso y propósito de las tabulaciones va de una validación más de la precisión de los datos a la comunicación de los resultados de la investigación. Como cada procedimiento de tabulación sirve a su propio propósito único en el estudio de investigación, cada uno se tratará por separado en nuestra explicación.

Tabulación unidireccional

Las tabulaciones unidireccionales sirven a diversos propósitos en el proyecto de investigación. Primero, pueden usarse para determinar el grado de abstención de respuesta a preguntas individuales. Con base en el esquema de codificación utilizado para las respuestas omitidas, las tabulaciones unidireccionales producirán el número real de encuestados que omitieron o no pudieron responder a diversas preguntas en el cuestionario. Segundo, las tabulaciones unidireccionales se pueden emplear para localizar errores simples en la introducción de datos.

Si se ha establecido una gama específica de códigos para una respuesta dada a una pregunta, por ejemplo de 1 a 5, una tabulación unidireccional puede ilustrar si se introdujo un código impreciso, como un 7 o un 8, proporcionando una lista de respuestas a la pregunta particular. Además, las tabulaciones unidireccionales se usan para calcular estadísticas de resumen sobre diversas preguntas. Los promedios, las desviaciones estándar y los porcentajes se determinan normalmente por la tabulación unidireccional. Por último, las tabulaciones unidireccionales se utilizan también para comunicar los resultados del proyecto de investigación. Las tabulaciones unidireccionales se utilizan para delinear el perfil de encuestados muestra, para establecer características que distingan entre los grupos (por ejemplo, usuarios intensos en comparación con usuarios ligeros) y para establecer el porcentaje de encuestados que responden de manera diferente a situaciones diferentes (por ejemplo, el porcentaje de personas que responden en forma diferente a diversas situaciones; el porcentaje de quienes compran comida rápida en ventanillas de servicio de pase en su auto, y el de los que usan las instalaciones de servicio en el establecimiento).

La forma básica de ilustrar una tabulación unidireccional es elaborar una tabla de frecuencia unidireccional. En la figura 15.10 se muestra un ejemplo de este tipo de tabla de frecuencia unidireccional, la cual ilustra el número de encuestados que respondieron a las preguntas, dadas las alternativas disponibles. En la figura 15.10 se indica que 48 clientes

FIGURA 15.10 Ejemplo de distribución de frecuencia unidireccional

5. En las pasadas DOS SEMANAS, ¿de/en qué restaurantes de comida rápida de su área consumió alimentos o bebidas?
(27) (NO LEA: RESPUESTA MÚLTIPLE)

	Frecuencia	Porcentaje
1. Andy's	3	.7
2. Arby's	25	6.2
3. Back Yard Burgers	26	6.4
4. Burger King	48	11.9
5. Church's Fried Chicken	3	.7
6. Hardee's	22	5.4
7. Kentucky Fried Chicken	39	9.7
8. McDonald's	135	33.4
9. Sonic	46	11.4
10. Subway	14	3.5
11. Taco Bell	67	16.6
12. Wendy's	84	20.8
13. Otro	43	10.6
14. Negativa a dar datos	1	.2
15. No sé	6	1.5
16. Ninguno	52	12.9
17. Pizza Hut	21	5.2
18. Rally's	14	3.5
19. Captain D's	9	2.2
Calificados totales	404	100

FIGURA 15.11 Tabla de frecuencia unidireccional que ilustra datos faltantes

P65 UBICADO CONVENIENTEMENTE

ETIQUETA DE VALOR	VALOR	FRECUENCIA	PORCENTAJE	PORCENTAJE VÁLIDO	PORCENTAJE ACUMULATIVO
MUY INSATISFECHO	1	6	1.4	1.4	1.4
INSATISFECHO	2	5	1.4	1.4	2.8
ALGO INSATISFECHO	3	13	2.9	3.1	5.9
ALGO SATISFECHO	4	57	12.9	13.4	19.2
SATISFECHO	5	162	36.6	38.0	57.3
MUY SATISFECHO	6	182	41.1	4.27	100.0
	*	17	3.8	FALTANTE	
	TOTAL	443	100.0	100.0	

MEDIA ARITMÉTICA	5.134	ERROR ESTÁNDAR	.049	MEDIANA	5.000
MODO	6.000	DESVIACIÓN ESTÁNDAR	1.010	VARIANZA	1.020
KURTOSIS	3.398	S E KURT	.236	ASIMETRÍA	−1.607
S E SKEW	.118	RANGO	5.000	MÍNIMO	1.000
MÁXIMO	6.000	SUMA	2 187.000		
CASOS VÁLIDOS	426	CASOS FALTANTES	17		

P66 CALIDAD DE LA COMIDA

ETIQUETA DE VALOR	VALOR	FRECUENCIA	PORCENTAJE	PORCENTAJE VÁLIDO	PORCENTAJE ACUMULATIVO
MUY INSATISFECHO	1	6	1.4	1.4	1.4
INSATISFECHO	2	11	2.5	2.6	4.0
ALGO INSATISFECHO	3	27	6.1	6.3	10.3
ALGO SATISFECHO	4	126	28.4	29.6	39.9
SATISFECHO	5	155	35.0	36.4	76.3
MUY SATISFECHO	6	101	22.8	23.7	100.0
	*	17	3.8	FALTANTE	
	TOTAL	443	100.0	100.0	

MEDIA ARITMÉTICA	4.681	ERROR ESTÁNDAR	.052	MEDIANA	5.000
MODO	5.000	DESVIACIÓN ESTÁNDAR	1.070	VARIANZA	1.145
KURTOSIS	1.019	S E KURT	.236	ASIMETRÍA	−.853
S E SKEW	.118	RANGO	5.000	MÍNIMO	1.000
MÁXIMO	6.000	SUMA	1 994.000		
CASOS VÁLIDOS	426	CASOS FALTANTES	17		

(11.9%) comieron en Burger King en las pasadas dos semanas, 135 (33.4%) comieron en McDonald's, 84 (20.8%) comieron en Wendy's, y así sucesivamente. Normalmente se producirá una salida de impresión de computadora con tablas de frecuencia unidireccional por cada pregunta de la encuesta. Además de producir un número absoluto de respuestas, las tablas de frecuencia unidireccional generarían también indicaciones de datos faltantes, porcentajes válidos y estadísticas de resumen.

1. **Indicaciones de datos faltantes.** Las tablas de frecuencia unidireccional indican el número absoluto de respuestas faltantes para cada pregunta. Como se aprecia en la

figura 15.11, un total de 17 encuestados, o 3.8% de la muestra, no respondieron a la pregunta de qué tan satisfechos estaban con la calidad de la comida recibida durante su última visita a un restaurante de comida rápida. Es importante reconocer los números reales de respuestas faltantes cuando se estiman los porcentajes de una tabla de frecuencia unidireccional. Para establecer los porcentajes válidos hay que omitir del cálculo las respuestas faltantes.

2. **Determinación de porcentajes válidos.** El establecimiento de porcentajes válidos se basa en la eliminación de encuestas incompletas o preguntas particulares sin respuesta. Por ejemplo, la tabla de frecuencia unidireccional de la figura 15.11 construye realmente porcentajes válidos (la cuarta columna). Aunque el número total de respuestas a esta pregunta particular fue de 443, sólo 426 se usaron para desarrollar el porcentaje válido de respuesta en las diversas categorías, porque se restaron las 17 respuestas restantes.

3. **Estadísticas de resumen.** Por último, las tablas de frecuencia unidireccional pueden ilustrar también una variedad de estadísticas de resumen relevantes para la pregunta que se esté analizando. De nuevo en referencia a la figura 15.11, las estadísticas de resumen de la pregunta 66, sobre la calidad de la comida, son la media aritmética, el modo, la mediana y la desviación estándar. En el contexto de una tabla de frecuencia unidireccional, estas estadísticas le permiten al analista de investigación entender mejor lo relativo a las respuestas promedio. Por ejemplo, con una media aritmética de 4.681, a la mayoría de los encuestados les satisfizo la calidad de la comida recibida en su última visita a un restaurante de comida rápida. En el capítulo 16 se da una explicación completa de la significación e interpretación de las estadísticas de resumen.

Tabulación cruzada

En la elaboración de la tabla de frecuencia unidireccional, el siguiente paso lógico en el análisis de los datos preliminares es llevar a cabo la tabulación cruzada. Ésta es en extremo útil cuando el analista desea estudiar las relaciones entre las variables. El propósito de la tabulación cruzada es determinar si ciertas variables difieren cuando se las compara entre ciertos subgrupos de la muestra total. De hecho, la tabulación cruzada es la forma principal del análisis de datos en la mayoría de los proyectos de investigación de mercados. Dos elementos clave de la tabulación cruzada son cómo elaborar la tabulación cruzada y cómo interpretar el resultado.

La figura 15.12 muestra una tabulación cruzada sencilla entre el número de visitas y la cantidad de dinero gastado en los establecimientos de comida rápida. La tabulación cruzada muestra frecuencias y porcentajes, y los porcentajes son para renglones y columnas. Una forma sencilla de interpretar esta tabla sería aislar a los individuos que visitan los establecimientos de comida rápida siete o más veces al mes. Hablando en general, constituyen 33.7% de la muestra, y una mayoría de ellos gasta de 2 a 6 dólares por vista (31.2% y 29.1% considerados individualmente). Si bien no parece haber relación entre el número de visitas y el dinero gastado por visita, de todas formas esta tabla de tabulación cruzada provee información acerca de la frecuencia de las visitas y de cómo puede afectar al gasto en la comida rápida.

Es necesario identificar y examinar varias cuestiones relativas a la elaboración e interpretación de las tablas de tabulación cruzada.[5] Se calculan varios porcentajes diferentes dentro de cada celda de la tabla de tabulación cruzada. El número superior dentro de cada celda representa la frecuencia absoluta de las respuestas para cada variable o pregunta (esto es, 33 encuestados que visitan los establecimientos de comida rápida cuatro veces al mes gastan aproximadamente de 2 a 4 dólares por visita). Debajo de la frecuencia absoluta está el renglón de porcentaje por celda. Por ejemplo, los 33 individuos que visitan los establecimientos de comida rápida cuatro veces al mes y gastan de 2 a 4 dólares por visita representan 46.5% del total (que es 71) en esa categoría de frecuencia. El tercer número dentro de cada celda es el porcentaje de columna. En este ejemplo, de 134 encuestados que gastan de 2 a 4 dólares por

FIGURA 15.12 Ejemplo de tabulación cruzada: número de visitas × dinero gastado

P3 Cuenta Ptje. de renglón Ptje. de columna Ptje. total P2	0	Menos de $2 1	$2.01 a $4 2	$4.01 a $6 3	$6.01 a $8 4	$8.01 a $10 5	$10.01 a $12 6	Más de $12 7	No recuerdo 8	Total
0 Ninguno	1 100.0 100.0 .2									1 .2
1 Uno		1 2.0 14.3 .2	15 30.6 11.2 3.5	16 32.7 12.8 3.7	10 20.4 14.3 2.3	3 6.1 6.1 .7	1 2.0 5.0 .2	2 4.1 9.5 .5	1 2.0 33.3 .2	49 11.4
2 Dos		1 1.7 14.3 .2	17 28.3 12.7 4.0	15 25.0 12.0 3.5	12 20.0 17.1 2.8	6 10.0 12.2 1.4	5 8.3 25.0 1.2	2 3.3 9.5 .5	2 3.3 66.7 .5	60 14.0
3 Tres		1 2.3 14.3 .2	8 18.6 6.0 1.9	15 34.9 12.0 3.5	11 25.6 15.7 2.6	4 9.3 8.2 .9	2 4.7 10.0 .5	2 4.7 9.5 .5		43 10.0
4 Cuatro			33 46.5 24.6 7.7	16 22.5 12.8 3.7	9 12.7 12.9 2.1	7 9.9 14.3 1.6	1 1.4 5.0 .2	5 7.0 23.8 1.2		71 16.5
5 Cinco			9 33.3 6.7 2.1	10 37.0 8.0 2.3	3 11.1 4.3 .7	3 11.1 6.1 .7	1 3.7 5.0 .2	1 3.7 4.8 .2		27 6.3
6 Seis		1 2.9 14.3 .2	7 20.6 5.2 1.6	10 29.4 8.0 2.3	6 17.6 8.6 1.4	4 11.8 8.2 .9	2 5.9 10.0 .5	4 11.8 19.0 .9		34 7.9
7 Siete omás		3 2.1 42.9 .7	45 31.0 33.6 10.5	43 29.7 34.4 10.0	19 13.1 27.1 4.4	22 15.2 44.9 5.1	8 5.5 40.0 1.9	5 3.4 23.8 1.2		145 33.7
Columna Total (continuación)	1	7 134 .2 1.6	125 31.2	70 29.1	430 16.3	49 100	20 11.4	21 4.7 4.9	3 .7	430 100.0

visita, 24.6% de ellos promedian cuatro visitas por mes. El último número dentro de cada celda representa el porcentaje total de encuestados dentro de las celdas en la muestra total. Así, con una muestra total de 430, 7.7% de la muestra visitan los restaurantes de comida rápida cuatro veces al mes y gastan aproximadamente de 2 a 4 dólares por visita.

Al armar la tabla de tabulación cruzada, el analista debe seleccionar la variable que usará cuando examine las relaciones. Como siempre, la selección de variables debe basarse en los objetivos del proyecto de investigación. Las relaciones variables pareadas deben seleccionarse sobre la base de si responden a las preguntas de investigación específicas propuestas en el proyecto.

Las mejores prácticas dentro del ramo de la investigación de mercados dictan el uso de las variables demográficas o las características de estilo de vida o psicográficas como el punto de partida para elaborar las tabulaciones cruzadas. Estas variables normalmente constituyen los indicadores de columna de la tabla de tabulación cruzada, y las variables de intención de compra, del uso, de los factores de motivación o de las ventas reales representan los renglones. En tablas de tabulación cruzada como éstas se calculan los porcentajes sobre la base de los totales de la variable de columna. A su vez, esto le permite al analista de investigación hacer comparaciones sobre la relación entre las conductas y las intenciones con variables predictoras como el ingreso, el sexo y el estado civil. El análisis preliminar de esta naturaleza es especialmente útil para el investigador que quiere establecer diferencias de subgrupo en relación con ciertas acciones. Por ejemplo, la figura 15.13 muestra las relaciones entre sexo, estado civil y educación en referencia al número de visitas a los establecimientos de comida rápida.

Como técnica preliminar, la tabulación cruzada le proporciona al analista de investigación una poderosa herramienta para resumir datos de encuesta. La técnica es fácil de entender e interpretar, y puede aportar una descripción válida de datos agregados y de subgrupo. No obstante, aunque esta técnica es muy simple, puede crear ciertos problemas. Algunos métodos de encuesta se prestan a la creación de una interminable variedad de tablas de tabulación cruzada. Para elaborar estas tablas, el analista debe tener siempre en mente los objetivos del proyecto y las preguntas de investigación específicas que el estudio tratará de responder. El analista ha de tener el cuidado de construir tabulaciones cruzadas que reflejen en forma precisa la información relevante para los objetivos del proyecto. Para generar las tablas de tabulación cruzada pueden utilizarse diversos paquetes de programas de *software* y estadísti-

FIGURA 15.13 Ejemplo de tabulación cruzada: variables demográficas × conducta

P2 Visitas por mes por P1520 sexo

P1520 Página 1 de 1

Cuenta

P2		Mujer 1	Hombre 2	Total de renglón
Ninguno	0	1	1	2 .5
Uno	1	27	23	50 11.8
Dos	2	25	33	58 13.6
Tres	3	16	25	41 9.6
Cuatro	4	38	32	70 16.5
Cinco	5	12	14	26 6.1
Seis	6	19	15	34 8.0
Siete o más	7	70	74	144 33.9
Columna		208	217	425
Total		48.9	51.1	100.0

Número de observaciones faltantes: 18

P2 Visitas por mes por P1515 estado civil

P1515 Página 1 de 1

Cuenta

P2		Casado(a) 1	Viudo(a) 2	Separado(a) 3	Divorciado(a) 4	No ha estado casado(a) 5	Total de renglón
Ninguno	0	2					2 .5
Uno	1	41	7		1	1	50 11.8
Dos	2	46	4	1	3	4	58 13.7
Tres	3	30	3		4	3	40 9.5
Cuatro	4	53	6		6	5	70 16.6
Cinco	5	21	2			2	25 5.9
Seis	6	31		1	1	1	34 8.1
Siete o más	7	116	6	1	12	8	143 33.9
Columna		340	28	3	27	24	422
Total		80.6	6.6	.7	6.4	5.7	100.0

Número de observaciones faltantes: 21

cos. En todas las hojas de cálculo, como Lotus, Excel, Access y Quattro Pro, junto con paquetes estadísticos como SAS, SPSS y Querie, pueden generarse tabulaciones cruzadas eficientes. En el capítulo 16 se abordan diversas técnicas estadísticas que se aplican en conjunción con la tabulación cruzada, así como las pruebas de asociación, las diferencias significativas y las medidas de tendencia central.

Ilustración gráfica de los datos

El siguiente paso lógico después de la creación de las tablas de frecuencia unidireccional y de tabulación cruzada es traducirlas en ilustraciones gráficas. Estas ilustraciones, al contrario de las tablas, pueden ser muy poderosas para comunicarle al cliente los resultados clave de la investigación generados del análisis preliminar de los datos. Dada la importancia de este tema, se explicará en forma detallada en los capítulos 16 a 19.

Resumen de objetivos de aprendizaje

Ilustrar el proceso de preparar los datos para su análisis preliminar.
El valor de la investigación de mercados estriba en su capacidad de proveer información para la toma de decisiones al usuario o al cliente. Para lograr esto, hay que transformar los datos puros en información útil. Después de recolectar los datos con el método apropiado, la tarea es asegurar que los datos provean significado y valor. La preparación de los datos es la primera parte del proceso de transformar los datos puros en información utilizable. Para este proceso se toman en cuenta cinco pasos: 1) validación de los datos, 2) edición y codificación, 3) introducción (o captura) de los datos, 4) detección de errores y 5) tabulación de los datos.

Demostrar el procedimiento para asegurar la validación de los datos.
Con la validación de los datos se trata de determinar si las encuestas, entrevistas u observaciones se efectuaron correctamente y están libres de fraude. Al volver a hacer contacto con encuestados seleccionados, el investigador pregunta si la entrevista 1) se falsificó, 2) se llevó a cabo con un encuestado calificado, 3) tuvo lugar en el entorno de procedimientos apropiado, 4) se realizó en forma correcta y precisa, y 5) se efectuó de manera amable.

Ilustrar el proceso de editar y codificar los datos obtenidos por métodos de encuesta.
El proceso de edición consiste en el escaneo manual de las respuestas de entrevistas o cuestionarios para determinar si se hicieron las preguntas apropiadas, si se registraron las respuestas correspondientes y si se utilizaron las preguntas de selección indicadas, así como si se registraron con precisión las preguntas abiertas. Una vez editados, todos los cuestionarios se codifican asignándoles valores numéricos a todas las respuestas. La codificación es el proceso de proporcionar etiquetas numéricas a los datos, de modo que puedan introducirse en una computadora para su posterior análisis estadístico.

Familiarizar al usuario con los procedimientos de introducción de datos.
Hay cuatro métodos principales para introducir datos en una computadora. Primero está la terminal con teclado o el teclado de una PC. Los datos pueden capturarse también con terminales que tienen pantallas sensibles al tacto, o utilizando un señalador electrónico o pluma de luz manuales. Finalmente, los datos de ciertos cuestionarios se pueden capturar por medio de un escáner habilitado para el reconocimiento óptico de caracteres.

Ilustrar un proceso para detectar errores en la introducción de datos.
Por desgracia, la detección de errores opera normalmente después de que se han introducido los datos en el almacenamiento de la computadora. Los errores de captura se detectan mediante la ejecución de rutinas de edición de errores, las cuales se crean o desarrollan en el *software* de captura de datos. Un método adicional es escanear visualmente los datos reales después de que se han introducido. Una tabla de datos es un método para escanear visualmente los datos capturados.

Examinar a fondo las técnicas empleadas para la tabulación y el análisis de datos.
En la investigación de mercados se usan dos formas comunes de tabulaciones de datos. La tabulación unidireccional indica el número de encuestados que dieron cada respuesta posible a cada pregunta de un cuestionario. La tabulación cruzada proporciona la clasificación de los encuestados tratando dos o más variables de manera simultánea. Esta categorización se basa en el número de encuestados que han respondido a dos o más preguntas consecutivas.

Términos y conceptos clave

Codificación 497
Edición 491
Introducción (o captura) de datos 500
Maquillaje 490
Tabulación 509
Tabulación cruzada 509
Tabulación unidireccional 509
Validación de datos 490

Preguntas de repaso

1. Describa brevemente el proceso de validación de los datos. Analice específicamente los temas del fraude, la selección, el procedimiento, el completamiento y la cortesía.
2. ¿Cuáles son las diferencias entre la validación, la edición y la codificación de los datos?
3. Explique las diferencias en el establecimiento de los códigos para las preguntas abiertas y para las preguntas cerradas.
4. Describa brevemente el proceso de la introducción o captura de datos. ¿Qué cambios en la tecnología han simplificado este procedimiento?
5. ¿Cuáles son los tres métodos para la detección de errores? En su análisis asegúrese de describir el procedimiento de lista de datos o columnas.
6. ¿Cuál es el propósito de una tabulación unidireccional? ¿Cómo se relaciona esta tabulación con una tabla de frecuencia unidireccional?

Preguntas para análisis

1. **EXPERIENCIA EN INTERNET.** Visite el sitio web de Acxiom Corporation, en www.acxiom.com, y elija el tema *Case in Point* (Caso al punto). Una vez allí, elija el tema *Newsletters* (Boletines de noticias) y escoja el *vol. 2, issue 1* (vol. 2, tema 1). Lea el pasaje sobre *cluster coding systems* (sistemas de codificación de conglomerados) y comente sobre la forma en que aplican el análisis de datos preliminares.
2. **EXPERIENCIA EN INTERNET.** En el sitio web de Acxiom elija *Newsletters vol. 2, issue 3*. Seleccione el artículo sobre *data warehousing* (almacenamiento gigante de datos) y comente cómo se relaciona con la codificación de los datos de marketing.
3. Obtenga una copia de un cuestionario de investigación de mercados y, sobre la base de su conocimiento de la creación de códigos, convierta el cuestionario en un código maestro que ilustre los valores apropiados para cada pregunta y las respuestas correspondientes.
4. Vuelva a la cita del principio de este capítulo. Con fundamento en lo que usted sabe ahora sobre preparación de los datos para su análisis, explique lo que Robert W. Kneen quiso decir con "entra basura, sale basura" (GIGO: garbage in, garbage out).

ILUSTRACIÓN DE LA INVESTIGACIÓN DE MERCADOS

Evaluación del completamiento de los datos de una encuesta de comprador tradicional

Esta ilustración brinda un ejemplo de cómo se utiliza un análisis preliminar para evaluar lo completo y preciso de los datos reunidos. Aunque a primera vista la ilustración puede parecer incompleta, el punto focal está en la validación de los datos y en la precisión, no en hacer inferencias de esos datos. Esta ilustración muestra también algunos resultados comunes de las preguntas abiertas.

Encuesta de comprador de Memphis

Resultados de la encuesta de comprador para Belz Factory Outlet World. Las designaciones son: Mall (gran centro comercial) = Respuestas de clientes del centro comercial ($n = 185$); Correo = Respuestas de la encuesta por correo ($n = 60$); Total = Respuestas totales ($n = 245$).

En la siguiente lista hay varios centros de compras en el área. ¿Qué centros comerciales ha visitado usted en los últimos dos meses? Marque tantos como correspondan. (Las cifras son porcentajes de las respuestas.)

	Centro comercial	Correo	Total
Mall of Memphis	18.9	26.7	20.85
Wolfchase Galleria	69.7	66.7	69.0
Belz Factory Outlet	51.4	20.0	43.7
Oak Court Mall	45.4	48.3	46.1
Hickory Ridge Mall	29.2	38.3	31.4
Raleigh Springs Mall	23.8	21.7	23.3
Southland Mall	4.9	5.0	4.9
Saddle Creek	19.5	20.0	19.6
Otro	5.4	11.7	6.9

En la lista que aparece a continuación hay un conjunto de atributos (razones) que muchas personas consideran cuando eligen un centro comercial al cual ir. En relación con su elección más reciente de un centro comercial, por favor dé un rango a cada atributo de 1 a 8, de modo que el "1" sea la razón más importante y "8" la menos importante para visitar ese centro. (Las cifras son respuestas promedio.)

	Centro comercial	Correo	Total
Variedad de tiendas	2.5	3.0	2.6
Ubicación	2.6	2.3	2.5
Seguridad	3.5	3.2	3.5
Entretenimiento	5.8	6.2	6.0
Restaurantes	5.1	5.7	5.3
Tienda específica	3.1	3.0	3.1
Eventos especiales	6.8	6.9	6.8
Atmósfera	2.0	2.1	2.0

En su última visita a un centro comercial, ¿qué tipo de tienda(s) visitó? Marque tantas como correspondan. (Las cifras son porcentajes de las respuestas.)

	Centro comercial	Correo	Total
Tienda de departamentos (Dillard´s, Goldsmith's)	77.8	81.7	78.8
Tienda de descuento (Wal-Mart, Target)	48.6	55.0	50.2
Tienda de especialidad (The Gap, Circuit City)	52.4	50.0	51.8
Tienda de outlet (tiendas en puntos de venta o centros comerciales generalmente suburbanos)	48.6	16.7	40.8
Otras			

En la lista que sigue hay una variedad de ofertas de entretenimiento disponibles en la mayoría de los grandes centros comerciales. En su última visita a un gran centro comercial, por favor indique cuál de esos entretenimientos disfrutó o visitó. Marque tantos como correspondan. (Las cifras son porcentajes de las respuestas.)

	Centro comercial	Correo	Total
Sala cinematográfica	45.4	31.7	42.0
Salón de videojuegos	11.4	3.3	9.4
Pista de patinaje en hielo	5.4	3.3	4.9
Carrusel o tíovivo	11.9	10.0	11.4
Patio de expendios de alimentos	62.7	48.3	59.2
Eventos especiales, como exhibiciones de autos o muestras de artesanías	9.7	10.0	9.8
Otros	2.2	0	1.6
Ninguno			

En su visita más reciente a un gran centro comercial, ¿aproximadamente cuánto tiempo pasó en el lugar? (Las cifras son porcentajes de las respuestas.)

	Centro comercial	Correo	Total
Menos de 1 hora	18.4	21.7	19.2
De 1 a 3 horas	70.3	76.7	71.8
De 4 a 6 horas	9.7	0	7.3
Más de 6 horas	1.1	1.7	1.2

En su visita más reciente a un gran centro comercial, ¿aproximadamente cuánto gastó en bienes y servicios? (Las cifras son porcentajes de las respuestas.)

	Centro comercial	Correo	Total
Menos de 20 dólares	12.4	18.3	13.9
De 21 a 40 dólares	10.9	20.0	18.0
De 41 a 60 dólares	19.5	13.3	18.0
De 61 a 80 dólares	17.3	15.0	16.7
De 81 a 100 dólares	9.0	6.3	9.0
Más de 100 dólares	29.7	25.0	28.6

En su última visita a un gran centro comercial en el área de Memphis, ¿qué tan lejos tuvo que viajar? (Las cifras son porcentajes de las respuestas.)

	Centro comercial	Correo	Total
Menos de 8 km	33.5	50.0	37.6
De 9.6 a 16 km	33.0	38.3	34.3
De 17.69 a 24.13 km	9.7	10.0	9.8
Más de 24.13 km	23.2	1.7	18.0

En su visita más reciente a un gran centro comercial, ¿cuál(es) de los siguientes productos de las categorías numeradas a continuación compró? Marque tantos como correspondan. (Las respuestas son para la muestra total; las cifras son porcentajes de las respuestas.)

Prendas de vestir	75.9	Calzado	34.3
Libros o revistas	23.3	Artículos para el hogar	29.0
Muebles	6.1	Juguetes	11.0
Artículos deportivos	10.6	Aparatos electrodomésticos	2.4
Artículos electrónicos para el hogar	12.2	Cosméticos	22.9
Ferretería	11.0	Computadora	3.7
Otros	9.4		
Ninguno			

Durante el mes pasado, ¿oyó o vio anuncios de grandes centros comerciales en el área de Memphis? (Las cifras son porcentajes de la muestra total.)

Sí	43.7
No	26.1
No recuerdo	28.6

En caso afirmativo, ¿de cuál centro comercial? (Vea la lista adjunta.)

Las preguntas siguientes se refieren a las impresiones de usted sobre el valor y la calidad de los grandes centros comerciales del área de Memphis. En una escala de 1 a 5, en la que "1" sea *Muy en desacuerdo* y "5", *Muy de acuerdo*, por favor califique las declaraciones siguientes. (Las cifras son respuestas promedio de la muestra total.)

En mi opinión, todos los centros comerciales son iguales.	2.4
Los centros comerciales deben incluir entretenimiento para toda la familia	3.5
Prefiero andar de compras en los centros más pequeños que en los grandes centros comerciales.	3.2
Los centros de compras necesitan aumentar su seguridad.	4.1
En general voy a un centro comercial por ciertas tiendas que hay en ellos.	4.2
Si bien no lo planeo, suelo terminar por comer en un restaurante del centro comercial.	2.9
Considero que ir de compras es un acontecimiento social.	2.4
Normalmente voy a centros comerciales que presentan eventos especiales, como exhibiciones de automóviles o ferias de artesanías.	1.9
Los centros comerciales necesitan ofrecer entretenimiento a sus clientes, como salas de cine, salas de videojuegos, etcétera.	3.0
El tipo de tiendas ubicado en el centro de compras es la razón principal de que yo vaya al centro.	4.3

¿Sabía usted que hay un gran centro comercial llamado Belz Factory Outlet Mall? (Las cifras son porcentajes de respuestas.)

	Centro comercial	Correo	Total
Sí ____ En caso afirmativo, pase a la pregunta 12.	91.4	91.7	91.4
No ____ En caso negativo, pase a la pregunta 18.			

En los pasados seis meses, ¿cuántas veces ha visitado el Belz Factory Outlet Mall? (Las cifras son porcentajes de respuestas.)

	Centro comercial	Correo	Total
Ninguna	27.6	60.0	92.9
De 1 a 3 veces	14.6	0.00	6.1
De 4 a 6 veces	47.0	30.0	42.9
Más de 6 veces	5.9	0.0	0.0

En una escala de 1 a 5, en la que "1" sea *Muy insatisfecho* y "5", *Muy satisfecho*, ¿cómo calificaría usted al Belz Factory Outlet Mall en los siguientes factores? (Las cifras representan respuestas promedio.)

	Centro comercial	Correo	Total
Tipo de tiendas disponibles	2.7	2.8	2.7
Número de tiendas disponibles	2.7	2.7	2.7
Variedad de ofertas de alimentos	2.1	2.3	2.1
Nivel de entretenimiento disponible	2.2	2.3	2.2
Calidad del patio de expendios de alimentos	2.3	2.3	2.3

En su más reciente visita al Belz Factory Outlet Mall, ¿cuál(es) tienda(s) favoreció con sus compras?

Vea la lista adjunta.

En los pasados dos meses, ¿recuerda haber visto u oído algún anuncio del Belz Factory Outlet Mall? (Las cifras son porcentajes de la muestra total.)

No	53.4
Sí	38.4

En caso afirmativo, ¿dónde los vio u oyó?

Televisión	8.6	Radio	13.9
Diarios	6.1	Anuncio espectacular	20.4
Otro			

En su última visita, ¿cuál fue su razón principal para visitar el Belz Factory Outlet Mall?

Vea la lista adjunta.

Si pudiera sugerir una mejora al Belz Factory Outlet Mall, ¿cuál sería esa mejora?

Vea la lista adjunta.

En una escala de 0 a 100%, ¿qué porcentaje del tiempo que ve usted televisión lo dedica a redes de televisión por cable como ESPN, TBS, CNN, etcétera.?

Respuesta promedio para 38.1% de la muestra total.

En una escala de 0 a 100%, ¿qué porcentaje del tiempo que ve usted televisión lo dedica a redes de televisión tradicionales como ABC, CBS, NBC, etcétera?

Respuesta promedio para 49.2% de la muestra total.

He aquí una lista de diferentes tipos de música. ¿Querría leer toda la lista y marcar cada tipo de ella que usted escuche con bastante frecuencia? Marque tantos como correspondan. (Las cifras son porcentajes de la muestra total.)

Country/western	40.8	Soft rock	35.9
Country rock	21.6	New wave	14.7
Rock clásico	38.4	Jazz	14.4
Hard rock	13.5	Gospel	20.4
Rhythm & blues	26.5	Ninguna de éstas	7.3

¿Qué diarios lee usted con mayor frecuencia? (Las cifras son porcentajes de la muestra total.)

Nombre del diario:	Vea la lista adjunta.
No leo el diario:	12.7

¿Cuál es su edad aproximadamente? (Las cifras son porcentajes de la muestra total.)

Menos de 18	3.7
De 18 a 30	23.1
De 31 a 40	12.7
De 41 a 50	33.1
De 51 a 60	12.2
Más de 60	9.8

¿Aproximadamente a cuánto asciende el ingreso total anual de su familia? (Las cifras son porcentajes de la muestra total.)

Menos de 15 000 dólares	6.5
De $15 000.01 a $20 000	2.0
De $20 000.01 a $30 000	13.3
De $30 000.01 a $40 000	13.1
De $40 000.01 a $50 000	12.2
Más de $50 000	38.6

¿Tiene usted hijos? (Las cifras son porcentajes de la muestra total.)

Sí 54.7 No 39.2

En caso afirmativo, ¿cuántos de sus hijos viven con usted en su hogar? (Las cifras son porcentajes de la muestra total.)

Ninguno 1.2 Uno 55.5 Dos 11.0 Tres 16.7 Cuatro 6.9 Cinco o más .8

¿Cuál es su estado civil? (Las cifras son porcentajes de la muestra total.)

Soltero(a) 28.6 Casado(a) 53.5 Divorciado o separado 9.0 Viudo 3.0

¿Es usted? Mujer 58.4 Hombre 35.1 **(Las cifras son porcentajes de la muestra total.)**

¿Cuál es su ocupación?

Vea la lista adjunta.

¿Cuál es su código postal (ZIP)?

Vea la lista adjunta.

ANUNCIOS VISTOS U OÍDOS DE CENTROS DE COMPRAS

01	Wolf Chase
02	Dillards
03	Belz
04	Amber Chambre Fitch
05	Goldsmith
06	Outlet
07	Wal-Mart
08	Saddle Creek
09	Oak Court
10	Mall of Memphis
11	Target
12	Bill Board
13	Home Depot
14	Hickory Ridge Mall

TIENDAS FAVORECIDAS CON LA COMPRA DE USTED EN SU MÁS RECIENTE VISITA A BELZ

01	Old Time Pottery	18	Stack Room
02	Corning	19	Foot Locker
03	Furniture	20	Lighthouse Factory
04	Hanes/Leggs	21	Book Store
05	Bass	22	Naturalizer
06	Van Heusen	23	Famous Footwear
07	Rack Room Shoes	24	Regal
08	Maiden Form	25	Silk Flowers
09	Bugle Boy	26	Carter's Outlet
10	Book Land	27	Craft
11	Casual Corner	28	Vitamin World
12	Capacity	29	Luggage Store
13	Toy Store	30	Optical Outlet
14	Saks	31	Claires
15	Saks-Off 5th	32	Musk Store
16	Music 4 Less	33	Danskin
17	Dress Barn	34	Ducks Unlimited

RAZONES PRINCIPALES PARA VISITAR BELZ

01	Ropa infantil	14	Ropa Informal
02	Alfombras	15	Calzado
03	Cerámica	16	Juguetería
04	Árboles de Navidad	17	Trabajo
05	Ropa interior o lencería	18	Tienda de artículos para mejorar la casa
06	Ropa formal	19	Mejores precios
07	Reunirse con amigos(as)	20	Compras navideñas
08	Muebles	21	Exhibición de autos
09	Artículos para el hogar	22	Ducks Unlimited (o tiendas de aves)
10	Flores deshidratadas	23	Vitaminas
11	Músicos	24	Anteojos
12	Mirar detenidamente	25	Artesanías
13	Comprobar ventas	26	Libros

MEJORAS SUGERIDAS PARA EL CENTRO COMERCIAL BELZ

01	Ropa de la más alta calidad
02	Puntos de venta de mercancía selecta
03	Mayor surtido de alimentos
04	Marcas nacionales de nombre conocido
05	Variedad de tiendas
06	Publicidad
07	Ventas
08	Mayor selección de tiendas
09	Entretenimiento
10	Ropa para hombres (exclusivamente)
11	Mejores precios
12	Accesorios para minusválidos
13	Seguridad
14	Tíovivo o carrusel
15	Mercancía para niños
16	Tiendas de regalos
17	Teatro
18	Ropa para damas

DIARIOS LEÍDOS

01	Commercial Appeal	16	Fort Worth Telegram
02	USA Today	17	Fort Worth Telegram
03	Wall Street Journal	18	New York Times
04	Memphis Flyer	19	Financial Times
05	Business Journal	20	Desoto Times Today
06	Germantown News	21	Dallas Morning News
07	Tennessean	22	Columbus (OH) Dispatch
08	Tribune	23	Jackson Sun
09	Daily Journal of Tupelo	24	Crockett Times
10	No lee diarios	25	Tri-Star Defender
11	People	26	Star
12	Covington Leader	27	Bartlett Express
13	Jonesboro Sun	28	Chicago Sun Times
14	Dyersburg State Gazette	29	Shelby Sun Times
15	Paragould Daily Press		

OCUPACIÓN DE LOS ENCUESTADOS

01	Gerencial
02	Profesionista
03	Ventas
04	Oficinista
05	Artesano(a)

capítulo 16

Análisis de datos: pruebas para detectar diferencias significativas

Objetivos de aprendizaje

Al terminar de leer el capítulo, usted podrá

1. Entender la media aritmética, la mediana y el modo como medidas de tendencia central.
2. Comprender el rango y la desviación estándar de una distribución de frecuencia como medidas de dispersión.
3. Entender cómo se grafican la medidas de tendencia central.
4. Comprender la diferencia entre las muestras independiente y relacionada.
5. Explicar la prueba de hipótesis y evaluar el error potencial en su uso.
6. Entender las pruebas estadísticas univariada y bivariada.
7. Aplicar e interpretar los resultados de los métodos estadísticos ANOVA y ANOVA de modo *n*.

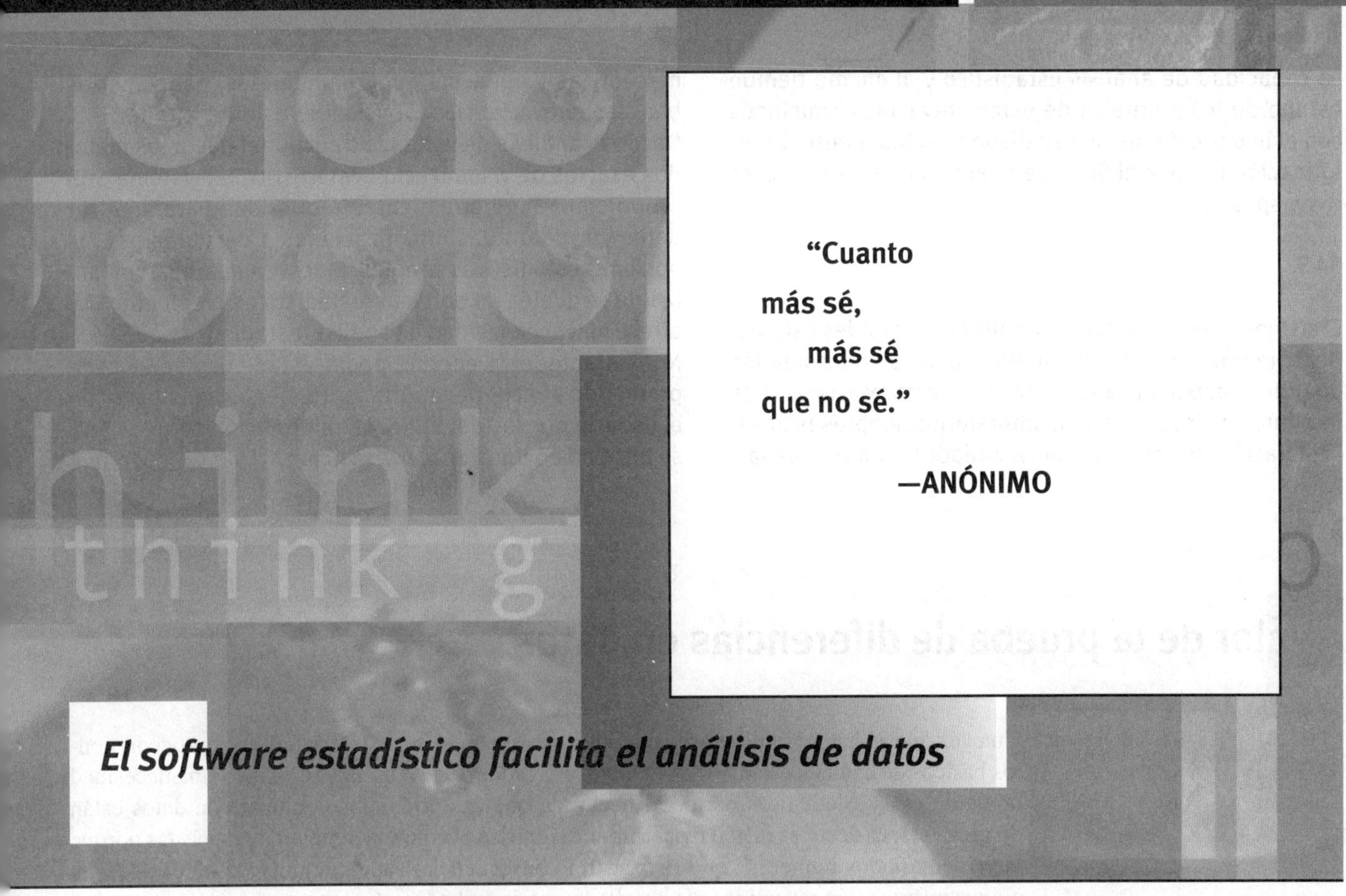

> "Cuanto
> más sé,
> más sé
> que no sé."
>
> —ANÓNIMO

El software estadístico facilita el análisis de datos

Crece continuamente el número de empresas de todos tamaños que reúnen y almacenan datos pertinentes para sus actividades de negocios. Estos datos pueden provenir de encuestas de clientes o ser generados por el software de contacto de la fuerza de ventas y guardados en el almacén de datos de la compañía. Para que sean útiles para la toma de decisiones, hay que organizar, categorizar (clasificar) y analizar los datos, y hay que compartirlos con los empleados de la compañía. Tom Peters, en su libro de 1987 *Thriving on Chaos*, señala: "Nos estamos ahogando en información y nos morimos de hambre de conocimiento." Para convertir esta montaña de información en conocimiento necesitamos paquetes de software poderosos y amistosos con el usuario, esto es, de fácil comprensión y uso. Muchos paquetes de software pueden ayudarnos a lograr esta conversión, incluido el popular programa Excel, que se integra con Windows de Microsoft. Pero a medida que la información crece en forma exponencial, necesitamos programas amplios, avanzados, que sean relativamente baratos y fáciles de usar. Por fortuna, se dispone de dos por lo menos y se los puede usar con la mayoría de las PC: SPSS y SAS. Ambos son muy poderosos y proveen capacidades de procesamiento estadístico para diversas tareas, desde calcular medias aritméticas y modos hasta ejecutar tendidos de redes neurales y otras avanzadas tareas de extracción de datos. Cada paquete se describe brevemente a continuación. Para ayudarle a entender mejor lo que valen estos programas, se incluye en este texto una versión del paquete SPSS para el estudiante. En los tres capítulos que siguen usaremos este paquete para analizar y evaluar datos reunidos por estudiantes en una encuesta de clientes de un restaurante local, Deli Depot.

SPSS

El paquete de software SPSS, Inc. se proyectó con la característica de ser "amistoso con el usuario"; es decir, fácil de usar, incluso para usuarios de computadora inexpertos. El programa SPSS, producido en formato de Windows de Microsoft y pregonado como "Estadísticas reales, realmente fáciles", proporciona fácil acceso y manejo de los datos, salida muy personalizable, capacitación JIT (justo a tiempo [*just-in-time*]) completa, y un sistema revolucionario para trabajar con ilustraciones y gráficas. Los productores del SPSS se ufanan de que "no tiene usted que ser especialista en estadísticas para usar el SPSS", característica importante para quienes temen un tanto a las computadoras y al poder de éstas. Disponible en casi cualquier formato, el SPSS brinda una inmensa capacidad de análisis estadístico y al mismo tiempo es uno de los paquetes de estadísticas más amistosos con el usuario de los que se dispone actualmente. La información relativa al SPSS se puede obtener en línea en www.spss.com.

SAS

El sistema SAS proporciona amplias capacidades estadísticas, lo que incluye herramientas para las necesidades analíticas especializadas y para las empresariales. Los institutos de investigación, laboratorios, empresas de investigación de mercado, universidades, compañías farmacéuticas y agencias gubernamentales, así como los bancos, aprovechan las capacidades estadísticas del SAS. Desde el análisis de varianza tradicional hasta los métodos exactos de visualización estadística, el sistema SAS proporciona las herramientas requeridas para analizar datos y ayudar a las organizaciones a decidirse por las opciones estadísticas debidas. Muchos usuarios constantes de paquetes de software estadísticos creen que SAS ofrece mayor capacidad de análisis estadístico que SPSS. No obstante, este enorme poder estadístico se ve comprometido a veces por aplicaciones menos amistosas con el usuario que las del SPSS. La información sobre el SAS se obtiene en línea en www.sas.com.

Valor de la prueba de diferencias en datos

Una vez que se han reunido y preparado los datos para el análisis, hay algunos procedimientos básicos de análisis estadístico que el investigador necesitará llevar a cabo. Una necesidad obvia de estas estadísticas parte del hecho de que casi todos los conjuntos de datos están disgregados; es decir, es difícil discernir qué significa el conjunto entero de respuestas porque hay "demasiados números" que revisar. En consecuencia, cada conjunto de datos necesita alguna información resumida y desarrollada que describa los números que contiene. Las estadísticas y el análisis descriptivo básicos se crearon con este propósito.

En este capítulo se describen algunas de las estadísticas comunes a casi todos los proyectos de investigación de mercado; se explica también cómo desplegar gráficamente los datos para que los tomadores de decisiones puedan entenderlos. Por ejemplo, si usted llevara a cabo un estudio de las personas que compran la pizza Domino's, podría mostrar de manera más efectiva quiénes son los compradores más frecuentes en comparación con los menos frecuentes, y tal vez hasta indicar también por qué es así.

Primero se explican las medidas de la tendencia central y de la dispersión. Es preciso entender las ventajas y fuentes de dificultades de cada medida para que pueda explicarse razonablemente bien la distribución de la información. A continuación se abordan las relaciones de los datos de muestra. En esta segunda sección se describen la distribución *t* y la estimación del intervalo de confianza asociado con aquélla. En tercer lugar, se trata la prueba de hipótesis, incluyendo pruebas para examinar hipótesis relacionadas con las diferencias entre dos medias aritméticas de muestra, así como la terminología apropiada. El capítulo concluye con una introducción al análisis de varianza, una técnica poderosa para detectar diferencias entre tres o más medias aritméticas de muestra.

Base de datos de aplicaciones de SPSS

Los capítulos 16, 17 y 18 enfocan su atención en el uso de técnicas estadísticas para analizar datos. A veces las técnicas estadísticas simples son adecuadas, pero en otras ocasiones se necesitan técnicas más complejas. El énfasis de estos capítulos está en cómo pueden las empresas utilizar técnicas estadísticas que les sirvan para tomar mejores decisiones. Para ayudar a los estudiantes a entender más fácilmente los tipos de técnicas estadísticas y la forma de aplicarlas, hemos preparado dos bases de datos que se utilizarán en diversos problemas de investigación en cada uno de los capítulos. Pasaremos de las técnicas estadísticas sencillas a algunas de las más complejas para demostrar mejor su valor para entender y utilizar los datos para tomar decisiones. En los párrafos siguientes se describen las variables de la base de datos Deli Depot, la forma en que se midieron estas variables y cómo se codificaron. En el capítulo 15 analizamos el cuestionario para la otra base de datos (Backyard Burgers). En los capítulos 18 y 19 se hace referencia a la base de datos de Backyard Burgers. Ambas bases de datos están disponibles en www.mhhe.com/hair o en CD-ROM.

Descripción de la base de datos

Para entender mejor cómo se usan las técnicas estadísticas para analizar datos, un grupo de estudiantes llevó a cabo una encuesta para un restaurante local. El restaurante es Deli Depot, y vende sándwiches fríos y calientes, sopa y picante, yogurt, pays y galletas. El restaurante está posicionado en el mercado de comida rápida para competir directamente con Subway y restaurantes similares de sándwiches. Sus ventajas competitivas consisten en salsas especiales en los sándwiches, platillos de menú complementarios como sopa y pays, y pronta entrega dentro de zonas especificadas. Los estudiantes obtuvieron permiso para efectuar entrevistas con los clientes dentro del restaurante. Se reunió información de 17 preguntas. A los clientes se les pidieron primero sus impresiones del restaurante sobre seis factores (variables X1-X6) y luego se les solicitó que jerarquizaran los mismos seis factores en términos de su importancia para elegir un restaurante donde quisieran comer (variables X12-X17). Por último, a los encuestados se les preguntaba qué tan satisfechos estaban con el restaurante, qué probabilidad había de que lo recomendaran a un amigo, con qué frecuencia comían ahí, y qué tan lejos conducían para ir a comer algo en Deli Depot. Los entrevistadores anotaban el sexo de los encuestados sin preguntar. Las variables, preguntas de muestra y su codificación se presentan más adelante.

Se incluyeron cuatro variables adicionales en la base de datos. Las variables X18 y X19 son los resultados de un análisis de conglomerado de dos y tres grupos basado en las variables de calidad y variedad de la comida. Las variables X20 y X21 son las puntuaciones de factor para una solución de dos factores basada en las variables X1-X6. El análisis de conglomerado y el análisis factorial se tratan en el capítulo 18.

Variables de percepciones de desempeño

Las percepciones de desempeño se midieron como sigue.

La lista que sigue corresponde a un conjunto de características que se podrían aplicar para describir Deli Depot. Con una escala de 1 a 10, en la que 10 sea "Muy de acuerdo" y 1 "Muy en desacuerdo", indique en qué medida está usted de acuerdo o en desacuerdo en que Deli Depot tiene:

X1-Empleados amistosos

X2-Precios competitivos

X3-Empleados competentes

X4-Excelente calidad de los alimentos

X5-Amplia variedad de comida

X6-Servicio rápido

Si un encuestado eligió un 10 en *Empleados amistosos*, esto indicaría que se está muy de acuerdo en que Deli Depot tiene empleados amistosos. Por otra parte, si un encuestado eligió un 1 para *Servicio rápido*, esto indicaría el mayor desacuerdo y la percepción de que Deli Depot ofrece un servicio muy lento.

Variables de clasificación

Al final de la encuesta se pidieron datos para las variables de clasificación, pero en la base de datos se registran como las variables X7-X11. Las respuestas se codificaron como sigue:

X7-Sexo (1 = Hombre; 0 = Mujer)

X8-Recomendarlo a un amigo (7 = Definitivamente sí lo recomendaría; 1 = Definitivamente no lo recomendaría)

X9-Nivel de satisfacción (7 = Sumamente satisfecho; 1 = No muy satisfecho)

X10-Nivel de uso (1 = Usuario asiduo [come en Deli Depot 2 o más veces por semana]; 0 = Usuario casual [come en Deli Depot menos de 2 veces a la semana])

X11-Área de mercado (1 = Vino de 1.6 km de distancia; 2 = Vino de 1.6 a 4.8 km de distancia; 3 = Vino de más de 4.8 km de distancia)

Jerarquías de factor de selección

Los datos para los factores de selección se reunieron como sigue.

A continuación verá una lista con un conjunto de atributos (razones) que muchas personas consideran para elegir un restaurante al cual ir a comer. Acerca de sus visitas a restaurantes de comida rápida en los últimos 30 días, por favor jerarquice cada atributo de 1 a 6, con 6 como razón más importante para elegir el restaurante de comida rápida y 1 como la menos importante. No puede haber empates, así que asegúrese de jerarquizar cada atributo con un número diferente.

X12-Empleados amistosos

X13-Precios competitivos

X14-Empleados competentes

X15-Excelente calidad de los alimentos

X16-Amplia variedad de la comida

X17-Servicio rápido

Pautas para las ilustraciones

Se deben usar ilustraciones siempre que sean prácticas; ayudan al usuario a captar la esencia de la información desarrollada en el proyecto de investigación. Las gráficas también pueden ser una efectiva ayuda visual para mejorar el proceso de comunicación y agregar claridad y efecto a los informes de investigación. En esta sección mostraremos el valor de las gráficas de barras, circulares (de pastel o de sectores) y lineales. Usaremos los datos proporcionados en la figura 16.1 para demostrar estos enfoques visuales de los datos presentes, así que por favor vea la figura antes de pasar a los siguientes párrafos. Note que hay 395 encuestados que calificaron la importancia de un reproductor de discos compactos en una escala de 1-6, con 1 = muy importante y 6 = muy carente de importancia. De los 395, hubo 16 encuestados con datos faltantes en esta variable. Por último, los números en la columna *Porcentaje* se calcularon utilizando el tamaño de muestra total de 395, mientras que los números de las columnas *Porcentaje válido* y *Porcentaje acumulativo* se calculan usando el tamaño total de muestra menos el número de respuestas faltantes a esta pregunta (395 – 16 = 379).

Gráficas de barras

Una gráfica de barras muestra los datos en forma de barras que pueden tener una posición horizontal o vertical. Las gráficas de barras también son herramientas excelentes para ilustrar magnitudes absolutas y relativas, diferencias y cambio. La figura 16.2 es un ejemplo de una gráfica de barras verticales que muestra la información de la figura 16.1. Por ejemplo, la

FIGURA **16.1 Distribución de frecuencia: Importancia de un reproductor de discos compactos en un automóvil nuevo**

Etiqueta de valor	Valor	Frecuencia (*N*)	Porcentaje	% válido	% acumulativo
Muy importante	1	25	6.3	6.6	6.6
Importante	2	75	19.0	19.7	26.3
Relativamente importante	3	100	25.3	26.3	52.6
Relativamente carente de importancia	4	89	22.5	23.4	76.1
Carente de importancia	5	65	16.5	17.1	93.2
Muy carente de importancia	6	25	6.3	6.6	100.0
Faltantes	9	16	4.1	—	—
Totales		395	100.0		

FIGURA **16.2 Gráfica de barras: Importancia de un reproductor de discos compactos en un automóvil nuevo**

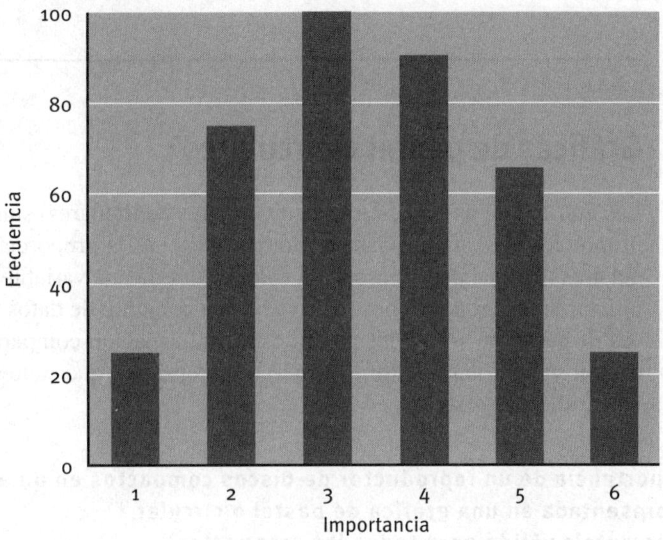

frecuencia (25) de la etiqueta de valor de Muy importante = 1 es la primera barra vertical del lado izquierdo de la gráfica. Las barras restantes se desarrollaron de la misma manera. Las gráficas de barras también se pueden desplegar horizontalmente.

Gráficas lineales

En una gráfica lineal simplemente se conecta una serie de puntos de datos por medio de una línea continua. Las gráficas lineales se usan con frecuencia para mostrar tendencias a lo largo de varios periodos. A esto se agrega que pueden desplegarse varias líneas en la misma gráfica, lo que le permite al observador hacer múltiples comparaciones. Esto puede ser muy útil para explicar las comparaciones entre variables. Si se utilizan varias líneas en la misma gráfica, cada línea necesita tener su propia etiqueta y ser claramente distinta en forma y color para evitarle confusiones al observador. La figura 16.3 es una forma especial de gráfica lineal llamada gráfica de área. En una gráfica de área, el área debajo de la línea se sombrea para representar notoriamente la información.

FIGURA 16.3 **Importancia de un reproductor de discos compactos en un automóvil nuevo representada en una gráfica de área**

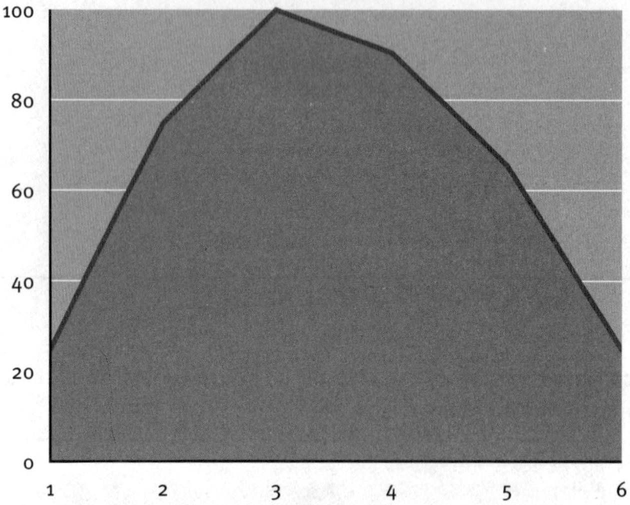

Gráficas de pastel o circulares

Las gráficas de pastel (de pastel, de sectores o circulares) son sumamente útiles para exhibir proporciones relativas. Cada sector del pastel es la proporción relativa, como un porcentaje del área total del pastel, asociada con el valor de una variable específica. En la figura 16.4 se utilizaron las proporciones relativas de un conjunto de datos para crear la gráfica. Las gráficas de pastel no son útiles para mostrar información comparativa entre diversas variables o cambios en el tiempo. Por lo general, se considera que siete sectores son lo más práctico en una gráfica de pastel.

FIGURA 16.4 **Importancia de un reproductor de discos compactos en un automóvil nuevo representada en una gráfica de pastel o circular (porcentaje válido para todas las respuestas)**

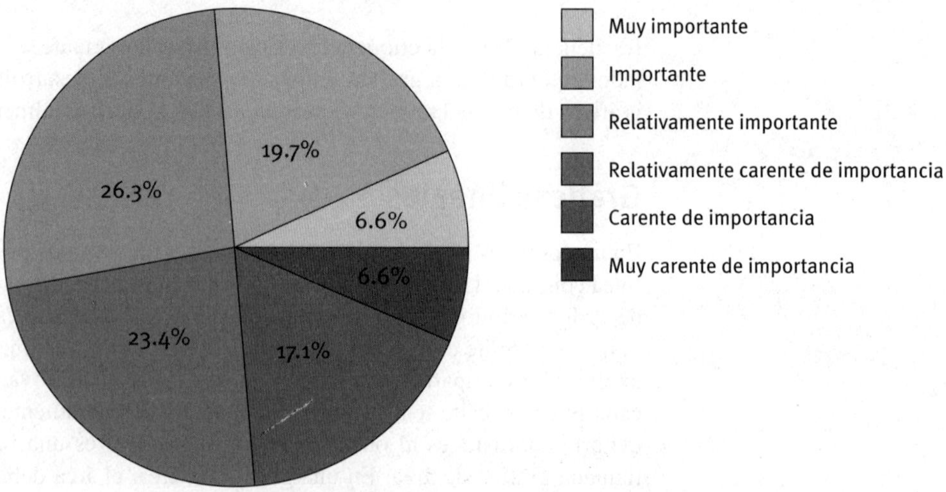

FIGURA **16.5 Una buena imagen vale mil palabras**

Mucha gente es presa del pánico cuando se ve frente a montones de estadísticas, pero está pronta a confiar en gráficas e ilustraciones. El viejo proverbio "Una imagen vale mil palabras" es especialmente apropiado cuando se aplica a gráficas con las que se trata de simplificar tablas de números. Sin embargo, el problema es que al proverbio le falta un calificativo muy importante: una buena imagen vale mil palabras; una mala imagen vale muy poco.

Desafortunadamente, todos estamos expuestos a muchas gráficas que son malas imágenes. Una gráfica puede ser colorida, artística, atractiva e incluso exacta, y aun así fracasar en su misión. Se supone que las gráficas deben dramatizar los hechos, pero algunas (las llamadas gráficas "guau") los sobreactúan.

La gráfica "guau" (*gee-whiz chart*) es un término acuñado por Darrell Huff en su libro *How to Lie with Statistics*, publicado originalmente en 1954. No hay duda de que Huff intentaba que su libro ayudara a los lectores a reconocer representaciones engañosas de los datos, aunque algunos lectores puedan haberle dado mal uso, aplicándolo como un manual para hacer confusos los datos. Políticos, economistas, investigadores de mercado y muchos otros con un interés egoísta o una causa que promover se han valido de las gráficas "guau" para sobreactuar su asunto.

Es fácil hacer una gráfica "guau". Dibuje la gráfica correctamente y recórtele la parte inferior. Inserte una pequeña saliente en la escala vertical, en el lado izquierdo, para indicar que la escala está incompleta y que usted ha creado una gráfica que exagera cualquier tendencia, ascendente o descendente, y la hace parecer mucho más impresionante de lo que es.

Suponga que las ventas anuales de una marca de dentífrico cayeron de 420 a 295 toneladas, lo que es una baja de 30%. Una buena gráfica mostrará una declinación de 30%, pero una gráfica "guau" mostraría algo que se vería como una caída de 90%. Mientras que un examen cercano de los números revelará que la baja real es de 30%, la imagen crea una impresión más fuerte y, por consiguiente, engañosa. Los números hablan, la imagen muestra... en una especie de imagen deformada del ejercicio infantil de "muestra y explica" [tarea escolar en la que el alumno muestra un objeto a la clase y habla del mismo).

Thomas Semon, consultor de investigación, se lamenta del hecho de que ha visto muchas gráficas "guau" en presentaciones de investigación; advierte que es muy improbable que un investigador de mercado distorsione de manera deliberada los resultados reales cuando se expresan en números, pero que algunos los hacen visualmente en las gráficas. De acuerdo con Semon, una gráfica engañosa es desinformación; es un intento deliberado de crear una impresión equivocada o de hacer que una tendencia se presente más notoria o digna de tomar en cuenta.

Semon sugiere el siguiente experimento. Examine con rigor toda gráfica que vea en diarios y revistas la semana próxima. Imagine cómo se verían si se dibujaran correctamente. Si muchas de las tendencias parecen insignificantes puede deberse a que, en efecto, lo sean. Ésta es una reflexión digna de tenerse en cuenta cuando se interpreta información.

Como nota final, Semon señala que, aunque muchas de las noticias son exageraciones, la investigación no debe serlo.

Fuentes: Basado en Thomas T. Semon, "A Bad Picture Is Worth Very Few Words", *Marketing Research*, 24 de mayo de 1993, pp. 11 y ss.; y Edward R. Tufte, *The Visual Display of Quantitative Information* (Cheshire, CT. Graphics Press, 1983).

Sin embargo, el investigador necesita actuar con cautela cuando use gráficas y figuras para explicar datos. Es posible malinterpretar la información en una gráfica y llevar a los usuarios de la información de la investigación de mercados a conclusiones inapropiadas. (En la figura 16.5 puede ver una explicación de esta asechanza.)

Medidas de la tendencia central

Como ya se describió, las distribuciones de frecuencia son útiles para examinar los diferentes valores de una variable determinada. Las tablas de distribución de frecuencia son fáciles de leer y proporcionan mucha información básica. Sin embargo, a veces los detalles son sencillamente demasiados. En tales situaciones el investigador necesita una forma de resumir toda la información para llegar al significado de fondo. Para llevar a cabo esta tarea se usan comúnmente las estadísticas descriptivas. Como ya se mencionó brevemente en el capítulo 12, la media aritmética, la mediana y el modo son medidas de la tendencia central. Estas medidas localizan el centro de la distribución. Por esta razón, a la media aritmética, la mediana y el modo se les llama a veces medidas de localización.

Media aritmética Promedio aritmético de la muestra; suma de todos los valores de una distribución de respuestas dividida entre el número de respuestas válidas.

Media aritmética

La **media aritmética** es el valor promedio dentro de la distribución, y es la medida de tendencia central más usada. La media aritmética nos proporciona, por ejemplo, el número promedio de tazas de café que el estudiante típico puede beber durante los periodos de exámenes finales para mantenerse despierto. La media aritmética puede calcularse cuando la escala de datos es de intervalo o de razón matemática. En general, los datos mostrarán algún grado de tendencia central, con la mayoría de las respuestas distribuidas cerca de la media aritmética.

La media aritmética es una medida muy robusta de tendencia central; es bastante insensible a los valores de datos que se agregan o borran. No obstante, la media aritmética puede ser objeto de distorsión si se incluyen valores extremos en la distribución. Por ejemplo, supóngase que usted les pregunta a cuatro estudiantes cuántas tazas de café beben en un solo día. Las respuestas de los encuestados son las siguientes: Encuestado A = 1 taza; Encuestado B = 10 tazas; Encuestado C = 5 tazas y Encuestado D = 6 tazas. Supóngase también que sabemos que los encuestados A y B son hombres, y C y D, mujeres, y que deseamos comparar el consumo de café entre hombres y mujeres. Considerando a los hombres primero, calculamos que el número de media aritmética de tazas es de 5.5 (1 + 10 = 11/2 = 5.5). De manera similar, considerando a las mujeres (Encuestadas C y D), calculamos que el número de media aritmética de tazas es de 5.5 (5 + 6 = 11/2 = 5.5). Si atendemos sólo al número de media aritmética de tazas de café consumidas por hombres y mujeres, concluimos que no hay diferencias en los dos grupos. Sin embargo, tomando en cuenta la distribución fundamental debemos concluir que hay algunas diferencias y que la media aritmética distorsiona nuestra comprensión de los patrones de consumo de café por hombres y mujeres.

Moda

Moda Valor más común en el conjunto de respuestas a una pregunta; es decir, es la respuesta que se da más a menudo a una interrogante.

La **moda** es el valor que aparece más a menudo en la distribución. Por ejemplo, el número *promedio* de tazas de café que los estudiantes beben por día durante los periodos de exámenes finales puede ser de 5 (la media aritmética), mientras que el número de tazas de café que la mayoría de los estudiantes beben es de sólo 3 (la moda). El modo es el valor que representa la cima más alta en la gráfica de distribución. La moda es especialmente útil como medida para los datos que se han agrupado de algún modo en categorías. La moda de la distribución de los datos en la figura 16.1 es 3, porque si usted ve en la columna de *Frecuencia* notará que el mayor número de respuestas es de 100 para la etiqueta de valor "Relativamente importante", que tiene un valor de 3.

Mediana

Mediana Valor medio de una distribución ordenada de manera jerárquica; exactamente la mitad de las respuestas están encima y la otra mitad debajo del valor de mediana.

La **mediana** es el valor medio de una distribución cuando ésta se ha ordenado en secuencia ascendente o descendente. Por ejemplo, si usted entrevistó a una muestra de estudiantes para determinar sus patrones de ingestión de café durante los periodos de exámenes finales, podría resultarle que el número de mediana de tazas de café consumido es 4. El número de tazas de café consumido arriba y debajo de este número sería el mismo (el número de mediana es el medio exacto de la distribución). Si el número de observaciones de datos es par, se considera en general que la mediana es el promedio de los dos valores medios. Si hay un número impar de observaciones, la mediana es el valor medio. La mediana es especialmente útil como medida de tendencia central para datos ordinales. La mediana de los datos de la tabla 16.1 es 3, el mismo que la moda en este caso.

Las tres medidas de tendencia central pueden ser diferentes dentro de la misma distribución, como se describe antes, en el ejemplo de la ingestión de café. En los datos que se presentan en la figura 16.1, la mediana y el modo son casualmente los mismos, pero la media aritmética es diferente de ambos.

Cada medida de tendencia central describe una distribución a su manera, y tiene también sus propios aspectos fuertes y sus debilidades. Para los datos nominales, la moda es la mejor medida; para los ordinales, la mediana es generalmente mejor; para los datos de intervalo o de razón matemática, se usa en general la media aritmética. Sin embargo, si hay valores extremos dentro de los datos de intervalo o de razón matemática, la media aritmética puede distorsionarse. En estos casos, deben considerarse la mediana y la moda. El SPSS y otros paquetes de software estadístico están diseñados para realizar tales tipos de análisis.

SPSS: medidas de tendencia central

La base de datos de Deli Depot se puede usar con el software de SPSS para calcular medidas de tendencia central. La secuencia de "ejecución por clics" de SPSS es ANALYZE → DESCRIPTIVE STATISTICS → FREQUENCIES [analizar → estadísticas descriptivas → frecuencias]. Utilicemos X9-Satisfacción como una variable para examinar. Cliquee (esto es, "haga clic" o accione su ratón) en X9 para resaltarla y luego en el cuadro o ventanilla de selección elija con la flecha el cuadro de Variables que habrá de utilizar en su análisis. En seguida, abra el cuadro Statistics (estadísticas) y haga clic en Mean (media aritmética), Median (mediana) y Mode (moda), y luego en Continue (continuar) y OK (aceptar). Si quiere crear gráficas, abra el cuadro Charts (gráficas). Sus opciones son Bar (barras), Pie (pastel) y Histograms (histogramas). Para el cuadro de Format (formato) usaremos los *defaults* (predeterminados), así que cliquee en OK para ejecutar el programa.

Veamos las medidas de tendencia central. En la tabla Statistics vemos que la media aritmética es 4.78, la mediana es 5.00 y la moda es 5 (no muy lejos del 4.78). Recuerde que esta variable se mide en una escala de 1 a 7, con 1 = Insatisfecho a 7 = Muy satisfecho. Esto demuestra que el nivel de satisfacción de los clientes en general está un poco sobre el promedio (el medio de la escala de 7 puntos). En este caso, la satisfacción de media aritmética está también bastante cerca de la respuesta más frecuente (moda) a esa pregunta.

Las fórmulas de la media aritmética, la moda y la mediana se muestran en el sitio web (www.mhhe.com/hair).

Estadísticas

	N		Media aritmética	Mediana	Modo
	Válido	Faltante			
Nivel de satisfacción	50	0	4.78	5.00	5

Medidas de dispersión

Es frecuente que las medidas de tendencia central no puedan relatar la historia completa de la distribución de las respuestas. Por ejemplo, si se han reunido datos sobre las actitudes de los consumidores hacia una nueva marca de producto, usted podría obtener la media aritmética, la mediana y la moda de la distribución de respuestas, pero acaso quisiera averiguar también si la mayoría de los encuestados tendrían opiniones similares. Una forma de determinar la respuesta a esta pregunta sería examinar las medidas de dispersión asociadas con la distribución de respuestas a sus preguntas. Las medidas de dispersión (que presentamos brevemente en el capítulo 12) describen lo cerca que caen los valores restantes de la distribución de la media aritmética u otra medida de tendencia central. Dos medidas de dispersión que se usan para describir la variabilidad en una distribución de números son el rango y la desviación estándar.

Rango

Rango Distancia entre los valores menor y mayor de un conjunto de respuestas.

El **rango** define la medida en que están esparcidos los datos. Es la distancia entre los valores más pequeños y mayores de la variable. Otra forma de pensar en ello es que el rango identifica los puntos finales de la distribución de valores. En la figura 16.1, el rango es la diferencia entre la categoría de respuesta 1 (el valor menor) y la categoría de respuesta 6 (el valor mayor); esto significa que el rango es 5. En este ejemplo, puesto que definimos las categorías de respuesta para empezar, el rango no nos dice mucho. Sin embargo, si le hacemos preguntas a la gente, como qué tan a menudo rentan videocintas en un mes, o cuánto dinero destinarían a la compra de un reproductor de CD en el que también pudieran grabar canciones, el rango sería más informativo. En este caso serían los encuestados y no los investigadores quienes definirían el rango con sus respuestas. Por esta razón, el rango se usa con más frecuencia para describir la variabilidad de preguntas abiertas tales como nuestro ejemplo de la videocinta.

Para los datos de la figura 16.1, el rango se calcula como la distancia entre los valores menor y mayor en el conjunto de respuestas (6-1) y es igual a 5.

Desviación estándar

Desviación estándar Distancia promedio que separa los valores de la distribución de la media aritmética.

La **desviación estándar** describe la distancia promedio que separa los valores de la distribución de la media aritmética. A la diferencia entre una respuesta particular y la media aritmética de la distribución se le llama *desviación*. Puesto que la media aritmética de una distribución es una medida de tendencia central, debe haber tantos valores por encima de la media aritmética como los hay debajo (en particular si la distribución es simétrica). En consecuencia, si restamos cada valor que haya en una distribución de la media aritmética y los sumamos, el resultado será cercano a cero (los resultados positivos y negativos se cancelarían unos a otros).

La solución a este problema es elevar al cuadrado las desviaciones individuales antes de sumarlas (elevar al cuadrado un número negativo produce un resultado positivo). Una vez que se determina la suma de las desviaciones elevadas al cuadrado, se divide entre la suma de los encuestados menos 1. El número 1 se resta del número de encuestados para tratar de producir un estimado sin sesgo de la desviación estándar. El resultado de dividir la suma de las desviaciones cuadradas es la desviación cuadrada promedio. Para poner el resultado de vuelta en el mismo tipo de unidades de medida que la media aritmética simplemente se extrae la raíz cuadrada de la respuesta. Esto produce la desviación estándar estimada de la distribución. A veces la desviación cuadrada promedio se usa también como medida de dispersión de una distribución. La desviación cuadrada promedio, llamada **varianza**, se usa en diversos procesos estadísticos que analizan datos reunidos.

Varianza Desviación cuadrada promedio de la media aritmética de una distribución de valores.

En vista de que la desviación estándar estimada es la raíz cuadrada de las desviaciones cuadradas promedio, representa la distancia promedio entre los valores de una distribución y su media aritmética. Si la desviación estándar estimada es grande, las respuestas en una distribución de números no se acercan a la media aritmética de la distribución. Si la desviación estándar estimada es pequeña, usted sabe que los valores de la distribución están cerca de la media aritmética.

Otra forma de ver la desviación estándar estimada es que su tamaño le dice a usted algo sobre el nivel de concordancia entre los encuestados cuando se les hace una pregunta particular. Por ejemplo, en la base de datos de Deli Depot, a los encuestados se les pidió que calificaran a Deli Depot en actitud amistosa y competencia de sus empleados (X1 y X3). Utilizaremos el programa SPSS más tarde para examinar las desviaciones estándar de estas preguntas. La fórmula para calcular la desviación estándar estimada está disponible en el sitio web.

Junto con las medidas de tendencia central, estas estadísticas descriptivas pueden revelar mucho acerca de la distribución de un conjunto de números que representan las respuestas a un reactivo en un cuestionario. Sin embargo, es frecuente que los investigadores de mercado se interesen por preguntas más detalladas que comprenden más de una variable a la vez. La sección siguiente, sobre la prueba de hipótesis, proporciona algunas formas de analizar esos tipos de preguntas.

SPSS: medidas de dispersión

La base de datos de Deli Depot se puede utilizar con el software de SPSS para calcular medidas de dispersión, tal como lo hicimos con las medidas de tendencia central. La secuencia de ejecución por clics de SPSS es ANALYZE → DESCRIPTIVE STATISTICS → FREQUENCIES [analizar → estadísticas descriptivas → frecuencias]. Usemos de nuevo X9-Satisfacción como variable a examinar. Haga clic en X9 para resaltarla y luego en la caja o ventanilla de selección con flecha para elegir el cuadro de Variables que utilizará en su análisis. En seguida abra el cuadro Statistics (estadísticas), vaya al cuadro de Dispersion (dispersión) en el rincón inferior de la izquierda y cliquee en Standard deviation (desviación estándar), Variance (varianza), Range (rango), Minimum and Maximum (mínimo y máximo), y luego en Continue (continuar). Si quiere crear gráficas, abra el cuadro Charts (gráficas). Sus opciones son Bar (barras), Pie (pastel) y Histograms (histogramas). Para el cuadro de Format (formato) usaremos los defaults (defaults o predeterminados), así que haga clic en OK (aceptar) para ejecutar el programa.

Veamos las medidas de dispersión. Primero, la respuesta más alta en la escala de siete puntos es 7 (máximo) y la más baja es 3 (mínimo). Por consiguiente, ningún encuestado marcó un 1 o un 2 en esta pregunta. El rango es 4 (7 – 3 = 4), la desviación estándar es .95 y la varianza, .91. Una desviación estándar de .95 en una escala de 7 puntos es bastante pequeña. Esto nos indica que las respuestas cayeron bastante cerca de la media aritmética de 4.78 y que no varían mucho alrededor de ésta. La segunda tabla exhibe una distribución de frecuencia de los datos.

Estadísticas

N Válidas	50
Faltantes	0
Desviación estándar	.95
Varianza	.91
Rango	4
Mínimo	3
Máximo	7

Nivel de satisfacción

		Frecuencia	Porcentaje	Porcentaje válido	Porcentaje acumulativo
Válido	3	4	8.0	8.0	8.0
	4	16	32.0	32.0	40.0
	5	18	36.0	36.0	76.0
	6	11	22.0	22.0	98.0
	7	1	2.0	2.0	100.0
	Total	50	100.0	100.0	

Prueba de hipótesis

Hipótesis Proposición empíricamente comprobable, pero aún no demostrada, que se elabora para explicar fenómenos.

Las distribuciones de frecuencia y medidas de tendencia central son muy útiles para los investigadores de mercados. Sin embargo, en la mayoría de los casos el investigador tendrá alguna idea preconcebida de las relaciones que deben presentar los datos. La preconcepción debe basarse en teoría de marketing o en investigación previa. A esta preconcepción se la llama **hipótesis**. Un ejemplo de hipótesis sería: "El número promedio de tazas de café que los estudiantes consumen durante los periodos de exámenes finales será mayor que el promedio que consumen en otros periodos." En esta sección del capítulo introduciremos el concepto de la prueba o verificación de hipótesis, explicaremos algunos términos relativos al tema y analizaremos algunos tipos de posibles errores.

Muestras independientes en comparación con las relacionadas

Muestras independientes Dos o más grupos de respuestas que se ponen a prueba como si provinieran de poblaciones diferentes.

Muestras relacionadas Dos o más grupos de respuestas que se originaron en la misma población de muestra.

El investigador de mercados querrá muchas veces comparar las medias aritméticas de dos grupos. Hay dos situaciones posibles cuando se comparan medias aritméticas. La primera es cuando las medias aritméticas son de **muestras independientes**, y la segunda cuando las muestras están relacionadas. Un ejemplo de muestras independientes serían los resultados de entrevistas con bebedores de café hombres y mujeres. Tal vez el investigador quiera comparar el número promedio de tazas de café consumidas por día por estudiantes varones con la cifra correspondiente de estudiantes mujeres. Un ejemplo de la segunda situación, las **muestras relacionadas**, es cuando el investigador compara el número promedio de tazas de café consumidas al día por estudiantes varones con el número promedio de refrescos consumidos al día por la misma muestra de estudiantes hombres. Aunque en el párrafo que sigue se presenta un panorama de prueba de muestras relacionadas, en el resto del análisis se asume que las muestras son independientes.

En la situación de muestra relacionada, el investigador de mercados debe tener especial cuidado en analizar la información. Aun cuando las preguntas son independientes, los encuestados son los mismos. A esto se le llama *muestra pareada*. Cuando se hacen pruebas en busca de diferencias en muestras relacionadas, el investigador tiene que utilizar lo que se llama una *prueba t de muestras pareadas*. La fórmula para calcular el valor *t* para las muestras pareadas no se presenta aquí; remitimos al estudiante a textos más avanzados para el cálculo real del valor *t* para muestras relacionadas. El programa SPSS contiene opciones para situaciones de muestras independientes y relacionadas.

Elaboración de hipótesis

Desde luego, el primer paso para probar una hipótesis es que se elabore ésta. Como ya se señaló en capítulos anteriores, las hipótesis se elaboran no sólo antes de la recolección de datos, sino también como parte del plan de investigación. Las hipótesis le permiten al investigador hacer comparaciones entre dos grupos de encuestados y determinar si hay diferencias importantes entre esos grupos. Por ejemplo, si el número promedio de tazas de café consumidas por estudiantes mujeres al día durante los periodos de exámenes finales es de 6.1, y el número promedio de tazas de café consumidas por los hombres es 4.7, ¿es significativo este resultado?

Los grupos comparados en la elaboración de hipótesis pueden ser de dos encuestas diferentes o ser subconjuntos diferentes de la muestra total. En realidad, la investigación se lleva a cabo sobre el supuesto de que los dos grupos proceden potencialmente de poblaciones separadas.

Para ilustrar esto, consideremos el ramo de la comida rápida. Suponga que ha hecho usted investigación sobre clientela de restaurantes de comida rápida y ha encontrado que de las 1 000 personas encuestadas este año, 18% afirman visitar establecimientos de comida rápida por lo menos 15 veces al mes (en Estados Unidos éste es un porcentaje típico de usuarios asiduos de comida rápida). Pero en una encuesta efectuada el año pasado, sólo 12% dijeron ir a restaurantes de comida rápida por lo menos 15 veces al mes. En este ejemplo, las muestras son independientes. La pregunta es si la diferencia en el número de visitas por mes es significativa. Enunciado de otra manera: "¿El porcentaje de personas que comen en restaurantes de comida rápida 15 veces al mes aumentó de 12% el año pasado a 18% este año?"

La respuesta parece directa pero, como ya hemos señalado, algún tipo de error de muestreo podría haber distorsionado los resultados lo suficiente para que tal vez no haya diferencias reales entre el porcentaje de usuarios asiduos de restaurantes de comida rápida de este año y los del año pasado. Si la diferencia entre los porcentajes es muy grande, uno podría decir con confianza que de hecho hay una diferencia verdadera entre los grupos. No obstante, aún habría cierta incertidumbre en cuanto a si la diferencia tiene importancia. En este ejemplo, hemos contado intuitivamente como factor uno de los componentes más importantes para determinar si existen diferencias de importancia entre las medias aritméticas de muestra: la magnitud de la diferencia entre las medias aritméticas. Pero otro componente importante por considerar es el tamaño de la muestra utilizada para calcular las medias aritméticas.

Hipótesis nula Declaración que afirma el *statu quo*; esto es, que cualquier cambio de lo que se ha creído que es verdadero se debe a un error aleatorio de muestreo.

Hipótesis alternativa Declaración opuesta de la hipótesis nula; es decir, la diferencia existe en realidad y no se debe simplemente al error aleatorio.

En la elaboración de hipótesis, la **hipótesis nula** establece que no hay diferencia entre las medias aritméticas de grupo en la comparación. En este caso, la hipótesis nula declara que no hay diferencia entre el 12% que visitaron restaurantes de comida rápida 15 veces al mes en promedio el año pasado y el 18% que resultaron en este año. La hipótesis nula es la que siempre es puesta a prueba por especialistas en estadísticas e investigadores de mercado. Otra hipótesis, llamada **hipótesis alternativa**, declara que hay una verdadera diferencia entre las medias aritméticas de grupo. Si se acepta la hipótesis nula, no hay cambio en el *statu quo*; si se rechaza la hipótesis nula, aceptamos automáticamente la hipótesis alternativa y concluimos que sí ha habido un cambio en opiniones o acciones.

Una hipótesis nula se refiere a un parámetro de población, no a una estadística de muestra. Los datos mostrarán que hay una diferencia significativa entre los dos grupos (rechazo de la hipótesis nula) o que no hay una diferencia lo suficientemente grande entre los grupos para concluir que éstos son diferentes (no se rechaza la hipótesis nula). En el último caso, el investigador no sería capaz de detectar diferencias significativas entre los grupos. Es importante considerar que no rechazar la hipótesis nula no significa necesariamente que ésta sea verdadera. Esto es porque los datos de otra muestra de la misma población podrían producir resultados diferentes.

En la investigación de mercados, la hipótesis nula se elabora de tal manera que su rechazo conduce a una aceptación de la situación deseada. En otras palabras, la hipótesis alternativa representa la condición deseada. Utilizando las visitas a establecimientos de comida rápida como ejemplo, la hipótesis nula es que no hay diferencia entre los niveles de favor de la clientela de este año y del anterior. La hipótesis alternativa es que el favor de la clientela de comida rápida de este año es diferente del año anterior. Habitualmente, la hipótesis nula se anota H_0 y la hipótesis alternativa, H_1. Si se rechaza la hipótesis nula (H_0), se acepta la hipótesis alternativa (H_1). La hipótesis alternativa siempre ha de cargar con el peso de la prueba.

Las pequeñas empresas tienen que someter a prueba las hipótesis, así como lo hacen las grandes. Los programas SPSS y SAS pueden ayudarles para hacer esto, como se muestra en el cuadro *Implicaciones para la pequeña empresa*.

Significancia estadística

Siempre que un investigador de mercados extrae una inferencia relativa a una población, existe el riesgo de que esta inferencia sea incorrecta. Es decir, en investigación de mercados nunca se puede evitar por completo el error. Por esto, la prueba que el investigador de mercados hace para decidir si rechaza o no la hipótesis nula puede producir resultados incorrectos.

Hay dos tipos de error asociados con la prueba de hipótesis de los que el investigador de mercado necesita estar al tanto cuando forme conclusiones basadas en el análisis de datos. Al primer tipo de error se le denomina tipo I. El **error de tipo I** se asocia con el rechazo de hipótesis nula y la aceptación de la hipótesis alternativa en error. Este tipo de error, frecuentemente llamado alfa (α), se produce cuando los datos de la muestra llevan al rechazo de una hipótesis nula que de hecho es verdadera. A la probabilidad de tal error se le llama **nivel de significancia**, el cual es equivalente al grado de riesgo, relativo a la exactitud de la prueba, que el investigador está dispuesto a aceptar. En otras palabras, el nivel de significancia es la probabilidad de que el rechazo de la hipótesis nula sea un error. Por lo común, los investigadores de mercado aceptan un nivel de significancia de .10, .05 o .01, dependiendo de los objetivos de investigación. Esto quiere decir que el investigador está dispuesto a aceptar cierto riesgo de rechazo incorrecto de la hipótesis nula, pero que el nivel de riesgo está preespecificado.

Error de tipo I Error cometido por rechazo de la hipótesis nula cuando ésta es cierta; probabilidad de alfa.

Nivel de significancia Grado de riesgo relativo a la exactitud de la prueba, que el investigador está dispuesto a aceptar.

Error de tipo II Error de no alcanzar a rechazar la hipótesis nula cuando la hipótesis alternativa es cierta; probabilidad de beta.

El segundo tipo de error, denominado **error de tipo II**, es el que se produce cuando los datos de muestra dan resultados que no logran rechazar la hipótesis nula cuando de hecho ésta es falsa y debe ser rechazada. Al error de tipo II se le suele llamar beta (β). A diferencia de α, que es especificado por el investigador, β depende del parámetro de población real.

El tamaño de la muestra puede ayudar a controlar los errores tipo I y tipo II. En general, el investigador elegirá una α y el tamaño de la muestra para aumentar el poder de la prueba y de β. Sin embargo, en algunas situaciones de investigación, el investigador tal vez quiera manejar el tipo de riesgo (α y β) para tratar de lograr los mejores resultados. Por caso, si se está probando un nuevo medicamento con efectos colaterales potencialmente serios, el investigador querría probablemente minimizar el error α para reducir al mínimo la probabilidad de llegar a una conclusión de que el medicamento sea eficaz (esto es, a rechazar la hipótesis nula) cuando de hecho el medicamento no es bueno.

Análisis de relaciones de datos de muestra

Una vez que el investigador ha armado las hipótesis y calculado las medias aritméticas de los grupos, el siguiente paso es analizar realmente las relaciones de los datos de muestra. En esta sección trataremos los métodos usados para probar las hipótesis. Presentaremos la distribución *t* y describiremos su función para probar hipótesis. Esto requiere un repaso de cierta terminología estadística básica.

Estadísticas de muestra y parámetros de población

El propósito de las estadísticas inferenciales es hacer una determinación acerca de la población sobre la base de una muestra de esa población. Como se explicó en el capítulo 11, una *muestra* es un subconjunto de todos los elementos dentro de la población. Por ejemplo, si deseáramos determinar el número promedio de tazas de café consumidas por día durante los periodos de exámenes finales en su universidad, no entrevistaríamos a todos los estudiantes. Esto sería costoso, tomaría largo tiempo y tal vez fuera imposible, pues quizá no podríamos encontrarlos a todos o algunos declinarían participar. En lugar de esto, si hay 16 000 estudiantes en su universidad, podemos decidir que una muestra de 200 mujeres y 200 hombres es

La investigación de cerca

Implicaciones para la pequeña empresa

Los propietarios y administradores de pequeñas empresas pueden utilizar la información de los sitios web de SPSS y SAS para diversos propósitos de investigación de mercados. Los sitios proporcionan un fondo de información que puede llevar a la generación de ideas acerca de oportunidades de investigación de mercado. (Consulte el artículo de apertura del capítulo para ver sus direcciones.)

En muchas pequeñas empresas, los propietarios y administradores disponen de capacidad estadística limitada en términos de aplicación de computadora. Los programas SPSS y SAS ofrecen una variedad de sugerencias de cómo pueden los propietarios de pequeñas empresas usar el análisis estadístico en beneficio de sus negocios. Los ejemplos incluyen el descubrimiento de tendencias en un mercado de nicho (o nicho de mercado, como también se le llama) particular, la identificación de alejados potenciales (compañías que no siguen el camino estándar en ese mercado particular), las representaciones gráficas de todos los participantes de mercado (lo cual permite la fácil comparación visual de los competidores), y muchas técnicas adicionales. Con esta tecnología, los propietarios de pequeñas empresas pueden construir avanzadas redes estadísticas dentro de la organización de cada una al ritmo de un pequeño paso a la vez.

suficientemente grande para proveer información precisa acerca de los hábitos de ingestión de café de los 16 000 habitantes.

Las *estadísticas de la muestra* son medidas que se obtienen directamente de la muestra o se calculan con los datos de ésta. Un *parámetro de población* es una variable o alguna especie de característica medida de la población entera. Las estadísticas de muestra son útiles para hacer inferencias relativas a los parámetros de la población. En general, se desconocen los parámetros reales de la población, pues el costo de realizar un verdadero censo de casi cualquier población es prohibitivo.

Por lo común, para resumir los resultados del proceso de recolección de datos se utiliza una distribución de frecuencia que exhibe los datos obtenidos de la muestra. Cuando una distribución de frecuencia exhibe una variable en términos de porcentajes, esta distribución representa proporciones dentro de una población. Por ejemplo, una distribución de frecuencia que muestra que 40% de la gente favorece a Burger King indica el porcentaje de la población que satisface el criterio (comer en Burger King). La proporción puede expresarse como un porcentaje, un valor decimal o una fracción.

Pruebas de significancia univariadas

En muchas situaciones un investigador de mercados elaborará hipótesis relativas a las medias aritméticas de población basadas en datos de muestra. Esto implica ir más allá de las simples tabulaciones incorporadas en una distribución de frecuencia y en el cálculo de promedios. En estos casos el investigador puede efectuar pruebas de significancia univariadas, las cuales consisten en la prueba de hipótesis utilizando una variable por vez.

Ejemplo de una hipótesis univariada

Suponga que un investigador de mercados ha convenido en ayudar a la administración de Deli Depot a determinar si los clientes piensan que el precio de los platillos de un menú es competitivo. Los encuestados han contestado a esta pregunta utilizando una escala de 10 puntos, en la que 1 = "no competitivo" y 10 = "muy competitivo". Se supone que la escala es de intervalo, y la investigación previa en que se ha utilizado esta medida ha demostrado que las respuestas se distribuyen en forma casi normal.

El investigador tiene que llevar a cabo un par de tareas antes de tratar de responder a la pregunta planteada antes. Primero, se tienen que elaborar las hipótesis a comparar (hipótesis nula y alternativa), luego se debe elegir el nivel de significancia para rechazar la hipótesis nula y aceptar la alternativa. En ese punto, el investigador puede efectuar la prueba estadística y determinar la respuesta a la pregunta de investigación.

En este ejemplo, la administración piensa que los clientes consideran que los precios de la comida en Deli Depot son promedio. Esto significa que las respuestas a la pregunta sobre precios competitivos tendrá una media aritmética de 5.5 (aproximadamente la mitad del camino entre 1 y 10 en la escala de respuesta). La hipótesis nula de X2-Precios competitivos no será significativamente diferente de 5.5. Recuerde que la hipótesis nula afirma el *statu quo*: cualquier diferencia de lo que se cree que es cierto se debe al muestreo aleatorio. La hipótesis alternativa es que la media aritmética de las respuestas a X2-Precios competitivos no será 5.5: hay de hecho una diferencia verdadera entre la media aritmética de muestra que obtuvimos como resultado y la media aritmética que creemos que es (5.5).

Suponga asimismo que la administración quiere estar 95% segura de que la media aritmética no es 5.5. En consecuencia, el nivel de significancia se pondrá en .05. Utilizar este nivel de significancia quiere decir que, si la encuesta de clientes de Deli Depot se realiza muchas veces, la probabilidad de rechazar incorrectamente la hipótesis nula cuando es verdadera ocurriría menos de 5 veces en cada 100 (.05).

Prueba *t* Prueba de hipótesis en la que se utiliza la distribución *t*; se emplea cuando el tamaño de la muestra es menor de 30 y se desconoce la desviación estándar.

La fórmula para efectuar una **prueba *t*** está disponible en el sitio web. Esta prueba se usa con frecuencia en situaciones en las que el tamaño de muestra es pequeño y la desviación estándar de la población se desconoce. Aunque también se usa una estadística de prueba

Prueba *z* Procedimiento de prueba de hipótesis en el que se utiliza la distribución *z*; se emplea cuando el tamaño de la muestra es menor de 30 y se desconoce la desviación estándar.

alternativa, la **prueba** *z* (cuando los tamaños de muestra son mayores, esto es, más de 30), en la práctica la prueba *t* es la que se utiliza con más frecuencia.

Con la ayuda del programa de estadística del SPSS, usted puede probar las respuestas en la base de datos Deli Depot para encontrar la respuesta a la pregunta planteada anteriormente. La secuencia de ejecución por clics es ANALYZE → COMPARE MEANS → ONE-SAMPLE T-TEST (analizar → comparar medias aritméticas → prueba *t* de una sola muestra). Cuando llegue al cuadro de diálogo, haga clic en X2-Precios competitivos para resaltarlos. Luego cliquee en la flecha para trasladar X2 al cuadro de Test Variables (variables de prueba). En el cuadro titulado Test Value (Valor de prueba) introduzca el número 5.5. Éste es el número con el que usted quiere comparar las respuestas de los encuestados. Haga clic en el cuadro Options (opciones) e introduzca 95 en el cuadro de Confidence (confianza). Esto es lo mismo que poner el nivel de significancia en .05. Luego cliquee en el botón Continue (continuar) y en OK (aceptar) para ejecutar el programa.

La primera tabla se titula One-Sample Statistics (Estadísticas de una muestra) y muestra la media aritmética, la desviación estándar y el error estándar de X2-Precio competitivo (una media aritmética de 2.22 y una desviación estándar de 1.15). La tabla de One-Sample Test (Prueba de una muestra) deja ver los resultados de la prueba *t* de la hipótesis nula de que la respuesta promedio a X2 es 5.5. La estadística de la prueba *t* es –20.203 y el nivel de significancia es .000. Esto significa que se puede rechazar la hipótesis nula y aceptar la hipótesis alternativa con un alto nivel de confianza.

Desde un punto de vista práctico, en términos del Deli Depot, los resultados de la prueba de hipótesis univariada significan que los precios de los platillos del menú no eran competitivos. ¡En realidad, la respuesta promedio está más cerca del punto ancla en la escala (1 = no competitivo) que lo está el punto medio de la escala! El administrador de Deli Depot tiene ahora información que puede utilizar para tomar decisiones acerca del nivel de precios en el Deli Depot.

Estadísticas de una muestra

	N	Media aritmética	Desviación estándar	Media aritmética de error estándar
X2-Precio competitivo	50	2.22	1.15	.16

Prueba de una muestra

	Valor de prueba = 5.5					
					Intervalo de confianza de 95% de la diferencia	
	t	df	Sig. (2-colas)	Diferencia de media aritmética	Inferior	Superior
X2-Precio competitivo	−20.203	49	.000	−3.28	−3.61	−2.95

Pruebas de hipótesis bivariadas

En muchos casos, el investigador de mercado querrá probar hipótesis que comparan la media aritmética de un grupo con la de otro. Por ejemplo, el investigador de mercados puede estar interesado en determinar si hay alguna diferencia entre compradores de mayor o menor edad de autos nuevos en términos de la importancia de un reproductor de CD. En situaciones en que interviene más de un grupo, se necesitan pruebas bivariadas. En la sección siguiente describimos dos pruebas de hipótesis bivariadas: la prueba *t* (para comparar dos medias aritméticas) y el análisis de varianza (un método para comparar tres o más medias aritméticas de grupo).

En casi todos los casos, la hipótesis nula es que no hay diferencia entre las medias aritméticas de grupo. Esta hipótesis nula se enuncia específicamente como sigue:

$$\mu_1 = \mu_2 \text{ o que } \mu_1 - \mu_2 = 0$$

Uso de la prueba *t* para comparar dos medias aritméticas

Justo igual que la prueba *t* univariada, la prueba *t* bivariada requiere datos de intervalo o de razón matemática. Asimismo, la prueba *t* es especialmente útil cuando el tamaño de muestra es pequeño ($n < 30$) y cuando se desconoce la desviación estándar de la población. Sin embargo, a diferencia de la prueba univariada, suponemos que las muestras se toman de poblaciones con distribución normal y que las varianzas de la población son iguales.

En esencia, la prueba *t* de diferencias entre medias aritméticas de grupo se puede conceptuar como la diferencia entre las medias aritméticas dividida entre la variabilidad de las medias aritméticas aleatorias. El valor *t* es una razón matemática de la diferencia entre las dos medias aritméticas de muestra y el error estándar. La prueba *t* trata de proporcionar una forma racional de determinar si la diferencia entre las dos medias aritméticas de muestra se produjo al azar. La fórmula para calcular el valor *t* está en el sitio web.

Para ilustrar el uso de una prueba *t* para encontrar la diferencia entre dos medias aritméticas de grupo, volvamos a la base de datos de Deli Depot. La administración de Deli Depot quiere ver si hay diferencias en el nivel de satisfacción entre clientes hombres y mujeres. Para hacer esto podemos utilizar el programa Compare Means (Comparar medias aritméticas) de SPSS. La secuencia de ejecución por clics es STATISTICS → COMPARE MEANS → INDEPENDENT-SAMPLES → T-TEST (estadísticas → comparar medias aritméticas → muestras independientes → prueba *t*). Cuando llegue a este cuadro de diálogo, cliquee la variable X9-Satisfacción en el cuadro de Test Variables (variables de prueba) y la variable X7-Sexo en el cuadro Grouping Variable Box (cuadro de variables de agrupación). Para la variable X7 tiene usted que definir el rango en el cuadro de Define Groups (definir grupos). Introduzca un 1 para el Grupo 1 y un 0 para el Grupo 2 (a los hombres se les dio código 1 en la base de datos y a las mujeres código 0) y luego haga clic en Continue (continuar). Para las Options (opciones) usaremos los defaults (predeterminados o defaults), así que sólo cliquee en OK (aceptar) para ejecutar el programa. La primera tabla que verá le muestra las Group Statistics (estadísticas de grupo). Note que se entrevistó a 30 clientas y 20 clientes. De igual manera, el nivel de satisfacción de media aritmética de las mujeres estuvo un poco más alto en 5.07 que el 4.35 de los clientes varones. No obstante, la desviación estándar de las mujeres fue algo menor (.78) que la de los hombres (1.04).

No sabemos si las dos medias aritméticas son significativamente diferentes, pero podemos averiguarlo viendo la información en la tabla de Independent Samples Test (prueba de muestras independientes). Vea la información en la columna titulada Sig. (2-tailed) [Significancia (2 colas)] y notará que las dos medias aritméticas son significativamente diferentes (< .05), ya sea que supongamos varianzas iguales o desiguales. En consecuencia, las clientas quedan más satisfechas que los clientes varones. Hay otra información en esta tabla, pero no necesitamos ocuparnos de ella en este momento. Sin embargo, como investigador usted tiene que interpretar siempre con cautela los resultados estadísticos antes de arribar a conclusiones. En la figura 16.6 se ofrece un ejemplo de por qué se necesita ser tan cauto.

Estadísticas de grupo

Género	*N*	Media aritmética	Desviación estándar	Media aritmética de error estándar
Nivel de satisfacción				
Masculino	20	4.35	1.04	.23
Femenino	30	5.07	.78	.14

Prueba de muestras independientes

	Prueba de Levene para verificar igualdad de varianzas		Prueba *t* para verificar igualdad de medios					Intervalo de 95% de confianza de la media aritmética	
	F	Sig.	*t*	df	Sig. (2-colas)	Diferencia de media aritmética	Diferencia de error estándar	Inferior	Superior
Nivel de satisfacción									
Varianzas iguales supuestas	3.415	.071	−2.775	48	.008	−.72	.26	−1.24	−.20
Varianzas iguales no supuestas			−2.624	33.048	.013	−.72	.27	−1.27	−.16

Análisis de varianza (ANOVA)

Análisis de varianza (ANOVA) Técnica estadística que determina si tres o más medias aritméticas son estadísticamente diferentes una de otra.

El **análisis de varianza (ANOVA**: analysis of variance) se usa para determinar la diferencia estadística entre tres o más medias aritméticas. Por ejemplo, si en una muestra resulta que el número promedio de tazas de café consumidas al día por alumno de nuevo ingreso durante los periodos de exámenes finales es de 3.7, mientras que el número promedio de tazas de café consumidas al día por estudiantes veteranos y graduados es de 4.3 y 5.1 tazas respectivamente, ¿son estadísticamente significativas estas diferencias observadas? La capacidad para hacer tales comparaciones puede ser bastante útil para el investigador de mercado.

Aunque el nombre ANOVA puede ser desconcertante para muchos estudiantes, la técnica es en realidad bastante directa. En esta sección describiremos un ANOVA unidireccional. Se usa el término *unidireccional* puesto que sólo hay una variable independiente. Se puede usar ANOVA en casos en que se consideran múltiples variables independientes, y esto le permite al analista estimar sus efectos individuales y conjuntos sobre la variable dependiente.

Se pueden analizar múltiples variables dependientes juntas usando un procedimiento relacionado al que se llama análisis multivariado de varianza (MANOVA: multivariate analysis of variance). El objetivo de MANOVA es idéntico al de ANOVA —examinar diferencias de grupo en las medias aritméticas—, salvo que las comparaciones se consideran para un grupo de variables dependientes. Al final de este capítulo se incluye una breve descripción de MANOVA.

Un ejemplo de un problema de ANOVA puede ser el de comparar a bebedores ligeros, medianos y fuertes de café Starbucks en su actitud hacia una campaña particular de publicidad de Starbucks. En este ejemplo hay una variable independiente (el consumo de café Starbucks), pero se divide en tres niveles diferentes. Nuestras estadísticas *t* anteriores no nos servirán aquí, pues tenemos más de dos grupos por comparar.

ANOVA requiere que la variable dependiente, en este caso la actitud hacia la campaña de publicidad de Starbucks, sea métrica. Esto es, la variable dependiente tiene que estar hecha a escala de intervalo o de razón matemática. Un segundo requisito de datos es que la variable independiente, para el caso la de consumo de café, sea categórica.

La hipótesis nula para ANOVA declara siempre que no hay diferencia entre las actitudes hacia la campaña de anuncios por parte de los grupos de bebedores de café Starbucks. En terminología específica, la hipótesis nula sería

$$\mu_1 = \mu_2 = \mu_3$$

La técnica ANOVA centra la atención en el comportamiento de la varianza dentro de un conjunto de datos. Si usted recuerda la explicación anterior de las medidas de dispersión, la varianza de una variable es igual a la desviación cuadrada promedio de la media aritmética de la variable. La lógica de la técnica ANOVA dice que si calculamos la varianza *entre* los grupos y la comparamos con la varianza *dentro* de cada grupo, podemos hacer una determinación racional de si las medias aritméticas (actitudes hacia la campaña de publicidad) son significativamente diferentes.[1]

FIGURA 16.6 **¡Atender a las dispersiones de puntos de encuesta de elecciones en lugar de concentrarse en los porcentajes puede llevar a confusiones!**

El informe preciso de resultados de investigación se considera tan importante que es objeto de atención específica en el *Marketing Research Code of Ethics* de la American Marketing Association. Sin embargo, la forma en que se reportan los resultados de la encuesta preelectoral pueden ser engañosos y dar origen a críticas sobre la investigación de encuesta de marketing. Una persona al menos, Thomas S. Gruca, profesor adjunto de marketing en University of Iowa, piensa que una fuente potencial de error en las encuestas electorales es el enfoque en la dispersión de puntos entre los candidatos. La investigación del profesor Gruca apoya la idea de que la dispersión de puntos entre los candidatos es un retrato dudoso de la investigación de encuesta.

El problema de la concentración en la dispersión de puntos surge del sector de votantes que se declaran indecisos en las llamadas encuestas electorales de ensayo de calentamiento. La investigación en los años 1980-1990 mostró un patrón interesante en la disposición de los votantes indecisos en reelecciones para un cargo ocupado. En un estudio de 155 encuestas principalmente de 1986 y 1988, se demostró que en la mayoría de los casos gran parte de los votantes indecisos parecían inclinarse por el nuevo candidato. Este descubrimiento, al que se dio el nombre de "regla del cargo ocupado", tiene importantes implicaciones para el análisis y la interpretación de los informes de encuestas electorales de ensayo de calentamiento.

Suponga que un ocupante de cargo enfrenta a un solo aspirante. Los resultados de la encuesta de ensayo de calentamiento muestran que 48% de los votantes están por el ocupante y 40%, por el aspirante, con un margen de error de 2%. Se podría informar de los resultados de tal encuesta como una delantera de 8 puntos para el ocupante, o se podrían dar los porcentajes. Aunque estos dos métodos de reporte puedan parecer equivalentes, no lo son.

Considere los siguientes ejemplos de elección real. En la carrera para gobernador de New Jersey de 1993 y la carrera para gobernador de Nueva York de 1994, los ocupantes de los cargos encabezaban las encuestas de preelección apenas días antes de las elecciones. Las encuestas fueron efectuadas por organizaciones de prestigio, como la Gallup Organization, *The New York Times*, Louis Harris and Associates, y otras. Ambos ocupantes perdieron.

En cada caso aparecieron artículos periodísticos que trataban de explicar los sorprendentes resultados en términos de tardíos ataques relámpago en los medios, vaivén de la actitud del votante y otros factores. No obstante, la razón real, de acuerdo con el profesor Gruca, era que el enfoque en la dispersión de puntos pasaba por alto lo obvio. Las encuestas pueden haber estado bien, pero suponer que la dispersión de puntos se mantendría hasta el día de las elecciones pasaba por alto la regla del ocupante del cargo.

En efecto, el enfoque sólo en la dispersión de puntos confunde a los lectores en diversas formas. Primero, los resultados de las elecciones reales serán probablemente más cerrados de lo que sugiere la encuesta porque el voto indeciso no se dispersará de igual manera. Cualquier ventaja del ocupante del cargo es probablemente menor de lo que parece. Atender sólo a la dispersión de puntos entre los candidatos encubre este fenómeno.

Segundo, los ocupantes de cargos que aventajan a un solo aspirante pero tienen una porción de menos de 50% del voto suelen acabar por perder las elecciones. Esto es resultado directo de que el oponente reciba la mayor parte de los sufragios de los votantes indecisos en la elección real. Tal parece que las probabilidades reales de que el ocupante del cargo gane realmente dependen de cuán adelante del 50% se encuentre y qué tan reñida esté la carrera.

Tercero, muchas encuestas que al principio parecen erradas pueden en realidad estar correctas. El problema está en la interpretación del voto indeciso. Dado el reconocimiento del nombre y otras ventajas de que gozan la mayoría de los ocupantes, el hecho de que un votante esté indeciso cerca del día de las elecciones no es necesariamente portador de buenas noticias.

El profesor Gruca sugiere que debe obrarse con cautela cuando se reportan resultados de encuesta preelectoral. Las encuestas pueden ser buenas para calibrar el apoyo a un ocupante, pero no lo son tanto para proyectar los resultados finales de la elección. El profesor Gruca cree que en toda relación de encuesta se debe incorporar un comentario sencillo acerca de la tendencia de los votantes indecisos a dar un viraje en favor del nuevo aspirante el día de las elecciones.

Fuente: Basado en Thomas S. Gruca, "Reporting Poll Results: Focusing on Point Spreads Instead of Percentages Can Be Misleading", *Marketing Research* (cuarto trimestre de 1996), pp. 29 y ss.

Determinación de la significancia estadística en ANOVA

Prueba *F* Prueba para evaluar estadísticamente las diferencias entre las medias aritméticas de grupo en ANOVA.

En ANOVA, la **prueba *F*** se usa para evaluar estadísticamente las diferencias entre las medias aritméticas de grupo. Por ejemplo, suponga que los usuarios fuertes de café Starbucks califican la campaña publicitaria con 4.4 en una escala de 5 puntos, en la que 5 = Muy favorable. Los usuarios medianos de café Starbucks califican la campaña con 3.9, y los ligeros con 2.5. La prueba *F* nos dice si estas diferencias observadas son significativas.

La varianza total en un conjunto de respuestas a una pregunta se puede separar en varianza entre grupos y varianza dentro de cada grupo. La distribución *F* es la razón matemática de estos dos componentes de varianza total y se puede calcular como sigue:

$$F = \frac{\text{Varianza entre grupos}}{\text{Varianza dentro de los grupos}}$$

Cuanto mayor es la diferencia en la varianza entre grupos, mayor es la razón matemática F. Puesto que la varianza total en un conjunto de datos es divisible en sus formas entre los componentes y dentro de éstos, si hay más varianza explicada al considerarla entre grupos que la que hay dentro de éstos, entonces la variable independiente probablemente tiene un impacto significativo en la variable dependiente. Razones matemáticas F mayores implican diferencias significativas entre los grupos. Cuanto mayor es la razón matemática F, más probabilidades hay de que se rechace la hipótesis nula.

Sin embargo, ANOVA sólo puede decirle al investigador que hay diferencias estadísticas en alguna parte entre las medias aritméticas de grupo; esta técnica no puede identificar qué pares de medias aritméticas tienen una diferencia significativa entre éstas. En nuestro ejemplo de actitudes hacia la campaña publicitaria entre bebedores de café Starbucks, podríamos concluir que las diferencias en esas actitudes existen entre bebedores de café ligeros, medianos y fuertes, pero no podríamos determinar si se dan entre los ligeros y los medianos, o entre los ligeros y los fuertes, o entre los medianos y los fuertes, etcétera. Seríamos capaces sólo de decir que hay diferencias significativas en algún punto entre los grupos. De tal suerte, el investigador de mercado aún se ve ante la tarea de determinar dónde están las diferencias de medias aritméticas. Para este propósito precisamente se diseñaron pruebas de seguimiento.

Prueba de seguimiento Prueba que señala las medias aritméticas que son estadísticamente diferentes una de otra; las pruebas de seguimiento se llevan a cabo después de que un ANOVA determina que hay diferencias entre medias aritméticas.

Hay varias **pruebas de seguimiento** disponibles en paquetes de software estadístico como SPSS y SAS, incluidas las pruebas de comparación de Tukey, Duncan y Dunn. Todos estos métodos consisten en comparaciones múltiples, o en evaluación simultánea de estimados de intervalo de confianza de las diferencias entre las medias aritméticas. Todas las medias aritméticas se comparan dos a la vez. Las diferencias entre las técnicas radican en su capacidad de controlar la tasa de error. En este libro, describiremos brevemente el procedimiento de Scheffé. En relación con las otras pruebas de seguimiento mencionadas, el procedimiento de Scheffé es un método conservador para detectar diferencias significativas entre las medias aritméticas de grupos.

La prueba de seguimiento de Scheffé establece esencialmente intervalos de confianza simultáneos, que mantienen la tasa de error del experimento entero en un nivel especificado. La prueba expone diferencias entre todos los pares de medias aritméticas para un rango de intervalo de confianza alto y bajo. Si la diferencia entre las medias aritméticas de cada par cae fuera del rango del intervalo de confianza, rechazamos la hipótesis nula y concluimos que los pares de medias aritméticas que caen fuera del rango contienen diferencias estadísticas. La prueba de Scheffé podría demostrar que uno, dos o tres pares de medias aritméticas en nuestro ejemplo de Starbucks contienen diferencias. La prueba de Scheffé es equivalente a las pruebas de hipótesis de dos colas simultáneas, y la técnica mantiene el nivel especificado de significancia del análisis. Como la técnica mantiene la tasa de error experimental en α, los intervalos de confianza tienden a ser más amplios que en los otros métodos, pero el investigador tiene más seguridad de que existen verdaderas diferencias de medias aritméticas.

ANOVA de modo *n*

La explicación entera de ANOVA hasta este punto se ha dedicado a ANOVA unidireccional. En ANOVA unidireccional hay sólo una variable independiente. En los ejemplos precedentes, la categoría de forma de uso (consumo de café Starbucks) fue la variable independiente. Sin embargo, no es del todo raro que el investigador se interese en diversas variables independientes a la vez. En tal caso se usaría ANOVA de modos n o n direcciones.

Con todo, es frecuente que el investigador de mercados se interese por la región del país en la que se vende un producto, así como por los patrones de consumo. El uso de factores independientes múltiples permite un efecto de interacción, o los efectos de los diversos factores independientes que actúan en concierto para afectar a las medias aritméticas de grupo. Por ejemplo, los consumidores fuertes de café Starbucks en el noreste pueden tener actitudes diferentes sobre las campañas publicitarias de las que tienen los consumidores fuertes de este producto en el oeste, y aun puede haber más diferencias entre los diversos grupos de nivel de consumo de café, como ya se indicó.

Otra situación que puede requerir el empleo de ANOVA de *n* modos es el uso de diseños experimentales, en los que el investigador provee diferentes grupos en una mezcla con información distinta para ver cómo cambian sus respuestas. Por ejemplo, un comercializador puede estar interesado en indagar si los consumidores prefieren un anuncio humorístico a uno serio, y si esa preferencia varía de un sexo al otro. Cada tipo de anuncio podría mostrarse a diferentes grupos de clientes (tanto hombres como mujeres). Luego se les podrían hacer preguntas sobre sus preferencias de anuncio y acerca del producto que se promueve. La diferencia principal entre los grupos sería la de ejecución del anuncio (estilo humorístico o no humorístico) y el sexo del cliente. Podría utilizarse un ANOVA de *n* modos para averiguar si las diferencias en ejecución del anuncio contribuirían a ocasionar distinciones en las preferencias de anuncio y de producto, así como qué efectos podrían ser atribuibles al sexo del cliente.

Desde el punto de vista conceptual, ANOVA de *n* modos es muy semejante al ANOVA unidireccional, pero las matemáticas son más complejas. Sin embargo, los programas estadísticos, como el SPSS, permiten que el investigador de mercado realice de manera conveniente el ANOVA de *n* modos.

Aplicación del SPSS: ANOVA

Para ayudarle a usted a entender mejor las ideas básicas comprendidas en la aplicación de las técnicas de ANOVA para responder a preguntas de investigación, usaremos la base de datos de Deli Depot para contestar a una pregunta característica. La administración de Deli Depot quiere saber si los clientes que acuden al restaurante desde mayores distancias difieren de los que viven cerca en disposición a recomendar el restaurante a un amigo. Segundo, los administradores tal vez quieran saber también si en esa diferencia en disposición, en caso de haberla, influye el sexo de los clientes.

Las variables de la base de datos son X8-Recomendarlo a un amigo, medida en una escala de 7 puntos, en la que 1 = "Definitivamente no lo recomendaría" y 7 = "Definitivamente sí lo recomendaría"; X11-Área de mercado, en la que 1 = "Venido de un radio de 1.6 km", 2 = "Venido de un radio de 1.6 a 3.2 km" y 3 = "Venido de un radio de más de 3.2 km"; y X7-Sexo, en la que 1 = Hombre y 0 = Mujer.

Sobre la base de comentarios informales de los clientes, la administración de Deli Depot cree que es más probable que los clientes que vienen de más de 3.2 km recomienden el restaurante a amigos, y que las clientas recomendarán más probablemente el Deli a un amigo que los clientes varones. Las hipótesis nulas serían que la media aritmética de puntuaciones de probabilidad de recomendación no serían distintas entre clientes que recorren diferentes distancias para llegar al Deli y que no habrá diversidad entre la disposición de clientes hombres y mujeres en cuanto a recomendar el restaurante.

El SPSS puede ayudarle a efectuar el análisis estadístico para probar estas hipótesis nulas. La mejor forma de analizar los datos de Deli Depot para responder a las preguntas del administrador es usar un *modelo factorial*. Éste es un tipo de ANOVA en el que los efectos individuales de cada variable independiente sobre la variable dependiente se consideran por separado y luego se analizan los efectos combinados (una interacción) de las variables independientes sobre la variable dependiente. La secuencia de ejecución por clics es ANALYZE → GENERAL LINEAR MODEL → UNIVARIATE (analizar → modelo lineal general → univariado). Resalte la variable dependiente X8-Recomendarlo a un amigo haciendo clic en ella y trasládela al cuadro de Dependent Variable (variable dependiente). A continuación, resalte X11-Distance Driven (distancia conducida) y X7-Gender (sexo), y trasládelas al cuadro Fixed Factors (factores fijos). Haga clic en OK (aceptar), ya que no necesitamos especificar opción alguna para esta prueba.

Bajo el encabezado de ANOVA en la página de salida de SPSS, el primer cuadro exhibe el número de casos utilizados en el análisis. El segundo cuadro muestra los resultados del programa ANOVA. La variable dependiente Recomendarlo a un amigo aparece primero en lista, en seguida de la sección de Main Effects (efectos principales) de la tabla. Las hipótesis nulas eran que no habría diferencia entre las puntuaciones de media aritmética en X8-Recomendarlo a un amigo para los clientes que viajaron diferentes distancias para llegar a un restaurante (X11) ni en X8-Recomendarlo a un amigo entre mujeres y hombres (X7). El propósito del análisis de ANOVA es ver si las diferencias que sí existen son lo bastante grandes para ser estadísticamente diferentes.

Para determinar el tamaño de la media aritmética de las diferencias para cada comparación de variable independiente se usa una razón matemática *F*. La fórmula de la razón matemática *F* se muestra en el sitio web. Como ya se analizó, el enfoque utilizado en ANOVA compara la varianza de la gran media aritmética *entre* grupos con la varianza *dentro* de los grupos. En este caso, éstos son los tres grupos de encuestados que viajaron menos de 1.6 km de distancia, de 1.6 a 4.8 km o más de 4.8 km para llegar a Deli Depot. Cuanto mayor es la razón matemática *F*, mayor es también la diferencia entre las medias aritméticas de los diversos grupos respecto de su probabilidad de recomendar el restaurante a un amigo. La tabla de Tests of Between-Subjects Effects (Pruebas de efectos entre sujetos) muestra que la razón matemática *F* para X11-Distance Driven (distancia conducida) es 11.902, lo cual es estadísticamente significativo al nivel .000. Esto significa que hay mayor probabilidad de que los clientes que viven más lejos recomienden Deli Depot a un amigo.

Factores entre sujetos

		Etiqueta de valor	N
Distancia conducida	1		22
	2		20
	3		8
Sexo	0	Mujer	30
	1	Hombre	20

Pruebas de efectos[a] entre sujetos

Fuente	Suma de cuadrados de tipo III	df	Cuadrado de media aritmética	F	Sig.
Modelo corregido	20.727[b]	5	4.145	6.974	.000
Intercepción	556.335	1	556.335	935.995	.000
X11	14.149	2	7.074	11.902	.000
X7	2.195E-02	1	2.195E-02	.037	.848
X11 * X7	.723	2	.361	.608	.549
Error	26.153	44	.594		
Total	1 142.000	50			
Total corregido	46.880	49			

[a] Variable dependiente: Recomendarlo a un amigo

[b] R-cuadrada = .442 (R-cuadrada ajustada = .379).

Para verificar las diferencias en las medias aritméticas de Recomendarlo a un amigo en cuanto a la distancia conducida para llegar a Deli Depot, utilice la secuencia de ejecución por clics ANALYZE → COMPARE MEANS → MEANS (analizar → comparar medias aritméticas → medias aritméticas). Resalte la variable dependiente X8-Recomendarlo a un amigo haciendo clic en ella y trasládela al cuadro de Dependent List (lista de dependientes). A continuación, resalte X11-Distancia recorrida y trasládela a la Independent List (lista de independientes). Luego haga clic en OK (aceptar). Vea la tabla de Report (reporte o informe) bajo el encabezado de Mean (media aritmética) en la salida de SPSS y verá que la probabilidad promedio de recomendar Deli Depot a un amigo aumenta a medida que la Distance Driven (distancia conducida) crece. Para abreviar, los clientes que viven dentro de un radio de 1.6 km del Deli Depot muestran una probabilidad promedio de recomendarlo de 4.0, en comparación con la probabilidad promedio de 5.5 de los clientes que viven a más de 4.8 km de distancia.

La segunda comparación de efectos principales fue la de si hay una diferencia en la probabilidad de recomendar Deli Depot. La razón matemática *F* por sexo es muy pequeña (.037) y no es estadísticamente significativa (.848). En este caso, no se puede rechazar la hipótesis nula. Por consiguiente, no hay diferencia en la probabilidad promedio de que los clientes hombres y mujeres recomienden Deli Depot a amigos. La comparación de la interacción entre la distancia recorrida y el sexo tiene una razón matemática *F* de .608, con un nivel de probabilidad de .549, lo cual significa que la diferencia en la probabilidad de recomendación cuando ambas variables independientes se consideran juntas es muy pequeña. No se puede rechazar la hipótesis nula de la inexistencia de diferencia. Esto significa que la influencia de la distancia recorrida sobre la probabilidad de recomendar Deli Depot es esencialmente la misma para clientes hombres y mujeres.

Reporte[a]

Distancia conducida	Media aritmética	*N*	Desviación estándar
1	4.00	22	.82
2	5.10	20	.79
3	5.50	8	.53
Total	4.68	50	.98

[a] Variable dependiente: Recomendarlo a un amigo.

IDEAS MUNDIALES

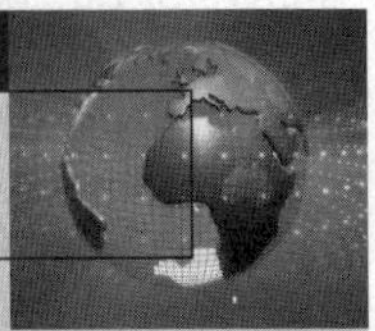

Best Western

Best Western es la mayor cadena hotelera del mundo, con unos 3 300 hoteles de su propiedad en forma independiente. Empleando la investigación de mercado, Best Western ha podido identificar sus segmentos de mercado. La cadena hotelera ha descubierto que los viajeros de negocios tienden a evitar líneas desconocidas y menos caras de hoteles en favor de firmas de calidad uniforme, como Best Western. La primera tabla que se presenta aquí muestra la composición del mercado hotelero mundial, y la segunda presenta el origen de los negocios (nacional o extranjero) por región del mundo.

Utilizando la investigación de mercados para descubrir hechos acerca de sus segmentos de mercado como los mencionados, Best Western ha podido concentrar su estrategia de marketing en los viajeros de negocios. Además, la cadena hotelera hace énfasis en los negocios nacionales en Norteamérica; se concentra en negocios nacionales y extranjeros en Europa, y se fija como meta los negocios extranjeros en África, Asia, Australia y el Medio Oriente.

Composición del mercado hotelero mundial

Grupo de segmento de mercado	Porcentaje del mercado total
Viajeros de negocios	36.0%
Viajeros individuales	24.5
Grupos de *tours*	13.5
Participantes de convenciones	12.7
Otros grupos	9.2
Funcionarios gubernamentales	4.1

Composición del mercado del viajero de negocios

Origen de los negocios	Mundial	África/ Medio Oriente	Asia/ Australia	América del Norte	Europa
Nacional	50.7%	24.6%	35.0%	84.6%	47.3%
Extranjero	49.3	75.4	65.0	15.4	52.7
Total	100.0	100.0	100.0	100.0	100.0

Fuentes: "Hotel Chains Capitalize on International Travel Market", *Hotels and Restaurants International* (junio de 1989), pp. 81s-86s; y "Target Marketing Points to Worldwide Success", *Hotels and Restaurants International* (junio de 1989), p. 87s.

MANOVA

Anteriormente se mencionó en este capítulo una técnica relacionada con todo esto: MANOVA. Ésta se diseñó para examinar variables dependientes múltiples a través de variables independientes solas o múltiples. La técnica considera las diferencias de media aritmética de un grupo de medidas dependientes. Por ejemplo, un investigador podría tener que medir el uso que dan los clientes a varios tipos de productos relacionados, como pelotas de golf, zapatos para este deporte, los bastones respectivos y ropa para el efecto. Como el uso de uno de estos tipos de productos se relaciona probablemente con el uso de los otros, MANOVA sería una buena elección para examinar el efecto de las variables independientes, como los ingresos o el sexo, en el uso del grupo entero de productos relacionados con el golf. Los cálculos estadísticos del MANOVA son similares a los de ANOVA de *n* modos y es característico que se incluyan en los paquetes de software estadístico (como el SAS y el SPSS) ya mencionados.[2]

Las técnicas estadísticas se usan globalmente, así como en Estados Unidos: el cuadro de Global Insights (Ideas mundiales) explica la forma en que se hace esto.

Resumen de objetivos de aprendizaje

Entender la media aritmética, la mediana y el modo como medidas de tendencia central.

La media aritmética es la medida de tendencia central que se usa más comúnmente y describe el promedio aritmético de los valores en una muestra de datos. La mediana representa el valor medio de un conjunto ordenado de valores. El modo es el valor que ocurre con más frecuencia en una distribución de valores. Todas estas medidas describen el centro de la distribución de un conjunto de valores.

Comprender el rango y la desviación estándar de una distribución de frecuencia como medidas de dispersión.

El rango define el esparcimiento de los datos. Es la distancia entre los valores más pequeños y mayores de la distribución. La desviación estándar describe la distancia promedio que separa a los valores de la distribución de la media aritmética. Una gran desviación estándar indica una distribución en la que los valores individuales están dispersos hacia fuera y se hallan relativamente lejos de la media aritmética.

Entender cómo se grafican las medidas de tendencia central.

La distribución de los números se puede ilustrar con diferentes tipos de gráficas. Los histogramas y las gráficas de barras exhiben los datos en barras horizontales o verticales. Las gráficas de línea son buena elección para comunicar tendencias en los datos, mientras que las gráficas de pastel o circulares son muy adecuadas para ilustrar proporciones relativas.

Comprender la diferencia entre las muestras independiente y relacionada.

En las muestras independientes los encuestados provienen de poblaciones diferentes, así que sus respuestas a las preguntas de la encuesta no se afectan unas a otras. En las muestras relacionadas, el mismo encuestado responde a varias preguntas, de modo que para comparar respuestas a estas preguntas se tiene que aplicar una prueba *t* de muestras pareadas. Las preguntas acerca de las diferencias de media aritmética en las muestras independientes se pueden contestar aplicando una estadística de prueba *t* de estudiante.

Explicar la prueba de hipótesis y evaluar el error potencial en su uso.

Una hipótesis es una declaración acerca de un conjunto de datos, que es empíricamente susceptible de probarse, pero que aún no ha sido demostrada. Las hipótesis le permiten al investigador hacer comparaciones entre dos grupos de encuestados y determinar si hay diferencias importantes entre los grupos.

Las pruebas de hipótesis tienen dos tipos de error relacionados con su uso. El primer tipo de error (error de tipo I) es el riesgo de rechazar la hipótesis nula sobre la base de sus datos de muestra cuando en realidad es cierta para la población de la cual se tomaron los datos. El segundo tipo (error de tipo II) es el riesgo de no detectar una hipótesis nula falsa. El nivel de significancia estadística (alfa) asociado con una prueba estadística es la probabilidad de cometer un error de tipo I.

Entender las pruebas estadísticas univariada y bivariada.

Las estadísticas *t* son pruebas de valores de media aritmética que deben utilizarse cuando el tamaño de la muestra es pequeño (menor de 30) y la desviación estándar de la población se desconoce; las pruebas *t* son pruebas estadísticas de valores de media aritmética que conviene más aplicar cuando los tamaños de la muestra son mayores de 30 y la desviación estándar de la población es conocida. Ambas pruebas implican el uso de la media aritmética de la muestra, de un valor *t* o *z* seleccionado de la distribución respectiva y de la desviación estándar de la muestra o de la población.

Las pruebas de las diferencias entre los dos grupos requieren la aplicación de pruebas *t* para pequeñas muestras (de menos de 30) y desviaciones estándar de la población desconocidas. Para muestras mayores y desviaciones estándar de la población conocidas se puede usar la prueba *t* o la prueba *z*.

■ **Aplicar e interpretar los resultados de los métodos estadísticos ANOVA y ANOVA de modo *n*.**

Se emplea el ANOVA para determinar la significancia estadística de la diferencia entre dos o más medias aritméticas. Con la técnica ANOVA se calcula la varianza de los valores entre grupos de encuestados y se la compara con la varianza de las respuestas dentro de los grupos. Si la varianza entre grupos es significativamente mayor que la varianza dentro del grupo como lo indica la razón matemática *F*, las medias aritméticas son significativamente diferentes.

La significancia estadística entre medias aritméticas en el ANOVA se detecta por medio de una prueba de seguimiento. La prueba de Scheffé es un tipo de prueba de seguimiento. Esta prueba examina las diferencias entre todos los posibles pares de medias aritméticas de muestra contra un rango de confianza alto y bajo. Si la diferencia entre un par de medias aritméticas cae fuera del intervalo de confianza, las medias aritméticas se pueden considerar estadísticamente diferentes.

Términos y conceptos clave

Análisis de varianza (ANOVA) 542
Desviación estándar 534
Error de tipo I 537
Error de tipo II 537
Hipótesis 535
Hipótesis alternativa 537
Hipótesis nula 537
Media aritmética 531
Mediana 532
Moda 532
Muestras independientes 536
Muestras relacionadas 536
Nivel de significancia 537
Prueba de seguimiento 544
Prueba *F* 543
Prueba *t* 539
Prueba *z* 540
Rango 534
Varianza 534

Preguntas de repaso

1. ¿Por qué los enfoques gráficos de reporte de la investigación de mercados son mejores que el simple reporte de los números?
2. Explique la diferencia entre la media aritmética, la mediana y el modo.
3. ¿Por qué recurrimos a la prueba o verificación de las hipótesis?
4. ¿Por qué y cómo utilizaría usted las pruebas *t* y *z* en la prueba de hipótesis?
5. ¿Por qué y cuándo necesitaría usted aplicar el ANOVA en la investigación de mercados?
6. ¿Qué es lo que las pruebas de ANOVA no le dirán y cómo puede usted resolver este problema?

Preguntas de análisis

1. Las medidas de tendencia central tratadas en este capítulo se idearon para revelar información acerca del centro de una distribución de valores. Las medidas de dispersión nos informan del esparcimiento de todos los valores de una distribución en torno a los valores del centro. Suponga que está usted haciendo una encuesta de opinión sobre puntuaciones de aprobación de los votantes del desempeño en el cargo del gobernador de la ciudad en que usted vive. ¿Cree usted que al gobernador le interesarían más las medidas de tendencia central o las de dispersión en relación con las respuestas a su encuesta? ¿Por qué?

2. Si estuviera usted interesado en averiguar si los adultos jóvenes (21 a 34 años de edad) tienen más probabilidades o no de comprar productos en línea que los adultos mayores (35 años de edad o más), ¿cómo enunciaría su hipótesis nula? ¿Cuál sería la hipótesis alternativa implícita que acompañaría a su hipótesis nula?

3. Se hace referencia también al nivel de significancia (alfa) asociado con la prueba de una hipótesis nula como probabilidad de un error de tipo I. Alfa es la probabilidad de rechazar la hipótesis nula sobre la base de sus datos de muestra cuando de hecho es cierta para la población en la que usted está interesado. Puesto que alfa concierne a la probabilidad de cometer un error en su análisis, ¿debe usted tratar de fijar siempre este valor en el menor tamaño posible? ¿Por qué sí o por qué no?

4. El análisis de varianza (ANOVA) le permite probar la diferencia estadística entre dos o más medias aritméticas. Regularmente, son más de dos medias aritméticas las que se prueban. Si los resultados de ANOVA de un conjunto de datos revelan que las cuatro medias aritméticas que se compararon son significativamente diferentes unas de otras, ¿cómo averiguaría cuáles de esas medias aritméticas individuales son estadísticamente diferentes de las otras? ¿Qué técnicas estadísticas aplicaría para responder a esta pregunta?

5. **EXPERIMENTE CON INTERNET.** Nike, Reebok y Converse son fuertes competidores en el mercado de calzado deportivo. Los tres utilizan diferentes estrategias de publicidad y marketing para atraer a sus mercados meta. Use uno de los motores de búsqueda de Internet para identificar información sobre este mercado. Vaya a los sitios web de estas tres compañías (www.Nike.com, www.Reebok.com, www.Converse.com). Reúna información de antecedentes de cada una, incluyendo su mercado meta y su participación de mercado. Diseñe un cuestionario basado en esta información y haga una encuesta con una muestra de estudiantes. Prepare un informe sobre las diferentes percepciones de cada una de estas tres compañías, de su calzado y aspectos relacionados con esto. Presente el reporte en clase y defienda sus resultados.

6. **EJERCICIO CON SPSS.** Forme un equipo de tres o cuatro estudiantes en su clase. Elija una o dos franquicias locales para hacer una encuesta sobre ellas, como Subway o McDonald's. Diseñe una breve encuesta (10 a 12 preguntas) en la que incluya preguntas sobre calificación de la calidad de los alimentos, rapidez del servicio, conocimiento de los empleados, actitudes de éstos, y precios, además de diversas variables demográficas como edad, dirección, frecuencia con que comen allí los individuos, y día de la semana y hora del día. Obtenga permiso de los franquiciatarios para entrevistar a sus clientes a una hora conveniente, por lo común cuando estén por dejar el lugar. Asegúrele al franquiciatario que no molestará a los clientes y que le proporcionará a la franquicia un reporte valioso de sus resultados. Elabore gráficas de frecuencia, gráficas de pastel e ilustraciones similares de los resultados donde sea apropiado. Utilice las estadísticas para probar las hipótesis, como "Las percepciones de la rapidez de servicio difieren por hora del día y día de la semana". Prepare un informe y preséntelo a su clase; señale de manera particular dónde existen diferencias estadísticamente significativas y por qué.

7. **EJERCICIO CON SPSS.** Utilizando SPSS y la base de datos sobre comida rápida de Backyard Burgers, provea frecuencias, medias aritméticas, modas y medianas de todas las variables pertinentes en el cuestionario. El cuestionario real se presenta en el capítulo 15 como figura 15.6. Además, arme gráficas de barras y gráficas de pastel con los datos que analice.

ILUSTRACIÓN DE LA INVESTIGACIÓN DE MERCADOS

Uso de la información sobre actitudes de los consumidores en la evaluación de posiciones de imagen de un restaurante

Esta ilustración se concentra en el efecto de integración de los siguientes tipos de conceptos: estructuras de datos de actitudes de los consumidores hacia la calidad del servicio y la satisfacción del cliente; importancia de las características para la elección de restaurante; análisis de desempeño de la importancia y de la imagen (IIP, importance-image performance); imágenes del restaurante; estrategias de posicionamiento del servicio y/o restaurante; evaluaciones de diagnóstico de estrategias de mezcla de marketing; análisis de datos descriptivos y pruebas para detectar diferencias entre valores de media aritmética y elaboración de tablas.

Situación

Hace tres años, el señor John Smith, fundador y funcionario ejecutivo corporativo de Remington's Steak House, abrió este restaurante temático detallista, ubicado en una gran área metropolitana del sudeste. Antes de la inauguración de este establecimiento, Smith quería que los consumidores lo percibieran como un restaurante de especialidad singular, orientado por un tema, situado convenientemente con una excelente reputación de ofrecer un amplio surtido de platillos principales y servicios de alta calidad pero de precio competitivo, con empleados muy conocedores que escuchan y entienden las necesidades de los clientes y ponen gran interés en satisfacerlas.

Smith se valió de esta imagen para guiar la creación y puesta en marcha de las estrategias de posicionamiento y marketing de su restaurante. Aunque él sabe cómo transmitir experiencias del negocio restaurantero, no sabe mucho de la elaboración, puesta en práctica y evaluación de estrategias de marketing. Las siguientes declaraciones ponen de realce la evaluación de Smith sobre las llamadas estrategias de su compañía:

Ofrecimientos de producto y/o servicio	Gran variedad de platillos fuertes de calidad de carnes rojas, pollo, especialidades de pescados y mariscos, aperitivos, postres, etc., con base sólo en ingredientes de excelente calidad.
Asignación de precios	Aplica sólo un tradicional margen de contribución de 50% sobre el costo (con el porcentaje de margen basado en estructuras de costos, no de precios de ventas) en todos los productos vendidos en el restaurante. En ocasiones promueve especiales de alimentos para hacer frente a los especiales de la competencia.
Publicidad	Se apoya en gran medida en la recomendación positiva verbal directa de clientes pasados y en correo directo limitado a clientes pasados conocidos. Tiene un anuncio en la Sección Amarilla del directorio local, y aprovecha los anuncios nacionales en televisión.
Personal de servicio	Todos los empleados (ejecutivos y personal por igual) asisten a seminarios de capacitación continuos para promover sus niveles de producto, servicio y conocimiento de operación del establecimiento.
Ubicación	Posee tres edificios de 929 metros cuadrados ubicados en arterias de tráfico intenso dentro del área metropolitana. Hay varios más de especialidad en carnes dentro de un radio de 3 km de cada una de las tres localizaciones de restaurantes de Remington's.
Cliente	Atrae a clientes cuidadosos del precio, pero con la impresión de que, a más alto precio, mejor será la calidad de las ofertas de alimentos y servicios; exigen calidad y esperan que cualquier problema que tenga que ver con su comida se arregle desde el primer momento.

En fecha reciente, Smith comenzó a hacerse algunas preguntas fundamentales acerca de las operaciones de su restaurante y el futuro de su negocio. Smith le dio a conocer estas interrogantes a un investigador de mercado contratado y decidió hacer alguna investigación para entender mejor las actitudes y opiniones de sus clientes. De modo más específico, quería obtener alguna información y profundización en el siguiente conjunto de preguntas:

1. ¿Le dan los clientes grados significativamente diferentes de importancia a las características que forman el núcleo de las operaciones de Remington's Steak House?
2. ¿Qué imagen de Remington's tienen los clientes?
3. ¿Está dando Remington's calidad y satisfacción a sus clientes?
4. ¿Es necesario modificar alguna de las estrategias de mercado actuales de Remington's? Si es así, ¿en qué formas?

Para atender a las preguntas de Smith, el investigador de mercados llevó a cabo un amplio estudio de imagen del restaurante de especialidad por correo directo. Se envió un cuestionario autoadministrado, carta de presentación e incentivo a 500 individuos elegidos al azar, identificados como favorecedores conocidos de Remington's, así como usuarios de restaurantes similares (esto es, los principales competidores de Remington's: Outback Steakhouse y Longhorn Steak House) dentro del área de mercado. Trescientas encuestas utilizables se devolvieron dentro del marco de tiempo preespecificado, para una tasa de respuesta de 60 por ciento. A los encuestados se les pidieron sus opiniones acerca de 14 características seleccionadas de restaurante; en la figura 1 vea una descripción.

Para reunir los datos de importancia necesarios sobre las características de restaurantes, se usó una escala de importancia de intervalo ordinal, en la que (6) = "Extremadamente importante para mí"; (5) = "Definitivamente es importante para mí"; (4) = "En general es importante para mí"; (3) = "Un tanto importante para mí"; (2) = "Un poco importante para mí"; y (1) "No es importante para mí en absoluto". A su vez, se recogieron percepciones de los consumidores del desempeño en estas características utilizando una escala de diferencial

FIGURA 1 Características y descripciones de comida y/o servicio de restaurante

Característica	Descripción
1	**Calidad de los productos y servicios del restaurante.** Los servicios y productos del restaurante son de fiar y uniformes luego de muchas pruebas; el proveedor del servicio resolvió bien el problema desde el primer momento.
2	**Conocimiento y/o aptitud técnica de los proveedores del servicio.** Los proveedores del servicio explican profusamente los aspectos técnicos de presentación en un restaurante y dan una sensación de confianza en el manejo de problemas técnicos.
3	**Comprensión de las necesidades del cliente por el personal.** El personal entiende las necesidades de los clientes.
4/5	**Acreditamiento y/o confiabilidad de los proveedores de servicio del restaurante.** Los proveedores del servicio cumplen sus promesas, dan a los clientes información confiable, no cometen errores.
6	**Habilidades sociales del personal del restaurante con sus clientes.** Los proveedores del servicio son abiertos, amistosos, gentiles, joviales, afectuosos y serviciales.
7	**Disponibilidad de ofrecimientos de calidad en alimentos y/o servicios del restaurante.** Se ofrece una gran variedad de alimentos y/o servicios y de procesos de entrega.
8	**Renombre general del restaurante.** Se ve al restaurante como el lugar adecuado para tener una cena y entretenimiento excelentes.
9	**Interés del restaurante de poner a sus clientes "antes que nada".** La satisfacción del cliente es el trabajo número uno.
10	**Flexibilidad en las horas de operación del restaurante.** El personal de servicio está allí cuando usted lo necesite; las horas del restaurante se ajustan a los ocupados horarios de los clientes.
11	**Habilidades de comunicación y escucha del restaurante.** Los empleados del restaurante explican la situación claramente, de modo que los clientes los entiendan, y escuchen con cuidado para evitar o eliminar errores.
12	**Precios de los ofrecimientos de productos y servicios del restaurante.** Los precios de las comidas, aperitivos, bebidas, postres, etc., son apropiados.
13	**Conveniencia de la(s) ubicación(ones) del (de los) restaurante(s).** Es fácil llegar al restaurante; proporciona pronta entrega de productos y/o servicios.
14	**Apariencia de las instalaciones, equipo, personal, etc., del restaurante.** El restaurante tiene instalaciones modernas, muy confortables; usa equipo actualizado para brindar los servicios; el personal luce profesional.

semántico de intervalo ordinal consistente en un conjunto de descriptores bipolares de siete puntos. Cada escala bipolar iba de (7), un "descriptor de polo muy positivo (+)", a (1), un "descriptor de polo negativo (–)". Los resultados críticos de importancia y desempeño se presentan en la figura 2.

Para determinar si los consumidores dan diferentes grados de importancia a las características cuando eligen un restaurante para comer, el investigador hizo varias pruebas de diferencia de media aritmética múltiple siguiendo procedimientos de pruebas *z*. Los resultados de estas pruebas se presentan en la figura 3. Para crear la información necesaria para contestar las preguntas sobre imagen y satisfacción del cliente y/o calidad del servicio, el investigador decidió llevar a cabo un análisis de desempeño de importancia e imagen (IIP) sobre los datos de desempeño de actitudes e imagen (véase la figura 4).

FIGURA 2 Puntuaciones de desempeño de importancia e imagen para Remington's Steak House y sus competidores

Característica	Descripción	Media aritmética* de puntuaciones de importancia	(Error estándar)	Media aritmética† de puntuaciones de desempeño de imagen		
				Outback	Remington's	Longhorn
1	Calidad de los ofrecimientos de producto y/o servicio (En verdad excepcionales, 7; En verdad pésimos, 1)	5.87	(.07)	5.92	**3.45**	2.49
2	Competencia y/o conocimiento del personal del restaurante (Totalmente impresionantes, 7; totalmente incompetentes, 1)	5.82	(.06)	6.60	**3.51**	5.70
3	Entiende las necesidades de servicio del cliente (En realidad entiende, 7; definitivamente despistado, 1)	5.76	(.08)	4.50	**2.68**	5.22
4	Acreditamiento del restaurante y prontitud del servicio (En extremo creíble/muy rápido, 7; insignificante/inaceptablemente lento, 1)	5.45	(.08)	5.43	**3.52**	5.40
5	Confiabilidad del restaurante/cumple sus promesas (En extremo confiable/muy veraz, 7; totalmente no confiable/muy engañoso)	5.38	(.09)	5.60	**2.73**	4.28
6	Capacidades sociales individuales del personal del restaurante (Muy amistosos, 7; muy groseros, 1)	5.27	(.10)	4.25	**5.34**	2.59
7	Surtido de la comida y/o servicios del restaurante (En verdad servicio completo, 7; sólo el servicio básico, 1)	5.18	(.12)	4.10	**5.78**	3.53
8	Renombre general del restaurante (En verdad excepcional, 7; en verdad pésimo, 1)	5.02	(.15)	5.10	**2.58**	4.34
9	Satisfacción del cliente (Verdaderamente encantado, 7; totalmente insatisfecho, 1)	4.92	(.11)	5.15	**3.75**	5.63
10	Horas de operación del restaurante (En extremo flexibles, 7; en extremo limitadas, 1)	4.68	(.14)	6.12	**4.46**	2.90
11	Capacidades de comunicación y escucha del personal (En verdad excepcionales, 7; en verdad pésimas, 1)	4.45	(.14)	3.75	**4.11**	2.67
12	Precios de los alimentos y/o servicios del restaurante (Tarifas muy competitivas, 7; demasiado altas, 1)	3.62	(.15)	4.53	**3.01**	4.53
13	Conveniencia de las ubicaciones del restaurante (Es muy fácil llegar al sitio, 7; muy difícil, 1)	3.25	(.13)	4.80	**3.89**	2.42
14	Apariencia de las instalaciones, del personal, etc. (Muy profesional, 7; definitivamente nada profesional, 1)	2.10	(.15)	3.20	**4.68**	3.92

*Esquema de escala de importancia: Se usó una escala de seis puntos con "Extremadamente importante para mí" (6); "Definitivamente es importante para mí" (5); "En general es importante para mí" (4); "Un tanto importante para mí" (3); "Un poco importante para mí" (2); y "No es importante para mí en absoluto" (1).

†Esquema de escala de desempeño: Se usó un conjunto de siete puntos de escalas de diferencial semántico en la que cada escala bipolar iba de un "descriptor de polo muy positivo (+)" (7), a un "descriptor de polo muy negativo (–)" (1).

FIGURA 3 Diferentes grados de importancia de características del restaurante

Características primarias extremadamente importantes	
Característica 1: Calidad de los ofrecimientos de producto y/o servicio	(5.87)
Característica 2: Competencia y/o conocimiento del personal	(5.82)
Característica 3: El personal entiende las necesidades de servicio de los clientes	(5.76)
Características secundarias muy importantes	
Característica 4: Acreditamiento del restaurante	(5.45)
Característica 5: Confiabilidad del restaurante	(5.38)
Característica 6: Capacidades sociales individuales del personal	(5.27)
Característica 7: Surtido de los ofrecimientos de comida y/o servicios del restaurante	(5.18)
Característica 8: Renombre general del restaurante	(5.02)
Características importantes	
Característica 9: Satisfacción del cliente	(4.92)
Característica 10: Horas de operación del restaurante	(4.68)
Característica 11: Habilidades de comunicación y escucha del personal	(4.45)
Características algo importantes	
Característica 12: Precios del restaurante	(3.62)
Característica 13: Conveniencia de las ubicaciones del restaurante	(3.25)
Sólo características ligeramente importantes	
Característica 14: Apariencia de las instalaciones, el equipo, el personal	(2.10)

Nota: Las cinco agrupaciones de importancia son significativamente diferentes en $p > .05$.

Resultados

Diferencias en la importancia de las características del restaurante

Utilizando procedimientos de pruebas *z*, las puntuaciones de importancia en media aritmética de las 14 características del restaurante expuestas en la figura 2 se sometieron a múltiples pruebas de diferencia de media aritmética. Los resultados de las pruebas sugieren que hay cinco grados significativamente diferentes de importancia que los consumidores le pueden dar a las características del restaurante en su proceso de decisión. Estos cinco niveles de importancia y las características se reportan en la figura 3. Desde una perspectiva de diagnóstico, los consumidores sí le dan diferentes grados de importancia a las características del restaurante. Hay tres características específicas que a los consumidores les parecen de "importancia primaria" en su decisión de selección de un restaurante para comer. Los consumidores evalúan la "calidad de los productos y servicios del restaurante" (característica 1); la "competencia y/o conocimiento del personal del restaurante" (característica 2); y la "comprensión por el personal de las necesidades de servicio de los clientes" (característica 3) como igual y extremadamente importantes en su naturaleza. Si un restaurante no tiene imágenes positivas en estas tres características, es improbable que un cliente potencial le dé consideración seria a la idea de favorecerlo. Además, los consumidores tienden a establecer cinco características secundarias del restaurante que también tienen una fuerte influencia en su proceso de decisión, como el "acreditamiento del restaurante" (característica 4); la "confiabilidad del restaurante" (característica 5); las "habilidades sociales del personal en su trato con los clientes" (característica 6); el "surtido de ofrecimientos de calidad de los alimentos y/o el servicio" (característica 7) y el "renombre general del restaurante" (característica 8). Las características en estos conjuntos se consideran muy importantes para las decisiones de patrocinio del restaurante. Estos resultados sugieren que a cualquier restaurante que no tenga imágenes positivas asociadas con estas características le será más difícil atraer a clientes regulares.

FIGURA 4 Cuadrícula de desempeño de importancia e imagen por las puntuaciones de características de entretenimiento/comida/servicio de Remington's Steak House

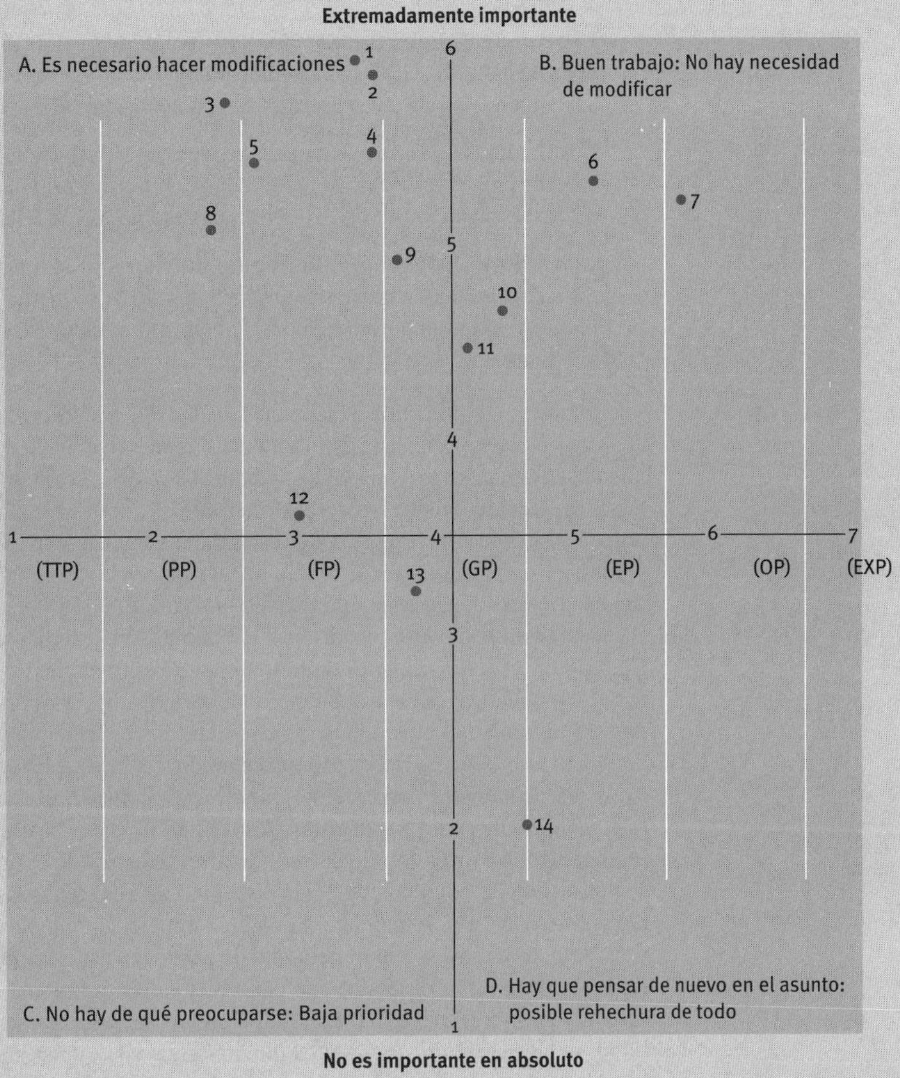

Aun cuando las restantes seis características del restaurante tienen algún grado de importancia en la mente de los consumidores cuando eligen un restaurante para favorecerlo con su(s) visita(s), los grados de importancia que se les dan, aunque significan algo, no se considerarían factores clave en el proceso de decisiones.

Imagen de desempeño actual de Remington's Steak House

Al investigar la segunda pregunta de Smith concerniente a la imagen de desempeño actual de Remington's, el investigador efectuó un análisis de desempeño de importancia e imagen (IIP) graficando los datos de importancia y desempeño de Remington's de la figura 2 en la cuadrícula IIP que se presenta en la figura 4. Para ayudar a entender los resultados de la cuadrícula IIP, la cuadrícula forma varios cuadrantes generales (A-D) que se describen a continuación:

Cuadrante A: Es necesario hacer modificaciones. Situación en la que los clientes o consumidores tienen la impresión de que una característica particular fue muy importante para elegir un restaurante de especialidad orientada a carnes, pero que indican baja satisfacción perceptual con el desempeño percibido de esa característica (desempeño de alta importancia pero baja imagen).

Cuadrante B: Buen trabajo: No hay necesidad de modificar. Situación en que los clientes manifiestan alto valor hacia una característica determinada y están complacidos con el desempeño percibido en esa característica (desempeño de alta importancia y alta imagen).

Cuadrante C. No hay de qué preocuparse: baja prioridad. Situación en la que una característica particular se percibe baja en términos de desempeño, pero los consumidores no la consideran muy importante (desempeño de baja importancia y baja imagen).

Cuadrante D. Hay que pensar de nuevo en el asunto: posible rehechura de todo. Situación en la que una característica particular se juzga buena en términos de desempeño, pero los clientes le conceden poca importancia (desempeño de baja importancia y alta imagen).

Para agregar precisión a la cuadrícula de IIP y a la información de diagnóstico, los rangos de desempeño verticales de cada uno de los siete niveles de desempeño se añaden al formato de la cuadrícula. Estos rangos de desempeño se derivaron estadísticamente calculando intervalos de aceptación similares a los intervalos de confianza mostrados en la figura 5. El desempeño en cada característica de restaurante se graficó en la cuadrícula de IIP utilizando la "puntuación de importancia media aritmética" y la "puntuación de desempeño de imagen media aritmética" correspondientes de la figura 2.

Los resultados de la cuadrícula IIP demuestran que las percepciones de los clientes de Remington's fueron muy diferentes de lo que Smith había deseado cuando abrió el restaurante. De las 14 características que los clientes podrían utilizar para formular su imagen perceptual de Remington's, los resultados indican que los desempeños en las ocho características caen en el Cuadrante A (Es necesario hacer modificaciones). Entre las ocho características superiores de restaurante constructoras de imagen consideradas extremadamente importantes o muy importantes para los clientes, sólo las habilidades sociales del personal del restaurante (característica 6) y el amplio surtido de ofrecimientos de comida y servicio (característica 7) se vieron con desempeño excelente o mejor. Las tres características más importantes (calidad del producto o servicio [característica 1]; competencia/conocimiento del personal [característica 2]; y comprensión por el personal de las necesidades de servicio de los clientes [característica 3]) se estimaron con desempeño de niveles deficiente a regular. Además, los clientes tuvieron la impresión de que el acreditamiento del restaurante (característica 4) y la confiabilidad (característica 5) son menos que marginales y que su renombre general de ser el lugar ideal para una excelente experiencia de cena y entretenimiento (característica 8) es pobre.

Si bien hay cinco características en las que se les atribuyó buen desempeño, la satisfacción del cliente (característica 9) está en el extremo inferior del rango de buen desempeño y

FIGURA 5 **Rangos de código de desempeño de imagen**

Código de escala original	Descripción de desempeño	Rango de media aritmética estadística*
7	Desempeño excepcional (EXP, exceptional)	$6.70 \leq \bar{x} \leq 7.00$
6	Desempeño sobresaliente (OP, outstanding performance)	$5.70 \leq \bar{x} \leq 6.69$
5	Desempeño excelente (EP, excellent performance)	$4.70 \leq \bar{x} \leq 5.69$
4	Buen desempeño (GP, good performance)	$3.70 \leq \bar{x} \leq 4.69$
3	Regular desempeño (FP, fair performance)	$2.70 \leq \bar{x} \leq 3.69$
2	Pobre [o deficiente] desempeño (PP, poor performance)	$1.70 \leq \bar{x} \leq 2.69$
1	Desempeño en verdad pésimo (TTP, truly terrible performance)	$.70 \leq \bar{x} \leq 1.69$

*Los rangos se basan en un nivel de confianza de 99% (Z = 2.58) y error estándar de .30 por un tamaño de muestra de 300 encuestados.

necesita alguna modificación. Las habilidades de comunicación y escucha del personal (característica 11) están bastante por debajo del nivel deseado de desempeño "excelente". Aun cuando los precios (característica 2) son sólo marginalmente importantes para los clientes, los precios actuales de Remington's son menos que competitivos.

Calidad de entretenimiento/alimentos/servicio y satisfacción del cliente

Los datos que se presentan en la figura 2 y en la cuadrícula IIP sugieren marcadamente que Remington's Steak House no está del todo proporcionando el nivel de calidad de servicio y satisfacción del cliente que demandan sus favorecedores. Los clientes tienen la impresión de que la calidad de los productos y servicios (característica 1) y de la competencia del personal (característica 2) son marginales, en el mejor de los casos. El personal está casi extraviado en cuanto a las necesidades de servicio de sus favorecedores (característica 3). Además, al personal del restaurante se le dificulta poner al cliente antes que nada, con lo cual se crea no sólo un bajo nivel de satisfacción del cliente (característica 9), sino niveles inferiores de acreditamiento (característica 4) y de confiabilidad (característica 5); a su vez, éstos afectan negativamente al renombre general del restaurante (característica 8).

Necesidad de cambios de estrategia

El análisis de IIP no puede por sí solo ofrecer cambios de estrategia específicos, pero sí identifica las características constructoras de imagen que no se están desempeñando como se previó, y en las que Smith tiene que enfocar la atención para mejorar la imagen del restaurante. Por ejemplo, para mejorar la imagen actual de Remington's y acercarla más a la imagen deseada inicial, Smith tiene que mejorar el desempeño del restaurante en las siguientes áreas: calidad de producto y servicio; competencia y conocimiento del personal; capacidad del personal para entender las necesidades del cliente; acreditamiento y confiabilidad en cuanto a cumplir las promesas y dar a los clientes información de la que puedan fiarse aunque pase el tiempo; hacer más competitivos los precios y brindar buena satisfacción del cliente a los favorecedores que frecuentan el restaurante. Por último, Smith tiene que entender que muchas de las características que constituyen la imagen de Remington's son interactivas. Para lograr la imagen excelente que se desea de ser un restaurante único para cena y entretenimiento de especialidad de orientación temática, hay que evaluar cuidadosamente el efecto que los cambios en un área de estrategia tienen en las otras áreas de estrategia.

capítulo 17

Análisis de datos: pruebas para detectar asociación

Objetivos de aprendizaje

Al terminar de leer el capítulo, usted podrá

1. Entender y evaluar los tipos de relaciones entre variables.
2. Explicar los conceptos de asociación y covarianza.
3. Analizar las diferencias en ji cuadrada, la correlación de Pearson y la correlación de Spearman.
4. Diferenciar entre el concepto de significancia práctica y el de significancia estadística.
5. Entender cuándo y cómo hay que usar el análisis de regresión.

Correlación y regresión

**"Con mucho,
las cosas más importantes
para el experto en estadística
son la calidad,
dimensionalidad y cabalidad
de los datos."**

—RANDY HLAVAC
Presidente
Marketing Synergy, Inc.

En el sitio web www.med.umkc.edu se proporciona una introducción muy elemental a la correlación y la regresión. Estas técnicas estadísticas se usan en diversas situaciones, incluidas las aplicaciones de negocios, la investigación médica y las actividades gubernamentales. Este sitio web provee, con detalle suficiente, la historia de la correlación y la regresión, las situaciones de aplicación apropiada de ambas técnicas y ejemplos gráficos y estadísticos de paso a paso que facilitan la comprensión de las técnicas. De igual forma se proveen definiciones de los términos clave.

Para los peritos estadísticos avanzados, en este sitio web se proporcionan explicaciones detalladas de las aplicaciones de la correlación y la regresión. Para quienes deseen mayor profundidad en las presentaciones estadísticas se incluye el vasto uso de fórmulas y de avanzadas operaciones estadísticas. Hay más explicaciones en torno a la significación estadística de los resultados de correlación y regresión y del error predicho de usar la correlación y la regresión.

En otros sitios web se puede encontrar información complementaria sobre la correlación y la regresión. Empleando su motor de búsqueda de Internet y las palabras de búsqueda *correlación* y *regresión*, usted localizará diversos sitios dedicados al análisis de estas técnicas estadísticas específicas.

Relaciones entre las variables

Relación Vínculo uniforme y sistemático entre dos o más variables.

Las **relaciones** entre las variables se describen en varias formas, las cuales incluyen presencia, dirección, fuerza de asociación y tipo. Describiremos cada uno de estos conceptos en su oportunidad.

El primer problema, y probablemente el más obvio, es si dos o más variables en efecto se relacionan. Si existe una relación sistemática entre dos o más variables, a esto se lo denomina *presencia de una relación*. Para medir si está presente una relación, confiamos en el concepto de significancia estadística. Si hacemos pruebas en busca de significancia estadística y encontramos que sí existe, decimos que está presente una relación. Enunciado de otra forma, decimos que el conocimiento del comportamiento de una variable nos permite hacer una predicción útil acerca de la conducta de otra. Por ejemplo, si halláramos una relación estadísticamente significativa entre las percepciones de la calidad en las características de alimentos y satisfacción de Deli Depot, diríamos que está presente una relación y que las percepciones de la calidad de los alimentos nos dirán cómo es probable que sean las percepciones de la satisfacción.

Si está presente una relación entre dos variables, es importante conocer la *dirección*. La dirección de una relación puede ser positiva o negativa. Tomando el ejemplo de Deli Depot, diríamos que existe una relación positiva si los encuestados que califican o dan un puntaje alto a la calidad de los alimentos están asimismo muy satisfechos; de manera similar, hay una relación negativa si los encuestados señalan que la velocidad del servicio es lenta (baja puntuación) aunque todavía estén satisfechos (alta puntuación).

También es importante que se entienda la *fuerza de la asociación*. Categorizamos en general la fuerza de asociación como inexistente, débil, moderada o poderosa. Si no está presente una relación sistemática, la fuerza de la asociación es inexistente. Una asociación débil significa que hay poca probabilidad de que las variables tengan relación; una asociación fuerte significa que hay mucha probabilidad de que exista una relación uniforme y sistemática.

Relación lineal Relación (entre dos variables) cuya fuerza y naturaleza permanece igual a lo largo del rango de ambas variables.

Relación curvilínea Relación (entre dos variables) cuya fuerza y/o dirección cambia a lo largo del rango de ambas variables.

Un cuarto concepto que es importante entender es el *tipo de relación*. Si decimos que a dos variables se las considera relacionadas, entonces plantearíamos esto como pregunta: "¿Cuál es la naturaleza de la relación?" ¿Cómo se describe mejor el vínculo entre Y y X? Son varias las diferentes formas en que dos variables pueden compartir una relación. Las variables Y y X pueden tener una **relación lineal**, lo cual significa que la fuerza y naturaleza de la relación entre ellas permanecen iguales en todo el rango de ambas variables, y esto se describe mejor con una línea recta. A la inversa, Y y X podrían tener una **relación curvilínea**, lo cual querría decir que la fuerza y/o dirección de su relación cambia con el rango de ambas variables (tal vez la relación de Y se hace más fuerte al crecer X, pero luego se debilita a medida que el valor de X sigue creciendo).

Usted puede pensar que es mucho más fácil trabajar con una relación lineal que con una curvilínea, y en efecto es así. Esto es, si conocemos el valor de la variable X, podemos aplicar la fórmula de una línea recta ($Y = a + bX$) para determinar el valor de Y. Pero cuando las dos variables tienen una relación curvilínea, la fórmula que mejor describe ese enlace será posiblemente más compleja algebraicamente y tal vez más difícil de determinar. Por estas razones, la mayoría de los investigadores de mercado tienden a trabajar con relaciones que creen que son lineales, o aproximaciones cercanas a esto. En realidad, mucho de la estadística que aprendió usted en los capítulos precedentes se basa en el supuesto de que una relación lineal es una forma eficiente de describir el vínculo entre dos variables en investigación.

Uso de la covarianza para describir relaciones de variables

Covarianza Monto del cambio en una variable que se relaciona constantemente con el cambio en otra variable de interés.

Como nos interesa averiguar si dos variables que describen a nuestros clientes están relacionadas, el concepto de covarianza es una idea muy útil. La **covarianza** se define como la medida del cambio de una variable que se relaciona uniformemente con un cambio en otra variable de interés. Por ejemplo, si sabemos que las compras de CD se relacionan con la edad, entonces desearemos saber la medida en que los jóvenes compran más CD y, en último término, qué tipos de CD. Otra forma de plantear el concepto de covarianza es que se trata del grado de asociación entre dos artículos (por ejemplo, el cambio en la actitud hacia las campañas publicitarias de café Starbucks según varía entre consumidores ligeros, medianos y fuertes de este producto). Si se descubre que dos variables cambian juntas sobre una base confiable y uniforme, podemos usar esa información para hacer predicciones así como para las decisiones sobre estrategias de publicidad y de marketing.

Diagrama de dispersión Trazo en gráfica de la posición relativa de dos variables en el que se utilizan un eje horizontal y otro vertical para representar los valores de las variables respectivas.

Una forma fácil de describir visualmente la covarianza entre dos variables es el uso de un **diagrama de dispersión**. Este diagrama grafica la posición relativa de dos variables usando un eje horizontal y otro vertical para representar los valores de las respectivas variables. En las tablas 17.1 a la 17.4 se muestran algunos ejemplos de posibles relaciones entre dos variables que podrían presentarse en un diagrama de dispersión. En la tabla 17.1, la mejor forma de describir la impresión visual que deja el conjunto de puntos que representan los valores de cada variable es probablemente un círculo. Es decir, no hay un sesgo o dirección particulares en el conjunto de puntos. De tal suerte, si usted toma dos o tres valores de muestra de la variable *Y* del diagrama de dispersión y mira los valores de *X*, no hay patrón predecible para estos valores de *X*. Conocer los valores de *Y* o *X* no le aportaría mayores datos a la unidad muestral (tal vez nada en absoluto) acerca de los posibles valores de la otra variable. La figura 17.1 sugiere que no hay relación sistemática entre *Y* y *X*, y que las dos variables comparten muy poca o ninguna covarianza. Si midiéramos la cantidad de covarianza compartida por estas dos variables (algo que usted aprenderá a hacer en la siguiente sección), sería muy próxima a cero.

En la tabla 17.2, las dos variables presentan un cuadro muy diferente del de la figura 17.1. Hay un patrón nítido de los puntos. A medida que crecen los valores de *Y*, los valores de *X* hacen lo propio. Este patrón podría describirse en forma muy efectiva utilizando la idea de una línea recta o de una elipse (un círculo estirado desde dos puntos opuestos). Describiríamos también esta relación como positiva, porque los incrementos en el valor de *Y* se asocian con incrementos en el valor de *X*. Esto es, si supiéramos que la relación entre *Y* y *X* es una relación lineal y positiva, sabríamos que los valores de *Y* y *X* cambian en la misma dirección. Al crecer los valores de *Y*, crecen los de *X*; y de igual manera, al decrecer los valores de *Y*, decrecen los de *X*. Si tratáramos de medir la cantidad de covarianza que muestran los valores de *Y* y *X*, ésta sería relativamente alta. Así, los cambios en los valores de *Y* se relacionan sistemáticamente con los cambios en el valor de *X*.

FIGURA **17.1 No hay relación entre *X* y *Y***

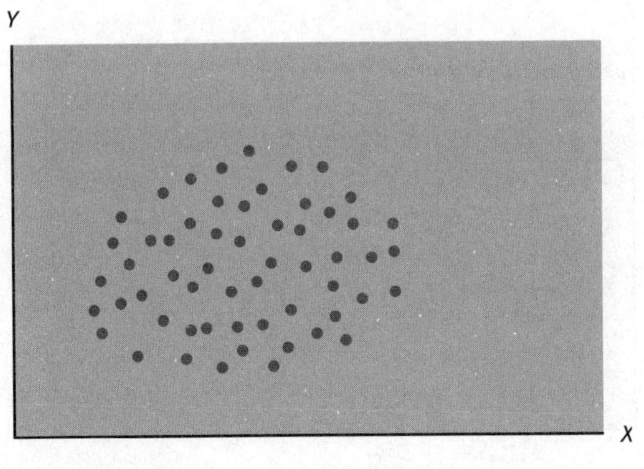

FIGURA **17.2 Relación positiva entre *X* y *Y***

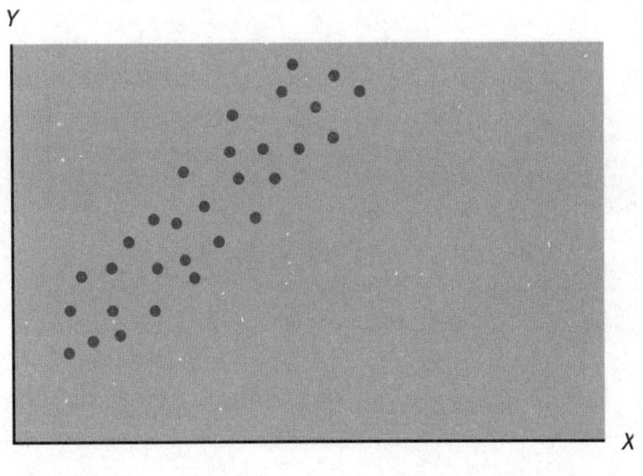

La figura 17.3 muestra el mismo tipo de patrón distinguible entre los valores de *Y* y *X*, pero la dirección de la relación es contraria a la que se ve en la figura 17.2. Aún parece ser el mismo patrón lineal, pero ahora los aumentos en el valor de *Y* se asocian con decrementos en los valores de *X*. Los valores de *Y* y *X* cambian en dirección opuesta. Este tipo de relación se conoce como relación negativa. La cantidad de covarianza compartida entre las dos variables es alta todavía, porque *Y* y *X* cambian juntas aún, aunque en dirección opuesta a la mostrada en la figura 17.2. El concepto de covarianza se refiere a la cantidad de movimiento compartido, no a la dirección de la relación entre dos variables.

Por último, la figura 17.4 muestra un tipo más complicado de relación entre los valores de *Y* y *X*. Este patrón de puntos se describe como curvilíneo. Esto es, la relación entre los valores de *Y* y los de *X* es diferente para los distintos valores de las variables. En el caso de la figura 17.4, parte de la relación es positiva (los incrementos en los pequeños valores de *Y* se asocian con incrementos en los pequeños valores de *X*), pero luego la relación se vuelve negativa (los aumentos en los valores mayores de *Y* se asocian ahora con los decrementos en los valores mayores de *X*).

Este patrón de puntos no se podría describir fácilmente como una relación lineal. Una complicación adicional surge del hecho, ya advertido anteriormente, de que muchas de las estadísticas que utilizan los investigadores de mercado para describir la asociación suponen que las dos variables tienen una relación lineal. Estas estadísticas no se desempeñan con gran efectividad cuando se las utiliza para describir una relación curvilínea. En la figura 17.4 podemos decir todavía que la relación es fuerte, o que lo es la covarianza mostrada por las dos variables. No obstante, ahora no podemos hablar en los mismos términos acerca de la dirección (positiva o negativa) de la relación, porque la dirección cambia. Para dificultar más las cosas, muchos métodos estadísticos de descripción de relaciones entre variables no se pueden aplicar de modo eficiente a situaciones en las que usted sospeche que la relación es curvilínea. El recuadro *Implicaciones para la pequeña empresa* le ayuda a profundizar en la forma en que pueden utilizarse las correlaciones en las pequeñas empresas.

Análisis de ji cuadrada

Suele ocurrir que un investigador desee probar si las respuestas a una encuesta o entrevista siguen un patrón particular; por ejemplo, que el administrador de Deli Depot crea que tal vez no hay diferencia en el porcentaje de hombres y mujeres que recorren diversas distancias para

FIGURA **17.3** **Relación negativa entre *X* y *Y***

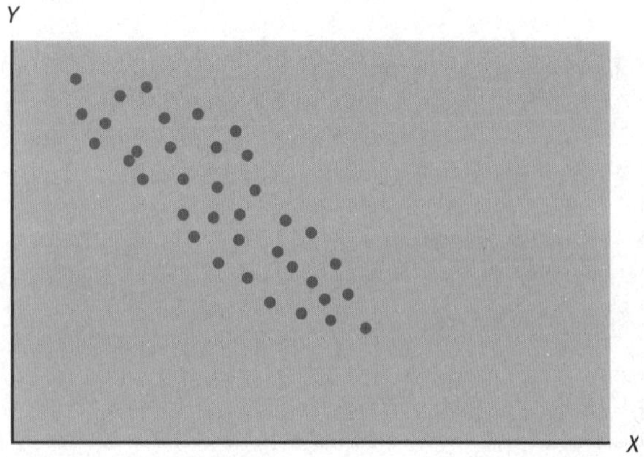

FIGURA **17.4** **Relación negativa entre *X* y *Y***

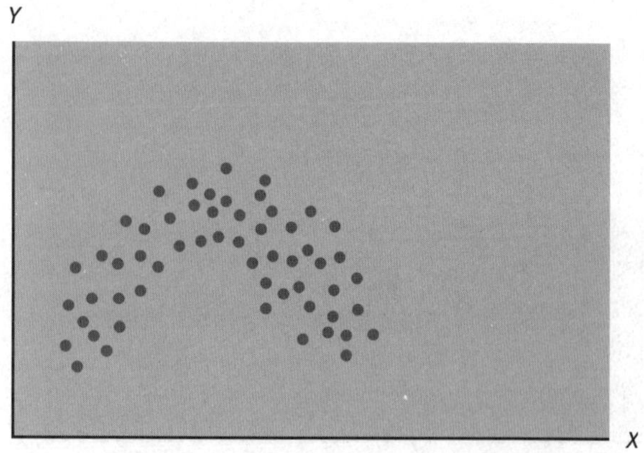

La investigación de cerca

Implicaciones para la pequeña empresa

A menudo surgen situaciones en las que muchos propietarios y administradores de pequeñas empresas reúnen datos de dos muestras pertinentes, pero no saben cómo comparar estadísticamente ambas medidas. Cuando esto ocurre, la técnica estadística de uso más frecuente de la que puede disponer el propietario de la pequeña empresa es el análisis de correlación.

El análisis de correlación describe el grado de relación entre dos variables, enunciado a menudo como una puntuación de valor absoluto entre 0 y 1. Cuanto más alta sea la puntuación de correlación más fuerte es la relación entre las dos variables. Con la aplicación de los procedimientos de correlación, los propietarios de pequeñas empresas pueden identificar tendencias en su mercado particular.

En seguida veremos una breve descripción del análisis de correlación. Este ejemplo no es más que una de las diversas aplicaciones posibles del análisis de correlación.

Es factible que el propietario de una pequeña empresa tenga información sobre el número exacto de horas trabajadas por los vendedores en su compañía el año pasado y la cantidad de publicidad vendida por cada representante de ventas en ese periodo. Después de la representación gráfica inicial, las dos medidas parecen estar altamente correlacionadas. En otras palabras, conforme aumente el número de horas trabajadas por los representantes, la cantidad de anuncios vendidos por agente individual crecería también.

Si bien este breve ejemplo muestra las posibles inferencias del análisis de correlación, un error común al interpretar la puntuación de correlación entre dos variables es el de asumir que una alta puntuación de correlación implica causación. No se puede llegar a tal conclusión de manera automática. En el ejemplo anterior, aunque el número de horas trabajadas y la productividad en ventas se correlacionen en alto grado, otros factores (como el territorio o el número de representantes en esa área) tienen una función importante en el análisis de la correlación. Suponer causalidad con base solamente en estos dos factores pudiera ignorar otras variables importantes.

En consecuencia, los propietarios de pequeñas empresas deben emplear el análisis de correlación para examinar las relaciones potenciales, pero han de tener cuidado al determinar relaciones causales entre dos variables.

ir al restaurante. De tal suerte, la hipótesis nula sería que los porcentajes de clientes hombres y mujeres son los mismos entre quienes viajan menos de 1.6 km para ir a comer en Deli Depot, quienes recorren de 1.6 a 4.8 km y quienes viajan más de 4.8 km. Esta pregunta podría responderse aplicando análisis de ji [o chi, la vigesimosegunda letra del alfabeto griego] cuadrada.

Análisis de ji cuadrada Examen en el que se evalúa qué tan estrechamente se ajustan las frecuencias observadas al patrón de las frecuencias esperadas; y también se le llama prueba de "buen ajuste".

El **análisis de ji cuadrada (X^2)** nos permite hacer pruebas de significancia entre las distribuciones de frecuencia de dos o más grupos, digamos, hombres en comparación con mujeres. Se pueden examinar los datos categóricos de las preguntas sobre sexo, educación u otras variables nominales para proporcionar pruebas de hipótesis de interés. El análisis de ji cuadrada compara las frecuencias observadas de las respuestas con las frecuencias esperadas, las cuales se basan en nuestras ideas acerca de la distribución de la población u otras proporciones predichas. Esta estadística prueba si los datos observados se distribuyen o no en la forma en que esperaríamos que lo hagan; esto lo hace comparando las frecuencias observadas con las frecuencias esperadas. Por ejemplo, si observamos que las mujeres conducen mayores distancias para ir a comer en Deli Depot, compararíamos esta tendencia con la frecuencia esperada con que hombres y mujeres conducirían la misma distancia para ir a comer ahí.

Aplicación de SPSS: ji cuadrada:

En el ejemplo que acabamos de ver, la hipótesis nula es que la misma proporción de clientes hombres y mujeres de Deli Depot formarían cada una de las categorías de X11-Distance Driven (X11-Distancia conducida). Para llevar a cabo ese análisis, la secuencia de ejecución por clics es ANALYZE → DESCRIPTIVE STATISTICS → CROSSTABS (analizar → estadística descriptiva → tabulaciones cruzadas). Haga clic en X11-Distance Traveled (X11-Distancia conducida) para la variable Row (Renglón) y en X7-Gender (X7-Sexo) para la variable

Column (columna). Cliquee en el botón Statistics (estadísticas) y en el cuadro Chi-square (ji cuadrada), y luego en Continue (continuar). En seguida, haga clic en el botón Cells (celdas) y en las frecuencias Observed (observadas) y Expected (esperadas). Luego cliquee en Continue y en OK (aceptar) para ejecutar el programa.

La primera prueba bajo Crosstabs muestra el número de casos procesados por análisis de ji cuadrada. La segunda tabla muestra el número de respuestas de hombres y mujeres por cada una de las categorías de X11-Distancia conducida. También en esta tabla se presentan las frecuencias esperadas bajo la hipótesis nula de inexistencia de diferencia. (Nota: Las frecuencias esperadas se calculan sobre la base de la proporción de la muestra representada por un grupo particular. Por ejemplo, la muestra total es de 50 personas, y 20 son hombres y 30 mujeres. Esto significa que 40% de la muestra es de hombres y 60%, de mujeres. Cuando buscamos en la tabla de Gender (sexo) la categoría que está en la parte superior numerada 1, vemos que hay 22 encuestados. Por consiguiente, las frecuencias esperadas son 40% hombres = 8.8 y 60% mujeres = 13.2. Las otras frecuencias esperadas se calculan de la misma manera.)

La estadística de ji cuadrada se calculará aplicando la fórmula que se encuentra en el sitio web. La tercera tabla, abajo, muestra el valor de ji cuadrada, que es de 6.695, y es significativo en el nivel .035. Puesto que este nivel de significancia es menor de .05, podemos rechazar la hipótesis nula con un alto grado de confianza. De esta manera, hay una diferencia significativa entre el número de clientes hombres y mujeres de Deli Depot y la distancia que viajan. Si atendemos a las frecuencias observadas en la segunda tabla de la salida del análisis de SPSS, resulta que los clientes mujeres de Deli Depot tienden a conducir mayores distancias para llegar a Deli Depot que los clientes hombres. Es decir, hay más clientas de las que se esperaría que condujeran más lejos para llegar al restaurante, y también menos clientes de los que se esperaría que visiten el restaurante de la cercanía (atendiendo a las frecuencias observadas y esperadas en cada celda).

Resumen de procesamiento de caso

	Casos					
	Válidos		Faltantes		Total	
	N	Porcentaje	*N*	Porcentaje	*N*	Porcentaje
Distancia conducida * Sexo	50	100.0%	0	.0%	50	100.0%

Tabulación cruzada de sexo* de distancia conducida

			Sexo		
			Mujer	Hombre	Total
Distancia conducida	1	Cuenta	9	13	22
		Cuenta esperada	13.2	8.8	22.0
	2	Cuenta	14	6	20
		Cuenta esperada	12.0	8.0	20.0
	3	Cuenta	7	1	8
		Cuenta esperada	4.8	3.2	8.0
Total		Cuenta	30	20	50
		Cuenta esperada	30.0	20.0	50.0

Pruebas de ji cuadrada

	Valor	df	Significancia asintótica (bilateral)
Pearson	6.695[a]	2	.035
Razón matemática de probabilidad de ji cuadrada	7.071	2	.029
Asociación lineal por lineal	6.413	1	.011
N de casos válidos	50		

[a] 2 celdas (33.3 por ciento) tienen una cuenta esperada menor de 5. La cuenta esperada mínima es de 3.20.

El uso de la estadística de ji cuadrada es muy útil para responder a preguntas acerca de datos que se tratan nominalmente por escala y que no son adecuados para otros tipos de análisis estadístico, como el ANOVA o las pruebas *t*.

Tratamiento y medidas de análisis de correlación

El uso de un diagrama de dispersión nos da una forma visual de describir la relación entre dos variables y un sentido de la cantidad de covarianza que comparten. Por ejemplo, un diagrama de dispersión puede indicarnos que a medida que aumenta la edad, el consumo promedio de café Starbucks también hace lo propio. Pero aun cuando una imagen vale mil palabras, a menudo es más conveniente utilizar una medida cuantitativa de la covarianza entre dos reactivos.

Coeficiente de correlación de Pearson Medida estadística de la fuerza de una relación lineal entre dos variables métricas.

El **coeficiente de correlación de Pearson** mide el grado de asociación lineal entre dos variables. Varía entre –1.00 y +1.00, y 0 representa la ausencia absoluta de asociación entre dos variables, y –1.00 y +1.00 representan un vínculo perfecto entre las mismas. Cuanto más alta es la correlación, más fuerte es el nivel de asociación. El coeficiente de correlación puede ser positivo o negativo, dependiendo de la dirección de la relación entre las variables. Como ya se explicó, si hay un coeficiente de correlación negativa entre *Y* y *X*, eso significa que los incrementos en el valor de *Y* se asocian con los decrementos en el valor de *X*, y viceversa.

La hipótesis nula para la correlación de Pearson declara que no hay asociación entre las dos variables en la población y que el coeficiente de correlación es cero. Así, podemos proponer la hipótesis de que no hay relación entre el consumo de café Starbucks y los niveles de ingresos. Si usted toma medidas de dos variables (el consumo de café y los ingresos) de una muestra de la población y estima el coeficiente de correlación de esa muestra, la pregunta fundamental es "¿Cuál es la probabilidad de que yo obtenga un coeficiente de correlación de este tamaño en mi muestra si el coeficiente de correlación en la población es en realidad de cero?". Es decir, si calcula un gran coeficiente de correlación entre las dos variables en su muestra, y ésta fue seleccionada apropiadamente de la población de interés, las posibilidades de que el coeficiente de correlación sea realmente cero son relativamente pequeñas. Por consiguiente, si el coeficiente de correlación es estadísticamente significativo, la hipótesis nula se rechaza y usted puede concluir con cierta confianza que las dos variables que está examinando comparten alguna asociación en la población. En otras palabras, el consumo de café Starbucks está relacionado con el ingreso.

Si usted recuerda, en el capítulo anterior se comentó que la primera pregunta de interés era "¿Existe realmente una relación entre *Y* y *X*?". Esto equivale a preguntar si un coeficiente de correlación es estadísticamente significativo. Si éste es el caso, entonces puede usted pasar a la segunda y tercera preguntas: "Si hay una relación entre *Y* y *X*, ¿qué tan fuerte es?" y "¿Cuál es la mejor forma de describir esa relación?".

El tamaño del coeficiente de correlación se puede usar cuantitativamente para describir la fuerza de la asociación entre dos variables. Muchos expertos han sugerido algunas reglas prácticas para describir las peculiaridades de la fuerza de la asociación entre dos variables con base en el tamaño del coeficiente de correlación.

Como sugiere la figura 17.5, los coeficientes de correlación entre +.81 y +1.00 se consideran muy fuertes. Esto es, la covarianza se comparte entre las dos variables en estudio. En el otro extremo, si el coeficiente de correlación está entre +.00 y +.20, hay una probabilidad considerable de que la hipótesis nula no se rechace (a menos que esté usted utilizando una muestra grande). Debe usted comprender que estos números son sólo sugerencias y que son posibles otros rangos y descripciones de la fuerza de la relación.

Coeficiente de correlación de Pearson

El coeficiente de correlación de Pearson hace varias suposiciones acerca de la naturaleza de los datos a los que se está aplicando. Primero, suponemos que las dos variables se han medido con medidas de intervalo o de escala de razón matemática. Si no es así, hay otros tipos de coeficiente de correlación que pueden calcularse que son cotejables con el tipo de datos disponibles. Después de describir los conceptos básicos, se abundará más acerca de esos coeficientes.

Un segundo supuesto implícito que se hace en la correlación de Pearson (y en la mayoría de otras medidas de coeficientes de correlación) es que la naturaleza de la relación que estamos tratando de medir es lineal; esto es, que una línea recta hará razonablemente bien la tarea de describir la relación entre las dos variables de interés.

El uso de la correlación de Pearson supone también que las variables que usted quiere analizar predicen de una población bivariada distribuida normalmente; es decir, la población es tal que todas las observaciones con un valor determinado de una variable tienen valores de la segunda que están distribuidos normalmente. Este supuesto de las distribuciones normales para las variables en estudio es un requisito común de muchas técnicas estadísticas empleadas por los investigadores de mercados. Aun cuando se trata de una suposición común, determinar si se aplica a los datos de muestra con los que usted está trabajando es a veces difícil, y con frecuencia algo que se da por hecho.

Aplicación de SPSS: Correlación de Pearson

Podemos usar la base de datos de Deli Depot para examinar la correlación de Pearson. La administración prevé que la relación entre la satisfacción con el restaurante y la probabilidad de recomendarlo sería significativa y positiva. Al observar las variables de la base de datos usted advierte que se reunió información acerca de Recomendarlo a un amigo (variable X8) y sobre el Nivel de satisfacción (variable X9). Con SPSS para Windows es fácil calcular en computadora una correlación de Pearson entre dos variables y probar este supuesto. La secuencia de ejecución por clics en SPSS es ANALYZE → CORRELATE → BIVARIATE (analizar → correlacionar → bivariar), que conduce a un cuadro de diálogo en el que usted selecciona las variables. Transfiera las variables X8 y X9 al cuadro de Variables. Note que usaremos las tres opciones predeterminadas (default) que se muestran: la correlación de

FIGURA 17.5 Reglas prácticas acerca de la fuerza de los coeficiente de correlación

Rango de coeficiente	Descripción de la fuerza
±.81 a ±1.00	Muy fuerte
±.61 a ±.80	Fuerte
±.41 a ±.60	Moderada
±.21 a ±.40	Débil
±.00 a ±.20	Ninguna

Pearson, la prueba de significancia de dos colas y las correlaciones significativas de distintivo. A continuación vaya al cuadro Options (opciones) y haga clic en Means (medias aritméticas) y en Standard Deviations (desviaciones estándar), y luego continúe. Por último, cuando cliquee en OK (aceptar), en la parte superior derecha del cuadro de diálogo, se ejecutará la correlación.

Como puede ver en la tabla Correlations (correlaciones), la correlación entre la variable X8-Recomend to a Friend y en X9-Satisfaction Level es .601, y el valor de significancia es .01. De este modo, hemos confirmado nuestro supuesto de que la satisfacción se relaciona con probabilidad de recomendarlo. Cuando examinamos las medias aritméticas de las dos variables, vemos que están cerca una de otra: el nivel de satisfacción es 4.78 y Lo recomendaría a un amigo, 4.68.

Estadísticas descriptivas

	Media aritmética	Desviación estándar	*N*
Lo recomendaría a un amigo	4.68	.98	50
Nivel de satisfacción	4.78	.95	50

Correlaciones

		Lo recomendaría a un amigo	Nivel de satisfacción
Lo recomendaría a un amigo	Correlación de Pearson	1.000	.601**
	Significación (de dos colas)		
	N	50	50
Nivel de satisfacción	Correlación de Pearson	.601**	1.000
	Significación (de dos colas)	.000	
	N	50	50

**La correlación es significativa al nivel (de dos colas) de .01.

Significancia sustantiva del coeficiente de correlación

Cuando el coeficiente de correlación es fuerte y significativo, puede usted confiar en que las dos variables están asociadas de modo lineal. En nuestro ejemplo de Deli Depot podemos confiar de manera razonable en que la probabilidad de recomendarlo se relaciona con el nivel de satisfacción. Cuando el coeficiente de correlación es débil, hay que considerar dos posibilidades: 1. sencillamente no hay relación uniforme, sistemática entre las dos variables en la población que a usted le interesa, o 2. la asociación existe, pero no es lineal, y hay que investigar más otros tipos de relaciones.

Coeficiente de determinación (r^2) Número que mide la proporción de la variación en una variable de la cual da cuenta otra. La medida r^2 puede considerarse como un porcentaje y varía de 0.0 a 1.00.

Cuando usted eleva el coeficiente de correlación al cuadrado, llega al **coeficiente de determinación**, o r^2. Este número va de .00 a 1.0 y muestra la proporción de variación explicada o asumida en una variable por otra. En nuestro ejemplo de Deli Depot, el coeficiente de correlación fue .601. En consecuencia, $r^2 = .36$, lo cual significa que aproximadamente 36% de la variación en la probabilidad de recomendar el restaurante está asociado con la satisfacción. Cuanto mayor es el tamaño del coeficiente de determinación, más fuerte es la relación lineal entre las dos variables que se examinan. En nuestro ejemplo hemos dado cuenta de poco más de un tercio de la variación en la probabilidad de recomendar el restaurante al relacionarla con la satisfacción.

Tiene usted que recordar que no basta con descubrir sólo la significancia estadística de un coeficiente de correlación; necesita evaluar también la significancia sustantiva (esto es, ¿significan algo útil en verdad los números que usted calcula?). Puesto que el proceso de significancia estadística para los coeficientes de correlación incluye información sobre el tamaño de la muestra, es posible encontrar coeficientes de correlación estadísticamente significativos que sean realmente demasiado pequeños para ser de uso muy práctico. Por ejemplo, si hubiéramos comparado la satisfacción con la probabilidad de recomendar el restaurante y el coeficiente de correlación fuera de .30 (significativo al nivel de .05), el coeficiente de determinación sería de .09. ¿Podemos concluir que los resultados son significativos? Para afirmarlo se requiere mucha más reflexión. Recuerde que siempre tiene que atender a ambos tipos de significancia (estadística y sustantiva) antes de llegar a sus conclusiones. Esto es de particular importancia cuando se evalúa información de asuntos más complejos y de mercados más grandes.

Influencia de las escalas de medición sobre el análisis de correlación

Un hecho común en los estudios de investigación es que las respuestas a las preguntas en que los investigadores están más interesados sólo se pueden medir con escalas ordinales o incluso nominales. Por ejemplo, si estuviéramos interesados en saber más acerca del consumo de café Starbucks podríamos considerar los patrones de consumo de bebedoras *versus* bebedores de café. En estos casos, aplicar el coeficiente de correlación de Pearson a los datos y suponer que estas medidas de sexo tienen propiedades de escala de intervalo o de razón matemática (cuando no las tienen) posiblemente producirá resultados engañosos o exagerados en su declaración.

¿Qué opciones quedan a la disposición del investigador cuando se usan escalas ordinales para reunir los datos, o cuando éstos sencillamente no se pueden medir con una escala de intervalo o algo mejor? Cuando dos variables se han medido utilizando escalas ordinales, la estadística recomendada por emplear es el **coeficiente de correlación jerárquica de Spearman**. Si cualquiera de las variables es representada por datos de orden de rango (o datos jerárquicos), el mejor método es la aplicación del coeficiente de correlación jerárquica de Spearman, en lugar del coeficiente de correlación de momento de producto de Pearson. El coeficiente de correlación jerárquica de Spearman tiende a producir el coeficiente más bajo y se lo considera una medida más conservadora.

Coeficiente de correlación jerárquica de Spearman Medida estadística de la asociación lineal entre dos variables cuando ambas se han medido utilizando escalas ordinales de orden de rango (o datos jerárquicos).

Además del coeficiente de correlación jerárquica de Spearman hay otros coeficientes de correlación que pueden utilizarse para tomar en consideración las propiedades de escala inherentes en los datos. Por ejemplo, si usted piensa que el sexo de sus clientes crea una diferencia en la cantidad de producto que compran, sería posible correlacionar el sexo del cliente (hombre o mujer) con las compras de productos (unidad monetaria) para responder a su pregunta. Para hacerlo así, usted utilizaría un coeficiente de correlación biserial para hacer este cálculo. Tiene usted que usar la estadística apropiada que convenga a las características de sus datos, y dispone de fórmulas para calcular casi cualquier tipo de coeficiente de correlación que sea adecuado a la situación.

Aplicación de SPSS: Correlación jerárquica de Spearman

En la encuesta de clientes de Deli Depot se reunieron datos que ordenaron jerárquicamente los seis factores de selección de restaurante. Estos datos se representan con las variables X12 a X17. A la administración le interesa saber si "Calidad de los alimentos" es un factor de selección significativamente más importante que "Variedad de los alimentos". Como éstos son datos ordinales (jerárquicos), no es apropiada la correlación de Pearson. La correlación de Spearman es el coeficiente apropiado por calcular. Las variables que usaremos son la X15-Calidad de los alimentos y X16-Variedad de los alimentos.

La secuencia de ejecución por clics en SPSS es ANALYZE → CORRELATE → BIVARIATE (analizar → correlacionar → bivariar), que lleva a un cuadro de diálogo en el que usted elige las variables. Transfiera las variables X15 y X16 al cuadro de Variables. Notará que la correlación de Pearson es la opción predeterminada (*default* o por omisión), junto con la prueba de significancia de dos colas, y las correlaciones significativas de distintivo. Haga clic en la correlación de Pearson para quitarle la marca y deseleccionarla, y luego haga clic en Spearman. Ahora haga clic en OK, arriba a la derecha, en el cuadro de diálogo, para ejecutar el programa.

La salida se muestra en la tabla Correlations (tabla de correlaciones). Como puede ver, la correlación entre las variables X15-Calidad de los alimentos y X16-Variedad de los alimentos es –.495, y el valor de significancia es .01. De este modo, hemos confirmado que hay una relación entre los dos factores de selección de restaurante. Cuando examinamos el coeficiente de correlación, notamos que es negativo. Una correlación negativa indica que un cliente que da un alto rango en importancia a la calidad de los alimentos tiende a situar significativamente más bajo la variedad de los alimentos.

Correlaciones

		Rho de Spearman	
		Rango de calidad de los alimentos	**Rango de variedad de los alimentos**
Rango de calidad de los alimentos	Coeficiente de correlación	1.000	–.495**
	Significancia (de dos colas)		.000
	N	50	50
Rango de variedad de los alimentos	Coeficiente de correlación	–.495**	1.000
	Significancia (de dos colas)	.000	
	N	50	50

**La correlación es significativa al nivel de .01 (de dos colas).

Para entender mejor esta relación, necesitamos calcular las jerarquizaciones de mediana de los factores de selección. Para hacer esto, la secuencia de ejecución por clics en SPSS es ANALYZE → DESCRIPTIVE STATISTICS → FREQUENCIES (analizar → estadística descriptiva → frecuencias). Haga clic en las variables X12-X17 para resaltarlas y luego en el rectángulo de desplazamiento del cuadro de Variables para usar éstas en su análisis. Usaremos los seis factores de selección porque esto nos permitirá examinar las jerarquizaciones relativas generales de todos los factores de selección de restaurante. A continuación, abra el cuadro Statistics (estadísticas) y haga clic en median (mediana) y luego en Continue (continuar). Para las opciones de Charts (gráficas) y Format (formato) usaremos los valores predeterminados, así que haga clic en OK (aceptar) para ejecutar el programa.

Las jerarquizaciones de mediana se muestran en la tabla Stadistics. A la variable con la mediana mayor se le asigna la jerarquía más alta y es la más importante, y la variable con la mediana más baja es la menos importante. Recuerde que las seis selecciones se jerarquizaron de 1 a 6, con 6 = más importante. Note que la calidad de los alimentos recibe la jerarquía más importante (mediana = 5.0), mientras que la rapidez del servicio y la variedad de los alimentos son las menos importantes. Nuestra correlación de rango de Spearman comparó la calidad de los alimentos (mediana = 5) con la variedad de los alimentos (mediana = 2.00). De tal suerte, la calidad de los alimentos es un factor de selección de restaurante significativamente más importante que la variedad de los mismos.

Estadísticas

		Rango de empleados amistosos	Rango de precio competitivo	Rango de empleados competentes	Rango de calidad de los alimentos	Rango de variedad de los alimentos	Rango de rapidez del servicio
N	Válidos	50	50	50	50	50	50
	Faltantes	0	0	0	0	0	0
Mediana		3.00	4.00	4.00	5.00	2.00	2.00

¿Qué es el análisis de regresión?

Hemos estudiado la correlación como una forma de determinar la existencia de una relación entre dos variables. El coeficiente de correlación se puede usar también para responder a preguntas sobre la fuerza general de la asociación y la dirección de la relación entre las variables. Sin embargo, hay casos en los que estas respuestas no proveen información suficiente para el administrador de marketing. Tal vez necesitemos todavía saber cómo describir la relación entre las variables que se examinan con mayor detalle. Un método para llegar a estas respuestas más detalladas es el llamado análisis de regresión.

Con frecuencia ocurre que un administrador de marketing necesita hacer predicciones acerca de los niveles de ventas futuras o de cómo un aumento potencial de precio afectará a las ganancias o a la participación de mercado de la compañía. Hay varias formas de hacer tales predicciones: 1. la extrapolación del comportamiento pasado de la variable, 2. las simples conjeturas y 3. el recurso de una ecuación de regresión que compare la información acerca de las variables relacionadas para ayudar en la predicción. La extrapolación y las conjeturas (informadas o no) suponen habitualmente que las condiciones y conductas del pasado continuarán en el futuro; no examinan las influencias que impulsan al comportamiento de interés. En consecuencia, cuando los niveles de ventas, las ganancias u otras variables de interés para un administrador difieren de las del pasado, la extrapolación y la conjetura no proporcionan medio alguno de explicación del porqué.

Análisis de regresión bivariada Técnica estadística que analiza la relación lineal entre dos variables, estimando los coeficientes de una ecuación de línea recta. Una variable se designa variable dependiente y la otra variable independiente o predictora.

El **análisis de regresión bivariada** es una técnica estadística en la que se utiliza la información acerca de la relación entre una variable independiente o predictora y una variable dependiente o de criterio, y se combina esa información con la fórmula algebraica de una línea recta para hacer predicciones. Se seleccionan los valores particulares de la variable independiente y se observa la conducta de la variable dependiente. Estos datos se aplican entonces a la fórmula de una línea recta que ya analizamos antes. Por ejemplo, si usted quisiera obtener el nivel actual del volumen de ventas de su compañía, aplicaría la fórmula rectilínea siguiente:

$$\text{Volumen de ventas } (Y) = \$0 + (\text{Precio por unidad} = b)\ (\text{Número de unidades vendidas} = X)$$

Usted no esperaría volumen de ventas alguno si nada se hubiera vendido. El precio por unidad (b) determina la cantidad que crece el volumen de ventas (Y) con cada unidad vendida (X). En este ejemplo, la relación entre el volumen de ventas y el número de unidades vendidas es lineal (es decir, es congruente con los valores de Y y X).

Una vez que se ha desarrollado la ecuación de regresión para predecir los valores de Y, nos interesa tratar de averiguar qué tan buena es esa predicción. Un punto obvio para comenzar sería el valor real que recogimos en nuestra muestra. Al comparar este valor real Y_i con nuestro valor predicho Y_i, podemos distinguir qué tan alejada de la realidad está nuestra predicción. De hecho, este procedimiento de comparar valores reales de una muestra con valores predichos de una ecuación de regresión es un método de uso común para determinar la precisión de una ecuación de regresión.

Hay que hacer un par de observaciones acerca de los supuestos en que se funda el análisis de regresión. Primero, justo como el análisis de correlación, el análisis de regresión supone que una relación lineal proveerá una buena descripción de la relación entre dos variables. Si el diagrama de dispersión que muestra las posiciones de los valores de ambas variables se ve como el trazo de gráfica de dispersión de las tablas 17.2 o 17.3, esta suposición parecería ser buena. Sin embargo, si el trazo se ve como la tabla 17.1 o la 17.4, el análisis de regresión no es buena elección.

Segundo, aun cuando en la terminología del análisis de regresión se usan las etiquetas *dependiente* e *independiente* para las variables, esos nombres no significan que podamos afirmar que una variable causa la conducta de la otra. Para el análisis de regresión se utiliza el conocimiento acerca del nivel y el tipo de asociación entre dos variables para hacer predicciones. Las declaraciones acerca de la capacidad de una variable para causar cambios en otra tiene que basarse en una lógica conceptual o una información que no sean sólo las técnicas estadísticas.

Por último, el uso de un simple modelo de regresión supone que 1. las variables de interés se miden en escalas de intervalo o de razón matemática (excepto en el caso de variables de simulación, que analizaremos después); 2. estas variables proceden de una población normal bivariada (la misma suposición hecha por el análisis de correlación), y 3. los términos de error asociados con la elaboración de predicciones se distribuyen en forma normal e independiente (nos referiremos también a esta suposición particular y de su validación más adelante en este capítulo).

En el caso del análisis de regresión bivariada, estamos viendo una variable independiente y una dependiente. Es frecuente que los administradores quieran ver la influencia combinada de diversas variables independientes y una variable dependiente. Por ejemplo, ¿las compras de CD se relacionan sólo con la edad, o también están vinculadas al ingreso, el origen étnico, el sexo, la ubicación geográfica, el nivel educativo, y otros aspectos así? De modo similar, con referencia a la base de datos de Deli Depot, podríamos preguntar si la satisfacción del cliente se relaciona sólo con las percepciones de la calidad de los alimentos del restaurante (X4), o si la satisfacción se relaciona también con las percepciones de empleados amistosos (X1), precios competitivos (X2) y de empleados competentes (X3)? La regresión múltiple es la técnica apropiada para medir estas relaciones y es una franca extensión de la regresión bivariada. Antes de volver a la explicación del análisis de regresión múltiple penetraremos en la mecánica de efectuar un análisis de regresión bivariada o simple.

Obtención y estimación de los coeficientes de regresión

Recuerde que, al examinar la relación entre dos variables, la ecuación de regresión deriva de la ecuación para una línea recta. El coeficiente de pendiente *b* nos indica cuánto podemos esperar que cambie *Y*, dado un cambio de unidad en *X*. Una vez que se desarrolle esta ecuación a partir de los datos de la muestra, podemos usarla para hacer predicciones acerca de *Y*, dados valores diferentes de *X*.

En este punto, tal vez usted esté pensando: "Muy bien, usaremos una línea recta para describir la relación entre *Y* y *X*, pero ¿cuál? ¿Es la mejor línea, o la primera línea que calcula el programa de la computadora?" Al respecto, hay un procedimiento, llamado de cuadrados mínimos ordinarios (CMO), que garantiza que la línea que estima para describir los datos es la mejor. Como ya se señaló, la mejor predicción sería aquella en que la diferencia entre el valor real de *Y* y su valor predicho sea la más pequeña. El método de **cuadrados mínimos ordinarios** es un procedimiento estadístico cuyos parámetros de ecuación (*a* y *b*) producen predicciones con la suma *más baja* de diferencias cuadradas entre los valores reales y los predichos.

Cuadrados mínimos ordinarios Procedimiento estadístico con el que se estiman los coeficientes de ecuación de regresión que producen la suma *más baja* de diferencias al cuadrado entre los valores reales y los predichos de la variable dependiente.

Las diferencias entre los valores reales y predichos de *Y* se representan con e_i (el término de error de la ecuación de regresión). Si elevamos al cuadrado estos errores en cada observación (la diferencia entre los valores reales y los valores predichos de *Y*) y los sumamos, el total representará una medida agregada o general de la precisión de la ecuación de regresión. Las ecuaciones de regresión calculadas con procedimientos de CMO darán siempre los totales de error al cuadrado más bajos, y por esta razón al análisis de regresión bivariado y al múltiple se los llama a veces regresión de CMO.

Además de permitirle al investigador evaluar la calidad de la predicción producida por una ecuación de regresión, los términos de error se pueden usar también para diagnosticar los problemas potenciales por observaciones de datos que no se ajustan a los supuestos antes descritos. El patrón de errores producidos al comparar los valores *Y* reales con los valores *Y* predichos puede indicarle a usted si los errores se distribuyen normalmente y/o si tienen varianzas iguales a través del rango de los valores *X*. Las tablas 17.6, 17.7 y 17.8 presentan varios patrones posibles de residuos (otro término para el error entre los valores reales y predichos de *Y*).

En la tabla 17.6 no hay patrón distinguible para los términos de error cuando usted traza la gráfica de los valores predichos contra los residuos. En la tablas 17.7 hay un patrón aparente; las predicciones hechas para pequeños valores de *Y* son más precisas que las predicciones hechas para valores grandes de *Y*. Obviamente, nuestra ecuación de regresión es más precisa para algunos valores de la variable independiente *X* que para otros. Hay técnicas de transformación que se pueden aplicar a los datos para ayudar potencialmente con este problema.[1]

La tablas 17.8 retrata un patrón de los términos de error que sugiere una relación no lineal entre *Y* y *X*. En este caso, tal vez sea necesario cambiar el supuesto inicial del investigador de que una línea recta sería la mejor forma de describir la relación potencial. El mejor método puede ser una técnica basada en una relación no lineal.

El examen de los términos de error y el patrón obtenido al comparar los valores predichos de *Y* contra los residuos puede señalarnos si están correctas nuestras suposiciones iniciales sobre lo apropiado de usar el análisis de regresión para examinar relaciones de variables. Además, este tipo de evidencia a veces puede sugerir el siguiente tipo de análisis por emprender, dadas las características de los datos que hemos reunido. Más adelante, en este capítulo, ilustramos el uso y valor de los coeficientes de regresión y residuos en una aplicación de SPSS de Deli Depot.

Sin embargo, un ejemplo en este punto ayudará a ilustrar los procedimientos para completar un análisis de regresión bivariada. Suponga que el administrador de Deli Depot desea saber si tener Empleados competentes en el restaurante mejoraría la satisfacción de los clientes. La respuesta obvia es "claro que la mejoraría", pero ¿cuánta mejora habría que esperar en la satisfacción del cliente si el administrador mejorara la competencia de los empleados? El análisis de regresión bivariada puede proveer información para ayudar a responder esta pregunta.

En la base de datos de Deli Depot, X9 es una medida del nivel de Satisfacción del cliente, con 1 = Insatisfecho y 7 = Sumamente satisfecho. La variable X3 es una medida de las percepciones de los encuestados sobre la competencia de los empleados del restaurante (1 = Incompetentes, 10 = Competentes). La hipótesis nula en este caso es que no hay relación entre X9-Satisfacción del cliente y X3-Empleados competentes. La hipótesis alternativa es que X9 y X3 están significativamente relacionadas.

En el sitio web se proporcionan las fórmulas apropiadas que pueden utilizarse para calcular manualmente los componentes de la ecuación de regresión. Utilizaremos el programa de

FIGURA 17.6 **Patrón aleatorio de residuos**

FIGURA 17.7 **Patrón creciente de residuos**

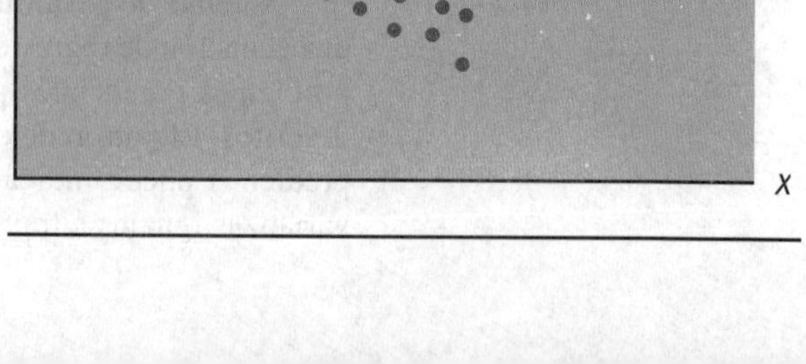

FIGURA 17.8 Patrón no lineal de residuos

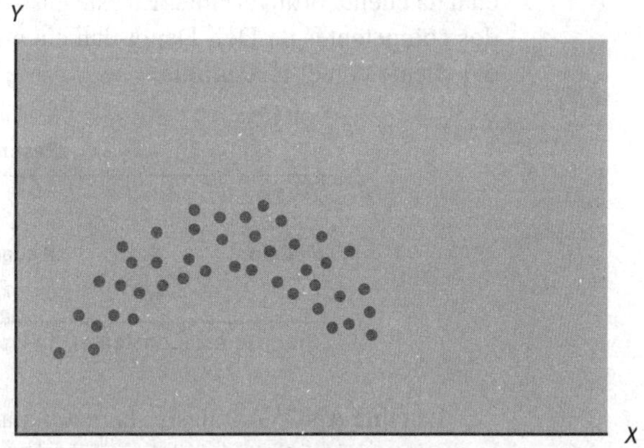

SPSS para efectuar estos cálculos. La secuencia de ejecución por clics en SPSS es ANALYZE → REGRESSION → LINEAR (analizar → regresión → lineal). Haga clic en X9-Satisfacción para trasladarla al cuadro Dependent Variables (variables dependientes). Haga clic en X3-Empleados competentes para trasladar la variable al cuadro Independent Variables (variables independientes). En el cuadro etiquetado Method (método) elija Enter como método. Haga clic en el botón Statistics (estadísticas) y luego en Estimates (estimados), en el cuadro Regression Coefficients (coeficientes de regresión). Ahora haga clic en Model Fit (ajuste de modelo) y en Descriptives (descriptivos). Por último, haga clic en Continue (continuar) y en OK (ejecutar) para poner en marcha el proceso.

Las tablas que se muestran bajo el encabezado Regression contienen los resultados del análisis de regresión bivariada. La tabla Descriptive Statistics (estadísticas descriptivas) exhibe la media aritmética y la desviación estándar de la variable dependiente X9 (4.78 y .95, respectivamente) y las mismas medidas de la variable independiente X3 (8.02 y 1.42). La tabla Correlations (correlaciones) revela que X9 y X3 se correlacionan en .470 (lo cual tiene nivel de significancia estadística de .000). Este resultado sugiere que estas dos variables están relacionadas de manera moderada una con otra: que los cambios en X3 (puntuaciones de la competencia de los empleados de Deli Depot) se asociarán con los cambios en X9 (Satisfacción del cliente).

Estadísticas descriptivas

	Media aritmética	Desviación estándar	*N*
Nivel de satisfacción	4.78	.95	50
X3-Empleados competentes	8.02	1.42	50

Correlaciones

		Nivel de satisfacción	X3-Empleados competentes
Correlación de Pearson	Nivel de satisfacción	1.000	.470
	X3-Empleados competentes	.470	1.000
Significancia (de 1 cola)	Nivel de satisfacción		.000
	X3-Empleados competentes	.000	
N	Nivel de satisfacción	50	50
	X3-Empleados competentes	50	50

La cuarta tabla, etiquetada Model Summary (resumen de modelo), muestra que la R cuadrada para este modelo de regresión es .221. Como usted recuerda de nuestra explicación anterior, las cifras de R cuadrada muestran el porcentaje de variación en una variable de la cual da cuenta otra variable. En este caso, las percepciones del cliente acerca de los Empleados competentes de Deli Depot dan cuenta de 22.1% de la variación total en la satisfacción del cliente con el restaurante.

Resumen de modelo

Modelo	R	R cuadrada	R cuadrada ajustada	Estimado del error estándar
1	.470[a]	.221	.205	.85

[a]Predictores: (Constante), X3-Empleados competentes

La tabla ANOVA muestra la razón matemática *F* para el modelo de regresión que indica la significancia estadística del modelo de regresión general. La razón matemática *F* se calcula de la misma forma para el modelo del análisis de regresión que se estimó para las técnicas de ANOVA descritas en el capítulo 16. A la varianza en X9-Satisfacción del cliente, que se asocia con X3-Empleados competentes, se hace referencia como varianza explicada. El resto de la varianza total en X9 que no se asocia con X3 se la denomina varianza no explicada. La razón matemática *F* es resultado de comparar la cantidad de la varianza explicada con la varianza no explicada. Cuanto mayor es la razón matemática *F*, también lo es la varianza en la variable dependiente que se asocia con la variable independiente. En nuestro ejemplo, la razón matemática $F = 13.609$, la cual es significativa al nivel de .001.

ANOVA[a]

Modelo		Suma de cuadrados	df	Cuadrado de media aritmética	*F*	Significancia
1	Regresión	9.847	1	9.847	13.609	.001[b]
	Residuo	34.733	48	.724		
	Total	44.580	49			

[a]Variable dependiente: Nivel de satisfacción.
[b]Predictores: (Constante), X3-Empleados competentes.

Coeficiente de regresión Un indicador de la importancia de una variable independiente en la predicción de una variable dependiente. Los coeficientes grandes son buenos predictores y los pequeños son predictores débiles.

La tabla de Coefficients (coeficientes) muestra el **coeficiente de regresión** de X3. La columna con el encabezado Unstandarized Coefficients (coeficientes no estandarizados) indica que el coeficiente de regresión no estandarizado de X3 es .315. La columna titulada Significancia muestra la significancia estadística del coeficiente de regresión de X3, medido por la prueba *t*. La prueba *t* examina la pregunta de si el coeficiente de regresión es lo bastante diferente de cero para ser estadísticamente significativo. La estadística *t* se calcula dividiendo el coeficiente de regresión entre su error estándar (etiquetado Std. Error —error estándar— en la tabla de Coeficientes). Si usted divide .315 entre .086 obtendrá un valor *t* de 3.689, el cual tiene un nivel de significancia de .001.

Coeficientes[a]

Modelo		Coeficientes no estandarizados		Coeficientes estandarizados		
		B	Error estándar	Beta	*t*	Significancia
1	(Constante)	2.250	.696		3.232	.002
	X3-Empleados competentes	.315	.086	.470	3.689	.001

[a]Variable dependiente: Nivel de satisfacción.

La tabla de Coeficientes muestra asimismo el resultado del componente Constant (constante) en la ecuación de regresión. Este elemento es el término *a* en la ecuación de una línea recta que tratamos antes. Si la variable independiente toma un valor de 0, la medida dependiente (X9) tendría un valor de 2.250. Combinando los resultados de la tabla de Coeficientes en una ecuación de regresión, tenemos

Valor predicho de X9 = 2.250 + .315 (valor de X3) + .85 (error promedio en la predicción)

La relación entre Satisfacción del cliente y Empleados competentes es positiva y moderadamente fuerte. El coeficiente de regresión de X3 se interpreta como "Por cada unidad que X3 aumenta, X9 aumentará .315 unidades". Recuerde que el administrador de Deli Depot preguntó "¿Mejorará la satisfacción del cliente si se contratan empleados competentes?". La respuesta es sí, porque el modelo fue significativo al nivel de .001 y R cuadrada fue .221. ¿Qué tan estrechamente se relacionan? Por cada incremento de unidad en X3, X9 sube .315 de unidad.

Hay que mencionar una nota adicional. La tabla de Coeficientes contenía una columna titulada Standardized Beta Coefficients (coeficientes beta estandarizados). Este número no es significativo en una regresión bivariada. No obstante, cuando se utilizan variables independientes múltiples, las escalas usadas para medir cada variable pueden no ser siempre las mismas (por ejemplo, recurrir a los años de edad y al ingreso anual para predecir la frecuencia con que se come o cena fuera de casa). La estandarización es un método para eliminar las unidades de cada variable y poner todos los predictores en la misma escala. El término "Beta" es otra forma de referirse al coeficiente de regresión.

Significancia sustantiva

Una vez que se determina la significancia estadística de los coeficientes de regresión, hemos respondido a la primera pregunta acerca de nuestra relación: "¿Hay una relación entre nuestras variables dependiente e independiente?" En este caso, la respuesta es sí. La segunda pregunta que queríamos hacer era: "¿Qué tan fuerte es esa relación?" La salida del análisis de regresión incluye el coeficiente de determinación, o r^2. Como observamos antes, el coeficiente de determinación describe la cantidad de variación en la variable dependiente asociada con la variación en la variable independiente. Otra forma de pensar acerca de esto es que la regresión r^2 le dice qué porcentaje de la variación total en su variable dependiente puede usted explicar utilizando la variable independiente. La medida r^2 varía entre .00 y 1.00, y para calcularla hay que dividir la cantidad de variación que ha podido usted explicar con su ecuación de regresión (que se obtiene sumando las diferencias elevadas al cuadrado entre su valor predicho y la media aritmética de la variable dependiente) por la variación total en la variable dependiente. En el ejemplo Deli Depot anterior, en el que se examinó la relación entre los Empleados competentes y la Satisfacción, r^2 fue .221. Eso significa que aproximadamente 22% de la variación en la satisfacción del cliente se asocia con la variación en la competencia del empleado. Recuerde, no podemos decir que la competencia del empleado causa cambios en la satisfacción, sólo que los cambios en la competencia tienden a asociarse confiablemente con los cambios en la satisfacción.

Cuando examina usted la significancia sustantiva de una ecuación de regresión, debe atender al tamaño de r^2 obtenida por la ecuación de regresión y la fuerza del coeficiente de regresión. El coeficiente de regresión puede ser estadísticamente significativo, pero aun así ser relativamente pequeño, lo cual indica que su medida dependiente no cambiará mucho por cambio de unidad dado en la medida independiente. En nuestro ejemplo de Deli Depot, el coeficiente de regresión fue .315, lo cual no es una relación muy fuerte. Cuando los coeficientes de regresión son significativos pero pequeños, decimos que hay presencia de una relación en nuestra población, pero que es débil.

Análisis de regresión múltiple

Análisis de regresión múltiple Técnica estadística con la cual se analiza la relación lineal entre una variable dependiente y variables independientes múltiples estimando los coeficientes de la ecuación de una línea recta.

En la mayoría de los problemas prácticos que enfrentan los administradores de marketing, hay diversas variables independientes que ellos quieren examinar por su influencia en una variable dependiente de interés. El **análisis de regresión múltiple** es la técnica apropiada que debe emplearse en estas situaciones. La técnica es una extensión franca del análisis de regresión bivariada que se acaba de explicar. Se introducen variables independientes múltiples en el mismo tipo de ecuación de regresión, y por cada variable se calcula un coeficiente de regresión aparte que describe su relación con la variable dependiente. Estos coeficientes le permiten al investigador de mercados examinar la influencia relativa de cada variable independiente sobre la variable dependiente.

El tipo de relación que existe entre cada variable independiente y la medida dependiente todavía es lineal. Sin embargo, con el agregado de variables independientes múltiples ahora tenemos que pensar en dimensiones independientes múltiples en lugar de sólo una descripción rectilínea. La manera más fácil de analizar las relaciones es examinar los coeficientes de regresión por cada variable independiente. Estos coeficientes aún describirán la cantidad promedio de cambio por esperar en *Y* dado un cambio de unidad en el valor de la variable independiente particular que usted examina. Es más, cada coeficiente de regresión particular describe la relación de esa variable independiente con la variable dependiente. Por ejemplo, supongamos que la variable dependiente en una regresión múltiple es el número de tazas de café Starbucks consumidas por los estudiantes en un clásico día del periodo de exámenes finales. Las dos variables independientes son el número de horas de estudio y la cantidad de exámenes efectuados en ese día particular. Esperamos que los coeficientes de regresión de estas variables independientes sean bastante grandes, porque ambos se relacionan lógicamente con el número de tazas de café consumidas, suponiendo que los estudiantes beben café.

Con el agregado de más de una variable independiente, tenemos un par de nuevos temas por considerar. Una preocupación es la posibilidad de que cada variable independiente se pueda medir utilizando una escala diferente. Por ejemplo, supongamos que el distribuidor local de copiadoras Canon le pidiera a un grupo de estudiantes que haga la predicción de los ingresos anuales por ventas que él maneja. Para predecir la variable dependiente, ingresos por ventas, podríamos usar el tamaño de la fuerza de ventas (X1), el monto del presupuesto publicitario (X2) y la actitud del consumidor hacia los productos del distribuidor (X3). Cada una de estas variables independientes es susceptible de medirse utilizando una escala diferente, es decir, unidades diferentes. El tamaño de la fuerza de ventas se mediría por el número de vendedores, la cantidad del presupuesto publicitario se tasaría en dólares y la actitud del consumidor se mediría en una escala de cinco puntos de "Muy pobre" a "Excelente". Cuando se miden variables independientes múltiples con diferentes escalas, no es posible hacer comparaciones relativas entre los coeficientes de regresión para ver cuál variable independiente tiene la mayor influencia sobre la variable dependiente.

Coeficiente beta Coeficiente de regresión estimado que se ha recalculado para que tenga una media aritmética de 0 y una desviación estándar de 1. Este cambio permite que las variables independientes con diferentes unidades de medición se comparen directamente en cuanto a su asociación con la variable dependiente.

Para resolver este problema, calculamos el coeficiente de regresión estandarizado. Se le llama **coeficiente beta**, y se calcula a partir del coeficiente de regresión normal. Se recalcula el coeficiente de regresión para que tenga una media aritmética de 0 y una desviación estándar de 1. La estandarización elimina los efectos de usar diferentes escalas de medición. Los coeficientes beta fluctuarán entre .00 y 1.00. El uso del coeficiente beta permite las comparaciones directas entre las variables independientes para determinar qué variables tienen la mayor influencia sobre la medida dependiente.

Significancia estadística

Después de que haya estimado los coeficientes de regresión, aún tiene usted que examinar la significancia estadística de cada coeficiente. Esto se hace de la misma manera que en el caso de la regresión bivariada. Cada coeficiente de regresión se dividirá entre su error estándar para producir una estadística *t*, la cual se compara contra el valor crítico para determinar si puede rechazarse la hipótesis nula. La pregunta básica que estamos tratando de responder es todavía la misma: "¿Qué probabilidad hay de que obtengamos un coeficiente de este tamaño en nuestra muestra si el coeficiente de regresión real en la población fuera cero?" Tiene usted que examinar las estadísticas de prueba *t* de cada coeficiente de regresión. Muchas veces, no todas las variables en una ecuación de regresión serán estadísticamente significativas. En términos prácticos, si un coeficiente de regresión no es estadísticamente significativo, esto significa que la variable independiente no tiene una relación con la variable dependiente y que la pendiente que describe esa relación es relativamente plana (es decir, el valor de la variable dependiente no cambia en modo alguno conforme cambia el valor de la variable independiente estadísticamente insignificante).

Cuando se recurre a un análisis de regresión múltiple, es importante examinar la significancia estadística general del modelo de regresión. La cantidad de la variación en la variable dependiente que usted ha podido explicar con las medidas independientes se compara con la variación total en la medida dependiente. De esta comparación resulta una estadística llamada **estadística *F* del modelo**. Esta medida se compara contra un valor crítico para determinar si se rechaza o no la hipótesis nula. Si la estadística *F* es estadísticamente significativa, esto indica que las probabilidades de que el modelo de regresión de su muestra produzca una gran r^2 son aceptablemente escasas cuando la r^2 de la población es en realidad 0.

Estadística *F* del modelo Estadística que compara la cantidad de la variación en la medida dependiente "explicada" por o asociada con las variables independientes de la varianza "no explicada" o de error. Una estadística *F* mayor indica que el modelo de regresión tiene más varianza explicada que varianza de error.

Significancia sustantiva

Una vez que hemos estimado la ecuación de regresión que describe las relaciones entre nuestras variables independientes y la variable dependiente, necesitamos evaluar la fuerza de la asociación existente. Desde una perspectiva general, la r^2 múltiple o coeficiente múltiple de determinación describe la fuerza de la relación entre todas las variables independientes en nuestra ecuación y la variable dependiente. Si usted recuerda nuestra explicación de r^2 de la sección sobre análisis de correlación, el coeficiente de determinación es una medida de la cantidad de variación en la variable dependiente asociada con la variación en la variable independiente. En el caso del análisis de regresión múltiple, la medida de r^2 muestra la cantidad de variación en la variable dependiente asociada con (o explicada por) todas las variables independientes consideradas juntas.

Cuanto mayor es la medida de r^2, mayor porción de la conducta de la medida dependiente se asocia con las medidas independientes que utilizamos para predecirla. Por ejemplo, si la r^2 múltiple en nuestro ejemplo anterior fue .78, eso significaría que podemos dar cuenta de, o explicar, el 78% de la variación en los ingresos por ventas utilizando la variación en el tamaño de la fuerza de ventas, el presupuesto publicitario y las actitudes de los clientes hacia nuestros productos de copiadoras. Valores más altos de r^2 significan relaciones más fuertes entre el grupo de variables independientes y la medida dependiente. Como antes, la medida de la fuerza de la relación entre una variable independiente individual y la medida dependiente de interés la muestran el coeficiente de regresión o el coeficiente beta de esa variable.

Para resumir, los elementos de un modelo de regresión múltiple que se han de examinar para determinar su significancia incluyen la r^2, la estadística *F* del modelo, los coeficientes de regresión individuales de cada variable independiente, sus estadísticas *t* asociadas y los coeficientes beta individuales. El procedimiento apropiado que debe seguirse para evaluar los resultados de un análisis de regresión es el siguiente: 1. evaluar la significancia estadística del modelo de regresión general utilizando la estadística *F* y su probabilidad asociada; 2. evaluar la r^2 obtenida para ver qué tan grande es; 3. examinar los coeficientes de regresión individuales y sus estadísticas *t* para ver cuáles son estadísticamente significativas, y 4. ver los coeficientes beta para evaluar su influencia relativa. Estos elementos, en conjunto, deben darle un cuadro amplio de las respuestas a nuestras tres preguntas básicas acerca de las relaciones entre sus variables dependientes e independientes.

Aplicación de SPSS: Regresión

El investigador de mercados puede servirse de la regresión para examinar la relación entre una sola variable dependiente métrica y una o más variables independientes métricas. Si usted examina la base de datos de Deli Depot notará que las primeras seis variables son variables métricas independientes; son percepciones del restaurante que se midieron usando una escala de puntuación tipo Likert de 10 puntos en la que 10 representa la dimensión positiva y 1 la negativa. La variable X7 es el sexo, y por consiguiente no es métrica. Las variables X8 y X9 son variables métricas dependientes medidas en una escala de puntuación tipo Likert de 7 puntos. La variable X10-Nivel de uso no es métrica, como lo es X11-Área de mercado. Las variables X12 a X17 son variables no métricas porque son datos de ordenación jerárquica, y por ende no se las puede usar en la regresión.

Un problema sencillo a examinar con la regresión sería el de ver si las percepciones de los alimentos en el restaurante se relacionan con la satisfacción. En este caso, la variable métrica dependiente sola es X9-Satisfacción, y las variables independientes serían X4-Calidad de los alimentos y X5-Variedad de los alimentos. La hipótesis nula sería que no hay relación entre X9 y X4 y X5. La hipótesis alternativa sería que X4 y X5 se relacionan significativamente con X9-Satisfacción del cliente.

La secuencia de ejecución por clics en SPSS es ANALYZE → REGRESSION → LINEAR (analizar → regresión → lineal). Resalte X9 y trasládela al cuadro de Dependent Variables (variables dependientes). Resalte X4 y X5 y trasládelas al cuadro Independent Variables (variables independientes). Cliquee en Enter (intro) en el cuadro de Methods (métodos). Haga clic en el botón Statistics (estadísticas) y luego en el de Estimates (estimados) en el cuadro de Regression Coefficients (coeficientes de regresión). Ahora cliquee en Model Fit (ajuste de modelo), Descriptives (descriptivos) y Collinearity Diagnostics (diagnósticos de colinealidad), y luego en Continue (continuar). Se pueden elegir varios tipos adicionales de análisis en el fondo de este cuadro de diálogo, pero en este punto usaremos los predeterminados (defaults) del programa. Cuando haga clic usted OK (aceptar) en la parte superior derecha del cuadro de diálogo se ejecutará una regresión.

Las tablas mostradas bajo el encabezado de Regression (regresión) contienen los resultados del análisis de regresión múltiple. Los resultados de la correlación de Pearson muestran que X9 se correlaciona significativamente con X4 (.441) y X5 (.311), y que X4 y X5 se correlacionan una con otra (.745) con bastante fuerza.

Correlaciones

		Nivel de satisfacción	X4-Calidad de los alimentos	X5-Variedad de los alimentos
Correlación de Pearson	Nivel de satisfacción	1.000	.441	.311
	X4-Calidad de los alimentos	.441	1.000	.745
	X5-Variedad de los alimentos	.311	.745	1.000
Significancia (1 cola)	Nivel de satisfacción		.001	.014
	X4-Calidad de los alimentos	.001		.000
	X5-Variedad de los alimentos	.014	.000	
N	Nivel de satisfacción	50	50	50
	X4-Calidad de los alimentos	50	50	50
	X5-Variedad de los alimentos	50	50	50

La tabla Model Summary (resumen del modelo) muestra que R cuadrada para este modelo es .195. Esto significa que el 19.5% de la variación en la satisfacción (variable dependiente) puede ser explicado con las dos variables independientes. La tabla muestra asimismo la R cuadrada ajustada para el modelo como .161. En cualquier momento en que otra variable independiente se añada a un modelo de regresión múltiple, R cuadrada tendrá un incremento (aunque sólo sea ligero). En consecuencia, se vuelve difícil determinar qué modelos hacen mejor la tarea de explicar la variación en la misma variable dependiente. La R cuadrada ajustada hace precisamente lo que su nombre implica. Ajusta la R cuadrada por el número de variables predictoras en el modelo. Este ajuste permite la fácil comparación del poder explicativo de los modelos con diferentes números de variables predictoras.

Resumen del modelo

Modelo	R	R cuadrada	R cuadrada ajustada	Error estándar del estimado
1	.442a	.195	.161	.87

[a]Predictores: (Constante), X5-Variedad de los alimentos, X4-Calidad de los alimentos.

ANOVA[a]

Modelo		Suma de cuadrados	df	Cuadrado de la media aritmética	*F*	Significancia
1	Regresión	8.706	2	4.353	5.703	.006b
	Residuo	35.874	47	.763		
	Total	44.580	49			

[a]Variable dependiente: Nivel de satisfacción.
[b]Predictores: (Constante), X5-Variedad de los alimentos, X4-Calidad de los alimentos.

Los resultados del modelo de regresión en la tabla ANOVA muestran que el modelo general es significativamente diferente de 0 (razón matemática $F = 5.703$; nivel de probabilidad = .006). El nivel de probabilidad de .006 significa que las posibilidades no son mayores de .006 que los resultados del modelo de regresión podrían arrojar de una población en la que R cuadrada es realmente .00.

Para determinar si una o ambas variables —de los alimentos— independientes son predictoras significativas de satisfacción, debemos examinar la tabla de Coefficients (coeficientes). La columna de Standardized Coefficients Beta (coeficientes beta estandarizados) revela que X4-Calidad de los alimentos tiene un coeficiente beta de .471 que tiene un nivel de significancia de .020. De manera similar, X5-Variedad de los alimentos tiene un coeficiente beta de –.0.040 y no es significativa (nivel de probabilidad de .839). Esto quiere decir que no podemos rechazar la hipótesis nula de que X5 no se relaciona con X9-Satisfacción del cliente. Por otro lado, tenemos la capacidad de rechazar la hipótesis nula de que X4 y X9 no se relacionan y afirmar con alguna confianza que X4-Calidad de los alimentos se asocia con X9-Satisfacción del cliente. De acuerdo con el coeficiente beta, cada vez que X4 crece 1 unidad, X9 crecerá .471 unidades, en promedio. De tal suerte, sabemos por este análisis de regresión que las percepciones de la calidad de los alimentos son un buen predictor del nivel de satisfacción, pero que las percepciones de la variedad de los alimentos no lo son.

Coeficientes[a]

Modelo		Coeficientes no estandarizados		Coeficientes estandarizados			Estadísticas de colinealidad	
		B	Error estándar	Beta	*t*	Significancia	Tolerancia	VIF
1	(Constante)	2.727	.620		4.396	.000		
	X4-Calidad de los alimentos	.398	.166	.471	2.400	.020	.444	2.250
	X5-Variedad de los alimentos	–4.47E-02	.218	–.040	–.205	.839	.444	2.250

[a]Variable dependiente: Nivel de satisfacción.

El examen de las tablas de SPSS revela que mucha de la información proporcionada no se analiza. Los investigadores estadísticos pueden usar esta información, pero por lo común no ocurre lo mismo con los administradores. Uno de los retos para usted será aprender qué información ha de usar y cuál descartar. Esto se vuelve más difícil a medida que usted elige clases opcionales adicionales de análisis. En este punto le recomendamos que comience sencillamente y aprenda en lo sucesivo. Por ejemplo, el siguiente problema que examine usted puede ser el de cambiar la variable dependiente de X9-Satisfacción a X8-Recomendarlo, y ejecutar la misma regresión con X4 y X5 como independientes. Otra posibilidad es mantener X9-Satisfacción como la dependiente y usar las variables X1 a X6 como variables independientes. Haciendo esto aprenderá a usar el programa de SPSS y verá también si existen algunas relaciones entre las variables. ¡Diviértase!

Uso de variables de simulación en regresión múltiple

Variables de simulación Variables artificiales introducidas en una ecuación de regresión para representar las categorías de una variable medida nominalmente a escala.

A veces las variables independientes particulares que usted quiera usar para predecir una variable dependiente no se miden empleando escalas de intervalo o de razón matemática (un supuesto básico para el uso del análisis de regresión). Aún es posible incluir tales variables mediante el recurso de las **variables de simulación**. Por ejemplo, si usted quisiera incluir el sexo de los clientes del restaurante Deli Depot para tratar de explicar su satisfacción con este establecimiento, es obvio que su medida al respecto comprendería sólo dos valores posibles: hombre o mujer.

El uso de variables simuladas consiste en elegir una categoría de la variable para que sirva de categoría de referencia y luego agregar tantas variables simuladas como valores posibles de la variable hay, menos esa categoría de referencia. Las categorías se codifican como 0 o 1. En el ejemplo citado, si usted eligió la categoría de mujeres como la de referencia, tendría sólo una variable simulada para la categoría de hombres. A esa variable simulada se le asignaría el valor de 1 para los hombres y 0 para las mujeres. En la base de datos de Deli Depot, X7-Sexo ya está codificada como variable simulada para sexo, con las mujeres como categoría de referencia.

Para ver cómo funciona la regresión múltiple con variables simuladas, utilicemos las respuestas de la base de datos de Deli Depot para investigar si la satisfacción de los clientes de Deli Depot se relaciona con X4-Calidad de los alimentos y con X6-Servicio rápido, y si esta relación es diferente para X7, clientes hombres y mujeres. La hipótesis nula sería que X9-Satisfacción del cliente no se relaciona con X4, X6 o X7.

La secuencia de ejecución por clics en SPSS es ANALYZE → REGRESSION → LINEAR (analizar → regresión → lineal). Haga clic en X9-Satisfacción del cliente y trasládela al cuadro de Dependent Variables (variables dependientes). Haga clic en X4-Calidad de los alimentos, X6-Servicio rápido y X7-Sexo y trasládelas al cuadro de Independent Variables (variables independientes). En el recuadro titulado Method (método) elija Enter (intro) como método. Cliquee en el botón Statistics (estadísticas) y luego en Estimates (estimados) en el cuadro Regression Coefficients (coeficientes de regresión). Ahora haga clic en Model Fit (ajuste al modelo) y en Descriptives (descriptivos). Cliquee en Continue (continuar) y en OK (aceptar) para ejecutar el procedimiento de regresión múltiple.

Las tablas que aparecen bajo el encabezado Regression (regresión) contienen los resultados del análisis de regresión múltiple. En la tabla Model Summary (resumen del modelo) puede usted ver que la R^2 para el modelo es .376. Aproximadamente 37% de la variación total en X9 se asocia con X4-Calidad de los alimentos, X6-Rapidez del servicio y X7-Sexo. La tabla ANOVA indica que el modelo de regresión es significante, con un nivel de probabilidad de .000.

Resumen del modelo

Modelo	R	R cuadrada	R cuadrada ajustada	Error estándar del estimado
1	.613[a]	.376	.335	.78

[a]Predictores: (Constante), sexo, X4-Calidad de los alimentos, X6-Rapidez del servicio.

ANOVA[a]

Modelo		Suma de cuadrados	df	Cuadrado de la media aritmética	*F*	Significancia
1	Regresión	16.765	3	5.588	9.242	.000[b]
	Residuo	27.815	46	.605		
	Total	44.580	49			

[a]Variable dependiente: Nivel de satisfacción.

[b]Predictores: (Constante), Sexo, X4-Calidad de los alimentos, X6-Rapidez del servicio.

Coeficientes[a]

Modelo		Coeficientes no estandarizados		Coeficientes estandarizados		
		B	Error estándar	Beta	*t*	Significancia
1	(Constante)	3.656	.678		5.394	.000
	X4-Calidad de los alimentos	.435	.104	.515	4.175	.000
	X6-Servicio rápido	−.165	.098	−.288	−1.682	.099
	Sexo	−.347	.320	−.180	−1.085	.284

[a]Variable dependiente: Nivel de satisfacción.

La tabla de Coeficientes muestra que X4-Calidad de los alimentos es un predictor significativo de satisfacción, con un coeficiente beta de .515. Servicio rápido (X6), con un beta de −.288, no está significativamente relacionado con la satisfacción del cliente (esto es, el nivel de probabilidad es de .099). Ahora la pregunta de interés es "¿Difiere el nivel de satisfacción de los clientes de Deli Depot dependiendo de si son hombres o mujeres?". De acuerdo con los resultados de la tabla de Coeficientes, el coeficiente beta para X7-Sexo no es significativo (esto es, el nivel de probabilidad es de .284). Esto significa que los clientes mujeres y hombres no reportan niveles significativamente diferentes de satisfacción cuando se los compara con las respuestas de la calidad de los alimentos y la rapidez del servicio. Pero puede haber alguna multicolinealidad entre el sexo y estas dos variables. En la siguiente sección se considera este tema. Antes de leer le sugerimos que ejecute una regresión con sólo dos variables: X9-Satisfacción del cliente y X7-Sexo.

Si el coeficiente beta para sexo hubiera sido significativo, hubiéramos podido decir que, comparados con las clientas (la categoría de referencia), los clientes varones están menos satisfechos (esto es, tienen un coeficiente beta de −.180).

También es posible usar variables independientes categóricas con más que sólo dos categorías. Digamos que usted quisiera usar el comportamiento de compra de los consumidores de café Starbucks para tratar de predecir su conducta de compra para Maxwell House, y que hubiese usted dividido su muestra en no usuarios, usuarios ligeros y usuarios fuertes. Para utilizar variables simuladas en su modelo de regresión, usted escogería una categoría como grupo de referencia (no usuarios) y agregaría dos variables simuladas para las categorías restantes. Las variables se codificarían como sigue, utilizando 0 y 1:

Categoría	D_1	D_2
No usuario	0	0
Usuario ligero	1	0
Usuario fuerte	0	1

El uso de las variables simuladas en los modelos de regresión permite que se incluyan diferentes tipos de variables independientes en los esfuerzos de predicción. El investigador debe tener en mente la diferencia en la interpretación del coeficiente de regresión y la identidad de la categoría de referencia que es representada por el término de intercepción.

Examen de los residuos

Anteriormente en el capítulo se abordó la necesidad de examinar los términos de error (residuos) a fin de diagnosticar problemas potenciales causados por observaciones de datos que no cumplen los requisitos de los supuestos de la regresión. Recuerde, los residuos son la diferencia entre el valor observado de la variable dependiente y el valor predicho de la variable dependiente producido por la ecuación de regresión. Podemos usar el SPSS para examinar los residuos. La secuencia de ejecución por clics en SPSS es ANALYZE → REGRESSION → LINEAR (analizar → regresión → lineal). Resalte X9 y trasládela al cuadro de Dependent Variable (variable dependiente). Resalte X4 y X5 y trasládelas al cuadro de Independent Variable (variable independiente). En el cuadro de Methods (métodos) conservaremos Enter (intro), que es el predeterminado. A continuación, cliquee en el botón de Statistics (estadísticas) y luego en Estimate (estimar), en el cuadro de Regression Coefficients (coeficientes de regresión). Ahora haga clic en Model Fit (ajuste de modelo), Descriptives (descriptivos) y Colinearity Diagnostics (diagnósticos de colinealidad), y luego en Continue (continuar).

Ésta es la misma secuencia de las aplicaciones anteriores de SPSS de regresión, pero ahora debemos cliquear también el botón Plots (trazos de gráfica). Para producir los trazos de los residuos de regresión a fin de verificar los problemas potenciales, haga clic en ZPRED (Z-predeterminar) y traslade los residuos al cuadro Y. Luego cliquee en ZRESID (Z-residuos) y trasládelos al cuadro X. Estos dos elementos representan la variable dependiente predicha estandarizada (Standardized Predicted Dependent Variable) y el residuo estandarizado (Standardized Residual). La comparación de estas dos cantidades nos permite determinar si la relación propuesta en hipótesis entre la variable X9 y las variables independientes X5 y X5 es lineal, y también si los términos de error en el modelo de regresión están distribuidos normalmente (uno de los supuestos básicos de un modelo de regresión).

Para evaluar cabalmente los resultados de regresión necesitamos examinar otras dos gráficas. Para hacer esto, vaya a la zona inferior izquierda del cuadro de diálogo, en Standardized Residual Plots (trazos de gráfica de residuo estandarizado). Haga clic en las opciones de probabilidad Histogram (histograma) y Normal. Ahora cliquee en Continue y luego en OK (aceptar) para ejecutar el proceso de regresión.

Si usted ve la información de la tabla Model Summary (Resumen del modelo) adjunta notará que R cuadrada es .195. Por la tabla ANOVA puede usted ver que esta R cuadrada es significativa al nivel de .006. Pasemos ahora a la sección de Charts (gráficas) para ver si los datos que usamos en el modelo de regresión violaron alguno de los supuestos básicos (relación lineal, errores normalmente distribuidos, etc.). Las tablas 17.9 a 17.11 presentan información acerca de la distribución residual. Si el modelo de regresión predice igualmente bien en el rango entero de las variables independientes, no debe haber patrón o forma distinguible en los residuos y su distribución debe ser normal. Los resultados que se aprecian en estas gráficas le ayudarán a determinar si los residuos producidos por nuestro análisis de regresión se apegan a este estándar.

Resumen del modelo[a]

Modelo	R	R cuadrada	R cuadrada ajustada	Error estándar del estimado
1	.442[b]	.195	.161	.87

[a]Variable dependiente: Nivel de satisfacción.

[b]Predictores: (Constante), X5-Variedad de los alimentos, X4-Calidad de los alimentos.

ANOVA[a]

Modelo		Suma de cuadrados	df	Cuadrado de la media aritmética	*F*	Significancia
1	Regresión	8.706	2	4.353	5.703	.006[b]
	Residuo	35.874	47	.763		
	Total	44.580	49			

[a]Variable dependiente: Nivel de satisfacción.

[b]Predictores: (Constante), X5-Variedad de los alimentos, X4-Calidad de los alimentos.

La figura 17.9 muestra la distribución de frecuencia de los residuos comparada con una distribución normal. Como puede ver, aunque hay algunos residuos (por ejemplo, los que ocurren en –0.75 y –1.75) que están relativamente lejos de la curva, muchos de los residuos están bastante cerca. El examen de esta sola tabla pudiera llevarlo a usted a inferir que hay un problema, pero necesita ver las tres tablas para hacer un juicio.

En la tabla 17.10 se presentan los residuos estandarizados observados en comparación con los residuos estandarizados esperados de una distribución normal. Si los residuos observados se distribuyen en forma normal, caerán directamente sobre la línea de 45° que se muestra en la gráfica. Como puede ver, los residuos de nuestro modelo de regresión están bastante cercanos. Por último, la figura 17.11 compara los valores predichos estandarizados de la variable dependiente con los residuos estandarizados de la ecuación de regresión. El diagrama de dispersión de los residuos no muestra gran diferencia en el esparcimiento de los residuos cuando usted lo ve de izquierda a derecha en la gráfica. De nueva cuenta, este resultado sugiere que la relación que estamos tratando de predecir es lineal y que los términos de error están normalmente distribuidos.

En consecuencia, del examen de la información presentado en las tres figuras concluimos que no hay problemas de datos significativos que conduzcan a afirmar que se han violado seriamente los supuestos de la regresión múltiple. Como nota final podemos decir que la regresión es un método estadístico robusto, y que para crear problemas se requiere de violaciones sustanciales de los supuestos.

FIGURA 17.9 **Residuos estandarizados comparados con la distribución normal**

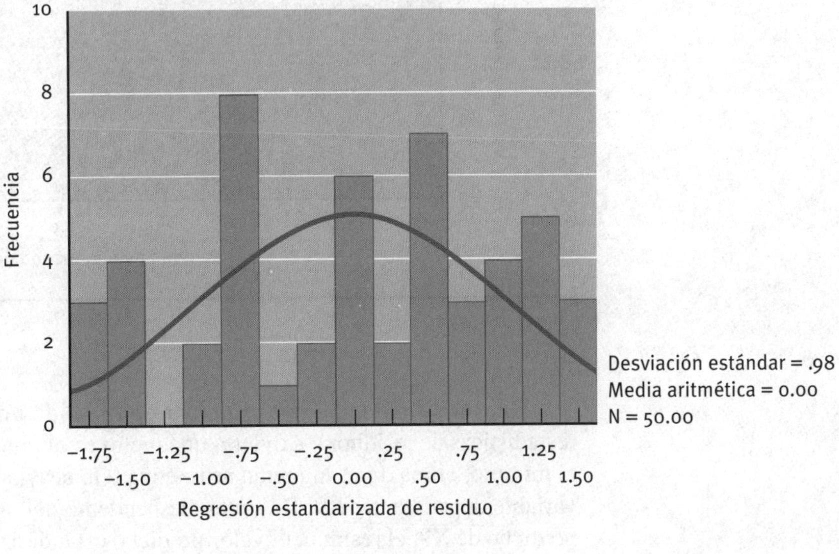

FIGURA **17.10 Residuos estandarizados observados *versus* esperados**

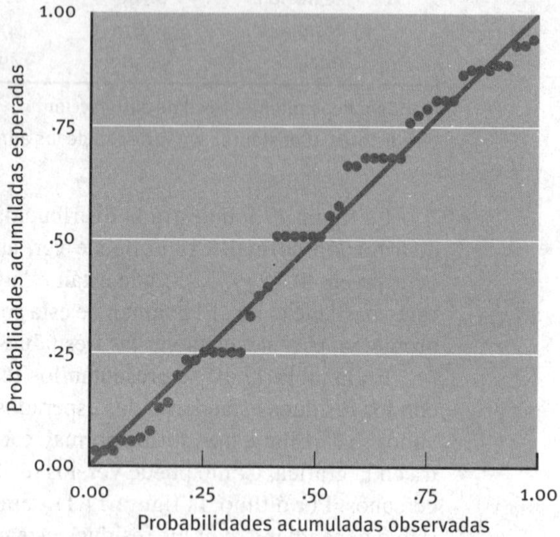

FIGURA **17.11 Valores predichos estandarizados *versus* residuos estandarizados**

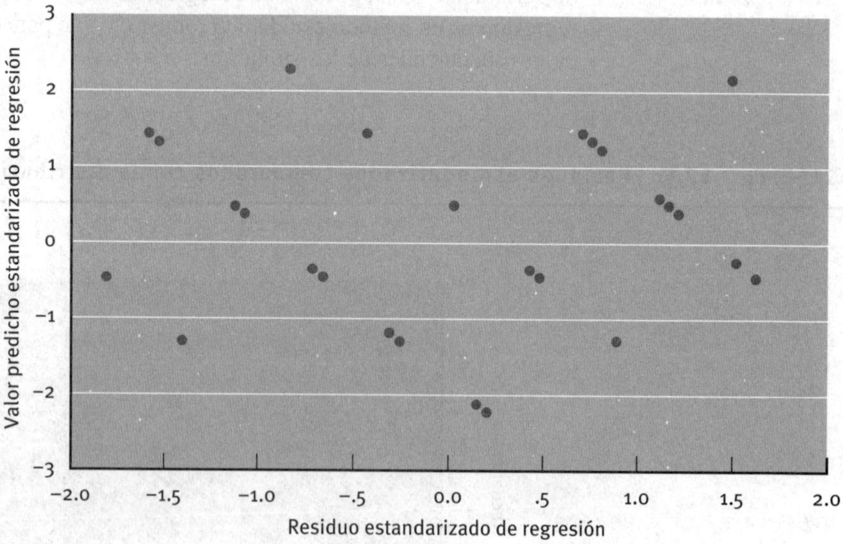

Hay un último tema por examinar de la salida impresa: la tabla de Residual Statistics (estadísticas de residuos). Advierta que incluye columnas a lo ancho de la parte superior para el mínimo, el máximo, la media aritmética y la desviación estándar del valor predicho de la variable dependiente, X9. En orden descendente del lado izquierdo hay referencias al valor predicho de X9, el residuo, el valor predicho estandarizado y el valor residual estandarizado. Puesto que el proceso de estandarización produce puntuaciones con una media aritmética de

0 y una desviación estándar de 1.00, debe usted ver con la mayor atención las columnas de Minimum (Mínimo) y Maximum (Máximo). Los números de estas columnas le dirán a usted si los datos tienen algunos fugitivos distinguidos (esto es, respuestas individuales que probablemente son respuestas válidas, pero que son muy diferentes del resto de las respuestas a una pregunta particular). Las entradas en las columnas de Mínimo y Máximo para el valor predicho estandarizado y el valor de residuo estandarizado representan el número de desviaciones estándar de la media aritmética de 0. Por ejemplo, el valor más grande del valor predicho estandarizado para X9 es 2.258 desviaciones estándar sobre el valor de la media aritmética de 09. De igual manera, el valor más grande del residuo estandarizado es –1.812 desviaciones estándar debajo de su media aritmética de 0. La mejor forma de utilizar estos números es buscar valores de mínimo y máximo mayores de 3.0. Esto significaría que algunos de los valores y residuales predichos están a más de tres desviaciones estándar de sus medias aritméticas y podrían indicar la presencia de fugitivos en los datos.

Estadísticas de residuales[a]

	Mínimo	Máximo	Media aritmética	Desviación estándar	*N*
Valor predicho	3.83	5.73	4.78	.42	50
Residual	−1.58	1.42	3.55E-17	.86	50
Valor predicho estandarizado	−2.250	2.258	.000	1.000	50
Residual estandarizado	−1.812	1.622	.000	.979	50

[a]Variable dependiente: Nivel de satisfacción.

Análisis de multicolinealidad y de regresión múltiple

Un problema común de los investigadores de mercado consiste en la situación en la que las variables independientes se correlacionan en alto grado entre sí. Esta característica de los datos presenta un problema, al cual se le llama **multicolinealidad**. La definición general del coeficiente de regresión que describe la relación entre una variable independiente y la variable dependiente de interés es que dicho coeficiente significa la cantidad promedio de cambio en la variable dependiente asociada con una unidad de cambio en la variable independiente, *suponiendo que todas las demás variables independientes en la ecuación permanezcan iguales*. Si diversas variables independientes se correlacionan en alto grado (por ejemplo, el nivel de educación y el ingreso anual de un encuestado), entonces está claro que el nivel de ingresos no permanecerá igual a medida que cambie el nivel de educación de un encuestado.

Multicolinealidad Situación en la que diversas variables independientes se correlacionan en alto grado unas con otras. Esta característica puede causar dificultades en la estimación de coeficientes de regresión separados o independientes para las variables correlacionadas.

El efecto de los altos niveles de multicolinealidad es que le hace difícil o imposible a la ecuación de regresión separar las contribuciones independientes de las variables independientes o predictoras. El impacto práctico de la multicolinealidad se relaciona con la significancia estadística de los coeficientes de regresión individuales. La multicolinealidad eleva el error estándar del coeficiente y *disminuye* la estadística *t* asociada con el coeficiente (recuerde que el coeficiente de regresión se resta del coeficiente de la hipótesis nula y se divide entre su error estándar para calcular la estadística *t*). Por consiguiente, es posible, si la multicolinealidad es lo bastante grave, que su modelo de regresión tenga una estadística *F* significativa y una r^2 razonablemente grande, y aun así no tenga coeficientes de regresión que sean estadísticamente significativos a partir de 0. Los problemas de multicolinealidad no tienen impacto en el tamaño de la r^2 o de la capacidad de usted para predecir valores de la variable dependiente. El efecto mayor se limita a la significancia estadística de los coeficientes de regresión individuales.

Aplicación de SPSS: Multicolinealidad

La salida de SPSS del ejemplo de Deli Depot descrito anteriormente aporta algunos resultados para ayudarle a determinar si la multicolinealidad es un problema potencial en los datos. Mire las columnas tituladas Tolerance (tolerancia) y VIF bajo el encabezado de Collinearity Statistics (estadísticas de colinealidad) del lado derecho de la tabla de Coefficients (coeficientes). Ambas son medidas de colinealidad entre las variables (VIF significa variance inflation factor [factor de inflación de varianza]) e indican el grado en el que cada variable independiente es explicada por las otras variables independientes.

Para evaluar la multicolinealidad atendemos a los tamaños de la tolerancia y del VIF. En tolerancia, los valores pequeños indican ausencia de colinealidad. El VIF es el inverso de la tolerancia, así que buscamos valores grandes. Si el valor de tolerancia es menor de .10, concluimos que la multicolinealidad es un problema. De modo similar, si el VIF es de 10 o mayor, entonces la multicolinealidad es un problema. En la resolución de Deli Depot, la tolerancia entre X4 y X5 es .444 y el VIF es 2.250. Puesto que el valor de tolerancia está sustancialmente por encima de .10 y el VIF es mucho menor de 10, concluimos que la multicolinealidad entre las variables independientes no constituye un problema.

Coeficientes[a]

Modelo		Coeficientes no estandarizados		Coeficientes estandarizados			Estadísticas de colinealidad	
		B	Error estándar	Beta	*t*	Significancia	Tolerancia	VIF
1	(Constante)	2.727	.620		4.396	.000		
	X4-Calidad de los alimentos	.398	.166	.471	2.400	.020	.444	2.250
	X5-Variedad de los alimentos	−4.47E-02	.218	−.040	−.205	.839	.444	2.250

[a]Variable dependiente: Nivel de satisfacción.

Para evitar el problema de la multicolinealidad en la regresión, debe usted examinar con anticipación las correlaciones entre las variables independientes. Si son demasiado altas (> .90), debe usted eliminar una de las variables correlacionadas en más alto grado.

Resumen de objetivos de aprendizaje

Entender y evaluar los tipos de relaciones entre variables.
Las relaciones entre variables se pueden describir de varias formas, entre ellas la presencia, la dirección, la fuerza de asociación y el tipo. La presencia nos dice si existe una relación uniforme y sistemática. La dirección nos indica si la relación es positiva o negativa. La fuerza de la asociación nos deja ver si tenemos una relación fuerte o débil y el tipo de relación se describe habitualmente como lineal o no lineal.

Dos variables pueden compartir una relación lineal, en la que los cambios en una variable van acompañados de algún cambio (no necesariamente la misma cantidad de cambio) en la otra variable. En la medida en que la cantidad del cambio se mantiene constante a lo largo del rango de ambas variables, se denomina *lineal* a la relación. A las relaciones entre dos variables que cambian en fuerza y/o dirección al cambiar los valores de las variables se las llama *curvilíneas*.

Explicar los conceptos de asociación y covariación.
Los términos *covarianza* y *asociación* se refieren al intento de cuantificar la fuerza de la relación entre dos variables. La covarianza es la cantidad de cambio en una variable de interés uniformemente relacionada con el cambio en otra variable en estudio. El grado de asociación es una medida numérica de la fuerza de la relación entre dos variables. Ambos términos se refieren a relaciones lineales.

Analizar las diferencias en ji cuadrada, la correlación de Pearson y la correlación de Spearman.
La estadística de ji cuadrada nos permite hacer pruebas para verificar la significación entre las distribuciones de frecuen-

cia de dos o más grupos. Los datos categóricos de preguntas acerca del sexo, la extracción étnica, la profesión y similares se pueden examinar y probar en busca de diferencias estadísticas. Los coeficientes de correlación de Pearson son una medida de asociación lineal entre dos variables de interés. El coeficiente de correlación de Pearson se usa cuando ambas variables se miden en una escala de intervalo o de razón matemática. Cuando se miden una o más variables de interés en una escala ordinal, debe usarse el coeficiente de correlación de orden de rango jerárquico de Spearman.

Diferenciar entre el concepto de significación práctica y el de significación estadística.

Puesto que algunos de los procedimientos que tienen que ver con la determinación de la significación estadística de una prueba estadística incluyen la consideración del tamaño de la muestra, es posible tener un grado muy bajo de asociación entre dos variables que se muestran estadísticamente significativas (esto es, el parámetro de población no es igual a cero). Sin embargo, considerando la fuerza absoluta de la relación además de su significación estadística, el investigador es más capaz de extraer la conclusión apropiada acerca de los datos y de la población de la cual se eligieron.

Entender cuándo y cómo hay que usar el análisis de regresión.

El análisis de regresión es útil para contestar a preguntas acerca de la fuerza de una relación lineal entre una variable dependiente y una o más variables independientes. Los resultados de un análisis de regresión indican la cantidad del cambio en la variable dependiente que se asocia con un cambio de una unidad en las variables independientes. Además, la precisión de la ecuación de regresión se puede evaluar comparando los valores predichos de la variable dependiente con los valores reales de la variable dependiente tomada de la muestra.

Términos y conceptos clave

Análisis de ji cuadrada (X^2) 563
Análisis de regresión bivariada 570
Análisis de regresión múltiple 576
Coeficiente beta 576
Coeficiente de correlación jerárquica de Spearman 568
Coeficiente de determinación (r^2) 567
Coeficiente de regresión 574
Coeficientes de correlación de Pearson 565
Covarianza 560
Cuadrados mínimos ordinarios 571
Diagrama de dispersión 561
Estadística *F* del modelo 577
Multicolinealidad 585
Relación 560
Relación curvilínea 560
Relación lineal 560
Variables de simulación 580

Preguntas de repaso

1. Explicar la diferencia entre hacer pruebas en busca de diferencias significativas y hacerlas en busca de asociación.
2. Explicar la diferencia entre asociación y causación.
3. ¿Qué es la covarianza? ¿En qué difiere de la correlación?
4. ¿Qué pruebas estadísticas deben utilizarse con los datos nominales y los ordinales? ¿Cuáles se pueden emplear con los datos de intervalo y los de razón matemática?
5. ¿Cuáles son las diferencias entre las técnicas estadísticas univariada, bivariada y multivariada?
6. ¿Qué es el análisis de regresión? ¿Cuándo lo usaría usted? ¿Cuál es la diferencia entre regresión simple y regresión múltiple?

Preguntas de análisis

1. Tanto la regresión como el análisis de correlación describen la fuerza de las relaciones lineales entre variables. Considere los conceptos de educación e ingresos. Mucha gente diría que estas dos variables se relacionan de manera lineal. A medida que crece la educación, el ingreso también lo hace habitualmente (aunque no siempre al mismo ritmo). ¿Puede usted pensar en dos variables que se relacionen de tal forma que su relación cambie a lo largo de su rango de valores posibles (esto es, en forma curvilínea)? ¿Cómo analizaría usted la relación entre dos variables así?

2. ¿Es posible llevar a cabo un análisis de regresión con dos variables y obtener una ecuación de regresión significativa (de razón matemática F significativa), pero aun así tener una r^2 baja? ¿Qué hace la medida estadística r^2? ¿Cómo se puede tener una r^2 baja y, no obstante, tener una razón matemática F estadísticamente significativa para la ecuación de regresión general?

3. El procedimiento de cuadrados mínimos ordinarios (CMO), de uso común en la regresión, produce una línea de "mejor ajuste" para los datos a los cuales se aplica. ¿Cómo definiría usted *mejor ajuste* en el análisis de regresión? ¿Qué hay del procedimiento que garantiza un mejor ajuste para los datos? ¿Qué supuestos acerca de una técnica de regresión son necesarios para producir este resultado?

4. Cuando se usan variables independientes múltiples para predecir una variable dependiente en una regresión múltiple, a menudo es una preocupación la multicolinealidad entre las variables independientes. ¿Cuál es el problema principal causado por la alta multicolinealidad entre las variables independientes en una ecuación de regresión múltiple? ¿Puede usted lograr todavía una alta r^2 para su ecuación de regresión si está presente la multicolinealidad en sus datos?

5. **EXPERIMENTE CON INTERNET.** Una tendencia en el marketing es ir de compras de productos y servicios por Internet. Desde la última década más o menos, los detallistas tradicionales han empezado a vender por catálogos. Actualmente, también están vendiendo por Internet. Para conocer más acerca de esto visite www.catalogsite.com. En este sitio, muchos detallistas anotan su mercancía en la lista con la esperanza de venderla. Revise los catálogos. Compare la información sobre el sitio web con los catálogos tradicionales y las tiendas detallistas. Prepare un cuestionario que abarque los elementos comunes de estos tres métodos de venta. Elija un detallista con el que estén familiarizados los estudiantes. Compile una muestra de catálogos que ofrezcan mercancía similar. Pida entonces a una muestra de estudiantes que visiten el sitio web y vean los catálogos que hay en él, que miren los catálogos que usted haya llevado a la clase y que luego respondan al cuestionario. Introduzca los datos en un programa de software y evalúe estadísticamente sus resultados. Prepare un informe y haga acopio de su capacidad para defender sus conclusiones.

6. **EJERCICIO DE SPSS.** Elija uno o dos estudiantes de su clase y formen un equipo. Identifique los diferentes detallistas de su comunidad que vendan videocaseteras, reproductores de discos compactos y televisores. Los miembros del equipo deben dividir el trabajo, visitar diferentes tiendas y describir los productos y marcas que se venden en cada una. Observe también el esquema en la tienda, el personal de ésta, así como el tipo de publicidad existente en ella. En otras palabras, familiarícese con la mezcla de marketing de cada detallista. Aplique su conocimiento de la mezcla de marketing para diseñar un cuestionario. Entreviste a unas 100 personas que estén familiarizadas con todos los detallistas que usted eligió y recabe sus respuestas. Analice las respuestas utilizando un paquete de software estadístico tal como SPSS. Prepare un reporte de sus resultados, incluyendo la cuestión de si las percepciones de

cada una de las tiendas son similares o diferentes, y en particular si las diferencias son estadística o sustantivamente diferentes. Presente sus resultados en clase y prepárese para defender sus conclusiones y su uso de las técnicas estadísticas.

7. **EJERCICIO DE SPSS.** La administración de Deli Depot cree que una de sus ventajas competitivas sobre Subway y otros restaurantes de sándwiches es su variedad más amplia de alimentos. Use la base de datos de Deli Depot y haga un análisis de correlación entre X5-Variedad de los alimentos y X9-Satisfacción del cliente para probar esta hipótesis.

ILUSTRACIÓN DE LA INVESTIGACIÓN DE MERCADOS

Ejemplo de SPSS: Factores de satisfacción del cliente en una operación manufacturera

El administrador de la planta de QualKote Manufacturing está interesado en el efecto que su esfuerzo de todo el año de llevar a la práctica un programa de administración de calidad total (TQM, total quality management) está causando en la satisfacción de sus clientes. Los capataces de planta, trabajadores de línea de montaje y personal de ingeniería han examinado de cerca su operación para determinar cuáles de sus actividades tienen el mayor impacto en la calidad y confiabilidad del producto. En conjunto, jefes y empleados han trabajado para entender mejor cómo afecta cada labor particular a la calidad final entregada del producto como la percibe el cliente.

Para tratar de responder a su pregunta acerca de la satisfacción del cliente, el administrador de la planta reunió datos de los trabajadores y jefes utilizando una escala de Likert para indagar qué piensan del nuevo sistema de TQM. A continuación se presentan los temas de muestra que se midieron:

- El programa de calidad de producto de la compañía mejoró el nivel de satisfacción del cliente. (Medida dependiente A84.)
- En el proceso estratégico de planeación de producto se utilizan datos de una variedad de fuentes externas. (Variable independiente A14.)
- Los clientes se involucran en el proceso de planeación de producto. (Variable independiente A22.)
- En la elaboración de los planes y metas estratégicos se utilizan los requerimientos y expectativas que tiene el cliente de los productos de la compañía. (Variable independiente A24.)
- Hay un proceso sistemático para traducir los requerimientos del cliente en productos nuevos y/o mejorados. (Variable independiente A35.)
- Hay un proceso sistemático para determinar con precisión los requerimientos y expectativas de los clientes. (Variable independiente A50.)

Se ejecutó una regresión múltiple utilizando el SPSS con 464 observaciones como insumo para el modelo. La salida se muestra en las tablas siguientes.

Estadísticas descriptivas

	Media aritmética	Desviación estándar	*N*
A84	2.793E-02	.9972	464
A14	5.832E-02	.9518	464
A22	2.334E-02	.9876	464
A24	2.282E-02	.9852	464
A35	6.726E-02	.9607	464
A50	4.769E-02	.9805	464

Correlaciones

		A84	A14	A22	A24	A35	A50
Correlación de Pearson	A84	1.000	.467	.345	.491	.502	.432
	A14	.467	1.000	.428	.520	.512	.489
	A22	.345	.428	1.000	.569	.490	.509
	A24	.491	.520	.569	1.000	.568	.588
	A35	.502	.512	.490	.568	1.000	.580
	A50	.432	.489	.509	.588	.580	1.000
Significancia (1 cola)	A84		.000	.000	.000	.000	.000
	A14	.000		.000	.000	.000	.000
	A22	.000	.000		.000	.000	.000
	A24	.000	.000	.000		.000	.000
	A35	.000	.000	.000	.000		.000
	A50	.000	.000	.000	.000	.000	
N	A84	464	464	464	464	464	464
	A14	464	464	464	464	464	464
	A22	464	464	464	464	464	464
	A24	464	464	464	464	464	464
	A35	464	464	464	464	464	464
	A50	464	464	464	464	464	464

Variables introducidas y/o eliminadas*

Modelo	Variables introducidas	Variables eliminadas	Método
1	A50, A14, A22, A35, A24†		Enter (introducir)

*Variable dependiente: A84.

†Introducción de todas las variables pedidas.

Resumen del modelo

Modelo	*r*	*r* cuadrada	*r* cuadrada ajustada	Error estándar del estimado
1	.590*	.348	.341	.8098

*Predictores: (Constante), A50, A14, A22, A35 y A24.

Resumen del modelo

	Estadísticas de cambio				
Modelo	Cambio de *r* cuadrada	Cambio de *F*	df1	df2	Cambio de sig. *F*
1	.348	48.811	5	458	.000

ANOVA*

Modelo		Suma de cuadrados	df	Cuadrado de media aritmética	*F*	Significancia
1	Regresión	160.040	5	32.006	48.811	.000†
	Residual	300.334	458	.656		
	Total	460.374	463			

*Variable dependiente: A84.
†Predictoras: (Constante), A50, A14, A22, A35 y A24.

Coeficientes*

		Coeficientes no estandarizados		Coeficientes estandarizados		
Modelo		B	Error estándar	Beta		Significancia
1	(Constante)	−9.62E-03	.038		−.255	.799
	A14	.212	.050	202	4.277	.000
	A22	−2.28E-02	.049	−.023	−.467	.641
	A24	.217	.054	.214	3.984	.000
	A35	.252	.053	.243	4.737	.000
	A50	7.982E-02	.053	.078	1.517	.130

*Variable dependiente: A84.

Coeficientes*

		Correlaciones		
Modelo		Orden cero	Parcial	Parte
1	(Constante)			
	A14	.467	.196	.161
	A22	.345	−.022	−.018
	A24	.491	.183	.150
	A35	.502	.216	.179
	A50	.432	.071	.057

*Variable dependiente: A84.

capítulo 18

Análisis de datos: técnicas de variables múltiples para el proceso de investigación

Objetivos de aprendizaje

Al terminar de leer el capítulo, usted podrá

1. Definir el análisis de variables múltiples.
2. Entender por qué debe usarse el análisis de variables múltiples en la investigación de mercados.
3. Distinguir entre los métodos de dependencia e interdependencia.
4. Entender cuándo y cómo usar el análisis de variables múltiples en la investigación de mercados.
5. Aplicar los análisis de factores, de grupos y conjunto para examinar problemas de investigación de mercados.
6. Utilizar el mapeo de percepciones para simplificar la presentación de los resultados de las investigaciones.

> **"El elemento singular a la vez que irónico de los datos estadísticos es que pueden usarse para generar pruebas que apoyen cualquier conclusión que extraiga el investigador."**
>
> **—HAROLD AUSTIN**
> **Presidente**
> **Beta Dynamics, Inc.**

NuvoMedia

Martin Eberhard, cofundador de NuvoMedia, lanzó recientemente Rocket eBook. Este producto en forma de libro tiene peso de unos 600 gramos, pantalla en blanco y negro sensible al tacto, contraste y resolución altos con iluminación posterior, y capacidad de almacenamiento de 4 000 páginas (que pueden ampliarse hasta 160 000 páginas). El usuario puede ver una página completa en la pantalla, escribir notas al margen con un lápiz electrónico y bajar electrónicamente archivos de libros nuevos en los sitios de librerías en línea, como barnesandnoble.com o powells.com. Este producto tiene varios competidores con productos y precios similares (menores de 500 dolares). Vea más información sobre NuvoMedia en www.nuvomedia.com.

La tarea principal que enfrenta NuvoMedia es descubrir y perfilar las características de los consumidores más interesados en comprar su producto. Varias técnicas de variables múltiples serían útiles para ello. Al investigar las probabilidades de que los consumidores compren el nuevo producto eBook y recopilar información descriptiva adicional, NuvoMedia podría descubrir características que le permitan diferenciar óptimamente a los consumidores con mayor interés de los menos interesados. Además, los resultados posibilitarían la identificación de los tipos de datos descriptivos (ingresos, edad, ocupación, etc.) de mayor importancia para predecir la compra potencial por los prospectos de clientes. Los administradores de NuvoMedia se darían cuenta de que las técnicas de variables múltiples descritas en el capítulo son de suma utilidad para responder a estas preguntas.[1]

Valor de las técnicas de variables múltiples en el análisis de datos

En años recientes han ocurrido adelantos considerables en el *hardware* y *software* de computadora. La velocidad y capacidad de almacenamiento de las PC se han duplicado cada 18 meses, lapso en que los precios se han derrumbado. Los paquetes de *software* estadístico con interfase de usuario de Windows han llevado muchas tareas a la era de "hacer clic y apuntar". Ahora es posible analizar grandes volúmenes de datos complejos con relativa facilidad. Durante muchos años, gran parte de los datos provenía de encuestas. Hoy en día, en los almacenes de datos se cuenta con montañas de datos que pueden aprovecharse para identificar relaciones valiosas concernientes a los empleados y clientes. El análisis de algunos de estos datos sería posible con técnicas estadísticas sencillas, como los analizados en capítulos previos. Sin embargo, en muchas situaciones se necesitan técnicas más complejas. De hecho, numerosos investigadores de mercados piensan que los problemas de marketing se examinan apenas superficialmente si no se utilizan técnicas complejas de variables múltiples.

En la actualidad, gran parte de los problemas que los investigadores de mercado están interesados en comprender abarcan más de dos variables y, por lo tanto, se requieren las técnicas estadísticas de variables múltiples. Por añadidura, los tomadores de decisiones empresariales y los consumidores tienden a usar mucha información en la toma de decisiones. Por consiguiente, abundan los posibles factores de influencia en el comportamiento de los consumidores y las reacciones de las empresas.

Las técnicas de variables múltiples surgen en parte por la necesidad que las empresas tienen de hacer frente a esa complejidad. La capacidad para determinar la influencia relativa de diversas variables independientes, además de evaluar simultáneamente el comportamiento de grupos de mediciones dependientes, se ha vuelto importante en el arsenal de los investigadores de mercados. Asimismo, el considerable aumento de la capacidad de las computadoras y su naturaleza portátil han fomentado la adopción de los análisis de variables múltiples por individuos que no podrían considerarlos de manera realista en años anteriores.

Análisis de variables múltiples
Grupo de técnicas estadísticas usadas cuando existen dos o más mediciones de cada elemento y las variables analizan simultáneamente. El análisis de variables múltiples concierne a relaciones simultáneas entre dos o más fenómenos.

¿Qué es el análisis de variables múltiples? El término **análisis de variables múltiples** se refiere a un grupo de procedimientos estadísticos con los que se analizan varias mediciones de cada individuo u objeto investigados en forma simultánea. Los procedimientos estadísticos de variables múltiples que se ponen de relieve en este capítulo son ampliaciones de los procedimientos estadísticos de una y dos variables estudiados en capítulos previos. Muchos expertos consideran que todo análisis estadístico simultáneo de más de dos variables es uno de variables múltiples. En el recuadro Implicaciones para la pequeña empresa se ilustra la manera en que estas técnicas ayudan a los pequeños empresarios.

El análisis de variables múltiples es de suma importancia en la investigación de mercado porque muchos problemas empresariales son multidimensionales. Es raro que se describa a las compañías y sus clientes con base en una sola dimensión. La decisión personal de visitar un restaurante de comida rápida suele depender de factores como la calidad, variedad y precios de los alimentos, así como la ubicación del local y la calidad del servicio. Cuando las empresas desarrollan bases de datos para mejorar la atención a sus clientes, es frecuente que incluyan en ellas una amplia gama de información —como los datos demográficos y de estilo de vida, código postal y comportamiento de compras— de cada cliente. A medida que los investigadores de mercados adquieren mayor conciencia del poder del análisis de variables múltiples, lo utilizan cada vez más en la solución de problemas empresariales complejos. El valor de utilizar las técnicas estadísticas de variables múltiples se ejemplifica en el recuadro En el campo.

La investigación de cerca

Implicaciones para la pequeña empresa

Muchas pequeñas empresas no pueden sufragar paquetes estadísticos costosos, como el SPSS o SAS. XLSTAT es un paquete estadístico costeable y amigable con el usuario, diseñado para pequeñas empresas que utilizan Excel de Microsoft. El paquete se añade a Excel y permite que los usuarios de pequeñas empresas, que trabajan principalmente en hojas de trabajo de Excel, transfieran datos almacenados al programa, para propósitos de su análisis.

XLSTAT incluye más de 40 funciones que habilitan a Excel y lo convierten en el paquete de soluciones estadísticas cotidianas para pequeñas empresas. El paquete permite ejecutar técnicas muy sencillas, como las gráficas de cuadros, frecuencias y otras estadísticas descriptivas. Sin embargo, también ejecuta muchas de las técnicas estadísticas más complejas, entre ellas los análisis de factores, de grupos, discriminante y de regresión múltiple. Vea ejemplos de datos analizados y la forma en que XLSTAT realiza diversas funciones de análisis estadístico en la página web de XLSTAT, en www.xlstat.com.

FIGURA 18.1 **Clasificación de los métodos de variables múltiples**

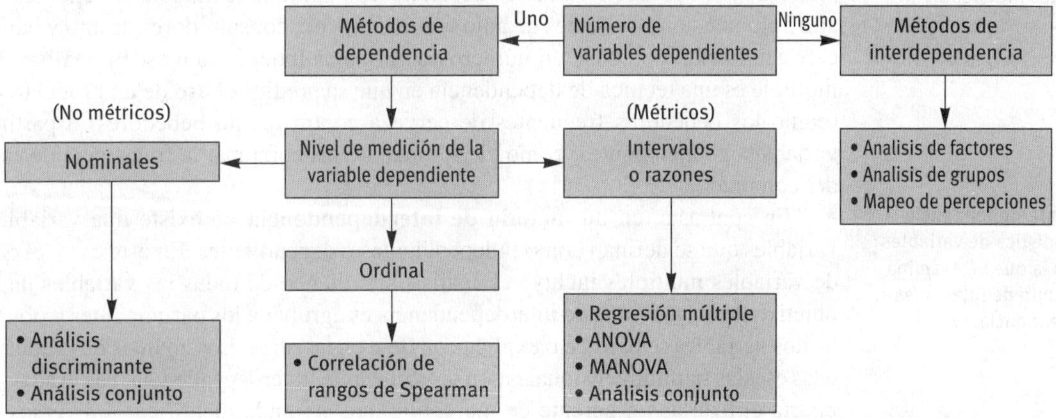

Clasificación de los métodos de variables múltiples

Una de las dificultades que enfrentan los investigadores de mercados es determinar el método estadístico apropiado para un problema dado. Se han propuesto diversas estrategias. La figura 18.1 contiene una clasificación útil de gran parte de las técnicas estadísticas de variables múltiples. Los procedimientos de variables múltiples incluidos en el texto se describen brevemente en la figura 18.2.

¿Métodos de dependencia o interdependencia?

Se intenta analizar y entender la dependencia cuando se usan técnicas de variables múltiples para explicar o predecir la variable dependiente con base en dos o más variables independientes.

FIGURA 18.2 Resumen de métodos de variables múltiples escogidos

La **regresión múltiple** permite al investigador de mercados predecir una variable dependiente métrica a partir de dos o más variables independientes cuantificadas en forma métrica.

El **análisis discriminante múltiple** sirve para predecir una sola variable dependiente no métrica con base en dos o más variables independientes métricas.

El **análisis de factores** se usa para resumir la información de numerosas variables en un menor número de subconjuntos, llamados factores.

El **análisis de grupos** sirve para clasificar a encuestados u objetos (p. ej., productos o tiendas) en grupos homogéneos o similares, y diferentes entre ellos mismos.

El **análisis conjunto** se utiliza para calcular el valor (utilidad) que los encuestados relacionan con diferentes características del producto o servicio, de modo que pueda determinarse la combinación de características que recibe mayor preferencia.

El **mapeo de percepciones** permite mostrar visualmente las percepciones que los encuestados tienen de los productos, marcas, compañías, etc. Pueden aplicarse diversos métodos de variables múltiples para desarrollar los datos con que se construyen los mapas de percepciones.

Método de dependencia
Técnica de variables múltiples apropiada cuando una o más de las variables puede identificarse como dependiente, y el resto, como variables independientes.

Un **método de dependencia** se definiría como uno en que se identifica una variable como dependiente para predecirla o explicarla con otras variables, que son independientes. Entre las técnicas de dependencia se cuentan el análisis de regresión múltiple, análisis discriminante, MANOVA y análisis conjunto. Por ejemplo, actualmente muchas empresas están muy interesadas en predecir variables dependientes, como la lealtad de los clientes, o clientes de alto volumen contra clientes de bajo volumen (p. ej., consumidores de alto y bajo volumen de café Starbucks) con base en numerosas variables independientes. El análisis discriminante múltiple es una técnica de dependencia en que se predice el uso de un producto por el cliente (como los bebedores frecuentes de cerveza contra los no bebedores) a partir de diversas variables independientes, como el volumen de las compras, la frecuencia de éstas y la edad del comprador.

Método de interdependencia
Técnica estadística de variables múltiples en la que se examina todo el conjunto de relaciones de interdependencia.

En contraste, en un **método de interdependencia** no existe una variable o grupo de variables que se definan como independientes o dependientes. En este caso, el procedimiento de variables múltiples incluye el análisis simultáneo de todas las variables de los datos. El objetivo de los métodos de interdependencia es agrupar a los participantes u objetos. Ninguna de dos variables se predice o explica con base en las otras. Los análisis de grupos y de factores o las escalas multidimensionales son las técnicas de interdependencia más usadas. Por ejemplo, podría utilizarlas un gerente de marketing que pretenda identificar a diversos segmentos o grupos del mercado de clientes de comida rápida (como las hamburguesas, pizzas o pollo).

Influencia de las escalas de medición

Al igual que con otras técnicas de análisis de datos, la naturaleza de las escalas de medición determina cuál técnica de variables múltiples es apropiada para examinar los datos. La elección del método adecuado requiere considerar los tipos de mediciones usados en relación con los conjuntos de variables independientes y dependientes. Cuando la variable dependiente se cuantifica en forma no métrica, las técnicas apropiadas son los análisis discriminante y conjunto (nótese que el segundo de ellos puede adaptarse para su uso con una variable dependiente métrica). En el caso de la medición métrica de la variable dependiente, son adecuados el análisis de regresión múltiple, ANOVA, MANOVA y análisis conjunto. Los análisis de regresión múltiple y discriminante suelen precisar variables independientes métricas, si bien pueden utilizarse con variables dummy no métricas. Las técnicas ANOVA, MANOVA y de análisis conjunto son apropiadas con variables independientes no métricas. Las técnicas de interdependencia de los análisis de factores y de grupos son de uso más frecuente con variables cuantificadas en forma métrica, si bien es posible su adaptación no métrica.

La investigación de cerca

En el campo

Efectos de los métodos de variables múltiples en la vida cotidiana

El volumen de información disponible para tomar decisiones empresariales ha crecido muchísimo en el último decenio. Hasta hace poco, gran parte de esa información simplemente desaparecía. No se utilizaba o era desechada porque su recolección, almacenamiento, extracción e interpretación resultaban incosteables. Ahora la disminución en los costos de recolección y almacenamiento de datos, desarrollo de procesadores de datos más rápidos e interfases cliente-servidor amigables con el usuario, y mejoramiento del análisis de interpretación de datos, han hecho posible, a través del data mining, que las empresas conviertan lo que había sido un "producto de desecho" en un nuevo y significativo recurso para brindar valor añadido a sus clientes y mejorar las decisiones empresariales.

El data mining facilita la identificación de patrones interesantes y no evidentes, ocultos en las bases y almacenes de datos, que tienen alto potencial de mejoramiento de las decisiones y la generación de conocimientos. Ello se logra en primer término a través de un proceso automatizado, que incluye métodos de "aprendizaje de la computadora" provenientes ante todo de la inteligencia artificial. Los ejemplos abarcan redes neurales y algoritmos genéticos. Después de esta primera fase, las relaciones identificadas se confirman con técnicas de "aprendizaje humano", como los análisis de regresión múltiple, discriminante y de factores. El uso del data mining y técnicas afines continuará ampliándose, ya que los datos se incrementarán en forma exponencial, las aplicaciones serán en tiempo real, la calidad de los datos mejorará y las herramientas de data mining se volverán más poderosas y fáciles de usar.

Los métodos de variables múltiples se usan mucho para propósitos comerciales. Fair Isaac & Co. (www.fairisaac.com) es una empresa de 300 millones de dólares estructurada alrededor del uso comercial de esos métodos. La compañía ha desarrollado un modelo analítico complejo que puede predecir con exactitud quiénes pagarán sus deudas a tiempo, quiénes lo harán en forma tardía, quiénes no pagarán en absoluto, quiénes se declararán en bancarrota, y así sucesivamente. Sus modelos son útiles para los mercados de consumidores y de empresa a empresa. De manera similar, el IRS estadounidense ha utilizado el análisis discriminante para identificar cuáles declaraciones de impuestos audita y cuáles no. La compañía aseguradora State Farm usa estadísticas de variables múltiples para decidir a quiénes vende pólizas de seguro, mientras que otra aseguradora, Progressive Insurance, combina métodos de variables múltiples con tecnología de posicionamiento global para identificar cuándo y a qué velocidad conduce su automóvil, con el fin de aumentar las primas a los conductores riesgosos.

La toma de decisiones precisas en el cada vez más complejo ambiente actual precisa analizar relaciones igualmente complejas, en las que intervienen muchas variables. Los métodos de variables múltiples son técnicas analíticas poderosas para esas situaciones.

La regresión múltiple se estudia en el capítulo 17. En este capítulo se consideran los análisis de factores, de grupos, discriminante y conjunto. Estas técnicas estadísticas ayudan a examinar problemas de marketing que tienen variables múltiples. Sin embargo, la comprensión de los resultados de estas técnicas mejora si se presentan visualmente. Así, también se abarca el mapeo de percepciones, proceso usado para desarrollar mapas que muestran visualmente las percepciones de los encuestados.

Las técnicas estadísticas de variables múltiples ayudan a que los mercadólogos tomen mejores decisiones que las posibles con datos estadísticos de una o dos variables. No obstante, la clave es el resultado del análisis, sin importar el tipo de técnica seleccionada. En el recuadro Conocimientos globales se presenta la forma en que los resultados cambian de un mercado a otro.

Técnicas de interdependencia

El estudio de las técnicas de variables múltiples específicas se inicia con los métodos de interdependencia. El propósito de estas técnicas, como los análisis de factores y de grupos, no

ENTORNO GLOBAL

El análisis de investigaciones globales puede revelar datos interesantes

Just Kids, Inc., agencia de investigación de mercado especializada en el mercado de niños de 2 a 12 años, descubrió algunos datos interesantes en pequeños del Reino Unido. Al parecer, los habitantes de ese país parecen dejar su niñez atrás a edad mucho menor que los de otras naciones. Aunque McDonald's y Coca-Cola ejercen atracción universal, la misma publicidad que atrae a un niño estadounidense de nueve años no parece hacerlo con un niño británico de esa edad. Cuando se les pide que señalen sus programas televisivos favoritos, los niños del Reino Unido mencionan programas para adultos. Sus respuestas también indican un comportamiento más propio de adolescentes que el de niños de otros países. Por ejemplo, gran parte de los niños de nueve años en todo el mundo afirma que quiere ser como su papá o mamá cuando crezca. En el Reino Unido, los niños quieren ser estrellas de rock o del entretenimiento. Conclusión: si es mercadólogo con un payaso y una cajita feliz, tendrá problemas en el Reino Unido.

es predecir una variable a partir de un conjunto de variables independientes, sino resumir y entender mejor un gran número de variables u objetos.

Análisis de factores

Análisis de factores Clase de procedimientos que se usa principalmente para reducir y resumir datos.

El **análisis de factores** es una técnica estadística de variables múltiples usada para resumir la información de numerosas variables en un menor número de subconjuntos o factores. Su propósito es simplificar los datos. El análisis de factores no distingue entre las variables dependientes e independientes, en vez de lo cual se analizan conjuntamente todas las variables investigadas para identificar factores subyacentes.

Muchos problemas que enfrentan actualmente las empresas son resultado de una combinación de diversas variables. Por ejemplo, si un concesionario de McDonald's está interesado en evaluar la satisfacción de los clientes, debe medir muchas variables de interés. Se cuantificarían, a través de diversas preguntas de calificación, variables como la frescura de los alimentos, tiempo de espera, sabor, temperatura de los alimentos, limpieza y amabilidad y cortesía del personal.

Veamos un ejemplo intuitivo del análisis de factores. Los datos de cinco clientes que calificaron a un restaurante de comida rápida en relación con seis características se presentan en la figura 18.3. Los clientes que asignaron calificaciones más bajas al tiempo de espera también lo hicieron con la limpieza y personal. Otro patrón es evidente cuando se consideran las calificaciones de los clientes respecto del sabor, temperatura y frescura de los alimentos. En este caso, las calificaciones fueron altas en relación con las tres variables. A partir de los datos, estas seis mediciones se combinan en dos de resumen, o factores: *calidad del servicio* y *calidad de los alimentos* (figura 18.4).

FIGURA 18.3 Calificaciones de restaurantes de comida rápida asignadas por cinco consumidores

Consumidor	Tiempo de espera	Limpieza	Personal	Sabor de los alimentos	Temperatura de los alimentos	Frescura
Dino	2	2	1	6	5	5
Sammi	1	1	1	4	5	4
Frank	2	2	2	5	5	5
Debbie	2	1	2	4	6	5
Joey	1	3	1	6	5	5
Promedio	1.6	1.8	1.4	5.0	5.2	4.8

FIGURA 18.4 Ejemplo de una aplicación del análisis de factores a un restaurante de comida rápida

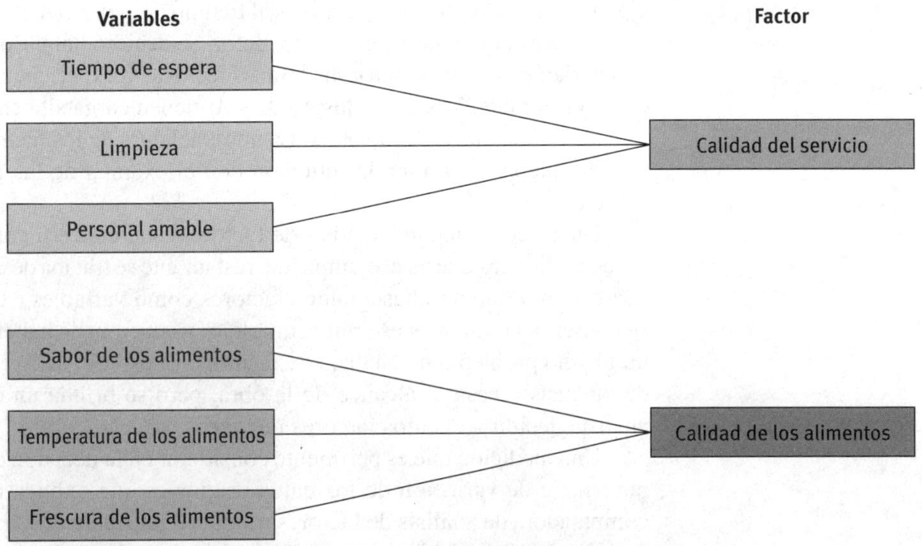

Como lo ilustra el ejemplo precedente, el objetivo general del análisis de factores consiste en resumir la información de numerosas variables en un menor número de factores. El propósito estadístico de este análisis es determinar si existe una combinación lineal de variables (p. ej., tiempo de espera, limpieza y personal) útil para el investigador en la tarea de resumir los datos e identificar relaciones subyacentes.

Carga de factores Correlación sencilla entre las variables y los factores.

El punto de partida en interpretación del análisis de factores es la carga de factores. Se llama **carga de factores** a la correlación entre cada variable original y los factores recién desarrollados. Cada carga de factor es una medición de la importancia de la variable en la cuantificación de cada factor. Las cargas de factores, al igual que las correlaciones, pueden ir de +1.0 a −1.0. Si la variable A_4 (sabor de los alimentos) guarda relación estrecha con el factor 2, la correlación o carga de factores sería alta. El análisis estadístico relacionado con el de factores produciría cargas de factores entre cada factor y cada una de las variables originales. Un ejemplo del resultado de este análisis estadístico se muestra en la figura 18.5. Las variables A_1, A_2 y A_3 están muy correlacionadas con las calificaciones del factor 1, y las variables A_4, A_5 y A_6 lo están con las calificaciones del factor 2. El analista señalaría que las variables A_1, A_2 y A_3 tienen "carga alta" en relación con el factor 1, lo cual significa que ayudan a definirlo.

FIGURA 18.5 Cargas de los dos factores

	Correlación con:	
Variable	Factor 1	Factor 2
A_1 (tiempo de espera)	.79	.07
A_2 (limpieza)	.72	.10
A_3 (personal amable)	.72	.05
A_4 (sabor de los alimentos)	.09	.85
A_5 (temperatura de los alimentos)	.11	.70
A_6 (frescura de los alimentos)	.04	.74

El paso siguiente del análisis de factores es nombrar a los factores resultantes. El investigador examina las variables que tienen carga alta respecto de cada factor. Es frecuente que haya una cierta constancia entre las variables que poseen carga alta para un factor dado. Por ejemplo, las calificaciones relativas al tiempo de espera (A_1), limpieza (A_2) y personal amable (A_3) poseen carga relativa al mismo factor. Se decidió llamarlo *calidad del servicio* porque las tres variables se relacionan con algún aspecto de la experiencia de servicio que el cliente tiene en el restaurante. Las variables A_4, A_5 y A_6 tienen carga alta en relación con el factor 2, denominado *calidad de los alimentos*. La nomenclatura de los factores suele ser un proceso subjetivo en que se combinan la intuición con el examen de las variables que tienen carga alta sobre cada factor.

Un aspecto final del análisis de factores es el concerniente al número de factores que se retiene. Mientras que en el ejemplo del restaurante se trataba de dos factores, muchas situaciones abarcarían desde uno hasta tantos factores como variables existan. Decidir cuántos factores se conservan es un proceso muy complejo, ya que puede haber más de una solución posible a un mismo problema de análisis de factores. El estudio de los aspectos técnicos de esta parte del análisis rebasa el alcance de la obra, pero se brinda un ejemplo de la forma en que el analista decidiría cuántos factores retener.

Una medición que es pertinente considerar en la decisión de cuántos factores retener es el porcentaje de variación de los datos originales que explica cada factor. Los programas de computadora de análisis de factores producen una tabla de números que indica tal porcentaje. En la figura18.6 se refieren esas cifras de manera simplificada. En el ejemplo, se conservarían en definitiva los primeros dos factores, ya que explican 96.8% de la variabilidad de las cinco mediciones. Apenas 3.2% de la variación corresponde a los últimos tres factores, de modo que contribuyen poco a la comprensión de los datos y no se retendrían. Muchos investigadores de mercado suelen interrumpir el análisis de factores cuando ya no tienen sentido factores adicionales, ya que la varianza que explican suele contener una alta proporción de variación aleatoria.

Aplicaciones del análisis de factores en la investigación de mercado

El ejemplo del restaurante de comida rápida ilustra el poder del análisis de factores en la simplificación de las percepciones de los clientes respecto de dicho negocio, si bien la técnica tiene muchas otras aplicaciones de importancia en la investigación de mercado:

- **Publicidad.** El análisis de factores sirve para entender mejor los hábitos de medios de comunicación de diversos clientes.
- **Precios.** El análisis de factores ayuda a identificar las características de los clientes sensibles al precio y los sensibles al prestigio.
- **Producto.** El análisis de factores puede usarse para identificar los atributos de marca que influyen en la decisión de los consumidores.
- **Distribución.** El análisis de factores se utilizaría para mejorar la comprensión de los criterios de selección de canales entre los miembros del canal de distribución.

FIGURA **18.6** **Porcentaje de variación en los datos originales explicado con cada factor**

Factor	Porcentaje de variación explicado
1	50.3%
2	46.5
3	1.8
4	0.8
5	0.6

Aplicación del SPSS. Análisis de factores

El valor del análisis de factores puede demostrarse fácilmente con la base de datos del restaurante. En ella se observan seis variables de cuantificación métrica. Se trata de las variables X1 a X6, las percepciones que los clientes tienen del restaurante. La tarea es determinar si resulta posible simplificar la comprensión de esas percepciones al reducir el número de variables de percepciones a menos de seis. La secuencia de clics en el SPSS es ANALYZE → DATA REDUCTION → FACTOR, que lleva a un cuadro de diálogo donde se seleccionan las variables X1-X6. Después de colocar esas variables en el cuadro Variables, se procede a las opciones de análisis de datos que aparecen abajo. Primero, se hace clic en el cuadro Descriptives. Luego, en el cuadro Univariate Descriptives, se elimina la marca de verificación del cuadro Initial Solution por ser innecesario en este punto, y se hace clic en Continue para regresar al cuadro de diálogo previo. A continuación se pasa al cuadro Extraction. En éste, se dejan seleccionados los componentes principales y se quita la marca de verificación de unrotated factor solution, en la sección Display. También se mantienen los demás valores por omisión, de modo que se hace clic en el cuadro Continue. En siguiente término, se pasa al cuadro Rotation. El valor por omisión es None. Se precisa la rotación, de modo que se hace clic en Varimax como opción de rotación y luego en Continue. Por último, se pasa al cuadro Options, se selecciona Sorted by Size y se cambia el valor de Supress Absolute Values de .10 a .30. Esta última selección elimina la información innecesaria, lo cual facilita la lectura del impreso de soluciones. En este punto no se necesitan calificaciones (Scores), por lo que se hace clic en OK, en la parte superior del cuadro de diálogo, para que se ejecute el análisis de factores.

La primera tabla del impreso ostenta el título Descriptive Statistics (estadísticas descriptivas). Se usa para verificar la media y tamaño de muestra analizados, con el fin de cerciorarse de la introducción correcta de los datos. Inmediatamente abajo aparece la tabla Rotated Component Matrix. Los nombres de las seis variables analizadas (X1-X6) se muestran en la columna izquierda. A la derecha se observan dos columnas de cifras, que contienen las cargas de los dos factores que resultaron del análisis. Al suprimir cargas menores de .30, se tienen sólo cuatro cantidades en la columna 1 (componente 1 o factor 1) e igual número en la columna

Estadísticas descriptivas

	Media	Desviación estándar	Análisis *N*
X1-empleados amables	3.62	1.34	50
X2-precio competitivo	2.22	1.15	50
X3-empleados competentes	8.02	1.42	50
X4-calidad de los alimentos	5.48	1.13	50
X5-variedad de los alimentos	2.86	.86	50
X6-servicio rápido	6.80	1.67	50

Matriz de componentes rotados[a]

	Componente	
	1	2
X3-empleados competentes	.853	
X6-servicio rápido	−.728	
X1-empleados amables	.714	
X2-precio competitivo	−.661	.347
X4-calidad de los alimentos		.922
X5-variedad de los alimentos		.894

Método de extracción: análisis de componente principal.
Método de rotación: Varimax con Normalización Kaiser.
[a]La rotación convergió en tres iteraciones.

2 (componente 2 o factor 2). Por ejemplo, la variable X3-empleados competentes tiene carga de .853 en el factor 1 y X4-calidad de los alimentos la tiene de .922 en el factor 2. En una situación ideal, cada variable original tendría carga sólo en un factor. Sin embargo, en muchos casos no ocurre así, como se observa en relación con la variable X2-precio competitivo, con carga de –.661 en el factor 1 y de .347 en el factor 2.

Antes de nombrar los factores, es necesario decidir si dos son suficientes o se necesitan más. En este caso, el objetivo es tener el menor número de factores posible que todavía explique una porción razonable de la información contenida en las seis variables originales. Ahora se puede proceder a la tabla siguiente, Total Variance Explained (varianza total explicada) para tal efecto. En ella se muestra que los dos factores explican 69.09% de la varianza de las seis variables originales. Se trata de una cantidad razonable de información explicada, y el número de variables originales se redujo en dos tercios, de seis a dos, por lo que se consideran aceptables los dos factores y se procede a verificar si parecen lógicos.

Varianza total explicada

	Sumas de las rotaciones de las cargas al cuadrado		
Componente	**Total**	**% de la varianza**	**% acumulativo**
1	2.217	36.946	36.946
2	1.929	32.144	69.090

Método de extracción: análisis de componente principal.

A fin de determinar si dos factores son lógicos, se observan las variables originales que se combinan para generar un nuevo factor. Así, el factor 1 se compone de las variables X3-empleados competentes, X1-empleados amables, X6-servicio rápido y X2-precio competitivo. El factor 2 consiste en las variables X2-precio competitivo, X4-calidad de los alimentos y X5-variedad de los alimentos. El análisis de la lógica de las combinaciones requiere observar las variables con la carga más alta (mayor tamaño absoluto). Es por ello que se suprimen las cargas menores de .30. El factor 1 parece relacionarse con las operaciones, y el 2 con los alimentos. Además, el precio competitivo es una variable que forma parte del factor 2, si bien con carga considerablemente menor que las otras dos variables de alimentos en este factor y carga también mucho menor que en el factor 1. De tal suerte, se ha desarrollado una solución de dos factores que explica una porción razonable de la varianza y parecen lógicas las combinaciones de las seis variables originales. Con esta solución de dos factores, en vez de la necesidad de pensar en seis variables, ahora basta hacerlo sólo respecto de dos variables: operaciones y alimentos.

Uso del análisis de factores con la regresión múltiple

En ocasiones los resultados del análisis de factores se usan con otra técnica de variables múltiples, como la regresión múltiple. Ello reviste utilidad máxima cuando se aplica el análisis de factores para combinar variables muy numerosas en un conjunto menor de variables. Es posible demostrarlo con el ejemplo previo, en que se combinaron las seis percepciones del restaurante en dos factores: las operaciones y los alimentos.

En ausencia del análisis de factores, tendrían que considerarse las percepciones de los clientes respecto de seis características separadas. Sin embargo, al utilizar los resultados de tal análisis, basta pensar sólo en dos características (factores), las operaciones y los alimentos. El uso de los dos factores resultantes en el análisis de regresión múltiple precisa calcular primero las calificaciones de los factores. Estas últimas son las calificaciones compuestas que se determinan para cada encuestado en relación con cada factor derivado. Regrese al cuadro de diálogo del SPSS para la solución de dos factores (si salió de dicho cuadro de diálogo, siga las mismas instrucciones para regresar a él). En la parte inferior del cuadro de diálogo se observa el cuadro Scores, no utilizado con anterioridad. Haga clic en él y luego en Save as Variables. Al hacerlo habrá más opciones, pero utilice el valor por omisión, Regresión. Ahora, haga clic en Continue y en OK, con lo que se calcularán las calificaciones de los factores. El resultado consistirá en calificaciones de los dos factores para cada uno de los 50 encuestados. Aparecerán en la extrema derecha de la base de datos original los nombres fac1_1 (calificaciones del factor 1) y fac2_1 (calificaciones del factor 2). En la base de datos de Deli Depot se cambiaron esos nombres a los de variables X20-calificación del factor 1 y X21-calificación del factor 2.

A continuación debe verificarse si las percepciones que se tienen del restaurante, según las miden los factores, guardan relación satisfactoria. En este caso, la única variable métrica dependiente es X9-satisfacción, mientras que las calificaciones de los factores son las variables independientes. La secuencia de clics del SPSS es ANALYZE → REGRESSION → LINEAR y lleva a un cuadro de diálogo donde se seleccionan las variables. Deben elegirse X9 como variable dependiente, y fac1_1 y fac2_1 como variables independientes. Aunque existen otros tipos de análisis que pueden seleccionarse en la parte inferior del cuadro de diálogo, en este punto se utilizan los valores por omisión del programa.

Se ejecuta la regresión al hacer clic en OK, en el extremo derecho superior del cuadro de diálogo. En el impreso, se observa en la tabla Variables Entered/Variables Removed que ambas calificaciones de factores se usaron como variables independientes, y Satisfaction Level como variable dependiente. La tabla Model Summary (resumen de modelo) revela que el valor de R cuadrada es.549, y la tabla ANOVA indica que hay significación estadística en el nivel de .000. Ello implica que 55% de la variación de la satisfacción (variable dependiente) se explica con base en las dos variables independientes, las calificaciones de los factores. La nota al pie b de la tabla muestra que se usó una constante en la ecuación de regresión y que las variables predictivas (independientes) fueron las calificaciones de factores de las dos variables. REGR indica que se usó el método de regresión para calcular las calificaciones de los factores.

Resumen de modelo

Modelo	R	R cuadrada	R cuadrada ajustada	Error estándar de cálculo
1	.741[a]	.549	.530	.65

[a]Variables predictivas: (Constante), calificación del factor 2 REGR en el análisis 1 y calificación del factor 1 REGR en el análisis 1.

ANOVA[a]

Modelo		Suma de cuadrados	df	Media de cuadrados	*F*	Sig.
1	Regresión	24.473	2	12.236	28.602	.000[b]
	Residual	20.107	47	.428		
	Total	44.580	49			

[a]Variable dependiente: nivel de satisfacción.
[b]Variables predictivas: (Constante), calificación del factor 2 REGR en el análisis 1 y calificación del factor 1 REGR en el análisis 1.

El examen de la tabla Coefficients (coeficientes) es necesario para determinar si una o ambas variables de calificación de factores son variables predictivas significativas de la satisfacción. La columna Standardized Coefficients Beta revela que los valores de Factor 1-operaciones y Factor 2-alimentos son .530 y .518, con niveles de significación estadística de .000 y .000, respectivamente. Así pues, el análisis de regresión indica que las percepciones de las operaciones y alimentos predicen de manera significativa la satisfacción, un poco mejor en el caso del Factor 1 que en el del Factor 2, ya que el tamaño del Factor 1 Beta es un poco mayor.

Coeficientes[a]

Modelo		Coeficientes no estandarizados		Coeficientes estandarizados		
		B	Error estándar	Beta	*t*	Sig.
1	(Constante)	4.780	.093		51.676	.000
	Calificación del factor 1 REGR para el análisis 1	.505	.093	.530	5.410	.000
	Calificación del factor 2 REGR para el análisis 1	.494	.093	.518	5.286	.000

[a]Variable dependiente: nivel de satisfacción.

En esta sección se mostró cómo usar una técnica de variables múltiples, el análisis de factores, con otra, el análisis de regresión, para mejorar la comprensión de los datos. Sin embargo, también es posible combinar otros métodos de variables múltiples. Por ejemplo, si la variable dependiente es no métrica, como el género, podría usarse el análisis discriminante de manera similar al de regresión. Además, el análisis de grupos puede combinarse de manera similar a los análisis de regresión y discriminante. Ello resultará más claro después de estudiar esas otras técnicas más adelante en este capítulo.

Análisis de grupos

Análisis de grupos Técnica de interdependencia de variables múltiples cuya finalidad principal es clasificar a los objetos en grupos relativamente homogéneos con base en el conjunto de variables considerado.

El **análisis de grupos** es otro método de variables múltiples de interdependencia. Como lo indica su nombre, su propósito básico es clasificar o segmentar objetos (p. ej., clientes, productos o áreas de mercado) en grupos, de modo que los objetos de cada grupo sean similares respecto de diversas variables. El análisis de grupos busca clasificar a los segmentos u objetos de manera que sean máximas tanto las similitudes al interior de los segmentos como las diferencias entre ellos. Así, con este método se trata de identificar los conglomerados o segmentos naturales entre numerosas variables, sin designar ninguna de ellas como variable dependiente.

El estudio del análisis de grupos se inicia con un ejemplo intuitivo. El restaurante de comida rápida desea abrir una sucursal con mesas para comer en un nuevo suburbio en crecimiento de una importante área metropolitana. Los investigadores de mercado estudiaron una numerosa muestra de hogares del suburbio y recolectaron datos sobre características como las demográficas, de estilo de vida y de gasto para comer fuera. La cadena de comida rápida pretende identificar uno o más segmentos de familias que probablemente visitarían el nuevo restaurante. Una vez identificado el segmento, la publicidad y servicios de la compañía se enfocarían en él.

Es posible identificar un segmento previsto mediante un análisis de grupos de los datos recolectados. Los resultados de tal análisis identifican segmentos, cada uno de los cuales incluye a hogares que tienen características similares y difieren mucho de los otros segmentos. En la figura 18.7 se muestran cuatro grupos o segmentos potenciales de la cadena de restaurantes de comida rápida. Como se ilustra en este ejemplo, el suburbio en crecimiento incluye familias que pocas veces visitan restaurantes (grupo 1), otras que tienden a frecuentar exclusivamente restaurantes de moda (grupo 2), las que suelen visitar restaurantes de comida rápida (grupo 3), y otras que comen en ambos tipos de restaurantes (grupo 4). Después de analizar las características relacionadas con cada grupo, los administradores pueden decidir en cuáles grupos se enfocan y cómo llegar mejor a ellos a través de las comunicaciones de marketing.

FIGURA 18.7 Análisis de grupos basado en dos características

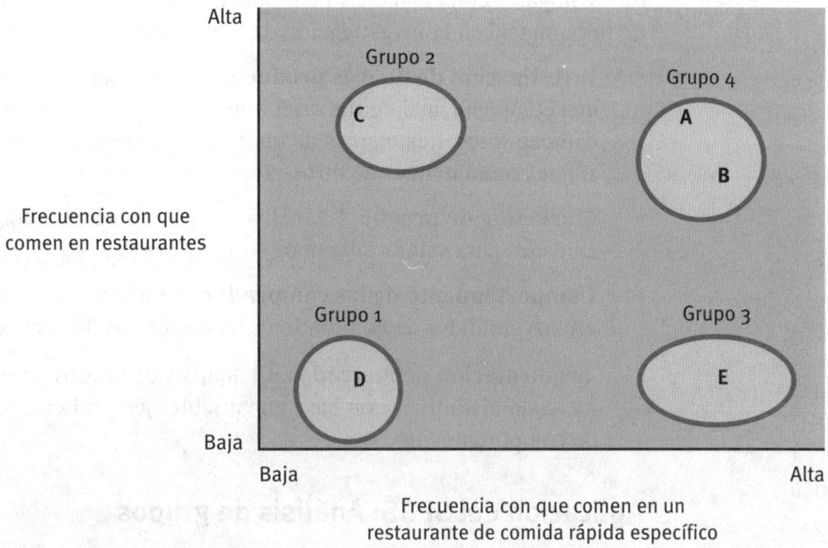

Procedimientos estadísticos del análisis de grupos

Son varios los procedimientos de análisis de grupos disponibles, cada uno basado en un conjunto hasta cierto punto distinto de complejos programas de computadora. Sin embargo, la estrategia general con cada uno es la misma y abarca medir la similitud entre objetos con base en sus calificaciones relativas a diversas características. El grado de similitud entre objetos suele determinarse a través de una medición de distancias. Este proceso se ilustra mejor con el ejemplo precedente, que abarca dos variables:

$$V_1 = \text{frecuencia con que se come en restaurantes de moda}$$

$$V_2 = \text{frecuencia con que se come en restaurantes de comida rápida}$$

Los datos concernientes a estas dos variables se muestran en la gráfica de la figura 18.7. Cada letra indica la posición de un consumidor respecto de las variables V_1 y V_2. La distancia entre un par de letras guarda relación positiva con el grado de similitud de los individuos correspondientes cuando se consideran juntas las variables. Así, el individuo A se asemeja más a B que a C, D o E. Como puede verse, en la figura se identifican cuatro grupos distintivos.

Este análisis indica a los directivos de marketing del nuevo restaurante de comida rápida que sus clientes probablemente estarán entre quienes tienden a comer en restaurantes de moda y de comida rápida (grupo 4). A efecto de desarrollar una estrategia de marketing para llegar a este grupo de familias, los administradores tendrían que identificar los perfiles demográfico, psicográfico y de comportamiento de los individuos del grupo 4.

Es frecuente que los grupos se desarrollen a partir de gráficas de dispersión, como la del ejemplo del restaurante de comida rápida. Se trata de un proceso muy complejo de ensayo y error. Por fortuna, se cuenta con algoritmos de computadora, que deben utilizarse si se pretende identificar los grupos de manera eficaz y sistemática. Aunque sus aspectos matemáticos rebasan el caso del capítulo, los algoritmos se basan en el concepto de partir de límites de agrupamiento arbitrarios y modificar esos límites hasta llegar a un punto en el que las distancias promedio entre los puntos al interior de los grupos sean lo menores posible, en relación con la distancia promedio entre los grupos.

Aplicaciones del análisis de grupos en la investigación de mercados

El ejemplo del restaurante de comida rápida ilustra la forma de identificar grupos o segmentos de hogares con el análisis de grupos, si bien esta técnica tiene muchas otras aplicaciones de importancia en la investigación de mercados:

- **Investigación de nuevos productos.** El agrupamiento de marcas puede ayudar a que una compañía analice sus ofrecimientos de productos en relación con los competidores. Las marcas de un mismo grupo suelen competir más intensamente entre sí que contra marcas de otros grupos.
- **Marketing de prueba.** El análisis de grupos permite formar grupos homogéneos de ciudades para estudios de marketing de prueba.
- **Comportamiento de los compradores.** La técnica puede usarse para identificar grupos similares de compradores, con criterios de decisión semejantes.
- **Segmentación de mercados.** El análisis de grupos permite desarrollar segmentos de mercado distintivos con base en variables geográficas, demográficas, psicográficas y de comportamiento.

Aplicación del SPSS: Análisis de grupos

El valor del análisis de grupos puede demostrarse fácilmente con la base de datos del restaurante. En ella se tienen seis variables de cuantificación métrica, X1-X6, que corresponden a las percepciones que los clientes tienen del restaurante. La tarea es determinar si existen subgrupos/grupos de los 50 encuestados que sean diferentes. En la elección de las variables deben usarse sólo las cuantificables en forma métrica y que guarden relación lógica. De ellas, están relacionadas las dos variables de alimentos (calidad y variedad), al igual que las dos de empleados (amables y competentes). A continuación se trabaja con las dos variables de empleados, X1 y X3. El objetivo es indagar si existen grupos de encuestados con percepciones claramente distintas de los empleados.

La secuencia de clics en el SPSS, ANALYZE → CLASSIFY → HIERARCHICAL CLUSTER, lleva a un cuadro de diálogo donde se seleccionan las variables X1 y X3. Después de colocarlas en el cuadro Variables, se observan las demás opciones y se dejan los valores por omisión mostrados en el cuadro de diálogo. También deben usarse los valores por omisión de las opciones Statistics y Plots, que aparecen más abajo. Se hace clic en el cuadro Method y se selecciona Ward en Cluster Method, mientras que se usa el valor por omisión de squared euclidean distances (distancias euclidianas al cuadrado) en Measure. En este momento no se utiliza la opción Save, de modo que se hace clic en OK, en la parte superior del cuadro de diálogo, para ejecutar el análisis de grupos.

En el impreso de resultados se incluye una tabla llamada Agglomeration Schedule. Aunque contiene muchas cifras, solamente interesan las de la columna Coefficients (coeficientes, en la parte central de la tabla). Se pasa a la parte inferior de esa tabla y se buscan las cifras de la columna indicada. Las de la parte inferior de la columna son las de valor más alto, que disminuye conforme se asciende por la columna. El número del extremo inferior es 186.760, y el inmediato superior, 85.412. Los coeficientes de esta columna muestran el grado en que se disminuye el error al moverse de un grupo a dos grupos, de dos a tres, y así sucesivamente. Al pasar de un grupo a dos grupos, existe una caída (diferencia) significativa en el coeficiente de error, al igual que al cambiar de dos a tres grupos. Cada vez que se asciende por la columna, la diferencia en las cifras es menor. Lo que interesa es encontrar el punto en el que la diferencia entre las dos cifras se reduce considerablemente. Ello significa que, por ejemplo, pasar de tres a cuatro grupos no redujo mucho el error. En este caso, el cambio es de 64.513 a 46.156. En definitiva, se elegirían tres grupos, no cuatro, ya que es menor la diferencia entre las cifras al pasar de tres a cuatro grupos. También se optaría por usar sólo dos grupos en lugar de tres. Esto sería posible porque se disminuye muchísimo el error al pasar de uno a dos grupos, y es probable que sea mucho más fácil entender dos grupos que tres.

A continuación, la atención se enfoca en la solución de dos grupos, en virtud de su sencillez. Antes de denominar estos grupos, conviene cerciorarse de que sean significativamente diferentes. A tal efecto, primero se crea una nueva variable, con la que se identifica a cuál grupo se asignó cada uno de los 50 encuestados en el análisis de grupos. Para ello, se regresa al cuadro de diálogo Cluster y se hace clic en el cuadro Save. Al hacerlo, es posible optar por la creación de una nueva variable de membresía del grupo para una solución o una gama de soluciones. Se elige una solución, se escribe 2 en el cuadro y aparece una variable de membresía de grupos para la solución de dos grupos. La variable de membresía es la nueva variable de los datos en la extrema derecha de los datos mismos, llamada clu2_1 (o algo similar, de conformidad con el número de soluciones de grupos ejecutada con antelación). El 1 corresponde a los encuestados del grupo, y el 2, a su inclusión en el grupo 2. En la base de datos de Deli Depot se cambió el nombre de esta variable a X19. Los datos de la variable X18 corresponden a la solución de tres grupos.

Ahora, es posible ejecutar el análisis ANOVA unidireccional entre los dos grupos, con el fin de averiguar si son estadísticamente distintos. La secuencia de clics del SPSS es ANALYZE → COMPARE MEANS → ONE-WAY ANOVA. Se escriben las variables X1 y X3 en el cuadro Variables, y la nueva variable Cluster Membership en el cuadro Factor. Esta última es la nueva variable del conjunto de datos llamado clu2_1. Luego, se pasa al cuadro Options y se hace clic en Descriptives y en Continue. Por último, se hace clic en OK y se obtiene un impreso con tablas intituladas Descriptives y ANOVA. Al observar la primera de ellas, se aprecian los tamaños de muestras de cada grupo y la media de cada variable para cada grupo, además de muchas otras cifras que no se utilizan. Por ejemplo, el tamaño de muestra del grupo 1 es 28, y el del grupo 2, 22. De manera similar, la medias respectivas de la variable de empleados amables son 2.93 y 4.50 en los grupos 1 y 2. Luego, en la tabla ANOVA, se buscan diferencias estadísticamente significativas entre las medias de los grupos. Se advierte que las diferencias entre las medias para ambas variables son muy significativas (.000) y, por ende, estadísticamente distintas.

Los dos grupos se interpretan al observar las medias de las variables de cada uno de los grupos. Los encuestados del grupo 1 perciben a los empleados como relativamente poco

Descripciones

			N	Media	Desviación estándar	Error estándar	Intervalo de confianza de 95% para la media: Límite inferior	Límite superior	Mínimo	Máximo
X1-empleados amables	2 grupos	1	28	2.93	1.12	.21	2.49	3.36	1	5
		2	22	4.50	1.06	.23	4.03	4.97	3	6
		Total	50	3.62	1.34	.19	3.24	4.00	1	6
X3-empleados competentes	2 grupos	1	28	6.96	.92	.17	6.61	7.32	5	9
		2	22	9.36	.49	.10	9.15	9.58	9	10
		Total	50	8.02	1.42	.20	7.62	8.42	5	10

ANOVA

		Suma de cuadrados	df	Cuadrado medio	F	Sig.
X1- Empleados amables	Entre grupos	30.423	1	30.423	25.460	.000
	Dentro de grupos	57.357	48	1.195		
	Total	87.780	49			
X3-Empleados competentes	Entre grupos	70.925	1	70.925	121.346	.000
	Dentro de grupos	28.055	48	.584		
	Total	98.980	49			

amables (media baja, de 2.93) y hasta cierto punto competentes (media de 6.96). En contraste, la percepción en el grupo 2 es de empleados relativamente más amables (media de 4.50) y muy competentes (media de 9.36). De tal suerte, el grupo 2 tiene percepciones de los empleados mucho más favorables que las del grupo 1.

Análisis de dependencia

La atención de este apartado se centra en las técnicas de variables múltiples relacionadas con el análisis de dependencia. Su objetivo es predecir una variable a partir de un conjunto de variables independientes. Las técnicas de dependencia estudiadas en la obra incluyen los análisis de regresión, análisis discriminante y conjunto. El primero es tema del capítulo 17, y los otros dos, del presente capítulo.

Análisis discriminante

Análisis discriminante Técnica de análisis de datos de investigación de mercado en la que el criterio o variable dependiente es categórico, mientras que las variables independientes o predictivas son intervalos.

El **análisis discriminante** es una técnica de variables múltiples usada para predecir la membresía grupal con base en dos o más variables independientes. Existen muchas situaciones en las que el objetivo de la investigación de mercados es clasificar objetos o grupos a partir de un conjunto de variables independientes. Así pues, la variable dependiente en el análisis discriminante es no métrica o categórica. En el marketing es frecuente clasificar a los consumidores con base en su uso intenso o infrecuente de un producto o conforme al hecho de que vean o no un vehículo en medios de comunicación, como un anuncio televisivo. A la inversa, las variables independientes del análisis discriminante son simétricas y suelen abarcar características como las demográficas y psicográficas. Es posible obtener información adicional del análisis discriminante en el recuadro Aprovechamiento de la tecnología.

El estudio del análisis discriminante se inicia también con un ejemplo intuitivo. La compañía de comida rápida necesita indagar si una variable del estilo de vida, como la ingestión de alimentos nutritivos (X_1), u otra demográfica, como el ingreso familiar (X_2), son útiles para distinguir a las familias que visitan su restaurante de las que visitan otros restaurantes de comida rápida. Los investigadores han recolectado datos acerca de estas dos variables a partir de dos muestras aleatorias de familias. Los procedimientos del análisis discriminante graficarían esos datos de manera bidimensional, como se muestra en la figura 18.8.

La gráfica de dispersión de la figura 18.8 incluye dos grupos, uno que contiene principalmente a clientes de Back Yard Burgers y otro de familias que comen en otros restaurantes de comida rápida. A partir de este ejemplo, parecería que las dos variables son discriminantes críticos de la clientela de restaurantes de comida rápida. Aunque las dos áreas se sobreponen, el traslape no parece sustantivo. La sobreposición mínima entre grupos, como se muestra en la figura 18.8, es un requisito importante para el éxito del análisis discriminante.

A continuación, la atención se centra en los fundamentos estadísticos del análisis discriminante. Recuérdese que la predicción de una variable categórica es el objetivo de este tipo de análisis. Desde el punto de vista estadístico, ello abarca estudiar la dirección de las diferencias entre grupos con base en la identificación de una combinación lineal de variables independientes —la **función discriminante**— que muestre diferencias cuantiosas entre las medias de los grupos. Así, el análisis discriminante es una herramienta estadística para determinar combinaciones lineales de esas variables independientes.

Función discriminante Combinación lineal de variables independientes desarrollada mediante el análisis discriminante que permite la discriminación óptima entre las categorías de la variable dependiente.

Es posible elaborar una función lineal con el ejemplo del restaurante de comida rápida. Se usa un análisis discriminante de dos grupos en el que la variable dependiente, Y, se mide en una escala nominal (es decir, clientes de Back Yard Burgers y clientes de otros restaurantes de comida rápida). De nuevo, el gerente de marketing piensa que es factible predecir si una persona será cliente de un restaurante de comida rápida con base en su estilo de vida (X_1) e

La investigación de cerca

Aprovechamiento de la tecnología

El análisis discriminante se usa ante todo para clasificar a individuos o unidades de experimentación en dos o más poblaciones definidas de manera única. Un ejemplo de su utilización podría incluir una compañía de tarjetas de crédito que necesite clasificar a los solicitantes de tarjetas en dos grupos: 1. individuos con buen crédito y 2. personas con crédito inaceptable.

Con base en la clasificación, se ofrecerían tarjetas a las personas con buen crédito, no así a las que tienen crédito inaceptable. Los diversos factores útiles para que la compañía de tarjetas de crédito determine el grupo en el que incluye a un solicitante abarcarían el sueldo, historial crediticio, nivel de estudios y número de dependientes económicos. El paquete de *software* estadístico SPSS podría usarse para determinar dónde se traza la línea que divide a esos dos grupos.

Aprenda más acerca del uso del análisis discriminante con el SPSS en el sitio web del SPSS, en www.spss.com.

FIGURA 18.8 Gráfica de dispersión del análisis discriminante sobre datos del estilo de vida e ingresos de los clientes de un restaurante de comida rápida

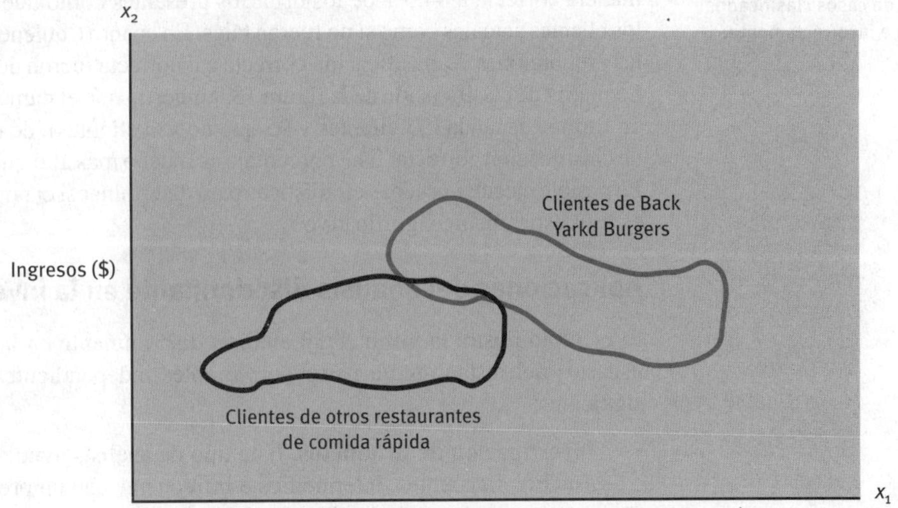

ingresos (X_2). Ahora, el investigador debe encontrar una función lineal de las variables independientes que muestre diferencias cuantiosas entre las medias de los grupos.

Calificación discriminante En el análisis discriminante, la de cada encuestado en la función discriminante.

La **calificación discriminante** (calificación Z), que es la base para predecir a cuál grupo pertenece un individuo, se determina con una función lineal. Esta calificación Z se deriva para cada individuo con la ecuación siguiente:

$$Z_i = b_1X_{1i} + b_2X_{2i} \cdots + b_nX_{ni}$$

donde

Z_i = calificación discriminante del individuo i
b_n = coeficiente discriminante de la variable n
X_{ni} = valor de la variable independiente n para el individuo i

Coeficientes de la función discriminante Los multiplicadores de las variables en la función discriminante cuando las variables se expresan en sus unidades de medición originales.

Los pesos discriminantes (b_n), o **coeficientes de la función discriminante**, son cálculos de la potencia discriminante de una variable independiente específica. Estos coeficientes se calculan mediante un programa de computadora de análisis discriminante. La magnitud de los coeficientes relacionados con una variable independiente dada se determina con la estructura de varianza de las variables de la ecuación. Las variables independientes con potencia discriminatoria cuantiosa tienen peso de gran magnitud, y las de poca potencia discriminatoria, menor peso.

Retomando el ejemplo del restaurante de comida rápida, suponga que el gerente de marketing descubre que los pesos o coeficientes estandarizados de la ecuación son:

$$Z = b_1X_1 + B_2X_2$$
$$= .32X_1 + .37X_2$$

Estos resultados muestran que el ingreso (X_2) es la variable más importante en la discriminación entre los clientes de Back Yard Burgers y los de otros restaurantes de comida rápida. La variable del estilo de vida (X_1), con coeficientes de .32, también tiene buena potencia discriminatoria.

Matriz de clasificación (predicción) Matriz del análisis discriminante que contiene el número de casos clasificados correcta e incorrectamente.

Otro propósito importante del análisis discriminante es la clasificación de objetos o individuos en grupos. En el ejemplo, el objetivo era clasificar correctamente a los consumidores como clientes o personas que no son clientes de Back Yard Burgers. A fin de determinar si la función discriminante calculada es predictiva adecuada o no, se usa una **matriz de clasificación (predicción)**. La matriz de la figura 18.9 muestra que la función discriminante clasificó de manera correcta a 84.5% de los usuarios presentes como tales e incorrectamente a 15.5% de los clientes actuales como si no fueran tales. En cuanto a quienes no son clientes del restaurante, las proporciones de clasificación correcta e incorrecta fueron de 77.9 y 22.1%, respectivamente. La matriz de clasificación de la figura 18.9 muestra que el número de consumidores clasificados en forma adecuada (93 clientes y 95 que no son clientes), de un total de 232, equivale a 81% de clasificación correcta. Este porcentaje es mucho más alto que el esperado en forma aleatoria. Es posible ejecutar pruebas estadísticas para determinar si el porcentaje de clasificación correcta es estadísticamente significativo.

Aplicaciones del análisis discriminante en la investigación de mercados

El ejemplo ilustra la utilidad del análisis discriminante en la clasificación de usuarios y no usuarios del restaurante a partir de variables independientes; otras aplicaciones serían las siguientes:

- **Investigación de productos.** Este tipo de análisis ayuda a diferenciar entre los usuarios frecuentes, intermedios e infrecuentes de un producto a partir de sus hábitos de consumo y estilo de vida.

FIGURA **18.9** **Matriz de clasificación de usuarios y no usuarios**

		Grupo predicho		
		Usuario	**No usuario**	**Total**
Grupo real	Usuario	93 (84.5%)	17 (15.5%)	110
	No usuario	27 (22.1%)	95 (77.9%)	122
Exactitud de predicción global = 81% (93 + 95 = 188/232)			N = 232	

- **Investigación de imagen.** El análisis discriminante permite diferenciar entre los clientes que tienen una percepción favorable de una tienda o compañía y quienes no la tienen.
- **Investigación de publicidad.** La técnica discriminante ayuda a distinguir a los segmentos del mercado por sus hábitos de consumo de medios de comunicación.
- **Marketing directo.** Por último, el análisis discriminante sirve para diferenciar las características de consumidores que responden al marketing directo y las de quienes no lo hacen.

Aplicación del SPSS. Análisis discriminante

La utilidad del análisis discriminante puede demostrarse con la base de datos de Deli Depot. Recuérdese que la variable dependiente única es no métrica en el análisis discriminante, mientras que las diversas variables independientes se cuantifican en forma métrica. En la base de datos, las variables X7-género y X10-intensidad de uso son no métricas, al igual que X11-área de mercado. Las primeras dos son variables de dos grupos, y la tercera, de tres grupos. Podría usarse el análisis discriminante para indagar si existen diferencias entre las percepciones que tienen de Deli Depot los clientes de géneros masculino y femenino o los usuarios asiduos y ocasionales, así como averiguar si esas percepciones difieren según la distancia que los clientes deben conducir para comer en el restaurante.

A continuación se analiza la posible influencia de X7-género. La tarea es determinar si las percepciones del restaurante, medidas con las variables X1-X6, difieren entre hombres y mujeres. Otra forma de expresarlo sería: "¿Pueden predecirse las percepciones que tienen los hombres y mujeres de Deli Depot?" La secuencia de clics del SPSS, ANALYZE → CLASSIFY → DISCRIMINANT, lleva a un cuadro de diálogo donde se seleccionan las variables. La no métrica y dependiente es X7, y las métricas independientes, X1-X6, las variables de percepción. Lo primero que debe hacerse es transferir la variable X7 al cuadro Grouping Variable, en la parte superior, y luego hacer clic en el cuadro Define Range, inmediatamente abajo de él. Han de indicarse al programa los valores mínimo y máximo de la variable de agrupamiento. En este caso, el mínimo es 0 = mujer, y el máximo, 1 = hombre, de modo que se escriben esos números y se hace clic en Continue. En seguida, deben transferirse las variables X1-X6 al cuadro Independents. Luego se hace clic en el cuadro Statistics de la parte inferior y se pone la marca de verificación en Means, Univariate ANOVAS y Continue. El valor por omisión de Method es Enter, que se deja así. Después se hace clic en Classify y en Compute from group sizes. Puesto que no se sabe si el tamaño de las muestras es igual, debe ponerse una marca de verificación en esta opción. También se hace clic en Summary Table y en Continue. No se usan las opciones de Save, de modo que se hace clic en OK para que se ejecute el programa.

El análisis discriminante es un programa que genera resultados muy abundantes, los cuales no se utilizan para un análisis sencillo como el del ejemplo. Basta estudiar cinco tablas. La primera información significativa que debe considerarse es la de la tabla de lambda de Wilks (Wilks' Lambda). La lambda de Wilks es un dato estadístico con el que se evalúa si el análisis discriminante es estadísticamente significativo o no. En caso de serlo, como en el ejemplo (.000), se procede a la tabla Classification Results (resultados de clasificación). En su extremo inferior se aprecia que la capacidad global de la función discriminante para predecir la membresía grupal es de 90%. Ésta resulta muy satisfactoria, ya que, a falta de la función discriminante, la predicción sería posible sólo con 60% de exactitud (los tamaños de las muestras son hombres = 20 y mujeres = 30, de modo que al afirmar que todos los participantes son mujeres, la proyección tendría apenas 60% de exactitud).

A fin de indagar cuál de las variables independientes sirve para predecir la membresía de grupo, debe estudiarse la información de dos tablas. Los resultados de la tabla Test of Equality of Group Means (prueba de igualdad de medias de los grupos) muestran cuáles variables de percepción difieren entre hombres y mujeres, con base en el análisis de una sola variable.

Lambda de Wilks

Prueba de función(es)	Lambda de Wilks	Ji cuadrada	df	Sig.
1	.317	51.687	6	.000

Resultados de clasificación[a]

			Membresía de grupo predicha		
		Género	Mujeres	Hombres	Total
Original	Conteo	Femenino	26	4	30
		Masculino	1	19	20
	%	Femenino	86.7	13.3	100.0
		Masculino	5.0	95.0	100.0

[a]Se clasificó correctamente a 90% de los casos originales agrupados.

Nótese que las variables X1, X2, X3 y X6 son estadísticamente muy significativas. Las variables X4 y X5 no son significativas. La consideración de las variables desde una perspectiva de variables múltiples puede hacerse con la información de las tablas Standardized Canonical Discriminant Function Coefficients (coeficientes de función discriminante canónicos estandarizados) o Structure Matrix (matriz estructural). Se usará la información de la segunda de esas dos tablas. En primer término, se identifican las cifras de la columna Function con valor .30 o mayor. Este nivel de corte se determina de manera similar a la carga de factores. Se considera que todas las variables con valor de .30 o mayor son útiles para predecir la membresía grupal. Al igual que con los resultados de una sola variable, las mismas variables —X1, X3 y X6, no así X2— ayudan a predecir la membresía grupal. Aunque X2 también es útil, no la predice con la misma importancia que las otras tres variables.

Pruebas de igualdad de medias de los grupos

	Lambda de Wilks	*F*	df1	df2	Sig.
X1-empleados amables	.679	22.735	1	48	.000
X2-precio competitivo	.855	8.140	1	48	.006
X3-empleados competentes	.578	35.109	1	48	.000
X4-calidad de los alimentos	1.000	.010	1	48	.920
X5-variedad de los alimentos	1.000	.004	1	48	.947
X6-servicio rápido	.520	44.377	1	48	.000

Matriz estructural

	Función
	1
X6-servicio rápido	−.655
X3-empleados competentes	.583
X1-empleados amables	.469
X2-precio competitivo	−.281
X4-calidad de los alimentos	−.010
X5-variedad de los alimentos	.007

Como se mencionó, el resultado predictivo del análisis discriminante se muestra en la tabla de resultados de clasificación. En ésta se observa que la función discriminante predijo de manera correcta a mujeres y hombres en 86.7 y 95% de los casos, respectivamente. En general, la exactitud predictiva es de 90%, como se muestra en el extremo inferior de la tabla.

La interpretación adicional de la función discriminante requiere observar las medias de grupos en la tabla de estadísticas grupales de las variables significativas. En relación con la variable X1-empleados amables, se observa que las mujeres perciben que los empleados de Deli Depot son significativamente más amables, en comparación con los hombres (medias respectivas de 4.23 y 2.70). En forma similar, la percepción de las mujeres es que los empleados son más competentes (X3), en contraste con los hombres (medias de 8.77 y 6.90, en ese orden). Por otra parte, las mujeres perciben los precios del restaurante (X2) como relativamente menos competitivos y la rapidez de servicio (X6) como relativamente más lenta que los hombres. Así, las percepciones de los empleados y otras variables operativas difieren de manera significativa entre hombres y mujeres, por lo que predicen en forma adecuada la membresía grupal.

Combinación de los análisis discriminante y de grupos

Se observa fácilmente que es posible usar el análisis discriminante en combinación con el de grupos. Recuérdese la solución del segundo de ellos. Se crearon dos grupos de encuestados. El grupo 1 tenía percepciones relativamente menos favorables de la amabilidad y competencia de los empleados, mientras que en el grupo 2 se los percibía como más amables y muy competentes. Los resultados de esta solución del análisis de grupos pueden usarse como variable dependiente del análisis discriminante. Ahora deben identificarse las variables de la base de datos que podrían usarse como variables independientes predictivas. Al observar las variables de percepción (X1-X6), se pensaría lógicamente que X6-servicio rápido guardaría relación con la percepción que se tiene de los empleados. De manera similar, X7-género, X8-recomendar a un amigo, X9-nivel de satisfacción y X10-intensidad de uso, se relacionarían con la forma en que se percibe a los empleados.

Estadísticas de grupo

Género		Media	Desviación estándar	*N* válida (en lista) No ponderada	*N* válida (en lista) Ponderada
Femenino	X1-empleados amables	4.23	1.07	30	30.000
	X2-precio competitivo	1.87	.97	30	30.000
	X3-empleados competentes	8.77	1.22	30	30.000
	X4-calidad de los alimentos	5.47	1.20	30	30.000
	X5-variedad de los alimentos	2.87	.94	30	30.000
	X6-servicio rápido	5.87	1.28	30	30.000
Masculino	X1-empleados amables	2.70	1.17	20	20.000
	X2-precio competitivo	2.75	1.21	20	20.000
	X3-empleados competentes	6.90	.85	20	20.000
	X4-calidad de los alimentos	5.50	1.05	20	20.000
	X5-variedad de los alimentos	2.85	.75	20	20.000
	X6-servicio rápido	8.20	1.11	20	20.000

Ahora procede ver si alguna de esas variables permite predecir los dos grupos basados en la forma de percibir a los empleados. La tarea es determinar si las variables independientes elegidas sirven para predecir la membresía en uno de los dos grupos formados a partir de las percepciones que los clientes tienen de los empleados de Deli Depot. La secuencia de clics del SPSS es ANALYZE → CLASSIFY → DISCRIMINANT, que lleva a un cuadro de diálogo donde se eligen las variables. La variable dependiente no métrica es Clu2_1 (en caso de usar la base de datos de Deli Depot, recuérdese que su nombre se cambió a X19), y las variables independientes, X6-X10. Es posible utilizar las variables X7 y X10 pese a ser no métricas, ya que se trata de variables "dummy coded". En primer término, se transfiere la variable Clu2_1 al cuadro Grouping Variable, en el extremo superior, para luego hacer clic en el cuadro Define Range, inmediatamente abajo. Deben indicarse al programa los valores mínimo y máximo de la variable de agrupamiento. En este caso, el mínimo es 1 = grupo 1, y el máximo, 2 = grupo 2, de modo que se escriben esos números y se hace clic en Continue. Luego, se transfieren las variables X6-X10 al cuadro Independents. Después, se hace clic en el cuadro Statistics de la parte inferior y se ponen marcas de verificación en Means, Univariate ANOVAS y Continue. El valor por omisión de Method es Enter, que se utiliza y se deja así. A continuación se hace clic en Classify y en Compute from group sizes. Recuérdese, de la solución del análisis de grupos, que los tamaños de las muestras son diferentes, razón por la que debe ponerse una marca de verificación en esta opción. También debe hacerse clic en Summary Table y luego en Continue. No se utilizan las opciones de Save, por lo que se hace clic en OK para que se ejecute el programa.

Téngase en cuenta que el programa de análisis discriminante del SPSS genera muchos resultados que no se utilizan en un análisis sencillo como éste. De nuevo, sólo se estudian cinco tablas. La primera información significativa que se considera es la tabla de la lambda de Wilks (la quinta de las tablas). Si resulta significativa, como en este caso (.000), se procede a la tabla de resultados de clasificación. En el extremo inferior de esa tabla se observa que la capacidad general de la función discriminante para predecir la membresía grupal es de 90%.

Lambda de Wilks

Prueba de función(es)	Lambda de Wilks	Ji cuadrada	df	Sig.
1	.368	45.527	5	.000

Resultados de clasificación[a]

		Dos grupos	Membresía de grupo predicha 1	2	Total
Original	Conteo	1	26	2	28
		2	3	19	22
	%	1	92.9	7.1	100.0
		2	13.6	86.4	100.0

[a]Se clasificó correctamente a 90% de los casos originales agrupados.

Se estudia información de otras dos tablas para indagar cuál de las variables independientes ayuda a predecir la membresía grupal. Los resultados de la tabla de pruebas de igualdad de medias de los grupos muestran las variables de percepciones que difieren con base en el análisis de una sola variable. Nótese que todas las variables predictivas son muy significativas. Desde una perspectiva de variables múltiples, la consideración de esas variables se realiza con la información de la tabla de matriz estructural. En primer término, se identifican los números de la columna Function con valor .30 o mayor. Una vez más, este nivel de corte se determina de manera similar a la carga de factores. Se considera que todas las variables con valor de .30 o mayor son útiles para predecir la membresía grupal. Al igual que con los resultados de una sola variable, todas las variables sirven para esa predicción.

Prueba de igualdad de las medias de los grupos

	Lambda de Wilks	*F*	df1	df2	Sig.
X6-rapidez de servicio	.836	9.448	1	48	.003
Género	.588	33.567	1	48	.000
Recomendar a un amigo	.555	38.559	1	48	.000
Nivel de satisfacción	.745	16.450	1	48	.000
Uso	.687	21.846	1	48	.000

Matriz estructural

	Función 1
Recomerndar a un amigo	.683
Género	−.638
Uso	.514
Nivel de satisfacción	.446
X6-rapidez de servicio	−.338

Como se señaló, el resultado predictivo del análisis discriminante aparece en la tabla de resultados de clasificación. Ésta muestra que la función discriminante predijo correctamente los grupos 1 y 2 en 92.9% y apenas 86.4% de los casos, en forma respectiva. Recuérdese que el grupo 1 de la solución del análisis de grupos tuvo percepciones de los empleados de Deli Depot relativamente menos favorables que las del grupo 2, cuyas percepciones fueron muy favorables. La exactitud predictiva general de 90% indica que se trata de una función predictiva excelente.

La interpretación adicional de la función discriminante requiere estudiar las medias de los grupos en la tabla de estadísticas grupales, en busca de variables significativas. En relación con X9-nivel de satisfacción, se observa que los participantes del grupo 2 (más favorable) tuvieron satisfacción mucho mayor que los del grupo 1 (medias de 5.32 y 4.36, en ese orden). De manera similar, hubo probabilidades significativamente mayores de que los miembros del grupo 2 recomendaran Deli Depot a un amigo, con medias de 5.41 y 4.11 para los grupos 2 y 1, respectivamente. Así, diversas variables ayudan a entender las diferencias intergrupales y predecir la membresía grupal con uso del análisis discriminante.

Estadísticas grupales

Dos grupos		Media	Desviación estándar
1	X6-servicio rápido	7.39	1.69
	Género	.68	.48
	Recomendar a un amigo	4.11	.74
	Nivel de satisfacción	4.36	.91
	Uso	.36	.49
2	X6-servicio rápido	6.05	1.33
	Género	.05	.21
	Recomendar a un amigo	5.41	.73
	Nivel de satisfacción	5.32	.72
	Uso	.91	.29
Total	X6-servicio rápido	6.80	1.67
	Género	.40	.49
	Recomendar a un amigo	4.68	.98
	Nivel de satisfacción	4.78	.95
	Uso	.60	.49

Procede una última advertencia. Uno de los supuestos del análisis discriminante es que el tamaño de los grupos debe ser relativamente similar. En este caso, los tamaños de muestras de los grupos 1 y 2 fueron 28 y 22, respectivamente. Dicho de otro modo, la diferencia entre los grupos no fue muy cuantiosa. Sin embargo, cuando se aplica el análisis discriminante en problemas de investigación de mercados, debe verificarse que el tamaño de las muestras grupales sea casi igual (no tiene que ser exactamente igual, pero sí muy parecido). El estudiante podría optar por ejecutar su propia solución de análisis grupal con la base de datos de Deli Depot y verificar si puede obtener una solución de dicho análisis con la que se identifiquen grupos a partir de tamaños de muestra relativamente iguales.

Análisis conjunto Técnica de variables múltiples con que se calcula la utilidad de los niveles de diversos atributos o características de un objeto, así como la importancia relativa de los atributos mismos.

Análisis conjunto

El **análisis conjunto** es una técnica de variables múltiples con la que se calcula la importancia relativa que los consumidores otorgan a diferentes atributos de un producto o servicio, así como las utilidades o valor que confieren a los diversos niveles de cada uno de esos atributos. Este método de dependencia supone que los consumidores eligen o forman sus preferencias de productos al evaluar la utilidad o valor globales de los productos mismos. Dicho valor se compone de utilidades específicas de cada característica o atributo del producto. El análisis conjunto pretende calcular la importancia de los atributos del producto que guarda mejor correspondencia con las decisiones o preferencias de productos que indica el consumidor.

A manera de ejemplo, supóngase que la cadena de restaurantes de comida rápida necesita determinar la mejor combinación de características de los restaurantes para atraer a los clientes. El investigador de mercados podría elaborar varias descripciones o perfiles de los restaurantes, cada una con diferentes combinaciones de características. En la figura 18.10 se muestran dos ejemplos de esos perfiles. Luego, se realizaría una encuesta entre los consumidores, en la cual se les mostrarían los perfiles y se les pediría que clasifiquen las descripciones en orden decreciente de las probabilidades de que sean clientes del restaurante. Nótese que en la técnica de análisis conjunto el investigador trabaja mucho más que los participantes en la encuesta. El investigador debe elegir los atributos con efecto probable en las elecciones o preferencias de los consumidores, además de seleccionar los niveles de cada atributo que se incluirán en la encuesta. El consumidor sólo calificaría los perfiles con base en sus preferencias.

Si cada uno de los cuatro atributos de la figura 18.10 tuviera dos niveles o valores (p. ej., nivel de precios bajo o moderado), habría 16 combinaciones posibles para que las clasifiquen los consumidores ($2 \times 2 \times 2 \times 2 = 16$). Una vez recopilados los datos, la aplicación del análisis conjunto a las respuestas produciría un **cálculo de valor parcial** por nivel de cada atributo.

Cálculo de valor parcial
Cálculo de la utilidad que los encuestados conceden a cada nivel específico de un atributo o características particulares.

En el proceso estadístico subyacente del análisis conjunto, la clasificación de los perfiles por los consumidores sirve como objetivo. Luego, el proceso asigna un cálculo de valor parcial a cada nivel de los diversos atributos. La utilidad global se calcula con la fórmula siguiente:

$$U(\chi) = \alpha_{11} + \alpha_{12} + \alpha_{21} + \alpha_{22} + \cdots + \alpha_{mn}$$

donde

$U(\chi)$ = Valor total del producto
α_{11} = Valor parcial estimado del nivel 1 del atributo 1
α_{12} = Valor parcial estimado del nivel 2 del atributo 1
α_{21} = Valor parcial estimado del nivel 1 del atributo 2
α_{22} = Valor parcial estimado del nivel 2 del atributo 2
α_{mn} = Valor parcial estimado del nivel n del atributo m

Una vez calculados los valores totales de los perfiles del producto, el proceso los compara contra la clasificación real de los consumidores. Si las predicciones resultan imprecisas, se cambian los cálculos de valores parciales específicos y se recalculan los valores totales. El proceso continúa hasta que las predicciones sean tan cercanas como resulte posible a las clasificaciones reales de los consumidores. La capacidad de los coeficientes de valor parcial calculado para predecir con exactitud las clasificaciones de los consumidores pueden determinarse mediante el estudio de las estadísticas del modelo, como r^2. Al igual que en una regresión, el valor alto de r^2 indica un buen ajuste con los datos (es decir, las predicciones del modelo guardan correspondencia estrecha con las clasificaciones de los consumidores).

FIGURA **18.10 Perfiles de una encuesta de análisis conjunto**

Atributo	Perfil del restaurante A	Perfil del restaurante B
Nivel de precio	Bajo ($3-$6)	Moderado ($7-$10)
Ambiente	Familiar	Lujoso
Tipo de menú	Emparedados	Ensaladas, entremeses y postres
Nivel de servicio	Autoservicio	Servicio en la mesa

Cálculo de la importancia del atributo Cálculo de los atributos de un objeto conforme al análisis conjunto; se determina al restar el cálculo de valor parcial mínimo del correspondiente al valor parcial máximo.

Retomando en el ejemplo del restaurante de comida rápida, en la figura 18.11 se muestran gráficas de los cálculos de valor parcial para diversos niveles de los cuatro atributos. La importancia de cada atributo en los diversos niveles está indicada por la gama de cálculos de valor parcial del atributo, es decir, al restar el valor parcial mínimo del atributo de su valor parcial máximo se calcula la importancia del atributo mismo. Luego de determinar el **cálculo de importancia del atributo**, es posible especificar la importancia relativa del atributo como un porcentaje de las calificaciones de importancia total de todos los atributos del modelo. La fórmula de importancia de los atributos es

$$I_i = \{\text{Máx}(\alpha_{ij}) - \text{Mín}(\alpha_{ij})\} \text{ para cada atributo } i$$

y la fórmula de importancia relativa de los atributos es

$$R_i = \frac{I_i}{\Sigma I_i}$$

Los resultados mostrados en la figura 18.12 se obtienen al tomar los cálculos de valor parcial de la figura 18.11 y calcular la importancia de cada atributo y su importancia relativa.

Como puede verse, el nivel de precio del restaurante potencial es el atributo más importante para los consumidores en la elección de un sitio para comer, ello seguido del tipo de menú.

Después de calcular el peso de importancia de los atributos, es relativamente sencillo elaborar predicciones de la preferencia global por combinaciones específicas de características del producto. Luego, pueden hacerse comparaciones contra productos alternos para determinar la opción más factible que se consideraría llevar al mercado.

FIGURA 18.11 Cálculos de valor parcial del análisis conjunto para la encuesta de restaurantes

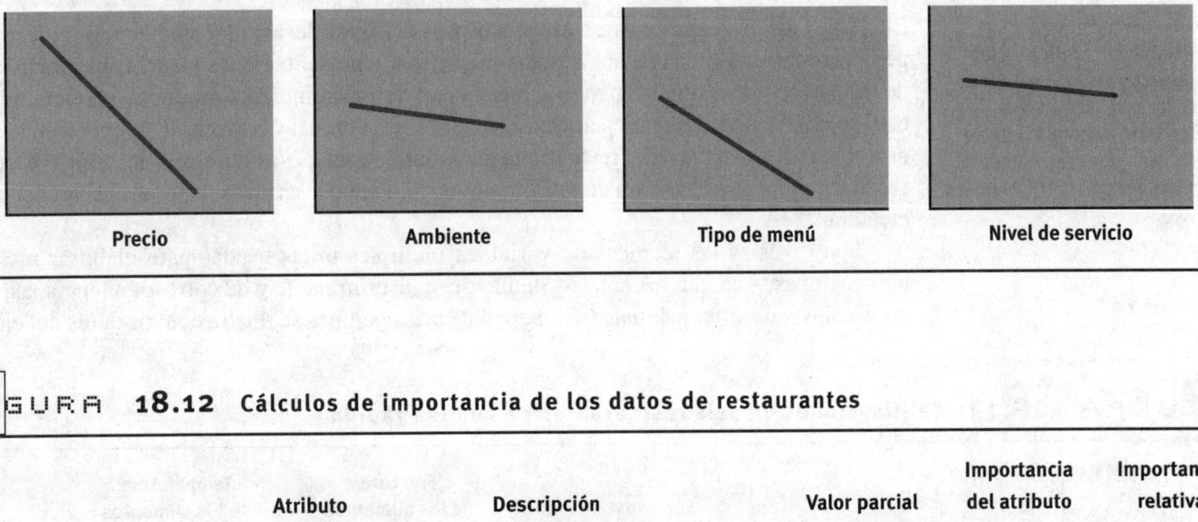

FIGURA 18.12 Cálculos de importancia de los datos de restaurantes

Atributo	Descripción	Valor parcial	Importancia del atributo	Importancia relativa
Nivel de precio 1	Bajo ($3-$6)	1.762		
Nivel de precio 2	Moderado ($7-$10)	−1.762	3.524	0.600
Ambiente 1	Familiar	0.244		
Ambiente 2	Lujoso	−0.244	0.488	0.083
Tipo de menú 1	Emparedados	0.598		
Tipo de menú 2	Ensaladas, entremeses y postres	−0.598	1.196	0.203
Nivel de servicio 1	Autoservicio	0.337		
Nivel de servicio 2	Servicio en la mesa	−0.337	0.674	0.115

Las ventajas principales de la técnica de análisis conjunto son: 1. exige poco al consumidor en lo relativo al aporte de datos; 2. proporciona cálculos de utilidad para los diversos niveles de cada atributo del producto, y 3. permite determinar relaciones no lineales entre los niveles de los atributos. Por otra parte, las limitaciones que impone al investigador abarcarían: 1. el investigador mismo debe encargarse de elegir los atributos apropiados y sus niveles, que influyan de manera realista en las preferencias o decisiones de los consumidores, y 2. los consumidores podrían tener dificultades para elegir o indicar preferencias entre perfiles muy numerosos, de modo que los atributos y sus niveles usados no pueden ser muy numerosos.

Aplicaciones del análisis conjunto en la investigación de mercados

El ejemplo utilizado del restaurante de comida rápida ilustra un posible uso del análisis conjunto para identificar atributos importantes, que influyen en la elección de un restaurante por los consumidores. Existen otras aplicaciones importantes de esta técnica en la investigación de mercados, como las siguientes:

- **Potenciales de participación de mercado.** Es posible comparar productos con diferentes combinaciones de características para identificar el que tendría mayor popularidad.
- **Análisis de imagen de productos.** Puede determinarse la contribución relativa de cada atributo del producto para su uso en las decisiones de marketing y publicidad.
- **Análisis de segmentación.** Permite identificar grupos de clientes potenciales que asignan niveles de importancia distintos a las características del producto, para utilizar esos grupos como segmentos de mercado de potencial alto y bajo.

Mapeo de percepciones

Mapa de percepciones
Representación gráfica de las opiniones de los encuestados acerca de la relación entre objetos en lo referente a dos o más dimensiones (usualmente, atributos o características de los objetos).

El **mapeo de percepciones** es un proceso usado para desarrollar mapas que muestran las percepciones de los encuestados. Esos mapas son representaciones visuales bidimensionales de las percepciones que los participantes tienen de una compañía, producto, servicio, marca u otro objeto. El mapa de percepciones suele tener ejes vertical y horizontal, que reciben nombres descriptivos. En el caso del restaurante de comida rápida, esos nombres descriptivos podrían ser la temperatura o frescura de los alimentos, rapidez del servicio, valor a cambio del precio, etcétera.

Son diversas las técnicas de variables múltiples útiles usadas para elaborar mapas de percepciones. Abarcan los análisis de factores, discriminante y de correspondencia, así como las escalas multidimensionales. El mapeo de percepciones se ilustra con los datos del ejemplo

FIGURA 18.13 Calificaciones de seis restaurantes de comida rápida

	Frescura de los alimentos	Temperatura de los alimentos
McDonald's	1.8	3.7
Burger King	2.0	3.5
Wendy's	4.0	4.5
Back Yard Burger	4.5	4.8
Arby's	4.0	2.5
Hardee's	3.5	1.8

Clave: Temperatura de los alimentos, 1 = tibios, 5 = calientes; frescura de los alimentos, 1 = poca, 5 = mucha.

de clasificación de restaurantes de comida rápida incluidos en la figura 18.13. Los clientes reciben un conjunto de características de seis restaurantes de comida rápida y se les pide que expresen su percepción de cada una. Luego, esas percepciones se grafican en un mapa bidimensional con uso de las dos frases adjetivas: frescura de los alimentos y temperatura de los alimentos. El estudio del mapa, que se ilustra en la figura 18.14, muestra que se tienen percepciones muy similares de Wendy's y Back Yard Burgers, al igual que en el caso de McDonald's y Burger King. También hay similitud entre Arby's y Hardee's, si bien con percepciones mucho menos favorables. Sin embargo, los clientes perciben a Back Yard Burgers y McDonald's como muy disímbolos.

Aplicaciones de los mapas de percepciones en la investigación de mercados

El ejemplo de restaurantes de comida rápida ilustra la forma en que los mapas de percepciones agrupan a pares de restaurantes con base en las calificaciones de percepciones. Sin embargo, el mapeo de percepciones tiene muchas otras aplicaciones importantes en la investigación de mercados; entre ellas se incluyen:

- **Desarrollo de nuevos productos.** Los mapas de percepciones permiten identificar huecos en las percepciones, y con ello ayudan a posicionar los nuevos productos.
- **Medición de imagen.** La técnica puede usarse para identificar la imagen de una compañía y servir para posicionarla en relación con sus competidores.
- **Publicidad.** Los mapas de percepciones son útiles para evaluar la efectividad publicitaria en el posicionamiento de una marca.
- **Distribución.** Por último, el método resulta provechoso para evaluar las similitudes de marcas y establecimientos del canal.

FIGURA 18.14 Mapa de percepciones de seis restaurantes de comida rápida

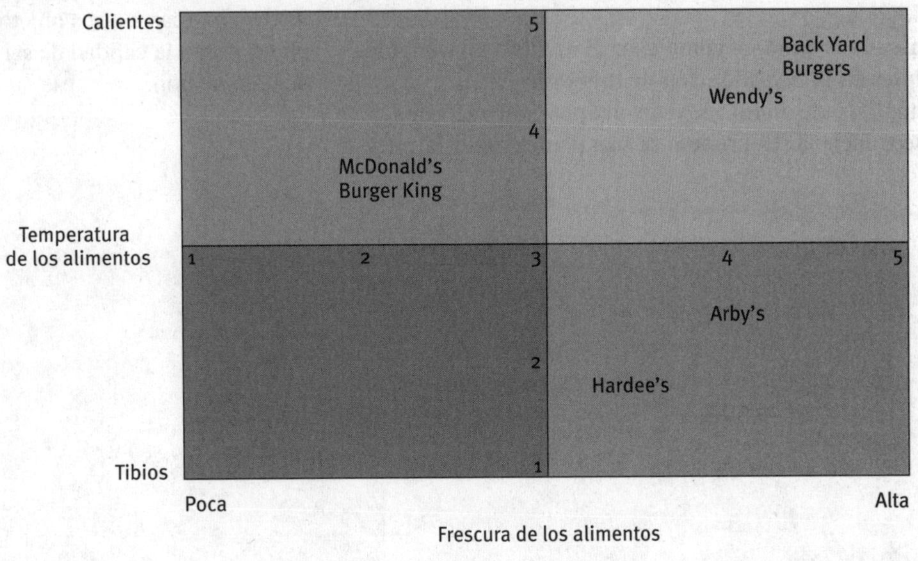

Resumen de objetivos de aprendizaje

Definir el análisis de variables múltiples.
El análisis de variables múltiples es un grupo de procedimientos estadísticos usados para el estudio simultáneo de tres o más variables. Los análisis de factores y de grupos, escalas multidimensionales y análisis discriminante y conjunto son técnicas estadísticas de variables múltiples muy usadas.

Entender por qué debe usarse el análisis de variables múltiples en la investigación de mercados.
El análisis de variables múltiples es de suma importancia en la investigación de mercados, ya que muchos problemas empresariales son multidimensionales. Los gerentes de marketing frecuentemente están interesados en diversos aspectos de los consumidores (como sus datos demográficos y de estilo de vida); el proceso de compras de los consumidores mismos (p. ej., sus motivos y percepciones), y sus competidores. Así, técnicas como los análisis de factores, de grupos y discriminante ayudan a que esos directivos evalúen simultáneamente uno o más conjuntos de variables importantes.

Distinguir entre los métodos de dependencia e interdependencia.
Las técnicas de análisis de datos de variables múltiples pueden clasificarse en métodos de dependencia e interdependencia. En un método de dependencia, una variable o conjunto de variables se identifica como variable dependiente, que se explica o predice con las variables independientes. Las técnicas de dependencia abarcan los análisis de regresión múltiple, discriminante y conjunto. En un método de interdependencia, una variable o un grupo de variables no se define como independiente o dependiente. El objetivo de los métodos de interdependencia es la reducción de datos o agrupamiento de objetos. Ejemplos de ellos son los análisis de grupos y de factores, así como las escalas multidimensionales.

Entender cuándo y cómo usar el análisis de variables múltiples en la investigación de mercados.
Los análisis de factores y de grupos son métodos de interdependencia. El primero se usa para resumir la información de numerosas variables en un número menor de factores. El análisis de grupos clasifica las observaciones en un conjunto menor de grupos exhaustivos y mutuamente excluyentes. En este tipo de análisis, los grupos deben tener ser tan similares al interior y tan diferentes entre ellos como resulte posible.

Aplicar los análisis de factores, de grupos y conjunto para examinar problemas de investigación de mercados.
Los análisis discriminante y conjunto son métodos de interdependencia. Su propósito es predecir una variable a partir de un conjunto de variables independientes. El análisis discriminante usa estas variables para clasificar las observaciones en categorías mutuamente excluyentes. También sirve para determinar si existen diferencias estadísticamente significativas entre los perfiles de calificaciones discriminantes promedio de dos o más grupos. En el análisis conjunto se usan las calificaciones de clasificación o preferencia de los consumidores respecto de un grupo de descripciones del perfil de productos para calcular los coeficientes de importancia de atributos, mediante cálculos de su valor parcial. Se asigna una ponderación a cada nivel de atributo y se suman esas ponderaciones para formar una utilidad del producto. El análisis conjunto puede usarse para comparar las preferencias que los consumidores tienen por diversas combinaciones de atributos de los productos.

Entender el mapeo de percepciones.
El mapeo de percepciones sirve para elaborar mapas que muestran visualmente las percepciones de los participantes. Esos mapas son representaciones gráficas que pueden generarse con los resultados de diversas técnicas de variables múltiples. Los mapas constituyen una representación visual de la percepción relativa que se tiene de compañías, productos, marcas u otros objetos entre sí respecto de atributos clave, como la calidad de servicio, sabor de los alimentos y su preparación.

Términos y conceptos clave

Análisis conjunto 617
Análisis de factores 600
Análisis de grupos 606
Análisis de variables múltiples 596
Análisis discriminante 610
Cálculos de la importancia del atributo 619
Cálculo de valor parcial 618
Calificación discriminante 611
Carga de factores 601
Coeficientes de la función discriminante 612
Función discriminante 610
Mapa de percepciones 620
Matriz de clasificación (predicción) 612
Método de dependencia 598
Método de interdependencia 598

Preguntas de repaso

1. ¿Por qué revisten tanta importancia los métodos de análisis estadístico de variables múltiples para los administradores?
2. ¿En qué se diferencian los métodos de variables múltiples de dependencia e interdependencia?
3. ¿Cuál es el objetivo del análisis de factores? Señale un ejemplo de una situación de marketing que lo requeriría.
4. ¿En qué difieren los análisis de grupos y de factores? Ejemplifique el uso del primero en la investigación de mercados.
5. ¿Cuál es el propósito del análisis discriminante? ¿Cómo puede usarse para solucionar un problema de marketing o identificar una oportunidad de marketing?
6. ¿En qué radica el valor del mapeo de percepciones?

Preguntas para análisis

1. El análisis de grupos es una técnica de análisis de variables múltiples muy usada en estudios de segmentación. Su objetivo principal es clasificar objetos en grupos relativamente homogéneos a partir de un conjunto de variables. Una vez identificados los grupos con este análisis, ¿cuál sería el siguiente análisis lógico que emprendería el mercadólogo? ¿Acaso los resultados del análisis del grupo también revelan las características de los miembros de cada grupo? ¿Por qué no?

2. El análisis discriminante es una técnica de variables múltiples usada frecuentemente cuando el objetivo es identificar variables importantes relacionadas con algún tipo de membresía grupal. ¿Qué función de importancia desempeñan los coeficientes de función discriminante en la identificación de esas variables de importancia? En el capítulo sobre la regresión, se puso de relieve la multicolinealidad entre variables independientes en una ecuación de regresión como un posible problema en la interpretación de los resultados. ¿Acaso piensa que la multicolinealidad también sería problemática en la interpretación de los resultados del análisis discriminante? ¿Por qué sí o por qué no?

3. El análisis conjunto se usa para determinar las percepciones importantes de los encuestados respecto de las características de un producto o servicio. Suele pedirse a los encuestados la jerarquización de descripciones del producto o servicio que contienen diversas combinaciones de los atributos o características de interés. ¿Cuál es la función del coeficiente de utilidad de valor parcial que se produce con el análisis conjunto? ¿Cómo decide el investigador cuáles características debe incluir en las descripciones del producto? ¿Cuál sería el efecto en la calidad de los resultados del análisis conjunto si se excluye una característica posiblemente importante en las descripciones que deben jerarquizar los encuestados?

4. **EXPERIENCIA EN INTERNET.** Conéctese a Internet y seleccione una máquina de búsqueda. Utilice varias palabras clave e identifique cinco proveedores importantes de investigación de mercados incluidos en World Wide Web. Compare sus sitios web, además de señalar los puntos débiles y fuertes de cada uno. ¿Cuál elegiría para un proyecto de investigación de mercados? ¿Por qué? Prepare un informe para la clase, de modo que pueda compartir lo indagado con sus compañeros de clase.

5. **EJERCICIO DEL SPSS.** Use el conjunto de datos del restaurante de comida rápida y el cuestionario de la figura 15.6 (capítulo 15) para las tareas siguientes:

   a. Utilice las preguntas 2 y 3, además del SPSS, y cree una nueva variable llamada *Uso*. Aplique ésta para crear las categorías siguientes:

   Usuarios infrecuentes = personas que responden 1 y 2 a la pregunta 2, y menos de $2 y $2.01-$4.00 a la pregunta 3.

   Usuarios intermedios = quienes responden 3, 4 y 5 a la pregunta 2, así como $4.01-$6.00, $6.01-$8.00 y $8.01-$10.00 a la pregunta 3 (del cuestionario).

   Usuarios frecuentes = individuos con respuestas 6 y 7 o más a la pregunta 2, además de $10.01-$12.00 y más de $12 a la pregunta 3.

   b. Aplique esas nuevas categorías y las afirmaciones de la pregunta 7 para ejecutar un análisis discriminante de tres grupos en relación con los datos.

6. **EJERCICIO DEL SPSS.** A partir del mismo conjunto de datos y cuestionario usados en la pregunta 5 precedente, realice un análisis de factores sobre las afirmaciones del estilo de vida contenidas en la pregunta 9.

ILUSTRACIÓN DE LA INVESTIGACIÓN DE MERCADOS

Las compañías de computadoras se esfuerzan por entender las diferencias entre los segmentos de mercados

Esta ilustración tiene como fin mostrar la forma en que los mercadólogos e investigadores de mercados pueden usar técnicas de análisis de variables múltiples, como el análisis discriminante, para obtener información acerca de factores importantes que se usan en las actividades de segmentación de mercados.

En este inicio del siglo XXI es indudable que la tecnología de las computadoras persistirá como una fuerza que penetra en toda la sociedad y tiene muchas consecuencias beneficiosas. Los adelantos tecnológicos acelerados, las estructuras de alto costo de las innovaciones de nuevos productos y las presiones crecientes para el lanzamiento de productos exitosos han hecho que muchas de las actuales compañías de alta tecnología centren la atención en los segmentos de mercado de consumidores, en busca de oportunidades de expansión de mercado y rentabilidad. Dos de las tareas más difíciles que enfrentan los mercadólogos son: 1. el lanzamiento exitoso de innovaciones de productos basados en la nueva tecnología para los mercados de consumidores, y 2. estimular la difusión de esas innovaciones hasta niveles de penetración aceptables. A fin de hacer frente a esas tareas, los investigadores también deben tener una idea clara de los factores clave que usarían los consumidores para decidir si adoptan o no las innovaciones en tecnología de computadoras.

En fecha reciente se llevó a cabo un estudio para investigar el uso de los factores de comportamiento poscompra entre quienes usan computadoras personales (PC) en el hogar. El estudio se concentró en determinar si existen o no diferencias entre los segmentos de *innovadores* y *adoptadores tardíos* en cuanto al uso, satisfacción e integración del producto. La pregunta principal que trataba de responder la compañía de computadoras era: "¿Existen diferencias significativas en el perfil de comportamiento y opiniones poscompra de PC entre los consumidores a los que se considera miembros de los segmentos de mercado de innovadores y adoptadores tardíos de PC en el hogar?

El procedimiento de investigación usado para recolectar los datos necesarios fue una encuesta por correo, caracterizada como descriptiva y exploratoria. Una carta de presentación redactada específicamente para el fin se adjuntó al cuestionario para aumentar la participación de los propietarios de PC elegidos y legitimar el estudio. El marco poblacional se definió como los propietarios adultos de PC que habían adquirido una IBM o Apple para uso en el hogar, no para fines comerciales o empresariales. Se aplicó una técnica de muestreo aleatorio sencillo probabilístico para obtener una muestra representativa de 1 200 propietarios de esos equipos. Al final, 356 cuestionarios utilizables (47% de propietarios de computadoras Apple y 53% de propietarios de IBM) fueron devueltos antes de la fecha límite especificada, de modo que la tasa de respuesta fue de casi 30%. El cuestionario de cinco páginas incluía preguntas para medir grados de innovación adoptiva de los usuarios, actividad de la PC, innovación en el uso, integración de la PC y un conjunto estándar de características demográficas. Salvo algunas de las variables demográficas, todas las mediciones de escala de los factores clave se diseñaron para que tuvieran propiedades de escalas ordinarias, de intervalos o de razones. En la figura 1 se resumen las variables demográficas, la propiedad/experiencia con productos electrónicos y factores clave utilizados en la investigación, así como los cálculos de fiabilidad de esos factores.

A efecto de investigar la pregunta principal, fue necesario clasificar a los encuestados como innovadores o adoptadores tardíos de las PC en el hogar. El proceso de identificación mejoró con la ayuda de un procedimiento de análisis discriminante escalonado muy conocido y aceptado, en el que se usa la variable que maximiza la razón F y minimiza la lambda de Wilks (una medición de la discriminación entre grupos) para investigar las diferencias entre los centroides de los grupos de prueba de innovadores y adoptadores tardíos. En aras de la claridad, las relaciones de perfiles de grupos resultantes se investigaron adicionalmente para buscar diferencias de opinión identificables, patrones de uso e integración de hábitos de comportamiento, con los procedimientos de pruebas estadísticas estándar *z* y de ji cuadrada. Los resultados del análisis discriminante escalonado se presentan en la figura 2.

FIGURA 1 Resumen de variables demográficas, dependiente e independientes

Variables demográficas	Factores	Número de elementos en el factor	Alfa de Cronbach	Propiedad/experiencia con productos electrónicos
Estado civil*	Innovación de uso†			Reproductora de DVD
Tamaño familiar*	Subescala de usos múltiples	7	0.84	Reproductora de videocintas
Ocupación*	Subescala de creatividad/curiosidad	9	0.56	Teléfono inalámbrico
Tiempo de tener una PC†	Integración de la PC†			
Usuario principal de la PC*	Uso actual	5	0.73	Horno de microondas
Comprador principal de la PC*	Hábitos de uso	4	0.26	Cámara de video
Experiencia previa con computadoras†	Uso futuro esperado	2	0.74	Tarjeta bancaria de débito
	Satisfacción con la PC	3	0.68	Contestadora telefónica
	Comportamiento de compra de accesorios de la PC*			
	Número de accesorios de *hardware* adicionales de la PC	10	0.82	
	Número de programas de *software* adicionales de la PC	10	0.76	Teléfono móvil

*Datos recopilados con diseños de escalas nominales.
†Datos recopilados con diseños de escalas ordinales-de intervalos.

FIGURA 2 Función discriminante estándar y con coeficientes de función de clasificación

Variables	Coeficientes de función discriminante*	Coeficientes de función de clasificación†: Innovadores	Coeficientes de función de clasificación†: Adoptadores tardíos
Experiencia previa con computadoras	−0.22	0.31	0.46
Innovación de uso: subescala de usos múltiples	−0.41	0.65	0.79
Innovación de uso: subescala de creatividad/curiosidad	0.27	1.92	1.83
Propiedad de productos electrónicos	−0.18	2.33	2.48
Integración de la PC: uso futuro esperado	0.47	3.36	2.88
Integración de la PC: comportamiento de uso actual de la PC	0.32	1.69	1.59
Integración de la decisión: satisfacción con la PC posadopción	−0.58	1.41	1.80
Posadopción: compras de *hardware* adicionales	0.45	1.22	0.90
Constante		−60.14	−59.12

*La función discriminante estandarizada permitió la discriminación significativa entre los dos grupos ($\chi^2 = 48.72$, df = 8, $p < 0.0005$).
†En general, el porcentaje de clasificación correcta (razón de éxito) = (100)(73 + 184/356) = 72.19%; con el porcentaje de clasificación correcta en el análisis = (100)(38 + 76/148) = 77.03%, y en la clasificación = (100)(35 + 108/208) = 68.75%.

Resultados

Diferencias de perfiles de actitudes-comportamiento posadopción

A fin de determinar si existían diferencias de perfiles o no, una amplia gama de factores de comportamiento de uso y opiniones sobre las PC posadopción se sometió a un procedimiento de análisis discriminante escalonado y rotado tipo varimax. La muestra se dividió en un *subgrupo de análisis* de 148 encuestados y otro *subgrupo de holdout* de 208 participantes. Con el procedimiento de prueba de ji cuadrada, la función discriminante canónica estandarizada permitió la discriminación significativa entre los dos grupos de sujetos ($\chi^2 = 48.72$, df = 8, $p < 0.005$). La función discriminante clasificó correctamente a 77.3 y 68.75% de los subgrupos de análisis y *holdout*. Por añadidura, la "razón de éxitos" global de la función se comparó contra el modelo de "criterio de probabilidades proporcionales" (C prop). En general, la función discriminante canónica estandarizada del estudio clasificó de manera correcta a casi 72% de los 356 participantes, proporción significativamente mayor que la del modelo (54%) con el nivel de 0.001 y estándar de aumento mínimo de 25%.

Los resultados del análisis discriminante hacen pensar en la existencia de rasgos distinguibles que se relacionan con el grado de innovación en el uso de la PC y los hábitos de integración de la PC posadopción, que identifican a quienes adoptan la PC y podrán ser considerados innovadores de la PC en el hogar y a los que se caracterizan como adoptadores tardíos. Al parecer, que las opiniones de los propietarios de PC hacia sus hábitos de usos múltiples son los factores dominantes de vigilancia de innovación y uso posadopción. Por lo que respecta a la integración de la PC, las actitudes de los sujetos hacia sus hábitos de usos futuros esperados de la PC y su satisfacción posadopción con la PC son los rasgos sobresalientes de la integración del producto. Por añadidura, los resultados también hacen suponer que los rasgos de vigilancia fueron significativos, como el grado de propiedad previa de una PC, rasgos de creatividad/curiosidad de los usuarios de la PC, propiedad de productos electrónicos y comportamiento de uso actual, si bien con capacidades discriminatorias menores. Los resultados indican que la innovación en el uso de la PC, los hábitos de integración de la PC, el grado de experiencias previas con PC y la propiedad de productos electrónicos pueden servir como rasgos posadopción significativos, que los mercadólogos de PC podrían usar para vigilar la difusión de las PC en el segmento de mercado de consumidores en el hogar.

El uso de las pruebas *z* para establecer las diferencias de perfiles detalladas entre innovadores y adoptadores tardíos de PC en el hogar permite resumir las diferencias principales de esos perfiles como sigue:

- Es más probable que los innovadores manifiesten una mayor curiosidad por el funcionamiento del producto y mayor disposición a dar usos adicionales a la PC. A tal efecto, compran *hardware* y *software* adicional. Les agradan las innovaciones que sirven para propósitos múltiples.
- Los innovadores usan con mucha frecuencia la PC y esperan continuar utilizándola así en el futuro.
- Como resultado de su grado de dedicación a la PC, los innovadores están satisfechos con la compra y se convierten en una fuerza positiva de influencia en sus amigos para que adquieran una PC.
- Los innovadores tienen muchos productos electrónicos en el hogar y la falta de experiencia previa con computadoras no los disuade de adquirir una PC.

En general, el uso del análisis discriminante puede ayudar a los mercadólogos de PC para mejorar su comprensión de los segmentos de mercado potenciales. El estudio reveló que las PC en el hogar han dejado atrás la etapa de innovación del proceso de difusión. Los fabricantes y detallistas de PC deben enfocarse ahora en el desarrollo de estrategias que puedan atraer al gran número de adoptadores tardíos potenciales (es decir, los que todavía no adquieren una PC para uso en el hogar).

capítulo 19

Preparación del reporte y presentación de la investigación de mercados

Objetivos de aprendizaje

Al terminar de leer el capítulo, usted podrá

1. Entender los objetivos principales de un reporte de investigación.
2. Explicar cómo se organiza un reporte de investigación de mercados.
3. Enumerar los problemas que pueden surgir en la preparación del reporte.
4. Comprender la importancia de las presentaciones en la investigación de mercados.
5. Identificar las opciones de software disponibles para preparar las presentaciones.
6. Entender las ventajas y desventajas de las opciones de software disponibles para elaborar las presentaciones.

> **"En muchos casos,**
> **lo que se dice**
> **no sería tan importante**
> **como la forma de decirlo."**
>
> **—ANÓNIMO**

Resumen del grupo focal de Back Yard Burgers: presentación de los resultados del grupo focal

Para: Todos los directores ejecutivos, jefes de departamento y concesionarios
Asunto: Resultados y diálogo concernientes al grupo focal del 20 de julio
Fecha: 29 de julio de 2001

RESUMEN EJECUTIVO

Aunque en Back Yard Burger (BYB) apenas acaba de alcanzarse la superficie de la información necesaria para corregir el ambiente en Little Rock, surgieron muchos comentarios interesantes en la sesión del grupo focal de julio. Con base en esos comentarios, parece evidente que debe brindarse atención inmediata a las operaciones y marketing en el mercado de Little Rock. En general, falta constancia. Lo más importante es que se necesita mejorar el compromiso de solucionar los problemas que deben corregirse. Estos problemas se centran en el servicio al cliente, en la atracción que ejercen los letreros en los transeúntes y en la conciencia general de los clientes. Desde esta perspectiva, se establecen las siguientes recomendaciones.

Todas las sucursales de Little Rock deben ser limpiadas a fondo. Deben atenderse sistemáticamente las reparaciones de exteriores y mejoras del paisaje y de los letreros. Los empleados de tienda deben mejorar su aspecto físico y vestimenta. Ello reviste especial importancia en relación con el personal de ventanas. La limpieza es un tema de importancia para los consumidores de Little Rock. Esto se complica con el hecho de que la evaluación de la limpieza en los formatos con servicio en el automóvil se basa en el aspecto exterior.

En cuanto a las operaciones internas, existen tres problemas que precisan atención inmediata: actitudes banales y mundanas en el punto de venta; confusión de los empleados en la cocina, y el hábito de tomar incorrectamente las órdenes de los clientes. La forma segura de alejar al cliente de Little Rock es tomar incorrectamente su orden. Otro factor de desaliento en los clientes es preguntarles si quieren condimentos adicionales. En mi opinión, no hay excusa para ello, ya que por ahorrar cinco centavos corremos el riesgo de perder su lealtad e ingresos a largo plazo. Muchos de estos problemas pueden disiparse con el programa de restaurantes de servicio rápido (RSR). Es necesario implantarlo en todas las sucursales de Little Rock. Los clientes de esa localidad no perciben valor en un RSR; más bien consideran todos estos programas con base en el precio. La única característica que diferencia a los RSR es el nivel de calidad de servicio que perciben los clientes.

Desde una perspectiva de marketing, puede decirse que tenemos excelentes hamburguesas; pero más allá de eso, los clientes no saben qué ofrecemos —desconocen la variedad de nuestro menú—. Dado el hecho de que nuestros clientes desean alimentos más saludables, debe hacerse mayor énfasis en la línea de productos de pollo en particular y en la variedad del menú completo en general. Los clientes de Little Rock desean ser tratados con respeto. Aprecian la participación de las empresas locales en su comunidad. Le gusta saber quién es el propietario y administrador de esas empresas. En virtud de esa actitud, BYB necesita implantar una estrategia doble de comunicaciones. En primer término, se requiere proyectar una imagen general de nuestra alta calidad de alimentos y servicio. A través de un vocero creíble, necesitamos decir a los habitantes de Little Rock que BYB es un excelente lugar para comer. En segundo lugar, se requiere una comunicación táctica enfocada en la amplia variedad de nuestro menú, con énfasis en la línea de pollo.

Los cupones no serían un incentivo de precio efectivo en Little Rock. Las muestras gratuitas, descuentos de precio en el punto de venta de las sucursales e interacción de los empleados/administradores con los eventos comunitarios resultarían más efectivos que los cupones en la generación de compras iniciales.

Dado el alto nivel de expectativa de calidad de servicio en los clientes de Little Rock, es importante que el área de marketing rinda cuentas de la satisfacción de esos clientes. Por lo tanto, marketing necesita hacer aportaciones directas al programa de RSR y a la función de comprador misterioso. Estos programas resultan críticos para desarrollar relaciones duraderas con los clientes y mejorar nuestra imagen general. En virtud de las diversas ramificaciones posibles de esos programas, además del énfasis necesario en la atracción de transeúntes y el personal que tiene contacto con los clientes, marketing debe aceptar la responsabilidad de esos programas.

Se adjuntan los resultados del grupo focal del 20 de julio celebrado en Little Rock. El reporte está en formato de preguntas y respuestas. Pedimos encarecidamente a todo el personal involucrado que lea el informe. Aporta datos acerca de la opinión de los clientes sobre qué ocurre en el ramo de restaurantes de servicio rápido, así como las operaciones de BYB. También se adjunta un fax de un participante del grupo focal acerca de su visita más reciente a BYB. Espero que podamos evitar que le ocurra lo mismo otra vez.

Valor de la preparación del reporte de la investigación de mercados

El texto precedente es un extracto del resumen ejecutivo del reporte de una investigación de mercados. En él se comunican las recomendaciones que deben implantarse con base en la información obtenida de un estudio de grupo focal. Aunque el resumen ejecutivo está incompleto, ilustra algunos temas relativos a la función y propósito del reporte de la investigación de mercados.

Conforme a las mejores prácticas en el ramo de la investigación de mercados, sin importar el grado de perfección en el diseño y ejecución de un proyecto de investigación, éste no puede considerarse exitoso si los resultados no se comunican con efectividad al cliente. El diseño y elaboración efectivos del reporte de investigación de mercados es una forma de lograr que el tiempo, esfuerzo y dinero dedicados a la investigación cumplan su objetivo. El propósito del capítulo es presentar el estilo y formato de dicho reporte. Se identifica la manera en que se establece y diseña el reporte de investigación, además de explicar los objetivos específicos de cada una de sus secciones. Luego, se analizan las mejores prácticas del ramo concernientes a la presentación efectiva del reporte de investigación, enfocadas en el uso de la tecnología de computadoras para aumentar la credibilidad. Se incluye un reporte de investigación de mercados completo de una entrevista de grupo focal en la Ilustración de la investigación de mercados, al final del capítulo.

El reporte de investigación de mercados escrito

Un reporte de investigación de mercados profesional debe lograr cuatro objetivos principales: 1. comunicar con efectividad los resultados del proyecto de investigación; 2. brindar interpretaciones de esos resultados en forma de recomendaciones fundamentadas y lógicas; 3. ilustrar la credibilidad del proyecto de investigación, y 4. servir como documento de consulta futura para decisiones estratégicas o tácticas.

El primero y más importante de los objetivos del reporte es comunicar con efectividad los resultados del proyecto de investigación de mercados. Puesto que el propósito principal del proyecto fue obtener información para responder a preguntas específicas sobre un problema empresarial dado, en el informe deben explicarse cómo se obtuvo la información y su pertinencia con las preguntas de la investigación. Las mejores prácticas hacen pensar que debe brindarse una descripción detallada de los factores siguientes al cliente:

1. Los objetivos específicos de la investigación.
2. Las preguntas de investigación específicas que se pretendía responder con el estudio.
3. La información específica y pertinente de procedimientos a la recopilación de datos secundarios (si fue necesaria).
4. La descripción de los métodos de investigación usados.
5. Los resultados, mostrados en tablas, gráficas o figuras.
6. La interpretación y resumen precisos de los resultados.
7. Conclusiones basadas en el análisis de los datos.
8. Recomendaciones y sugerencias de puesta en práctica.

Es muy frecuente que los investigadores se preocupen por comunicar los resultados a tal grado que olvidan brindar una interpretación clara y lógica de los resultados mismos. Los investigadores deben tener en mente siempre que su nivel de comprensión, por ejemplo de los métodos de muestreo y estadísticos, podría no ser el mismo que el del lector del reporte. Así, invariablemente deben tomar la información técnica o compleja y presentarla en una forma comprensible para todos los posibles lectores del informe. Muchos investigadores suelen tener todo un cúmulo de estadísticas, impresos de computadora, cuestionarios y otros materiales relacionados con el proyecto. La presentación de esa información al cliente siempre debe basarse en los objetivos de investigación originales. Su tarea es enfocarse en cada objetivo y comunicar la manera en que cada parte del proyecto se relaciona con el logro del objetivo correspondiente.

A manera de ejemplo, la figura 19.1 se preparó para ilustrar un objetivo de investigación en que se definen los factores predictivos significativos de los usuarios frecuentes y moderados de restaurantes de comida rápida. Aunque fue necesario un gran volumen de datos numéricos para alcanzar dicho objetivo, el uso de términos apropiados brinda una interpretación clara y comprensible de los datos. En esa figura, es fácil ver que los usuarios frecuentes, en comparación con los moderados, son más leales a las marcas nacionales, tienen poca orientación a la moda, no les preocupan los precios de los alimentos y su preferencia por platillos combinados es baja.

Credibilidad Cualidad del reporte relacionada con su exactitud, verosimilitud y organización profesional.

Una dimensión crítica del reporte es establecer la **credibilidad** de los métodos, resultados y conclusiones de la investigación. Esto se logra sólo si el reporte es preciso y creíble, además de estar organizado profesionalmente. Esas tres dimensiones no se pueden tratar por separado, ya que en forma conjunta generan la credibilidad en el documento de la investigación. A fin de que el reporte sea preciso, también deben serlo todos los datos fuente. No debe tolerarse grado alguno de descuido en el manejo de los datos, presentación de estadísticas o expresión de los resultados. Los errores de cálculos matemáticos, gramaticales y terminológicos son apenas algunos tipos de inexactitudes que disminuirían la credibilidad en el reporte completo.

Verosimilitud Cualidad de un reporte basada en el pensamiento claro y lógico, la expresión precisa y la presentación exacta.

El pensamiento claro y lógico, la expresión precisa y la presentación exacta generan la **verosimilitud**. Los lectores suelen tener dificultades para entender el reporte si la lógica subyacente es confusa o su presentación es imprecisa. En muchos casos, si no entienden lo que leen, tampoco lo creerán. Por ejemplo, un cliente podría tener la idea de que 50% de los

FIGURA **19.1 Interpretación sencilla de datos**

Factores predictivos significativos de la clase de usuario: segmento de consumidores de comida rápida

Factor predictivo	Clase de usuarios moderados	Clase de usuarios intensivos
Opiniones		
Alimentos nutritivos	Alta	Bajo
Información	Líderes	Buscadores
Comida	Omitir almuerzo	Rutinaria
Niños	Menos orientados a los niños	Muy orientados a los niños
Orientación a marcas	Más leal a marcas nacionales	Menos leales a marcas nacionales
Comida	Evitar grasas y colesterol	Menor tendencia
Empaque	Sin preferencias	Prefieren artículos de una ración
Novedad	Gustan de comprar artículos nuevos y distintos	Menos probable
Ropa	Orientación alta a la moda	Baja orientación a la moda
Liderazgo	Líderes	Seguidores
Comida	Evitar la sal	Sin preferencias
Anuncios televisivos	Buscadores de gangas	Menos probable
Actitudes hacia la comida rápida		
Visitas a tiendas	Conveniencia	Conveniencia
Precios de alimentos	Importante	No son importantes
Percepciones de los establecimientos	Todos son iguales	Algunas diferencias
Precio/calidad	Calidad	Calidad
Tipos de alimentos	Ensaladas	Ensaladas
Desayuno	Pocas visitas	Muchas visitas
Platillos combinados	Los prefieren	Baja preferencia
Efecto de la publicidad	Bajo	Moderado

encuestados opinó que es muy conveniente la ubicación de las tiendas de la compañía. Si los resultados verdaderos difieren de ello, el cliente podría sentirse a disgusto con los resultados de la investigación. En tales casos, el investigador debe explicar con claridad los resultados, en particular si se deben a algún tipo de error. La redacción inadecuada de preguntas, sesgo muestral o error de no respuestas podrían generan discrepancia entre las expectativas del cliente y los resultados.

Por último, la calidad y organización del reporte de investigación mismo podrían afectar su credibilidad. Es por demás difícil que el informe se desarrolle con claridad y se organice profesionalmente. Ello significa que el investigador debe saber con exactitud qué quiere decir. También implica que debe esforzarse al máximo en organizar el documento con base en las preferencias y grado de conocimientos técnicos de los lectores.

El consejo siguiente es útil en la preparación del reporte: elaborar un esquema de todos los puntos principales, con detalles sustentadores en la posición y orden apropiados. Siempre debe mantenerse informado al lector sobre la dirección de desarrollo de los temas. Deben usarse oraciones y párrafos breves y concisos. Siempre hay que decir precisamente lo que se pretenda decir: no debe dejarse al lector "colgado" o en busca de más información. Debe seleccionarse invariablemente la redacción compatible con los antecedentes y conocimientos de los lectores. El reporte debe redactarse una y otra vez; con ello se consigue eliminar la paja y evaluarlo críticamente para identificar errores. La organización profesional del reporte de investigación también es tema del apartado siguiente, sobre el formato del reporte mismo.

El cuarto y último objetivo del reporte de investigación es mantener su estatus como documento de referencia. Una vez terminado, el reporte adquiere vida propia como documento de consulta. Muchos estudios de mercados abarcan objetivos diversos y buscan responder a muchas preguntas de investigación. Ello se logra normalmente con grandes volúmenes de información en formatos estadístico y narrativo. Es virtualmente imposible que el cliente asimile de una sola vez toda esa información. Por consiguiente, el reporte de investigación suele convertirse en un documento de referencia que se consulta durante un largo periodo.

Además de lo anterior, muchos reportes de investigación de mercados se transforman en uno de los elementos de un proyecto más amplio que se ejecuta en varias etapas al paso del tiempo. Es un tanto frecuente que un reporte de investigación sirva como punto de partida o de referencia para estudios adicionales. Además, en muchos casos se utiliza para fines de comparación. Las compañías lo aplican en la medición de cambios promocionales, tácticas de creación de imagen o inclusive análisis de puntos fuertes y débiles de la empresa.

Formato del reporte de la investigación de mercado

Todos los reportes de investigación de mercado se singularizan de alguna manera —en virtud de las necesidades del cliente, los propósitos de la investigación, los objetivos del estudio, etcétera— y, pese a ello, todos tienen elementos en común. Aunque los términos pueden diferir según las prácticas del ramo, el formato básico que se analiza en este apartado sirve para los investigadores en la planeación y preparación de reportes para clientes diversos. Los elementos comunes a todos los reportes de investigación de mercados son los siguientes:

1. Portada (página de título)
2. Contenido (tabla de contenido)
3. Resumen ejecutivo
   a) Objetivos de la investigación
   b) Descripción concisa del método
   c) Resumen de los resultados
   d) Conclusiones y recomendaciones
4. Introducción
5. Métodos y procedimientos de investigación
6. Análisis de datos y resultados
7. Conclusiones y recomendaciones
8. Limitaciones
9. Apéndices

Portada

La portada o página de título indica el tema del reporte y el nombre del destinatario, además de su puesto y organización. Asimismo, debe incluir los números o frases necesarios para designar a un departamento o división específicos. Lo más importante es que esta página ha de contener el nombre, puesto, organización, dirección y números de teléfono y fax de la persona o las personas destinatarias del reporte, así como la fecha de su entrega.

Contenido

El contenido o tabla de contenido enumera los temas específicos del reporte en su orden de presentación. En condiciones normales, en él se resalta cada uno de los temas principales con sus subdivisiones, además de los números de página correspondientes. También suele incluir la lista de cuadros y figuras, así como sus páginas.

Resumen ejecutivo

Resumen ejecutivo Parte de un reporte de investigación de mercado en la que se presentan los puntos principales; debe ser suficientemente completa para representar con validez al documento completo, si bien en forma resumida.

El **resumen ejecutivo** es la parte más importante del reporte. Muchos lo consideran el alma misma del reporte, ya que muchos ejecutivos sólo leen esta parte. El resumen ejecutivo debe incluir los puntos principales del reporte y ser suficientemente completo para constituir una representación válida de todo el documento en forma resumida.

El resumen ejecutivo debe redactarse para varios propósitos: 1. comunicar cómo y por qué se emprendió la investigación; 2. indicar los resultados; 3. expresar el significado de los resultados para el lector, y 4. señalar las acciones futuras que deben emprenderse. En otras palabras, el resumen ha de contener los objetivos de la investigación, una descripción concisa de su método, el resumen de los resultados, y conclusiones y recomendaciones específicas.

Los objetivos de la investigación deben expresarse con la mayor precisión posible, además de limitarlos aproximadamente a una página. En esta sección también se describe el propósito de la investigación, junto con las preguntas o hipótesis que sirvieron como guía del proyecto. Luego, se relatan el método muestral, el diseño de la investigación y los procedimientos en dos o tres párrafos. Después ha de incluirse la descripción de los resultados. Por supuesto, los resultados presentados en el resumen deben concordar con los de la sección de resultados incluida más adelante en el reporte. Conforme a las mejores prácticas, se incluyen sólo los resultados clave, relacionados específicamente con los objetivos de la investigación. Una vez más, esta parte del resumen ejecutivo debe tener a lo sumo dos o tres párrafos. Por último, el resumen ha de incluir una relación breve de las conclusiones y recomendaciones derivadas de la investigación. Las conclusiones se expresan como opiniones basadas en los resultados. Son simples declaraciones de qué generó la investigación y cuál significado puede atribuirse a los resultados. En contraste, las recomendaciones serían descripciones de acciones futuras apropiadas. Se generan con el proceso de deducción lógica y se centran en tácticas o estrategias de marketing específicas que el cliente debe utilizar para el logro de ventajas competitivas. Es normal que las conclusiones y recomendaciones puedan expresarse en el resumen ejecutivo con uno o dos párrafos.

Introducción

La introducción contiene los antecedentes necesarios para la comprensión plena del reporte. En ella se comunican las definiciones de términos necesarias, antecedentes pertinentes, circunstancias específicas en torno al estudio, y alcance y énfasis del estudio mismo.

Esta sección también debe incluir los objetivos y preguntas de investigación específicos para los cuales se diseñó el estudio. Asimismo, deberá contener hipótesis específicas, duración del estudio y problemas relacionados con la investigación. Tras la lectura de la introducción, el cliente debe saber con exactitud a qué se refiere el reporte, por qué se emprendió la investigación y las relaciones existentes entre esta última y estudios previos.

Métodos y procedimientos de la investigación

El objetivo de la sección de métodos y procedimientos es comunicar específicamente al usuario cómo se ejecutó la investigación. Entre los temas de esta sección deben incluirse los siguientes:

1. El diseño de investigación usado: exploratorio, descriptivo o causal.
2. Tipos de datos secundarios utilizados en el estudio.

3. Si se recopilaron datos primarios, el método (observación, cuestionario) y procedimientos de administración aplicados (personal, por correo, telefónica o por Internet).
4. La muestra y proceso muestral del estudio. En esta descripción ha de responderse a las preguntas siguientes:
   a) ¿Cómo se definió y perfiló la población de la muestra?
   b) ¿Cuáles unidades muestrales se usaron (empresas, viviendas, individuos)?
   c) ¿Cómo se generó la lista de la muestra?
   d) ¿Cómo se determinó el tamaño de la muestra?
   e) ¿Se usó un plan muestral probabilístico o no probabilístico?

En muchos casos, al redactar la sección de métodos y procedimientos, el escritor se ahoga en la presentación de detalles excesivos del estudio. El objetivo del redactor se habrá cumplido en caso de que el lector, al terminar la lectura de la sección, pueda afirmar qué se hizo, cómo se hizo y por qué se hizo. En la Ilustración de la investigación de mercado, al final del capítulo, se ejemplifican muchos de estos principios.

Análisis de datos y resultados

Cada proyecto es muy específico en lo concerniente al análisis de datos, de modo que es poco lo que puede decirse respecto de la técnica de análisis en sí. No obstante, si el investigador presenta los resultados, por ejemplo de una prueba de ji cuadrada, la mejor práctica sería definir el concepto de la significación estadística de la prueba, indicar los fundamentos generales de su realización y enumerar los diversos supuestos de ese procedimiento.

En el caso de técnicas de análisis más complejas, como la de regresión múltiple o ANOVA, es una buena práctica brindar una interpretación breve y específica de la técnica, además de las razones de usarla y cuáles pueden ser sus resultados.

Los resultados verdaderos del estudio comprenden la mayor parte de esta sección del reporte. Deben presentarse invariablemente con detalles, acompañado de cuadros, figuras y gráficos sustentadores. Los resultados han de ordenarse en forma detallada y lógica, de modo que correspondan a cada objetivo o pregunta de investigación ya mencionados en el reporte. La mejor práctica sería usar cuadros, figuras y gráficas según los requiera la presentación de los resultados. Ese material ilustrativo debe mostrar de manera sencilla, concisa y no técnica los datos. Por ejemplo, la figura 19.2 es un cuadro que ilustra los resultados correspondientes a la pregunta de investigación siguiente: "¿Cuál fue el restaurante de hamburguesas de servicio rápido hacia el cual tuvieron predisposición más favorable los consumidores?" En dicho cuadro se ilustran los resultados con sencillez y concisión, lo cual permite al lector apreciar fácilmente cuáles fueron los restaurantes con preferencia máxima y mínima.

Los gráficos más complejos o técnicos deben reservarse para los apéndices del reporte. A diferencia de la figura 19.2, el gráfico de la figura 19.3 es muy complejo y, hasta cierto punto, de difícil interpretación. Aunque guarda relación directa con los objetivos de investigación referentes a la imagen de los restaurantes, se requiere su explicación detallada al lector. Un gráfico de ese tipo sería más idóneo para la sección de apéndices del reporte.

Conclusiones y recomendaciones

Las conclusiones y recomendaciones se derivan específicamente de los resultados. Las primeras pueden considerarse como generalizaciones amplias que se centran en responder a las preguntas relacionadas con los objetivos de la investigación misma. Se trata de información condensada que se deriva de los resultados, con la que se comunican estos últimos al lector. Como se ilustra en la figura 19.4, toman forma de oraciones descriptivas de generalización de los resultados, mas no necesariamente de las cifras generadas con los análisis estadísticos. Cada conclusión hace referencia directa a los objetivos de la investigación.

FIGURA 19.2 Ejemplo de resultados sencillos y legibles

¿Hacia cuál cadena de restaurantes de hamburguesas de servicio rápido tuvieron predisposición más favorable los consumidores?

✓ Memphis

	Predisposición			
	Favorable total			
	Preferencia máxima	La considerarían	Neutral	Desfavorable
Wendy's	37%	54%	8%	1%
Back Yard Burgers	28	57	14	1
Burger King	17	61	12	10
McDonald's	9	60	8	23
Rally's	4	60	31	5

✓ Little Rock

	Predisposición			
	Favorable total			
	Preferencia máxima	La considerarían	Neutral	Desfavorable
Back Yard Burgers	41%	49%	7%	3%
Wendy's	28	58	8	6
Rally's	11	66	16	7
Burger King	9	61	15	15
McDonald's	8	60	13	19

Las recomendaciones se generan mediante el pensamiento crítico. Es una tarea en la que el investigador debe evaluar en forma crítica cada conclusión y redactar aplicaciones específicas de acciones estratégicas o tácticas. Han de enfocarse en la solución que el cliente puede dar al problema de que se trate para lograr ventajas competitivas.

En la figura 19.5 se definen las recomendaciones correspondientes a las conclusiones de la figura 19.4. Nótese que cada recomendación, a diferencia de las conclusiones, toma la forma de una declaración de acción clara.

Limitaciones

Limitaciones Eventos ajenos que imponen ciertas restricciones al reporte y se mencionan habitualmente en la comparación de resultados.

Pese a todos los intentos por desarrollar y poner en práctica un estudio perfecto para el cliente, invariablemente surgen aspectos ajenos al proyecto que le imponen **limitaciones**. Los investigadores deben estar siempre conscientes de las limitaciones en torno a un proyecto e informar de ellas a su cliente. Entre las limitaciones comunes en la investigación de mercados están el sesgo muestral, restricciones económicas, presiones de tiempo, errores de medición y artefactos de demanda, por mencionar algunas.

Todos los estudios tienen limitaciones, y el investigador es responsable de que el cliente esté consciente de ellas. No debe sentirse avergonzado por esas restricciones, sino aceptar abiertamente su existencia. El tratamiento de las limitaciones en el reporte de investigación

FIGURA 19.3 Ejemplo de resultados técnicos complejos

QUALITY/VALUE POSITIONING™
Back Yard Burgers

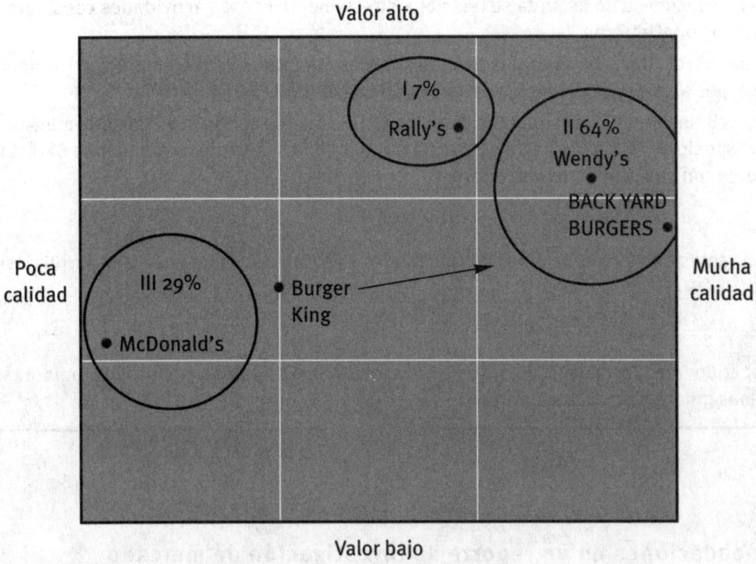

++ = Punto fuerte principal
\+ = Mayor que el promedio
o = Promedio
– = Menor que el promedio
– – = Punto débil principal

* Aunque BACK YARD BURGERS encaja naturalmente en la posición II, se muestra su imagen en las posiciones I y III para indicar cuán bien encajaría en ellas.

→ La posición actual (II) de Burger King está indicada por la flecha. No se muestra a la cadena en la posición II porque no brinda el nivel de calidad y valor esperados que se relacionan con dicha posición.

Factores de influencia en la posición I:	Imagen de: Rally's	Imagen de: (BACK YARD BURGERS)*
1. Rapidez del servicio	++	(–)
2. Precio de los alimentos	++	(–)
3. Toma correcta de las órdenes	++	(++)
4. Empleados amables	++	(+)

Factores de influencia en la posición III:	Imagen de: McDonald's	Imagen de: (BACK YARD BURGERS)*
1. Especiales y promociones	++	(– –)
2. Letreros que llaman la atención	++	(– –)
3. Menú infantil	++	(– –)
4. Ubicación conveniente	++	(– –)
5. Es un sitio divertido	++	(–)
6. Variedad de postres	++	(+)

Factores de influencia en la posición II:	Imagen de: Burger King	Imagen de: Wendy's	Imagen de: BACK YARD BURGERS
1. Platillos únicos	–	++	++
2. Variedad de platillos	–	++	– –
3. Hamburguesas grandes	++	+	++
4. Método de preparación de hamburguesas	++	–	++
5. Comida de buen sabor	+	++	++
6. Preparación de alimentos a solicitud especial del cliente	++	++	+
7. Cada pedido es preparado al momento	–	++	++
8. Calidad de los ingredientes	–	++	++
9. Calidad constante en cada visita	–	++	+
10. Tamaño de la ración	+	++	++
11. Variedad de tipos de papas a la francesa	–	– –	++
12. Alimentos bien preparados	–	+	++
13. Toma correcta de órdenes	–	+	++
14. Usar carne molida extramagra	–	+	++
15. Alimentos saludables	–	++	+

suele abarcar el análisis de los resultados y la exactitud. Por ejemplo, los investigadores deben informar al cliente acerca del grado en que pueden generalizarse los resultados más allá de la muestra usada en el estudio. Debe hacerse mención de las debilidades de escalas específicas y de las posibles fuentes de errores ajenos al muestreo. Si no se mencionan las limitaciones y el cliente la descubre más adelante, podrían surgir desconfianza y escepticismo hacia el reporte en su totalidad. Las limitaciones pocas veces disminuyen la credibilidad de un reporte; por el contrario, sirven para mejorar la percepción que el cliente tiene de la calidad del documento.

FIGURA 19.4 Ejemplo de conclusiones en un reporte de investigación de mercado

Conclusiones

Conciencia

- La generación de conciencia no asistida se relaciona directamente con las actividades constantes de publicidad, promoción y letreros.
- Entre sus competidores, Back Yard Burgers tiene los niveles más bajos de rememoración de anuncios, conciencia de especiales y promociones, y letreros que llaman la atención.
- Por otra parte, BYB tiene muy buena reputación entre consumidores específicos (los que muestran mayor preferencia o disposición favorable hacia este restaurante). Ello es una indicación de que BYB satisface a los consumidores con sus productos y servicio.

Clientela

- Entre los restaurantes que sirven hamburguesas grandes y emparedados de pollo a la parrilla, Wendy's marca el ritmo.

Puntos fuertes

- BYB es el competidor más fuerte en tres de los cinco atributos principales para los consumidores. ¡BYB ofrece lo que más quieren los consumidores!

FIGURA 19.5 Ejemplo de recomendaciones en un reporte de investigación de mercado

Recomendaciones

Aunque Back Yard Burgers tiene una buena historia que contar, debe elevar su voz para ser escuchado. Sin importar cuánto disfruten sus productos los consumidores, es necesario recordarles. Comer fuera es algo ocasional y, en muchos casos, impulsivo.

En particular:

1.
   a) Considerar sus puntos fuertes en los 20 atributos principales, en los cuales tiene clara superioridad.
   b) Recordar su posicionamiento actual —"Comida rápida de gourmet fresca"— y el simbolismo del nombre *Back Yard Burgers.*
   c) Desarrollar un programa de marketing y publicidad basado en sus puntos fuertes (las cualidades que lo singularizan).
2. Centrarse en su propia marca de especiales y promociones.
3. Emprender alguna investigación de grupo focal sobre nuevos conceptos de letreros.
4. Considerar opciones de diseño de menús que pongan de relieve la variedad de éstos.
5. Considerar la promoción de marca de algunos platillos de los menús, con el objetivo de aumentar la conciencia y diferenciar sus productos.
6. Explorar opciones de marketing para aumentar la clientela vespertina y nocturna.

Apéndices

Apéndice Sección que sigue al cuerpo del reporte, usada para información compleja, detallada o técnica.

El **apéndice**, en muchos casos llamado "apéndice técnico", tiene por finalidad contener información compleja, detallada o técnica que es innecesaria en el cuerpo del reporte. Entre los elementos que suelen contener los apéndices están los cuestionarios, formularios del entrevistador, cálculos estadísticos, mapas muestrales detallados e inclusive cuadros detallados, como el de la figura 19.6. El investigador debe tener en cuenta que el apéndice pocas veces es leído en el mismo contexto que el cuerpo del reporte. De hecho, es muy frecuente que los apéndices reciban el tratamiento de puntos de referencia en el reporte mismo. Ello significa que la información del apéndice se situaría en el reporte como guía para que el lector consulte detalles técnicos o estadísticos adicionales.

FIGURA 19.6 Ejemplo de un cuadro de resultados detallado, idóneo para la sección de apéndices

RESUMEN

			Perfiles de imagen				
		Perfil motivacional total	Back Yard Burgers	Wendy's	Rally's	Burger King	McDonald's
1	Platillos únicos	132	169+	184+	55−	114	82−
2	Variedad de alimentos	131	92−	201+	18−	104	109
3	Hamburguesa grande	130	225+	142	103	189+	43−
4.5	Métodos de cocción de las hamburguesas	124	253+	110	85−	223+	31−
4.5	Alimentos de buen sabor	124	222+	155+	109	143	33−
6	Promociones y especiales	121	31−	139	91−	92	166+
7	Rapidez del servicio	118	114	110	236+	75−	126
8	Preparación de alimentos a solicitud especial del cliente	113	139	149+	103	153+	36−
9	Cada orden se prepara al momento	112	179+	170+	139	82	23−
10	Calidad de los ingredientes	110	206+	150+	97	102	27−
11	Calidad constante en cada visita	106	132	143+	103	85	63−
12	Tamaño de la ración	105	160+	139+	109	124	27−
13	Precios de los alimentos	104	77	82	267+	95	110
14	Variedad de tipos de papas a la francesa	103	256+	62−	200+	73	76
15	Letreros que llaman la atención	102	43−	96	109	63−	157+
16	Alimentos bien preparados	99	176+	130	109	87	33−
17.5	Toma correcta de las órdenes	94	154+	96	151+	85	54−
17.5	Los alimentos están calientes al servirlos	94	145+	124	115	80	37−
19.5	Menú infantil	90	25−	70	36−	63	173+
19.5	Ubicación conveniente	90	34−	91	115	65	123+
21.5	Carne molida extramagra	88	166+	99	67	78	49−
21.5	Es un sitio divertido	88	65	76	30−	92	123+
23	Alimentos saludables	87	114	144+	36−	63	34−
24	Limpieza	82	65	108	48−	51	84
25	Empleados amables	77	92	90	127+	48	62
26	Variedad de postres	72	95	58	6−	46	109+
27	Menú comprensible	65	80	53	170+	53	54
28	Precios de bebidas	62	34	58	170+	58	56
29	Los empleados responden preguntas y resuelven problemas	61	89	68	61	44	52
	Perfil de imagen promedio		126	115	110	91	74

+ = Punto fuerte principal; − = Punto débil principal

Problemas habituales en la preparación del reporte de una investigación de mercados

Es muy frecuente que se centre la atención en redactar el reporte de la investigación hasta el punto de no tener en mente aspectos clave que después se convierten en problemas. En algunos casos, se pasan por alto factores tan sencillos como el uso del lenguaje. Las mejores prácticas del ramo consisten en tener en cuenta siempre las áreas problemáticas que pueden surgir en la redacción de un reporte de investigación de mercados:

1. **Falta de interpretación de los datos.** En ocasiones se dedica tanta atención a elaborar los cuadros de resultados que no se interpretan apropiadamente los datos de esos cuadros. El investigador tiene invariablemente la responsabilidad de presentar una interpretación no sesgada de los resultados.
2. **Uso innecesario de estadísticas de variables múltiples.** Muchos investigadores someten innecesariamente los datos a refinadas técnicas estadísticas de variables múltiples para impresionar a sus clientes. En 75% de los reportes de investigación, la técnica estadística más compleja requiere una prueba de ji cuadrada. Inténtese evitar el uso de métodos estadísticos que no sean esenciales para derivar el significado de los datos.
3. **Énfasis en la forma, no en la calidad del contenido.** La abundancia de paquetes de software de computadora disponibles en la actualidad hace que muchos investigadores se desvíen para presentar un reporte elegante con muchos gráficos generados por computadora. Si bien la presentación gráfica de los resultados es indispensable en el reporte, nunca debe perderse de vista el objetivo principal: brindar información válida y creíble al cliente.
4. **Impertinencia.** La presentación de datos, estadísticas e información no compatibles con los objetivos del estudio es un problema importante en la redacción del reporte. Éste debe prepararse siempre con un enfoque claro en los objetivos de la investigación. Evítese añadir información innecesaria simplemente para alargar el reporte. En todo momento debe tenerse un enfoque práctico: recomendar ideas pertinentes, factibles y compatibles con los resultados del estudio. En el recuadro "La investigación de cerca, En el campo", se presenta un análisis adicional de la pertinencia.
5. **Conceder demasiada atención a unas cuantas estadísticas.** Por ningún concepto deben basarse todas las conclusiones o recomendaciones en algunas preguntas o resultados estadísticamente significativos. En todo momento debe intentarse encontrar diversas pruebas sustentadoras de las recomendaciones o conclusiones.

Siempre debe recordarse que el documento final de la investigación es el producto terminado del investigador. El hecho de que él considere que el reporte puede ayudar o dañar es lo que contribuye a que reciba solicitudes de estudios adicionales del mismo cliente o que éste lo recomiende a otros. La calidad, dedicación y honradez en el reporte puede generar negocios futuros, promociones y aumentos de sueldo.

Naturaleza crítica de las presentaciones

La *presentación* de los resultados de la investigación de mercados puede ser tan importante como el fruto de la investigación misma, o incluso más. Ello es cierto por varias razones. Primera, no se puede actuar a partir de ninguna investigación, sin importar cuán bien realizada o importante sea, si los resultados no se comunican con efectividad a quienes necesitan usar la información para la toma de decisiones. Los administradores requieren información precisa para decidir adecuadamente, de modo que si no entienden los resultados de la investigación podrían tomar decisiones inadecuadas que originen dificultades y problemas no sólo para la organización, sino también para los miembros de ésta que resulten afectados por esas decisiones. Segunda, el reporte o presentación suele ser la única parte del proyecto de investigación de mercado que ven quienes solicitaron la investigación misma. Los altos directivos por lo regular no tienen tiempo para revisar los aspectos de un proyecto de investigación, de modo que confían en que el investigador realice de manera adecuada el estudio y les presente luego los resultados en forma clara y concisa. Tercera, el contenido y formato de la presentación de la investigación están estrechamente relacionados. Las presentaciones organizadas en

La investigación de cerca

En el campo

¿Qué es la investigación de mercados? Sin duda alguna, no es una profesión, y ciertamente no es una academia. Además de los grupos focales, la investigación de mercados consiste ante todo en hacer muestreos de consumidores, plantear preguntas, sumar las respuestas y presentar los resultados a los clientes. Y la rapidez con que se obtienen las respuestas es el cambio principal ocurrido en ella, con la convergencia de las computadoras y teléfonos. El cambio más lento ha correspondido a la presentación de los resultados, que es donde más se necesitan las innovaciones. La rapidez de la recopilación de datos ha dado pasos gigantescos, pero es frecuente que los resultados se impriman en papel con detalles excesivos y que los clientes se vean bombardeados con información.

Los avances en la presentación de los resultados son esenciales. Hoy, muchos clientes tienen una PC en su escritorio. La voz de los consumidores debe hacérseles llegar en un formato interactivo, que posibilite emprender acciones inmediatas. Ello diferiría hasta cierto punto del análisis convencional de tablas. Significa identificar rápidamente lo importante en los datos, compararlo con datos previos en busca de cambios y presentar al cliente lo que necesita. De tal forma, puede usar los datos para tomar decisiones rápidas y hacer frente a los cambios casi cotidianos del mercado. A fin de proporcionar estudios útiles, los investigadores deben conocer el negocio de sus clientes. Ya no pueden ser simplemente proveedores de tablas, sino que deben brindar datos adaptados específicamente a las necesidades de sus clientes.

En el futuro habrá un mayor grado de especialización de las compañías de investigación de mercados: se separarán la recopilación y presentación de los datos. Habrá compañías de investigación que recopilen datos y otras que los usen para informar a los clientes. Y gran parte de los nuevos adelantos ocurrirá en el área de la presentación de datos con un formato que los clientes puedan usar interactivamente. Ello diferirá mucho del viejo estilo de presentación de los datos en grandes volúmenes encuadernados de tablas.

forma inapropiada, en formato poco claro, largo y de difícil comprensión hacen que el auditorio descalifique el contenido. Las presentaciones en que se usan métodos y aplicaciones de alta tecnología suelen percibirse como de mayor mérito que otras en que se utilizan métodos antiguos, con poco uso de la tecnología. Así, el método de presentación puede influir en la percepción del valor o mérito de la información presentada.

Presentación de los resultados de la investigación de mercados

Los métodos tradicionales de presentación abarcan los pizarrones, pizarras y proyectores de transparencias. Estos métodos de utilidad comprobada serían preferibles cuando se comunican conceptos e ideas sencillos a auditorios pequeños. Sin embargo, es muy frecuente que se los conceptúe como demasiado limitados para comunicar ideas más complejas. El deseo de generar presentaciones más claras y con aspecto más profesional de los resultados de la investigación de mercados ha llevado al desarrollo de una amplia variedad de presentaciones mediante computadora, que van desde transparencias hasta presentaciones en multimedia con texto, gráficos, sonido, video o animaciones.

Uso del software de computadora en el desarrollo de presentaciones

En la actualidad existen muchos paquetes de software de presentaciones computarizadas, y cada día surgen más. En el entendido de que sería imposible analizar todas las opciones, la atención se centra en dos formatos principales que son útiles para presentar los resultados de la investigación de mercados: proyección de transparencias en la pantalla de computadoras y páginas web. Las proyecciones en la pantalla de la computadora poseen varias ventajas. A los investigadores les resulta fácil desarrollar la presentación en la computadora e importar la información de los archivos del proyecto en la misma, según se requiera. Dicho equipo ayuda a que el investigador se mantenga organizado durante las presentaciones, evitando así que las transparencias se pierdan o se desordenen. Además, posibilita un mayor uso de colores y otros aspectos gráficos, con lo que el presentador tiene flexibilidad en el desarrollo del aspecto de la presentación. Por añadidura, hace factible reducir los costos, puesto que con ello se evita pagar las costosas transparencias a color.

PowerPoint Paquete de software usado para desarrollar diapositivas de presentación electrónica de los resultados de una investigación.

Uno de los paquetes de software de presentaciones más usados es **PowerPoint** de Microsoft. Este programa puede utilizarse para crear transparencias, diapositivas de 35 mm y presentaciones electrónicas en pantalla, amén de generar notas, impresos para el auditorio y esquemas, todo ello a partir de la misma información. Así, el presentador tiene que escribir o importar la información una sola vez para crear la presentación del estudio. El software de presentación del tipo de PowerPoint puede usarse para elaborar presentaciones organizadas y atractivas, que trasmiten en forma clara, concisa y apropiada los resultados de una investigación.

Lenguaje de marcación de hipertexto (HTML) Lenguaje de computadora usado en la creación de páginas web para comunicar resultados en Internet.

Otro formato emergente para las presentaciones es el uso del **lenguaje de marcación de hipertexto (HTML)** para la creación de páginas web. Es el formato usado en World Wide Web. Al utilizar ésta, los investigadores pueden comunicar la información a su auditorio en todo el mundo, sin restricciones de tiempo o geográficas. Resulta ya innecesario que todos los miembros del auditorio estén en el mismo sitio a una hora dada para que reciban la información de la presentación. Los resultados de las investigaciones de mercados pueden publicarse en páginas web, que sus lectores verían cuando les resulte conveniente. Además, no sólo la presentación misma, sino también los materiales sustentadores —con la inclusión de texto, sonido, gráficos y archivos de animaciones o películas— estarían disponibles para que los interesados los bajen e inspeccionen, amén de la posibilidad de la vinculación con artículos sobre temas similares para su fácil consulta. Por añadidura, la tecnología ha hecho posibles las videoconferencias en tiempo real, en las que personas de distintas ubicaciones geográficas participan en juntas donde se ven y escuchan unas a otras mediante sus computadoras a través de World Wide Web.

Son varias las opciones para los investigadores en el desarrollo de presentaciones basadas en páginas web. Pueden publicar la información en un servidor web (una computadora enlazada permanentemente con World Wide Web, dedicada a páginas web y otros archivos a los que se puede tener acceso por Internet) para que la vean personas de todo el mundo y hacerles saber dónde está la información, de modo que puedan verla a su conveniencia. En forma alterna, si el investigador desea presentar la información en un sitio y hora dados, puede publicar la información en un servidor web o en su propia computadora y luego dirigir personalmente la presentación al auditorio, lo que podría incluir la adición de más información y guiar la presentación misma durante ella. En esta sección, la atención se centra en la creación y desarrollo de presentaciones basadas en páginas web que se publican en un servidor para auditorios geográficamente dispersos, que las ven a su conveniencia; pero debe considerarse que el presentador podría utilizar con igual facilidad este formato en la presentación real de los resultados de investigaciones a un auditorio local. La flexibilidad y poder de las presentaciones basadas en páginas web las convierten en un formato atractivo cuando el tiempo o la distancia son un obstáculo para divulgar información.

Claris Home Page Software utilizado en la creación de páginas web, en las que se integran texto y gráficos con otros tipos de archivos de computadora.

De nuevo, son muchos los paquetes de software disponibles para la creación de páginas web. Uno de fácil uso es **Claris Home Page**, que se utiliza en la creación de páginas web y permite integrar texto, gráficos y otros tipos de archivos de computadora. Aunque existen diversos paquetes de software para el desarrollo de páginas web, su grado de similitud de operación es suficiente para que la comprensión del programa mencionado baste como fundamento adecuado para el uso de cualquiera de los otros paquetes.

Ventajas y desventajas de los formatos computarizados

Los formatos de proyección en la pantalla de la computadora y de presentación en páginas web tienen ventajas y desventajas que les son propias. Ambos posibilitan al presentador importar fácilmente el texto al software de presentaciones. Los dos posibilitan la integración de texto y gráficos para crear presentaciones atractivas, con el uso de colores, sombreados de fondo y texturas para resaltar ciertos temas o puntos principales. Sin embargo, ambos formatos también precisan al menos el uso de las computadoras y sus requisitos básicos; sería difícil impartir una presentación basada en computadoras a un grupo de granjeros en un trigal de Kansas sin una fuente de electricidad cercana. Los dos formatos también precisan que el presentador, o éste y su auditorio, tengan al menos conocimientos básicos de las computadoras.

El uso de programas de software como PowerPoint de Microsoft para la proyección en la pantalla de la computadora posibilita que el presentador controle la presentación misma en cuanto a tiempos, puntos clave que se resaltan y transición entre los temas. Sin embargo, una desventaja es que requiere la presencia física del auditorio en un sitio y momento dados. Además, el volumen de información presentado suele limitarse a los temas principales, mientras que la documentación sustentadora usualmente se distribuye en impresos, con el costo respectivo. Por último, las animaciones y otros gráficos de alta tecnología no se integran fácilmente en este formato de presentación.

Las presentaciones basadas en páginas web de las investigaciones de mercados se acompañan de la ventaja principal de no requerir la presencia física del auditorio en un sitio o momento específicos. Los miembros del auditorio pueden tener acceso a la información en cualquier momento y desde cualquier sitio. (Un ejemplo de ello sería un estudiante de la University of Memphis que accesó las páginas web de su clase de marketing y bajó los materiales de lectura mientras viajaba de Nashville a Memphis, mediante el uso de una computadora *laptop* con módem y su teléfono celular.) Por añadidura, podría estar disponible fácilmente información adicional, con documentos sustentadores, gráficos, animaciones o sonido, a solicitud expresa. Asimismo, es posible la vinculación con otras páginas web, de modo que el auditorio tenga acceso fácil y rápido a un gran volumen de información pertinente. Por último, el auditorio puede usar World Wide Web para su propia investigación adicional. Las búsquedas computarizadas permiten encontrar otra información disponible o al menos indagar dónde localizarla. Sin embargo, el uso de World Wide Web también tiene sus desventajas. La principal es que el presentador pierde cierto control de la presentación, por lo que debe elaborarla de modo que se explique sola. Ello requiere que dedique más tiempo a generar la presentación, con mayor grado de organización y la atención centrada en evitar malentendidos. Una consideración más es que la rapidez de transmisión de los archivos en Internet puede ser un problema, en particular si se utilizan grandes archivos de gráficos. Además, la creación de presentaciones basadas en páginas web obliga a que el presentador tenga los conocimientos de cómputo pertinentes, por ejemplo, en virtud de la necesidad frecuente de convertir archivos de gráficos y guardarlos en formatos de archivo específicos para su uso en las páginas web.

Resumen de objetivos de aprendizaje

Entender los objetivos principales de un reporte de investigación.
El objetivo clave del reporte de una investigación de mercados es brindar al cliente una interpretación clara y concisa del proyecto de investigación. El reporte es la culminación del estudio, por lo que debe comunicar la manera sistemática en que se diseñó y ejecutó la investigación. Los objetivos secundarios del reporte abarcan brindar información precisa, creíble y comprensible al cliente. El resultado final del reporte consistiría en la posibilidad de usarlo como documento de referencia que sirva de guía en investigaciones futuras o como fuente de información.

Explicar cómo se organiza el reporte de una investigación de mercados.
El reporte de una investigación usualmente abarca la portada (página de título); contenido (tabla de contenido); resumen ejecutivo, en que se describen los objetivos de la investigación, se detallan los métodos y procedimientos del estudio, y se presentan con brevedad los resultados, además de las conclusiones y recomendaciones. Después del resumen ejecutivo están la introducción del reporte, la descripción de los métodos utilizados, las técnicas de análisis de los datos y los resultados. Los elementos finales son las conclusiones, recomendaciones y descripción de las limitaciones. El apéndice incluiría explicaciones o ilustraciones técnicas.

Enumerar los problemas que pueden surgir en la preparación del reporte.
Las áreas problemáticas que pueden surgir al preparar el reporte de una investigación son: 1. falta de interpretación de los datos; 2. uso innecesario de estadísticas de variables múltiples; 3. énfasis en la forma de la presentación, no en la calidad del contenido; 4. impertinencia, y 5. énfasis excesivo en unos cuantos resultados estadísticos.

Comprender la importancia de las presentaciones en la investigación de mercados.
Las presentaciones son importantes porque los resultados de la investigación se deben comunicar con efectividad a quienes buscan usar la información en la toma de decisiones. El reporte o presentación podría ser la única parte del proyecto que vean quienes solicitaron el estudio. El contenido de la investigación y el formato de su presentación están estrechamente relacionados.

Identificar las opciones de software disponibles para preparar las presentaciones.
Es posible usar las computadoras para crear transparencias, presentaciones en pantalla basadas en diapositivas o páginas web, y las páginas web mismas. Los dos formatos principales para presentar la información son: 1. proyección de transparencias en la pantalla de la computadora, y 2. presentaciones basadas en páginas web a un auditorio en vivo o al auditorio de Internet en general.

Entender las ventajas y desventajas de las opciones de software disponibles para elaborar las presentaciones.
La proyección de transparencias en la pantalla de la computadora requiere la presencia física del auditorio en un sitio y momento dados, si bien permite al presentador un mayor control de la presentación, la realimentación inmediata del auditorio y la respuesta a las preguntas que surjan. Las páginas web posibilitan al auditorio el acceso a la información en cualquier momento y lugar desde una computadora.

Términos y conceptos clave

Apéndice 638
Claris Home Page 642
Credibilidad 631
Lenguaje de marcación de hipertexto (HTML) 642
Limitaciones 636
PowerPoint 642
Resumen ejecutivo 634
Verosimilitud 631

Preguntas de repaso

1. ¿Cuáles son los cuatro objetivos principales del reporte de una investigación de mercados? Analice con brevedad cada objetivo y la razón de su importancia.
2. En el contexto del reporte de una investigación de mercados, ¿cuál es el objetivo principal del resumen ejecutivo?
3. ¿Cuál es el propósito fundamental de la sección de métodos y procedimientos de investigación del reporte de un estudio de mercados?
4. ¿Por qué se incluyen conclusiones y recomendaciones en el reporte de una investigación de mercados?
5. ¿Cuáles son los cinco problemas habituales de los reportes de investigación de mercados?
6. ¿Por qué PowerPoint de Microsoft es una herramienta muy valiosa en la preparación de presentaciones de la investigación de mercados?

Preguntas de análisis

1. **EXPERIENCIA DE INTERNET.** Navegue al sitio web www.intelliquest.com/resources/presentation y seleccione una presentación de su preferencia. Identifíquela y analice en forma crítica su efectividad.

2. **EXPERIENCIA DE INTERNET.** Complete el tutorial del sitio web www.microsoft.com/education/tutorial/classrooom/ppt97/overview.asp. Después, redacte comentarios acerca de los beneficios derivados de ese tutorial.

3. Con base en lo aprendido acerca de las presentaciones de investigaciones de mercados, elija un tema de su preferencia, prepare una presentación de PowerPoint sobre dicho tema y preséntela en clase.

4. ¿Cómo puede usarse una página web para comunicar los resultados de una investigación de mercados?

ILUSTRACIÓN DE LA INVESTIGACIÓN DE MERCADOS

Redacción del reporte de investigación de mercados de una entrevista de grupo focal

En esta ilustración se usa un reporte de grupo focal para mostrar muchos de los conceptos estudiados en el capítulo.

Introducción

Este reporte de grupo focal se preparó para un área conocida como Jackson, comunidad localizada en el sector central norte de Memphis, Tennessee. El reporte se centra en comunicar los resultados de una entrevista de grupo focal practicada el 18 de julio de 2001. Los elementos de análisis se centran en las tendencias y dinámica de mercado del ambiente empresarial en dicha comunidad.

Propósito de la investigación

Se analizan aspectos pertinentes al ambiente de negocios de Jackson. El estudio tiene un doble propósito. El primero es explorar las tendencias de negocios, dinámica de mercado y potencial de crecimiento de la comunidad para tener elementos de cara al desarrollo de negocios futuros en el área. El segundo consiste en obtener datos sobre las características del mercado para su uso en un método de encuesta subsiguiente, con el que se determinarán el poder adquisitivo y los hábitos de compra de los residentes de la comunidad. Se crearon los objetivos de investigación siguientes para responder a estas metas.

Objetivos de la investigación

A efecto de obtener datos útiles y fiables acerca del desarrollo de negocios futuros en Jackson, se establecieron los siguientes objetivos de investigación:

1. Determinar el nivel actual de saturación y sobresaturación de las actividades de negocios en Jackson.
2. Evaluar oportunidades de empresas nuevas y emergentes en relación con las tendencias y potenciales del mercado de Jackson.
3. Descubrir posibles obstáculos a la entrada y crecimiento de empresas en áreas como las de capital, mercados, banca y proveedores.
4. Explorar temas relacionados con negocios, como las variables raciales, relaciones de proveedores y vendedores, cuentas por cobrar, variables financieras, arrendamiento y ubicación, además de estrategias de venta.
5. Evaluar aspectos positivos de servicios proporcionados por el gobierno citadino a Jackson.
6. Explorar las relaciones de las empresas con los residentes.
7. Analizar qué puede hacerse para mejorar el ambiente de negocios de Jackson.
8. Investigar las actividades de marketing de las empresas de Jackson.
9. Analizar el futuro del ambiente de negocios y la economía en lo relativo a los segmentos de clientes, comportamiento de compras y toma de decisiones de los consumidores.

Características muestrales

Con base en una muestra aleatoria de la comunidad de negocios universitaria, se usaron ocho propietarios/gerentes de empresas en el procedimiento de grupo focal:

Harry Grayden	Johnson Supply
Warren Bowling	Plastic Fabrication
Emma Roberson	Temporary Employment
Anna Hogan	Sheet Metal Services, Inc.
Tom Brockway	Target Medical, Inc.
Sam Jorce	Retail Glass Co.
Andy Hammond	Retail Auto Parts
Hilliard Johnson	Carpet Cleaning

Resultados de la investigación

Los resultados se clasifican en forma narrativa, con base en su pertinencia referente a cada objetivo de la investigación, después de un análisis general de Jackson, con el fin de ilustrar mejor los resultados de esta entrevista de grupo focal.

Panorámica general de Jackson

Aspectos positivos principales. Jackson es una localidad muy centralizada, con fácil acceso a todas las áreas de la ciudad y a las comunidades vecinas. Es una buena área para empresas de manufactura o mayoreo. Aunque es muy estable, depende mucho del estado de la economía (es la primera área en que se pierden empleos cuando se desacelera la economía). Su principal ventaja competitiva es su ubicación central.

Aspectos negativos principales. Los problemas principales en el área son el consumo de drogas y la prostitución centrada alrededor de dos moteles, localizados cerca de la avenida Summer, además de la librería para adultos Paris. Los índices delictivos son muy altos (**todos los participantes en el estudio fueron víctimas de asaltos en su negocio durante los últimos dos años**). Además, la incertidumbre sobre la continuación de la vía rápida Sam Cooper Expressway ha generado mucha ansiedad entre los empresarios.

1. Saturación y sobresaturación de actividades empresariales

A semejanza de otras áreas de la ciudad, Jackson está sobresaturado de empresas con pocos obstáculos para su fundación. Entre éstos figuran:

Casas de empeño	Compañías de títulos
Lotes de automóviles usados	Pequeñas empresas en el hogar
Agencias de crédito	Medianas empresas de distribución

Una importante preocupación de los participantes fue el surgimiento creciente de empresas pequeñas de tipo familiar. Jackson tiene locales comerciales con rentas muy bajas, lo cual la vuelve atractiva para muchas nuevas pequeñas empresas, que operan con un alto grado de descapitalización. El área de Broad/Tillman es un ejemplo de empresas descapitalizadas que fracasan en el primer año, lo que origina problemas relacionados con locales comerciales.

2. Evaluación de oportunidades y tendencias del mercado

El crecimiento en Jackson es muy incierto, ello relacionado con la continuación de la vía rápida Sam Cooper Expressway. El alto grado de desaparición de empresas ha originado problemas en bienes raíces comerciales y residenciales.

Varios participantes señalaron que el área es adecuada para la "incubación" de pequeñas empresas, dadas su ubicación central y las rentas bajas de locales comerciales.

Tendencias de negocios y potencial de mercado. Jackson tiene excelentes oportunidades de crecimiento, dado el alto grado de aparición de empresas y el bajo costo de las rentas de locales. Ciertas empresas pueden aprovechar los pocos obstáculos para su fundación, pero deben entender cómo se opera con éxito un negocio sin intensificar el nivel de saturación.

Los tipos de empresas que identificaron los participantes son:

Ferreterías	Grandes plantas de manufactura
Tiendas de abarrotes	Empresas de almacenaje y logística
Cines	Restaurantes de comida rápida
Empresas de entretenimiento	Tiendas de descuento

Todos los participantes concordaron en que Jackson ejerce una gran atracción en virtud del alto nivel de empleo para los trabajadores que laboran en el área.

3. Posibles obstáculos a la entrada y crecimiento

El área es buena para el crecimiento de las empresas, si se dan ciertas condiciones. Es un área muy olvidada que necesita limpieza, particularmente en el caso de locales con problemas resultantes del desalojo de inquilinos; no parece aplicarse la ley en el área. La prostitución y las drogas mantienen alejadas a muchas empresas.

4. Temas relacionados con los negocios

- **Variables raciales.** No existen barreras o prejuicios raciales verdaderos; tampoco hay problemas reales de grupos minoritarios en relación con las actividades de negocios cotidianas.
- **Relaciones de proveedores/vendedores.** No existen problemas con los proveedores, dado el alto volumen de almacenaje, distribución y manufactura en la comunidad.
- **Control de cuentas por cobrar.** Existe un flujo abundante de dinero, proveniente de todo el resto del área metropolitana estadística, hacia la comunidad. Muchas cuentas son de gran volumen. Las cuentas por cobrar normalmente se pagan antes de 30 días; ciclos de negocios usuales.
- **Variables financieras.** Muchas instituciones financieras han salido del área por los índices delictivos. El nivel de apoyo financiero todavía es bueno en la comunidad, pero lo es más para empresas de servicios y no tanto para establecimientos detallistas.
- **Arrendamiento y ubicación.** Las rentas bajas, acceso conveniente y ubicación central son los principales factores positivos del área. Sin embargo, muchas empresas están en proceso de reubicación, ya que no existen grandes espacios disponibles en el área. La renta de oficinas es de precio alto en relación con otras áreas, los locales para detallistas tienen rentas normales, y el espacio de almacenaje y distribución es muy barato en la comunidad.
- **Estrategias de venta.** La comunidad es excelente para las actividades de empresa a empresa, y no lo es tanto para el comercio detallista, dadas las condiciones actuales. Atraería a empresas, sin ser un área que favorezca el tránsito de peatones. No existe apoyo comunitario real para empresas detallistas.

5. Aspectos positivos de los servicios citadinos

Los empresarios de la comunidad están muy molestos con los funcionarios del gobierno citadino, aparte de la electricidad y agua, piensan que el gobierno de la ciudad hace caso omiso de la comunidad. En particular, falta interés del departamento de obras públicas. La carencia de servicios citadinos desmerece a la comunidad y hace poco atractivo para los consumidores realizar sus compras en el área. En general, la ciudad no ha hecho nada para promover a la comunidad ni para fomentar el crecimiento de las empresas en ella. La infraestructura de la comunidad se está deteriorando; es alto el nivel de robos con escalamiento en la comunidad.

6. Relaciones entre empresas y comunidad

El compromiso con la comunidad es bajo entre los residentes y empresas. La comunidad carece de identidad propia. Es escaso el apoyo comunitario a las empresas detallistas.

Es abundante la migración a East Memphis para compras/tiendas especializadas, en virtud de la carencia de tiendas de descuento en el área y de la naturaleza desagradable de los centros comerciales. La falta de detallistas adecuados está haciendo que los consumidores vayan a otras comunidades, en particular, al este de Memphis.

La atracción de muchas empresas para los peatones es escasa; las zonas de aspecto desagradable requieren limpieza, en particular los bienes raíces con problemas, tanto comerciales como residenciales.

7. Cómo mejorar el ambiente de negocios en Jackson

- Limpiar las propiedades con problemas resultantes de desalojos; hacer valer los códigos citadinos concernientes a bienes raíces.
- Resolver los problemas con vías férreas.
- Lograr certidumbre en cuanto a la continuación de la vía rápida Sam Cooper Expressway.
- Agregar más áreas verdes; hacer que las calles se vean más atractivas.
- Iniciar la aplicación de los códigos de bienes raíces en lo referente a viviendas y locales comerciales.

8. ¿Cuáles son las actividades de marketing de las empresas?

- Enfocarse en el mercado empresa a empresa, no en el detallista.
- Tener buena oferta de mano de obra; brindar seguridad a los empleados.
- Proporcionar un ambiente seguro, atractivo y conveniente para clientes y empleados.
- Capacitar a los empleados.
- Aprovechar cualquier forma de publicidad y promoción de bajo costo.
- Brindar servicio de calidad; no prometer lo que no pueda cumplirse.

9. Dirección futura de la economía y la comunidad de negocios en Jackson

- Es un área muy estática; probablemente permanecerá sin cambios en el futuro inmediato. Es posible su decadencia lenta, ya que muchas empresas grandes se están reubicando en otras áreas de la ciudad.
- Es necesario cambiar la percepción que se tiene del área para que las empresas continúen operando en ella.
- Una oportunidad importante para la comunidad es la de posicionarse como un parque de almacenaje/distribución.
- No es una buena área para el comercio detallista (muchos barrios con problemas y demasiadas empresas domésticas).

- La continuación de la vía rápida Sam Cooper Expressway determinará el futuro de la comunidad; se necesita mayor liderazgo del gobierno citadino para abatir los índices delictivos.
- El área es idónea para pequeñas empresas manufactureras o de transporte; no muy conveniente para los detallistas (es un área de poco tránsito de peatones).
- Brindar al área un enfoque de qué debe ser (zona industrial, residencial, etc). Establecer en los lotes baldíos con empresas que refuercen ese enfoque.

apéndice de tablas estadísticas

TABLA 1 Distribución normal de unidad estándar acumulativa

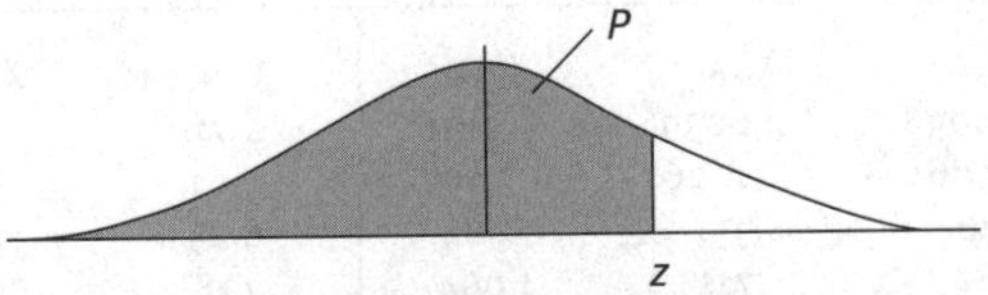

Valores de *P* correspondientes a *Z* para la curva normal. *Z* es la variable normal estándar. El valor de *P* para −*Z* es igual a uno menos el valor de *P* para +*Z* (por ejemplo, la *P* para −1.62 es igual a 1 − .9474 = .0526).

Z	.00	.01	.02	.03	.04	.05	.06	.07	.08	.09
.0	.5000	.5040	.5080	.5120	.5160	.5199	.5239	.5279	.5319	.5359
.1	.5398	.5438	.5478	.5517	.5557	.5596	.5636	.5675	.5714	.5753
.2	.5793	.5832	.5871	.5910	.5948	.5987	.6026	.6064	.6103	.6141
.3	.6179	.6217	.6255	.6293	.6331	.6368	.6406	.6443	.6480	.6517
.4	.6554	.6591	.6628	.6664	.6700	.6736	.6772	.6808	.6844	.6879
.5	.6915	.6950	.6985	.7019	.7054	.7088	.7123	.7157	.7190	.7224
.6	.7257	.7291	.7324	.7357	.7389	.7422	.7454	.7486	.7517	.7549
.7	.7580	.7611	.7642	.7673	.7704	.7734	.7764	.7794	.7823	.7852
.8	.7881	.7910	.7939	.7967	.7995	.8023	.8051	.8078	.8106	.8133
.9	.8159	.8186	.8212	.8238	.8264	.8289	.8315	.8340	.8365	.8389
1.0	.8413	.8438	.8461	.8485	.8508	.8531	.8554	.8577	.8599	.8621
1.1	.8643	.8665	.8686	.8708	.8729	.8749	.8770	.8790	.8810	.8830
1.2	.8849	.8869	.8888	.8907	.8925	.8944	.8962	.8980	.8997	.9015
1.3	.9032	.9049	.9066	.9082	.9099	.9115	.9131	.9147	.9162	.9177
1.4	.9192	.9207	.9222	.9236	.9251	.9265	.9279	.9292	.9306	.9319
1.5	.9332	.9345	.9357	.9370	.9382	.9394	.9406	.9418	.9429	.9441
1.6	.9452	.9463	.9474	.9484	.9495	.9505	.9515	.9525	.9535	.9545
1.7	.9554	.9564	.9573	.9582	.9591	.9599	.9608	.9616	.9625	.9633
1.8	.9641	.9649	.9656	.9664	.9671	.9678	.9686	.9693	.9699	.9706
1.9	.9713	.9719	.9726	.9732	.9738	.9744	.9750	.9756	.9761	.9767
2.0	.9772	.9778	.9783	.9788	.9793	.9798	.9803	.9808	.9812	.9817
2.1	.9821	.9826	.9830	.9834	.9838	.9842	.9846	.9850	.9854	.9857
2.2	.9861	.9864	.9868	.9871	.9875	.9878	.9881	.9884	.9887	.9890
2.3	.9893	.9896	.9898	.9901	.9904	.9906	.9909	.9911	.9913	.9916
2.4	.9918	.9920	.9922	.9925	.9927	.9929	.9931	.9932	.9934	.9936
2.5	.9938	.9940	.9941	.9943	.9945	.9946	.9948	.9949	.9951	.9952
2.6	.9953	.9955	.9956	.9957	.9959	.9960	.9961	.9962	.9963	.9964
2.7	.9965	.9966	.9967	.9968	.9969	.9970	.9971	.9972	.9973	.9974
2.8	.9974	.9975	.9976	.9977	.9977	.9978	.9979	.9979	.9980	.9981
2.9	.9981	.9982	.9982	.9983	.9984	.9984	.9985	.9985	.9986	.9986
3.0	.9987	.9987	.9987	.9988	.9988	.9989	.9989	.9989	.9990	.9990
3.1	.9990	.9991	.9991	.9991	.9992	.9992	.9992	.9992	.9993	.9993
3.2	.9993	.9993	.9994	.9994	.9994	.9994	.9994	.9995	.9995	.9995
3.3	.9995	.9995	.9995	.9996	.9996	.9996	.9996	.9996	.9996	.9997
3.4	.9997	.9997	.9997	.9997	.9997	.9997	.9997	.9997	.9997	.9998

Fuente: Paul E. Green, *Analyzing Multivariate Data* (Chicago: Dryden Press, 1978).

TABLA 2 Percentiles seleccionados de la distribución de χ^2

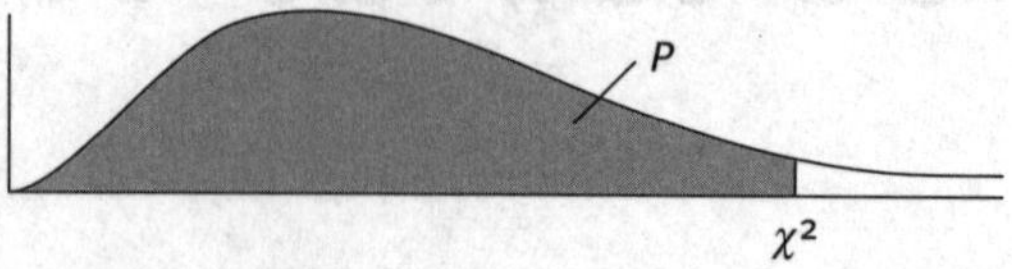

Valores de χ^2 correspondientes a P

v	$\chi^2_{.005}$	$\chi^2_{.01}$	$\chi^2_{.025}$	$\chi^2_{.05}$	$\chi^2_{.10}$	$\chi^2_{.90}$	$\chi^2_{.95}$	$\chi^2_{.975}$	$\chi^2_{.99}$	$\chi^2_{.995}$
1	.000039	.00016	.00098	.0039	.0158	2.71	3.84	5.02	6.63	7.88
2	.0100	.0201	.0506	.1026	.2107	4.61	5.99	7.38	9.21	10.60
3	.0717	.115	.216	.352	.584	6.25	7.81	9.35	11.34	12.84
4	.207	.297	.484	.711	1.064	7.78	9.49	11.14	13.28	14.86
5	.412	.554	.831	1.15	1.61	9.24	11.07	12.83	15.09	16.75
6	.676	.872	1.24	1.64	2.20	10.64	12.59	14.45	16.81	18.55
7	.989	1.24	1.69	2.17	2.83	12.02	14.07	16.01	18.48	20.28
8	1.34	1.65	2.18	2.73	3.49	13.36	15.51	17.53	20.09	21.96
9	1.73	2.09	2.70	3.33	4.17	14.68	16.92	19.02	21.67	23.59
10	2.16	2.56	3.25	3.94	4.87	15.99	18.31	20.48	23.21	25.19
11	2.60	3.05	3.82	4.57	5.58	17.28	19.68	21.92	24.73	26.76
12	3.07	3.57	4.40	5.23	6.30	18.55	21.03	23.34	26.22	28.30
13	3.57	4.11	5.01	5.89	7.04	19.81	22.36	24.74	27.69	29.82
14	4.07	4.66	5.63	6.57	7.79	21.06	23.68	26.12	29.14	31.32
15	4.60	5.23	6.26	7.26	8.55	22.31	25.00	27.49	30.58	32.80
16	5.14	5.81	6.91	7.96	9.31	23.54	26.30	28.85	32.00	34.27
18	6.26	7.01	8.23	9.39	10.86	25.99	28.87	31.53	34.81	37.16
20	7.43	8.26	9.59	10.85	12.44	28.41	31.41	34.17	37.57	40.00
24	9.89	10.86	12.40	13.85	15.66	33.20	36.42	39.36	42.98	45.56
30	13.79	14.95	16.79	18.49	20.60	40.26	43.77	46.98	50.89	53.67
40	20.71	22.16	24.43	26.51	29.05	51.81	55.76	59.34	63.69	66.77
60	35.53	37.48	40.48	43.19	46.46	74.40	79.08	83.30	88.38	91.95
120	83.85	86.92	91.58	95.70	100.62	140.23	146.57	152.21	158.95	163.64

Fuente: Adaptación con autorización de *Introduction to Statistical Analysis* (2a. edición), por W.J. Dixon y F.J. Massey, Jr., © 1957 por McGraw-Hill.

TABLA 3 Percentiles superiores de la distribución *t*

v = grados de libertad \ $1-\alpha$	.75	.90	.95	.975	.99	.995	.9995
1	1.000	3.078	6.314	12.706	31.821	63.657	636.619
2	.816	1.886	2.920	4.303	6.965	9.925	31.598
3	.765	1.638	2.353	3.182	4.541	5.841	12.941
4	.741	1.533	2.132	2.776	3.747	4.604	8.610
5	.727	1.476	2.015	2.571	3.365	4.032	6.859
6	.718	1.440	1.943	2.447	3.143	3.707	5.959
7	.711	1.415	1.895	2.365	2.998	3.499	5.405
8	.706	1.397	1.860	2.306	2.896	3.355	5.041
9	.703	1.383	1.833	2.262	2.821	3.250	4.781
10	.700	1.372	1.812	2.228	2.764	3.169	4.587
11	.697	1.363	1.796	2.201	2.718	3.106	4.437
12	.695	1.356	1.782	2.179	2.681	3.055	4.318
13	.694	1.350	1.771	2.160	2.650	3.012	4.221
14	.692	1.345	1.761	2.145	2.624	2.977	4.140
15	.691	1.341	1.753	2.131	2.602	2.947	4.073
16	.690	1.337	1.746	2.120	2.583	2.921	4.015
17	.689	1.333	1.740	2.110	2.567	2.898	3.965
18	.688	1.330	1.734	2.101	2.552	2.878	3.922
19	.688	1.328	1.729	2.093	2.339	2.861	3.883
20	.687	1.325	1.725	2.086	2.528	2.845	3.850
21	.686	1.323	1.721	2.080	2.518	2.831	3.819
22	.686	1.321	1.717	2.074	2.508	2.819	3.792
23	.685	1.319	1.714	2.069	2.500	2.807	3.767
24	.685	1.318	1.711	2.064	2.492	2.797	3.745
25	.684	1.316	1.708	2.060	2.485	2.787	3.725
26	.684	1.315	1.706	2.056	2.479	2.779	3.707
27	.684	1.314	1.703	2.052	2.473	2.771	3.690
28	.683	1.313	1.701	2.048	2.467	2.763	3.674
29	.683	1.311	1.699	2.045	2.462	2.756	3.659
30	.683	1.310	1.697	2.042	2.457	2.750	3.646
40	.681	1.303	1.684	2.021	2.423	2.704	3.551
60	.679	1.296	1.671	2.000	2.390	2.660	3.460
120	.677	1.289	1.658	1.980	2.358	2.617	3.373
∞	.674	1.282	1.645	1.960	2.326	2.576	3.291

Fuente: Tomado de la tabla III de R.A. Fisher y F. Yates: ***Statistical Tables for Biological, Agricultural, and Medical Research***, publicado por Longman Group UK Ltd., Londres (publicado previamente por Oliver & Boyd Ltd., Edinburgh, 1963), y utilizado con autorización de los autores y editores.

TABLA 4 Percentiles seleccionados de la distribución *F*

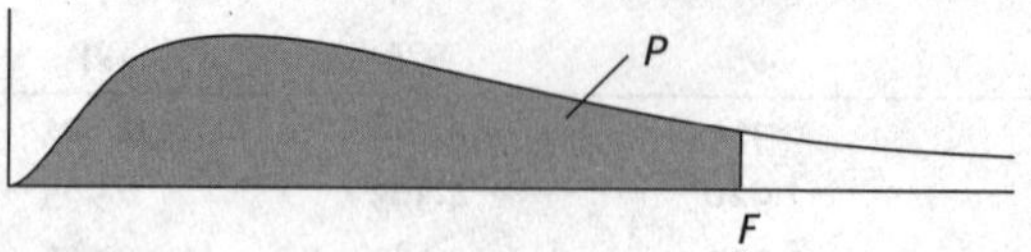

v_1 = *grados de libertad para el numerador*

v_2 = grados de libertad para el denominador

v_2 \ v_1	1	2	3	4	5	6	7	8	9
1	39.86	49.50	53.59	55.83	57.24	58.20	58.91	59.44	59.86
2	8.53	9.00	9.16	9.24	9.29	9.33	9.35	9.37	9.38
3	5.54	5.46	5.39	5.34	5.31	5.28	5.27	5.25	5.24
4	4.54	4.32	4.19	4.11	4.05	4.01	3.98	3.95	3.94
5	4.06	3.78	3.62	3.52	3.45	3.40	3.37	3.34	3.32
6	3.78	3.46	3.29	3.18	3.11	3.05	3.01	2.98	2.96
7	3.59	3.26	3.07	2.96	2.88	2.83	2.78	2.75	2.72
8	3.46	3.11	2.92	2.81	2.73	2.67	2.62	2.59	2.56
9	3.36	3.01	2.81	2.69	2.61	2.55	2.51	2.47	2.44
10	3.29	2.92	2.73	2.61	2.52	2.46	2.41	2.38	2.35
11	3.23	2.86	2.66	2.54	2.45	2.39	2.34	2.30	2.27
12	3.18	2.81	2.61	2.48	2.39	2.33	2.28	2.24	2.21
13	3.14	2.76	2.56	2.43	2.35	2.28	2.23	2.20	2.16
14	3.10	2.73	2.52	2.39	2.31	2.24	2.19	2.15	2.12
15	3.07	2.70	2.49	2.36	2.27	2.21	2.16	2.12	2.09
16	3.05	2.67	2.46	2.33	2.24	2.18	2.13	2.09	2.06
17	3.03	2.64	2.44	2.31	2.22	2.15	2.10	2.06	2.03
18	3.01	2.62	2.42	2.29	2.20	2.13	2.08	2.04	2.00
19	2.99	2.61	2.40	2.27	2.18	2.11	2.06	2.02	1.98
20	2.97	2.59	2.38	2.25	2.16	2.09	2.04	2.00	1.96
21	2.96	2.57	2.36	2.23	2.14	2.08	2.02	1.98	1.95
22	2.95	2.56	2.35	2.22	2.13	2.06	2.01	1.97	1.93
23	2.94	2.55	2.34	2.21	2.11	2.05	1.99	1.95	1.92
24	2.93	2.54	2.33	2.19	2.10	2.04	1.98	1.94	1.91
25	2.92	2.53	2.32	2.18	2.09	2.02	1.97	1.93	1.89
26	2.91	2.52	2.31	2.17	2.08	2.01	1.96	1.92	1.88
27	2.90	2.51	2.30	2.17	2.07	2.00	1.95	1.91	1.87
28	2.89	2.50	2.29	2.16	2.06	2.00	1.94	1.90	1.87
29	2.89	2.50	2.28	2.15	2.06	1.99	1.93	1.89	1.86
30	2.88	2.49	2.28	2.14	2.05	1.98	1.93	1.88	1.85
40	2.84	2.44	2.23	2.09	2.00	1.93	1.87	1.83	1.79
60	2.79	2.39	2.18	2.04	1.95	1.87	1.82	1.77	1.74
120	2.75	2.35	2.13	1.99	1.90	1.82	1.77	1.72	1.68
∞	2.71	2.30	2.08	1.94	1.85	1.77	1.72	1.67	1.63

Fuente: Adaptado con autorización de *Biometrika Tables for Statisticians*, volumen 1 (2a. edición), editado por E.S. Pearson y H.O. Hartley, Cambridge University Press, 1958.

10	12	15	20	24	30	40	60	120	∞
60.19	60.71	61.22	61.74	62.00	62.26	62.53	62.79	63.06	63.33
9.39	9.41	9.42	9.44	9.45	9.46	9.47	9.47	9.48	9.49
5.23	5.22	5.20	5.18	5.18	5.17	5.16	5.15	5.14	5.13
3.92	3.90	3.87	3.84	3.83	3.82	3.80	3.79	3.78	3.76
3.30	3.27	3.24	3.21	3.19	3.17	3.16	3.14	3.12	3.10
2.94	2.90	2.87	2.84	2.82	2.80	2.78	2.76	2.74	2.72
2.70	2.67	2.63	2.59	2.58	2.56	2.54	2.51	2.49	2.47
2.50	2.50	2.46	2.42	2.40	2.38	2.36	2.34	2.32	2.29
2.42	2.38	2.34	2.30	2.28	2.25	2.23	2.21	2.18	2.16
2.32	2.28	2.24	2.20	2.18	2.16	2.13	2.11	2.08	2.06
2.25	2.21	2.17	2.12	2.10	2.08	2.05	2.03	2.00	1.97
2.19	2.15	2.10	2.06	2.04	2.01	1.99	1.96	1.93	1.90
2.14	2.10	2.05	2.01	1.98	1.96	1.93	1.90	1.88	1.85
2.10	2.05	2.01	1.96	1.94	1.91	1.89	1.86	1.83	1.80
2.06	2.02	1.97	1.92	1.90	1.87	1.85	1.82	1.79	1.76
2.03	1.99	1.94	1.89	1.87	1.84	1.81	1.78	1.75	1.72
2.00	1.96	1.91	1.86	1.84	1.81	1.78	1.75	1.72	1.69
1.98	1.93	1.89	1.84	1.81	1.78	1.75	1.72	1.69	1.66
1.96	1.91	1.86	1.81	1.79	1.76	1.73	1.70	1.67	1.63
1.94	1.89	1.84	1.79	1.77	1.74	1.71	1.68	1.64	1.61
1.92	1.87	1.83	1.78	1.75	1.72	1.69	1.66	1.62	1.59
1.90	1.86	1.81	1.76	1.73	1.70	1.67	1.64	1.60	1.57
1.89	1.84	1.80	1.74	1.72	1.69	1.66	1.62	1.59	1.55
1.88	1.83	1.78	1.73	1.70	1.67	1.64	1.61	1.57	1.53
1.87	1.82	1.77	1.72	1.69	1.66	1.63	1.59	1.56	1.52
1.86	1.81	1.76	1.71	1.68	1.65	1.61	1.58	1.54	1.50
1.85	1.80	1.75	1.70	1.67	1.64	1.60	1.57	1.53	1.49
1.84	1.79	1.74	1.69	1.66	1.63	1.59	1.56	1.52	1.48
1.83	1.78	1.73	1.68	1.65	1.62	1.58	1.55	1.51	1.47
1.82	1.77	1.72	1.67	1.64	1.61	1.57	1.54	1.50	1.46
1.76	1.71	1.66	1.61	1.57	1.54	1.51	1.47	1.42	1.38
1.71	1.66	1.60	1.54	1.51	1.48	1.44	1.40	1.35	1.29
1.65	1.60	1.55	1.48	1.45	1.41	1.37	1.32	1.26	1.19
1.60	1.55	1.49	1.42	1.38	1.34	1.30	1.24	1.17	1.00

TABLA 4 Percentiles seleccionados de la distribución *F* (*continuación*)

$F_{.95}(v_1, v_2)$ $\alpha = 0.05$

v_1 = grados de libertad para el numerador

v_2 = grados de libertad para el denominador

v_2 \ v_1	1	2	3	4	5	6	7	8	9
1	161.4	199.5	215.7	224.6	230.2	234.0	236.8	238.9	240.5
2	18.51	19.00	19.16	19.25	19.30	19.33	19.35	19.37	19.38
3	10.13	9.55	9.28	9.12	9.01	8.94	8.89	8.85	8.81
4	7.71	6.94	6.59	6.39	6.26	6.16	6.09	6.04	6.00
5	6.61	5.79	5.41	5.19	5.05	4.95	4.88	4.82	4.77
6	5.99	5.14	4.76	4.53	4.39	4.28	4.21	4.15	4.10
7	5.59	4.74	4.35	4.12	3.97	3.87	3.79	3.73	3.68
8	5.32	4.46	4.07	3.84	3.69	3.58	3.50	3.44	3.39
9	5.12	4.26	3.86	3.63	3.48	3.37	3.29	3.23	3.18
10	4.96	4.10	3.71	3.48	3.33	3.22	3.14	3.07	3.02
11	4.84	3.98	3.59	3.36	3.20	3.09	3.01	2.95	2.90
12	4.75	3.89	3.49	3.26	3.11	3.00	2.91	2.85	2.80
13	4.67	3.81	3.41	3.18	3.03	2.92	2.83	2.77	2.71
14	4.60	3.74	3.34	3.11	2.96	2.85	2.76	2.70	2.65
15	4.54	3.68	3.29	3.06	2.90	2.79	2.71	2.64	2.59
16	4.49	3.63	3.24	3.01	2.85	2.74	2.66	2.59	2.54
17	4.45	3.59	3.20	2.96	2.81	2.70	2.61	2.55	2.49
18	4.41	3.55	3.16	2.93	2.77	2.66	2.58	2.51	2.46
19	4.38	3.52	3.13	2.90	2.74	2.63	2.54	2.48	2.42
20	4.35	3.49	3.10	2.87	2.71	2.60	2.51	2.45	2.39
21	4.32	3.47	3.07	2.84	2.68	2.57	2.49	2.42	2.37
22	4.30	3.44	3.05	2.82	2.66	2.55	2.46	2.40	2.34
23	4.28	3.42	3.03	2.80	2.64	2.53	2.44	2.37	2.32
24	4.26	3.40	3.01	2.78	2.62	2.51	2.42	2.36	2.30
25	4.24	3.39	2.99	2.76	2.60	2.49	2.40	2.34	2.28
26	4.23	3.37	2.98	2.74	2.59	2.47	2.39	2.32	2.27
27	4.21	3.35	2.96	2.73	2.57	2.46	2.37	2.31	2.25
28	4.20	3.34	2.95	2.71	2.56	2.45	2.36	2.29	2.24
29	4.18	3.33	2.93	2.70	2.55	2.43	2.35	2.28	2.22
30	4.17	3.32	2.92	2.69	2.53	2.42	2.33	2.27	2.21
40	4.08	3.23	2.84	2.61	2.45	2.34	2.25	2.18	2.12
60	4.00	3.15	2.76	2.53	2.37	2.25	2.17	2.10	2.04
120	3.92	3.07	2.68	2.45	2.29	2.17	2.09	2.02	1.96
∞	3.84	3.00	2.60	2.37	2.21	2.10	2.01	1.94	1.88

10	12	15	20	24	30	40	60	120	∞
241.9	243.9	245.9	248.0	249.1	250.1	251.1	252.2	253.3	254.3
19.40	19.41	19.43	19.45	19.45	19.46	19.47	19.48	19.49	19.50
8.79	8.74	8.70	8.66	8.64	8.62	8.59	8.57	8.55	8.53
5.96	5.91	5.86	5.80	5.77	5.75	5.72	5.69	5.66	5.63
4.74	4.68	4.62	4.56	4.53	4.50	4.46	4.43	4.40	4.36
4.06	4.00	3.94	3.87	3.84	3.81	3.77	3.74	3.70	3.67
3.64	3.57	3.51	3.44	3.41	3.38	3.34	3.30	3.27	3.23
3.35	3.28	3.22	3.15	3.12	3.08	3.04	3.01	2.97	2.93
3.14	3.07	3.01	2.94	2.90	2.86	2.83	2.79	2.75	2.71
2.98	2.91	2.85	2.77	2.74	2.70	2.66	2.62	2.58	2.54
2.85	2.79	2.72	2.65	2.61	2.57	2.53	2.49	2.45	2.40
2.75	2.69	2.62	2.54	2.51	2.47	2.43	2.38	2.34	2.30
2.67	2.60	2.53	2.46	2.42	2.38	2.34	2.30	2.25	2.21
2.60	2.53	2.46	2.39	2.35	2.31	2.27	2.22	2.18	2.13
2.54	2.48	2.40	2.33	2.29	2.25	2.20	2.16	2.11	2.07
2.49	2.42	2.35	2.28	2.24	2.19	2.15	2.11	2.06	2.01
2.45	2.38	2.31	2.23	2.19	2.15	2.10	2.06	2.01	1.96
2.41	2.34	2.27	2.19	2.15	2.11	2.06	2.02	1.97	1.92
2.38	2.31	2.23	2.16	2.11	2.07	2.03	1.98	1.93	1.88
2.35	2.28	2.20	2.12	2.08	2.04	1.99	1.95	1.90	1.84
2.32	2.25	2.18	2.10	2.05	2.01	1.96	1.92	1.87	1.81
2.30	2.23	2.15	2.07	2.03	1.98	1.94	1.89	1.84	1.78
2.27	2.20	2.13	2.05	2.01	1.96	1.91	1.86	1.81	1.76
2.25	2.18	2.11	2.03	1.98	1.94	1.89	1.84	1.79	1.73
2.24	2.16	2.09	2.01	1.96	1.92	1.87	1.82	1.77	1.71
2.22	2.15	2.07	1.99	1.95	1.90	1.85	1.80	1.75	1.69
2.20	2.13	2.06	1.97	1.93	1.88	1.84	1.79	1.73	1.67
2.19	2.12	2.04	1.96	1.91	1.87	1.82	1.77	1.71	1.65
2.18	2.10	2.03	1.94	1.90	1.85	1.81	1.75	1.70	1.64
2.16	2.09	2.01	1.93	1.89	1.84	1.79	1.74	1.68	1.62
2.08	2.00	1.92	1.84	1.79	1.74	1.69	1.64	1.58	1.51
1.99	1.92	1.84	1.75	1.70	1.65	1.59	1.53	1.47	1.39
1.91	1.83	1.75	1.66	1.61	1.55	1.50	1.43	1.35	1.25
1.83	1.75	1.67	1.57	1.52	1.46	1.39	1.32	1.22	1.00

TABLA 4 Percentiles seleccionados de la distribución *F* (*continuación*)

$F_{.975}(v_1, v_2)$ $\alpha = 0.025$

v_1 = grados de libertad para el numerador

v_2 = grados de libertad para el denominador

v_2 \ v_1	1	2	3	4	5	6	7	8	9
1	647.8	799.5	864.2	899.6	921.8	937.1	948.2	956.7	963.3
2	38.51	39.00	39.17	39.25	39.30	39.33	39.36	39.37	39.39
3	17.44	16.04	15.44	15.10	14.88	14.73	14.62	14.54	14.47
4	12.22	10.65	9.98	9.60	9.36	9.20	9.07	8.98	8.90
5	10.01	8.43	7.76	7.39	7.15	6.98	6.85	6.76	6.68
6	8.81	7.26	6.60	6.23	5.99	5.82	5.70	5.60	5.52
7	8.07	6.54	5.89	5.52	5.29	5.12	4.99	4.90	4.82
8	7.57	6.06	5.42	5.05	4.82	4.65	4.53	4.43	4.36
9	7.21	5.71	5.08	4.72	4.48	4.32	4.20	4.10	4.03
10	6.94	5.46	4.83	4.47	4.24	4.07	3.95	3.85	3.78
11	6.72	5.26	4.63	4.28	4.04	3.88	3.76	3.66	3.59
12	6.55	5.10	4.47	4.12	3.89	3.73	3.61	3.51	3.44
13	6.41	4.97	4.35	4.00	3.77	3.60	3.48	3.39	3.31
14	6.30	4.86	4.24	3.89	3.66	3.50	3.38	3.29	3.21
15	6.20	4.77	4.15	3.80	3.58	3.41	3.29	3.20	3.12
16	6.12	4.69	4.08	3.73	3.50	3.34	3.22	3.12	3.05
17	6.04	4.62	4.01	3.66	3.44	3.28	3.16	3.06	2.98
18	5.98	4.56	3.95	3.61	3.38	3.22	3.10	3.01	2.93
19	5.92	4.51	3.90	3.56	3.33	3.17	3.05	2.96	2.88
20	5.87	4.46	3.86	3.51	3.29	3.13	3.01	2.91	2.84
21	5.83	4.42	3.82	3.48	3.25	3.09	2.97	2.87	2.80
22	5.79	4.38	3.78	3.44	3.22	3.05	2.93	2.84	2.76
23	5.75	4.35	3.75	3.41	3.18	3.02	2.90	2.81	2.73
24	5.72	4.32	3.72	3.38	3.15	2.99	2.87	2.78	2.70
25	5.69	4.29	3.69	3.35	3.13	2.97	2.85	2.75	2.68
26	5.66	4.27	3.67	3.33	3.10	3.94	2.82	2.73	2.65
27	5.63	4.24	3.65	3.31	3.08	2.92	2.80	2.71	2.63
28	5.61	4.22	3.63	3.29	3.06	2.90	2.78	2.69	2.61
29	5.59	4.20	3.61	3.27	3.04	2.88	2.76	2.67	2.59
30	5.57	4.18	3.59	3.25	3.03	2.87	2.75	2.65	2.57
40	5.42	4.05	3.46	3.13	2.90	2.74	2.62	2.53	2.45
60	5.29	3.93	3.34	3.01	2.79	2.63	2.51	2.41	2.33
120	5.15	3.80	3.23	2.89	2.67	2.52	2.39	2.30	2.22
∞	5.02	3.69	3.12	2.79	2.57	2.41	2.29	2.19	2.11

10	12	15	20	24	30	40	60	120	∞
968.6	976.7	984.9	993.1	997.2	1001	1006	1010	1014	1018
39.40	39.41	39.43	39.45	39.46	39.46	39.47	39.48	39.49	39.50
14.42	14.34	14.25	14.17	14.12	14.08	14.04	13.99	13.95	13.90
8.84	8.75	8.66	8.56	8.51	8.46	8.41	8.36	8.31	8.26
6.62	6.52	6.43	6.33	6.28	6.23	6.18	6.12	6.07	6.02
5.46	5.37	5.27	5.17	5.12	5.07	5.01	4.96	4.90	4.85
4.76	4.67	4.57	4.47	4.42	4.36	4.31	4.25	4.20	4.14
4.30	4.20	4.10	4.00	3.95	3.89	3.84	3.78	3.73	3.67
3.96	3.87	3.77	3.67	3.61	3.56	3.51	3.45	3.39	3.33
3.72	3.62	3.52	3.42	3.37	3.31	3.26	3.20	3.14	3.08
3.53	3.43	3.33	3.23	3.17	3.12	3.06	3.00	2.94	2.88
3.37	3.28	3.18	3.07	3.02	2.96	2.91	2.85	2.79	2.72
3.25	3.15	3.05	2.95	2.89	2.84	2.78	2.72	2.66	2.60
3.15	3.05	2.95	2.84	2.79	2.73	2.67	2.61	2.55	2.49
3.06	2.96	2.86	2.76	2.70	2.64	2.59	2.52	2.46	2.40
2.99	2.89	2.79	2.68	2.63	2.57	2.51	2.45	2.38	2.32
2.92	2.82	2.72	2.62	2.56	2.50	2.44	2.38	2.32	2.25
2.87	2.77	2.67	2.56	2.50	2.44	2.38	2.32	2.26	2.19
2.82	2.72	2.62	2.51	2.45	2.39	2.33	2.27	2.20	2.13
2.77	2.68	2.57	2.46	2.41	2.25	2.29	2.22	2.16	2.09
2.73	2.64	2.53	2.42	2.37	2.31	2.25	2.18	2.11	2.04
2.70	2.60	2.50	2.39	2.33	2.27	2.21	2.14	2.08	2.00
2.67	2.57	2.47	2.36	2.30	2.24	2.18	2.11	2.04	1.97
2.64	2.54	2.44	2.33	2.27	2.21	2.15	2.08	2.01	1.94
2.61	2.51	2.41	2.30	2.24	2.18	2.12	2.05	1.98	1.91
2.59	2.49	2.39	2.28	2.22	2.16	2.09	2.03	1.95	1.88
2.57	2.47	2.36	2.25	2.19	2.13	2.07	2.00	1.93	1.85
2.55	2.45	2.34	2.23	2.17	2.11	2.05	1.98	1.91	1.83
2.53	2.43	2.32	2.21	2.15	2.09	2.03	1.96	1.89	1.81
2.51	2.41	2.31	2.20	2.14	2.07	2.01	1.94	1.87	1.79
2.39	2.29	2.18	2.07	2.01	1.94	1.88	1.80	1.72	1.64
2.27	2.17	2.06	1.94	1.88	1.82	1.74	1.67	1.58	1.48
2.16	2.05	1.94	1.82	1.76	1.69	1.61	1.53	1.43	1.31
2.05	1.94	1.83	1.71	1.64	1.57	1.48	1.39	1.27	1.00

TABLA 4 Percentiles seleccionados de la distribución *F* (*conclusión*)

$F_{.99}(v_1, v_2)$ $\alpha = 0.01$

v_1 = grados de libertad para el numerador

v_2 = grados de libertad para el denominador

v_2 \ v_1	1	2	3	4	5	6	7	8	9
1	4052	4999.5	5403	5625	5764	5859	5928	5982	6022
2	98.50	99.00	99.17	99.25	99.30	99.33	99.36	99.37	99.39
3	34.12	30.82	29.46	28.71	28.24	27.91	27.67	27.49	27.35
4	21.20	18.00	16.69	15.98	15.52	15.21	14.98	14.80	14.66
5	16.26	13.27	12.06	11.39	10.97	10.67	10.46	10.29	10.16
6	13.75	10.92	9.78	9.15	8.75	8.47	8.26	8.10	7.98
7	12.25	9.55	8.45	7.85	7.46	7.19	6.99	6.84	6.72
8	11.26	8.65	7.59	7.01	6.63	6.37	6.18	6.03	5.91
9	10.56	8.02	6.99	6.42	6.06	5.80	5.61	5.47	5.35
10	10.04	7.56	6.55	5.99	5.64	5.39	5.20	5.06	4.94
11	9.65	7.21	6.22	5.67	5.32	5.07	4.89	4.74	4.63
12	9.33	6.93	5.95	5.41	5.06	4.82	4.64	4.50	4.39
13	9.07	6.70	5.74	5.21	4.86	4.62	4.44	4.30	4.19
14	8.86	6.51	5.56	5.04	4.69	4.46	4.28	4.14	4.03
15	8.68	6.36	5.42	4.89	4.56	4.32	4.14	4.00	3.89
16	8.53	6.23	5.29	4.77	4.44	4.20	4.03	3.89	3.78
17	8.40	6.11	5.18	4.67	4.34	4.10	3.93	3.79	3.68
18	8.29	6.01	5.09	4.58	4.25	4.01	3.84	3.71	3.60
19	8.18	5.93	5.01	4.50	4.17	3.94	3.77	3.63	3.52
20	8.10	5.85	4.94	4.43	4.10	3.87	3.70	3.56	3.46
21	8.02	5.78	4.87	4.37	4.04	3.81	3.64	3.51	3.40
22	7.95	5.72	4.82	4.31	3.99	3.76	3.59	3.45	3.35
23	7.88	5.66	4.76	4.26	3.94	3.71	3.54	3.41	3.30
24	7.82	5.61	4.72	4.22	3.90	3.67	3.50	3.36	3.26
25	7.77	5.57	4.68	4.18	3.85	3.63	3.46	3.32	3.22
26	7.72	5.53	4.64	4.14	3.82	3.59	3.42	3.29	3.18
27	7.68	5.49	4.60	4.11	3.78	3.56	3.39	3.26	3.15
28	7.64	5.45	4.57	4.07	3.75	3.53	3.36	3.23	3.12
29	7.60	5.42	4.54	4.04	3.73	3.50	3.33	3.20	3.09
30	7.56	5.39	4.51	4.02	3.70	3.47	3.30	3.17	3.07
40	7.31	5.18	4.31	3.83	3.51	3.29	3.12	2.99	2.89
60	7.08	4.98	4.13	3.65	3.34	3.12	2.95	2.82	2.72
120	6.85	4.79	3.95	3.48	3.17	2.96	2.79	2.66	2.56
∞	6.63	4.61	3.78	3.32	3.02	2.80	2.64	2.51	2.41

10	12	15	20	24	30	40	60	120	∞
6056	6106	6157	6209	6235	6261	6287	6313	6339	6366
99.40	99.42	99.43	99.45	99.46	99.47	99.47	99.48	99.49	99.50
27.23	27.05	26.87	26.69	26.60	26.50	26.41	26.32	26.22	26.13
14.55	14.37	14.20	14.02	13.93	13.84	13.75	13.65	13.56	13.46
10.05	9.89	9.72	9.55	9.47	9.38	9.29	9.20	9.11	9.02
7.87	7.72	7.56	7.40	7.31	7.23	7.14	7.06	6.97	6.88
6.62	6.47	6.31	6.16	6.07	5.99	5.91	5.82	5.74	5.65
5.81	5.67	5.52	5.36	5.28	5.20	5.12	5.03	4.95	4.86
5.26	5.11	4.96	4.81	4.73	4.65	4.57	4.48	4.40	4.31
4.85	4.71	4.56	4.41	4.33	4.25	4.17	4.08	4.00	3.91
4.54	4.40	4.25	4.10	4.02	3.94	3.86	3.78	3.69	3.60
4.30	4.16	4.01	3.86	3.78	3.70	3.62	3.54	3.45	3.36
4.10	3.96	3.82	3.66	3.59	3.51	3.43	3.34	3.25	3.17
3.94	3.80	3.66	3.51	3.43	3.35	3.27	3.18	3.09	3.00
3.80	3.67	3.52	3.37	3.29	3.21	3.13	3.05	2.96	2.87
3.69	3.55	3.41	3.26	3.18	3.10	3.02	2.93	2.84	2.75
3.59	3.46	3.31	3.16	3.08	3.00	2.92	2.83	2.75	2.65
3.51	3.37	3.23	3.08	3.00	2.92	2.84	2.75	2.66	2.57
3.43	3.30	3.15	3.00	2.92	2.84	2.76	2.67	2.58	2.49
3.37	3.23	3.09	2.94	2.86	2.78	2.69	2.61	2.52	2.42
3.31	3.17	3.03	2.88	2.80	2.72	2.64	2.55	2.46	2.36
3.26	3.12	2.98	2.83	2.75	2.67	2.58	2.50	2.40	2.31
3.21	3.07	2.93	2.78	2.70	2.62	2.54	2.45	2.35	2.26
3.17	3.03	2.89	2.74	2.66	2.58	2.49	2.40	2.31	2.21
3.13	2.99	2.85	2.70	2.62	2.54	2.45	2.36	2.27	2.17
3.09	2.96	2.81	2.66	2.58	2.50	2.42	2.33	2.23	2.13
3.06	2.93	2.78	2.63	2.55	2.47	2.38	2.29	2.20	2.10
3.03	2.90	2.75	2.60	2.52	2.44	2.35	2.26	2.17	2.06
3.00	2.87	2.73	2.57	2.49	2.41	2.33	2.23	2.14	2.03
2.98	2.84	2.70	2.55	2.47	2.39	2.30	2.21	2.11	2.01
2.80	2.66	2.52	2.37	2.29	2.20	2.11	2.02	1.92	1.80
2.63	2.50	2.35	2.20	2.12	2.03	1.94	1.84	1.73	1.60
2.47	2.34	2.19	2.03	1.95	1.86	1.76	1.66	1.53	1.38
2.32	2.18	2.04	1.88	1.79	1.70	1.59	1.47	1.32	1.00

glosario

aciertos Número de documentos u otros elementos que cumplen con los términos de búsqueda en una investigación en línea.

actitud Predisposición aprendida para reaccionar de cierta forma constante, positiva o negativa, a determinado objeto, idea o información.

administración de relaciones con los clientes (ARC) Administración de las relaciones con los clientes que se basa en la integración de la información sobre ellos de toda la empresa, con el fin de conseguir la mayor satisfacción y retención.

agencias facilitadoras Empresas que realizan una función de investigación de mercado como complemento de un proyecto de investigación de mercados más amplio.

aleatorización Procedimiento por el cual muchos sujetos se asignan a diversas condiciones de tratamiento experimental, con lo que el promedio de cada grupo descarta cualquier efecto sistemático en la relación funcional investigada entre las variables independiente y dependiente.

alfa de Cronbach Medida muy usada de la congruencia interna de una escala de varios reactivos en la que se toma el promedio de todos los coeficientes divididos a la mitad.

almacén de datos Depósito central de toda la información importante que recolecta una organización.

ambigüedad Contaminación de las medidas de validez interna debida a una determinación poco clara de las relaciones causales entre los constructos investigados.

análisis conjunto Técnica multivariada con que se estima la utilidad de los niveles de diversos atributos o características de un objeto, así como la importancia relativa de los propios atributos.

análisis de conglomerados Técnica de interdependencia multivariada cuyo objetivo principal es clasificar objetos en grupos relativamente homogéneos de acuerdo con el conjunto de las variables consideradas.

análisis de contenidos Técnica para estudiar materiales escritos o grabados dividiendo los datos en unidades o categorías conjuntas significativas mediante un conjunto predeterminado de reglas.

análisis de costos Análisis de varios diseños de sistemas logísticos que puede usar una empresa para conseguir su objetivo de desempeño con el menor costo total.

análisis de inteligencia competitiva Procedimientos específicos para recolectar información de las operaciones diarias relacionada con la competencia y los mercados de la empresa.

análisis de la demanda Estimación del nivel de la demanda que harán los consumidores de un producto, así como las razones de tal demanda.

análisis de la importancia del desempeño Investigación y procedimiento de análisis de datos para evaluar las ventajas y desventajas de una empresa y sus competidores, así como las acciones futuras que pretenden identificar los atributos clave que impulsan la conducta de compra en determinada industria.

análisis de las discriminantes Técnica multivariada para analizar datos de investigación de mercado, cuando una variable dependiente es categórica y las variables independientes son interválicas.

análisis de mercados objetivo Información para identificar a las personas (u organizaciones) que la empresa quiere atender.

análisis de productos Métodos con los que se identifica la importancia relativa para los compradores de los criterios de selección de productos y con los que se califican las marcas.

análisis de regresión bivariada Técnica estadística con que se analiza la relación lineal entre dos variables estimando los coeficientes de una ecuación de recta. Una variable se designa como la dependiente y la otra como la independiente (o de predicción).

análisis de regresión múltiple Técnica estadística con que se analizan las relaciones lineales entre una variable independiente y varias dependientes al estimar los coeficientes para la ecuación de la recta.

análisis de sensibilidad del servicio Procedimiento que ayuda a una organización a diseñar un programa básico de servicio al cliente al equilibrar los costos y los servicios.

análisis de varianza (ANOVA) Técnica estadística con que se determina si dos o más medias son estadísticamente diferentes.

análisis estructural cognoscitivo directo Procedimiento de análisis de datos en el que se pide a los entrevistados que determinen el grado en que un atributo es parte de la composición estructural de un constructo y cuál es su importancia para éste.

análisis factorial Clase de procedimientos estadísticos para reducir y resumir datos.

análisis multivariado (técnicas de) Grupo de técnicas estadísticas que se siguen cuando hay dos o más mediciones de cada elemento y las variables se analizan simultáneamente.

análisis por preguntas y respuestas Técnica de comparar notas, ideas y sentimientos acerca de una discusión en un grupo focal entre el moderador, el investigador y el cliente patrocinador, inmediatamente después de la entrevista con el grupo.

análisis situacional Proceso informal de análisis de situaciones pasadas, presentes y futuras que enfrentan las organizaciones con el fin de identificar los problemas de decisión y las oportunidades.

analizador del tono de voz Sistema computarizado con el que se mide las respuestas emocionales a través de los cambios en la voz de los sujetos.

anchura Número total de registros contenidos en la base de datos.

anonimato Garantía de que el nombre del posible entrevistado ni ninguna denominación que lo identifique se vincularán a sus respuestas.

apéndice Sección al final del informe de investigación donde se ubica la información compleja, detallada o técnica.

archivos Fuentes secundarias con registros de conductas y tendencias anteriores.

asignación Propiedad de las escalas con la que el investigador emplea cualquier descriptor para identificar cada objeto (o respuesta) de un conjunto; esta propiedad también se denomina *descripción* o *categoría*.

auditorías de tiendas Indagaciones y verificaciones formales de cuánto se ha vendido en una tienda un producto o marca particular.

base de datos Conjunto de información secundaria que indica qué compran los consumidores, con qué frecuencia y cuánto.

base de datos electrónica Fuente o biblioteca de información computarizada de alta velocidad.

biblioteca Grupo grande de información relacionada.

brecha muestral Diferencia de representación entre los elementos de la población y las unidades de muestra en el marco muestral.

búsqueda Indagación computarizada en las bases de datos electrónicos.

calidad de la información Una de las dos dimensiones fundamentales con que se determina el nivel de información que proporciona el proceso de investigación. Se refiere al grado en que se puede confiar en la fidelidad y confiabilidad de la información.

calificación de los factores Calificaciones compuestas estimadas para cada entrevistado sobre los factores derivados.

calificación discriminante En el análisis de las discriminantes, puntuación de cada entrevistado en la función discriminante.

campo de datos Característica básica sobre un cliente que se llena en una base de datos.

capacidad de participar Disponibilidad del entrevistador y el entrevistado para reunirse en un intercambio de preguntas y respuestas.

capacidades de comunicación interpersonal Capacidades del entrevistador para articular las preguntas de manera directa y clara de modo que el sujeto entienda a qué responde.

capacidades de escucha Capacidades del entrevistador para comprender lo que comunica el entrevistado.

capacidades interpretativas Capacidades del entrevistador para comprender y anotar las respuestas del entrevistado a sus preguntas.

captura de datos Alimentación directa de los datos codificados en algún paquete de *software* de modo que el analista de la investigación pueda manipular y transformar los datos puros en estructuras de datos.

carácter generalizable de las estructuras de datos Grado al que los resultados y las estructuras de los datos de la muestra son utilizables para sacar inferencias precisas sobre la población objetivo definida; es decir, grado al que la investigación permite extrapolar los resultados de una muestra a toda la población objetivo.

carácter generalizable Grado al que los datos son una imagen fiel de la población objetivo definida; representatividad de la información obtenida de un subgrupo pequeño de miembros, en relación con toda la población objetivo de la que se obtuvo el grupo.

características de la demanda Contaminación de las medidas de validez de los constructos que ocurre cuando los sujetos sometidos a prueba tratan de adivinar el verdadero objetivo del experimento y manifiestan respuestas o conductas socialmente aceptables.

características de la situación Factores de la realidad como presupuestos, tiempos y calidad de los datos que influyen en la capacidad del investigador para recolectar datos primarios exactos de manera oportuna.

características de la tarea Requisitos impuestos a los entrevistados en su proceso de dar respuesta a las preguntas que se les formulan.

características de los entrevistados Atributos por los que los encuestados son incluidos en la encuesta. Tres características importantes son diversidad, incidencia y participación.

características demográficas Atributos materiales y factuales de personas, organizaciones u objetos.

cargas factoriales Correlaciones simples entre las variables y los factores.

carta de confirmación o invitación Documento de seguimiento que se envía a los posibles participantes en un grupo focal para alentarlos y reforzar su disposición y compromiso de participar en las sesiones.

carta de presentación Carta aparte que acompaña un cuestionario autoadministrado o bien que se expide por correo antes de la primera visita de contacto del entrevistador y cuyo principal objetivo es conseguir la disposición del entrevistado para participar en el proyecto de investigación. También se llama carta de introducción.

censo Estudio que incluye datos de o sobre todos los miembros de una población objetivo. Con frecuencia se recurre al muestreo, pues es imposible o irrazonable realizar un censo.

Claris Home Page Programa de *software* para crear páginas en internet que puede integrar texto e imágenes con otros tipos de archivos de computadora.

codificación Actividades de agrupamiento y asignación de valores a las respuestas de una encuesta.

código de barras Esquema de barras y espacios de ancho variable, para lectura electrónica, que representa un código único de números y letras.

código de ética Conjunto de lineamientos en que se asientan las normas y los procedimientos de operación de las decisiones y prácticas éticas de los investigadores.

códigos de la clasificación industrial estándar (SIC; *standard industrial classification*) Esquema numérico de listas industriales destinado a uniformar los procedimientos de reportes de datos por parte el gobierno estadounidense.

coeficiente alfa *Véase* alfa de Cronbach.

coeficiente beta Coeficiente de regresión estimado que ha sido vuelto a calcular para que tenga una media de 0 y una desviación estándar de 1. Esta estadística permite que variables independientes con diferentes unidades de medida se comparen directamente en cuanto a su asociación con la variable dependiente.

coeficiente de correlación de Pearson Medida estadística de la fuerza y la dirección de una relación lineal entre dos variables métricas.

coeficiente de correlación jerárquica de Spearman Medida estadística de la asociación lineal entre dos variables medidas ambas con instrumentos de escalas ordinales (jerárquicas).

coeficiente de determinación (r^2) Valor (o número) estadístico que mide la proporción de variación en una variable explicada por otra variable; la medición r^2 puede considerarse un porcentaje que varía de 0.00 a 1.00.

coeficiente de la función discriminante Multiplicadores de variables en la función discriminante cuando las variables se encuentran en las unidades de medida originales.

coeficiente de regresión Medida estadística del coeficiente de la pendiente (b) de una variable independiente (x) que indica cuánto puede esperar el investigador que cambie la variable dependiente (y) por una unidad de cambio en (x).

comparaciones de grupos estáticos Diseño preexperimental de dos grupos de sujetos. Uno es el grupo experimental (GE), que es expuesto al tratamiento independiente. El otro es el grupo de control (GC), que no recibe el tratamiento. La variable dependiente se mide en los dos grupos después del tratamiento.

compensación no pecuniaria Cualquier incentivo individual aparte del dinero (por ejemplo, el regalo de una camiseta) con que el investigador fomenta la participación de un posible entrevistado.

compensación pecuniaria Incentivo monetario individual con que el investigador aumenta la probabilidad de que un posible encuestado esté dispuesto a participar en la encuesta.

competencia técnica Grado en que el investigador posee los requisitos funcionales necesarios para ejecutar el proyecto de investigación.

complejidad de la información Una de las dos dimensiones fundamentales con que se determina el nivel de la información suministrada por el proceso de investigación; se relaciona con la facilidad con que se entiende la información y se aplica al problema o la oportunidad de investigación.

componente afectivo Parte de una actitud que representa los sentimientos de una persona hacia un objeto, idea o información.

componente cognoscitivo Parte de una actitud que representa las convicciones, percepciones, preferencias, experiencias y conocimientos de una persona sobre determinado objeto, idea o información.

componente volitivo Parte de una actitud que se refiere a la respuesta conductual de la persona o una acción o reacción específica hacia cierto objeto, idea o información. Por lo regular es un resultado observable estimulado por la interacción de los componentes cognoscitivo y afectivo de la persona hacia el objeto o conducta.

comprobación empírica Reunión concreta de datos en el mundo real mediante instrumentos de investigación, luego de lo cual se someten los datos a un análisis riguroso para defender o rebatir la hipótesis.

conciencia de marca Porcentaje de entrevistados que han oído el nombre de la marca designada. Puede ser asistida o libre.

conciencia del sujeto Grado al que los sujetos saben que su conducta es observada. La *observación disimulada* ocurre cuando los sujetos ignoran por completo que son observados. En la *observación abierta*, las personas saben que las observan.

conectores Frases lógicas y símbolos que enlazan los elementos de búsqueda en un formato de lógica booleana.

confiabilidad Grado al que es posible repetir las mediciones tomadas con determinado instrumento.

confiabilidad de la coherencia interna Grado al que los reactivos de una escala representan el mismo campo de contenido y están muy relacionados unos con otros y con las puntuaciones conjuntas de la escala. Representa el grado en que los componentes se relacionan con el mismo dominio general del constructo.

confiabilidad de la escala Grado al que la escala designada puede reproducir los mismos resultados medidos en pruebas repetidas.

confiabilidad de la escala Grado al que una escala arroja los mismos resultados de medición en pruebas repetidas.

confiabilidad de la preprueba y posprueba Método de acumular pruebas de confiabilidad mediante la aplicación repetida de un instrumento a la misma muestra. Si las aplicaciones son constantes, dan prueba de una confiabilidad de la preprueba y la posprueba.

confiabilidad de los datos Estructuras de datos que son coherentes entre las observaciones y las entrevistas.

confiabilidad del diseño experimental Grado al que el diseño experimental y sus procedimientos pueden repetirse y llegar a conclusiones similares sobre la relación hipotética.

confiabilidad del servicio Capacidad del investigador para ser congruente y sensible a las necesidades del cliente.

confidencialidad con el cliente Acuerdo entre un investigador y el cliente de que todas las actividades realizadas durante la investigación de mercado serán privadas y pertenecerán al cliente, a menos que ambas partes lo especifiquen de otro modo.

confidencialidad con el entrevistado Garantía expresa al posible entrevistado de que su nombre, aunque lo conozca el investigador, no será divulgado a terceros, especialmente el cliente patrocinador.

conformidad con los criterios Capacidad del investigador de ser fidedigno, oportuno y acertado y evitar las demoras inesperadas.

conglomerados Grupos de la subpoblación que se excluyen mutuamente y que sumados equivalen a ésta, que se muestrean al azar.

conjetura de hipótesis Contaminación de las medidas de validez de los constructos debida a que los sujetos de las pruebas creen que conocen la relación funcional deseada antes del tratamiento de manipulación.

conocimiento de los clientes Conjunto de la información sobre la interacción con los clientes con la que se trazan perfiles que sirven para personalizar el trato, segmentar a los clientes y trabar relaciones sólidas.

conocimientos de mercadotecnia Característica que completa la competencia técnica de un investigador.

constructos Variables hipotéticas compuestas por un conjunto de respuestas o conductas componentes que se piensa que están relacionadas.

conveniencia de los descriptores Grado al que los elementos de puntuación de una escala concuerdan con los datos que se buscan.

conveniencia social Sesgo de respuesta que ocurre cuando el entrevistado conjetura qué contestación es aceptada o respetable.

corrección Revisión de las entrevistas o encuestas para verificar que no hayan ocurrido errores del entrevistador o el entrevistado durante las actividades de recolección de datos.

correo chatarra Descriptor de categoría que los posibles entrevistados adhieren a las encuestas que se envían por sistema postal o a las entrevistas telefónicas indeseadas que se consideran como no más que marketing disfrazado para venderles algo que no quieren ni necesitan.

costos del proyecto Precio de realizar la investigación de mercado.

covarianza Monto del cambio en una variable que se relaciona constantemente con el cambio en otra variable de interés.

credibilidad Calidad que se consigue al redactar un reporte final basado en razonamientos claros y lógicos, una expresión precisa y una presentación acertada.

credibilidad Cualidad que se desprende al elaborar un reporte final que es fiel, verosímil y que su organización es profesional.

cuatro grupos de Solomón Diseño experimental verdadero que combina los diseños de preprueba y posprueba, grupo de control y posprueba y grupo de control y provee efectos de las pruebas tanto "directos" como "reactivos".

cuestionario Conjunto de preguntas y escalas diseñado para generar suficientes datos puros para satisfacer los requisitos de información básicos para los objetivos de la investigación.

cuestionario directo auto-administrado Instrumento de encuesta diseñado para que el entrevistado funja también como entrevistador durante el encuentro de preguntas y respuestas.

datos Hechos que se relacionan con un tema o sujeto.

datos activos Datos reunidos por una empresa cuando los clientes visitan su sitio en internet.

datos comerciales o sindicalizados Datos que fueron compilados y dispuestos de acuerdo con algún procedimiento estandarizado.

datos de condición Respuestas directas que atañen a las características físicas, demográficas o socioeconómicas de individuos, objetos u organizaciones.

datos de intención Respuestas directas que representan los planes manifiestos de individuos u organizaciones sobre actos futuros.

datos de opinión Respuestas directas que representan atributos mentales o emociones que no son directamente observables ni asequibles a través de alguna fuente externa.

datos de transacciones en tiempo real Datos recolectados en el punto de venta.

datos de transacciones Información secundaria derivada de las transacciones de los consumidores en el nivel del detallista.

datos del estado del comportamiento Respuestas puras que representan las acciones y reacciones actuales observables de un individuo u organización, o bien las pasadas y registradas.

datos directos Datos generales sobre clientes que son recolectados mediante computadoras.

datos granulares Datos muy detallados y personalizados estructurados concretamente alrededor de un único cliente.

datos informativos Datos recolectados a través del *software* OLAP (*On-Line Analytical Processing*, Procesamiento analítico en línea) para fines de análisis como herramienta de toma de decisiones en los programas de marketing.

datos operativos Datos recolectados por el procesamiento de transacciones en línea y aprovechados para las operaciones diarias de la compañía.

datos para el conocimiento de los clientes Información entregada voluntariamente por clientes que quizá rebase la función de marketing de una organización.

datos pasivos Datos entregados a una empresa cuando un consumidor visita su sitio en internet.

datos primarios Estructuras de datos de variables que fueron recolectados específicamente para el problema o la oportunidad actual de investigación. Representan estructuras "de primera mano".

datos puros Respuestas directas de primera mano que se obtienen sobre el objeto investigado, ya sea formulando preguntas, ya sea observando los actos del sujeto.

datos secundarios Estructuras de datos históricos de variables que fueron reunidas para algún problema de investigación u oportunidad que no es el actual.

datos secundarios externos Datos recolectados por instituciones externas, como gobiernos federales, estatales o locales, asociaciones comerciales o publicaciones periódicas.

datos secundarios internos Hechos que recolectó la compañía con fines contables y de marketing.

datos sindicados (o comerciales) Datos e información que se recopiló de acuerdo con algún procedimiento estandarizado que provee datos a la medida para las compañías, como participación de mercado, eficacia y seguimiento de ventas.

definición del problema Enunciado que pretende determinar precisamente qué problema quiere resolver la administración y qué clase de información es necesaria para resolverlo.

deontólogos Individuos que subrayan las buenas intenciones y los derechos de las personas que ejecutan un acto y se preocupan mucho menos por los resultados de cualquier decisión ética.

desarrollo de constructos Proceso integrador de las actividades que emprenden los investigadores para favorecer la comprensión de qué datos concretos hay que recopilar para resolver problemas definidos de investigación.

descripción Proceso de descubrir patrones, asociaciones y relaciones entre las características fundamentales de los clientes.

descriptor de respuesta no aplicable Alternativa de respuesta unida a los diseños de escalas de pareados (o de opción obligada) y que permite a los entrevistados no responder directamente a una dimensión o atributo de la escala si no se sienten a gusto de manifestar sus pensamientos o sentimientos respecto de determinado objeto porque les faltan conocimientos o experiencia.

descriptores de la escala de calificación del desempeño Escala que aplica un formato de puntos evaluativos para que los entrevistados expresen algún juicio evaluativo posterior sobre un objeto.

descriptores de la escala de calificación gráfica Formato de puntos de una escala que presenta a los entrevistados algún tipo de gráfica continua como el conjunto de las respuestas posibles para una pregunta dada.

descriptores de la escala de reactivo único Escala usada cuando los requisitos de datos se centran en recolectar datos sobre sólo un atributo del objeto o constructo que se investiga.

desviación estándar de la población Índice cuantitativo de la dispersión de la distribución de datos reales de los elementos de la población alrededor de la medida del promedio aritmético de la tendencia central.

desviación estándar estimada de la muestra Índice cuantitativo de la dispersión de la distribución de los datos reales tomados de las unidades muestrales alrededor del promedio aritmético de la tendencia central de muestra. Este valor estadístico de la muestra especifica el grado de variación de las respuestas directas de manera tal que el investigador puede traducir las variaciones en interpretaciones de curva normal.

desviación estándar Medida del promedio de la dispersión de los valores en un conjunto de respuestas sobre su media.

diagrama de dispersión Gráfica de la posición relativa de dos variables sobre unos ejes vertical y horizontal que representan los valores de las variables respectivas.

dificultad de la tarea Cuánto necesitan trabajar los entrevistados para responder y nivel de preparación que se requiere para crear un ambiente para ellos.

difusión del tratamiento Contaminación de las medidas de validez de los constructos debida a que los sujetos del estudio hablan de las actividades de tratamiento y medición con individuos que todavía no las efectúan.

dinámicas de grupos Grado de interacción espontánea entre los miembros del grupo durante el análisis de un tema.

dirección postal equivocada Sesgo de no respuesta que ocurre cuando la dirección postal del entrevistado no está actualizada o ya no funciona.

discos de computadora por correo Procedimiento de encuesta en el que se envían por correo discos de computadora a los entrevistados. Éstos contestan la entrevista en su computadora y devuelven su disco por correo.

discreción de los descriptores primarios Cuidado que debe tener el investigador al elegir las palabras para distinguir las magnitudes relativas de los descriptores primarios en un diseño de escala.

diseño de cuestionario descriptivo Diseño de cuestionario que permite al investigador recolectar datos puros que puede convertir en hechos sobre la persona u objeto. Las preguntas y las escalas se dirigen principalmente a recolectar datos de conductas y características actuales.

diseño de cuestionario predictivo Diseño que permite al investigador recolectar datos puros que sirvan para pronosticar cambios de actitudes y conductas, así como para poner a prueba las relaciones postuladas como hipótesis. Las escalas o preguntas se dirigen a la obtención de datos sobre opiniones e intenciones.

diseño de preprueba y posprueba en un solo grupo Diseño preexperimental en el que antes del tratamiento se toma una medición de la variable dependiente (O_1). A continuación los sujetos se exponen al tratamiento independiente (X) y luego se toma una medición posterior de la variable dependiente (O_2).

diseños cuasiexperimentales Diseños en que el investigador puede controlar algunas variables del estudio, pero no puede establecer grupos equiparables experimental y de control a partir de la aleatorización de los sujetos.

diseños de escalas de varios reactivos Método aplicado cuando el investigador tiene que medir varios elementos (o atributos) simultáneamente con el fin de medir todo el objeto o constructo de estudio.

diseños experimentales verdaderos Diseños que garantizan la equivalencia entre los grupos experimental y de control asignando sus sujetos al azar ("preprueba y posprueba con grupo de control", "posprueba con grupo de control", cuatro grupos de Solomón).

diseños preexperimentales Familia de diseños (estudio de una toma, de preprueba y posprueba de un grupo, comparación de grupos estáticos) que son experimentos bastos caracterizados por la falta de aleatorización de los sujetos. En general, no satisfacen los criterios de validez interna porque carecen de grupos equivalentes de comparación.

disponibilidad de información Grado en que la información ya se encuentra recolectada y organizada en algún formato reconocible.

disposición a participar Inclinación o voluntad del entrevistado de compartir sus pensamientos y sentimientos.

dispositivos mecánicos Instrumentos de alta tecnología que pueden observar y anotar artificialmente actos o fenómenos naturales mientras ocurren.

dispositivos mecánicos y entrevistadores Combinación de personas muy capacitadas auxiliadas por dispositivos de alta tecnología durante las sesiones de preguntas y respuestas con los entrevistados.

dispositivos totalmente automáticos Dispositivos de alta tecnología que interactúan con los entrevistados sin la presencia de un entrevistador capacitado durante el encuentro de preguntas y respuestas.

distribución muestral Distribución de frecuencia de un valor estadístico específico de la muestra que se encontraría tomando muestras aleatorias repetidas del mismo tamaño.

distribuciones de frecuencia Resumen de cuántas veces se registró una respuesta directa a una distribución o pregunta de la escala por parte de todos los encuestados del grupo.

disyuntivas éticas Situaciones concretas en que el investigador, quien toma las decisiones o el entrevistado deben elegir entre una conducta apropiada y una inapropiada.

diversidad de los entrevistados Grado al que los entrevistados del estudio comparten algunas semejanzas.

dominio de los observables Conjunto de manifestaciones observables que no es en sí observable directamente. Un dominio representa un conjunto identificable de componentes que forman indirectamente el constructo de interés.

elemento Nombre dado al objeto sobre el que se busca información. Los elementos deben ser únicos, contables y, cuando se reúnen, han de componer el total de la población objetivo.

elemento de las dimensiones y atributos de la escala Componente del objeto, constructo o concepto que se mide. Identifica lo que debe medirse y es uno de tres elementos en una medición de escala.

empresa Unidad comercial total, incluyendo todas las facetas del negocio, así como proveedores y detallistas.

encuesta aplicada por computadora Diseño de encuesta que incorpora una computadora para formular las preguntas y capturar las respuestas.

encuesta auto-administrada Encuesta en la que los encuestados leen las preguntas y anotan las respuestas sin la asistencia de un entrevistador.

encuesta de expertos Encuentro informal de intercambio de opiniones e ideas entre personas que se consideran conocedoras de los temas que rodean al problema de investigación definido.

encuesta de paneles Muestra representativa de entrevistados que acceden de antemano a participar en una encuesta por correo.

encuesta entregada Cuestionario que se deja en manos del entrevistado para que lo llene más tarde. El investigador vuelve a recogerlo o se devuelve por algún otro medio.

encuesta personal Encuesta en la que un entrevistador formula las preguntas y anota las respuestas.

encuesta por correo directo Cuestionario distribuido y devuelto por los entrevistados, a través del correo.

encuesta por correo electrónico Encuesta en que se envía el cuestionario a los entrevistados y se devuelve por correo electrónico.

encuesta por fax Cuestionario distribuido a la muestra a través de máquinas de fax.

encuesta por fax generado por computadora Procedimiento en el que se usa una computadora para enviar la encuesta por fax a los posibles entrevistados, quienes llenan el cuestionario y los devuelven por fax o correo.

encuesta por internet Método de recurrir a internet para formular preguntas de encuestas y registrar las respuestas de los encuestados.

encuesta telefónica Encuesta en que individuos que trabajan en casa o en una ubicación central formulan por teléfono preguntas a los participantes y registran sus respuestas.

encuesta telefónica con computadora Encuesta realizada con un sistema totalmente automatizado en el que los entrevistados escuchan una voz electrónica y responden oprimiendo las teclas de un teléfono de tonos.

encuesta telefónica totalmente automatizada *(completely automated telephone survey, CATS)* Encuesta aplicada por una computadora sin entrevistador humano. La computadora marca un número de teléfono y el entrevistado escucha una voz electrónica a la que responde presionando las teclas en un aparato de tonos.

enfoque en el cliente Uso de datos granulares para anticipar y cumplir los deseos de los clientes.

entra basura, sale basura Frase hecha que en la investigación de mercado remite a las situaciones en que los procesos para recolectar, analizar e interpretar los datos como información contienen errores o sesgos, lo que arroja una información que no es fidedigna.

entrevista de profundidad Proceso formalizado y estructurado en que un entrevistador bien capacitado formula a un sujeto preguntas de sondeo semiestructuradas, por lo regular en un encuentro en persona.

entrevista de protocolo Técnica con la que se sitúa a los entrevistados en situaciones de toma de decisiones y se les pide que expresen en voz alta el proceso y las actividades que consideran mientras toman la decisión.

entrevista de respuesta personal por computadora Entrevista en la que se dirige a los sujetos a una pantalla de computadora y capturan directamente sus repuestas.

entrevista ejecutiva Entrevista realizada por una persona a un ejecutivo de negocios. A menudo, estas entrevistas transcurren en la oficina del ejecutivo.

entrevista en casa Entrevista realizada por una persona que tiene lugar en la casa del entrevistado.

entrevista en centros comerciales Técnica de entrevista en la que se detiene a los clientes de un centro comercial y se les piden comentarios. La entrevista puede tener lugar en las zonas comunes del centro comercial o en las oficinas locales de la agencia de investigación.

entrevista en el punto de venta Entrevista similar a la del centro comercial, salvo que el encuestado es detenido en el punto de venta, donde se le plantean preguntas predeterminadas.

entrevista personal por computadora Entrevista en la que el entrevistador lee a los sujetos las preguntas en una pantalla de computadora y captura las respuestas.

entrevista personal totalmente automatizada Procedimiento en el que los entrevistados se acercan de manera independiente a la computadora de una estación o quiosco central, leen las preguntas y contestan sin la intervención del investigador.

entrevista telefónica con computadora *(computer-assisted telephone interview, CATI)* Entrevista controlada y efectuada por una computadora.

entrevista telefónica Intercambio de preguntas y respuestas que se realiza a través de la tecnología telefónica.

entrevista telefónica totalmente automatizada Procedimiento de recolección de datos en el que una computadora llama a los entrevistados y les formula preguntas. Éstos registran sus respuestas mediante el teclado de un teléfono de tonos.

entrevistadores calificados Personas muy capacitadas, con excelentes destrezas de comunicación y capacidad de escuchar, que formulan a los entrevistados las preguntas y anotan fielmente sus respuestas.

entrevistados fantasmas Tipo de falsificación de datos que ocurre cuando el investigador toma los datos de un participante real y los duplica para que representen otro grupo (inexistente) de respuestas.

entrevistas de cambio de papeles Técnica en que se pide a los participantes que asuman la identidad de otra persona y que se coloquen en una situación predeterminada. Entonces, se les pide que expliquen en voz alta cómo actuarían en esa situación.

equilibrio de los descriptores de escalas positivos y negativos Decisión del investigador de mantener la objetividad en una escala diseñada para captar datos puros de estados mentales positivos y negativos de los entrevistados; se usa el mismo número de magnitudes relativas de descriptores de escalas positivos y negativos para componer el conjunto de los puntos de la escala.

error Diferencia entre la puntuación verdadera en un instrumento de investigación y la puntuación real observada.

error administrativo Sesgo que procede de errores en el procesamiento de los datos, distorsión por parte del entrevistador de las respuestas del entrevistado o imprecisiones sistémicas creadas por el uso de un diseño muestral defectuoso.

error aleatorio Error que ocurre cuando el resultado de sucesos casuales altera la puntuación observada.

error de especificación de la población Definición incorrecta de la verdadera población objetivo en la pregunta de investigación.

error de los auspicios Sesgo que ocurre cuando una respuesta es dictada por la imagen u opinión del patrocinador, más que por la pregunta real.

error de los extremos Tipo de sesgo en la respuesta que ocurre cuando la claridad de los puntos extremos de una escala y la ambigüedad de las opciones centrales fomentan las respuestas en los extremos.

error de medición o diseño "Familia" de errores no muestrales y que resultan de diseños inapropiados en los constructos, mediciones de escalas o mediciones de encuestas usados para preguntar y anotar las respuestas de las personas a las preguntas de un estudio.

error de no respuesta Error que ocurre cuando la parte de la población objetivo que no está representada o que está subrrepresentada en el fondo de respuestas es distinta de manera sistemática y significativa de quienes sí respondieron.

error de respuesta Tendencia a responder una pregunta de manera sistemática y única. Los entrevistados pueden distorsionar consciente o inconscientemente sus respuestas y sus verdaderos pensamientos.

error del diseño de la muestra Familia de errores no muestrales que ocurren cuando el investigador no elabora bien los planes muestrales o ejecuta mal el proceso muestral.

error del entrevistado Tipo de error no muestral que ocurre cuando los entrevistados elegidos no pueden ser localizados para que participen en la encuesta, no cooperan o se muestran indispuestos para tomar parte.

error del entrevistador Tipo de error no muestral que ocurre en situaciones en las que el entrevistador distorsiona sistemáticamente la información de los entrevistados durante o después del encuentro.

error del instrumento de encuesta Tipo de error que ocurre cuando el instrumento de encuesta induce algún tipo de sesgo sistemático en la respuesta.

error del marco muestral Error que ocurre cuando se toma una muestra de una lista incompleta de entrevistados posibles o potenciales.

error en el análisis de datos "Familia" de errores no muestrales y que se producen cuando el entrevistador somete los datos puros a procedimientos de análisis inapropiados.

error en el desarrollo de constructos Tipode error no muestral (sistemático) que se origina cuando el investigador no tiene el cuidado de identificar por completo los conceptos y constructos que deben incluirse en el estudio.

error en el diseño del instrumento de la encuesta "Familia" de errores de diseño o formato que produce un cuestionario que no recolecta bien los datos puros apropiados. Estos errores no muestrales limitan gravemente el carácter generalizable, la confiabilidad y la validez de los datos recolectados.

error en el procesamiento de los datos Tipo específico de error no muestral que ocurre cuando los investigadores no son precisos o exhaustivos al transferir los datos puros de los entrevistados a los archivos electrónicos.

error en la selección de la muestra Sesgo en el diseño de la muestra que ocurre cuando se toma una muestra inapropiada de la población objetivo definida a causa de unos procedimientos muestrales incompletos o equivocados o porque no se realizaron los procedimientos correctos.

error estándar del parámetro de la población Medida estadística usada en el muestreo probabilístico que da una indicación de cuán lejos se encuentra el resultado de la muestra de la medida real demográfica que tratamos de estimar.

error estándar estimado de la estadística de muestra Medida estadística del error muestral que cabe esperar entre los valores estadísticos tomados de la muestra y los valores reales de todas las distribuciones de las unidades muestrales de los datos estadísticos relevantes. Estos índices se denominan *precisión general.*

error muestral aleatorio Diferencia estadística medida entre los resultados muestrales reales y los resultados estimados de la población verdadera.

error muestral Cualquier sesgo en una encuesta que se atribuya a errores cometidos en la selección de las unidades muestrales probables, o bien, al determinar el tamaño necesario de la muestra para garantizar la representatividad de la población objetivo mayor definida.

error no muestral Tipo de sesgo que ocurre en un estudio de investigación sin que importe si se recurrió al censo o a una muestra.

error por aquiescencia Sesgo de respuesta que ocurre cuando el entrevistado percibe qué respuesta prefiere más el patrocinador.

error por mala interpretación Transformación imprecisa de las estructuras de datos y los resultados del análisis en información útil para quien toma las decisiones.

error sistemático Error que resulta de un mal diseño o elaboración de un instrumento, que hace que las puntuaciones o lecturas en éste sean tendenciosas de manera constante. Genera una forma de variación sistemática de los datos puros que no es un suceso natural ni una fluctuación de parte de los encuestados.

error tipo I Error cometido al rechazar la hipótesis nula cuando es verdadera. Representa la probabilidad del error alfa.

error tipo II Error de no rechazar la hipótesis nula cuando la hipótesis alternativa es verdadera. Representa la probabilidad del error beta.

errores en la captura de datos Asignación incorrecta de los códigos de cómputo a su lugar destinado en el archivo electrónico de datos.

errores en la codificación de datos Asignación incorrecta de los códigos de cómputo a las respuestas directas.

errores en la corrección de datos Imprecisiones debidas a la falta de cuidado al verificar los datos puros en los archivos electrónicos.

escala compuesta formativa Escala que se usa cuando cada uno de los elementos mide una parte del total del constructo, objeto o fenómeno.

escala compuesta refleja Escala que se usa cuando el investigador mide un subcomponente individual (dimensión) de un constructo, objeto o fenómeno.

escala de calificación de comparación pareada Formato de escala en la que grupos previamente elegidos de características de productos se hacen concordar unos con otros y se pide a los entrevistados que elijan qué característica de cada par es más importante para ellos.

escala de calificación de sumas constantes Formato de escala que requiere que los entrevistados repartan cierto número de puntos (por lo regular 100) entre varios atributos de acuerdo con su importancia para ellos. Este formato requiere que las personas valoren cada característica en relación con las otras citadas.

escala de calificación jerárquica Formato de escala de puntos que permite a los entrevistados comparar sus respuestas con los demás indicando su primera preferencia, la segunda, la tercera, etc., hasta que todas las respuestas deseadas se encuentran en algún orden jerárquico, ya de mayor a menor, ya de menor a mayor.

escala de comparación Escala usada cuando uno de sus objetivos es que el entrevistado exprese una actitud, sentimiento o conducta acerca de un objeto (o persona o fenómeno) o bien sobre sus atributos sobre la base de otro objeto (o persona o fenómeno).

escala de diferencial semántico Escala de calificación simétrica que usa un conjunto de adjetivos o adverbios opuestos para describir extremos positivos y negativos de un supuesto continuo. Sirve para captar los componentes cognoscitivo y afectivo de los entrevistados de factores específicos y crear perfiles perceptuales relacionados con determinado objeto o conducta.

escala de la intención del comportamiento Tipo especial de escala de calificación destinada a captar la probabilidad de que las personas muestren cierta conducta predecible hacia la compra de un objeto o servicio.

escala de Likert Formato de escala de puntuación en que se pide a los entrevistados que indiquen el grado en que están de acuerdo o en desacuerdo con una serie de enunciados de opiniones o actitudes sobre determinado objeto. Es una medición de escala cognoscitiva.

escala modificada de Likert Cualquier versión de la medición de escala de acuerdo y desacuerdo distinta de la original escala de cinco puntos que va de "muy de acuerdo" a "muy en desacuerdo".

escala no comparativa Escala usada cuando el objetivo es que los entrevistados manifiesten una actitud, emoción, acción o intención sobre un objeto específico (persona o fenómeno) o bien sus atributos.

escalas básicas Escalas consideradas una versión modificada de la escala de diferencial semántico. Centran simétricamente el dominio de los puntos en un conjunto de descriptores positivos (+) y negativos (–).

escalas de intervalo ordinal Formatos de preguntas ordinales o escalas que el investigador vuelve a definir arbitrariamente como de intervalos activando una supuesta propiedad de distancia en la estructura del diseño. Este formato híbrido incorpora descriptores de escalas ordinales y un conjunto secundario de números cardinales para redefinir los descriptores primarios originales.

escalas de intervalos Cualquier formato de escala o preguntas que activa no sólo las propiedades de asignación y orden de escala, sino también la propiedad de distancia. Todas las respuestas de la escala tienen una diferencia absoluta reconocida entre cada uno de los otros puntos (respuestas).

escalas nominales Estructuras de escalas o preguntas que piden al entrevistado que provea sólo un descriptor como respuesta, la cual no contiene ningún nivel de intensidad.

escalas ordinales Formato de preguntas o escalas que activa las propiedades de asignación y orden. Se pide al entrevistado que exprese las magnitudes relativas entre las respuestas directas a una pregunta.

escalas proporcionales Formatos de escalas y preguntas que activan simultáneamente las cuatro propiedades de escala; forman la escala más perfeccionada en el sentido de que se pueden identificar diferencias absolutas no sólo entre cada punto de la escala, sino también entre las respuestas directas de los individuos. Las escalas proporcionales piden a los entrevistados que den un valor numérico único y específico como respuesta a la pregunta.

escalas y preguntas de selección Preguntas y escalas específicas para calificar a los posibles entrevistados en una encuesta o eliminar a los que no están calificados para responder las preguntas o escalas del estudio.

escáner óptico Dispositivo electrónico que lee ópticamente códigos de barras. El escáner capta y convierte los códigos únicos en información sobre los productos.

estadística del modelo *F* Estadística que compara el grado de variación de la medida dependiente "explicada" o asociada con las variables independientes en relación con la "inexplicada" o el error de varianza. Una estadística *F* grande indica que el modelo de regresión tiene más varianza explicada que varianza de error.

estadística ji cuadrada (X^2) Medida estandarizada del cuadrado de la diferencia observada entre dos distribuciones de frecuencia que permiten la investigación de la importancia estadística al analizar las estructuras de datos de distribución de frecuencia.

estimación de la importancia del atributo Importancia de un atributo de un objeto según se estima en un análisis conjunto. Para calcularlo se resta la estimación del valor parcial mínimo de la estimación del valor parcial máximo.

estimaciones Hechos de los datos de la muestra que se transforman mediante procedimientos de interpretación para representar inferencias acerca de una población objetivo mayor.

estimaciones de valía parcial Estimaciones de la utilidad de la encuesta que los encuestados confieren a cada nivel de un atributo o característica.

estratos Subagrupamientos derivados por procedimientos de muestreo aleatorio estratificado.

estructura de la observación Grado al que el investigador conoce conductas o sucesos antes de hacer las observaciones.

estructuras de datos Resultados analíticos de combinar un grupo de datos puros referidos mediante algún procedimiento de análisis cuantitativo o cualitativo.

estudio de una toma Un grupo único de sujetos es sometido al tratamiento de la variable independiente (*X*) y enseguida se toma una sola medición de la variable dependiente (O_1).

estudios de beneficios y estilo de vida Estudios realizados para examinar semejanzas y diferencias en las necesidades. Sirve para delimitar dos o más segmentos de un mercado con el fin de identificar clientes para una categoría de productos de interés para una compañía específica.

estudios de calidad del servicio Estudios destinados a medir el grado al que una organización responde al nivel de calidad que esperan los clientes. Se concentran en los atributos que se estima que son los más importantes para los clientes.

estudios de comprador encubierto Estudios en los que visitantes capacitados y profesionales visitan tiendas, instituciones financieras o compañías y "compran" diversos productos para evaluar los factores o niveles de la calidad del servicio.

estudios de satisfacción de los clientes Estudios diseñados para evaluar las fuerzas y debilidades que perciben los clientes en la mezcla de marketing de una empresa.

ética Campo de estudio que trata de determinar qué conductas se consideran apropiadas en ciertas circunstancias de acuerdo con códigos establecidos de conducta impuestos por la sociedad.

ética comercial Principios y normas morales que rigen la conducta en el mundo de los negocios.

evaluación de la oportunidad Recolección de información sobre mercados de productos con el fin de pronosticar su cambio en el futuro. Esta evaluación se centra en reunir información pertinente para los macroambientes.

evaluación logística Información en logística que permite a los investigadores de mercado realizar un análisis total de costos y uno de sensibilidad del servicio.

excedente de registro Cuando un marco muestral contiene todas las unidades muestrales viables que definen la población objetivo, más otras.

experimentos de campo Diseños de investigación causal que manipulan las variables independientes con el fin de medir la dependiente en un medio de prueba natural.

extracción de datos Proceso de encontrar parámetros y relaciones escondidas entre variables y características contenidas en los elementos guardados en el almacén de datos.

factor alfa Grado deseado o aceptable de la diferencia entre el parámetro de la población esperado y el real. También se llama *nivel de tolerancia de error* (α).

factor de correlación finita (fcf) Factor de ajuste del tamaño de la muestra que se hace en aquellas situaciones en que se espera que la muestra tomada sea igual a 5% o más de la población objetivo definida. El fcf es igual a la raíz cuadrada de $N - n/N - 1$.

falsificación deliberada Caso en que el entrevistado o el entrevistador intencionalmente dan respuestas incorrectas o alteradas en una encuesta.

filosofía moral Orientación básica de una persona hacia la solución de un problema. En el proceso de la toma ética de decisiones, el razonamiento filosófico procede de una orientación teleológica, deontológica o relativista.

forma equivalente Método de evaluar la confiabilidad de una medición de escala. El investigador elabora dos mediciones de escala básicamente similares pero distintas para el constructo señalado y aplica las dos formas a la misma muestra de entrevistados o bien a dos muestras con entrevistados tomados de la misma población objetivo.

formas de consentimiento Declaraciones firmadas y formales de que los participantes aprueban que se grabe o registre la información recabada en discusiones de grupo y que se entreguen los datos al moderador, investigador o cliente patrocinador.

formas de selección Conjunto de preguntas preliminares con las que se determina la conveniencia de elegir a un posible entrevistado para participar en la encuesta.

formato (o disposición) del cuestionario Combinación articulada de conjuntos de mediciones de preguntas y escalas en un instrumento sistemático estructurado.

fraude Falsificación deliberada de las respuestas de los entrevistados en una encuesta.

fuentes computarizadas de datos secundarios Fuentes de datos diseñadas por compañías que integran datos internos y externos con fuentes de información en línea.

función discriminante Combinación lineal de variables independientes establecida en un análisis de las discriminantes, que se discriminará mejor entre categorías de la variable dependiente.

generalidad Profundidad y anchura de los datos.

grado de manipulación Medida en que las estructuras de datos y los resultados han sido interpretados y aplicados a una situación específica.

grado de observación directa Grado en que el investigador o un observador calificado observa la conducta o el acontecimiento cuando ocurre. También se llama *observación directa.*

grupo de control Parte de la muestra que no está sujeta al tratamiento.

grupo de control de preprueba y posprueba Diseño experimental verdadero en el que los sujetos son asignados aleatoriamente al grupo experimental o al de control y se realiza a ambos una medición previa al tratamiento de la variable dependiente. A continuación, los sujetos del grupo experimental son expuestos al tratamiento independiente, luego de lo cual en ambos grupos se efectúa una medición posterior al tratamiento de la variable dependiente.

grupo de control en la posprueba Diseño experimental verdadero en el que los sujetos se asignan al azar al grupo experimental o al de control. A continuación, el grupo experimental es expuesto al tratamiento independiente, después de lo cual se realiza en los dos grupos una medición posterior de la variable dependiente.

grupo de control no equivalente Diseño cuasiexperimental que combina la comparación de grupos estáticos con los diseños preexperimentales de prepruebas y pospruebas a un grupo.

grupos focales en línea Proceso formalizado por el que un pequeño grupo de personas forma una comunidad en línea para una discusión interactiva y espontánea sobre un tema o concepto.

guía del moderador Documento detallado donde se esbozan los temas, preguntas y subpreguntas que sirven como la base para generar un diálogo espontáneo interactivo entre los participantes del grupo focal.

hechos Datos observables y verificables a través de varias fuentes externas.

hipótesis Proposición o posible solución de un problema todavía no demostrada que puede someterse a una verificación empírica con datos recolectados en el proceso de investigación. Se plantea con el fin de explicar fenómenos o una relación entre dos o más constructos o variables.

hipótesis alternativa Enunciado opuesto a la hipótesis nula, en el que la diferencia no se debe simplemente a un error aleatorio.

hipótesis direccional directa (positiva) Afirmación sobre la relación percibida entre dos preguntas, dimensiones o subgrupos de atributos que indican que cuando un factor se mueve en una dirección, el otro se mueve en la misma.

hipótesis direccional inversa (negativa o indirecta) Enunciado sobre la relación percibida entre dos preguntas, dimensiones o subgrupos de atributos que indican que cuando un factor se mueve en una dirección, el otro se mueve en la dirección opuesta.

hipótesis no direccional Enunciado sobre la relación entre dos preguntas, dimensiones o subgrupos de atributos como significativamente diferente pero sin la expresión de una dirección.

hipótesis nula Enunciado de la relación percibida entre dos preguntas, dimensiones o subgrupos de atributos en el sentido de que no son significativamente distintos. Asevera la condición del *statu quo* y cualquier cambio de lo que se consideraba verdadero se atribuye a un error muestral aleatorio.

hoja de registro de contactos Documento de registro que reúne información resumida básica sobre la eficacia del desempeño del entrevistador (como contactos intentados, entrevistas realizadas, duración de las entrevistas).

hojas de cuotas Formas simples de seguimiento que fomentan la capacidad del investigador para recolectar datos directos de los entrevistados correctos. La forma garantiza que se cumplen los criterios de representación.

incentivos de los grupos foco Programas de inversión destinados a compensar a los integrantes los grupos focales por los gastos incurridos con su disposición a participar.

indagación Parte de un SADM que faculta al usuario para recuperar información del sistema sin requisitos especiales de *software.*

índice del poder de compra (IPC) Indicador estadístico que provee datos de promedios demográficos ponderados, ventas al detalle y compras efectivas en diversas zonas de los Estados Unidos.

información Conjunto de hechos derivados de las estructuras de datos cuando alguien (el investigador o quien toma las decisiones) interpreta y asigna un sentido textual a dichas estructuras.

información ambiental Información secundaria relativa a los proveedores o distribuidores de la compañía.

información ofrecida por los clientes Datos que entregan los clientes sin que se los soliciten.

información primaria Hechos o estimaciones de primera mano que se derivan mediante un proceso formalizado de investigación para un problema de investigación actual.

información secundaria Información (hechos o estimaciones) que ya fue recolectada e interpretada por lo menos una vez en otra situación específica.

información subjetiva Información fundada en la experiencia, las suposiciones, los sentimientos o las interpretaciones de quien toma las decisiones o del investigador, sin ninguna reunión sistemática de datos ni estimaciones.

ingreso de compra efectivo (ICE) Medida de los ingresos personales menos impuestos federales, estatales y locales.

instalaciones para grupos foco Instalaciones profesionales que ofrecen salas diseñadas especialmente para realizar entrevistas de grupos focales. Cada sala contiene una mesa grande y sillas cómodas hasta para 13 personas, con una atmósfera de relajación, equipo de audio integrado y, normalmente, un espejo falso para que observe disimuladamente el investigador o el cliente.

instrucciones del entrevistador Vehículo para capacitar al entrevistador sobre cómo elegir a los posibles entrevistados, verificar quiénes son más convenientes y realizar la entrevista.

instrucciones del supervisor Forma que sirve como plan general para capacitar a las personas en la ejecución del proceso de entrevista de una manera estandarizada. Se esboza el proceso por medio del cual realizar un estudio con entrevistadores personales y por teléfono.

instrumentación Contaminación de las medidas de validez interna por los cambios en los procesos de medición, técnicas de observación o instrumentos de medida.

instrumento de investigación Microscopio, medidor de radiación, regla, cuestionario, escala u otro medio diseñado para un fin de medición.

inteligencia comercial Procedimiento para recolectar información diaria de las operaciones relacionadas con la compañía y su mercado.

inteligencia de mercado Uso de información sobre los clientes en tiempo real (conocimiento de los clientes) para conseguir una ventaja competitiva.

inteligibilidad Grado al que los entrevistados que componen la población objetivo a la que se aplica una escala comprenden las preguntas.

intención de compra Acción futura planeada de comprar un servicio o producto.

interacción con los clientes Relación entre la empresa y el cliente.

intercambio electrónico de datos (IED) Sistema diseñado para acelerar el flujo de información y de productos del fabricante, al distribuidor y al detallista.

internet Red de computadoras y tecnología para unirlas en una supercarretera de información.

intervalo de confianza Margen estadístico de valores en el que se espera que se encuentre el verdadero valor del parámetro de la población objetivo de interés de acuerdo con el nivel de confianza especificado.

intervalo de salto Herramienta de selección para identificar la posición de las unidades muestrales que se van a tomar en un diseño de muestra aleatoria sistemática. El intervalo se determina dividiendo el número de posibles unidades en la población objetivo definida entre el número de unidades deseadas en la muestra.

investigación cualitativa Métodos selectivos de investigación que se siguen en los diseños de investigación exploratoria, cuyo objetivo fundamental es obtener un conjunto de ideas preliminares para descubrir e identificar problemas y oportunidades de toma de decisiones.

investigación cuantitativa Métodos de recolección de datos que destacan las prácticas de interrogación formalizada, estandarizada y estructurada, en las que las opciones de respuesta fueron determinadas de antemano por el investigador y se plantearon a numerosos entrevistados.

investigación de causas Investigación que se centra en recolectar información y estructuras de datos para que el investigador o quien toma decisiones realice un modelo de las relaciones causales entre las dos o más variables que se investigan.

investigación de los grupos foco Método formalizado de recolección de datos cualitativos que se toman de un pequeño grupo de personas que analizan de manera interactiva y espontánea un tema o concepto.

investigación de mercados Función que enlaza una organización con su mercado mediante el la recolección de información. La información permite identificar y definir las oportunidades y los problemas suscitados por el mercado, además de que permite la generación, perfeccionamiento y evaluación de las acciones de marketing.

investigación del detallista Estudios que se centran en temas como el análisis de zonas comerciales, percepción e imagen de la tienda, esquemas de tránsito interno y análisis de ubicación.

investigación del tiempo del ciclo Método de investigación que se centra en reducir el tiempo entre el contacto inicial y la entrega final (o instalación) de los productos.

investigación descriptiva Investigación que se vale de métodos y procedimientos científicos para recolectar estructuras de datos que sirven para identificar, determinar y describir las características actuales de un mercado objetivo o una estructura de mercado.

investigación exploratoria Investigación destinada a reunir e interpretar datos secundarios o primarios en un formato no estructurado en el que a veces se recurre a un conjunto informal de procedimientos.

juicios de semejanza Método directo para reunir datos perceptuales en escalas multidimensionales. Los entrevistados califican en una escala de Likert todos los posibles pares de marcas en términos de su semejanza.

lector ordenador Mecanismo electrónico situado en el punto de venta (POP; point-of-purchase) que parece un cajero automático en miniatura. Permite a los consumidores pagar sus transacciones con tarjetas de crédito, especiales o débito.

lenguaje de marcación de hipertexto (*hypertext markup language*, HTML) Lenguaje con que se crean páginas de internet para comunicar resultados de investigaciones, lo mismo que otra información.

limitaciones Sección del informe final de la investigación en el que se comunican todos los sucesos extraños que imponen ciertas restricciones a la información.

lineamientos de las cartas de presentación Factores concretos que deben incluirse en una carta de presentación con el objetivo de fortalecer la disposición de un posible entrevistado para participar en el estudio.

maduración Contaminación de las medidas de validez interna debida a cambios en la variable dependiente basadas en la función natural del tiempo y no atribuidas a un acontecimiento específico.

mapa perceptual Representación gráfica de las creencias de los entrevistados acerca de la relación entre objetos en dos o más dimensiones (casi siempre atributos o características).

maquillaje Alteración o falsificación de los datos durante el proceso de recolección, que ocurre cuando los entrevistadores llenan ellos mismos toda o parte de la encuesta.

máquina de búsqueda Procedimiento electrónico que permite al investigador introducir palabras clave como criterio de búsqueda para localizar y reunir información secundaria en internet.

marcado aleatorio de dígitos Selección aleatoria de códigos de zona y números de intercambio y sufijos.

marcado aleatorio sistemático de dígitos Técnica de marcado aleatorio de números telefónicos, pero sólo aquellos que satisfacen criterios específicos.

marcado más uno Método de generar números telefónicos para marcar eligiéndolos al azar del directorio y sumando un dígito.

marco muestral Lista de todas las unidades muestrales aceptables para determinado estudio.

marketing Proceso de planear y ejecutar la fijación de precios, promoción, producción y distribución de productos, servicios e ideas con el fin de realizar intercambios que satisfagan a la empresa y a sus clientes.

marketing de prueba Experimento de campo controlado realizado para adquirir información sobre los indicadores o factores del desempeño en determinado mercado.

marketing por relaciones Filosofía de administración que se enfoca en tratar a cada cliente como exclusivo, con la finalidad general de establecer una relación duradera, recíproca y leal con ellos.

matriz de clasificación (o predicción) Matriz de clasificación en el análisis de discriminantes que contiene el número de casos bien y mal clasificados.

matriz de interacción de datos Procedimiento para detallar el tipo y cantidad de datos que se requieren en cada área funcional de la compañía, sin contemplar el costo de recolección.

mecanismo de observación Cómo se observarán los comportamientos o los sucesos. La *observación humana* ocurre cuando el observador es un empleado capacitado del investigador o el propio investigador. La *observación mecánica* se refiere al uso de dispositivos tecnológicos que realizan las observaciones en el lugar del observador humano.

media Promedio aritmético de todas las respuestas directas. Todos los valores de una distribución de respuestas se suman y se dividen entre el número de respuestas válidas.

mediana Estadística de la muestra que divide los datos puros en un esquema jerárquico en el que la mitad se encuentra en la parte superior y la otra mitad en la parte inferior.

medición Reglas para signar números a objetos, de modo que representen cantidades o atributos.

medición de escala Proceso de asignar un conjunto de descriptores para que representen la gama de posibles respuestas que un individuo da a una pregunta sobre cierto objeto, constructo o factor que se investiga.

mediciones de escala de opción libre Diseños de medición de escalas simétricas que se dividen en dominios positivo y negativo de los descriptores de los puntos de una escala mediante una respuesta lógica central "neutral".

mediciones de las escalas de opción obligada Diseños de medición de escalas simétricas que no tienen un descriptor de escalas lógico "neutral" para dividir los dominios positivos y negativos de los descriptores de respuestas.

medidas de dispersión Estadística de la muestra que describe cómo se dispersan todos los datos puros alrededor de una medida dada de la tendencia central. Se trata de la distribución de frecuencia, el rango y la desviación estándar estimada de la muestra.

medidas de la tendencia central Estadística básica de la muestra que puede generarse mediante análisis de los datos puros recolectados. Son la moda, la mediana y la media.

mejoramiento de los datos Acto de entrelazar los datos en las estructuras de datos actuales con el propósito de lograr una categorización más útil de los clientes en relación con su verdadero valor para la compañía.

mercados de prueba controlados Mercados de prueba estudiados por una empresa de investigación externa que garantiza la distribución del producto de prueba en los locales especificados de ciudades selectas.

mercados de prueba de televisión por internet Uso de la televisión interactiva de banda ancha (iTV) y los adelantos en la tecnología de comunicación multimedia para realizar experimentos de campo. Se muestra a unos entrevistados elegidos con antelación diversos estímulos y se les formulan preguntas en línea a través de su iTV.

mercados de prueba electrónicos Procedimientos de prueba que integran el uso de paneles selectos de consumidores que portan una tarjeta de identificación para registrar los datos de sus compras de productos.

mercados de prueba en país selecto Pruebas de campo de mercados que se realizan en el extranjero.

mercados de prueba simulados Experimentos de semipruebas de mercado en el que se eligen sujetos y luego se entrevistan y observan sus compras y actitudes hacia los productos de la prueba. También se llama *prueba de laboratorio* o *simulaciones de prueba de mercado.*

mercados de prueba tradicionales Mercados de prueba que aplican procedimientos de diseño experimental para verificar un producto o sus variables de la mezcla de marketing a lo largo de los canales de distribución. También se llaman *mercados de pruebas estándares.*

mercados de prueba virtuales Sistemas totalmente computarizados que permiten a los sujetos observar e interactuar con el producto como si se encontraran en el entorno de una tienda.

método científico Proceso sistemático y objetivo para conseguir información directa, confiable y válida siguiendo el proceso de investigación.

método de la lotería Sistema de incentivos que reúne los pequeños incentivos monetarios individuales en una bolsa notablemente mayor o un regalo no monetario sustancial. A continuación se realiza un sorteo para determinar el ganador o unos pocos ganadores. El procedimiento del sorteo está diseñado para que los encuestados que completen y devuelvan su encuesta tengan las mismas oportunidades de ganarse el premio grande.

método de la trilogía Método teórico que considera que la actitud de una persona hacia un objeto consta de tres componentes: cognoscitivo, afectivo y volitivo.

método del florero Marco teórico o plan específico y único para integrar conjuntos de preguntas y medidas de escalas en un instrumento capaz de recolectar datos puros necesarios para alcanzar los objetivos de información establecidos.

métodos de investigación de encuestas Procedimientos de diseño de investigación para recolectar grandes cantidades de datos puros mediante entrevistas o cuestionarios.

mínimos cuadrados ordinarios Procedimiento estadístico que estima los coeficientes de la ecuación de regresión que generan la menor suma de diferencias cuadradas entre los valores real y pronosticado de la variable dependiente.

moda La respuesta más mencionada (o que más ocurre) en el conjunto de respuestas a determinada pregunta.

modelo de la actitud hacia el objeto Modelo multiplicativo aditivo que pretende captar la actitud de una persona hacia determinado objeto; cuando la actitud es una medida compuesta derivada indirectamente de las ideas y sentimientos de una persona a favor o en contra de cierto objeto.

modelo de la actitud hacia la conducta Modelo multiplicativo aditivo que pretende captar la actitud de una persona hacia una conducta más que al objeto en sí; cuando la actitud es una medida compuesta derivada indirectamente de las ideas y sentimientos de una persona a favor o en contra de realizar cierta acción o conducta.

modelos de calificación Procedimientos con los que se pretende ordenar segmentos de clientes por su rentabilidad potencial para la compañía.

modelos de valor vitalicio Procedimientos generados mediante datos históricos, además de comportamientos de compra reales, no estimaciones de probabilidad para predecir la conducta de los consumidores.

moderador de los grupos foco Individuo bien capacitado en la comunicación entre personas, con habilidades para escuchar, observar e interpretar, así como modales y personalidad profesional. Su función en una sesión es conseguir de los participantes las ideas mejores y más innovadoras sobre el tema o la pregunta asignada.

monitor de movimientos oculares Dispositivo que observa y registra los movimientos oculares inconscientes de una persona.

mortalidad Contaminación de las medidas de validez interna debidas a un cambio en la composición de los sujetos del experimento.

movimiento de calidad interna Uno de los factores básicos por los que muchas organizaciones se reestructuran en dirección opuesta a los viejos sistemas operativos tradicionales de control y poder, en nuevas estructuras multifuncionales en las que la formación de equipos, los equipos de decisión y compartir la información y la responsabilidad son los factores importantes, no el control ni el poder.

muestra Grupo de personas u objetos elegido al azar de un fondo general de la población objetivo.

muestra separada en la preprueba y posprueba Diseño cuasiexperimental en el que se toman dos grupos de sujetos y no se someten al tratamiento con la variable independiente. En un grupo se efectúa una medición preprueba de la variable dependiente. Luego, después de un tratamiento independiente insignificante, se efectúa en el segundo grupo una posprueba sobre la variable dependiente.

muestras independientes Dos o más grupos de respuestas que se prueban como si procedieran de poblaciones distintas.

muestras relacionadas Dos o más grupos de respuestas originadas de la población de la muestra.

muestreo Proceso de elegir un número relativamente pequeño de elementos de un grupo definido mayor, de modo que la información obtenida del primer grupo permita formular juicios sobre los elementos del grupo mayor.

muestreo aleatorio estratificado (MAE) Método muestral probabilístico en el que la población se divide en subgrupos (llamados *estratos*) y se toman muestras de cada uno.

muestreo aleatorio simple (MAS) Método muestral probabilístico en el que todas las unidades muestrales tienen la misma probabilidad diferente de cero de ser elegidas. Los resultados generados por el muestreo aleatorio simple pueden proyectarse a la población objetivo con un margen de error preespecificado.

muestreo aleatorio sistemático (MASIS) Método muestral probabilístico que es similar al muestreo aleatorio simple, pero que requiere que la población objetivo definida esté ordenada naturalmente de alguna manera.

muestreo estratificado desproporcionado Forma muestral estratificada en la cual el tamaño de la muestra tomada de cada estrato es independiente de la proporción de dicho estrato respecto de la población total.

muestreo estratificado proporcionado Forma de muestreo estratificado en la que el tamaño de la muestra de cada estrato depende del tamaño del estrato en relación con la población total.

muestreo no probabilístico Diseños muestrales en los que se desconoce la probabilidad de selección de cada unidad. Esta selección se basa en el juicio o los conocimientos del investigador y puede o no ser representativa de la población objetivo.

muestreo por conglomerado Método de muestreo probabilístico en el que las unidades muestrales se eligen en grupos (o conglomerados) más que individualmente. Una vez identificado el conglomerado, los elementos se toman por muestreo aleatorio simple o bien se incluyen todas las unidades en la muestra.

muestreo por conveniencia Método muestral no probabilístico en el que se toman las muestras de acuerdo con lo que conviene al investigador o entrevistador; también es llamado *muestreo accidental*. El muestreo de conveniencia con frecuencia se usa en las primeras etapas de la investigación porque permite que sean entrevistados un gran número de personas en poco tiempo.

muestreo por cuotas Selección de participantes basada en cuotas específicas según características como edad, raza, sexo, ingreso o conductas específicas. Las cuotas están determinadas por los objetivos concretos de la investigación.

muestreo por juicio Diseño muestral no probabilístico en el que se elige a los participantes de una muestra a partir de la convicción de un individuo experimentado de que satisfarán los requisitos del estudio de investigación.

muestreo por la bola de nieve Método muestral no probabilístico que comprende la práctica de identificar un conjunto inicial de posibles entrevistados que, a su vez, pueden ayudar a identificar otras personas para incluirlas en el estudio.

muestreo por zonas Forma de muestreo por conglomerado en el que se forman grupos según designaciones geográficas como ciudades, sectores y manzanas. Es posible recurrir a cualquier unidad geográfica con límites, con métodos de uno o dos pasos.

muestreo probabilístico Diseños muestrales en los que cada unidad del marco muestral (población operacional) tiene una probabilidad conocida, distinta de cero, de ser elegida para la muestra.

multicolinealidad Situación en la que diversas variables independientes están muy correlacionadas. Esta característica genera dificultades para estimar unos coeficientes de regresión separados o independientes para las variables correlacionadas.

negativa Sesgo particular de no respuesta y que ocurre cuando un posible entrevistado declina ese papel o no está dispuesto a participar en el intercambio de preguntas y respuestas.

nivel de conocimientos del entrevistado Grado al que los entrevistados elegidos piensan que tienen experiencia (o conocimientos) en el tema que es el centro de las preguntas de la encuesta.

nivel de error de tolerancia crítica Diferencia observada entre un valor estadístico de la muestra y el parámetro correspondiente, verdadero o hipotético, de la población.

nivel de significancia Riesgo sobre la precisión de la prueba que el investigador está dispuesto a aceptar.

niveles de confianza Niveles teóricos de seguridad de la probabilidad de que determinado intervalo de confianza abarque o mida el parámetro verdadero de la población. En investigación los tres niveles más usados son 90, 95 y 99 por ciento.

no en casa Tipo de sesgo de no respuesta y que ocurre cuando con un intento razonable por comunicarse con un posible entrevistado no se consigue establecer una cita con el entrevistador.

número de teléfono equivocado Sesgo de no respuesta que ocurre cuando el teléfono del posible entrevistado ya no está en servicio o es incorrecto en la lista de la muestra.

números cardinales Cualquier conjunto de enteros consecutivos.

objetividad Grado al que el investigador sigue procedimientos científicos para recolectar, analizar y generar información no sesgada.

objetivos de la información Razones expresadas claramente de por qué hay que recolectar datos puros. Son los lineamientos para determinar los requisitos de datos puros.

objetivos de la investigación Enunciados de lo que pretende conseguir el proyecto de investigación. Son los lineamientos para establecer el calendario de actividades necesarias para la marcha del proceso de investigación.

objeto Cualquier elemento tangible en el entorno que puede identificarse de manera clara y directa a través de los sentidos.

observación Proceso sistemático de atestiguar y registrar los esquemas conductuales de objetos, personas y acontecimientos sin interrogarlos o comunicarse directamente con ellos.

observación directa Proceso de observar conductas o hechos actuales y registrarlos conforme suceden.

observación disimulada Técnica de observación en la que los sujetos de prueba ignoran completamente que están siendo observados y registrados.

observación humana Recolección de datos a cargo de un investigador u observador capacitado que anota los actos y conductas de los sujetos.

observación indirecta Técnica de investigación en que investigadores u observadores capacitados acuden a artefactos que, en el mejor de los casos, representan resultados conductuales específicos declarados de una época anterior.

observación mecánica Algún tipo de dispositivo mecánico o electrónico para captar la conducta humana, hechos o fenómenos de marketing.

observadores calificados Personas muy adiestradas que aplican los diversos dispositivos sensoriales para observar y registrar mientras ocurren la conducta actual de una persona o fenómenos naturales.

operacionalización Proceso de delinear precisamente la forma de medir un constructo. Las variables se especifican de manera tal que puedan ser observadas o manipuladas.

operadores booleanos Palabras clave que forman una cadena lógica para ordenar numerosos sitios en internet.

oportunidad de la decisión Presencia de una situación en la que el desempeño en el mercado mejora significativamente si se emprenden nuevas actividades.

página en la red Fuente de información secundaria que es probable que esté vinculada a páginas complementarias. Incluye texto, imágenes y aun audio.

página principal en internet Guía de un sitio en internet. En general, es la primera página visitada en el sitio.

palabras de búsqueda Términos que busca la computadora en las bases de datos electrónicas.

paneles de consumidores Muestras grandes de hogares que proveen cierta clase de datos durante un tiempo prolongado.

paneles de medios Hogares selectos en los que se miden los hábitos de ver televisión, a diferencia de los esquemas de consumo de productos o marcas.

participación del entrevistado Grado general en que las personas elegidas tienen la capacidad y la disposición para participar, así como los conocimientos de los temas que se investigan.

patrocinador descubierto Cuando se revela al posible entrevistado la verdadera identidad de la persona o compañía para la que se realiza la investigación.

patrocinio anónimo Dícese de lo que ocurre cuando la verdadera identidad de la persona o compañía para la que se hace la investigación no se divulga al posible entrevistado.

plan muestral Plan general o marco teórico para asegurarse de que los datos puros recolectados son, de hecho, representativos de una estructura demográfica definida y elegida.

plazo de entrega Parte de la información incluida en la carta de presentación que comunica directamente a un posible entrevistado el plazo en que debe devolver al investigador el cuestionario lleno.

población Conjunto total identificable de los elementos de interés que pretende estudiar un investigador.

población objetivo definida Grupo específico de personas u objetos sobre los que se pueden hacer preguntas u observaciones con el objeto de establecer las estructuras de datos y la información necesaria. También se denomina *población de trabajo.* Una definición precisa de la población objetivo es esencial al emprender un proyecto de investigación.

poder discriminatorio Capacidad de la escala para distinguir significativamente entre las respuestas (o puntos) de sus categorías.

posicionamiento Percepción deseada que una empresa quiere que se asocie con sus mercados objetivo en relación con sus ofertas de productos o marcas.

PowerPoint Paquete de *software* para crear diapositivas para una presentación electrónica de los resultados de una investigación.

precisión Grado de exactitud de los datos puros en relación con otra posible respuesta de la población objetivo.

precisión general Monto del error general de muestreo asociado con la muestra dada de datos puros que se generó en alguna actividad de recolección de datos; no hay una preocupación específica por un nivel de confiabilidad.

precisión precisa Monto del error muestral medido asociado con los datos puros de la muestra en determinado nivel de confiabilidad.

predicciones Estimaciones de la población que se proyectan en un marco temporal futuro. Se derivan de hechos o bien de estimaciones de los datos de la muestra.

pregunta orientada Pregunta que tiende suscitar deliberadamente una respuesta particular.

pregunta semiestructurada Pregunta que dirige al entrevistado hacia un tema específico, pero las respuestas no están determinadas. El entrevistador no busca una contestación correcta preconcebida.

pregunta/elemento La pregunta y/o instrucción para la cual el encuestado proporcionará una respuesta directa. Es uno de los tres elementos de cualquier medición de escala.

preguntas conclusivas Preguntas que formula el moderador de un grupo focal para dar por terminada la discusión sobre un tema y fomentar los comentarios de resumen.

preguntas cruciales Preguntas que formula un moderador para dirigir el grupo hacia los asuntos cruciales de los temas de interés.

preguntas de apertura Preguntas que formula el moderador de un grupo focal para romper el hielo entre los participantes, identificar rasgos comunes entre ellos y crear una zona de confort para establecer la dinámica del grupo y las discusiones interactivas.

preguntas de introducción Preguntas formuladas por el moderador de un grupo focal para introducir el tema general de discusión y oportunidades para reflexionar sobre las experiencias anteriores.

preguntas de investigación Enunciados concretos que abordan los aspectos problemáticos que el estudio tratará de investigar.

preguntas de sondeo Resultado de que un entrevistador tome la respuesta de un entrevistado y la use como referencia para formular la siguiente pregunta.

preguntas de transición Preguntas que formula el moderador para dirigir las discusiones de los grupos focales hacia el tema de interés principal.

preguntas estructuradas Preguntas que requieren que el entrevistado elija entre un número limitado de respuestas preestablecidas o puntos de una escala. Exigen menos razonamiento y esfuerzo de parte del sujeto. También se llaman *preguntas cerradas.*

preguntas malas Preguntas o instrucciones que oscurecen, impiden o distorsionan la comunicación fundamental entre el entrevistado y el investigador.

preguntas no estructuradas Formatos de preguntas y escalas que piden a los entrevistados que respondan con sus propias palabras. Este formato exige más razonamiento y esfuerzo por parte de los entrevistados con el fin de expresar sus respuestas. También se llaman *preguntas abiertas.*

preguntas y escalas de salto Preguntas diseñadas para imponer las condiciones que debe cumplir un entrevistado, con el fin de poder contestar otras preguntas de una encuesta. También se llaman *preguntas condicionales* o *de ramificación.*

preocupación de ser evaluados Contaminación de las medidas de validez de constructo originadas porque los sujetos temen que los demás se enteren de sus actos o respuestas.

preoperacionalización inadecuada de las variables Contaminación de las medidas de validez de los constructos debida a una mala comprensión de la composición total de las variables independiente y dependiente del diseño experimental.

preparación del cuestionario Serie de actividades lógicas específicas, pero vinculadas, que se emprenden para diseñar un instrumento sistemático de encuesta con el propósito de recolectar datos puros primarios en grupos de personas (encuestadas).

preprueba Encuesta o cuestionario simulado aplicado a un grupo pequeño y representativo de los encuestados.

preprueba y posprueba Procedimiento para evaluar la confiabilidad de una medición de escala. Consiste en repetir la aplicación de la medición en dos momentos diferentes a la muestra de los individuos elegidos, o bien, a dos muestras tomadas de la misma población objetivo en las condiciones más semejantes que sea posible.

principio del iceberg Noción general según la cual la parte peligrosa de muchos problemas de decisión de marketing no es visible ni la entienden bien los administradores de marketing.

probabilidad de distribución de la población Frecuencias relativas de la característica del parámetro de una población que emula un patrón en forma de campana.

problema de decisión Situación en la que la administración fijó un objetivo qué cumplir y enfrenta varias líneas de acción, cada una con sus propios riesgos y posibles beneficios.

procedimientos de calificación formal Uso de instrumentos estructurados de encuestas o cuestionarios para reunir información sobre los sucesos ambientales.

proceso de investigación de información Diez tareas sistemáticas de las cuatro fases de reunir, analizar, interpretar y transformar las estructuras y los resultados de datos en información útil para quienes toman decisiones.

profundidad Totalidad de campos de datos clave o variables que compondrán los registros de datos.

programa de ética de la compañía Marco teórico con el que una compañía establece los códigos internos de comportamiento ético para que sirvan como lineamientos en las operaciones comerciales.

pronóstico ambiental Proyección de los sucesos ambientales que pueden tener un efecto en la estrategia a largo plazo de la compañía.

pronóstico de ventas Método de investigación que toma variables que influyen en la demanda de los clientes de proveer estimaciones de los resultados económicos de diversas estrategias de precios.

propiedad de la asignación Empleo de descriptores únicos para identificar cada objeto de un conjunto.

propiedad de la distancia Propiedad de las escalas que, cuando opera, permite al investigador y el entrevistado identificar, comprender y expresar bien en un sistema de unidades de medida la diferencia exacta (o absoluta) entre cada uno de los descriptores, puntos o respuestas directas.

propiedad del orden Propiedad de las escalas que activa magnitudes relativas entre los descriptores que sirven como puntos (o respuestas puras). Permite al investigador establecer una jerarquía de mayor a menor o de menor a mayor entre las respuestas.

propiedad del origen Propiedad de las escalas que activa un punto único de partida (o comienzo) en un conjunto de puntos de escala y que es designado como "cero verdadero" o estado de nada verdadero.

propuesta de investigación Documento que funge como contrato escrito entre quien toma las decisiones y un investigador.

prueba de conceptos y productos Información para las decisiones sobre mejoras a los productos actuales e introducción de productos nuevos.

prueba de la mitad Técnica para evaluar la confiabilidad de la congruencia interna de mediciones de escala que tienen numerosos atributos componentes.

prueba de seguimiento Prueba estadística que señala las medias que son estadísticamente diferentes. Se realiza después de que un ANOVA determina que hay diferencias entre las medias.

prueba *F* Prueba para evaluar estadísticamente la diferencia entre las medias de un grupo en un ANOVA.

prueba *t* (también llamada estadística *t*) Procedimiento de comprobación de hipótesis que utiliza una distribución *t:* las pruebas *t* se usan cuando el tamaño de la muestra es pequeño (generalmente de menos de 30 sujetos) y no se conoce la desviación estándar.

prueba *z* (también llamada estadística *z*) Procedimiento de comprobación de hipótesis que utiliza la distribución *z*. Las pruebas *z* se usan cuando el tamaño de la muestra supera los 30 elementos y no se conoce la desviación estándar.

psicogalvanómetro Dispositivo que mide los cambios involuntarios del sujeto en la resistencia electrónica de su piel, denominada *respuesta galvánica de la piel* (RGP).

punto de contacto Información específica sobre los clientes acopiada y compartida por todos los individuos de una empresa.

puntos de escala nones o pares Cuando se recolectan datos de opinión o intención, el investigador debe decidir si los puntos positivos y negativos deben separarse con un descriptor de escala neutral. Las escalas de pares (conocidas como de opción obligada) no requieren una respuesta neutral, pero las escalas de nones (conocidas como de opción libre) deben ofrecer dicha respuesta.

puntos de una escala Conjunto de descriptores que designan los grados de intensidad de las respuestas concernientes a las características investigadas de un objeto, constructo o factor. Es uno de los tres elementos que conforman las mediciones de escala.

pupilómetro Dispositivo que observa y registra los cambios en el diámetro de las pupilas del sujeto. Estos cambios se interpretan como el resultado de actividades cognoscitivas inobservables.

rangos Estadísticas que representan el agrupamiento de respuestas de datos puros en subgrupos mutuamente excluyentes con valores de designación de límites superior e inferior distintos en un conjunto de respuestas.

rastros materiales Pruebas tangibles (o artefactos) de algún acontecimiento pasado o conducta registrada.

razón *F* Razón estadística de la variación al cuadrado de las medias del grupo. Sirve como indicador de la diferencia estadística entre las medias del grupo en una ANOVA.

recuerdo incompleto Incapacidad de una persona de recordar los detalles sobre la conducta que se investiga.

registro insuficiente Situación que ocurre cuando unidades muestrales utilizables se dejan fuera del marco muestral.

regresión estadística Contaminación de las medidas de validez interna que ocurre cuando se eligen los grupos experimentales sobre la base de sus respuestas o calificaciones extremas.

relación curva Asociación entre dos variables por la que la fuerza o la dirección de su relación cambia sobre el rango de ambas.

relación funcional Cambio sistemático medible y observable en una variable, a medida que otra cambia.

relación lineal Asociación entre dos variables por la que la fuerza y naturaleza de la relación se mantiene constante en toda la extensión de las variables.

relaciones Grado (magnitud relativa) y dirección de un vínculo constante y sistemático (dependencia) entre dos o más variables. Este tipo de información se obtiene de hechos o bien de estimaciones de los datos de la muestra. En casos especiales, el investigador puede determinar la existencia de asociaciones causales entre dos o más variables.

relativistas Individuos que permiten que las costumbres del momento establezcan las normas de la conducta ética.

reputación de la agencia Culminación de la capacidad de una agencia de investigación de satisfacer los criterios, confiabilidad de servicio, conocimientos de marketing y competencia técnica para los propósitos de ofrecer resultados de calidad.

reputación general Dimensión primaria de los resultados de calidad percibidos. La calidad del producto final se estima en proporción directa a la experiencia, confianza, credibilidad y aportación que la investigación entrega al cliente.

requisitos de información Factores, dimensiones y atributos identificados en un objetivo de información declarado para el que hay que recolectar datos puros.

resumen ejecutivo Parte del reporte final de investigación en que se ilustran los principales puntos de una manera lo suficientemente completa para dar una representación fidedigna de todo el documento.

satisfacción de la experiencia Juicio evaluativo de una persona sobre su experiencia posterior a la compra de un objeto específico.

servicios en línea Proveedores de acceso a bases de datos electrónicas y otros servicios en tiempo real.

sesgo Tendencia o inclinación particular que tergiversa los resultados y, por tanto, impide una consideración adecuada de la pregunta de investigación.

sesgo de percepción selectiva Error que ocurre en situaciones en que el investigador o quien toma las decisiones toma sólo una porción selecta de los resultados de la encuesta para dar una imagen retocada de la realidad.

sesgo de predicción Tipo de error en el análisis de los datos que ocurre cuando estimaciones y hechos estadísticos equivocados anulan la capacidad del investigador de pronosticar y verificar relaciones entre factores importantes.

sesgo de selección Contaminación de las medidas de validez interna creada por una selección inapropiada o malos procesos de asignación de los sujetos a los grupos de tratamiento experimental.

sesgo del método único Tipo particular de error que surge cuando se aplica sólo un método para recolectar los datos sobre la pregunta de investigación.

sesgo interpretativo Error que ocurre cuando el investigador o quien toma las decisiones hace una inferencia incorrecta sobre el mundo real o la población objetivo definida, debido a algún factor externo.

sesgo metodológico Fuente de error que procede de elegir un método inapropiado para estudiar la pregunta de investigación.

sesgo por análisis inapropiado Tipo de error de análisis de datos que arroja resultados de estructuras de datos erróneos y puede llevar a errores de interpretación.

silo de datos Recolección de datos en un área de la empresa que no se comparten con otras áreas.

síntomas Condiciones que señalan la presencia de un problema de toma de decisiones o de una oportunidad. Son resultados medibles y observables de problemas u oportunidades.

síntomas del desempeño de mercado Condiciones que señalan la presencia de un problema de decisión o de una oportunidad.

sistema de apoyo a las decisiones de marketing (SADM) Sistema computarizado para el uso de personal de marketing en cualquier nivel funcional con el propósito de resolver problemas semiestructurados o de información. En el sistema se crean y aprovechan bases de datos para determinar el desempeño de la empresa, así como el control de sus actividades de marketing.

sistema de base de datos relacional Base de datos en formato de tablas con filas y columnas. Las tablas (no los campos de datos) están unidas dependiendo de las necesidades con respecto a los resultados.

sistema de base de datos secuencial Procedimiento de clasificación que dispone los datos en un esquema muy simple en el que por lo regular se organizan en rutas, vínculos o redes.

sistema de codificación y referencia geográfica integrado topográficamente (TIGER; *topographically integrated geographic encoding and referencing*) Nuevo sistema del gobierno estadounidense que provee a los investigadores la capacidad de preparar mapas detallados de diversas zonas de Estados Unidos.

sistema de resurtido automático (SRA) Sistema de control de inventario continuo y automatizado diseñado para analizar los niveles de inventario, tiempos inmediatos de órdenes de mercancía y pronósticos de ventas.

sistema de software estadístico Sistema computarizado que posee la capacidad de analizar grandes volúmenes de datos y calcular los tipos básicos de procedimientos estadísticos, como medias, desviaciones estándares, distribuciones de frecuencia y porcentajes.

sistema de *software* para la función gerencial Procedimiento computarizado que abarca capacidades de pronósticos, administración de marca y presupuesto para promociones.

sistemas expertos Sistemas avanzados de cómputo que funcionan de la misma manera que un experto humano y que aconsejan al analista sobre cómo resolver un problema.

sitio en internet Ubicación electrónica en la World Wide Web.

sólo texto Opción de tener un documento completo, noticia, artículo o información numérica listo para descarga.

susceptibilidad al tema Grado al que una pregunta o tema investigado lleva al entrevistado a dar una respuesta socialmente aceptable.

tabla de números aleatorios Tabla de números que fueron generados al azar.

tabulación Procedimiento simple de contar observaciones o elementos de datos clasificados en ciertas categorías.

tabulación cruzada Proceso de tratar simultáneamente (o contar) dos o más variables en el estudio. Este proceso categoriza el número de entrevistados que han respondido dos o más preguntas consecutivas.

tabulación en un sentido Categorización de las variables únicas de un estudio.

tamaño de la muestra Número total determinado de unidades muestrales que se requiere para que sea representativa de la población objetivo definida; es decir, el número de elementos (personas u objetos) que tienen que ser incluidos en la muestra para garantizar una representación apropiada de la población objetivo definida.

tamaño de la población Total determinado de elementos que representan a la población objetivo.

tarjetas de calificación Tarjetas usadas en las entrevistas personales que contienen una reproducción del conjunto real de puntos y descripciones de la escala con los que se responde a una pregunta o situación en la encuesta. Las tarjetas sirven como herramienta para que el entrevistador y el entrevistado aceleren el proceso de recolección de datos.

tasa asequible (TA) Porcentaje de direcciones activas en una lista de correo u otra población definida.

tasa de incidencia Porcentaje de la población general que queda sujeta a la investigación de mercado.

tasa de respuesta Porcentaje de respuestas aprovechables del total conseguido.

tasa de terminación esperada (TTE) Porcentaje de los probables encuestados que se espera que participen y completen la encuesta. También se llama *tasa anticipada de respuesta.*

tasa general de incidencia (TGI) Porcentaje de los elementos de la población objetivo definida que califican para su inclusión en la encuesta.

técnicas de dependencia Procedimientos multivariados apropiados cuando es posible identificar una o más de las variables como dependientes y el resto como independientes.

técnicas de interdependencia Procedimientos estadísticos multivariados en los que se examina todo un conjunto de relaciones interdependientes.

técnicas proyectivas Familia de métodos de recolección de datos cualitativos en los que se pide a los sujetos que se proyecten en situaciones de compra y luego se les interroga al respecto.

tecnología de bases de datos Medios por los que los datos se transforman en información.

tecnología de guarda puertas Cualquier dispositivo para proteger la privacidad de prácticas invasoras de marketing como el telemercadeo, las ventas directas indeseadas, artistas del engaño y el "maquinismo" (identificadores de llamadas, mensajeros de voz, máquinas contestadoras).

teleólogos Individuos que se adhieren a la filosofía que considera que las actividades son éticas si producen los resultados deseados.

teorema del límite central (TdLC) Soporte teórico de la teoría del muestreo. Afirma que la distribución muestral del valor de la media de la muestra ($\bar{x}$) o la proporción de la muestra ($\bar{p}$) derivado de una muestra simple aleatoria tomada de la población objetivo, será aproximadamente normal siempre que el tamaño asociado de la muestra sea lo bastante grande (por ejemplo, cuando n es mayor o igual que 30). A su vez, el valor medio ($\bar{x}$) de esa muestra aleatoria con un error muestral estimado de ($S\bar{x}$) (error estándar estimado) fluctúa alrededor del verdadero valor medio de la población (μ) con un error estándar de σ/n y tiene una distribución muestral que es aproximadamente una distribución normal estandarizada, cualquiera que sea la forma de la curva de distribución de frecuencia de probabilidad en toda la población objetivo.

teoría Conjunto grande de proposiciones relacionadas sobre el funcionamiento de una parte de cierto fenómeno.

teoría del afecto general Teoría que considera que la estructura de las actitudes de una persona no es más que la expresión general de sus sentimientos favorables o desfavorables hacia un objeto o una conducta.

tiempo de conexión Duración, frecuentemente medida en minutos y segundos, que el usuario pasa conectado a un dispositivo electrónico o base de datos. La extensión del tiempo de conexión sirve para facturar los servicios al usuario.

tiempo del ciclo Tiempo que transcurre para llevar un producto o servicio desde el contacto inicial con el cliente hasta la entrega final.

unidades muestrales Elementos de que se dispone para elegir durante el proceso de muestreo.

validación de datos Proceso específico de control que sigue el investigador para garantizar que sus representantes reúnen los datos como se requiera. En general, consiste en llamar a aproximadamente 20% del grupo elegido de entrevistados para verificar que participaron en el estudio.

validez Grado al que el instrumento de investigación cumple la finalidad para la que fue elaborado. También se relaciona con el grado al que son verdaderas las conclusiones que se sacan de un experimento.

validez convergente Grado al que medidas diferentes del mismo constructo guarden una correlación elevada.

validez de contenido Propiedad de una prueba que indica que todo el dominio del tema o el constructo de interés fue bien muestreado; es decir, los factores identificados son verdaderos componentes del constructo.

validez de la conclusión estadística Capacidad del investigador de formular enunciados razonables sobre las covarianzas entre los constructos de interés y la fuerza de dichas covarianzas.

validez de la discriminante Grado en que no se relacionan las medidas de varios constructos.

validez de los datos Grado al que las estructuras de los datos representa efectivamente lo que se mide.

validez de pronóstico Grado al que una escala pronostica bien algún suceso externo a la propia escala.

validez del constructo Grado al que los investigadores miden lo que pretenden medir y al que se incluye en la investigación la identificación apropiada de las variables dependiente e independiente.

validez externa Grado al que se puede esperar que los datos medidos resultado de un estudio basado en una muestra son válidos para toda la población objetivo definida. Además, grado en que se espera que una relación causal encontrada en un estudio sea verdadera para toda la población objetivo definida.

validez interna Certidumbre con que un investigador puede afirmar que el efecto observado fue causado por un tratamiento específico. Se da cuando el diseño de investigación identifica con exactitud relaciones causales.

validez nomológica Grado al que un constructo particular se vincula teóricamente con otros constructos establecidos, los cuales están relacionados, pero son diferentes.

valor medio de la muestra Promedio aritmético real calculado basado en datos de intervalos o proporcionales de las unidades muestrales elegidas.

valor medio de la población Promedio aritmético real calculado basado en datos de intervalos o proporcionales de los elementos de la población objetivo (o las unidades muestrales).

valor porcentual de la muestra Promedio aritmético real calculado de la característica de interés que poseen las unidades muestrales elegidas.

valor proporcional de la población Parámetro porcentual real calculado de la característica de interés que poseen los elementos de la población objetivo (o las unidades muestrales).

valor z crítico Valor z en libros y grado de variabilidad aceptable entre los resultados observables de los datos de la muestra y los verdaderos valores planteados y prescritos de la población, medidos en grados estandarizados de errores estándares para determinados niveles de confiabilidad.

variabilidad Medida de la dispersión de los datos. Cuanto mayor es la desemejanza o "dispersión" de los datos, mayor es la variabilidad.

variable Todo elemento (o atributo) observable y medible de un suceso.

variable dependiente Atributo singular y observable que es el resultado medido de manipular la o las variables independientes.

variable independiente Atributo de un objeto cuyos valores de medición manipula directamente el investigador; también se llama *predictor* o *variable de tratamiento.* Se supone que esta variable es un factor causal en una relación funcional con una variable dependiente.

variables de control Variables externas que el investigador logra tomar en cuenta para que expliquen la variación sistemática (o el impacto) en la relación funcional entre las variables dependiente e independiente del experimento.

variables externas Todas las variables, aparte de las independientes, que influyen en las respuestas de los sujetos. Si no se controlan, pueden tener un efecto de confusión en las medidas de la variable dependiente, lo que debilitaría o invalidaría los resultados de un experimento.

variables ficticias Variables artificiales introducidas en una ecuación de regresión para representar las categorías de una variable nominal de la escala (como sexo o estado civil). Habrá una variable ficticia por cada una de las categorías nominales de la variable independiente y los valores serán por lo regular 0 y 1, dependiendo de que esté presente o ausente para determinado entrevistado (digamos, si es hombre o mujer).

varianza Desviaciones promedio cuadradas sobre una media de una distribución de valores.

varianza de la población Cuadrado de la desviación estándar de la población.

varianza estimada de la muestra Cuadrado de la desviación estándar estimada de la muestra.

varianza explicada En los métodos multivariados, monto de la variación en el constructo dependiente que puede explicarse mediante una combinación de variables independientes.

varianza inexplicada En los métodos multivariados, monto de la variación en el constructo dependiente que no puede explicarse por una combinación de variables independientes.

World Wide Web (WWW) Sistema de interfase gráfica que permite vincular textos entre diferentes ubicaciones de internet.

notas finales

Capítulo 1

1. Informe anual, Dillard's Department Stores, Little Rock, Arkansas, 1997.
2. American Marketing Association, *Official Definition of Marketing Research*, 2001.
3. David W. Cravens, *Strategic Marketing*, 4a. edición (Burr Ridge, IL.: Irwin, 1993).
4. "The Aging of America", *American Demographics*, abril de 1997.
5. Cravens, *Strategic Marketing*.
6. Ibídem.
7. William Pride y O.C. Ferrell, *Marketing*, 12a. edición (Boston: Houghton Mifflin, 2001).
8. Ibídem.
9. *Research Topics in Cycle Time Research* (Memphis, TN: Center for Cycle Time Research, University of Memphis, 1997).
10. American Marketing Association, *Official Definition of Secondary Data*.
11. Pride y Ferrell, *Marketing*.
12. Ibídem.
13. Tom Ingram y Raymond LaForge, *Sales Management*, 2a. edición (Forth Worth: Dryden, 1992).
14. Ibídem.
15. Cravens, *Strategic Marketing*.
16. "Value Added Research", *Marketing Research*, otoño de 1997.
17. Ibídem.
18. "Survey of Top Marketing Research Firms", *Advertising Age*, 27 de junio de 1997.
19. "Fostering Professionalism", *Marketing Research*, primavera de 1997.

Capítulo 2

1. Las técnicas del principio del *iceberg* y del análisis situacional empleadas para tratar de determinar y aclarar los problemas y/o necesidades iniciales de información de la administración se tratarán en detalle en el capítulo 3. Para explicaciones similares, véase Richard D. Crisp, *Marketing Research* (Nueva York: McGraw-Hill, 1957), p. 144.
2. Este ejemplo se adaptó de un proyecto de consultoría de investigación hecho a la orden y medida por uno de los autores del texto. Ese proyecto fue efectuado para el Grupo de Diseño del Anfiteatro de la Fundación Ford, en Vail, Colorado, en 1984.

Capítulo 3

1. Malcolm Fleschner, "The Marriott Miracle", *Personal Selling Power* 14, número 6 (septiembre de 1994), pp. 17-26.
2. Véase Lee Adler, "Systems Approach to Marketing", *Harvard Business Review*, mayo-junio de 1967, p. 110; y Lee Adler y Charles S. Mayer, *Managing the Marketing Research Function* (Chicago: American Marketing Association, 1977), p. 18.
3. Esta definición de información secundaria la aceptaron comúnmente muchos expertos de investigación de marketing en las dos últimas décadas. Por ejemplo, véase Paul E. Green y Donald S. Tull, *Research for Marketing Decisions*, 4a. edición (Englewood Cliffs, NJ: Prentice Hall, 1978), p. 76; véase también Peter D. Bennett, *Dictionary of Marketing Terms* (Chicago: American Marketing Association, 1988), p. 156; o A.B. Blankenship y George Edward Breen, *State of the Art Marketing Research* (Chicago: American Marketing Association, 1992), p. 19.
4. Esta definición de la información primaria es estándar y goza de buena aceptación dentro de la comunidad de la investigación de marketing. Véase, por ejemplo, Bennett, *Dictionary of Marketing Terms*, p. 136.

5. John Martin y John Chadwick, "Factors Associated with Executive Decisions to Conduct Marketing Research: An Exploratory Study", en David L. Moore, editor, *Marketing: Forward Motion* (Registros y Minutas de la Atlantic Marketing Association, 1988), pp. 698-709; véase también Howard Schlossberg, "Cost Allocation Can Show True Value of Research", *Marketing News* 24 (8 de enero de 1990), p. 2.

6. Lee Adler, "Secrets of When, and When Not to Embark on a Marketing Research Project", *Sales Marketing & Management Magazine* 123 (17 de septiembre de 1979), p. 108.

7. "Coca-Cola Company, Form 10-K" (Washington, D.C.: Securities and Exchange Commission, 16 de septiembre de 1996).

8. Mitchell J. Shields, "Coke's Research Fizzles, Fails to Factor in Customer Loyalty", *Adweek*, 15 de julio de 1985, p. 8.

9. Vincent P. Barabba, "The Marketing Research Encyclopedia", *Harvard Business Review* (enero-febrero de 1990), pp. 7-18.

10. Randall G. Chapman, "Problem Definition in Marketing Research Studies", *Journal of Marketing Research* 26, número 1 (febrero de 1989), pp. 51-59; véase también Barabba, "The Marketing Research Encyclopedia", pp. 7-18.

11. David W. Cravens, *Strategic Marketing*, 4a. edición (Burr Ridge, IL: Irwin, 1994), pp. 128-130.

12. Susan Detneiller, "Second Hand Prose", *Marketing Tool* (enero-febrero de 1995), pp. 12-16.

13. Michael Hammer y James Champy, *Re-engineering the Corporation: A Manifesto for Business Revolution* (Nueva York: Harper Business Publishing, 1993), pp. 169-176.

14. Ibídem, p. 164.

15. Ibídem, p. 168.

16. Joannine B. Evereth, "The Missing Link", *Marketing Research Magazine* (primavera de 1977), pp. 33-36.

17. Todd Remington, "Rising Refusal Rates: The Impact of Telemarketers", *Quirks Marketing Research Review*, mayo de 1992, pp. 8-15.

18. Ibídem.

19. O.C. Ferrell y John Fraedrich, "Understanding Pressures That Cause Unethical Behavior in Business", *Journal of the Academy of Marketing Science*, verano de 1992, pp. 245-252.

20. "AMA Adopts New Code of Ethics", *Marketing News*, 11 de septiembre de 1987, pp. 1, 10.

21. "How All 306 Companies Rank", *Fortune*, 11 de febrero de 1991, pp. 75-80; "America's Most Admired Corporations" (10 de febrero de 1992); véase también "America's Most Admired Corporations" (8 de febrero de 1993).

22. "The Code of Professional Ethics and Practices" (Chicago: Marketing Research Association, 1986).

23. Bruce L. Stern y Edward L. Grubb, "Alternative Solutions to the Marketing Research Industry's Quality Control Problem", en Robert L. King, editor, *Marketing Toward the Twenty-First Century* (Registros y Minutas de la Southern Marketing Association, 1991), pp. 225-229; véase también Michael A. Jones y Roger McKinney, "The Need for Certification in Marketing Research", en David Thompson, editor, *Marketing and Education: Partners in Progress* (Registros y Minutas de la Atlantic Marketing Association, 1993), pp. 224-229.

24. Terri L. Rittenburg y Gene W. Murdock, "Highly Sensitive Issues Still Spark Controversy within the Industry", *Marketing Research: A Magazine and Application* 6, número 2 (primavera de 1994), pp. 5-10; véase también Alvin A. Achenbaum, "Can We Tolerate a Double Standard in Marketing Research?", *Journal of Advertising Research* 25 (junio-julio de 1985), pp. RC3-7.

Capítulo 4

1. Stacey Bell, "Launching Profits with Customer Loyalty", *Customer Relationship Management*, abril de 2000, p. 58.

2. American Marketing Association, *Definition of Marketing Terms*.

3. "The Dollar Sign: Secondary Data", *Database*, mayo de 1997.

4. Ibídem.

5. "Marketing Research Costs and Benefits", *Marketing Research Magazine*, otoño de 1997.

6. Ibídem.

7. "Secondary Research", *Marketing Research Magazine*, otoño de 1997.

8. William Pride y O.C. Ferrell, *Marketing*, 9a. edición (Boston: Houghton Mifflin, 2000).

9. Ibídem.

10. Ibídem.

11. "Survey of Buying Power", *Sales and Marketing Management*, 1995.

12. Ibídem.

13. Ibídem.

14. *Source Book of Demographics and Buying Power for Every Zip Code in the U.S.A.*, 1997.

15. *The Wall Street Journal Index*, 1997.

16. Ibídem.

17. National Purchase Diary, 10 K Report, 2000.

18. AC Nielsen Media Research, informe anual, 2000.

19. Arbitron, Inc., informe anual, 2000.

20. Ibídem.

Capítulo 5

1. Stacy Bell, "Launching Profits with Customer Loyalty", *Customer Relationship Management*, abril de 2000, p. 58.

2. Mike Koller, "Mercedes Cleans Up Data—Car Maker to Track Customers", *Internetweek*, 13 de agosto de 2000.

3. David Roberts, "Turning Lemons to Lemonade", *Customer Relationship Management*, julio de 2000, p. 64.

4. Louis Fickel, "Know Your Customer", *CIO Magazine*, 15 de abril de 1999.

5. Ibídem.

6. "The Business Intelligence and Data Warehousing Glossary", www.sdgcomputing.com, 2001.

7. "Gartner Survey Shows 65% Plan to Deploy CRM", *CRM Forum*, 19 de octubre de 2001.

Capítulo 6

1. Meredith Levinson, "Jackpot", *CIO Magazine*, 1 de febrero de 2001.

2. Don Schultz, "Losing Attitude", *Marketing Research Magazine*, otoño/invierno de 1995.

3. Ibídem.

4. Phyllys Ezop, "Database Marketing Research", *Marketing Research Magazine*, otoño de 1994, pp. 34-41.

5. Ibídem.

6. Martin Croft, "Record Makers", *Marketing Week*, 29 de septiembre de 1995, pp. 73-76.

7. David Cohen, "Database of Marketing Research, Search Software", *Journal of Marketing Research*, mayo de 1994, pp. 316-317.

8. Bill Inmon, "Building the Data Warehouse", *The Data Warehousing Information Center*, 21 de junio de 2001.

9. Peter Nolan, "Getting Started and Finishing Well", *Intelligent Enterprise Magazine*, 7 de mayo de 2001.

10. P. Kotler y A. Andreasen, *Strategic Marketing for Non-Profit Organizations*, 5a. edición (Englewood Cliffs, NJ: Prentice Hall, 1996).

11. John Russell, *Strategic Database Management* (Nueva York: Wiley, 1996).

12. Ibídem.

Capítulo 7

1. Amy Helen Johnson, "Viewing Data in Real Time", *CIO Magazine*, 1 de diciembre de 1999.

2. Alan Buttery y Rick Tamaschke, "Marketing Decision Support Systems in a Small Trading Nation: A Case Study", *Marketing Intelligence and Planning* 13 (1995).

3. Boris Gendelev, "MIS and Marketing: Secrets of Strategic Information Mining", *Chief Information Officer Journal*, verano de 1992.

4. Ibídem.

5. Louis Parks, "Using Advanced Customer Asset Management Systems to Automate Sales, Marketing, and Support Operations", *Telemarketing and Call Center Solutions*, marzo de 1997.

6. W. Baets y V. Venugopal, "Neural Networks and Their Applications in Marketing Management", *Journal of Systems Management*, septiembre de 1994.

7. Kevin Higgins, "The Young Turks Leave Their Mark", *Credit Card Management*, mayo de 1996.

8. Bernadette Szajna, "Software Evaluation and Choice Predictive Validation of the Technology Acceptance Instrument", *MIS Quarterly*, septiembre de 1994.

9. Leonard Lodish, "On Measuring Advertising Effects", *Journal of Advertising Research*, septiembre/octubre de 1997.

Capítulo 8

1. Richard A. Krueger, *Focus Groups: A Practical Guide for Applied Research*, 2a. edición (Thousand Oaks, CA: Sage Publications, 1994), p. 233; T.L. Greenbaum, "It's Possible to Reduce Cost of Focus Groups", *Marketing News*, 29 de agosto de 1988, p. 43; véase también T.C. Kinnear y J.A. Taylor, *Marketing Research: An Applied Approach*, 5a. edición (Nueva York: McGraw-Hill, 1996), p. 312.

2. Peter Cooper, "Comparison Between the UK and US: The Qualitative Dimension", *Journal of the Marketing Research Society* 31, número 4 (1991), pp. 509-520.

3. "Netword to Broadcast Live Focus Groups", *Marketing News*, 3 de septiembre de 1990, pp. 10, 47; también Lewis Winters, "What's New in Focus Group Research", *Marketing Research*, diciembre de 1990, pp. 69-70.

4. "Focus Group Moderators Should Be Well Versed in Interpretative Skills", *Marketing News*, 18 de febrero de 1981, p. 23; véase también Amy Andrews, "How to Buy Productive Focus Group Research", *Advertising Age*, 11 de julio de 1977, pp. 128, 147; Thomas L. Greenbaum, "Do You Have the Right Moderator for Your Focus Groups? Here Are Ten Questions to Ask Yourself", *Bank Marketing* 23, número 1 (1991), p. 43.

5. B.G. Yovovick, "Focusing On Consumers' Needs and Motivations", *Business Marketing*, marzo de 1991, pp. 41-43.

6. "Feedback on the Phone", *Business Marketing*, marzo de 1991, p. 46; Michael Silverstein, "Two-Way Focus Groups Can Provide Startling Information", *Marketing News*, 4 de enero de 1988; y "Focus Vision Products and Services", Focus Vision Worldwide, 18 de agosto de 2001, en focusvision.com/products/index.htm.

7. Rebecca Piirto Heather, "Future Focus Groups", *American Demographics*, 1 de enero de 1994, p. 6; Tibbert Speer, "Nickelodeon Puts Kids Online", *American Demographics*, 1 de enero de 1994, p. 16; David Ensing, "Web-Based Reporting Makes for Easy Info", *Marketing News*, 14 de agosto de 2000, p. 15; y Bernie Stevens, "Save Money with Online Analysis", *Marketing News*, 6 de noviembre de 2000, pp. 27-28.

8. Jonathan Hall, "Moderators Must Motivate Focus Group", *Marketing News*, 11 de septiembre de 2000, pp. 26-27; Joshua Grossnickle y Oliver Raskin, *The Handbook of Online Marketing Research* (Nueva York: McGraw-Hill), 2000; Thomas L. Greenbaum, "Focus Spurt Predicted for the '90's", *Marketing News*, 8 de enero de 1990, pp. 21-22; y Cyndee Miller, "Anyone Ever Hear of Global Focus Groups?", *Marketing News*, 27 de mayo de 1991, p. 14.

Capítulo 9

1. Michael R. Czinkota e Ilkka A. Ronkainen, "Conducting Primary Market Research: Market Research for Your Export Operations, Part 2", *International Trade Forum*, enero de 1995, p. 18.

2. Stan Bullard, "Realty One Alters Marketing Strategy", *Crain's Cleveland Business, Real Estate*, 9 de octubre de 1995, pp. 3 y ss.

3. Alan J. Bush y Joseph F. Hair Jr., "An Assessment of the Mall Intercept as a Data Collect Method", *Journal of Marketing Research* 22 (mayo de 1985), pp. 158-167.

4. J. Colombotos, "Personal vs. Telephone Interviews Effect Responses", *Public Health Reports*, septiembre de 1969, pp. 773-820; véase también F. Kelly Shuptrine, "Survey Research: Respondent Attitudes Response and Bias", en *Marketing Perspectives for the 1990s*, editor R.L. King, Actas y Minutas de la Southern Marketing Association (noviembre de 1992), pp. 197-200.

5. William A. Lucus y William C. Adams, "An Assessment of Telephone Survey Methods", *Rand Report R-2135-NSF* (octubre de 1997); véase también T.F. Rogers, "Interviewing by Telephone and In-Person Quality of Response and Field Performance", *Public Opinion Quarterly*, primavera de 1976, pp. 51-65.

6. Donald E. Stem Jr. y Charles W. Lamb Jr., "The Marble-Drop Technique: A Procedure for Gathering Sensitive Information", *Decision Sciences*, octubre de 1981, pp. 702-708.

7. Todd D. Remington, "Telemarketing and Declining Survey Response Rates", *Journal of Advertising Research* 33, número 1 (1993), pp. RC-6, RC-7; véase también T. Remington, "Rising Refusal Rates: The Impact of Telemarketing", *QUIRKS Marketing Research Review*, mayo de 1992, pp. 8-15.

8. Leif Gjestland, "Net? Not Yet: CATI Is Still Superior to Internet Interviewing but Enhancements Are on the Way", *Marketing Research: A Magazine of Management & Applications* 8, número 1 (1996), pp. 26 y ss.; también Peter J. DePaulo y Rick Weitzer, "Interactive Phone Technology Delivers Survey Data Quickly", *Marketing News* 28, número 1 (4 de enero de 1994), p. 15.

9. Scott Dacko, "Data Collection Should Not Be Manual Labor", *Marketing News* 29, número 18 (28 agosto de 1995), p. 31.

10. John P. Dickson y Douglas L. MacLachlan, "Fax Surveys?", *Marketing Research: A Magazine of Management & Applications* 4, número 3 (septiembre de 1992), pp. 26-30; véase también Aileen Crowley, "E-mail Surveys Elicit Fast Response, Cut Costs", *PC Week*, 30 de enero de 1995.

11. John P. Dickson y Douglas L. MacLachlan, "Fax Surveys: Return Patterns and Comparison with Mail Survey", *Journal of Marketing Research* 33 (febrero de 1996), pp. 108-113.

12. Paul R. Murphy y James M. Daley, "Mail Surveys: To Fax or Not to Fax", *Proceedings of the Association of Marketing Theory and Practice Annual Meetings* (Chicago, IL: American Marketing Association, 1995), pp. 152-157.

13. Dana James, "Old, New Make Up Today's Surveys", *Marketing News*, 5 de junio de 2000, p. 4; véase también Dana James, "The Future of Online Research", *Marketing News*, 3 de enero de 2000, p. 11.

14. Lisa Bertagnoli, "Middle East Muddle", *Marketing News*, 16 de julio de 2001, pp. 1 y 9; véase también "World's Online Population", *Nua Internet Surveys 2000*, como apareció en *Marketing News*, 3 de julio de 2000, p. 15.

15. Steve Jarvis, "U.S., EU Still Don't Agree on Data Handling", *Marketing News*, 13 de agosto de 2001, pp. 5-6; véase también Maxine Lans Retsky, "Staying in Line with New Contest Legislation", *Marketing News*, 31 de julio de 2000, p. 9.

16. Patricia E. Moberg, "Biases in Unlisted Phone Numbers", *Journal of Advertising Research*, agosto-septiembre de 1982, p. 55.

17. Robert M. Groves, Robert B. Cialdini y Mick P. Couper, "Understanding the Decision to Participate in a Survey", *Public Opinion Quarterly* 56 (1992), pp. 475-495; véase también Henry Assael y John Keon, "Nonsampling vs. Sampling Errors in Survey Research", *Journal of Marketing* 46 (primavera de 1982), pp. 114-123; y Gary Lilien, Rex Brown y Kate Searls, "Cut Errors, Improve Estimates to Bridge Biz-to-Biz Info Gap", *Marketing News* 25, número 1 (7 de enero de 1991), pp. 20-22.

Capítulo 10

1. Betsy Peterson, "Trends Turn Around", *Marketing Research* 7, número 3 (verano de 1995).

2. R.J. Reynolds Tobacco, reporte anual 1997; y Caravan, *Quarterly Report of the R.J. Reynolds Tobacco Company* (verano de 1997).

3. William Rathje y Cullen Murphy, "Garbage Demographics", *American Demographics*, mayo de 1992, pp. 50-53; véase también Eugene J. Webb, Donald T. Campbell, Richard D. Schwartz y Lee Sechrest, *Unobtrusive Measures: Nonreaction Research in the Social Sciences* (Chicago: Rand-McNally, 1971), pp. 113-114; y Joseph A. Cote, James McCullough y Michael Reilly, "Effects of Unexpected Situations on Behavior-Intention Differences: A Garbology Analysis", *Journal of Consumer Research*, pp. 188-194.

4. Véase Bernie Whalen, "Marketing Detective Reveals Competitive-Intelligence Secrets", *Marketing News*, 16 de septiembre de 1983, p. 1; también Witold Rybcznski, "We Are What We Throw Away", *New York Times Book Review*, 5 de julio de 1992, pp. 5-6.

5. Webb y colaboradores, *Unobtrusive Measures*, capítulo 2.

6. James M. Sinkula, "Status of Company Usage of Scanner Based Research", *Journal of the Academy of Marketing Science*, primavera de 1986, pp. 63-71; y "Some Factors Affecting the Adoption of Scanner-Based Research in Organizations", *Journal of Advertising Research*, abril/mayo de 1995, pp. 50-55.

7. Thomas D. Cook y Donald T. Campbell, *Quasi-Experimentation: Design & Analysis Issues for Field Settings* (Boston: Houghton Mifflin, 1979), pp. 39-41, 51, 59, 64, 70-73.

8. Gilbert A. Churchill Jr., "A Paradigm for the Development of Better Measures of Marketing Constructs", *Journal of Marketing Research* 16 (febrero de 1979), pp. 64-73.

9. William D. Crano y Marilyn B. Brewer, *Principles and Methods of Social Research* (Boston: Allyn and Bacon, 1986), pp. 23-38.

10. Churchill, "A Paradigm for the Development of Better Measures of Marketing Constructs".

11. Edward G. Carmines y Richard A. Zeller, *Reliability and Validity Assessment* (Beverly Hills, CA: Sage, 1979); también Fred N. Kerlinger, *Foundations of Behavioral Research* (Nueva York: Holt, Rinehart and Winston, 1986), pp. 324-326, 461-463.

12. Martin Fishbein, "Attitude and the Prediction of Behavior", en *Readings in Attitude Theory and Behavior*, editor M. Fishbein (Nueva York: John Wiley and Sons, 1967), pp. 477-492.

13. S. Banks, *Experimentation in Marketing* (Nueva York: McGraw-Hill, 1965), pp. 168-179.

14. Kerlinger, *Foundations of Behavioral Research.*

15. Ibídem.

16. Ibídem.

17. Cook y Campbell, *Quasi-Experimentation.*

18. Peterson, "Trends Turn Around".

19. Mark Gleason, "P&G Tests Smoothie", *Advertising Age* 66 (30 de octubre de 1995).

20. Andrew Bernstein, "Spalding and Four Major Chains Launch Women's Theme Shops", *Sporting Goods Business* 28 (noviembre de 1985).

21. Melvin Prince, "Choosing Simulated Test Marketing Systems", *Marketing Research* 4 (septiembre de 1992).

22. Ibídem.

23. Raymond Burke, "Virtual Shopping: Breakthrough in Marketing Research", *Harvard Business Review*, marzo/abril de 1996.

24. Ibídem.

25. Steve Jarvis, "iTV Finally Comes Home", *Marketing News*, 27 de agosto de 2001, pp. 1, 19, 20.

26. Burke, "Virtual Shopping".

27. Ibídem.

Capítulo 11

1. Los precios reales de estos tipos de listas variarán de acuerdo con la complejidad de las características necesarias para definir y calificar un elemento de la población.

2. Susan Garland, "Money, Power and Numbers: A Firestorm over the Census", *Business Week*, 19 de septiembre de 1990, p. 45.

3. Richard M. Jaeger, *Sampling in Education and the Social Sciences* (Nueva York: Longman, 1984), p. 30; véase también William G. Cochman, *Sampling Techniques*, 2a. edición (Nueva York: John Wiley and Sons, 1963).

4. Nua Internet Surveys, "World's Online Population", como se informó en AMA Marketing Facts Book, *Marketing News*, 3 de julio de 2000, p. 15.

5. William L. Hayes, *Statistics* (Nueva York: Holt, Rinehart and Winston, 1986), p. 193.

6. T.H. Wonnacott y R. Wonnacott, *Introductory Statistics*, 2a. edición (Nueva York: John Wiley and Sons, 1972), p. 125.

7. James McGlove y P. George Benson, *Statistics for Business and Economics* (San Francisco: Dellen, 1988), pp. 184-185; véase también "Probability Sampling in the Real World", *CATI NEWS*, verano de 1993, pp. 1, 4-6.

8. Jaeger, *Sampling in Education and the Social Sciences*, pp. 31-37.

9. Seymour Sudman, *Applied Sampling* (San Francisco: Academic Press, 1976); véase también Morris H. Hansen, William N. Hurwitz y William G. Madow, *Sample Survey Methods and Theory* (Nueva York: John Wiley and Sons, 1953).

10. Richard L. Schaeffer, William Mendenhall y Lyman Ott, *Elementary Survey Sampling*, 4a. edición (Boston: PNS-Kent, 1980).

11. Earl R. Babbie, *The Practice of Social Research*, 2a. edición (Belmont, CA: Wadsworth, 1979), p. 167.

12. Fred N. Kerlinger, *Foundations of Behavioral Research* (Nueva York: Holt, Rinehart and Winston, 1973), pp. 129-130.

13. Seymour Sudman, "Efficient Screening Methods for the Sampling of Geographically Clustered Special Populations", *Journal of Marketing Research* 22 (febrero de 1985), pp. 20-29.

14. Leo A. Goodman, "Snowball Sampling", *Annals of Mathematics Statistics* 32 (1961), pp. 148-170.

Capítulo 12

1. William D. Crano y Marilyn B. Brewer, *Principles and Methods of Social Research* (Boston: Allyn and Bacon, 1986), pp. 23-38; véase también Edward G. Carmynes y Richard A. Zeller, *Reliability and Validity Assessment* (Newbury Park, CA: Sage Publications, 1979), pp. 9-48; y Paul E. Spector, *Summated Rating Scale Construction: An Introduction* (Newbury Park, CA: Sage Publications, 1992), pp. 12-17, 46-65.

2. Gilbert A. Churchill Jr., "A Paradigm for the Development of Better Measures of Marketing Constructs", *Journal of Marketing Research* 16 (febrero de 1979), pp. 64-73.

3. Jum C. Nunnally, *Psychometric Theory*, 2a. edición (Nueva York: McGraw-Hill, 1978), p. 102.

4. David J. Ortinau y Ronald P. Brensinger, "An Empirical Investigation of Perceived Quality's Intangible Dimensionality Through Direct Cognitive Structural (DCS) Analysis", en *Marketing: Perspectives for the 1990s*, editor Robert L. King (Nueva Orleáns, LA: Southern Marketing Association, 1992), pp. 214-219.

5. Ronald P. Brensinger, "An Empirical Investigation Of Consumer Perceptions of Combined Product and Service Quality: The Automobile", tesis doctoral inédita (Tampa, FL: The University of South Florida, 1993), pp. 54-60.

6. Nunnally, *Psychometric Theory*, p. 3.

7. Stanley S. Stevens, "Mathematics, Measurement and Psychophysics", en *Handbook of Experimental Psychology*, editor S.S. Stevens (Nueva York: John Wiley and Sons, 1951).

8. Fred N. Kerlinger, *Foundations of Behavioral Research*, 3a. edición (Nueva York: Holt, Rinehart and Winston, 1986), p. 403; véase también Stanley S. Stevens, "On the Theory of Scales of Measurement", Science 103 (7 de junio de 1946), pp. 677-680.

9. Melvin R. Crask y Richard J. Fox, "An Exploration of the Interval Properties of Three Commonly Used Marketing Research Studies: A Magnitude Estimation Approach", *Journal of the Marketing Research Society* 29, número 3 (1987), pp. 317-339.

10. Wendell R. Garner y C.D. Creelman, "Problems and Methods of Psychological Scaling", en *Contemporary Approaches to Psychology*, editores Helson y William Bevan (Nueva York: Van Nostrand, 1967), p. 4.

11. Stevens, "On the Theory of Scales of Measurement", pp. 677-680.

12. Fred N. Kerlinger, *Foundations of Behavioral Research*, p. 405.

13. Ibídem, p. 411.

14. Crask y Fox, "An Exploration of the Interval Properties", p. 326.

15. Wendell R. Garner y C.D. Creelman, "Problems and Methods of Psychological Scaling", en *Contemporary Approaches to Psychology*, editores Helson y William Bevan (Nueva York: Van Nostrand, 1967), p. 7; véase también E.T. Goetz, P.A. Alexander y M.J. Ash, *Educational Psychology* (Nueva York: Macmillan, 1992), pp. 670-674.

16. William D. Perreault Jr. y Forrest W. Young, "Alternating Least Squares Optimal Scaling: Analysis of Nonmetric Data in Marketing Research", *Journal of Marketing Research* 17 (febrero de 1980), pp. 1-13; véase también Neil R. Barnard y Andrew S.C. Ehrenberg, "Robust Measures of Consumer Brand Beliefs", *Journal of Marketing Research* 27 (noviembre de 1990), pp. 477-484.

17. Mark Taylor, "Ordinal and Interval Scaling", *Journal of the Marketing Research Society* 25, número 4 (noviembre de 1977), pp. 297-303; véase también Gerald Albaum, Robert Best y Del I. Hawkins, "Measurement Properties of Semamntic Scales Data", *Journal of the Marketing Research Society* 25, número 1 (enero de 1977), pp. 21-28; y Norbert Schwarz y colaboradores, "Rating Scales: Numeric Values May Change the Meanings of Scale Labels", *Public Opinion Quarterly* 55 (invierno de 1991), pp. 570-582.

18. John Gaito, "Measurement Scales and Statistics: Resurgence of an Old Misconception", *Psychological Bulletin* 87 (1980), pp. 564-567.

19. Nunnally, *Psychometric Theory*, pp. 3-30, 86-90, 102, 225-240.

20. Albert R. Wildt y Michael B. Mazis, "Determinants of Scale Response: Labels versus Position", *Journal of Marketing Research* 15 (mayo de 1978), pp. 261-267; véase también Jacob Jacoby y Michael S. Matell, "Three Point Likert Scales Are Good Enough", *Journal of Marketing Research* 8 (noviembre de 1971), pp. 495-506.

21. "Measuring the Importance of Attributes", *Research on Research* 28 (Chicago: Market Facts, Inc., sin fecha).

22. Gilbert A. Churchill y J. Paul Peter, "Research Design Effects on the Reliability of Rating Scales: A Meta-Analysis", *Journal of Marketing Research* 21 (febrero de 1984), pp. 360-375.

23. M.N. Segal, "Alternate Form Conjoint Reliability", *Journal of Advertising Research* 4 (1984), pp. 31-38.

24. L.J. Cronbach, "Coefficient Alpha and Internal Structure of Tests", *Psychometrika* 16 (1951), pp. 297-334.

25. H. Schuman y S. Pesser, *Questions and Answers in Attitude Survey* (Nueva York: Academic Press, 1981), pp. 179-201.

26. Ibídem, p. 192.

27. G.J. Spagna, "Questionnaire: Wich Approach Do You Use?", *Journal of Advertising Research* (febrero-marzo de 1984), pp. 67-70; véase también E.A. Holdaway, "Different Response Categories and Questionnaire Response Patterns", *Journal of Experimental Education*, invierno de 1971, p. 59.

28. K.C. Schneider, "Uninformed Response Rate in Survey Research", *Journal of Business Research*, abril de 1985, pp. 153-162; véase también Dei I. Hawkins y K.A. Coney, "Uninformed Response Error in Survey Research", *Journal of Marketing Research* 18 (agosto de 1981), pp. 370-374.

Capítulo 13

1. Thomas S. Robertson y Harold H. Kassarjian, Handbook of Consumer Behavior (Englewood Cliffs, NJ: Prentice Hall, 1991).

2. Martin Fishbein, *Readings in Attitude Theory* (Nueva York: John Wiley and Sons, 1967).

3. Gordon W. Allport, "The Composition of Political Attitudes", *American Journal of Sociology* 35 (1929), pp. 220-238.

4. Martin Fishbein, "Attitude and the Prediction of Behavior", en *Readings in Attitude Theory and Behavior*, editor M. Fishbein (Nueva York: Wiley, 1967); véase también Martin Fishbein, "An Investigation of the Relationships Between Beliefs about an Object and the Attitude toward That Object", *Human Relations* 16 (1983), pp. 233-240.

5. Icek Ajzen y Martin Fishbein, *Understanding Attitudes and Predicting Social Behavior* (Englewood Cliffs, NJ: Prentice Hall, 1980), pp. 58-89; e Icek Ajzen y Martin Fishbein, "Attitude-Behavior Relations: A Theoretical Analysis and Review of Empirical Research", *Psychological Bulletin* 84 (septiembre de 1977), pp. 888-948.

6. Y. Tsai, "On the Relationship between Cognitive and Affective Processes", *Journal of Consumer Research* 12, número 3 (diciembre de 1985), pp. 358-362; véase también P.A. Dabholkar, "Incorporating Choice into an Attitudinal Framework", *Journal of Consumer Research* 21, número 1 (junio de 1994), pp. 100-118.

7. Sharon E. Beatty y Lynn R. Kahle, "Alternative Hierarchies of the Attitude-Behavior Relationship", *Journal of Academy of Marketing Science*, verano de 1988, pp. 1-10; A. Sahni, "Incorporating Perceptions of Financial Control in Purchase Prediction", en *Advances in Consumer Research XXI*, editores Chris T. Allen y Debbie R. John (Provo, UT: Association for Consumer Research, 1994), pp. 442-448; y J.A. Cote, J. McCullough y M. Reilly, "Effects of Unexpected Situations on Behavior-Intention Differences", *Journal of Consumer Research* 12, número 3 (septiembre de 1985), pp. 188-195.

8. Estos factores se adoptaron del análisis de Dei I. Hawkins, Roger J. Best y Kenneth A. Coney, *Consumer Behavior: Building Marketing Strategy*, 7a. edición (Nueva York, Irwin/McGraw-Hill, 1998), pp. 401-403.

9. Rensis A. Likert, "A Technique for the Measurement of Attitudes", *Archives of Psychology* 140 (1932).

10. Charles E. Osgood, George J. Suci y Percy H. Tannenbaum, *The Measurement of Meaning* (Urbana, IL: University of Illinois Press, 1957).

11. Ibídem; véase también John Dickson y Gerald Albaum, "A Method for Developing Tailor-Made Semantic Differentials for Specific Marketing Content Areas", *Journal of Marketing Research* 14 (febrero de 1977), pp. 87-91.

12. Seymour Sudman y Norman Bradburn, *Asking Questions* (San Francisco: Jossey-Bass, 1982), pp. 219-221.

13. Osgood, Suci y Tannenbaum, *The Measurement of Meaning*, pp. 140-153; y William D. Barclay, "The Semantic Differential as an Index of Brand Attitude", *Journal of Advertising Research* 4 (marzo de 1964), pp. 30-33.

14. Dudley Duncan y Magnus Stenbeck, "No Opinion or Not Sure", *Public Opinion Quarterly* 52 (invierno de 1988), pp. 513-525.

15. Seymour Sudman y Norman Bradburn, *Asking Questions* (San Francisco: Jossey-Bass, 1982), p. 220.

16. R.H. Evans, "The Upgraded Semantic Differential: A Further Test", *Journal of the Marketing Research Society* 2 (1980), pp. 143-147; véase también John E. Swann y Charles M. Futrell, "Increasing the Efficiency of the Retailer's Image Study", *Journal of the Academy of Marketing Science*, invierno de 1980, pp. 51-57.

17. Robert T. W. Wu y Susan M. Petroshius, "The Halo Effect in Store Image Management", *Journal of the Academy of Marketing Science* 15 (1987), pp. 44-51.

18. Rajendar K. Garg, "The Influence of Positive and Negative Wording and Issues Involvement on Response to Likert Scales in Marketing Research", *Journal of the Marketing Research Society* 38, número 3 (julio de 1996), pp. 235-246.

19. M.V. Kalwani y A.J. Silk, "On the Reliability and Prediction Validity of Purchase Intention Measures", *Marketing Science* 1 (verano de 1982), pp. 243-287; véase también Tony Siciliano, "Purchase Intent: Facts from Fiction", *Marketing Research* 21 (primavera de 1993), p. 56.

20. Siciliano, "Purchase Intent", p. 56.

21. J. Paul Peter y Jerry C. Olson, *Consumer Behavior and Marketing Strategy*, 3a. edición (Homewood, IL: Richard D. Irwin, 1993), pp. 175-217.

22. Michael J. Etzel, Terrell G. Williams, John C. Rogers y Douglas J. Lincoln, "The Comparability of Three Staple Forms in a Marketing Setting", en R. Bush y S. Hunt, editores, *Marketing Theory: Philosophy of Science Perspectives* (Chicago, IL: American Marketing Association, 1982), pp. 303-306.

Capítulo 14

1. Estas características se conocen como las piedras angulares para llevar a cabo investigaciones científicas en muchos tipos diferentes de fenómenos de marketing. Se puede obtener un panorama excelente leyendo el libro clásico de Stanley L. Payne, *The Art of Asking Questions* (Princeton, NJ: Princeton University Press, 1951). Véase también Patricia J. Labaw, *Advanced Questionnaire Design*, 2a. edición (Cambridge, MA: Abt Books, 1982).

2. Payne, *The Art of Asking Questions*, pp. 8-9.

3. Labaw, *Advanced Questionnaire Design*, pp. 5-6; véase también Seymour Sudman Norman Bradburn, *Asking Questions* (San Francisco: Jossey-Bass, 1983); y María Elena Sánchez, "Effects of Questionnaire Design on the Quality of Survey Data", *Public Opinion Quarterly* 56 (1992), pp. 206-217.

4. Pamela L. Alreck y Robert B. Settle, *The Survey Research Handbook* (Nueva York: Irwin/McGraw-Hill, 1985, pp. 120-122.

5. Labaw, *Advanced Questionnaire Design*, p. 9.

6. Ibídem, p. 17.

7. James H. Barns y Michael J. Dotson, "The Effects of Mixed Grammar Chains on Response to Survey Questions", *Journal of Marketing Research* 26, número 4 (noviembre de 1989), pp. 468-472; y Labaw, *Advanced Questionnaire Design*, p. 18; véase también Sánchez, "Effects of Questionnaire Design on the Quality of Survey Data".

8. Alreck y Settle, *The Survey Research Handbook*, pp. 97-100; y Labaw, *Advanced Questionnaire Design*, p. 34.

9. Susan Carroll, "Questionnaire's Design Affects Response Rate", *Marketing News* 28 (3 de enero de 1994), pp. 14, 23; y Paul Hayne, "Good and Bad in Questionnaire Design", *Industrial Marketing Digest* 12 (3er. trimestre de 1987), pp. 161-170.

10. El método del diseño del florero (o tiesto) es un modelo simbólico creado en 1974 por David J. Ortinau, cuando enseñaba en Illinois State University.

11. Shelby D. Hunt, Richard D. Sparkman Jr. y James Wilcox, "The Pretest in Survey Research: Issues and Preliminary Findings", *Journal of Marketing Research* 19, número 2 (mayo de 1982), pp. 269-273.

12. A. Diamantopoula, B.B. Schlegelmilch y N. Reynolds, "Pretesting in Questionnaire Design: The Impact of Respondent Characteristics on Error Detection", *Journal of the Marketing Research Society* 35 (abril de 1994), pp. 295-314.

13. Michael J. Houston y John R. Nevin, "The Effects of Source and Appeal on Mail Survey Response Patterns", *Journal of Marketing Research* 14, número 3 (agosto de 1977), pp. 374-378.

14. Ibídem, p. 376.

15. Jim L. Finlay y Fazal J. Seyyed, "The Impact of Sponsorship and Respondent Attitudes on Response Rate to Telephone Surveys: An Exploratory Investigation", en *Proceedings of the Atlantic Marketing Association*, editor D.L. Moore (1988), pp. 715-721.

16. H.H. Friedman, "The Effects of a Monetary Incentive and the Ethnicity of the Sponsor's Signature on the Rate and Quality of Response to a Mall Survey", *Journal of the Academy of Marketing Science*, 1979, pp. 95-100; véase también Raymond Hubbard y Eldon L. Little, "Cash Prizes and Mail Response Rates: A Threshold Analysis", *Journal of the Academy of Marketing Science*, otoño de 1988, pp. 42-44.

Capítulo 15

1. Barry DeVille, "The Data Assembly Challenge", *Marketing Research Magazine*, otoño/invierno de 1995.

2. Ibídem.

3. Paula Kephart, "The Spy in Aisle 3", *American Demographics*, mayo de 1996.

4. Ibídem.

5. Ken Gofton, "Pushing All the Right Buttons", *Marketing*, 23 de noviembre de 1995.

Capítulo 16

1. Para una explicación más detallada de varianza, véase Gudmund R. Iversen y Helmut Norpoth, *Analysis of Variance* (Newbury Park, CA: Sage, 1987); y John A. Ingram y Joseph G. Monks, *Statistics for Business and Economics* (San Diego, CA: Harcourt Brace Jovanovich, 1989).

2. Para una explicación conceptual más detallada del análisis múltiple de varianza, véase Joseph F. Hair Jr., Rolph E. Anderson, Ronald L. Tatham y William C. Black, *Multivariate Data Analysis*, 5a. edición (Upper Saddle River, NJ: Prentice Hall, 1998); y James H. Bray y Scott E. Maxwell, *Multivariate Analysis of Variance* (Newbury Park, CA: Sage, 1985).

Capítulo 17

1. Para un análisis conceptual más detallado de las transformaciones, véase Joseph F. Hair Jr., Rolph E. Anderson, Ronald L. Tatham y William C. Black, *Multivariate Data Analysis*, 5a. edición (Upper Saddle River, NJ: Prentice Hall, 1998).

Capítulo 18

1. Carol Vinzant, "Electronic Books Are Coming at Last", *Fortune*, 6 de julio de 1998, pp. 119-124.

índice de nombres

índice analítico